2010

HENAN STATISTICAL YEARBOOK

河南统计年鉴

2010

HENAN STATISTICAL YEARBOOK

河南统计年鉴

总第27期NO.27

河南省统计局
国家统计局河南调查总队 编

Compiled by Henan provincial
Bureau of statistics
Henan Survey office of NBS

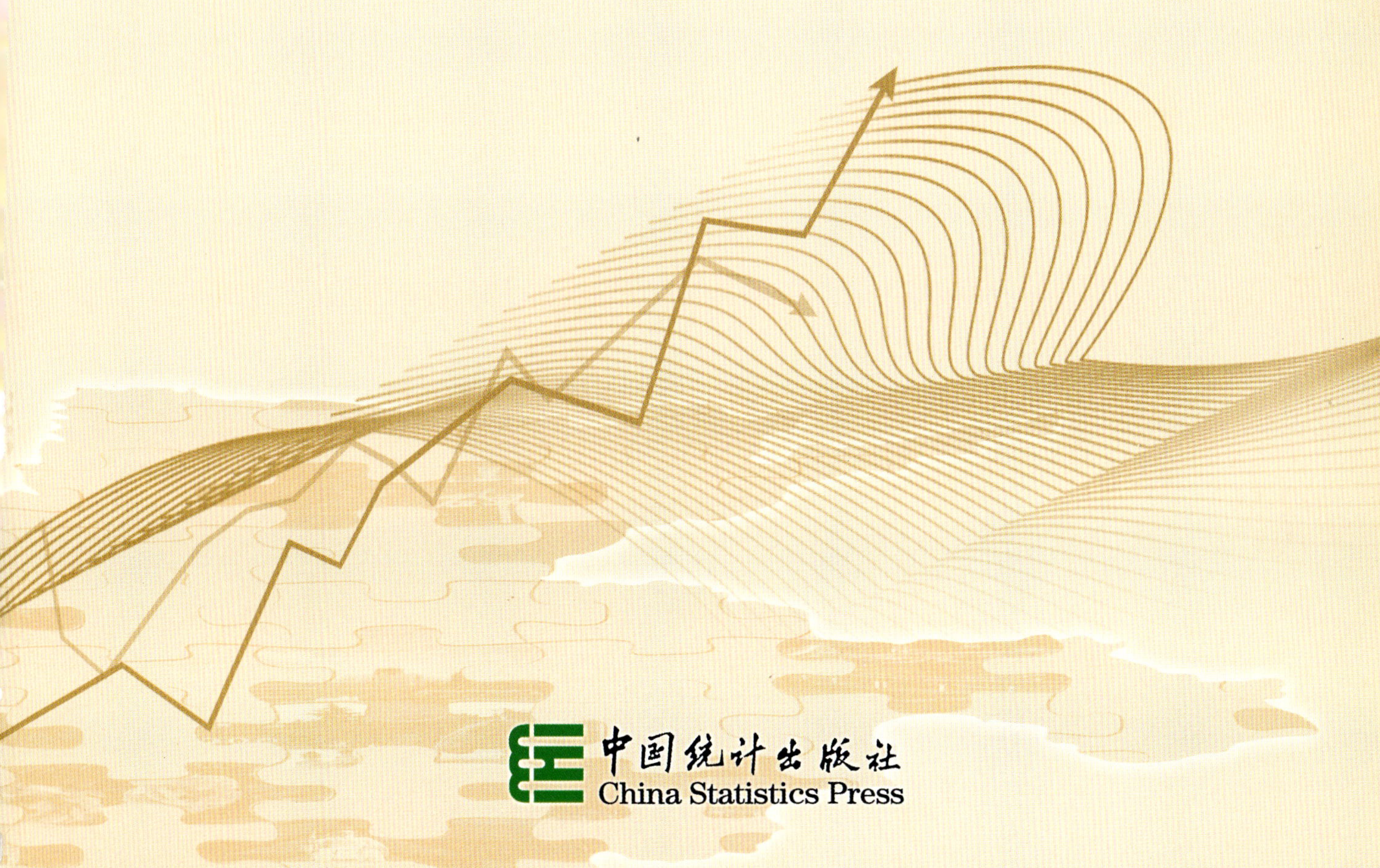

中国统计出版社
China Statistics Press

（京）新登字041号

图书在版编目（CIP）数据

河南统计年鉴. 2010 / 河南省统计局, 国家统计局
河南调查总队编. —北京：中国统计出版社, 2010.8
ISBN 978-7-5037-6005-1

Ⅰ.①河… Ⅱ.①河… ②国… Ⅲ.①统计资料—河南省—
2010—年鉴 Ⅳ.①C832.61-54

中国版本图书馆CIP数据核字(2010)第142564号

河南统计年鉴—2010

作　　者/ 河南省统计局　国家统计局河南调查总队
责任编辑/ 佘竞雄　刘金成
E-mail / yearbook@stats.gov.cn
责任校对/ 朱　涛
封面设计/ 河南省大河文业有限公司
出版发行/ 中国统计出版社
通信地址/ 北京市西城区三里河月坛南街57号　中国统计出版社
邮　　编/ 100826
电　　话/ (010)63376907
印　　刷/ 河南豫统印刷有限公司
经　　销/ 新华书店
开　　本/ 890×1240毫米 1/16
字　　数/ 165万字
印　　张/ 55.5
印　　数/ 1-3000册
版　　别/ 2010年8月第1版
版　　次/ 2010年8月第1次印刷
书　　号/ ISBN 978-7-5037-6005-1/C·369
定　　价/ 320.00 元

《河南统计年鉴—2010》

编委会和编辑部工作人员名单

目　　录

CONTENTS

三、国民经济核算
National Accounts

四、人口
Population

五、从业人员与职工工资
Employment and Wages

六、固定资产投资
Investment in Fixed Assets

七、对外贸易
Foreign Trade and Economic Cooperation

八、能源
Energy Sources

十二、城市概况
General Survey of Cities

十三、农业
Agriculture

十四、工业
Industry

十五、建筑业

Construction

十六、交通运输、仓储、邮政业

Transport, Storage and Post

十七、信息传输、计算机服务和软件业
Information Transmission, Computer Services and Software

十八、批发和零售业、住宿和餐饮业
Wholesale and Retail Sale trades, Hotels and Catering Services

十九、金融业

Financial Intermediation

二十、房地产业
Real Estate

二十一、租赁和商务服务业
Leasing and Business Services

二十二、科学研究、技术服务和地质勘查业
Scientific Research, Technical Services and Geologic Prospecting

二十三、水利、环境和公共设施管理业
Management of Water Conservancy, Environment and Public Facilities

二十四、居民服务业和其他服务业
Services to Households and Other Services

二十五、教育
Education

二十六、卫生、社会保障和社会福利业
Health, Social Security and Social Welfare

二十七、文化、体育和娱乐业
Culture, Sports and Entertainment

二十八、公共管理和社会组织

Public Management and Social Organizations

二十九、各县（市、区）主要统计指标
Main Indicators by County (City,District)

三十、全国及各省、市、区主要统计指标
Main Indicators of the whole Nation and 31 Provinces (Municipality, Autonomous, Regions)

行政区划与自然资源

Divisions of Administrative Areas and Natural Resources

◉ 资料整理：史新旺 孔令惠

简要说明

一、主要内容

本篇包括行政区划资料，自然状况和自然资源资料 。

二、资料来源

行政区划资料，是截止上年末经国务院批准的行政区划变更情况，由河南省民政厅提供。自然状况包括土地、山脉、河流等数据资料，根据有关历史资料整理。其中，气象资料由河南省气象局提供；矿产资源数据由河南省国土资源厅提供。本篇资料由河南省统计局社会与科技统计处 和固定资产投资处编辑整理。

Brief Introduction

I. Main Contents

This chapter consists of three parts: divisions of administrative areas, Natural Conditions and Natural Resources.

II. Sources of Data

Data on divisions of administrative areas in Henan are prepared and provided by the Henan Province Bureau of Civil Affairs on the basis of the changes in the divisions of administrative areas as approved by the State Council at the end of the previous year. Data on natural conditions cover land area, mountain ranges, rivers, ocean and meteorological phenomena. Data on natural conditions are compiled by the Department of Comprehensive Statistics using relevant historical data. Data on meteorological phenomena and mineral are provided respectively by Henan Provincial Bureau of Meteorological and Henan Provincial Bureau of Land and Resources. Data in this chapter are sort out by Department of social and scientific and technological, and investment in fixed assets of Henan provincial bureau of statistics.

1-1 全省行政区划(2009年底)

Administrative Division of Henan Province(End of 2009)

单位：个 (unit)

市 City	市 City	省辖市 Cities Under the Jurisdication of Province	县级市 Cities at County Level	县 County	市辖区 Districts Under the Jurisdication of City	镇 Towns	乡 Townships	街道办事处 Urban Subdistrict Offices	居民委员会 Neighborhood Committees	村民委员会 Village Committees
全　省 Total	**38**	**17**	**21**	**88**	**50**	**904**	**978**	**479**	**3668**	**47346**
郑　州　市 Zhengzhou	6	1	5	1	6	73	20	76	657	2245
开　封　市 Kaifeng	1	1		5	5	34	56	25	160	2381
洛　阳　市 Luoyang	2	1	1	8	6	77	66	36	190	2985
平 顶 山 市 Pingdingshan	3	1	2	4	4	39	52	46	205	2587
安　阳　市 Anyang	2	1	1	4	4	46	46	43	202	3276
鹤　壁　市 Hebi	1	1		2	3	13	11	13	85	881
新　乡　市 Xinxiang	3	1	2	6	4	59	63	27	236	3493
焦　作　市 Jiaozuo	3	1	2	4	4	36	22	45	141	1848
濮　阳　市 Puyang	1	1		5	1	16	59	7	68	2932
许　昌　市 Xuchang	3	1	2	3	1	36	42	20	272	2129
漯　河　市 Luohe	1	1		2	3	27	21	3	70	1240
三 门 峡 市 Sanmenxia	3	1	2	3	1	27	35	12	126	1342
南　阳　市 Nanyang	2	1	1	10	2	123	83	30	337	4504
商　丘　市 Shangqiu	2	1	1	6	2	66	110	14	202	4619
信　阳　市 Xinyang	1	1		8	2	68	111	21	241	3026
周　口　市 Zhoukou	2	1	1	8	1	85	85	30	188	4796
驻 马 店 市 Zhumadian	1	1		9	1	68	96	26	204	2608
济　源　市 Jiyuan	1		1			11		5	84	454

1-2 各市、县(市、区)名称(2009年底)
Name of Administrative Area (End of 2009)

市 Cities	县(市、区)数(个) Counties (unit)	市辖县 Counties Under the Jurisdiction of Cities	市辖区 Districts Under the Jurisdiction of Cities	县级市 Cities at County Level
郑州市 Zhengzhou	12	中牟 Zhongmou	中原区、二七区、管城回族区、金水区、上街区、惠济区 Zhongyuan,Erqi,Guancheng Huizu,Jinshui,Shangjie,Huiji	巩义市 Gongyi 荥阳市 Xingyang 新郑市 Xinzheng 登封市 Dengfeng 新密市 Xinmi
开封市 Kaifeng	10	杞县、通许、尉氏、开封、兰考 Qixian,Tongxu,Weishi,Kaifeng,Lankao	龙亭区、顺河回族区、鼓楼区、禹王台区、金明区 Longting,Shunhe Huizu,Gulou,Yuwangtai,Jinming	
洛阳市 Luoyang	15	孟津、新安、栾川、嵩县、汝阳、宜阳、洛宁、伊川 Mengjin,Xin'an,Luanchuan,Songxian,Ruyang,Yiyang,Luoning,Yichuan	老城区、西工区、瀍河回族区、涧西区、吉利区、洛龙区 Laocheng,Xigong,Chanhe Huizu,Jianxi,Jili,Luolong	偃师市 Yanshi
平顶山市 Pingdingshan	10	宝丰、叶县、鲁山、郏县 Baofeng,Yexian,Lushan,Jiaxian	新华区、卫东区、湛河区、石龙区 Xinhua,Weidong,Zhanhe,Shilong	汝州市 Ruzhou 舞钢市 Wugang
安阳市 Anyang	9	安阳、汤阴、滑县、内黄 Anyang,Tangyin,Huaxian,Neihuang	文峰区、北关区、殷都区、龙安区 Wenfeng,Beiguan,Yindu,Longan	林州市 Linzhou
鹤壁市 Hebi	5	浚县、淇县 Xunxian,Qixian	鹤山区、山城区、淇滨区 Heshan,Shancheng,Qibin	
新乡市 Xinxiang	12	新乡、获嘉、原阳、延津、封丘、长垣 Xinxiang,Huojia,Yuanyang,Yanjin,Fengqiu,Changyuan	红旗区、卫滨区、凤泉区、牧野区 Hongqi,WeiBin,Fengquan,Muye	卫辉市Weihui 辉县市Huixian
焦作市 Jiaozuo	10	修武、博爱、武陟、温县 Xiuwu,Boai,Wuzhi,Wenxian	解放区、中站区、马村区、山阳区 Jiefang,Zhongzhan,Macun,Shanyang	沁阳市Qinyang 孟州市Mengzhou
濮阳市 Puyang	6	清丰、南乐、范县、台前、濮阳 Qingfeng,Nanle,Fanxian,Taiqian,Puyang	华龙区 Hualong	
许昌市 Xuchang	6	许昌、鄢陵、襄城 Xuchang,Yanling,Xiangcheng	魏都区 Weidu	禹州市Yuzhou 长葛市Changge
漯河市 Luohe	5	舞阳、临颍、 Wuyang,Linying	源汇区、郾城区、召陵区 Yuanhui，Yancheng, Zhaoling	
三门峡市 Sanmenxia	6	渑池、陕县、卢氏 Mianchi,Shanxian,Lushi	湖滨区 Hubin	义马市Yima 灵宝市Lingbao
南阳市 Nanyang	13	南召、方城、西峡、镇平、内乡、淅川、社旗、唐河、新野、桐柏 Nanzhao,Fangcheng,Xixia,Zhenping,Neixiang Xichuan,Sheqi,Tanghe,Xinye,Tongbai	卧龙区、宛城区 Wolong,Wancheng	邓州市 Dengzhou
商丘市 Shangqiu	9	虞城、民权、宁陵、睢县、夏邑、柘城 Yucheng,Minquan,Ningling,Suixian,Xiayi,Zhecheng	梁园区、睢阳区 LiangYuan,Suiyang	永城市 Yongcheng
信阳市 Xinyang	10	息县、淮滨、潢川、光山、固始、商城、罗山、新县 Xixian,Huaibin,Huangchuan,Guangshan,Gushi,Shangcheng,Luoshan,Xinxian	浉河区、平桥区 Shihe,Pingqiao	
周口市 Zhoukou	10	扶沟、西华、商水、太康、鹿邑、郸城、淮阳、沈丘 Fugou,Xihua,Shangshui,Taikang,Luyi,Dancheng,Huaiyang,Shenqiu	川汇区 Chuanhui	项城市 XiangCheng
驻马店市 Zhumadian	10	确山、泌阳、遂平、西平、上蔡、汝南、平舆、新蔡、正阳 Queshan,Biyang,Suiping,Xiping,Shangcai Runan,Pingyu,Xincai,Zhengyang	驿城区 Yicheng	
济源市 Jiyuan	1			济源市 Jiyuan

1-3 自然资源
Natural Resources

项 目	Item	2005	2009
地理位置	**Geographical Position**		
东经	East Longitude	110°21′ ～116°391′	110°21′ ～116°391′
北纬	North Latitude	31°23′ ～36°23′	31°23′ ～36°23′
土地	**Land**		
土地面积(万平方公里)	Land Area(10 000sq.km)	16.70	16.70
#山区	Mountain Area	4.44	4.44
丘陵	Hills	2.96	2.96
平原	Plain	9.30	9.30
在山区、丘陵面积中	In Mountains and Hills		
太行山脉	Taihang Mountains	0.83	0.83
伏牛山脉	Funiu Mountains	4.97	4.97
桐柏山脉	Tongbai Mountains	0.21	0.21
大别山脉	Dabie Mountains	1.39	1.39
按四大水系分	By Major River System		
淮河流域	Huaihe River	8.83	8.83
黄河流域	Yellow River	3.62	3.62
海河流域	Hai River	1.53	1.53
长江流域	Yangtse River	2.72	2.72
气候	**Climate**		
平均气温(摄氏度)	Average Temperature(℃)	12.2～16.0	12.5—16.0
年降水总量(毫米)	Total precipitation(mm)	451～1525	450—1024
日照时数(小时)	Sunshine Hours(Hours)	1607～2274	1278—2207
矿产资源(保有储量)	**Mineral Resources (Ensured Reserves)**		
煤炭(亿吨)	Coal(100 million tons)	260.00	280.91
铁矿(矿石,亿吨)	Iron Ore(100 million tons)	10.60	14.18
铝矿(铝土矿矿石,亿吨)	Aluminium(100 million tons)	4.59	7.61
钼矿(钼,万吨)	Molybdenum(10 000 tons)	374.60	367.13
金矿(金,吨)	Gold mine(ton)	257.80	369.25

主要统计指标解释

行政区划 指国家对行政区域的划分。根据有关法规规定，我国的行政区域划分如下：(1)全国分为省、自治区、直辖市；(2)省、自治区分为自治州、县、自治县、市；(3)自治州分为县、自治县、市；(4)县、自治县分为乡、民族乡、镇；(5)直辖市和较大的市分为区、县；(6)国家在必要时设立的特别行政区。

降水量 指评价区内的年平均降水量。取自水利部门水资源公报。降水量在计量单位上又包括亿立方米和毫米，亿立方米反映降水总量的概念，毫米反映平均降水的多少。

Explanatory Notes on Main Statistical Indicators

Divisions of Administrative Areas refers to the division of administrative areas by the State. The relative laws stipulate that 1) the whole country is divided into provinces, autonomous regions and municipalities directly under the Central Government; 2) provinces and autonomous regions are further divided into autonomous prefectures, counties, autonomous counties and cities; 3) autonomous prefectures are further divided into counties, autonomous counties and cities; 4) counties and autonomous counties are further divided into townships, ethnic townships and towns; 5) municipalities directly under the Central Government and large cities are divided into districts and counties, 6) the State shall, when necessary, establish special administrative regions.

Volume of Precipitation refers to the Average Volume of Precipitation in this Area. The Data comes from the communique of water conservancy administration. There are two measure units of this Index, one is 100 million cu.m, and the other is millimeter. 100 million cu.m means Total Volume of Precipitation, and millimeter means average deepness of Precipitation.

综合
General Survey

● 资料整理：朱　涛　乔旭明
刘秋香　任焱丽

简要说明

一、主要内容

本篇包括基本单位资料，国民经济综合资料，全省四大区域资料，服务业资料及企业景气资料。

二、资料来源

基本单位资料主要包括所有法人单位和产业活动单位数，是根据名录库中各部门的单位审批登记资料和经常性统计调查中查到的新增、变动和消亡单位情况，由河南省统计局普查中心编辑整理。

国民经济综合资料是通过对各篇章主要统计指标及其速度、结构和效益等加工计算的，由河南省统计局综合处编辑整理。

河南省四大区域资料包括中原城市群（郑州、开封、洛阳、平顶山、新乡、焦作、许昌、漯河、济源）、豫北地区（安阳、鹤壁、濮阳）、豫西豫西南（三门峡、南阳）、黄淮地区（商丘、信阳、周口、驻马店）的主要经济指标，贫困县资料包括全省44个扶贫开发重点县主要经济指标，由河南省统计局综合处编辑整理。

服务业资料包括14个门类的单位数、从业人员和主要财务指标，由河南省统计局地方调查队编辑整理。

企业景气资料由国家统计局河南调查总队根据企业景气调查制度编辑整理。

Brief Introduction

I. Main Contents

This chapter consists of following parts: Institutional unit, summary data on the national economy and social development, summary data on four economy areas, services, climate index of enterprises.

II. Sources of Data

Data on instituational unit include legal and establishment units, which are calculated on directory library and increase, change and reduce unit in regular surreys. Data in this part are prepared by Census Center of Henan provincial Bureau of statistics.

The summary data on the national economy and social development reflect the overall situation by presenting further processed statistics including growth, structure, ratio, and efficiency data derived from other chapters.

Four economy areas include four parts: ZhongYuan city group (zhengzhou, kaifeng, luoyang, pingdingshan, xinxiang, jiaozuo, xuchang, luohe, jiyuan), between yellow river and Huai river areas (shangqiu, xinyang, zhoukou, zhumadian), northern of Henan (puyang, anyang, hebi), southern and southwest of Henan (nanyang, sanmenxia). poverty-stricken counties include 44 major county of assisting the poor and development.

Data on services include unit, employment, and main financial indicators of 14 sectors in tertiary industry, which are provided by Henan provincial survey organizations of social and economy.

Data on climate index of enterprises are prepared by Henan provincial Investigation Team of statistics on basis of business sentiment survey system.

2-1 河南省主要统计指标居全国位次

The Main Indicator Seating Arrangement of Henan in Nation

指 标	Indicator	2000	2005	2008	2009
生产总值	Gross Domestic Product	5	5	5	5
生产总值增速	Growth of Gross Domestic Product	14	5	16	22
城镇固定资产投资	Total Investment in Fixed Assets of Urban	11	6	4	4
#房地产开发	Real Estate	18	15	10	9
居民消费价格指数	General Consumer Price Index	26	9	8	19
地方财政一般预算收入	Financial Revenue of the Local Government	9	8	9	9
地方财政一般预算支出	Financial Expenditures of the Local Government	7	7	6	6
规模以上工业增加值	value-added of Industrial Above Designated Size	9	7	10	14
社会消费品零售总额	Total Retail Sales of Consumer Goods	5	5	5	5
进出口总额	Total Exports and Imports	18	16	16	17
进口	Imports	21	18	15	16
出口	Exports	14	13	16	18
农民人均纯收入	Per Capita Net Income of Rural Residents	18	19	17	17
城镇居民人均可支配收入	Per Capita Annual Income of Urban Residents	30	20	16	16
在岗职工平均工资	Average Wage of Staff and Workers	30	30	21	23

注：2008、2009年规模以上工业增加值是按增速排序。

a). Data of Seating of value-added of Industrial Above Designated Size are calculated by growth rate in 2008,2009.

2-2 河南省主要统计指标占全国比重

The Main Indicator Poroportion of Henan in Nation

单位:% (%)

指 标	Indicator	1952	1978	1990	2000	2008	2009
生产总值	Gross Domestic Product	5.3	4.5	5.0	5.1	6.1	5.8
第一产业	Primary Industry	6.6	6.3	6.4	7.8	7.8	7.8
第二产业	Secondary Industry	5.8	4.0	4.3	5.0	7.2	7.0
第三产业	Tertiary Industry	2.8	3.3	4.7	4.1	4.4	3.9
全社会固定资产投资总额	Total Investment in Fixed Assets		2.7(1980年)	4.6	4.5	6.1	6.1
#城镇投资	Urban		3.1(1980年)	3.8	3.6	5.9	5.9
地方财政一般预算收入	Financial Revenue of the Local Government	2.5	3.5	4.3	3.8	3.5	3.5
地方财政一般预算支出	Financial Expenditures of the Local Government	1.0	4.7	4.3	4.3	4.7	4.8
粮食产量	Output of Grain	6.3	6.9	7.4	8.9	10.1	10.2
社会消费品零售总额	Total Retail Sales of Consumer Goods	3.9	4.6	3.8	4.8	5.2	5.4
进出口总额	Total Exports and Imports	0.1(1957年)	0.6	0.9	0.5	0.7	0.6
#出口额	Exports	0.3(1957年)	1.0	1.4	0.6	0.7	0.6
城镇居民人均可支配收入	Per Capita Annual Disposable Income of Urban Households		91.7	76.3	75.9	83.8	83.7
农民人均纯收入	Per Capita Net Income of Rural Residents		78.4	76.8	88.1	93.6	93.3

2-3 国民经济和社会发展总量和速度指标

指标	Item	1978	2000	2005
人口与就业	**Population and Employment**			
人口(万人)	**Population (10 000 persons)**			
年底总人口	Population (year-end)	7067	9488	9768
#城镇人口	Urban	963	2201	2994
#男性人口	Male	3599	4895	5045
就业(万人)	**Employment (10 000 persons)**			
年底从业人员	Employment(year-end)	2807	5572	5662
#在岗职工	Staff and Workers	420	718	681
城镇登记失业人数	Registered Unemployed in Urban Areas	15.74	21.40	33.02
宏观经济	**Macroeconomy**			
国民核算	**National Accounting**			
生产总值(亿元)	Gross Domestic Product (100 million yuan)	162.92	5052.99	10587.42
第一产业	Primary Industry	64.86	1161.58	1892.01
第二产业	Secondary Industry	69.45	2294.15	5514.14
#工业	Industry	59.20	2000.04	4896.01
第三产业	Tertiary Industry	28.61	1597.26	3181.27
人均生产总值(元)	Per Capita GDP (yuan)	232	5450	11346
固定资产投资(亿元)	**Investment in Fixed Assets (100 million yuan)**			
全社会固定资产投资总额	Total Investment in Fixed Assets		1475.72	4378.69
#城镇投资	Urban		951.76	3528.29
#工业投资	Industry		343.04	1668.16
#基础设施投资	Infrastructure		509.22	1277.75
#房地产开发投资	Real Estate Development		77.87	388.52
对外贸易和国际旅游	**Foreign Trade and International Tourism**			
进出口总额(万美元)	Total Exports and Imports (USD 10 000)	11843	227486	773604
进口额	Imports	1612	78148	263511
出口额	Exports	10231	149338	510093
利用外资(万美元)	**Utilization of Foreign Capital (USD 10 000)**			
实际利用外商直接投资	Actually Utilized Direct Foreign Investments		53999	122960
能源(万吨标准煤)	**Energy (10 000 tons of SCE)**			
能源生产总量	Total Energy Production	4434	6591	14522
能源消费总量	Total Energy Consumption	3353	7919	14625
财政(亿元)	**Public Finance (100 million yuan)**			
地方财政一般预算收入	Financial Revenue of the Local Government	33.73	246.47	537.65
地方财政一般预算支出	Financial Expenditures of the Local Government	27.67	445.53	1116.04
物价总指数(以上年为100)	**Price Indices (preceding year=100)**			
居民消费价格总指数	General Consumer Price Index	100.1	99.2	102.1
商品零售价格总指数	General Retail Price Index	100.1	98.5	101.7
农业生产资料价格总指数	Means of Agricultural Production Price Index	97.9	99.6	107.9
人民生活	**People's Livelihood**			
城镇居民人均可支配收入(元)	Per Capita Annual Disposable Income of Urban Households (yuan)	291.00	4766.26	8667.97
城镇居民人均消费性支出(元)	Per Capita Annual Living Expenditure of Urban Residents(yuan)	274.00	3830.71	6038.02
农民人均纯收入(元)	Per Capita Net Income of Rural Residents (yuan)	104.71	1985.82	2870.58
农民人均生活消费支出(元)	Per Capita Living Expenditure of Rural Households (yuan)	81.70	1315.83	1891.57
在岗职工工资总额(亿元)	Total Wages of Staff and Workers (100 million yuan)	24.30	495.66	949.97
在岗职工平均工资(元)	Average Wage of Staff and Workers (yuan)	590	6930	14282

Principal Aggregate Indicators on National Economic and Social Development and Growth Rates

2008	2009	2009年为以下各年% 2009as % of the Following years				年均增长速度(%) Average Annual Growth Rate		
		1978	2000	2005	2008	1979-2009	2001-2009	2006-2009
9918	9967	141.0	105.0	102.0	100.5	1.1	0.5	0.5
3573	3758	390.2	170.7	125.5	105.2	4.5	6.1	5.8
5125	6209	172.5	126.8	123.1	121.2	1.8	2.7	5.3
5835	5949	211.9	106.8	105.1	101.9	2.5	0.7	1.2
692	708	168.6	98.5	104.0	102.3	1.7	-0.2	1.0
36.51	38.50	244.6	179.9	116.6	105.5	2.9	6.7	3.9
18018.53	19480.46	2682.7	279.6	163.0	110.9	11.2	12.1	13.0
2658.78	2769.05	590.4	159.5	122.4	104.2	5.9	5.3	5.2
10259.99	11010.50	5024.9	352.1	179.5	112.4	13.5	15.0	15.8
9328.15	9900.27	5384.3	364.5	183.1	111.6	13.7	15.5	16.3
5099.76	5700.91	4698.1	262.1	157.7	111.1	13.2	11.3	12.1
19181	20597	1955.7	274.2	160.8	110.2	10.1	11.9	12.6
10490.65	13704.65		928.7	313.0	130.6		26.5	33.7
8721.19	11455.01		1203.6	324.7	131.3		31.0	35.1
4885.10	6415.54		1870.2	384.6	131.3		38.2	42.2
1750.52	2329.82		457.5	182.3	133.1		18.0	14.0
1206.71	1553.76		1995.3	399.9	128.8		39.6	43.8
1747934	1343839	11347.1	590.7	173.7	76.9	16.5	21.8	14.8
676044	609191	37791.0	779.5	231.2	90.1	21.1	25.6	23.3
1071890	734648	7180.6	491.9	144.0	68.5	14.8	19.4	9.5
403266	479858		888.6	390.3	119.0		27.5	40.6
15487	17002	383.4	258.0	117.1	109.8	4.4	11.1	4.0
18976	19751	589.1	249.4	135.1	104.1	5.9	10.7	7.8
1008.9	1126.06	6129.0	456.9	209.4	111.6	14.2	18.4	20.3
2281.61	2905.76	10501.5	652.2	260.4	127.4	16.2	23.2	27.0
107.0	99.4							
107.5	99.4							
120.9	98.1							
13231.11	14371.56	860.4	244.3	147.8	109.9	7.2	10.4	10.3
8837.46	9566.99	3491.6	249.7	158.4	108.3	12.1	10.7	12.2
4454.24	4806.95	1247.1	186.0	145.7	107.9	8.5	7.1	9.9
3044.21	3388.47	4147.5	257.5	179.1	111.3	12.8	11.1	15.7
1702.22	1918.14	7893.6	387.0	201.9	112.7	15.1	16.2	19.2
24816	27357	940.6	314.7	167.9	110.2	7.5	13.6	13.8

2-3 续表 1

指标	Item	1978	2000	2005
城市概况	**General Survey of Cities**			
供水总量(万立方米)	Volume of Tap Water Supply (10 000 cu.m)		191706	183436
排水管道长度(公里)	Length of Sewer Pipelines (km)		6070	10201
城市煤气、天然气家庭用量(万立方米)	Volume of Coal Gas and Natural Gas Supply in Urban Areas (10 000 cu.m)		30100	31384
公共汽(电)车总数(标台)	Total Number of Public Buses and Trolley Buses (unit)		7235	12514
道路长度(公里)	Length of Paved Roads (km)		4920	7090
公共绿地面积(公顷)	Areas of Green Land (hectare)		6286	12644
产 业	**Industry**			
农林牧渔业	**Farming Forestry, Animal Husbandry and Fishery**			
耕地面积(千公顷)	Cultivated Areas (1 000 hectares)	7157	6875	7201
主要农产品产量	Output of Major Farm Products			
粮食(万吨)	Grain (10 000 tons)	2097.4	4101.50	4582.00
棉花(万吨)	Cotton (10 000 tons)	22.42	70.38	67.70
油料(万吨)	Oil-bearing Crops (10 000 tons)	24.16	392.55	449.60
烟叶(万吨)	Tobacco (10 000 tons)	29.95	27.60	28.84
水果(万吨)	Fruits (10 000 tons)	47.11	364.73	555.69
年底大牲畜存栏头数(万头)	Large Animals (year-end) (10 000 heads)	515.03	1445.73	1508.80
年底生猪存栏头数(万头)	Hogs (year-end) (10 000 heads)	1724.9	3787.69	4439.00
年底羊存栏只数(万只)	Sheep and goats (year-end) (10 000 heads)	989.7	2961.36	3988.00
肉类(万吨)	Meat (10 000 tons)	45.64	517.00	689.00
工业	**Industry**			
规模以上工业增加值(亿元)	value-added of Industrial Above Designated Size (100 million yuan)		1154.39	3200.23
主要工业产品产量	Output of Major Industrial Products			
机制纸及纸板(万吨)	Machine-Made Paper and Paperboards (10 000 tons)	17.13	290.06	562.18
原煤(万吨)	Coal (10 000 tons)	5845	7578	18761
原油(万吨)	Crude Oil (10 000 tons)	167.44	562.18	507.16
发电量(亿千瓦小时)	Electricity (100 million kwh)	130.68	694.93	1414.68
生铁(万吨)	Pig Iron (10 000 tons)	109.72	508.88	973.00
钢(万吨)	Steel (10 000 tons)	54.22	404.84	1226.62
成品钢材(万吨)	Steel Products (10 000 tons)	30.94	405.62	1337.40
农用化肥(折纯量)(万吨)	Chemical Fertilizer (10 000 tons)	51.92	258.56	396.64
水泥(万吨)	Cement (10 000 tons)	352.85	3723.00	6210.70
平板玻璃(万重量箱)	Plate Glass (10 000 weight cases)	184.20	2425.41	3894.92
主营业务收入(亿元)	Sales Revenue (100 million yuan)		3297.78	10114.21
利润总额(亿元)	Total Profits (100 million yuan)		139.97	643.39
建筑业	**Construction**			
施工房屋面积(万平方米)	Floor Space of Buildings Under Construction (10 000 sq.m)		5308.29	10813.15
竣工房屋面积(万平方米)	Floor Space of Buildings Completed (10 000 sq.m)		2629.33	4787.12
交通运输、仓储、邮政业	**Transport, Storage and Post**			
客运量(万人)	Passengers (10 000 persons)	11177	83912	98099
#铁路	Railways	4319	4727	5842
公路	Highways	6781	79017	91920
货运量(万吨)	Freight (10 000 tons)	18206	60678	78827
#铁路	Railways	6722	10172	14806
公路	Highways	11321	50133	62684
邮电业务总量(亿元)	Business Volume of Post and Telecommunications Service (100 million yuan)	0.71	130.06	556.50
批发和零售业、住宿和餐饮业	**Wholesale and Retail Trades、Accommodation and Catering Trade**			
社会消费品零售总额(亿元)	Total Retail Sales of Consumer Goods (100 million yuan)	71.79	1869.80	3380.88

continued

2008	2009	2009年为以下各年% 2009as % of the Following years				年均增长速度(%) Average Annual Growth Rate		
		1978	2000	2005	2008	1979-2009	2001-2009	2006-2009
168294	173377		90.4	94.5	103.0		-1.1	-1.4
13248	13896		228.9	136.2	104.9		9.6	8.0
45560	52476		174.3	167.2	115.2		6.4	13.7
15661	18381		254.1	146.9	117.4		10.9	10.1
8704	9018		183.3	127.2	103.6		7.0	6.2
16301	17154		272.9	135.7	105.2		11.8	7.9
7202								
5365.48	5389.00	256.9	131.4	117.6	100.4	3.1	3.1	4.1
65.08	51.75	230.8	73.6	76.4	79.5	2.7	-3.4	-6.5
505.34	532.98	2206.0	135.8	118.5	105.5	10.5	3.5	4.3
26.73	29.73	99.3	107.7	103.1	111.2	0.0	0.8	0.8
714.09	755.9	1604.5	207.2	136.0	105.9	9.4	8.4	8.0
1097.55	1080.11	209.7	74.7	71.6	98.4	2.4	-3.2	-8.0
4462.00	4528.90	262.6	119.6	102.0	101.5	3.2	2.0	0.5
2038.00	1997.00	201.8	67.4	50.1	98.0	2.3	-4.3	-15.9
584.50	615.10	1347.7	119.0	89.3	105.2	8.8	1.9	-2.8
7305.39	7764.45		481.9	210.5	114.6		19.1	20.4
989	1023.66	5975.8	352.9	182.1	103.5	14.1	15.0	16.2
20888	23018	393.8	303.7	122.7	110.2	4.5	13.1	5.2
475.81	474.50	283.4	84.4	93.6	99.7	3.4	-1.9	-1.7
1952.78	2067.98	1582.5	297.6	146.2	105.9	9.3	12.9	10.0
1715.98	1944.63	1772.4	382.1	199.9	113.3	9.7	16.1	18.9
2187.85	2328.99	4295.4	575.3	189.9	106.5	12.9	21.5	17.4
2570.78	2882.47	9316.3	710.6	215.5	112.1	15.8	24.3	21.2
536.00	554.77	1068.5	214.6	139.9	103.5	7.9	8.9	8.7
10227.04	11711.00	3319.0	314.6	188.6	114.5	12.0	13.6	17.2
3208.94	2765.00	1501.1	114.0	71.0	86.2	9.1	1.5	-8.2
25292.02	28246.65		856.5	279.3	111.7		27.0	29.3
2179.10	2444.18		1746.2	379.9	112.2		37.4	39.6
21966.53	24596.04		463.6	227.6	112.0		18.6	22.8
10289.20	11994.23		456.2	250.6	116.6		18.4	25.8
130436	144666	1382.2	184.1	157.5	110.9	8.8	7.0	12.0
7476	7724	178.8	163.4	132.2	103.3	1.9	5.6	7.2
122414	136280	2155.5	185.0	159.0	111.3	10.4	7.1	12.3
138392	169636	787.0	236.1	181.8	122.6	6.9	10.0	16.1
16226	13856	206.1	136.2	93.6	85.4	2.4	3.5	-1.6
118198	151336	1113.2	251.4	201.1	128.0	8.1	10.8	19.1
1124.13	1296.87	148968.0	997.1	233.0	115.4	26.6	29.1	23.6
5815.44	6746.38	9397.4	360.8	199.5	116.0	15.8	15.3	18.9

2–3 续表 2

指标	Item	1978	2000	2005
金融业(亿元)	**Finance (100 million yuan)**			
金融机构年底存款余额	Deposits of National Banking System	45.71	4753.41	10003.96
金融机构年底贷款余额	Loans of National Banking System	99.99	4356.94	7434.53
城乡居民储蓄存款年底余额	Balance of Savings Deposit of Rural and Urban Residents (year-end)	9.81	3182.08	6488.55
租赁和商务服务业	**Leasing and Business Services**			
接待旅游者人数(万人次)	Number of foreign tourists (10 000 person-times)		32.50	60.05
旅游外汇收入(万美元)	Foreign Exchange Earnings from Tourism (USD 10 000)		12390	21604
科学研究、技术服务和地质勘查业	**Scientific Research, Technical Services and Geologic Prospecting**			
技术市场成交额(亿元)	Volume of Transaction in Technical Markets (100 million yuan)		21.16	26.37
水利、环境和公共设施管理业	**Management of Water Conservancy, Environment and Public Facilities**			
火灾发生数(起)	Number of Fire Disasters (time)		10050	7394
火灾损失折款(万元)	Fire Loss (10 000 yuan)		6718.93	2672.00
交通事故发生数(起)	Number of Traffic Accidents (time)		30889	23804
交通事故损失折款(万元)	Loss of Traffic Accidents (10 000 yuan)		9230	10682
教育	**Education**			
专任教师数(万人)	Number of Full-time Teachers (10 000 persons)			
高等学校	Institutions of Higher Education	0.54	2.02	4.63
普通中学	Regular Secondary School	29.34	30.86	37.30
小学	Primary Schools	42.88	45.93	47.55
在校学生数(万人)	Students Enrollment (10 000 persons)			
高等学校	Institutions of Higher Education	2.73	26.24	85.19
普通中学	Regular Secondary School	521.62	638.14	758.22
小学	Primary Schools	1140.26	1130.63	986.84
卫生、社会保障和社会福利业	**Health, Social Security and Social Welfare**			
医院、卫生院数(个)	Number of Hospitals (unit)	2476	3027	3260
卫生机构床位数(万张)	Number of Beds in Health Institutions (10 000 units)	10.20	19.86	21.40
#医院、卫生院	Hospitals	9.73	18.34	20.23
卫生技术人员数(万人)	Number of Medical Technical Personnel (10 000 persons)	11.44	26.84	28.92
#医生	Doctors	4.38	11.11	11.11
文化、体育和娱乐业	**Culture, Sports and Entertainment**			
总印数	Total Printed Copies			
书籍(万册)	Number of Books Published (10 000 copies)		35077	27260
杂志(万册)	Number of Magazines Issued (10 000 copies)		10721	9323
报纸(万张)	Number of Newspapers Issue (10 000 copies)		129104	197896
公共管理和社会组织	**Public Management and Social Organizations**			
登记结婚(万对)	Registered Marriages (10 000 couples)		66.18	51.33
登记离婚(民政部门)(万对)	Registered Divorces (10 000 couples)		2.65	6.08

注：1.本表价值量指标除邮电业务总量2001年以来为2000年不变价，1990-2000年按1990年不变价格计算，以前年度按1980年不变价格计算其他价值量指标均按当年价格计算。(下同)。生产总值、工业增加值、邮电业务总量、城乡居民收入、在岗职工平均工资发展(增长)速度均按可比价格计算。
2.1994年始财政收入为分税制后新口径数据(下同),发展(增长)速度按可比口径计算。
3.在岗职工、工资1997年及以前年度为职工口径(下同)。
4.进出口总额1992年及以后年度为海关数，其他为有关部门数(下同)。
5.表中2008年和2009年的农业数据已根据第二次农业普查有关资料进行修正。

continued

2008	2009	2009年为以下各年% 2009as % of the Following years				年均增长速度(%) Average Annual Growth Rate		
		1978	2000	2005	2008	1979-2009	2001-2009	2006-2009
15255.42	19175.06	41951.9	403.4	191.7	125.7	21.5	16.8	17.7
10368.05	13437.43	13438.2	308.4	180.7	129.6	17.1	13.3	15.9
9515.82	11207.40	114244.6	352.2	172.7	117.8	25.5	15.0	14.6
104.36	125.85		387.2	209.6	120.6		16.2	20.3
37443	43302		349.5	200.4	115.6		14.9	19.0
25.44	26.38		124.6	100.0	103.7		2.5	0.0
3662	2597		25.8	35.1	70.9		-14.0	-23.0
2525.50	2564.00		38.2	96.0	101.5		-10.2	-1.0
11529	8587		27.8	36.1	74.5		-13.3	-22.5
4911	3303		35.8	30.9	67.3		-10.8	-25.4
6.49	7.15	1324.1	354.0	154.4	110.2	8.7	15.1	11.5
37.89	38.30	130.5	124.1	102.7	101.1	0.9	2.4	0.7
48.53	48.91	114.1	106.5	102.9	100.8	0.4	0.7	0.7
125.02	136.88	5013.9	521.6	160.7	109.5	13.5	20.1	12.6
691.46	675.45	129.5	105.8	89.1	97.7	0.8	0.6	-2.8
1036.60	1052.03	92.3	93.0	106.6	101.5	-0.3	-0.8	1.6
11683	12157	491.0	401.6	372.9	104.1	5.3	16.7	39.0
26.83	30.24	296.5	152.3	141.3	112.7	3.6	4.8	9.0
25.22	28.3	290.9	154.3	139.9	112.2	3.5	4.9	8.8
30.99	34.64	302.8	129.1	119.8	111.8	3.6	2.9	4.6
11.93	13.96	318.7	125.7	125.7	117.0	3.8	2.6	5.9
23457	19748		56.3	72.4	84.2		-6.2	-7.7
8980	8781		81.9	94.2	97.8		-2.2	-1.5
215739	215368		166.8	108.8	99.8		5.9	2.1
71.86	85.88		129.8	167.3	119.5		2.9	13.7
8.38	9.35		352.8	153.7	111.6		15.0	11.3

a) Figures in value terms in this table are Calculated at current prices, except that on the business transaction of post and telecommunications service since 2001 is calculated at 2000 constant prices.1990~2000 is calculated at 1990 constant prices.Figures on postal and telecommunication services before 1990 were calculated at 1980 constant prices,and those since 1991 were calculated at constant prices.The indices and growth rates of the follow indicators are calculated at GDP, value added of industry, Business volume of post and telecommunications, per capita income of urban and rural residents,comparable prices: wages of Fully Employed Staff and workers(the same as following tables)

b) Total financial revenue since tax reform began to be implemented in 1994(the same as following tables).The indices in this table are calculated at comparable prices.

c)Before 1997,Data of Number and Wage of Fully Employed Staff and workers Refer to Total Employed persons(the same as following tables).

d)Since 1992,the data of imports and exports in foreign trade begin to be obtained from custom statistics(the same as following tables).

e)Data of Agrucultural in 2008、2009 are Amended base on The second agricultural General Investigation of China.

2-4 国民经济和社会发展结构指标

Structural Indicators on National Economic and Social Development

单位：% (%)

指 标	Item	1995	2000	2002	2005	2008	2009
人口	**Population**						
城乡结构	Urban and Rural Structure						
市镇	Urban	17.2	23.2	25.8	30.7	36.0	37.7
乡村	Rural	82.8	76.8	74.2	69.3	64.0	62.3
性别结构	Sexual Structure						
男	Male	51.1	51.6	51.5	51.6	51.7	51.7
女	Female	48.9	48.4	48.5	48.4	48.3	48.3
就业	**Employment**						
从业人员产业结构	Industrial Structure						
第一产业	Primary Industry	62.4	64.0	61.5	55.4	48.8	46.5
第二产业	Secondary Industry	20.6	17.5	18.8	22.1	26.8	28.2
第三产业	Tertiary Industry	17.0	18.5	19.7	22.5	24.4	25.4
城镇新就业人员安置去向结构	Structure of Employment Newly						
国有单位	State-owned Units	45.9	59.9	30.9	17.6	8.8	13.1
城镇集体单位	Urban Collective Owned Units	13.0	20.0	8.7	3.0	2.0	1.7
其他单位	Units of Other Types of Ownership	5.9	18.7	20.3	21.1	13.9	19.4
从事个体及私营劳动	Private Enterprises and Self-Employed	35.2	1.4	40.1	58.3	75.3	65.8
国民核算	**National Accounting**						
生产总值产业结构	Industrial Structure						
第一产业	Primary Industry	25.5	23.0	21.3	17.9	14.4	14.2
第二产业	Secondary Industry	46.7	45.4	45.9	52.1	56.9	56.5
工 业	Industry	42.1	39.6	40.0	46.2	51.9	50.8
建筑业	Construction	4.6	5.8	5.9	5.8	5.1	5.7
第三产业	Tertiary Industry	27.8	31.6	32.8	30.0	28.6	29.3
固定资产投资	**Investment**						
全社会固定资产投资结构	Structure of Total Investment in Fixed Assets						
城镇	Urban	74.6	64.5	67.4	80.6	83.1	83.6
农村	Rural	25.4	32.5	30.4	19.4	16.9	16.4
城镇固定资产投资产业结构	Structure of Investment in Fixed Assets of Urban						
第一产业	Primary Industry		1.5	1.4	1.6	2.9	3.1
第二产业	Secondary Industry		36.6	33.6	47.5	56.2	56.2
#工 业	Industry		36.0	33.2	47.3	56.0	56.0
第三产业	Tertiary Industry		61.9	65.0	50.9	40.9	40.8
实际利用外商直接投资	**Actually Used Direct Investment by forign Enterprises**						
#独资经营	Foreign Investment Enterprises	10.6	8.3	21.8	39.3	50.5	59.3
合资经营	Joint Ventures Enterprises	87.8	50.5	65.5	44.5	23.5	34.2
合作经营	Cooperative Operation Enterprises	1.7	11.6	12.6	8.3	3.6	5.6

2-4 续表 1 continued

单位：% (%)

指标	Item	1995	2000	2002	2005	2008	2009
能源	**Energy Sources**						
能源生产总量结构	Structure of Energy Sources Products						
原煤	Coal	87.5	83.7	85.2	91.3	92.6	93.4
原油	Base oil	10.2	12.2	9.8	5.0	4.4	4.0
天然气	Gas	1.6	2.8	2.8	1.8	1.2	0.8
水电	Water and Electricity	0.7	1.4	2.3	1.9	1.8	1.8
财政	**Government Finance**						
地方财政一般预算收入结构	Structure of Government Revenue						
#各项税收	Taxes	83.0	79.1	81.6	68.0	73.6	73.0
地方财政一般预算支出结构	Structure of Government Expenditures						
#农林水事务	Supporting Agricultural Production and Agricultural Operating Expenses	8.5	7.7	7.1	7.4	9.2	12.4
教科文卫	Culture Education Science and Health Care	28.1	24.3	26.5	24.2	29.0	29.0
#科学技术	Science	1.6	1.5	1.3	1.2	1.3	1.2
生活	**People's Livelihood**						
城镇居民消费结构	Consumption Structure of Urban Residents						
食品类	Food	50.1	36.2	33.7	34.2	34.8	34.2
衣着类	Clothing	16.4	12.0	12.7	13.4	12.9	13.3
日用品及其他	Articles for Daily Use and Others	27.5	37.5	42.5	41.6	41.4	42.0
居住	Residence	6.0	14.3	11.1	10.8	10.9	10.5
农村居民消费结构	Consumption Structure of Rural Residents						
食品类	Food	58.6	49.7	48.0	45.4	38.3	36.0
衣着类	Clothing	8.3	6.6	6.5	7.0	6.9	6.7
日用品及其他	Articles for Daily Use and Others	18.9	28.0	27.4	30.8	31.4	31.5
居住	Residence	14.2	15.7	18.1	16.8	23.4	25.9
农业	**Agriculture**						
农林牧渔业增加值结构	Structure of Value-added						
农　业	Farming	67.1	64.7	58.0	56.5	57.0	60.3
林　业	Forestry	3.7	3.6	3.0	2.7	2.8	2.9
牧　业	Animal Husbandy	28.3	30.5	34.6	37.0	36.7	33.0
渔　业	Fishery	0.9	1.2	1.2	1.3	1.5	1.6
农林牧渔服务业	Service activities for Farming, forestry, Animal Husbandy and Fishery			3.2	2.5	2.0	2.2
工业	**Industry**						
增加值轻重工结构	Structure of Value-added of the Industry						
轻工业	Light Industry		37.5	38.8	34.9	34.6	31.729
重工业	Heavy Industry		62.5	61.2	65.1	65.4	68.3

2-4 续表 2 continued

单位：% (%)

指 标	Item	1995	2000	2002	2005	2008	2009
运输业	**Transportation**						
货运量运输方式结构	Structure of Freight Traffic						
#铁 路	Railways	19.4	16.8	17.8	18.8	11.7	8.2
公 路	Highways	79.6	82.6	81.5	79.5	85.4	89.2
水 运	Waterways	0.6	0.6	0.7	1.7	2.9	2.6
客运量运输方式结构	Structure of Freight Ton -Kilometers						
#铁 路	Railways	6.9	5.6	5.6	6.0	5.7	5.3
公 路	Highways	92.8	94.2	94.2	93.7	93.8	94.2
水 运	Waterways	0.1	0.1	0.1	0.1	0.1	0.1
批发零售贸易、住宿和餐饮业	**Wholesale and Retail Trades、Accommodation and Catering Trade**						
社会消费品零售总额结构	Composition of Retail Sales of Consumer Goods						
批发零售和贸易业	Wholesale and Retail Trade	86.0	84.9	83.2	84.0	81.3	81.9
住宿和餐饮业	Accommodation and Catering Trade	9.1	11.7	13.6	13.9	17.1	16.53
其它	Others	4.9	3.4	3.2	2.1	1.6	1.6
国际旅游	**International Tourism**						
国际旅游人数结构	Structure of Tourists						
外国人	Foreigners	56.5	56.0	62.0	57.8	65.1	64.4
港澳台同胞	Compatriots form Hong Kong,Macao and Taiwan	39.5	44.0	38.0	42.2	34.9	35.6
环境	**Environment**						
污染治理资金使用结构	Uses of Funds in Pollution Treatment						
#治理废水	Waste Water Treatment	59.0	43.1	41.9	49.2	35.0	42.9
治理废气	Waste Gas Treatment	23.8	49.8	41.9	34.2	54.9	39.6
治理固体废物	Solid Wastes Treatment	15.0	5.0	3.9	11.7	5.8	3.7
治理噪声	Noise Abatement	1.3	0.2	0.7	0.2	0.5	0.7
教育	**Education**						
专任教师结构	Full-time Teachers by Type						
普通高等学校	Regular Institutions of Higher Education	2.3	2.5	3.2	5.1	6.8	7.3
中等专业学校	Specialized Secondary Schools	2.1	2.1	1.6	1.2	3.0	3.2
普通中学	Regular Secondary Schools	36.9	38.3	39.4	41.2	39.5	39.3
小学	Primary Schools	58.7	57.1	55.8	52.5	50.6	50.2
在校学生结构	Structure of Student Enrollment						
普通高等学校	Regular Institutions of Higher Education	0.8	1.4	2.4	4.5	6.5	7.0
中等专业学校	Specialized Secondary Schools	1.4	1.8	1.8	2.6	3.8	4.2
普通中学	Regular Secondary Schools	28.0	34.9	38.2	40.4	35.9	34.7
小学	Primary Schools	69.7	61.8	57.6	52.5	53.8	54.1

2-5 主要社会经济指标人均水平

Major Per Capita Indicators of Society and Economy

本表价值量指标均按当年价格计算。
The data in value terms in the table are calculated at current prices.

指　标	Item	1995	2000	2005	2008	2009
人口密度（人／平方公里）	**Population Density (person/sq.km)**	**545**	**568**	**585**	**594**	**595**
生产总值(元)	**Gross Domestic Product (yuan)**	**3297**	**5450**	**11346**	**19181**	**20597**
全社会固定资产投资额(元)	**Total Investment in Fixed Assets (yuan)**	**888**	**1564**	**4494**	**10604**	**13784**
人民生活(元)	**People's Livelihood (yuan)**					
在岗职工平均工资	Average Wage of Staff and Workers	4344	6930	14282	24816	27357
城镇居民人均可支配收入	Per Capita Annual Disposable Income of Urban Households	3299	4766	8668	13231	14372
城镇居民人均消费性支出	Per Capita Annual Living Expenditure of Urban Residents	2674	3831	6038	8837	9567
农民人均纯收入	Per Capita Net Income of Rural Residents	1232	1986	2871	4454	4807
农民人均生活消费支出	Per Capita Living Expenditure of Rural Households	929	1316	1892	3044	3388
居民储蓄额	Balance of Savings Deposit of Rural and Urban Residents	1600	3354	6643	9594	11272
农林牧渔业	**Farming,Forestry, Farming of Animals and Fishing**					
农林牧渔业增加值(元)	Value-added of Farming Forestry, Animal Husbandry and Fishery (yuan)	842	1229	1942	2687	2785
主要农产品产量(千克)	Output of Major Farm Products (kg)					
粮食	Grain	382	435	470	541	542
#小麦	Wheat	194	237	265	308	307
棉花	Cotton	8	7	7	7	5
油料	Oil- bearing Crops	33	42	46	51	54
猪、牛、羊肉	Pork, Beef and Mutton	33	48	61	48	50
牛奶	Milk		2	11	28	28
禽蛋	Poultry Eggs	15	29	39	37	39
工业	**Industry**					
规模以上工业增加值(元)	value-added of Enterprises Above Designated Size (yuan)		1223	3285	7776	7809
主要工业产品产量	Output of Major Industrial Products					
原煤(千克)	Coal (kg)	1140	803	1926	2111	2315
原油(千克)	Crude Oil (kg)	66	60	52	48	48
发电量(千瓦小时)	Electricity (kwh)	604	736	1452	1974	2080
钢(千克)	Steel (kg)	31	43	126	221	234
成品钢材(千克)	Steel Products (kg)	29	43	137	260	290
水泥(千克)	Cement (kg)	369	394	637	1034	1178
社会消费品零售总额(元)	**Total Retail Sales of Consumer Goods (yuan)**	**1057**	**1981**	**3470**	**5878**	**6785**
财政	**Finance**					
地方财政一般预算收入(元)	Financial Revenue of the Local Government(yuan)	138	261	552	1020	1133
地方财政一般预算支出(元)	Financial Expenditures of the Local Government (yuan)	229	472	1145	2306	2923
教育	**Education**					
每万人拥有大学生(含研究生)(人)	Number of Doctors per 10 000 Persons (Include Postgraduates) (person)	14	28	89	126	141
卫生	**Health Care**					
每千人拥有医院、卫生院床位(张)	Number of Hospital Beds per 1 000 Persons (unit)	1.93	1.93	2.07	2.71	3.03
每千人拥有医生(人)	Number of Doctors per 1 000 Persons (person)	1.16	1.17	1.14	1.20	1.40

2-6 国民经济和社会发展比例和效益指标
Indicators on Proportions and Efficiency in National Economic and Social Development

本表价值量指标均按当年价格计算。
The data in value terms in the table are calculated at current prices.

指 标	Item	1995	2000	2005	2008	2009
人口	**Population**					
出生率(‰)	Birth Rate (‰)	14.4	13.1	11.6	11.42	11.45
死亡率(‰)	Death Rate (‰)	6.3	5.9	6.3	6.45	6.46
自然增长率(‰)	Natural Growth Rate (‰)	8.13	7.14	5.25	4.97	4.99
城市化水平(%)	Standard of Urbanization (%)	17.2	23.2	30.7	36.0	37.7
就业	**Employment**					
城镇每一就业者负担人口(人)	Number of Dependents per Urban Employee (person)	1.8	1.9	1.9	2.0	1.99
城镇登记失业率(%)	Unemployment Rate in Urban Areas (%)	2.1	2.6	3.5	3.4	3.5
国民核算	**National Accounting**					
经济增长贡献率(%)	Contribution Rate to GDP (%)					
第一产业	Primary Industry	19.0	10.2	9.8	6.5	5.1
第二产业	Secondary Industry	56.1	62.6	62.2	68.5	64.8
第三产业	Tertiary Industry	24.9	27.2	28.0	25.0	30.0
全社会劳动生产率(元/人.年)	Overall Labor Productivity (yuan/person.year)	6673	9377	18824	31045	33063
第一产业	Primary Industry	2687	3382	5926	9220	9868
第二产业	Secondary Industry	15560	24282	46086	67258	67995
第三产业	Tertiary Industry	11184	15827	25738	36555	38869
固定资产投资	**Investment in Fixed Assets**					
全社会固定资产投资率(%)	Proportion of Investment in fixed Assets to GDP (%)	26.9	29.2	41.4	57.0	70.4
全社会房屋建筑面积竣工率(%)	Rate of Total Floor Space of Buildings Completed in Construction (%)	82.5	77.6	67.4	54.9	51.4
对外经济贸易和国际旅游	**Foreign Trade and International Tourism**					
进出口总额相当于生产总值比例(%)	Proportion of Total Imports & Exports to GDP (%)	6.2	3.7	5.9	6.8	4.7
每一来豫游客支出(美元)	Expenditure per International Tourist in Henan (USD)	404	381	360	359	344
利用外资	**Utilization of Foreign Capital**					
实际利用外商直接投资额相当于签订利用外资额比例(%)	Proportion of Foreign Capital Actually Used to Total Amount of Foreign Capital for Utilization by Signed Contracts or Agreements (%)	55.3	77.2	52.3	66.7	97.5
能源	**Energy**					
能源生产弹性系数	Elasticity Ratio of Energy Production	0.31		0.78	0.50	0.90
能源消费弹性系数	Elasticity Ratio of Energy Consumption	0.27	0.77	0.84	0.44	0.38
单位GDP能耗(吨标准煤/万元)	Energy Consumption per 10 000 yuan GDP (ton of SCE/10 000yuan)			1.380	1.219	1.156
单位GDP电耗(千瓦时/万元)	Electricity Consumption per 10 000 yuan GDP (kwh/10 000yuan)			1277.70	1266.23	1218.36
单位工业增加值能耗(吨标准煤/万元)	Energy Consumption per 10 000 yuan Add-value Industry(ton of SCE/10 000yuan)			4.020	3.079	2.708
财政	**Finance**					
财政收入相当于生产总值比例(%)	Proportion of Government Revenue to GDP (%)	4.2	4.9	5.1	5.5	5.8

2-6 续表 continued

指 标	Item	1995	2000	2005	2008	2009
家庭	**Family**					
负担少儿系数(%)	Dependency Ratio of Children			28.8	27.5	26.8
负担老年系数(%)	Dependency Ratio of the Aged			11.4	10.8	12.3
生活	**Family**					
城乡居民收入比例（农民人均纯收入为1）	Proportion of Growth Rate of Annual Income of Urban Residents to the Growth Rate of Annual Net Income of Rural Residents (Per Capita Net Income of Rural Residents=1)	2.7	2.4	3.0	3.0	3.0
恩格尔系数(%)	Angle modulus					
城镇居民	Urban Household	50.1	36.2	34.2	34.8	34.2
农村居民	Rural Household	58.6	49.7	45.4	38.3	36.0
农业	**Agriculture**					
每公顷播种面积农产量(千克)	Output of Farm Crops per Hectare of Sown Area (kg)					
粮食	Grain	3935	4542	5006	5589	5565
棉花	Cotton	770	903	866	1074	963
油料	Oil-bearing Crops	2344	2630	2800	3328	3458
工业	**Industry**					
规模以上工业企业效益(%)	Main Economic Beneficial Indicators of Enterprises Above Designed Size (%)					
成本费用利润率	Ratio of Profits to Industrial Cost		4.5	6.9	9.5	9.6
资产负债率	AssetsLiability Ratio		66.4	61.6	57.8	56.5
总资产贡献率	Ratio of Total Assets to Industrial Output Value		8.6	15.7	24.7	21.0
产品销售率	Proportion of Products Sold		98.0	98.4	98.4	98.5
全员劳动生产率(元/人)	Overall Labor Productivity (yuan/person)		33643	88950	181939	172874
建筑业	**Construction**					
技术装备率(元/人)	Value of Machinery per Laborer (yuan/person)	3955	5302	8531	9821	9728
金融保险	**Finance**					
金融机构存款相当于生产总值比例（%）	Bank Deposits as Percentage of GDP (%)	71.3	94.1	94.5	82.9	98.4
金融机构贷款相当于生产总值比例（%）	Bank Loans as Percentage of GDP (%)	72.6	86.2	70.2	56.3	69.0
教育	**Education**					
小学适龄人口入学率(%)	Rate of School-age Children Enrollment (%)	99.2	99.8	99.7	99.9	99.9
小学毕业生升学率(%)	Rate of Graduates of Primary Schools Entering Junior Secondary Schools (%)	85.6	95.4	98.8	97.8	96.9
初中毕业生升学率(%)	Rate of Graduates of Junior Secondary Schools Entering Senior Secondary Schools (%)	45.1	41.4	60.2	69.77	76.4
学校教师负担系数	Student-teacher Ratio(in percentage)					
大学生	Undergraduate	7.9	13.2	17.5	18.3	18.3
普通中等专业学校	Specialized Secondary Schools	15.2	20.1	43.7	42.2	44.5
普通中学	Regular Secondary Schools	16.9	20.7	20.3	18.2	17.6
小学生	Primary School Students	26.5	24.6	20.8	21.4	21.5

2–7　四大经济区域主要经济指标(2009年)

指标	Item	全　省 Total	中原城市群 ZhongYuanCityGity 绝对值 absolute value	增长(%) Growth Rate (%)	占全省比重(%) as % of the Province
生产总值(亿元)	GDP (100 million yuan)	19480.46	11290.25	11.9	58.0
人均生产总值（元)	Per Capita GDP (yuan)	20597	28296	11.3	137.4
全社会固定资产投资(亿元)	Total Investment in Fixed Assets (100 million yuan)	13704.65	7716.54	30.6	56.3
#城镇固定资产投资	Investment in Fixed Assets in Urban	11455.01	6653.39	31.4	58.1
进出口总额(亿美元)	Total Exports and Imports (USD 10 000)	134.38	104.53	-15.4	77.8
#出口额	Exports	73.46	57.69	-26.2	78.5
实际利用外商直接投资(亿美元)	Actually Utilized Direct Foreign Investments (USD 10 000)	47.99	36.99	17.6	77.1
地方财政一般预算收入(亿元)	Financial Revenue of the Local(100 million yuan)	1126.06	719.89	12.1	63.9
地方财政一般预算支出(亿元)	Financial Expenditures of the Local Government (100 million yuan)	2905.76	1210.46	25.7	41.7
城镇居民人均可支配收入(元)	Per Capita Annual Disposable Income of Urban Households (yuan)	14372	14505	8.7	100.9
农村居民人均纯收入(元)	Per Capita Net Income of RuralResidents(yuan)	4807	5918	8.0	123.1
粮食产量(万吨)	Output of Grain(10 000 tons)	5389.00	1887.97	1.1	35.0
规模以上工业增加值(亿元)	Value Added of Industry above Designated Size (100 million yuan)	7764.45	4851.77	14.1	62.5
规模以上工业主营业务收入(亿元)	Sales Revenue of Industry above Designated Size (100 million yuan)	28246.65	17836.23	11.9	63.1
规模以上工业利润(亿元)	Total Profits (100 million yuan)	2444.18	1649.09	16.1	67.5
社会消费品零售总额(亿元)	Total Retail Sales of Consumer Goods (100 million yuan)	6746.38	3863.24	19.1	57.3
金融机构各项存款余额(亿元)	Deposits of National Banking System (100 million yuan)	19175.06	12557.09	28.0	65.5
#城乡居民储蓄存款余额	Balance of Savings Deposit of Rural and Urban Residents (year-end)	11207.40	6438.08	19.2	57.4
国际旅游收入(万美元)	Foreign Exchange Earnings from Tourism (USD 10 000)	43302	38891	15.5	89.8

注：城乡居民收入增速未扣除物价因素。
a)Growth Rate of Urban and Rural Income by Area has recouped Price Indices.

Major Indicators of Four Economy Areas (2009)

黄淮地区 Between yellow River and Huai river			豫北地区 Nouth of HeNan			豫西豫西南 South and southwest of He Nan		
绝对值 absolute value	增长(%) Growth Rate (%)	占全省 比重(%) as % of the Province	绝对值 absolute value	增长(%) Growth Rate (%)	占全省 比重(%) as % of the Province	绝对值 absolute value	增长(%) Growth Rate (%)	占全省 比重(%) as % of the Province
3890.44	11.2	20.0	2150.14	11.5	11.0	2417.24	10.6	12.4
12072	10.3	58.6	21173	11.1	102.8	19634	9.8	95.3
2804.20	30.2	20.5	1462.14	32.1	10.7	1706.48	31.4	12.5
2164.70	31.0	18.9	1223.72	31.8	10.7	1397.09	32.7	12.2
7.94	-14.5	5.9	14.23	-55.2	10.6	7.68	-24.5	5.7
3.86	2.4	5.3	6.81	-60.3	9.3	5.10	-37.3	6.9
3.62	14.2	7.5	3.41	55.5	7.1	3.97	13.2	8.3
123.57	14.8	11.0	98.54	8.0	8.8	97.67	11.0	8.7
610.91	28.5	21.0	249.62	30.4	8.6	289.19	26.5	10.0
12109	8.9	84.3	14058	8.5	97.8	13484	8.8	93.8
4199	8.2	87.4	5315	8.1	110.6	4988	7.9	103.8
2545.98	2.2	47.2	692.93	1.5	12.9	642.15	1.7	11.9
1013.32	16.9	13.1	1075.61	14.2	13.9	856.39	13.8	11.0
3601.21	19.0	12.7	3754.67	6.9	13.3	3054.53	8.3	10.8
302.90	20.5	12.4	262.37	-4.8	10.7	229.80	-1.0	9.4
1451.70	19.6	21.5	569.40	18.8	8.4	848.41	19.0	12.6
3197.17	20.6	16.7	1673.14	19.7	8.7	1654.82	23.2	8.6
2472.47	16.5	22.1	1149.93	13.8	10.3	1145.79	16.7	10.2
1265	35.6	2.9	1822	7.9	4.2	1324	13.7	3.1

2-8 基本单位数
Institutional Units

单位：个 (unit)

年份 Year	法人单位数 Institutional Units	单产业法人 Single Sector	多产业法人 Multi-sector	产业活动单位数 Establishments Units	#多产业法人的活动单位 Establishments Units of Multi-sector
1997	217803	200130	17673	336064	135934
1998	232775	216381	16394	347599	131218
1999	223741	208188	15553	334889	126701
2000	225806	210590	15216	336330	125740
2001	267883	253315	14568	374810	121495
2002	266230	251907	14323	371791	119884
2003	272024	258155	13869	374699	116544
2004	277950	265289	12661	383093	117804
2005	286207	273891	12316	387463	113572
2006	305722	293714	12008	403819	110105
2007	322828	310887	11941	421567	110680
2008	362427	351785	10642	453789	102004
2009	379992	369141	10851	471512	102371

2-9 按三次产业分的基本单位数及构成
Institutional Units and Composition By Industry

年份 Year	单位数(个) Number of Enteprised (unit)	第一产业 Primary Industry		第二产业 Secondary Industry		第三产业 Tertiary Industry	
		绝对数 Value	构成(%) Composition(%)	绝对数 Value	构成(%) Composition(%)	绝对数 Value	构成(%) Composition(%)
法人单位 Institutional Units							
1997	217803	4101	1.9	85488	39.2	128214	58.9
1998	232775	5032	2.2	97576	41.9	130167	55.9
1999	223741	4904	2.2	90576	40.5	128261	57.3
2000	225806	5035	2.2	90865	40.3	129906	57.5
2001	267883	4782	1.8	88965	33.2	174136	65.0
2002	266230	4604	1.7	87495	32.9	174131	65.4
2003	272024	10803	4.0	89839	33.0	171382	63.0
2004	277950	8660	3.1	91370	32.9	177920	64.0
2005	286207	8334	2.9	97446	34.1	180427	63.0
2006	305722	8600	2.8	106732	34.9	190390	62.3
2007	322828	9570	3.0	114560	35.5	198698	61.5
2008	362427	11406	3.1	123219	34.0	227802	62.9
2009	379992	13022	3.4	128949	33.9	238021	62.6
产业活动单位 Establishments Units							
1997	336064	4936	1.5	93405	27.8	237723	70.7
1998	347599	5801	1.7	104649	30.1	237149	68.2
1999	334889	5641	1.7	96979	29.0	232269	69.3
2000	336330	5755	1.7	97001	28.8	233574	69.5
2001	374810	5386	1.5	94602	25.2	274822	73.3
2002	371791	5159	1.4	92909	25.0	273723	73.6
2003	374699	13518	3.6	94607	25.3	266574	71.1
2004	383093	10811	2.8	96284	25.1	275998	72.1
2005	387463	9924	2.6	101636	26.2	275903	71.2
2006	403819	10054	2.5	110784	27.4	282981	70.1
2007	421567	10957	2.6	118568	28.1	292042	69.3
2008	453789	12071	2.7	126048	27.8	315670	69.6
2009	471512	13655	2.9	131829	28.0	326028	69.1

2-10 各市基本单位数

Institutional Units By Cities

单位：个 (unit)

市 City	2008				
	法人单位数 Institutional Units	单产业法人 Single Sector	多产业法人 Multi-sector	产业活动单位数 Establishments Units	#多产业法人的活动单位 Establishments Units of Multi-sector
全 省 Total	**362427**	**351785**	**10642**	**453789**	**102004**
郑 州 市 Zhengzhou	49129	48122	1007	57261	9139
开 封 市 Kaifeng	17969	17326	643	23017	5691
洛 阳 市 Luoyang	31175	30331	844	38248	7917
平 顶 山 市 Pingdingshan	17258	16537	721	23417	6880
安 阳 市 Anyang	21747	21223	524	26059	4836
鹤 壁 市 Hebi	5956	5719	237	7444	1725
新 乡 市 Xinxiang	21405	20939	466	25403	4464
焦 作 市 Jiaozuo	15150	14691	459	18553	3862
濮 阳 市 Puyang	17325	17007	318	19870	2863
许 昌 市 Xuchang	22081	21740	341	24922	3182
漯 河 市 Luohe	7697	7373	324	10030	2657
三 门 峡 市 Sanmenxia	11285	10489	796	15618	5129
南 阳 市 Nanyang	38443	37403	1040	48244	10841
商 丘 市 Shangqiu	18935	18272	663	26456	8184
信 阳 市 Xinyang	19862	19079	783	26986	7907
周 口 市 Zhoukou	19786	19101	685	28016	8915
驻 马 店 市 Zhumadian	23773	23030	743	30276	7246
济 源 市 Jiyuan	3451	3403	48	3837	434

市 City	2009				
	法人单位数 Institutional Units	单产业法人 Single Sector	多产业法人 Multi-sector	产业活动单位数 Establishments Units	#多产业法人的活动单位 Establishments Units of Multi-sector
全 省 Total	**379992**	**369141**	**10851**	**471512**	**102371**
郑 州 市 Zhengzhou	51902	50859	1043	60216	9357
开 封 市 Kaifeng	19282	18638	644	24286	5648
洛 阳 市 Luoyang	32555	31710	845	39596	7886
平 顶 山 市 Pingdingshan	18607	17879	728	24776	6897
安 阳 市 Anyang	22419	21893	526	26707	4814
鹤 壁 市 Hebi	6165	5928	237	7642	1714
新 乡 市 Xinxiang	22991	22520	471	26981	4461
焦 作 市 Jiaozuo	15804	15350	454	19186	3836
濮 阳 市 Puyang	17558	17240	318	20101	2861
许 昌 市 Xuchang	23379	23030	349	26227	3197
漯 河 市 Luohe	7900	7570	330	10497	2927
三 门 峡 市 Sanmenxia	12235	11409	826	16653	5244
南 阳 市 Nanyang	39681	38642	1039	49442	10800
商 丘 市 Shangqiu	19676	19015	661	27179	8164
信 阳 市 Xinyang	20348	19444	904	27462	8018
周 口 市 Zhoukou	20520	19834	686	28761	8927
驻 马 店 市 Zhumadian	25500	24758	742	31958	7200
济 源 市 Jiyuan	3470	3422	48	3842	420

2-11 按登记注册和机构类型分的基本单位数(2008年)

Institutional Units By Registration Status and Type of Organization(2008)

单位：个 (unit)

类型	Grouped	法人单位数 Institutional Units	单产业法人 Single Sector	多产业法人 Multi-sector	产业活动单位数 Establishments Units	#多产业法人的活动单位 Establishments Units of Multi-sector
总　计	**Total**	**351021**	**340437**	**10584**	**441718**	**101281**
内资	Domestic-Funded Enterprises	349703	339180	10523	438858	99678
国有	State-owned	54725	48043	6682	110250	62207
集体	Collective-owned	15805	14987	818	26638	11651
股份合作	Cooperative	1555	1440	115	4212	2772
联营	Pool Enterprises	506	486	20	656	170
国有联营	State Joint Ownership	85	77	8	121	44
集体联营	Collective Joint Ownership	215	205	10	255	50
国有与集体联营	Joint State-collective	32	31	1	66	35
其他联营	Other Joint Ownership	174	173	1	214	41
有限责任公司	Limited liability Enterprises	27626	26978	648	31279	4301
国有独资公司	State-funded Corporations	276	232	44	460	228
其他有限责任公司	Other Limited Liability Corporations	27350	26746	604	30819	4073
股份有限公司	Share-holding Corporations Ltd.	5630	5207	423	12845	7638
私营	Private enterprise	162703	162056	647	166792	4736
私营独资	Private-funded	112991	112804	187	115204	2400
私营合伙	Private Partnership	9614	9588	26	9833	245
私营有限责任公司	Private Limited Liability Corporations	36695	36303	392	38104	1801
私营股份有限公司	Private Share-holding Corporations Ltd.	3403	3361	42	3651	290
其他	Other	81153	79983	1170	86186	6203
港、澳、台商投资	Enterprises With Investment from Hong Kong, Macao and Taiwan	567	535	32	1337	802
合资经营(港或澳、台资)	Joint-venture Enterprises With Funds from Hong Kong, Macao and Taiwan	274	264	10	371	107
合作经营(港或澳、台资)	Cooperative Enterprises With Funds from Hong Kong, Macao and Taiwan	28	27	1	30	3
港、澳、台商独资经营	Enterprises with Sole Investment from Hong Kong, Macao and Taiwan	227	211	16	822	611
港、澳、台商投资股份有限公司	Share-holding Corporations Ltd. with Investment from Hong Kong, Macao and Taiwan	38	33	5	114	81
外商投资	Enterprises With Foreign Investment	751	722	29	1523	801
中外合资经营	Joint-venture Enterprises	431	418	13	514	96
中外合作经营	Cooperation Enterprises	43	41	2	57	16
外资	Enterprises with Sole Foreign Investment	226	215	11	899	684
外商投资股份有限公司	Share-holding Corporations Ltd. with Foreign Investment	51	48	3	53	5
按机构类型分	**By Type of Organization**	**351021**	**340437**	**10584**	**441718**	**101281**
企业	Enterprises	212774	209492	3282	251263	41771
事业单位	Institutions	39927	37012	2915	79864	42852
机关	Agencies and Organization	11787	8527	3260	20563	12036
社会团体	Caste	5467	5389	78	5855	466
民办非企业单位	Non-Enterprises run by local people	18600	18583	17	18583	
基金会	Foundation	15	14	1	22	8
居委会	Residents committee	3448	3409	39	3493	84
村委会	Villagers committee	47835	46892	943	48003	1111
其他组织机构	Others	11168	11119	49	14072	2953

2-12 按登记注册和机构类型分的基本单位数(2009年)

Institutional Units By Registration Status and Type of Organization(2009)

单位：个 (unit)

类型	Grouped	法人单位数 Institutional Units	单产业法人 Single Sector	多产业法人 Multi-sector	产业活动单位数 Establishments Units	#多产业法人的活动单位 Establishments Units of Multi-sector
总　计	**Total**	**366970**	**356180**	**10790**	**457857**	**101677**
内资	Domestic-Funded Enterprises	365617	354888	10729	455058	100170
国有	State-owned	55232	48523	6709	111102	62579
集体	Collective-owned	15984	15158	826	26992	11834
股份合作	Cooperative	1660	1547	113	4295	2748
联营	Pool Enterprises	546	526	20	696	170
国有联营	State Joint Ownership	90	82	8	126	44
集体联营	Collective Joint Ownership	218	208	10	258	50
国有与集体联营	Joint State-collective	40	39	1	74	35
其他联营	Other Joint Ownership	198	197	1	238	41
有限责任公司	Limited liability Enterprises	30664	29995	669	34356	4361
国有独资公司	State-funded Corporations	299	254	45	486	232
其他有限责任公司	Other Limited Liability Corporations	30365	29741	624	33870	4129
股份有限公司	Share-holding Corporations Ltd.	6058	5637	421	13313	7676
私营	Private enterprise	173600	172901	699	177774	4873
私营独资	Private-funded	118047	117843	204	120290	2447
私营合伙	Private Partnership	10361	10332	29	10587	255
私营有限责任公司	Private Limited Liability Corporations	41023	40597	426	42474	1877
私营股份有限公司	Private Share-holding Corporations Ltd.	4169	4129	40	4423	294
其他	Other	81873	80601	1272	86530	5929
港、澳、台商投资	Enterprises With Investment from Hong Kong, Macao and Taiwan	584	552	32	1260	708
合资经营(港或澳、台资)	Joint-venture Enterprises With Funds from Hong Kong, Macao and Taiwan	283	272	11	379	107
合作经营(港或澳、台资)	Cooperative Enterprises With Funds from Hong Kong, Macao and Taiwan	27	27		30	3
港、澳、台商独资经营	Enterprises with Sole Investment from Hong Kong, Macao and Taiwan	237	221	16	739	518
港、澳、台商投资股份有限公司	Share-holding Corporations Ltd. with Investment from Hong Kong, Macao and Taiwan	37	32	5	112	80
外商投资	Enterprises With Foreign Investment	769	740	29	1539	799
中外合资经营	Joint-venture Enterprises	440	427	13	521	94
中外合作经营	Cooperation Enterprises	44	42	2	59	17
外资	Enterprises with Sole Foreign Investment	234	223	11	906	683
外商投资股份有限公司	Share-holding Corporations Ltd. with Foreign Investment	51	48	3	53	5
按机构类型分	**By Type of Organization**	**379992**	**369141**	**10851**	**471512**	**102371**
企业	Enterprises	239205	235807	3398	278202	42395
事业单位	Institutions	40652	37713	2939	80793	43080
机关	Agencies and Organization	11821	8555	3266	20583	12028
社会团体	Caste	5624	5545	79	6018	473
民办非企业单位	Non-Enterprises run by local people	19165	19148	17	19148	
基金会	Foundation	15	14	1	18	4
居委会	Residents committee	3404	3364	40	3441	77
村委会	Villagers committee	47504	46446	1058	47525	1079
其他组织机构	Others	12602	12549	53	15784	3235

2-13　按行业分的基本单位数(2008年)
Institutional Units By Sector(2008)

单位：个 (unit)

行　业	Sector	法人单位数 Institutional Units	单产业法人 Single Sector	多产业法人 Multi-sector	产业活动单位数 Establishments Units	#多产业法人的活动单位 Establishments Units of Multi-sector
全省总计	**Total**	**362427**	**351785**	**10642**	**453789**	**102004**
农、林、牧、渔业	Farming, Frestry, Animal Husbandy and Fishery	11406	11348	58	12071	723
农业	Agriculture	1442	1418	24	1519	101
林业	Forestry	886	877	9	1135	258
畜牧业	Animal Husbandy	7194	7181	13	7247	66
渔业	Fishery	363	363		409	46
农、林、牧、渔服务业	Service Activities for Farming, Frestry, Animal Husbandy and Fishery	1521	1509	12	1761	252
采矿业	Mining	7454	7411	43	7621	210
煤炭开采和洗选业	Mining and washing of coal	1223	1201	22	1312	111
石油和天然气开采业	Extraction of petroleum and natural gas	8	4	4	37	33
黑色金属矿采选业	Mining of ferrous metal ores	1144	1141	3	1151	10
有色金属矿采选业	Mining of non-ferrous metal ores	1194	1185	9	1219	34
非金属矿采选业	Mining and processing of nonmetal ores	3846	3841	5	3863	22
其他采矿业	Mining of other ores n.e.c	39	39		39	
制造业	Manufacturing	105315	105024	291	106296	1272
农副食品加工业	Processing of food from agricultural products	11910	11893	17	12051	158
食品制造业	Manufacture of foods	3366	3349	17	3396	47
饮料制造业	Manufacture of beverage	2214	2201	13	2244	43
烟草制品业	Manufacture of tobacco	13	11	2	23	12
纺织业	Manufacture of textile	3505	3494	11	3515	21
纺织服装、鞋、帽制造业	Manufacture of textile wearing apparel, footware, and caps	1536	1528	8	1550	22
皮革、毛皮、羽毛(绒)及其制品业	Manufacture of leather, fur, feather and its products	1197	1193	4	1296	103
木材加工及木、竹、藤、棕、草制	Processing of timbers, manufacture of wood, bamboo, rattan, palm, and straw products	6392	6390	2	6396	6
家具制造业	Manufacture of furniture	3256	3252	4	3261	9
造纸及纸制品业	Manufacture of paper and paper products	1800	1797	3	1818	21
印刷业和记录媒介的复制	Printing,reproduction of recording media	1780	1772	8	1814	42
文教体育用品制造业	Manufacture of articles for culture,education and sport activity	310	309	1	313	4
石油加工、炼焦及核燃料加工业	Processing of petroleum ,coking,Processing of nucleus fuel	267	264	3	274	10
化学原料及化学制品制造业	Manufacture of chemical raw material and chemical products	4767	4743	24	4812	69
医药制造业	Manufacture of medicines	930	922	8	940	18
化学纤维制造业	Manufacture of chemical fiber	98	96	2	99	3
橡胶制品业	Manufacture of rubber	758	752	6	765	13
塑料制品业	Manufacture of plastic	3347	3341	6	3381	40
非金属矿物制品业	Manufacture of non-metallic mineral products	28207	28176	31	28347	171
黑色金属冶炼及压延加工业	Manufacture and processing of ferrous metals	827	818	9	832	14
有色金属冶炼及压延加工业	Manufacture and processing of non-ferrous metals	1419	1406	13	1446	40
金属制品业	Manufacture of metal products	4634	4622	12	4673	51

2-13 续表 1 continued

单位：个 (unit)

行业	Sector	法人单位数 Institutional Units	单产业法人 Single Sector	多产业法人 Multi-sector	产业活动单位数 Establishments Units	#多产业法人的活动单位 Establishments Units of Multisector
通用设备制造业	Manufacture of general purpose machinery	7556	7537	19	7623	86
专用设备制造业	Manufacture of special purpose machinery	5001	4977	24	5056	79
交通运输设备制造业	Manufacture of transport equipment	2822	2804	18	2892	88
电气机械及器材制造业	Manufacture of electrical machinery and equipment	2377	2366	11	2412	46
通信设备、计算机及其他电子设备	Manufacture of communication equipment ,computer and other electronic equipment	448	442	6	454	12
仪器仪表及文化、办公用机械制造	Manufacture of measuring instrument and machinery for cultural activity and office work	578	576	2	589	13
工艺品及其他制造业	Manufacture of artwork, other manufacture n.e.c	3225	3220	5	3244	24
废弃资源和废旧材料回收加工业	Recycling and disposal of waste	775	773	2	780	7
电力、燃气及水的生产和供应业	Production and distribution of electricity,gas and water	1367	1269	98	2830	1561
电力、热力的生产和供应业	Production and supply of electric power and heat power	605	523	82	2027	1504
燃气生产和供应业	Production and distribution of gas	128	123	5	137	14
水的生产和供应业	Production and distribution of water	634	623	11	666	43
建筑业	Construction	9083	9015	68	9301	286
房屋和土木工程建筑业	Construction of Building and civil engineering	5238	5186	52	5373	187
建筑安装业	Architectural installation	1084	1076	8	1145	69
建筑装饰业	Architectural decoration	1856	1851	5	1865	14
其他建筑业	Other construction	905	902	3	918	16
交通运输、仓储和邮政业	Traffic,transport, storage and post	4885	4747	138	7695	2948
铁路运输业	Transport via railway	42	40	2	56	16
道路运输业	Transport via road	2629	2550	79	3464	914
城市公共交通业	Urban public traffic	397	386	11	467	81
水上运输业	Water transport	77	77		78	1
航空运输业	Air transport	12	10	2	15	5
管道运输业	Transport via pipeline	1	1		1	
装卸搬运和其他运输服务业	Loading, unloading, portage and other transport services	560	556	4	594	38
仓储业	Storage	1100	1078	22	1155	77
邮政业	Post	67	49	18	1865	1816
信息传输、计算机服务和软件业	Information transfer, computer services and software	4631	4558	73	6877	2319
电信和其他信息传输服务业	Telecom and other information transfer services	427	358	69	2640	2282
计算机服务业	Computer services	3708	3704	4	3738	34
软件业	Software industry	496	496		499	3
批发和零售业	Wholesale and retail trade	47472	45747	1725	66812	21065
批发业	Wholesale	23119	22668	451	27548	4880
零售业	Retail trade	24353	23079	1274	39264	16185
住宿和餐饮业	Accommodation and Restaurants	8809	8619	190	9777	1158
住宿业	Accommodation	2709	2599	110	2991	392
餐饮业	Restaurants	6100	6020	80	6786	766
金融业	Finance	1076	571	505	11117	10546
银行业	Bank	355	82	273	7988	7906

2-13 续表 2 continued

单位：个 (unit)

行业	Sector	法人单位数 Institutional Units	单产业法人 Single Sector	多产业法人 Multi-sector	产业活动单位数 Establishments Units	#多产业法人的活动单位 Establishments Units of Multi-sector
证券业	Securities	24	23	1	60	37
保险业	Insurance	430	211	219	2519	2308
其他金融活动	Other financial activities	267	255	12	550	295
房地产业	Real estate	6765	6730	35	6914	184
租赁和商务服务业	Tenancy and business services	9821	9707	114	11024	1317
租赁业	Tenancy	494	491	3	519	28
商务服务业	Business service	9327	9216	111	10505	1289
科学研究、技术服务和地质勘查业	Scientific research, technical service and geologic perambulation	5266	5204	62	6102	898
研究与试验发展	Research and experimental development	567	561	6	614	53
专业技术服务业	Professional technique services	2870	2839	31	3267	428
科技交流和推广服务业	Services of science and technique intercommunion and generalization	1697	1680	17	2065	385
地质勘查业	Geologic perambulation	132	124	8	156	32
水利、环境和公共设施管理业	Management of water conservancy, environment and public establishment	2206	2160	46	2616	456
水利管理业	Management of water conservancy	741	725	16	901	176
环境管理业	Environmental management	406	394	12	558	164
公共设施管理业	Management of public establishment	1059	1041	18	1157	116
居民服务和其他服务业	Resident services and other services	3700	3655	45	4059	404
居民服务业	Resident services	2443	2408	35	2712	304
其他服务业	Other services	1257	1247	10	1347	100
教育	Education	22536	20526	2010	47010	26484
卫生、社会保障和社会福利业	Sanitation, social security and social welfare	26057	25834	223	29787	3953
卫生	Sanitation	24331	24139	192	27311	3172
社会保障业	Social security	567	543	24	954	411
社会福利业	Social welfare	1159	1152	7	1522	370
文化、体育和娱乐业	Culture, sports and entertainment	3492	3440	52	4801	1361
新闻出版业	Journalism and publishing activities	154	144	10	167	23
广播、电视、电影和音像业	Broadcasting,movies,television and audiovisual activities	543	519	24	740	221
文化艺术业	Culture and art	1973	1964	9	3014	1050
体育	Sports activities	227	223	4	238	15
娱乐业	Entertainment	595	590	5	642	52
公共管理和社会组织	Public management and social organization	81086	76220	4866	101079	24859
中国共产党机关	Chinese Communist Party organs	1413	1331	82	1485	154
国家机构	Organ of state	20597	16881	3716	39950	23069
人民政协和民主党派	People's Political Consultative Conference and democratic parties	230	229	1	232	3
群众团体、社会团体和宗教组织	Mass communities, social communities and religion organizations	7967	7873	94	8483	610
基层群众自治组织	Grass roots self-government organizations	50879	49906	973	50929	1023

2-14 按行业分的基本单位数(2009年)

Institutional Units By Sector(2009)

单位：个 (unit)

行 业	Sector	法人单位数 Institutional Units	单产业法人 Single Sector	多产业法人 Multi-sector	产业活动单位数 Establishments Units	#多产业法人的活动单位 Establishments Units of Multi-sector
全 省 总 计	**Total**	**379992**	**369141**	**10851**	**471512**	**102371**
农、林、牧、渔业	Farming, Frestry, Animal Husbandy and Fishery	13022	12961	61	13655	694
农业	Agriculture	1826	1801	25	1900	99
林业	Forestry	969	960	9	1220	260
畜牧业	Animal Husbandy	7958	7944	14	8011	67
渔业	Fishery	396	395	1	440	45
农、林、牧、渔服务业	Service Activities for Farming, Frestry, Animal Husbandy and Fishery	1873	1861	12	2084	223
采矿业	Mining	7774	7730	44	7943	213
煤炭开采和洗选业	Mining and washing of coal	1333	1310	23	1423	113
石油和天然气开采业	Extraction of petroleum and natural gas	10	6	4	39	33
黑色金属矿采选业	Mining of ferrous metal ores	1152	1149	3	1159	10
有色金属矿采选业	Mining of non-ferrous metal ores	1248	1239	9	1273	34
非金属矿采选业	Mining and processing of nonmetal ores	3980	3975	5	3998	23
其他采矿业	Mining of other ores n.e.c	51	51		51	
制造业	Manufacturing	109908	109612	296	110915	1303
农副食品加工业	Processing of food from agricultural products	12246	12228	18	12387	159
食品制造业	Manufacture of foods	3548	3532	16	3579	47
饮料制造业	Manufacture of beverage	2277	2265	12	2310	45
烟草制品业	Manufacture of tobacco	14	12	2	24	12
纺织业	Manufacture of textile	3735	3723	12	3752	29
纺织服装、鞋、帽制造业	Manufacture of textile wearing apparel, footware, and caps	1764	1756	8	1781	25
皮革、毛皮、羽毛(绒)及其制品业	Manufacture of leather, fur, feather and its products	1301	1297	4	1400	103
木材加工及木、竹、藤、棕、草制	Processing of timbers, manufacture of wood, bamboo, rattan, palm, and straw products	6615	6613	2	6619	6
家具制造业	Manufacture of furniture	3451	3447	4	3459	12
造纸及纸制品业	Manufacture of paper and paper products	1849	1847	2	1867	20
印刷业和记录媒介的复制	Printing,reproduction of recording media	1846	1838	8	1880	42
文教体育用品制造业	Manufacture of articles for culture,education and sport activity	332	331	1	335	4
石油加工、炼焦及核燃料加工业	Processing of petroleum ,coking,Processing of nucleus fuel	289	286	3	296	10
化学原料及化学制品制造业	Manufacture of chemical raw material and chemical products	4977	4952	25	5023	71
医药制造业	Manufacture of medicines	1000	991	9	1010	19
化学纤维制造业	Manufacture of chemical fiber	101	99	2	102	3
橡胶制品业	Manufacture of rubber	789	784	5	796	12
塑料制品业	Manufacture of plastic	3501	3495	6	3535	40
非金属矿物制品业	Manufacture of non-metallic mineral products	28846	28815	31	28983	168
黑色金属冶炼及压延加工业	Manufacture and processing of ferrous metals	880	872	8	885	13
有色金属冶炼及压延加工业	Manufacture and processing of non-ferrous metals	1492	1480	12	1518	38
金属制品业	Manufacture of metal products	4972	4957	15	5012	55

2-14 续表 1 continued

单位：个 (unit)

行业	Sector	法人单位数 Institutional Units	单产业法人 Single Sector	多产业法人 Multi-sector	产业活动单位数 Establishments Units	#多产业法人的活动单位 Establishments Units of Multisector
通用设备制造业	Manufacture of general purpose machinery	8010	7989	21	8078	89
专用设备制造业	Manufacture of special purpose machinery	5270	5245	25	5328	83
交通运输设备制造业	Manufacture of transport equipment	3009	2990	19	3079	89
电气机械及器材制造业	Manufacture of electrical machinery and equipment	2569	2558	11	2606	48
通信设备、计算机及其他电子设备	Manufacture of communication equipment ,computer and other electronic equipment	492	486	6	498	12
仪器仪表及文化、办公用机械制造	Manufacture of measuring instrument and machinery for cultural activity and office work	611	609	2	623	14
工艺品及其他制造业	Manufacture of artwork, other manufacture n.e.c	3313	3308	5	3336	28
废弃资源和废旧材料回收加工业	Recycling and disposal of waste	809	807	2	814	7
电力、燃气及水的生产和供应业	Production and distribution of electricity,gas and water	1450	1351	99	2919	1568
电力、热力的生产和供应业	Production and supply of electric power and heat power	631	549	82	2056	1507
燃气生产和供应业	Production and distribution of gas	145	139	6	156	17
水的生产和供应业	Production and distribution of water	674	663	11	707	44
建筑业	Construction	9817	9745	72	10052	307
房屋和土木工程建筑业	Construction of Building and civil engineering	5499	5444	55	5644	200
建筑安装业	Architectural installation	1197	1189	8	1258	69
建筑装饰业	Architectural decoration	2080	2075	5	2092	17
其他建筑业	Other construction	1041	1037	4	1058	21
交通运输、仓储和邮政业	Traffic,transport, storage and post	5300	5160	140	8114	2954
铁路运输业	Transport via railway	46	43	3	61	18
道路运输业	Transport via road	2887	2808	79	3725	917
城市公共交通业	Urban public traffic	409	398	11	478	80
水上运输业	Water transport	89	89		90	1
航空运输业	Air transport	16	14	2	19	5
管道运输业	Transport via pipeline	1	1		1	
装卸搬运和其他运输服务业	Loading, unloading, portage and other transport services	602	598	4	637	39
仓储业	Storage	1168	1146	22	1223	77
邮政业	Post	82	63	19	1880	1817
信息传输、计算机服务和软件业	Information transfer, computer services and software	4892	4820	72	7140	2320
电信和其他信息传输服务业	Telecom and other information transfer services	462	396	66	2670	2274
计算机服务业	Computer services	3860	3856	4	3896	40
软件业	Software industry	570	568	2	574	6
批发和零售业	Wholesale and retail trade	52698	50939	1759	72149	21210
批发业	Wholesale	25960	25493	467	30431	4938
零售业	Retail trade	26738	25446	1292	41718	16272
住宿和餐饮业	Accommodation and Restaurants	9092	8898	194	10067	1169
住宿业	Accommodation	2795	2684	111	3077	393
餐饮业	Restaurants	6297	6214	83	6990	776
金融业	Finance	1368	859	509	11390	10531
银行业	Bank	384	110	274	7980	7870

2-14 续表 2 continued

单位：个 (unit)

行业	Sector	法人单位数 Institutional Units	单产业法人 Single Sector	多产业法人 Multi-sector	产业活动单位数 Establishments Units	#多产业法人的活动单位 Establishments Units of Multi-sector
证券业	Securities	45	43	2	84	41
保险业	Insurance	473	251	222	2573	2322
其他金融活动	Other financial activities	466	455	11	753	298
房地产业	Real estate	7464	7421	43	7626	205
租赁和商务服务业	Tenancy and business services	11318	11197	121	12530	1333
租赁业	Tenancy	600	597	3	626	29
商务服务业	Business service	10718	10600	118	11904	1304
科学研究、技术服务和地质勘查业	Scientific research, technical service and geologic perambulation	5577	5510	67	6423	913
研究与试验发展	Research and experimental development	589	582	7	635	53
专业技术服务业	Professional technique services	3026	2991	35	3429	438
科技交流和推广服务业	Services of science and technique intercommunion and generalization	1818	1801	17	2191	390
地质勘查业	Geologic perambulation	144	136	8	168	32
水利、环境和公共设施管理业	Management of water conservancy, environment and public establishment	2323	2275	48	2738	463
水利管理业	Management of water conservancy	755	739	16	918	179
环境管理业	Environmental management	434	422	12	587	165
公共设施管理业	Management of public establishment	1134	1114	20	1233	119
居民服务和其他服务业	Resident services and other services	4173	4128	45	4530	402
居民服务业	Resident services	2651	2616	35	2916	300
其他服务业	Other services	1522	1512	10	1614	102
教育	Education	22751	20744	2007	47224	26480
卫生、社会保障和社会福利业	Sanitation, social security and social welfare	26114	25891	223	29851	3960
卫生	Sanitation	24375	24183	192	27361	3178
社会保障业	Social security	574	550	24	962	412
社会福利业	Social welfare	1165	1158	7	1528	370
文化、体育和娱乐业	Culture, sports and entertainment	3607	3555	52	4911	1356
新闻出版业	Journalism and publishing activities	168	158	10	182	24
广播、电视、电影和音像业	Broadcasting,movies,television and audiovisual activities	560	537	23	756	219
文化艺术业	Culture and art	2016	2007	9	3050	1043
体育	Sports activities	233	228	5	244	16
娱乐业	Entertainment	630	625	5	679	54
公共管理和社会组织	Public management and social organization	81344	76345	4999	101335	24990
中国共产党机关	Chinese Communist Party organs	1414	1332	82	1487	155
国家机构	Organ of state	20667	16943	3724	40008	23065
人民政协和民主党派	People's Political Consultative Conference and democratic parties	230	229	1	232	3
群众团体、社会团体和宗教组织	Mass communities, social communities and religion organizations	8125	8031	94	8650	619
基层群众自治组织	Grass roots self-government organizations	50908	49810	1098	50958	1148

2−15　按行业分的个体经营户数(2008年)

Number of Individual Business Household by Sector (2008)

行业	Sector	个体经营户数(户) Number of individual business households (household)	年末从业人员数(人) Number of employees at the year end (Person)
全省总计	**Total**	**3825554**	**10591071**
#采矿业	Mining	27137	170385
#煤炭开采和洗选业	Mining and washing of coal	1439	9640
黑色金属矿采选业	Mining of ferrous metal ores	1435	13656
有色金属矿采选业	Mining of non-ferrous metal ores	5385	38504
非金属矿采选业	Mining and processing of nonmetal ores	18403	106840
其他采矿业	Mining of other ores n.e.c	475	1745
制造业	Manufacturing	671100	2319764
农副食品加工业	Processing of food from agricultural products	240672	642504
食品制造业	Manufacture of foods	59285	162175
饮料制造业	Manufacture of beverage	8124	44907
烟草制品业	Manufacture of tobacco	660	1780
纺织业	Manufacture of textile	15553	66644
纺织服装、鞋、帽制造业	Manufacture of textile wearing apparel, footware, and caps	31377	141973
皮革、毛皮、羽毛(绒)及其制品业	Manufacture of leather, fur, feather and its products	8656	35647
木材加工及木、竹、藤、棕、草制品业	Processing of timbers, manufacture of wood, bamboo, rattan, palm, and straw products	55170	190935
家具制造业	Manufacture of furniture	29449	110887
造纸及纸制品业	Manufacture of paper and paper products	2665	14967
印刷业和记录媒介的复制	Printing,reproduction of recording media	3215	20194
文教体育用品制造业	Manufacture of articles for culture,education and sport activity	929	3755
石油加工、炼焦及核燃料加工业	Processing of petroleum ,coking,Processing of nucleus fuel	31	101
化学原料及化学制品制造业	Manufacture of chemical raw material and chemical products	4923	21301
医药制造业	Manufacture of medicines	4793	19245
化学纤维制造业	Manufacture of chemical fiber	79	474
橡胶制品业	Manufacture of rubber	902	4343
塑料制品业	Manufacture of plastic	5617	31960
非金属矿物制品业	Manufacture of non-metallic mineral products	28932	216249
黑色金属冶炼及压延加工业	Manufacture and processing of ferrous metals	516	2340
有色金属冶炼及压延加工业	Manufacture and processing of non-ferrous metals	294	865
金属制品业	Manufacture of metal products	49743	164404
通用设备制造业	Manufacture of general purpose machinery	16906	75985
专用设备制造业	Manufacture of special purpose machinery	22274	64917
交通运输设备制造业	Manufacture of transport equipment	13527	55768
电气机械及器材制造业	Manufacture of electrical machinery and equipment	1994	8936
通信设备、计算机及其他电子设备制造业	Manufacture of communication equipment ,computer and other electronic equipment	291	1103
仪器仪表及文化、办公用机械制造业	Manufacture of measuring instrument and machinery for cultural activity and office work	1183	6600
工艺品及其他制造业	Manufacture of artwork, other manufacture n.e.c	56023	181034
废弃资源和废旧材料回收加工业	Recycling and disposal of waste	7317	27771
电力、燃气及水的生产和供应业	Production and distribution of electricity,gas and water	192	568
#水的生产和供应业	Production and distribution of water	192	568

注：本表为经济普查数据。（下表同）
a).Data in this table are calculated basis on The Second Census.(the same as the following table)

2-15 续表 continued

行业	Sector	个体经营户数（户）Number of individual business households (household)	年末从业人员数（人）Number of employees at the year end (Person)
建筑业	Construction	192242	1736332
房屋和土木工程建筑业	Construction of Building and civil engineering	149995	1551506
建筑安装业	Architectural installation	6773	33918
建筑装饰业	Architectural decoration	24911	106640
其他建筑业	Other construction	10563	44268
交通运输、仓储和邮政业	Traffic,transport, storage and post	657347	1207805
#道路运输业	Transport via road	571020	1067291
城市公共交通业	Urban public traffic	73183	107933
水上运输业	Water transport	941	2666
装卸搬运和其他运输服务业	Loading, unloading, portage and other transport services	9593	21951
仓储业	Storage	2610	7964
信息传输、计算机服务和软件业	Information transfer, computer services and software	16207	39240
电信和其他信息传输服务业	Telecom and other information transfer services	7206	14285
计算机服务业	Computer services	7504	21984
软件业	Software industry	1497	2971
批发和零售业	Wholesale and retail trade	1533591	3207637
批发业	Wholesale	254761	585134
零售业	Retail trade	1278830	2622503
住宿和餐饮业	Accommodation and Restaurants	250503	799780
住宿业	Accommodation	18038	54948
餐饮业	Restaurants	232465	744832
金融业	Finance	158	350
#其他金融活动	Other financial activities	158	350
房地产业	Real estate	3442	7766
房地产业	Real estate	3442	7766
租赁和商务服务业	Tenancy and business services	56888	124762
租赁业	Tenancy	40747	86776
商务服务业	Business service	16141	37986
科学研究、技术服务和地质勘查业	Scientific research, technical service and geologic perambulation	1750	4412
#专业技术服务业	Professional technique services	1362	3456
科技交流和推广服务业	Services of science and technique intercommunion and generalization	388	956
居民服务和其他服务业	Resident services and other services	294830	671172
居民服务业	Resident services	143360	357739
其他服务业	Other services	151470	313433
教育	Education	9955	44388
教育	Education	9955	44388
卫生、社会保障和社会福利业	Sanitation, social security and social welfare	95345	190306
#卫生	Sanitation	95275	189973
社会福利业	Social welfare	70	333
文化、体育和娱乐业	Culture, sports and entertainment	14867	66404
新闻出版业	Journalism and publishing activities	25	104
广播、电视、电影和音像业	Broadcasting,movies,television and audiovisual activities	639	1435
文化艺术业	Culture and art	4143	33327
体育	Sports activities	62	232
娱乐业	Entertainment	9998	31306

2-16 各市个体经营户数(2008年)

Number of Individual Business Household by City (2008)

市 City	个体经营户数(户) Number of individual business households (household)	年末从业人员数(人) Number of employees at the year end (Person)
全 省 Total	**3825554**	**10591071**
郑 州 市 Zhengzhou	368236	1126455
开 封 市 Kaifeng	262627	721555
洛 阳 市 Luoyang	267574	846708
平 顶 山 市 Pingdingshan	195991	508943
安 阳 市 Anyang	177950	578912
鹤 壁 市 Hebi	39886	94967
新 乡 市 Xinxiang	230244	602987
焦 作 市 Jiaozuo	160880	424556
濮 阳 市 Puyang	115407	253716
许 昌 市 Xuchang	208305	613607
漯 河 市 Luohe	70927	162100
三 门 峡 市 Sanmenxia	96607	235489
南 阳 市 Nanyang	381800	1076353
商 丘 市 Shangqiu	280353	802703
信 阳 市 Xinyang	270798	593415
周 口 市 Zhoukou	339258	814827
驻 马 店 市 Zhumadian	320830	1063686
济 源 市 Jiyuan	37881	70092

2-17 各市非公有制企业数(2009年)

Non-State-Owned Industrial Enterprises By Cities (2009)

单位：个 (unit)

市 City	全部企业数 Number of Corporation Enterprise	非公有制企业数 Number of Non-stated-owned Enterprise	非公有制占全部比例(%) Number of Non-stated-owned Enterprise as % to Total Enterprise
全 省 Total	**239205**	**211769**	**88.5**
郑 州 市 Zhengzhou	39468	36462	92.4
开 封 市 Kaifeng	13508	12116	89.7
洛 阳 市 Luoyang	18860	16247	86.1
平 顶 山 市 Pingdingshan	11729	10066	85.8
安 阳 市 Anyang	14275	13110	91.8
鹤 壁 市 Hebi	2963	2447	82.6
新 乡 市 Xinxiang	14826	13227	89.2
焦 作 市 Jiaozuo	9847	8898	90.4
濮 阳 市 Puyang	7698	6957	90.4
许 昌 市 Xuchang	15778	14998	95.1
漯 河 市 Luohe	4768	4211	88.3
三 门 峡 市 Sanmenxia	8183	6940	84.8
南 阳 市 Nanyang	23050	19583	85.0
商 丘 市 Shangqiu	11018	9825	89.2
信 阳 市 Xinyang	11526	9182	79.7
周 口 市 Zhoukou	12214	11037	90.4
驻 马 店 市 Zhumadian	17659	14781	83.7
济 源 市 Jiyuan	1835	1682	91.7

2-18 服务业法人单位数
Number of Institutional Unit

单位：个 (unit)

指标	Item	2008	2009
合计	**Total**	**220755**	**224716**
企业	Enterprise	89295	93030
行政事业	Administrative institution	52890	52944
社会团体及其他	Social organizations and others	78570	78742

2-19 服务业法人单位从业人员数
Number of Employed Persons in Institutional Unit

单位：万人 (10 000 persons)

指标	Item	2008	2009
合计	**Total**	**589.58**	**602.08**
企业	Enterprise	253.07	262.08
行政事业	Administrative institution	277.99	278.31
社会团体及其他	Social organizations and others	58.52	61.69

2-20　分行业服务业主要指标(2009年)
Main Indicator of Services Institutional Unit by Sector(2009)

行业	Sector	单位数(万个) Number (10 000 units)	#法人 Institutional	从业人数(万人) Empolyed Person (10 000 persons)	#法人 Institutional
合　计	**Total**	**320.57**	**22.47**	**1252.83**	**602.08**
交通运输、仓储和邮政业	Traffic,transport, storage and post	68.92	0.51	186.86	47.98
信息传输、计算机服务和软件业	Information transfer, computer services and software	2.14	0.48	14.19	10.73
批发和零售业	Wholesale and retail trade	158.10	4.75	413.69	92.55
住宿和餐饮业	Accommodation and Restaurants	26.02	0.97	112.52	32.08
金融业	Finance	0.14	0.14	26.77	26.77
房地产业	Real estate	0.38	0.38	8.83	8.83
租赁和商务服务业	Tenancy and business services	7.16	1.05	32.75	20.10
科学研究、技术服务和地质勘查业	Scientific research, technical service and geologic perambulation	0.70	0.52	14.91	14.47
水利、环境和公共设施管理业	Management of water conservancy, environment and public establishment	0.22	0.22	11.05	11.05
居民服务和其他服务业	Resident services and other services	31.51	0.39	71.58	6.80
教育	Education	3.32	2.24	124.33	122.08
卫生、社会保障和社会福利业	Sanitation, social security and social welfare	12.22	2.58	65.62	45.57
文化、体育和娱乐业	Culture, sports and entertainment	1.84	0.34	16.55	9.91
公共管理和社会组织	Public management and social organization	7.90	7.90	153.17	153.17

行业	Sector	增加值(亿元) Value-added (100 million yuan)	#法人 Institutional	增加值增速(%) Growth Rate of Value-added (%)	#法人 Institutional
合　计	**Total**	**5700.91**	**2388.99**	**11.1**	**9.3**
交通运输、仓储和邮政业	Traffic,transport, storage and post	823.57	418.64	2.7	5.8
信息传输、计算机服务和软件业	Information transfer, computer services and software	249.97	249.80	2.8	2.9
批发和零售业	Wholesale and retail trade	1057.81		16.1	
住宿和餐饮业	Accommodation and Restaurants	526.51		-1.0	
金融业	Finance	499.92		27.8	
房地产业	Real estate	622.98		13.2	
租赁和商务服务业	Tenancy and business services	163.37	95.60	26.2	12.6
科学研究、技术服务和地质勘查业	Scientific research, technical service and geologic perambulation	117.77	116.86	9.4	9.6
水利、环境和公共设施管理业	Management of water conservancy, environment and public establishment	58.84	58.84	18.9	18.9
居民服务和其他服务业	Resident services and other services	150.99	43.27	38.2	18.6
教育	Education	501.76	490.98	20.9	20.8
卫生、社会保障和社会福利业	Sanitation, social security and social welfare	215.75	212.97	5.1	5.2
文化、体育和娱乐业	Culture, sports and entertainment	60.26	50.63	-7.3	-6.3
公共管理和社会组织	Public management and social organization	651.41	651.41	6.2	6.2

2-21 各市服务业法人单位数(2009年)
Number of Services Institutional Unit by City (2009)

单位：个 (unit)

市 City	合 计 Total	交通运输仓储及邮政业 Traffic, transport, storage and post	信息传输计算机服务和软件业 Information transfer, computer services and software	批发和零售业 Whole-sale and retail trade	住宿和餐饮业 Accomm-odation and Restau-rants	金融业 Fina-nce	房地产业 Real estate	租赁和商务服务业 Tenancy and business services
全 省 Total	**224716**	**5054**	**4789**	**47500**	**9739**	**1368**	**3798**	**10534**
郑 州 市 Zhengzhou	34596	832	1262	12127	1285	252	1047	4535
开 封 市 Kaifeng	10942	528	384	2479	920	59	171	427
洛 阳 市 Luoyang	20105	354	528	3902	549	150	356	875
平 顶 山 市 Pingdingshan	11109	169	268	2223	844	75	198	331
安 阳 市 Anyang	13665	251	248	2936	498	62	184	526
鹤 壁 市 Hebi	3884	64	68	509	106	38	56	78
新 乡 市 Xinxiang	12444	261	109	2776	472	72	225	424
焦 作 市 Jiaozuo	8770	222	150	1838	252	55	126	415
濮 阳 市 Puyang	11655	139	225	1213	320	45	94	210
许 昌 市 Xuchang	12364	317	279	2530	655	77	189	379
漯 河 市 Luohe	4696	163	18	1013	217	54	33	160
三 门 峡 市 Sanmenxia	7430	179	191	2095	288	78	82	526
南 阳 市 Nanyang	23227	295	310	3435	1377	68	331	609
商 丘 市 Shangqiu	10784	292	33	1348	251	73	119	160
信 阳 市 Xinyang	12460	264	114	1932	723	68	183	316
周 口 市 Zhoukou	11318	309	232	1503	403	55	208	195
驻 马 店 市 Zhumadian	13156	378	296	3312	696	69	156	280
济 源 市 Jiyuan	2365	37	74	442	24	18	40	88

市 City	科学研究、技术服务和地质勘查业 Scientific research, technical service and geologic perambulation	水利、环境和公共设施管理业 Management of water conservancy, environment and public establishment	居民服务和其他服务业 Resident services and other services	教育 Education	卫生、社会保障和社会福利业 Sanitation, social security and social welfare	文化、体育和娱乐业 Culture, sports and enterta-inment	公共管理和社会组织 Public manage-ment and social organi-zation
全 省 Total	**5238**	**2172**	**3920**	**22367**	**25841**	**3401**	**78995**
郑 州 市 Zhengzhou	1433	292	603	2373	2962	494	5099
开 封 市 Kaifeng	235	88	260	780	464	191	3956
洛 阳 市 Luoyang	636	242	236	2600	3512	275	5890
平 顶 山 市 Pingdingshan	213	126	245	991	771	293	4362
安 阳 市 Anyang	189	119	330	1712	1622	167	4821
鹤 壁 市 Hebi	63	32	30	389	867	37	1547
新 乡 市 Xinxiang	188	148	226	1256	801	112	5374
焦 作 市 Jiaozuo	294	95	119	684	928	138	3454
濮 阳 市 Puyang	126	54	127	953	3932	106	4111
许 昌 市 Xuchang	156	98	357	1396	2014	243	3674
漯 河 市 Luohe	61	41	105	525	161	56	2089
三 门 峡 市 Sanmenxia	335	116	251	423	404	146	2316
南 阳 市 Nanyang	455	283	345	3144	4049	385	8141
商 丘 市 Shangqiu	78	42	97	1211	405	111	6564
信 阳 市 Xinyang	360	196	117	1148	1039	207	5793
周 口 市 Zhoukou	89	51	160	1237	425	126	6325
驻 马 店 市 Zhumadian	265	122	290	1331	913	286	4762
济 源 市 Jiyuan	62	27	22	214	572	28	717

2−22 企业景气指数(2009年)
Climate Index of Enterprises (2009)

指数	Index	第一季度 the first quarter		第二季度 the second quarter		第三季度 the third quarter		第四季度 the fourth quarter	
		本期 current	预期 Foresee	本期 current	预期 Foresee	本期 current	预期 Foresee	本期 current	预期 Foresee
企业家信心指数	**Confidence State of Enterprises**								
乐观	Optimism	24.5	28.0	25.5	28.7	31.3	35.4	32.0	36.2
一般	Common	53.5	53.5	58.6	55.3	56.5	53.2	57.9	54.4
不乐观	No Optimism	22.0	18.5	15.9	16.1	12.2	11.4	10.0	9.5
景气指数	Climate Index	102.5	109.5	109.5	112.6	119.2	124.0	122.0	126.7
企业综合经营状况	**Synthetical Management State of Enterprises**								
良好	Good	24.2	30.7	27.2	31.0	34.1	37.1	37.5	39.4
一般	Common	54.1	56.7	57.7	56.6	52.8	53.3	50.6	50.2
不佳	Bad	21.7	12.6	15.1	12.4	13.1	9.7	11.9	10.3
景气指数	Climate Index	102.5	118.1	112.2	118.7	121.0	127.4	125.6	129.1
生产情况	**Production of Enterprises**								
增加	Add	27.3	35.5	45.1	29.2	44.5	36.3	41.8	28.3
持平	Unchanged	29.4	47.5	29.4	54.5	35.7	48.9	35.6	52.6
减少	Abate	43.3	17.0	25.5	16.3	19.8	14.8	22.5	19.1
景气指数	Climate Index	84.0	118.5	119.7	112.8	124.7	121.5	119.3	109.1
盈利(亏损)变化	**Profits after Tax Enterprises**								
增加	Add	24.5	31.1	37.2	29.5	38.7	34.1	39.6	30.1
持平	Unchanged	34.6	48.6	36.6	52.9	37.2	49.8	37.9	52.5
减少	Abate	40.8	20.3	26.2	17.6	24.2	16.2	22.5	17.3
景气指数	Climate Index	83.7	110.7	111.1	111.9	114.5	117.9	117.1	112.8
资金情况	**Fund of Enterprises**								
充足	Plenty	17.5	17.0	15.4	14.5	18.0	17.7	19.5	19.1
一般	Common	40.9	44.6	42.7	44.5	44.5	46.3	45.2	46.2
紧张	Uptight	41.6	38.4	41.9	41.0	37.4	36.0	35.3	34.7
景气指数	Climate Index	75.9	78.6	73.5	73.5	80.6	81.7	84.3	84.4
货款拖欠情况	**Outstanding Loans of Enterprises**								
减少	Abate	22.4	19.6	20.2	17.8	22.4	20.4	27.8	22.6
持平	Unchanged	55.7	66.9	54.8	68.1	60.8	67.6	55.1	65.4
增加	Add	21.9	13.5	25.0	14.1	16.8	12.0	17.2	12.0
景气指数	Climate Index	100.5	106.1	95.2	103.7	105.6	108.4	110.6	110.6
劳动力情况	**Workers of Enterprises**								
增加	Add	10.9	16.4	20.1	14.2	19.5	16.6	22.5	17.4
持平	Unchanged	61.0	68.5	62.1	72.1	68.0	71.4	65.0	70.8
减少	Abate	28.2	15.1	17.8	13.7	12.5	11.9	12.5	11.9
景气指数	Climate Index	82.7	101.3	102.4	100.5	106.9	104.7	110.0	105.5
投资情况	**Investment of Enterprises**								
增加	Add	17.8	23.7	26.0	24.0	30.6	24.1	30.5	21.0
持平	Unchanged	57.8	63.8	59.1	63.5	57.0	64.9	57.4	65.2
减少	Abate	24.5	12.5	15.0	12.6	12.4	11.0	12.1	13.8
景气指数	Climate Index	93.3	111.2	111.0	111.4	118.1	113.2	118.5	107.2

主要统计指标解释

可比价格 指计算各种总量指标所采用的扣除了价格变动因素的价格，可进行不同时期总量指标的对比。按可比价格计算总量指标有两种方法：一种是直接用产品产量乘某一年的不变价格计算；另一种是用价格指数进行缩减。

不变价格 指以同类产品某年的平均价格作为固定价格，用于计算各年的产品价值。按不变价格计算的产品价值消除了价格变动因素，不同时期对比可以反映生产的发展速度。新中国成立后，随着工农业产品价格水平的变化，国家统计局先后五次制定了全国统一的工业产品不变价格和农业产品不变价格。从 1952 年到 1957 年使用 1952 年工（农）业产品不变价格，从 1957 年到 1970 年使用 1957 年不变价格，从 1971 年到 1980 年使用 1970 年不变价格，从 1981 年到 1990 年使用 1980 年不变价格，从 1991 年开始使用 1990 年不变价格。

平均增长速度 我国计算平均增长速度有两种方法：一种是习惯上经常使用的"水平法"，又称几何平均法，是以间隔期最后一年的水平同基期水平对比来计算平均每年增长（或下降）速度；另一种是"累计法"，又称代数平均法或方程法，是以间隔期内各年水平的总和同基期水平对比来计算平均每年增长（或下降）速度。在一般正常情况下，两种方法计算的平均每年增长速度比较接近；但在经济发展不平衡、出现大起大落时，两种方法计算的结果差别较大。本《年鉴》内所列的平均增长速度，除固定资产投资用"累计法"计算外，其余均用"水平法"计算。从某年到某年平均增长速度的年份，均不包括基期年在内。如建国四十三年的平均增长速度是以 1949 年为基期计算的，则写为 1950-1992 年平均增长速度，其余类推。

国民经济行业分类 自 2003 年定期报表开始使用新的《国民经济行业分类》(GB/T4754-2002)。该分类是由国家统计局组织修订，经国家质量监督检验检疫总局批准，于 2002 年 5 月 10 日发布实施。这次修订是在 1994 年分类标准的基础上，参照联合国《全部经济活动的国际标准产业分类》（ISIC/Rev.3）进行的。修订后的《国民经济行业分类》（GB/T4754-2002）共有门类 20 个，大类 95 个，中类 396 个，小类 913 个。新增门类 4 个，大类增加 3 个，中类增加 28 个，小类增加 67 个。

企业（单位）登记注册类型 是以在工商行政管理机关登记注册的各类企业为划分对象，以工商行政管理部门对企业登记注册的类型为依据，将企业登记注册类型分为内资企业、港澳台商投资企业和外商投资企业三大类。内资企业包括国有企业、集体企业、股份合作企业、联营企业、有限责任公司、股份有限公司、私营公司和其他企业；港澳台商投资企业和外商投资企业分别包括合资经营企业、合作经营企业、独资经营企业和股份有限公司。对不在工商行政管理部门进行登记注册的行政机关、事业单位和社会团体，主要按其经费来源和管理方式进行划分。

国有企业 指企业全部资产归国家所有，并按《中华人民共和国企业法人登记管理条例》规定登记注册的非公司制的经济组织。不包括有限责任公司中的国有独资公司。

集体企业 指企业资产归集体所有，并按《中华人民共和国企业法人登记管理条例》规定登记注册的经济组织。

股份合作企业 指以合作制为基础，由企业职工共同出资入股，吸收一定比例的社会资产投资组建，实行自主经营，自负盈亏，共同劳动，民主管理，按劳分配与按股分红相结合的一种集体经济组织。

联营企业 指两个及两个以上相同或不同所有制性质的企业法人或事业单位法人，按自愿、平等、互利的原则，共同投资组成的经济组织。联营企业包括国有联营企业、集体联营企业、国有与集体联营企业和其他联营企业。

有限责任公司 指根据《中华人民共和国公司登记管理条例》规定登记注册，由两个以上、五十个以下的股东共同出资，每个股东以其所认缴的出资额对公司承担有限责任，公司以其全部资产对其债务承担责任的经济组织。有限责任公司包括国有独资公司以及其他有限责任公司。

股份有限公司 指根据《中华人民共和国公司登记管理条例》规定登记注册，其全部注册资本由等额股份构成并通过发行股票筹集资本，股东以其认购的股份对公司承担有限责任，公司以其全部资产对其债务承担责任的经济组织。

私营企业 指由自然人投资设立或由自然人控股，以雇佣劳动为基础的营利性经济组织。包括按照《公司法》、《合伙企业法》、《私营企业暂行条例》规定登记注册的私营有限责任公司、私营股份有限公司、私营合伙企业和私营独资企业。

其他内资企业 指上述企业之外的其他内资经济组织。

与港澳台商合资经营企业 指港澳台地区投资者与内地企业依照《中华人民共和国中外合资经营企业法》及有关法律的规定，按合同规定的比例投资设立、分享利润和分担风险的企业。

与港澳台商合作经营企业 指港澳台地区投资者与内地企业依照《中华人民共和国中外合作经营企业法》及有关法律的规定，依照合作合同的约定进行投资或提供条件设立、分配利润和分担风险的企业。

港澳台商独资经营企业 指依照《中华人民共和国外资企业法》及有关法律的规定，在内地由港澳台地区投资者全额投资设立的企业。

港澳台商投资股份有限公司 指根据国家有关规定，经外经贸部依法批准设立，其中港、澳、台商的股本占公司注册资本的比例达25%以上的股份有限公司。凡其中港、澳、台商的股本占公司注册资本的比例小于25%的，属于内资企业中的股份有限公司。

中外合资经营企业 指外国企业或外国人与中国内地企业依照《中华人民共和国中外合资经营企业法》及有关法律的规定，按合同规定的比例投资设立、分享利润和分担风险的企业。

中外合作经营企业 指外国企业或外国人与中国内地企业依照《中华人民共和国中外合作经营企业法》及有关法律的规定，依照合作合同的约定进行投资或提供条件设立、分配利润和分担风险的企业。

外资企业 指依照《中华人民共和国外资企业法》及有关法律的规定，在中国内地由外国投资者全额投资设立的企业。

外商投资股份有限公司 指根据国家有关规定，经外经贸部依法批准设立，其中外资的股本占公司注册资本的比例达25%以上的股份有限公司。凡其中外资股本占公司注册资本的比例小于25%的，属于内资企业中的股份有限公司。

行政机关、事业单位和社会团体 参照企业登记注册类型，主要按其经费来源和管理方式划分。具体规定如下：

⑴行政机关：包括国家机关和政党机关，原则上均列为“国有”。但有特殊规定的，如供销社等，则列为“集体”。

⑵事业单位：包括经国家机构编制部门和有关业务主管部门批准成立的各类事业单位，不包括实行企业化管理的事业单位。事业单位的划分办法如下：

①由国家财政预算拨款或列入财政预算外资金管理以及经费主要来源于国有主管部门或国有上级单位的事业单位，列为“国有”。

②经费主要来源于集体单位的事业单位，列为“集体”。

③公民个人（或个人合伙）开办的事业单位，列为“私营”。

④上述以外的其他事业单位，如果其经费来源不明确，按管理方式进行归类。

⑶社会团体：包括经民政部门批准成立以及未纳入社会团体管理条例范围的工会、妇联等各类社会团体。社会团体的划分办法如下：

①未纳入民政部社会团体管理条例范围的工会、妇联、共青团、青联、工商联、科协、侨联等社会团体，国家拨款设立的基金会或基金管理组织以及经费主要来源于国有业务主管部门或国有上级单位的社会团体，列为“国有”。

②经费主要来源于集体单位的社会团体，列为“集体”。

③公民个人（或个人合伙）开办的社会团体，划为“私营”。

④上述以外的其他社会团体，如果其经费来源不明确，改按管理方式进行归类。

法人单位 指具备：

⑴依法成立、有自己的名称、组织机构和场所、能够独立承担民事责任；

⑵独立拥有和使用（或授权使用）资产、承担负债、有权与其它单位签订合同；

⑶会计上独立核算、能够编制资产负债表。法人单位包括企业法人、事业单位法人、机关法人、会团体法人和其他法人。

单产业法人 指只在一个地点，主要从事一种生产经营活动的法人单位。

多产业法人 指坐落于两个及两个以上地点、或主要从事两种及两种以上生产经营活动的，按照单位划分规定可以划分为两个或两个以上产业活动单位的法人单位。

产业活动单位 是法人单位的附属单位。产业活动单位应具备下列条件：

⑴在一个场所从事一种或主要从事一种社会经济活动；

⑵相对独立组织生产经营和业务活动；

⑶能够掌握收入和支出等业务核算资料。

服务业 指生产和销售服务产品的生产部门和企业的集合。在国民经济核算中，将服务业视同为第三产业，即除农业、工业、建筑业之外的其它所有产业部门。

景气指数 又称景气度,它是对企业景气调查中的定性指标通过定量方法加以汇总,综合反映某一特定调查群体或某一社会经济现象所处的状态或发展趋势的一种指标。企业的景气指数是根据调查企业中,选择"好"或"上升"或"乐观"的企业与选择"差"或"下降"或"不乐观"的企业的所占份额(一般以主营业务收入对比重加权,下同)之差来计算的,统一用纯正数形式表示,以100作为景气指数的临界值,其数值范围在0-200之间；当景气指数大于100时,表明经济状况趋于上升或改善,处于景气状态；当景气指数小于100时,表明经济状况趋于下降或恶化,处于不景气状态。其具体计算方法为：(选择"好"的企业份额一选择"差"的企业份额)×100+100。

企业家信心指数 是根据企业家对企业外部市场经济环境与宏观政策的认识、看法、判断与预期(通常为对"乐观"、"一般"、"不乐观"的选择)而编制的指数,用以综合反映企业家对宏观经济环境的感受与信心。

Explanatory Notes on Main Statistical Indicators

Comparable Prices refer to prices that are used to remove the factors of price change in calculating economic aggregates, so as to facilitate comparison of aggregates over time. Two methods are used for calculating economic aggregates at comparable prices:

One is Multiplying the output of products by their constant prices of certain year, and other is Deflation of data at current prices by relevant price index.

Constant Price refers to the average price of a given product in certain year, which is used for comparison of over output value time. As the output value at constant prices removes the factor of price changes, it reflects the trend of production development over time. Since 1949,with the changes in general price level, the State Statistical Bureau has issued nationally unified constant prices five times: the 1952 constant prices for 1949-1957;the 1957 constant prices for 1957-1971; the 1970 constant prices for 1971-1981; the 1980 constant prices for 1981-1990;and the 1990 constant prices have been used since 1991.

Average Annual Growth Rate Two methods for calculating average annual growth rate are applied in China, one is often called "level approach" or the method of calculating geometric average, which is derived by comparing the level of the last year of the interval with that of the beginning year; the other is called" cumulative approach" or algebraic average or equation method, which is derived by the summation of the actual figure of each year in the interval divided by the figure in the base year.

Usually the results calculated by the two methods are fairly close, but they differed sharply when uneven economic development occurred with striking fluctuations in growth.

The average annual growth rates listed in this statistical yearbook are calculated by" level approach" except for the growth rate of investment in fixed assets. The base years are not listed when the years are listed for average annual growth rates. For instance, the average annual growth rate of 43 years since 1949 is listed as average annual growth rate of 1950-1992 without listing the base year 1949.And the analogy of this is also the same for the rest of the years.

Industrial Classification of the National Economy The new Industrial Classification of the National Economy (GB/T 4754-2002) is introduced starting from the compilation of 2003 annual statistics. The revision, based on the 1994 classification, was organized by the National Bureau of Statistics taking into consideration of the International Standards of the Industrial Classification of All Economic Activities (ISIC/Rev.3) of the United Nations. The new Classification was promulgated by the National Administration of Quality Supervision, Inspection and Quarantine on May 10, 2002. The revised version of the Industrial Classification of the National Economy (GB/T 4754-2002) is composed of 20 major divisions, 95 divisions, 396 major groups and 913 groups, of which 4 major divisions, 3 divisions, 28 major groups and 67 groups are new respectively.

Registration Status of Enterprises Enterprises are classified into 3 categories, namely domestic-funded enterprises, enterprises with investment from Hong Kong, Macau and Taiwan, and enterprises with foreign investment, in the light of the registration status of an enterprise in industrial and commercial administration agencies. Domestic-funded enterprises include state-owned enterprises, collective-owned enterprises, cooperative enterprises, joint ownership enterprises, limited liability corporations, share-holding corporations Ltd., private enterprises and other enterprises. Included in the enterprises with investment from Hong Kong, Macau and Taiwan and enterprises with foreign investment are joint-venture enterprises, cooperative enterprises, sole investment enterprises and share-holding corporations Ltd. For government agencies, institutions and social organizations which are not requested to be registered in industrial and commercial administration agencies, they are classified mainly by their sources of funds and way of management.

State-owned Enterprises refer to non-corporation economic units where the entire assets are owned by the state and which have registered in accordance with the Regulation of the People's Republic of China on the Management of Registration of Corporate

Enterprises. Excluded from this category are sole state-funded corporations in the limited liability corporations.

Collective-owned Enterprises refer to economic units where the assets are owned collectively and which have registered in accordance with the Regulation of the People's Republic of China on the Management of Registration of Corporate Enterprises.

Cooperative Enterprises refer to a form of collective economic units (enterprises) where capitals come mainly from employees as their shares, with certain proportion of capital from the outside, where production is organized on the basis of independent operation, independent accounting for profits and losses, joint work, democratic management, and a distribution system that integrates remuneration according to work with dividend according to capital share.

Joint Ownership Enterprises refer to economic units established by two or more corporate enterprises or corporate institutions of the same or different ownership, through joint investment on the basis of equality, voluntary participation and mutual benefits. They include state joint ownership enterprises, collective joint ownership enterprises, joint state-collective enterprises, and other joint ownership enterprises.

Limited Liability Corporations refer to economic units established with investment from 2-50 investors and registered in accordance with the Regulation of the People's Republic of China on the Management of Registration of Corporations, each investor bearing limited liability to the corporation depending on its share of investment, and the corporation bearing liability to its debt to the maximum of its total assets. Limited liability corporations include exclusive state-funded limited liability corporations and other limited liability corporations.

Share-holding Corporations Ltd. refer to economic units registered in accordance with the Regulation of the People's Republic of China on the Management of Registration of Corporations, with total registered capitals divided into equal shares and raised through issuing stocks. Each investor bears limited liability to the corporation depending on the holding of shares, and the corporation bears liability to its debt to the maximum of its total assets.

Private Enterprises refer to profit-making economic units invested and established by natural persons, or controlled by natural persons using employed labor. Included in this category are private limited liability corporations, private share-holding corporations Ltd, private partnership enterprises and private-funded enterprises registered in accordance with the Corporation Law, Partnership Enterprises Law and Interim Regulations on Private Enterprises.

Other Domestic-funded Enterprises refer to domestic-funded economic units other than those mentioned above.

Joint-venture Enterprises with Funds from Hong Kong, Macau and Taiwan refer to enterprises jointly established by investors from Hong Kong, Macau and Taiwan with enterprises in the mainland of China in accordance with the Law of the People's Republic of China on Sino-foreign Joint Venture Enterprises and other relevant laws, where the share of investment, profits and risks is stipulated in the contract.

Cooperative Enterprises with Funds from Hong Kong Macao and Taiwan, established by investors from Hong Kong, Macao and Taiwan with enterprises in the mainland of China in accordance with the Law of the People's Republic of China on Sino-foreign Cooperative Enterprises and other relevant laws, where the investment or provision of facilities, and the share of profits and risks is stipulated in the cooperative contract.

Enterprises with Sole (exclusive) Investment from Hong Kong, Macao and Taiwan refer to enterprises established in the mainland of China with exclusive investment from investors from Hong Kong, Macao and Taiwan in accordance with the Law of the People's Republic of China on Foreign-Funded Enterprises and other relevant laws.

Share-holding Corporations Ltd. with Investment from Hong Kong, Macao and Taiwan refer to share-holding corporations Ltd. established with the approval from the Ministry of Foreign Trade and Economic Relations in line with relevant state regulations, where the share of investment from Hong Kong, Macau or Taiwan businessmen exceeds 25% of the total registered capital of the corporation. In case the share of investment from Hong Kong, Macao or Taiwan is less than 25% of the total registered capital, the enterprise is to be classified as domestic-funded share-holding corporation Ltd.

Joint-venture Enterprises with Foreign Investment refer to enterprises jointly established by foreign enterprises or foreigners with enterprises in the mainland of China in accordance with the Law of the People's Republic of China on Sino-foreign Joint Venture Enterprises and other relevant laws, where the share of investment, profits and risks is stipulated in the contract.

Cooperation Enterprises with Foreign Investment refer to enterprises jointly established by foreign enterprises or foreigners with enterprises in the mainland of China in accordance with the Law of the People's Republic of China on Sino-foreign Cooperative Enterprises and other relevant laws, where the investment or provision of facilities, and the share of profits and risks is stipulated in the cooperative contract.

Enterprises with Sole (exclusive) Foreign Investment refer to enterprises established in the mainland of China with exclusive investment from foreign investors in accordance with the Law of the People's Republic of China on Foreign-Funded Enterprises and other relevant laws.

Share-holding Corporations Ltd. with Foreign Investment refer to share-holding corporations Ltd. Established with the approval from the Ministry of Foreign Trade and Economic Relations in line with relevant state regulations, where the share of investment from foreign investors exceeds 25% of the total registered capital of the corporation. In case the share of foreign investment is less than 25% of the total registered capital, the enterprise is to be classified as domestic-funded share-holding corporation Ltd.

Government Agencies, Institutions and Social Organizations are classified into following categories by source of funds and way of management taking reference of the registration status of enterprises:

(1) Government agencies: include state and party agencies, classified in principle as "state-owned". There are exceptions, such as supply and marketing cooperatives, which are classified, as "collective".

(2) Institutions: include institutions of various types established with the approval by organization and staffing departments of the government, but exclude institutions where enterprise management system is introduced. Institutions are further classified as follows:

(a) Institutions whose main budget is listed in the government budget appropriations or extra-budget funds, or allocated from the budget of their competent government agencies. Such institutions are classified as "state-owned".

(b) Institutions whose budget mainly comes from collective units. Such institutions are classified as "collective".

(c) Institutions other than those mentioned above whose source of budget is not clear. Such institutions are classified by way of management.

(3) Social organizations: include social organizations established with the approval from the Ministry of Civil Affairs, and organizations that are not covered by social organization management regulations such as trade unions, women's federations etc. Social organizations are further classified as follows:

(a) Social organizations that are not covered by social organization management regulations of the Ministry of Civil Affairs such as trade unions, women's federations, communist youth leagues, youth associations, industrial and commerce associations, scientists associations, overseas Chinese associations, etc., foundations and fund management organizations established with funds from the state, and social organizations whose funds mainly come from the budget of their competent government agencies. Such institutions are classified as "state-owned".

(b) Social organizations whose budget mainly comes from collective units. Such institutions are classified as "collective".

(c) Social organizations established by individual or a group of citizens, which are classified as "private".

(d) Social organizations other than those mentioned above whose source of budget is not clear. Such organizations are classified by way of management.

Artificial person Refer to unit that have following conditions:

(1) legally Established, have own name, organization ,location and can undertake a civil case responsibility independently by law.

(2) independently Own and use(or authorizable usage) a property, undertake liabilities and can make a bargain with other units.

(3) can independently account and workout balance sheet. artificial person unit includes business artificial person, artificial person, organization artificial person, meeting group artificial person and other.

Single sector Artificial person Refer to the unit that have only one location and be engaged in one kind of production management activity .

Multi- sector Artificial person Refer to the unit that have 2 or 2^{+} locations, or mainly be engaged in 2 kinds or 2^{+} kinds of production management activity, and who can be divided 2 or 2^{+} Establishments units.

Establishments unit Refer to the subsidiary unit of artificial person unit. it should have following conditions:

(1) Be engaged in only one kind of social economic activities in exclusive condition.

(2) Opposite independently organize management and business activity

(3) predominate data of businesses, such as income and expenditure...etc.

Service refers to the enterprises and production department for production and selling the products. In the national economy accounting, services for the third industry, other said that refers to all sectors except agriculture, industry and construction.

Business Climate Index It is a qualitative index which, by adding up certain quantitative figures, reflects the status or tendency the investigated group or social economic phenomenon is in. The difference between the proportion of the enterprises whose business climate indices show good or "upward "or "optimistic "and that of those whose business climate indices show "bad "or "downward "or "not optimistic" is obtained by working out the difference between their major business earnings, usually expressed in positive numbers. The critical point of the business climate index is 100, with the scope between O and 200.When it is above 100,the index show that the economic status is in an upward trend or being ameliorated, and that the condition is in good health. When it is below 1 ∞,the index show that the economic status is in a downward trend or being deteriorated, and that the condition is in bad health. Tee formula for calculating business climate index is:

Business Climate Index=The Proportion of "Good "Enterprises/The Proportion of "Bad "Enterprises×100+100.

Entrepreneur Confidence Index The Index is formulated on the Entrepreneur's opinions, judgment, and expectation (usually expressed as "optimistic," "ordinary ", or "not optimistic") about exterior market economic environment and macro- policies. And it is used for reflecting the feeling and confidence of Entrepreneurs.

国民经济核算
National Accounts

● 资料整理：张喜峥

简要说明

一、主要内容

本篇包括地区生产总值资料和资产负债表。

二、资料来源

地区生产总值资料是根据不同产业部门、不同支出构成的特点和资料来源情况而采用不同方法计算的。本年鉴公布的地区生产总值以及与之有关的指标数据，如果遇到普查，在能够获得更详细的基础资料的情况下，地区生产总值历史数据还会发生变动。2008年，利用第二次经济普查资料，按照《依据普查资料对2008年地区GDP初步核算数修订方法》的要求，重新修订了经济普查年度（2008年）地区生产总值数据。本年鉴中的数据是修订以后的数据。本年鉴所列分省辖市数据来自各省辖市统计局的国民经济核算资料。由于采取分级核算，各省辖市数据相加不等于全省数据。由河南省统计局国民经济核算处编辑整理。

资产负债表采用国际上通用的矩阵结构。主栏为资产和负债项目，包括三个部分：非金融资产项目、金融资产与负债项目和资产负债差额项目。宾栏为机构部门和经济总体，并下设使用项和来源项，其中使用项目记录资产，来源项目记录负债和资产负债差额。由河南省统计局国民经济核算处编制。

Brief Introduction

I. Main Contents

Statistics on national accounts include mainly three parts: gross domestic product and balance sheet.

II. Sources of Data

Gross Domestic Product

Data on GDP are computed by the Department of National Accounts of the Henan provincial Bureau of Statistics based on different approaches in the light of the different features of various sectors, various expenditure structures and different data sources. Data on GDP and related indicators of the most recent year published in the Yearbook are not final, Where a census has been conducted, historical data of GDP of the previous years may also undergo change. For example , in 2008, the 2008GDP is adjusted on the basis of the Second Economic Census and GDP annual economic survey of accounting programs, and take advantage of the trend deviation method. Municipal data of Statistics on national accounts are computed by Municipal bureau of statistics. Regional data in this Yearbook are prepared from the national accounts data provided by the statistical bureaus of the 18 cities. The sum of the regional data is not equal to the provincial total due to the decentralized accounting approach.

Balance Sheet

Similar to internationally accepted format, the Balance Sheet of Henan constitutes a matrix. Items of transactions are expressed as assets and liabilities, including three parts: non-financial assets, financial assets and liabilities, the difference between assets and liabilities. Institutional sectors are column headings and macroeconomic, grouped by utilization and source, utilization record the item of project assets , and source record the item of liabilities and difference between assets and liabilities. Balance Sheet of Henan province is compiled by the Department of National Accounts of the Henan provincial Bureau of Statistics.

3-1 历年生产总值

Gross Domestic Product over the Years

本表按当年价格计算。
Data in this table are calculated at current prices.
单位:亿元 (100 million yuan)

年 份 Year	生产总值 Gross Domestic Product	第一产业 Primary Industry	第二产业 Secondary Industry	工 业 Industry	建筑业 Construction	第三产业 Tertiary Industry	人均生产总值(元) Per Capita GDP (yuan)
1952	36.09	22.46	8.23	4.77	3.46	5.40	83
1957	52.55	24.27	18.08	6.87	11.21	10.20	110
1962	43.02	17.00	14.05	8.54	5.51	11.97	88
1965	62.96	29.58	19.10	16.27	2.83	14.28	122
1970	97.19	44.49	36.06	30.04	6.02	16.64	164
1975	127.77	55.71	50.34	41.54	8.80	21.72	191
1978	162.92	64.86	69.45	59.20	10.25	28.61	232
1979	190.09	77.30	80.52	68.64	11.88	32.27	267
1980	229.16	93.23	94.44	80.51	13.93	41.49	317
1981	249.69	106.04	95.79	82.61	13.18	47.86	340
1982	263.30	108.18	102.76	88.62	14.14	52.36	353
1983	327.95	143.49	116.36	100.35	16.01	68.10	433
1984	370.04	155.28	136.29	116.66	19.63	78.47	482
1985	451.74	173.43	170.07	144.39	25.68	108.24	580
1986	502.91	179.02	202.15	174.47	27.68	121.74	635
1987	609.60	220.22	230.25	195.75	34.50	159.13	756
1988	749.09	240.72	299.83	258.38	41.45	208.54	910
1989	850.71	289.95	317.13	281.71	35.42	243.63	1012
1990	934.65	325.77	331.85	288.58	43.27	277.03	1091
1991	1045.73	334.61	388.09	336.26	51.83	323.03	1201
1992	1279.75	353.92	545.21	481.11	64.10	380.62	1452
1993	1660.18	410.45	764.20	678.36	85.84	485.53	1865
1994	2216.83	546.68	1058.89	948.78	110.11	611.26	2467
1995	2988.37	762.99	1394.98	1256.52	138.46	830.40	3297
1996	3634.69	937.64	1677.62	1496.72	180.90	1019.43	3978
1997	4041.09	1008.55	1861.28	1641.08	220.20	1171.26	4389
1998	4308.24	1071.39	1937.83	1692.35	245.48	1299.02	4643
1999	4517.94	1123.14	1981.07	1729.29	251.78	1413.73	4832
2000	5052.99	1161.58	2294.15	2000.04	294.11	1597.26	5450
2001	5533.01	1234.34	2510.45	2182.78	327.67	1788.22	5959
2002	6035.48	1288.36	2768.75	2412.18	356.57	1978.37	6487
2003	6867.70	1198.70	3310.14	2876.93	433.21	2358.86	7376
2004	8553.79	1649.29	4182.10	3644.40	537.70	2722.40	9201
2005	10587.42	1892.01	5514.14	4896.01	618.13	3181.27	11346
2006	12362.79	1916.74	6724.61	6031.21	693.40	3721.44	13172
2007	15012.46	2217.66	8282.83	7508.33	774.50	4511.97	16012
2008	18018.53	2658.78	10259.99	9328.15	931.84	5099.76	19181
2009	19480.46	2769.05	11010.50	9900.27	1110.23	5700.91	20597

注：1. 2000年以来人均GDP按常住人口计算。
2. 2005年以后第一产业含农林牧渔服务业。
a)Data of Per capita GDP since 2000 are calculated at resident population.
b)Add-value of Primary Industry since 2005 inculde Service for Farming Forestry Animal Husbandry and Fishery.

3-2 历年生产总值指数(上年=100)

Indices of Gross Domestic Product over the Years (preceding year=100)

本表按可比价格计算。
The indices in this table are calculated at comparable prices.

(上年=100) (preceding year=100)

年份 Year	生产总值 Gross Domestic Product	第一产业 Primary Industry	第二产业 Secondary Industry	工业 Industry	建筑业 Construction	第三产业 Tertiary Industry	人均生产总值 Per Capita GDP
1952	106.1	101.1	138.3	158.1	112.0	129.2	105.0
1957	109.2	105.9	119.0	96.3	152.0	116.0	107.1
1962	100.5	118.4	70.8	76.4	55.9	100.2	99.2
1965	124.5	129.4	128.7	130.8	120.5	104.5	122.1
1970	117.3	106.0	145.8	147.1	140.7	109.7	113.8
1975	106.3	102.9	111.9	112.7	108.5	106.1	104.4
1978	111.3	110.6	112.1	116.4	92.6	111.3	109.5
1979	108.7	101.7	112.6	113.5	107.6	119.7	106.9
1980	115.4	109.2	117.2	116.6	121.3	126.9	113.7
1981	107.8	111.7	101.3	102.2	95.9	113.7	106.3
1982	104.3	100.5	106.1	105.7	108.6	109.0	102.7
1983	123.8	130.2	113.5	113.9	111.2	131.3	121.9
1984	110.1	105.5	115.0	115.0	115.1	110.7	108.5
1985	113.5	100.8	117.0	116.8	117.7	131.9	111.9
1986	104.6	92.1	114.0	115.7	103.2	108.6	103.0
1987	115.0	116.9	108.6	106.9	120.2	123.5	112.9
1988	109.8	97.4	120.1	121.8	109.6	109.4	107.6
1989	107.0	109.2	103.5	105.5	90.1	110.3	104.8
1990	104.5	105.4	102.3	100.1	119.4	106.8	102.5
1991	106.9	97.4	113.3	113.8	109.3	110.4	105.2
1992	113.7	101.5	125.4	126.5	117.1	111.1	112.3
1993	115.8	110.4	122.1	123.1	113.5	111.6	114.6
1994	113.8	101.3	121.6	122.5	113.7	113.1	112.8
1995	114.8	111.9	117.2	117.7	112.2	113.1	113.8
1996	113.9	111.3	116.0	115.3	123.2	112.4	113.0
1997	110.4	107.6	110.9	110.0	120.0	111.8	109.6
1998	108.8	107.0	109.2	108.7	113.5	109.4	107.9
1999	108.1	107.2	107.8	108.0	106.3	109.3	107.3
2000	109.5	104.5	111.8	111.6	113.1	109.2	108.5
2001	109.0	105.5	109.9	109.6	111.6	110.3	108.9
2002	109.5	104.5	111.6	111.7	110.6	109.9	109.2
2003	110.7	97.5	117.0	117.1	116.7	110.1	110.6
2004	113.7	112.8	116.2	117.0	111.0	110.4	113.9
2005	114.2	107.5	117.6	118.7	109.4	112.8	113.8
2006	114.4	107.3	117.7	118.7	110.5	112.9	113.7
2007	114.6	103.8	118.1	119.6	105.1	114.1	114.7
2008	112.1	105.5	114.6	115.3	107.3	110.7	111.9
2009	110.9	104.2	112.4	111.6	121.3	111.1	110.2

3-3 历年生产总值指数(1952=100)

Indices of Gross Domestic Product over the Years (1952=100)

本表按可比价格计算。

The indices in this table are calculated at comparable prices.

(1952=100) (1952=100)

年 份 Year	生产总值 Gross Domestic Product	第一产业 Primary Industry	第二产业 Secondary Industry	工 业 Industry	建筑业 Construction	第三产业 Tertiary Industry	人均生产总值 Per Capita GDP
1952	100.0	100.0	100.0	100.0	100.0	100.0	100.0
1957	133.0	115.6	210.3	154.5	315.8	199.7	121.0
1962	82.1	58.6	156.7	188.2	97.5	209.6	73.5
1965	135.3	102.1	285.1	354.1	155.1	258.7	114.2
1970	200.4	132.4	619.8	769.9	338.1	308.0	147.1
1975	251.8	159.5	805.4	1012.7	417.4	417.6	163.6
1978	306.4	174.3	1102.8	1440.6	472.6	537.5	190.1
1979	333.0	177.3	1241.7	1635.0	508.5	643.4	203.2
1980	384.3	193.6	1455.3	1906.4	616.8	816.5	231.0
1981	414.3	216.2	1474.2	1948.4	591.5	928.3	245.6
1982	432.1	217.3	1564.1	2059.4	642.4	1011.9	252.2
1983	534.9	283.0	1775.3	2345.7	714.3	1328.6	307.4
1984	589.0	298.5	2041.6	2697.6	822.2	1470.7	333.6
1985	668.5	300.9	2388.6	3150.8	967.7	1939.9	373.3
1986	699.2	277.1	2723.1	3645.4	998.7	2106.8	384.5
1987	804.1	324.0	2957.2	3897.0	1200.5	2601.8	434.1
1988	882.9	315.5	3551.6	4746.5	1315.7	2846.4	467.0
1989	944.7	344.5	3675.9	5007.6	1185.4	3139.6	489.4
1990	987.2	363.1	3760.4	5012.6	1415.4	3353.1	501.6
1991	1055.3	353.7	4260.5	5704.3	1547.0	3701.8	527.7
1992	1199.9	359.0	5342.7	7215.9	1811.5	4112.7	592.6
1993	1389.5	396.3	6523.4	8882.8	2056.1	4589.8	679.1
1994	1581.3	401.5	7932.5	10881.4	2337.8	5191.1	766.0
1995	1815.3	449.3	9296.9	12807.4	2623.0	5871.1	871.7
1996	2067.6	500.1	10784.4	14766.9	3231.5	6599.1	985.0
1997	2282.6	538.1	11959.9	16243.6	3877.8	7377.8	1079.6
1998	2483.5	575.8	13060.2	17656.8	4401.3	8071.3	1164.9
1999	2684.7	617.3	14078.9	19069.3	4678.6	8821.9	1249.9
2000	2939.7	645.1	15740.2	21281.3	5291.5	9633.5	1356.1
2001	3204.3	680.6	17298.5	23324.3	5905.3	10625.8	1476.8
2002	3508.7	711.2	19305.1	26053.2	6531.3	11677.8	1612.7
2003	3884.1	693.4	22587.0	30508.3	7622.0	12857.3	1783.6
2004	4416.2	782.2	26246.1	35694.7	8460.4	14194.5	2031.5
2005	5043.3	840.9	30865.4	42369.6	9255.7	16011.4	2311.8
2006	5769.5	902.3	36328.6	50292.7	10227.5	18076.9	2628.5
2007	6611.8	936.6	42904.1	60150.1	10749.1	20625.7	3014.9
2008	7412.3	988.1	49154.6	69362.9	11536.9	22830.6	3373.7
2009	8221.6	1029.1	55254.2	77375.4	13997.5	25371.8	3716.7

3-4 历年生产总值分产业构成

Composition of Gross Domestic Product over the Years

本表按当年价格计算。
Data in this table are calculated at current prices.

单位：% (%)

年 份 Year	生产总值 Gross Domestic Product	第一产业 Primary Industry	第二产业 Secondary Industry	工 业 Industry	建筑业 Construction	第三产业 Tertiary Industry
1952	100.0	62.2	22.8	13.2	9.6	15.0
1957	100.0	46.2	34.4	13.1	21.3	19.4
1962	100.0	39.5	32.7	19.9	12.8	27.8
1965	100.0	47.0	30.3	25.8	4.5	22.7
1970	100.0	45.8	37.1	30.9	6.2	17.1
1975	100.0	43.6	39.4	32.5	6.9	17.0
1978	100.0	39.8	42.6	36.3	6.3	17.6
1979	100.0	40.7	42.3	36.1	6.2	17.0
1980	100.0	40.7	41.2	35.1	6.1	18.1
1981	100.0	42.5	38.3	33.1	5.2	19.2
1982	100.0	41.1	39.0	33.6	5.4	19.9
1983	100.0	43.7	35.5	30.6	4.9	20.8
1984	100.0	42.0	36.8	31.5	5.3	21.2
1985	100.0	38.4	37.6	31.9	5.7	24.0
1986	100.0	35.6	40.2	34.7	5.5	24.2
1987	100.0	36.1	37.8	32.1	5.7	26.1
1988	100.0	32.1	40.0	34.5	5.5	27.9
1989	100.0	34.1	37.3	33.1	4.2	28.6
1990	100.0	34.9	35.5	30.9	4.6	29.6
1991	100.0	32.0	37.1	32.1	5.0	30.9
1992	100.0	27.7	42.6	37.6	5.0	29.7
1993	100.0	24.7	46.0	40.8	5.2	29.3
1994	100.0	24.6	47.8	42.8	5.0	27.6
1995	100.0	25.5	46.7	42.1	4.6	27.8
1996	100.0	25.8	46.2	41.2	5.0	28.0
1997	100.0	24.9	46.1	40.6	5.5	29.0
1998	100.0	24.9	45.0	39.3	5.7	30.1
1999	100.0	24.9	43.8	38.3	5.5	31.3
2000	100.0	23.0	45.4	39.6	5.8	31.6
2001	100.0	22.3	45.4	39.5	5.9	32.3
2002	100.0	21.3	45.9	40.0	5.9	32.8
2003	100.0	17.5	48.2	41.9	6.3	34.3
2004	100.0	19.3	48.9	42.6	6.3	31.8
2005	100.0	17.9	52.1	46.3	5.8	30.0
2006	100.0	15.5	54.4	48.8	5.6	30.1
2007	100.0	14.8	55.2	50.0	5.2	30.0
2008	100.0	14.8	56.9	51.8	5.2	28.3
2009	100.0	14.2	56.5	50.8	5.7	29.3

3-5 三次产业贡献率

Share of the Three Industries to the Increase of GDP

本表按可比价格计算。

Data in this table are calculated at constant prices.

单位：% (%)

年份 Year	生产总值 Gross Domestic Product	第一产业 Primary Industry	第二产业 Secondary Industry	#工业 Industry	第三产业 Tertiary Industry
1981	100.0	61.5	6.9	10.2	31.6
1982	100.0	4.9	55.3	44.4	39.8
1983	100.0	51.7	22.4	19.7	26.0
1984	100.0	23.5	54.1	46.5	22.4
1985	100.0	2.6	47.6	40.6	49.9
1986	100.0	-62.4	117.2	113.4	45.2
1987	100.0	36.0	24.2	17.0	39.8
1988	100.0	-8.8	82.4	76.9	26.4
1989	100.0	37.8	22.0	30.0	40.2
1990	100.0	35.5	21.8	1.2	42.7
1991	100.0	-13.0	69.8	64.0	43.2
1992	100.0	3.4	72.2	66.7	24.3
1993	100.0	18.4	60.1	56.2	21.6
1994	100.0	2.5	70.7	66.2	26.9
1995	100.0	19.0	56.1	52.4	24.9
1996	100.0	18.7	56.7	49.4	24.6
1997	100.0	16.4	52.7	43.7	30.8
1998	100.0	17.5	52.8	45.0	29.7
1999	100.0	19.1	48.8	44.7	32.0
2000	100.0	10.2	62.6	55.4	27.2
2001	100.0	14.0	49.7	42.2	36.3
2002	100.0	10.6	55.8	49.2	33.6
2003	100.0	-5.0	74.6	65.2	30.4
2004	100.0	17.5	58.4	53.3	24.1
2005	100.0	9.8	62.2	58.1	28.0
2006	100.0	9.0	64.1	59.8	26.9
2007	100.0	4.1	67.0	65.0	28.9
2008	100.0	6.5	68.5	65.3	25.0
2009	100.0	5.1	64.8	55.1	30.0

注：产业贡献率指各产业增加值增量与GDP增量之比。

a) Share of the three industries refers to the proportion of the increment of every industrial value added to the increment of GDP.

3-6 三次产业对生产总值增长的拉动

Contribution of the Three Industries to GDP Growth

本表按可比价格计算。
Data in this table are calculated at current prices.

单位：百分点 (percent)

年 份 Year	生产总值 Gross Domestic Product	第一产业 Primary Industry	第二产业 Secondary Industry	#工 业 Industry	第三产业 Tertiary Industry
1981	7.8	4.8	0.5	0.8	2.5
1982	4.3	0.2	2.4	1.9	1.7
1983	23.8	12.3	5.3	4.7	6.2
1984	10.1	2.4	5.5	4.7	2.3
1985	13.5	0.3	6.4	5.5	6.7
1986	4.6	-2.9	5.4	5.2	2.1
1987	15.0	5.4	3.6	2.5	6.0
1988	9.8	-0.9	8.1	7.5	2.6
1989	7.0	2.6	1.5	2.1	2.8
1990	4.5	1.6	1.0	0.1	1.9
1991	6.9	-0.9	4.8	4.4	3.0
1992	13.7	0.5	9.9	9.1	3.3
1993	15.8	2.9	9.5	8.9	3.4
1994	13.8	0.3	9.7	9.1	3.7
1995	14.8	2.8	8.3	7.8	3.7
1996	13.9	2.6	7.9	6.9	3.4
1997	10.4	1.7	5.5	4.5	3.2
1998	8.8	1.5	4.7	4.0	2.6
1999	8.1	1.6	4.0	3.6	2.6
2000	9.5	1.0	5.9	5.3	2.6
2001	9.0	1.3	4.5	3.8	3.3
2002	9.5	1.0	5.3	4.7	3.2
2003	10.7	-0.5	8.0	7.0	3.2
2004	13.7	2.4	8.0	7.3	3.3
2005	14.2	1.4	8.8	8.3	4.0
2006	14.4	1.3	9.2	8.6	3.9
2007	14.6	0.6	9.8	9.5	4.2
2008	12.1	0.8	8.3	7.9	3.0
2009	10.9	0.6	7.1	6.0	3.3

注：产业拉动指GDP增长速度与各产业贡献率之乘积。
a) Contribution of the three industies to GDP growth refers to the growth rate of GDP multiplying the industrial shares.

3-7 历年全员劳动生产率

Over all Labor Productivity by Year

单位：元/人.年 (yuan/person.year)

年 份 Year	全员劳动生产率 Over all Labor Productivity	第一产业 Primary Industry	第二产业 Secondary Industry	第三产业 Tertiary Industry
1979	669	334	2748	1385
1980	790	393	3180	1788
1981	837	437	3120	1892
1982	851	433	3288	1870
1983	1019	560	3548	2092
1984	1115	600	3802	2115
1985	1316	674	3784	2646
1986	1413	696	3706	2761
1987	1652	852	3889	3102
1988	1946	918	4703	3538
1989	2165	1080	4812	4150
1990	2328	1174	4990	4831
1991	2519	1163	5707	5438
1992	2994	1205	7717	6046
1993	3803	1400	9977	7274
1994	5011	1893	12666	8726
1995	6673	2687	15560	11184
1996	7947	3327	17503	12791
1997	8545	3520	18622	13556
1998	8774	3659	19643	13049
1999	8854	3593	21136	13604
2000	9377	3382	24282	15827
2001	9980	3506	25432	17256
2002	10935	3748	27208	18597
2003	12422	3562	31205	21383
2004	15381	5015	37583	23466
2005	18824	5926	46086	25738
2006	21725	6194	51688	28737
2007	26127	7429	58371	33621
2008	31045	9220	67258	36555
2009	33063	9868	67995	38869

3-8 分行业增加值及指数

Value-added and Index by Sector

本表增加值按当年价格计算，指数按可比价格计算。
Value-added in this table are calculated at current prices. The indices in this table are calculated at comparable prices.

单位:亿元 (100 million yuan)

行业	Sector	2008		2009	
		增加值 Value-added	指数(上年=100) Index (preceding year=100)	增加值 Value-added	指数(上年=100) Index (preceding year=100)
生产总值	**Gross Domestic Product**	**18018.53**	**112.1**	**19480.46**	**110.9**
第一产业	Value-added of the Primary Industry	2658.78	105.5	2769.05	104.2
农业	Farming	1514.57	104.7	1670.25	102.9
林业	Forestry	74.27	107.5	80.78	107.2
牧业	Animal Husbandry	975.22	106.7	913.15	106.0
渔业	Fishery	40.32	108.5	44.24	106.3
农林牧渔服务业	Service for Farming 、Forestry、Animal Husbandry and Fishery	54.40	104.7	60.63	106.5
第二产业	Value-added of the Secondary Industry	10259.99	114.6	11010.50	112.4
工业	Industry	9328.15	115.3	9900.27	111.6
采矿业	Mining	1416.48	109.3	1730.11	130.6
制造业	Manufacturing	7450.70	117.4	7826.02	111.3
电力、燃气及水的生产和供应业	Production and distribution of electricity, gas and water	460.97	102.5	344.14	71.6
建筑业	Construction	931.84	107.3	1110.23	121.3
第三产业	Value-added of the Tertiary Industry	5099.76	110.7	5700.91	111.1
交通运输、仓储和邮政业	Traffic,transport, storage and post	802.25	98.0	823.57	102.7
信息传输、计算机服务和软件业	Information transfer, computer services and software	244.84	128.4	249.97	102.8
批发和零售业	Wholesale and retail trade	916.50	111.3	1057.81	116.1
住宿和餐饮业	Accommodation and Restaurants	511.71	101.1	526.51	99.0
金融业	Finance	413.83	126.7	499.92	127.8
房地产业	Real estate	512.42	105.5	622.98	113.2
租赁和商务服务业	Tenancy and business services	133.74	121.8	163.37	126.2
科学研究、技术服务和地质勘查业	Scientific research, technical service and geologic perambulation	111.17	116.0	117.77	109.4
水利、环境和公共设施管理业	Management of water conservancy, environment and public establishment	51.12	116.3	58.84	118.9
居民服务和其他服务业	Resident services and other services	112.88	61.1	150.99	138.2
教育	Education	406.09	108.2	501.76	120.9
卫生、社会保障和社会福利业	Sanitation, social security and social welfare	201.75	113.3	215.75	105.1
文化、体育和娱乐业	Culture, sports and entertainment	64.22	129.8	60.26	92.7
公共管理和社会组织	Public management and social organization	617.24	146.0	651.41	106.2

3-9 各市生产总值

Gross Domestic Product by City

本表按当年价格计算。

Data in this table are calculated at current prices.

市 City	2008 生产总值(亿元) Gross Domestic Product (100 million yuan)	第一产业 Primary Industry	第二产业 Secondary Industry	工业 Industry	建筑业 Construction	第三产业 Tertiary Industry	人均生产总值(元) Per Capita GDP (yuan)
郑州市 Zhengzhou	3012.86	94.70	1654.42	1459.43	194.99	1263.74	40714
开封市 Kaifeng	702.33	153.59	314.18	289.52	24.66	234.56	14975
洛阳市 Luoyang	1825.76	167.57	1121.46	1006.41	115.04	536.73	28256
平顶山市 Pingdingshan	1048.33	101.39	690.99	656.50	34.49	255.95	21615
安阳市 Anyang	1053.08	141.57	639.15	580.01	59.14	272.37	20252
鹤壁市 Hebi	328.16	43.96	222.11	210.09	12.02	62.09	23110
新乡市 Xinxiang	902.96	131.01	503.88	442.69	61.19	268.07	16188
焦作市 Jiaozuo	990.36	82.99	672.48	633.11	39.38	234.89	29128
濮阳市 Puyang	632.69	90.45	425.20	393.54	31.66	117.03	18077
许昌市 Xuchang	1028.71	133.89	690.26	649.80	40.45	204.57	23924
漯河市 Luohe	541.68	78.59	365.50	350.79	14.71	97.59	21930
三门峡市 Sanmenxia	647.48	54.77	430.14	404.75	25.39	162.57	29166
南阳市 Nanyang	1596.77	344.48	832.63	752.69	79.94	419.67	15968
商丘市 Shangqiu	891.88	254.62	412.01	361.37	50.64	225.25	11544
信阳市 Xinyang	835.29	222.29	349.07	289.99	59.08	263.93	12542
周口市 Zhoukou	951.63	298.22	414.19	368.36	45.83	239.23	9574
驻马店市 Zhumadian	806.13	226.39	344.81	311.49	33.33	234.93	10524
济源市 Jiyuan	274.55	14.44	206.49	196.58	9.91	53.62	40375

市 City	2009 生产总值(亿元) Gross Domestic Product (100 million yuan)	第一产业 Primary Industry	第二产业 Secondary Industry	工业 Industry	建筑业 Construction	第三产业 Tertiary Industry	人均生产总值(元) Per Capita GDP (yuan)
郑州市 Zhengzhou	3308.51	103.09	1786.50	1551.81	234.69	1418.92	44231
开封市 Kaifeng	778.72	168.58	345.80	316.45	29.35	264.34	16571
洛阳市 Luoyang	2001.48	173.79	1167.06	1031.02	136.04	660.63	31170
平顶山市 Pingdingshan	1127.81	105.36	735.08	693.05	42.02	287.38	23081
安阳市 Anyang	1124.88	142.31	676.46	607.59	68.87	306.11	21578
鹤壁市 Hebi	363.63	44.31	249.70	234.56	15.14	69.61	25370
新乡市 Xinxiang	991.98	131.80	558.96	485.99	72.97	301.22	17992
焦作市 Jiaozuo	1071.42	85.55	721.43	676.60	44.83	264.44	31356
濮阳市 Puyang	661.63	93.78	433.90	398.25	35.65	133.96	18855
许昌市 Xuchang	1130.75	136.80	761.04	714.12	46.93	232.91	26227
漯河市 Luohe	591.70	78.70	407.57	389.27	18.30	105.43	23777
三门峡市 Sanmenxia	702.75	57.61	464.13	432.40	31.73	181.00	31587
南阳市 Nanyang	1714.49	366.91	875.49	781.28	94.21	472.09	16997
商丘市 Shangqiu	995.55	270.79	453.02	393.24	59.78	271.75	12779
信阳市 Xinyang	929.00	234.83	394.36	322.30	72.06	299.80	13780
周口市 Zhoukou	1065.37	318.22	476.51	421.88	54.63	270.64	10649
驻马店市 Zhumadian	900.52	235.70	384.45	343.11	41.34	280.37	11708
济源市 Jiyuan	287.61	14.54	213.59	201.90	11.69	59.48	42181

注：人均生产总值按常住人口计算。

a) Per Capita GDP are calculated at residents population.

3-10 各市生产总值指数(2009年)
Indices of Gross Domestic Product by City(2009)

本表按可比价格计算。
The indices in this table are calculated at comparable prices.

(上年=100) (preceding year=100)

市	City	生产总值 Gross Domestic Product	第一产业 Primary Industry	第二产业 Secondary Industry	工业 Industry	建筑业 Construction	第三产业 Tertiary Industry	人均生产总值 Per Capita GDP
郑州市	Zhengzhou	111.4	103.9	111.7	110.0	127.2	111.5	110.2
开封市	Kaifeng	112.1	104.2	114.3	113.7	121.3	114.6	111.8
洛阳市	Luoyang	113.3	104.3	113.9	112.8	124.9	114.4	112.6
平顶山市	Pingdingshan	110.0	104.0	110.7	109.7	128.8	110.5	109.2
安阳市	Anyang	111.4	104.2	113.7	113.2	118.6	109.4	111.1
鹤壁市	Hebi	112.8	104.1	114.8	113.8	133.1	111.0	111.8
新乡市	Xinxiang	112.4	104.1	115.4	114.1	126.0	110.2	112.3
焦作市	Jiaozuo	111.3	104.2	112.2	112.0	115.9	111.0	110.7
濮阳市	Puyang	111.0	104.2	111.4	111.0	116.8	113.8	110.7
许昌市	Xuchang	112.5	104.1	113.9	113.4	122.6	112.8	112.2
漯河市	Luohe	111.3	104.0	113.5	113.0	126.7	107.8	110.5
三门峡市	Sanmenxia	112.1	104.5	113.4	112.2	132.1	111.1	111.9
南阳市	Nanyang	110.0	104.2	111.2	110.4	120.3	112.1	109.1
商丘市	Shangqiu	110.8	104.2	113.7	112.4	122.9	112.7	109.5
信阳市	Xinyang	112.0	104.4	115.8	114.1	124.2	113.1	110.6
周口市	Zhoukou	110.8	104.3	114.3	112.9	126.0	112.0	110.1
驻马店市	Zhumadian	111.5	104.3	113.5	112.2	126.3	114.9	111.0
济源市	Jiyuan	114.1	105.1	115.5	115.0	124.7	111.5	113.8

3-11 各市第三产业增加值(2008年)

Value-added of the Tertiary Industry by City (2008)

本表按当年价格计算。
Data in this table are calculated at current prices.

单位:亿元 (100 million yuan)

市	City	合计 Total	交通运输仓储及邮政业 Traffic, transport, storage and post	信息传输计算机服务和软件业 Information transfer, computer services and software	批发和零售业 Wholesale and retail trade	住宿和餐饮业 Accommodation and Restaurants	金融业 Finance	房地产业 Real estate	租赁和商务服务业 Tenancy and business services
郑州市	Zhengzhou	1263.74	204.75	74.88	185.25	110.82	184.28	124.09	45.91
开封市	Kaifeng	234.56	34.65	15.87	36.79	29.80	7.03	22.48	9.25
洛阳市	Luoyang	536.73	102.60	17.68	85.18	51.29	35.19	36.98	17.11
平顶山市	Pingdingshan	255.95	37.79	11.24	53.38	29.66	24.85	17.04	6.37
安阳市	Anyang	272.37	33.68	14.12	63.81	30.12	17.38	24.97	11.38
鹤壁市	Hebi	62.09	5.44	3.32	13.18	7.28	4.66	6.44	0.62
新乡市	Xinxiang	268.07	45.27	11.36	54.09	25.50	19.53	30.32	3.79
焦作市	Jiaozuo	234.89	35.49	4.14	64.25	27.60	15.27	21.13	4.11
濮阳市	Puyang	117.03	10.55	6.13	19.32	10.42	6.04	15.70	5.34
许昌市	Xuchang	204.57	29.45	9.85	39.10	27.34	18.03	18.58	4.67
漯河市	Luohe	97.59	9.98	4.37	22.46	14.48	3.99	11.50	2.22
三门峡市	Sanmenxia	162.57	54.15	5.17	31.18	9.32	7.35	6.46	4.31
南阳市	Nanyang	419.67	64.67	17.04	76.64	49.69	23.47	42.89	5.61
商丘市	Shangqiu	225.25	32.79	13.13	37.51	16.07	11.21	33.08	2.01
信阳市	Xinyang	263.93	39.05	22.96	38.46	27.61	12.28	33.31	3.49
周口市	Zhoukou	239.23	24.73	15.14	47.51	26.40	8.44	37.91	2.77
驻马店市	Zhumadian	234.93	34.32	6.67	48.65	19.28	13.16	28.04	3.46
济源市	Jiyuan	53.62	9.18	2.27	14.29	5.97	1.33	4.57	4.26

市	City	科学研究、技术服务和地质勘查业 Scientific research, technical service and geologic perambulation	水利、环境和公共设施管理业 Management of water conservancy, environment and public establishment	居民服务和其他服务业 Resident services and other services	教育 Education	卫生、社会保障和社会福利业 Sanitation, social security and social welfare	文化、体育和娱乐业 Culture, sports and entertainment	公共管理和社会组织 Public management and social organization
郑州市	Zhengzhou	41.31	7.72	23.78	88.74	40.55	32.84	98.82
开封市	Kaifeng	1.56	3.63	4.65	20.19	12.79	3.66	32.22
洛阳市	Luoyang	44.36	6.60	8.69	34.20	20.12	5.11	71.60
平顶山市	Pingdingshan	1.96	2.75	7.99	15.31	8.21	4.37	35.01
安阳市	Anyang	2.05	2.62	6.43	20.24	13.37	1.94	30.26
鹤壁市	Hebi	0.29	0.44	0.93	5.13	2.13	0.31	11.91
新乡市	Xinxiang	2.64	2.80	5.89	20.22	10.31	1.36	35.00
焦作市	Jiaozuo	2.52	3.49	8.77	15.80	8.11	1.55	22.65
濮阳市	Puyang	1.09	1.72	2.30	12.38	4.92	0.99	20.14
许昌市	Xuchang	1.87	1.42	7.32	14.66	7.12	1.55	23.60
漯河市	Luohe	0.43	0.60	3.19	7.60	3.91	0.68	12.17
三门峡市	Sanmenxia	1.50	1.73	4.81	10.42	4.21	1.09	20.87
南阳市	Nanyang	4.36	4.81	9.21	38.98	27.93	2.05	52.31
商丘市	Shangqiu	0.44	0.97	3.24	26.58	9.16	1.07	37.99
信阳市	Xinyang	2.01	6.39	5.14	23.32	10.49	1.91	37.50
周口市	Zhoukou	0.58	1.09	5.12	26.82	9.73	1.13	31.85
驻马店市	Zhumadian	1.51	1.37	6.79	22.03	10.26	2.10	37.30
济源市	Jiyuan	0.39	0.53	0.64	3.48	1.48	0.58	4.65

3-12 各市第三产业增加值(2009年)

Value-added of the Tertiary Industry by City (2009)

本表按当年价格计算。
Data in this table are calculated at current prices.

单位:亿元 (100 million yuan)

市 City	合计 Total	交通运输仓储及邮政业 Traffic, transport, storage and post	信息传输计算机服务和软件业 Information transfer, computer services and software	批发和零售业 Wholesale and retail trade	住宿和餐饮业 Accommodation and Restaurants	金融业 Finance	房地产业 Real estate	租赁和商务服务业 Tenancy and business services
郑州市 Zhengzhou	1418.92	221.32	74.97	206.62	108.95	218.31	157.30	51.60
开封市 Kaifeng	264.34	38.58	16.57	43.41	25.36	8.50	23.83	10.46
洛阳市 Luoyang	660.63	102.09	18.94	120.58	54.29	52.66	54.63	21.62
平顶山市 Pingdingshan	287.38	41.61	12.10	58.55	32.47	29.83	21.29	7.31
安阳市 Anyang	306.11	35.60	14.76	69.62	31.39	19.36	32.82	12.73
鹤壁市 Hebi	69.61	6.12	3.85	15.56	7.06	6.05	6.66	0.62
新乡市 Xinxiang	301.22	51.61	12.89	60.87	23.82	25.49	33.28	4.03
焦作市 Jiaozuo	264.44	38.13	8.38	73.01	32.47	17.57	20.73	4.67
濮阳市 Puyang	133.96	12.10	7.11	23.44	12.80	7.17	17.32	5.49
许昌市 Xuchang	232.91	32.55	10.57	43.16	31.98	21.65	20.75	4.71
漯河市 Luohe	105.43	10.81	4.40	25.51	17.02	4.07	11.01	0.55
三门峡市 Sanmenxia	181.00	56.77	5.80	35.73	11.29	8.09	7.22	5.16
南阳市 Nanyang	472.09	70.57	20.27	87.09	58.94	28.04	45.40	6.68
商丘市 Shangqiu	271.75	39.27	15.06	46.07	28.61	12.51	35.23	3.64
信阳市 Xinyang	299.80	44.48	24.18	42.47	36.82	15.63	37.65	3.64
周口市 Zhoukou	270.64	26.75	16.64	53.97	30.56	14.31	41.74	2.83
驻马店市 Zhumadian	280.37	40.65	11.83	56.97	23.72	15.63	31.77	4.95
济源市 Jiyuan	59.48	10.49	2.14	15.19	6.46	2.03	4.95	4.75

市 City	科学研究、技术服务和地质勘查业 Scientific research, technical service and geologic perambulation	水利、环境和公共设施管理业 Management of water conservancy, environment and public establishment	居民服务和其他服务业 Resident services and other services	教育 Education	卫生、社会保障和社会福利业 Sanitation, social security and social welfare	文化、体育和娱乐业 Culture, sports and entertainment	公共管理和社会组织 Public management and social organization
郑州市 Zhengzhou	47.67	8.14	29.59	105.27	47.28	37.13	104.77
开封市 Kaifeng	1.73	5.23	6.33	25.23	15.42	4.28	39.40
洛阳市 Luoyang	61.40	7.72	12.97	49.98	23.36	6.69	73.70
平顶山市 Pingdingshan	2.40	2.87	10.06	18.10	11.15	4.72	34.93
安阳市 Anyang	2.65	3.30	7.35	24.21	14.42	2.26	35.65
鹤壁市 Hebi	0.32	0.53	1.02	5.97	2.42	0.34	13.11
新乡市 Xinxiang	3.45	4.02	7.45	24.88	10.54	1.56	37.34
焦作市 Jiaozuo	3.20	3.75	12.00	16.92	8.27	1.97	23.37
濮阳市 Puyang	1.25	2.00	2.60	13.67	6.55	1.02	21.44
许昌市 Xuchang	2.25	1.83	8.17	19.38	7.71	1.77	26.42
漯河市 Luohe	0.55	1.14	5.69	8.60	3.44	0.83	11.80
三门峡市 Sanmenxia	1.64	2.06	5.72	13.82	4.68	1.23	21.81
南阳市 Nanyang	5.19	5.30	11.33	43.91	30.91	2.45	56.02
商丘市 Shangqiu	0.54	1.16	5.23	29.23	13.54	1.41	40.25
信阳市 Xinyang	2.33	6.00	5.35	28.70	12.79	2.00	37.76
周口市 Zhoukou	0.77	1.39	5.87	30.18	10.83	1.33	33.47
驻马店市 Zhumadian	1.71	1.72	8.90	27.58	14.14	2.23	38.55
济源市 Jiyuan	0.43	0.60	0.70	4.10	1.77	0.60	5.28

3-13 各市第三产业增加值指数(2009年)

Indices of Value-added of the Tertiary Industry by City (2009)

本表按可比价格计算。

The indices in this table are calculated at comparable prices.

(上年=100) (preceding year=100)

市	City	合计 Total	交通运输仓储及邮政业 Traffic, transport, storage and post	信息传输计算机服务和软件业 Information transfer, computer services and software	批发和零售业 Wholesale and retail trade	住宿和餐饮业 Accommodation and Restaurants	金融业 Finance	房地产业 Real estate	租赁和商务服务业 Tenancy and business services
郑州市	Zhengzhou	111.5	108.4	100.4	112.3	95.6	122.2	118.5	116.1
开封市	Kaifeng	114.6	111.9	104.3	118.7	102.5	121.9	105.4	112.6
洛阳市	Luoyang	114.4	99.4	107.3	141.9	101.6	139.4	130.0	118.7
平顶山市	Pingdingshan	110.5	110.4	107.3	110.4	105.1	120.8	111.9	109.5
安阳市	Anyang	109.4	105.8	105.1	109.8	100.1	114.2	113.9	100.1
鹤壁市	Hebi	111.0	109.9	116.2	120.2	93.2	121.4	107.3	103.9
新乡市	Xinxiang	110.2	113.7	114.0	113.8	89.6	133.7	88.6	125.0
焦作市	Jiaozuo	111.0	106.9	203.2	114.3	113.1	117.8	91.6	92.5
濮阳市	Puyang	113.8	115.1	116.6	122.1	117.7	121.2	113.5	106.2
许昌市	Xuchang	112.8	110.2	102.5	111.1	112.1	122.8	115.9	104.3
漯河市	Luohe	107.8	108.6	111.2	114.0	107.6	102.8	100.0	111.2
三门峡市	Sanmenxia	111.1	104.6	112.4	115.3	116.1	113.3	113.6	117.3
南阳市	Nanyang	112.1	109.1	119.1	114.3	113.7	122.1	106.7	116.7
商丘市	Shangqiu	112.7	107.2	115.3	117.3	170.7	103.9	98.8	157.6
信阳市	Xinyang	113.1	113.6	105.8	111.1	128.0	130.7	111.3	108.0
周口市	Zhoukou	112.0	109.0	110.4	114.3	111.1	175.8	105.7	105.4
驻马店市	Zhumadian	114.9	112.6	179.1	113.5	114.4	115.8	110.4	145.6
济源市	Jiyuan	111.5	115.5	94.4	109.1	108.9	159.0	105.2	101.5

市	City	科学研究、技术服务和地质勘查业 Scientific research, technical service and geologic perambulation	水利、环境和公共设施管理业 Management of water conservancy, environment and public establishment	居民服务和其他服务业 Resident services and other services	教育 Education	卫生、社会保障和社会福利业 Sanitation, social security and social welfare	文化、体育和娱乐业 Culture, sports and entertainment	公共管理和社会组织 Public management and social organization
郑州市	Zhengzhou	120.3	109.0	128.7	116.1	115.2	112.2	106.7
开封市	Kaifeng	109.0	140.9	140.7	123.6	119.2	116.1	119.9
洛阳市	Luoyang	118.6	119.0	94.4	133.0	109.1	129.4	88.2
平顶山市	Pingdingshan	108.9	97.5	129.9	115.6	129.4	106.5	99.3
安阳市	Anyang	106.6	100.9	118.0	117.1	105.6	113.3	115.4
鹤壁市	Hebi	110.2	115.6	112.6	113.8	115.6	107.0	107.8
新乡市	Xinxiang	107.1	130.9	130.7	120.4	87.3	113.4	111.4
焦作市	Jiaozuo	120.4	82.8	141.3	104.8	99.8	125.6	101.8
濮阳市	Puyang	111.9	113.0	117.0	108.1	130.5	100.8	103.4
许昌市	Xuchang	112.5	114.0	115.3	129.3	97.4	113.0	109.1
漯河市	Luohe	105.3	105.3	111.2	105.2	105.2	111.1	105.3
三门峡市	Sanmenxia	107.0	115.3	122.8	129.8	108.8	112.0	103.3
南阳市	Nanyang	119.3	110.4	127.0	110.2	110.9	117.9	107.3
商丘市	Shangqiu	107.8	108.5	166.6	107.6	127.2	117.3	96.3
信阳市	Xinyang	118.8	95.6	107.5	120.4	119.9	103.1	103.6
周口市	Zhoukou	136.0	113.0	118.5	110.1	108.1	116.1	105.0
驻马店市	Zhumadian	115.4	125.6	117.0	122.5	113.7	105.3	101.3
济源市	Jiyuan	102.8	114.6	113.6	115.3	130.1	102.8	117.7

3-14 非公有制经济增加值
Value-added of Non-Public-Owned

行业	Sector	2008 增加值(亿元) Value-added of Non-Public-Owned (100 million yuan)	2008 指数(%) Index of Value-added of Non-Public-Owned (%)	2008 占GDP比重(%) Value-added of Non-Public-Owned as percentage of GDP(%)
总计	**Total**	**10668.25**	**112.4**	**59.2**
第一产业	Value-added of the Primary Industry	995.25	105.7	37.4
第二产业	Value-added of the Secondary Industry	7219.41	117.8	70.4
工业	Industry	6532.22	119.3	70.0
建筑业	Construction	687.19	105.5	73.7
第三产业	Value-added of the Tertiary Industry	2453.59	101.2	48.1
交通运输、仓储和邮电业	Traffic,transport, storage and post	472.21	111.0	58.9
批发和零售业	Wholesale and retail trade	534.29	87.4	58.3
住宿和餐饮业	Accommodation and Restaurants	467.50	102.7	91.4
金融业	Finance	98.87	226.3	23.9
房地产业	Real estate	461.80	105.6	90.1
其他服务业	Others	418.92	92.6	21.6

行业	Sector	2009 增加值(亿元) Value-added of Non-Public-Owned (100 million yuan)	2009 指数(%) Index of Value-added of Non-Public-Owned (%)	2009 占GDP比重(%) Value-added of Non-Public-Owned as percentage of GDP(%)
总计	**Total**	**11702.90**	**111.8**	**60.1**
第一产业	Value-added of the Primary Industry	937.86	102.4	33.9
第二产业	Value-added of the Secondary Industry	7990.55	113.2	72.6
工业	Industry	7177.36	112.7	72.5
建筑业	Construction	813.19	118.3	73.2
第三产业	Value-added of the Tertiary Industry	2774.49	111.4	48.7
交通运输、仓储和邮电业	Traffic,transport, storage and post	511.29	108.3	62.5
批发和零售业	Wholesale and retail trade	622.03	117.6	58.8
住宿和餐饮业	Accommodation and Restaurants	491.51	101.1	93.4
金融业	Finance	115.89	124.4	23.2
房地产业	Real estate	555.19	112.7	89.1
其他服务业	Others	478.59	114.4	22.1

3-15 各市非公有制经济增加值

Value-added of Non-Public-Owned by city

本表按当年价格计算。
Data in this table are calculated at current prices.

市 City	2008		2009	
	增加值 (亿元) Value-added of Non-Public-Owned (100 million yuan)	占GDP比重 (%) Value-added of Non-Public-Owned as percentage of GDP(%)	增加值 (亿元) Value-added of Non-Public-Owned (100 million yuan)	占GDP比重 (%) Value-added of Non-Public-Owned as percentage of GDP(%)
全省 Total	**10668.25**	**59.2**	**11702.9**	**60.1**
郑州市 Zhengzhou	1801.06	59.8	1897.64	57.4
开封市 Kaifeng	423.62	60.3	479.52	61.6
洛阳市 Luoyang	831.32	45.5	939.66	46.9
平顶山市 Pingdingshan	543.72	51.9	612.63	54.3
安阳市 Anyang	572.89	54.4	632.95	56.3
鹤壁市 Hebi	200.56	61.1	227.17	62.5
新乡市 Xinxiang	577.77	64.0	656.47	66.2
焦作市 Jiaozuo	584.18	59.0	645.3	60.2
濮阳市 Puyang	335.85	53.1	392.21	59.3
许昌市 Xuchang	709.51	69.0	785.52	69.5
漯河市 Luohe	314.17	58.0	361.2	61.0
三门峡市 Sanmenxia	323.52	50.0	354.67	50.5
南阳市 Nanyang	899.35	56.3	979.24	57.1
商丘市 Shangqiu	508.05	57.0	582.82	58.5
信阳市 Xinyang	434.07	52.0	495.66	53.4
周口市 Zhoukou	561.94	59.1	645.18	60.6
驻马店市 Zhumadian	484.62	60.1	547.48	60.8
济源市 Jiyuan	185.27	67.5	194.57	67.7

3-16 历年支出法生产总值

Gross Domestic Product by Expenditure Approach over the Years

本表按当年价格计算。
Data in this table are calculated at current prices.

单位:亿元 (100 million yuan)

年 份 Year	支出法生产总值 Gross Domestic Product by Expenditure Approach	最终消费支出 Final Consumption	居民消费支出 Household Consumption	农村居民 Rural Households	城镇居民 Urban Households	政府消费支出 Government Consumption	资本形成总额 Gross Capital Formation	固定资本形成总额 Fixed Capital Formation	存货增加 Changes in Inventories	货物和服务净流出 Net Export of Good and Services
1952	36.09	29.50	27.93	24.61	3.32	1.57	6.63	4.90	1.73	-0.04
1957	52.55	36.87	33.94	27.82	6.12	2.93	16.49	11.17	5.32	-0.81
1962	43.02	40.12	36.46	25.28	11.18	3.66	3.41	8.24	-4.83	-0.51
1965	62.96	42.36	38.13	25.93	12.20	4.23	14.91	12.21	2.70	5.69
1970	97.19	56.98	52.56	38.24	14.32	4.42	39.21	26.05	13.16	1.00
1975	127.77	80.08	68.60	49.67	18.93	11.48	46.34	35.85	10.49	1.35
1978	162.92	107.07	94.34	70.45	23.89	12.73	52.49	40.66	11.83	3.36
1980	229.16	151.48	135.23	104.36	30.87	16.25	69.20	57.70	11.50	8.48
1985	451.74	275.95	231.11	166.16	64.95	44.84	173.43	138.19	35.24	2.36
1990	934.65	527.43	447.97	309.33	138.64	79.46	364.81	225.73	139.08	42.41
1991	1045.73	572.63	479.04	325.30	153.74	93.59	421.32	279.06	142.26	51.78
1992	1279.75	641.79	531.59	357.89	173.70	110.20	571.96	346.67	225.29	66.00
1993	1660.18	878.69	672.23	451.86	220.37	206.46	682.64	485.98	196.66	98.85
1994	2216.83	1196.17	927.84	593.55	334.29	268.33	879.39	670.84	208.55	141.27
1995	2988.37	1590.89	1251.49	814.10	437.39	339.40	1235.62	877.41	358.21	161.86
1996	3634.69	1936.99	1537.04	1001.52	535.52	399.95	1485.58	1079.31	406.27	212.12
1997	4041.09	2146.53	1694.84	1072.61	622.23	451.69	1677.86	1254.89	422.97	216.70
1998	4308.24	2217.62	1717.39	1051.61	665.78	500.23	1845.87	1413.55	432.32	244.75
1999	4517.94	2347.13	1781.18	1029.81	751.37	565.95	1924.38	1469.87	454.51	246.43
2000	5052.99	2745.80	2090.01	1189.26	900.75	655.79	2104.00	1641.43	462.57	203.19
2001	5533.01	3086.15	2266.65	1273.91	992.74	819.50	2257.24	1790.76	466.48	189.62
2002	6035.48	3386.68	2446.93	1341.23	1105.70	939.75	2474.19	2018.58	455.61	174.61
2003	6867.70	3891.70	2870.19	1245.07	1625.12	1021.51	2786.46	2431.76	354.70	189.54
2004	8553.79	4568.52	3370.21	1441.79	1928.42	1198.31	3745.50	3217.10	528.40	239.77
2005	10587.42	5353.67	3817.86	1554.22	2263.64	1535.81	5019.81	4506.75	513.06	213.94
2006	12362.79	6102.27	4251.50	1641.85	2609.65	1850.77	6322.82	6001.50	321.32	-62.30
2007	15012.46	6831.27	4820.00	1768.68	3051.32	2011.27	8366.37	8043.35	323.02	-185.18
2008	18018.53	7759.33	5521.46	1953.80	3567.66	2237.87	10713.52	10301.66	411.86	-454.32
2009	19480.46	8742.69	6248.92	2106.90	4142.02	2493.77	13304.05	12996.08	307.97	-2566.28

3-17 历年最终消费支出指数

Indices of Final Consumption over the Years

本表按可比价格计算。

The indices in this table are calculated at comparable prices.

年 份 Year	以1952年为100 (1952=100)					以上年为100 (preceding year=100)				
	最终消费支出 Final Consumption	居民消费支出 Household Consumption	农村居民 Rural Households Consumption	城镇居民 Urban Households Consumption	政府消费支出 Government Consumption	最终消费支出 Final Consumption	居民消费支出 Household Consumption	农村居民 Rural Households Consumption	城镇居民 Urban Households Consumption	政府消费支出 Government Consumption
1952	100.0	100.0	100.0	100.0	100.0					
1957	124.9	121.3	113.1	184.2	186.3	100.0	99.9	96.6	120.0	100.3
1962	123.1	117.7	93.9	301.9	220.1	100.6	102.6	103.2	101.1	84.6
1965	133.5	126.8	95.7	368.1	255.1	105.7	105.7	105.9	105.1	106.3
1970	186.6	181.3	146.3	451.5	277.7	109.5	110.1	111.6	106.4	102.7
1975	267.3	240.9	195.0	597.8	734.4	105.9	103.3	102.9	104.3	124.8
1978	356.3	330.7	276.2	750.8	812.6	118.3	118.7	118.3	119.9	115.7
1980	480.5	451.7	392.6	908.9	984.2	113.7	114.2	116.4	107.5	109.4
1985	800.0	706.8	587.0	1640.3	2436.3	118.8	117.8	115.2	125.7	124.1
1990	1001.2	869.5	697.5	2226.8	3312.6	104.6	103.8	102.9	106.7	108.0
1991	1061.3	912.1	729.6	2351.5	3723.4	106.0	104.9	104.6	105.6	112.4
1992	1146.2	974.1	763.2	2593.7	4285.6	108.0	106.8	104.6	110.3	115.1
1993	1405.2	1165.0	905.2	3141.0	5939.8	122.6	119.6	118.6	121.1	138.6
1994	1583.7	1262.9	974.9	3439.4	7852.4	112.7	108.4	107.7	109.5	132.2
1995	1761.1	1401.8	1089.0	3783.3	8794.7	111.2	111.0	111.7	110.0	112.0
1996	1993.6	1600.9	1287.2	4097.3	9621.4	113.2	114.2	118.2	108.3	109.4
1997	2167.0	1721.0	1347.7	4593.1	10891.4	108.7	107.5	104.7	112.1	113.2
1998	2290.5	1791.6	1385.4	4873.3	12133.0	105.7	104.1	102.8	106.1	111.4
1999	2476.0	1900.9	1417.3	5443.5	13953.0	108.1	106.1	102.3	111.7	115.0
2000	2840.0	2176.5	1618.6	6249.1	16073.9	114.7	114.5	114.2	114.8	115.2
2001	3172.3	2346.3	1736.8	6780.3	19947.7	111.7	107.8	107.3	108.5	124.1
2002	3508.6	2562.2	1815.0	7743.1	22840.1	110.6	109.2	104.5	114.2	114.5
2003	3971.7	2941.4	1864.0	9787.3	24918.5	113.2	114.8	102.7	126.4	109.1
2004	4337.1	3215.0	1983.3	10922.6	27161.2	109.2	109.3	106.4	111.6	109.0
2005	4749.1	3478.6	2040.8	12244.2	30746.5	109.5	108.2	102.9	112.1	113.2
2006	5418.7	3930.8	2232.6	14129.8	35911.9	114.1	113.0	109.4	115.4	116.8
2007	5841.4	4284.6	2328.6	15811.2	37779.3	107.8	109.0	104.3	111.9	105.2
2008	6168.5	4563.1	2326.3	17439.8	39177.2	105.6	106.5	99.9	110.3	103.7
2009	6995.1	5197.3	2505.4	20422.0	44035.1	113.4	113.9	107.7	117.1	112.4

3-18 历年支出法生产总值构成
Structure of Gross Domestic Product by Expenditure Approach over the Years

本表按当年价格计算。
Data in this table are calculated at current prices.

年 份 Year	比重 (支出法生产总值=100) Proportion (Gross Domestic Product by Expenditure Approach=100)			比重 (最终消费支出=100) Proportion (Final Consumption Expenditure=100)	
	最终消费支出 Final Consumption	资本形成总额 Gross Capital Formation	货物和服务净流出 Net Export of Good and Services	居民消费支出 Household Consumption	政府消费支出 Government Consumption
1952	81.7	18.4	-0.1	94.7	5.3
1957	70.1	31.4	-1.5	92.1	7.9
1962	93.3	7.9	-1.2	90.9	9.1
1965	67.3	23.7	9.0	90.0	10.0
1970	58.6	40.4	1.0	92.2	7.8
1975	62.7	36.3	1.0	85.7	14.3
1978	65.7	32.2	2.1	88.1	11.9
1980	66.1	30.2	3.7	89.3	10.7
1985	61.1	38.4	0.5	83.8	16.2
1990	56.4	39.0	4.6	84.9	15.1
1991	54.7	40.3	5.0	83.7	16.3
1992	50.1	44.7	5.2	82.8	17.2
1993	52.9	41.1	6.0	76.5	23.5
1994	53.9	39.7	6.4	77.6	22.4
1995	53.2	41.4	5.4	78.7	21.3
1996	53.3	40.9	5.8	79.4	20.6
1997	53.1	41.5	5.4	79.0	21.0
1998	51.5	42.8	5.7	77.4	22.6
1999	52.0	42.6	5.4	75.9	24.1
2000	54.4	41.6	4.0	76.1	23.9
2001	55.8	40.8	3.4	73.4	26.6
2002	56.1	41.0	2.9	72.3	27.7
2003	56.7	40.6	2.7	73.8	26.2
2004	53.4	43.8	2.8	73.8	26.2
2005	50.6	47.4	2.0	71.3	28.7
2006	49.4	51.1	-0.5	69.7	30.3
2007	45.5	55.7	-1.2	70.6	29.4
2008	43.1	59.5	-2.5	71.2	28.8
2009	44.9	68.3	-13.2	71.5	28.5

3-19 支出法生产总值

Gross Domestic Product by Expenditure Approach and Structure

本表按当年价格计算。
Data in this table are calculated at current prices.

单位：亿元 (100 million yuan)

项目	Item	2008	2009
支出法生产总值	**Gross Domestic Product by Expenditure Approach**	**18018.53**	**19480.46**
最终消费支出	**Final Consumption**	**7759.33**	**8742.69**
居民消费支出	Household Consumption	5521.46	6248.92
农村居民	Rural Households	1953.80	2106.90
食品类支出	Food	751.93	767.56
衣着类支出	Clothing	135.29	141.92
居住类支出	Residence	145.85	184.81
家庭设备、用品及服务类支出	Household Facilities,Articles and Service	109.39	128.19
医疗保健类支出	Medical treatment and medical Service	138.67	152.76
公共医疗消费支出	Public medical treatment	63.40	66.67
交通和通信类支出	Transport, Post and Communication Services	187.55	195.05
文教娱乐用品及服务类支出	Recreation,education and Cultural services	138.27	147.18
金融中介服务虚拟支出	Dummy Consumption for finance agency service	47.29	64.40
金融机构实际服务消费支出	Financial organization serbices	6.73	7.88
保险服务消费支出	Insurance	22.81	30.18
自有住房服务虚拟支出	Dummy Consumption for owned housing service	163.88	172.59
其他商品和服务类支出	Miscellaneous and Services	42.74	47.71
城镇居民	Urban Households	3567.66	4142.02
食品类支出	Food	1055.07	1174.31
衣着类支出	Clothing	391.14	455.96
居住类支出	Residence	330.10	360.38
家庭设备、用品及服务类支出	Household Facilities,Articles and Service	216.96	245.71
医疗保健类支出	Medical treatment and medical Service	270.93	314.15
公共医疗消费支出	Public medical treatment	94.48	113.19
交通和通信类支出	Transport, Post and Communication Services	313.50	371.01
文教娱乐用品及服务类支出	Recreation,education and Cultural services	338.79	376.09
金融中介服务虚拟支出	Dummy Consumption for finance agency service	103.75	188.51
金融机构实际服务消费支出	Financial organization serbices	14.66	23.08
保险服务消费支出	Insurance	53.34	54.76
自有住房服务虚拟支出	Dummy Consumption for owned housing service	226.09	266.27
实物消费支出	Dummy Consumption for practicality	47.85	63.43
其他商品和服务类支出	Miscellaneous and Services	111.00	135.17
政府消费支出	Government Consumption	2237.87	2493.77
资本形成总额	**Gross Capital Formation**	**10713.52**	**13304.05**
固定资本形成总额	Fixed Capital Formation	10301.66	12996.08
存货增加	Changes in Inventories	411.86	307.97
第一产业	Primary Industry	126.97	-88.18
第二产业	Secondary Industry	241.76	348.06
第三产业	Tertiary Industry	43.13	48.09
货物和服务净流出	**Net Export of Good and Services**	**-454.32**	**-2566.28**

3-20 各市支出法生产总值

Gross Domestic Product by Expenditure Approach by City

本表按当年价格计算。
Data in this table are calculated at current prices.

单位:亿元 (100 million yuan)

2008

市	City	支出法生产总值 Gross Domestic Product by Expenditure Approach	最终消费支出 Final Consumption	居民消费支出 Household Consumption	农村居民 Rural Households	城镇居民 Urban Households	政府消费支出 Government Consumption	资本形成总额 Gross Capital Formation	货物和服务净流出 Net Export of Good and Services
郑州市	Zhengzhou	3012.86	1343.58	875.91	221.14	654.77	467.67	1550.01	119.27
开封市	Kaifeng	702.33	357.45	259.75	89.55	170.20	97.70	371.96	-27.08
洛阳市	Luoyang	1825.76	670.76	434.78	131.49	303.29	235.98	1060.20	94.79
平顶山市	Pingdingshan	1048.33	405.01	288.69	78.95	209.74	116.32	491.77	151.55
安阳市	Anyang	1053.08	437.86	331.65	161.01	170.64	106.21	599.88	15.34
鹤壁市	Hebi	328.16	125.93	81.59	23.52	58.07	44.34	197.80	4.43
新乡市	Xinxiang	902.96	403.89	318.85	109.21	209.64	85.05	565.90	-66.83
焦作市	Jiaozuo	990.36	392.53	281.76	109.76	171.99	110.77	665.68	-67.84
濮阳市	Puyang	632.69	276.64	194.87	80.00	114.86	81.77	375.02	-18.97
许昌市	Xuchang	1028.71	439.02	322.01	137.99	184.02	117.01	584.76	4.94
漯河市	Luohe	541.68	276.72	178.82	96.47	82.35	97.90	248.34	16.61
三门峡市	Sanmenxia	647.48	178.88	122.20	41.43	80.77	56.68	427.36	41.24
南阳市	Nanyang	1596.77	734.17	542.95	207.63	335.32	191.22	1576.23	-713.62
商丘市	Shangqiu	891.88	529.14	391.24	199.87	191.37	137.90	534.17	-171.43
信阳市	Xinyang	835.29	487.88	364.53	152.69	211.84	123.35	694.89	-347.48
周口市	Zhoukou	951.63	526.27	401.57	211.21	190.36	124.70	552.63	-127.27
驻马店市	Zhumadian	806.13	525.01	371.39	167.36	204.03	153.61	464.24	-183.11
济源市	Jiyuan	274.55	74.27	54.49	18.00	36.50	19.78	164.76	35.52

2009

市	City	支出法生产总值 Gross Domestic Product by Expenditure Approach	最终消费支出 Final Consumption	居民消费支出 Household Consumption	农村居民 Rural Households	城镇居民 Urban Households	政府消费支出 Government Consumption	资本形成总额 Gross Capital Formation	货物和服务净流出 Net Export of Good and Services
郑州市	Zhengzhou	3308.51	1611.52	1076.23	279.57	796.66	535.29	1664.70	32.29
开封市	Kaifeng	778.72	417.75	301.61	104.42	197.19	116.15	432.24	-71.27
洛阳市	Luoyang	2001.48	766.73	494.73	142.45	352.28	272.00	1228.91	5.85
平顶山市	Pingdingshan	1127.81	464.96	321.80	83.64	238.16	143.16	522.29	140.56
安阳市	Anyang	1124.88	493.10	368.55	137.92	230.63	124.55	642.91	-11.13
鹤壁市	Hebi	363.63	141.67	95.28	26.67	68.61	46.39	256.59	-34.63
新乡市	Xinxiang	991.98	443.71	350.28	119.97	230.31	93.43	621.69	-73.42
焦作市	Jiaozuo	1071.42	439.34	318.24	117.86	200.38	121.11	827.78	-195.70
濮阳市	Puyang	661.63	288.02	203.28	79.02	124.26	84.74	455.41	-81.80
许昌市	Xuchang	1130.75	483.60	350.21	148.89	201.32	133.39	644.79	2.35
漯河市	Luohe	591.70	302.28	195.34	105.38	89.96	106.94	271.28	18.15
三门峡市	Sanmenxia	702.75	193.17	133.10	44.08	89.02	60.07	578.35	-68.78
南阳市	Nanyang	1714.49	812.00	610.29	224.41	385.87	201.72	1809.58	-907.09
商丘市	Shangqiu	995.55	563.44	422.26	215.72	206.54	141.18	687.17	-255.06
信阳市	Xinyang	929.00	506.86	375.88	153.11	222.77	130.99	877.57	-455.44
周口市	Zhoukou	1065.37	596.55	463.98	220.11	243.87	132.58	705.68	-236.87
驻马店市	Zhumadian	900.52	599.18	409.67	181.05	228.62	189.51	679.56	-378.21
济源市	Jiyuan	287.61	79.00	58.88	19.75	39.13	20.12	175.70	32.91

3-21 各市支出法生产总值指数(2009年)

Indices of Gross Domestic Product by Expenditure Approach by City(2009)

本表按可比价格计算。

The indices in this table are calculated at comparable prices.

(上年=100) (preceding year=100)

市	City	支出法生产总值 Gross Domestic Product by Expenditure Approach	最终消费支出 Final Consumption	居民消费支出 Household Consumption	农村居民 Rural Households	城镇居民 Urban Households	政府消费支出 Government Consumption	资本形成总额 Gross Capital Formation
郑州市	Zhengzhou	111.4	110.6	109.6	109.8	109.6	112.0	115.5
开封市	Kaifeng	112.5	115.2	112.8	111.8	113.4	121.8	121.2
洛阳市	Luoyang	113.3	114.2	113.3	107.9	115.6	116.0	121.3
平顶山市	Pingdingshan	110.0	114.6	110.8	104.8	112.9	123.9	109.7
安阳市	Anyang	111.4	110.2	109.3	109.2	109.3	112.7	111.7
鹤壁市	Hebi	112.8	112.6	116.9	113.7	118.1	104.8	134.1
新乡市	Xinxiang	112.4	119.2	119.3	118.2	119.8	118.9	129.9
焦作市	Jiaozuo	111.3	112.9	113.7	108.0	117.2	111.2	128.9
濮阳市	Puyang	111.0	109.0	108.2	102.3	112.4	110.7	132.5
许昌市	Xuchang	112.5	111.8	109.4	108.6	110.1	118.3	113.6
漯河市	Luohe	111.3	108.9	104.5	102.9	106.2	116.2	112.2
三门峡市	Sanmenxia	112.1	108.7	109.6	107.0	110.9	106.9	140.5
南阳市	Nanyang	110.1	111.3	113.1	108.7	115.8	106.2	119.7
商丘市	Shangqiu	110.8	107.3	105.3	105.1	105.6	113.3	149.2
信阳市	Xinyang	112.0	104.1	103.1	100.3	105.2	107.0	131.0
周口市	Zhoukou	110.8	114.9	116.6	104.8	128.9	109.8	124.3
驻马店市	Zhumadian	111.5	112.9	114.6	108.2	119.7	108.6	145.8
济源市	Jiyuan	114.1	116.2	116.1	116.0	116.2	116.6	116.1

3-22 居民消费水平及指数

Per Capita Consumption and Indices

本表绝对数按当年价格计算，指数按可比价格计算。
Value items in this table are calculated at current prices, while tempos are calculated at comparable prices.

年 份 Year	居民消费水平(元) Annual Per Capita Consumption (yuan)			城乡消费水平对比 (农民=1) Urban/Rural Consumption Rural (Rural Residents=1)	居民消费水平指数 Indices of Annual Per Capita Consumption					
					以上年为100 (preceding year=100)			以1952年为100 (1952=100)		
	全体居民 Rural & Urban Residents	农村居民 Rural Residents	城镇居民 Urban Residents		全体居民 Rural & Urban Residents	农村居民 Rural Residents	城镇居民 Urban Residents	全体居民 Rural & Urban Residents	农村居民 Rural Residents	城镇居民 Urban Residents
1952	64	60	132	2.2				100.0	100.0	100.0
1957	71	62	186	3.0	97.9	94.2	125.1	110.3	104.1	141.3
1962	75	56	287	5.1	101.3	99.9	122.1	105.2	85.9	194.8
1965	74	55	291	5.3	103.6	104.0	100.1	106.7	82.4	220.6
1970	88	70	326	4.7	106.8	108.2	103.2	132.7	108.7	258.5
1975	102	80	362	4.5	101.5	101.0	103.1	156.4	128.9	287.4
1978	135	109	428	3.9	116.9	116.7	116.3	205.4	175.1	337.9
1980	187	159	471	3.0	112.5	115.5	98.6	271.8	244.4	347.9
1985	297	240	750	3.1	116.2	114.5	116.4	395.0	347.1	475.7
1990	523	413	1273	3.1	101.8	101.3	111.7	441.5	381.5	513.9
1991	550	429	1362	3.2	103.2	103.3	101.8	455.6	394.1	523.1
1992	603	469	1478	3.2	105.1	103.8	106.0	478.9	409.0	554.5
1993	755	590	1769	3.0	118.4	118.3	114.2	567.0	483.8	633.2
1994	1032	776	2493	3.2	107.4	107.8	101.7	609.0	521.6	644.0
1995	1381	1067	3045	2.9	110.1	111.9	102.7	670.5	583.7	661.4
1996	1682	1313	3548	2.7	113.3	118.2	103.0	759.7	689.9	681.2
1997	1841	1404	3963	2.8	106.7	104.5	107.7	810.6	720.9	733.7
1998	1851	1373	4106	3.0	103.3	102.5	102.7	837.3	738.9	753.5
1999	1905	1339	4521	3.4	105.3	101.9	109.0	881.7	753.0	821.3
2000	2215	1551	5090	3.3	113.5	113.6	111.8	1000.7	855.4	918.2
2001	2381	1647	5562	3.4	106.9	106.1	108.0	1069.8	907.6	991.7
2002	2553	1734	5986	3.5	108.6	105.1	109.9	1161.8	953.9	1089.9
2003	3083	1819	6585	3.6	108.6	104.7	109.3	1261.7	998.7	1191.2
2004	3625	2156	7394	3.4	109.5	108.8	105.6	1381.5	1086.6	1257.9
2005	4092	2372	8145	3.4	107.7	105.1	105.2	1487.9	1142.0	1323.3
2006	4530	2556	8810	3.4	112.3	111.6	108.3	1670.9	1274.5	1433.2
2007	5141	2833	9743	3.4	109.1	107.3	105.8	1823.0	1367.5	1516.3
2008	5877	3208	10797	3.4	114.3	113.2	110.8	2083.7	1548.0	1680.1
2009	6607	3528	11884	3.4	112.4	110.0	110.1	2342.0	1702.8	1849.8

3-23 各市居民消费水平及指数

Per Capita Consumption and Indices by City

本表绝对数按当年价格计算，指数按可比价格计算。

Value items in this table are calculated at current prices, while tempos are calculated at comparable prices.

市 City	2008 居民消费水平(元) Annual Per Capita Consumption (yuan) 全体居民 Rural & Urban Residents	农村居民 Rural Residents	城镇居民 Urban Residents	指数(以上年为100) Indices (preceding year=100) 全体居民 Rural & Urban Residents	农村居民 Rural Residents	城镇居民 Urban Residents
全省 Total	**5877**	**3208**	**10797**	**106.2**	**102.4**	**104.5**
郑州市 Zhengzhou	11843	7828	14324	106.3	109.3	104.2
开封市 Kaifeng	5544	3069	9628	113.1	114.8	108.4
洛阳市 Luoyang	6814	3544	11355	112.4	109.6	110.3
平顶山市 Pingdingshan	5948	2720	10750	110.2	103.4	110.2
安阳市 Anyang	6378	4880	8978	114.1	115.8	110.3
鹤壁市 Hebi	5737	3114	8706	102.5	96.8	106.7
新乡市 Xinxiang	5782	3207	9940	104.5	106.4	100.6
焦作市 Jiaozuo	8291	5904	11175	107.1	104.8	106.8
濮阳市 Puyang	5574	3413	9972	105.1	104.4	101.9
许昌市 Xvchang	7071	4849	10772	110.6	111.1	107.4
漯河市 Luohe	7209	6220	8858	105.8	105.6	105.0
三门峡市 Sanmenxia	5513	3287	8447	106.3	107.1	103.6
南阳市 Nanyang	5196	3081	9038	108.5	114.4	94.3
商丘市 Shangqiu	4760	3524	7512	110.6	111.9	107.9
信阳市 Xinyang	5473	3401	9762	105.5	97.3	109.4
周口市 Zhoukou	4059	2918	7170	110.9	112.2	100.6
驻马店市 Zhumadian	4847	2983	9941	132.4	129.5	130.3
济源市 Jiyuan	8027	4936	11613	120.4	130.2	111.8

市 City	2009 居民消费水平(元) Annual Per Capita Consumption (yuan) 全体居民 Rural & Urban Residents	农村居民 Rural Residents	城镇居民 Urban Residents	指数(以上年为100) Indices (preceding year=100) 全体居民 Rural & Urban Residents	农村居民 Rural Residents	城镇居民 Urban Residents
全省 Total	**6607**	**3528**	**11884**	**113.1**	**109.8**	**111.0**
郑州市 Zhengzhou	14391	10070	16943	108.4	111.7	106.5
开封市 Kaifeng	6413	3675	10594	112.4	114.8	107.7
洛阳市 Luoyang	7704	3917	12649	112.6	110.1	110.9
平顶山市 Pingdingshan	6586	2939	11675	110.0	106.9	108.0
安阳市 Anyang	7067	4274	11603	109.0	111.7	104.6
鹤壁市 Hebi	6658	3635	9839	116.2	117.0	113.0
新乡市 Xinxiang	6351	3629	10424	119.3	121.8	114.4
焦作市 Jiaozuo	9317	6504	12495	113.1	110.8	112.5
濮阳市 Puyang	5794	3445	10233	107.9	104.5	106.6
许昌市 Xvchang	7660	5285	11472	109.0	109.7	107.1
漯河市 Luohe	7823	6946	9180	103.8	105.2	100.8
三门峡市 Sanmenxia	5983	3580	8962	109.2	109.6	106.7
南阳市 Nanyang	6050	3464	10691	117.2	113.1	119.0
商丘市 Shangqiu	5091	3846	7692	104.4	106.3	100.2
信阳市 Xinyang	5577	3408	9914	101.9	100.2	101.6
周口市 Zhoukou	4638	3078	8544	115.3	106.1	119.9
驻马店市 Zhumadian	5325	3336	10088	114.1	111.8	108.4
济源市 Jiyuan	8619	5591	11862	115.4	119.8	110.7

3-24 生产总值构成项目

Structure of Gross Domestic Product

本表按当年价格计算。
Data in this table are calculated at current prices.

单位:亿元 (100 million yuan)

年 份 Year	生产总值 Gross Domestic Product	劳动者报酬 Compensation of Laborers	生产税净额 Net Taxes on Production	固定资产折旧 Depreciation of Fixed Assets	营业盈余 Operating Surplus
1978	162.92	91.39	24.03	16.23	31.27
1980	229.16	134.18	28.57	22.77	43.64
1985	451.74	266.09	60.91	53.62	71.12
1990	934.65	576.24	107.04	119.13	132.24
1991	1045.73	627.13	140.99	141.93	135.68
1992	1279.75	727.03	186.24	184.36	182.12
1993	1660.18	891.85	221.30	233.82	313.21
1994	2216.83	1353.68	251.78	297.03	314.34
1995	2988.37	1822.82	344.76	333.82	486.97
1996	3634.69	2136.19	430.47	465.52	602.51
1997	4041.09	2264.52	477.78	530.06	768.73
1998	4308.24	2273.50	425.50	563.32	1045.92
1999	4517.94	2319.04	509.06	577.36	1112.48
2000	5052.99	2498.84	582.76	654.29	1317.10
2001	5533.01	2703.99	628.58	726.80	1473.64
2002	6035.48	2828.60	709.58	791.59	1705.71
2003	6867.70	2995.93	836.00	892.88	2142.89
2004	8553.79	3830.53	1036.6	954.67	2731.99
2005	10587.42	4691.11	1270.84	1220.15	3405.32
2006	12362.79	5100.69	1497.77	1335.52	4428.81
2007	15012.46	6167.59	2026.05	1579.84	5238.98
2008	18018.53	8463.30	2309.77	2016.91	5228.54
2009	19480.46	9566.24	3262.67	2119.55	4532.00

3-25 生产总值分产业构成项目(2008年)

Structure of Gross Domestic Product by Sector (2008)

本表按当年价格计算。

Data in this table are calculated at current prices.

单位：亿元 (100 million yuan)

产业	Industry	增加值 Value-added	劳动者报酬 Compensation of Laborers	生产税净额 Net Taxes on Production	固定资产折旧 Depreciation of Fixed Assets	营业盈余 Operating Surplus
生产总值	**Gross Domestic Product**	**18018.53**	**8463.30**	**2309.77**	**2016.91**	**5228.54**
第一产业	**Primary Industry**	**2658.78**	**2538.24**	**42.00**	**78.54**	
农业	Farming	1514.57	1445.90	23.94	44.73	
林业	Forestry	74.27	70.90	1.17	2.20	
牧业	Animal Husbandry	975.22	931.01	15.41	28.80	
渔业	Fishery	40.32	38.49	0.63	1.20	
农林牧渔服务业	Farming, Forestry, Animal Husbandry and Fishery	54.40	51.94	0.85	1.61	
第二产业	**Secondary Industry**	**10259.99**	**3199.40**	**1812.47**	**1007.62**	**4240.49**
工业	Industry	9328.15	2659.13	1694.31	957.04	4017.67
采矿业	Mining and Quarrying	1416.48	470.38	237.31	156.04	552.75
制造业	Manufacturing	7450.70	2054.90	1354.73	633.96	3407.11
电力、煤气及水的生产和供应业	Production & Supply of Power, Gas & Water	460.97	133.84	102.28	167.03	57.82
建筑业	Construction	931.84	540.28	118.15	50.59	222.82
第三产业	**Tertiary Industry**	**5099.76**	**2725.66**	**455.30**	**930.75**	**988.05**
交通运输、仓储和邮政业	Traffic,transport, storage and post	802.25	460.98	77.56	105.69	158.02
信息传输、计算机服务和软件业	Information transfer, computer services and software	244.84	25.14	13.31	97.29	109.10
批发和零售业	Wholesale and retail trade	916.50	424.67	168.47	50.35	273.01
住宿和餐饮业	Accommodation and Restaurants	511.71	432.23	18.84	31.83	28.81
金融业	Finance	413.83	128.13	86.86	12.73	186.11
房地产业	Real estate	512.42	38.20	55.04	342.29	76.89
租赁和商务服务业	Tenancy and business services	133.74	68.21	11.40	18.38	35.75
科学研究、技术服务和地质勘查业	Scientific research, technical service and geologic perambulation	111.17	56.05	6.66	16.44	32.02
水利、环境和公共设施管理业	Management of water conservancy, environment and public establishment	51.12	26.28	1.81	11.69	11.34
居民服务和其他服务业	Resident services and other services	112.88	83.77	4.05	7.14	17.92
教育	Education	406.09	351.03	1.78	43.81	9.47
卫生、社会保障和社会福利业	Sanitation, social security and social welfare	201.75	147.22	2.08	17.85	34.60
文化、体育和娱乐业	Culture, sports and entertainment	64.22	42.76	5.93	6.48	9.05
公共管理和社会组织	Public management and social organization	617.24	440.99	1.51	168.78	5.96

3-26 生产总值分产业构成项目(2009年)

Structure of Gross Domestic Product by Sector (2009)

本表按当年价格计算。
Data in this table are calculated at current prices.

单位：亿元 (100 million yuan)

产业	Industry	增加值 Value-added	劳动者报酬 Compensation of Laborers	生产税净额 Net Taxes on Production	固定资产折旧 Depreciation of Fixed Assets	营业盈余 Operating Surplus
生产总值	**Gross Domestic Product**	**19480.46**	**9566.24**	**3262.67**	**2119.55**	**4532.00**
第一产业	**Primary Industry**	**2769.05**	**2673.44**	**5.60**	**90.01**	
农业	Farming	1670.25	1610.36	5.60	54.29	
林业	Forestry	80.78	78.15		2.63	
牧业	Animal Husbandry	913.15	883.47		29.68	
渔业	Fishery	44.24	42.80		1.44	
农林牧渔服务业	Farming, Forestry, Animal Husbandry and Fishery	60.63	58.66		1.97	
第二产业	**Secondary Industry**	**11010.50**	**3846.67**	**2697.88**	**1028.69**	**3437.26**
工业	Industry	9900.27	3202.96	2557.11	968.42	3171.79
采矿业	Mining and Quarrying	1730.11	658.30	407.06	151.49	513.26
制造业	Manufacturing	7826.02	2417.07	2060.30	693.93	2654.73
电力、煤气及水的生产和供应业	Production & Supply of Power, Gas & Water	344.14	127.60	89.75	123.00	3.79
建筑业	Construction	1110.23	643.71	140.77	60.27	265.48
第三产业	**Tertiary Industry**	**5700.91**	**3046.13**	**559.19**	**1000.85**	**1094.74**
交通运输、仓储和邮政业	Traffic,transport, storage and post	823.57	468.67	79.71	108.90	166.29
信息传输、计算机服务和软件业	Information transfer, computer services and software	249.97	29.75	13.94	107.92	98.36
批发和零售业	Wholesale and retail trade	1057.81	494.72	228.52	57.78	276.79
住宿和餐饮业	Accommodation and Restaurants	526.51	438.99	19.50	31.19	36.82
金融业	Finance	499.92	144.79	105.61	15.15	234.37
房地产业	Real estate	622.98	40.68	73.47	401.56	107.26
租赁和商务服务业	Tenancy and business services	163.37	83.66	13.89	22.38	43.43
科学研究、技术服务和地质勘查业	Scientific research, technical service and geologic perambulation	117.77	56.13	7.50	16.52	37.63
水利、环境和公共设施管理业	Management of water conservancy, environment and public establishment	58.84	29.57	2.29	12.90	14.07
居民服务和其他服务业	Resident services and other services	150.99	112.40	5.34	9.43	23.81
教育	Education	501.76	442.58	2.25	46.89	10.04
卫生、社会保障和社会福利业	Sanitation, social security and social welfare	215.75	157.28	1.51	21.56	35.40
文化、体育和娱乐业	Culture, sports and entertainment	60.26	42.16	4.06	6.66	7.39
公共管理和社会组织	Public management and social organization	651.41	504.74	1.59	142.00	3.08

3-27 各市生产总值构成项目(2009年)

Structure of Gross Domestic Product by City(2009)

本表按当年价格计算。

Data in value terms in this table are calculated at current prices.

单位：亿元 (100 million yuan)

市	City	生产总值 Gross Domestic Product	劳动者报酬 Compensation of Laborers	生产税净额 Net Taxes on Production	固定资产折旧 Depreciation of Fixed Assets	营业盈余 Operating Surplus
郑州市	Zhengzhou	3308.51	1415.80	596.39	334.50	961.82
开封市	Kaifeng	778.72	454.06	62.80	72.40	189.46
洛阳市	Luoyang	2001.48	929.93	266.35	287.53	517.68
平顶山市	Pingdingshan	1127.81	635.55	145.48	150.96	195.81
安阳市	Anyang	1124.88	497.73	204.90	124.76	297.48
鹤壁市	Hebi	363.63	137.91	60.66	34.32	129.62
新乡市	Xinxiang	991.98	474.66	118.36	148.56	250.40
焦作市	Jiaozuo	1071.42	307.48	192.63	90.74	480.58
濮阳市	Puyang	661.63	256.67	101.51	130.86	172.60
许昌市	Xuchang	1130.75	389.25	248.25	61.07	432.18
漯河市	Luohe	591.70	161.26	59.88	134.21	236.36
三门峡市	Sanmenxia	702.75	288.78	92.42	90.94	230.61
南阳市	Nanyang	1714.49	861.74	205.32	200.43	447.01
商丘市	Shangqiu	995.55	500.92	134.14	120.97	241.52
信阳市	Xinyang	929.00	418.46	104.96	113.78	291.81
周口市	Zhoukou	1065.37	462.76	128.07	113.61	360.93
驻马店市	Zhumadian	900.52	397.23	77.60	127.90	297.79
济源市	Jiyuan	287.61	61.32	66.74	62.97	96.58

3-28 资 产 负 债 表(2008年)

单位：亿元

项　目	Item	非金融企业部门 Non-financial Enterprises		#国有单位 State-owned Units	
		使　用 Utilization	来　源 Source	使　用 Utilization	来　源 Source
非金融资产	**Non-Financial Capital**	**18958.31**		**7282.57**	
固定资产	Fixed Assets	12533.23		3942.77	
其中：在建工程	Under Construction Project	36.92		11.16	
存货	Inventories	6260.99		3220.88	
其中:产成品和商品库存	Products and Inventory	1930.00		992.74	
其他非金融资产	Other Non-Financial Capital	164.09		118.92	
其中：无形资产	Intangible Assets	158.93		116.65	
金融资产与负债	**Financial Capital and Debt**	**8860.92**	**12745.69**	**2440.91**	**6675.08**
国内金融资产与负债	Domestic Financial Capital and Debt	8110.45	12272.37	2417.62	6609.70
通货	Currency in Circulation	1789.00		658.64	
存款	Savings Deposits	3432.60		604.65	
长期	Long Period Savings Deposits	19.72		14.35	
短期	Short Period Savings Deposits	3412.88		590.30	
贷款	Loans		4916.51		3426.56
长期	Long Period Loans		600.84		250.84
短期	Short Period Loans		4315.67		3175.72
股票及其他股权	Stocks and Other Stock Rights	772.20	739.12	338.53	411.01
证券(不含股票)	Securities (Not Including Stocks)	39.19	86.25	18.97	14.54
保险准备金	Reserves for Insurance Business	122.15		45.67	
其他	Others	1955.31	6530.49	751.16	2757.59
国外金融资产与负债	Foreign Financial Capital and Debt	750.47	473.33	23.29	65.38
直接投资	Direct Investment	11.31	11.62	8.71	10.00
证券投资	Securities				
其他投资	Other Investment	739.16	461.71	14.58	55.38
资产负债差额	**Surplus of Capital Debt**		**15073.54**		**3048.40**
资产、负债与差额总计	**Total of assets、Debts and Net-worth**	**27819.23**	**27819.23**	**9723.48**	**9723.48**

Balance Sheet (2008)

(100 million yuan)

金融机构部门 Financial Institutions		#国有单位 State-owned Units		政府部门 Governments		住户部门 Households	
使　用 Utilization	来　源 Source	使　用 Utilization	来　源 Source	使　用 Utilization	来　源 Source	使　用 Utilization	来　源 Source
550.00		**192.50**		**2966.39**		**14282.46**	
377.38		132.08		2903.57		13092.48	
10.24		3.58		4.59			
				38.58		1069.89	
						927.97	
172.62		60.42		24.24		120.09	
104.44		36.55					
15296.80	**15677.89**	**5194.23**	**5522.26**	**2176.92**	**1264.14**	**15637.66**	**5300.47**
15296.80	15677.89	5194.23	5522.26	2176.92	1264.14	15637.66	5300.47
232.64		81.42		11.84		1484.71	
	15340.07		5369.02	796.70		11110.77	
	9480.12		3318.04	164.27		9296.13	
	5859.95		2050.98	632.43		1814.64	
10439.75		3653.92			241.27		5281.97
5254.10		1838.94			192.29		4460.97
5185.65		1814.98			48.98		821.00
250.00		35.00				2614.46	
142.54		49.89		0.09	43.27	238.93	
	305.57		106.95			183.42	
4231.87	32.25	1374.00	46.29	1368.29	979.60	5.37	18.50
	168.91		**-135.53**		**3879.17**		**24619.65**
15846.80	**15846.80**	**5386.73**	**5386.73**	**5143.31**	**5143.31**	**29920.12**	**29920.12**

3-28 续表

单位：亿元

项目	Item	省内部门 Regional Sectors 使用 Utilization	省内部门 Regional Sectors 来源 Source	#国有单位 State-owned Units 使用 Utilization	#国有单位 State-owned Units 来源 Source
非金融资产	**Non-Financial Capital**	**36757.16**		**10441.46**	
固定资产	Fixed Assets	28906.66		6978.42	
其中：在建工程	Under Construction Project	51.75		19.33	
存货	Inventories	7369.46		3259.46	
其中：产成品和商品库存	Products and Inventory	2857.97		992.74	
其他非金融资产	Other Non-Financial Capital	481.04		203.58	
其中：无形资产	Intangible Assets	263.37		153.20	
金融资产与负债	**Financial Capital and Debt**	**41972.30**	**34988.19**	**9812.06**	**13461.48**
国内金融资产与负债	Domestic Financial Capital and Debt	41221.83	34514.87	9788.77	13396.10
通货	Currency in Circulation	3518.19		751.90	
存款	Savings Deposits	15340.07	15340.07	1401.35	5369.02
长期	Long Period Savings Deposits	9480.12	9480.12	178.62	3318.04
短期	Short Period Savings Deposits	5859.95	5859.95	1222.73	2050.98
贷款	Loans	10439.75	10439.75	3653.92	3667.83
长期	Long Period Loans	5254.10	5254.10	1838.94	443.13
短期	Short Period Loans	5185.65	5185.65	1814.98	3224.70
股票及其他股权	Stocks and Other Stock Rights	3636.66	739.12	373.53	411.01
证券(不含股票)	Securities (Not Including Stocks)	420.75	129.52	68.95	57.81
保险准备金	Reserves for Insurance Business	305.57	305.57	45.67	106.95
其他	Others	7560.84	7560.84	3493.45	3783.48
国外金融资产与负债	Foreign Financial Capital and Debt	750.47	473.33	23.29	65.38
直接投资	Direct Investment	11.31	11.62	8.71	10.00
证券投资	Securities				
其他投资	Other Investment	739.16	461.71	14.58	55.38
资产负债差额	**Surplus of Capital Debt**		**43741.27**		**6792.04**
资产、负债与差额总计	**Total of assets、Debts and Net-worth**	**78729.46**	**78729.46**	**20253.52**	**20253.52**

continued

(100 million yuan)

国内省外 Domestic & Outside province		国外部门 Rest of the World		总 计 Total	
使 用 Utilization	来 源 Source	使 用 Utilization	来 源 Source	使 用 Utilization	来 源 Source
				36757.16	
				28906.66	
				51.75	
				7369.46	
				2857.97	
				481.04	
				263.37	
	6706.96	**473.33**	**750.47**	**42445.63**	**42445.63**
	6706.96			41221.83	41221.83
	3518.19			3518.19	3518.19
				15340.07	15340.07
				9480.12	9480.12
				5859.95	5859.95
				10439.75	10439.75
				5254.10	5254.10
				5185.65	5185.65
	2897.54			3636.66	3636.66
	291.23			420.75	420.75
				305.57	305.57
				7560.84	7560.84
		473.33	750.47	1223.80	1223.80
		11.62	11.31	22.93	22.93
		461.71	739.16	1200.87	1200.87
	-6706.96		**-277.14**		**36757.16**
		473.33	**473.33**	**79202.79**	**79202.79**

主要统计指标解释

国内生产总值（GDP） 指按市场价格计算的一个国家(或地区)所有常住单位在一定时期内生产活动的最终成果。国内生产总值有三种表现形态，即价值形态、收入形态和产品形态。从价值形态看，它是所有常住单位在一定时期内生产的全部货物和服务价值超过同期投入的全部非固定资产货物和服务价值的差额，即所有常住单位的增加值之和；从收入形态看，它是所有常住单位在一定时期内创造并分配给常住单位和非常住单位的初次收入之和；从产品形态看，它是所有常住单位在一定时期内最终使用的货物和服务价值减去货物和服务进口价值。在实际核算中，国内生产总值有三种计算方法，即生产法、收入法和支出法。三种方法分别从不同的方面反映国内生产总值及其构成。

三次产业 三产业的划分是世界上较为常用的产业结构分类，但各国的划分不尽一致。我国的三次产业划分是：

第一产业是指农业、林业、畜牧业、渔业和农林牧渔服务业。

第二产业是指采矿业，制造业，电力、煤气及水的生产和供应业，建筑业。

第三产业是指除第一、二产业以外的其他行业。

支出法生产总值 是从最终使用的角度反映一个国家(或地区)一定时期内生产活动最终成果的一种方法，包括最终消费支出、资本形成总额及货物和服务净出口三部分。计算公式为：

支出法生产总值=最终消费支出+资本形成总额+货物和服务净出口

最终消费支出 指常住单位为满足物质、文化和精神生活的需要，从本国经济领土和国外购买的货物和服务的支出。它不包括非常住单位在本国经济领土内的消费支出。最终消费支出分为居民消费支出和政府消费支出。

居民消费支出 指常住住户在一定时期内对于货物和服务的全部最终消费支出。居民消费支出除了直接以货币形式购买的货物和服务的消费支出外，还包括以其他方式获得的货物和服务的消费支出，即所谓的虚拟消费支出。居民虚拟消费支出包括如下几种类型：单位以实物报酬及实物转移的形式提供给劳动者的货物和服务；住户生产并由本住户消费了的货物和服务，其中的服务仅指住户的自有住房服务；金融机构提供的金融媒介服务；保险公司提供的保险服务。

政府消费支出 指政府部门为全社会提供的公共服务的消费支出和免费或以较低的价格向居民住户提供的货物和服务的净支出，前者等于政府服务的产出价值减去政府单位所获得的经营收入的价值，后者等于政府部门免费或以较低价格向居民住户提供的货物和服务的市场价值减去向住户收取的价值。

资本形成总额 指常住单位在一定时期内获得减去处置的固定资产和存货的净额，包括固定资本形成总额和存货增加两部分。

固定资本形成总额 指常住单位在一定时期内获得的固定资产减处置的固定资产的价值总额。固定资产是通过生产活动生产出来的，且其使用年限在一年以上、单位价值在规定标准以上的资产，不包括自然资产。可分为有形固定资本形成总额和无形固定资本形成总额。有形固定资本形成总额包括一定时期内完成的建筑工程、安装工程和设备工器具购置(减处置)价值，以及土地改良、新增役、种、奶、毛、娱乐用牲畜和新增经济林木价值。无形固定资本形成总额包括矿藏的勘探、计算机软件等获得减处置。

存货增加 指常住单位在一定时期内存货实物量变动的市场价值，即期末价值减期初价值的差额，再扣除当期由于价格变动而产生的持有收益。存货增加可以是正值，也可以是负值，正值表示存货上升，负值表示存货下降。存货包括生产单位购进的原材料、燃料和储备物资等存货，以及生产单位生产的产成品、在制品和半成品等存货。

货物和服务净出口 指货物和服务出口减货物和服务进口的差额。出口包括常住单位向非常住单位出售或无偿转让的各种货物和服务的价值；进口包括常住单位从非常住单位购买或无偿得到的各种货物和服务的价值。由于服务活动的提供与使用同时发生，一般把常住单位从非常住单位得到的服务作为进口，非常住单位从常住单位得到的服务作为出口。货物的出口和进口都按离岸价格计算。

劳动者报酬 指劳动者因从事生产活动所获得的全部报酬。包括劳动者获得的各种形式的工资、奖金和津贴，既包括货币形式的，也包括实物形式的，还包括劳动者所享受的公费医疗和医药卫生费、上下班交通补贴、单位支付的社会保险费、住房公积金等。对于个体经济来说，其所有者所获得的劳动报酬和经营利润不易区分，这两部分统一作为劳动者报酬处理。

生产税净额 指生产税减生产补贴后的余额。生产税指政府对生产单位从事生产、销售和经营活动以及因从事生产活动使用某些生产要素(如固定资产、土地、劳动力)所征收的各种税、附加费和规费。生产补贴与生产税相反，指政府对生产单位的单方面转移支出，因此视为负生产税，包括政策亏损补贴、价格补贴等。

固定资产折旧 指一定时期内为弥补固定资产损耗按照规定的固定资产折旧率提取的固定资产折旧，或按国民经济核算统一规定的折旧率虚拟计算的固定资产折旧。它反映了固定资产在当期生产中的转移价值。各类企业和企业化管理的事业单位的固定资产折旧是指实际计提的折旧费；不计提折旧的政府机关、非企业化管理的事业单位和居民住房的固定资产折旧是按照统一规定的折旧率和固定资产原值计算的虚拟折旧。原则上，固定资产折旧应按固定资产当期的重置价值计算，但是目前我国尚不具备对全社会固定资产进行重估价的基础，所以暂时只能采用上述办法。

营业盈余 指常住单位创造的增加值扣除劳动者报酬、生产税净额和固定资产折旧后的余额。它相当于企业的营业利润加上生产补贴，但要扣除从利润中开支的工资和福利等。

机构单位 指有权拥有资产和承担负债，能够独立地从事经济活动并与其他实体进行交易的经济实体。

机构部门 将相同性质的机构单位归并在一起，就形成机构部门。资金流量核算将常住机构单位划分为以下四个机构部门：非金融企业部门、金融机构部门、政府部门、住户部门。与常住单位发生经济往来关系的非常住单位组成国外部门，在资金流量核算中也视同机构部门。

非金融企业与非金融企业部门 非金融企业指主要从事市场货物生产和提供非金融市场服务的常住企业，它主要包括从事上述活动的各类法人企业。所有非金融企业归并在一起，就形成非金融企业部门。

金融机构与金融机构部门 金融机构指主要从事金融媒介以及与金融媒介密切相关的辅助金融活动的常住单位，它主要包括中央银行、商业银行和政策性银行、非银行信贷机构和保险公司。所有金融机构归并在一起，就形成金融机构部门。

政府单位与政府部门 政府单位指在我国境内通过政治程序建立的、在一特定区域内对其他机构单位拥有立法、司法和行政权的法律实体及其附属单位。政府单位的主要职能是利用征税和其他方式获得的资金向社会和公众提供公共服务。通过转移支付，对社会收入和财产进行再分配。它主要包括各种行政单位和非营利性事业单位。所有政府单位归并在一起，就形成政府部门。

住户与住户部门 住户指共享同一生活设施、部分或全部收入和财产集中使用、共同消费住房、食品和其他消费品与消费服务的常住个人或个人群体。所有住户归并在一起，就形成住户部门。

非常住单位与国外部门 所有不具有常住性的机构单位都是非常住单位。将所有与我国常住单位发生交易的非常住单位归并在一起，就形成国外部门。

初次分配总收入 初次分配是生产活动形成的净成果在参与生产活动的生产要素的所有者及政府之间的分配。生产活动的净成果是增加值。生产要素包括劳动力、土地、资本。劳动力所有者因提供劳动而获得劳动报酬；土地所有者因出租土地而获得地租；资本的所有者因资本的形态不同而获得不同形式的收入：借贷资本所有者获得利息收入；股权所有者获得红利或未分配利润；政府因直接或间接介入生产过程而获得生产税或支付补贴。初次分配的结果形成各个机构部门的初次分配总收入。各部门的初次分配总收入之和就等于国民总收入，亦即国民生产总值。

经常转移 转移是一个机构单位向另一个机构单位提供货物、服务或资产，而同时并没有从后一机构单位获得任何货物、服务或资产作为回报的一种交易。经常转移包括扣除资本转移外的所有转移。其形式有收入税、社会保险付款、社会补助和其他经常转移。

可支配总收入 在初次分配总收入的基础上，通过经常转移的形式对初次分配总收入进行再次分配。再分配的结果形成各个机构部门的可支配总收入。各部门的可支配总收入之和称为国民可支配总收入。

总储蓄 指可支配总收入用于最终消费后的余额。各部门的总储蓄之和称为国民总储蓄。

资本转移 指一个部门无偿地向另一个部门支付用于非金融投资的资金，是一种不从对方获取任何对应物作为回报的交易。资本转移具有不同于经常转移的两个特征，一是转移的目的是用于投资，而不是用于消费；二是资本转移其实物形式往往涉及除存货和现金以外资产所有权的转移；其现金形式往往涉及除存货以外的资产的处置。资本转移包括投资性补助和其他资本转移。

净金融投资 它反映机构部门或经济总体资金富余或短缺的状况。从实物交易角度看，它是指总储蓄加资本转移收入减资本转移支出减非金融投资后的差额。从金融交易角度看，它是金融资产的增加额减金融负债的增加额之后的差额。

通货 指以现金形式存在于市场流通中的货币，包括本币和外币。

存款 指金融机构接受客户存入的货币款项，存款人可随时或按约定时间支取款项的信用业务。包括活期存款、定期存款、住户储蓄存款、财政存款、外汇存款和其他存款等。

贷款 指金融机构将其所吸收的资金，按一定的利率贷放给客户并约期归还的信用业务。包括短期贷款、中长期贷款、财政贷款、外汇贷款和其他贷款。

证券 包括债券和股票。由债券购买者承购的或因销售产品而拥有的，可在金融市场上交易并代表一定债权的书面证明。包括政府债券、金融债券、企业债券、商业票据、支付固定收入但不提供法人企业残余价值分享权的优先股等。股票购买者及直接投资者对其投资企业净资产所拥有的权益。股票是股份公司签发的证明股东投资并按其所持股份享有权益和承担义务的权益性证券。其他股权是机构单位以直接投资的方式用除股票、债权性证券以外的土地、房屋及建筑物、机器设备、存货、资源资产等实物资产，商标、专利权、土地使用权、特许使用权、商誉等无形资产及货币资金直接向其他单位进行的投资。通常以股权证、出资证明书、参与证或类似的单据为凭证。

保险准备金 指对人寿保险准备金和养恤基金的净权益、保险费预付款和未结索赔准备金。

结算资金 指金融机构用于结算目的汇兑在途的资金。

金融机构往来 指各金融机构之间的资金往来，包括同业存放款和同业拆借款。

准备金 指各金融机构在中央银行的存款及缴存中央银行的法定准备金。

中央银行贷款 指中央银行向各金融机构的贷款。

经常项目 包括货物、服务、收益及经常性转移。

货物进出口 指通过我国海关进出口的货物。货物的进出口值都按离岸价格估价。离岸价格可视为进口商在出口商边境领取货物时支付的购买者价格。当进口商领取该货物时，该货物已装载到进口商自己的运载工具或其他运载工具，出口商已为该货物支付了出口税或获得了出口退税。

服务进出口 指常住单位与非常住单位之间相互提供的服务。包括运输服务、旅游服务、通讯服务、建筑服务、保险服务、金融服务、计算机和信息服务、咨询服务、广告、宣传服务、电影音像服务、专有权力使用费和特许费、其他商务服务、政府服务。

收益 指常住单位与非常住单位之间因相互提供生产要素而产生的收入，包括劳动者报酬和投资收益。其中投资收益包括直接投资、证券投资和其他投资的收益和支出，以及直接投资收益的再投资。

资本项目 包括移民转移、债务减免等资本性转移。

金融项目 包括直接投资、证券投资和其它投资。

直接投资 指外国、港澳台地区在我国和我国在外国、港澳台地区以独资、合资、合作及合作勘探开发方式进行的投资。

证券投资 指我国对外国、港澳台地区发行的股票、债券等有价证券和我国购买外国、港澳台地区发行的股票、债券等有价证券。

其它投资 指除直接投资和证券投资以外的所有对外金融资产与负债交易项目。包括外国提供给我国和我国提供给外国的贸易信贷、贷款、货币和存款以及其他资产。

储备资产增减额 指我国在黄金储备、外汇储备、在国际货币基金组织的储备头寸、特别提款权、使用基金信贷等方面本年末与上年末余额之间的差额。负号表示储备资产增加，正号表示储备资产减少。

Explanatory Notes on Main Statistical Indicators

Gross Domestic Product (GDP) refers to the final products at market prices produced by all resident units in a country (or a region) during a certain period of time. Gross domestic product is expressed in three different perspectives, namely value, income, and products respectively. GDP in its value perspective refers to the total value of all goods and services produced by all resident units during a certain period of time, minus the total value of input of goods and services of the nature of non-fixed assets; in other words, it is the sum of the value-added of all resident units. GDP from the perspective of income includes the primary income created by all resident units and distributed to resident and non-resident units. GDP from the perspective of products refers to the value of all goods and services for final consumption by all resident units minus the net exports of goods and services during a given period of time. In the practice of national accounting, gross domestic product is calculated from three approaches, namely production approach, income approach and expenditure approach, which reflect gross domestic product and its composition from different angles.

Three Industries Classification of economic activities into three strata of industry is a common practice in the world, although the grouping varies to some extent form country to country. In China economic activities are categorized into the following three strata of industry:

Primary industry refers to agriculture, forestry, animal husbandry and fishery and services in support of these industries.

Secondary industry refers to mining and quarrying, manufacturing, production and supply of electricity, water and gas, and construction.

Tertiary industry refers to all other economic activities not included in the primary or secondary industries.

GDP by Expenditure Approach refers to the method of measuring the final results of production activities of a country (region) during a given period from the perspective of final uses. It includes final consumption expenditure, gross capital formation and net export of goods and services. The formula for computation is.:

GDP by expenditure approach = final consumption expenditure + gross capital formation + net export of goods and services

Final Consumption Expenditure refers to the total expenditure of resident units for purchases of goods and services from both the domestic economic territory and abroad to meet the needs of material, cultural and spiritual life. It does not include the expenditure of non-resident units on consumption in the economic territory of the country. The final consumption expenditure is broken down into household consumption expenditure and government consumption expenditure.

Household Consumption Expenditure refers to the total expenditure of resident households on the final consumption of goods and services. In addition to the consumption of goods and services bought by the households directly with money, the household consumption expenditure also includes expenditure on goods and services obtained by the households in other ways, i.e. the so-called imputed consumption expenditure, which includes the following: (a) the goods and services provided to households by employers in the form of payment in kind and transfer in kind; (b) goods and services produced and consumed by the households themselves, in which the services refer only to the owner-occupied housing; (c) financial intermediate services provided by financial institutions; (d) insurance services provided by insurance companies.

Government Consumption Expenditure refers to the consumption expenditure spent for the provision of public services provided by the government to the whole country and the net expenditure on the goods and services provided by the government to households free of charge or at reduced prices. The former equals to the output value of the government services minus the value of operating income obtained by the government departments. The latter equals to the market value of the goods and services provided by the government free of charge or at reduced prices to the households minus the value received by the government from the households.

Gross Capital Formation refers to the fixed assets acquired less disposals and the net value of inventory, thus including gross fixed capital formation and changes in inventories.

Gross Fixed Capital Formation refers to the value of acquisitions less those disposals of fixed assets during a given period. Fixed assets are the assets produced through production activities with unit value above a specified amount and which could be used for over one year. Natural assets are not included. Gross fixed capital formation can be categorized into total tangible fixed capital formation and total intangible fixed capital formation. Total tangible fixed capital formation includes the value of the construction projects and installation projects completed and the equipment, apparatus and instruments purchased (less those disposed) as well as the value of land improved, the value of draught animals, breeding stock and animals for milk, for wool and for recreational purposes and the newly increased forest with economic value. Total intangible fixed capital formation includes the prospecting of minerals and the acquisition of computer software minus the disposal of them.

Changes in Inventories refers to the market value of the change in the physical volume of inventory of resident units during a given period, i.e. the difference between the values at the beginning and at the end of the period minus the gains due to the change in prices. The changes in inventories can have a positive or a negative value. A positive value indicates an increase in inventory while a negative value indicates a decrease in inventory. The inventory includes raw materials, fuels and reserve materials purchased by the production units as well as the inventory of finished products, semi-finished products and work-in-progress.

Net Export of Goods and Services refers to the exports of goods and services subtracting the imports of goods and services. Exports include the value of various goods and services sold or gratuitously transferred by resident units to non-resident units. Imports include the value of various goods and services purchased or gratuitously acquired resident units from non-resident units. Because the provision of services and the use of them happen simultaneously, the acquisition of services by resident units from abroad is usually treated as import while the acquisition of services by non-resident units in this country is usually treated as export. The exports and imports of goods are calculated at FOB.

Laborers Remuneration refers to the total payment of various forms to labourers for the productive activities they are engaged in. It includes wages, bonuses and allowances, which the labourers earn in cash and in kind. It also includes the free medical services provided to the labourers and the medicine expenses, transport subsidies and social insurance, and housing fund paid by the employers. As regards the individual economy, since labourers remuneration is not easily distinguishable from the operating profit, both parts are treated as labourer remuneration.

Net Taxes on Production refers to taxes on production less subsidies on production. The taxes on production refers to the various taxes, extra charges and fees levied on the production units on their production, sale and business activities as well as on the use of some factors of production, such as fixed assets, land and labour in the production activities they are engaged in. In contrast to taxes on production, subsidies on production refer to the unilateral government transfer to the production units and are therefore regarded as negative taxes on production. They include subsidies on the loss due to implementation of government policies, price subsidies, etc.

Depreciation of Fixed Assets refers to the depreciation of fixed assets in a given period, drawn in accordance with the stipulated depreciation rate for the purpose of compensating the wear-and-tear loss of the fixed assets or the depreciation of fixed assets imputed in accordance with the stipulated unified depreciation rate in the national economic accounting system. It reflects the value of transfer of the fixed assets in the production of the current period. The depreciation of fixed assets in various enterprises and institutions managed as enterprises refers to the depreciation expenses actually drawn. In government agencies and institutions not managed as enterprises which do not draw the depreciation expenses, as well as for the houses of residents, the depreciation of fixed assets is the imputed depreciation, which is calculated in accordance with the stipulated unified depreciation rate. In principle, the depreciation of fixed assets should be calculated on the basis of the re-purchased value of the fixed assets. However, currently the conditions in China do not facilitate the revaluation of all the fixed assets. Therefore, only the above-mentioned methods can be adopted at present.

Operating Surplus refers to the balance of the value added created by the resident units after deducting the labourers remuneration, net taxes on production and the depreciation of fixed assets. It is equivalent to the business profit of the enterprises plus subsidies to production, but the wages and welfare expenses paid from the profits should be deducted.

Institutional Units refer to economic entities that are in a position to own assets and incur liabilities; to engage independently in economic activities; and to conduct transactions with other entities.

Institutional Sectors refer to groups of institutional units that are homogenous in nature and have been grouped together. The following 4 institutional sectors are identified in the flow of funds accounts: non-financial corporations, financial institutions, general government and households. and also treated as an institutional sector is the rest of the world, which is composed of non-resident units that have economic relations with resident units.

Non-Financial Corporations and the Sector of Non-Financial Corporations refer to resident corporations that are engaged in the production of goods and the provision of non financial services in the market, mainly covering corporate enterprises of various types engaged in the above-mentioned activities. All non-financial corporations make up the sector of non-financial corporations.

Financial Institutions and the Sector of Financial Institutions refer to resident institutions that are engaged in the financial intermediary services or auxiliary financial activities that are closely related with financial intermediary services, mainly covering the Central Bank, commercial banks, policy banks, non-banking credit institutions and insurance companies. All financial institutions together make up the sector of financial institutions.

General Government and the Sector of General Governments refer to legal entities and their auxiliary units within the territory of China that are established through the political process and are empowered with legislative, administrative or judicial rights over other institutional within specific regions. The main function of general government is to acquire funds through taxation or other means in order to provide public services to society and households, and to conduct redistribution of income and properties of society through transfer payment. General government cover mainly administrative and non-profit institutional units of various types. All general government together make up the sector of general governments.

Households and the Sector of Households refer to resident individuals or groups of resident individuals who share common living facilities, pool together entire or part of their income and properties for their common disposal, and share their housing, food and other consumer goods and services. All households together make up the sector of households.

Non-resident Units and the Rest of the World Non-resident units refer to units that are of a non-resident nature. All non-resident units that have transactions with resident units together make up the rest of the world.

Total Income from Primary Distribution refers to the distribution of net results from production activities among the owners of factors of production and the governments. The net results from production activities is the value-added. Factors of production include labour force, land and capital. Owners of labour force gain remuneration by providing labour. Owners of land receive rents from leasing of land. Owners of capitals get income of various forms depending on the type of capital: owners of loan capital receive income from interests. Share holders receive dividends or non-distributed profits. Government either obtains production tax or pays subsidies in participating directly or indirectly in the production processes. Results of primary distribution generate the total income from primary distribution of each sector, and the sum of the total income of primary distribution of all sectors make up the Gross National Income, or the Gross National Product.

Current Transfers to the transaction in the form of provision of goods, services or assets by an institutional unit to another institutional unit without receiving any goods, services or assets in return from the recipient. Current transfers refer to all kinds of transfers other than capital transfers. They include income tax, payment to social securities, social allowances and other current transfers.

Total Disposable Income Total income from primary distribution is re-distributed through current transfer, resulting in the total disposable income of various institutional sectors. The sum of total disposable income of all institutional sectors makes up the total national disposable income.

Total Savings refer to total disposable income subtracting final consumption. Total savings of all sectors make up the total national savings.

Capital Transfer refers to the free payment from one sector to another sector of non-financial investment capital, and is a transaction that seeks no return from the recipient. Capital transfer differs from current transfer in 2 aspects: 1) The purpose of the capital transfer is investment rather than consumption. 2) Capital transfer features the transfer of the ownership of assets other than inventory and cash, and capital transfer in its monetary form involves the disposal of assets other than inventory. Capital transfer includes investment subsidies and other capital transfers.

Net Financial Investment reflects the surplus or shortage of capitals of institutional sectors or of the economy in general. It refers to total savings plus the income from capital transfer minus payment for capital transfer and the non-financial investment from the point of view of physical transaction. In terms of monetary transaction, it is the difference between the increase in financial assets minus the increase of the financial liabilities.

Currency refers to currency that is in circulation in the market, including local and foreign currencies.

Deposits refer to credit transactions by which financial institutions accept deposits from clients who could withdraw their deposit at any time or by an agreed time frame. They include demand deposit, time deposit, savings deposit, fiscal deposit, foreign exchange deposit and other deposits.

Loans refer to credit transactions by which financial institutions lend their capital to clients at certain level of interest rates, which the latter will repay by an agreed time frame. They include short-term loan, medium- and long-term loan, fiscal loan, foreign exchange loan and other loans.

Securities Include Shares and bond. refer to written certificates representing creditors' rights as purchased by bond holders or as acquired by selling products, which can be transacted at the financial markets. They include government bonds, financial bonds, corporation bonds, commercial drafts, preferential stocks that provide fixed income without the right to share the residual value of corporations, and so on. the rights of stockholders and direct investors on the net assets of corporations they have invested in. Shares refer to negotiable securities on creditor's rights, issued by share companies certifying the investment by stockholders and their rights and duties in accordance with the amount of stocks that they hold. Other holding rights refer to the direct investment by institutional units in other units with currency capital or with assets, in forms other than shares and negotiable securities on creditor's rights, including such tangible assets such as land, buildings, machines and equipment, inventory, resources, etc., and such intangible assets as trade marks, patents, monopolies, rights on land use, licenses, commercial reputation, etc.. Documents of proof of holding rights usually include certificates on creditor's right, certificates on investment or on participation, etc.

Insurance Reserve Funds consists of net equity of households in life insurance reserves and in pension funds reserves, prepayments of insurance premiums, and reserves for outstanding claims.

Settlement Fund refers to fund in float of financial institutions for settlement.

Inter- financial Institutions Accounts refer to flow of capital between financial institutions, consisting of nostro accounts, inter-bank lending.

Required and Excessive Reserves refer to financial institutions' deposits with the People's Bank of China.

Central Bank Lending refer to lending to financial institutions by the People's Bank of China

Current Account includes goods, services, income and current transfers.

Import and Export of Goods refer to imported or exported goods through Chinese customs. Both import and export of goods are valued at free on board (f.o.b.) prices. Free on board prices can be regarded as the purchaser's prices paid by importers when claiming goods at the border of the exporters. When the importer claim the imported goods, the goods have been loaded in importer's carriers or other carriers, and the exporter has paid export duty or received export redeem.

Import and Export of Services refer to services provided between resident and non-resident units, including services on transportation, tourism, communications, construction, insurance, finance, computer and information, consultancy, advertising and publicity, as well as film, audio and video services, royalty for patents, trademarks and other special rights, other commercial services, and government services.

Income refers income from provision of factors of production between resident and non-resident units, including compensation of labour and earnings from investment. Earnings from investment include earnings from and expenses on direct investment, security investment and other investment, as well as reinvestment of earnings from direct investment.

Capital Account includes capital transfers such as immigration transfer, reduction or exemption of debts, etc.

Financial Account includes direct investment, security investment and other investments.

Direct Investment refers to investment by foreign investors or investors from Hong Kong, Macao and Taiwan in China, or by Chinese investors in foreign countries or in Hong Kong, Macao and Taiwan, in forms of exclusive investment, joint investment, contracted operation and cooperative development,.

Security Investment refers to the issue of stocks and securities by China in foreign countries or in Hong Kong, Macao and Taiwan, and the purchase by Chinese units of stocks and securities issued in foreign countries or in Hong Kong, Macao and Taiwan.

Other Investment refers to all external transactions on financial assets and liabilities other than direct investment and security investment, including trade credits, loans, currency, deposits and other assets, provided by foreign countries to China and by China to foreign countries.

Reserve Assets, Net Increase refers to the difference between the end of the reference year and the end of the previous year, in gold reserve, foreign exchange reserve, special drawing rights in the International Monetary Fund, and the use of the Fund's credits. An increase in reserve assets is expressed in a negative figure and a decrease in the reserve assets is expressed in a positive figure.

人口
Population

◉ 资料整理：孟凡玲　史新旺

简要说明

一、主要内容

本篇包括历年人口及自然变动资料，城镇化资料、人口结构主要分类资料，五次人口普查主要指标，婚姻登记情况等资料。

二、资料来源

1971-1981年、1983-1989年、2000年总人口数是根据1982年、1990年、2000年人口普查数据调整的；1990-1999、2001-2009年数据是人口变动抽样调查调整数；市镇、乡村人口1953、1964、1982、1990、1995、2000、2005年数据是根据当年人口普查（或抽样调查）数据调整的，普查年度之间年份是根据两次普查间平均每年增幅调整的；2004、2006-2009年是根据人口与城镇化抽样调查推算的。由河南省统计局人口与就业处编辑整理。婚姻登记情况由省民政厅提供，由河南省统计局社会与科技处编辑整理。

Brief Introduction

I. Main Contents

This chapter include the size of Henan population and natural change, urban proportion, classification of the population structure, data of National Population Census, marriage registration.

II. Sources of Data

Figures for 1971-1981, 1983-1989, 2000 have been adjusted on the basis of the 1982, 1990, 2000 National Population Census. Figures for 1990-1999, 2001-2009 are estimated from the National Sample Survey on Population Changes. Figures of Urban and rural population in 1953,1964,1982,1990,1995,2000, 2005 are adjusted on the basis of the current year National Population Census or National Sample Survey, Figures for the years between National Population Census are adjusted on the basis of the growth rate of two National Population Census. Data in 2004,2006-2009 were calculated on the basis of the Spot Check of population and Urbanization.. Data of marriage registration are calculated from Henan provincial Bureau of Civil Affairs. Tables in this part are compiled by the Department of Population and Employment Statistics of the Henan provincial Bureau of Statistics. Data on Marriages are provided by the Henan provincial bureau of Civil Affairs, and are sort out by Department of social and scientific and technological of Henan provincial bureau of statistics.

4-1 历年总人口(年底数)

Total Population over the Years(Year-end)

单位:万人 (10 000 persons)

年 份 Year	总人口数 Total Population	按性别分 By Sex 男 Male	女 Female	性别比(女=100) Sex Ratio (Female=100)	按城乡分 By Residence 城镇 Urban	乡村 Rural	城镇化率(%) Urban Proportion (%)	人口密度(人/平方公里) Population Density (person/sq.km)	常住人口 Residents popolation
1957	4840	2469	2371	104.1	449	4391	9.3	290	
1962	4940	2485	2455	101.2	518	4422	10.5	296	
1965	5240	2648	2592	102.1	585	4655	11.2	314	
1970	6026	3055	2971	102.8	730	5296	12.1	361	
1975	6758	3436	3322	103.4	883	5875	13.1	405	
1978	7067	3599	3468	103.8	963	6104	13.6	423	
1979	7189	3662	3527	103.8	994	6195	13.8	431	
1980	7285	3710	3575	103.8	1021	6264	14.0	436	
1981	7397	3768	3629	103.8	1050	6347	14.2	443	
1982	7519	3835	3684	104.1	1084	6435	14.4	450	
1983	7632	3902	3730	104.6	1111	6521	14.6	457	
1984	7737	3960	3777	104.9	1137	6600	14.7	463	
1985	7847	4022	3825	105.2	1164	6683	14.8	470	
1986	7985	4097	3888	105.4	1196	6789	15.0	478	
1987	8148	4184	3964	105.5	1232	6916	15.1	488	
1988	8317	4272	4045	105.6	1269	7048	15.3	498	
1989	8491	4366	4125	105.9	1308	7183	15.4	508	
1990	8649	4440	4209	105.5	1342	7307	15.5	518	
1991	8763	4501	4262	105.6	1389	7374	15.9	525	
1992	8861	4554	4307	105.7	1434	7427	16.2	531	
1993	8946	4602	4344	105.9	1477	7469	16.5	536	
1994	9027	4643	4384	105.9	1520	7507	16.8	541	
1995	9100	4651	4449	104.5	1564	7536	17.2	545	
1996	9172	4715	4457	105.8	1687	7485	18.4	549	
1997	9243	4751	4492	105.8	1811	7432	19.6	553	
1998	9315	4787	4528	105.7	1937	7378	20.8	558	
1999	9387	4825	4562	105.8	2064	7323	22.0	562	
2000	9488	4895	4593	106.6	2201	7287	23.2	568	
2001	9555	4915	4640	105.9	2334	7221	24.4	572	
2002	9613	4946	4667	105.9	2480	7133	25.8	576	
2003	9667	4980	4687	106.3	2630	7037	27.2	579	
2004	9717	5000	4717	106.0	2809	6908	28.9	582	
2005	9768	5045	4723	106.8	2994	6774	30.7	585	9380
2006	9820	5074	4746	106.9	3189	6631	32.5	588	9392
2007	9869	5100	4769	106.9	3389	6480	34.3	591	9360
2008	9918	5125	4793	106.9	3573	6345	36.0	594	9429
2009	9967	5150	4817	106.9	3758	6209	37.7	597	9487

4-2　历年人口自然变动情况

Natural Changes of Population over the Years

单位：万人　　(10 000 persons)

年 份 Year	年平均人口数 Average Person Per Year	出生人口数 Number of Birth	出生率 (‰) Birth Rate (‰)	死亡人口数 Number of Death	死亡率 (‰) Death Rate (‰)	自然增加人口数 Number of Natural Growth	自然增长率 (‰) Natural Growth Rate (‰)
1957	4787	161	33.7	56	11.8	105	21.9
1962	4872	183	37.5	39	8.0	144	29.5
1965	5170	187	36.1	44	8.5	143	27.7
1970	5943	211	35.5	45	7.6	166	27.9
1975	6703	158	23.7	51	7.7	107	16.0
1978	7012	154	21.9	44	6.3	110	15.6
1979	7128	153	21.5	45	6.4	108	15.2
1980	7237	145	20.0	46	6.3	99	13.7
1981	7341	151	20.6	48	6.6	103	14.1
1982	7458	153	20.6	46	6.2	107	14.4
1983	7576	154	20.4	48	6.3	106	14.1
1984	7685	145	18.9	48	6.3	97	12.6
1985	7792	157	20.1	48	6.1	109	14.0
1986	7916	187	23.7	51	6.4	136	17.2
1987	8067	212	26.2	51	6.3	161	19.9
1988	8233	214	26.0	48	5.8	166	20.1
1989	8404	223	26.5	48	5.8	175	20.8
1990	8570	214	24.9	56	6.5	158	18.4
1991	8706	172	19.8	58	6.6	114	13.2
1992	8812	159	18.1	61	7.0	98	11.1
1993	8904	141	15.9	56	6.4	85	9.5
1994	8987	138	15.4	57	6.3	81	9.0
1995	9064	130	14.4	57	6.3	73	8.1
1996	9136	130	14.3	58	6.4	72	7.8
1997	9208	129	14.0	58	6.3	71	7.7
1998	9279	131	14.2	59	6.4	72	7.8
1999	9351	132	14.1	60	6.4	72	7.7
2000	9438	123	13.1	56	5.9	67	7.1
2001	9522	126	13.2	59	6.3	67	6.9
2002	9584	119	12.4	61	6.4	58	6.0
2003	9640	116	12.1	62	6.5	54	5.6
2004	9692	113	11.7	63	6.5	50	5.2
2005	9743	112	11.6	61	6.3	51	5.3
2006	9794	113	11.6	61	6.3	52	5.3
2007	9845	111	11.3	62	6.3	49	4.9
2008	9893	113	11.4	64	6.5	49	5.0
2009	9943	113	11.5	64	6.5	49	5.0

4-3 各市总户数、总人口数（2009年底）

Number of Households and Population by City(End of 2009)

分市数据是各市根据2009年人口与城镇化抽样调查汇总数据和公安年报及有关数据推算的。
Data by city were computative on the basis of the 2009 National Sample Surveys Population and annual reports of the Bureau of Public Security.

市 City	总户数（万户）Total Number of Households (10 000 households)	总人口数（万人）Total Population (10 000 persons)	按性别分 By Sex		按城乡分 By Residence		年平均人口数（万人）Average popolation (10 000 persons)	城镇化水平(%) Urban Proportion (%)	常住人口（万人）Residents popolation (10 000 persons)	年平均常住人口（万人）Average Residents (10 000 persons)	人口密度（人/平方公里）Population Density (person /sq.km)
			男 Male	女 Female	城镇 Urban	乡村 Rural					
全　省 Total	**2986**	**9967**	**5150**	**4817**	**3758**	**6209**	**9943**	**37.7**	**9487**	**9458**	**597**
郑　州　市 Zhengzhou	196	666	338	328	423	244	665	63.4	752	748	894
开　封　市 Kaifeng	144	486	251	235	192	294	485	39.6	471	470	754
洛　阳　市 Luoyang	199	658	338	320	290	367	656	44.2	642	642	432
平顶山市 Pingdingshan	149	504	263	241	210	293	502	41.8	490	489	637
安　阳　市 Anyang	165	545	279	266	212	333	543	38.9	522	521	735
鹤　壁　市 Hebi	47	146	75	71	73	74	146	49.6	144	143	672
新　乡　市 Xinxiang	164	563	287	276	231	333	562	41.0	552	551	689
焦　作　市 Jiaozuo	98	348	177	171	163	185	347	47.0	342	342	856
濮　阳　市 Puyang	100	365	187	178	129	236	364	35.4	352	351	856
许　昌　市 Xuchang	136	458	237	221	180	278	457	39.3	431	431	918
漯　河　市 Luohe	77	258	133	125	101	157	257	39.3	250	249	985
三门峡市 Sanmenxia	72	224	115	109	102	122	224	45.4	223	222	213
南　阳　市 Nanyang	355	1096	575	521	402	695	1094	36.6	1013	1009	412
商　丘　市 Shangqiu	253	832	428	404	278	555	830	33.4	781	779	778
信　阳　市 Xinyang	264	807	423	384	275	532	805	34.1	679	674	413
周　口　市 Zhoukou	320	1091	566	525	322	769	1088	29.5	1004	1000	912
驻马店市 Zhumadian	228	853	443	410	252	601	851	29.5	770	769	566
济　源　市 Jiyuan	19	68	35	33	34	35	68	49.0	68	68	353

4-4 各市人口出生率、死亡率、自然增长率(2009年底)
Birth Rate, Death Rate, and Natural Growth by City (End of 2009)

市 City	出生率 (‰) Birth Rate (‰)	死亡率 (‰) Death Rate (‰)	自然增长率 (‰) Natural Growth Rate (‰)
全 省 Total	**11.45**	**6.46**	**4.99**
郑 州 市 Zhengzhou	9.29	4.4	4.89
开 封 市 Kaifeng	10.33	5.70	4.63
洛 阳 市 Luoyang	10.60	5.82	4.78
平 顶 山 市 Pingdingshan	10.92	5.83	5.09
安 阳 市 Anyang	10.15	5.40	4.75
鹤 壁 市 Hebi	10.88	6.23	4.65
新 乡 市 Xinxiang	10.10	5.16	4.94
焦 作 市 Jiaozuo	10.38	5.50	4.88
濮 阳 市 Puyang	10.60	5.63	4.97
许 昌 市 Xuchang	10.24	5.94	4.30
漯 河 市 Luohe	10.12	5.58	4.54
三 门 峡 市 Sanmenxia	9.06	4.95	4.11
南 阳 市 Nanyang	11.05	5.98	5.07
商 丘 市 Shangqiu	10.05	5.20	4.85
信 阳 市 Xinyang	10.85	5.87	4.98
周 口 市 Zhoukou	10.17	6.02	4.15
驻 马 店 市 Zhumadian	11.27	6.26	5.01
济 源 市 Jiyuan	10.10	5.11	4.99

4-5 河南省人口预期寿命

Population life expectancy of Henan

单位：岁 (age)

年龄 Age	1990 合计 Total	1990 男 Male	1990 女 Female	2000 合计 Total	2000 男 Male	2000 女 Female
	70.0	68.1	72.0	72.8	71.0	74.7
1	70.5	68.4	72.8	73.5	71.2	75.9
5	67.1	64.9	69.4	69.7	67.4	72.2
10	62.3	60.1	64.6	64.9	62.6	67.3
15	57.4	55.3	59.7	60.0	57.7	62.4
20	52.7	50.6	54.9	55.2	52.9	57.5
25	48.0	45.9	50.2	50.4	48.2	52.7
30	43.3	41.2	45.5	45.7	43.5	47.9
35	38.6	36.5	40.8	40.9	38.8	43.1
40	33.9	31.9	36.1	36.2	34.2	38.3
45	29.3	27.3	31.4	31.6	29.7	33.6
50	24.9	23.0	26.9	27.1	25.2	29.0
55	20.7	18.9	22.6	22.8	21.0	24.6
60	16.8	15.2	18.4	18.7	17.0	20.3
65	13.4	11.9	14.7	15.0	13.4	16.4
70	10.3	9.1	11.3	11.7	10.3	12.8
75	7.8	6.8	8.5	9.1	7.9	9.9
80	5.5	4.8	6.0	6.9	5.9	7.4
85	3.6	3.2	3.8	5.4	4.6	5.7
90	1.5	1.4	1.6	3.9	3.6	4.0
95	1.3	1.1	1.3	2.8	3.0	2.8
100	1.1	1.0	1.2	0.5	0.5	0.5

注：本表数据是根据1990年和2000年人口普查数据计算。

a): Data in this table are calculated basis on 1990 National Population Census and 2000 National Population Census.

4-6 各市人口年龄结构（2009年底）

Composition of Population by Age and City(End of 2009)

全省数据是根据2009年国家1‰人口抽样调查汇总数据推算的，分市数据是根据2009年省人口与城镇化抽样调查汇总数据推算(下表同)。
Data of total in this table are estimated from the National Sample Survey of 1‰ population in 2009.Data by City are estimated from the Provincial Sample Survey of Population and Urbanization in 2009 (the next table is the same).

市 City	总人口数(万人) Total Population (10 000 persons)	0-14岁 Age 0-14	15-64岁 Age 15-64	65岁及以上 Age 65+	占总人口比重(%) % to Total Population 0-14岁 Age 0-14	15-64岁 Age 15-64	65岁及以上 Age 65+
全　　省 Total	**9967**	**1919**	**7166**	**882**	**19.26**	**71.9**	**8.84**
郑　州　市 Zhengzhou	666	111	498	57	16.7	74.8	8.6
开　封　市 Kaifeng	486	91	355	40	18.7	73.0	8.3
洛　阳　市 Luoyang	658	125	478	55	19.0	72.6	8.4
平 顶 山 市 Pingdingshan	504	89	370	45	17.6	73.5	8.9
安　阳　市 Anyang	545	107	393	44	19.7	72.2	8.1
鹤　壁　市 Hebi	146	30	106	10	20.7	72.7	6.6
新　乡　市 Xinxiang	563	104	414	45	18.5	73.6	8.0
焦　作　市 Jiaozuo	348	63	258	27	18.1	74.3	7.7
濮　阳　市 Puyang	365	72	265	28	19.6	72.6	7.8
许　昌　市 Xuchang	458	85	333	40	18.5	72.8	8.8
漯　河　市 Luohe	258	44	190	24	16.9	73.7	9.4
三 门 峡 市 Sanmenxia	224	33	173	18	14.9	77.0	8.1
南　阳　市 Nanyang	1096	222	781	94	20.3	71.2	8.5
商　丘　市 Shangqiu	832	156	608	69	18.7	73.0	8.3
信　阳　市 Xinyang	807	174	550	82	21.6	68.2	10.2
周　口　市 Zhoukou	1091	249	752	90	22.8	68.9	8.2
驻 马 店 市 Zhumadian	853	188	581	84	22.0	68.1	9.9
济　源　市 Jiyuan	68	11	52	5	16.4	76.5	7.1

4-7 各市人口抚养系数(2009年底)

Dependency Ratio of Population by City (End of 2009)

单位：(%) (%)

市 City	少年儿童系数 Ratio of Children	老年系数 Ratio of the aged	老少比 Ratio of the aged to Children	少年儿童抚养系数 Children Dependency Ratio	老年抚养系数 The Aged Dependency	抚养系数 Dependency Ratio
全　　省 Total	**19.3**	**8.8**	**39.1**	**26.8**	**12.3**	**39.1**
郑　州　市 Zhengzhou	16.7	8.6	51.6	22.3	11.5	33.8
开　封　市 Kaifeng	18.7	8.3	44.5	25.6	11.4	37.0
洛　阳　市 Luoyang	19.0	8.4	44.1	26.2	11.5	37.7
平 顶 山 市 Pingdingshan	17.6	8.9	50.7	23.9	12.1	36.0
安　阳　市 Anyang	19.7	8.1	41.1	27.2	11.2	38.4
鹤　壁　市 Hebi	20.7	6.6	31.9	28.5	9.1	37.6
新　乡　市 Xinxiang	18.5	8.0	43.0	25.2	10.8	36.0
焦　作　市 Jiaozuo	18.1	7.7	42.4	24.4	10.3	34.7
濮　阳　市 Puyang	19.6	7.8	39.8	27.0	10.7	37.8
许　昌　市 Xuchang	18.5	8.8	47.3	25.4	12.0	37.5
漯　河　市 Luohe	16.9	9.4	55.6	23.0	12.8	35.8
三 门 峡 市 Sanmenxia	14.9	8.1	54.7	19.3	10.6	29.8
南　阳　市 Nanyang	20.3	8.5	42.1	28.4	12.0	40.4
商　丘　市 Shangqiu	18.7	8.3	44.2	25.6	11.3	36.9
信　阳　市 Xinyang	21.6	10.2	47.3	31.7	15.0	46.7
周　口　市 Zhoukou	22.8	8.2	36.0	33.1	11.9	45.1
驻 马 店 市 Zhumadian	22.0	9.9	44.8	32.4	14.5	46.9
济　源　市 Jiyuan	16.4	7.1	43.2	21.5	9.3	30.7

4-8 五次人口普查主要指标

Main Indicators on National Population Censuses in 1953,1964,1982,1990 and 2000

单位：万人 (10 000 persons)

项　目	Item	1953	1964	1982	1990	2000
全省总人口	**Total Population**	**4378.5**	**5032.6**	**7442.3**	**8553.4**	**9255.8**
按性别分的人口	**Population By Sex**					
男　性	Male	2231.5	2549.1	3795.0	4380.3	4775.3
女　性	Female	2147.0	2483.5	3647.3	4173.1	4480.5
按年龄分的人口	**Population By Age**					
0岁--6岁	Age 0-6	913.9	920.3	1026.6	1268.5	765.1
7岁--12岁	Age 7-12	510.9	846.4	1165.1	943.1	1211.2
育龄妇女(15--49岁)	Women at Childbearing Age (Age 15-49)	1017.0	1108.7	1780.6	2278.6	2495.7
劳动年龄人口	Population within Working Age					
(男16--59　女16--54)	(Male Age 16-59 and Female Age 16-54)	2289.7	2482.0	3927.4	4985.0	5600.9
男60岁女55岁以上人口	Males Aged 60 and Females Aged 55 and Over	457.7	448.5	738.7	898.5	1105.0
按民族分的人口	**Population By Nationality**					
汉　族	Han Nationality	4337.9	4980.9	7362.3	8452.5	9143.3
各少数民族	Minority Nationality	40.6	51.7	80.0	100.9	112.5
按城乡分的人口	**Population By Residence**					
城镇总人口	Urban Population	310.6	551.7	1172.5	1302.9	2144.7
乡村总人口	Rural Population	4067.9	4480.9	6269.8	7250.5	7111.1
按文化程度分的人口	**Population By Educational Level**					
#大学和相当于大学	University		9.3	24.5	72.6	247.5
高中	Senior Secondary School		44.0	470.1	606.1	928.4
初中	Junior Secondary School		208.5	1427.0	2269.8	3646.0
小学	Primary School		1229.6	2321.8	2971.9	3072.6
文盲和半文盲(12周岁以上)	Illiterate and Semi-literate(Age 12 and Over)		2146.8	2015.0	1395.8	543.2

注：1.第五次人口普查数据为快速汇总数据，其中文盲和半文盲人口是指15岁及以上。
2.第五次人口普查总人口指根据《第五次人口普查办法》规定的常住人口。

a)Data of the fifth Population Census were fast collected results, Thereinto:Illiterate and Semi-literate were age 15 and over.

b)Total Population of the fifth Population Census refers to Population of resident according with 《Way of the fifth National Population Census》.

4–9 分年龄、性别的人口结构(2009年)

Population Construction by Age and Sex (2009)

本表数据为2009年11月1日人口变动抽样调查机器汇总数据。总人口抽样比为0.5‰。(4-10，4-11表同)
Data in this table are the sumed data obtained from Sample Survey on Population in Nov.1.2009.The Sampling fraction is 0.5‰. (4-10,4-11 are the same)

年龄	Age	占常住人口比重 (%) percentage to Population(%)	男 Male	女 Female	性别比 (女=100) Sex Ratio (Female=100)
合 计	**Total**	**100.0**	**50.6**	**49.4**	**102.6**
0-4岁	0-4 Age	6.13	3.5	2.6	136.2
5-9岁	5-9 Age	6.57	3.8	2.8	133.2
10-14岁	10-14 Age	6.56	3.7	2.9	129.8
15-19岁	15-19 Age	7.9	4.2	3.7	114.8
20-24岁	20-24 Age	8.2	4.1	4.1	98.0
25-29岁	25-29 Age	5.88	2.9	3.0	95.0
30-34岁	30-34 Age	5.64	2.7	2.9	94.1
35-39岁	35-39 Age	8.07	4.0	4.1	96.1
40-44岁	40-44 Age	10.17	4.9	5.3	93.1
45-49岁	45-49 Age	7.67	3.6	4.1	88.2
50-54岁	50-54 Age	7.24	3.5	3.8	93.0
55-59岁	55-59 Age	6.55	3.4	3.2	105.8
60-64岁	60-64 Age	4.57	2.3	2.3	103.4
65-69岁	65-69 Age	3.17	1.5	1.6	94.7
70-74岁	70-74 Age	2.53	1.2	1.3	91.3
75-79岁	75-79 Age	1.76	0.8	0.9	88.7
80-84岁	80-84 Age	0.86	0.4	0.5	81.3
85-89岁	85-89 Age	0.39	0.1	0.3	47.5
90-94岁	90-94 Age	0.12	0.1	0.1	72.7
95岁及以上	Above 95 Age	0.02		0.0	12.5

4-10 6岁及6岁以上分年龄、性别、受教育程度的人口结构(2009年)
Population Construction of 6 and over by Age,Sex and Educational Attainment (2009)

单位：% (%)

年龄	Age	6岁及6岁以上人口 6 and over	男 Male	女 Female	未上过学 No-Schooling	男 Male	女 Female	小学 Primary School	男 Male	女 Female	初中 Junion Secondary School	男 Male	女 Female
合 计	**Total**	**100.0**	**100.0**	**100.0**	**6.9**	**4.4**	**9.3**	**25.7**	**23.7**	**27.7**	**49.6**	**52.0**	**47.2**
6-9岁	6-9 Age	100.0	100.0	100.0	4.4	4.9	3.6	94.2	93.8	94.7	1.2	1.0	1.4
10-14岁	10-14 Age	100.0	100.0	100.0	2.0	2.2	1.8	52.2	52.1	52.3	43.8	43.4	44.3
15-19岁	15-19 Age	100.0	100.0	100.0	0.6	0.5	0.6	3.8	4.2	3.3	53.0	53.8	52.0
20-24岁	20-24 Age	100.0	100.0	100.0	0.7	1.2	0.3	3.7	3.3	4.1	62.5	61.8	63.2
25-29岁	25-29 Age	100.0	100.0	100.0	0.8	1.1	0.4	4.8	4.4	5.1	67.6	65.9	69.1
30-34岁	30-34 Age	100.0	100.0	100.0	1.1	1.1	1.0	7.3	5.6	8.8	67.7	67.7	67.7
35-39岁	35-39 Age	100.0	100.0	100.0	1.0	0.7	1.3	11.1	8.1	14.0	68.0	69.5	66.6
40-44岁	40-44 Age	100.0	100.0	100.0	1.5	1.1	2.0	15.9	10.1	21.2	67.1	69.1	65.2
45-49岁	45-49 Age	100.0	100.0	100.0	2.8	1.4	4.0	20.2	11.0	28.2	58.9	64.2	54.2
50-54岁	50-54 Age	100.0	100.0	100.0	5.4	1.7	8.7	29.9	21.3	37.8	47.7	55.0	41.0
55-59岁	55-59 Age	100.0	100.0	100.0	9.5	5.0	14.4	38.8	30.5	47.5	41.8	51.4	31.7
60-64岁	60-64 Age	100.0	100.0	100.0	15.4	9.6	21.4	46.5	41.9	51.3	30.9	39.5	22.1
65岁及以上	Above 65 Age	100.0	100.0	100.0	40.9	26.5	53.5	37.0	42.2	32.4	15.5	21.3	10.4

年龄	Age	高中 Senior Secondary School	男 Male	女 Female	大学专科 College	男 Male	女 Female	大学本科 University	男 Male	女 Female	研究生 Graduate	男 Male	女 Female
合 计	**Total**	**13.0**	**14.8**	**11.3**	**3.6**	**3.7**	**3.5**	**1.2**	**1.4**	**1.0**	**0.1**	**0.1**	**0.1**
6-9岁	6-9 Age	0.2	0.2	0.1	0.0		0.1						
10-14岁	10-14 Age	2.0	2.3	1.6	0.1	0.1							
15-19岁	15-19 Age	39.3	38.6	40.1	2.9	2.5	3.5	0.4	0.4	0.5			
20-24岁	20-24 Age	21.6	22.8	20.4	8.0	7.2	8.9	3.2	3.6	2.9	0.2	0.1	0.3
25-29岁	25-29 Age	16.5	18.4	14.8	7.1	7.1	7.2	3.0	2.9	3.2	0.2	0.3	0.1
30-34岁	30-34 Age	13.8	15.4	12.2	7.2	7.0	7.3	2.8	3.0	2.6	0.2	0.2	0.3
35-39岁	35-39 Age	12.4	13.4	11.6	5.1	5.5	4.7	2.2	2.7	1.8	0.1	0.1	0.1
40-44岁	40-44 Age	11.7	14.6	9.0	2.9	3.6	2.2	0.9	1.4	0.4	0.1	0.1	
45-49岁	45-49 Age	14.7	19.0	10.9	2.6	3.2	2.1	0.9	1.1	0.7	0.1	0.1	
50-54岁	50-54 Age	13.3	17.5	9.4	3.3	3.7	2.9	0.4	0.7	0.2	0.0	0.1	
55-59岁	55-59 Age	7.0	9.9	4.0	2.3	2.6	2.1	0.5	0.6	0.3			
60-64岁	60-64 Age	4.9	6.3	3.4	2.1	2.5	1.7	0.2	0.3	0.1			
65岁及以上	Above 65 Age	3.8	5.7	2.1	2.0	2.9	1.3	0.8	1.5	0.3			

4-11 15岁及以上分年龄、性别、婚姻状况的人口结构（2009年）

Population Construction of 15 and over by Age, Sex and Marital Status (2009)

单位：% (%)

年龄	Age	15岁及15岁以上人口 15 and over	男 Male	女 Female	未婚 Never married	男 Male	女 Female	初婚有配偶 First Married	男 Male	女 Female
合 计	**Total**	**100.0**	**100.0**	**100.0**	**19.3**	**22.5**	**16.2**	**73.2**	**71.4**	**74.9**
15-19岁	15-19 Age	100.0	100.0	100.0	98.3	98.7	97.8	1.6	1.1	2.2
20-24岁	20-24 Age	100.0	100.0	100.0	68.6	75.5	61.8	31.2	24.2	38.0
25-29岁	25-29 Age	100.0	100.0	100.0	19.1	25.4	13.1	79.6	72.8	86.1
30-34岁	30-34 Age	100.0	100.0	100.0	4.6	7.3	2.1	92.5	88.7	96.0
35-39岁	35-39 Age	100.0	100.0	100.0	2.3	4.4	0.4	94.4	91.8	96.9
40-44岁	40-44 Age	100.0	100.0	100.0	1.2	2.4	0.2	95.4	94.3	96.3
45-49岁	45-49 Age	100.0	100.0	100.0	1.1	2.2	0.2	93.7	93.2	94.1
50-54岁	50-54 Age	100.0	100.0	100.0	0.8	1.6	0.1	92.7	91.8	93.6
55-59岁	55-59 Age	100.0	100.0	100.0	1.6	3.0	0.2	90.2	90.0	90.3
60-64岁	60-64 Age	100.0	100.0	100.0	1.9	3.7	0.1	84.4	85.1	83.7
65岁及以上	Above 65 Age	100.0	100.0	100.0	1.6	3.3	0.1	62.6	71.3	55.0

年龄	Age	再婚有配偶 Re-married	男 Male	女 Female	离婚 Divorced	男 Male	女 Female	丧偶 Widowed	男 Male	女 Female
合 计	**Total**	**1.2**	**1.1**	**1.3**	**0.7**	**1.0**	**0.4**	**5.7**	**4.1**	**7.2**
15-19岁	15-19 Age	0.1	0.2							
20-24岁	20-24 Age	0.1	0.1	0.1	0.1	0.2	0.1	0.0		0.1
25-29岁	25-29 Age	0.4	0.5	0.4	0.7	1.1	0.3	0.2	0.3	0.1
30-34岁	30-34 Age	1.3	1.3	1.3	1.3	2.2	0.4	0.4	0.6	0.3
35-39岁	35-39 Age	1.4	1.3	1.4	1.3	2.1	0.5	0.6	0.5	0.8
40-44岁	40-44 Age	1.7	1.3	2.0	0.8	1.1	0.5	1.0	1.0	0.9
45-49岁	45-49 Age	1.9	1.4	2.3	1.2	1.6	0.9	2.1	1.7	2.5
50-54岁	50-54 Age	1.7	1.9	1.6	0.7	0.8	0.7	4.0	3.9	4.1
55-59岁	55-59 Age	1.2	1.0	1.4	0.6	1.1		6.4	4.9	8.1
60-64岁	60-64 Age	1.9	1.9	2.0	0.5	0.6	0.5	11.2	8.7	13.7
65岁及以上	Above 65 Age	1.6	1.8	1.4	0.2	0.3	0.2	34.0	23.3	43.4

4-12 育龄妇女分年龄、孩次的生育状况(2009年)
Age-specific Fertility Rate of Childbearing Women by Age of Mother and Birth Order(2009)

本表是2009年人口变动情况抽样调查样本数据，抽样比为0.5‰。
Data in this table are botained from the 2009 Sample Survey on Population Changes.The sampling fraction is 0.5‰.

年龄	平均育龄妇女人数（人）Average Number of Childbearing Women(person)	出生人数（人）Births (person)	一孩 1st Birth	二孩 2ed Birth	三孩及以上 3rd Birth and Above	生育率(‰) Fertility Rate (‰)	一孩 1st Birth	二孩 2ed Birth	三孩及以上 3rd Birth and Above
总计 Total	**12613**	**426**	**258**	**149**	**19**	**33.77**	**20.46**	**11.81**	**1.51**
15-19	**1705**	**5**	**4**	**1**		**2.93**	**2.35**	**0.59**	
15	284								
16	273								
17	310								
18	342	1		1		2.92		2.92	
19	496	4	4			8.06	8.06		
20-24	**1920**	**158**	**147**	**10**	**1**	**82.29**	**76.56**	**5.21**	**0.52**
20	445	10	10			22.47	22.47		
21	409	22	21	1		53.79	51.34	2.44	
22	405	46	45	1		113.58	111.11	2.47	
23	346	41	35	5	1	118.5	101.16	14.45	2.89
24	315	39	36	3		123.81	114.29	9.52	
25-29	**1399**	**131**	**69**	**57**	**5**	**93.64**	**49.32**	**40.74**	**3.57**
25	256	25	15	10		97.66	58.59	39.06	
26	284	30	18	10	2	105.63	63.38	35.21	7.04
27	309	23	12	10	1	74.43	38.83	32.36	3.24
28	275	27	12	14	1	98.18	43.64	50.91	3.64
29	275	26	12	13	1	94.55	43.64	47.27	3.64
30-34	**1347**	**71**	**26**	**43**	**2**	**52.71**	**19.3**	**31.92**	**1.48**
30	261	18	8	10		68.97	30.65	38.31	
31	273	18	6	11	1	65.93	21.98	40.29	3.66
32	231	12	3	8	1	51.95	12.99	34.63	4.33
33	287	12	4	8		41.81	13.94	27.87	
34	295	11	5	6		37.29	16.95	20.34	
35-39	**1909**	**49**	**11**	**31**	**7**	**25.67**	**5.76**	**16.24**	**3.67**
35	359	12	4	7	1	33.43	11.14	19.5	2.79
36	335	8	1	6	1	23.88	2.99	17.91	2.99
37	368	13	2	10	1	35.33	5.43	27.17	2.72
38	382	5	1	2	2	13.09	2.62	5.24	5.24
39	465	11	3	6	2	23.66	6.45	12.9	4.3
40-44	**2443**	**9**	**1**	**5**	**3**	**3.68**	**0.41**	**2.05**	**1.23**
40	471	3	1	2		6.37	2.12	4.25	
41	549	1			1	1.82			1.82
42	477	2		1	1	4.19		2.1	2.1
43	463	1		1		2.16		2.16	
44	483	2		1	1	4.14		2.07	2.07
45-49	**1890**	**3**		**2**	**1**	**1.59**		**1.06**	**0.53**
45	406	2		1	1	4.93		2.46	2.46
46	553								
47	368	1		1		2.72		2.72	
48	219								
49	344								

4-13　婚姻登记情况
Basic Statistics on Marriages

项　　目	Item	1990	1995	2000	2005	2006	2007	2008	2009
准予登记结婚(万对)	**Registered Marriages (10 000 couples)**	**74.26**	**72.03**	**66.18**	**51.33**	**54.77**	**60.10**	**71.86**	**85.88**
初婚(万人)	First Marriages (10 000 person)	144.56	139.39	127.82	96.42	103.19	113.58	137.58	164.20
再婚(万人)	Remarriages (10 000 person)	3.97	4.67	4.53	6.25	6.36	6.61	6.15	7.56
离婚(万对)	**Divorces (10 000 couples)**			**8.60**	**9.10**	**10.01**	**11.21**	**11.77**	**12.44**
#民政部门	Civil Administration Department	1.94	2.24	2.65	6.08	6.71	7.85	8.38	9.35

4-14　各市婚姻登记情况
Basic Statistics on Marriages by City

单位：对　　(couples)

市	City	2008			2009		
		准予登记结婚 Registered Marriages	离婚 Divorces	#民政部门 Civil Administration Department	准予登记结婚 Registered Marriages	离婚 Divorces	#民政部门 Civil Administration Department
全　　省	**Total**	**718635**	**117732**	**83805**	**858840**	**124413**	**93493**
郑州市	Zhengzhou	76830	16260	13520	85372	16837	14464
开封市	Kaifeng	39674	5439	4367	48838	5706	4581
洛阳市	Luoyang	55088	9086	6639	67392	9542	7217
平顶山市	Pingdingshan	36173	7635	5838	44541	8331	6542
安阳市	Anyang	37195	5575	3486	49222	7195	5232
鹤壁市	Hebi	8298	1528	1100	8636	1615	1159
新乡市	Xinxiang	36990	7384	5170	46414	7834	5889
焦作市	Jiaozuo	27113	5034	4114	32234	5582	4667
濮阳市	Puyang	27448	3610	2263	37752	3579	2468
许昌市	Xuchang	35935	6691	4193	47317	6798	4935
漯河市	Luohe	19661	3627	2469	18567	3832	2593
三门峡市	Sanmenxia	17063	3075	2087	17190	3105	2208
南阳市	Nanyang	88091	12319	7074	94690	12358	8082
商丘市	Shangqiu	56474	6426	4725	74830	7550	5751
信阳市	Xinyang	38547	6985	4673	51602	6847	4701
周口市	Zhoukou	54384	4813	3157	65020	5014	3405
驻马店市	Zhumadian	57707	11377	8233	62633	11836	8887
济源市	Jiyuan	5964	868	697	6590	852	712

主要统计指标解释

人口数 指一定时点、一定地区范围内的有生命的个人的总和。

年度统计的年末人口数指每年 12 月 31 日 24 时的人口数。

常住人口 指实际经常居住在某地区一定时间（指半年以上）的人口。按人口普查和抽样调查规定，主要包括：1、在本地居住，户口也在本地的人口；2、户口在外地，但在本地居住半年以上者，或离开户口地半年以上而调查时在本地居住的人口；3、调查时居住在本地，但在任何地方都没有登记常住户口，如手持户口迁移证、出生证、退伍证、劳改劳教释放证等尚未办理常住户口的人，即所谓"口袋户口"的人。

出生率（又称粗出生率） 指在一定时期内(通常为一年)平均每千人所出生的人数的比率，一般用千分率表示。计算公式为：

出生率＝年出生人数／年平均人数×1000‰

式中：出生人数指活产婴儿，即胎儿脱离母体时(不管怀孕月数)，有过呼吸或其他生命现象。年平均人数指年初、年底人口数的平均数，也可用年中人口数代替。

死亡率（又称粗死亡率） 指在一定时期内(通常为一年)一定地区的死亡人数与同期平均人数(或期中人数)之比，一般用千分率表示。计算公式为：

死亡率＝年死亡人数／年平均人数×1000‰

人口自然增长率 指在一定时期内(通常为一年)人口自然增加数(出生人数减死亡人数)与该时期内平均人数(或期中人数)之比，一般用千分率表示。计算公式为：

人口自然增长率＝（本年出生人数－本年死亡人数）／年平均人数×1000‰＝人口出生率－人口死亡率

性别比 总人口中男性人数与女性人数之比。通常用每 100 个女性人口相应有多少男性人口表示。其计算公式为：

性别比＝男性人口数/女性人口数×100%

总负担系数 指被抚养人口（0–14岁和65岁以上人口）与15–64岁人口的比例。计算公式为：

总负担系数=被抚养人口/15–64岁人口*100

负担老年系数 指老年人口（65岁以上人口）与15–64岁人口的比例。计算公式为：

负担老年系数=老年人口/15–64岁人口*100

负担少年系数 指少年儿童与 15–64 岁人口的比例。计算公式为：

负担少年系数=少年儿童人口/15–64 岁人口*100

Explanatory Notes on Main Statistical Indicators

Total Population refers to the total number of people alive at a certain point of time within a given area.

The annual statistics on total population is taken at midnight, the 3lst of December.

Resident Population refers to the population actual living in a certain area for six months or more. According to the census and sample surveys, it includes the following main items : 1, Population live in this area, with the local resident registered; 2, Population with the resident registered of other area, live this area over half a year or Less than half a year but Leaving the area where they resident registered over half a year; 3, Population live in the local area, but have no resident registered, only have Migration Certificate 、Birth certificate 、Legionnaires card 、Release card from Re-education through labor or haven not yet requisition the resident registered ,so-called "pocket-registered "population.

Birth Rate (or Crude Birth Rate) refers to the ratio of the number of births to the average population during a certain period of time (usually a year), which is often expressed in‰. The following formula is used:

Birth Rate=Number of Births/Average Number of Population×1000‰

Number of births refers to live births i.e. the births when babies had showed any vital phenomena regardless of the length of pregnancy.

Annual Average Number of Population is the average of the number of population at the beginning of the year and that at the end of the year. Sometimes it is substituted for with the mid year population.

Death Rate (or Crude Death Rate) refers to the ratio of the number of deaths to the average population (or mid year population) during a certain period of time (usually a year), which is often expressed in‰. The following formula is used:

Death Rate umber of Deaths

=Number of Deaths/Annual Average Number of Population×1000‰

Natural Growth Rate of Population refers to the ratio of natural increase in population (number of births minus number of deaths) in a certain period of time (usually a year) to the average population (or mid year population) of the same period, which is often expressed in‰. The following formulas are applied:

Natural Growth of Population

=(Number of Births－Number of Deaths)/Average Number of Population×1000‰

Natural Growth Rate of Population=Birth Rate－Death Rate

Sex Ratio Refers to the Proportion of Male to Female Among the Total Population Which is often described as the proportion of 100 females to males. the following formula is used:

Sex Ratio=Number of Males/Number of Females×100％

Total Dependency Ratio refers to the ratio of number of dependents to the total population aged 15-64, the number of dependents being population aged 0-14 and population aged 65 and over. The total dependency ratio is calculated as follows:

Total Dependency Ratio = Number of Dependents/Population Aged 15-64×100%

The Aged Dependency Ratio refers to the ratio of the number of the aged population to the total population aged 15-64, the aged being population aged 65 and over. The aged dependency ratio is calculated as follows:

The Aged Dependency Ratio = Number of the Aged Population/ Population Aged 15-64×100%

The Juvenile and Children Dependency Ratio refers to the ratio of the number of the juvenile and children to the total population aged 15-64, the juvenile and children being population aged 0-14. The juvenile and children dependency ratio is calculated as follows:

The Juvenile and Children Dependency Ratio = Number of Juvenile and Children/ Population Aged 15-64×100%

从业人员与职工工资

Employment and Wages

◉ 资料整理：王利生

简要说明

一、主要内容

本篇包括从业人员就业情况、劳动报酬和在岗职工工资资料，城镇登记失业情况等。

二、资料来源

就业基本情况、职工工资等资料，采用全面调查方法，由河南省统计局人口处编辑整理。其中，私营企业及个体工商业就业人员，是利用行政登记资料加工整理，由河南省工商行政管理局提供。职业介绍服务机构及劳动力交流情况、城镇登记失业人数，是利用培训就业资料加工整理，由河南省劳动和社会保障厅提供。

Brief Introduction

I. Main Contents

Data in this chapter include employment, earning, average wages of staff and workers, number of registered unemployed persons in urban areas.

II. Sources of Data

Date on employment, wages of staff and workers is used in the labor statistics, are compiled by the Department of population and employment of the Henan provincial Bureau of Statistics. Data on the number of employed persons in private enterprises and self-employed individuals are provided by the Henan provincial Bureau of Industry and Commerce. Data on the employment services and the exchanges of labor force and on the number of registered unemployed persons in urban areas are collected provided by the Henan provincial Bureau of Human Resources and Social Security.

5-1 历年从业人员(年底数)

Number of Employed Persons at the Year-end over the Years

单位:万人 (10 000 persons)

年 份 Year	合计 Total	按登记注册类型分 by Status of Registration						按三次产业分 by Type of Industry		
		职工人数 Number of Staff and Workers	国有单位 State-owned Units	城镇集体单位 Urban Collective-owned Units	其他单位 Units of Other Types of Ownership	城镇个体私营企业及其他 Urban Self-Employed and Private Enterprises and others	乡村从业人员 Number of Employed Person in Rural Area	第一产业 Primary Industry	第二产业 Secondary Industry	第三产业 Tertiary Industry
1952	1683	45	44	1		42	1596	1511	74	98
1957	1829	123	108	15		4	1702	1577	111	141
1962	2021	182	143	39		11	1828	1698	82	241
1965	2172	205	155	50		9	1958	1796	91	285
1970	2481	252	211	41			2229	2037	150	294
1975	2689	328	270	58		1	2360	2279	230	180
1978	2807	420	346	74		3	2384	2262	296	249
1979	2873	441	363	78		3	2429	2366	290	217
1980	2929	462	379	83		7	2460	2378	304	247
1981	3039	497	407	90		11	2531	2470	310	259
1982	3146	502	407	95		14	2630	2530	315	301
1983	3289	524	425	99		18	2747	2598	341	350
1984	3346	548	419	129		26	2772	2578	376	392
1985	3520	593	454	139		34	2893	2571	523	426
1986	3598	618	469	149		31	2949	2574	568	456
1987	3782	645	488	156	1	41	3096	2596	616	570
1988	3916	670	508	161	1	34	3212	2648	659	609
1989	3943	681	512	168	1	36	3226	2719	659	565
1990	4086	693	521	171	1	34	3359	2833	671	582
1991	4216	722	544	177	1	52	3442	2921	689	606
1992	4332	746	571	172	3	65	3521	2955	724	653
1993	4400	771	599	162	10	94	3535	2910	808	682
1994	4448	788	604	158	26	102	3558	2865	864	719
1995	4509	815	617	162	36	116	3578	2814	929	766
1996	4638	842	640	161	41	139	3657	2822	988	828
1997	4820	841	603	177	61	161	3818	2909	1011	900
1998	5000	748	485	149	114	185	4067	2947	962	1091
1999	5205	723	467	137	119	171	4311	3305	913	987
2000	5572	718	455	137	126	142	4712	3564	977	1031
2001	5517	704	448	134	122	125	4688	3478	997	1042
2002	5522	694	417	123	153	137	4691	3398	1038	1086
2003	5536	683	388	114	181	158	4695	3332	1084	1120
2004	5587	677	398	93	185	193	4718	3246	1142	1200
2005	5662	681	395	88	198	229	4752	3139	1251	1272
2006	5719	692	392	84	216	249	4777	3050	1351	1318
2007	5773	699	386	81	232	259	4815	2920	1487	1366
2008	5835	692	383	65	244	284	4859	2847	1564	1424
2009	5949	708	370	47	291	359	4882	2765	1675	1509

注：1.自1993年始从业人员中含其他从业人员。

2.1998年及以后年度职工为在岗职工，均与有关年度不尽可比。

a)Number of employed persons since 1993 included other employed persons.

b)Data of Employed since 1998 are staff and workers, can't compare with some relative years.

5-2 各种分组的从业人员数（年底数）

Number of Employed Persons at the Year-end by Groups

单位：万人 (10 000 persons)

项 目	Item	2008	#女性 Femal	2009	#女性 Femal
经济活动人口	**Economically Active Population**	**5871.96**		**5987.28**	
#从业人员合计	Total Number of Employed persons	5835.45	255.58	5948.78	259.90
按国民经济行业分	**Grouped by Sector**				
农、林、牧、渔业	Farming, Forestry, Animal Husbandry and Fishery	2847.31	2.43	2764.86	2.10
采矿业	Mining	51.27	10.99	55.49	11.27
制造业	Manufacturing	933.43	60.28	1006.00	59.66
电力、燃气及水的生产和供应业	Production and distribution of electricity,gas and water	20.99	6.25	21.23	6.24
建筑业	Construction	558.23	9.55	592.00	10.90
交通运输、仓储和邮政业	Traffic,transport, storage and post	204.46	9.34	207.69	8.39
信息传输、计算机服务和软件业	Information transfer, computer services and software	25.63	1.55	31.35	1.92
批发和零售业	Wholesale and retail trade	406.10	17.30	443.95	16.84
住宿和餐饮业	Accommodation and Restaurants	147.07	5.02	157.12	5.21
金融业	Finance	21.58	10.32	22.48	10.88
房地产业	Real estate	10.87	2.30	15.06	2.65
租赁和商务服务业	Tenancy and business services	20.08	3.76	26.85	3.70
科学研究、技术服务和地质勘查业	Scientific research, technical service and geologic perambulation	13.07	3.86	13.88	3.43
水利、环境和公共设施管理业	Management of water conservancy, environment and public establishment	11.78	4.62	11.98	4.62
居民服务和其他服务业	Resident services and other services	310.18	0.57	314.82	0.66
教育	Education	109.81	53.86	112.58	55.48
卫生、社会保障和社会福利业	Sanitation, social security and social welfare	36.50	20.55	39.21	21.94
文化、体育和娱乐业	Culture, sports and entertainment	8.28	2.95	8.43	2.90
公共管理和社会组织	Public management and social organization	98.81	30.08	103.80	31.11
按三次产业分	**by Type of Industry**				
第一产业	Primary Industry	2847.31	2.43	2764.86	2.10
第二产业	Secondary Industry	1563.92	87.07	1674.72	88.07
第三产业	Teriary industry	1424.22	166.08	1509.20	169.73
按城乡分	**by Urban and Rural Areas**				
城镇从业人员	Urban Employed Persons	976.32		1067.12	
#国有单位	State-owned Units	390.95	149.61	380.60	146.57
城镇集体单位	Urban Collective Owned Units	68.30	25.29	48.98	17.36
股份合作单位	Share Holding Units	9.55	2.85	9.16	3.46
联营单位	Joint Owned Units	2.60	1.05	1.37	0.54
有限责任公司	Limited Liability Corporations	160.04	46.91	191.56	54.36
股份有限公司	Share-holding Corporations Ltd.	48.95	16.98	62.63	21.60
私营企业	Private Enterprises	106.31		160.70	
港澳台商投资单位	Units Funded by Entrepreneurs from Hong Kong, Macao & Taiwan	10.12	4.34	10.17	4.64
外商投资单位	Foreign Funded Units	10.43	3.67	11.47	4.13
个体	Self-employed Individuals	155.60		171.69	
乡村从业人员	Rural Employed Persons	4859.13		4881.66	

5-3 按城乡分的从业人员数(2009年底)

Number of Employed Persons at the Year-end in Urban and Rural Areas (2009)

单位:万人 (10 000 persons)

项目	Item	合计 Total	城镇 Urban Area	#国有单位 State-owned Units	#集体单位 Collectiveowned Units	#私营 Private Enterprises	#个体 Selfemployed individuals	乡村 Rural Area
从业人员总计	**Total Number of Employed persons**	**5948.78**	**1067.12**	**380.60**	**48.98**	**160.70**	**171.69**	**4881.66**
按国民经济行业分	**Grouped by Sector**							
农、林、牧、渔业	Farming, Forestry,animal Husbandry and Fishery	2764.86	10.65	4.77	0.41	2.80	0.88	2754.21
采矿业	Mining	55.48	55.48	15.11	1.17	2.04	0.12	
制造业	Manufacturing	1006.00	215.36	15.96	8.59	45.25	15.33	790.64
电力、燃气及水的生产和供应业	Production and distribution of electricity,gas and water	21.23	21.23	12.24	0.27	0.53	0.03	
建筑业	Construction	592.00	98.59	12.49	10.68	10.79	0.48	493.41
交通运输、仓储和邮政业	Traffic,transport, storage and post	207.70	34.64	21.83	1.72	2.75	3.11	173.06
信息传输、计算机服务和软件业	Information transfer, computer services and software	31.34	10.90	2.70	0.04	4.83	0.87	20.44
批发和零售业	Wholesale and retail trade	443.94	195.39	14.10	8.97	55.23	101.28	248.55
住宿和餐饮业	Accommodation and Restaurants	157.12	36.54	3.51	1.09	3.25	23.76	120.58
金融业	Finance	22.48	22.48	6.26	3.56	0.46		
房地产业	Real estate	15.06	15.06	1.42	0.33	6.47	0.02	
租赁和商务服务业	Tenancy and business services	26.85	26.85	5.22	1.99	13.76	1.04	
科学研究、技术服务和地质勘查业	Scientific research, technical service and geologic perambulation	13.88	13.88	9.31	0.25	2.78	0.02	
水利、环境和公共设施管理业	Management of water conservancy, environment and public establishment	11.98	11.98	11.03	0.09	0.43	0.01	
居民服务和其他服务业	Resident services and other services	314.83	34.06	0.62	0.38	8.42	23.87	280.77
教育	Education	112.58	112.58	100.16	7.24	0.06	0.01	
卫生、社会保障和社会福利业	Sanitation,social security and social welfare	39.21	39.21	35.13	1.71	0.20	0.16	
文化、体育和娱乐业	Culture, sports and entertainment	8.43	8.43	6.40	0.17	0.64	0.69	
公共管理和社会组织	Public management and social organization	103.80	103.80	102.33	0.33			
按三次产业分	**by Type of Industry**							
第一产业	Primary Industry	2764.86	10.65	4.77	0.41	2.80	0.88	2754.21
第二产业	Secondary Industry	1674.72	390.66	55.80	20.71	58.61	15.96	1284.05
第三产业	Teriary Industry	1509.20	665.81	320.03	27.86	99.29	154.85	843.40

5-4 各市分城乡的从业人员数(2009年底)

Number of Employed Persons at the Year-end by Residence and City (2009)

单位：万人 (10 000 persons)

市 City	合计 Total	城镇 Urban Area	国有经济 State-owned Units	集体经济 Collective-owned Units	股份合作经济 Cooperative Units	联营经济 Joint Ownership Units	有限责任公司 Limited Liability Corporations Units
全　　省 Total	**5948.78**	**1067.12**	**380.60**	**48.98**	**9.16**	**1.37**	**191.56**
郑　州　市 Zhengzhou	453.11	219.35	48.58	4.34	2.32	0.09	31.68
开　封　市 Kaifeng	299.65	56.21	15.22	3.13	0.48	0.24	5.79
洛　阳　市 Luoyang	397.56	87.69	30.30	3.73	0.09	0.01	14.04
平 顶 山 市 Pingdingshan	312.29	68.95	18.78	4.05	0.33	0.02	19.45
安　阳　市 Anyang	341.33	60.43	15.69	1.93	0.49	0.02	21.29
鹤　壁　市 Hebi	84.91	21.23	5.19	0.90	0.22	0.01	9.12
新　乡　市 Xinxiang	310.46	63.00	22.63	3.78	0.43	0.10	9.19
焦　作　市 Jiaozuo	209.66	65.52	13.39	0.97	0.09	0.01	11.75
濮　阳　市 Puyang	242.37	56.81	17.10	0.92	0.19	0.02	6.77
许　昌　市 Xuchang	276.58	61.61	13.63	1.04	0.27		7.71
漯　河　市 Luohe	158.07	31.10	9.22	2.02	0.01		5.25
三 门 峡 市 Sanmenxia	126.40	31.92	12.21	0.97	0.03	0.31	8.01
南　阳　市 Nanyang	660.54	107.24	37.64	6.10	1.56	0.12	15.95
商　丘　市 Shangqiu	514.21	77.88	24.79	2.35	0.36	0.27	5.52
信　阳　市 Xinyang	485.62	76.27	28.80	5.72	1.29	0.02	4.29
周　口　市 Zhoukou	669.14	82.99	30.58	3.08	0.20	0.04	4.62
驻 马 店 市 Zhumadian	553.52	71.23	22.56	2.33	0.72	0.09	7.52
济　源　市 Jiyuan	41.37	15.71	2.69	0.03	0.07		3.60

市 City	股份有限公司 Share Holding Corporations Units	港澳台投资经济 Economic Units Funded by Entrepreneurs from Hong Kong, Macao and Taiwan	外商投资经济 Foreign Funded Economic Units	私营经济 Urban Private Economic Units	城镇个体 Urban Self-Employed Individuals	乡村 Rural Area
全　　省 Total	**62.63**	**10.17**	**11.47**	**160.70**	**171.69**	**4881.66**
郑　州　市 Zhengzhou	9.43	1.90	3.19	70.97	44.43	233.76
开　封　市 Kaifeng	2.65	0.36	0.42	11.56	13.20	243.44
洛　阳　市 Luoyang	2.55	0.19	0.66	17.45	17.89	309.87
平 顶 山 市 Pingdingshan	2.72	0.61	0.52	7.42	14.07	243.34
安　阳　市 Anyang	2.09	0.43	0.39	6.82	10.56	280.90
鹤　壁　市 Hebi	0.88	0.45	0.19	1.77	2.35	63.68
新　乡　市 Xinxiang	4.55	0.61	2.20	8.54	9.11	247.46
焦　作　市 Jiaozuo	4.72	0.79	0.78	17.80	14.06	144.14
濮　阳　市 Puyang	6.73	0.41	0.17	9.86	14.57	185.56
许　昌　市 Xuchang	4.41	0.29	0.42	11.75	21.63	214.97
漯　河　市 Luohe	1.07	2.76	0.22	2.81	6.47	126.97
三 门 峡 市 Sanmenxia	0.74	0.18	0.54	3.23	5.23	94.48
南　阳　市 Nanyang	5.20	0.79	0.69	12.39	25.10	553.30
商　丘　市 Shangqiu	4.60	0.02	0.11	6.45	32.94	436.33
信　阳　市 Xinyang	1.99	0.08	0.11	7.69	25.89	409.35
周　口　市 Zhoukou	4.55	0.06	0.06	12.29	26.35	586.15
驻 马 店 市 Zhumadian	3.22	0.24	0.57	11.89	20.66	482.29
济　源　市 Jiyuan	0.53		0.23	2.49	5.93	25.66

5-5 各市分三次产业的从业人员数(2009年底)

Number of Employed Persons at the Year-end by Three Industries and city (2009)

市 City	从业人员 (万人) Number of Employed Persons (10 000 persons)	第一产业 Primary Industry	第二产业 Secondary Industry	第三产业 Tretiary Industry	从业人员构成(以从业人员为100) Composition in Percentage (Total=100) 第一产业 Primary Industry	第二产业 Secondary Industry	第三产业 Tretiary Industry
全　省 Total	**5948.78**	**2764.86**	**1674.72**	**1509.20**	**46.5**	**28.2**	**25.4**
郑　州　市 Zhengzhou	453.11	112.59	154.3	186.22	24.9	34.1	41.1
开　封　市 Kaifeng	299.65	158.0	73.02	68.64	52.7	24.4	22.9
洛　阳　市 Luoyang	397.56	154.92	119.5	123.14	39.0	30.1	31.0
平顶山市 Pingdingshan	312.29	160.21	81.80	70.28	51.3	26.2	22.5
安　阳　市 Anyang	341.33	151.2	113.54	76.59	44.3	33.3	22.4
鹤　壁　市 Hebi	84.91	31.23	30.09	23.59	36.8	35.4	27.8
新　乡　市 Xinxiang	310.46	166.14	86.11	58.21	53.5	27.7	18.8
焦　作　市 Jiaozuo	209.66	81.43	70.26	57.97	38.8	33.5	27.7
濮　阳　市 Puyang	242.37	150.35	52.58	39.44	62.0	21.7	16.3
许　昌　市 Xuchang	276.58	106.45	95.19	74.94	38.5	34.4	27.1
漯　河　市 Luohe	158.07	70.74	51.62	35.72	44.8	32.7	22.6
三门峡市 Sanmenxia	126.40	76.13	22.65	27.62	60.2	17.9	21.9
南　阳　市 Nanyang	660.54	334.96	168.50	157.07	50.7	25.5	23.8
商　丘　市 Shangqiu	514.21	275.11	125.70	113.40	53.5	24.4	22.1
信　阳　市 Xinyang	485.62	239.79	99.06	146.77	49.4	20.4	30.2
周　口　市 Zhoukou	669.14	360.15	149.87	159.12	53.8	22.4	23.8
驻马店市 Zhumadian	553.52	272.8	140.82	139.94	49.3	25.4	25.3
济　源　市 Jiyuan	41.37	13.0	12.83	15.51	31.5	31.0	37.5

5-6 各种分组的在岗职工人数(2009年底)

Number of Fully Employed Staff and Workers at the Year-end by Groups (2009)

单位:万人 (10 000 persons)

类别	Type	合计 total	国有单位 State-owned Units	城镇集体单位 Urban Collective-owned Units	其他单位 Other Units
总计	**Total**	**708.16**	**369.86**	**46.89**	**291.42**
按企业、事业、机关分	**Grouped by Enterprises, Institutions and Agencies**				
企业	Enterprises	426.03	107.31	36.98	281.73
事业	Institutions	198.20	185.09	9.00	4.12
机关	Agencies & Organizations	76.16	75.91	0.25	
按国民经济行业分	**Grouped by Sector**				
农、林、牧、渔业	**Farming, Forestry,animal Husbandry and Fishery**	**6.68**	**4.61**	**0.38**	**1.70**
农业	Farming	2.42	1.94	0.04	0.44
林业	Forestry	0.80	0.72	0.03	0.05
畜牧业	Animal Husbandry	0.89	0.14	0.03	0.72
渔业	Fishery	0.08	0.06	0.02	
农、林、牧、渔服务业	Service activities for Farming, forestry, animal Husbandry and fishery	2.49	1.74	0.27	0.47
采矿业	**Mining**	**52.48**	**14.49**	**1.17**	**36.82**
制造业	**Manufacturing**	**152.28**	**15.67**	**8.24**	**128.37**
电力、燃气及水的生产和供应业	**Production and distribution of electricity, gas and water**	**20.23**	**11.84**	**0.26**	**8.12**
建筑业	**Construction**	**79.99**	**12.19**	**10.14**	**57.67**
房屋和土木工程建筑业	Construction of Building and civil engineering	65.57	9.20	8.72	47.66
建筑安装业	Architectural installation	9.22	2.03	1.14	6.05
建筑装饰业	Architectural decoration	2.65	0.71	0.05	1.89
其他建筑业	Other construction	2.55	0.25	0.23	2.07
交通运输、仓储和邮政业	**Traffic,transport, storage and post**	**26.92**	**20.31**	**1.56**	**5.05**
铁路运输业	Transport via railway	9.67	9.34	0.30	0.04
道路运输业	Transport via road	8.57	4.51	0.59	3.47
城市公共交通业	Urban public traffic	3.91	2.99	0.21	0.71
水上运输业	Water transport	0.14	0.04	0.09	

5-6 续表 1 continued

单位:万人 (10 000 persons)

类别	Type	合计 total	国有单位 State-owned Units	城镇集体单位 Urban Collective-owned Units	其他单位 Other Units
航空运输业	Air transport	0.23			0.23
管道运输业	Transport via pipeline				
装卸搬运和其他运输服务业	Loading, unloading, portage and other transport services	0.51	0.07	0.24	0.20
仓储业	Storage	2.17	1.66	0.12	0.39
邮政业	Post	1.73	1.70		0.02
信息传输、计算机服务和软件业	**Information transfer, computer services and software**	**4.75**	**2.46**	**0.04**	**2.25**
电信和其他信息传输服务业	Telecom and other information transfer services	4.40	2.43	0.04	1.92
计算机服务业	Computer services	0.14	0.02		0.11
软件业	Software industry	0.22			0.21
批发和零售业	**Wholesale and retail trade**	**37.65**	**13.52**	**8.67**	**15.46**
批发业	Wholesale	17.24	8.55	3.46	5.24
零售业	Retail trade	20.41	4.97	5.21	10.22
住宿和餐饮业	**Accommodation and Restaurants**	**9.24**	**3.40**	**0.99**	**4.85**
住宿业	Accommodation	6.62	2.72	0.78	3.11
餐饮业	Restaurants	2.63	0.68	0.21	1.74
金融业	**Finance**	**17.31**	**5.28**	**3.44**	**8.59**
银行业	Bank	13.95	4.27	3.43	6.24
证券业	Securities	0.20	0.07		0.13
保险业	Insurance	2.94	0.82	0.01	2.12
其他金融活动	Other financial activities	0.22	0.12		0.10
房地产业	**Real estate**	**8.32**	**1.38**	**0.24**	**6.70**
#房地产开发经营	Real estate development and operation	6.27	0.74	0.10	5.43
物业管理	Real estate management	1.26	0.15	0.08	1.03
房地产中介服务	Intermediate service of real estate	0.79	0.49	0.07	0.23
租赁和商务服务业	**Tenancy and business services**	**11.64**	**5.06**	**1.79**	**4.79**
租赁业	Tenancy	0.47	0.09	0.17	0.21
商务服务业	Business service	11.17	4.97	1.62	4.58
科学研究、技术服务和地质勘查业	**Scientific research, technical service and geologic perambulation**	**10.80**	**9.17**	**0.24**	**1.39**
研究与试验发展	Research and experimental development	2.49	2.40	0.01	0.08
专业技术服务业	Professional technique services	5.41	4.22	0.18	1.02
科技交流和推广服务业	Services of science and technique intercommunion and generalization	1.53	1.33	0.05	0.16
地质勘查业	Geologic perambulation	1.36	1.22	0.01	0.13

5-6 续表 2 continued

单位:万人 (10 000 persons)

类别	Type	合计 total	国有单位 State-owned Units	城镇集体单位 Urban Collective-owned Units	其他单位 Other Units
水利、环境和公共设施管理业	**Management of water conservancy, environment and public establishment**	**10.96**	**10.46**	**0.09**	**0.41**
水利管理业	Management of water conservancy	3.51	3.39	0.02	0.10
环境管理业	Environmental management	3.65	3.55	0.03	0.07
公共设施管理业	Management of public establishment	3.80	3.52	0.04	0.25
居民服务业和其他服务业	**Resident services and other services**	**1.68**	**0.62**	**0.30**	**0.75**
居民服务业	Resident services	1.06	0.47	0.19	0.39
其他服务业	Other services	0.61	0.15	0.11	0.36
教育	**Education**	**111.14**	**99.04**	**7.15**	**4.94**
#初等教育	Primary education	40.66	34.79	4.56	1.31
中等教育	Secondary education	55.20	51.00	2.08	2.11
高等教育	Higher education	8.13	7.45	0.01	0.67
卫生、社会保障和社会福利业	**Sanitation, social security and social welfare**	**37.78**	**34.15**	**1.67**	**1.96**
卫生	Sanitation	36.24	32.84	1.64	1.76
社会保障	Social security	0.81	0.78	0.01	0.01
社会福利业	Social welfare	0.74	0.52	0.02	0.19
文化、体育和娱乐业	**Culture, sports and entertainment**	**6.93**	**6.24**	**0.16**	**0.53**
新闻出版业	Journalism and publishing activities	1.63	1.57		0.05
广播、电影、电视和音像业	Broadcasting,movies,television and audiovisual activities	2.33	2.14	0.08	0.12
文化艺术业	Culture and art	2.48	2.15	0.08	0.25
体育	Sports activities	0.26	0.25		0.01
娱乐业	Entertainment	0.23	0.12	0.01	0.10
公共管理和社会组织	**Public management and social organization**	**101.37**	**99.97**	**0.33**	**1.07**
#中国共产党机关	Chinese Communist Party organs	3.39	3.39		
国家机构	Organ of state	94.84	94.84		
人民政协和民主党派	People's Political Consultative Conference and democratic parties	0.52	0.52		
群众团体、社会团体和宗教组织	Mass communities, social communities and religion organizations	2.04	1.23	0.06	0.74

5-7 各市按三次产业分的在岗职工人数(2009年底)

Number of Fully Employed Staff and Workers at the Year-end by City and Three Industries (2009)

单位:万人 (10 000 persons)

市 City	合计 Total	第一产业 Primary Industry	第二产业 Secondary Industry	第三产业 Tretiary Industry
全 省 Total	**708.16**	**6.68**	**304.98**	**396.50**
郑 州 市 Zhengzhou	100.11	0.26	46.68	53.17
开 封 市 Kaifeng	30.61	0.67	8.46	21.48
洛 阳 市 Luoyang	50.25	0.19	22.57	27.49
平 顶 山 市 Pingdingshan	46.38	0.14	25.73	20.51
安 阳 市 Anyang	39.17	0.12	21.62	17.43
鹤 壁 市 Hebi	16.71	0.15	10.83	5.73
新 乡 市 Xinxiang	44.26	0.52	20.26	23.48
焦 作 市 Jiaozuo	32.17	0.47	17.19	14.51
濮 阳 市 Puyang	29.25	0.05	14.48	14.72
许 昌 市 Xuchang	27.87	0.06	13.11	14.70
漯 河 市 Luohe	21.39	0.04	11.44	9.91
三 门 峡 市 Sanmenxia	22.72	0.16	12.05	10.51
南 阳 市 Nanyang	67.79	1.09	27.15	39.55
商 丘 市 Shangqiu	37.61	0.1	11.01	26.50
信 阳 市 Xinyang	41.94	0.88	13.12	27.94
周 口 市 Zhoukou	43.54	1.21	11.95	30.38
驻 马 店 市 Zhumadian	37.3	0.56	12.18	24.56
济 源 市 Jiyuan	6.62	0.02	3.79	2.81

5-8 各市按登记注册类型分的在岗职工人数(2009年底)
Number of Fully Employed Staff and Workers at the Year-end by Status of registration and City (2009)

单位:万人 (10 000 persons)

市 City	合计 Total	#国有单位 State-owned Units	#城镇集体 Urban Collective-owned Units	#股份合作经济 Cooperative Units	#联营经济 Joint Ownership Units	#有限责任公司 Limited Liability Corporations Units	#股份有限公司 Share Holding Corporations Units	#港澳台投资 Economic Units Funded by Entrepreneurs from Hong Kong,Macao and Taiwan Units	#外商投资 Foreign Funded Economic Units
全 省 Total	**708.16**	**369.86**	**46.89**	**8.81**	**1.34**	**184.1**	**58.21**	**9.96**	**10.9**
郑 州 市 Zhengzhou	100.11	47.37	3.99	2.31	0.08	30.68	8.84	1.88	2.7
开 封 市 Kaifeng	30.61	14.94	3.04	0.46	0.24	5.61	2.63	0.23	0.41
洛 阳 市 Luoyang	50.25	28.84	3.49	0.09	0.01	13.81	2.4	0.19	0.66
平 顶 山 市 Pingdingshan	46.38	18.31	3.99	0.25	0.02	19.32	2.38	0.61	0.52
安 阳 市 Anyang	39.17	15.04	1.88	0.47	0.02	18.87	1.54	0.43	0.39
鹤 壁 市 Hebi	16.71	4.96	0.85	0.22	0.01	9.09	0.83	0.45	0.17
新 乡 市 Xinxiang	44.26	22.2	3.64	0.42	0.1	8.9	4.39	0.61	2.19
焦 作 市 Jiaozuo	32.17	13.06	0.87	0.09	0.01	11.59	3.85	0.78	0.78
濮 阳 市 Puyang	29.25	15.38	0.89	0.18	0.02	5.61	6.52	0.41	0.17
许 昌 市 Xuchang	27.87	13.37	1.02	0.27		7.64	4.4	0.29	0.42
漯 河 市 Luohe	21.39	9.02	2.01	0.01		5.16	0.97	2.76	0.2
三 门 峡 市 Sanmenxia	22.72	11.88	0.95	0.02	0.31	7.93	0.5	0.17	0.54
南 阳 市 Nanyang	67.79	36.86	5.96	1.54	0.11	15.57	4.64	0.79	0.69
商 丘 市 Shangqiu	37.61	24.28	2.33	0.36	0.26	5.35	4.44	0.02	0.11
信 阳 市 Xinyang	41.94	28.43	5.7	1.16	0.02	4.1	1.95	0.08	0.11
周 口 市 Zhoukou	43.54	29.85	3.07	0.2	0.04	4.6	4.51	0.06	0.06
驻 马 店 市 Zhumadian	37.3	21.96	2.25	0.71	0.09	7.18	2.94	0.2	0.57
济 源 市 Jiyuan	6.62	2.57	0.02	0.07		3.13	0.48		0.21

5-9 各市分行业在岗职工人数(2009年底)

Number of Fully Employed Staff and Workers at the Year-end by Sector and City (2009)

单位:万人 (10 000 persons)

市 City	合计 Total	农林牧渔业 Farming, Forestry, Animal Husbandry and Fishery	采矿业 Mining	制造业 Manufacturing	电力、燃气及水的生产和供应业 Production and Supply of Electricity,Gas and Water	建筑业 Construction	交通运输仓储及邮政业 Traffic, transport, storage and post	信息传输计算机服务和软件业 Information transfer, computer services and software	批发和零售业 Wholesale and retail trade	住宿和餐饮业 Accommodation and Restaurants
郑州市 Zhengzhou	100.11	0.26	7.55	19.36	3.04	16.73	2.97	1.36	5.11	2.44
开封市 Kaifeng	30.61	0.67		5.44	0.54	2.47	0.68	0.14	2.19	0.70
洛阳市 Luoyang	50.25	0.19	1.46	14.52	3.30	3.29	1.66	0.20	1.96	0.72
平顶山市 Pingdingshan	46.38	0.14	11.67	10.41	1.13	2.52	1.12	0.15	2.13	0.41
安阳市 Anyang	39.17	0.12	1.02	9.16	0.83	10.61	0.78	0.17	1.51	0.49
鹤壁市 Hebi	16.71	0.15	4.84	3.82	0.37	1.80	0.18	0.08	0.48	0.12
新乡市 Xinxiang	44.26	0.52	0.39	14.29	1.03	4.56	0.88	0.15	2.76	0.45
焦作市 Jiaozuo	32.17	0.47	4.34	9.79	1.34	1.72	0.53	0.17	1.22	0.43
濮阳市 Puyang	29.25	0.05	6.13	3.01	0.63	4.70	0.51	0.13	0.69	0.17
许昌市 Xuchang	27.87	0.06	2.16	8.03	0.75	2.17	0.50	0.11	0.79	0.29
漯河市 Luohe	21.39	0.04	0.03	9.38	0.28	1.76	0.45	0.11	0.75	0.12
三门峡市 Sanmenxia	22.72	0.16	5.35	3.96	0.77	1.99	0.55	0.11	1.58	0.28
南阳市 Nanyang	67.79	1.09	3.13	15.98	1.52	6.51	2.11	0.62	5.25	0.88
商丘市 Shangqiu	37.61	0.10	3.32	3.12	0.78	3.79	0.97	0.23	1.92	0.29
信阳市 Xinyang	41.94	0.88	0.55	5.86	1.36	5.35	1.50	0.37	3.13	0.54
周口市 Zhoukou	43.54	1.21		6.05	1.13	4.76	0.84	0.43	3.27	0.24
驻马店市 Zhumadian	37.30	0.56	0.18	6.67	1.14	4.19	1.00	0.21	2.42	0.30
济源市 Jiyuan	6.62	0.02	0.34	2.89	0.23	0.32	0.10	0.02	0.26	0.06

市 City	金融业 Finance	房地产业 Real estate	租赁和商务服务业 Tenancy and business services	科学研究、技术服务和地质勘查业 Scientific research, technical service and geologic perambulation	水利、环境和公共设施管理业 Management of water conservancy, environment and public establishment	居民服务和其他服务业 Resident services and other services	教育 Education	卫生、社会保障和社会福利业 Sanitation, social security and social welfare	文化、体育和娱乐业 Culture, sports and entertainment	公共管理和社会组织 Public management and social organization
郑州市 Zhengzhou	3.25	2.02	2.14	2.59	1.42	0.25	11.56	4.75	2.20	11.10
开封市 Kaifeng	0.55	1.30	0.37	0.33	0.50	0.27	5.61	2.25	0.43	6.17
洛阳市 Luoyang	1.38	0.39	0.81	2.21	0.95	0.21	7.20	2.74	0.43	6.63
平顶山市 Pingdingshan	0.98	0.28	1.14	0.41	0.73	0.03	5.31	1.71	0.34	5.78
安阳市 Anyang	0.95	0.19	0.58	0.30	0.62	0.07	5.44	1.76	0.31	4.29
鹤壁市 Hebi	0.37	0.17	0.09	0.10	0.28	0.01	1.47	0.55	0.08	1.77
新乡市 Xinxiang	0.97	0.40	0.44	0.70	0.47	0.10	6.61	2.73	0.29	6.54
焦作市 Jiaozuo	0.82	0.10	0.20	0.27	0.64	0.04	3.88	1.53	0.21	4.47
濮阳市 Puyang	0.68	0.15	2.09	0.16	0.48	0.12	4.17	1.29	0.19	3.89
许昌市 Xuchang	0.51	0.28	0.22	0.28	0.37	0.03	4.66	1.67	0.28	4.71
漯河市 Luohe	0.44	0.22	0.47	0.11	0.41	0.01	2.78	1.09	0.19	2.74
三门峡市 Sanmenxia	0.54	0.08	0.33	0.22	0.19	0.03	2.74	0.88	0.17	2.80
南阳市 Nanyang	1.48	0.66	1.39	1.26	1.27	0.17	11.93	3.72	0.55	8.24
商丘市 Shangqiu	0.84	0.12	0.13	0.20	0.45	0.05	9.42	2.92	0.19	8.77
信阳市 Xinyang	1.16	0.54	0.53	0.87	0.91	0.06	9.03	2.30	0.41	6.59
周口市 Zhoukou	1.40	0.42	0.17	0.14	0.51	0.01	10.40	2.81	0.29	9.46
驻马店市 Zhumadian	0.88	0.86	0.29	0.53	0.51	0.14	8.05	2.77	0.32	6.27
济源市 Jiyuan	0.12	0.04	0.07	0.07	0.24	0.02	0.78	0.30	0.04	0.69

5-10 城镇登记失业和新就业人数

Number of Unemployed and Newly Employed persons in Urban Areas

单位：万人 (10 000 persons)

分 类	Type	2005	2006	2007	2008	2009
城镇登记失业人数	**Number of Unemployed**	**33.02**	**35.40**	**33.07**	**36.51**	**38.5**
登记失业率(%)	Registered Rate of Unemployment(%)	3.5	3.5	3.4	3.4	3.5
城镇新就业人数	**Number of New Employed**	**83.00**	**115.07**	**124.58**	**134.19**	**107.19**
按来源分	by Source					
城镇劳动力	Urban Labour	58.46	86.52	95.36	108.97	80.22
乡村劳动力	Rural Labour	10.88	13.76	13.68	11.17	10.39
大中专技校毕业生	Graduates from Universities,Specialized Secondary School and Technical Schools	8.08	9.08	9.65	9.16	10.59
转业复员军人	Retired Armymen	1.81	1.67	1.58	1.16	1.44
其他	Others	3.77	4.04	4.31	3.73	4.55
按安置去向分	by Assignment					
国有单位	State-owned Units	14.61	15.10	14.85	11.83	14.09
城镇集体单位	Urban Collective-owned Units	2.50	2.97	2.79	2.75	1.83
其他单位	Other Units	17.54	20.39	21.09	18.59	20.79
从事个体及私营劳动	Urban Self-Employed and Private Enterprises	48.35	76.61	85.85	101.02	70.48

5-11 各市城镇登记失业人数及失业率

Number of Unemployed and Unemployment Rate in Urban Area by City

市	City	年底登记失业人数（人） Number of Unemployed End of the year (person)					登记失业率(%) Registered Rate of Unemployment(%)				
		2005	2006	2007	2008	2009	2005	2006	2007	2008	2009
郑州市	Zhengzhou	46414	56273	48061	49410	39217	3.5	3.5	3.4	3.4	2.1
开封市	Kaifeng	21511	10524	23500	25198	24135	3.0	3.5	3.0	3.1	3.9
洛阳市	Luoyang	25348	31116	35729	30885	27216	3.9	3.8	3.8	4.0	3.2
平顶山市	Pingdingshan	19310	20835	15163	21234	21144	3.6	3.8	3.5	3.0	3.4
安阳市	Anyang	19641	16820	15121	21225	21478	3.3	3.4	3.5	3.2	3.7
鹤壁市	Hebi	4695	4693	6045	5709	6530	4.0	3.9	3.5	3.8	3.1
新乡市	Xinxiang	20686	20942	20991	21012	21800	2.9	3.0	3.7	3.4	3.6
焦作市	Jiaozuo	13580	25880	18990	21680	20350	3.3	3.3	3.3	3.3	3.8
濮阳市	Puyang	12786	15914	9090	9722	8810	3.8	3.7	3.8	3.9	2.2
许昌市	Xuchang	9495	9305	8732	9373	9773	4.1	3.9	2.5	3.0	3.3
漯河市	Luohe	6047	5031	4420	4930	7662	3.1	3.1	3.0	3.0	3.6
三门峡市	Sanmenxia	10704	11177	10061	9022	10177	3.1	2.4	2.1	2.3	3.6
南阳市	Nanyang	33085	34426	36784	45431	39114	3.8	3.8	3.3	3.1	3.4
商丘市	Shangqiu	24156	24736	20025	23692	25425	3.4	3.2	3.1	3.7	3.7
信阳市	Xinyang	17453	17623	14635	14442	15986	3.8	3.8	3.4	3.7	3.1
周口市	Zhoukou	26436	30138	26343	31569	37466	3.4	3.3	3.0	2.9	3.9
驻马店市	Zhumadian	15585	15579	12858	15529	15761	3.7	3.9	3.4	4.0	3.6
济源市	Jiyuan	3334	3047	4166	5072	6118	3.3	3.8	3.0	3.6	3.2

5-12 分行业单位从业人员劳动报酬(2009年)
Earnings of Employed Persons by sector(2009)

单位：万元 (10 000 yuan)

类 别	Type	单位从业人员劳动报酬 Earnings of Employed Persons	在岗职工工资总额 Fully Employed Staff and Workers	其他从业人员劳动报酬 other persons
总 计	**Total**	**19532030**	**19181414**	**350616**
按企业、事业、机关分	**Grouped by Enterprises, Institutions and Agencies**			
企 业	Enterprises	11581942	11305122	276820
事 业	Institutions	5608312	5558282	50030
机 关	Agencies & Organizations	2142829	2124468	18361
按经济类型分	By Registration status			
内资企业	Domestic Funded Enterprises			
国有	State-owned	10795545	10663415	132131
集体	Collective-owned	876131	855188	20943
股份合作	Cooperative	248158	242620	5538
联营	Joint Ownership	28344	28111	233
有限责任公司	Limited Liability Corporations	4789355	4683581	105773
股份有限公司	Share Holding Enterprises	1820231	1757749	62483
私营	Private			
其他	Other	414049	401754	12295
港澳台商投资	Enterprises with Funds from Hong Kong,Macao and Taiwan	253267	249788	3479
外商投资	Foreign Funded	306950	299209	7741
按国民经济行业分	**Grouped by Sector**			
农、林、牧、渔业	Farming, Forestry,animal Husbandry and Fishery	109458	106834	2624
采矿业	Mining	2140199	2132452	7747
制造业	Manufacturing	3588382	3554615	33767
电力、燃气及水的生产和供应业	Production and distribution of electricity,gas and water	681330	676147	5184
建筑业	Construction	1772554	1671382	101172
交通运输、仓储和邮政业	Traffic,transport, storage and post	815399	791828	23571
信息传输、计算机服务和软件业	Information transfer, computer services and software	167827	162205	5622
批发和零售业	Wholesale and retail trade	750403	737351	13052
住宿和餐饮业	Accommodation and Restaurants	174763	172419	2344
金融业	Finance	826002	758137	67865
房地产业	Real estate	222571	218583	3988
租赁和商务服务业	Tenancy and business services	256273	250858	5415
科学研究、技术服务和地质勘查业	Scientific research, technical service and geologic perambulation	366362	358012	8350
水利、环境和公共设施管理业	Management of water conservancy, environment and public establishment	255324	250830	4494
居民服务和其他服务业	Resident services and other services	38147	37271	876
教育	Education	3339884	3320853	19031
卫生、社会保障和社会福利业	Sanitation, social security and social welfare	1078110	1059516	18595
文化、体育和娱乐业	Culture, sports and entertainment	183898	182126	1772
公共管理和社会组织	Public management and social organization	2765143	2739997	25147
按三次产业分	**by Type of Industry**			
第一产业	Primary Industry	109458	106834	2624
第二产业	Secondary Industry	8182465	8034595	147870
第三产业	Teriary industry	11240106	11039984	200122

5-13 各市城镇单位从业人员劳动报酬(2009年)

Earning of Employed Persons in Urban Units by City (2009)

单位：万元 (10 000 yuan)

市 City	单位从业人员劳动报酬 Earnings of Employed Persons	在岗职工工资总额 Fully Employed Staff and Workers	其他从业人员劳动报酬 other persons
全省 Total	**19532030**	**19181414**	**350616**
郑州市 Zhengzhou	2969104	2906395	62709
开封市 Kaifeng	658296	649073	9223
洛阳市 Luoyang	1343014	1317004	26011
平顶山市 Pingdingshan	1325559	1310856	14704
安阳市 Anyang	958753	909019	49734
鹤壁市 Hebi	354166	350758	3408
新乡市 Xinxiang	879867	863266	16601
焦作市 Jiaozuo	804495	781632	22863
濮阳市 Puyang	735792	696378	39413
许昌市 Xuchang	632516	628500	4016
漯河市 Luohe	409881	404017	5863
三门峡市 Sanmenxia	608767	597979	10789
南阳市 Nanyang	1436391	1410318	26073
商丘市 Shangqiu	819020	809183	9838
信阳市 Xinyang	904098	895508	8590
周口市 Zhoukou	903301	894277	9023
驻马店市 Zhumadian	727945	708598	19347
济源市 Jiyuan	153513	144754	8759

5-14 各市按行业分城镇单位就业人员劳动报酬(2009年)

Earning of Employed Persons in Urban Units by City and Sector (2009)

单位：万元 (10 000 yuan)

市 City	劳动报酬 Earning of Employed Persons	农林牧渔业 Farming, Forestry, Animal Husbandry and Fishery	采矿业 Mining	制造业 Manufacturing	电力、燃气及水的生产和供应业 Production and Supply of Electricity,Gas and Water	建筑业 Construction	交通运输仓储及邮政业 Traffic, transport, storage and post	信息传输计算机服务和软件业 Information transfer, computer services and software	批发和零售业 Wholesale and retail trade	住宿和餐饮业 Accommodation and Restaurants
郑州市 Zhengzhou	2969104	5195	222926	467911	110229	375414	81185	54258	116888	47325
开封市 Kaifeng	658296	10756		89192	12052	43531	12948	4435	45062	12753
洛阳市 Luoyang	1343014	3080	35447	367433	95715	88781	32024	6579	41202	11291
平顶山市 Pingdingshan	1325559	2307	471466	254153	42135	45017	16080	3803	42309	5324
安阳市 Anyang	958753	1856	27488	241818	25617	213148	13807	4343	24866	6607
鹤壁市 Hebi	354166	1341	142163	48043	11541	23550	2510	2936	6681	1303
新乡市 Xinxiang	879867	7814	6151	241564	26054	74891	15381	3419	34210	6400
焦作市 Jiaozuo	804495	8368	159952	195945	45888	35263	8735	5393	19470	5951
濮阳市 Puyang	735792	479	258218	53009	19971	87077	23069	3765	12727	2298
许昌市 Xuchang	632516	1068	63163	170342	21302	40456	8433	2807	16812	4459
漯河市 Luohe	409881	406	421	168860	8889	28530	7609	3772	12743	1735
三门峡市 Sanmenxia	608767	2344	176435	75971	28986	42245	11923	3877	31969	4120
南阳市 Nanyang	1436391	14077	109452	261664	36342	94019	31848	11911	74497	11700
商丘市 Shangqiu	819020	1235	146654	43268	21640	62754	15140	6469	26024	3070
信阳市 Xinyang	904098	15617	8982	100158	31997	103931	24819	9618	51593	8738
周口市 Zhoukou	903301	11961		89561	27016	75128	14443	10772	55196	3174
驻马店市 Zhumadian	727945	6830	2208	104005	17393	69725	12996	6288	35054	3425
济源市 Jiyuan	153513	448	3847	54832	13245	8392	1554	891	4006	878

市 city	金融业 Finance	房地产业 Real estate	租赁和商务服务业 Tenancy and business services	科学研究、技术服务和地质勘查业 Scientific research, technical service and geologic perambulation	水利、环境和公共设施管理业 Management of water conservancy, environment and public establishment	居民服务和其他服务业 Resident services and other services	教育 Education	卫生、社会保障和社会福利业 Sanitation, social security and social welfare	文化、体育和娱乐业 Culture, sports and entertainment	公共管理和社会组织 Public management and social organization
郑州市 Zhengzhou	202916	52421	63976	110893	39290	6123	398675	139707	68280	405495
开封市 Kaifeng	15333	30133	7592	7249	11096	6327	136925	60241	9255	143418
洛阳市 Luoyang	68750	11148	14888	72571	18766	4274	206671	69662	10092	184641
平顶山市 Pingdingshan	51237	5693	19756	8426	11537	499	148459	44559	6752	146050
安阳市 Anyang	37427	4004	8329	8137	13651	1129	151012	55304	6653	113558
鹤壁市 Hebi	11929	2325	1496	1867	4109	123	37038	10190	1430	43593
新乡市 Xinxiang	33443	7659	6756	19925	9367	1789	175742	57704	6447	145153
焦作市 Jiaozuo	39532	2134	2662	4755	14407	689	102882	35210	3872	113388
濮阳市 Puyang	22877	2823	29441	4767	7307	2578	90709	28714	3149	82814
许昌市 Xuchang	18210	5447	3383	5419	6958	550	108445	37985	5808	111468
漯河市 Luohe	13842	4695	7038	2271	7643	260	58121	21711	3690	57645
三门峡市 Sanmenxia	28561	1453	6025	5538	4386	547	81157	21556	3312	78362
南阳市 Nanyang	47399	17694	26483	32588	30227	3071	332961	113599	10807	176051
商丘市 Shangqiu	23548	1870	1278	4090	8242	664	226480	64552	2705	159341
信阳市 Xinyang	34592	12551	9955	19518	18760	1227	219947	60411	8410	163277
周口市 Zhoukou	51615	8357	2250	3204	8362	105	281381	71975	6075	182726
驻马店市 Zhumadian	29050	14449	4174	9444	10138	1977	209393	66041	5433	119925
济源市 Jiyuan	3713	947	883	1680	2952	260	27414	6047	1035	20490

5-15 历年城镇单位就业人员平均劳动报酬
Earnings of Employed Persons in Urban Areas by Years

单位：元 (yuan)

年份 Year	合计 Total	国有单位 State-owned Units	城镇集体单位 Urban Collective-owned Units	股份合作单位 Cooperative Units	联营单位 Joint Ownership Units	有限责任公司 Limited Liability Corporations Units	股份有限公司 Share Holding Corporations Units	港、澳、台商投资单位 Economic Units Funded by Entrepreneurs from Hong Kong,Macao and Taiwan Units	外商投资单位 Foreign Funded Economic Units	其他 Others
1998	5641	6103	4050	4026	5270	6201	5342	6009	8503	2213
1999	6136	6562	4524	5201	3897	6637	5895	6997	7502	4017
2000	6877	7408	4840	5640	5084	6910	7515	9267	7997	5521
2001	7868	8518	5669	5685	5661	7811	8077	9596	9070	5512
2002	9714	9791	6607	7208	6370	9148	10003	10482	9992	7507
2003	10639	11280	7828	9285	8482	10789	11862	12091	13363	8718
2004	11970	12562	8582	9586	9211	12150	13629	14278	14045	9864
2005	14119	14740	10248	11722	10386	14796	14986	14937	15437	10886
2006	16791	17702	12377	13075	12247	17051	17034	17710	17452	14811
2007	20639	22044	15674	17581	13370	19728	21771	20133	21371	17488
2008	24438	26222	16873	21493	17581	24012	24740	23315	25237	18435
2009	26906	28503	18006	26731	20665	25701	29628	25153	27120	22135

5-16 各市城镇单位从业人员平均劳动报酬
Average Earning of Employed Persons in Urban Units by City

单位：元 (yuan)

市 City	2008 合计 Total	2008 国有单位 State-owned Units	2008 城镇集体单位 Urban Collective-owned Units	2008 其他单位 Others	2009 合计 Total	2009 国有单位 State-owned Units	2009 城镇集体单位 Urban Collective-owned Units	2009 其他单位 Others
郑州市 Zhengzhou	26176	30448	20217	22315	29399	34121	18759	25685
开封市 Kaifeng	17608	18919	15519	15956	20984	23569	19513	18323
洛阳市 Luoyang	22424	24499	18947	19917	25635	27807	22724	22702
平顶山市 Pingdingshan	24776	20820	17699	29385	28111	24630	21857	31814
安阳市 Anyang	20690	21635	17795	20289	23290	26070	17592	21923
鹤壁市 Hebi	18300	18172	12843	19165	20830	21900	16303	20695
新乡市 Xinxiang	17168	19677	13423	14478	19872	22101	16655	17820
焦作市 Jiaozuo	21244	21744	19851	21024	24034	25130	18603	23545
濮阳市 Puyang	22293	23103	11886	22094	23301	24040	12503	23117
许昌市 Xuchang	18464	20402	17219	16142	22675	24045	21812	21342
漯河市 Luohe	16343	17661	11490	16141	18869	20800	15226	17873
三门峡市 Sanmenxia	23462	22624	21031	24673	26328	26372	23871	26493
南阳市 Nanyang	17713	20113	14291	14613	20639	24236	16582	16384
商丘市 Shangqiu	18644	17335	17994	22808	21444	20754	16566	24016
信阳市 Xinyang	18285	19722	15669	14929	21262	22915	18335	17435
周口市 Zhoukou	16627	17553	13959	14205	20385	21686	17119	17567
驻马店市 Zhumadian	16692	18707	12559	13275	18965	20946	15865	16217
济源市 Jiyuan	19459	22137	13599	17362	21493	28043	11199	17612

5-17 各市按登记注册类型分城镇单位就业人员平均劳动报酬(2009年)
Average Earning of Employed Persons in Urban Units by City(2009)

单位：元 (yuan)

市 City	合计 Total	国有单位 State-owned Units	城镇集体单位 Urban Collective-owned Units	股份合作单位 Cooperative Units	联营单位 Joint Ownership Units	有限责任公司 Limited Liability Corporations Units	股份有限公司 Share Holding Corporations Units	港、澳、台商投资单位 Economic Units Funded by Entrepreneurs from Hong Kong,Macao and Taiwan Units	外商投资单位 Foreign Funded Economic Units	其他 Others
郑州市 Zhengzhou	29399	34121	18759	23311	19352	22325	37844	25663	26151	23375
开封市 Kaifeng	20984	23569	19513	17531	21722	18388	18006	15403	17827	18729
洛阳市 Luoyang	25635	27807	22724	26616	14687	20128	38220	19880	23901	19577
平顶山市 Pingdingshan	28111	24630	21857	31648	16537	33055	27623	29600	30183	21285
安阳市 Anyang	23290	26070	17592	27631	13378	22357	20069	15910	20985	14042
鹤壁市 Hebi	20830	21900	16303	16469	13907	22163	14269	11443	12550	14395
新乡市 Xinxiang	19872	22101	16655	20154	10542	16182	20649	14271	19660	17492
焦作市 Jiaozuo	24034	25130	18603	34652	15409	24369	24013	19524	20703	17337
濮阳市 Puyang	23301	24040	12503	15861	35388	16139	30669	17278	25548	16750
许昌市 Xuchang	22675	24045	21812	28795	12000	20121	23954	25732	14329	15923
漯河市 Luohe	18869	20800	15226	13091		15760	19877	22401	18003	15407
三门峡市 Sanmenxia	26328	26372	23871	15378	15387	28102	20862	22925	26281	17283
南阳市 Nanyang	20639	24236	16582	19883	11151	15403	16537	16681	21192	20125
商丘市 Shangqiu	21444	20754	16566	23308	20746	24375	24856	18783	12170	17371
信阳市 Xinyang	21262	22915	18335	17998	22242	16455	18419	20806	17249	20097
周口市 Zhoukou	20385	21686	17119	33630	11520	17676	17200	22889	15092	16008
驻马店市 Zhumadian	18965	20946	15865	24724	11464	14397	16443	19132	29775	15275
济源市 Jiyuan	21493	28043	11199	15982		16783	19384		21701	24107

5-18 历年职工工资及指数

Wages and Related Indices of Staff and Workers over the Years

年 份 Year	工资总额(亿元) Total Wages (100 million yuan)	国有单位 State-owned Units	城镇集体单位 Urban Collective owned Units	其他单位 Other Units	平均工资(元) Average Wage (yuan)	国有单位 State-owned Units	城镇集体单位 Urban Collective owned Units	其他单位 Other Units	平均工资指数(以上年为100) Index of Average Wage (Preceding year=100) 全部职工 Total Staff and Workers	国有单位 State-owned Units	城镇集体单位 Urban Collective owned Units	其他单位 Other Units
1952	1.43	1.43			347	347						
1957	5.90	5.90			546	546						
1962	8.33	8.33			538	538				130.4		
1965	10.89	9.07	1.82		503	599		369	86.2	102.6		
1970	12.87	11.18	1.69		547	573		424	98.9	98.7	102.9	
1975	18.12	15.37	2.75		561	581		488	100.5	98.4	104.7	
1978	24.30	20.65	3.64		590	609		496	104.8	105.4	99.8	
1979	27.63	23.60	4.03		644	668		533	108.8	109.4	107.1	
1980	32.93	28.14	4.79		730	759		597	106.9	107.2	105.7	
1981	35.43	30.33	5.09		742	772		604	99.3	99.3	98.8	
1982	37.40	31.82	5.59		754	789		604	99.8	100.4	98.2	
1983	39.19	33.36	5.82		767	805		606	98.9	99.2	97.5	
1984	46.24	37.76	8.47	0.01	866	921	686	809	110.5	111.9	110.8	
1985	57.85	47.06	10.76	0.02	1015	1080	804	1014	110.1	110.1	110.0	117.7
1986	69.57	56.97	12.57	0.03	1159	1245	882	1079	106.9	107.9	102.7	99.6
1987	78.98	64.34	14.58	0.06	1258	1347	974	1559	100.7	100.4	102.4	134.0
1988	95.90	78.66	17.18	0.07	1470	1582	1110	1520	96.2	96.7	93.8	80.2
1989	108.70	89.48	19.12	0.09	1628	1767	1191	1724	96.4	97.2	93.4	98.7
1990	123.86	102.52	21.19	0.15	1825	1997	1288	2128	111.5	112.5	107.6	122.8
1991	138.18	113.58	24.33	0.27	1964	2132	1433	2477	102.4	101.6	105.9	110.8
1992	165.51	138.38	26.51	0.62	2269	2473	1583	2544	107.3	107.7	102.6	95.4
1993	200.82	168.89	28.90	3.03	2646	2860	1821	3097	105.4	104.6	104.0	110.1
1994	275.18	229.87	35.66	9.66	3545	3851	2295	4038	105.2	105.7	98.9	102.3
1995	347.70	284.17	47.79	15.75	4344	4677	3007	4644	104.8	103.9	112.1	98.4
1996	407.43	332.03	54.77	20.63	4924	5265	3485	5197	103.5	102.8	105.8	102.2
1997	434.08	336.34	66.05	31.69	5225	5643	3797	5209	103.6	104.7	106.4	97.9
1998	431.01	299.76	63.36	67.88	5781	6204	4258	5976	119.9	120.4	117.5	117.2
1999	445.61	307.17	62.31	76.13	6194	6594	4639	6384	110.9	110.0	112.8	110.6
2000	495.66	338.39	66.44	90.84	6930	7453	4913	7212	112.9	114.1	106.9	114.0
2001	553.40	381.92	75.73	95.75	7916	8573	5726	7889	113.4	114.2	115.7	108.6
2002	622.42	400.42	80.84	141.15	9174	9864	6664	9335	116.1	115.3	116.6	118.5
2003	720.52	436.31	88.51	195.69	10749	11397	7894	11160	115.2	113.6	116.5	117.5
2004	801.95	497.47	79.62	224.86	12114	12701	8686	12588	106.9	105.7	104.4	107.0
2005	949.97	575.63	90.29	284.05	14282	14877	10383	14852	115.5	114.7	117.1	115.6
2006	1152.05	690.58	103.21	358.26	16981	17886	12483	17088	117.5	118.8	118.8	113.7
2007	1431.35	849.87	125.01	456.48	20935	22345	15850	20333	117.0	118.5	120.5	112.9
2008	1702.22	1008.08	111.75	582.39	24816	26536	17118	24189	110.8	111.0	100.9	111.2
2009	1918.14	1066.34	85.52	766.28	27357	28914	18352	26817	110.9	109.6	107.9	111.5

注：1.本表平均工资指数按实际工资计算，即扣除了职工生活费用价格变动因素。
　　2.1998年及以后年度工资总额为在岗职工口径，与以前年度不尽可比(下同)。

a)Indices of average wage in this table were calculated on practical wage ,change factor of employee maintenance price was taken out.

b)Total wages funds since 1998 were totalized by all employed staff and workers ,and can't compared with former years (the same as in the following tables).

5-19 各种分组的在岗职工工资总额和平均工资

Total Wages and Average Wage of Fully Employed Staff and Workers by Groups

类　别	Type	工资总额(亿元) Total wages (100 million yuan)		平均工资(元) Average Wage (yuan)	
		2008	2009	2008	2009
总　计	**Total**	**1702.22**	**1918.14**	**24816**	**27357**
按企业、事业、机关分	**Grouped by Enterprises, Institutions and Agencies**				
企　业	Enterprises	1010.99	1130.51	24331	26927
事　业	Institutions	483.39	555.83	25422	28126
机　关	Agencies & Organizations	207.84	212.45	25890	27961
按国民经济行业分	**Grouped by Sector**				
农、林、牧、渔业	Farming, Forestry,animal Husbandry and Fishery	10.50	10.68	13631	15986
采矿业	Mining	187.11	213.25	37735	41541
制造业	Manufacturing	319.00	355.46	21181	23481
电力、燃气及水的生产和供应业	Production and distribution of electricity,gas and water	64.90	67.61	31503	33642
建筑业	Construction	141.03	167.14	19983	21851
交通运输、仓储和邮政业	Traffic,transport, storage and post	76.85	79.18	27046	29142
信息传输、计算机服务和软件业	Information transfer, computer services and software	10.64	16.22	28093	34364
批发和零售业	Wholesale and retail trade	67.94	73.74	17192	19780
住宿和餐饮业	Accommodation and Restaurants	14.67	17.24	16722	18688
金融业	Finance	67.80	75.81	39748	44210
房地产业	Real estate	14.94	21.86	22304	26526
租赁和商务服务业	Tenancy and business services	25.71	25.09	21737	21691
科学研究、技术服务和地质勘查业	Scientific research, technical service and geologic perambulation	33.61	35.8	29105	33380
水利、环境和公共设施管理业	Management of water conservancy, environment and public establishment	23.13	25.08	20792	23072
居民服务和其他服务业	Resident services and other services	2.66	3.73	17232	22438
教育	Education	288.22	332.09	26614	29919
卫生、社会保障和社会福利业	Sanitation, social security and social welfare	89.77	105.95	25724	28257
文化、体育和娱乐业	Culture, sports and entertainment	16.23	18.21	23427	26337
公共管理和社会组织	Public management and social organization	247.51	274	25662	27088
按三次产业分	**by Type of Industry**				
第一产业	Primary Industry	10.50	10.68	13631	15986
第二产业	Secondary Industry	712.05	803.46	24438	26844
第三产业	Teriary industry	979.67	1104.00	25324	27938

5-20 各种分组的在岗职工工资总额(2009年)

Total Wages Bill of Fully Employed Staff and Workers by Groups (2009)

单位:万元 (10 000 yuan)

类 别	Type	工资总额 Average Wage	国有单位 State-owned Units	集体单位 Collecti-veowned Units	其他单位 Others
总 计	**Total**	**19181414**	**10663415**	**855188**	**7662812**
按隶属关系分	**Grouped by administration**				
中 央	Centre		1531549		
省、自治区、直辖市	Province		1242317		
市	City		2037560		
县及县以下	County and below		5624139		
其 他	Others		227850		
按企业、事业、机关分	**Grouped by Enterprises, Institutions and Agencies**				
企 业	Enterprises	11305122	3265974	625636	7413512
事 业	Institutions	5558282	5233901	208368	116014
机 关	Agencies & Organizations	2124468	2118502	5966	
按国民经济行业分	**Grouped by Sector**				
农、林、牧、渔业	**Farming, Forestry,animal Husbandry and Fishery**	**106834**	**70419**	**4518**	**31897**
农业	Farming	33895	24979	473	8443
林业	Forestry	12810	11412	339	1059
畜牧业	Animal Husbandry	14876	2021	389	12466
渔业	Fishery	1353	1019	281	52
农、林、牧、渔服务业	Service activities for Farming, forestry, animal Husbandry and fishery	43901	30988	3035	9878
采矿业	**Mining**	**2132452**	**530110**	**23148**	**1579193**
制造业	**Manufacturing**	**3554615**	**415210**	**147402**	**2992004**
电力、燃气及水的生产和供应业	**Production and distribution of electricity, gas and water**	**676147**	**412406**	**5286**	**258455**
建筑业	**Construction**	**1671382**	**312499**	**160303**	**1198581**
房屋和土木工程建筑业	Construction of Building and civil engineering	1342091	215978	136128	989986
建筑安装业	Architectural installation	204393	60649	19927	123818
建筑装饰业	Architectural decoration	69592	28730	700	40162
其他建筑业	Other construction	55307	7143	3549	44615
交通运输、仓储和邮政业	**Traffic,transport, storage and post**	**791828**	**666960**	**23585**	**101283**
铁路运输业	Transport via railway	436614	432334	3560	720
道路运输业	Transport via road	172843	90353	9478	73012
城市公共交通业	Urban public traffic	78590	62913	2714	12964
水上运输业	Water transport	2728	843	1820	65

5-20 续表 1 continued

单位:万元 (10 000 yuan)

类别	Type	工资总额 Average Wage	国有单位 State-owned Units	集体单位 Collecti-veowned Units	其他单位 Others
航空运输业	Air transport	1443	114		1329
装卸搬运和其他运输服务业	Loading, unloading, portage and other transport services	10592	3067	3986	3539
仓储业	Storage	44933	33833	1942	9157
邮政业	Post	44042	43503	86	453
信息传输、计算机服务和软件业	**Information transfer, computer services and software**	**162205**	**74380**	**803**	**87022**
电信和其他信息传输服务业	Telecom and other information transfer services	151912	73565	795	77552
计算机服务业	Computer services	3362	753		2608
软件业	Software industry	6932	62	8	6862
批发和零售业	**Wholesale and retail trade**	**737351**	**327354**	**118901**	**291096**
批发业	Wholesale	386667	228746	48824	109098
零售业	Retail trade	350684	98608	70078	181998
住宿和餐饮业	**Accommodation and Catering Trade**	**172419**	**63795**	**14644**	**93980**
住宿业	Accommodation	118174	45888	11793	60494
餐饮业	Catering Trade	54245	17907	2851	33487
金融业	**Finance**	**758137**	**222546**	**92106**	**443485**
银行业	Bank	626871	184024	91858	350988
证券业	Securities	18637	9189		9449
保险业	Insurance	103736	25798	248	77690
其他金融活动	Other financial activities	8894	3535		5359
房地产业	**Real estate**	**218583**	**36367**	**5481**	**176734**
#房地产开发经营	Real estate development and operation	175807	21270	1849	152688
物业管理	Real estate management	24185	3246	2575	18364
房地产中介服务	Intermediate service of real estate	18546	11851	1057	5638
租赁和商务服务业	**Tenancy and business services**	**250858**	**122470**	**24903**	**103485**
租赁业	Tenancy	10241	1774	3113	5354
商务服务业	Business service	240617	120697	21789	98131
科学研究、技术服务和地质勘查业	**Scientific research, technical service and geologic perambulation**	**358012**	**305843**	**5044**	**47125**
研究与试验发展	Research and experimental development	79014	76611	189	2214
专业技术服务业	Professional technique services	191747	150609	3660	37478
科技交流和推广服务业	Services of science and technique intercommunion and generalization	42593	37756	1030	3807
地质勘查业	Geologic perambulation	44658	40867	165	3626

5-20 续表 2 continued

单位:万元 (10 000 yuan)

类 别	Type	工资总额 Average Wage	国有单位 State-owned Units	集体单位 Collecti-veowned Units	其他单位 Others
水利、环境和公共设施管理业	**Management of water conservancy, environment and public establishment**	**250830**	**240175**	**1706**	**8950**
水利管理业	Management of water conservancy	81996	79108	502	2387
环境管理业	Environmental management	73940	72052	700	1189
公共设施管理业	Management of public establishment	94895	89015	505	5375
居民服务业和其他服务业	**Resident services and other services**	**37271**	**14156**	**5737**	**17378**
居民服务业	Resident services	22999	11176	4211	7612
其他服务业	Other services	14273	2981	1526	9766
教育	**Education**	**3320853**	**3006623**	**175506**	**138724**
#初等教育	Primary education	1144110	993209	110803	40098
中等教育	Secondary education	1658889	1549973	52420	56496
高等教育	Higher education	317808	292957	288	24563
卫生、社会保障和社会福利业	**Sanitation, social security and social welfare**	**1059516**	**967540**	**37394**	**54582**
卫生	Sanitation	1020879	932944	36772	51164
社会保障	Social security	21357	20917	280	161
社会福利业	Social welfare	17279	13679	342	3258
文化、体育和娱乐业	**Culture, sports and entertainment**	**182126**	**165825**	**2444**	**13858**
新闻出版业	Journalism and publishing activities	53901	52192	10	1699
广播、电影、电视和音像业	Broadcasting,movies,television and audiovisual activities	58561	53330	968	4263
文化艺术业	Culture and art	56977	49874	1216	5887
体育	Sports activities	7544	7162	20	363
娱乐业	Entertainment	5142	3268	229	1646
公共管理和社会组织	**Public management and social organization**	**2739997**	**2708738**	**6278**	**24981**
#中国共产党机关	Chinese Communist Party organs	102822	102822		
国家机构	Organ of state	2552045	2552045		
人民政协和民主党派	People's Political Consultative Conference and democratic parties	17415	17415		
群众团体、社会团体和宗教组织	Mass communities, social communities and religion organizations	51137	35161	1248	14728
按三次产业分	**Grouped by Industry**				
第一产业	Primary Industry	106834	70419	4518	31897
第二产业	Secondary Industry	8034595	1670225	336139	6028232
第三产业	Teriary industry	11039984	8922771	514531	1602682

5-21 各种分组的在岗职工平均工资(2009年)

Average Wage of Fully Employed Staff and Workers by Groups(2009)

单位:元 (yuan)

类别	Type	平均工资 Average Wage	国有单位 State-owned Units	集体单位 Collecti-veowned Units	其他单位 Others
总 计	**Average**	**27357**	**28914**	**18352**	**26817**
按隶属关系分	**Grouped by administration**				
中 央	Centre		41550		
省、自治区、直辖市	Province		37424		
市	City		30304		
县及县以下	County and below		25143		
其 他	Others		29140		
按企业、事业、机关分	**Grouped by Enterprises, Institutions and Agencies**				
企 业	Enterprises	26927	30522	17045	26848
事 业	Institutions	28126	28365	23178	28223
机 关	Agencies & Organizations	27961	27973	24261	
按国民经济行业分	**Grouped by Sector**				
农、林、牧、渔业	**Farming, Forestry,animal Husbandry and Fishery**	**15986**	**15309**	**11833**	**18750**
农业	Farming	14012	12890	12585	19036
林业	Forestry	15937	15783	12606	19678
畜牧业	Animal Husbandry	16612	14428	14362	17116
渔业	Fishery	17082	17754	14284	24952
农、林、牧、渔服务业	Service activities for Farming, forestry, animal Husbandry and fishery	17663	17794	11220	20862
采矿业	**Mining**	**41541**	**37370**	**19841**	**43890**
制造业	**Manufacturing**	**23481**	**26609**	**17938**	**23456**
电力、燃气及水的生产和供应业	**Production and distribution of electricity, gas and water**	**33642**	**34732**	**20038**	**32467**
建筑业	**Construction**	**21851**	**26029**	**16172**	**21964**
房屋和土木工程建筑业	Construction of Building and civil engineering	21412	23544	16018	21996
建筑安装业	Architectural installation	23234	32318	17601	21390
建筑装饰业	Architectural decoration	27877	40002	14644	23210
其他建筑业	Other construction	21992	30050	15178	21835
交通运输、仓储和邮政业	**Traffic,transport, storage and post**	**29142**	**32372**	**15220**	**20182**
铁路运输业	Transport via railway	43946	45025	11941	20519
道路运输业	Transport via road	19766	20047	16070	20018
城市公共交通业	Urban public traffic	20571	21651	13027	18354
水上运输业	Water transport	20076	20874	19784	18543

5-21 续表 1 continued

单位:元 (yuan)

类别	Type	平均工资 Average Wage	国有单位 State-owned Units	集体单位 Collectiveowned Units	其他单位 Others
航空运输业	Air transport	47311	36710		48511
装卸搬运和其他运输服务业	Loading, unloading, portage and other transport services	20042	32662	16573	18234
仓储业	Storage	20559	20082	16558	23878
邮政业	Post	24637	24635	23889	25000
信息传输、计算机服务和软件业	**Information transfer, computer services and software**	**34364**	**29599**	**18287**	**40225**
电信和其他信息传输服务业	Telecom and other information transfer services	34719	29564	18396	42059
计算机服务业	Computer services	24791	32188		23248
软件业	Software industry	33136	51833	11571	33101
批发和零售业	**Wholesale and retail trade**	**19780**	**24372**	**13767**	**19140**
批发业	Wholesale	22558	26866	14114	21113
零售业	Retail trade	17416	20053	13536	18125
住宿和餐饮业	**Accommodation and Catering Trade**	**18688**	**18733**	**14893**	**19427**
住宿业	Accommodation	17938	16923	15277	19486
餐饮业	Catering Trade	20559	25806	13488	19321
金融业	**Finance**	**44210**	**42167**	**26700**	**52662**
银行业	Bank	45104	43074	26708	56733
证券业	Securities	101180	142022		79067
保险业	Insurance	36427	31591	23827	38445
其他金融活动	Other financial activities	40722	28486		56824
房地产业	**Real estate**	**26526**	**26203**	**22944**	**26723**
#房地产开发经营	Real estate development and operation	28206	28880	18716	28288
物业管理	Real estate management	19768	20480	35128	18519
房地产中介服务	Intermediate service of real estate	23659	24044	15828	25146
租赁和商务服务业	**Tenancy and business services**	**21691**	**24460**	**13740**	**21806**
租赁业	Tenancy	21133	19132	16676	26093
商务服务业	Business service	21716	24561	13403	21612
科学研究、技术服务和地质勘查业	**Scientific research, technical service and geologic perambulation**	**33380**	**33488**	**21220**	**34783**
研究与试验发展	Research and experimental development	31653	31850	22012	26900
专业技术服务业	Professional technique services	35878	35960	20962	38180
科技交流和推广服务业	Services of science and technique intercommunion and generalization	27737	28414	21152	24079
地质勘查业	Geologic perambulation	33102	33760	28414	27305

5-21 续表 2 continued

单位:元 (yuan)

类别	Type	平均工资 Average Wage	国有单位 State-owned Units	集体单位 Collectiveowned Units	其他单位 Others
水利、环境和公共设施管理业	**Management of water conservancy, environment and public establishment**	**23072**	**23157**	**18461**	**21952**
水利管理业	Management of water conservancy	23366	23296	23439	25945
环境管理业	Environmental management	20618	20671	21457	17504
公共设施管理业	Management of public establishment	25129	25505	13143	21689
居民服务业和其他服务业	**Resident services and other services**	**22438**	**22959**	**18860**	**23474**
居民服务业	Resident services	21777	23688	21706	19503
其他服务业	Other services	23591	20584	13850	27902
教育	**Education**	**29919**	**30396**	**24516**	**28186**
#初等教育	Primary education	28084	28488	24222	30831
中等教育	Secondary education	30121	30458	25241	26807
高等教育	Higher education	39497	39790	20741	36662
卫生、社会保障和社会福利业	**Sanitation, social security and social welfare**	**28257**	**28547**	**22522**	**28093**
卫生	Sanitation	28392	28626	22659	29352
社会保障	Social security	26623	26920	18912	15452
社会福利业	Social welfare	23455	26075	15079	17201
文化、体育和娱乐业	**Culture, sports and entertainment**	**26337**	**26658**	**14791**	**26161**
新闻出版业	Journalism and publishing activities	33028	33108	6059	31523
广播、电影、电视和音像业	Broadcasting,movies,television and audiovisual activities	25162	25003	12669	36100
文化艺术业	Culture and art	23103	23280	15654	23911
体育	Sports activities	28795	28877	25250	27477
娱乐业	Entertainment	22584	27053	26605	16741
公共管理和社会组织	**Public management and social organization**	**27088**	**27153**	**19269**	**23423**
#中国共产党机关	Chinese Communist Party organs	30460	30460		
国家机构	Organ of state	26989	26989		
人民政协和民主党派	People's Political Consultative Conference and democratic parties	33407	33407		
群众团体、社会团体和宗教组织	Mass communities, social communities and religion organizations	25156	28561	19871	19932
按三次产业分	**Grouped by Industry**				
第一产业	Primary Industry	15986	15309	11833	18750
第二产业	Secondary Industry	26844	31120	17185	26665
第三产业	Teriary industry	27938	28734	19301	27646

5-22 各市在岗职工工资总额(2009年)

Total Wages Bill of Fully Employed Staff and Workers by City (2009)

单位：万元 (10 000 yuan)

市 City	工资总额 total Wages	按登记注册类型分 #国有单位 State-owned Units	#集体单位 Urban Collective-owned Units	#股份合作经济 Cooperative Units	#联营经济 Joint Ownership Units	#有限责任公司 Limited Liability Corporations Units
全 省 Total	**19181414**	**10663415**	**855188**	**242620**	**28111**	**4683581**
郑州市 Zhengzhou	2906395	1618207	72766	55923	1545	648488
开封市 Kaifeng	649073	355000	60327	8255	5183	103759
洛阳市 Luoyang	1317004	819049	81473	2338	98	285751
平顶山市 Pingdingshan	1310856	454532	88122	8204	314	636784
安阳市 Anyang	909019	397719	33183	16306	269	406780
鹤壁市 Hebi	350758	111716	14476	3144	149	199600
新乡市 Xinxiang	863266	486577	60054	8230	987	135709
焦作市 Jiaozuo	781632	332735	16290	3009	203	280364
濮阳市 Puyang	696378	383425	11069	2876	839	90076
许昌市 Xuchang	628500	323877	22273	7838	41	150433
漯河市 Luohe	404017	188027	29575	72		83217
三门峡市 Sanmenxia	597979	313584	20815	377	4927	224033
南阳市 Nanyang	1410318	899229	99658	30559	1273	239749
商丘市 Shangqiu	809183	508035	38607	8429	5470	125881
信阳市 Xinyang	895508	654509	104648	21413	534	66252
周口市 Zhoukou	894277	656875	52398	6390	432	79633
驻马店市 Zhumadian	708598	463531	36045	17527	1020	101713
济源市 Jiyuan	144754	73458	292	1164		51431

市 City	by Status of Registration #股份有限公司 Share Holding Corporations Units	#港澳台投资 Economic Units Funded by Entrepreneurs from Hong Kong, Macao and Taiwan	#外商投资 Foreign Funded Economic Units	按三次产业分 by Type of Industry 第一产业 Primary Industry	第二产业 Secondary Industry	第三产业 Teriary industry
全 省 Total	**1757749**	**249788**	**299209**	**106834**	**8034595**	**11039984**
郑州市 Zhengzhou	337450	45181	75491	5194	1152089	1749113
开封市 Kaifeng	47423	4469	6829	10510	142594	495970
洛阳市 Luoyang	94277	3835	15205	3047	580018	733939
平顶山市 Pingdingshan	67492	18787	15661	2222	810550	498084
安阳市 Anyang	33089	5745	8176	1821	474029	433169
鹤壁市 Hebi	12314	5203	2129	1269	224185	125303
新乡市 Xinxiang	88837	8774	42595	6830	339036	517400
焦作市 Jiaozuo	97690	15581	16104	8368	430504	342760
濮阳市 Puyang	195662	6996	4394	479	399146	296754
许昌市 Xuchang	103330	7473	6007	1068	294035	333397
漯河市 Luohe	18433	61468	3936	406	204623	198989
三门峡市 Sanmenxia	10070	4014	12451	2343	322368	273268
南阳市 Nanyang	78319	13263	14852	13679	492036	904603
商丘市 Shangqiu	112775	338	1380	1103	270724	537356
信阳市 Xinyang	36825	1802	1865	15572	240381	639555
周口市 Zhoukou	77489	1364	921	11472	190079	692726
驻马店市 Zhumadian	47836	4027	16614	6727	182787	519085
济源市 Jiyuan	9565		5471	448	74123	70183

5-23 各市在岗职工平均工资(2009年)

Average Wage of Fully Employed Staff and Workers by City (2009)

单位：元 (yuan)

市 City	平均工资 Average Wages	按登记注册类型分				
		#国有单位 State-owned Units	#集体单位 Urban Collective-owned Units	#股份合作经济 Cooperative Units	#联营经济 Joint Ownership Units	#有限责任公司 Limited Liability Corporations Units
全　　省 Total	**27357**	**28914**	**18352**	**27107**	**20930**	**26074**
郑　州　市 Zhengzhou	29837	34539	18682	23270	19660	22373
开　封　市 Kaifeng	21234	23762	19813	17695	21896	18543
洛　阳　市 Luoyang	26150	28524	23454	26995	14687	20241
平 顶 山 市 Pingdingshan	28435	24968	21873	32895	16537	33196
安　阳　市 Anyang	24091	26635	17726	28354	13503	23109
鹤　壁　市 Hebi	21135	22595	16955	16469	13907	22210
新　乡　市 Xinxiang	19968	22298	16844	20103	10453	16160
焦　作　市 Jiaozuo	24486	25486	18642	34749	15409	24666
濮　阳　市 Puyang	24041	24819	12472	16229	35388	16307
许　昌　市 Xuchang	22815	24295	21963	29019	12000	20186
漯　河　市 Luohe	18914	20937	15179	13091		15787
三 门 峡 市 Sanmenxia	26692	26743	23997	17759	15387	28248
南　阳　市 Nanyang	20834	24420	16721	19920	11232	15475
商　丘　市 Shangqiu	21646	20927	16612	23618	21638	24576
信　阳　市 Xinyang	21409	23049	18350	18633	22242	16480
周　口　市 Zhoukou	20547	21940	17115	33665	11520	17625
驻 马 店 市 Zhumadian	19128	21149	16064	24825	11464	14537
济　源　市 Jiyuan	21992	28717	12016	15982		16806

市 City	by Status of Registration			按三次产业分 by Type of Industry		
	#股份有限公司 Share Holding Corporations Units	#港澳台投资 Economic Units Funded by Entrepreneurs from Hong Kong, Macao and Taiwan	#外商投资 Foreign Funded Economic Units	第一产业 Primary Industry	第二产业 Secondary Industry	第三产业 Teriary industry
全　　省 Total	**30742**	**25389**	**27776**	**15986**	**26844**	**27938**
郑　州　市 Zhengzhou	39590	25280	28356	19976	25737	33388
开　封　市 Kaifeng	18064	19313	17843	15733	16924	23096
洛　阳　市 Luoyang	39907	19880	23385	16018	25501	26758
平 顶 山 市 Pingdingshan	29657	29600	29904	16041	31724	24401
安　阳　市 Anyang	22806	15910	20985	15577	23384	24975
鹤　壁　市 Hebi	14573	11443	12615	8574	20894	21913
新　乡　市 Xinxiang	20411	14207	19675	13065	17343	22338
焦　作　市 Jiaozuo	25588	19793	20723	17988	25328	23705
濮　阳　市 Puyang	31216	17338	25559	10138	28206	20094
许　昌　市 Xuchang	23959	25732	14329	16877	22937	22735
漯　河　市 Luohe	19270	22403	19653	10198	17836	20205
三 门 峡 市 Sanmenxia	22363	22896	26291	14932	26884	26648
南　阳　市 Nanyang	16872	16680	21217	12515	18168	22890
商　丘　市 Shangqiu	25440	18783	12170	10565	25131	20281
信　阳　市 Xinyang	18799	20806	17249	17621	18443	22915
周　口　市 Zhoukou	17275	22889	15092	9493	16060	22727
驻 马 店 市 Zhumadian	16277	20174	29908	12109	15267	21173
济　源　市 Jiyuan	19986		21894	21123	19651	25163

5-24 各市分行业在岗职工工资总额(2009年)

Total Wages Bill of Fully Employed Staff and Workers by Sector and City(2009)

单位:万元 (10 000 yuan)

市 City	合计 Total	农林牧渔业 Farming, Forestry, Animal Husbandry and Fishery	采矿业 Mining	制造业 Manufacturing	电力、燃气及水的生产和供应业 Production and Supply of Electricity,Gas and Water	建筑业 Construction	交通运输仓储及邮政业 Traffic, transport, storage and post	信息传输计算机服务和软件业 Information transfer, computer services and software	批发和零售业 Wholesale and retail trade	住宿和餐饮业 Accommodation and Catering Trade
郑州市 Zhengzhou	2906395	5194	222858	458609	109762	360860	80572	54228	113119	46649
开封市 Kaifeng	649073	10510		87908	12032	42655	12473	3263	43954	12584
洛阳市 Luoyang	1317004	3047	35205	363523	94301	86989	29977	6579	40253	10990
平顶山市 Pingdingshan	1310856	2222	471281	253756	42111	43403	15649	3803	42156	5321
安阳市 Anyang	909019	1821	27488	241255	25549	179737	12959	4260	24374	6458
鹤壁市 Hebi	350758	1269	142059	47562	11377	23188	2338	2824	6636	1302
新乡市 Xinxiang	863266	6830	6115	236126	25986	70809	14828	3268	33588	6339
焦作市 Jiaozuo	781632	8368	159136	194109	45672	31588	8350	5356	19309	5907
濮阳市 Puyang	696378	479	254638	52327	19893	72288	9267	3656	11321	2298
许昌市 Xuchang	628500	1068	62966	169840	21080	40149	8401	2807	16733	4422
漯河市 Luohe	404017	406	421	168375	8822	27004	7396	2660	12606	1707
三门峡市 Sanmenxia	597979	2343	176348	75236	28952	41831	11664	3683	31857	3914
南阳市 Nanyang	1410318	13679	107836	258208	35608	90384	30913	11911	71971	11533
商丘市 Shangqiu	809183	1103	145865	43104	21639	60116	14501	6061	25939	3065
信阳市 Xinyang	895508	15572	8980	99767	31803	99831	24450	9369	51283	8737
周口市 Zhoukou	894277	11472		88856	26234	74989	14106	10575	54921	3057
驻马店市 Zhumadian	708598	6727	2205	102317	16763	61502	12280	4969	34427	3425
济源市 Jiyuan	144754	448	3823	53434	13245	3621	1282	441	3812	851

市 City	金融业 Finance	房地产业 Real estate	租赁和商务服务业 Tenancy and business services	科学研究、技术服务和地质勘查业 Scientific research, technical service and geologic perambulation	水利、环境和公共设施管理业 Management of water conservancy, environment and public establishment	居民服务和其他服务业 Resident services and other services	教育 Education	卫生、社会保障和社会福利业 Sanitation, social security and social welfare	文化、体育和娱乐业 Culture, sports and entertainment	公共管理和社会组织 Public management and social organization
郑州市 Zhengzhou	194020	50914	61875	105400	38645	6046	392873	137037	67394	400341
开封市 Kaifeng	14995	30049	7514	7080	11035	6292	136332	59716	9153	141531
洛阳市 Luoyang	64061	10344	14008	71177	18401	4263	204588	67508	10016	181777
平顶山市 Pingdingshan	41843	5671	19706	8385	11197	499	148139	43513	6750	145454
安阳市 Anyang	30022	3894	8257	8049	13627	1119	150228	52723	6562	110638
鹤壁市 Hebi	11614	2325	1386	1856	3830	122	36116	10144	1365	43447
新乡市 Xinxiang	32552	7533	6483	19901	8743	1771	175236	57079	6424	143657
焦作市 Jiaozuo	26070	2128	2590	4381	14215	689	102457	34668	3835	112805
濮阳市 Puyang	21077	2796	29407	4760	7167	2578	89625	28010	3084	81709
许昌市 Xuchang	17923	5352	3355	5395	6522	547	108019	37817	5805	110300
漯河市 Luohe	12677	4671	7003	2271	7643	258	57920	21269	3675	57235
三门峡市 Sanmenxia	22123	1443	5813	5504	4371	547	80572	21068	3274	77436
南阳市 Nanyang	41470	16642	26384	32542	30061	3066	332600	110141	10776	174591
商丘市 Shangqiu	22368	1822	1278	4020	7989	664	225395	63958	2572	157726
信阳市 Xinyang	34173	12551	9949	19372	18759	1227	219092	59606	8373	162614
周口市 Zhoukou	47849	8357	2245	3201	8331	105	280332	71427	6030	182192
驻马店市 Zhumadian	27875	14422	4052	9285	9222	1977	207667	64912	5398	119174
济源市 Jiyuan	3496	900	874	1610	2946	223	27189	5976	948	19636

5-25 各市分行业在岗职工平均工资(2009年)

Average Wage of Fully Employed Staff and Workers by Sector and City(2009)

单位:元 (yuan)

市 City	平均工资 Average Wage	农林牧渔业 Farming, Forestry, Animal Husbandry and Fishery	采矿业 Mining	制造业 Manufacturing	电力、燃气及水的生产和供应业 Production and Supply of Electricity,Gas and Water	建筑业 Construction	交通运输仓储及邮政业 Traffic, transport, storage and post	信息传输计算机服务和软件业 Information transfer, computer services and software	批发和零售业 Wholesale and retail trade	住宿和餐饮业 Accommodation and Restaurants
郑州市 Zhengzhou	29837	19976	31204	23827	37064	23414	27797	40396	22672	19129
开封市 Kaifeng	21234	15733		16232	22809	17184	18378	22506	20099	17798
洛阳市 Luoyang	26150	16018	24988	24549	28521	27001	18256	33277	20601	15188
平顶山市 Pingdingshan	28435	16041	40425	24482	36865	18199	14023	25572	20069	12840
安阳市 Anyang	24091	15577	29923	26822	31078	18849	16680	25862	16214	13607
鹤壁市 Hebi	21135	8574	29386	12484	30706	13518	13140	36860	13781	10829
新乡市 Xinxiang	19968	13065	17571	17046	25970	16287	16867	22741	13185	14072
焦作市 Jiaozuo	24486	17988	37186	19914	32423	20226	15831	30658	15969	13872
濮阳市 Puyang	24041	10138	42906	17382	31859	15779	16281	28648	16460	13168
许昌市 Xuchang	22815	16877	29609	21789	28490	18605	16896	26017	21019	15275
漯河市 Luohe	18914	10198	14474	17771	31240	16013	16531	25701	16828	13654
三门峡市 Sanmenxia	26692	14932	32981	19495	38095	20660	21552	35934	21551	16041
南阳市 Nanyang	20834	12515	34381	16182	23482	13964	14634	19156	13666	13057
商丘市 Shangqiu	21646	10565	47132	13844	27788	15823	14968	25878	13502	10535
信阳市 Xinyang	21409	17621	16445	17147	23480	18782	16339	25431	16404	16233
周口市 Zhoukou	20547	9493		14869	23226	15854	16756	24535	16293	12672
驻马店市 Zhumadian	19128	12109	12296	15402	15078	15229	12286	23775	14080	11488
济源市 Jiyuan	21992	21123	11795	18323	57915	11955	13055	29413	16016	13482

市 city	金融业 Finance	房地产业 Real estate	租赁和商务服务业 Tenancy and business services	科学研究、技术服务和地质勘查业 Scientific research, technical service and geologic perambulation	水利、环境和公共设施管理业 Management of water conservancy, environment and public establishment	居民服务和其他服务业 Resident services and other services	教育 Education	卫生、社会保障和社会福利业 Sanitation, social security and social welfare	文化、体育和娱乐业 Culture, sports and entertainment	公共管理和社会组织 Public management and social organization
郑州市 Zhengzhou	62688	26078	28958	41400	28765	24348	34025	29553	30649	36349
开封市 Kaifeng	27372	23095	20031	21211	21885	23131	24369	26604	21612	22974
洛阳市 Luoyang	46664	25892	17640	32307	19202	20825	28377	24858	23239	27450
平顶山市 Pingdingshan	43275	20540	17353	21073	15179	17754	28058	25536	19685	25237
安阳市 Anyang	31742	20453	14166	27510	21904	18167	27670	30439	21931	25919
鹤壁市 Hebi	32668	12975	15790	19334	13663	12439	24614	18623	16929	24675
新乡市 Xinxiang	34096	19090	15146	28800	19051	17417	26542	20696	22320	22221
焦作市 Jiaozuo	30739	20882	13256	16273	22607	17899	26674	22796	17981	25262
濮阳市 Puyang	30877	17879	14061	29439	14947	20659	21478	22176	16242	21020
许昌市 Xuchang	35337	19039	15151	19929	17529	18599	23220	22911	20733	23420
漯河市 Luohe	28016	21979	15250	20585	18601	17651	20968	19807	19289	20914
三门峡市 Sanmenxia	41413	19110	19002	25027	22801	21135	29351	24300	19641	28086
南阳市 Nanyang	27939	25280	19172	25795	23581	17683	27894	29711	19483	21233
商丘市 Shangqiu	26365	15440	9838	19958	17833	14864	23943	21998	13814	17959
信阳市 Xinyang	29713	23080	18670	22195	20565	20903	24279	26086	20363	24675
周口市 Zhoukou	34173	20060	13356	22416	16342	18404	26939	25505	20902	19265
驻马店市 Zhumadian	31633	16767	13968	17512	18353	14031	25893	23551	16696	19038
济源市 Jiyuan	29064	20833	11789	24395	12461	13189	34795	19781	22194	28388

5-26 城镇私营单位从业人员工资(2009年)

Wage of Engaged Persons in Private Enterprises (2009)

项目	Item	工资总额(亿元) Total Wages Bill (100 million yuan)	平均工资(元) Average Wage (yuan)
从业人员总计	**Total Number of Employed persons**	**4969.26**	**14041**
按国民经济行业分	**Grouped by Sector**		
农、林、牧、渔业	Farming, Forestry,animal Husbandry and Fishery	5.76	10574
采矿业	Mining	200.09	14866
制造业	Manufacturing	2930.29	13850
电力、燃气及水的生产和供应业	Production and distribution of electricity,gas and water	13.64	13780
建筑业	Construction	847.93	16080
交通运输、仓储和邮政业	Traffic,transport, storage and post	84.15	14177
信息传输、计算机服务和软件业	Information transfer, computer services and software	22.49	11504
批发和零售业	Wholesale and retail trade	370.56	12632
住宿和餐饮业	Accommodation and Restaurants	161.43	12418
金融业	Finance	1.78	12615
房地产业	Real estate	71.30	14558
租赁和商务服务业	Tenancy and business services	58.09	12502
科学研究、技术服务和地质勘查业	Scientific research, technical service and geologic perambulation	27.02	13887
水利、环境和公共设施管理业	Management of water conservancy, environment and public establishment	9.99	12628
居民服务和其他服务业	Resident services and other services	35.43	12460
教育	Education	86.16	14404
卫生、社会保障和社会福利业	Sanitation,social security and social welfare	29.03	14617
文化、体育和娱乐业	Culture, sports and entertainment	12.59	12573
公共管理和社会组织	Public management and social organization	1.52	9570

5-27 各市城镇私营单位从业人员工资(2009年)
Wage of Engaged Persons in Private Enterprises by City (2009)

市	City	工资总额(亿元) Total Wages Bill (100 million yuan)	平均工资(元) Average Wage (yuan)
郑州市	Zhengzhou	967.34	16131
开封市	Kaifeng	229.22	14234
洛阳市	Luoyang	350.64	14284
平顶山市	Pingdingshan	79.36	14512
安阳市	Anyang	449.74	14068
鹤壁市	Hebi	32.75	10569
新乡市	Xinxiang	393.32	14804
焦作市	Jiaozuo	321.12	12427
濮阳市	Puyang	85.00	10993
许昌市	Xuchang	436.92	15282
漯河市	Luohe	108.02	11809
三门峡市	Sanmenxia	143.92	14248
南阳市	Nanyang	605.12	13100
商丘市	Shangqiu	165.81	11069
信阳市	Xinyang	152.98	15578
周口市	Zhoukou	230.55	13567
驻马店市	Zhumadian	187.27	13031
济源市	Jiyuan	30.19	12408

主要统计指标解释

经济活动人口 指在 16 岁以上，有劳动能力，参加或要求参加社会经济活动的人口；包括从业人员和失业人员。

从业人员 指在16周岁及以上，从事一定社会劳动并取得劳动报酬或经营收入的人员。这一指标反映了一定时期内全部劳动力资源的实际利用情况，是研究我国基本国情国力的重要指标。

单位从业人员 指在各级国家机关、政党机关、社会团体及企业、事业单位中工作，取得工资或其他形式的劳动报酬的全部人员。包括在岗职工、再就业的离退休人员、民办教师以及在各单位中工作的外方人员和港澳台方人员、兼职人员、借用的外单位人员和第二职业者。不包括离开本单位仍保留劳动关系的职工。各单位的就业人员反映了各单位实际参加生产或工作的全部劳动力。

城镇私营和个体从业人员 城镇私营就业人员指在工商管理部门注册登记，其经营地址设在县城关镇(含县城关镇)以上的私营企业就业人员，包括私营企业投资者和雇工。城镇个体就业人员指在工商管理部门注册登记，并持有城镇户口或在城镇长期居住，经批准从事个体工商经营的就业人员，包括个体经营者和在个体工商户劳动的家庭帮工和雇工。

城镇登记失业人员 指有非农业户口，在一定的劳动年龄内(16周岁至退休年龄)，有劳动能力，无业而要求就业，并在当地就业服务机构进行求职登记的人员。

城镇登记失业率 城镇登记失业人员与城镇单位就业人员(扣除使用的农村劳动力、聘用的离退休人员、港澳台及外方人员)、城镇单位中的不在岗职工、城镇私营业主、个体户主、城镇私营企业和个体就业人员、城镇登记失业人员之和的比。计算公式为：

城镇登记失业率=城镇登记失业人数/（城镇单位就业人员−使用的农村劳动力−聘用的离退休人员−聘用的港澳台及外方人员）+不在岗职工+城镇私营业主+城镇个体户主+城镇私营企业及个体就业人员+城镇登记失业人数×100%

职工 指在国有、城镇集体、联营、股份制、外商和港、澳、台投资、其他单位及其附属机构工作，并由其支付工资的各类人员。不包括下列人员：(1)乡镇企业就业人员；(2)私营企业就业人员；(3)城镇个体劳动者；(4)离休、退休、退职人员；(5)再就业的离、退休人员；(6)民办教师；(7)在城镇单位中工作的外方及港、澳、台人员；(8)其他按有关规定不列入职工统计范围的人员。(1998年及以后的数据均为在岗职工数据，其他相关指标如职工工资总额，职工平均工资等指标也从1998年按此口径进行了相应调整)。

国有单位 指资产归国家所有的经济组织。包括按《中华人民共和国企业法人登记管理条例》规定登记注册的非公司制的经济组织，以及中央、地方各级国家机关、事业单位和社会团体。

集体单位 指生产资料归集体所有，并按《中华人民共和国企业法人登记管理条例》规定登记注册的经济组织。

其他单位 包括股份合作单位、联营单位、有限责任公司、股份有限公司、港澳台商投资单位以及外商投资单位等其他登记注册类型单位。

在岗职工 指在本单位工作并由单位支付工资的人员，以及有工作岗位，但由于学习、病伤产假等原因暂未工作，仍由单位支付工资的人员。

工资总额 指各单位在一定时期内直接支付给本单位全部职工的劳动报酬总额。工资总额的计算原则应以直接支付给职工的全部劳动报酬为根据。各单位支付给职工的劳动报酬以及其他根据有关规定支付的工资，不论是计入成本的还是不计入成本的，不论是按国家规定列入计征奖金税项目的，还是未列入计征奖金税项目的，不论是以货币形式支付的还是以实物形式支付的，均包括在工资总额内。

平均工资 指企业、事业、机关单位的职工在一定时期内平均每人所得的货币工资额。它表明一定时期职工工资收入的高低程度，是反映职工工资水平的主要指标。计算公式为：

平均工资=报告期实际支付的全部职工工资总额/报告期全部职工平均人数

平均工资指数　指报告期职工平均工资与基期职工平均工资的比率，是反映不同时期职工货币工资水平变动情况的相对数。计算公式为：

平均工资指数=报告期职工平均工资/基期职工平均工资×100%

平均实际工资指数　职工平均实际工资指扣除物价变动因素后的职工平均工资。职工平均实际工资指数是反映实际工资变动情况的相对数，表明职工实际工资水平提高或降低的程度。计算公式为：

平均实际工资指数=报告期职工平均工资指数/报告期城镇居民消费价格指数×100%

城镇单位就业人员劳动报酬　指各单位在一定时期内直接支付给本单位全部就业人员的劳动报酬总额。包括职工工资总额和其他就业人员劳动报酬总额。

平均劳动报酬　指企业、事业、机关等单位的全部就业人员在一定时期内平均每人所得的货币工资额。

计算公式为：

平均劳动报酬=报告期实际支付的全部就业人员劳动报酬/报告期全部就业人员平均人数

Explanatory Notes on Main Statistical Indicators

Economically Active Population refers to the population aged 16 and over who are capable to work, are participating in or willing to participate in economic activities, including employed persons and unemployed persons.

Employed Persons refer to the persons aged 16 and over who are engaged in social working and receive remuneration payment or earn business income. This indicator reflects the actual utilization of total labour force during a certain period of time and is often used for the research on China economic situation and national power.

Persons Employed in Various Units refer to all the persons working in government agencies of various levels, political and party organizations, social organizations, enterprises and institutions, and receiving wages or other forms of payment. They include fully-employed staff and workers, re-employed retirees, teachers in schools run by the local people, foreigners and Chinese compatriots from Hong Kong, Macao, and Taiwan working in various units, part-time employees, employees of other units working temporarily at current posts, and employees holding the second job, but exclude staff and workers who have left their working units while keeping their labour contract (employment relation) unchanged. This indicator reflects the total number of laborers actually engaged in production or other operations in various units.

Persons Employed in Private Enterprises and Self-Employed Individuals in Urban Areas Persons employed in private enterprises refer to the persons employed in the private enterprises which have been registered at the departments of industrial and commercial administration and are situated at a county town (i.e. a town where the county government is located) for business operation or at urban areas with the level higher than a county town. The self-employed individuals in urban areas refer to persons who hold the certificates of residence in urban areas or have resided in the urban areas for a long time and have been registered at the departments of industrial and commercial administration and approved to be engaged in individual industrial or commercial business, including self-employed persons as well as helpers and hired labourers who work in the individual households engaged in industrial or commercial business.

Registered Urban Unemployed Persons refer to the persons with non-agricultural household registration at certain working ages (16-50 years for male and 16-45 years for females), who are capable of work, unemployed and willing to work, and have been registered at the local employment service agencies to apply for a job.

Registered Urban Unemployment Rate refers to the ratio of the number of the registered unemployed persons to the sum of the number of persons employed in various units (minus the rural labour force, retirees, and Hong Kong, Macao, Taiwan or foreign employees they employ) laid-off workers in urban units, owners and employees in urban private enterprises, urban self-employed individuals and the registered urban unemployed persons. The formula is as follows:

Registered urban unemployment rate = number of registered urban unemployed persons÷(number of persons employed in urban units - rural labour force employed retirees employed - Hong Kong, Macao, Taiwan or foreign employees employ + laid-off workers + owners and employees in urban private enterprises + self-employed individuals in urban areas + registered urban unemployed persons) × 100%.

Staff and Workers refer to persons working in, and receive payment from units of state ownership, collective ownership, joint ownership, share-holding ownership, foreign ownership, and ownership by entrepreneurs from Hong Kong, Macao, and Taiwan, and other types of ownership and their affiliated units. They do not include 1) persons employed in township enterprises, 2) persons employed in private enterprises, 3) urban self-employed persons, 4) retirees, 5) re-employed retirees, 6) teachers in the schools run by the local people, 7) foreigners and persons from Hong Kong, Macao and Taiwan who work in urban units, and 8) other persons not to be included by relevant regulations. (Data of 1998 and afterward refer to fully employed staff and workers. Other related statistics such as total wage bill and average wage are adjusted since 1998 accordingly).

State-owned Units refer to economic units whose assets are owned by the state. Included are non-corporation units registered according to Regulation of the People's Republic of China on the Registration of Enterprises and Corporations, state organs, institutions and social organizations at the central and local levels.

Collective-Owned Units refer to economic units registered according to Regulation of the People扟 Republic of China on the Registration of Enterprises and Corporations where the means of production are collectively owned.

Units of Other Types of Ownership refer to units registered with other types of ownership, including cooperative units, joint ownership units, limited companies, share holding corporations, units invested by entrepreneurs from Hong Kong, Macao, and Taiwan, and foreign-invested units.

Fully Employed Staff and Workers refer to persons who work in, and receive wages from their working units, as well as persons who have their work posts, but are temporarily absent from work for reasons of study or on sick, injury or maternal leave and still receive wages from their working units.

Total Wages Bill refers to the total remuneration payment to staff and workers in various units during a certain period of time. The calculation of total wages is based on the total remuneration payment to the staff and workers. Therefore, all the wages and salaries and other payments to staff and workers are included in the total wages regardless of their sources, category, and forms (in kind or cash). (Total wages of staff and workers in this yearbook include only total wages of fully employed staff and workers, excluding the living allowances distributed to those who have left their working units while keeping their labour contract/employment relation unchanged).

Average Wage refers to the average wage in money terms per person during a certain period of time for staff and workers in enterprises, institutions, and government agencies, which reflects the general level of wage income during a certain period of time and is calculated as follows:

Average Wage = Total Wages of Staff and Workers at Reference Time /Average Number of Staff and Workers at Reference Time.

Average Wage Indices refers to the ratio of average wage of staff and workers in the report period to that in the base period, which reflects the change of wage of staff and workers at the different period. It is calculated as follows:

Average Wage Indices = Average Wage of Staff and Workers at Reference Time / Average Wage of Staff and Workers at Base Period x 100%

Average Real Wage Indices average real wage of staff and workers refers to the average wage of staff and workers after removing the effects of the price changes and average real wage indices of staff and workers refers to the change of real wage, which reflects the relative increasing or decreasing level of real wage of staff and workers, which is calculated as follows:

Average Real Wage Indices = Average Wage Indices of Staff and Workers at the Reference Time / Urban Consumer Price Indices at Reference Time x 100%

Earning refer to total remuneration payment to all employees in various units in urban areas (did not include urban private units and self-employed individuals) during a certain period of time, including staff and workers and other employees (i.e., reemployed retirees or those who are from Hong Kong, Macao, Taiwan province or other countries).

Average Earning refer to average earning level in money terms per employee in the enterprise, institution and government organ during a certain period of time, it is calculated as follows:

Average Earning Of Employees = Total Earnings of Employees at Reference Period / Average Number of Employees at Reference Period

固定资产投资

Investment in Fixed Assets

● 资料整理：丘 倩 宗瑞生 刘凤玲

简要说明

一、主要内容

本篇包括固定资产投资的规模、结构和比例关系、资金来源、投资效果及大型项目等资料。

二、统计范围

固定资产投资统计范围包括：城乡建设项目投资，房地产开发投资。自1997年起，除房地产开发投资、农村非农户投资、个人投资及城镇和工矿区私人建房投资外，固定资产投资的统计起点由5万元提高到50万元。自2006年起，城镇和工矿区私人建房投资改为按项目统计，起点为50万元。

三、资料来源

农村个人固定资产投资资料采用抽样调查方法，全省数据由国家统计局河南调查总队提供，分省辖市资料由河南省地方经济社会调查队提供。除此以外的固定资产投资统计资料均为全面统计报表，由河南省统计局固定资产投资统计处编辑整理。

Brief Introduction

I. Main Contents

Statistics in this chapter including the size, growth, structure, ratio, financing and results of the investment, major projects.

II. Scope of Statistics

Statistics on the investment in fixed assets cover investments in capital construction projects in urban and rural areas, investments in real estate development. Since 1997, the cut-off point of projects covered by statistics of investment in fixed assets are raised from an investment of 50,000 yuan to 500,000 yuan, except investment in real estate development, farm household investment, non-farm household investment and private investment in housing construction in urban areas and industrial and mining areas. Since 2006, statistics on investments in fixed assets of rural non-farm households are changed to project-based. The cut-off point has been raised to 500,000 yuan.

III. Sources of Data

Data on individual investments in fixed assets in rural areas are collected through sample surveys, Provincial data are provided by the Henan provincial Investigation Team of the NBS, and municipal data are provided by Henan provincial Survey organization of social and economy, Other data on investment in fixed assets are collected by the system of reporting form with complete enumeration, which are provided by the Department of investment in fixed assets of the Henan provincial Bureau of Statistics.

6-1 全社会固定资产投资总额
Total Investment in Fixed Assets in the Whole Country

年 份 Year	全社会固定资产投资总额(亿元) Total Investment in Fixed Assets (100 million yuan)	城镇投资 Urban Investment	#工业投资 Industry Investment	#基础设施投资 Infrastructure	#房地产开发投资 Real Estate Development	农村投资 Rural Investment	非农户 Non-Farm Households	农户 Farm Households	#民间投资 civilian Investment
"六五"时期									
the"Sixth five-year Plan"Period	376.05			56.05					166.66
#1985	126.95	71.14		18.72		55.81	11.50	44.32	62.38
"七五"时期									
the"Seventh five-year Plan"Period	903.21	534.00		126.11		369.21	59.42	309.79	434.88
#1989	187.68	115.72		24.20		71.96	8.81	63.15	88.06
1990	206.12	123.25	87.77	29.42	3.43	82.87	16.08	66.79	97.89
"八五"时期									
the"Eighth five-year Plan"Period	2458.78	1786.59	971.45	588.20	150.30	672.19	308.12	364.07	916.91
1991	256.46	158.76	115.46	38.12	4.07	97.70	16.62	81.08	112.18
1992	318.83	214.33	133.83	55.03	8.78	104.50	35.74	68.76	129.68
1993	450.43	337.91	181.93	107.55	25.27	112.52	57.31	55.21	155.58
1994	628.03	475.36	238.54	163.30	49.61	152.67	84.96	67.71	215.51
1995	805.03	600.23	301.69	224.20	62.56	204.80	113.49	91.31	303.96
"九五"时期									
the"Ninth five-year Plan"Period	6220.92	4159.15	1714.86	1931.27	312.98	1932.34	999.35	932.99	2901.17
1996	1003.61	731.90	357.97	290.86	54.84	271.71	149.71	122.00	427.83
1997	1165.19	795.89	365.52	328.42	51.75	335.59	183.59	152.00	539.44
1998	1252.22	831.39	337.88	382.03	58.10	409.12	216.02	193.10	595.69
1999	1324.18	848.21	310.45	420.74	70.41	435.97	225.03	210.94	639.42
2000	1475.72	951.76	343.04	509.22	77.87	479.95	225.00	254.95	698.79
"十五"时期									
the"Tenth five-year Plan"Period	13237.05	9959.65	4209.02	4324.86	1074.09	3185.19	1492.88	1692.31	6883.37
2001	1627.99	1076.76	373.95	581.51	102.84	505.24	229.11	276.13	781.97
2002	1820.45	1226.45	407.74	628.57	138.36	552.78	257.36	295.42	911.76
2003	2310.54	1693.27	675.30	828.88	185.56	612.27	290.48	321.79	1228.28
2004	3099.38	2434.88	1083.87	1008.15	258.82	664.50	315.73	348.77	1526.42
2005	4378.69	3528.29	1668.16	1277.75	388.52	850.40	400.20	450.20	2434.94
"十一五"时期									
the"eleventh five-year Plan"Period									
2006	5907.74	4843.76	2406.37	1552.76	581.95	1063.98	555.78	508.20	3600.76
2007	8010.11	6609.16	3656.02	1526.89	837.11	1400.95	809.41	591.54	5573.14
2008	10490.65	8721.19	4885.10	1750.52	1206.71	1769.46	1099.83	669.63	7659.96
2009	13704.65	11455.01	6415.54	2329.82	1553.76	2249.64	1469.52	780.12	10561.40

注：1.1997-2003年全社会投资总额中含规模为5-50万元地方项目投资，其他指标均不包括(下同)。
2.2005年及以前年度全社会、城镇投资及各种分组中包括城镇工矿区私人建房投资(下同)。

a)Data of Investment in fixed assets in 1997~2003 contained local projects from 50000 to 500000 Yuan,other indicators didn't contained these projects (the same as in following tables)

b)Fixed Assets in the Whole Country and in the Urban Area, as well as investment by Group in and before 2005 included the Housing Investment by Individuals in Urban Areas and in Industrial and Mining Areas.(the same as the following tables)

6-2 各种分组的全社会固定资产投资

Total Investment in Fixed Assets in the Whole Country by Group

项目	Item	2005	2006	2007	2008	2009
投资总额(亿元)	**Total Investment (100 million yuan)**	**4378.69**	**5907.74**	**8010.11**	**10490.65**	**13704.65**
按登记注册类型分	**By Registration status**					
国有经济	State-Owned Units	1367.02	1608.59	1715.78	2127.02	2586.90
集体经济	Collective-Owned Units	211.06	321.38	510.04	697.12	1039.78
#农村	Rural	56.51	86.42	154.65	227.75	333.77
城乡个人	Individuals	542.88	562.92	660.82	775.93	930.26
#农村	Rural	450.20	508.20	591.54	669.63	780.12
联营经济	Joint-Ownership Economic Units	9.05	9.26	24.13	34.31	25.34
股份制经济	Share Holding Economic Units	1273.80	1778.97	2408.84	2960.10	3857.26
港澳台投资经济	Economic Units Funded by Entrepreneurs from Hong Kong, Macao and Taiwan	119.08	130.98	169.95	174.69	142.42
外商投资经济	Foreign Funded Economic Units	130.77	148.74	140.55	164.28	149.04
私营经济	Privately Owned Enterprises	592.87	1075.78	2002.80	3008.37	4109.97
其他经济	Others	132.14	271.11	377.20	548.82	863.68
按隶属关系分	**Grouped by Administrative Relationship**					
中央	Central Investment	203.66	231.30	234.13	361.94	376.77
地方	Local Investment	4175.03	5676.44	7775.98	10128.71	13327.88
按资金来源分	**Grouped by Source of Funds**					
国家预算内资金	State Budgetary Appropriation	141.39	119.72	133.39	223.26	392.68
国内贷款	Domestic Loans	681.54	699.89	789.98	850.93	921.57
债券	Bond			1.50		4.65
利用外资	Foreign Investment	64.36	74.41	77.95	95.33	50.92
自筹资金	Fundraising	3039.11	4437.93	6374.13	8567.31	10004.24
其他资金	Others	452.28	575.81	633.16	753.81	2330.58
按构成分	**Grouped by Use of Funds**					
建筑安装工程	Construction and Installation	2923.85	3828.83	5358.62	6762.40	8966.75
设备、工具、器具购置	Purchase of Equipment and Instruments	999.94	1472.44	1971.81	2791.21	3534.60
其他费用	Others	454.90	606.47	679.68	937.04	1203.29
房屋建筑面积(万平方米)	**Floor Space of Buildings (10 000 sq.m)**					
施工面积	Floor Space Under Construction	26647	29673	40350	47725	59869
#住宅	Residential Buildings	17343	19291	25778	29758	35072
竣工面积	Floor Space Completed	17957	18235	24368	26202	30758
#住宅	Residential Buildings	12916	13018	16243	17003	19410

6-3 分产业全社会固定资产投资

Total Investment in Fixed Assets in the Whole Country by Sector

单位：亿元 (100 million yuan)

产业	Branch	2005	2006	2007	2008	2009
总计	**Total**	**4378.69**	**5907.74**	**8010.11**	**10490.65**	**13704.65**
第一产业	**Primary Industry**	**166.56**	**215.42**	**286.01**	**538.14**	**761.57**
农、林、牧、渔业	Farming, Forestry,Animal Husbandry and Fishery	166.56	215.42	286.01	538.14	761.57
第二产业	**Secondary Industry**	**1970.39**	**2739.86**	**4115.69**	**5421.83**	**6980.42**
工业	Industry	1944.28	2716.58	4087.73	5392.16	6958.99
建筑业	Construction	26.11	23.28	27.97	29.68	21.42
第三产业	**Tertiary Industry**	**2241.73**	**2952.46**	**3608.42**	**4530.67**	**5962.67**
交通运输、仓储和邮政业	Traffic,Transport, Storage and Post	541.43	696.68	508.38	485.48	583.89
信息传输、计算机服务和软件业	Information Transfer, Computer Services and Software	67.48	53.91	59.01	55.58	76.06
批发和零售业	Wholesale and Retail Trade	114.20	191.03	235.83	280.21	370.24
住宿和餐饮业	Accommodation and Restaurants	43.63	48.14	77.90	114.09	166.30
金融业	Finance	4.47	3.90	7.23	8.09	12.73
房地产业	Real estate	884.10	1199.26	1802.21	2424.29	2987.51
租赁和商务服务业	Tenancy and Business Services	26.78	20.41	24.08	22.46	30.96
科学研究、技术服务和地质勘查业	Scientific Research, Technical Service and Geologic Perambulation	24.80	20.39	19.06	23.85	41.15
水利、环境和公共管理业	Management of Water Conservancy,Environment and Public Establishment	237.91	340.67	456.66	612.26	934.28
居民服务和其他服务业	Resident Services and Other Services	58.25	47.88	38.08	52.34	66.02
教育	Education	108.79	139.41	149.50	162.55	235.48
卫生、社会保障和社会福利业	Sanitation, Social Security and Social Welfare	32.91	43.24	63.26	84.75	132.79
文化、体育和娱乐业	Culture, Sports and Entertainment	39.40	44.60	69.59	90.68	149.69
公共管理和社会组织	Public Management and Social Organization	57.59	102.94	97.63	114.04	175.56

6-4 各市按城乡及三次产业分的全社会固定资产投资(2009年)
Total Investment in Fixed Assets in the Whole Country by Rural and Urban Area and by Industry(2009)

单位：亿元 (100 million yuan)

市 City	合计 Total	城镇 Urban Area	农村 Rural Area	农村非农户 Non-Agricultural Households	农村农户 Agricultural Households	第一产业 Primary Industry	第二产业 Secondary Industry	#工业 Industry	第三产业 Tertiary Industry
全 省 Total	**13704.65**	**11455.01**	**2249.64**	**1469.52**	**780.12**	**761.57**	**6980.42**	**6958.99**	**5962.67**
郑州市 Zhengzhou	2282.08	1995.24	286.84	190.82	96.02	83.26	989.96	987.82	1208.85
开封市 Kaifeng	406.22	315.61	90.61	58.72	31.89	17.10	236.56	236.49	152.56
洛阳市 Luoyang	1447.28	1280.49	166.79	124.40	42.39	94.74	835.79	821.11	516.75
平顶山市 Pingdingshan	577.74	475.10	102.64	76.81	25.83	43.63	320.31	316.09	213.80
安阳市 Anyang	740.64	622.56	118.08	83.68	34.40	44.48	410.85	410.72	285.31
鹤壁市 Hebi	286.94	244.26	42.68	32.78	9.90	24.64	177.47	177.47	84.82
新乡市 Xinxiang	1018.31	904.51	113.80	71.38	42.42	46.58	620.30	620.30	351.42
焦作市 Jiaozuo	803.60	695.02	108.58	78.49	30.09	33.65	498.27	496.69	271.68
濮阳市 Puyang	434.56	356.90	77.66	58.25	19.41	25.69	233.66	227.66	175.21
许昌市 Xuchang	678.14	557.58	120.56	80.79	39.77	19.43	412.66	403.17	246.05
漯河市 Luohe	323.98	283.55	40.43	19.85	20.58	17.69	209.22	207.48	97.08
三门峡市 Sanmenxia	553.30	467.57	85.73	75.16	10.57	31.59	317.45	317.28	204.26
南阳市 Nanyang	1153.18	929.52	223.66	137.93	85.73	83.43	645.92	645.67	423.82
商丘市 Shangqiu	693.17	560.99	132.18	77.29	54.89	33.18	335.91	335.36	324.06
信阳市 Xinyang	858.16	700.89	157.27	89.93	67.34	86.75	164.42	161.39	607.00
周口市 Zhoukou	690.58	494.11	196.47	99.42	97.05	55.50	291.33	290.77	343.76
驻马店市 Zhumadian	562.29	408.71	153.58	85.83	67.75	43.38	215.40	210.67	303.52
济源市 Jiyuan	179.19	146.29	32.90	27.98	4.92	5.20	97.56	97.56	76.43

6-5 各市按构成分的全社会固定资产投资及房屋面积(2009年)
Total Investment in Fixed Assets in the Whole Country and Floor Space of Buildings by Composition in Cities(2009)

市 City	固定资产投资总额(亿元) Total Investment in Fixed Assets(100 million yuan)					房屋面积(万平方米) Floor Space of Buildings (10 000 sq.m)			
	合计 Total	建筑工程 Construction	安装工程 Installation	设备、工具、器具购置 Purchase of Equipment and Instruments	其他费用 Others	施工面积 Floor Space Under Construction	#住宅 Residential Buildings	竣工面积 Floor Space Completed	#住宅 Residential Buildings
全 省 Total	**13704.65**	**8627.22**	**339.55**	**3534.60**	**1203.29**	**59868.53**	**35071.84**	**30757.93**	**19409.59**
郑州市 Zhengzhou	2282.08	1353.91	51.08	556.12	320.96	11095.77	5775.62	3513.27	1822.60
开封市 Kaifeng	406.22	223.44	16.37	122.90	43.53	2287.74	1237.02	1656.11	920.75
洛阳市 Luoyang	1447.28	947.10	45.67	345.39	109.13	4516.66	3063.40	2191.43	1524.45
平顶山市 Pingdingshan	577.74	315.22	17.10	156.41	88.98	2891.35	1329.85	1802.27	666.26
安阳市 Anyang	740.64	404.14	10.05	275.74	50.72	2938.85	1683.27	1367.23	850.45
鹤壁市 Hebi	286.94	166.27	4.90	79.16	36.61	1170.45	591.87	396.36	289.51
新乡市 Xinxiang	1018.31	647.50	6.23	301.97	62.60	3675.72	1725.15	2005.51	1026.70
焦作市 Jiaozuo	803.60	427.02	24.01	317.41	35.17	2636.76	1216.76	995.75	537.62
濮阳市 Puyang	434.56	240.67	24.89	136.31	32.70	1337.08	932.32	991.63	698.20
许昌市 Xuchang	678.14	356.15	18.31	252.50	51.18	3040.73	1445.08	2131.57	1070.52
漯河市 Luohe	323.98	200.99	5.01	102.73	15.26	1019.41	533.30	491.01	395.23
三门峡市 Sanmenxia	553.30	313.03	38.03	138.51	63.75	1358.63	945.86	410.95	302.35
南阳市 Nanyang	1153.18	780.20	43.17	260.58	69.21	4711.51	2420.23	2268.70	1836.27
商丘市 Shangqiu	693.17	430.36	12.64	193.51	56.65	3070.66	1867.61	1718.33	1166.19
信阳市 Xinyang	858.16	690.75	5.91	67.82	93.69	5190.87	3588.10	2766.59	1999.40
周口市 Zhoukou	690.58	561.54	9.75	97.57	21.74	4155.27	2895.73	3279.23	2481.98
驻马店市 Zhumadian	562.29	376.87	5.60	142.21	37.60	3384.56	2361.14	2328.03	1536.99
济源市 Jiyuan	179.19	103.60	3.68	60.82	11.10	729.26	421.76	432.90	250.71

6-6 各市分行业全社会固定资产投资(2009年)

单位：亿元

市 City	合计 Total	农、林、牧、渔业 Farming, Forestry, Animal Husbandry and Fishery	工业 Industry	建筑业 Construction	交通运输、仓储和邮政业 Traffic, Transport, Storage and Post	信息传输、计算机服务和软件业 Information Transfer, Computer Services and Software	批发和零售业 Wholesale and Retail Trade	住宿和餐饮业 Accommodation and Restaurants
全 省 Total	**13704.65**	**761.57**	**6958.99**	**21.43**	**583.89**	**76.06**	**370.24**	**166.30**
郑州市 Zhengzhou	2282.08	83.26	987.82	2.14	145.80	6.66	34.74	24.33
开封市 Kaifeng	406.22	17.10	236.49	0.07	12.65	13.40	16.41	11.55
洛阳市 Luoyang	1447.28	94.74	821.11	14.69	34.00	10.87	33.68	26.43
平顶山市 Pingdingshan	577.74	43.63	316.09	4.22	27.74	0.30	20.69	14.31
安阳市 Anyang	740.64	44.48	410.73	0.13	30.13	3.92	22.33	10.40
鹤壁市 Hebi	286.94	24.64	177.47		15.86	0.42	5.48	2.86
新乡市 Xinxiang	1018.31	46.58	620.30		27.28	1.40	17.57	3.16
焦作市 Jiaozuo	803.60	33.65	496.69	1.58	18.77	2.87	31.26	8.84
濮阳市 Puyang	434.56	25.69	227.66	6.00	29.70	2.48	18.03	3.28
许昌市 Xuchang	678.14	19.43	403.17	9.49	37.67	0.14	12.04	8.90
漯河市 Luohe	323.98	17.68	207.48	1.74	21.92	2.09	10.19	7.24
三门峡市 Sanmenxia	553.30	31.60	317.27	0.17	16.21	2.16	9.11	6.22
南阳市 Nanyang	1153.18	83.43	645.67	0.26	29.51	9.85	38.85	14.63
商丘市 Shangqiu	693.17	33.18	335.36	0.55	26.99	3.59	42.48	5.78
信阳市 Xinyang	858.16	86.75	161.39	3.03	49.54	6.72	16.06	10.50
周口市 Zhoukou	690.58	55.50	290.77	0.56	38.15	5.76	23.13	2.38
驻马店市 Zhumadian	562.29	43.38	210.67	4.73	30.07	2.32	15.37	8.88
济源市 Jiyuan	179.19	5.20	97.56		3.30	1.40	5.95	1.40

Investment in Fixed Assets in the Urban Area by Sector and City (2009)

(100 million yuan)

金融业 Finance	房地产业 Real Estate	租赁和商务服务业 Tenancy and Business Services	科学研究、技术服务和地质勘查业 Scientific Research, Technical Service and Geologic Perambulation	水利、环境和公共管理业 Management of Water Conservancy, Environment and Public Establishment	居民服务和其他服务业 Resident Services and Other Services	教育 Education	卫生、社会保障和社会福利业 Sanitation, Social Security and Social Welfare	文化、体育和娱乐业 Culture, Sports and Entertainment	公共管理和社会组织 Public Management and Social Organization
12.73	**2987.51**	**30.96**	**41.15**	**934.28**	**66.02**	**235.48**	**132.79**	**149.69**	**175.56**
2.86	706.15	7.16	11.91	119.89	8.92	72.48	20.58	32.42	14.96
0.02	66.08	0.39	0.30	16.91	3.12	4.73	2.65	1.92	2.45
1.26	244.80	2.65	3.56	82.66	10.92	17.13	18.39	12.86	17.52
0.21	95.22	1.13	0.11	30.57	3.03	6.65	5.28	4.13	4.44
0.95	121.27	3.74	1.29	47.07	2.63	12.93	5.94	8.29	14.40
	32.84	0.07	0.35	16.44	0.62	6.19	1.89	1.04	0.76
0.50	156.16	1.84	3.88	108.16	2.18	11.39	7.60	7.14	3.19
0.85	118.65	0.89	2.77	40.96	5.75	8.41	5.96	8.88	16.82
0.10	61.31	0.52	0.48	22.83	0.73	7.29	3.04	3.08	22.34
0.23	116.12	18.19	4.60	18.85	8.62	6.32	2.03	5.20	7.15
	28.41	0.49		10.12	2.72	3.79	2.12	3.44	4.53
	90.31	1.37	0.22	55.34	0.65	8.03	6.05	6.81	1.80
0.68	148.80	1.23	1.93	114.37	4.27	8.73	11.20	20.74	19.04
2.05	161.05	1.87	6.42	37.34	2.41	15.26	7.56	7.54	3.73
1.94	310.20	1.69	1.24	130.79	0.81	18.96	22.95	16.24	19.36
0.01	195.61	1.52	1.89	38.95	1.87	15.03	6.15	6.53	6.80
0.75	184.58	2.34	0.07	24.82	1.46	9.68	6.11	1.36	15.71
0.31	34.30		4.57	17.31	0.20	2.74	1.66	2.75	0.56

6-7 城镇固定资产投资

Investment in Fixed Assets in Urban Area

项　　目	Item	2005	2006	2007	2008	2009
投资总额(亿元)	**Total Investment (100 million yuan)**	**3528.29**	**4843.76**	**6609.16**	**8721.19**	**11455.01**
按控股情况分	by Shore-holding					
国有控股	State-holding	1642.75	1994.74	2030.83	2326.09	2663.62
集体控股	Collective-holding	224.90	370.27	580.23	683.27	988.63
港澳台商控股	Hong Kong, Macao and Taiwan-holding	116.41	102.50	161.70	153.33	121.80
外商控股	Foreign-holding	126.57	117.89	117.12	127.25	92.98
私人及其他控股	Private and others-holding	1417.66	2258.37	3719.28	5431.25	7587.99
按资金来源分	Grouped by Source of Funds					
国家预算内资金	State Budgetary Appropriation	107.98	108.36	116.13	197.33	348.17
国内贷款	Domestic Loans	675.09	684.71	759.98	815.05	1070.53
债券	Bond			1.50		4.65
利用外资	Foreign Investment	62.95	67.85	76.37	92.58	49.99
自筹资金	Fundraising	2258.86	3478.86	5094.20	6934.63	8966.23
其他资金	Others	423.41	503.97	560.98	681.61	1015.43
按隶属关系分	Grouped by Administrative Relationship					
中央	Central Investment	203.66	231.30	233.68	361.58	376.63
地方	Local Investment	3324.63	4612.46	6375.48	8359.61	11078.38
按构成分	Grouped by Use of Funds					
建筑安装工程	Construction and Installation	2385.64	3117.91	4307.32	5473.65	7243.65
设备、工器具购置	Purchase of Equipment and Instruments	748.26	1196.93	1693.39	2407.95	3146.09
其他费用	Others	394.39	528.91	608.45	839.58	1065.27
按建设性质分	Grouped by Type of Construction					
#新建	New Construction	1961.62	2929.72	3946.16	5164.31	6620.43
扩建	Expansion	666.80	791.82	1133.28	1455.31	2031.31
改建和技术改造	Reconstruction	343.53	390.14	523.52	655.05	979.14
新增固定资产(亿元)	**Newly Increased Fixed Assets (100 million yuan)**	**2429.67**	**3434.69**	**5137.08**	**6407.67**	**8209.79**
房屋建筑面积(万平方米)	**Floor Space of Buildings (10 000 sq.m)**					
施工面积	Floor Space Under Construction	14064	17145	24283	30512	38420
#住宅	Residential Buildings	7310	8387	12445	15963	18266
竣工面积	Floor Space Completed	6592	6989	10185	11267	12903
#住宅	Residential Buildings	3574	2957	4377	4725	5121

6-8 分行业城镇固定资产投资

Investment in Fixed Assets in Urban Area by Sector

单位：亿元 (100 million yuan)

产业	Branch	2005	2006	2007	2008	2009
总计	**Total**	**3528.29**	**4843.76**	**6609.16**	**8721.19**	**11455.01**
第一产业	**Primary Industry**	**56.66**	**69.88**	**134.39**	**256.54**	**352.87**
农、林、牧、渔业	Farming, Forestry, Animal Husbandry and Fishery	56.66	69.88	134.39	256.54	352.87
第二产业	**Secondary Industry**	**1675.70**	**2422.67**	**3672.54**	**4901.46**	**6432.84**
工业	Industry	1668.16	2406.37	3656.02	4885.10	6415.54
轻工业	Light Industry	401.48	637.38	1004.90	1330.12	1787.08
重工业	Heavy Industry	1266.68	1769.00	2651.12	3554.98	4628.46
#能源工业	Energy Industry	497.84	573.66	657.11	832.73	940.32
建筑业	Construction	7.54	16.29	16.52	16.36	17.30
第三产业	**Tertiary Industry**	**1795.93**	**2351.21**	**2802.23**	**3563.18**	**4669.29**
交通运输、仓储和邮政业	Traffic,Transport, Storage and Post	468.35	568.40	426.06	389.43	484.44
信息传输、计算机服务和软件业	Information Transfer, Computer Services and Software	64.98	52.91	57.87	53.80	74.28
批发和零售业	Wholesale and Retail Trade	103.49	160.89	200.66	238.63	308.24
住宿和餐饮业	Accommodation and Restaurants	36.83	43.97	72.33	105.84	151.34
金融业	Finance	4.44	3.74	6.65	7.87	12.19
房地产业	Real estate	611.27	858.99	1265.99	1807.82	2215.45
租赁和商务服务业	Tenancy and Business Services	26.40	17.42	19.80	19.01	27.50
科学研究、技术服务和地质勘查业	Scientific Research, Technical Service and Geologic Perambulation	19.04	17.77	17.45	17.56	32.94
水利、环境和公共管理业	Management of Water Conservancy, Environment and Public Establishment	230.94	311.91	396.12	522.32	760.94
居民服务和其他服务业	Resident Services and Other Services	7.73	16.87	16.83	26.83	39.64
教育	Education	105.51	130.93	133.45	139.61	204.82
卫生、社会保障和社会福利业	Sanitation, Social Security and Social Welfare	30.17	38.44	53.14	69.75	109.82
文化、体育和娱乐业	Culture, Sports and Entertainment	29.18	40.36	59.13	78.41	125.14
公共管理和社会组织	Public Management and Social Organization	57.58	88.62	76.76	86.29	122.55

6-9 分行业城镇固定资产投资资金来源（2009年）

单位：亿元

指　　标	Item	资金来源 Sources of Funds	国家预算内资金 State Budget
总　　计	**Total**	**11768.37**	**348.17**
农、林、牧、渔业	**Farming, Forestry,Animal Husbandry and Fishery**	**351.34**	**28.95**
农业	Farming	60.11	2.50
林业	Forestry	45.13	5.79
畜牧业	Animal Husbandry	153.76	0.31
渔业	Fishery	7.14	0.01
农、林、牧、渔服务业	Service Activities for Farming, Forestry, Animal Husbandry and Fishery	85.20	20.35
工业	**Industry**	**6379.18**	**56.62**
采矿业	Mining	703.71	3.55
煤炭采选业	Mining and Washing of Coal	318.34	3.52
石油和天然气开采业	Extraction of Petroleum and Natural Gas	75.96	
黑色金属矿采选业	Mining of Ferrous Metal Ores	40.41	
有色金属矿采选业	Mining of Non-ferrous Metal Ores	181.53	0.03
非金属矿采选业	Mining and Processing of Nonmetal Ores	85.83	
其他采矿业	Mining of Other Ores n.e.c	1.63	
制造业	Manufacturing	5123.97	14.95
农副食品加工业	Processing of Food from Agricultural Products	373.23	0.52
食品制造业	Manufacture of Foods	209.87	0.15
饮料制造业	Manufacture of Beverage	118.20	0.30
烟草加工业	Manufacture of Tobacco	4.79	
纺织业	Manufacture of Textile	231.42	2.27
纺织服装、鞋、帽制造业	Manufacture of Textile Wearing Apparel, Footware, and Caps	96.12	0.56
皮革、毛皮、羽毛(绒)及其制品业	Manufacture of Leather, Fur, Feather and Its Products	65.57	0.40
木材加工及竹、藤、棕、草制品业	Processing of Timbers, Manufacture of Wood, Bamboo, Rattan, Palm, and Straw Products	82.71	0.08
家具制造业	Manufacture of Furniture	74.71	
造纸及纸制品业	Manufacture of Paper and Paper Products	111.89	0.41
印刷业和记录媒介的复制	Printing,Reproduction of Recording Media	54.59	0.13
文教体育用品制造业	Manufacture of Articles for Culture,Education and Sport Activity	15.91	0.02
石油加工、炼焦及核燃料加工业	Processing of Petroleum ,Coking, Processing of Nucleus Fuel	57.05	0.04
化学原料及化学制品制造业	Manufacture of Chemical Raw Material and Chemical Products	477.58	0.45
医药制造业	Manufacture of Medicines	128.94	0.12
化学纤维制造业	Manufacture of Chemical Fiber	8.82	0.14
橡胶制品业	Manufacture of Rubber	46.40	0.06
塑料制品业	Manufacture of Plastic	109.64	
非金属矿物制品业	Manufacture of Non-metallic Mineral Products	820.30	4.33
黑色金属冶炼及压延加工业	Manufacture and Processing of Ferrous Metals	186.38	2.05
有色金属冶炼及压延加工业	Manufacture and Processing of Non-ferrous Metals	304.60	0.16
金属制品业	Manufacture of Metal Products	212.98	0.25
普通机械制造业	Manufacture of General Purpose Machinery	417.17	0.64
专用设备制造业	Manufacture of Special Purpose Machinery	315.50	0.59
交通运输设备制造业	Manufacture of Transport Equipment	198.12	0.34
电气机械及器材制造业	Manufacture of Electrical Machinery and Equipment	249.36	0.91
通信设备、计算机及其他电子设备制造业	Manufacture of Communication Equipment , Computer and Other Electronic Equipment	55.23	0.03

Sources of Funds of Investment in Fixed Assets in the Urban Area by Sector(2009)

(100 million yuan)

国内贷款 Domestic Loans	利用外资 Foreign Investment	自筹资金 Self-raising Funds	其他资金 Others
1070.53	**49.99**	**8966.23**	**1328.79**
19.12	**2.29**	**272.78**	**28.19**
2.38	1.28	47.81	6.15
0.94	0.30	34.81	3.28
11.47	0.28	132.52	9.18
0.27	0.35	5.62	0.89
4.05	0.08	52.03	8.69
634.73	**37.54**	**5397.79**	**247.85**
50.97	1.86	615.81	31.51
17.72	0.73	282.35	14.02
20.09		55.87	
2.17		35.33	2.92
9.62		161.07	10.82
1.28	1.13	79.71	3.72
0.10		1.49	0.04
414.36	31.39	4469.64	193.63
35.83	5.06	309.62	22.20
21.92	3.92	174.84	9.03
10.85	0.25	100.40	6.40
		3.39	1.40
20.82	0.35	202.36	5.63
8.59	0.02	84.93	2.02
2.82	2.43	58.93	0.99
4.44	0.98	73.93	3.28
4.02	1.27	66.34	3.08
8.43	0.24	99.08	3.74
3.21	0.16	49.57	1.52
0.82	0.20	14.40	0.46
4.35	0.03	52.42	0.20
66.45	0.63	398.28	11.78
7.84	0.74	115.06	5.20
		7.70	0.98
2.27	0.62	41.62	1.82
6.32	0.09	95.16	8.06
48.34	1.95	728.74	36.94
5.34		176.96	2.04
35.78	3.80	257.60	7.27
13.35	0.36	187.13	11.89
21.80	0.67	383.51	10.54
27.15	0.20	278.45	9.12
13.18	4.34	168.47	11.80
30.18	1.18	209.36	7.73
2.53	0.81	47.93	3.93

6−9　续表

单位：亿元

指　　标	Item	资金来源 Sources of Funds	国家预算内资金 State Budget
仪器仪表及文化、办公用机械制造业	Manufacture of Measuring Instrument and Machinery for Cultural Activity and Office Work	29.04	0.02
工艺品及其他制造业	Manufacture of Artwork, Other Manufacture n.e.c	47.23	
废气资源和废旧材料回收加工业	Recycling and Disposal of Waste	20.65	
电力、煤气及水的生产和供应业	Production and Distribution of Electricity,Gas and Water	551.51	38.12
电力、热力生产和供应业	Production and Supply of Electric Power and Heat Power	399.67	23.69
燃气生产和供应业	Production and Distribution of Gas	66.16	0.89
水的生产和供应业	Production and Distribution of Water	85.67	13.55
建筑业	**Construction**	**17.20**	
#房屋和土木工程建筑业	Construction of Building and Civil Engineering	13.37	
建筑安装业	Architectural Installation	1.89	
交通运输、仓储和邮政业	**Traffic,Transport, Storage and Post**	**498.39**	**82.44**
#铁路运输业	Transport Via Railway	46.45	19.92
道路运输业	Transport Via Road	222.10	31.63
城市公共交通业	Urban Public Traffic	39.04	15.24
仓储业	Storage	137.09	6.22
邮政业	Post	3.45	0.06
信息传输、计算机服务和软件业	**Information Transfer, Computer Services and Software**	**73.05**	**0.84**
#电信和其他信息传输服务业	Telecom and Other Information Transfer Services	69.61	0.84
计算机服务业	Computer Services	2.42	
批发和零售业	**Wholesale and Retail Trade**	**311.45**	**1.55**
#批发业	Wholesale	115.56	0.88
住宿和餐饮业	**Accommodation and Restaurants**	**148.55**	**0.25**
#住宿业	Accommodation	78.92	0.25
金融业	**Finance**	**12.28**	**0.16**
#保险业	Insurance	0.70	
房地产业	**Real Estate**	**2568.86**	**24.02**
租赁和商务服务业	**Tenancy and Business Services**	**26.35**	**0.16**
#商务服务业	Business Service	20.83	0.16
科学研究、技术服务和地质勘查业	**Scientific Research, Technical Service and Geologic perambulation**	**33.00**	**1.49**
#研究与实验发展	Research and Experimental Development	10.29	0.71
地质勘查业	Geologic Perambulation	3.33	
水利、环境和公共管理业	**Management of Water Conservancy, Environment and public Establishment**	**750.54**	**81.05**
水利管理业	Management of Water Conservancy	89.22	24.71
环境管理业	Environmental Management	70.26	12.04
公共设施管理业	Management of Public Establishment	591.06	44.29
居民服务和其他服务业	**Resident Services and Other Services**	**40.12**	**1.61**
#居民服务业	Resident Services	27.86	1.44
教育	**Education**	**201.60**	**20.20**
卫生、社会保障和社会福利业	**Sanitation, Social Security and Social Welfare**	**113.77**	**13.83**
#卫生	Sanitation	99.88	12.18
文化、体育和娱乐业	**Culture, Sports and Entertainment**	**121.79**	**15.84**
#文化艺术业	Culture and Art	49.77	7.57
公共管理和社会组织	**Public Management and Social Organization**	**120.90**	**19.15**
#国家机构	Organ of State	90.23	17.82

continued

(100 million yuan)

国内贷款 Domestic Loans	利用外资 Foreign Investment	自筹资金 Self-raising Funds	其他资金 Others
3.21		23.55	2.27
2.68	1.10	41.28	2.17
1.86		18.64	0.14
169.40	4.30	312.33	22.71
134.97	1.94	221.21	14.07
27.06	1.63	34.78	1.80
7.37	0.72	56.33	6.84
0.38		**15.75**	**1.07**
0.12		12.43	0.83
0.24		1.50	0.15
105.91	**1.54**	**277.55**	**30.96**
12.66	1.38	10.85	1.64
62.78	0.04	108.94	18.70
21.17		2.63	
7.83	0.12	115.55	7.38
0.30		2.95	0.14
1.70	**0.80**	**66.13**	**3.58**
1.68	0.80	62.76	3.53
0.01		2.41	
11.25	**2.16**	**270.80**	**25.69**
4.38	0.29	100.33	9.68
7.86	**0.15**	**130.36**	**9.93**
4.35		67.87	6.44
1.00		**10.00**	**1.12**
		0.70	
216.13	**2.95**	**1476.01**	**849.75**
1.45		**23.37**	**1.37**
1.25		18.35	1.08
0.93		**29.80**	**0.77**
0.18		9.35	0.05
		3.33	
37.11	**0.34**	**551.79**	**80.25**
6.61		49.66	8.24
3.53		47.76	6.93
26.98	0.34	454.37	65.08
2.36	**0.20**	**33.41**	**2.54**
1.64	0.20	22.30	2.27
17.61	**0.76**	**148.67**	**14.36**
6.14	**0.14**	**85.89**	**7.77**
5.86	0.04	75.37	6.43
4.89	**1.11**	**92.31**	**7.64**
1.69	0.60	34.94	4.97
1.96	**0.02**	**83.83**	**15.94**
1.78		55.90	14.74

6-10 按行业和注册类型分城镇固定资产投资(2009年)

单位：亿元

指标	Item	投资额 Total Investment	中央 Central Investment	地方 Local Investment
总计	**Total**	**11455.01**	**376.63**	**11078.38**
农、林、牧、渔业	**Farming, Forestry,Animal Husbandry and Fishery**	**352.87**	**0.65**	**352.23**
农业	Farming	59.74	0.06	59.68
林业	Forestry	45.78	0.01	45.77
畜牧业	Animal Husbandry	154.15		154.15
渔业	Fishery	7.33		7.33
农、林、牧、渔服务业	Service Activities for Farming, Forestry, Animal Husbandry and Fishery	85.89	0.58	85.31
工业	**Industry**	**6415.54**	**297.77**	**6117.77**
采矿业	Mining	**703.70**	**85.08**	**618.63**
煤炭采选业	Mining and Washing of Coal	315.63	3.90	311.73
石油和天然气开采业	Extraction of Petroleum and Natural Gas	73.21	73.21	
黑色金属矿采选业	Mining of Ferrous Metal Ores	40.87		40.87
有色金属矿采选业	Mining of Non-ferrous Metal Ores	186.25	7.96	178.29
非金属矿采选业	Mining and Processing of Nonmetal Ores	86.09		86.09
其他采矿业	Mining of Other Ores n.e.c	1.65		1.65
制造业	Manufacturing	5138.01	91.93	5046.08
农副食品加工业	Processing of Food from Agricultural Products	373.16		373.16
食品制造业	Manufacture of Foods	215.39		215.39
饮料制造业	Manufacture of Beverage	118.34		118.34
烟草加工业	Manufacture of Tobacco	4.78		4.78
纺织业	Manufacture of Textile	219.23		219.23
纺织服装、鞋、帽制造业	Manufacture of Textile Wearing Apparel, Footware, and Caps	96.04		96.04
皮革、毛皮、羽毛(绒)及其制品业	Manufacture of Leather, Fur, Feather and Its Products	68.05		68.05
木材加工及竹、藤、棕、草制品业	Processing of Timbers, Manufacture of Wood, Bamboo, Rattan, Palm, and Straw Products	80.95		80.95
家具制造业	Manufacture of Furniture	75.27		75.27
造纸及纸制品业	Manufacture of Paper and Paper Products	112.30		112.30
印刷业和记录媒介的复制	Printing,Reproduction of Recording Media	56.40		56.40
文教体育用品制造业	Manufacture of Articles for Culture,Education and Sport Activity	15.60		15.60
石油加工、炼焦及核燃料加工业	Processing of Petroleum ,Coking,Processing of Nucleus Fuel	58.47	0.33	58.14
化学原料及化学制品制造业	Manufacture of Chemical Raw Material and Chemical Products	474.87	22.46	452.41
医药制造业	Manufacture of Medicines	129.65		129.65
化学纤维制造业	Manufacture of Chemical Fiber	8.46		8.46
橡胶制品业	Manufacture of Rubber	52.41		52.41
塑料制品业	Manufacture of Plastic	110.40		110.40
非金属矿物制品业	Manufacture of Non-metallic Mineral Products	829.32	9.11	820.21
黑色金属冶炼及压延加工业	Manufacture and Processing of Ferrous Metals	185.68	6.02	179.65
有色金属冶炼及压延加工业	Manufacture and Processing of Non-ferrous Metals	305.62	13.44	292.18
金属制品业	Manufacture of Metal Products	213.35	1.03	212.32
普通机械制造业	Manufacture of General Purpose Machinery	418.45	12.76	405.69
专用设备制造业	Manufacture of Special Purpose Machinery	313.19	13.60	299.59
交通运输设备制造业	Manufacture of Transport Equipment	199.97	6.48	193.49
电气机械及器材制造业	Manufacture of Electrical Machinery and Equipment	249.64	2.14	247.50
通信设备、计算机及其他电子设备制造业	Manufacture of Communication Equipment , Computer and Other Electronic Equipment	55.19	0.52	54.67

Investment in Fixed Assets in Urban Area by Registration Status and Sector(2009)

(100 million yuan)

#内 资 Domestic Invest-ment	#港澳台商投资 Units with Funds from Hong Kong, Macao and Taiwan	#外商投资 Foreign Funded Units	#国有控股 State holds the majority of shares	#集体控股 Collective holds the majority of shares	#私人控股 Private holds the majority of shares	#港澳台控股 Hong Kong, Macao and Taiwan holds the majority of shares	#外商控股 Foreign holds the majority of shares
11164.45	**141.77**	**148.79**	**2663.62**	**988.63**	**7500.18**	**121.80**	**92.98**
350.79	**0.75**	**1.34**	**112.14**	**32.09**	**208.04**	**0.45**	**0.16**
58.29	0.30	1.15	14.42	7.88	37.44		
45.62		0.16	27.50	6.09	12.03		0.16
153.67	0.45	0.03	7.23	10.10	136.37	0.45	
7.33			1.14	0.01	6.18		
85.89			61.85	8.02	16.02		
6248.55	**89.28**	**77.71**	**960.23**	**378.47**	**4960.67**	**73.42**	**42.75**
697.73	**3.71**	**2.27**	**182.74**	**96.20**	**424.03**		**0.74**
311.83	3.38	0.42	80.26	59.55	175.40		0.42
73.21			73.21				
39.77	0.33	0.78	2.87	2.14	35.86		
185.55		0.70	23.89	22.88	139.48		
85.72		0.37	2.51	11.55	71.71		0.32
1.65				0.07	1.58		
5011.57	60.72	65.72	373.80	238.77	4437.94	50.70	36.81
362.73	6.29	4.14	9.65	29.44	325.17	6.21	2.69
210.23	2.02	3.14	7.64	18.35	184.94	2.80	1.67
109.13	2.52	6.68	6.39	9.60	99.22		3.12
4.78			3.41	0.60	0.78		
210.67	2.56	6.00	12.22	10.73	188.13	2.14	6.01
95.94	0.03	0.07	5.08	1.27	89.59	0.03	0.07
66.74	0.50	0.81	0.43	2.49	63.82	0.50	0.81
79.31	1.46	0.18	1.19	2.34	75.79	1.46	0.18
75.06		0.21	0.17	3.78	71.32		
111.90	0.40		3.30	6.26	102.74		
54.70	0.85	0.86	1.04	2.35	52.05	0.97	
15.43	0.05	0.12	0.99	0.24	14.20	0.05	0.12
53.64	4.83		3.35	5.74	45.25	4.13	
456.73	11.97	6.16	87.43	33.34	339.48	11.59	3.03
125.42	2.85	1.39	2.78	6.17	120.32		0.38
8.02		0.43	2.80	0.31	4.91	0.43	
50.66	1.75		7.16	1.92	42.13	1.20	
108.91	1.50		1.14	3.58	104.19	1.14	0.36
822.73	3.36	3.24	31.33	37.52	757.17	2.57	0.74
184.66		1.01	11.76	3.83	169.08		1.01
297.99	3.74	3.89	80.93	4.60	212.00	5.40	2.68
211.83	1.12	0.40	6.51	4.46	201.72	0.27	0.4
411.66	4.55	2.24	20.60	13.58	378.29	4.22	1.75
312.66	0.06	0.47	29.69	7.65	275.53		0.31
187.76	2.45	9.76	8.48	7.53	181.30	1.04	1.62
239.65	3.25	6.74	15.46	15.92	211.17	1.65	5.45
49.46	2.62	3.11	0.64	1.32	47.50	2.62	3.11

6-10 续表

单位：亿元

指标	Item	投资额 Total Invest-ment	中央 Central Invest-ment	地方 Local Invest-ment
仪器仪表及文化、办公用机械制造业	Manufacture of Measuring Instrument and Machinery for Cultural Activity and Office Work	30.24	3.67	26.57
工艺品及其他制造业	Manufacture of Artwork, Other Manufacture n.e.c	47.26	0.36	46.90
废气资源和废旧材料回收加工业	Recycling and Disposal of Waste	20.33		20.33
电力、煤气及水的生产和供应业	Production and Distribution of Electricity,Gas and Water	573.83	120.77	453.06
电力、热力生产和供应业	Production and Supply of Electric Power and Heat Power	430.88	120.40	310.48
燃气生产和供应业	Production and Distribution of Gas	59.45		59.45
水的生产和供应业	Production and Distribution of Water	83.49	0.36	83.13
建筑业	**Construction**	**17.30**	**8.74**	**8.56**
#房屋和土木工程建筑业	Construction of Building and Civil Engineering	13.37	8.44	4.94
建筑安装业	Architectural Installation	2.01	0.30	1.71
交通运输、仓储和邮政业	**Traffic,Transport, Storage and Post**	**484.44**	**18.83**	**465.61**
#铁路运输业	Transport Via Railway	44.78	9.16	35.62
道路运输业	Transport Via Road	235.87	1.41	234.45
城市公共交通业	Urban Public Traffic	19.34	0.07	19.27
仓储业	Storage	132.38	2.81	129.57
邮政业	Post	3.44	0.06	3.38
信息传输、计算机服务和软件业	**Information Transfer, Computer Services and Software**	**74.28**	**10.25**	**64.02**
#电信和其他信息传输服务业	Telecom and Other Information Transfer Services	70.83	10.25	60.58
计算机服务业	Computer Services	2.42		2.42
批发和零售业	**Wholesale and Retail Trade**	**308.24**	**1.02**	**307.23**
#批发业	Wholesale	115.79	0.60	115.19
住宿和餐饮业	**Accommodation and Restaurants**	**151.34**	**0.12**	**151.23**
#住宿业	Accommodation	83.08	0.12	82.96
金融业	**Finance**	**12.19**	**0.52**	**11.66**
#保险业	Insurance	0.70	0.08	0.62
房地产业	**Real Estate**	**2215.45**	**18.53**	**2196.93**
租赁和商务服务业	**Tenancy and Business Services**	**27.50**	**0.57**	**26.93**
#商务服务业	Business Service	21.98	0.57	21.41
科学研究、技术服务和地质勘查业	**Scientific Research, Technical Service and Geologic perambulation**	**32.94**	**1.96**	**30.99**
#研究与实验发展	Research and Experimental Development	10.54	1.72	8.82
地质勘查业	Geologic Perambulation	2.36		2.36
水利、环境和公共管理业	**Management of Water Conservancy, Environment and public Establishment**	**760.94**	**12.71**	**748.23**
水利管理业	Management of Water Conservancy	91.20	6.39	84.81
环境管理业	Environmental Management	69.58	1.41	68.17
公共设施管理业	Management of Public Establishment	600.16	4.91	595.25
居民服务和其他服务业	**Resident Services and Other Services**	**39.64**	**1.35**	**38.29**
#居民服务业	Resident Services	27.51	1.35	26.16
教育	**Education**	**204.82**	**1.39**	**203.43**
卫生、社会保障和社会福利业	**Sanitation, Social Security and Social Welfare**	**109.82**	**0.96**	**108.86**
#卫生	Sanitation	96.82	0.96	95.86
文化、体育和娱乐业	**Culture, Sports and Entertainment**	**125.14**	**0.49**	**124.65**
#文化艺术业	Culture and Art	51.67	0.27	51.40
公共管理和社会组织	**Public Management and Social Organization**	**122.55**	**0.78**	**121.77**
#国家机构	Organ of State	91.89	0.78	91.12

continued

(100 million yuan)

内　资 Domestic Invest-ment	港澳台商投资 Units with Funds from Hong Kong, Macao and Taiwan	外商投资 Foreign Funded Units	#国有控股 State holds the majority of shares	#集体控股 Collective holds the majority of shares	#私人控股 Private holds the majority of shares	#港澳台控股 Hong Kong, Macao and Taiwan holds the majority of shares	#外商控股 Foreign holds the majority of shares
27.02		3.22	4.63	0.74	24.74		0.12
46.96		0.30	5.44	2.73	38.76	0.29	0.03
19.18		1.15	2.16	0.37	16.65		1.15
539.25	24.85	9.73	403.69	43.50	98.71	22.73	5.2
403.20	23.98	3.70	319.08	27.55	58.75	21.86	3.65
52.69	0.86	5.91	34.54	1.15	21.47	0.86	1.43
83.36	0.01	0.12	50.08	14.80	18.49	0.01	0.12
17.21		**0.09**	**9.63**	**0.89**	**6.78**		
13.37			9.05	0.75	3.57		
1.92		0.09	0.58		1.43		
469.28	**3.89**	**11.27**	**298.37**	**44.75**	**134.85**	**2.98**	**3.49**
36.95		7.83	39.49	1.23	3.91		0.15
235.77		0.10	193.50	19.32	22.94	0.10	
19.34			18.17	0.09	1.08		
128.49	3.89		32.83	13.43	83.24	2.88	
3.44			0.63	0.02	2.79		
57.43	**11.42**	**5.42**	**48.06**	**3.43**	**11.91**	**9.26**	**1.62**
53.99	11.42	5.42	48.06	3.36	8.53	9.26	1.62
2.42				0.07	2.36		
303.95	**3.36**	**0.93**	**30.45**	**52.33**	**221.72**	**2.11**	**1.63**
115.46	0.20	0.13	17.84	16.59	80.33		1.04
150.51	**0.47**	**0.37**	**13.76**	**10.80**	**126.40**	**0.38**	
82.63	0.09	0.37	9.95	6.00	67.14		
12.19			**6.41**	**3.61**	**2.17**		
0.70			0.08	0.07	0.55		
2135.93	**30.89**	**48.64**	**271.48**	**257.38**	**1527.82**	**30.11**	**40.85**
27.50			**8.94**	**3.96**	**14.60**		
21.98			8.64	3.62	9.72		
32.94			**20.97**	**1.34**	**10.63**		
10.54			7.61		2.92		
2.36			2.31		0.05		
760.08	**0.56**	**0.30**	**526.16**	**114.94**	**117.44**	**2.40**	
91.20			73.31	14.64	3.24		
69.02	0.56		50.97	6.17	12.34	0.10	
599.86		0.30	401.87	94.13	101.85	2.30	
39.39		**0.26**	**8.29**	**3.42**	**27.69**		**0.25**
27.51			7.15	1.95	18.42		
202.27	**0.40**	**2.15**	**122.60**	**23.18**	**56.61**	**0.28**	**2.15**
109.82			**73.89**	**16.64**	**19.29**		
96.82			65.35	14.66	16.81		
124.41	**0.42**	**0.31**	**67.58**	**16.60**	**40.49**	**0.41**	**0.06**
51.35		0.31	38.69	8.61	4.31		0.06
122.20	**0.34**		**84.67**	**24.80**	**13.08**		
91.55	0.34		77.00	10.46	4.43		

6-11 各市按三次产业分的城镇固定资产投资(2009年)

Investment in Fixed Assets in the Urban Area by Type of Industry and City(2009)

单位：亿元 (100 million yuan)

市 City	投资总额 Total Investment	第一产业 Primary Industry	第二产业 Secondary Industry	#工业 Industry	第三产业 Tertiary Industry
全 省 Total	**11455.01**	**352.87**	**6432.84**	**6415.54**	**4669.29**
郑 州 市 Zhengzhou	1995.24	35.46	928.49	926.35	1031.28
开 封 市 Kaifeng	315.61	4.12	202.81	202.74	108.69
洛 阳 市 Luoyang	1280.49	57.63	808.45	798.29	414.40
平 顶 山 市 Pingdingshan	475.10	20.01	281.84	280.42	173.25
安 阳 市 Anyang	622.56	8.26	385.65	385.65	228.65
鹤 壁 市 Hebi	244.26	7.82	167.83	167.83	68.60
新 乡 市 Xinxiang	904.51	23.30	600.57	600.57	280.65
焦 作 市 Jiaozuo	695.02	17.08	453.30	453.30	224.64
濮 阳 市 Puyang	356.90	15.58	204.05	203.57	137.27
许 昌 市 Xuchang	557.58	9.92	349.77	349.32	197.89
漯 河 市 Luohe	283.55	4.31	199.29	199.29	79.95
三 门 峡 市 Sanmenxia	467.57	18.01	290.69	290.57	158.86
南 阳 市 Nanyang	929.52	37.75	603.12	603.09	288.66
商 丘 市 Shangqiu	560.99	15.53	300.19	299.86	245.28
信 阳 市 Xinyang	700.89	55.47	144.79	143.93	500.63
周 口 市 Zhoukou	494.11	10.45	255.57	255.02	228.10
驻 马 店 市 Zhumadian	408.71	11.10	171.42	170.71	226.20
济 源 市 Jiyuan	146.29	1.09	85.02	85.02	60.19

6-12 各市按建设性质分的城镇固定资产投资(2009年)

Investment in Fixed Assets in the Urban Area by Type of Construction and City(2009)

单位：亿元 (100 million yuan)

市	City	投资总额 Total Investment	#新建 New Construction	#扩建 Expansion	#改建和技术改造 Reconstruction
全　　省	**Total**	**11455.01**	**6620.43**	**2031.31**	**979.14**
郑州市	Zhengzhou	1995.24	771.19	470.66	191.61
开封市	Kaifeng	315.61	209.18	42.27	20.51
洛阳市	Luoyang	1280.49	729.53	223.95	130.99
平顶山市	Pingdingshan	475.10	304.44	45.23	64.56
安阳市	Anyang	622.56	291.59	190.96	55.07
鹤壁市	Hebi	244.26	163.64	45.85	18.97
新乡市	Xinxiang	904.51	513.26	202.19	63.09
焦作市	Jiaozuo	695.02	484.91	97.10	39.51
濮阳市	Puyang	356.90	241.26	53.14	21.21
许昌市	Xuchang	557.58	338.44	113.16	35.80
漯河市	Luohe	283.55	205.96	48.50	10.54
三门峡市	Sanmenxia	467.57	228.21	97.19	94.81
南阳市	Nanyang	929.52	643.25	128.59	87.98
商丘市	Shangqiu	560.99	411.39	55.15	14.76
信阳市	Xinyang	700.89	481.76	45.50	41.14
周口市	Zhoukou	494.11	251.36	83.17	55.68
驻马店市	Zhumadian	408.71	266.54	47.96	12.98
济源市	Jiyuan	146.29	68.43	40.75	19.96

6-13 各市按构成性质分的城镇固定资产投资(2009年)

Investment in Fixed Assets in Urban Area by Composition of Funds and City(2009)

单位：亿元 (100 million yuan)

市	City	投资总额 Total Investment	建筑工程 Construction	安装工程 Installation	设备购置 Purchase of Equipment	其他费用 Others
全　　省	**Total**	**11455.01**	**6934.01**	**309.64**	**3146.09**	**1065.27**
郑州市	Zhengzhou	1995.24	1152.17	47.12	498.24	297.71
开封市	Kaifeng	315.61	165.90	14.01	99.62	36.08
洛阳市	Luoyang	1280.49	808.94	43.27	326.72	101.56
平顶山市	Pingdingshan	475.10	246.81	15.63	133.95	78.71
安阳市	Anyang	622.56	323.43	9.02	246.37	43.74
鹤壁市	Hebi	244.26	137.61	4.17	71.95	30.52
新乡市	Xinxiang	904.51	563.24	5.96	278.01	57.30
焦作市	Jiaozuo	695.02	363.82	22.03	279.13	30.04
濮阳市	Puyang	356.90	189.27	21.53	117.26	28.83
许昌市	Xuchang	557.58	282.30	16.44	212.71	46.13
漯河市	Luohe	283.55	173.12	4.66	91.64	14.13
三门峡市	Sanmenxia	467.57	253.60	36.10	123.56	54.31
南阳市	Nanyang	929.52	600.24	38.64	232.25	58.38
商丘市	Shangqiu	560.99	343.17	10.20	159.35	48.26
信阳市	Xinyang	700.89	572.80	5.57	42.84	79.69
周口市	Zhoukou	494.11	396.46	7.46	71.42	18.77
驻马店市	Zhumadian	408.71	268.10	4.36	107.07	29.18
济源市	Jiyuan	146.29	78.44	3.43	53.99	10.44

6-14 分行业城镇固定资产投资(2009年)

单位：亿元

行　　业	Sector	投资总额 Total Investment	按构成分 建筑工程 Construction
总　　计	**Total**	**11455.01**	**6934.01**
农、林、牧、渔业	**Farming, Forestry,Animal Husbandry and Fishery**	**352.87**	**232.80**
农业	Farming	59.74	39.92
林业	Forestry	45.78	26.29
畜牧业	Animal Husbandry	154.15	95.28
渔业	Fishery	7.33	5.06
农、林、牧、渔服务业	Service Activities for Farming, Forestry, Animal Husbandry and Fishery	85.89	66.25
工业	**Industry**	**6415.54**	**2966.12**
采矿业	Mining	703.70	374.25
煤炭采选业	Mining and Washing of Coal	315.63	149.71
石油和天然气开采业	Extraction of Petroleum and Natural Gas	73.21	32.97
黑色金属矿采选业	Mining of Ferrous Metal Ores	40.87	25.35
有色金属矿采选业	Mining of Non-ferrous Metal Ores	186.25	118.18
非金属矿采选业	Mining and Processing of Nonmetal Ores	86.09	47.11
其他采矿业	Mining of Other Ores n.e.c	1.65	0.93
制造业	Manufacturing	5138.01	2342.98
农副食品加工业	Processing of Food from Agricultural Products	373.16	201.04
食品制造业	Manufacture of Foods	215.39	108.86
饮料制造业	Manufacture of Beverage	118.34	50.08
烟草加工业	Manufacture of Tobacco	4.78	2.83
纺织业	Manufacture of Textile	219.23	97.26
纺织服装、鞋、帽制造业	Manufacture of Textile Wearing Apparel, Footware, and Caps	96.04	50.07
皮革、毛皮、羽毛(绒)及其制品业	Manufacture of Leather, Fur, Feather and Its Products	68.05	32.57
木材加工及竹、藤、棕、草制品业	Processing of Timbers, Manufacture of Wood, Bamboo, Rattan, Palm, and Straw Products	80.95	44.41
家具制造业	Manufacture of Furniture	75.27	43.82
造纸及纸制品业	Manufacture of Paper and Paper Products	112.30	43.38
印刷业和记录媒介的复制	Printing,Reproduction of Recording Media	56.40	27.63
文教体育用品制造业	Manufacture of Articles for Culture,Education and Sport Activity	15.60	6.64
石油加工、炼焦及核燃料加工业	Processing of Petroleum ,Coking,Processing of Nucleus Fuel	58.47	18.73
化学原料及化学制品制造业	Manufacture of Chemical Raw Material and Chemical Products	474.87	186.19
医药制造业	Manufacture of Medicines	129.65	68.83
化学纤维制造业	Manufacture of Chemical Fiber	8.46	4.77
橡胶制品业	Manufacture of Rubber	52.41	27.59
塑料制品业	Manufacture of Plastic	110.40	51.28
非金属矿物制品业	Manufacture of Non-metallic Mineral Products	829.32	388.49
黑色金属冶炼及压延加工业	Manufacture and Processing of Ferrous Metals	185.68	51.43
有色金属冶炼及压延加工业	Manufacture and Processing of Non-ferrous Metals	305.62	112.35
金属制品业	Manufacture of Metal Products	213.35	106.21
普通机械制造业	Manufacture of General Purpose Machinery	418.45	198.52
专用设备制造业	Manufacture of Special Purpose Machinery	313.19	145.92
交通运输设备制造业	Manufacture of Transport Equipment	199.97	94.22
电气机械及器材制造业	Manufacture of Electrical Machinery and Equipment	249.64	105.86
通信设备、计算机及其他电子设备制造业	Manufacture of Communication Equipment , Computer and Other Electronic Equipment	55.19	21.81
仪器仪表及文化、办公用机械制造业	Manufacture of Measuring Instrument and Machinery for Cultural Activity and Office Work	30.24	12.46

Investment in Fixed Assets in the Urban Area by Sector (2009)

(100 million yuan)

By Use of Funde			按建设性质分 By Type of Construction		
安装工程 Installation	设备购置 Purchase of Equipment	其他费用 Others	#新 建 New Construction	#扩 建 Expansion	#改建和技术改造 Reconstruction and Technical Alteration
309.64	**3146.09**	**1065.27**	**6620.43**	**2031.31**	**979.14**
6.68	**52.72**	**60.67**	**282.27**	**47.89**	**21.01**
0.77	6.64	12.40	47.89	9.59	2.16
0.25	2.21	17.03	34.64	10.55	0.51
3.50	32.38	22.99	128.46	21.80	3.39
0.16	1.04	1.07	6.30	1.02	0.01
2.00	10.45	7.19	64.98	4.93	14.94
256.78	**2763.03**	**429.61**	**4040.96**	**1537.92**	**689.30**
26.47	245.92	57.06	365.31	137.38	195.32
15.23	118.89	31.80	112.33	77.05	122.42
1.92	35.58	2.74	47.24	5.70	20.19
1.13	12.79	1.60	22.57	9.81	7.39
5.37	47.81	14.89	120.69	30.33	34.88
2.65	30.40	5.93	61.77	14.27	9.72
0.18	0.46	0.08	0.71	0.23	0.71
180.71	2299.97	314.36	3278.67	1272.75	449.50
10.19	141.91	20.01	274.85	74.05	21.14
5.51	87.24	13.80	145.58	47.51	18.55
4.07	55.84	8.35	73.82	25.66	13.91
0.13	1.68	0.14	2.21	1.31	1.27
5.92	105.69	10.36	134.97	58.08	15.11
1.74	39.31	4.92	68.53	21.66	4.20
1.56	31.09	2.84	50.25	15.05	2.35
1.99	30.40	4.16	64.51	11.88	3.23
2.29	24.58	4.57	50.54	20.18	3.57
4.31	59.21	5.40	58.69	31.72	18.34
1.69	23.96	3.12	36.96	12.57	3.17
0.35	7.32	1.29	9.39	4.58	1.63
3.05	33.82	2.86	43.50	10.47	4.16
24.91	233.54	30.23	299.98	120.53	45.81
3.09	51.82	5.91	90.24	25.53	9.66
0.24	2.83	0.62	5.58	2.43	0.07
1.95	20.78	2.09	33.49	14.32	2.67
3.49	49.40	6.22	74.51	26.48	6.16
32.38	346.48	61.98	516.24	203.71	92.14
6.54	120.60	7.11	65.33	95.29	21.09
17.77	160.89	14.61	168.59	85.21	48.58
7.87	87.30	11.98	152.05	40.71	15.21
11.30	187.22	21.41	273.58	94.17	29.89
9.57	138.03	19.67	166.12	101.34	31.26
5.17	80.27	20.31	132.74	47.62	13.94
8.96	115.42	19.39	167.78	56.38	13.96
1.82	26.89	4.66	47.27	4.84	2.39
0.89	14.66	2.23	20.97	5.95	2.68

6-14 续表

单位：亿元

行业	Sector	投资总额 Total Investment	按构成分 建筑工程 Construction
工艺品及其他制造业	Manufacture of Artwork, Other Manufacture n.e.c	47.26	30.91
废气资源和废旧材料回收加工业	Recycling and Disposal of Waste	20.33	8.80
电力、煤气及水的生产和供应业	**Production and Distribution of Electricity,Gas and Water**	**573.83**	**248.89**
电力、热力生产和供应业	Production and Supply of Electric Power and Heat Power	430.88	154.42
燃气生产和供应业	Production and Distribution of Gas	59.45	41.21
水的生产和供应业	Production and Distribution of Water	83.49	53.26
建筑业	**Construction**	**17.30**	**5.30**
#房屋和土木工程建筑业	Construction of Building and Civil Engineering	13.37	3.06
建筑安装业	Architectural Installation	2.01	1.23
交通运输、仓储和邮政业	**Traffic,Transport, Storage and Post**	**484.44**	**366.74**
#铁路运输业	Transport Via Railway	44.78	40.23
道路运输业	Transport Via Road	235.87	194.94
城市公共交通业	Urban Public Traffic	19.34	7.76
仓储业	Storage	132.38	91.52
邮政业	Post	3.44	2.71
信息传输、计算机服务和软件业	**Information Transfer, Computer Services and Software**	**74.28**	**30.59**
#电信和其他信息传输服务业	Telecom and Other Information Transfer Services	70.83	28.71
计算机服务业	Computer Services	2.42	1.18
批发和零售业	**Wholesale and Retail Trade**	**308.24**	**232.37**
#批发业	Wholesale	115.79	82.94
住宿和餐饮业	**Accommodation and Restaurants**	**151.34**	**119.29**
#住宿业	Accommodation	83.08	67.00
金融业	**Finance**	**12.19**	**9.38**
#保险业	Insurance	0.70	0.30
房地产业	**Real Estate**	**2215.45**	**1824.68**
租赁和商务服务业	**Tenancy and Business Services**	**27.50**	**18.10**
#商务服务业	Business Service	21.98	16.01
科学研究、技术服务和地质勘查业	**Scientific Research, Technical Service and Geologic perambulation**	**32.94**	**25.62**
#研究与实验发展	Research and Experimental Development	10.54	8.76
地质勘查业	Geologic Perambulation	2.36	2.07
水利、环境和公共管理业	**Management of Water Conservancy, Environment and public Establishment**	**760.94**	**628.57**
水利管理业	Management of Water Conservancy	91.20	78.22
环境管理业	Environmental Management	69.58	48.44
公共设施管理业	Management of Public Establishment	600.16	501.91
居民服务和其他服务业	**Resident Services and Other Services**	**39.64**	**28.60**
#居民服务业	Resident Services	27.51	21.44
教育	**Education**	**204.82**	**165.44**
卫生、社会保障和社会福利业	**Sanitation, Social Security and Social Welfare**	**109.82**	**80.83**
#卫生	Sanitation	96.82	70.45
文化、体育和娱乐业	**Culture, Sports and Entertainment**	**125.14**	**96.91**
#文化艺术业	Culture and Art	51.67	42.90
公共管理和社会组织	**Public Management and Social Organization**	**122.55**	**102.68**
#国家机构	**Organ of State**	**91.89**	**75.57**

continued

(100 million yuan)

By Use of Funde			按建设性质分 By Type of Construction		
安装工程 Installation	设备购置 Purchase of Equipment	其他费用 Others	#新 建 New Construction	#扩 建 Expansion	#改建和技术改造 Reconstruction and Technical Alteration
1.17	12.42	2.76	34.99	10.94	1.04
0.78	9.38	1.37	15.40	2.59	2.34
49.60	**217.14**	**58.20**	**396.98**	**127.79**	**44.49**
42.64	184.96	48.87	285.15	107.12	34.78
2.63	11.58	4.02	50.39	6.49	2.32
4.33	20.59	5.31	61.45	14.18	7.39
0.13	**11.57**	**0.30**	**5.81**	**0.22**	**1.24**
0.04	10.17	0.11	3.05	0.06	0.96
	0.70	0.08	1.43		0.10
5.17	**63.32**	**49.22**	**315.89**	**103.99**	**53.83**
0.09	1.24	3.22	25.55	0.84	18.39
0.48	14.38	26.07	127.88	72.89	30.44
0.02	9.77	1.79	18.25	0.09	0.05
3.08	25.15	12.63	105.98	22.74	2.93
0.02	0.46	0.26	3.36	0.05	0.02
6.52	**35.39**	**1.78**	**54.76**	**10.11**	**7.05**
6.46	34.01	1.66	52.65	10.06	5.96
0.05	1.14	0.05	1.25	0.03	1.04
5.53	**43.77**	**26.58**	**245.77**	**35.13**	**22.59**
1.85	19.11	11.90	95.42	11.74	6.94
3.27	**16.75**	**12.04**	**113.19**	**14.39**	**23.13**
1.89	7.96	6.22	63.35	7.63	11.60
0.15	**1.90**	**0.75**	**8.65**	**1.01**	**2.12**
0.02	0.29	0.09	0.63		
8.07	**33.01**	**349.70**	**554.55**	**39.57**	**16.10**
0.18	**6.63**	**2.59**	**21.05**	**4.22**	**1.36**
0.12	3.74	2.11	16.41	4.16	0.92
0.38	**4.26**	**2.69**	**27.94**	**2.32**	**1.02**
0.23	1.18	0.37	8.40	1.36	0.29
	0.01	0.28	2.31		0.05
8.84	**48.68**	**74.85**	**507.69**	**139.59**	**103.21**
0.89	3.91	8.18	52.66	10.25	27.25
3.08	13.68	4.39	52.06	5.79	11.74
4.88	31.09	62.28	402.97	123.56	64.22
0.95	**7.27**	**2.82**	**30.42**	**4.99**	**3.99**
0.63	3.23	2.21	20.54	3.65	3.19
1.61	**14.30**	**23.47**	**143.60**	**41.46**	**10.47**
1.40	**21.03**	**6.56**	**72.96**	**20.39**	**6.99**
1.24	19.64	5.48	61.49	19.34	6.80
2.54	**11.86**	**13.83**	**100.95**	**13.07**	**7.49**
1.52	2.92	4.33	40.60	4.25	4.12
1.43	**10.61**	**7.83**	**93.98**	**15.05**	**8.26**
0.98	**8.88**	**6.46**	**71.73**	**9.61**	**5.39**

6-15 各市分行业城镇固定资产投资(2009)

单位：亿元

市 City	合 计 Total	农、林、牧、渔业 Farming, Forestry, Animal Husbandry and Fishery	工 业 Industry	建筑业 Construction	交通运输、仓储和邮政业 Traffic, Transport, Storage and Post	信息传输、计算机服务和软件业 Information Transfer, Computer Services and Software	批发和零售业 Wholesale and Retail Trade	住宿和餐饮业 Accommodation and Restaurants
全　　省 Total	**11455.01**	**352.87**	**6415.54**	**17.30**	**484.44**	**74.28**	**308.24**	**151.34**
郑　州　市 Zhengzhou	1995.24	35.46	926.35	2.14	124.18	6.55	32.47	21.57
开　封　市 Kaifeng	315.61	4.12	202.74	0.07	6.38	13.40	12.04	9.88
洛　阳　市 Luoyang	1280.49	57.63	798.29	10.16	24.99	10.41	31.52	26.08
平顶山市 Pingdingshan	475.10	20.01	280.42	1.41	23.91	0.26	14.51	9.78
安　阳　市 Anyang	622.56	8.26	385.65		22.64	3.72	17.56	9.99
鹤　壁　市 Hebi	244.26	7.82	167.83		14.07	0.38	4.35	2.58
新　乡　市 Xinxiang	904.51	23.30	600.57		24.31	1.09	15.64	2.39
焦　作　市 Jiaozuo	695.02	17.08	453.30		8.84	2.87	28.58	7.90
濮　阳　市 Puyang	356.90	15.58	203.57	0.48	26.86	2.46	15.74	2.63
许　昌　市 Xuchang	557.58	9.92	349.32	0.44	29.46	0.10	9.98	7.02
漯　河　市 Luohe	283.55	4.31	199.29		18.50	2.09	9.50	6.78
三门峡市 Sanmenxia	467.57	18.01	290.57	0.12	10.20	1.82	7.11	5.09
南　阳　市 Nanyang	929.52	37.75	603.09	0.03	24.20	9.66	32.53	13.65
商　丘　市 Shangqiu	560.99	15.53	299.86	0.33	17.57	3.38	33.75	5.46
信　阳　市 Xinyang	700.89	55.47	143.93	0.86	36.97	6.68	12.68	8.38
周　口　市 Zhoukou	494.11	10.45	255.02	0.56	28.61	5.76	14.72	2.10
驻马店市 Zhumadian	408.71	11.10	170.71	0.70	26.42	2.25	10.83	8.70
济　源　市 Jiyuan	146.29	1.09	85.02		2.43	1.40	4.74	1.37

Investment in Fixed Assets in the Urban Area by Sector and City (2009)

(100 million yuan)

金融业 Finance	房地产业 Real Estate	租赁和商务服务业 Tenancy and Business Services	科学研究、技术服务和地质勘查业 Scientific Research, Technical Service and Geologic Peramb-ulation	水利、环境和公共管理业 Management of Water Conservancy, Environment and Public Establish-ment	居民服务和其他服务业 Resident Services and Other Services	教育 Education	卫生、社会保障和社会福利业 Sanita-tion, Social Security and Social Welfare	文化、体育和娱乐业 Culture, Sports and Enter-tainment	公共管理和社会组织 Public Manage-ment and Social Organi-zation
12.19	**2215.45**	**27.50**	**32.94**	**760.94**	**39.64**	**204.82**	**109.82**	**125.14**	**122.55**
2.48	611.11	6.50	11.91	86.18	6.17	65.68	18.27	27.40	10.83
	38.96	0.33	0.27	15.70	2.28	3.57	2.29	1.46	2.14
1.26	201.00	2.23	2.87	63.32	8.14	13.00	11.01	9.32	9.23
0.21	76.53	0.78	0.02	26.77	2.79	6.15	4.63	3.35	3.55
0.95	94.30	3.66	1.07	41.48	1.93	10.75	4.63	6.74	9.25
	23.02	0.07	0.35	14.38	0.62	5.58	1.74	0.99	0.47
0.49	116.49	1.52	3.88	87.89	1.46	10.68	6.08	5.95	2.77
0.83	98.20	0.62	2.54	36.37	5.18	7.75	5.04	7.44	12.49
	48.77	0.18	0.45	16.09	0.71	6.11	2.64	2.52	12.12
0.23	108.84	3.20	4.55	16.90	0.67	4.61	1.66	4.47	6.21
	19.48	0.49		9.98	0.66	3.68	1.83	3.28	3.68
	72.88	1.37	0.11	42.87	0.41	7.02	5.21	4.09	0.66
0.68	79.06	1.19	1.93	78.12	3.12	7.33	9.30	15.54	12.36
2.05	112.41	1.87	0.57	35.40	2.14	13.81	6.81	7.27	2.78
1.94	249.31	1.62	1.13	115.76	0.41	17.10	16.68	15.77	16.19
0.01	112.32	0.48	1.09	36.08	1.53	10.94	5.21	6.05	3.20
0.75	122.61	1.37	0.07	22.30	1.36	8.45	5.46	1.25	14.38
0.31	30.16		0.15	13.15	0.05	2.60	1.33	2.25	0.25

6-16 各市城镇能源工业投资
Investment Energy Industry in Urban Area by City

单位：亿元 (100 million yuan)

年份 市	Year City	合计 Total	煤炭开采及洗选业 Mining and Washing of Coal	石油及天然气开采业 Extraction of Petroleum and Natural Gas	石油及炼焦加工业 Processing of Petroleum and Coking	电力、热力及燃气的生产和供应业 Production and Supply of Electric Power、Heat Power and Gas
	2000	188.01	18.70	43.95	1.79	123.56
	2001	188.04	15.58	56.96	3.55	111.94
	2002	185.61	20.45	55.30	0.58	109.27
	2003	269.32	24.15	61.24	3.67	180.25
	2004	392.64	41.81	73.79	17.80	259.23
	2005	497.84	102.88	55.37	18.84	320.75
	2006	573.66	136.61	55.33	25.28	356.44
	2007	657.11	203.25	68.40	37.56	347.91
	2008	832.73	275.85	72.75	44.65	439.48
	2009	940.32	315.63	73.21	58.47	490.33
郑州	市 Zhengzhou	177.07	94.92		1.42	80.73
开封	市 Kaifeng	11.48			0.41	11.07
洛阳	市 Luoyang	89.21	27.49		5.32	56.40
平顶山	市 Pingdingshan	133.39	61.51		16.32	55.56
安阳	市 Anyang	42.75	13.73		8.05	20.98
鹤壁	市 Hebi	21.04	17.58			3.46
新乡	市 Xinxiang	38.86	7.33		0.43	31.11
焦作	市 Jiaozuo	29.15	12.13		1.04	13.68
濮阳	市 Puyang	52.76		42.13	4.59	6.05
许昌	市 Xuchang	71.64	38.49		13.76	19.29
漯河	市 Luohe	18.44	0.25			18.19
三门峡	市 Sanmenxia	71.55	31.05		0.89	39.54
南阳	市 Nanyang	95.03		31.08	2.15	61.80
商丘	市 Shangqiu	29.21	5.86		0.16	23.19
信阳	市 Xinyang	22.37	0.48			21.89
周口	市 Zhoukou	7.02			0.55	6.47
驻马店	市 Zhumadian	11.37	2.47			8.70
济源	市 Jiyuan	17.97	2.35		3.38	12.24

6-17 分行业城镇投资项目个数及新增固定资产(2009年)

Number of Projects of Investment in Fixed Assets in the Urban Area and Newly Increased Fixed Assets by Sector (2009)

行业	Sector	在建规模(亿元) Investment in Projects under Construction (100 million yuan)	#新开工规模 Started in This Year	施工项目(个) Number of Projects under Con-struction (unit)	#新开工 Started in This Year	全部投产项目(个) Number of Projects Completed and Put into Use (unit)	新增固定资产(亿元) Newly Increased Fixed Assets (100 million yuan)
总计	**Total**	**18200.16**	**12211.88**	**36935**	**31935**	**28696**	**7531.49**
农、林、牧、渔业	**Farming, forestry, animal Husbandry and fishery**	**502.46**	**409.73**	**2111**	**1923**	**1784**	**287.90**
农业	Farming	77.08	65.19	304	278	252	47.75
林业	Forestry	64.56	47.57	225	200	203	36.09
畜牧业	Animal Husbandry	218.45	174.59	914	831	752	124.93
渔业	Fishery	9.62	9.07	30	27	21	3.88
农、林、牧、渔服务业	Service Activities for Farming, Forestry, Animal Husbandry and Fishery	132.75	113.31	638	587	556	75.26
工业	**Industry**	**11652.73**	**7658.25**	**20067**	**17240**	**15367**	**4973.03**
采矿业	Mining	1253.68	812.14	1754	1561	1401	572.27
煤炭采选业	Mining and Washing of Coal	625.55	391.39	709	606	543	228.28
石油和天然气开采业	Extraction of Petroleum and Natural Gas	80.57	72.53	10	8	8	65.61
黑色金属矿采选业	Mining of Ferrous Metal Ores	58.66	41.67	157	144	133	38.78
有色金属矿采选业	Mining of Non-ferrous Metal Ores	324.56	185.26	481	430	388	158.05
非金属矿采选业	Mining and Processing of Nonmetal Ores	161.89	119.32	386	364	320	80.00
其他采矿业	Mining of Other Ores n.e.c	2.44	1.97	11	9	9	1.55
制造业	Manufacturing	8933.88	6235.26	17125	14831	13205	3956.84
农副食品加工业	Processing of Food from Agricultural Products	570.09	438.00	1368	1183	1004	256.20
食品制造业	Manufacture of Foods	312.86	229.84	739	631	550	157.73
饮料制造业	Manufacture of Beverage	201.56	133.99	381	320	290	121.75
烟草加工业	Manufacture of Tobacco	26.71	19.30	28	24	24	8.55
纺织业	Manufacture of Textile	388.46	243.62	737	628	546	158.88
纺织服装、鞋、帽制造业	Manufacture of Textile Wearing Apparel, Footware, and Caps	145.73	99.86	426	380	323	68.07
皮革、毛皮、羽毛(绒)及其制品业	Manufacture of Leather, Fur, Feather and Its Products	100.80	86.20	249	219	178	48.26
木材加工及竹、藤、棕草制品业	Processing of Timbers, Manufacture of Wood, Bamboo, Rattan, Palm,and Straw Products	109.62	88.79	450	391	371	66.89
家具制造业	Manufacture of Furniture	87.23	78.77	430	406	379	66.40
造纸及纸制品业	Manufacture of Paper and Paper Products	176.90	125.09	374	325	282	87.93
印刷业和记录媒介的复制	Printing,Reproduction of Recording Media	77.13	57.77	216	186	166	44.30
文教体育用品制造业	Manufacture of Articles for Culture, Education and Sport Activity	20.65	16.96	85	71	73	14.32
石油加工、炼焦及核燃料加工业	Processing of Petroleum ,Coking, Processing of Nucleus Fuel	142.09	64.74	108	81	71	32.95
化学原料及化学制品制造业	Manufacture of Chemical Raw Material and Chemical Products	1024.91	626.44	1075	907	798	331.54
医药制造业	Manufacture of Medicines	223.42	166.61	384	329	284	101.43
化学纤维制造业	Manufacture of Chemical Fiber	16.88	11.79	29	25	22	6.59
橡胶制品业	Manufacture of Rubber	108.06	89.71	127	114	89	31.63
塑料制品业	Manufacture of Plastic	162.17	130.17	517	449	400	96.09
非金属矿物制品业	Manufacture of Non-metallic Mineral Products	1287.92	964.87	3356	2946	2716	672.32
黑色金属冶炼及压延加工业	Manufacture and Processing of Ferrous Metals	340.07	193.95	266	225	210	229.08
有色金属冶炼及压延加工业	Manufacture and Processing of Non-ferrous Metals	747.30	423.98	462	373	332	195.67
金属制品业	Manufacture of Metal Products	295.53	241.31	962	849	770	165.16
普通设备制造业	Manufacture of General Purpose Machinery	582.54	448.97	1519	1362	1218	328.13
专用设备制造业	Manufacture of Special Purpose Machinery	505.79	355.47	1047	905	818	240.89
交通运输设备制造业	Manufacture of Transport Equipment	374.84	242.46	581	484	423	152.29
电气机械及器材制造业	Manufacture of Electrical Machinery and Equipment	577.92	436.74	674	574	473	152.73
通信设备、计算机及其他电子设备制造业	Manufacture of Communication Equipment, Computer and Other Electronic Equipment	145.63	88.00	135	103	84	35.14

6-17 续表 continued

行业	Sector	在建规模(亿元) Investment in Projects under Construction (100 million yuan)	#新开工规模 Started in This Year	施工项目(个) Number of Projects under Con-struction (unit)	#新开工 Started in This Year	全部投产项目(个) Number of Projects Completed and Put into Use (unit)	新增固定资产(亿元) Newly Increased Fixed Assets (100 million yuan)
仪器仪表及文化、办公用机械制造业	Manufacture of Measuring Instrument and Machinery for Cultural Activity and Office Work	70.65	39.12	94	72	63	31.51
工艺品及其他制造业	Manufacture of Artwork, Other Manufacture n.e.c	73.44	57.83	223	191	182	39.34
废气资源和废旧材料回收加工业	Recycling and Disposal of Waste	36.97	34.93	83	78	66	15.09
电力、煤气及水的生产和供应业	Production and Distribution of Electricity, Gas and Water	1465.17	610.84	1188	848	761	443.92
电力、热力生产和供应业	Production and Supply of Electric Power and Heat Power	1197.66	413.20	673	408	382	339.85
燃气生产和供应业	Production and Distribution of Gas	125.95	96.22	107	90	73	45.61
水的生产和供应业	Production and Distribution of Water	141.56	101.43	408	350	306	58.47
建筑业	**Construction**	**25.88**	**8.37**	**51**	**46**	**42**	**9.56**
#房屋和土木工程建筑业	Construction of Building and Civil Engineering	19.86	4.25	23	20	19	6.22
建筑安装业	Architectural Installation	3.83	2.45	7	6	4	1.60
交通运输、仓储和邮政业	**Traffic,Transport, Storage and Post**	**1340.90**	**856.97**	**1569**	**1358**	**1184**	**271.41**
#铁路运输业	Transport Via Railway	142.41	71.92	29	23	16	14.27
道路运输业	Transport Via Road	702.67	390.27	922	781	690	115.98
城市公共交通业	Urban Public Traffic	159.57	158.16	19	18	14	6.69
仓储业	Storage	236.66	170.13	492	440	390	101.17
邮政业	Post	8.86	5.00	21	19	15	5.42
信息传输、计算机服务和软件业	**Information Transfer, Computer Services and Software**	**105.88**	**86.98**	**220**	**201**	**173**	**57.62**
#电信和其他信息传输服务业	Telecom and Other Information Transfer Services	101.94	83.83	172	154	127	54.49
计算机服务业	Computer Services	2.52	2.42	43	43	42	2.40
批发和零售业	**Wholesale and Retail Trade**	**485.72**	**385.97**	**1832**	**1630**	**1492**	**253.53**
#批发业	Wholesale	187.14	157.99	614	543	489	93.84
住宿和餐饮业	**Accommodation and Restaurants**	**278.45**	**185.74**	**985**	**893**	**831**	**118.20**
#住宿业	Accommodation	179.45	100.86	392	333	318	60.36
金融业	**Finance**	**19.63**	**11.64**	**83**	**75**	**68**	**9.84**
#保险业	Insurance	0.70	0.70	6	6	6	0.67
房地产业	**Real Estate**	**1173.80**	**741.75**	**2737**	**2231**	**2135**	**542.44**
租赁和商务服务业	**Tenancy and Business Services**	**44.60**	**32.05**	**140**	**117**	**113**	**21.86**
#商务服务业	Business Service	38.34	26.37	119	97	95	16.78
科学研究、技术服务和地质勘查业	**Scientific Research, Technical Service and Geologic Perambulation**	**98.15**	**58.95**	**136**	**105**	**103**	**18.86**
#研究与实验发展	Research and Experimental Development	36.12	12.71	38	23	29	8.42
地质勘查业	Geologic Perambulation	3.36	3.32	3	2	2	0.13
水利、环境和公共管理业	**Management of Water Conservancy, Environment and Public Establishment**	**1379.89**	**988.24**	**3296**	**2855**	**2411**	**532.29**
水利管理业	Management of Water Conservancy	213.46	110.51	503	429	380	59.14
环境管理业	Environmental Management	118.70	73.17	308	264	243	49.78
公共设施管理业	Management of Public Establishment	1047.73	804.56	2485	2162	1788	423.36
居民服务和其他服务业	**Resident Services and Other Services**	**63.24**	**50.76**	**360**	**331**	**314**	**32.80**
#居民服务业	Resident Services	42.53	31.50	266	242	236	23.05
教育	**Education**	**398.53**	**283.97**	**1034**	**915**	**826**	**140.78**
卫生、社会保障和社会福利业	**Sanitation, Social Security and Social Welfare**	**191.51**	**128.74**	**798**	**711**	**642**	**79.43**
#卫生	Sanitation	172.61	114.18	696	622	556	68.98
文化、体育和娱乐业	**Culture, Sports and Entertainment**	**258.51**	**187.24**	**601**	**510**	**453**	**81.67**
#文化艺术业	Culture and Art	106.94	69.74	288	242	220	37.97
公共管理和社会组织	**Public Management and Social Organization**	**180.27**	**136.53**	**915**	**794**	**758**	**100.27**
#国家机构	Organ of State	137.05	96.75	716	611	596	74.46

6-18 各市城镇投资项目个数和在建规模(2009年)

Number of Projects of Investment in Fixed Assets in the Urban Area and Investment in Projects under Construction (2009)

年份 Year / 市 City	施工项目(个) Number of Projects under Construction (unit)	#新开工 Started in This Year	全部建成投产项目(个) Number of Projects Completed and Put into Use (unit)	全部建成投产率(%) Rate of Construction Projects Completed and Put into Use (%)	在建设规模(亿元) Investment in Projects under Construction (100 million yuan)	#新开工 Started in This Year
2000	7264	4935	4394	60.5	2604.88	731.42
2001	7232	4980	4357	60.2	2826.56	803.55
2002	7001	4950	4153	59.3	3101.23	1103.76
2003	7689	5789	4193	54.5	4400.74	2105.80
2004	9345	7069	5679	60.8	5253.61	2476.18
2005	13493	10468	8864	65.7	7138.40	3083.68
2006	17230	13989	12339	71.6	8779.04	3686.06
2007	24493	20468	18148	74.1	11048.00	5676.29
2008	29559	24628	22643	76.6	13325.69	7526.75
2009	36935	31935	28696	77.7	18200.16	12211.88
郑州市 Zhengzhou	3740	3275	3153	84.3	2777.10	1857.25
开封市 Kaifeng	966	708	726	75.2	598.39	355.02
洛阳市 Luoyang	4996	4568	4386	87.8	1973.56	1348.19
平顶山市 Pingdingshan	1930	1649	1501	77.8	899.93	503.16
安阳市 Anyang	1461	1295	1182	80.9	1065.25	680.44
鹤壁市 Hebi	602	494	430	71.4	455.96	330.13
新乡市 Xinxiang	2640	2341	1892	71.7	1487.71	1030.13
焦作市 Jiaozuo	2381	2094	1738	73.0	1109.45	822.74
濮阳市 Puyang	1574	1495	1338	85.0	431.76	381.63
许昌市 Xuchang	2159	1828	1708	79.1	857.99	555.37
漯河市 Luohe	640	456	417	65.2	516.73	300.96
三门峡市 Sanmenxia	997	832	703	70.5	913.98	542.79
南阳市 Nanyang	4631	3859	3326	71.8	1721.87	1137.83
商丘市 Shangqiu	2181	1892	1585	72.7	828.50	675.63
信阳市 Xinyang	2551	2044	1813	71.1	958.93	679.70
周口市 Zhoukou	1470	1373	1151	78.3	620.01	526.43
驻马店市 Zhumadian	1661	1422	1377	82.9	520.85	347.53
济源市 Jiyuan	352	310	270	76.7	340.73	136.95

6-19 各市城镇亿元及以上项目投资情况(2009年)

Urban Investment of Projects above 100 Million yuan by City (2009)

市 City	施工项目(个) Number of Projects under Co-nstruction (unit)	#新开工 Started in This Year	计划总投资(亿元) Total investment Planed (100 million yuan)	#新开工 Started in This Year	本年完成投资(亿元) Real investment completed in this year (100 million yuan)
全　省 **Total**	2208	1248	9429.98	4754.61	3277.35
郑州市 Zhengzhou	353	202	1803.45	1014.18	599.75
开封市 Kaifeng	90	48	378.53	203.68	124.79
洛阳市 Luoyang	253	155	1096.62	618.3	381.63
平顶山市 Pingdingshan	109	67	549.48	218.22	170.67
安阳市 Anyang	152	84	767.26	419.03	319.81
鹤壁市 Hebi	68	47	271.6	172.91	94.06
新乡市 Xinxiang	184	99	715.27	346.57	233.29
焦作市 Jiaozuo	118	61	402.36	189.71	130.43
濮阳市 Puyang	34	29	131.08	103.47	81.97
许昌市 Xuchang	116	56	402.73	173.15	160.31
漯河市 Luohe	89	51	289.17	141.05	120.45
三门峡市 Sanmenxia	178	107	658.16	323.13	249.64
南阳市 Nanyang	145	65	675.45	252.55	202.31
商丘市 Shangqiu	73	50	295.5	214.38	97.08
信阳市 Xinyang	75	34	235.35	90.7	87.29
周口市 Zhoukou	83	51	237.18	172.2	104.99
驻马店市 Zhumadian	38	14	132.31	30.4	31.88
济源市 Jiyuan	47	28	267.03	70.99	70.91

6-20 各市城镇施工、竣工房屋建筑面积及竣工价值(2009年)

Floor Space and Value of Urban Buildings under Construction and Completed by City (2009)

年份 Year 市 City	施工房屋建筑面积(万平方米) Floor Space Under Construction (10 000 sq.m)	#住宅 Residential Buildings	竣工房屋建筑面积(万平方米) Floor Space Completed (10 000 sq.m)	#住宅 Residential Buildings	竣工房屋价值(亿元) Value of Buildings Completed (100 million yuan)	#住宅 Residential Buildings
2000	5955.25	3848.39	3212.27	2212.04	200.38	119.45
2001	6517.25	4101.58	3466.28	2351.13	223.42	132.78
2002	7452.05	4400.27	3711.93	2456.03	252.91	142.17
2003	8938.96	4959.64	4117.94	2466.17	302.15	159.35
2004	11499.44	6238.89	5391.44	3111.75	385.17	203.73
2005	14063.51	7309.86	6591.83	3574.14	529.20	252.47
2006	17145.12	8386.82	6989.42	2956.88	643.08	264.80
2007	24283.11	12444.93	10184.79	4377.29	1034.06	427.42
2008	30512.19	15963.38	11267.43	4725.23	1218.05	522.13
2009	38419.66	18266.26	12903.08	5121.38	1427.43	590.95
郑州市 Zhengzhou	8514.64	4334.10	1358.37	570.52	201.78	101.32
开封市 Kaifeng	1021.80	453.29	431.21	138.20	51.19	14.96
洛阳市 Luoyang	3228.79	1906.24	1318.53	693.62	156.26	73.32
平顶山市 Pingdingshan	1980.10	854.96	990.62	225.47	63.92	20.71
安阳市 Anyang	2002.19	983.46	628.08	264.76	81.36	36.35
鹤壁市 Hebi	814.30	338.13	105.10	48.71	16.63	7.26
新乡市 Xinxiang	2672.93	864.22	1164.52	249.58	85.47	20.23
焦作市 Jiaozuo	1995.39	699.94	514.96	127.17	89.12	22.35
濮阳市 Puyang	506.03	295.69	170.54	67.08	19.66	8.71
许昌市 Xuchang	1956.87	682.22	1142.69	299.52	114.40	38.29
漯河市 Luohe	629.65	194.82	147.02	58.48	29.32	8.04
三门峡市 Sanmenxia	988.41	631.29	231.65	155.62	30.35	20.40
南阳市 Nanyang	2731.99	739.77	443.84	146.93	43.54	13.88
商丘市 Shangqiu	1799.35	834.10	553.03	141.08	54.71	14.17
信阳市 Xinyang	3759.36	2454.28	1710.10	1124.35	177.18	113.53
周口市 Zhoukou	1499.11	649.96	747.75	236.63	86.02	21.82
驻马店市 Zhumadian	1778.99	1066.62	987.96	461.54	94.58	43.28
济源市 Jiyuan	539.76	283.16	257.10	112.11	31.97	12.32

6-21 城镇投资项目新增生产能力

Newly Increased capability of Production through Urban Investment

		2005	2006	2007	2008	2009
煤炭开采(万吨/年)	Coal Mining (10 000 tons/year)	590.00	177.00	375.00	585.00	900.00
洗煤(万吨/年)	Coal Washing (10 000 tons/year)	308.19	509.00	1135.90	3339.50	3068.00
焦炭(万吨/年)	Coke (10 000 tons/year)	375.15	295.00	705.80	341.10	141.70
天然石油开采(万吨/年)	Petroleum Extraction (10 000 tons/year)	69.12	68.47	56.77	53.55	70.82
发电机组容量(万千瓦/年)	Capacity of Power Generating Sets (10 000 kw/year)	458.10	630.50	844.50	603.00	408.00
输电线路(11万伏以上的)(公里)	Transmission Line(≥110 000V) (km)	850.99	828.55	1361.16	2584.11	1988.00
生铁(万吨/年)	Pig Iron (10 000 tons/year)	204.90	345.56	325.62	132.00	21.30
粗钢(万吨/年)	Crude Steel (10 000 tons/year)	249.00	359.00	8.00	848.00	360.20
钢材(万吨/年)	Steel (10 000 tons/year)	491.00	586.26	833.34	1955.54	484.33
氧化铝(吨/年)	Aluminum Oxide (ton/year)	300000	1681000	1608540	806000	3311
精甲醇(吨/年)	Extracted Methanol (ton/year)	1101000	373600	979527	300000	729569
水泥(万吨/年)	Cement (10 000 tons/year)	1304.20	2036.80	4773.80	1625.00	4293.45
棉纺锭(锭)	Fusiform Cotton (ingot)	1016000	3172600	5016560	2835500	4311050
新建公路(公里)	Length of New Highways (km)	1923	1607	2449	929	3455
#高速公路	Expressways	920	761	1117	285	34
改建公路(公里)	Length of Reconstructed Highways (km)	3321.31	2297.88	7373.78	2201.19	2072.63
自来水供水能力(万吨/日)	Tap Water Supply Capacity (10 000tons/day)	114.01	165.30	227.20	94.70	117.30
城市污水处理能力(万吨/日)	the Capability of Sewage Treatment in Urban Area (10 000tons/day)	69.50	121.78	135.00	38.50	48.42

6-22 城镇大型项目投资情况(2009年)

Urban Investment of Major Projects(2009)

单位：万元 (10 000 yuan)

单位名称 Unit Names	计划总投资 Total investment Planed	累计完成投资 Accumnlative Investment Actually Completed	本年完成投资 Real investment completed in this year	本年新增固定资产 Newly Increased Fixed Assets This Year
平禹煤电有限责任公司(九矿年产120万吨原煤生产线)	164276	60067	60067	
新龙矿业有限公司梁北煤矿(年产原煤240万吨)	128000	55000	55000	
安阳南崖矿业农庄发展有限公司(年产180万吨原煤一期工程)	56000	56000	56000	56000
新郑煤电有限责任公司(赵家寨煤矿)	220000	165508	73460	
河南石油勘探局(其他投资)	52000	56972	56972	53351
河南石油勘探局(基本建设)	51000	51000	51000	51000
河南石油勘探局(更新改造)	196000	201917	201917	197816
中国石化中原油田分公司(油气勘探)	105000	105000	105000	100384
中国石化中原油田分公司(油气开发)	255000	255000	255000	238648
中原油田石油勘探局(设备购置及后续工程)	61250	61250	61250	6098
东方希望(三门峡)铝业有限公司(能源综合利用项目)	85000	82000	56750	
济源市中博新材料有限公司(年产1000吨多晶硅生产项目)	90000	90000	66000	78800
河南众品食业股份有限公司(冷链物流扩建项目)	87936	80850	58650	
杞县大用实业有限公司(屠宰、饲料加工项目)	160000	128265	128265	
河南大用邦杰食品有限公司西华分公司(肉鸡屠宰加工项目)	80000	65000	65000	
福祥漯河纺织有限公司(纺织品生产项目)	180000	87050	55250	
周口鑫达纺织印染有限公司(6.6万锭技改项目)	58000	56500	56500	
郑州宏业纺织有限公司(高档优质棉纱纺织生产线)	147000	60000	60000	60000
广州森仕时装(新乡)有限公司(扩建年产150万套服装生产线)	80000	80000	57200	19050
舞阳县舞泉永银实业有限公司(离子膜烧碱项目)	300000	50900	50900	
河南神马氯碱发展有限责任公司(年产30万吨离子膜烧碱及30万吨PVC项目二期)	142229	142229	50192	142229
河南开祥化工有限公司(年产100万吨甲醇工程)	600000	552250	67549	77549
安阳市嘉能能源发展有限责任公司(100万吨二甲醚项目)	130000	85597	85597	
河南中原煤业化工集团有限责任公司(60万吨甲醇生产)	250000	238139	168054	
河南义马盛源化工科技有限责任公司(气化厂年20万吨醋酸项目)	124266	117038	58042	
杞县永煤集团有限公司(4万吨聚甲醛)	180000	156366	58557	
林州市中升钢铁有限公司(年产3000吨太阳能级多晶硅项目)	240000	240000	100000	240000
乐凯集团第二胶片厂(印刷光电影像信息材料工程)	103280	103290	103280	96580
林州市中升半导体硅材料有限公司(新上环保设备及配套设施)	130000	100000	100000	
洛阳中硅高科技有限公司(年产2000吨多晶硅高技术产业化扩建项目)	115987	81194	81194	
河南风神轮胎股份有限公司(15万条工程子午胎项目)	106375	106375	66846	66846
开封空分集团有限公司(开封大型空分及化工设备制造项目)	299025	64486	64486	
天瑞集团水泥有限公司(日产1.2万吨水泥熟料生产线)	166000	126076	96503	

6-22 续表 continued

单位：万元 (10 000 yuan)

单位名称 Unit Names	计划总投资 Total investment Planed	累计完成投资 Accumnlative Investment Actually Completed	本年完成投资 Real investment completed in this year	本年新增固定资产 Newly Increased Fixed Assets This Year
洛阳新安电力集团有限公司(年产3万吨石墨化阴极项目)	62019	56200	56200	
沙钢集团安阳永兴钢铁有限公司(炼铁炉微粉及配套项目)	580000	580000	580000	580000
沙钢集团安阳永新钢铁有限公司(3500mm中板续建项目)	300000	300000	95000	300000
舞阳钢铁有限责任公司(宽厚板生产线项目)	140300	140300	60235	140300
河南永通镍业有限公司(3万吨镍提纯项目及冶炼废渣节能减排综合处理工程)	83000	54000	54000	
林州市林丰铝电有限责任公司(高性能铝合金技术改造)	300000	173000	173000	
义煤集团(氧化铝技改节能项目)	170000	176100	55600	58600
洛阳新安电力集团(450KA石墨化阴极铝电解槽项目)	180000	180500	180500	144000
洛阳钼业集团金属材料有限公司(40000t/a钼冶炼技术改造工程)	82145	82145	52793	70415
洛阳世纪新源硅业科技有限公司(200吨改良西门子法项目)	85370	51000	51000	
河南三丰铜业有限责任公司(超薄铜板带生产线)	140000	96363	56727	
沁阳市沁澳铝业有限公司(年产10万吨高精铝板带项目)	104382	104382	63573	104382
洛阳新安电力集团(年产40万吨高精度铝板带箔项目)	760000	207500	207500	
中原特钢股份有限公司(综合技术改造一期工程项目)	80000	80050	50012	62000
海马(郑州)汽车有限公司(十五万辆轿车项目)	229000	174320	96775	
郑州日产汽车有限公司(第二工厂项目)	307621	77974	77974	
开封飞驰车辆制造有限公司(车辆制造)	100000	67000	56000	
新乡市龙腾有色金属有限公司(新上年产500万台新型节能汽车空调换热器生产线)	61600	61600	54100	54100
郑州旭飞光电科技有限公司(TFT-LCD玻璃基板生产线)	90000	58625	58625	
国电荥阳煤电一体化有限公司(新建2×60万千瓦燃煤发电机组)	468000	344330	265000	
河南孟电集团热力有限公司(新上2×30万发电机组)	250000	215850	117850	41200
大唐信阳发电有限责任公(二期发电机组建设项目)	445777	426338	115521	
河南神火集团有限公司(1×60万千瓦发电机组)	250435	99267	99267	
华电漯河热电厂(2×30万千瓦热电项目)	267000	206331	152018	
南阳天益发电有限责任公司(鸭电二期项目)	429083	457610	64222	447610
开封京源发电有限责任公司(2×60万千瓦机组扩建工程)	456021	456021	58101	48101
郑州裕中能源有限责任公司(河南新密2×100万千瓦机组工程)	838403	136007	136007	
河南华能沁北发电有限责任公司(三期2×100万千瓦超临界机组)	755000	90200	88200	
许昌禹龙发电有限责任公司(龙岗电厂二期)	436662	451125	136624	451125
华润电力登封有限公司(2×60万千瓦机组二期工程)	252000	80000	80000	
平顶山第二发电厂(一期2×100万千瓦机组工程)	749636	589364	350022	
华阳孟津电厂(一期工程)	500000	479680	218580	
洛阳新安电力集团有限公司(230万千瓦热电联产机组)	260000	190000	190000	
河南宝泉抽水蓄能电站	432724	384435	52877	
国网直流工程建设有限公司(灵宝扩建换流站工程)	147400	148400	137450	148400
郑州综合交通枢纽铁路客运站	800000	296782	161782	
新荷铁路电气化改造工程(河南段)	95000	127000	55000	
郑州黄河公铁两用大桥(铁路及共建部分)	496700	159500	97000	
京珠高速安阳至新乡段扩建	345750	170514	170514	
京珠高速郑州至漯河段扩建	332403	165856	165856	
连霍高速郑州至洛阳段扩建	504230	412288	193288	
焦作至桐柏高速公路叶舞段	221316	93467	93467	
焦作至桐柏高速公路泌阳段	185638	71010	71010	
范辉高速公路濮阳至范县段	213795	121367	80966	
郑州四环路改建工程	159300	128979	77986	
焦作至桐柏高速公路温县至汝州段	757095	71796	71796	
武西高速公路桃花峪黄河大桥	400000	92091	92091	
国道107线郑州段改建工程	224435	83000	83000	
郑州市轨道交通有限公司(郑州地铁一号线一期工程)	1508000	117903	117903	
河南金地粮食集团有限公司(粮食物流园区)	222000	57000	57000	
中国移动开封分公司(3G移动通信网络建设项目)	132000	132000	132000	132000
郑州信息创意产业园区建设项目	106000	64768	64768	
荥阳市洞林湖旅游有限公司(新农村居民社区二期建设)	80000	77140	77140	
焦作市中站区政府(北部山区整治工程)	250000	210970	58700	
安阳市殷都区西郊乡人民政府(殷墟大遗址公园)	200000	119528	119528	
河南理工大学万方科技学院	100000	65868	65868	

6-23 农村固定资产投资完成情况(2009年)
Actually Investment Completed in Fixed Assets in Rural Area (2009)

项目	Item	合计 Total	农村非农户 Non-Farm Households	农村农户 Farm Households
农村投资总额(亿元)	**Total (100 million yuan)**	**2249.64**	**1469.52**	**780.12**
按资金来源分	**Grouped by Source of Funds**			
国家资金	State Budgetary Appropriation	44.50	44.50	
国内贷款	Domestic Loans	50.54	48.01	2.54
利用外资	Foreign Investment	3.68	3.68	
自筹资金	Fundraising	2009.01	1245.09	763.92
其他资金	Others	141.90	128.24	13.66
按投资构成分	**Grouped by Use of Funds**			
建筑工程	Construction	1693.21	1006.90	686.31
安装工程	Installation	29.91	29.11	0.80
设备工器具购置	Purchase of Equipment and Instruments	388.51	309.37	79.14
其他	Others	138.02	124.15	13.87
按投资方向分	**Grouped by Type of Industry**			
农、林、牧、渔业	Farming, Forestry, Animal Husbandry and Fishery	408.69	321.67	87.02
采矿业	Mining	57.43	57.43	
制造业	Manufacturing	453.05	448.89	4.17
电力煤气及水的生产和供应业	Production and Distribution of Electricity,Gas and Water	32.95	32.55	0.40
建筑业	Construction	4.13	1.40	2.73
交通运输仓储和邮电业	Traffic,Transport, Storage and Post	99.45	72.21	27.24
信息传输、计算机服务和软件	Information Transfer, Computer Services and Software	1.79	1.79	
批发和零售	Wholesale and Retail Trade	61.99	58.67	3.33
住宿和餐饮	Accommodation and Restaurants	14.96	14.75	0.21
金融业	Finance	0.54	0.54	
房地产业	Real Estate	772.06	137.38	634.68
租赁和商务服务业	Tenancy and Business Services	3.46	3.46	
科学研究、技术服务和地质勘探业	Scientific Research, Technical Service and Geologic Perambulation	8.21	8.21	
水利、环境和公共设施管理业	Management of Water Conservancy, Environment and Public Establishment	173.34	173.34	
居民服务和其他服务业	Resident Services and Other Services	26.38	6.04	20.34
教育	Education	30.66	30.66	
卫生、社会保障和社会福利业	Sanitation, Social Security and Social Welfare	22.97	22.97	
文化、体育和娱乐业	Culture, Sports and Entertainment	24.55	24.55	
公共管理和社会组织	Public Management and Social Organization	53.01	53.01	
本年施工房屋面积(万平方米)	**Floor Space Under Construction of Buildings (10000 sq.m)**	21449.16	4864.87	16584.29
#住宅	Residential Buildings	16805.81	1033.58	15772.23
本年竣工房屋面积(万平方米)	**Floor Space of Buildings Completed (10000 sq.m)**	17855.09	3105.85	14749.24
#住宅	Residential Buildings	14287.96	469.20	13818.76

6-24 分行业农村非农户固定资产投资

Investment in Fixed Assets Non-farm Households in Rural Area by sector

单位：亿元 (100 million yuan)

产业	Branch	2005	2006	2007	2008	2009
总计	**Total**	**400.20**	**555.78**	**809.41**	**1099.83**	**1469.52**
第一产业	**Primary Industry**	**18.26**	**63.56**	**93.48**	**200.86**	**321.67**
农、林、牧、渔业	Farming, Forestry, Animal Husbandry and Fishery	18.26	63.56	93.48	200.86	321.67
第二产业	**Secondary Industry**	**277.26**	**299.23**	**427.15**	**502.23**	**540.27**
工业	Industry	270.50	297.98	425.39	500.66	538.88
轻工业	Light Industry			139.23	151.00	202.46
重工业	Heavy Industry			286.16	349.66	336.42
#能源工业	Energy Industry			40.39	38.45	33.91
建筑业	Construction	6.76	1.25	1.76	1.57	1.40
第三产业	**Tertiary Industry**	**104.67**	**192.97**	**288.79**	**396.74**	**607.58**
交通运输、仓储和邮政业	Traffic,Transport, Storage and Post	38.11	55.40	53.78	60.31	72.21
信息传输、计算机服务和软件业	Information Transfer, Computer Services and Software	1.93	0.85	1.15	1.78	1.79
批发和零售业	Wholesale and Retail Trade	7.07	28.74	32.73	40.21	58.67
住宿和餐饮业	Accommodation and Restaurants	6.59	3.92	5.57	8.26	14.75
金融业	Finance	0.03	0.16	0.59	0.22	0.54
房地产业	Real estate	2.89	35.69	67.73	104.25	137.38
租赁和商务服务业	Tenancy and Business Services	0.28	2.91	4.27	3.37	3.46
科学研究、技术服务和地质勘查业	Scientific Research, Technical Service and Geologic Perambulation	5.76	2.62	1.62	6.29	8.21
水利、环境和公共管理业	Management of Water Conservancy, Environment and Public Establishment	6.81	28.76	60.54	89.94	173.34
居民服务和其他服务业	Resident Services and Other Services	19.08	2.08	4.11	4.16	6.04
教育	Education	3.27	8.48	16.05	22.94	30.66
卫生、社会保障和社会福利业	Sanitation, Social Security and Social Welfare	2.73	4.80	10.06	14.99	22.97
文化、体育和娱乐业	Culture, Sports and Entertainment	10.11	4.23	9.72	12.28	24.55
公共管理和社会组织	Public Management and Social Organization	0.01	14.33	20.87	27.74	53.01

6–25 分行业农村农户固定资产投资

Investment in Fixed Assets farm Households in Rural Area by Sector

单位：亿元 (100 million yuan)

产业	Branch	2005	2006	2007	2008	2009
总计	**Total**	**450.20**	**508.20**	**591.55**	**669.63**	**780.12**
第一产业	**Primary Industry**	**91.64**	**81.98**	**58.14**	**80.74**	**87.02**
农、林、牧、渔业	Farming, Forestry, Animal Husbandry and Fishery	91.64	81.98	58.14	80.74	87.02
第二产业	**Secondary Industry**	**17.43**	**17.96**	**15.99**	**18.14**	**7.30**
工业	Industry	5.62	12.23	6.31	6.40	4.57
采矿业	Mining			1.33	2.33	
制造业	Manufacturing	4.54	10.97	3.31	4.07	4.17
电力煤气及水的生产和供应业	Production and Distribution of Electricity,Gas and Water	1.08	1.26	1.67		0.40
建筑业	Construction	11.81	5.73	9.68	11.74	2.73
第三产业	**Tertiary Industry**	**341.13**	**408.26**	**517.42**	**570.75**	**685.80**
交通运输、仓储和邮政业	Traffic,Transport, Storage and Post	34.96	72.88	28.54	35.73	27.24
信息传输、计算机服务和软件业	Information Transfer, Computer Services and Software	0.56	0.15			
批发和零售业	Wholesale and Retail Trade	3.64	1.40	2.44	1.37	3.33
住宿和餐饮业	Accommodation and Restaurants	0.21	0.24			0.21
金融业	Finance					
房地产业	Real estate	269.94	304.58	468.48	512.22	634.68
租赁和商务服务业	Tenancy and Business Services	0.11	0.08		0.08	
科学研究、技术服务和地质勘查业	Scientific Research, Technical Service and Geologic Perambulation					
水利、环境和公共管理业	Management of Water Conservancy, Environment and Public Establishment	0.16				
居民服务和其他服务业	Resident Services and Other Services	31.44	28.93	17.15	21.35	20.34
教育	Education					
卫生、社会保障和社会福利业	Sanitation, Social Security and Social Welfare			0.06		
文化、体育和娱乐业	Culture, Sports and Entertainment	0.11		0.75		
公共管理和社会组织	Public Management and Social Organization					

6-26 分行业农村非农户固定资产投资资金来源（2009年）

单位：亿元

指标	Item	资金来源 Sources of Funds	国家预算内资金 State Budget
总计	**Total**	**1464.29**	**44.50**
农、林、牧、渔业	**Farming, Forestry,Animal Husbandry and Fishery**	**321.11**	**11.04**
农业	Farming	49.38	1.28
林业	Forestry	33.78	0.50
畜牧业	Animal Husbandry	165.69	0.24
渔业	Fishery	4.13	
农、林、牧、渔服务业	Service Activities for Farming, Forestry, Animal Husbandry and Fishery	68.14	9.02
工业	**Industry**	**537.34**	**3.49**
采矿业	Mining	58.29	
煤炭采选业	Mining and Washing of Coal	20.30	
石油和天然气开采业	Extraction of Petroleum and Natural Gas		
黑色金属矿采选业	Mining of Ferrous Metal Ores	4.84	
有色金属矿采选业	Mining of Non-ferrous Metal Ores	15.07	
非金属矿采选业	Mining and Processing of Nonmetal Ores	18.02	
其他采矿业	Mining of Other Ores n.e.c	0.05	
制造业	Manufacturing	446.82	0.63
农副食品加工业	Processing of Food from Agricultural Products	57.80	0.13
食品制造业	Manufacture of Foods	24.94	
饮料制造业	Manufacture of Beverage	12.80	0.01
烟草加工业	Manufacture of Tobacco	1.59	0.09
纺织业	Manufacture of Textile	16.05	0.01
纺织服装、鞋、帽制造业	Manufacture of Textile Wearing Apparel, Footware, and Caps	11.61	0.34
皮革、毛皮、羽毛(绒)及其制品业	Manufacture of Leather, Fur, Feather and Its Products	6.60	0.03
木材加工及竹、藤、棕、草制品业	Processing of Timbers, Manufacture of Wood, Bamboo, Rattan, Palm, and Straw Products	24.43	
家具制造业	Manufacture of Furniture	18.79	
造纸及纸制品业	Manufacture of Paper and Paper Products	3.61	
印刷业和记录媒介的复制	Printing,Reproduction of Recording Media	2.66	
文教体育用品制造业	Manufacture of Articles for Culture,Education and Sport Activity	2.32	
石油加工、炼焦及核燃料加工业	Processing of Petroleum ,Coking, Processing of Nucleus Fuel	0.89	
化学原料及化学制品制造业	Manufacture of Chemical Raw Material and Chemical Products	17.04	
医药制造业	Manufacture of Medicines	4.51	
化学纤维制造业	Manufacture of Chemical Fiber	0.78	
橡胶制品业	Manufacture of Rubber	3.30	
塑料制品业	Manufacture of Plastic	16.09	
非金属矿物制品业	Manufacture of Non-metallic Mineral Products	112.07	
黑色金属冶炼及压延加工业	Manufacture and Processing of Ferrous Metals	4.39	
有色金属冶炼及压延加工业	Manufacture and Processing of Non-ferrous Metals	5.10	
金属制品业	Manufacture of Metal Products	25.51	
普通机械制造业	Manufacture of General Purpose Machinery	31.01	
专用设备制造业	Manufacture of Special Purpose Machinery	18.22	
交通运输设备制造业	Manufacture of Transport Equipment	8.68	
电气机械及器材制造业	Manufacture of Electrical Machinery and Equipment	7.14	0.02
通信设备、计算机及其他电子设备制造业	Manufacture of Communication Equipment , Computer and Other Electronic Equipment	0.96	

Sources of Funds for Investment in Fixed Assets Non-farm Households in Rural Area(2009)

(100 million yuan)

国内贷款 Domestic Loans	利用外资 Foreign Investment	自筹资金 Self-raising Funds	其他资金 Others
48.01	**3.68**	**1245.09**	**123.01**
10.87	**0.70**	**269.82**	**28.68**
0.82	0.02	40.96	6.29
0.20		28.03	5.05
9.00	0.47	147.45	8.54
0.02	0.05	3.78	0.28
0.83	0.16	49.60	8.53
24.60	**2.32**	**475.16**	**31.77**
1.11	0.10	52.42	4.66
0.39		17.37	2.54
0.10	0.05	4.30	0.39
0.57		13.08	1.42
0.05	0.05	17.61	0.31
		0.05	
23.02	2.20	396.09	24.89
4.22	0.50	50.68	2.27
1.25	0.31	20.43	2.95
0.99		11.12	0.68
		1.39	0.11
0.59	0.10	14.67	0.68
0.68		10.42	0.17
0.31		5.53	0.74
1.01	0.26	22.12	1.04
0.64	0.29	17.45	0.41
0.23	0.07	3.26	0.05
0.03		2.42	0.21
0.13	0.04	2.05	0.10
0.03		0.85	0.01
1.39	0.47	14.87	0.31
0.01		3.89	0.60
		0.78	
0.11		3.07	0.13
1.35	0.04	14.15	0.55
5.42	0.02	98.36	8.28
0.04	0.01	4.34	
0.10		4.88	0.12
1.08	0.01	22.57	1.85
0.77		28.20	2.04
0.99		16.95	0.28
0.32		7.84	0.52
0.54	0.07	6.20	0.32
0.08	0.01	0.87	

6–26　续表

单位：亿元

指　　标	Item	资金来源 Sources of Funds	国家预算内资金 State Budget
仪器仪表及文化、办公用机械制造业	Manufacture of Measuring Instrument and Machinery for Cultural Activity and Office Work	0.28	
工艺品及其他制造业	Manufacture of Artwork, Other Manufacture n.e.c	6.07	
废气资源和废旧材料回收加工业	Recycling and Disposal of Waste	1.58	
电力、煤气及水的生产和供应业	Production and Distribution of Electricity,Gas and Water	32.23	2.86
电力、热力生产和供应业	Production and Supply of Electric Power and Heat Power	10.60	1.44
燃气生产和供应业	Production and Distribution of Gas	2.14	0.04
水的生产和供应业	Production and Distribution of Water	19.48	1.38
建筑业	**Construction**	**1.40**	**0.40**
#房屋和土木工程建筑业	Construction of Building and Civil Engineering	1.25	0.40
建筑安装业	Architectural Installation		
交通运输、仓储和邮政业	**Traffic,Transport, Storage and Post**	**71.29**	**6.73**
#铁路运输业	Transport Via Railway	0.07	0.07
道路运输业	Transport Via Road	50.64	6.01
城市公共交通业	Urban Public Traffic	0.60	
仓储业	Storage	18.79	0.64
邮政业	Post	0.09	
信息传输、计算机服务和软件业	**Information Transfer, Computer Services and Software**	**1.97**	**0.02**
#电信和其他信息传输服务业	Telecom and Other Information Transfer Services	1.82	0.02
计算机服务业	Computer Services	0.14	
批发和零售业	**Wholesale and Retail Trade**	**59.33**	**0.41**
#批发业	Wholesale	20.97	0.18
住宿和餐饮业	**Accommodation and Restaurants**	**14.89**	
#住宿业	Accommodation	7.46	
金融业	**Finance**	**0.54**	
#保险业	Insurance	0.01	
房地产业	**Real Estate**	**134.82**	**1.03**
租赁和商务服务业	**Tenancy and Business Services**	**3.46**	
#商务服务业	Business Service	3.00	
科学研究、技术服务和地质勘查业	**Scientific Research, Technical Service and Geologic perambulation**	**8.25**	**1.43**
#研究与实验发展	Research and Experimental Development		
地质勘查业	Geologic Perambulation		
水利、环境和公共管理业	**Management of Water Conservancy, Environment and public Establishment**	**172.82**	**9.7**
水利管理业	Management of Water Conservancy	41.49	5.66
环境管理业	Environmental Management	10.79	0.73
公共设施管理业	Management of Public Establishment	120.54	3.32
居民服务和其他服务业	**Resident Services and Other Services**	**6.03**	**0.08**
#居民服务业	Resident Services	5.28	0.08
教育	**Education**	**30.55**	**3.78**
卫生、社会保障和社会福利业	**Sanitation, Social Security and Social Welfare**	**22.93**	**1.47**
#卫生	Sanitation	18.17	1.18
文化、体育和娱乐业	**Culture, Sports and Entertainment**	**24.59**	**0.74**
#文化艺术业	Culture and Art	15.19	0.52
公共管理和社会组织	**Public Management and Social Organization**	**52.97**	**4.18**
#国家机构	Organ of State	22.34	2.41

continued

(100 million yuan)

国内贷款 Dome-stic Loans	利用外资 Foreign Inves-tment	自筹资金 Self-raising Funds	其他资金 Others
0.03		0.25	
0.59		5.00	0.48
0.08		1.48	0.01
0.47	0.02	26.66	2.22
0.20	0.02	7.99	0.95
0.05		2	0.06
0.22		16.67	1.21
0.07		**0.92**	
0.04		0.81	
3.69	**0.08**	**53.69**	**7.10**
1.51		37.70	5.42
		0.60	
2.18	0.08	14.33	1.55
		0.09	
		1.87	**0.08**
		1.73	0.08
		0.14	
2.32	**0.03**	**49.94**	**6.63**
1.41	0.01	17.32	2.06
0.53		**12.75**	**1.61**
0.11		6.54	0.82
		0.54	
		0.01	
2.56	**0.03**	**115.53**	**15.66**
0.42		**2.97**	**0.07**
0.41		2.52	0.07
		6.82	
1.25	**0.12**	**144.75**	**17.01**
0.08		32.30	3.47
0.29		8.88	0.89
0.88	0.12	103.57	12.65
0.18	**0.04**	**5.37**	**0.36**
0.18	0.04	4.63	0.36
0.34	**0.04**	**24.59**	**1.81**
0.18		**19.23**	**2.05**
0.16		15.12	1.70
0.38	**0.32**	**19.84**	**3.32**
0.05	0.32	11.33	2.96
0.63		**41.29**	**6.87**
0.54		15.73	3.66

6-27 各市按三次产业分的农村非农户固定资产投资(2009年)

Investment in Fixed Assets Non-farm Households in Rural Area by City(2009)

单位：亿元 (100 million yuan)

市 City	投资总额 Total Investment	第一产业 Primary Industry	第二产业 Secondary Industry	#工业 Industry	第三产业 Tertiary Industry
郑州市 Zhengzhou	190.82	25.80	59.20	59.20	105.82
开封市 Kaifeng	58.72	10.61	33.75	33.75	14.36
洛阳市 Luoyang	124.40	33.51	22.82	22.53	68.06
平顶山市 Pingdingshan	76.81	16.78	35.66	35.66	24.37
安阳市 Anyang	83.68	32.82	24.48	24.48	26.38
鹤壁市 Hebi	32.78	16.53	9.64	9.64	6.60
新乡市 Xinxiang	71.38	19.41	19.73	19.73	32.24
焦作市 Jiaozuo	78.49	11.13	43.30	42.88	24.07
濮阳市 Puyang	58.25	8.55	24.08	24.08	25.62
许昌市 Xuchang	80.79	8.09	54.27	53.85	18.43
漯河市 Luohe	19.85	6.20	8.23	8.19	5.42
三门峡市 Sanmenxia	75.16	12.97	26.59	26.59	35.60
南阳市 Nanyang	137.93	34.72	38.24	38.16	64.97
商丘市 Shangqiu	77.29	14.22	35.51	35.51	27.56
信阳市 Xinyang	89.93	16.67	16.72	16.58	56.54
周口市 Zhoukou	99.42	31.09	35.75	35.75	32.58
驻马店市 Zhumadian	85.83	18.72	39.79	39.79	27.32
济源市 Jiyuan	27.98	3.85	12.51	12.51	11.63

6-28 各市按三次产业分的农村农户固定资产投资(2009年)

Investment in Fixed Assets farm Households in Rural Area by City(2009)

单位：亿元 (100 million yuan)

市 City	投资总额 Total Investment	第一产业 Primary Industry	第二产业 Secondary Industry	#工业 Industry	第三产业 Tertiary Industry
郑州市 Zhengzhou	96.02	22.00	2.27	2.27	71.75
开封市 Kaifeng	31.89	2.37			29.52
洛阳市 Luoyang	42.39	3.59	4.52	0.28	34.28
平顶山市 Pingdingshan	25.83	6.84	2.81		16.18
安阳市 Anyang	34.40	3.40	0.73	0.60	30.27
鹤壁市 Hebi	9.90	0.29			9.61
新乡市 Xinxiang	42.42	3.87			38.53
焦作市 Jiaozuo	30.09	5.44	1.67	0.51	22.97
濮阳市 Puyang	19.41	1.56	5.53		12.32
许昌市 Xuchang	39.77	1.42	8.63		29.72
漯河市 Luohe	20.58	7.18	1.70		11.70
三门峡市 Sanmenxia	10.57	0.61	0.16	0.11	9.80
南阳市 Nanyang	85.73	10.97	4.57	4.42	70.19
商丘市 Shangqiu	54.89	3.43	0.22		51.22
信阳市 Xinyang	67.34	14.61	2.90	0.88	49.83
周口市 Zhoukou	97.05	13.96			94.04
驻马店市 Zhumadian	67.75	14.48	4.20	0.17	49.77
济源市 Jiyuan	4.92	0.26	0.03	0.03	4.62

6-29 各市按建设性质分的农村非农户固定资产投资(2009年)

Investment in Fixed Assets Non-farm Households in Rural Area by City and Type of Construction(2009)

单位：亿元 (100 million yuan)

市 City	投资总额 Total Investment	#新建 New Construction	#扩建 Expansion	#改建和技术改造 Reconstruction
全省 Total	**1469.52**	**1098.29**	**215.92**	**129.33**
郑州市 Zhengzhou	190.82	98.68	53.29	30.49
开封市 Kaifeng	58.72	49.91	4.73	3.46
洛阳市 Luoyang	124.40	95.76	8.60	17.63
平顶山市 Pingdingshan	76.81	62.55	7.87	4.30
安阳市 Anyang	83.68	62.18	9.10	11.78
鹤壁市 Hebi	32.78	28.15	3.56	1.07
新乡市 Xinxiang	71.38	50.16	15.31	4.84
焦作市 Jiaozuo	78.49	65.98	8.86	3.29
濮阳市 Puyang	58.25	48.41	7.68	2.00
许昌市 Xuchang	80.79	57.22	18.26	3.92
漯河市 Luohe	19.85	18.36	0.79	0.70
三门峡市 Sanmenxia	75.16	29.12	25.50	18.32
南阳市 Nanyang	137.93	113.35	15.29	9.08
商丘市 Shangqiu	77.29	66.26	9.42	1.61
信阳市 Xinyang	89.93	73.42	5.69	6.83
周口市 Zhoukou	99.42	86.85	6.78	4.50
驻马店市 Zhumadian	85.83	77.80	6.36	1.48
济源市 Jiyuan	27.98	14.12	8.84	4.02

6-30 各市按构成性质分的农村非农户固定资产投资(2009年)

Investment in Fixed Assets Non-farm Households in Rural Area by City and Composition of Funds(2009)

单位：亿元 (100 million yuan)

市 City	投资总额 Total Investment	建筑工程 Construction	安装工程 Installation	设备购置 Purchase of Equipment	其他费用 Others
郑州市 Zhengzhou	190.82	129.62	3.96	34.71	22.53
开封市 Kaifeng	58.72	29.05	2.36	20.04	7.27
洛阳市 Luoyang	124.40	105.08	2.24	10.68	6.40
平顶山市 Pingdingshan	76.81	49.24	0.67	16.88	10.02
安阳市 Anyang	83.68	54.03	0.90	22.67	6.08
鹤壁市 Hebi	32.78	19.21	0.73	6.84	6.00
新乡市 Xinxiang	71.38	47.39	0.28	19.16	4.56
焦作市 Jiaozuo	78.49	46.66	1.97	25.36	4.50
濮阳市 Puyang	58.25	33.72	3.35	17.39	3.79
许昌市 Xuchang	80.79	41.50	1.76	32.63	4.90
漯河市 Luohe	19.85	13.37	0.35	5.33	0.82
三门峡市 Sanmenxia	75.16	51.93	1.92	12.07	9.25
南阳市 Nanyang	137.93	110.77	4.53	13.83	8.80
商丘市 Shangqiu	77.29	40.54	1.76	27.86	7.14
信阳市 Xinyang	89.93	73.63	0.14	5.29	10.87
周口市 Zhoukou	99.42	85.60	0.90	10.31	2.62
驻马店市 Zhumadian	85.83	54.88	1.04	21.97	7.94
济源市 Jiyuan	27.98	20.71	0.26	6.36	0.66

6-31 各市按构成性质分的农村农户固定资产投资(2009年)

Investment in Fixed Assets farm Households in Rural Area by City and Composition of Funds(2009)

单位：亿元 (100 million yuan)

市 City	投资总额 Total Investment	建筑工程 Construction	安装工程 Installation	设备购置 Purchase of Equipment	其他费用 Others
郑州市 Zhengzhou	96.02	72.12		23.18	0.72
开封市 Kaifeng	31.89	28.49		3.24	0.17
洛阳市 Luoyang	42.39	33.08	0.16	7.99	1.17
平顶山市 Pingdingshan	25.83	19.17	0.80	5.58	0.25
安阳市 Anyang	34.40	26.68	0.12	6.70	0.91
鹤壁市 Hebi	9.90	9.45		0.37	0.09
新乡市 Xinxiang	42.42	36.87		4.80	0.74
焦作市 Jiaozuo	30.09	16.54		12.92	0.63
濮阳市 Puyang	19.41	17.68		1.66	0.07
许昌市 Xuchang	39.77	32.35	0.11	7.16	0.15
漯河市 Luohe	20.58	14.50		5.76	0.32
三门峡市 Sanmenxia	10.57	7.50		2.89	0.19
南阳市 Nanyang	85.73	69.19		14.50	2.03
商丘市 Shangqiu	54.89	46.65	0.68	6.30	1.24
信阳市 Xinyang	67.34	44.32	0.20	19.69	3.13
周口市 Zhoukou	97.05	79.48	1.39	15.83	0.35
驻马店市 Zhumadian	67.75	53.89	0.20	13.17	0.49
济源市 Jiyuan	4.92	4.45		0.47	

6-32 分行业农村非农户固定资产投资(2009年)

单位：亿元

行业	Sector	投资总额 Total Investment	按构成分 建筑工程 Construction
总计	**Total**	**1469.52**	**1006.90**
农、林、牧、渔业	**Farming, Forestry,Animal Husbandry and Fishery**	**321.67**	**220.55**
农业	Farming	49.80	37.52
林业	Forestry	33.85	23.30
畜牧业	Animal Husbandry	165.57	105.14
渔业	Fishery	4.22	2.44
农、林、牧、渔服务业	Service Activities for Farming, Forestry, Animal Husbandry and Fishery	68.24	52.16
工业	**Industry**	**538.88**	**270.56**
采矿业	Mining	57.43	30.56
煤炭采选业	Mining and Washing of Coal	19.67	8.65
石油和天然气开采业	Extraction of Petroleum and Natural Gas		
黑色金属矿采选业	Mining of Ferrous Metal Ores	4.84	2.46
有色金属矿采选业	Mining of Non-ferrous Metal Ores	14.59	10.21
非金属矿采选业	Mining and Processing of Nonmetal Ores	18.29	9.22
其他采矿业	Mining of Other Ores n.e.c	0.05	0.03
制造业	Manufacturing	448.89	217.65
农副食品加工业	Processing of Food from Agricultural Products	57.97	29.26
食品制造业	Manufacture of Foods	24.76	10.80
饮料制造业	Manufacture of Beverage	12.88	6.20
烟草加工业	Manufacture of Tobacco	1.59	0.50
纺织业	Manufacture of Textile	16.15	7.10
纺织服装、鞋、帽制造业	Manufacture of Textile Wearing Apparel, Footware, and Caps	11.71	6.40
皮革、毛皮、羽毛(绒)及其制品业	Manufacture of Leather, Fur, Feather and Its Products	6.27	3.12
木材加工及竹、藤、棕、草制品业	Processing of Timbers, Manufacture of Wood, Bamboo, Rattan, Palm, and Straw Products	24.89	11.51
家具制造业	Manufacture of Furniture	18.88	10.4
造纸及纸制品业	Manufacture of Paper and Paper Products	3.61	1.62
印刷业和记录媒介的复制	Printing,Reproduction of Recording Media	2.70	0.87
文教体育用品制造业	Manufacture of Articles for Culture,Education and Sport Activity	2.32	0.92
石油加工、炼焦及核燃料加工业	Processing of Petroleum ,Coking,Processing of Nucleus Fuel	0.89	0.27
化学原料及化学制品制造业	Manufacture of Chemical Raw Material and Chemical Products	17.45	7.66
医药制造业	Manufacture of Medicines	4.53	2.25
化学纤维制造业	Manufacture of Chemical Fiber	0.81	0.46
橡胶制品业	Manufacture of Rubber	3.36	1.77
塑料制品业	Manufacture of Plastic	15.96	6.84
非金属矿物制品业	Manufacture of Non-metallic Mineral Products	113.07	57.82
黑色金属冶炼及压延加工业	Manufacture and Processing of Ferrous Metals	4.39	2.03
有色金属冶炼及压延加工业	Manufacture and Processing of Non-ferrous Metals	5.06	1.95
金属制品业	Manufacture of Metal Products	25.67	12.32
普通机械制造业	Manufacture of General Purpose Machinery	31.10	15.05
专用设备制造业	Manufacture of Special Purpose Machinery	18.26	7.01
交通运输设备制造业	Manufacture of Transport Equipment	8.68	4.35
电气机械及器材制造业	Manufacture of Electrical Machinery and Equipment	7.20	3.82
通信设备、计算机及其他电子设备制造业	Manufacture of Communication Equipment , Computer and Other Electronic Equipment	0.92	0.50
仪器仪表及文化、办公用机械制造业	Manufacture of Measuring Instrument and Machinery for Cultural Activity and Office Work	0.28	0.11

Investment in Fixed Assets Non-farm Households in Rural Area by Sector(2009)

(100 million yuan)

By Use of Funde			按建设性质分 By Type of Construction		
安装工程 Installation	设备购置 Purchase of Equipment	其他费用 Others	#新 建 New Construction	#扩 建 Expansion	#改建和技术改造 Reconstruction and Technical Alteration
29.11	**309.37**	**124.15**	**1098.29**	**215.92**	**129.33**
5.68	**48.95**	**46.50**	**269.04**	**30.90**	**19.64**
0.48	4.14	7.66	43.24	3.66	2.77
0.24	1.92	8.39	27.92	5.16	0.77
2.98	34.11	23.34	145.54	16.88	2.44
0.11	0.85	0.82	3.65	0.50	0.06
1.87	7.92	6.29	48.7	4.7	13.6
14.87	**213.26**	**40.19**	**386.02**	**103.34**	**43.93**
1.86	19.95	5.06	28.23	15.99	12.29
0.57	8.13	2.32	6.99	4.42	7.34
0.07	1.87	0.44	3.29	0.88	0.67
0.72	2.58	1.08	5.55	5.60	3.45
0.47	7.37	1.22	12.36	5.09	0.84
0.02			0.05		
11.61	186.79	32.84	334.29	84.62	26.08
1.67	23.94	3.10	46.89	8.13	2.06
0.70	11.18	2.09	18.23	5.69	0.78
0.13	4.72	1.83	10.06	2.61	0.19
0.03	1.02	0.03	1.07	0.40	
0.47	7.64	0.94	11.34	3.14	1.62
0.23	4.29	0.79	9.46	1.96	0.27
0.19	1.78	1.17	4.31	1.06	0.9
0.70	10.65	2.03	19.86	4.24	0.78
0.58	6.69	1.21	15.67	3.01	0.14
0.15	1.66	0.18	3.06	0.49	0.06
0.13	1.45	0.26	1.73	0.20	0.78
0.04	1.14	0.23	2.06	0.26	
0.03	0.54	0.04	0.89		
0.41	8.24	1.14	10.83	4.36	1.28
0.02	1.94	0.32	3.73	0.21	0.59
0.03	0.28	0.03	0.57	0.24	
0.08	1.36	0.15	2.2	1.13	0.03
0.50	7.54	1.07	11.79	3.09	0.87
2.84	43.67	8.75	86.67	17.06	8.29
0.05	1.98	0.33	2.34	1.62	0.43
0.11	2.59	0.41	3.38	1.09	0.59
0.74	10.95	1.67	20.03	3.02	2.57
0.85	13.39	1.82	19.02	9.98	1.8
0.49	9.38	1.38	9.89	7.15	1.18
0.20	3.51	0.61	6.32	1.95	0.4
0.07	2.76	0.54	5.24	1.52	0.44
0.04	0.26	0.11	0.62	0.30	
0.01	0.10	0.06	0.14	0.14	

6-32 续表

单位：亿元

行业	Sector	投资总额 Total Investment	按构成分 建筑工程 Construction
工艺品及其他制造业	Manufacture of Artwork, Other Manufacture n.e.c	5.98	3.44
废气资源和废旧材料回收加工业	Recycling and Disposal of Waste	1.57	1.28
电力、煤气及水的生产和供应业	Production and Distribution of Electricity,Gas and Water	32.55	22.35
电力、热力生产和供应业	Production and Supply of Electric Power and Heat Power	10.85	5.92
燃气生产和供应业	Production and Distribution of Gas	2.19	1.27
水的生产和供应业	Production and Distribution of Water	19.51	15.16
建筑业	**Construction**	**1.40**	**0.45**
#房屋和土木工程建筑业	Construction of Building and Civil Engineering	1.25	0.38
建筑安装业	Architectural Installation		
交通运输、仓储和邮政业	**Traffic,Transport, Storage and Post**	**72.21**	**60.92**
#铁路运输业	Transport Via Railway	0.07	0.04
道路运输业	Transport Via Road	51.24	46.61
城市公共交通业	Urban Public Traffic	0.60	0.56
仓储业	Storage	19.13	12.80
邮政业	Post	0.09	0.08
信息传输、计算机服务和软件业	**Information Transfer, Computer Services and Software**	**1.79**	**0.86**
#电信和其他信息传输服务业	Telecom and Other Information Transfer Services	1.64	0.77
计算机服务业	Computer Services	0.14	0.09
批发和零售业	**Wholesale and Retail Trade**	**58.67**	**44.90**
#批发业	Wholesale	20.67	14.55
住宿和餐饮业	**Accommodation and Restaurants**	**14.75**	**10.60**
#住宿业	Accommodation	7.46	5.56
金融业	**Finance**	**0.54**	**0.47**
#保险业	Insurance	0.01	0.01
房地产业	**Real Estate**	**137.38**	**123.31**
租赁和商务服务业	**Tenancy and Business Services**	**3.46**	**3.16**
#商务服务业	Business Service	3.00	2.77
科学研究、技术服务和地质勘查业	**Scientific Research, Technical Service and Geologic perambulation**	**8.21**	**7.72**
#研究与实验发展	Research and Experimental Development		
地质勘查业	Geologic Perambulation		
水利、环境和公共管理业	**Management of Water Conservancy, Environment and public Establishment**	**173.34**	**146.78**
水利管理业	Management of Water Conservancy	41.52	36.10
环境管理业	Environmental Management	10.70	8.11
公共设施管理业	Management of Public Establishment	121.12	102.57
居民服务和其他服务业	**Resident Services and Other Services**	**6.04**	**4.85**
#居民服务业	Resident Services	5.29	4.45
教育	**Education**	**30.66**	**26.98**
卫生、社会保障和社会福利业	**Sanitation, Social Security and Social Welfare**	**22.97**	**18.19**
#卫生	Sanitation	18.23	13.94
文化、体育和娱乐业	**Culture, Sports and Entertainment**	**24.55**	**20.37**
#文化艺术业	Culture and Art	15.30	13.28
公共管理和社会组织	**Public Management and Social Organization**	**53.01**	**46.24**
#国家机构	Organ of State	22.67	19.77

continued

(100 million yuan)

By Use of Funde			按建设性质分 By Type of Construction		
安装工程 Installation	设备购置 Purchase of Equipment	其他费用 Others	#新 建 New Construction	#扩 建 Expansion	#改建和技术改造 Reconstruction and Technical Alteration
0.11	1.94	0.49	5.37	0.61	
0.01	0.20	0.07	1.51		0.06
1.40	6.51	2.29	23.50	2.73	5.56
0.95	3.34	0.64	6.71	0.70	2.83
0.05	0.68	0.20	2.02	0.17	
0.40	2.50	1.45	14.76	1.85	2.73
0.02	**0.75**	**0.18**	**0.89**		**0.08**
0.02	0.70	0.16	0.74		0.08
0.53	**6.80**	**3.97**	**47.72**	**12.35**	**11.22**
0.01	0.02				0.07
0.19	1.75	2.68	29.59	10.52	10.22
0.01	0.03		0.35		0.25
0.32	4.75	1.27	16.76	1.68	0.69
	0.01		0.09		
0.18	**0.54**	**0.20**	**1.29**	**0.28**	
0.17	0.50	0.20	1.15	0.28	
0.01	0.04		0.14		
1.21	**8.16**	**4.40**	**50.10**	**6.11**	**2.23**
0.48	4.44	1.20	17.61	2.06	1.00
0.28	**2.25**	**1.62**	**13.87**	**0.63**	**0.25**
0.13	0.90	0.87	6.91	0.49	0.07
0.06	**0.01**		**0.37**	**0.17**	
			0.01		
1.43	**4.00**	**8.64**	**111.10**	**10.74**	**6.97**
	0.10	**0.19**	**3.13**	**0.33**	
	0.06	0.17	2.67	0.33	
0.02	**0.34**	**0.13**	**6.95**	**1.21**	**0.05**
2.74	**11.97**	**11.86**	**109.64**	**27.09**	**31.95**
0.63	2.84	1.95	25.90	6.21	**8.90**
0.20	1.38	1.01	6.52	1.66	2.42
1.91	7.75	8.90	77.22	19.23	20.64
0.13	**0.81**	**0.26**	**5.24**	**0.67**	**0.03**
0.08	0.53	0.22	4.54	0.62	0.03
0.34	**2.34**	**1.00**	**20.28**	**7.73**	**2.48**
0.31	**3.62**	**0.84**	**14.98**	**3.82**	**2.60**
0.28	3.35	0.66	11.11	3.14	2.51
0.34	**2.52**	**1.33**	**18.32**	**3.34**	**2.88**
0.19	1.28	0.56	11.42	1.72	2.16
0.98	**2.95**	**2.84**	**39.35**	**7.21**	**5.03**
0.33	0.87	1.70	17.63	2.39	1.39

6-33 各市分行业农村非农户固定资产投资(2009年)

单位：亿元

市 City	合 计 Total	农、林、牧、渔业 Farming, Forestry, Animal Husbandry and Fishery	工 业 Industry	建筑业 Construction	交通运输、仓储和邮政业 Traffic, Transport, Storage and Post	信息传输、计算机服务和软件业 Information Transfer, Computer Services and Software	批发和零售业 Wholesale and Retail Trade	住宿和餐饮业 Accom-Modation and Rest-aurants
全　省 Total	**1469.52**	**321.67**	**538.88**	**1.40**	**72.21**	**1.79**	**58.67**	**14.75**
郑州市 Zhengzhou	190.82	25.80	59.20		12.13	0.12	1.85	1.60
开封市 Kaifeng	58.72	10.61	33.75		5.25		3.56	1.67
洛阳市 Luoyang	124.40	33.51	22.53	0.29	3.99	0.37	1.04	0.25
平顶山市 Pingdingshan	76.81	16.78	35.66		3.66	0.04	6.18	3.61
安阳市 Anyang	83.68	32.82	24.48		4.22	0.01	4.57	0.33
鹤壁市 Hebi	32.78	16.53	9.64		1.37	0.04	1.11	0.28
新乡市 Xinxiang	71.38	19.41	19.73		1.71	0.31	1.49	0.15
焦作市 Jiaozuo	78.49	11.13	42.88	0.42	2.68		2.54	0.94
濮阳市 Puyang	58.25	8.55	24.08		2.17	0.02	2.14	0.66
许昌市 Xuchang	80.79	8.09	53.85	0.42	2.14	0.04	2.06	0.86
漯河市 Luohe	19.85	6.20	8.19	0.04	2.82		0.61	0.38
三门峡市 Sanmenxia	75.16	12.97	26.59		3.65	0.34	2.00	1.00
南阳市 Nanyang	137.93	34.72	38.16	0.08	3.05	0.19	6.32	0.93
商丘市 Shangqiu	77.29	14.22	35.51		6.98	0.21	6.62	0.32
信阳市 Xinyang	89.93	16.67	16.58	0.15	5.93	0.04	2.44	1.30
周口市 Zhoukou	99.42	31.09	35.75		6.53		8.39	0.28
驻马店市 Zhumadian	85.83	18.72	39.79		3.27	0.07	4.54	0.14
济源市 Jiyuan	27.98	3.85	12.51		0.66		1.21	0.04

Investment in Fixed Assets Non-farm Households in Rural Area by Sector and City(2009)

(100 million yuan)

金融业 Finance	房地产业 Real Estate	租赁和商务服务业 Tenancy and Business Services	科学研究、技术服务和地质勘查业 Scientific Research, Technical Service and Geologic Perambulation	水利、环境和公共管理业 Management of Water Conservancy, Environment and Public Establishment	居民服务和其他服务业 Resident Services and Other Services	教育 Education	卫生、社会保障和社会福利业 Sanitation, Social Security and Social Welfare	文化、体育和娱乐业 Culture, Sports and Entertainment	公共管理和社会组织 Public Management and Social Organization
0.54	**137.38**	**3.46**	**8.21**	**173.34**	**6.04**	**30.66**	**22.97**	**24.55**	**53.01**
0.38	35.98	0.53		33.58	1.40	6.79	2.31	5.02	4.14
0.02		0.06	0.03	1.21	0.26	1.16	0.37	0.46	0.32
	17.91	0.42	0.69	19.30	1.04	4.01	7.22	3.54	8.29
	3.87	0.07	0.08	3.80	0.23	0.50	0.65	0.78	0.89
	0.84	0.09	0.22	5.57	0.50	2.16	1.19	1.53	5.15
	0.64			2.06		0.61	0.15	0.05	0.29
0.01	3.70	0.32		20.26	0.61	0.59	1.52	1.16	0.42
0.02	5.43	0.27	0.23	4.59	0.57	0.66	0.92	0.87	4.33
0.10	1.73	0.34	0.03	6.05	0.02	1.18	0.41	0.57	10.22
	7.28	0.07	0.05	1.95	0.24	1.71	0.37	0.73	0.94
	0.04			0.14	0.01	0.11	0.30	0.16	0.86
	10.34		0.11	12.47		1.01	0.84	2.71	1.13
	2.63	0.04		36.25	0.45	1.40	1.86	5.16	6.69
	2.18		5.86	1.77	0.22	1.44	0.74	0.27	0.95
	23.87	0.07	0.11	15.03	0.05	1.86	2.21	0.47	3.16
	4.17	0.24	0.80	2.87	0.20	4.09	0.94	0.48	3.61
0.01	12.62	0.97		2.29	0.10	1.23	0.66	0.10	1.33
	4.14		0.00	4.15	0.15	0.14	0.33	0.50	0.31

6-34 各市分行业农村农户固定资产投资(2009年)

单位：亿元

市 City	合 计 Total	农、林、牧、渔业 Farming, Forestry, Animal Husbandry and Fishery	工 业 Industry	建筑业 Construction	交通运输、仓储和邮政业 Traffic, Transport, Storage and Post	信息传输、计算机服务和软件业 Information Transfer, Computer Services and Software	批发和零售业 Wholesale and Retail Trade	住宿和餐饮业 Accom-Modation and Restaurants
全 省 Total	**780.12**	**87.02**	**4.57**	**2.73**	**27.24**		**3.33**	**0.21**
郑 州 市 Zhengzhou	96.02	22.00	2.27		9.49		0.42	1.16
开 封 市 Kaifeng	31.89	2.37			1.02		0.81	
洛 阳 市 Luoyang	42.39	3.59	0.28	4.24	5.01	0.09	1.12	0.10
平 顶 山 市 Pingdingshan	25.83	6.84		2.81	0.18			0.91
安 阳 市 Anyang	34.40	3.40	0.60	0.13	3.27	0.20	0.21	0.08
鹤 壁 市 Hebi	9.90	0.29			0.42		0.02	
新 乡 市 Xinxiang	42.42	3.87			1.26		0.44	0.62
焦 作 市 Jiaozuo	30.09	5.44	0.51	1.16	7.25		0.13	0.00
濮 阳 市 Puyang	19.41	1.56		5.53	0.67		0.15	
许 昌 市 Xuchang	39.77	1.42		8.63	6.07			1.01
漯 河 市 Luohe	20.58	7.18		1.70	0.59	0.00	0.08	0.08
三 门 峡 市 Sanmenxia	10.57	0.61	0.11	0.05	2.36			0.13
南 阳 市 Nanyang	85.73	10.97	4.42	0.15	2.27			0.04
商 丘 市 Shangqiu	54.89	3.43		0.22	2.43		2.11	
信 阳 市 Xinyang	67.34	14.61	0.88	2.02	6.64		0.94	0.82
周 口 市 Zhoukou	97.05	13.96			3.02		0.02	
驻 马 店 市 Zhumadian	67.75	13.56	0.17	4.02	0.38			0.04
济 源 市 Jiyuan	4.92	0.26	0.03		0.21			

Investment in Fixed Assets farm Households in Rural Area by Sector and City(2009)

(100 million yuan)

金融业 Finance	房地产业 Real Estate	租赁和商务服务业 Tenancy and Business Services	科学研究、技术服务和地质勘查业 Scientific Research, Technical Service and Geologic Perambulation	水利、环境和公共管理业 Management of Water Conservancy, Environment and Public Establishment	居民服务和其他服务业 Resident Services and Other Services	教育 Education	卫生、社会保障和社会福利业 Sanitation, Social Security and Social Welfare	文化、体育和娱乐业 Culture, Sports and Entertainment	公共管理和社会组织 Public Management and Social Organization
	634.68				**20.34**				
	59.07	0.14		0.12	1.35				
	27.12				0.58				
	25.88			0.05	1.75	0.12	0.16		
	14.81	0.28							
	26.14			0.02	0.20	0.02	0.12	0.02	
	9.17								
	35.97				0.10	0.11		0.03	
	15.02							0.57	
	10.81			0.70					
		14.92			7.71				
	8.89				2.05				
	7.08				0.23				
	67.11				0.70		0.05	0.03	
	46.46			0.17	0.05				
	37.02				0.35		4.05		
	79.12	0.80			0.14				
	49.35			0.22					
			4.41						

6–35 国有土地供应及收益情况

Statistics on Right of Use Sealed and Transferred on State-Owned Land

指　标	Item	2005	2006	2007	2008	2009
国有土地使用权出让	**Lease of the Use Right of State-owned Land**					
地块(宗)	Number of Blocks (block)	2711	3251	3190	2722	3717
面积(公顷)	Area of Totally Leased Land (hectare)	4503	7047	8207	7255	7720
出让金总额(亿元)	Total Revenue from Leasing of the Use Right (100 million yuan)	128.10	205.53	238.84	335.55	347.68
国有土地使用权划拨	**Administrative Allocation of the Use Right of State-owned Land**					
地块(宗)	Number of Blocks (block)	611	573	564	509	456
面积(公顷)	Area of Totally Leased Land (hectare)	1564	2771	1964	4553	4080

6–36 各市国有土地供应及收益情况(2009年)

Statistics of Accommodate and Income for State-owned Land by City(2009)

市	City	实现流转的土地数量(公顷) Total Land Area Trans-ferred (hectare)	#出让 Lease of the Use Right of State-owned Land 宗数(宗) Number of Blocks (block)	面积(公顷) Area of Totally Leased Land (hectare)	收入(亿元) Revenue (100 million yuan)	#划拨 Administrative Allocation of the Use Right 宗数(宗) Number of Blocks (block)	面积(公顷) Area of Totally Leased Land (hectare)
全省	**Total**	**11801**	**3717**	**7720**	**347.68**	**456**	**4080**
郑州市	Zhengzhou	1799	346	1070	122.47	70	728
开封市	Kaifeng	432	125	300	14.83	27	131
洛阳市	Luoyang	729	178	598	15.04	44	131
平顶山市	Pingdingshan	346	142	324	13.04	13	22
安阳市	Anyang	608	178	396	17.16	16	211
鹤壁市	Hebi	366	516	304	8.36	17	62
新乡市	Xinxiang	676	231	549	10.68	34	128
焦作市	Jiaozuo	508	125	475	9.78	17	32
濮阳市	Puyang	249	120	239	6.96	11	9
许昌市	Xuchang	461	148	417	25.18	8	43
漯河市	Luohe	325	114	254	8.54	20	72
三门峡市	Sanmenxia	458	123	246	11.08	45	212
南阳市	Nanyang	1693	228	679	19.08	31	1014
商丘市	Shangqiu	479	203	403	12.89	26	76
信阳市	Xinyang	294	315	257	15.11	26	37
周口市	Zhoukou	849	285	521	13.66	17	328
驻马店市	Zhumadian	946	295	561	19.22	20	385
济源市	Jiyuan	583	45	127	4.60	14	457

主要统计指标解释

全社会固定资产投资 是以货币形式表现的在一定时期内全社会建造和购置固定资产的工作量以及与此有关的费用的总称。该指标是反映固定资产投资规模、结构和发展速度的综合性指标，又是观察工程进度和考核投资效果的重要依据。全社会固定资产投资按登记注册类型可分为国有、集体、个体、联营、股份制、外商、港澳台商、其他等。

城镇固定资产投资 指城镇各种登记注册类型的企业、事业、行政单位及个体户进行的计划总投资(或实际需要总投资)50万元及50万元以上的建设项目投资、房地产开发投资。县城及以上区域内发生的投资，县及县以上各级政府及主管部门直接领导、管理的建设项目和企事业单位的投资均为城镇固定资产投资。

农村投资 包括在农村区域范围内进行固定资产投资活动的企业、事业、行政单位及农村个人投资。

固定资产投资的资金来源 根据固定资产投资的资金来源不同，分为国家预算内资金、国内贷款、利用外资、自筹资金和其他资金来源。

⑴国家预算内资金：指中央财政和地方财政中由国家统筹安排的基本建设拨款和更新改造拨款，以及中央财政安排的专项拨款中用于基本建设的资金和基本建设拨款改贷款的资金等。

⑵国内贷款：指报告期内企、事业单位向银行及非银行金融机构借入的用于固定资产投资的各种国内借款。包括银行利用自有资金及吸收的存款发放的贷款、上级主管部门拨入的国内贷款、国家专项贷款(包括煤代油贷款、劳改煤矿专项贷款等)、地方财政专项资金安排的贷款、国内储备贷款、周转贷款等。

⑶利用外资：指报告期内收到的用于固定资产投资的国外资金，包括统借统还、自借自还的国外贷款，中外合资项目中的外资，以及对外发行债券和股票等。国家统借统还的外资指由我国政府出面同外国政府、团体或金融组织签订贷款协议、并负责偿还本息的国外贷款。

⑷自筹资金：指建设单位报告期内收到的，用于进行固定资产投资的上级主管部门、地方和企、事业单位自筹资金。

⑸其他资金来源：指报告期内收到的除以上各种拨款、借款、自筹资金之外，其他用于固定资产投资的资金。

固定资产投资按国民经济行业分 根据建设项目建成投产后的主要产品种类或主要用途及社会经济活动性质来确定国民经济行业。一般情况下，一个建设项目或一个企业、事业单位只能属于一种国民经济行业。

固定资产投资按建设性质分 根据整个建设项目情况来确定。建设项目的性质一般分为新建、扩建、改建和技术改造、迁建、恢复。房地产开发单位、农村投资不划分建设性质。

⑴新建：一般是指从无到有、“平地起家”新开始建设的单位。有的单位原有的基础很小，经过建设后其新增加的固定资产价值超过原有固定资产价值(原值)三倍以上的也算新建。

⑵扩建：一般是指为扩大原有产品的生产能力，在厂内或其他地点增建主要生产车间(或主要工程)、独立的生产线或分厂的企业；事业单位和行政单位在原单位增建业务用房(如学校增建教学用房、医院增建门诊部或病床用房、行政机关增建办公楼等)也作为扩建。

⑶改建和技术改造：指现有企业、事业单位，对原有设施进行技术改造或更新（包括相应配套的辅助性生产、生活福利设施）的建设项目。现有企业、事业单位为适应市场变化的需要，而改变企业的主要产品种类（如军工企业转产民用品等）的建设项目，应作为改建。原有产品生产作业线由于各工序（车间）之间能力不平衡，为填平补齐充分发挥原有生产能力而增建不增加本企业主要产品设计能力的车间，也应作为改建。技术改造是指企业、事业单位在现有基础上，用先进的技术代替落后的技术，用先进的工艺和装备代替落后的工艺和装备，以改变企业落后的技术经济面貌，实现以内涵为主的扩大再生产，达到提高产品质量、促进产品更新换代、节约能源、降低消耗、扩大生产规模、全面提高社会经济效益的目的。技术改造具体包括以下内容：机器设备和工具的更新改造；生产工艺改革、节约能源和原材料的改造；厂房建筑和公共设施的改造；劳动条件和生产环境的改造等。

固定资产投资按构成分 固定资产投资活动按其工作内容和实现方式分为建筑安装工程，设备、工具、器具购置，其他费用三个部分。

⑴建筑安装工程(建筑安装工作量)：指各种房屋、建筑物的建造工程和各种设备、装置的安装工程。包括各种房屋建造工程，各种用途设备基础和各种工业窑炉的砌筑工程；为施工而进行的各种准备工作和临时工程以及完工后的清理工作等；铁路、道路的铺设，矿井的开凿及石油管道的架设等；水利工程；防空地下建筑等特殊工程；以及各种机械设备的安装工程；为测定安装工程质量，对设备进行的试运工作。在安装工程中，不包括被安装设备本身的价值。

⑵设备、工具、器具购置：指购置或自制达到固定资产标准的设备、工具、器具的价值，固定资产的标准按财务部门规定。新建单位、扩建单位的新建车间按照设计和计划要求购置或自制的全部设备、工具、器具，不论是否达到固定资产标准均计入“设备、工具、器具购置”中。

⑶其他费用：指在固定资产建造和购置过程中发生的，除建筑安装工程和设备、工具、器具购置以外的各种应摊入固定资产的费用。

施工项目 指报告期内曾进行建筑或安装工程施工活动的建设项目，包括报告期内新开工项目、报告期以前开工跨入报告期继续施工的项目以及报告期施过工并在报告期内全部建成投产或停缓建的项目。

全部建成投产项目 工业项目是指设计文件规定形成生产能力的主体工程及其相应配套的辅助设施全部建成，经负荷试运转，证明具备生产设计规定合格产品的条件，并经过验收鉴定合格或达到竣工验收标准，与生产性工程配套的生活福利设施可以满足近期正常生产的需要，正式移交生产的建设项目。非工业项目是指设计文件规定的主体工程和相应的配套工程全部建成，能够发挥设计规定的全部效益，经验收鉴定合格或达到竣工验收标准，正式移交使用的建设项目。

新增生产能力（或工程效益） 指通过固定资产投资活动而增加的设计能力或工程效益，它是用实物形态表示的固定资产投资的成果。新增生产能力的计算，是以能独立发挥生产能力或工程效益的单项工程(或项目)为对象。当单项工程(或项目)建成，经有关部门鉴定合格，正式移交投入生产，即可计算新增生产能力。

新增生产能力(或工程效益)有以下几种表现形式：

⑴以建设项目或单项工程建成后的年产能力表示，如煤炭开采、石油开采等。

⑵以建设项目或单项工程建成后处理原料的能力表示，如选矿工程的年处理矿石能力、洗煤厂年洗原煤能力等。

⑶以新增的主要设备数量或容量表示，如棉纺锭锭数、发电机组容量等。

⑷以建筑物容积、容量、面积或长度表示，如水库容量、铁路公路里程等。

新增生产能力(或工程效益)的数量一般按设计能力计算。设计能力是指设计文件中规定的在正常情况下能够达到的生产能力，而不论投产后的实际产量如何。以设备数量、建筑物容积、面积、长度等表示的新增生产能力或工程效益，则按建成的实际数量计算。

新增固定资产 指报告期内已经完成建造和购置过程，并已交付生产或使用单位的固定资产价值。该指标是表示固定资产投资成果的价值指标，也是反映建设进度，计算固定资产投资效果的重要指标。

房屋建筑面积 指房屋建筑物勒脚以上外墙外围的水平截面面积，包括房屋建筑物的有效面积和结构面积。该指标是从实物形态上反映建设规模和建设成果的重要指标之一，也是检查工程形象进度、计算工程造价、分析投资效果、研究施工任务和建筑材料之间平衡情况的重要依据。

住宅建筑面积 指施工和竣工房屋建筑面积中供居住用的房屋建筑面积。

施工面积 指报告期内施工的全部房屋建筑面积。包括本期新开工的面积和上期开工跨入本期继续施工的房屋面积，以及上期已停建在本期复工的房屋面积。本期竣工和本期施工后又停缓建的房屋，其建筑面积仍计入本期施工房屋面积中。

竣工面积 指在报告期内房屋建筑按照设计要求已全部完工，达到住人和使用条件，经验收鉴定合格（或达到竣工验收标准），可正式移交使用的各栋房屋建筑面积的总和。

Explanatory Notes on Main Statistical Indicators

Total Investment in Fixed Assets in the Whole Country refers to the volume of activities in construction and purchases of fixed assets and related fees, expressed in monetary terms. It is a comprehensive indicator which shows the size, structure and growth of the investment in fixed assets, providing basis for observing the progress of construction projects and evaluating results of investment. Total investment in fixed assets in the whole country includes, by type of ownership, the investment by the state-owned units, collective units, individuals, joint ownership units, share-holding units, as well as investment by businessmen from foreign countries and from Hong Kong, Macao and Taiwan, and by other units.

Urban Investment in Fixed Assets refers to construction projects involving a total planned (or required) investment of 500,000 yuan and over by urban enterprises and institutions of various types of ownership, by administrative units and by individuals, investment in real estate development, and housing investment by individuals in urban areas and in industrial and mining areas. In other words, all investments that take place in county towns and urban areas, investment in construction projects under the direct leadership and management of government agencies at and above county levels and investments by enterprises and institutions at and above county levels are covered in urban investment in fixed assets.

Investment in Rural Areas refers to investment in fixed assets by enterprises, institutions and individuals in rural areas.

Sources of Funds for Investment in Fixed Assets Including budgetary appropriation, domestic loans, foreign investment, self-raised funds, and others.

(1) State budgetary appropriation refers to appropriation in the budget of the central and local governments earmarked for capital construction and for innovation projects, and the special appropriation from the budget of the central government for capital construction and for the transfer fund to banks to be issued as loans for capital construction projects.

(2) Domestic loans refer to various funds borrowed by enterprises and institutions from banks and non-bank financial institutions assets, including loans issued by banks from their self-owned funds and deposit, loans appropriated by higher responsible authorities, special loans by government (including loan for replacing petroleum with coal, special loan for reform-through-labour coal mines), loans arranged by local government from special funds, domestic reserve loan, and working loan, etc.

(3) Foreign Investment refers to foreign funds received during the reference period for the purpose of investment in fixed assets, including foreign funds borrowed and managed by the government, by individual units, foreign fund in joint venture program, and issue of bonds and stocks at the international financial markets. The foreign funds borrowed and managed by the government refer to foreign loans borrowed by the government from foreign governments, organizations, or financial institutions under official agreements signed by both parties, under which government is responsible for the repayment of both the principal and interests of the foreign loans.

(4) Self-raised funds refer to funds received by construction enterprises from their higher responsible authorities, local governments, or raised by enterprises or institutions themselves for the purpose of investment in fixed assets during the reference period.

(5) Others refer to funds received during the reference period which are not included in the above-mentioned sources.

Investment in Fixed Assets by Sector The classification of construction projects by sector is determined by the major products or the purpose of the projects when they are put into production or use, and by the nature of their social economic activities. In general, one project or one enterprise or institution can only be classified into one sector.

Investment in Fixed Assets by Type of Construction The construction projects in general can be classified by the type of construction into new construction, expansion, reconstruction and moving away. In capital construction, the type of construction is determined by the condition of the project. In investment in innovation, in other investment by state-owned units and investment by collective-owned units, the type of construction is determined by the condition of the whole enterprise or institutions. Investment by type of construction is not applied to investment by real-estate development units, investment in rural areas and investment in housing by urban individuals.

(1) New construction in general refers to newly constructed units. In the case in which the value of the original fixed assets is quite small, and the value of newly added fixed assets exceeds the original ones by three times, the expansion construction is considered as new construction.

(2) Expansion refers to construction of new major production workshop or independent production line within a factory or in other locations, or construction of a branch factory so as to increase the production capacity of the original products. Newly constructed business houses in institutions and administrative organizations (such as the newly constructed teaching buildings in schools, clinics or bed building in hospitals, and office buildings in administrative agencies, etc.) are also classified as expansion.

(3) Reconstruction refers to technical innovation and transformation of the existing equipment and technical conditions undertaken by enterprises and institutions for the purposes of technological advancement, improvement in product quality, enlarging variety of products, promoting new generation of products, reducing production consumption and cost, promoting comprehensive utilization of resources, strengthening treatment of waste gas, waste water and solid wastes, and safety in production, etc. through application of new technologies and techniques, use of new equipment and new materials (including accessory facilities for production or for living and welfare purposes).Construction of new workshops for improving existing production capacity rather than increasing production capacity is also considered as reconstruction.

Investment in Fixed Assets by Structure refers to the three major parts of investment activities, i.e. construction and installation, purchase of equipment and instrument, and other expenses.

(1) Construction and installation (work volume of construction and installation) refers to the construction of various houses and buildings and installation of various kinds of equipment and instruments, including construction of various houses, equipment foundations and industrial kilns and stoves, preparation works for project construction, and clearing up works post project construction, pavement of railways and roads, drilling of mines and putting up of oil pipes, construction of projects of water conservancy, construction of underground air-raid shelters and construction of other special projects, installation of various machinery equipment, testing operation for pre-testing the quality of installation projects. The value of equipment installed is not included in the value of installation projects.

(2) Purchase of equipment and instruments refers to the total value of equipment, tools, and vessels purchased or self-produced which come up to standards for fixed assets. Equipment, tools and vessels purchased or self-produced for new workshops by newly established or expanded units are categorized as "purchase of equipment and instruments" no matter whether they come up to the standards for fixed assets or not.

(3)Other expenses refer to expenses occurring during the construction or purchase of fixed assets other than construction, installation or purchase of equipment and instruments.

Projects Under Construction refer to projects having construction and installation activities undertaken in the reference period, including projects started in the reference period, or continued from the previous period, or completed and put into production or suspended in the reference period.

Projects Completed and Put into Use Industrial projects refer to the major projects and accessory facilities completed which result in forming production capacity and have been checked and accepted while the living and welfare facilities have been completed and can ensure normal production and formally put into production. Non-industrial projects refer to the major projects and accessory facilities completed which possess the designed capacity and have been checked, accepted and formally put into production.

Newly Increased Production Capacity refers to the increase of designed capacity and project efficiency through investment in fixed assets, which reflects the accomplishment of investment in fixed assets in kind. The calculation of newly increased production capacity is based on individual project, which operates independently and efficiently. When an individual project is completed and checked and accepted and put into production, it is counted as newly increased production capacity.

The newly increased production capacity and project efficiency are usually expressed in one of the following forms:

(1) Annual production capacity, such as extraction of coal and petroleum;

(2) Raw material processing capacity, such as ore dressing capacity of ore dressing projects, the capacity of coal washing factory;

(3) Number or capacity of major equipment increased, such as the number of cotton spindles increased and the capacity of generating sets increased;

(4) Physical measures of construction, such as volume, capacity, area, and length, for instance, the capacity of reservoirs, the length of railways or highways.

Newly increased production capacity in terms of quantity is calculated in designed capacity in general, which refers to the production capacity of a project under normal conditions designed in construction documents regardless of the actual output.

Newly Increased Fixed Assets refer to the newly increased value of fixed assets, constructed or purchased, that have been transferred to the investors. This is an indicator that demonstrates the results of investment in fixed assets in monetary terms, and an important indicator to reflect the speed of construction and to calculate the efficiency of investment.

Floor Space of Buildings under Construction refers to total floor space of the horizontal section of outer walls above the plinth of the building, including the effective area and the area occupied by the structure. This indicator is one of the important indicators in physical terms to reflect the scale and accomplishment of the construction industry, and important basis for monitoring the progress, calculating the cost, analyzing the efficiency and studying the supply of building materials in relation with the construction projects.

Floor Space of Residential Buildings refers to the floor space of the residential buildings among the total space of buildings under construction or completed.

Floor Space under Construction refers to total floor space of all buildings under construction during the reference period, including floor space of newly started buildings during the reference period, floor space of construction extended from the previous period to the current period, and floor space of construction suspended during the previous period and resumed in the current period. Floor space of construction completed in the current period, and floor space of construction started and then suspended in the current period are also included in the floor space under construction of the current year.

Floor Space of Buildings Completed refers to the floor space of all buildings completed in the reference period, which have been appraised and accepted (or come up to the designed standards) and have been transferred to the owners for use.

对外贸易
Foreign Trade and Economic Cooperation

● 资料整理：张亚珂

简要说明

一、主要内容

本篇包括河南对外贸易资料，利用外资资料，对外经济合作等资料。

二、统计范围

对外贸易统计的范围是全省各进、出口贸易公司和有进出口经营权的生产企业,外商及港澳台商投资企业,科研机构等辖区内全部有进出口经营权的企业；利用外资统计的范围是辖区内全部外商投资企业、港澳台商投资企业和有外商其他投资的单位；对外经济合作统计范围是经各级商务部门批准的从事对外承包和劳务合作业务并具有法人地位的对外承包劳务企业。对外直接投资统计范围是境内投资主体通过直接投资在境外设立的非金融类公司型企业和非公司型企业。

三、资料来源

对外贸易、外商投资企业的登记注册情况、对外经济合作和对外直接投资资料采用全面调查方法。对外贸易资料1992年及以后为海关进出口统计数字，由郑州海关提供；利用外资资料中外商投资企业的登记注册情况资料由河南省工商行政管理局提供，其他由河南省商务厅提供；对外经济合作资料和对外直接投资资料由河南省商务厅提供。本篇资料由河南省统计局贸易外经处编辑整理。

Brief Introduction

I. Main Contents

Data in this chapter provide summary data of Henan provincial foreign trade, utilization of foreign capital, labour cooperation with foreign countries or territories.

II. Statistical Scopes

The statistics of foreign trade cover the Henan provincial mport and export corporation, the manufacturing enterprises that have right to operate import and export, foreign and Hong Kong, Macao and Taiwan-invested enterprises and scientific research institutions. The statistics of utilization of foreign capital cover the foreign direct investmcnts and other foreign investments, and the basic condition of registration of foreign funded enterprises. The statistics of labour cooperation with foreign countries or territories cover the corporate enterprise engaged in contracted projects and labour services cooperation with foreign countries and has been approved by the department of commerce at various levels. The statistics cover overseas corporate and non-corporate enterprises of various forms established by domestic investors through their investment operation.

III. Data Sources

Data on foreign trade, utilization of foreign capital, labour cooperation with foreign countries or territories are calculated through a comprehensive reporting system. Data on foreign trade are calculated by Zhengzhou Customs. Data on utilization of foreign capital are calculated by the Henan provincial bureau of Commerce, data on registered cases of foreign-invested enterprises are calculated by the Henan provincial administration of Industry and Commerce. Data on overseas direct investment and labour cooperation with foreign countries or territories are calculated by the Henan provincial bureau of Commerce. Data in this chapter are provided by the Department of Trade and External Economic Relations of the Henan provincial bureau of Statistics.

7-1 历年进出口总额

Total Value of Imports and Exports over the Years

年 份 Year	美元(万美元) USD (10 000 dollors)				人民币(万元) RMB (10 000 yuan)			
	进出口总额 Total Imports & Exports	出口总额 Total Exports	进口总额 Total Imports	顺差 Balance	进出口总额 Total Imports & Exports	出口总额 Total Exports	进口总额 Total Imports	顺差 Balance
1957	1387	1387		1387	3412	3412		3412
1962	1326	1309	17	1292	3262	3220	42	3178
1965	2008	1914	94	1820				
1970	3700	3328	372	2956				
1975	6342	5438	904	4534	11796	10115	1681	8434
1978	11843	10231	1612	8619	19896	17188	2708	14480
1979	15406	13422	1984	11438	23879	20804	3075	17729
1980	22644	20448	2196	18252	33966	30672	3294	27378
1981	28487	24948	3539	21409	42855	37531	5324	32207
1982	28761	25471	3290	22181	54358	48140	6218	41922
1983	30418	27963	2455	25508	60228	55367	4861	50506
1984	38203	34174	4029	30145	89013	79625	9388	70237
1985	44991	36710	8281	28429	167367	136561	30806	105755
1986	50671	45263	5408	39855	188496	168378	20118	148260
1987	74732	65434	9298	56136	278003	243414	34589	208825
1988	84961	75052	9909	65143	316055	279193	36862	242331
1989	98539	81897	16642	65255	335157	304657	30500	274157
1990	100385	86689	13696	72993	481848	416107	65741	350366
1991	121489	104297	17192	87105	643892	552774	91118	461656
1992	116194	81632	34562	47070	633257	444894	188363	256532
1993	131423	75546	55877	19669	756996	435145	321852	113293
1994	163193	102242	60951	41291	1398564	876214	522350	353864
1995	222918	135759	87159	48600	1861365	1133588	727778	405810
1996	196855	124001	72854	51147	1631928	1027968	603960	424009
1997	189699	128663	61036	67627	1572604	1066616	505988	560628
1998	173196	118675	54521	64154	1435795	983816	451979	531837
1999	175044	112889	62155	50734	1449364	934721	514643	420078
2000	227486	149338	78148	71190	1883584	1236519	647065	589453
2001	279256	171548	107708	63840	2311339	1419864	891475	528389
2002	320351	211876	108475	103401	2652506	1754333	898173	856160
2003	471640	298041	173599	124442	3905179	2467779	1437400	1030380
2004	661346	417610	243736	173874	5475945	3457811	2018134	1439677
2005	773604	510093	263511	246582	6265419	4131243	2134176	1997067
2006	979594	663497	316097	347400	7809094	5289240	2519853	2769387
2007	1280493	839145	441347	397798	9803869	6424771	3379098	3045673
2008	1747934	1071890	676044	395846	12238006	7504743	4733263	2771481
2009	1343839	734648	609191	125457	9179764	5018380	4161384	856997

注：本表1991年及以前年度为有关部门统计数据，从1992年开始为海关进出口数据。

a)Data before 1991 were obtained from the Department concerned, and the data since 1992 have been obtained from the customs statistics.

7-2 各种分组的进出口总额

Total Value of Imports and Exports by Group

单位:万美元 (USD 10 000)

项　目	Item	进出口总额 Total Value of Imports and Exports		#出口总额 Exports Trade	
		2008	2009	2008	2009
合　　计	**Total**	**1747934**	**1343839**	**1071890**	**734648**
按贸易方式分	**By trade system**				
一般贸易	General trade	1432065	1034153	897989	546197
援助物资	Aid material	396	285	294	272
加工贸易	Processing trade	257590	226384	150459	146405
#来料加工贸易	Trade of processing with customer's materials	22174	18173	13459	11655
进料加工贸易	Trade of processing with imported materials	235416	208211	137000	134750
对外承包工程出口	Export of contract foreign projects	21944	35438	21944	35438
三资企业投资设备进口	Import of Machines Invested by Joint-venture, Cooperation with Foreign Investment and Sole Foreign Investment Enterprises	21885	9435		
保税仓库进出境货物	Bonded warehouse	4677	36107	180	4845
其他贸易方式	Other trade system	9377	2036	1024	1491
按注册类型分	**By Registration**				
国有企业	State-owned enterprises	808970	474600	459400	233646
外商投资企业	Foreign Investment	320204	375697	171126	182700
合作	Cooperative Operation	11544	6842	1789	1079
合资	Joint Ventures	219327	261266	112663	110876
独资	Proprietorship	89334	107589	56674	70745
集体企业	Collcetive enterprise	358317	244253	241428	148567
其他企业	Others	260442	249288	199935	169734

7-3 出口总额(2009年)
Total Value of Exports(2009)

单位：万美元 (USD 10 000)

类别	Categories of Commodities	进出口总额 Total Imports & Exports	#出口 Exports
总计	**Total**	**1343839**	**734648**
活动物；动物产品	Live Animals & Animal Products	13956	12103
植物产品	Vegetables; Fruits and Cereals	70956	18674
动、植物油、脂及其分解产品；精制的食用油脂；动、植物蜡	Animal and Vegetable Oils; Fats and Wax; Refined Edible Oils and Fats	5313	1238
食品；饮料、酒及醋；烟草及烟草代用品的制品	Food; Beverages; Liquor and Vinegar; Tobacco and Tobacco Substitutes	17990	16685
矿产品	Minerals	224388	4334
化学工业及相关工业的产品	Chemicals and Related Products	114104	85403
塑料及其制品；橡胶及其制品	Plastics and Related Products;Rubber and Related Products	67875	38182
生皮、皮革、毛皮及其制品；鞍具及挽具；旅行用品及其制品	Raw Hides; Leather; Furs and Related Products; Saddle; Travel Articles;Handbags	38755	22525
木及木制品；木炭软木及软木制品；稻草、秸秆、针茅及制品	Wood and Wooden Products; Charcoal; Cork and Related Products; Straws; Plaited Products	8105	7961
木浆及其他纤维状纤维素浆；纸及纸制品	Paper Pulp and Cellulose Pulp; Paper and Waste Paper	26564	5915
纺织原料及纺织制品	Textile Materials and Products	94849	88041
鞋帽伞杖鞭及其零件；已加工的羽毛及其制品人造花人发制品	Footwear; Headgear; Umbrellas; Canes; Whips; Processed Feather; Artificial Flowers; Wigs	98649	88495
石料石膏水泥石棉及类似材料的制品；陶瓷、玻璃及其制品	Gypsum; Cement; Asbestos; Mica; Ceramic Glass and Accessories	23906	23103
天然或养殖珍珠、宝石或半宝石、贵金属及其制品仿首饰、硬币	Natural or Cultivated Pearls; Precious or Semi-Precious Stones; Jewelry of Precious Metal or Rolled Precious Metal; Artificial Jewelry; Coins	37766	34558
贱金属及其制品	Base Metals and Related Products	145014	90578
机器、机械、电气设备及其零件，录音机及电视图象及附件	Machinery ,Mechanism , Electric Equipment Products and Accessories;dictaphone、television image and Accessories	274066	135926
车辆、航空器、船舶及有关运输设备	Locomotives; Vehicles; Aircraft; Ship and Related Transportation Equipment	41425	33845
光学、照相、电影、计量、检验、医疗或外科用仪器及设备和附件	Optical; Photographic; Film; Measuring and Checking and Medical Instruments and Equipment and Accessories	20759	7939
杂项制品	Miscellaneous Manufactured Articles	19346	19088
艺术品、收藏品、及古物	Works of Art,Collection Pieces and Antiques	17	17
特殊交易品及未分类商品	Trading Products Special and Not Otherwise Classified	37	37

7-4 河南向一些国家(地区)进出口总额

Total Value of Imports and Exports To Related Countries and Regions

单位：万美元 (USD 10 000)

国家(地区)名称	Country (Region)	进出口总额 Total Imports & Exports 2008	2009	#出口 Exports 2008	2009
合　计	**Total**	**1747934**	**1343839**	**1071890**	**734648**
亚洲	**Asia**	**697562**	**491463**	**477722**	**329506**
日本	Japan	115457	101104	50443	36101
中国香港	Hong Kong, China	70563	60729	62969	58761
印度	India	97909	54409	33649	23960
韩国	South Korea	104586	44742	93477	32930
泰国	Thailand	32731	25064	17741	12015
台湾省	Taiwan	36762	24208	29174	15379
非洲	**Africa**	**99357**	**92538**	**81633**	**81757**
南非	South Africa	23753	15763	10492	8641
尼日利亚	Nigeria	15598	14659	15435	14558
欧洲	**Europe**	**412937**	**252776**	**274879**	**141016**
德国	Federal Republic of Germany	73779	60942	35141	27970
俄罗斯联邦	Russia	57728	31951	31561	15301
意大利	Italy	34647	18530	26299	12073
瑞典	Sweden	9386	16601	4697	2629
英国	British	23471	16447	17466	12150
拉丁美洲	**Latin America**	**156850**	**167418**	**55568**	**45158**
巴西	Brazil	64641	58352	15098	10537
秘鲁	Peru	30853	36930	3126	2558
智利	Chile	11105	22671	5187	4487
北美洲	**North America**	**256880**	**235588**	**165626**	**124127**
美国	United States	211411	174239	146844	114699
加拿大	Canada	45470	61349	18782	9427
大洋洲	**Oceania**	**122643**	**101283**	**16461**	**13084**
澳大利亚	Australia	117405	97948	14402	11306
新西兰	New Zealand	4936	2918	1757	1365

7-5 各市进出口总额
Total Value of Imports and Exports by City

单位：万美元 (USD 10 000)

市 City	2008 进出口总额 Total Imports & Exports	2008 #出口 Exports	2009 进出口总额 Total Imports & Exports	2009 #出口 Exports
全 省 Total	**1747934**	**1071890**	**1343839**	**734648**
郑 州 市 Zhengzhou	428993	296156	352357	218861
开 封 市 Kaifeng	18261	13938	21193	16188
洛 阳 市 Luoyang	189087	135342	112111	65019
平 顶 山 市 Pingdingshan	70039	53049	69870	26245
安 阳 市 Anyang	250086	122090	93987	28124
鹤 壁 市 Hebi	16327	15194	8677	7658
新 乡 市 Xinxiang	125830	79907	104386	56934
焦 作 市 Jiaozuo	147654	88635	106076	67973
濮 阳 市 Puyang	51383	34206	39681	32324
许 昌 市 Xuchang	89110	68675	110800	85957
漯 河 市 Luohe	19792	7617	28082	11605
三 门 峡 市 Sanmenxia	14034	11967	13074	8080
南 阳 市 Nanyang	87701	69307	63719	42908
商 丘 市 Shangqiu	10700	7999	8011	6410
信 阳 市 Xinyang	26813	5622	25031	5597
周 口 市 Zhoukou	40843	12286	32417	13695
驻 马 店 市 Zhumadian	14518	11818	13968	12911
济 源 市 Jiyuan	146764	38084	140400	28160

7-6 进出口值分别居前20位商品(2009年)

The 20 Most Import and Export Value Merchandises(2009)

单位：万美元 (USD 10 000)

位次 Seat	进口值居前20位的商品 Import Products	金额 fund	位次 Seat	出口值居前20位的商品 Export Products	金额 fund
	合 计	**389388**		**合 计**	**263260**
1	铅矿砂及其精矿	84487	1	人发制品	70478
2	平均粒度≥0.8mm,<6.3mm未烧结铁矿砂及精矿	65150	2	新的充气橡胶轮胎	28225
3	黄大豆	43333	3	纯度≥99.99%未锻造银	23607
4	未锻轧铜含量>99.9935%的精炼铜阴极	28362	4	带有螺纹或翅片的精炼铜管，外径≤25mm	22808
5	其他制造平板显示器用的机器及装置	27671	5	其他毛皮制品	13975
6	氧化铝	16710	6	其他光敏半导体器件(太阳能电池除外)	13193
7	锌矿砂及其精矿	15029	7	其他碳电极	8611
8	平均粒度≥6.3mm未烧结铁矿砂及其精矿	12914	8	粘胶纤维单纱,未加捻或捻度每米不超过120转	8537
9	平均粒度<0.8mm未烧结铁矿砂及其精矿	12111	9	石油或天然气钻机的零件	7929
10	带毛的绵羊或羔羊生皮	11757	10	聚酰胺-6,6(尼龙-6，6)纺制的高强力纱	7579
11	经加工的人发；作假发及类似品用的羊毛等	9823	11	其他材料制假、假胡须、假眉毛、假睫毛等	7350
12	技术分类天然橡胶(TSNR)	8921	12	柴油机客车，座位≥30座	7077
13	已烧结的铁矿砂及其精矿	8857	13	其他精炼铜管，外径≤25mm	6622
14	未锻轧其他精炼铜阴极	8436	14	其他猪，重量≥50kg	6326
15	半漂白或漂白非针叶木烧碱木浆或硫酸盐木浆	7981	15	干香菇	5513
16	3000≥排量>1000ml车用往复式活塞发动机	6984	16	非自推进的钻探或凿井机械	5503
17	其他未硫化的初级形状复合橡胶	6065	17	棕刚玉	5169
18	其他低芥子酸油菜子	5155	18	经纵锯切、刨或旋切的泡桐木木材，厚>6mm	5066
19	5-7号燃料油	4873	19	其他热轧铁或非合金钢非卷材，厚>50mm	4852
20	化学木浆、溶解级	4769	20	棉制针织或钩编的婴儿服装及衣着附件	4840

7-7 人民币汇率（年平均价）

Reference Exchange Rate of Renminbi (Period Average)

单位：元 (yuan)

年 份 Year	100美元 100 US Dollars	100日元 100 Japanese Yen	100港元 100 Hong Kong Dollars	100欧元 100 Euros
1985	293.66	1.2457	37.57	
1986	345.28	2.0694	44.22	
1987	372.21	2.5799	47.74	
1988	372.21	2.9082	47.70	
1989	376.51	2.7360	48.28	
1990	478.32	3.3233	61.39	
1991	532.33	3.9602	68.45	
1992	551.46	4.3608	71.24	
1993	576.20	5.2020	74.41	
1994	861.87	8.4370	111.53	
1995	835.10	8.9225	107.96	
1996	831.42	7.6352	107.51	
1997	828.98	6.8600	107.09	
1998	827.91	6.3488	106.88	
1999	827.83	7.2932	106.66	
2000	827.84	7.6864	106.18	
2001	827.70	6.8075	106.08	
2002	827.70	6.6237	106.07	800.58
2003	827.70	7.1466	106.24	936.13
2004	827.68	7.6552	106.23	1029.00
2005	819.17	7.4484	105.30	1019.53
2006	797.18	6.8570	102.62	1001.90
2007	760.40	6.4632	97.46	1041.75
2008	694.51	6.7427	89.19	1022.27
2009	683.10	7.2986	88.12	952.70

注：数据来源于国家外汇管理局。
a) Data from State Administration of Foreign Exchange.

7-8 历年外商和港澳台商直接投资情况

Foreign,Hong Kong, Macao and Taiwan's Direct Investments Over the years

单位：万美元 (USD 10 000)

年 份 Year	签订协议(合同) New Agerrment Signed 个数 Number of Projects(unit)	金额 Value	实际利用外资额 Actually Used Investment by forign Enterprise Used	#独资经营 Foreign Investment Enterprises	#合资经营 Joint Ventures Enterprises	#合作经营 Cooperative Operation Enterprises
1985	29	6870	565		541	24
1986	14	2724	605		542	63
1987	31	12562	467	31	244	192
1988	38	1986	6436		6268	168
1989	36	1681	4266	37	4199	30
1990	50	2107	1049	75	708	266
1991	154	12716	3791	294	3214	283
1992	1053	88327	10691	717	9655	319
1993	1727	157768	34197	5190	27338	1669
1994	1011	79168	42488	7168	32008	3312
1995	815	86748	47981	5064	42121	796
1996	478	92166	52566	7543	36831	8192
1997	423	86799	64735	14096	30159	20480
1998	353	57333	61794	6198	36356	19240
1999	264	61832	49527	8185	32317	9025
2000	237	69921	53999	4459	27292	6248
2001	224	62188	35861	9510	20685	5666
2002	290	101964	45165	9860	29592	5713
2003	324	182560	56149	16628	32970	5911
2004	478	205383	87367	39866	36071	11430
2005	472	235176	122960	48312	54698	10267
2006	497	336788	184526	89313	81926	8702
2007	516	483538	306162	150935	97847	18572
2008	364	604146	403266	203739	94822	14715
2009	274	492055	479858	284554	163957	27023

7-9 外商和港澳台商在豫直接投资(2009年)

Direct Investment of Foreign, Hong Kong, Macao and Taiwan Businessmen in Henan(2009)

项　目	Item	新签协议 New Agreement Signed		实际投资(万美元)
		合同个数(个) Number of Contracts (unit)	投资额(万美元) Investments Value (USD 10 000)	Actually Investments (USD 10 000)
总　计	**Total**	**274**	**492055**	**479858**
按登记注册类型分	**By Registration**			
#合资经营	Joint Ventures Enterprises	100	171904	163957
合作经营	Cooperative Operation Enterprises	21	54109	27023
独资	Foreign Investment Enterprises	153	264936	284554
股份有限公司	Foreign Investment Share Enterprises		1106	4324
按国民经济行业分	**By Sector**			
#农、林、牧、渔业	Farming, Forestry, Animal Husbandry and Fishery	17	15290	16935
采矿业	Mining	6	8385	9252
制造业	Manufacturing	148	301087	245443
电力、燃气及水的生产和供应业	Production and distribution of electricity,gas and water	8	19515	58836
建筑业	Construction	3	4438	13832
交通运输、仓储及邮政业	Traffic,transport, storage and post	7	11293	2535
信息传输、计算机服务和软件业	Information transfer, computer services and software	1	4717	1406
批发和零售业	Wholesale and retail trade	20	10262	5839
住宿和餐饮业	Accommodation and Restaurants	6	5379	8767
房地产业	Real estate	10	39979	75544
租赁和商务服务业	Tenancy and business services	25	37827	16596
科学研究、技术服务和地质勘查业	Scientific Research, Technical Service and Geologic Perambulation	13	10637	5072
水利、环境和公共设施管理业	Management of Water Conservancy, Environment and Public Establishment	7	20673	13733
居民服务和其他服务业	Resident Services and Other Services	1	66	1661
按地区、国别分	**by Country or Territory**			
香港	Hong Kong, China	152	331965	253080
台湾	Taiwan	31	41516	25479
加拿大	Canada	8	18752	11643
日本	Japan	8	13513	3298
英国	British	3	12908	7120
美国	America	16	12836	8161
新加坡	Singapore	8	11776	34341
法国	French	4	8171	9078
德意志联邦共和国	Germany	2	7706	9990
韩国	South Korea	5	6991	4642
其他	Others	37	25921	113026

7-10 各市利用省外资金情况

Direct Investment by Other Provinces in Henan By City

单位：亿元 (100 million yuan)

市 City	新签协议(合同)金额 Value of New Agreement (Contract) Signed		实际利用省外资金 Foreign Capital Actually Used	
	2008	2009	2008	2009
全省 Total	**3347.3**	**4718.6**	**1849.2**	**2201.9**
郑州市 Zhengzhou	386.5	761.0	220.1	263.7
开封市 Kaifeng	328.2	262.0	115.2	140.7
洛阳市 Luoyang	414.8	536.2	146.5	176.2
平顶山市 Pingdingshan	264.3	247.2	121.4	136.3
安阳市 Anyang	213.1	427.9	137.2	166.3
鹤壁市 Hebi	62.2	102.7	48.9	65.1
新乡市 Xinxiang	167.8	379.9	129.1	156.1
焦作市 Jiaozuo	301.6	302.5	126.8	152.9
濮阳市 Puyang	57.6	61.3	44.2	50.6
许昌市 Xuchang	166.8	283.7	100.9	121.7
漯河市 Luohe	107.6	91.2	51.9	62.3
三门峡市 Sanmenxia	105.3	240.6	68.7	84.9
南阳市 Nanyang	219.4	250.9	110.5	135.3
商丘市 Shangqiu	189.3	234.4	142.2	159.1
信阳市 Xinyang	84.3	83.8	54.8	60.2
周口市 Zhoukou	136.0	203.4	124.9	151.9
驻马店市 Zhumadian	108.2	170.5	61.3	68.9
济源市 Jiyuan	34.3	79.4	44.6	49.7

7-11 各市外商和港澳台商在豫直接投资金额

Direct Investment by Foreign, Hong Kong, Macao and Taiwan in Henan by City

单位：万美元 (USD 10 000)

市 City	新签协议(合同)金额 Value of New Agreement (Contract) Signed		实际利用外资 Foreign Capital Actually Used	
	2008	2009	2008	2009
全省 Total	**604146**	**492055**	**403266**	**479858**
郑州市 Zhengzhou	237420	188905	140078	161795
开封市 Kaifeng	15617	7257	6511	7520
洛阳市 Luoyang	89536	89479	89976	91548
平顶山市 Pingdingshan	15902	5192	12507	14041
安阳市 Anyang	15518	7518	10177	11763
鹤壁市 Hebi	19939	11289	10578	14827
新乡市 Xinxiang	24640	16757	22537	25310
焦作市 Jiaozuo	8855	11514	5609	19807
濮阳市 Puyang	8603	3812	1172	7506
许昌市 Xuchang	15451	9547	11700	18394
漯河市 Luohe	20298	26942	20438	24974
三门峡市 Sanmenxia	37048	12587	23411	26355
南阳市 Nanyang	23339	32643	11635	13303
商丘市 Shangqiu	12465	9593	6026	6973
信阳市 Xinyang	10007	11441	7841	9485
周口市 Zhoukou	11848	6829	10577	11342
驻马店市 Zhumadian	31462	34673	7238	8366
济源市 Jiyuan	6198	6077	5255	6549

7-12 外商和港澳台商投资企业(单位)注册登记情况

Registration Status of Foreign , Hong Kong, Macao and Taiwan Funded Enterprises

指　标	Item	2000	2005	2006	2007	2008	2009
年底实有企业数(户)	**Number of Registered Enterprise in the Year-end (unit)**	**3004**	**2877**	**2813**	**2983**	**2657**	**2466**
与外商和港澳台商合资经营	Joint Ventures Enterprises	2215	1717	1618	1632	1428	1253
与外商和港澳台商合作经营	Cooperative Operation Enterprises	225	292	249	257	209	194
外商和港澳台商独资	Foreign Investment Enterprises	561	860	934	1082	1011	1001
外商和港澳台商投资股份有限公司	Foreign Investment Share Enterprises	3	8	12	12	9	18
#已上市	Listed						10
投资总额(亿美元)	**Total Investments (100 million USD)**	**113.59**	**206.41**	**233.22**	**256.56**	**293.05**	**346.58**
注册资本(亿美元)	**Registered Capital (100 million USD)**	**73.37**	**112.29**	**123.00**	**137.39**	**161.10**	**190.85**
#外方	Capital Invested by Foreign Partner	42.46	75.34	83.96	94.40	116.80	139.36
本年登记企业数(户)	**Number of Registered Enterprise in the Year (unit)**	**217**	**420**	**372**	**286**	**220**	**184**
中外合资	Joint-venture Enterprises	121	212	164	123	86	87
中外合作	Cooperation Enterprises	26	39	26	20	20	12
外商独资	Enterprises with Sole Foreign Investment	69	169	182	143	114	85
中外股份公司	Share-holding Corporations	1					
本年投资总额(万美元)	**Total Investments in the Year (USD 10 000)**	**116716**	**401029**	**342784**	**325687**	**524088**	**365752**
本年注册资本(万美元)	**Registered Capital ih the Year(USD 10 000)**	**92915**	**201757**	**188428**	**179494**	**324148**	**194347**
#外方	Capital Invested Foreign Partner	81293	152789	149556	136931	269272	145174
本年注销企业数(户)	**Number of Logouted Enterprise in the Year (unit)**	**28**	**30**	**47**	**11**	**215**	**1776**
累计注销企业数(户)	**Total Number of Logouted Enterprise (unit)**	**480**	**687**	**737**	**749**	**1262**	**3313**

7-13 外商和港澳台商投资企业登记注册情况(2009年)

项 目	Item	年末实有企业数(个) Real Number of Enterprises by the end of the year (unit)	#投资总额1000~5000万美元 Total Value of Investment from 10 to 50 million Dollars
总 计	**Total**	**2466**	**454**
按登记注册类型分	**By Registration**		
与外商和港澳台商合资经营	Joint Ventures Enterprises	1253	219
与外商和港澳台商合作经营	Cooperative Operation Enterprises	194	69
外商和港澳台商独资	Foreign Investment Enterprises	1001	159
外商和港澳台商投资股份有限公司	Foreign Investment Share Enterprises	18	7
#已上市	Listed	10	5
按国民经济行业分	**By Sector**		
农、林、牧、渔业	Farming, Forestry, Animal Husbandry and Fishery	69	15
采矿业	Mining	40	4
制造业	Manufacturing	1567	243
电力、燃气及水的生产和供应业	Production and distribution of electricity,gas and water	117	44
建筑业	Construction	61	13
交通运输、仓储及邮政业	Traffic,transport, storage and post	29	10
信息传输、计算机服务和软件业	Information transfer, computer services and software	17	1
批发和零售业	Wholesale and retail trade	64	15
住宿和餐饮业	Accommodation and Restaurants	62	11
金融业	Finance	2	
房地产业	Real estate	231	59
租赁和商务服务业	Tenancy and business services	74	17
科学研究、技术服务和地质勘查业	Scientific Research, Technical Service and Geologic Perambulation	53	9
水利、环境和公共设施管理业	Management of Water Conservancy, Environment and Public Establishment	19	7
居民服务和其他服务业	Resident Services and Other Services	27	1
教育	Education		
卫生、社会保障和社会福利业	Sanitation, Social Security and Social Welfare	6	2
文化、体育和娱乐业	Culture, Sports and Entertainment	10	1
其他各类行业	Other Sectors	18	2
按地区、国别分	**by Country or Territory**		
香港	Hong Kong, China	1036	260
澳门	Macao, China	38	12
台湾	Taiwan	244	13
日本	Japan	117	8
新加坡	Singapore	77	21
德国	Federal Republic of Germany	26	5
美国	United States	270	29
泰国	Thailand	28	7
意大利	Italy	15	3
澳大利亚	Australia	53	4
其他	Others	562	92

注：累计注销企业数按登记注册类型分中不含其它企业；按地区、国别分中不含分支机构。

a) Data on Accumulative total of deregistered enterprises according to the cancellation of registration exclud other types of business, According to the region, excluding the country of branches.

Registration Status of Foreign , Hong Kong, Macao and Taiwan Funded Enterprises (2009)

#投资总额5000万美元以上 Total Value of Investment above 50 million Dollars	年末实有企业投资总额(万美元) Realized Investment in the year-end (USD 10 000)	本年登记企业数(个) Registered Enterprises in the year (unit)	本年注册企业投资总额(万美元) Total Value of Investment by Registered Enterprises This Year (USD 10 000)	累计注销企业数(个) Accumulative total of deregistered enterprises (unit)
150	**3465771**	**184**	**365752**	**3313**
65	1538585	87	195556	822
17	356768	12	24641	68
58	1445264	85	145556	1547
10	125153			4
5	55754			
1	49236	13	23461	29
8	92434	1	2500	12
65	1570096	85	155202	690
24	705935	10	73773	17
2	60249			41
4	62116	7	16272	7
1	55679	1	2	1772
5	98150	18	10867	148
2	56458	5	4091	26
	400			2
16	378463	10	11946	68
11	150867	12	17466	145
4	62142	17	20566	19
2	39238	2	12430	14
1	15430	1	4500	28
				3
	5186	1	3300	4
	3523			25
4	60168	1	9376	263
87	1853460	91	175938	326
3	73743	6	8303	5
2	76936	14	3469	136
4	80476	9	19371	34
4	107380	5	4760	12
1	22689	2	7429	9
7	186323	20	16737	85
2	32618	1	208	16
	8258			4
1	24671	2	1097	6
39	999218	34	128442	359

7-14 外商和港澳台商在豫直接投资企业经营情况（2009年）

单位：万元

指标	Item	资产总额 Total Assets	所有者权益 Creditors' Equities
合　　计	**Total**	**25888927**	**10599038**
按登记注册类型分	**By Registration**		
港澳台商投资企业	Enterprises with funds from Hong Kong, Macao and Taiwan	9427574	3262413
合资经营	Joint Ventures Enterprises	5817241	1626169
合作经营	Cooperative Operation Enterprises	495618	207633
港澳台商独资	Foreign Investment Enterprises	1958440	850555
股份有限公司	Foreign Investment Share Enterprises	1156275	578056
外商投资经济	Enterprises with funds from foreign	16461353	7336625
合资经营	Joint Ventures Enterprises	10876459	4299158
合作经营	Cooperative Operation Enterprises	764410	388630
港澳台商独资	Foreign Investment Enterprises	4022865	2127458
股份有限公司	Foreign Investment Share Enterprises	797619	521379
按国民经济行业分组	**By Sector**		
农、林、牧、渔业	Farming, Forestry, Animal Husbandry and Fishery	63641	42161
采矿业	Mining	946335	700459
制造业	Manufacturing	17219747	7496237
电力、燃气及水的生产和供应业	Production and distribution of electricity,gas and water	3175171	1044024
建筑业	Construction	75782	26569
交通运输、仓储及邮政业	Traffic,transport, storage and post	94139	68626
信息传输、计算机服务和软件业	Information transfer, computer services and software	347713	266601
批发和零售业	Wholesale and retail trade	476127	115563
住宿和餐饮业	Accommodation and Restaurants	393605	80563
金融业	Finance	2215	122
房地产业	Real estate	2921196	662638
租赁和商务服务业	Tenancy and business services	83487	41888
科学研究、技术服务和地质勘查业	Scientific Research, Technical Service and Geologic Perambulation	721	583
水利、环境和公共设施管理业	Management of Water Conservancy, Environment and Public Establishment	66261	40448
居民服务和其他服务业	Resident Services and Other Services	16766	10862
教育	Education		
卫生、社会保障和社会福利业	Sanitation, Social Security and Social Welfare	3252	1264
文化、体育和娱乐业	Culture, Sports and Entertainment	2769	430
按地区、国别分	**by Country or Territory**		
香　　港	Hong Kong, China	12343153	4529045
日　　本	Japan	1234424	542172
澳　　门	Macao, China	209684	63860
新 加 坡	Singapore	1003999	440265
韩　　国	Corea	153062	56730
泰　　国	Thailand	308823	190281
英　　国	England	2711067	1238890
加 拿 大	Canada	595787	253888
美　　国	United States	1249484	374603
澳大利亚	Australia	1626086	1134927
其　　他	Others	4453358	1774377

Business Status of Enterprises Directly Invest in Henan from Foreign, Hong Kong, Macao and Taiwan (2009)

(10 000 yuan)

主营业务收入 Revenue from Principal Business	主营业务成本 Cost of Pricipal Business	主营业务利润 Profits of Pricipal Business	营业利润 Profits of Business	利润总额 Total Profits	期末从业人员(人) Employed Persons (person)
18139288	**15073189**	**2960907**	**1550667**	**1552872**	**278775**
7275715	6214038	1021531	481850	517889	130031
4343119	3767956	552968	225661	249326	71965
258912	171298	83204	52957	53022	5205
1140532	847181	280575	162810	174167	31628
1533152	1427603	104784	40422	41374	21233
10863573	8859151	1939376	1068817	1034983	148744
8276378	6764279	1459980	842969	805903	103431
607456	499449	104567	59479	57336	9649
1528156	1298456	222575	75162	83474	25404
451583	296967	152254	91207	88270	10260
58729	49243	9487	4307	4177	1543
890123	606852	279142	243893	242353	8819
14248441	12190313	2007605	1002504	1034752	227051
1433107	1228755	202055	109992	66182	14002
42049	36024	5040	2239	2485	1228
22584	16520	5028	1094	1092	1307
263412	111279	144780	75677	72503	3654
595192	523415	71229	45540	45087	5037
136842	38518	91298	-3594	-5792	9642
22	18	4	-67	-55	2
385402	234395	121934	62558	83484	3145
13869	191	12986	5342	5326	422
358	186	155	6	5	63
19778	16213	3132	621	731	579
26923	19899	6022	619	581	2046
2114	1228	844	-40	-15	134
343	140	166	-24	-24	101
8298139	6986912	1262599	589935	582526	128121
1091191	884422	187778	64023	66203	13152
12427	6756	3695	-6818	-6767	1138
1207684	1008554	198536	161544	158131	11201
208603	189595	18983	10518	11154	4985
393477	314410	74940	38615	31822	8824
1782087	1510813	269640	161070	173130	18055
435521	366264	69124	49875	51906	6614
654244	491592	149368	69888	67515	15204
275254	239429	35710	31998	32072	4017
3780661	3074442	690534	380019	385180	67464

7-15 各市外商和港澳台商投资企业登记注册情况(2009年)
Registration Status of Foreign , Hong Kong, Macao and Taiwan Funded Enterprises by City (2009)

市 City	年末实有企业数(个) Real Number of Enterprises by the end of the year (unit)	#投资总额1000~5000万美元 Total Value of Investment from 10 to 50 million Dollars	#投资总额5000万美元以上 Total Value of Investment above 50 million Dollars	年末实有企业投资总额(万美元) Realized Investment in the year-end (USD 10 000)	本年登记企业数(个) Registered Enterprises in the year (unit)	本年注册企业投资总额(万美元) Total Value of Investment by Registered Enterprises This Year (USD 10 000)	累计注销企业数(个) Accumulative total of deregistered enterprises (unit)	本年注销企业数(个) Number of Cancelled Enterprises This Year (unit)
全省 Total	**2466**	**454**	**150**	**3465771**	**184**	**365752**	**3313**	**1776**
河南省(省级) Provincial	**269**	**61**	**41**	**1017564**	**11**	**79481**	**174**	**10**
郑州市 Zhengzhou	545	105	35	769200	45	84993	798	180
开封市 Kaifeng	112	17	3	104766	6	10789	210	179
洛阳市 Luoyang	181	38	14	246507	17	26003	346	222
平顶山市 Pingdingshan	114	18	8	189268	7	13718	205	140
安阳市 Anyang	60	9	6	79032	7	14997	157	141
鹤壁市 Hebi	57	7	3	51132	11	9500	57	47
新乡市 Xinxiang	211	37	2	125282	10	9459	14	
焦作市 Jiaozuo	111	18	8	134953	15	11195	84	3
濮阳市 Puyang	86	19	2	68643	3	7992	154	116
许昌市 Xuchang	92	8		31190	10	3126	171	123
漯河市 Luohe	91	13	7	116480	7	14871	90	54
三门峡市 Sanmenxia	39	5	8	123868	3	27893	149	100
南阳市 Nanyang	178	43	4	133981	11	16204	82	
商丘市 Shangqiu	53	8	1	43214	4	4150	257	249
信阳市 Xinyang	89	17	4	100795	11	21933	4	3
周口市 Zhoukou	46	11	1	39234	5	9184	333	209
驻马店市 Zhumadian	114	15	3	72483	1	266		
济源市 Jiyuan	18	5		18178			28	

7-16　对外国和港澳台地区投资
Investment to Foreign, Hong Kong, Macao and Taiwan

项　目	Item	2005	2006	2007	2008	2009
新签协议(合同)个数(个)	Number of New Agreements (Contracts) Signed (unit)	33	37	35	38	72
中方新签协议(合同)	Investments of New Agreement (Contract)					
投资额(万美元)	Signed by China (USD 10 000)	3491	4793	14454	18813	37086
中方实际投资(万美元)	Actually Investments by China (USD 10 000)	7800	8666	3516	6718	14900
年末已建成投产(开业)	Number of Business Completed and					
企业数(个)	Put into Use in the Year-end (unit)	157	160	200	18	42

7-17　对外承包工程和劳务合作
Contracted Projects and Labor Cooperation with Foreign Countries or Regions

指　标	Item	2005	2006	2007	2008	2009
签订合同数(个)	Number of Contracts Signed (unit)	171	162	180	345	911
签订合同金额(万美元)	Contracted Value (USD 10 000)	65855	88079	104179	137256	170031
营业额(万美元)	Value of Business (USD 10 000)	49929	78217	100345	127702	178978
派出人员(人次)	Person Send Abroad (person-times)	10496	24699	18852	22183	22961
年底在外人员(人)	Number of Abroad Person at Year-end (person)	15807	22306	28360	36089	42572

7-18 河南与国外结成友好城市一览表
List of Foreign Sister Cities With HeNan

友好城市 Sister City	国　别 Country of Origin	缔结时间 Time of Conclusion	友好城市 Sister City	国　别 Country of Origin	缔结时间 Time of Conclusion
河南省			**洛阳市**		
堪萨斯州	美国	1981年5月	冈山市	日本	1981年4月
三重县	日本	1986年11月	图尔市	法国	1982年12月
瓦隆地区	比利时	1988年4月	普罗夫迪夫市	保加利亚	1994年8月
普利亚大区	意大利	1988年6月	拉克罗斯市	美国	1997年10月
索恩.卢瓦尔省	法国	1990年10月	陶里亚蒂市	俄罗斯	2000年4月
布勒伊拉县	罗马尼亚	1993年9月	**平顶山市**		
马尼托巴省	加拿大	1994年11月	安东市	韩国	1997年4月
庆尚北道	韩国	1995年10月	塞兹兰市	俄罗斯	2000年11月
萨马拉州	俄罗斯	1997年3月	圣路易斯.里约.科罗拉多市	墨西哥	2009年11月
大阿尔及尔省	阿尔及利亚	1998年4月	**安阳市**		
同塔省	越南	1998年7月	斯哈尔贝克市	比利时	1985年9月
蒂罗尔州	奥地利	1999年11月	草加市	日本	1998年11月
奥罗莫州	埃塞俄比亚	2000年9月	莱桥市	加拿大	2005年5月
春武里府	泰国	2001年6月	纳库鲁市	肯尼亚	2006年9月
圣卡塔林纳州	巴西	2002年4月	**新乡市**		
科马隆州	匈牙利	2002年8月	柏原市	日本	1990年9月
莫吉廖夫州	白俄罗斯	2004年8月	伊塔亚伊市	巴西	2008年11月
伊达尔戈州	墨西哥	2005年5月	**焦作市**		
恩特雷里奥斯省	阿根廷	2005年5月	热伊勒地区	吉尔吉斯斯坦	2001年4月
东芬兰省	芬兰	2005年8月	帕辽沙市	巴西	2007年9月
玻利瓦尔州	委内瑞拉	2006年8月	**濮阳市**		
科金博区	智利	2007年11月	阿什伯顿市	新西兰	2000年9月
法尤姆省	埃及	2007年11月	楚河区	吉尔吉斯斯坦	2008年5月
西北省	南非	2008年4月	**许昌市**		
纽卡斯尔市	英国	2008年9月	博灵布鲁克市	美国	2005年5月
卢布林省	波兰	2008年9月	基涅利市	俄罗斯	2007年9月
梅克伦堡-前波莫瑞州	德国	2009年7月	**漯河市**		
马格尼西亚省	希腊	2009年10月	伊普斯威奇市	英国	2008年3月
哈瓦那市	古巴	2009年7月	**三门峡市**		
郑州市			北上市	日本	1985年5月
埼玉市	日本	1981年10月	墨累桥市	澳大利亚	1994年4月
里士满市	美国	1994年9月	索尔诺克市	匈牙利	2009年9月
克卢日.纳波卡市	罗马尼亚	1995年5月	**南阳市**		
晋州市	韩国	2000年7月	南阳市	日本	1988年10月
马林塔尔市	纳米比亚	2001年8月	加特市	以色列	1995年11月
伊尔比德市	约旦	2002年4月	**信阳市**		
萨马拉市	俄罗斯	2002年4月	阿什凯隆市	以色列	1995年6月
若茵维莱市	巴西	2003年11月	**周口市**		
什未林市	德国	2006年4月	彼得罗巴甫洛夫斯克市	哈萨克斯坦	1994年10月
舒门市	保加利亚	2007年4月	**驻马店市**		
开封市			梅杰迪亚市	罗马尼亚	2002年9月
户田市	日本	1984年8月	**济源市**		
威奇托市	美国	1985年12月	新座市	日本	2003年2月
永川市	韩国	2005年6月	**禹州市**		
温格卡瑞比郡	澳大利亚	2007年10月	山清郡	韩国	2009年5月
鄂木斯克市	俄罗斯	2009年8月	**信阳市狮河区**		
			新见市	日本	1992年4月

主要统计指标解释

进出口总额 海关进出口总额指实际进出我国国境的货物总金额。包括对外贸易实际进出口货物，来料加工装配进出口货物，国家间、联合国及国际组织无偿援助物资和赠送品，华侨、港澳台同胞和外籍华人捐赠品，租赁期满归承租人所有的租赁货物，进料加工进出口货物，边境地方贸易及边境地区小额贸易进出口货物(边民互市贸易除外)，中外合资企业、中外合作经营企业、外商独资经营企业进出口货物和公用物品，到、离岸价格在规定限额以上的进出口货样和广告品(无商业价值、无使用价值和免费提供出口的除外)，从保税仓库提取在中国境内销售的进口货物，以及其他进出口货物。进出口总额用以观察一个国家在对外贸易方面的总规模。我国规定出口货物按离岸价格统计，进口货物按到岸价格统计。

利用外资 指我国各级政府、部门、企业和其他经济组织通过对外借款、吸收外商直接投资以及用其他方式筹措的境外现汇、设备、技术等。

外商直接投资 指外国企业和经济组织或个人(包括华侨、港澳台胞以及我国在境外注册的企业)按我国有关政策、法规，用现汇、实物、技术等在我国境内开办外商独资企业、与我国境内的企业或经济组织共同举办中外合资经营企业、合作经营企业或合作开发资源的投资(包括外商投资收益的再投资)，以及经政府有关部门批准的项目投资总额内企业从境外借入的资金。

外商其他投资 指除对外借款和外商直接投资以外的各种利用外资的形式。包括企业在境内外股票市场公开发行的以外币计价的股票（目前主要是在香港证券市场发行的H股和在境内证券市场发行的B股）发行价总额，国际租赁进口设备的应付款，补偿贸易中外商提供的进口设备、技术、物料的价款，加工装配贸易中外商提供的进口设备、物料的价款。

对外承包工程 指各对外承包公司以招标议标承包方式承揽的下列业务：⑴承包国外工程建设项目，⑵承包我国对外经援项目，⑶承包我国驻外机构的工程建设项目，⑷承包我国境内利用外资进行建设的工程项目，⑸与外国承包公司合营或联合承包工程项目时我国公司分包部分，⑹对外承包兼营的房屋开发业务。对外承包工程的营业额是以货币表现的本期内完成的对外承包工程的工作量，包括以前年度签订的合同和本年度新签订的合同在报告期内完成的工作量。

对外劳务合作 指以收取工资的形式向业主或承包商提供技术和劳动服务的活动。我国对外承包公司在境外开办的合营企业，中国公司同时又提供劳务的，其劳务部分也纳入劳务合作统计。劳务合作营业额按报告期内向雇主提交的结算数(包括工资、加班费和奖金等)统计。

Explanatory Notes on Main Statistical Indicators

Total Imports and Exports at Customs refer to the value of commodities imported into and exported from the boundary of China. They include the actual imports and exports through foreign trade, imported and exported goods under the processing and assembling trades and materials, supplies and gifts as aid given gratis between governments and by the United Nations and other international organizations, and contributions donated by overseas Chinese, compatriots in Hong Kong and Macao and Chinese with foreign citizenship, leasing commodities owned by tenant at the expiration of leasing period, the imported and exported commodities processed with imported materials, commodities trading in border areas(excluding mutual exchange goods), the imported and exported commodities and articles for public use of the Sino-foreign joint ventures, cooperative enterprises and ventures exclusively with foreign own investment. Also included are import or export of samples and advertising goods for whose CIF or FOB value are beyond the permitted ceiling (excluding goods of no trading or use value and free commodities for export), imported goods sold in China from bonded warehouses and other imported or exported goods. The indicator of the total imports and exports at customs can be used to observe the total size of external trade in a country. In accordance with the stipulation of the Chinese government, imports are calculated at CIF, while exports are calculated at FOB

Utilization of Foreign Capital refers to remittance, equipment and technology financed from abroad, by loans, foreign direct investment and other forms undertaken by the Chinese governments at all levels, by various departments, enterprises and other economic units.

Direct Investment by Foreign Entrepreneurs refers to the investments inside China by foreign enterprises and economic organizations or individuals (including overseas Chinese, compatriots from Hong Kong and Macao, and Chinese enterprises registered abroad), following the relevant policies and laws of China, for the establishment of ventures exclusively with foreign own investment, Sino-foreign joint ventures and cooperative enterprises or for co-operative exploration of resources with enterprises or economic organizations in China. It includes the re investment of the foreign entrepreneurs with the profits gained from the investment and the funds that enterprises borrow from abroad in the total investment of projects which are approved by the relevant department of the government.

Other Investment by Foreign Entrepreneurs refers to all forms of utilization of foreign capitals other than foreign borrowings and foreign direct investment. It includes the total value of stock shares in foreign currencies issued by enterprises at domestic or foreign stock exchanges (now mainly consisting of H shares issued at Hong Kong Security Market and B shares issued at domestic security markets), rent payable for the imported equipment through international leasing arrangement, cost of imported equipment, technology and materials provided by foreign counterparts in compensation trade and processing and assembly trade.

Contracted Projects with Foreign Countries refer to projects undertaken by Chinese contractors (project contracting companies) through bidding process. They include: (1) overseas civil engineering construction projects financed by foreign investors; (2) overseas projects financed by the Chinese government through its foreign aid programs; (3) construction projects of Chinese diplomatic missions, trade offices and other institutions stationed abroad; (4) construction projects in China financed by foreign investment; (5)sub-contracted projects to be taken by Chinese contractors through a joint umbrella project with foreign contractor's); (6)housing development projects. The business income from international contracted projects is the work volume of contracted projects completed during the reference period, expressed in monetary terms, including completed work on projects signed in previous years.

Service Cooperation with Foreign Countries refers to the activities of providing technology and labor services to employers or contractors in the forms of receiving salaries and wages. Labor services providing by contractual joint ventures of Chinese international contracting corporations should be included in the statistics of service co-operation with foreign countries. The business income of labor service co-operation is the income in the form of wages and salaries, overtime pay, bonuses and other remuneration received from the employers during the reference period.

能源

Energy Sources

● 资料整理：刘俊华　赵翠清

简要说明

一、主要内容

本篇包括能源生产、消费及品种构成，能源生产和消费弹性系数、能源加工转换效率、单位能耗、规模以上工业分行业主要能源品种的购进、消费及库存，主要耗能工业企业单位产品能源消耗，公路运输能源消耗、水资源消耗和电力消耗等资料。

二、统计范围

能源统计范围为全社会。单位工业增加值能耗的统计范围是规模以上工业法人企业。能源加工转换效率表中，电力折算标准煤系数采用当量值计算，每千瓦小时折0.1229千克标准煤。

三、资料来源

能源生产总量及构成数据来自工业产品产量统计，一次能源生产量与工业统计数字一致。其他表的数据均来自历年能源平衡表以及规模以上工业企业购进、消费、库存统计年报。能源生产与消费弹性系数分别以能源生产、消费增长速度与国内生产总值增长速度相比求得。由河南省统计局能源统计处编辑整理。公路运输能源消耗资料由河南省地方经济社会调查队服务业调查处编辑整理。

Brief Introduction

I. Main Contents

Data in this chapter cover mainly energy production, consumption, and composition; elasticity ratio of energy production and consumption; efficiency of energy processing and conversion; energy consumption per unit; Purchase, consumption and Stock of enterprises above designated size by sector. Energy consumption per unit of product, Energy consumption of highways, consumption of water and electric.

II. Scope of Statistics

The scope of data in this chapter is the whole province. The scope of data on energy consumption per unit of added-value of industrial is enterprises above designated size. In the table on the efficiency of energy conversion, the coefficient for the conversion of electric power into standard coal equivalent. One kilowatt is equal to 0.1229kg SCE.

III. Sources of Data

Data on total energy production are calculated on the basis of statistics on output of industrial products. The data on production of primary energy are the same as the corresponding data on industrial statistics. Data in other table come from the energy balance sheets and annual report on energy consumed by industrial enterprises above designated size. The elasticity ratio of energy production is calculated as the quotient of the growth rate of energy production divided by the growth rate of GDP; and the elasticity ratio of energy consumption is calculated as the quotient of the growth rate of energy consumption divided by the growth rate of GDP. Data on Energy consumption of highways are provided by Henan provincial survey organizations of social and economy, and other data in this chapter are provided by Department of Energy of the Henan provincial Bureau of Statistics.

8-1 历年能源生产总量及构成

Total Production of Energy and Its Composition over the Year

年 份 Year	能源生产总量 (万吨标准煤) Total Energy Production (10 000 tons of SCE)	占能源生产总量的比重 (%) As Percentage of Total Energy Production			
		原 煤 Coal	原 油 Crude Oil	天然气 Natural Gas	水电 Electricity
1949	64	100.0			
1952	236	100.0			
1957	434	100.0			
1962	1182	99.9			0.1
1965	1359	100.0			
1970	2209	99.9			0.1
1975	3214	99.4			0.6
1978	4434	93.7	5.4		0.9
1979	4536	91.9	7.1		1.0
1980	4402	91.3	7.5	0.1	1.1
1981	4760	87.4	11.1	0.5	1.0
1982	4998	85.3	12.8	0.7	1.2
1983	5456	83.8	14.1	0.9	1.2
1984	5981	82.8	15.3	0.9	1.0
1985	6909	81.5	16.4	1.2	0.9
1986	7261	80.3	17.3	1.6	0.8
1987	7361	79.3	18.1	1.9	0.7
1988	7624	78.6	18.3	2.3	0.8
1989	8031	80.0	17.0	2.2	0.8
1990	8071	81.3	15.6	2.3	0.8
1991	7999	81.9	15.2	2.2	0.7
1992	8058	82.8	14.4	2.1	0.7
1993	8037	83.7	13.6	1.9	0.8
1994	8085	85.0	12.1	2.0	0.9
1995	8454	87.5	10.2	1.6	0.7
1996	8757	88.1	9.6	1.6	0.7
1997	8558	87.9	9.8	1.7	0.6
1998	8080	87.4	10.4	2.0	0.2
1999	6947	85.6	11.6	2.5	0.3
2000	6591	83.7	12.2	2.8	1.4
2001	7238	84.0	11.2	2.9	1.9
2002	8321	85.2	9.8	2.8	2.3
2003	10634	88.3	7.4	2.3	2.0
2004	13079	90.4	5.7	1.7	2.2
2005	14522	91.3	5.0	1.8	1.9
2006	15002	91.7	4.7	1.7	2.0
2007	14604	91.8	4.8	1.4	2.0
2008	15487	92.6	4.4	1.2	1.8
2009	17002	93.4	4.0	0.8	1.8

注：电力折算标准煤数根据当年平均发电煤耗计算。
a)Data of Electricity is calculated by Average consume of coal on Power.

8-2 历年能源消耗总量及构成

Total Consumption of Energy and Its Composition over the Year

年 份 Year	能源消耗总量 (万吨标准煤) Total Energy Consumption (10 000 tons of SCE)	占能源消耗总量的比重 (%) As Percentage of Total Energy Consumption			
		煤炭 Coal	石 油 Crude Oil	天然气 Natural Gas	水电 Hydropower
1978	3353	92.3	6.8		0.9
1979	3228	92.1	6.9		1.0
1980	3389	91.6	7.0	0.2	1.2
1981	3612	91.3	6.9	0.6	1.2
1982	3560	91.1	6.5	0.9	1.5
1983	4035	90.9	6.5	1.1	1.5
1984	4474	91.0	6.5	1.2	1.3
1985	4618	89.9	7.0	1.8	1.3
1986	4709	88.3	8.4	2.2	1.1
1987	5006	88.4	8.4	2.2	1.0
1988	5292	87.7	8.8	2.5	1.0
1989	5112	87.7	8.7	2.3	1.3
1990	5206	87.8	8.4	2.6	1.2
1991	5363	88.3	8.5	2.2	1.0
1992	5583	88.4	8.4	2.3	0.9
1993	5862	88.2	8.8	2.0	1.0
1994	6225	87.7	9.0	2.2	1.1
1995	6473	87.6	9.6	1.8	1.0
1996	6654	87.5	9.8	1.7	1.0
1997	6711	87.8	9.6	1.7	0.9
1998	7244	87.6	9.8	1.6	1.0
1999	7380	87.5	9.8	1.7	1.0
2000	7919	87.6	9.6	1.7	1.1
2001	8367	87.0	9.5	1.9	1.6
2002	9005	86.6	9.3	2.0	2.1
2003	10595	86.7	9.4	1.9	2.0
2004	13074	86.6	9.2	2.0	2.2
2005	14625	87.1	8.8	2.2	1.9
2006	16234	87.7	8.0	2.5	1.8
2007	17838	88.0	7.9	2.5	1.6
2008	18976	87.9	7.9	2.7	1.5
2009	19751	88.2	7.4	2.8	1.6

8-3 综合能源消费量

Overall Energy Balance Sheet

单位：万吨标准煤 (10 000 tons of SCE)

项　目	Item	2005	2006	2007	2008	2009
能源消费总量	**Total Energy Consumption**	**14625**	**16234**	**17838**	**18976**	**19751**
农、林、牧、渔、水利业	Farming,Forestry,Animal Husbandry, Fishery and Water Conservancy	461	483	472	486	497
工　业	Industry	11485	12993	14528	15306	15997
建筑业	Construction	65	68	69	69	91
交通运输、仓储和邮政业	Transport, Storage and Post	650	665	764	802	896
批发、零售业和住宿、餐饮业	Wholesale, Retail Trade and Hotel, Restaurants	164	181	175	182	224
其他	Others	228	247	248	277	291
生活消费	Residential Consumption	1571	1597	1582	1662	1756
在总量中：	**Consumption by Usage**					
终端消费	Final Consumption	13654	15225	16679	17449	18454
#工业	Industry	10524	11985	13369	13971	14700
加工转换损失量	Losses in Processing and Transformation	552	618	706	1082	837
#洗选煤	Washing of Coal	264	322	373	728	581
炼焦	Coking	196	241	249	203	196
炼油	Petroleum Refining	30	15	3	44	9
损失量	Other Losses	419	391	453	446	460

注：电力、热力按等价值计算.
a) Electric power and heat are converted on the basic of equal caloric value.

8-4 历年能源生产弹性系数

Elasticity Ratio of Energy Production over the Year

年 份 Year	能源生产比上年增长 (%) Growth Rate of Energy Production over Preceding Year (%)	电力生产比上年增长 (%) Growth Rate of Electricity Production over Preceding Year (%)	生产总值比上年增长 (%) Growth Rate of Gross Domestic Product(GDP) over Preceding Year (%)	能源生产弹性系数 Elasticity Ratio of Energy Production	电力生产弹性系数 Elasticity Ratio of Electricity Production
1980	-3.0		15.4		
1981	8.1	13.6	7.8	1.04	1.74
1982	5.0	4.1	4.3	1.16	0.95
1983	9.2	5.6	23.8	0.39	0.24
1984	9.6	5.8	10.1	0.95	0.57
1985	15.5	5.3	13.5	1.15	0.39
1986	5.1	12.3	4.6	1.11	2.67
1987	1.4	12.0	15.0	0.09	0.80
1988	3.6	0.1	9.8	0.37	0.01
1989	5.3	5.6	4.4	1.20	1.27
1990	0.5	5.4	4.5	0.11	1.20
1991	-0.9	11.3	6.9		1.64
1992	0.7	16.2	13.7	0.05	1.18
1993	-0.3	8.8	15.8		0.56
1994	0.6	10.3	13.8	0.04	0.75
1995	4.6	12.8	14.8	0.31	0.86
1996	3.6	8.5	13.9	0.26	0.61
1997	-2.3	6.2	10.4		0.60
1998	-5.6	0.0	8.8		0.00
1999	-14.0	4.4	8.1		0.55
2000	-5.1	6.6	9.5		0.70
2001	9.8	12.8	9.0	1.09	1.42
2002	15.0	14.4	9.5	1.57	1.52
2003	27.8	12.7	10.7	2.60	1.19
2004	23.0	24.2	13.7	1.68	1.77
2005	11.0	11.3	14.2	0.78	0.80
2006	3.3	12.6	14.4	0.23	0.88
2007	-2.7	19.9	14.6		1.36
2008	6.1	2.2	12.1	0.50	0.18
2009	9.8	4.9	10.9	0.90	0.45

8-5 历年能源消费弹性系数

Elasticity Ratio of Energy Consumption over the year

年份 Year	能源消费比上年增长（%） Growth Rate of Energy Consumption over Preceding Year (%)	电力消费比上年增长（%） Growth Rate of Electricity Consumption over Preceding Year (%)	生产总值比上年增长（%） Growth Rate of Gross Domestic Product(GDP)over Preceding Year (%)	能源消费弹性系数 Elasticity Ratio of Energy Consumption	电力消费弹性系数 Elasticity Ratio of Electricity Consumption
1980	5.0		15.4	0.32	
1981	6.6	5.6	7.8	0.85	0.72
1982	-1.4	32.3	4.3		7.51
1983	13.3	-3.2	23.8	0.56	
1984	10.9	6.5	10.1	1.08	0.64
1985	3.2	5.6	13.5	0.24	0.41
1986	2.0	7.0	4.6	0.43	1.52
1987	6.3	10.6	15.0	0.42	0.71
1988	5.7	12.1	9.8	0.58	1.23
1989	-3.4	9.8	4.4		2.23
1990	1.8	2.2	4.5	0.40	0.49
1991	3.0	9.3	6.9	0.43	1.35
1992	4.1	15.7	13.7	0.30	1.15
1993	5.0	7.5	15.8	0.32	0.47
1994	6.2	8.8	13.8	0.45	0.64
1995	4.0	13.2	14.8	0.27	0.89
1996	2.8	8.3	13.9	0.20	0.60
1997	0.9	6.5	10.4	0.09	0.63
1998	7.9	-0.5	8.8	0.90	-0.06
1999	1.9	3.4	8.1	0.23	0.42
2000	7.3	6.8	9.5	0.77	0.71
2001	5.7	12.7	9.0	0.63	1.41
2002	8.2	14.7	9.5	0.87	1.55
2003	17.0	13.7	10.7	1.59	1.28
2004	23.4	22.3	13.7	1.71	1.63
2005	11.9	7.6	14.2	0.84	0.53
2006	11.0	10.6	14.4	0.76	0.73
2007	9.9	21.5	14.6	0.68	1.47
2008	6.4	12.0	12.1	0.44	0.99
2009	4.1	5.6	10.9	0.38	0.51

8-6 平均每天能源消费量
Average Daily Energy Consumption by Variety

能源品种	Item	1995	2000	2002	2005	2006	2007	2008	2009
合计 （万吨标准煤）	**Total (10 000 tons of SCE)**	**17.73**	**21.70**	**24.81**	**40.07**	**44.48**	**48.88**	**51.46**	**54.87**
原煤 （万吨）	Coal (10 000 tons)	23.33	26.58	32.37	55.38	65.08	72.83	73.41	81.70
焦炭 （万吨）	Coke (10 000 tons)	1.08	1.17	1.39	2.72	3.27	3.94	4.08	4.01
原油 （万吨）	Crude Oil (10 000 tons)	1.10	1.67	1.65	1.83	1.91	1.96	1.93	2.18
汽油 （万吨）	Gasoline (10 000 tons)	0.39	0.33	0.33	0.64	0.68	0.58	0.53	0.55
煤油 （万吨）	Kerosene (10 000 tons)	0.04	0.04	0.04	0.04	0.04	0.05	0.05	0.07
柴油 （万吨）	Diesel Oil (10 000 tons)	0.37	0.42	0.52	0.90	0.95	1.26	1.49	1.46
燃料油 （万吨）	Fuel Oil (10 000 tons)	0.14	0.16	0.19	0.21	0.19	0.17	0.13	0.07
天然气 （亿立方米）	Natural Gas (100 million cu.m)	0.03	0.03	0.04	0.06	0.08	0.09	0.10	0.12
电力 （亿千瓦小时）	Electricity (100 million kwh)	1.57	1.97	2.54	3.80	4.20	5.11	5.73	6.32

8-7 人均生活能源消费量
Average Daily Energy Consumption for Non-Production Purpose

能源品种	Item	1995	2000	2002	2005	2006	2007	2008	2009
平均每人生活消费能源（千克标准煤）	**Average Daily Energy Consumption(kg of SCE)**	**112.97**	**121.27**	**122.31**	**161.29**	**163.02**	**160.69**	**167.99**	**176.58**
原煤 （千克）	Coal (kg)	119.76	95.36	93.91	112.90	112.31	99.24	96.02	96.44
液化石油气 （千克）	Liquefied Petroleum gas(kg)	0.91	2.18	2.11	2.62	2.55	2.44	2.14	2.17
天然气 （立方米）	Natural Gas (cu.m)	2.63	2.00	2.90	5.49	5.11	5.08	3.03	3.91
热力 （百万千焦）	Heat power (million kJ)	0.02	0.09	0.10	0.17	0.19	0.22	0.27	0.19
电力 （千瓦小时）	Electricity (kwh)	46.28	80.05	99.51	128.91	145.99	168.66	200.89	237.98

8-8 历年能源加工转换效率

Efficiency of Energy Conversion over the year

单位：% (%)

Year	总效率 Total Efficiency	发电及供热 Electricity Generation and Heating by Power Stations	炼 焦 Coking	炼 油 Petroleum Refining
1995	59.73	33.58	93.35	96.93
1996	61.21	35.64	91.90	97.71
1997	61.61	36.27	94.79	95.69
1998	67.84	35.41	99.40	99.40
1999	63.57	36.54	95.44	95.44
2000	61.78	36.03	96.71	96.71
2001	61.26	35.49	96.06	96.06
2002	59.47	36.36	98.31	98.31
2003	58.34	34.34	97.90	97.90
2004	58.36	33.45	94.38	94.38
2005	60.97	34.18	96.81	96.81
2006	64.94	36.10	99.08	99.08
2007	66.22	38.10	89.43	99.67
2008	65.96	39.49	91.89	95.43
2009	70.15	39.62	91.97	99.16

8-9 各市单位GDP能耗

Energy Consumption for GDP by City

单位：吨标准煤/万元 (ton of SCE/10 000yuan)

市	City	2005	2007 指标值 Index	2007 比上年升降(±%) Change(±%)	2008 指标值 Index	2008 比上年升降(±%) Change(±%)	2009 指标值 Index	2009 比上年升降(±%) Change(±%)
全 省	**Total**	**1.396**	**1.298**	**-4.11**	**1.232**	**-5.11**	**1.156**	**-6.16**
郑 州 市	Zhengzhou	1.350	1.267	-4.01	1.187	-6.28	1.115	-6.09
开 封 市	Kaifeng	1.240	1.170	-4.13	1.117	-4.50	1.105	-1.11
洛 阳 市	Luoyang	1.550	1.438	-4.30	1.364	-5.12	1.281	-6.07
平顶山市	Pingdingshan	2.320	2.134	-4.10	2.009	-5.85	1.884	-6.23
安 阳 市	Anyang	2.790	2.595	-4.01	2.419	-6.78	2.251	-6.93
鹤 壁 市	Hebi	1.790	1.643	-4.16	1.622	-1.26	1.477	-8.93
新 乡 市	Xinxiang	1.750	1.597	-5.03	1.494	-6.44	1.408	-5.73
焦 作 市	Jiaozhuo	2.290	2.108	-4.11	1.991	-5.57	1.857	-6.73
濮 阳 市	Puyang	1.950	1.794	-4.50	1.696	-5.46	1.618	-4.60
许 昌 市	Xuchang	1.370	1.271	-4.27	1.212	-4.65	1.152	-4.92
漯 河 市	Luohe	1.230	1.181	-3.15	1.120	-5.16	1.038	-7.34
三门峡市	Sanmenxia	1.890	1.803	-3.70	1.640	-9.01	1.533	-6.54
南 阳 市	Nanyang	1.360	1.284	-4.15	1.238	-3.55	1.174	-5.16
商 丘 市	Shangqiu	1.430	1.356	-4.03	1.283	-5.41	1.212	-5.50
信 阳 市	Xinyang	1.370	1.268	-4.22	1.209	-4.65	1.151	-4.79
周 口 市	Zhoukou	1.240	1.155	-4.19	1.094	-5.27	1.046	-4.39
驻马店市	Zhumadian	1.250	1.186	-4.05	1.128	-4.90	1.075	-4.66
济 源 市	Jiyuan	2.640	2.530	-3.15	2.375	-6.13	2.199	-7.40

8-10 各市单位GDP电耗

Electricity Consumption for GDP by City

单位：千瓦时/万元 (kw.h/10 000yuan)

市	City	2005	2007		2008		2009	
			指标值 Index	比上年升降(±%) Change(±%)	指标值 Index	比上年升降(±%) Change(±%)	指标值 Index	比上年升降(±%) Change(±%)
全　　省	**Total**	**1277.70**	**1302.24**	**3.55**	**1266.23**	**-2.77**	**1218.36**	**-4.79**
郑 州 市	Zhengzhou	1510.20	1504.29	7.53	1468.14	-2.40	1301.43	7.71
开 封 市	Kaifeng	822.30	777.96	0.10	737.17	-5.24	778.39	-7.62
洛 阳 市	Luoyang	1575.60	1814.52	5.42	1687.64	-6.99	1594.85	-7.64
平顶山市	Pingdingshan	1401.00	1456.29	9.66	1454.00	-0.16	1371.77	-3.45
安 阳 市	Anyang	1695.00	1555.85	-2.31	1464.79	-5.85	1389.17	-14.47
鹤 壁 市	Hebi	1108.40	1164.64	5.49	1229.40	5.56	1101.44	-3.39
新 乡 市	Xinxiang	1402.60	1362.41	-2.19	1435.02	5.33	1471.47	-10.34
焦 作 市	Jiaozhuo	2191.00	2121.95	6.67	2105.73	-0.76	1962.24	0.55
濮 阳 市	Puyang	1055.30	886.02	-9.81	814.76	-8.04	850.53	5.00
许 昌 市	Xuchang	660.00	627.78	-4.32	630.20	0.39	682.12	-3.26
漯 河 市	Luohe	777.30	775.45	0.24	733.66	-5.39	720.31	0.02
三门峡市	Sanmenxia	2062.40	2146.74	1.08	1966.51	-8.40	1992.82	-3.34
南 阳 市	Nanyang	806.90	847.75	5.71	835.31	-1.47	825.81	-4.04
商 丘 市	Shangqiu	1549.10	1533.16	8.38	1466.38	-4.36	1469.53	9.74
信 阳 市	Xinyang	742.10	702.79	-7.69	687.85	-2.13	781.56	2.22
周 口 市	Zhoukou	486.90	509.87	3.98	508.71	-0.23	539.51	-0.31
驻马店市	Zhumadian	747.70	828.94	4.45	778.50	-6.08	783.95	-2.95
济 源 市	Jiyuan	2023.40	1980.13	0.44	2115.98	6.86	2164.70	-2.98

8-11 各市单位工业增加值能耗

Energy Consumption for Add-value of Industry by City

单位：吨标准煤/万元 (ton of SCE/10 000yuan)

市	City	2005	2007		2008		2009	
			指标值 Index	比上年升降(±%) Change(±%)	指标值 Index	比上年升降(±%) Change(±%)	指标值 Index	比上年升降(±%) Change(±%)
全　　省	**Total**	**4.020**	**3.450**	**-7.08**	**3.079**	**-10.83**	**2.708**	**-11.56**
郑 州 市	Zhengzhou	2.710	2.379	-5.96	2.129	-10.51	1.919	-9.92
开 封 市	Kaifeng	2.390	2.093	-7.82	1.930	-7.80	1.943	0.68
洛 阳 市	Luoyang	3.290	2.828	-7.27	2.622	-7.27	2.362	-9.84
平顶山市	Pingdingshan	3.960	3.491	-7.16	3.171	-9.17	2.853	-10.03
安 阳 市	Anyang	5.360	4.755	-5.66	4.257	-10.48	3.757	-11.81
鹤 壁 市	Hebi	3.570	2.974	-8.50	2.772	-6.79	2.405	-13.18
新 乡 市	Xinxiang	3.690	3.137	-9.08	2.780	-11.38	2.387	-10.94
焦 作 市	Jiaozhuo	4.640	3.782	-7.77	3.430	-9.31	3.088	-9.96
濮 阳 市	Puyang	3.000	2.678	-6.70	2.461	-8.12	2.260	-8.13
许 昌 市	Xuchang	2.780	2.424	-7.11	2.207	-8.95	1.980	-9.41
漯 河 市	Luohe	1.730	1.541	-6.90	1.398	-9.27	1.234	-12.25
三门峡市	Sanmenxia	3.580	3.249	-5.82	2.853	-12.20	2.596	-8.90
南 阳 市	Nanyang	2.460	2.182	-7.56	2.051	-6.00	1.807	-11.84
商 丘 市	Shangqiu	3.540	3.122	-7.64	2.797	-10.42	2.516	-10.15
信 阳 市	Xinyang	4.220	3.562	-8.42	3.204	-10.04	2.801	-12.45
周 口 市	Zhoukou	2.320	1.911	-8.55	1.735	-9.23	1.508	-13.36
驻马店市	Zhumadian	2.980	2.631	-8.34	2.428	-7.70	2.120	-12.76
济 源 市	Jiyuan	5.850	5.259	-4.89	4.747	-9.74	4.268	-10.15

8-12 规模以上工业企业分品种能源购进、消费及库存(2009年)

Purchase, Consume, and Stock of Energy in above Designated Size Industrial Enterprises by Catalog (2009)

项目	Item	年初库存 Stock of Year Beginning	购进量 Purchase Capacity		消费量 Total Energy Consumption	工业生产消费 Consump-tin of Industry Production	非工业生产消费 Consumptin of Industry Nonindustry Production	年末库存 Stock of Year End
			实物量 Material Object Capacity	金额(亿元) Amount of Money (10 000 yuan)				
原煤(万吨)	Coal (10 000tons)	865.46	24866.94	1299.02	26510.97	26360.93	149.04	758.18
洗精煤(万吨)	Clean Coal (10 000tons)	36.29	2087.79	192.24	2165.94	2158.86	7.09	42.27
其他洗煤(万吨)	Other Clean Coal (10 000tons)	1.77	176.23	3.54	106.04	105.85	0.19	2.92
煤制品(万吨)	Coal Products (10 000tons)	10.41	38.91	2.49	47.49	47.37	0.12	1.73
焦炭(万吨)	Coke (10 000tons)	25.41	1142.48	159.24	1428.45	1428.39	0.06	29.13
其他焦化产品(万吨)	Other Coking Products (10 000 tons)	0.53	17.17	1.58	31.84	31.84		0.12
焦炉煤气(亿立方米)	Coking Gas (100 million cu.m)		6.34	1.89	23.36	23.14	0.22	
高炉煤气(亿立方米)	Blast furnace Gas (100 million cu.m)		0.41	0.01	208.66	208.66		
其他煤气(亿立方米)	Other Gas (100 million cu.m)		29.69	38.21	56.65	56.54	0.11	
天然气(亿立方米)	Natural Gas (100 million cu.m)		34.64	56.30	36.62	36.52	0.09	
液化天然气(亿立方米)	Liquefied Gas (100 million cu.m)	0.00	0.62	0.39	0.62	0.62	0.00	0.00
原油(万吨)	Crude Oil (10 000 tons)	16.43	644.25	203.35	784.81	784.81	0.00	22.00
汽油(万吨)	Gasoline (10 000 tons)	0.12	52.68	30.80	53.00	46.92	6.08	0.41
煤油(吨)	Kerosene (ton)	0.04	1.52	0.95	1.53	1.51	0.02	0.04
柴油(万吨)	Diesel Fuel Oil (10 000 tons)	3.11	82.23	46.14	88.05	82.21	5.84	2.37
燃料油(万吨)	Fuel Oil (10 000 tons)	3.88	14.31	4.05	27.33	27.12	0.21	3.20
液化石油气(万吨)	Liquefied Petroleum Gas (10 000 tons)	0.10	9.42	4.30	9.41	9.40	0.00	0.23
炼厂干气(万吨)	Net Gas of Plant (10 000 tons)		2.08	0.84	29.20	29.20		
其他石油制品(万吨)	Other Petroleum Products (10 000 tons)	9.17	231.53	59.07	221.12	221.11	0.01	17.72
热力(万百万千焦)	Heat (10 billion kilo-joule)		6125.44	31.23	11349.11	10943.21	405.90	
电力(亿千瓦时)	Power (100 millin kwh)		1523.80	829.03	1872.59	1857.83	14.75	
其他燃料(万吨标准煤)	Other Fuel (10 000 tons of SCE)	0.58	90.60	4.82	120.50	120.50		0.84

8-13 规模以上工业企业分行业主要能源消费量(2009年)

行 业	Sector	综合能源消费量(万吨标准煤) Total Energy Consumption (10 000 tons of SCE)	原 煤(万吨) Coal (10 000 tons)
总 计	**Total**	**14255.44**	**26510.97**
采矿业	**Mining**	**1473.74**	**9145.08**
煤炭开采和洗选业	Mining and Washing of Coal	1208.82	9061.20
石油和天然气开采业	Extraction of Petroleum and Natural Gas	166.33	37.89
黑色金属矿采选业	Mining of Ferrous Metal Ores	15.15	6.33
有色金属矿采选业	Mining of Non-ferrous Metal Ores	49.14	12.87
非金属矿采选业	Mining and Processing of Nonmetal Ores	34.29	26.79
其他采选业	Mining of Other Ores n.e.c		
制造业	**Manufaturing**	**9077.10**	**8734.52**
农副食品加工业	Processing of Food From Agricultural Products	245.07	240.46
食品制造业	Manufacture of Foods	261.26	278.83
饮料制造业	Manufacture of Beverage	156.09	189.30
烟草制品业	Manufacture of Tobacco	7.63	2.93
纺织业	Manufacture of Textile	170.90	131.12
纺织服装、鞋、帽制造业	Manufacture of Textile Wearing Apparel, Footware, and Caps	15.35	13.46
皮革、毛皮、羽毛(绒)及其制品业	Manufacture of Leather, Fur, Feather and Its Products	43.53	45.98
木材加工及木、竹、藤、棕、草制品业	Processing of Timbers, Manufacture of Wood, Bamboo, Rattan, Palm, and Straw Products	67.54	72.84
家具制造业	Manufacture of Furniture	9.52	7.01
造纸及纸制品业	Manufacture of Paper and Paper Products	397.22	421.66
印刷业和记录媒介的复制	Printing,Reproduction of Recording Media	8.45	6.38
文教体育用品制造业	Manufacture of Articles for Culture, Education and Sport Activity	1.27	0.65
石油加工、炼焦业及核燃料加工业	Processing of Petroleum ,Coking, Processing of Nucleus Fuel	374.06	1737.82
化学原料及化学制品制造业	Manufacture of Chemical Raw Material and Chemical Products	1474.65	1534.09
医药制造业	Manufacture of Medicines	113.38	92.98
化学纤维制造业	Manufacture of Chemical Fiber	84.08	107.31
橡胶制品业	Manufacture of Rubber	83.62	73.08
塑料制品业	Manufacture of Plastic	46.10	41.03
非金属矿物制品业	Manufacture of Non-metallic Mineral Products	1624.74	1675.24
黑色金属冶练及压延加工业	Manufacture and Processing of Ferrous Metals	1564.93	312.77
有色金属冶练及压延加工业	Manufacture and Processing of Non-ferrous Metals	1605.02	1335.68
金属制品业	Manufacture of Metal Products	70.31	57.86
通用设备制造业	Manufacture of General Purpose Machinery	191.85	126.75
专用设备制造业	Manufacture of Special Purpose Machinery	125.11	72.82
交通运输设备制造业	Manufacture of Transport Equipment	166.01	37.74
电气机械及器材制造业	Manufacture of Electrical Machinery and Equipment	106.08	30.17
通信设备、计算机及其它电子设备制造业	Manufacture of Communication Equipment , Computer and Other Electronic Equipment	22.87	5.54
仪器仪表及文化、办公用机械制造业	Manufacture of Measuring Instrument and M-Achinery for Cultural Activity and Office Work	7.47	4.00
工艺品及其他制造业	Manufacture of Artwork,Other Manufacture n.e.c	26.45	71.55
废弃资源和废旧材料回收加工业	Recycling and Disposal of Waste	6.52	7.49
电力、燃气、及水的生产和供应业	**Production and Supply of Electric Power 、Gas and Water**	**3704.60**	**8631.37**
电力、热力的生产和供应业	Production and Supply of Electric Power and Heat Power	3642.15	8458.79
煤气生产和供应业	Production and Distribution of Gas	55.56	172.41
水的生产和供应业	Production and Distribution of Water	6.88	0.16

Consumption of Main Energy Sources in above Designated Size Industrial Enterprises by Industrial Sector (2009)

焦 炭 (万吨) Gas (10 000 tons)	原 油 (万吨) Crude Oil (10 000 tons)	柴 油 (万吨) Diesel Fuel Oil (10 000 tons)	燃料油 (万吨) Fuel Oil (10 000 tons)	热 力 (万百万千焦) Heat (10 billion Kilo Joule)
1428.45	**784.81**	**88.05**	**27.33**	**11349.11**
7.82	**148.83**	**41.49**	**8.68**	**766.60**
4.83		4.97		438.27
	148.83	25.00	8.68	328.33
0.99		1.71		
1.84		5.34		
0.18		4.48		
1420.61	**635.88**	**38.95**	**17.99**	**10212.01**
2.02	0.09	3.76	0.26	148.84
1.18		2.70	0.03	924.61
0.32		0.55	0.01	64.18
		0.08		48.78
0.08	0.00	1.11		70.22
0.16		0.09		4.65
0.35		0.34		
0.23		1.42		
0.04		0.58		8.56
0.95	0.05	1.24	0.03	1236.76
		0.13		3.30
0.21		0.10		
1.07	635.71	0.72	3.89	1272.39
18.93	0.00	1.70	0.81	1521.99
1.86		0.60	0.00	218.29
		0.03	0.02	140.03
10.77		0.27	0.01	257.51
0.13		0.83		0.98
29.65		6.91	8.18	569.30
997.27		3.01	0.31	0.80
158.53		3.93	3.41	3363.91
12.60		0.38	0.00	8.27
45.40		2.40		47.08
26.21		2.25	0.98	128.23
108.41	0.03	2.34	0.00	13.40
3.68	0.01	0.71	0.03	49.34
		0.17	0.01	7.54
0.29	0.00	0.13		2.12
0.03		0.39		96.34
0.25		0.05		4.58
0.01	**0.10**	**7.60**	**0.66**	**370.50**
	0.10	7.41	0.66	370.13
		0.11		
0.01		0.08		0.36

8-14 规模以上工业分部门主要能源消费量(2009年)

Consumption of Main Energy Sources in above Designated Size Industrial Enterprises by Industrial Sector (2009)

部门	Sector	综合能源消费量(万吨标准煤) Total Energy Consumption (10 000 (tons of SCE)	原煤(万吨) Coal (10 000 tons)	焦炭(万吨) Gas (10 000 tons)	原油(万吨) Crude Oil (10 000 tons)	柴油(万吨) Diesel Fuel Oil (10 000 tons)	燃料油(万吨) Fuel Oil (10 000 tons)	热力(万百万千焦) Heat (10 billion Kilo Joule)
全省总计	**Total**	**14255.44**	**26510.97**	**1428.45**	**784.81**	**88.05**	**27.33**	**11349.11**
煤炭	Coal	1208.82	9061.20	4.83		4.97		438.27
石油石化	Petroleum	262.15	85.66	1.07	784.54	25.22	12.57	1599.94
冶金	Metallurgy	2281.10	2555.63	1009.35		6.01	1.08	11.25
有色	coloured Coherer	1654.16	1348.55	160.37		9.27	3.41	3363.91
建材	Construction material	1073.12	1133.90	5.11		10.63	7.41	565.21
化工	Chymic Industry	1547.63	1594.25	29.59	0.00	1.89	0.82	1779.50
轻工	Light Industry	1398.40	1311.82	23.67	0.14	10.81	0.33	2483.57
烟草	Smokables	7.63	2.93			0.08		48.78
纺织	Weave	270.33	251.90	0.24	0.00	1.23	0.02	214.90
医药	Medication	114.08	93.05	1.86		0.66	0.00	218.29
机械	Machine	524.07	258.33	183.11	0.04	7.80	1.01	240.16
电子	Electron	22.87	5.54			0.17	0.01	7.54
电力	Electric power	3593.25	8315.78		0.10	7.38	0.66	370.03
其他	Other	297.81	492.43	9.25		1.92		7.75

8-15 各市规模以上工业企业分品种主要能源消费量(2009年)

Consumption of Main Energy Sources in above Designated Size Industrial Enterprises by Industrial Sector and City (2009)

市	City	综合能源消费量(万吨标准煤) Total Energy Consumption (10 000 (tons of SCE)	原 煤 (万吨) Coal (10 000 tons)	焦 炭 (万吨) Gas (10 000 tons)	原 油 (万吨) Crude Oil (10 000 tons)	柴 油 (万吨) Diesel Fuel Oil (10 000 tons)	燃料油 (万吨) Fuel Oil (10 000 tons)	热 力 (万百万千焦) Heat (10 billion Kilo Joule)
全 省	**Total**	**14255.44**	**26510.97**	**1428.45**	**784.81**	**88.05**	**27.33**	**11349.11**
郑 州 市	Zhengzhou	1804.49	2389.36	61.17	0.01	9.40	4.25	1092.08
开 封 市	Kaifeng	361.22	522.06	25.94		3.37	0.00	1.12
洛 阳 市	Luoyang	1543.56	2305.79	52.97	635.71	5.70	7.68	1702.25
平 顶 山 市	Pingdingshan	1111.15	5219.35	49.84	0.02	5.31	0.36	1295.69
安 阳 市	Anyang	1438.85	2273.69	704.15		2.52	0.00	110.55
鹤 壁 市	Hebi	497.02	1628.84	1.99		2.81		149.30
新 乡 市	Xinxiang	907.12	1247.48	13.37		1.29	0.02	392.95
焦 作 市	Jiaozhuo	1256.85	2254.86	85.39		1.98	0.54	1952.18
濮 阳 市	Puyang	585.96	228.17	7.94	86.65	22.01	0.49	1361.97
许 昌 市	Xuchang	669.22	990.43	86.47	0.03	5.05	0.01	945.15
漯 河 市	Luohe	321.05	352.00	3.23	0.05	3.18	0.05	308.32
三 门 峡 市	Sanmenxia	748.56	1271.89	12.92		6.67	2.95	1204.86
南 阳 市	Nanyang	756.56	1035.64	64.18	62.22	6.80	8.20	118.31
商 丘 市	Shangqiu	602.94	2708.62	2.39	0.04	1.27	2.52	27.50
信 阳 市	Xinyang	476.68	524.95	109.07		7.28	0.01	
周 口 市	Zhoukou	264.96	327.05	3.68		0.46		505.67
驻 马 店 市	Zhumadian	338.14	402.26	23.81	0.09	2.47	0.12	140.64
济 源 市	Jiyuan	571.09	828.52	119.93		0.47	0.13	40.59

8-16 各市年耗能万吨标准煤以上工业企业个数

Number of Industrial Enterprises of Consumption of Energy Above 10 000 tons by City

单位：个 (unit)

市	City	2005	2006	2007	2008	2009
全　　省	**Total**	**849**	**1069**	**1067**	**1091**	**1059**
郑　州　市	Zhengzhou	165	203	214	224	211
开　封　市	Kaifeng	21	23	32	35	38
洛　阳　市	Luoyang	64	67	66	77	84
平顶山市	Pingdingshan	49	82	82	67	68
安　阳　市	Anyang	64	66	55	70	75
鹤　壁　市	Hebi	42	36	48	43	41
新　乡　市	Xinxiang	63	67	57	51	55
焦　作　市	Jiaozhuo	106	130	141	138	124
濮　阳　市	Puyang	23	39	51	51	47
许　昌　市	Xuchang	38	115	85	101	83
漯　河　市	Luohe	23	30	28	32	30
三门峡市	Sanmenxia	36	40	44	44	41
南　阳　市	Nanyang	59	61	63	55	48
商　丘　市	Shangqiu	11	12	14	17	20
信　阳　市	Xinyang	21	28	21	25	25
周　口　市	Zhoukou	13	18	17	16	19
驻马店市	Zhumadian	27	25	25	20	23
济　源　市	Jiyuan	24	27	24	25	27

8-17 各行业年耗能万吨标准煤以上工业企业单位数
Number of Industrial Enterprises of Consumption of Energy Above 10 000 tons by Sector

单位：个 (unit)

行业	Sector	2005	2006	2007	2008	2009
总　　计	**Total**	**849**	**1069**	**1067**	**1091**	**1059**
采矿业	**Mining**	**48**	**71**	**77**	**67**	**80**
煤炭开采和洗选业	Mining and Washing of Coal	34	59	65	53	68
石油和天然气开采业	Extraction of Petroleum and Natural Gas	3	3	3	3	3
黑色金属矿采选业	Mining of Ferrous Metal Ores	5	4	3	4	2
有色金属矿采选业	Mining of Non-ferrous Metal Ores	1	1	2	3	4
非金属矿采选业	Mining and Processing of Nonmetal Ores	5	4	4	4	3
其他采选业	Mining of Other Ores n.e.c					
制造业	**Manufaturing**	**700**	**889**	**881**	**925**	**891**
农副食品加工业	Processing of Food From Agricultural Products	22	29	29	32	29
食品制造业	Manufacture of Foods	13	20	18	23	26
饮料制造业	Manufacture of Beverage	10	18	22	22	20
烟草制品业	Manufacture of Tobacco	2	2	1	1	1
纺织业	Manufacture of Textile	22	30	26	24	23
纺织服装、鞋、帽制造业	Manufacture of Textile Wearing Apparel, Footware, and Caps		1			2
皮革、毛皮、羽毛(绒)及其制品业	Manufacture of Leather, Fur, Feather and Its Products	1	5	5	9	8
木材加工及木、竹、藤、棕、草制品业	Processing of Timbers, Manufacture of Wood, Bamboo, Rattan, Palm, and Straw Products	4	6	7	12	11
家具制造业	Manufacture of Furniture					
造纸及纸制品业	Manufacture of Paper and Paper Products	54	66	76	81	69
印刷业和记录媒介的复制	Printing,Reproduction of Recording Media	1	1			
文教体育用品制造业	Manufacture of Articles for Culture, Education and Sport Activity					
石油加工、炼焦业及核燃料加工业	Processing of Petroleum ,Coking, Processing of Nucleus Fuel	23	28	31	30	29
化学原料及化学制品制造业	Manufacture of Chemical Raw Material and Chemical Products	119	126	125	121	118
医药制造业	Manufacture of Medicines	12	14	17	24	24
化学纤维制造业	Manufacture of Chemical Fiber	4	4	4	4	4
橡胶制品业	Manufacture of Rubber	3	8	10	12	11
塑料制品业	Manufacture of Plastic	3	4	4	3	5
非金属矿物制品业	Manufacture of Non-metallic Mineral Products	277	335	312	294	272
黑色金属冶练及压延加工业	Manufacture and Processing of Ferrous Metals	51	62	60	59	61
有色金属冶练及压延加工业	Manufacture and Processing of Non-ferrous Metals	36	67	58	79	80
金属制品业	Manufacture of Metal Products	8	8	15	15	7
通用设备制造业	Manufacture of General Purpose Machinery	14	16	15	27	34
专用设备制造业	Manufacture of Special Purpose Machinery	8	14	19	21	17
交通运输设备制造业	Manufacture of Transport Equipment	5	9	11	14	13
电气机械及器材制造业	Manufacture of Electrical Machinery and Equipment	3	8	12	13	20
通信设备、计算机及其它电子设备制造业	Manufacture of Communication Equipment , Computer and Other Electronic Equipment	3	3	2	2	2
仪器仪表及文化、办公用机械制造业	Manufacture of Measuring Instrument and M-Achinery for Cultural Activity and Office Work					
工艺品及其他制造业	Manufacture of Artwork,Other Manufacture n.e.c	1	5	2	2	3
废弃资源和废旧材料回收加工业	Recycling and Disposal of Waste	1			1	2
电力、燃气、及水的生产和供应业	**Production and Supply of Electric Power 、Gas and Water**	**101**	**109**	**109**	**99**	**88**
电力、热力的生产和供应业	Production and Supply of Electric Power and Heat Power	100	107	106	95	85
煤气生产和供应业	Production and Distribution of Gas	1	2	3	4	3
水的生产和供应业	Production and Distribution of Water					

8-18 全社会用电量
Electricity Consumption

单位：亿千瓦时 (100 millin kwh)

行业	Sector	2007	2008	2009
全社会用电量	**Electricity Consumption**	**1808.00**	**1970.77**	**2081.38**
居民生活用电	Electricity Consumption for Households	166.06	198.75	233.67
城镇居民	Urban	79.15	93.86	105.70
乡村居民	Rural	86.91	104.90	127.96
行业用电	Electricity Consumption for Sector	1641.94	1772.01	1847.71
第一产业	**Primary Industry**	**61.96**	**66.88**	**76.88**
第二产业	**Secondary Industry**	**1449.01**	**1561.43**	**1612.07**
工业	Industry	1441.03	1552.57	1601.87
轻工业	Light Industry	150.79	159.14	165.79
重工业	Heavy Industry	1290.24	1393.43	1436.08
建筑业	Construction	7.98	8.86	10.20
第三产业	**Tertiary Industry**	**130.97**	**143.70**	**158.76**
交通运输、仓储和邮政业	Traffic,Transport, Storage and Post	36.32	37.90	39.02
信息传输、计算机服务和软件业	Information Transfer, Computer Services and Software	6.44	7.63	8.74
批发和零售业	Wholesale and Retail Trade	18.36	21.74	25.21
住宿和餐饮业	Accommodation and Restaurants	13.09	13.90	15.23
金融业	Finance	3.60	3.80	4.37
房地产业	Real estate	6.99	8.63	10.66
租赁和商务服务业、居民服务和其他服务业	Tenancy and Business Services, Resident Services and Other Services	8.40	7.29	8.50
科学研究、技术服务和地质勘查业	Scientific Research, Technical Service and Geologic Perambulation	2.88	3.63	3.85
水利、环境和公共管理业	Management of Water Conservancy, Environment and Public Establishment	6.09	7.16	7.58
教育	Education	6.46	8.52	10.33
卫生、社会保障和社会福利业	Sanitation, Social Security and Social Welfare	5.61	6.52	7.74
文化、体育和娱乐业	Culture, Sports and Entertainment	6.62	5.52	5.07
公共管理和社会组织	Public Management and Social Organization	10.12	11.47	12.48

注：本表由省电力公司提供。(下表同)
a) Data in this table are provided by provincial electric company.(the same as the following table)

8-19 工业用电量

Electricity Consumption of Industry

单位：亿千瓦时 (100 millin kwh)

行业	Sector	2007	2008	2009
工业合计	**Total**	**1441.03**	**1552.57**	**1601.87**
采矿业	**Mining**	**124.66**	**135.99**	**132.06**
煤炭开采和洗选业	Mining and Washing of Coal	64.91	76.43	77.05
石油和天然气开采业	Extraction of Petroleum and Natural Gas	23.20	22.19	20.24
黑色金属矿采选业	Mining of Ferrous Metal Ores	5.30	5.88	4.61
有色金属矿采选业	Mining of Non-ferrous Metal Ores	22.46	23.69	20.92
非金属矿采选业	Mining and Processing of Nonmetal Ores	6.35	5.35	6.60
其他采矿业	Mining of Other Ores n.e.c	2.42	2.46	2.65
制造业	**Manufaturing**	**1010.79**	**1107.05**	**1156.10**
食品、饮料和烟草制造业	Manufacture of Foods,Beverage and Tobacco	33.38	37.73	41.59
纺织业	Manufacture of Textile	35.80	36.50	36.98
服装鞋帽、皮革羽绒及其制品业	Manufacture of Textile Wearing Apparel, Footware, Caps and Leather	3.11	3.42	3.97
木材加工及制品和家具制品业	Processing of Timbers, Manufacture of Furniture	5.81	6.35	7.49
造纸及纸制品业	Manufacture of Paper and Paper Products	20.47	22.47	23.66
印刷业和记录媒介的复制	Printing,Reproduction of Recording Media	2.12	2.48	2.88
文体用品制造业	Manufacture of Articles for Culture, Education and Sport Activity	0.38	0.41	0.50
石油加工、炼焦及核燃料加工业	Processing of Petroleum ,Coking, Processing of Nucleus Fuel	9.80	8.91	10.17
化学原料及化学制品制造业	Manufacture of Chemical Raw Material and Chemical Products	148.00	154.03	148.82
医药制造业	Manufacture of Medicines	13.69	14.11	13.60
化学纤维制造业	Manufacture of Chemical Fiber	7.69	7.11	8.97
橡胶和塑料制品业	Manufacture of Rubber and Plastic	10.64	10.14	11.70
非金属矿物制品业	Manufacture of Non-metallic Mineral Products	84.10	99.96	116.73
黑色金属冶炼及压延加工业	Manufacture and Processing of Ferrous Metals	133.10	142.71	138.34
有色金属冶炼及压延加工业	Manufacture and Processing of Non-ferrous Metals	440.07	491.05	513.29
金属制品业	Manufacture of Metal Products	11.97	15.68	18.11
通用及专用设备制造业	Manufacture of General Purpose Machinery and Special Purpose Machinery	29.82	31.22	34.96
交通运输、电气、电子设备制造业	Manufacture of Transport Equipment and Electronic Equipment	12.10	13.82	15.85
工艺品及其他制造业	Manufacture of Artwork,Other Manufacture n.e.c	7.79	8.01	7.45
废弃资源和废旧材料回收加工业	Recycling and Disposal of Waste	0.95	0.97	1.04
电力、燃气、及水的生产和供应业	**Production and Supply of Electric Power 、Gas and Water**	**305.58**	**309.52**	**313.71**
电力、热力的生产和供应业	Production and Supply of Electric Power and Heat Power	294.75	298.27	298.62
煤气生产和供应业	Production and Distribution of Gas	2.89	2.68	5.80
水的生产和供应业	Production and Distribution of Water	7.94	8.58	9.30

8-20 主要耗能工业企业单位产品能源消耗情况
Energy Consumption per Unit of Product in Main Enterprises that Consume much Energy

单位：千克标准煤/吨 (kg SEC/ton)

指标名称	Item	2006	2007	2008	2009
吨原煤生产综合能耗	Overall Energy Consumption per ton of Machining Coal	14.91	8.27	7.73	7.54
单位油气产量综合能耗	Overall Energy Consumption of Manufacturing Oil and Gas		192.08	187.86	185.20
铁矿采矿工序单位能耗	Energy Consumption per Uint of Mining of Iron ore	4.54	4.19	4.34	4.92
铁矿选矿工序单位能耗	Energy Consumption per Uint of Milling run Iron ore	5.95	5.52	5.08	4.03
每吨涤纶综合能耗(短纤)	Overall Energy Consumption per ton of Terylene(short fibre)		175.03	178.32	164.40
每吨涤纶综合能耗(长丝)	Overall Energy Consumption per ton of Terylene(long silk)		305.68	301.22	299.22
每吨纱(线)混合数综合能耗	Overall Energy Consumption per ton of Mixed Yarn(Cotton)		534.04	506.28	486.31
万米布混合数综合能耗 (千克标准煤/万米)	Overall Energy Consumption per 10km of mixed Cloth (kg SEC/10 km)		1852.00	1990.90	1401.22
万米印染布综合能耗 (千克标准煤/万米)	Overall Energy Consumption per 10km of Printing and Dyeing Cloth (kg SEC/10 km)		1540.08	1360.17	1012.80
机制纸及纸板综合能耗	Overall Energy Consumption of Machinemade Paper and Paperboard	451.31	411.66	388.90	308.73
炼焦工序单位能耗	Energy Consumption per Unit of Coking plant	173.03	151.91	149.18	131.04
原油加工单位综合能耗	Overall Energy Consumption of Machining Base oil	71.76	71.98	70.19	65.72
单位烧碱生产综合能耗	Overall Energy Consumption of Manufacturing Caustic Soda	550.83	549.16	472.36	358.69
单位烧碱生产综合能耗 (离子膜法30%)	Overall Energy Consumption per Unit of Manufacturing Caustic Soda(Ion Film 30%)	310.19	373.77	354.08	321.77
单位烧碱生产综合能耗 (隔膜法30%)	Overall Energy Consumption per Unit of Manufacturing Caustic Soda (Partition Film 30%)	876.72	852.73	828.06	798.03
单位纯碱生产能耗	Overall Energy Consumption per Unit of Manufacturing Sodium carbonate	483.62	445.26	384.84	318.98
氨碱法单位纯碱生产综合能耗	Overall Energy Consumption per Unit of Sodium carbonate in Ammoniasoda Process		650.38	599.85	150.00
联碱法纯碱双吨产品生产综合能耗	Overall Energy Consumption per Unit of Sodium carbonate in Joint Alkali		337.44	288.01	281.80
天然碱法单位纯碱生产综合能耗	Overall Energy Consumption per Unit of Sodium carbonate in Natural Law		480.92	422.62	386.37
单位电石生产综合能耗	Overall Energy Consumption per Unit of Manufacturing Calcium carbide	1084.59	1174.03	1216.94	1246.42
单位乙烯生产综合能耗	Overall Energy Consumption per Unit of Manufacturing Ethylene	934.99	933.59	957.54	913.57
单位合成氨生产综合能耗	Overall Energy Consumption per Unit of Manufacturing Compound ammonia	1429.32	1397.03	1308.74	1258.91
吨水泥熟料综合能耗	Energy Consumption per ton of Cement Ripe-material	136.23	126.49	123.86	113.76
吨水泥综合能耗	Energy Consumption per ton of Cement	108.12	106.40	91.72	83.53
每重量箱平板玻璃综合能耗 (千克标准煤/重量箱)	Energy Consumption per weight case of Plate Glass(Kg SEC/weight Case)	20.55	18.09	18.91	16.94
吨钢综合能耗	Energy Consumption per ton of Steel	512.02	508.61	503.51	507.71
硅铁工序单位能耗	Energy Consumption per Unit of Ferrosilicon Processes		753.88	653.80	626.80
硅锰合金工序单位能耗	Energy Consumption per Unit of Si-Mn Alloy Processes		1004.90	1024.26	639.40
吨钢耗新水(吨/吨)	Fresh Water Consumption per ton of Steel (ton/ton)		5.16	4.85	4.47
单位氧化铝综合能耗	Energy Consumption per Unit of Coking Alumina	815.14	691.04	650.95	567.60
单位电解铝综合能耗	Energy Consumption per Unit of Coking Aluminum	1873.34	1779.27	1741.40	1749.68
单位粗铅综合能耗	Energy Consumption per Unit of Coking Lead	623.18	449.88	441.28	401.66
单位铅冶炼综合能耗	Energy Consumption per Unit of Lead smelting	559.42	583.99	574.14	545.96
单位精锌(电锌)综合能耗	Energy Consumption per Unit of Refined zinc	1254.96	1193.56	1025.34	1005.45
吨铜加工材消耗能源量	Energy Consumption per ton of Machining Cuprum	411.92	307.22	276.11	160.62
吨铝加工材消耗能源量	Energy Consumption per ton of Machining Aluminium	325.02	209.24	198.81	187.78
电厂火力发电标准煤耗 (克标准煤/千瓦时)	SEC Consumption of Firepower Generate Electricity(g SEC/kwh)	364.16	341.50	329.69	320.39

8-21 主要耗能工业企业单位产品电力消耗情况

Electric Power Consumption per Unit of Product in Main Enterprises that Consume much Energy

单位：千瓦时/吨 (kwh/ton)

指标名称	Item	2006	2007	2008	2009
吨原煤生产耗电	Electric Power Consumption per ton of Machining Coal	34.46	33.80	31.38	32.76
选煤电力单耗	Electric Power Consumption per ton of Milling run Coal	7.25	8.65	8.10	8.11
单位油气产量耗电	Electric Power Consumption per ton of Manufacturing Oil and Gas		343.95	353.94	364.30
每吨粘胶纤维用电量(短纤)	Electric Power Consumption per ton of Pectic-fibre(short fibre)	951.11	980.75	925.37	1613.32
每吨粘胶纤维用电量(长丝)	Electric Power Consumption per ton of Pectic-fibre(long silk)	7344.86	6793.35	7021.38	7144.95
每吨涤纶用电量(短纤)	Electric Power Consumption per ton of Terylene(short fibre)	199.51	233.35	260.03	202.55
每吨涤纶用电量(长丝)	Electric Power Consumption per ton of Terylene(long silk)	584.30	347.63	322.15	376.11
每吨纱(线)混合数生产用电量	Electric Power Consumption per ton of Gauze and Line	2070.52	1996.97	1840.86	1691.68
万米布混合数生产用电量 (千瓦时/万米)	Electric Power Consumption per 10km of mixed Cloth (kwh/10 km)		5662.78	5882.20	5612.68
机制纸及纸板耗电	Electric Power Consumption per ton of Machinemade Paper and Paperboard	435.94	370.31	378.02	322.73
原油加工单位耗电	Electric Power Consumption per ton of Machining Base oil	69.25	68.36	70.21	64.33
单位烧碱耗电	Electric Power Consumption per unit of Manufacturing Caustic Soda		2368.58	2334.57	2354.37
单位烧碱生产耗交流电 (离子膜法30%)	Electric Power Consumption per ton of Manufacturing Caustic Soda (Ion Film 30%)	2185.61	2361.80	2346.99	2346.94
单位烧碱生产耗交流电 (隔膜法30%)	Electric Power Consumption per ton of Manufacturing Caustic Soda (Partition Film 30%)	2402.01	2386.21	2279.46	2442.76
单位纯碱耗电	Electric Power Consumption per ton of Manufacturing Sodium carbonate	270.80	312.10	328.95	269.70
氨碱法单位纯碱生产耗电	Electric Power Consumption per Unit of Sodium carbonate in Ammoniasoda Process		275.17	282.60	60.00
联碱法纯碱双吨产品生产耗电	Electric Power Consumption per Unit of Sodium carbonate in Joint Alkali		284.98	287.16	289.17
天然碱法单位纯碱生产耗电	Electric Power Consumption per Unit of Sodium carbonate in Natural Law		330.39	351.04	323.85
单位电石生产电力消耗	Electric Power Consumption per ton of Manufacturing Calcium carbide	3317.42	3160.03	2910.84	3074.38
单位乙烯生产耗电	Electric Power Consumption per ton of Manufacturing Ethylene	194.16	188.18	193.92	178.17
单位合成氨耗电	Electric Power Consumption per ton of Manufacturing Compound ammonia	1345.84	1330.48	1330.98	1303.29
吨水泥熟料综合电耗	Overall Electric Power Consumption per ton of Cement Ripe-material	78.60	84.88	79.53	76.89
吨水泥综合电耗	Overall Electric Power Consumption per ton of Cement	90.91	116.43	112.16	89.74
每重量箱平板玻璃耗电 (千瓦时/重量箱)	Electric Power Consumption per ton of Plate Glass(kwh/weight case)	11.70	8.58	7.73	6.15
吨钢耗电	Electric Power Consumption per ton of Steel	392.08	398.88	411.67	359.93
电炉炼钢综合电力消耗	Electric Power Consumption per ton of Electric Cooker Ferroalloy-making	270.46	425.43	443.38	381.88
硅铁单位电耗(千瓦时/标准吨)	Energy Consumption per Unit of Ferrosilicon Processes (kwh/SET)		5868.49	4740.54	4323.53
硅锰合金单位电耗 (千瓦时/标准吨)	Energy Consumption per Unit of Si-Mn Alloy Processes (kwh/SET)		4200.00	4221.49	4570.80
轧钢工序单位电力消耗	Electric Power Consumption per ton of Steel rolling	112.24	106.45	102.54	85.18
铜电解直流电单耗	DC Electric Power Consumption per ton of Electrolyse Cuprum	219.50	217.30	201.38	273.84
单位铝锭综合交流电耗	Overall Alternating Current Electric Power Consumption per ton of Aluminium	14743.45	14602.38	14379.38	14076.79
析出铅直流电单耗	DC Electric Power Consumption per ton of Separate out Aluminium	157.54	148.41	137.80	128.14
析出锌(湿法)直流电单耗	DC Electric Power Consumption per ton of Separate out Zn	3140.02	3100.17	3089.39	3064.26
吨铜加工材消耗电量	Electric Power Consumption per ton of Machining Cuprum	1345.69	1489.44	1548.43	1691.84
吨铝加工材消耗电量	Electric Power Consumption per ton of Machining Aluminium	452.49	564.39	551.86	523.74
发电厂用电率(%)	Electro-rate of Power plant(%)	7.68	7.49	7.42	6.95

8-22 规模以上工业企业分行业水消费总量(2009年)

单位：万吨

行业	Sector	取水总量 Water consumption	地表水 Groundwater
全部工业企业	**Total**	**302356**	**118600**
轻工业	Light Industry	166652	68591
重工业	Heavy Industry	135704	50009
采矿业	**Mining**	**30779**	**8764**
煤炭开采和洗选业	Mining and Washing of Coal	20149	3642
石油和天然气开采业	Extraction of Petroleum and Natural Gas	4807	1089
黑色金属矿采选业	Mining of Ferrous Metal Ores	1157	814
有色金属矿采选业	Mining of Non-ferrous Metal Ores	4013	3192
非金属矿采选业	Mining and Processing of Nonmetal Ores	653	27
其他采选业	Mining of Other Ores n.e.c		
制造业	**Manufaturing**	**104089**	**25041**
农副食品加工业	Processing of Food From Agricultural Products	5724	217
食品制造业	Manufacture of Foods	2715	49
饮料制造业	Manufacture of Beverage	6218	637
烟草制品业	Manufacture of Tobacco	231	
纺织业	Manufacture of Textile	2407	55
纺织服装、鞋、帽制造业	Manufacture of Textile Wearing Apparel, Footware, and Caps	368	3
皮革、毛皮、羽毛(绒)及其制品业	Manufacture of Leather, Fur, Feather and Its Products	770	52
木材加工及木、竹、藤、棕、草制品业	Processing of Timbers, Manufacture of Wood, Bamboo, Rattan, Palm, and Straw Products	312	85
家具制造业	Manufacture of Furniture	73	13
造纸及纸制品业	Manufacture of Paper and Paper Products	13711	1669
印刷业和记录媒介的复制	Printing,Reproduction of Recording Media	167	5
文教体育用品制造业	Manufacture of Articles for Culture, Education and Sport Activity	8	
石油加工、炼焦业及核燃料加工业	Processing of Petroleum ,Coking, Processing of Nucleus Fuel	1969	600
化学原料及化学制品制造业	Manufacture of Chemical Raw Material and Chemical Products	21881	5372
医药制造业	Manufacture of Medicines	5273	724
化学纤维制造业	Manufacture of Chemical Fiber	2228	8
橡胶制品业	Manufacture of Rubber	602	26
塑料制品业	Manufacture of Plastic	750	14
非金属矿物制品业	Manufacture of Non-metallic Mineral Products	6285	731
黑色金属冶练及压延加工业	Manufacture and Processing of Ferrous Metals	10840	5179
有色金属冶练及压延加工业	Manufacture and Processing of Non-ferrous Metals	12121	8133
金属制品业	Manufacture of Metal Products	675	35
通用设备制造业	Manufacture of General Purpose Machinery	1353	283
专用设备制造业	Manufacture of Special Purpose Machinery	1350	53
交通运输设备制造业	Manufacture of Transport Equipment	1165	51
电气机械及器材制造业	Manufacture of Electrical Machinery and Equipment	694	43
通信设备、计算机及其它电子设备制造业	Manufacture of Communication Equipment , Computer and Other Electronic Equipment	385	4
仪器仪表及文化、办公用 机械制造业	Manufacture of Measuring Instrument and M-Achinery for Cultural Activity and Office Work	206	1
工艺品及其他制造业	Manufacture of Artwork,Other Manufacture n.e.c	3568	999
废弃资源和废旧材料回收加工业	Recycling and Disposal of Waste	42	0
电力、燃气、及水的生产和供应业	**Production and Supply of Electric Power 、Gas and Water**	**167487**	**84795**
电力、热力的生产和供应业	Production and Supply of Electric Power and Heat Power	39788	20505
煤气生产和供应业	Production and Distribution of Gas	1153	531
水的生产和供应业	Production and Distribution of Water	126546	63760

Computation of Water in above Designated Size Industrial Enterprises by Sector (2009)

(10 000 tons)

地下水 Surface-water	自来水 tap water	其它水 others	重复用水 Volume of Repeated Computation
138510	**21300**	**23945**	**1224889**
89821	7497	743	32035
48690	13803	23201	1192854
14593	**4062**	**3361**	**123886**
9275	3883	3350	116131
3711	7		13
330	2	11	800
715	106	0	6931
562	65	0	10
57561	**13408**	**8079**	**628001**
4266	1239	2	307
2267	392	7	165
4354	1214	12	6186
75	149	7	281
1773	498	81	4351
334	31	0	36
668	50		72
217	10	0	29
53	7	0	2
11507	533	1	5874
73	89	0	0
6	1		1
933	435	1	49219
8351	1360	6798	255493
2753	1399	397	5711
1123	1097		8345
448	128	0	3261
674	62	0	153
4427	1001	127	9636
4525	557	578	198094
3572	415	1	67479
536	103	1	203
604	467	0	1764
417	880	1	4668
665	391	57	1497
215	436	0	182
135	245	0	3174
54	151		1806
2509	52	8	9
28	14		5
66356	**3830**	**12505**	**473002**
9050	3164	7069	472620
310	313	0	382
56996	354	5436	

8-23 分省辖市规模以上工业企业水消费量(2009年)

Computation of Water in above Designated Size Industrial Enterprises by City (2009)

单位：万吨 (10 000 tons)

市	City	取水总量 Water consumption	地表水 Groundwater	地下水 Surface-water	自来水 tap water	其它水 others	重复用水 Volume of Repeated Computation
全省	**Total**	**302356**	**118600**	**138510**	**21300**	**23945**	**1224889**
郑州市	Zhengzhou	48194	24844	21290	1864	195	127375
开封市	Kaifeng	11910	8018	3443	221	228	147579
洛阳市	Luoyang	31257	9298	17967	3280	713	148355
平顶山市	Pingdingshan	28110	13907	6655	4309	3240	174423
安阳市	Anyang	17561	7288	9376	846	51	143176
鹤壁市	Hebi	5105	2127	1442	877	660	127132
新乡市	Xinxiang	19687	5541	8030	1883	4234	37546
焦作市	Jiaozhuo	16882	1361	14362	759	402	77289
濮阳市	Puyang	16163	4400	3773	1307	6684	67111
许昌市	Xuchang	6346	1915	3770	292	368	535
漯河市	Luohe	9733	4566	4071	1096		2507
三门峡市	Sanmenxia	18840	6343	6239	1279	4979	9449
南阳市	Nanyang	19796	4360	13839	1594	3	53602
商丘市	Shangqiu	6425	2636	3228	62	498	4572
信阳市	Xinyang	16836	13949	2177	704	6	19550
周口市	Zhoukou	9987	1608	8244	135		1862
驻马店市	Zhumadian	11885	5216	5541	728	400	29330
济源市	Jiyuan	7637	1222	5064	67	1284	53496

8-24 各市规模以上工业电力消耗量

Electricity Consumption in above Designated Size Industrial Enterprises by city

单位：亿千瓦时 (kwh)

市	City	2007	2008	2009
郑州市	Zhengzhou	255.11	276.87	262.51
开封市	Kaifeng	23.35	24.96	30.06
洛阳市	Luoyang	234.58	250.74	262.06
平顶山市	Pingdingshan	91.55	104.02	104.62
安阳市	Anyang	100.47	104.54	110.02
鹤壁市	Hebi	22.99	28.04	26.42
新乡市	Xinxiang	71.35	84.61	92.05
焦作市	Jiaozuo	148.63	167.43	162.81
濮阳市	Puyang	33.20	33.81	35.30
许昌市	Xvchang	34.12	36.37	43.37
漯河市	Luohe	24.59	25.69	27.27
三门峡市	Sanmenxia	85.34	90.16	102.54
南阳市	Nanyang	87.19	93.51	94.98
商丘市	Shangqiu	89.67	94.55	97.89
信阳市	Xinyang	26.63	28.70	36.29
周口市	Zhoukou	20.17	21.70	23.88
驻马店市	Zhumadian	36.41	37.56	40.83
济源市	Jiyuan	34.77	43.15	47.98

注：本表由省电力公司提供。

a) Data in this table are provided by provincial electric company.

8-25 各市公路运输能源消费量(2009年)

Energy Consumption of Highways Traffic by city(2009)

注：本表按总运营车辆58.39万辆的0.286%抽样推算。
Data in this table are Calculate on 0.286% sample of All Commerial 584 thousand vehicles

单位：吨 (ton)

市	City	能源消费折合标准煤 Energy Consumption amount to SEC	按百公里耗油计算 Account by per 100 km Oil Consumption #载客汽车 Passenger Service Vehicles	#载货汽车 Freight Vehicle	#汽油车 Vehicle consum gasoline	#柴油车 Vehicle consum diesel oil
全省	**Total**	**9431464**	**1006058**	**8425405**	**398274**	**9033190**
郑州市	Zhengzhou	985594	112178	873416	24737	960857
开封市	Kaifeng	375595	33658	341937	4576	371020
洛阳市	Luoyang	425355	48264	377091	34887	390468
平顶山市	Pingdingshan	529523	71715	457808	8507	521016
安阳市	Anyang	589254	50463	538791	78175	511079
鹤壁市	Hebi	172005	15922	156084	8174	163831
新乡市	Xinxiang	428060	28438	399621	23094	404966
焦作市	Jiaozhuo	815864	25827	790037	14715	801148
濮阳市	Puyang	504574	60600	443974	16176	488398
许昌市	Xuchang	375326	37831	337495	7744	367582
漯河市	Luohe	152854	17030	135824	75	152779
三门峡市	Sanmenxia	174060	26829	147231	3362	170698
南阳市	Nanyang	424654	68742	355912	40677	383977
商丘市	Shangqiu	1276953	103113	1173841	29699	1247254
信阳市	Xinyang	784264	121644	662619	12363	771901
周口市	Zhoukou	667843	83181	584662		667843
驻马店市	Zhumadian	428187	56026	372160	10677	417510
济源市	Jiyuan	205622	9286	196337		205622

市	City	能源消费折合标准煤 Energy Consumption amount to SEC	按加油费用计算 Account by Oil Cost #载客汽车 Passenger Service Vehicles	#载货汽车 Freight Vehicle	#汽油车 Vehicle consum gasoline	#柴油车 Vehicle consum diesel oil
全省	**Total**	**9866575**	**1047216**	**8819359**	**412968**	**9453607**
郑州市	Zhengzhou	1075436	123080	952356	25596	1049840
开封市	Kaifeng	398033	36240	361793	4683	393350
洛阳市	Luoyang	435266	49054	386212	34597	400668
平顶山市	Pingdingshan	539376	73181	466195	8561	530816
安阳市	Anyang	586082	54097	531985	80667	505415
鹤壁市	Hebi	173052	16969	156084	8432	164621
新乡市	Xinxiang	448401	28231	420171	23974	424427
焦作市	Jiaozhuo	816401	26365	790035	16155	800246
濮阳市	Puyang	558209	65061	493148	17068	541141
许昌市	Xuchang	392920	41716	351204	8475	384445
漯河市	Luohe	163392	18295	145097	75	163317
三门峡市	Sanmenxia	180412	28446	151966	3298	177114
南阳市	Nanyang	444951	72757	372193	41676	403275
商丘市	Shangqiu	1347874	107735	1240139	30634	1317240
信阳市	Xinyang	746848	113490	633358	11976	734871
周口市	Zhoukou	703669	86966	616704		703669
驻马店市	Zhumadian	444278	58194	386084	10666	433612
济源市	Jiyuan	215559	9824	205735		215559

主要统计指标解释

能源生产总量 指一定时期内全国一次能源生产量的总和。该指标是观察全国能源生产水平、规模、构成和发展速度的总量指标。一次能源生产量包括原煤、原油、天然气、水电、核能及其他动力能(如风能、地热能等)发电量，不包括低热值燃料生产量、生物质能、太阳能等的利用和由一次能源加工转换而成的二次能源产量。

能源消费总量 指一定时期内全国物质生产部门、非物质生产部门和生活消费的各种能源的总和。该指标是观察能源消费水平、构成和增长速度的总量指标。能源消费总量包括原煤和原油及其制品、天然气、电力，不包括低热值燃料、生物质能和太阳能等的利用。能源消费总量分为终端能源消费量、能源加工转换损失量和能源损失量三部分。

能源生产弹性系数 研究能源生产增长速度与国民经济增长速度之间关系的指标。计算公式为：

能源生产弹性系数=能源生产总量年平均增长速度/国民经济年平均增长速度

国民经济年平均增长速度，可根据不同的目的或需要，用国民生产总值、国内生产总值等指标来计算，本年鉴是采用国内生产总值指标计算的。

电力生产弹性系数 是研究电力生产增长速度与国民经济增长速度之间关系的指标。一般来说，电力的发展应当快于国民经济的发展，也就是说电力应超前发展。计算公式为：

电力生产弹性系数=电力生产量年平均增长速度/国民经济年平均增长速度

能源消费弹性系数 反映能源消费增长速度与国民经济增长速度之间比例关系的指标。计算公式为：

能源消费弹性系数=能源消费量年平均增长速度/国民经济年平均增长速度

电力消费弹性系数 反映电力消费增长速度与国民经济增长速度之间比例关系的指标。计算公式为：

电力消费弹性系数=电力消费量年平均增长速度/国民经济年平均增长速度

能源加工转换效率 指一定时期内能源经过加工、转换后，产出的各种能源产品的数量与同期内投入加工转换的各种能源数量的比率。该指标是观察能源加工转换装置和生产工艺先进与落后、管理水平高低等的重要指标。计算公式为：

能源加工转换效率=能源加工转换产出量/能源加工转换投入量×100%

单位 GDP 能耗 指一定时期内，一个国家或地区每生产一个单位的国内生产总值所消耗的能源。计算公式为：

单位 GDP 能耗=能源消耗总量/GDP

单位 GDP 电耗 指一定时期内，一个国家或地区每生产一个单位的国内生产总值所消耗的电力。计算公式为：

单位 GDP 电耗=全社会用电量/GDP

单位工业增加值能耗 指一定时期内，一个国家或地区每生产一个单位的工业增加值所消耗的能源。计算公式为：

单位工业增加值能耗=工业能源消耗量/工业增加值

Explanatory Notes on Main Statistical Indicators

Total Energy Production refers to the total production of primary energy by all energy producing enterprises in the country in a given period of time. It is a comprehensive indicator to show the capacity, scale, composition and development of energy production of the country. The production of primary energy includes that of coal, crude oil, natural gas, hydro-power and electricity generated by nuclear energy and other means such as wind power and geothermal power. However, it excludes the production of fuels of low calorific value, bio-energy, solar energy and the secondary energy converted from the primary energy.

Total Domestic Energy Consumption refers to the total consumption of energy of various kinds by material production sectors, non material production sectors and households in the country in a given period of time. It is a comprehensive indicator to show the scale, composition and development of energy consumption. The total energy consumption includes that of coal, crude oil and their products, natural gas and electricity; however, it excludes the consumption of fuel of low calorific value, bio-energy and solar energy. Total domestic energy consumption can be divided into three parts: final energy consumption, loss during the process of energy conversion, and energy loss.

Elasticity Ratio of Energy Production the indicator to show the relationship between the growth rate of energy production and the growth rate of the national economy. The formula is:

Elasticity Ratio of Energy Production = Average Annual Growth Rate of Energy Production / Average Annual Growth Rate of National Economy

The average annual growth rate of the national economy can be shown by the gross national product, gross domestic product and other indicators, depending upon the purposes or needs. The gross domestic product is used in calculation of the ratio in this chapter.

Elasticity Ratio of Electricity Production is an indicator to show the relationship between the growth rate of electricity production and the growth rate of the national economy. Generally speaking, the growth rate of electricity production should be higher than that of the national economy.

Its formula is:

Elasticity Ratio of Electricity Production = Average Annual Growth Rate of Electricity Production / Average Annual Growth Rate of National Economy

Elasticity Ratio of Energy Consumption the indicator to show the relationship between the growth rate of energy consumption and the growth rate of the national economy. The formula is:

Elasticity Ratio of Energy Consumption = Average Annual Growth Rate of Energy Consumption / Average Annual Growth Rate of National Economy

Elasticity Ratio of Electricity Consumption is an indicator to show the relationship between the growth rate of electricity consumption and the growth rate of the national economy. The formula is:

Elasticity Ratio of Electricity Consumption = Average Annual Growth Rate of Electricity Consumption / Average Annual Growth Rate of National Economy

Efficiency of Energy Processing and Conversion refers to the ratio of the total output of energy products of various kinds after processing and conversion and the total input of energy of various kinds for processing and conversion in the same reference period. It is an important indicator to show the current conditions of energy processing and conversion equipment, production technique and management. The formula is:

Efficiency of Energy Processing & Conversion = (Output of Energy After Processing & Conversion / Input of Energy for

Processing & Conversion)×100%

Energy Consumption per Unit of GDP refers to the energy consumption per unit of gross domestic production in a country or the gross region production in a region in the same reference period. The formula is:

Energy Consumption per Unit of GDP = Total Energy Consumption / Gross Domestic Production

Electricity Consumption per Unit of GDP refers to the electricity consumption per unit of gross domestic production in a country or the gross region production in a region in the same reference period. The formula is:

Electricity Consumption per Unit of GDP = Total Electricity Consumption / Gross Domestic Production

Energy Consumption per Unit of Industrial Value-added refers to the energy consumption per unit of industrial value-added in a country or region in the same reference period. The formula is:

Energy Consumption per Unit of Industrial Value-added = Total Energy Consumption / Industrial Value-added

财政
Government Finance

● 资料整理：张树琼

简要说明

一、主要内容

本篇包括地方财政收支和预算外资金收支资料。

二、统计口径

2007年起，财政收支科目实施了较大改革，特别是财政支出项目口径变化很大，与往年数据不可比。

三、资料来源

资料来源于河南省财政厅的财政总决算，由河南省统计局国民经济核算处编辑整理。

Brief Introduction

I. Main Contents

The data in this chapter present the government revenue and expenditure situation, the extra-budgetary revenue and expenditure.

II. Scope of Statistics

Because of the classifications of revenue and expenditure accounts have been adjusted largely since 2007, the relative data are not compared with data in preceding years.

III. Sources of Data

The data are based on final Henan provincial financial accounts, which are provided by the Department of National Accounts of the Henan provincial Bureau of Statistics.

9-1 历年地方财政收支总额

Total Financial Revenue and Expenditure of the Local Government over the Years

单位：亿元 (100 million yuan)

年 份 Year	财政收入 Financial Revenue	#税收收入 Taxes	财政支出 Financial Expenditures	#农林水事务 Farming Forestry Water Conservancy Operating	#教科文卫 Culture Education Science & Health Care	#科学技术 Technology
1978	33.73	23.04	27.67	4.20	5.77	0.43
1979	33.68	23.62	29.86	5.28	7.05	0.53
1980	31.86	24.86	26.74	4.66	8.31	0.59
1981	34.23	29.73	25.84	4.25	8.84	0.61
1982	33.49	30.96	29.81	4.57	9.83	0.67
1983	36.49	30.69	30.06	4.73	10.45	0.91
1984	39.26	34.54	36.79	4.86	11.83	1.08
1985	48.93	44.57	49.51	5.01	13.93	1.16
1986	54.92	49.71	69.20	5.92	15.78	1.31
1987	63.15	56.10	65.26	6.90	16.67	1.18
1988	70.98	65.09	76.22	8.64	19.47	1.35
1989	80.97	75.50	87.67	10.85	22.76	1.49
1990	83.59	78.85	89.53	10.74	24.54	1.53
1991	91.36	84.61	97.88	12.18	26.99	1.70
1992	104.03	95.41	116.49	13.29	33.22	1.93
1993	139.20	126.36	147.73	14.34	39.28	2.01
1994	(171.38)					
	93.35	81.77	169.62	15.09	50.64	2.54
1995	124.63	103.45	207.28	17.59	58.30	3.24
1996	162.06	126.63	255.29	21.12	69.49	3.75
1997	192.63	152.09	290.84	23.47	75.43	4.52
1998	208.20	160.60	323.63	25.71	82.89	5.05
1999	223.35	176.12	384.32	28.39	95.57	6.01
2000	246.47	195.04	445.53	34.19	108.46	6.86
2001	267.75	226.70	508.58	36.94	131.35	7.25
2002	296.72	242.24	629.18	44.77	166.56	7.95
2003	338.05	264.40	716.60	47.92	188.27	9.06
2004	428.78	307.12	879.96	65.99	220.81	10.40
2005	537.65	365.67	1116.04	82.28	270.22	13.85
2006	679.17	471.80	1440.09	(99.12)	(344.21)	(18.84)
				111.34	362.82	17.37
2007	862.08	625.02	1870.61	152.51	523.51	25.23
2008	1008.90	742.27	2281.61	209.59	661.40	30.44
2009	1126.06	821.50	2905.76	361.60	843.47	35.52

注：1.财政收入1993年以前为分税制前老口径,1994年以后为分税制后新口径,括号内为分税制前老口径。

2.1994年以后的财政收支均为地方财政一般预算收支。

3.2007年起，财政收支项目按新科目列支。2006年财政支出括号内数据为按老科目列支。

a)Before 1993,government revenue is old statement before distributive taxation.The date in parentheses is statement before distributive taxation .

b)Financial revenue and expenditure refer to Ordinary budget financial revenue and expenditure of local government since 1994(the same to next).

c)Item of Financial revenue and expenditure based on new system since 2007.Data of financial expenditure Parenthesos are based on old system in 2006.

9-2 各项税收

Taxes

单位：亿元 (100 million yuan)

年 份 Year	地方财政一般预算收入 Financial Revenue	#增值税 Value-added Tax	#营业税 Business Tax	#企业所得税 Corporate Income Tax	#个人所得税 Individual Income Tax	#城市维护建设税 City Maintenance and Construction Tax
1995	124.63	25.57	22.78	18.64	3.44	8.39
1996	162.06	30.00	29.76	19.83	4.92	10.13
1997	192.63	32.80	38.85	28.43	6.38	11.18
1998	208.20	36.07	42.83	22.68	8.84	12.28
1999	223.35	36.72	47.22	29.47	10.83	12.69
2000	246.47	42.24	48.18	39.60	12.88	13.64
2001	267.75	44.35	52.89	60.85	19.25	13.73
2002	296.72	49.25	63.14	31.97	17.82	17.24
2003	338.05	57.95	75.31	29.14	15.60	20.54
2004	428.78	65.78	92.81	38.43	19.32	24.60
2005	537.65	87.97	111.60	51.56	22.05	29.18
2006	679.17	105.84	143.34	70.21	24.05	35.02
2007	862.08	129.96	184.24	103.06	30.26	42.87
2008	1008.90	153.89	209.55	116.76	32.30	49.06
2009	1126.06	140.82	252.81	114.81	33.33	51.93

9-3 地方财政一般预算收入

Ordinary Budget Financial Revenue of the Local Government

单位：亿元 (100 million yuan)

项 目	Item	2008		2009	
		绝对数 Absolute Value	比重(%) Proportion (%)	绝对数 Absolute Value	比重(%) Proportion (%)
收入合计	**Total Revenue**	**1008.90**	**100.0**	**1126.06**	**100.0**
税收收入	Tax Revenue	742.27	73.6	821.50	73.0
增值税	Value-added Tax	153.89	15.3	140.82	12.5
营业税	Sales Tax	209.55	20.8	252.81	22.5
企业所得税	Enterprises' Income Tax	116.76	11.6	114.81	10.2
企业所得税退税	Drawback of Enterprise Income Tax	-0.01		-0.07	
个人所得税	Individual Income Tax	32.30	3.2	33.33	3.0
资源税	Resources Tax	24.10	2.4	24.23	2.2
固定资产投资方向调节税	Regulatory taxes on investment in fixed assets	0.38			
城市维护建设税	Tax on Urban Maintenance and Construction	49.06	4.9	51.93	4.6
房产税	Tax on Real Estates	16.89	1.7	21.11	1.9
印花税	Stamp Tax	10.26	1.0	11.27	1.0
城镇土地使用税	Tax on the Use of Urban Land	37.20	3.7	46.28	4.1
土地增值税	Land Value Added Tax	16.37	1.6	21.93	1.9
车船税	Tax on Vehicles and Ships	3.78	0.4	6.77	0.6
耕地占用税	Tax on The Occupancy of Cultivated Land	25.38	2.5	29.62	2.6
契税	Contract Tax	41.68	4.1	61.06	5.4
烟叶税及其他	Tax on Tobacco leaf and others	4.67	0.5	5.60	0.5
非税收入	Non-Tax Revenue	266.63	26.4	304.56	27.0
专项收入	Expert Project Income	64.73	6.4	63.83	5.7
行政事业性收费收入	Income from Adiministrative Fees	89.90	8.9	99.28	8.8
罚没收入	Penalty and Confiscator Income	50.40	5.0	45.96	4.1
国有资本经营收入	Stated-owned Assets Profit	37.40	3.7	51.80	4.6
国有资源(资产)有偿使用收入	Revenue from using Stated-owned Assets Profit	14.18	1.4	26.07	2.3
其他收入	Other	10.02	1.0	17.61	1.6

9-4 各级地方财政一般预算收入(2009年)

Ordinary Budget Financial Revenue of the Local Government by Rating (2009)

单位：亿元 (100 million yuan)

项 目	Item	合计 Total	省级 Province	市级 City	县市级 County	乡镇级 Town & Township
收入合计	**Total Revenue**	**1126.06**	**86.40**	**405.92**	**441.30**	**192.44**
税收收入	Tax Revenue	821.50	42.59	312.26	293.59	173.07
增值税	Value-added Tax	140.82	5.85	51.21	50.23	33.53
营业税	Sales Tax	252.81	9.02	105.78	84.09	53.92
企业所得税	Enterprises' Income Tax	114.81	27.62	41.39	30.48	15.31
企业所得税退税	Drawback of Enterprise Income Tax	-0.07		0.00	-0.06	
个人所得税	Individual Income Tax	33.33		16.51	11.29	5.53
资源税	Resources Tax	24.23		2.77	9.83	11.64
固定资产投资方向调节税	Regulatory taxes on investment in fixed assets					
城市维护建设税	Tax on Urban Maintenance and Construction	51.93	0.10	23.27	20.38	8.18
房产税	Tax on Real Estates	21.11		5.63	11.32	4.16
印花税	Stamp Tax	11.27		3.26	4.83	3.18
城镇土地使用税	Tax on the Use of Urban Land	46.28		13.84	20.36	12.09
土地增值税	Land Value Added Tax	21.93		4.93	12.90	4.10
车船税	Tax on Vehicles and Ships	6.77		2.64	2.75	1.37
耕地占用税	Tax on The Occupancy of Cultivated Land	29.62		2.39	19.61	7.62
契税	Contract Tax	61.06		38.64	14.73	7.69
烟叶税及其他	Tax on Tobacco leaf and other	5.60			0.85	4.76
非税收入	Non-Tax Revenue	304.56	43.81	93.66	147.71	19.37
专项收入	Expert Project Income	63.83	25.30	17.73	19.58	1.22
行政事业性收费收入	Income from Adiministrative Fees	99.28	12.90	32.25	43.34	10.79
罚没收入	Penalty and Confiscator Income	45.96	3.96	11.02	30.27	0.70
国有资本经营收入	Stated-owned Assets Profit	51.80	0.14	20.64	29.56	1.46
国有资源(资产)有偿使用收入	Revenue from using Stated-owned Assets Profit	26.07	0.69	7.43	15.86	2.09
其他收入	Other	17.61	0.82	4.59	9.09	3.11

9-5 地方财政一般预算支出

Ordinary Budget Financial Expenditure of the Local Government

单位：亿元 (100 million yuan)

项 目	Item	2008		2009	
		绝对数 Absolute Value	比重(%) Proportion (%)	绝对数 Absolute Value	比重(%) Proportion (%)
本年支出合计	**Total Expenditure**	**2281.61**	**100.0**	**2905.76**	**100.0**
一般公共服务	Commonly Public servings	401.39	17.6	459.01	15.8
国防	National Defense	1.93	0.1	2.56	0.1
公共安全	Public security	139.19	6.1	167.14	5.8
教育	Education	444.03	19.5	526.14	18.1
科学技术	Technology	30.44	1.3	35.52	1.2
文化体育与传媒	Culture Sport and Medium	41.46	1.8	58.67	2.0
社会保障和就业	Social Security and Obtain employment	330.23	14.5	403.62	13.9
医疗卫生	Medical Treatment and Public Health	145.47	6.4	223.15	7.7
环境保护	Environment Protection	75.85	3.3	92.98	3.2
城乡社区事务	Urban and Rural Area Community Operating	135.38	5.9	130.89	4.5
农林水事务	Farming Forestry and Water Conservancy Operating	266.36	11.7	361.60	12.4
交通运输	Traffic and Transport	54.62	2.4	177.62	6.1
采掘电力信息等事务	Mining power information	77.41	3.4	74.77	2.6
粮油物资储备管理等事务	Grain and oil reserves management	45.01	2.0	80.89	2.8
金融监管支出	The financial supervision	9.94	0.4	6.69	0.2
地震灾后恢复重建支出	Expenses after the Earthquake Reconstruction			6.07	0.2
国债还本付息支出	Debt servicing expenditure	5.20	0.2	7.94	0.3
其他支出	Others	77.70	3.4	90.52	3.1

9-6 各级地方财政一般预算支出(2009年)

Ordinary Budget Financial Expenditure of the Local Government by Rating (2009)

单位：亿元 (100 million yuan)

项 目	Item	合计 Total	省级 Province	市级 City	县市级 County	乡镇级 Town & Township
本年支出合计	**Total Expenditure**	**2905.76**	**545.60**	**623.57**	**1542.81**	**193.79**
一般公共服务	Commonly Public servings	459.01	74.93	77.80	207.56	98.72
国防	National Defense	2.56	1.28	0.66	0.63	0.00
公共安全	Public security	167.14	20.35	63.41	82.75	0.63
教育	Education	526.14	50.98	86.22	378.85	10.09
科学技术	Technology	35.52	5.61	9.52	18.49	1.89
文化体育与传媒	Culture Sport and Medium	58.67	8.91	20.06	25.74	3.95
社会保障和就业	Social Security and Obtain employment	403.62	112.37	67.21	203.62	20.42
医疗卫生	Medical Treatment and Public Health	223.15	26.53	40.33	152.56	3.72
环境保护	Environment Protection	92.98	2.85	30.62	58.48	1.02
城乡社区事务	Urban and Rural Area Community Operating	130.89	0.23	59.31	59.39	11.96
农林水事务	Farming Forestry and Water Conservancy Operating	361.60	114.75	36.19	181.47	29.19
交通运输	Traffic and Transport	177.62	65.46	44.68	66.49	0.99
采掘电力信息等事务	Mining power information	74.77	15.87	29.88	26.22	2.80
粮油物资储备管理等事务	Grain and oil reserves management	80.89	28.38	12.95	38.97	0.57
金融监管支出	The financial supervision	6.69	2.31	0.73	3.64	
地震灾后恢复重建支出	Expenses after the Earthquake Reconstruction	6.07	5.97	0.10		
国债还本付息支出	Debt servicing expenditure	7.94	0.04	6.94	0.96	
其他支出	Others	90.52	8.76	36.95	36.97	7.83

9-7 各市财政一般预算收入(2009年)

Ordinary Budget Financial Revenue of the Local Government by City(2009)

单位：亿元 (100 million yuan)

市 City	收入合计 Total Revenue	税收收入 Tax Revenue	#增值税 Value-added Tax	#营业税 Operation Tax	#企业所得税 Corporate Income Tax	#个人所得税 Individual Income Tax
郑州市 Zhengzhou	301.92	237.77	27.03	87.85	38.17	11.85
开封市 Kaifeng	29.55	20.97	2.97	7.31	1.65	0.74
洛阳市 Luoyang	120.29	84.42	13.39	23.80	11.05	3.85
平顶山市 Pingdingshan	70.30	54.83	14.15	13.77	4.73	2.35
安阳市 Anyang	55.19	39.73	8.99	10.28	3.02	1.61
鹤壁市 Hebi	18.01	12.86	2.81	3.55	0.87	0.40
新乡市 Xinxiang	55.89	39.93	7.86	11.47	4.51	1.28
焦作市 Jiaozuo	54.42	39.30	8.06	9.79	3.45	1.15
濮阳市 Puyang	25.34	19.25	4.51	5.59	0.84	1.14
许昌市 Xuchang	47.09	35.11	6.80	9.35	3.50	1.21
漯河市 Luohe	20.42	16.90	3.84	4.27	2.43	0.61
三门峡市 Sanmenxia	41.50	29.98	7.01	7.28	2.17	1.04
南阳市 Nanyang	56.17	41.57	7.80	13.49	3.27	1.57
商丘市 Shangqiu	35.37	27.08	6.55	8.24	2.19	1.21
信阳市 Xinyang	28.02	20.05	2.51	8.93	0.75	0.91
周口市 Zhoukou	30.86	21.20	2.86	7.78	1.06	0.89
驻马店市 Zhumadian	29.32	21.89	3.45	8.19	1.48	1.00
济源市 Jiyuan	20.01	16.08	4.38	2.86	2.06	0.54

市 City	#城市维护建设税 Tax on Town Maintenance and Construction	#耕地占用税 Tax on Occupation of Cultivated Land	#契税 Deed Tax	非税收入 Non-Tax Revenue	#专项收入 Expert Project Income	#行政事业性收费收入 Income from Adiministrative Fees
郑州市 Zhengzhou	13.63	4.78	21.66	64.15	8.15	21.02
开封市 Kaifeng	0.97	1.21	2.80	8.58	0.75	3.13
洛阳市 Luoyang	5.20	4.25	6.27	35.87	5.24	10.69
平顶山市 Pingdingshan	4.49	1.57	2.06	15.47	3.96	4.91
安阳市 Anyang	4.18	1.71	3.43	15.46	2.33	5.66
鹤壁市 Hebi	0.67	1.50	0.61	5.14	0.63	1.46
新乡市 Xinxiang	1.74	1.74	3.66	15.95	1.57	5.55
焦作市 Jiaozuo	2.70	1.04	2.40	15.13	1.87	3.13
濮阳市 Puyang	1.56	0.77	1.07	6.09	1.37	2.35
许昌市 Xuchang	3.59	0.78	2.48	11.98	2.32	3.52
漯河市 Luohe	1.63	0.24	0.80	3.52	0.84	1.29
三门峡市 Sanmenxia	1.88	1.07	2.25	11.52	2.04	2.52
南阳市 Nanyang	3.28	1.61	3.13	14.59	2.34	6.36
商丘市 Shangqiu	1.64	1.30	1.95	8.29	1.61	3.42
信阳市 Xinyang	0.93	0.74	2.72	7.97	0.65	3.87
周口市 Zhoukou	0.85	2.66	1.96	9.66	0.63	3.86
驻马店市 Zhumadian	1.71	1.21	1.39	7.43	0.98	3.00
济源市 Jiyuan	1.19	1.44	0.39	3.92	1.26	0.62

9-8 各市财政一般预算支出(2009年)

Ordinary Budget Financial Expenditure of the Local Government by City (2009)

单位：亿元 (100 million yuan)

市 City	支出合计 Payout	一般公共服务 Commonly Public servings	公共安全 Public security	教育 Education	科学技术 Technology	文化体育与传媒 Culture Sport and Medium
郑州市 Zhengzhou	353.05	50.47	23.39	61.94	5.52	11.37
开封市 Kaifeng	97.23	19.95	5.95	17.60	1.03	1.38
洛阳市 Luoyang	204.63	31.81	13.52	40.50	3.67	6.00
平顶山市 Pingdingshan	131.47	25.57	8.46	22.39	1.51	3.05
安阳市 Anyang	121.73	20.18	8.28	27.83	2.20	3.18
鹤壁市 Hebi	46.34	7.03	2.86	7.70	0.38	0.87
新乡市 Xinxiang	131.58	23.28	9.13	27.45	1.89	1.32
焦作市 Jiaozuo	103.50	17.81	7.22	17.04	2.34	2.48
濮阳市 Puyang	81.55	12.02	5.33	19.06	0.98	1.12
许昌市 Xuchang	100.29	18.82	6.09	20.36	1.23	4.53
漯河市 Luohe	59.07	10.09	3.84	10.21	0.40	0.98
三门峡市 Sanmenxia	85.66	13.65	5.18	14.79	1.20	2.29
南阳市 Nanyang	203.53	31.62	12.12	39.03	2.89	2.27
商丘市 Shangqiu	151.11	21.23	8.34	38.89	1.04	1.64
信阳市 Xinyang	153.37	29.67	7.71	35.34	0.91	2.11
周口市 Zhoukou	162.93	25.59	8.94	39.34	1.02	2.98
驻马店市 Zhumadian	143.50	21.04	8.98	30.77	1.42	1.64
济源市 Jiyuan	29.64	4.24	1.44	4.91	0.28	0.52

市 City	社会保障和就业 Social Security and Obtain employment	医疗卫生 Medical Treatment and Public Health	环境保护 Environment Protection	城乡社区事务 Urban and Rural Area Community Operating	农林水事务 Farming Forestry and Water Conservancy Operating	其他支出 Other Expenditure
郑州市 Zhengzhou	36.18	21.67	9.56	34.40	31.00	67.54
开封市 Kaifeng	16.28	8.28	4.15	1.94	10.18	10.48
洛阳市 Luoyang	19.16	16.24	7.75	12.52	17.68	35.78
平顶山市 Pingdingshan	18.19	11.96	4.31	7.29	12.92	15.80
安阳市 Anyang	12.52	10.85	2.75	6.92	12.06	14.95
鹤壁市 Hebi	8.69	3.67	2.27	3.10	4.20	5.56
新乡市 Xinxiang	12.71	11.65	7.60	7.18	14.24	15.12
焦作市 Jiaozuo	11.52	8.44	5.35	6.51	9.12	15.69
濮阳市 Puyang	12.76	7.68	1.95	2.65	9.29	8.70
许昌市 Xuchang	10.44	7.60	3.25	6.26	9.10	12.61
漯河市 Luohe	8.42	5.41	1.87	2.68	5.41	9.75
三门峡市 Sanmenxia	8.38	6.89	5.16	7.86	8.79	11.47
南阳市 Nanyang	27.85	18.27	16.13	5.79	25.27	22.29
商丘市 Shangqiu	23.67	12.90	3.38	5.39	16.77	17.85
信阳市 Xinyang	17.02	13.79	4.34	5.54	21.68	15.27
周口市 Zhoukou	22.50	15.44	4.24	7.88	16.94	18.06
驻马店市 Zhumadian	21.92	13.96	4.10	4.44	17.84	17.39
济源市 Jiyuan	3.07	1.92	1.97	2.29	4.36	4.65

9–9 地方预算外财政专户资金收支情况

Extra-Budgetary Revenue and Expenditure of the Local Government

单位：亿元 (100 million yuan)

项　　目	Item	2008	2009
收入合计	**Total Revenue**	**309.50**	**280.00**
行政事业性收费收入	Revenue of Administrative and Institutional Units	286.20	252.10
国有资源(资产)有偿使用收入	Revenue from using Stated-owned Assets Profit	2.65	3.63
其他收入	Others	20.65	24.27
支出合计	**Total Expenditure**	**297.02**	**275.40**
#一般公共服务	Commonly Public servings	16.79	16.31
公共安全	Public security	3.73	3.10
教育	Education	118.24	119.94
科学技术	Technology	1.15	1.09
文化体育与传媒	Culture Sport and Medium	13.79	15.32
社会保障和就业	Social Security and Obtain employment	5.93	3.60
医疗卫生	Medical Treatment and Public Health	8.81	9.27
环境保护	Environment Protection	3.56	4.46
城乡社区事务	Urban and Rural Area Community Operating	29.36	20.64
农林水事务	Farming Forestry and Water Conservancy Operating	2.58	2.77
交通运输	Traffic and Transport	80.34	69.94

主要统计指标解释

财政收入 指国家财政参与社会产品分配所取得的收入，是实现国家职能的财力保证。财政一般预算收入主要包括税收收入和非税收入。

（1）税收收入：包括增值税、消费税、营业税、企业所得税、企业所得税退税、个人所得税、资源税、固定资产投资方向调节税、城市维护建设税、房产税、印花税、城镇土地使用税、土地增值税、车船使用和牌照税、船舶吨税、车辆购置税（费）、屠宰税、筵席税、关税、农业（烟叶）特产税、耕地占用税、契税、其他税收收入。

（2）非税收入：包括专项收入、彩票公益金收入、行政事业性收费收入、罚没收入、国有资本经营收入、国有资源（资产）有偿使用收入、其他收入。

财政支出 指国家财政将筹集起来的资金进行分配使用，以满足经济建设和各项事业的需要。一般预算支出分为以下15大类：

（1）一般公共服务：包括人大事务、政协事务、政府办公厅（室）及相关机构事务、发展与改革事务、统计信息事务、财政事务、税收事务、审计事务、海关事务、人事事务、纪检监察事务、人口与计划生育事务、商贸事务、知识产权事务、工商行政管理事务、食品和药品监督管理事务、质量技术监督与检验检疫事务、国土资源事务、海洋管理事务、测绘事务、地震事务、气象事务、民族事务、宗教事务、港澳台侨事务、档案事务、共产党事务、民主党派及工商联事务、群众团体事务、彩票发行事务、国债事务、债券投资、其他一般公共服务支出。

（2）外交：包括外交管理事务、驻外机构、对外援助、国际组织、对外合作与交流、对外宣传、边界勘界联检、其他外交支出。

（3）国防：包括现役部队及国防后备力量、国防动员、其他国防支出。

（4）公共安全：包括武装警察、公安、国家安全、检察、法院、司法、监狱、劳教、国家保密、其他公共安全支出。

（5）教育：包括教育管理事务、普通教育、职业教育、成人教育、广播电视教育、留学教育、特殊教育、教师进修及干部继续教育、教育附加及教育基金支出、其他教育支出。

（6）科学技术：包括科学技术管理事务、基础研究、应用研究、技术研究与开发、科技条件与服务、社会科学、科学技术普及、科技交流与合作、其他科学技术支出。

（7）文化体育与传媒：包括文化、文物、体育、广播影视、新闻出版、其他文化体育与传媒支出。

（8）社会保障和就业：包括社会保障和就业管理事务、民政管理事务、补充全国社会保障基金、行政事业单位离退休、企业关闭破产补助、就业补助、抚恤、退役安置、社会福利、残疾人事业、城市居民最低生活保障、其他城镇社会救济、农村社会救济、自然灾害生活救助、红十字事业、其他社会保障和就业支出。

（9）医疗卫生：包括医疗卫生管理事务、医疗服务、社区卫生服务、医疗保障、疾病预防控制、卫生监督、妇幼保健、农村卫生、中医药、其他医疗卫生支出。

（10）环境保护：包括环境保护管理事务、环境监测与监察、污染防治、自然生态保护、天然林保护、退耕还林、风沙荒漠治理、退牧还草、已垦草原退耕还草、其他环境保护支出。

（11）城乡社区事务：包括城乡社区管理事务、城乡社区规划与管理、城乡社区公共设施、城乡社区住宅、城乡社区环境卫生、建设市场管理与监督、政府住房基金支出、土地有偿使用支出、城镇公用事业附加支出、其他城乡社区事务支出。

（12）农林水事务：包括农业、林业、水利、南水北调、扶贫、农业综合开发、其他农林水事务支出。

（13）交通运输：包括公路水路运输、铁路运输、民用航空运输、其他交通运输支出。

（14）工业商业金融等事务：包括采掘业、制造业、建筑业、电力、信息产业、旅游业、涉外发展、粮油事务、商业流通事务、物资储备、金融业、烟草事务、安全生产、国有资产监管、中小企业事务、其他工业商业金融等事务支出。

（15）其他支出：包括预备费、年初预留、其他支出。

Explanatory Notes on Main Statistical Indicators

Government Revenue refers to income for the government finance through participating in the distribution of social products. It is the financial guarantee to ensure government functioning. Now it includes Tax Revenue and Non-Tax Revenue:

(1) Tax Revenue: Including Value-added tax, consumption tax, business tax, enterprise income tax, enterprise income tax rebate, personal income tax, resources tax , regulatory taxes on investment in fixed assets, urban maintenance and construction taxes, property taxes, stamp duty, tax on using urban land, land value-added tax, tax on using Vehicles and Ships, tax on using licence , Ship tons of tax, vehicle purchase tax (charges),tax on Slaughtering, banquet tax, customs, agriculture (tobacco) specialty tax, land tax, contract taxes and other tax revenue.

(2) Non-Tax Revenue: Including Special revenue, the Community Chest lottery income, administrative fees income, confiscated income, the state capital operating revenue, compensation income of using state-owned resources (assets), other income.

Government Expenditure refers to the distribution and use of the funds which the government finance has raised, so as to meet the needs of economic construction and various causes. It includes the following main items:

(1) Commonly Public servings :including affairs of People's Congress, affairs of Committee of People's Political Consultative Conference, the Government Office (room) and related organizations affairs, development and reform Affairs, statistical information Affairs, financial services, revenue Affairs, audit Affairs, customs affairs, personnel affairs, the discipline inspection and supervision Affairs, population and family planning Affairs, commerce and trade Affairs, intellectual property Affairs, administration affairs of industrial and commercial, supervision and administration Affairs of food and drug, quality of technical supervision and inspection and quarantine Affairs, land and natural resources Affairs, marine management Affairs, surveying and mapping Affairs, seismic Affairs, meteorological Affairs, ethical affairs, religion Affairs, Hong Kong, Macao and Taiwan affairs, file Affairs, the Communist Party affairs, other parties and the Federation of Industry and Commerce Services Mass organizations Affairs, Lottery Affairs, Treasury Affairs, bond investment, the other general public Affairs expenditure

(2) Foreign Affairs: including Management of foreign affairs, foreign institutions, foreign aid, international organizations, foreign cooperation and exchanges, foreign propaganda, border delimitation of the seizure, other diplomatic expenditure。

(3) National Defense: including Active-duty troops and reserve forces of national defense, national defense mobilization, and other defense expenditure.

(4) Public security: including Armed police, public security, national security, prosecution, courts, judiciary, prisons, detention, the State Secrets, other public safety expenditures .

(5) Education: including Education and management Affairs, general education, vocational education, adult education, radio and television education, studying abroad education, special education, teacher education and continuing education of cadres, education surcharge and education fund, other educational expenses.

(6) Science and technology : including Science and technology management Affairs, basic research, applied research, technology research and development, conditions and service of science and technology, social science, science and technology popularization , Science and technology exchanges and cooperation, and other science and technology expenditure.

(7) Culture Sport and Medium : including Culture, heritage, sports, radio, television, press, publishing, sports and other cultural and media expenditure.

(8) Social Security and Obtain employment: including Social security and Obtain employment Affairs, civil administration Management Affairs, added the National Social Security Fund, retired from administrative institutions, subsidies for shutdown and

bankruptcy enterprises, employment subsidies, pension, placement of retirement, social welfare, handicapped Affairs, the minimum living guarantee for urban residents, other urban social relief, rural social relief, living relief for natural disaster, the Red Cross Affairs, other social security expenditure and employment expenditure.

(9) Medical Treatment and Public Health: including Medical and health management affairs, medical services, community health services, health ensure, disease prevention and control, sanitation surveillance, health care of female and child, rural sanitation, Chinese traditional medicine, other medical and health expenditure.

(10) Environment Protection : including Environmental management affairs, environmental monitoring and surveillance, pollution control, natural ecological protection, natural forests protection, returning farmland to forests, desertification and sandstorms control, returning farmland to grassland, other environmental protection expenditure

(11) Urban and Rural Area Community Operating :Including The management of urban and rural communities affairs, planning and management of urban and rural community, public facilities in rural and urban communities, residential of rural and urban communities, sanitation of urban and rural communities, management and supervision of marketable construction, the Government Housing Fund expenditures, expenditures of using land, additional expenditures of urban public utilities, other expenses of urban and rural community affairs.

(12) Farming Forestry and Water Conservancy Operating : including Agriculture, forestry, water conservancy, moving water from north to south, poverty alleviation, agricultural development, and other expenditures of agriculture, forestry, water affairs

(13) Traffic and Transport : including Highway and waterway transport, rail transport, air transport, and other transport expenses.

(14) Industry Business and finance Operating :Mining, manufacturing, construction, electricity, the information industry, tourism, foreign-related development, grain and oil services, commercial circulation services, material reserves, the financial industry, tobacco affairs, production safety, state-owned assets supervision, the SME affairs, other industrial business Services such as financial expenditures.

(15) Other expenditures: including preparation expenditures, obligate at the beginning of the year, and other expenditures.

物价
Price Indices

● 资料整理：拓福星　芦松林　王巧英

简要说明

一、主要内容

本篇包括居民消费价格指数，商品零售价格指数，农业生产资料价格指数，农产品生产价格指数，工业品出厂价格指数，原材料、燃料和动力购进价格指数，固定资产投资价格指数和房地产价格指数等资料。

二、资料来源

价格指数编制由国家统计局河南调查总队组织实施。由省、市及抽选出的市、县调查队依据国家统计局统一制定的价格统计调查制度向基层采集原始数据汇总后得到。

居民消费、商品零售、农业生产资料价格指数采用抽样调查和重点调查相结合的方法取得，即在全省选择不同经济区域和分布合理的地区，以及有代表性的商品作为样本，对其市场价格进行定期调查，以样本推断总体。由国家统计局河南调查总队消费价格调查处编辑整理。

工业品出厂价格指数采用重点调查与典型调查相结合的调查方法。重点调查对象为全部国有企业和年销售收入500万元以上的非国有工业企业;典型调查对象为年销售收入500万元以下的非国有工业企业。由国家统计局河南调查总队生产投资价格调查处编辑整理。

固定资产投资价格指数采用重点调查与典型调查相结合的方法。由国家统计局河南调查总队生产投资价格调查处编辑整理。

房地产价格指数采用重点调查与典型调查相结合的方法。目前河南省开展房地产价格调查的城市只有郑州市、洛阳市和平顶山市。由国家统计局河南调查总队生产投资价格调查处编辑整理。

Brief Introduction

I. Main Contents

Data on price indices in this chapter including mainly consumer price indices, retail price indices, price indices for means of agricultural production, producer price indices for farm products, ex-factory price indices for industrial products, purchasing price indices for raw materials, fuels and power, price indices for investment in fixed assets, and price indices for real estate.

II. Sources of Data

Compilation of statistics on price indices is organized by the Department of Henan Survey organizations, NBS. The survey organizations of the provinces, cities directly under the Central Government and of the selected cities and counties collect data from the grassroots units in accordance with the scheme of price survey system, tabulate them and report them to the higher agencies.

Data for compilation of the consumer price indices, the retail price indices and the producer price indices for farm products in Henan province are collected through a combination of sample surveys and surveys of key units. Areas distributed in different economic regions are selected as the sample areas and representative commodities are selected as the sample commodities. Regular surveys are conducted to collect data on their market prices. Population parameters are inferred on the basis of the sample data. Data of this part are provided by the Department of Henan Survey organizations, NBS.

Producer prices for manufactured goods are collected through a combined use of the key units' survey and typical units□survey methods. Key units refer to all State-owned industrial enterprises and those non-State-owned industrial enterprises with annual sale revenue above 5 million yuan. Typical units refer to the non-State-owned industrial enterprises with annual sale revenue below 5 million yuan. Data of this part are provided by the Department of Henan Survey organizations, NBS.

Data on prices of investment in fixed assets are collected by a program involving the combined use of surveys on key units and surveys on typical units. Data of this part are provided by the Department of Henan Survey organizations, NBS.

Data on prices of real estate are collected by a program involving the combined use of surveys on key units and surveys on typical units. At present, the survey on real estate prices at present is conducted in Zhengzhou, Luoyang and Pingdingshan. Data of this part are provided by the Department of investment in fixed assets of the Henan provincial Bureau of Statistics.

10-1 历年各种物价总指数

General Price Indices over the Years

(上年=100) (preceding year=100)

年 份 Year	居民消费价格总指数 General Consumer Price Index	城市 Urban Areas	农村 Rural Areas	商品零售价格总指数 General Retail Price Index	农业生产资料价格总指数 General Price Index of Agricultural Means of Production	工业品出厂价格指数 Ex-Factory Price Indices of Industrial Products	原材料、燃料及动力购进价格指数 Indices of Purchasing Prices of Raw Materials, Fuels and Power	固定资产投资价格指数 Price Indices of Investment In Fixed Assets
1957				102.3	100.7			
1962	96.4	86.1	100.8	100.5	99.2			
1965	97.0	96.3	97.3	96.8	95.7			
1970	99.0	99.8	98.5	98.8	99.9			
1975	100.1	100.2	100.1	100.2	100.0			
1978	100.1	100.0	100.1	100.1	97.9			
1980	104.6	106.0	103.8	104.9	100.1			
1985	104.6	106.5	103.6	105.4	103.0			
1990	100.7	100.5	100.9	100.1	98.3	105.5	105.5	
1991	102.3	105.1	100.0	102.0	100.1	104.3	104.4	109.4
1992	105.4	107.7	102.9	105.0	101.2	106.2	110.0	119.8
1993	110.4	110.6	110.3	108.3	109.2	118.1	133.0	126.7
1994	125.2	127.4	123.5	120.6	124.4	124.1	122.0	106.0
1995	116.5	116.9	116.3	114.9	125.8	115.0	114.1	105.9
1996	110.5	109.5	110.9	107.9	107.9	104.1	106.0	103.9
1997	103.5	102.4	103.9	100.6	99.3	100.6	100.6	102.9
1998	97.5	97.9	97.1	96.6	94.2	95.3	94.8	98.7
1999	96.9	96.6	97.1	96.2	95.7	95.4	94.3	98.0
2000	99.2	99.1	99.2	98.5	99.6	104.0	105.1	102.9
2001	100.7	100.7	100.7	99.8	99.1	100.5	101.9	100.4
2002	100.1	99.8	100.6	99.2	100.8	98.6	97.6	98.7
2003	101.6	101.7	101.4	101.3	101.9	105.0	107.8	103.8
2004	105.4	105.4	105.4	105.7	111.4	110.2	115.7	110.1
2005	102.1	102.1	102.1	101.7	107.9	106.1	108.3	101.4
2006	101.3	101.2	101.5	100.9	101.2	104.3	105.3	101.6
2007	105.4	105.4	105.5	104.4	106.1	105.2	106.4	104.6
2008	107.0	106.5	107.9	107.5	120.9	112.1	111.9	109.0
2009	99.4	98.8	100.4	99.4	98.1	94.9	97.1	96.4

10-2 历年各种物价定基指数

General Price Indices over the Years

(1978年＝100) (1978 year =100)

年 份 Year	居民消费价格总指数 General Consumer Price Index	城市 Urban Areas	农村 Rural Areas	商品零售价格总指数 General Retail Price Index	农业生产资料价格总指数 General Price Index of Agricultural Means of Production	工业品出厂价格指数 Ex-Factory Price Indices of Industrial Products	原材料、燃料及动力购进价格指数 Purchasing Price Indices of Raw, Fuels and Power	固定资产投资价格指数 Purchasing Price Indices of Investment In Fixed Assets
1978	100.0	100.0	100.0	100.0	100.0			
1979	100.4	100.3	100.4	100.4	100.0			
1980	105.0	106.3	104.2	105.3	100.1			
1981	106.5	108.9	105.0	107.0	101.4			
1982	108.0	110.8	106.3	108.6	103.5			
1983	109.7	114.0	107.3	110.5	109.4			
1984	110.6	116.6	107.4	111.5	116.1			
1985	115.7	124.1	111.2	117.5	119.6			
1986	122.0	132.6	116.0	123.3	125.7			
1987	129.7	142.9	122.2	131.1	143.8			
1988	154.9	173.6	144.3	156.9	175.1	100.0	100.0	
1989	183.9	199.5	176.0	186.3	204.6	119.7	130.0	
1990	185.1	200.5	177.6	186.5	201.1	126.3	137.2	100.0
1991	189.4	210.7	177.6	190.2	201.3	131.7	143.2	109.4
1992	199.6	227.0	182.8	199.7	203.7	139.9	157.5	131.1
1993	220.4	251.0	201.6	216.3	222.4	165.2	209.5	166.1
1994	275.9	319.8	249.0	260.8	276.7	205.0	255.6	176.0
1995	321.4	373.8	289.5	299.7	348.1	235.8	291.6	186.4
1996	355.2	409.3	321.1	323.4	375.6	245.4	309.1	193.7
1997	367.6	419.2	333.6	325.0	373.0	246.9	310.9	199.3
1998	358.4	410.4	323.9	314.0	351.3	235.3	294.8	196.7
1999	347.3	396.4	314.6	302.0	336.2	224.5	278.0	192.8
2000	344.6	392.9	312.0	297.5	334.9	233.5	292.2	198.4
2001	347.0	395.6	314.2	296.9	331.9	234.6	297.7	199.1
2002	347.3	394.8	316.1	294.5	334.5	231.4	290.5	196.6
2003	352.9	401.5	320.5	298.4	340.9	243.0	313.0	204.0
2004	371.9	423.2	337.8	315.4	379.7	267.9	362.0	224.6
2005	379.7	432.1	344.9	320.7	409.7	284.1	392.0	227.8
2006	384.7	437.3	350.1	323.6	414.7	296.3	412.7	231.3
2007	405.5	460.9	369.4	337.8	440.0	311.8	439.2	242.0
2008	433.9	490.9	398.6	363.1	532.0	349.6	491.3	263.7
2009	431.3	485.0	400.2	360.9	521.9	331.8	477.2	254.2

注：工业品出厂价格和原材料燃料动力购进价格指数以1988年=100，固定资产投资价格指数以1990年=100。

a)Ex-Factory Price Indices of Indices of Industrial Products and Indices of Purchasing Prices of Raw Materials,Fuels and Power are Calculated as the Year 1988=100, Prices Indices of Investment in Fixed Assets is Calculated as the Year 1990=100.

10-3 居民消费价格指数
Consumer Price Indices

(上年=100) (preceding year=100)

项 目	Item	2008 全省 The Whole Province	2008 城市 Urban Indices	2008 农村 Rural Indices	2009 全省 The Whole Province	2009 城市 Urban Indices	2009 农村 Rural Indices
总 指 数	**General Consumer Price Index**	**107.0**	**106.5**	**107.9**	**99.4**	**98.8**	**100.4**
食品	**Food**	**116.3**	**116.2**	**116.5**	**101.3**	**101.9**	**100.3**
粮食	Grain	107.7	107.7	107.9	107.1	107.5	105.5
淀粉	Starches	115.3	116.2	111.2	102.2	102.7	99.7
干豆类及豆制品	Bean and Its Products	136.8	136.9	136.6	95.5	96.1	94.1
油脂	Oil or Fat	127.0	125.8	128.3	84.0	85.7	81.9
肉禽及其制品	Meal, Poultry and Their Products	124.7	123.9	125.9	89.6	90.3	88.6
蛋类	Eggs	106.3	107.4	105.1	101.5	100.8	102.2
水产品类	Aquatic Products	121.5	122.1	119.7	99.5	99.1	99.7
菜类	Vegetables	112.6	113.4	110.9	119.0	118.4	120.6
#鲜菜	Fresh Vegetables	113.1	113.8	111.6	121.7	120.2	125.9
调味品	Flavoring	107.7	108.5	106.9	104.5	106.0	103.0
糖类	Carbohydrate	102.3	103.0	101.7	103.9	103.6	104.1
茶及饮料	Tea and Beverages	105.4	105.7	104.2	101.9	101.8	102.3
干鲜瓜果类	Dried and Fresh Melons and Fruits	115.4	115.0	116.8	106.9	105.1	113.7
#鲜果	Fresh Fruits	113.4	112.6	115.9	111.2	109.4	116.3
糕点饼干面包	Cake and Biscuit	107.5	108.3	106.6	105.0	104.9	105.1
奶及奶制品	Milk and Its Products	119.2	120.5	113.2	103.2	102.7	105.4
在外用膳食品	Food Dining out	113.2	112.8	113.8	104.4	104.5	104.3
其它食品及加工服务	Other Food Processing Service	105.7	107.0	103.4	103.0	103.1	102.7
烟酒及用品	**Tobacco,Liquor and Article for Use**	**103.0**	**104.3**	**102.0**	**101.7**	**101.9**	**101.7**
烟草	Tobacco	100.3	100.5	100.1	100.3	100.1	100.4
酒	Liquor	107.4	109.7	105.4	103.9	104.1	103.8
吸烟饮酒用品	Article for use of Smoking and Drinking	101.1	101.4	100.7	101.5	101.5	101.6
衣着类	**Clothing**	**101.2**	**100.9**	**101.9**	**99.7**	**99.3**	**100.4**
服装	Garments	101.0	100.8	101.5	99.2	98.7	100.1
衣着材料	Clothing Material	104.1	105.2	103.0	101.4	102.0	100.8
鞋袜帽	Shoes,Socks and Hats	101.3	100.5	102.6	100.6	100.6	100.7
衣着加工服务	Tailoring and Laundering Service	105.8	103.6	108.2	105.9	107.4	104.0
家庭设备用品及维修服务	**Household Facilities and Articles**	**103.1**	**103.1**	**103.0**	**100.4**	**100.2**	**100.8**
耐用消费品	Durable Consumer Goods	101.4	101.6	101.0	98.5	98.5	98.6
室内装饰品	Interior Decorations	100.4	100.7	99.9	99.9	100.3	99.3
床上用品	Bed Articles	100.6	100.5	100.9	100.2	100.2	100.0
家庭日用杂品	Daily Use Household Articles	104.5	104.1	105.1	101.9	101.5	102.5
家庭服务及加工维修服务	Household and Machining Service	113.2	115.0	110.1	108.2	108.3	108.2
医疗保健和个人用品	**Medicine and Medical Articles**	**103.6**	**102.7**	**105.1**	**101.9**	**101.9**	**102.0**
医疗保健	Medicine and Medical Service	102.8	101.8	104.4	101.7	101.6	101.9
个人用品及服务	Personal Article and Service	105.3	104.5	106.8	102.5	102.7	102.3
交通和通讯	**Means of Transportation and Communication**	**100.1**	**99.2**	**101.7**	**97.8**	**97.8**	**97.6**
交通	Transportation	104.9	103.5	106.6	98.8	99.1	98.6
通信	Communication	96.4	96.6	95.8	96.9	97.0	96.4
娱乐、教育、文化用品及服务	**Recreation, Education and Culture Articles**	**100.9**	**100.8**	**101.0**	**101.2**	**101.0**	**101.4**
文娱用耐用消费品及服务	Recreational Durable Consumer Goods and Service	96.1	96.0	96.2	94.0	93.7	94.5
教育	Education	102.2	102.4	102.0	102.2	101.7	103.1
文化娱乐用品	Cultural and Recreational Articles	101.2	100.8	102.1	103.0	103.6	101.9
旅游及外出	Tourism	99.6	99.4	101.3	102.7	102.8	102.1
居住	**Residence**	**106.3**	**103.9**	**109.4**	**93.9**	**88.4**	**100.5**
建房及装修材料	Housing and Building Decoration Materials	108.1	108.1	108.1	99.4	100.7	99.1
租房	Rent	107.2	107.0	107.3	108.3	109.7	104.6
自由住房	Housing Uncontrolled	102.7	102.7	104.5	80.1	78.0	100.9
水、电、燃料	Water, Electricity and Fuels	108.9	105.5	112.6	100.7	99.2	102.2

10−4 分类商品零售价格指数

Retail Price Indices by Category

(上年=100) (preceding year=100)

项 目	Item	2005	2006	2007	2008	2009
商品零售价格总指数	**Retail Price Index of commodities**	**101.7**	**100.9**	**104.4**	**107.5**	**99.4**
食品类	Food	103.2	102.1	115.4	116.1	101.2
饮料、烟酒类	Beverage and cigarette and alcohol	100.6	100.7	101.7	103.6	101.9
服装、鞋帽类	Clothing and shoe and cap	98.4	98.8	99.8	100.8	99.7
纺织品类	Textile product	99.8	100.2	100.9	102.3	100.5
家用电器及音像器材	Household appliance and audio-video material	97.2	98.7	99.7	98.7	95.7
文化办公用品类	Office supplies	98.4	98.6	98.6	100.0	98.1
日用品类	Articles in everyday use	99.9	100.1	101.4	104.5	101.6
体育娱乐用品类	Sport and entertainment goods	99.6	99.8	99.5	99.0	99.4
交通、通信用品类	Transportation and communication material	94.7	91.1	90.0	92.3	93.2
家具	Furniture	99.1	99.6	102.4	101.4	99.8
化妆品类	Cosmetics	99.6	99.9	100.1	100.6	100.6
金银珠宝类	Gold and sliver and jewellery	103.0	119.2	107.2	118.8	93.8
中西药品及医疗保健用品类	Chinese traditional medicine and western medicine and health product	96.0	98.2	100.6	102.9	101.2
书报杂志及电子出版物类	Book and newspaper and megazine and E-journal	99.7	99.7	98.9	102.8	106.7
燃料类	Fuel	118.2	111.2	102.6	119.3	98.7
建筑材料及五金电料类	Architectural and hardware material	102.1	102.8	105.5	109.3	96.9

10−5 农业生产资料价格指数

Price Indices of Means of Agricultural Production

(上年=100) (preceding year=100)

项 目	Item	2005	2006	2007	2008	2009
农业生产资料价格总指数	**Price Indices of Means of Agricultural Production**	**107.9**	**101.2**	**106.1**	**120.9**	**98.1**
农用手工工具	Small farm tool	103.0	100.2	102.2	118.1	105.9
饲料	Feed	101.3	99.1	108.4	113.2	108.1
产品畜	Production Livestock	108.0	89.1	132.1	126.4	80.9
半机械化农具	Semi-mechanized farm machinery	104.2	99.4	101.6	105.6	100.1
机械化农具	Mechanized farm machinery	101.9	101.8	101.2	107.3	100.9
化学肥料	Chemical fertilizer	110.7	99.4	105.3	138.5	92.6
农药及农药机械	Pesticide and device in pesticide	107.0	103.9	102.7	108.4	100.0
化学农药	Chemical pesticide	107.1	103.6	102.8	109.0	98.1
农药器械	Device in pesticide	104.4	105.2	101.9	105.8	108.8
农用机油	Agricultural oil	110.9	113.2	104.2	115.4	89.4
其他农业生产资料	Other agricultural production goods	114.2	106.2	103.2	105.1	104.5
农用种子	Farm seed	117.6	104.8	101.8	104.8	110.6
其他	Others	106.7	109.3	106.3	105.8	90.5
农业生产服务	Service for agriculture		104.1	104.7	106.0	105.5

10–6 农产品生产价格指数

Indices of Producers′ Prices for Farm Products

(上年=100) (preceding year=100)

类 别	Type	2005	2006	2007	2008	2009
农产品生产价格指数	**Indices of Producers' Prices for Farm Products**	**100.7**	**100.9**	**118.5**	**115.0**	**99.1**
农业产品	**Farm Crops**	**99.8**	**101.7**	**111.7**	**108.2**	**106.0**
粮食	Grain	96.5	101.1	109.9	108.2	107.2
小麦	Wheat	97.4	99.7	106.1	108.6	112.6
稻谷	Rice	97.5	106.8	105.3	110.7	105.8
玉米	Corn	94.4	102.1	119.0	106.6	96.8
薯类	Tubers	111.5	94.3	114.5	103.7	101.9
豆类	Beans	88.8	97.7	119.3	118.3	91.7
油料	Oil- bearing Crops	97.0	100.1	129.8	117.8	89.0
花生	Peanuts	97.1	101.4	129.8	110.6	89.0
油菜籽	Rapeseeds	87.3	92.7	112.2	143.5	89.6
芝麻	Sesame	105.0	92.9	114.7	131.5	93.8
棉花(籽棉)	Cotton	100.4	105.2	105.1	106.6	93.3
烟草	Tobacco	104.3	104.9	108.6	120.1	105.1
蔬菜	Vegetables	111.3	115.1	101.7	94.6	145.3
水果	Fruits	118.0	121.3	139.9	118.5	103.9
林业产品	**Forestry Production**	**104.9**	**104.4**	**107.2**	**105.4**	**93.5**
牧业(畜产品)	**Animal Husbandry Production**	**102.0**	**95.1**	**130.7**	**125.2**	**87.4**
牛	Cattle	112.6	106.1	108.1	130.2	102.5
羊	Sheep and Goats	116.7	106.0	114.4	122.7	98.7
猪	Hogs	96.4	88.4	139.4	126.4	84.4
家禽	Poultry	102.5	100.0	115.4	109.4	102.2
肉禽	Poultry Meat	98.8	103.2	111.5	111.0	101.9
禽蛋	Poultry Eggs	104.9	98.0	117.9	108.9	101.2
渔业	**Fishery Production**	**103.0**	**104.7**	**109.3**	**121.1**	**103.2**

10-7 各市居民消费价格指数(2009年)
Consumer Price Indices by City (2009)

各市指数均为市政府所在城市市区数(下表同)。
Price Indices of every city refers to the figures of urban of the cities (next table is the same as).
(上年=100) (preceding year=100)

市 City	居民消费价格总指数 Consumer Price Index	食品 Food	烟酒及用品 Tobacco, Liquor and Articles	衣着 Clothing	家庭设备用品及维修服务 Household Facilities, Articles and Repair Service	医疗保健和个人用品 Medicines, Health care Services and Personal Articles	交通和通信 Transportation and Communication	娱乐教育文化用品及服务 Recreation, Education & Culture Articles	居住 Residence
全　省 Total	**99.4**	**101.3**	**101.7**	**99.7**	**100.4**	**101.9**	**97.8**	**101.2**	**93.9**
郑州市 Zhengzhou	99.8	102.8	101.2	100.1	100.0	101.2	98.6	100.6	92.3
开封市 Kaifeng	98.3	100.6	101.4	97.7	99.1	102.6	97.3	101.9	87.9
洛阳市 Luoyang	99.1	101.6	100.3	100.3	101.9	102.6	96.7	101.0	89.1
平顶山市 Pingdingshan	98.8	102.1	101.9	99.4	99.6	101.2	96.7	98.0	91.3
安阳市 Anyang	99.4	102.3	102.9	100.2	101.4	102.1	99.3	99.9	89.0
鹤壁市 Hebi	99.0	99.8	100.2	100.8	99.2	104.0	98.9	102.1	90.2
新乡市 Xinxiang	97.9	100.7	101.4	94.2	99.6	100.7	98.0	100.0	90.0
焦作市 Jiaozuo	98.7	105.0	99.8	95.7	99.6	101.3	96.2	102.0	85.0
濮阳市 Puyang	99.5	99.2	108.2	103.1	101.0	104.2	98.3	98.5	94.3
许昌市 Xuchang	99.2	103.6	102.4	102.3	100.1	102.2	95.6	99.5	86.2
漯河市 Luohe	98.0	106.1	99.7	86.3	96.3	102.3	98.5	101.7	84.9
三门峡市 Sanmenxia	98.4	99.3	100.9	93.9	100.2	99.9	99.3	103.6	93.3
南阳市 Nanyang	99.5	100.8	103.4	103.6	102.0	101.2	98.2	104.3	88.5
商丘市 Sangqiu	98.6	101.3	100.8	103.5	100.7	101.8	97.5	99.5	87.0
信阳市 Xinyang	98.5	102.5	103.5	98.6	100.1	99.2	97.6	99.2	88.3
周口市 Zhoukou	98.6	97.6	103.6	101.2	103.1	100.9	97.0	100.3	94.2
驻马店市 Zhumadian	98.6	102.8	101.2	98.5	99.8	100.9	97.8	97.7	89.1
济源市 Jiyuan	98.9	101.5	103.8	101.4	88.4	101.0	93.5	98.2	98.3

10-8 各市商品零售价格指数(2009年)

Retail Price Indices by City (2009)

(上年=100) (preceding year=100)

市 City	商品零售价格总指数 General Index	食品类 Food	饮料烟酒 Beverage and cigarette	服装鞋帽类 Clothing, Shoes and Hats	纺织品类 Drygoods	家用电器及音像器材类 Household appliance and audio-video material	文化办公用品类 Cultural and Office supplies	日用品 Articles for Daily Use	体育娱乐用品类 Sport and entertainment goods
全　　省 Total	**99.4**	**101.2**	**101.9**	**99.7**	**100.5**	**95.7**	**98.1**	**101.6**	**99.4**
郑　州　市 Zhengzhou	100.3	102.7	100.7	100.0	100.5	98.4	99.3	100.6	99.9
开　封　市 Kaifeng	98.5	99.8	101.3	97.2	99.2	95.3	96.3	101.9	96.4
洛　阳　市 Luoyang	98.7	101.2	100.8	100.5	101.0	95.1	95.1	101.9	101.0
平顶山市 Pingdingshan	99.3	101.4	101.9	99.6	100.2	91.5	92.0	102.0	94.0
安　阳　市 Anyang	101.0	102.6	103.5	100.3	99.9	96.8	100.7	104.5	99.7
鹤　壁　市 Hebi	98.9	99.3	100.0	100.1	103.0	94.6	101.7	101.8	99.9
新　乡　市 Xinxiang	97.8	100.6	101.3	94.2	103.8	92.5	98.9	100.6	99.9
焦　作　市 Jiaozuo	99.1	104.2	100.4	96.0	96.0	97.0	97.2	101.9	99.6
濮　阳　市 Puyang	100.2	98.6	107.1	103.4	100.3	92.3	87.6	104.1	97.8
许　昌　市 Xuchang	99.7	103.2	102.4	102.5	102.0	97.0	91.2	98.6	103.7
漯　河　市 Luohe	97.5	105.1	100.9	86.3	99.6	88.7	96.7	100.4	99.2
三门峡市 Sanmenxia	98.8	99.3	102.0	94.5	98.9	104.1	99.9	100.0	97.6
南　阳　市 Nanyang	99.2	101.5	103.1	103.9	100.9	95.3	96.1	99.5	99.8
商　丘　市 Sangqiu	98.5	100.8	101.7	103.3	100.6	95.2	96.9	100.4	99.9
信　阳　市 Xinyang	100.2	102.7	102.4	98.7	100.0	93.6	98.4	100.0	97.8
周　口　市 Zhoukou	98.5	97.4	103.7	101.1	105.9	98.7	100.0	100.0	100.0
驻马店市 Zhumadian	98.4	103.0	102.4	98.7	107.1	90.3	88.4	101.3	94.7
济　源　市 Jiyuan	97.3	101.2	104.5	100.8	92.8	80.6	88.8	101.7	104.8

市 City	交通、通信用品 Traffic& Communi-cation Goods	家具 Furniture	化妆品 Cosmetics	金银珠宝类 Gold、sliver and jewellery	中、西药品及医疗保健用品 Chinese traditional medicine and western medicine and health product	书报杂志及电子出出版物类 Book& newspaper、megazine and e-publication	燃料类 Fuels	建筑材料及五金电料类 Architectural and hardware material
全　　省 Total	**93.2**	**99.8**	**100.6**	**93.8**	**101.2**	**106.7**	**98.7**	**96.9**
郑　州　市 Zhengzhou	95.9	100.0	100.2	91.2	101.0	104.9	105.1	96.3
开　封　市 Kaifeng	95.2	97.0	102.5	92.9	103.5	104.6	99.2	93.7
洛　阳　市 Luoyang	90.3	101.1	103.2	91.9	102.0	108.2	96.9	95.4
平顶山市 Pingdingshan	89.9	105.1	98.1	89.5	101.1	111.4	107.1	95.0
安　阳　市 Anyang	98.8	103.7	99.9	94.0	102.5	104.8	100.0	98.8
鹤　壁　市 Hebi	95.1	104.2	101.0	92.6	106.8	107.5	96.6	91.1
新　乡　市 Xinxiang	95.1	98.0	101.0	87.7	100.2	114.0	92.7	95.2
焦　作　市 Jiaozuo	89.4	101.1	100.4	91.5	101.6	100.2	95.2	98.3
濮　阳　市 Puyang	95.6	102.4	101.0	95.5	104.0	107.0	109.0	98.3
许　昌　市 Xuchang	92.0	100.0	101.7	93.8	102.6	113.7	95.2	95.9
漯　河　市 Luohe	89.5	92.3	101.1	98.1	99.6	104.7	98.7	92.0
三门峡市 Sanmenxia	96.0	101.6	98.4	92.6	100.2	111.2	96.6	94.3
南　阳　市 Nanyang	95.3	102.4	100.0	83.5	100.1	108.0	89.9	100.3
商　丘　市 Sangqiu	90.8	100.0	102.6	94.6	102.7	105.3	89.1	96.6
信　阳　市 Xinyang	95.8	101.9	101.8	95.9	98.5	110.9	100.0	102.7
周　口　市 Zhoukou	86.7	114.4	100.0	98.1	99.8	103.6	96.1	96.7
驻马店市 Zhumadian	93.4	102.2	100.3	96.2	99.9	109.5	93.7	95.9
济　源　市 Jiyuan	84.6	91.5	100.6	91.6	99.8	102.9	98.9	97.9

10−9 工业品出厂价格指数

Ex-Factory Price Indices of Industrial Products

(上年=100) (preceding year=100)

类 别	Type	2005	2006	2007	2008	2009
全部工业品	**Total Industry Products**	**106.1**	**104.3**	**105.2**	**112.1**	**94.9**
按轻、重工业分	**Grouped by Light & Heavy Industry**					
轻工业	Light Industry	102.6	101.3	105.7	107.9	98.4
以农产品为原料	Using Farm Products as Raw Materials	101.1	100.8	107.0	107.3	99.4
以非农产品为原料	Using Non-Farm Products as Raw Materials	104.4	101.9	103.9	108.8	97.2
重工业	Heavy Industry	109.2	106.7	104.9	115.4	92.2
采掘工业	Mining & Quarrying Industry	125.6	112.4	105.1	128.6	92.3
原料工业	Raw Materials Industry	107.1	107.9	105.1	111.5	91.6
加工工业	Manufacturing Industry	104.2	101.6	104.5	113.2	92.7
按部类分	**Grouped by Division**					
生产资料	Means of Production	107.3	105.3	104.5	113.3	93.3
采掘工业	Mining & Quarrying Industry	123.6	110.9	105.4	130.3	92.6
原料工业	Raw Materials Industry	106.3	108.3	105.0	108.6	91.7
加工工业	Manufacturing Industry	103.3	101.5	103.9	110.8	94.4
生活资料	Consumer Goods	101.9	100.7	107.7	108.1	101.1
食品类	Food	102.1	100.3	109.8	108.7	101.1
衣着类	Clothing	102.8	101.7	100.8	101.7	101.8
一般日用品类	Articles for Daily Use	101.7	101.6	101.9	109.9	100.4
耐用消费品类	Durable Consumer Goods	99.7	103.0	102.8	102.3	101.8
按工业部门分	**Grouped by Sector**					
冶金工业	Metallurgical Industry	104.8	107.4	108.4	113.7	82.9
电力工业	Power Industry	105.0	105.7	101.7	103.3	103.7
煤炭及冶炼工业	Coal and Smelt Industry	124.5	107.0	106.3	134.2	99.8
石油工业	Petroleum Industry	125.8	119.2	100.9	127.0	75.1
化学工业	Chemical Industry	106.4	100.5	105.1	112.2	91.0
机械工业	Machine Buiding Industry	101.5	101.7	103.0	106.4	99.8
建筑材料工业	Building Materials Industry	108.4	103.5	104.5	110.8	99.5
森林工业	Timber Industry	99.5	101.4	106.5	108.0	97.2
食品工业	Food Industry	101.9	100.0	109.5	109.4	100.9
纺织工业	Textile Industry	95.4	101.6	101.0	101.3	96.2
缝纫工业	Tailoring Industry	103.3	101.4	100.5	104.2	103.9
皮革工业	Leather Industry	104.0	101.0	102.1	101.0	99.7
造纸工业	Paper Industry	102.3	103.8	102.8	108.6	94.4
文教艺术用品工业	Cultural,Educational & Handicrafts Articles	101.7	104.4	101.8	101.6	99.9
其他工业	Others	101.9	101.4	104.1	114.3	94.4

10-10 原材料、燃料及动力购进价格指数
Indices of Purchasing Prices of Raw Materials, Fuels and Power

(上年=100) (preceding year=100)

类　别	Type	1990	1995	2000	2005	2006	2007	2008	2009
总指数	**General Index**	**105.5**	**114.1**	**105.1**	**108.3**	**105.3**	**106.4**	**111.9**	**97.1**
燃料、动力类	Fuels and Motive Power	105.1	109.2	107.9	115.2	107.7	107.5	121.0	102.5
黑色金属材料类	Ferrous Metals Materials	107.7	95.0	102.2	106.0	95.4	111.7	124.7	86.4
#钢材	Steel Products		95.7	104.2	106.7	95.9	106.1	118.6	86.7
有色金属材料和电线类	Nonferrous Metals Materials and Electric Wire	98.6	126.7	111.6	115.4	136.9	114.8	99.0	83.8
化工原料类	Chemical Raw Materials	89.9	123.8	111.2	107.5	104.0	111.8	106.7	90.9
木材及纸浆类	Logging and Paper Pulp	111.5	108.3	100.6	103.1	102.7	104.7	106.2	98.7
建筑材料及非金属矿类	Building Materials and Nonmetal Minerals	104.3		99.6	114.9	103.9	101.0	119.5	96.6
其他工业原材料及半成品类	Others Industry Materials & Semi Finished Articles			99.9	112.5	102.4	105.7	108.4	99.6
农副产品类	Farm Products	106.2	135.1	98.2	102.5	100.4	103.6	110.5	101.0
纺织原料类	Textile Raw Materials	123.6	116.3	107.4	100.6	99.1	103.7	102.0	93.4

10-11 固定资产投资价格指数
Price Indices of Investment In Fixed Assets

(上年=100) (preceding year=100)

类　别	Type	1995	2000	2005	2006	2007	2008	2009
固定资产投资价格指数	**Price Indices of Investment In Fixed Assets**	**105.9**	**102.9**	**101.4**	**101.6**	**104.6**	**109.0**	**96.4**
建筑安装工程	Construction and Installation	103.8	105.0	101.3	101.5	106.3	112.1	94.6
设备、工器具购置	Purchase of Equipments and Instruments	111.3	99.0	101.5	101.5	101.4	102.5	98.8
其他费用	Other Expenses	104.0	100.4	101.9	101.7	101.9	103.3	102.5

10－12 郑州市、洛阳市、平顶山市房屋销售价格指数
Selling Price Indices of Real Estate in zhengzhou,luoyang and pingdingshan

(上年=100) (preceding year=100)

项 目	Item	2008			2009		
		郑州市 zhengzhou	洛阳市 luoyang	平顶山市 pingdingshan	郑州市 zhengzhou	洛阳市 luoyang	平顶山市 pingdingshan
房屋销售价格指数	**Selling Price Indices of Houses**	**103.3**	**104.1**	**105.7**	**102.1**	**103.8**	**101.5**
新建房	Commercial Houses	103.6	103.8	106.3	101.6	103.0	101.4
住宅	Residential Buildings	103.7	105.4	106.5	101.7	103.2	101.5
按房屋类型分	By Type of Houses						
经济适用房	Economically Affordable Housing	100.0	100.0	100.0	100.0	100.0	100.0
商品住宅	Commercial residential	104.2	106.9	107.4	101.8	103.3	101.7
普通住宅	General Residential Buildings	104.2	106.9	107.4	101.8	103.3	101.7
多层住宅	Multilayer Buildings	104.1	105.4	107.4	99.8	101.2	101.7
高层住宅	High-grade Buildings	104.2	107.7	100.0	102.0	103.6	100.0
其他住宅	Others		99.2		100.0		
高档住宅	Luxury Residential Buildings	103.1	106.9	107.4	101.2	103.1	102.0
别墅	Villas	100.4	107.6	100.2	100.0	107.7	100.0
高档公寓	High-grade Apartment	104.5	103.1	107.9	101.0	102.2	102.0
按套型分	By Dwelling size						
90㎡及以下	Below 90㎡	101.8	102.0	102.2	102.1	103.6	102.4
90㎡以上	Above 90㎡	101.1	101.4	103.4			
非住宅	Non-domesticuse	103.3	100.3	100.5	100.8	100.8	100.3
办公楼	Office building	103.9	99.8		100.8	100.0	100.0
商业营业用房	Mercantileoccupancy	103.3	102.2	100.6	100.9	101.0	100.5
其他用房	Others	100.0	100.0	100.0	100.0	100.3	
二手房	Second-hand house	101.5	104.6	104.3	105.4	105.7	101.7
住宅	Residential Buildings	101.5	105.1	104.2	105.4	105.7	101.7
多层住宅	Multilayer Buildings	97.1	101.6	101.9	105.4	102.3	101.7
高层住宅	High-grade Buildings		102.2			109.9	
非住宅	Non-domesticuse		102.8	106.1			103.2

10-13 全国70个大中城市房地产价格指数
Price Indices of Real Estate in 70 Large and Medium-sized Cities

(上年=100) (preceding year=100)

		房屋销售 Selling Price Indices of Houses		土地交易 Transactions Price Indices of Land		房屋租赁 Renting Price Indices of Houses		物业管理 Property Management Price Indices	
		2008	2009	2008	2009	2008	2009	2008	2009
全　国	**China**	**106.5**	**101.5**	**109.4**	**105.4**	**101.4**	**99.4**	**100.5**	**100.4**
北　京	Beijing	109.5	101.4	111.6	104.0	101.8	98.9	100.2	100.0
天　津	Tianjin	105.8	103.2	111.1	107.0	100.4	102.4	100.0	100.0
石家庄	Shijiazhuang	105.8	96.4	100.6	100.0	102.9	107.5	100.0	100.0
太　原	Taiyuan	105.7	100.6	102.1	102.0	104.2	101.6	101.1	100.4
呼和浩特	Hohhot	101.2	100.1	107.0	100.9	104.2	102.4	100.0	100.0
沈　阳	Shenyang	104.6	101.5	105.3	101.5	100.9	100.0	99.7	100.0
大　连	Dalian	104.8	101.2	104.2	101.7	101.2	103.0	100.5	100.5
长　春	Changchun	107.0	101.1	100.0	100.0	102.6	100.0	108.2	103.9
哈尔滨	Harbin	106.4	102.8	104.6	98.4	102.2	103.7	100.0	103.5
上　海	Shanghai	105.9	100.8	107.9	102.2	104.6	100.6	100.0	100.0
南　京	Nanjing	102.7	101.0	103.6	102.6	102.0	100.8	100.3	99.6
杭　州	Hangzhou	108.6	102.8	127.8	129.7	102.5	101.8	101.9	100.9
宁　波	Ningbo	109.2	103.4	149.5	104.4	106.7	101.1	100.2	100.1
合　肥	Hefei	108.4	100.0	104.9	100.6	100.5	101.2	101.1	100.1
福　州	Fuzhou	103.9	100.2	107.7	110.4	101.7	101.0	100.0	100.2
厦　门	Xiamen	102.7	99.8	104.2	108.8	102.6	102.3	101.5	100.5
南　昌	Nanchang	104.2	101.6	109.4	107.2	100.8	100.6	100.2	100.6
济　南	Jinan	107.2	101.7	102.7	101.9	100.8	100.8	100.1	100.0
青　岛	Qingdao	105.1	100.3	102.1	102.4	106.5	103.5	100.3	100.4
郑　州	**Zhengzhou**	**103.3**	**102.1**	**100.3**	**102.0**	**101.4**	**100.5**	**100.0**	**100.0**
武　汉	Wuhan	104.9	98.9	101.3	100.0	100.1	100.0	100.0	100.1
长　沙	Changsha	106.7	101.1	109.0	102.6	100.6	100.5	100.3	100.0
广　州	Guangzhou	99.8	100.2	100.0	100.0	100.1	96.0	101.0	100.7
深　圳	Shenzhen	98.1	100.8	100.0	100.0	102.2	100.0	100.7	100.4
南　宁	Nanning	108.2	100.5	110.6	100.1	103.4	101.8	101.1	100.2
海　口	Haikou	110.4	102.3	120.9	108.8	101.4	102.3	100.0	100.0
重　庆	Chongqing	106.3	101.1	109.5	101.7	104.2	100.5	100.3	103.2
成　都	Chengdu	103.4	100.4	104.8	98.1	103.8	102.1	100.2	100.1
贵　阳	Guiyang	106.6	103.6	108.3	108.1	101.5	101.5	100.3	100.1
昆　明	Kunming	103.2	101.0	102.6	101.4	100.0	103.8	100.0	100.0
西　安	Xi'an	108.1	100.5	109.0	101.2	106.9	100.3	102.6	100.2
兰　州	Lanzhou	109.8	104.1	100.0	100.0	101.5	102.7	100.1	101.4
西　宁	Xining	107.5	104.4	103.2	104.0	102.4	101.9	101.9	100.7
银　川	Yinchuan	111.8	106.1	106.0	106.1	101.3	101.3	103.0	101.7
乌鲁木齐	Urumqi	115.5	102.4	106.5	112.1	101.1	105.0	101.0	101.0

10-13 续表 continued

(上年=100) (preceding year=100)

地 区	Region	房屋销售 Selling Price Indices of Houses		土地交易 Transactions Price Indices of Land		房屋租赁 Renting Price Indices of Houses		物业管理 Property Management Price Indices	
		2008	2009	2008	2009	2008	2009	2008	2009
唐 山	Tangshan	105.9	98.0	107.1	106.6	103.1	99.8	100.0	100.2
秦皇岛	Qinghuangdao	104.0	101.3	113.7	105.1	101.3	105.0	100.6	100.7
包 头	Baotou	102.0	101.4	105.2	100.1	101.7	101.2	100.0	100.1
丹 东	Dandong	104.4	99.7	101.0	100.0	100.2	100.1	100.0	100.1
锦 州	Jinzhou	104.2	103.2	102.5	100.4	100.8	99.9	100.0	112.1
吉 林	Jilin	107.6	95.9	100.0	100.0	100.0	100.2	100.0	100.0
牡丹江	Mudaojiang	106.5	103.3	115.5	109.1	100.0	100.0	100.0	100.0
无 锡	Wuxi	105.5	100.7	106.1	95.9	103.5	100.7	100.0	100.1
扬 州	Yangzhou	104.9	101.5	105.0	103.4	101.9	100.6	100.0	100.0
徐 州	Xuzhou	103.3	97.9	101.9	102.7	102.1	101.3	101.3	100.0
温 州	Wenzhou	103.5	104.7	122.0	112.3	102.6	100.5	101.9	100.3
金 华	Jinhua	105.9	105.8	109.0	104.8	100.0	101.3	100.0	100.0
蚌 埠	Bengbu	109.1	101.1	104.0	100.3	116.1	100.2	100.0	100.0
安 庆	Anqing	103.7	102.3	104.5	104.1	100.6	101.2	100.8	100.3
泉 州	Quanzhou	102.6	99.0	105.4	97.6	104.6	102.3	100.2	100.9
九 江	Jiujiang	105.0	100.8	105.0	102.5	102.9	104.0	100.6	100.5
赣 州	Ganzhou	104.6	100.4	106.3	103.1	101.6	100.3	101.6	100.6
烟 台	Yantai	107.3	102.7	102.6	102.6	100.3	103.8	100.1	100.0
济 宁	Jining	104.9	101.1	105.5	102.6	105.1	104.2	100.9	100.6
洛 阳	**Luoyang**	**104.1**	**103.8**	**109.1**	**101.3**	**102.0**	**100.6**	**100.1**	**100.1**
平顶山	**Pingdingshan**	**105.7**	**101.5**	**104.6**	**103.1**	**100.9**	**100.7**	**102.0**	**101.1**
宜 昌	Yichang	108.8	101.4	114.7	101.4	104.6	114.4	103.8	101.3
襄 樊	Xiangfan	105.9	101.4	114.5	122.1	100.0	100.0	101.8	100.0
岳 阳	Yueyang	107.6	97.6	112.8	105.6	100.4	100.3	102.4	100.0
常 德	Changde	106.2	100.5	112.5	102.7	100.2	100.1	101.1	100.4
惠 州	Huizhou	103.3	99.8	100.0	99.8	99.3	100.3	100.6	100.9
湛 江	Zhanjiang	108.6	101.9	100.0	100.0	112.1	100.2	100.6	100.5
韶 关	Shaoguan	104.9	99.8	104.4	100.1	101.1	100.1	100.1	105.6
桂 林	Guilin	103.7	98.3	110.2	101.3	101.1	101.2	100.9	101.4
北 海	Beihai	108.1	102.7	115.8	101.1	104.4	117.8	100.0	100.1
三 亚	Sanya	110.4	103.1	111.9	111.5	100.7	100.5	100.2	100.1
泸 州	Luzhou	102.3	100.2	109.3	106.3	102.1	101.1	100.5	100.1
南 充	Nanchong	102.6	99.5	111.7	100.5	110.1	107.8	100.0	100.0
遵 义	Zunyi	103.7	101.6	103.7	101.1	101.4	100.1	101.8	103.1
大 理	Dali	105.3	100.6	100.0	101.7	101.3	99.1	100.0	100.9

主要统计指标解释

商品零售价格指数 是反映城乡商品零售价格变动趋势的一种经济指数。零售物价的调整变动直接影响到城乡居民的生活支出和国家的财政收入，影响居民购买力和市场供需平衡，影响消费与积累的比例。因此，计算零售价格指数，可以从一个侧面对上述经济活动进行观察和分析。

居民消费价格指数 是反映一定时期内城乡居民所购买的生活消费品价格和服务项目价格变动趋势和程度的相对数，是对城市居民消费价格指数和农村居民消费价格指数进行综合汇总计算的结果。利用居民消费价格指数，可以观察和分析消费品的零售价格和服务价格变动对城乡居民实际生活费支出的影响程度。

城市居民消费价格指数 是反映城市居民家庭所购买的生活消费品价格和服务项目价格变动趋势和程度的相对数。城市居民消费价格指数可以观察和分析消费品的零售价格和服务项目价格变动对职工货币工资的影响，作为研究职工生活和确定工资政策的依据。

农村居民消费价格指数 是反映农村居民家庭所购买的生活消费品价格和服务项目价格变动趋势和程度的相对数。农村居民消费价格指数可以观察农村消费品的零售价格和服务项目价格变动对农村居民生活消费支出的影响，直接反映农民生活水平的实际变化情况，为分析和研究农村居民生活问题提供依据。

农业生产资料价格指数 是反映工业、商业及其他单位和个人向农民出售农业生产资料价格变动趋势和变动程度的相对数。编制农业生产资料价格指数，目的在于掌握农业生产资料的平均价格水平，为国家制定经济政策提供依据；同时，为研究市场流通和国民经济核算提供参考依据。

农产品生产价格指数 是反映一定时期内，农产品生产者出售农产品价格水平变动趋势及幅度的相对数。该指数可以客观反映全国农产品生产价格水平和结构变动情况，满足农业与国民经济核算需要。其中某代表品生产价格指数是通过对全部有出售该产品行为的调查单位的个体指数进行几何平均求得的，类价格指数是通过对其所属的类（或代表品）的价格指数进行加权平均求得的。

工业品出厂价格指数 是反映全部工业产品出厂价格总水平的变动趋势和程度的相对数，包括工业企业售给本企业以外所有单位的各种产品和直接售给居民用于生活消费的产品。通过工业品出厂价格指数能观察出厂价格变动对工业总产值的影响。

固定资产投资价格指数 是反映固定资产投资额价格变动趋势和程度的相对数。固定资产投资额是由建筑安装工程投资完成额、设备、工器具购置投资完成额和其他费用投资完成额三部分组成的。编制固定资产投资价格指数应首先分别编制上述三部分投资的价格指数，然后采用加权算术平均法求出固定资产投资价格总指数。

编制固定资产投资价格指数可以准确地反映固定资产投资中涉及的各类商品和取费项目价格变动趋势和变动幅度，消除按现价计算的固定资产投资指标中的价格变动因素，真实地反映固定资产投资的规模、速度、结构和效益，为国家科学地制定、检查固定资产投资计划并提高宏观调控水平，为完善国民经济核算体系提供科学的、可靠的依据。

原材料、燃料和动力购进价格指数 是反映工业企业作为生产投入，而从物资交易市场和能源、原材料生产企业购买原材料、燃料和动力产品时，所支付的价格水平变动趋势和程度的统计指标，是扣除工业企业物质消耗成本中的价格变动影响的重要依据。

房地产价格指数 是反映一定时期内房地产价格变动趋势和程度的相对数，包括房屋销售价格指数、房屋租赁价格指数、土地交易价格指数和物业管理价格指数。

Explanatory Notes on Main Statistical Indicators

Retail Price Index reflects the general change in retail prices of commodities. The change and adjustment in retail prices directly affect the living expenditure of urban and rural residents, government revenue, purchasing power of residents and the equilibrium of market supply and demand, and the ratio of consumption to accumulation. Therefore, the calculation of retail price index is useful to analyze the changes of the above economic activities.

Consumer Price Index reflects the trend and degree of changes in prices of consumer goods and services purchased by urban and rural residents, and is a composite index derived from the urban consumer price index and the rural consumer price index. Consumer price index can be used to analyze the impact of consumer price change on actual expenditure for living cost of urban and rural residents.

Urban Consumer Price Index reflects the trend and degree of changes in prices of consumer goods and services purchased by urban households. It can be used to observe and analyze the impact of price changes in consumer goods and services on money wages of staff and workers, and provide basis for policymaking concerning the living cost and wages of staff and workers.

Rural Consumer Price Index reflects the trend and degree of changes in prices of consumer goods and services purchased by rural households. It can be used to observe the impact of change in retail prices of consumer goods and service prices in rural areas on living expenditure of rural households, and to show the changes in the living standard of peasants. It provides basis for analysis and research on condition of life in rural areas.

Price Indices of Means of Agricultural Production reflect the trend and degree of changes in prices of means of agricultural production bought by farmers from industry, commerce, other units of nature person. Compilation of these indices helps to command the mean prices of means of agricultural production, providing basis for economic decision-making of the Nation, research in market circulation and national account statistics.

Producer Prices Indices for Farm Products reflect the trend and degree of changes in producers' prices received by farmers when they sell farm products during a given period. These indices depict the change in the level and structure of producer prices for farm products of the country and meet the needs of agricultural statistics and national accounts statistics. The producer price index for a given product is calculated as the geometrical mean of individual indices for all surveyed units which sell such product, and the indices for a product category is obtained as the weighted mean of price indices for all products in the category. Method for calculating accumulative quarterly indices is the same as for calculating the individual quarterly indices.

Ex-factory Price Index of Industrial Products reflects the trend and degree of changes in general ex-factory prices of all industrial products, including sales of industrial products by an industrial enterprise to all units outside the enterprise, as well as sales of consumer goods to residents. It can be used to analyze the impact of ex-factory prices on gross industrial output value.

Price Index of Investment in Fixed Assets reflects the trend and degree of changes in prices of investment in fixed assets. The investment in fixed assets consists of three components, namely the investment in construction and installation, the investment in purchases of equipment and instrument, and the investment in other items. Price index of investment in fixed assets is calculated as the weighted arithmetic mean of the price indices of the three components of investment in fixed assets. Removing the factor of price change in the aggregates of investment at current prices, this indicator shows the changes in the prices of commodities and fees involved in the investment of fixed assets, and can be used to observe the actual size, growth, structure, and efficiency of investment in fixed assets and provides reliable and scientific data for government planning, management, decision making, and further improving the current national accounting system.

Indices of Purchasing Prices of Raw Materials, Fuels and Power reflect changes in the level and degree of prices paid by industrial enterprises when they purchase production input such as raw materials, fuels and power from the market or from other energy or raw materials producing enterprises. These indices provide important basis for measuring the material consumption of industrial enterprises after removing influence of price changes.

Price Indices for Real Estate reflect the trend and degree of changes in prices of real estate during a given period, including sale price indices for houses, price indices for renting houses, price indices for land transactions and price indices for management of properties. The methods for the compilation of these four sets of indices are similar in that they all use the bottom-up approach under which data are reported from lower level to higher level.

人民生活
People's Livelihood

资料整理: 叶慧敏　贺智虹　王巧英　刘凤玲

简要说明

一、主要内容

本篇资料反映全省人民生活现状及变化情况，包括居民家庭情况、收入、消费等资料，分为城镇居民生活和农村居民生活两部分。

二、资料来源

城镇居民生活状况的数据来源于城镇住户调查，该调查采用抽样调查的方法，在2001年以前调查对象为城市市区和县城关镇非农业住户，2002年开始为城市市区和县城关镇区住户，2007年开始为城镇区域内所有住户。采用固定样本户连续记帐的调查方式，调查网点实行样本轮换制度，每三年为一个周期。调查户是按“二阶段”、“划类选点”、“等距抽样”随机抽选的。省级数据调查网点分布在23个市、县的2400户样本，由国家统计局河南调查总队编辑整理。市级指标由河南省地方经济社会调查队编辑整理。

农村居民生活状况的数据来源于农村住户调查，该调查采用抽样调查的方法，实行调查户常年记账与一次性调查相结合的调查方式。调查网点实行样本轮换制度，每四年为一个周期。省级数据调查网点分布在全省 420 个村，每个村抽取10个农户，共抽取了4200个样本农户，由国家统计局河南调查总队编辑整理；市级数据网点分布在各省辖市所属县（区），由河南省地方经济社会调查队编辑整理。

Brief Introduction

I. Main Contents

Data in this chapter show the people's living conditions in Henan province, including basic condition, revenue and expenditure of household , consisting of two parts, on the life of urban and rural households respectively.

II. Sources of Data

Data on the living condition of urban residents come from the data collected through a sample survey on the urban households conducted, The survey had covered only non-farm households in district areas of all city and county towns before 2001. Starting from 2002, the survey covers the households in district areas of all city and county towns. And the survey covers the households in areas of all city and county towns since 2007. The data collected by fixed sample households continuously charge to an account. Network survey is set through a sample rotation, which is conducted for every three years. Sample households in urban areas is selected by "Second stage", "classification", "equidistant sampling". The provincial sample of provincial data include 2400 households from 23 city and county towns, data in this part are provided by the Department of Henan Survey organizations, NBS. Municipal data are provided by Henan provincial survey organizations of social and economy.

Data on the living condition of rural residents come from the data collected through a sample survey on the rural households conducted, data on the living condition of rural residents are collected through a combination of Regular accounting and One-time accounting. Network survey is set through a sample rotation, which is conducted for every four years. The provincial sample of provincial data included 4200 households from 420 villages through the whole province, data in this part are provided by the Department of Henan Survey organizations, NBS. The provincial sample of municipal data in the counties of each city, which are provided by Henan provincial survey organizations of social and economy.

11-1 历年城乡居民家庭人均收支及恩格尔系数

Per Capita Income 、Expenditures and Engel's Coefficient in Urban and Rural Areas over the year

指数以上年为100，按可比价格计算。

Indices are preceding year=100, while tempos are calculated at comparable prices.

单位:元 (yuan)

年份 Year	城镇居民家庭人均 Per Capita Annual Income and Expenditures of Urban Household					农村居民家庭人均 Per Capita Annual Income and Expenditures of Rural Household				
	可支配收入 Disposable Income	可支配收入指数 Disposable Income Index	消费支出 Consumptive Expenditures	#食品 Food	恩格尔系数(%) Engel's Coefficient (%)	纯收入 Net Income	纯收入指数 Index of Net Income	生活消费支出 Expenditures of Living	#食品 Food	恩格尔系数(%) Engel's Coefficient (%)
1978	315.00		274.00	163.00	59.5	104.71		81.70		
1979	361.04	114.3	302.98	177.21	58.5	133.56	127.6		67.32	60.7
1980	413.80	108.1	335.02	192.66	57.5	160.78	120.5	135.51	78.49	57.9
1981	436.90	103.1	363.23	205.18	56.5	215.57	133.4	165.57	89.08	53.8
1982	462.24	103.9	382.47	214.17	56.0	216.74	99.7	177.90	101.18	56.9
1983	483.21	101.6	405.00	232.07	57.3	272.00	124.5	196.35	113.71	57.9
1984	537.28	108.8	431.68	244.37	56.6	301.17	110.3	219.64	122.46	55.8
1985	653.62	114.2	556.72	277.74	49.9	328.78	107.0	260.19	145.83	56.0
1986	790.04	113.2	653.83	333.59	51.0	333.64	99.7	292.48	159.88	54.7
1987	893.28	104.9	711.27	379.57	53.4	377.72	110.1	309.90	164.03	52.9
1988	946.10	87.2	896.55	465.99	52.0	401.32	98.2	346.73	179.42	51.7
1989	1111.46	102.2	963.97	533.19	55.3	457.06	102.5	390.05	199.99	51.3
1990	1267.73	113.5	1067.67	585.27	54.8	526.95	105.5	437.73	240.93	55.0
1991	1384.81	103.9	1199.95	644.26	53.7	539.29	102.3	454.68	242.83	53.4
1992	1608.03	107.8	1342.58	716.99	53.4	588.48	104.9	472.61	264.02	55.9
1993	1962.75	110.4	1609.26	798.78	49.6	695.85	109.0	564.93	334.52	59.2
1994	2618.55	104.7	2155.15	1074.18	49.8	909.81	103.4	731.78	426.17	58.2
1995	3299.46	107.8	2673.95	1338.93	50.1	1231.97	109.5	929.39	544.26	58.6
1996	3755.44	103.9	3009.35	1439.32	47.8	1579.19	113.8	1206.43	670.89	55.6
1997	4093.62	106.4	3378.02	1506.25	44.6	1733.89	107.4	1270.52	693.09	54.6
1998	4219.42	105.3	3415.65	1454.99	42.6	1864.05	106.5	1240.30	700.78	56.5
1999	4532.36	111.2	3497.53	1427.65	40.8	1948.36	106.4	1163.98	617.46	53.0
2000	4766.26	106.1	3830.71	1386.76	36.2	1985.82	103.9	1315.83	654.13	49.7
2001	5267.42	108.8	4110.17	1424.90	34.7	2097.86	104.9	1375.60	668.77	48.6
2002	6245.40	114.2	4504.68	1517.04	33.7	2215.74	105.1	1451.51	697.02	48.0
2003	6926.12	109.0	4941.60	1662.30	33.6	2235.68	99.6	1508.67	726.57	48.2
2004	7704.90	105.5	5294.19	1855.44	35.0	2553.15	108.1	1664.09	808.27	48.6
2005	8667.97	110.2	6038.02	2067.51	34.2	2870.58	107.5	1891.57	858.97	45.4
2006	9810.26	111.9	6685.18	2215.32	33.1	3261.03	112.1	2229.28	911.48	40.9
2007	11477.05	111.0	7826.72	2707.44	34.6	3851.60	112.2	2676.41	1017.43	38.0
2008	13231.11	108.3	8837.46	3079.82	34.8	4454.24	107.2	3044.21	1165.81	38.3
2009	14371.56	109.9	9566.99	3272.75	34.2	4806.95	107.9	3388.47	1220.36	36.0

注：1978年—1991年城镇居民可支配收入根据当年生活费收入测算。

a)Data on disposable income of urban household are calculated on basis of income of living in 1978-1991.

11-2 各市城乡居民家庭人均收支情况(2009年)
Per Capita Income and Expenditures in Urban and Rural Areas by City(2009)

单位：元

市 City	城镇居民家庭人均 Per Capita (Urban) Residents				农村居民家庭人均 Per Capita (Rural) Residents			
	可支配收入 Disposable Income	消费性支出 Consumption Expenditures	#食品 Food	恩格尔系数(%) Angle modulus(%)	纯收入 Net Income	生活消费支出 living Expenditures	#食品 Food	恩格尔系数(%) Angle modulus(%)
全　省 Average	**14372**	**9567**	**3273**	**34.2**	**4807**	**3388**	**1220**	**36.0**
郑　州　市 Zhengzhou	17117	10804	3761	34.8	8121	5372	1542	28.7
开　封　市 Kaifeng	12318	10050	3356	33.4	4695	3045	1003	32.9
洛　阳　市 Luoyang	15949	11046	3547	32.1	4961	4114	1267	30.8
平 顶 山 市 Pingdingshan	14721	10340	3300	31.9	4778	2827	1155	40.8
安　阳　市 Anyang	14809	9733	3367	34.6	5595	3405	1065	31.3
鹤　壁　市 Hebi	13628	8696	2750	31.6	5940	3331	1279	38.4
新　乡　市 Xinxiang	14170	9812	3227	32.9	5431	4054	1314	32.4
焦　作　市 Jiaozuo	14282	10279	3233	31.5	6590	4247	1320	31.1
濮　阳　市 Puyang	13737	8705	3041	34.9	4411	2597	965	37.2
许　昌　市 Xvchang	13619	9753	2953	30.3	6302	3754	1186	31.6
漯　河　市 Luohe	13390	9840	3286	33.4	5622	3172	1090	34.4
三 门 峡 市 Sanmenxia	13470	9883	3185	32.2	5046	3674	1278	34.8
南　阳　市 Nanyang	13498	9595	3169	33.0	4931	3606	1363	37.8
商　丘　市 Shangqiu	12715	8035	2917	36.3	4054	2693	1011	37.5
信　阳　市 Xinyang	12047	8497	3576	42.1	4618	3437	1667	48.5
周　口　市 Zhoukou	11363	8879	3129	35.2	3908	3091	1159	38
驻 马 店 市 Zhumadian	12311	8946	2914	32.6	4216	3131	1357	43.3
济　源　市 Jiyuan	14983	8830	2271	25.7	6763	3969	1364	34.4

11-3 城镇居民家庭基本情况
Basic Conditions of Urban Households

项　目	Item	2000	2005	2006	2007	2008	2009
调查市县数(个)	Number of Cities Surveyed (Entries)	27	23	23	23	23	23
调查户数(户)	Number of Households Surveyed (household)	2820	2408	2459	2459	2399	2399
家庭人口数(人)	Household Size (person)	9105	7152	7229	7130	6909	6837
平均每户家庭人口数(人)	Average Household Size (person)	3.23	2.97	2.94	2.90	2.88	2.85
就业人口数(人)	Number of Person Employed (person)	4690	3864	3762	3762	3455	3431
平均每户就业人口数	Average Employed Persons						
(人)	Per Household (person)	1.66	1.53	1.53	1.53	1.44	1.43
平均每一就业者负担人数	Number of Persons Supported						
(人)	by Each Laborer (person)	1.94	1.94	1.92	1.90	2.00	1.99
平均每人全年总收入(元)	Per Capita Annual total Income (yuan)		9146	10339	12083	13908	15408
#可支配收入	Per Capita Disposable Income	4766	8668	9810	11477	13231	14372
工资性收入	Wage Income		6095	6861	8059	9044	9910
经营净收入	Net Income from Operations		661	770	819	1162	1203
财产性收入	Property Income		96	130	160	156	165
转移性收入	Transfer Income		2294	2578	3045	3546	4130
平均每人全年总支出(元)	Per Capita Annual total Expenditures (yuan)		7831	8722	10039	11135	12902
#消费支出	Consumption Expenditures	3831	6038	6685	7827	8837	9567
现住房总建筑面积(平方米)	Total Covered Area of Present House (sq.m)		219075	227974	230228	218940	224327
平均每户建筑面积(平方米)	Per Household Covered Area(sq.m)		90.98	92.71	93.64	91.26	93.51
平均每人建筑面积(平方米)	Per Capita Covered Area (sq.m)		30.84	31.75	32.29	31.91	32.81

注：1.平均每一就业者负担人数包括就业者本人(下同)。
2.人均建筑面积是按家庭常住人口计算的。
a)Number of Dependents of per Laborer Contained himself.(The same as in following table)
b)Per Capita Floor space of Residential Building is Calculated by persons Living in it continuously.

11-4 按收入等级分的城镇居民家庭生活基本情况(2009年)

Basic Conditions of Urban Households Life by Level of Income (2009)

项 目	Item	总平均 Average	最低收入户 Lowest Income Households	#更低户 Difficult Households	低收入户 Low Income Households	较低收入户 Lower Middle Income Households
调查户数(户)	Number of Households Surveyed (household)	2399	241	120	241	479
比重(%)	Proportion(%)	100.0	10.0	5.0	10.0	20.0
平均每户	Per Household					
家庭人口数(人)	Average Household Size(person)	2.85	3.21	3.09	3.20	3.06
就业人口数(人)	Average Employed Persons Per Household (person)	1.43	1.27	1.23	1.42	1.53
平均每一就业者负担人数(人)	Number of Persons Supported by Each Laborer (person)	1.99	2.53	2.51	2.25	2.00
平均每人全年	Per Capita Annual					
总收入(元)	Total Income (yuan)	15408	5462	4489	8288	11141
#可支配收入	Disposable Income	14372	4904	3865	7649	10400
消费支出(元)	Expenditures of Consumption(yuan)	9567	4700	4386	5976	7546

项 目	Item	中间收入户 Middle Income Households	较高收入户 Upper Middle Income Households	高收入户 High Income Households	最高收入户 Highest Income Households
调查户数(户)	Number of Households Surveyed (household)	481	480	241	236
比重(%)	Proportion(%)	20.1	20.0	10.1	9.8
平均每户	Per Household				
家庭人口数(人)	Average Household Size(person)	2.89	2.63	2.55	2.26
就业人口数(人)	Average Employed Persons Per Household (person)	1.47	1.35	1.44	1.50
平均每一就业者负担人数(人)	Number of Persons Supported by Each Laborer (person)	1.97	1.95	1.77	1.51
平均每人全年	Per Capita Annual				
总收入(元)	Total Income (yuan)	14853	19358	24634	36739
#可支配收入	Disposable Income	13882	18068	23050	34491
消费支出(元)	Expenditures of Consumption(yuan)	9187	11911	14421	18912

11-5 城镇居民家庭就业情况

Employment conditions of Urban households

项目	Item	2000	2005	2006	2007	2008	2009
调查户数(户)	**Number of Households Surveyed (household)**	**2820**	**2408**	**2459**	**2459**	**2399**	**2399**
平均每户家庭人口数(人)	**Average Household Size (person)**	**3.23**	**2.97**	**2.94**	**2.90**	**2.88**	**2.85**
有收入者人数	Number of person having income	2.14	2.07	2.09	2.10	2.01	2.04
就业人口数	Number of Person Employed	1.66	1.53	1.53	1.53	1.44	1.43
国有经济单位	State-Owned Units	1.27	1.11	1.10	1.07	0.87	0.85
城镇集体经济单位	Collective-Owned Units	0.16	0.09	0.08	0.07	0.08	0.07
其他各种经济类型单位	Other economic units	0.02	0.07	0.06	0.07	0.09	0.09
城镇个体经营者	Person employed by himself in town	0.14	0.13	0.13	0.14	0.13	0.13
城镇个体被雇人员	Employed person in town	0.04	0.08	0.10	0.11	0.21	0.23
离退休再就业人员	Retired and resigned person reemployed	0.03	0.03	0.03	0.03	0.02	0.02
其他就业人员	Person employed in other way	0.01	0.02	0.03	0.03	0.04	0.05
离退休人数	Number of retired and resigned person	0.47	0.51	0.52	0.54	0.54	0.57
其他有收入者人数	Number of other person having income	0.01	0.04	0.03	0.02	0.04	0.04
无收入者人数	Number of person having no income	1.09	0.90	0.85	0.80	0.87	0.81
非家庭人口在家用餐人次数	**frequncy of non-family member eating at home**		**5.38**	**4.66**	**3.30**	**3.55**	**3.43**
家庭人口在外用餐人次数	**frequncy of family member eating out**		**16.76**	**16.27**	**14.89**	**13.23**	**13.85**

11-6 各市城镇居民人均可支配收入

Per Capita Disposable Income of Urban Residents By City

单位：元 (yuan)

市 City	2000	2005	2006	2007	2008	2009
郑州市 Zhengzhou	5935	10640	11822	13692	15732	17117
开封市 Kaifeng	4089	7220	8286	9769	11342	12318
洛阳市 Luoyang	5201	9720	10982	12770	14672	15949
平顶山市 Pingdingshan	4790	8723	9897	11715	13531	14721
安阳市 Anyang	4502	8822	10009	11796	13637	14809
鹤壁市 Hebi	3946	7898	9089	10912	12491	13628
新乡市 Xinxiang	4700	8312	9455	11236	13000	14170
焦作市 Jiaozuo	4008	8430	9628	11488	13199	14282
濮阳市 Puyang	4090	7972	8963	11042	12731	13737
许昌市 Xvchang	4410	7769	8891	10741	12448	13619
漯河市 Luohe	4633	7923	9034	10732	12364	13390
三门峡市 Sanmenxia	5245	8071	9072	10710	12392	13470
南阳市 Nanyang	4430	7831	8913	10713	12395	13498
商丘市 Shangqiu		7247	8346	10166	11752	12715
信阳市 Xinyang	4037	6762	7759	9477	11022	12047
周口市 Zhoukou	3646	6356	7218	8955	10406	11363
驻马店市 Zhumadian	4407	6900	7901	9762	11305	12311
济源市 Jiyuan	4723	9017	10298	11945	13809	14983

11-7 城镇居民家庭平均每人全年现金收入情况(2009年)

单位：元

项目	Item	总平均 Average	最低收入户 Lowest Income Households	#更低户 Difficult Households
家庭总收入	**Total Household Income**	**15408.04**	**5461.99**	**4489.21**
#可支配收入	Disposable Income	14371.56	4903.96	3864.61
工资性收入	Wage Income	9910.46	3756.33	3242.08
工资及补贴收入	Wage Income and Surplus Income	9670.82	3508.32	3108.80
其他劳动收入	Other Earned Income	239.64	248.01	133.28
经营净收入	Net Income from Operations	1202.69	387.77	336.06
财产性收入	Property Income	164.85	28.93	37.90
#利息	Interest	53.51	9.30	6.09
股息与红利收入	Dividend Income	25.59		
保险收益	Insurance Income	12.43	0.80	
其他投资收入	Other Investment Income	16.45		
出租房屋收入	Income from Renting Room	53.94	16.12	31.41
转移性收入	Transfer Income	4130.05	1288.96	873.16
#养老金或离退休金	Pension	3436.56	820.07	344.57
社会救济收入	Income from Social Relief	37.81	150.19	188.60
辞退金	Severance pay	15.28		
赔偿收入	Compensation money	1.19		
保险收入	Insurance Income	18.62	20.85	28.85
#失业保险金	Unemployment insurance expense	11.97	20.77	28.68
赡养收入	Income of Alimony	182.84	65.10	83.53
捐赠收入	Income of Presentation	301.50	129.14	119.15
亲友搭伙费	Food expenditure from kinsfolk			
提取住房公积金	Drawaing of Accumulated Fund for House	19.72		
记帐补贴	Subsidy for taking accounts	93.54	93.47	94.94
出售财物收入	**Income from Selling Property**	**112.79**	**8.18**	**4.79**
借贷收入	**Income of Borrow Money and Loan**	**2585.87**	**1580.05**	**1514.28**
#提取储蓄存款	Drawing Money from Banks	2177.37	1126.52	794.50
借入款	Borrow Money	202.80	315.95	448.56
收回借出款	Retrieval of loan	54.02	135.17	266.14
收回储蓄性保险本金	Retrieval of Saving Insurance Pricipal	4.00		
兑售有价证券	Cashing in and selling bonds	1.52		
收回投资本金	Retrieval of Investment Principal			
住房贷款	House Loan	135.37		

Per Capita Annual Cash Income of Urban Households (2009)

(yuan)

低收入户 Low Income Households	较低收入户 Lower Middle Income Households	中间收入户 Middle Income Households	较高收入户 Upper Middle Income Households	高收入户 High Income Households	最高收入户 Highest Income Households	#更高收入户 Higher Income Household
8287.58	**11141.30**	**14852.64**	**19357.87**	**24633.63**	**36739.17**	**44522.80**
7648.85	10399.94	13881.94	18067.61	23049.67	34490.87	41730.45
5537.81	7531.36	10022.67	11658.56	15850.39	22460.52	27552.94
5348.14	7356.79	9860.73	11269.28	15733.99	21971.58	26946.02
189.67	174.57	161.94	389.28	116.40	488.94	606.91
558.83	751.84	899.80	1381.08	2242.69	4031.08	3877.84
27.16	64.22	85.00	207.28	256.24	898.61	1190.36
11.85	14.52	39.50	75.97	79.62	258.35	265.25
4.91	4.56	17.46	24.85	44.62	161.96	254.69
	4.28	6.25	14.16	22.95	74.59	20.38
1.92	14.77	2.20	11.96	16.10	118.50	234.92
7.70	18.56	17.42	78.95	92.96	283.29	413.76
2163.78	2793.88	3845.18	6110.95	6284.31	9348.97	11901.67
1702.18	2375.56	3388.63	5323.98	5505.84	6821.48	7773.97
62.39	23.80	11.83	24.38	2.39		
2.54		13.46	43.96	52.57		
		1.26	5.30			
8.67	37.04	7.37	14.57	20.14	13.55	7.52
3.94	18.03	6.56	10.70	19.19	1.48	3.22
152.36	99.65	116.75	214.35	187.92	756.76	1311.97
134.80	157.19	198.86	334.54	406.26	1333.53	2232.29
			26.62	3.70	193.57	422.85
88.99	86.05	89.52	95.67	100.15	120.81	135.63
123.33	**23.07**	**66.65**	**101.08**	**311.45**	**450.08**	**964.79**
1547.40	**1321.25**	**2318.63**	**3193.77**	**4481.98**	**6658.81**	**9101.99**
1027.13	1065.29	1985.32	2795.60	4127.34	5766.78	7759.21
293.06	95.60	156.89	138.49	318.85	334.20	322.04
75.36	11.71	30.60	39.54	11.38	158.38	306.21
				0.95	51.65	
					20.09	
151.53	111.23	145.82	219.90		327.09	714.53

11-8 各市城镇居民家庭平均每人全年可支配收入情况(2009年)
Per Capita Annual Disposable Income of Urban Households by City(2009)

单位：元 (yuan)

项 目	Item	总平均 Average	最低收入户 Lowest Income Households	#更低户 Difficult Households	低收入户 Low Income Households	较低收入户 Lower Middle Income Households
郑州市	Zhengzhou	17117	6339	5342	9206	11727
开封市	Kaifeng	12318	4607	3991	6762	8863
洛阳市	Luoyang	15949	5349	4166	8134	10406
平顶山市	Pingdingshan	14721	5319	4313	7822	10221
安阳市	Anyang	14809	5896	4864	8240	10810
鹤壁市	Hebi	13628	4500	4128	6780	8862
新乡市	Xinxiang	14170	4868	3951	7033	8717
焦作市	Jiaozuo	14282	5600	4839	8300	10526
濮阳市	Puyang	13737	4518	3643	7080	8720
许昌市	Xvchang	13619	5109	4145	7897	9672
漯河市	Luohe	13390	6764	6232	9151	10861
三门峡市	Sanmenxia	13470	4758	4007	7092	9600
南阳市	Nanyang	13498	6545	5750	8493	10147
商丘市	Shangqiu	12715	6088	5159	8004	9455
信阳市	Xinyang	12047	5509	4835	7736	9390
周口市	Zhoukou	11363	5669	4794	7683	8988
驻马店市	Zhumadian	12311	5321	4625	7463	9113
济源市	Jiyuan	14983	5868	5182	7776	9659

项 目	Item	中间收入户 Middle Income Households	较高收入户 Upper Middle Income Households	高收入户 High Income Households	最高收入户 Highest Income Households	#更高收入户 Higher Income Household
郑州市	Zhengzhou	14698	19339	24057	34599	40895
开封市	Kaifeng	10492	12776	16513	23661	26898
洛阳市	Luoyang	13039	16156	21675	37614	47172
平顶山市	Pingdingshan	13048	16392	20295	27398	31123
安阳市	Anyang	13635	16540	20411	29179	33450
鹤壁市	Hebi	11803	15503	21124	36022	41078
新乡市	Xinxiang	11102	14259	18782	31606	41551
焦作市	Jiaozuo	13264	16374	20096	30303	34513
濮阳市	Puyang	10753	13955	19086	26956	32646
许昌市	Xvchang	12469	16057	19311	28574	33600
漯河市	Luohe	13097	15207	18205	21981	23982
三门峡市	Sanmenxia	12277	15606	20949	29910	33495
南阳市	Nanyang	11941	14626	18411	24685	29526
商丘市	Shangqiu	11391	13862	17172	23618	27786
信阳市	Xinyang	11538	13680	16825	23954	27320
周口市	Zhoukou	10555	12991	15833	23492	27895
驻马店市	Zhumadian	10814	13167	15797	23656	27664
济源市	Jiyuan	12371	15083	19279	52353	74111

11-9 历年城镇居民家庭人均消费支出

Per Capita Annual Consumption Expenditures of Urban Households by Years

单位：元 (yuan)

年份 Year	人均消费支出 Consumption Expenditures	食品支出 Food	衣着支出 Clothing	家庭设备用品服务 Household Facilities Articles and Service	医疗保健支出 Medicine and Medical Service	交通通信支出 Transportation and Communications	娱乐教育文化服务 Recreation Education and Cultural services	居住支出 Residence	杂项商品与服务 Miscellaneous and Services
1978	274.00	163.00	43.00	20.00	2.90	5.20	14.00	12.00	13.90
1980	335.02	192.66	50.19	24.30	3.22	8.86	20.84	15.30	19.65
1981	363.23	205.18	54.88	26.74	3.68	10.04	25.31	16.91	20.49
1982	382.47	214.17	56.49	29.03	3.93	12.19	25.27	19.70	21.69
1983	405.00	232.07	57.97	28.55	3.83	13.64	28.31	19.92	20.71
1984	431.68	244.37	65.23	32.56	5.01	11.47	28.63	22.65	21.76
1985	556.72	277.74	80.90	55.15	7.69	12.19	62.50	33.76	26.79
1986	653.83	333.59	96.56	62.66	8.75	15.64	63.97	39.35	33.31
1987	711.27	379.57	100.18	66.80	9.68	16.52	57.22	41.09	40.21
1988	896.55	465.99	124.21	104.28	16.23	17.18	82.66	42.02	43.98
1989	963.97	533.19	131.09	86.31	18.96	16.88	86.84	44.17	46.53
1990	1067.67	585.27	156.43	91.90	23.24	19.33	86.93	54.19	50.38
1991	1199.95	644.26	191.31	92.98	29.61	23.95	101.38	59.16	57.30
1992	1342.58	716.99	221.79	108.89	38.92	27.53	102.65	67.88	57.93
1993	1609.24	798.78	260.17	148.94	50.01	49.29	136.80	96.38	68.89
1994	2155.15	1074.18	347.31	185.55	70.07	92.86	159.78	131.89	93.51
1995	2673.95	1338.93	437.45	220.24	96.67	114.35	200.18	159.31	106.82
1996	3009.35	1439.32	488.52	215.52	125.97	131.74	211.41	281.61	115.26
1997	3378.02	1506.25	491.33	256.77	159.64	171.60	299.00	352.46	140.97
1998	3415.65	1454.99	442.34	280.23	172.84	193.65	320.88	406.54	144.19
1999	3497.53	1427.65	431.79	288.55	208.14	217.00	337.76	421.31	165.32
2000	3830.71	1386.76	460.99	312.97	280.78	246.24	407.26	547.19	188.52
2001	4110.17	1424.90	484.16	333.24	298.74	299.89	427.88	650.25	191.10
2002	4504.68	1517.04	570.48	324.48	389.64	477.60	586.32	499.44	139.80
2003	4941.60	1662.30	602.64	345.68	443.27	533.86	629.91	566.30	157.63
2004	5294.19	1855.44	650.30	332.06	436.53	569.85	694.56	578.60	176.84
2005	6038.02	2067.51	806.39	376.27	472.31	636.57	805.08	651.98	221.91
2006	6685.18	2215.32	919.31	431.02	520.57	762.08	847.12	737.00	252.76
2007	7826.72	2707.44	1053.13	549.14	626.55	858.33	936.55	795.39	300.19
2008	8837.46	3079.82	1141.76	633.32	790.87	915.12	988.95	963.59	324.03
2009	9566.99	3272.75	1270.74	684.79	875.52	1033.99	1048.14	1004.37	376.70

11-10 城镇居民家庭平均每人全年现金支出情况(2009年)

单位：元

项 目	Item	总平均 Average	最低收入户 Lowest Income Households	#更低户 Difficult Households
家庭总支出	**Total Household Expenditure**	**12902.14**	**6121.68**	**5488.01**
消费性支出	**Consumption Expenditures**	**9566.99**	**4700.24**	**4385.72**
#服务性消费支出	Consumption Expenditure of Service	2285.62	1068.34	1109.21
食品	Food	3272.75	1972.71	1748.89
#粮食	Foodstuff	322.33	271.44	262.60
肉	Meat	446.85	255.68	231.24
衣着	Clothing	1270.74	520.36	443.94
家庭设备、用品及服务	Household Facilities,Articles and Service	684.79	210.50	185.19
医疗保健	Medicine and medical Service	875.52	545.17	709.75
交通和通信	Transport, Post and Communication Services	1033.99	373.27	294.36
教育文化娱乐服务	Recreation,education and Cultural services	1048.14	428.10	398.43
居住	Residence	1004.37	522.99	501.92
杂项商品和服务	Miscellaneous and Services	376.70	127.13	103.24
购房与建房支出	**Expenditure of Buying and Building House**	**906.82**	**523.40**	**124.80**
转移性支出	**Transfer Expenditure**	**1486.91**	**433.29**	**446.69**
交纳所得税	Paid-Tax	30.44	0.56	0.44
捐赠支出	Donation Expenditure	961.80	291.02	252.97
购买彩票	Buying Lottery	5.09	0.34	0.13
赡养支出	Support Expenditure	421.76	122.06	161.76
#在外就学子女费用	Expenditure of Children Studying far from Home	255.57	65.67	99.39
各种非储蓄性保险支出	All Kinds of non Saving Insurance Expenditure	35.23	4.92	7.81
#车辆保险支出	Expenditure of Car Insurance	6.99		
其他转移性支出	Other Transfer Expenditure	32.59	14.40	23.58
财产性支出	**Property Expenditure**	**28.92**	**0.75**	**1.58**
#非生产性贷款利息支出	Interest Expenditure of Non-Productive Loans	21.68	0.75	1.58
社会保障支出	**Expenditure of Social Protection**	**912.50**	**464.00**	**529.22**
个人交纳的养老基金	Pension Fund Paid by Oneself	391.43	303.42	390.50
个人交纳的住房公积金	House Accumulated Fund Paid by Oneself	352.12	76.19	58.05
个人交纳的医疗基金	Medical Fund Paid by Oneself	143.59	67.89	67.42
个人交纳的失业基金	Unemployment Fund Paid by Oneself	24.59	15.64	12.91
其他社会保障支出	Expenditure of Other Social Protection	0.78	0.87	0.35
借贷支出	**Expenditure on Loan**	**4650.50**	**769.96**	**455.02**
#存入储蓄款	Savings Deposits	4246.49	674.99	390.52
借出款	Lending Money	58.97	22.06	10.91
归还借款	Money of Repaying	80.89	42.64	45.43
储蓄性保险支出	Expenditure on Saving Insurance	114.12	29.35	6.19
购买有价证券	Purchase of Valuable Securites	38.16		
其他投资支出	Expenditure of Other Investment	5.59		
归还住房贷款	Repayment of House Loan	99.52	0.84	1.76

Per Capita Annual Cash Expenditures of Urban Households (2009)

(yuan)

低收入户 Low Income Households	较低收入户 Lower Middle Income Households	中间收入户 Middle Income Households	较高收入户 Upper Middle Income Households	高收入户 High Income Households	最高收入户 Highest Income Households	#更高收入户 Higher Income Household
7882.05	**9366.87**	**12271.59**	**16012.21**	**20287.78**	**27983.81**	**34743.27**
5975.74	**7545.95**	**9187.45**	**11911.20**	**14420.61**	**18912.00**	**21899.94**
1342.49	1783.32	2186.81	2905.76	3421.57	4703.31	6030.29
2401.79	2854.45	3274.91	3959.86	4399.95	5053.76	5347.35
295.51	299.71	328.95	351.95	355.89	387.64	389.58
342.27	423.48	445.29	564.24	544.22	604.46	631.50
750.19	966.53	1254.47	1546.90	2031.09	2713.12	3010.20
359.07	511.16	658.37	935.05	1110.05	1464.85	1680.56
499.00	730.19	779.05	1160.33	1348.17	1469.58	1493.89
460.50	671.48	908.25	1335.05	1731.24	2885.94	3351.13
620.37	810.68	1087.35	1257.65	1597.78	2190.62	2597.12
690.87	734.61	899.78	1231.51	1626.81	2093.74	3013.97
193.95	266.85	325.27	484.86	575.51	1040.39	1405.72
577.97	**208.68**	**802.80**	**1217.32**	**1754.21**	**2670.30**	**5706.23**
771.80	**945.54**	**1388.26**	**1687.34**	**2636.14**	**4365.65**	**4651.54**
0.33	2.12	10.65	34.26	69.82	206.48	327.23
502.68	669.11	881.78	1178.24	1485.22	2721.87	2345.42
1.76	2.82	5.10	12.99	3.74	7.60	9.89
242.35	215.04	410.31	382.27	977.42	1280.36	1740.16
167.71	124.96	236.39	184.34	649.82	849.38	1076.76
13.28	39.23	37.64	48.53	43.12	59.95	110.89
0.09	5.27	0.88	2.53	14.39	52.02	97.46
11.39	17.22	42.78	31.04	56.83	89.38	117.95
7.14	**13.51**	**22.55**	**36.02**	**62.82**	**114.84**	**156.08**
5.23	13.34	20.49	31.91	44.63	58.47	60.62
549.41	**653.19**	**870.53**	**1160.33**	**1413.99**	**1921.01**	**2329.48**
318.40	323.28	383.11	450.63	505.53	600.54	641.16
124.69	197.59	321.87	504.95	648.24	988.97	1296.18
90.43	115.35	142.22	171.96	224.36	276.45	326.85
15.29	16.29	23.02	32.15	34.85	52.58	65.30
0.60	0.68	0.31	0.64	1.01	2.47	
1701.23	**2719.19**	**4421.39**	**5926.96**	**8251.13**	**14671.13**	**18297.81**
1537.26	2522.22	3937.94	5547.46	7414.43	13431.27	16533.55
27.99	26.88	86.05	32.72	142.14	156.82	249.26
22.92	51.72	124.89	69.00	133.30	171.42	164.09
72.72	85.78	98.35	115.25	197.98	341.08	354.59
		28.72	41.53	84.80	234.68	512.67
		25.88	1.29	1.78	0.96	2.10
33.50	28.33	119.39	117.77	244.13	311.09	432.17

11－11　城镇居民家庭平均每人全年消费性支出

Per Capita Annual Consumption Expenditures of Urban Households

单位：元　　(yuan)

项　　目	Item	2000	2005	2006	2007	2008	2009
消费性支出	**Consumption Expenditures**	**3830.71**	**6038.02**	**6685.18**	**7826.72**	**8837.46**	**9566.99**
#服务性消费支出	Consumption Expenditure of Service		1564.35	1679.28	1879.27	2149.85	2285.62
食品	**Food**	**1386.76**	**2067.51**	**2215.32**	**2707.44**	**3079.82**	**3272.75**
#粮食	Grain	219.78	228.78	236.70	276.80	306.17	322.33
淀粉及薯类	Starches and Tubers	23.45	24.75	26.43	34.08	35.66	37.62
干豆类及豆制品	Beans and Bean Products	26.43	32.70	32.86	40.59	50.91	54.54
油脂类	Oil and Fats	55.61	66.05	69.38	93.93	127.44	103.15
肉禽及制品	Meat,Poultry and Related Products	264.88	371.16	362.51	485.25	569.41	575.61
蛋类	Eggs	67.48	76.06	71.76	98.56	96.05	96.47
水产品类	Aquatic Products	34.76	43.54	47.61	58.13	65.25	75.84
蔬菜类	Vegetables	138.55	217.28	245.65	299.83	323.69	371.30
调味品	Condiments	26.50	29.48	32.51	38.94	42.66	49.04
糖类	Sugar	16.42	17.16	19.61	22.42	19.46	23.98
烟草类	Tobacco	87.18	96.56	106.49	127.33	158.64	172.53
酒和饮料	Liquor and Beverages	110.75	119.60	128.63	154.54	180.14	219.64
干鲜瓜果	Dried and Fresh Melons and Fruits	74.92	146.95	168.51	213.18	198.81	241.10
糕点类	Cake	31.07	48.58	52.14	63.43	61.12	72.58
奶及奶制品	Milk and dairy Products	43.28	115.26	123.22	145.11	140.81	148.30
食品加工服务费	Food Processing Service Fees	1.29	0.36	0.46	0.84	0.72	0.90
在外用餐	Dining Out	127.27	391.46	444.70	491.28	637.84	647.42
衣着	**Clothing**	**460.99**	**806.39**	**919.31**	**1053.13**	**1141.76**	**1270.74**
#服装	Garments	314.99	595.33	671.27	771.35	112.15	925.12
衣着材料	Clothing Materials	28.10	9.96	8.45	9.57	7.28	7.17
鞋类及其他衣着	Shoes and Other Clothing	108.48	196.05	233.87	266.35	119.47	331.89
衣着加工服务费	Tailoring and Laundering Service Fees	9.42	5.04	5.71	5.86	6.27	6.56
家庭设备、用品及服务	**Household Facilities, Articles and Service**	**312.97**	**376.27**	**431.02**	**549.14**	**633.32**	**684.79**
#耐用消费品	Durable Consumer Goods	187.41	190.08	230.19	288.01	332.85	340.22
室内装饰品	Interior Decorations	11.15	13.65	15.68	14.70	19.22	22.52
床上用品	Bed Articles	20.37	37.74	43.25	49.84	59.93	76.95
家庭日用杂品	Household Articles for Daily Use	59.40	106.87	118.19	164.11	191.08	212.00
家具材料	Furniture Materials	3.75	4.37	3.35	13.06	6.88	6.86
家庭服务	Household Services	30.88	23.58	20.35	19.43	23.36	26.23
医疗保健	**Medicine and medical Service**	**280.78**	**472.31**	**520.57**	**626.55**	**790.87**	**875.52**
#药品费	Expenses for Medical Care	213.39	303.43	321.51	382.30	444.97	476.04
交通和通信	**transportation and communications**	**246.24**	**636.57**	**762.08**	**858.33**	**915.12**	**1033.99**
交通	transportation	94.36	177.07	259.45	320.64	390.37	499.95
通信	Communication	151.89	459.50	502.64	537.69	524.75	534.04
教育文化娱乐服务	**Recreation,education and Cultural services**	**407.26**	**805.08**	**847.12**	**936.55**	**988.95**	**1048.14**
文化娱乐用品	Recreation Durable Consumer Goods	100.19	208.65	231.62	235.78	278.34	284.68
文化娱乐服务	Recreation	72.87	174.70	192.24	245.50	246.26	285.83
教育	Educations	234.20	421.72	423.26	455.28	464.35	477.64
居住	**Residence**	**547.19**	**651.98**	**737.00**	**795.39**	**963.59**	**1004.37**
住房	Housing	341.08	160.15	173.09	215.00	270.97	279.91
水电燃料及其他	water,Electricity and Fuels		457.65	525.51	523.76	629.28	666.11
居住服务费	Service Fee for Residence		34.18	38.40	56.64	63.34	58.35
杂项商品和服务	**Miscellaneous and Services**	**188.52**	**221.91**	**252.76**	**300.19**	**324.03**	**376.70**
杂项商品	Miscellaneous		147.57	166.01	187.00	217.44	236.13
服务	Services		74.34	86.75	113.19	106.59	140.57

11-12 各市城镇居民家庭消费支出情况(2009年)
Per Capita Consumption Expenditures of Urban Households by City (2009)

单位：元 (yuan)

市 City	消费性支出 Consumption Expenditures	#服务性消费支出 Consumption Expenditure of Service	食品 Food	衣着 Clothing	居住 Residence
全 省 Average	**9566.99**	**2285.62**	**3272.75**	**1270.74**	**1004.37**
郑州市 Zhengzhou	10803.90	2375.78	3760.72	1553.33	1082.61
开封市 Kaifeng	10050.26	2459.69	3355.89	1053.90	1179.01
洛阳市 Luoyang	11046.15	2876.59	3547.45	1236.05	1331.61
平顶山市 Pingdingshan	10340.46	2510.28	3299.88	1550.52	879.06
安阳市 Anyang	9733.07	2315.49	3367.45	1346.32	832.17
鹤壁市 Hebi	8696.16	2240.24	2749.72	899.19	1463.52
新乡市 Xinxiang	9812.02	2275.71	3227.14	1363.87	900.98
焦作市 Jiaozuo	10278.76	2233.56	3232.92	1188.39	1195.32
濮阳市 Puyang	8704.67	2086.29	3040.78	1209.03	797.04
许昌市 Xvchang	9752.51	2469.81	2952.83	1229.61	1274.25
漯河市 Luohe	9840.05	2642.22	3286.11	1449.21	902.38
三门峡市 Sanmenxia	9882.72	2518.49	3185.43	1283.59	1152.32
南阳市 Nanyang	9594.61	2300.53	3168.61	1323.15	940.92
商丘市 Shangqiu	8034.66	1694.60	2916.60	1201.86	779.16
信阳市 Xinyang	8496.65	1796.89	3575.85	1118.68	880.09
周口市 Zhoukou	8879.34	2150.93	3129.18	1207.22	998.30
驻马店市 Zhumadian	8945.81	2069.07	2914.27	1307.63	873.10
济源市 Jiyuan	8830.31	2196.31	2270.82	1082.22	619.11

市 City	家庭设备用品及服务 Household Facilities, Articles and Service	医疗保健 Medicine and medical Service	交通和通信 transportation and communications	教育文化娱乐服务 Recreation, education and Cultural services	杂项商品和服务 Miscellaneous and Services
全 省 Average	**684.79**	**875.52**	**1033.99**	**1048.14**	**376.70**
郑州市 Zhengzhou	769.31	819.56	1203.35	1234.14	380.88
开封市 Kaifeng	615.33	1086.36	1422.50	1004.62	332.65
洛阳市 Luoyang	848.74	995.66	1393.74	1321.32	371.59
平顶山市 Pingdingshan	937.63	796.77	1197.61	1250.91	428.08
安阳市 Anyang	682.94	1176.23	777.89	965.05	585.02
鹤壁市 Hebi	711.60	775.27	615.94	1211.89	269.03
新乡市 Xinxiang	778.66	995.12	920.15	1125.61	500.49
焦作市 Jiaozuo	811.34	1026.87	1188.67	1255.41	379.85
濮阳市 Puyang	622.30	898.50	928.96	933.47	274.58
许昌市 Xvchang	800.52	853.89	1125.06	1023.60	492.75
漯河市 Luohe	775.12	773.36	1106.02	1149.91	397.93
三门峡市 Sanmenxia	625.94	803.96	1308.33	1171.17	351.98
南阳市 Nanyang	654.14	830.01	1264.49	1095.05	318.25
商丘市 Shangqiu	525.51	552.27	977.52	816.56	265.17
信阳市 Xinyang	577.71	506.34	756.57	742.44	338.97
周口市 Zhoukou	669.83	762.07	935.87	834.03	342.82
驻马店市 Zhumadian	668.83	862.24	909.49	1037.67	372.58
济源市 Jiyuan	739.78	810.87	1890.04	1124.74	292.74

11-13 按收入等级分的城镇居民家庭平均每人全年消费性支出(2009年)

单位:元

项目	Item	总平均 Average	最低收入户 Lowest Income Households	#更低户 Difficult Households
消费性支出	**Expenditures of Consumption**	**9566.99**	**4700.24**	**4385.72**
食品	**Food**	**3272.75**	**1972.71**	**1748.89**
#粮食	Grain	322.33	271.44	262.60
油脂类	Oil and Fats	103.15	85.77	80.84
肉禽及制品	Meat,Poultry and Related Products	575.61	340.22	311.19
蛋类	Eggs	96.47	80.50	77.42
水产品	Aquatic Products	75.84	39.20	33.77
菜类	Vegetables	371.30	276.97	266.48
烟草类	Tobacco	172.53	87.89	74.97
酒和饮料	Liquor and Beverages	219.64	103.95	77.67
奶及奶制品	Milk and dairy Products	148.30	82.78	80.75
衣着	**Clothing**	**1270.74**	**520.36**	**443.94**
#服装	Garments	925.12	368.57	317.99
家庭设备、用品及服务	**Household Facilities, Articles and Service**	**684.79**	**210.50**	**185.19**
耐用消费品	Durable Consumer Goods	340.22	67.94	63.18
室内装饰品	Interior Decorations	22.52	1.35	0.80
床上用品	Bed Articles	76.95	18.15	11.38
家庭日用杂品	Household Articles for Daily Use	212.00	115.18	104.08
家具材料	furniture material	6.86	0.67	0.93
家庭服务	household service	26.23	7.21	4.81
医疗保健	**Medicine and medical Service**	**875.52**	**545.17**	**709.75**
#药品费	Expenses for medical care	476.04	308.94	350.45
交通和通信	**transportation and communications**	**1033.99**	**373.27**	**294.36**
交通	transportation	499.95	133.43	96.50
通信	Communication	534.04	239.84	197.86
教育文化娱乐服务	**Recreation,Education and Cultural services**	**1048.14**	**428.10**	**398.43**
文化娱乐用品	Recreation and Cultural Articles	284.68	80.32	52.39
文化娱乐服务	Recreation and Cultural Services	285.83	66.07	37.42
教育	Educations	477.64	281.72	308.62
居住	**Residence**	**1004.37**	**522.99**	**501.92**
住房	Housing	279.91	56.16	42.57
水电燃料及其他	water,Electricity and Fuels	666.11	435.53	422.86
居住服务费	Service Fee for Residence	58.35	31.31	36.49
杂项商品和服务	**Miscellaneous Commodities and Services**	**376.70**	**127.13**	**103.24**

Per Capita Annual Consumption Expenditures of Urban Households by Level of Income (2009)

(yuan)

低收入户 Low Income Households	较低收入户 Lower Middle Income Households	中间收入户 Middle Income Households	较高收入户 Upper Middle Income Households	高收入户 High Income Households	最高收入户 Highest Income Households	#更高收入户 Higher Income Household
5975.74	**7545.95**	**9187.45**	**11911.20**	**14420.61**	**18912.00**	**21899.94**
2401.79	**2854.45**	**3274.91**	**3959.86**	**4399.95**	**5053.76**	**5347.35**
295.51	299.71	328.95	351.95	355.89	387.64	389.58
99.94	95.65	98.18	111.62	120.47	131.61	142.83
453.46	550.83	567.10	712.36	712.27	763.93	808.46
92.62	93.39	94.48	104.84	104.46	113.79	115.55
56.82	65.78	72.12	95.17	113.27	115.90	125.04
316.97	325.52	381.88	440.45	446.49	467.34	463.76
119.22	141.92	192.44	208.70	229.87	279.60	280.12
126.40	162.71	215.43	266.41	370.31	448.44	482.03
109.68	127.40	165.89	178.60	188.66	212.38	226.16
750.19	**966.53**	**1254.47**	**1546.90**	**2031.09**	**2713.12**	**3010.20**
541.78	686.49	907.89	1123.67	1495.99	2049.12	2265.10
359.07	**511.16**	**658.37**	**935.05**	**1110.05**	**1464.85**	**1680.56**
147.04	250.36	325.70	464.15	572.47	826.75	914.82
14.13	14.46	13.53	38.20	40.75	59.45	99.56
38.34	58.72	74.48	101.04	123.39	182.45	215.18
148.78	169.11	216.15	277.36	303.25	324.75	368.16
0.76	2.34	4.66	9.27	20.84	23.86	4.83
10.02	16.17	23.84	45.03	49.35	47.59	78.02
499.00	**730.19**	**779.05**	**1160.33**	**1348.17**	**1469.58**	**1493.89**
287.34	413.94	454.12	609.75	692.26	720.18	608.79
460.50	**671.48**	**908.25**	**1335.05**	**1731.24**	**2885.94**	**3351.13**
118.60	238.89	388.55	655.58	916.37	1903.68	2200.73
341.90	432.59	519.70	679.47	814.87	982.26	1150.40
620.37	**810.68**	**1087.35**	**1257.65**	**1597.78**	**2190.62**	**2597.12**
112.47	220.86	270.08	353.12	513.57	686.60	679.07
97.98	175.40	274.15	414.14	478.04	767.98	972.88
409.93	414.42	543.11	490.38	606.17	736.04	945.16
690.87	**734.61**	**899.78**	**1231.51**	**1626.81**	**2093.74**	**3013.97**
113.10	143.00	195.75	346.52	650.34	944.74	1644.56
538.32	553.55	651.19	802.05	881.93	1042.34	1238.89
39.46	38.06	52.84	82.94	94.54	106.66	130.52
193.95	**266.85**	**325.27**	**484.86**	**575.51**	**1040.39**	**1405.72**

11-14 各市按收入等级分的城镇居民家庭平均每人全年消费性支出(2009年)

单位:元

市 City	总平均 Average	最低收入户 Lowest Income Households	#更低户 Difficult Households	低收入户 Low Income Households
郑州市 Zhengzhou	10803.90	5447.57	4863.08	7215.59
开封市 Kaifeng	10050.26	5073.83	4952.28	6138.88
洛阳市 Luoyang	11046.15	4152.78	3717.64	6286.86
平顶山市 Pingdingshan	10340.46	4325.91	3915.15	6141.08
安阳市 Anyang	9733.07	5181.39	5239.14	5957.84
鹤壁市 Hebi	8696.16	3431.35	3073.87	5075.30
新乡市 Xinxiang	9812.02	4638.17	3875.89	6181.43
焦作市 Jiaozuo	10278.76	5746.84	5182.83	6109.77
濮阳市 Puyang	8704.67	3455.41	3233.10	5974.09
许昌市 Xvchang	9752.51	4080.87	3135.10	5813.40
漯河市 Luohe	9840.05	5595.26	4728.45	8081.38
三门峡市 Sanmenxia	9882.72	5740.46	4707.94	6870.11
南阳市 Nanyang	9594.61	5368.70	4684.86	6003.80
商丘市 Shangqiu	8034.66	4510.23	3638.31	5469.46
信阳市 Xinyang	8496.65	4752.37	4116.48	6127.23
周口市 Zhoukou	8879.34	4284.96	3701.90	6003.00
驻马店市 Zhumadian	8945.81	4549.34	4308.50	5819.31
济源市 Jiyuan	8830.31	4705.09	3587.36	6396.17

Per Capita Annual Consumption Expenditures of Urban Households by Level of Income By City (2009)

(yuan)

较低收入户 Lower Middle Income Households	中间收入户 Middle Income Households	较高收入户 Upper Middle Income Households	高收入户 High Income Households	最高收入户 Highest Income Households	#更高收入户 Higher Income Household
8166.67	9905.32	11797.17	13786.57	18818.39	19822.23
7381.05	9277.91	10584.07	12808.42	17289.72	20047.91
7760.30	10059.53	11371.02	15363.67	22376.57	27635.67
7822.87	9720.11	11439.93	13057.14	17469.59	18528.73
6925.68	9020.58	11007.26	12992.30	18111.79	19363.77
5592.67	7844.91	10483.57	12314.95	21070.82	24316.52
6780.02	8617.41	10289.37	13924.77	16643.11	20808.21
8175.92	8670.20	10479.44	14181.16	20789.68	21071.88
6050.49	7455.44	8863.11	11559.65	15279.72	18698.06
7900.58	8036.49	10166.13	12661.52	22638.06	30390.87
8227.14	9764.27	10757.31	13133.81	14238.61	15645.03
7975.17	9209.94	11267.45	13642.98	16795.75	16267.31
7278.45	7440.29	10079.75	12009.97	20194.35	23385.74
6129.63	6922.53	9051.81	9770.22	15298.46	17079.62
6595.13	8268.53	9092.37	10962.85	17067.14	19916.67
7630.29	8748.82	10039.86	13798.71	14906.71	16147.49
6806.11	7499.06	9013.77	12672.58	16374.21	17329.77
5449.28	9218.53	11905.08	9044.41	18413.04	14873.98

11-15 城镇居民家庭平均每人购买食品数量(2009年)

单位:千克

指标	Indicator	总平均 Average	最低收入户 Lowest Income Households	#更低户 Difficult Households	低收入户 Low Income Households	较低收入户 Lower Middle Income Households
大米	Rice	20.43	15.63	16.05	21.31	20.27
面粉	Flour	23.11	23.43	23.79	26.35	22.37
食用植物油	Edible Vegetable Oil	7.88	7.59	7.40	8.43	7.28
猪肉	Pork	12.60	8.21	7.74	11.20	12.62
牛肉	Beef	1.50	0.62	0.42	0.99	1.42
羊肉	Mutton	1.79	1.10	0.99	1.16	1.64
鸡	Chicken	4.97	4.44	4.47	5.54	5.17
鸭	Duck	0.73	0.39	0.43	0.62	0.81
鲜蛋	Fresh Eggs	13.26	11.51	11.32	13.16	12.90
鱼	Fish	4.30	2.83	2.53	3.78	4.15
虾	Shrimp	0.50	0.15	0.14	0.33	0.40
鲜菜	Vegetable	139.73	118.55	117.39	129.90	126.92
白酒	Liquor	2.30	1.65	1.50	1.61	2.01
果酒	Wine	0.20	0.08	0.04	0.12	0.12
啤酒	Beer	3.11	2.98	2.73	2.64	2.87
碳酸饮料	Carbonated drinks	1.62	0.66	0.46	1.08	1.25
瓶装饮用水	Bottled water	5.00	2.15	1.18	5.92	4.25
茶叶	Tea	0.24	0.16	0.15	0.14	0.18
鲜果	Fresh Furit	35.04	20.62	17.56	26.70	31.21
鲜瓜	Fresh melon	24.03	17.34	15.82	21.18	22.66
糕点	Cakes	5.36	3.44	2.81	3.96	4.58
鲜乳品	Dairy	12.39	5.83	5.73	7.51	11.00
奶粉	Milk	0.32	0.21	0.20	0.32	0.23
酸奶	Yogurt	3.91	2.28	2.73	2.72	3.30

Per Capita Annual Purchases of Food of Urban Households (2009)

(kg)

中间收入户 Middle Income Households	较高收入户 Upper Middle Income Households	高收入户 High Income Households	最高收入户 Highest Income Households	#更高收入户 Higher Income Household
19.19	21.75	23.23	24.27	20.13
22.56	23.73	21.02	22.11	18.34
7.46	8.18	8.45	9.04	9.61
12.02	15.56	13.47	15.32	16.56
1.51	1.79	2.18	2.46	2.19
1.82	2.49	2.38	1.97	1.59
4.42	5.40	5.00	4.80	4.64
0.67	0.78	1.10	0.78	0.90
13.02	14.31	13.46	15.24	15.58
4.06	5.06	5.45	5.43	5.50
0.49	0.69	0.85	0.80	0.94
144.71	156.49	155.00	157.13	150.96
2.43	2.71	3.12	3.14	3.26
0.26	0.24	0.30	0.42	0.46
3.01	3.51	3.60	3.52	3.69
1.54	2.17	2.25	3.29	4.12
3.36	6.05	7.39	9.47	10.17
0.22	0.29	0.47	0.39	0.35
38.42	40.99	44.07	49.37	47.93
24.47	29.78	24.53	28.07	27.84
6.09	6.14	6.71	7.65	8.06
13.55	15.83	16.07	19.40	22.17
0.35	0.40	0.46	0.30	0.25
4.21	4.41	5.54	6.32	6.90

11−16 主要年份城镇居民家庭平均每百户主要消费品年末拥有量

指　标	Indicator	1990	1995	2000	2001
摩托车(辆)	Motorcycle (unit)	1.48	6.46	19.47	20.46
助力车(辆)	Aided Power Bike (unit)				
家用汽车(辆)	Domestic Car (unit)			0.10	0.08
洗衣机(台)	Washing Machine (unit)	75.23	88.06	87.87	89.65
电冰箱(台)	Refrigerator (unit)	33.98	58.84	71.78	74.75
彩色电视机(台)	Color TV Set (unit)	53.68	84.01	108.02	112.14
家用电脑(台)	Computer(unit)			5.72	8.18
组合音响(套)	Hi-Fi Stereo Component System (set)	0.26	8.11	13.28	14.07
摄像机(架)	Pickup Camera (unit)			0.68	1.01
照相机(架)	Camera (unit)	15.11	22.46	27.24	27.90
钢琴(架)	Piano (unit)		0.53	0.92	0.76
其他中高档乐器(件)	Medium and High-Grade Musical Instrument (unit)	8.71	5.06	3.30	3.54
微波炉(台)	Oven(unit)			6.27	8.32
空调器(台)	Air Conditioner (unit)	0.31	9.70	34.46	42.21
淋浴热水器(台)	Shower (unit)		17.98	24.27	26.34
消毒碗柜(台)	Antiseptic Cupboard unit)				
洗碗机(台)	Dish Washing Machine (unit)				
健身器材(套)	Healthy Equipment(set)			1.88	2.37
固定电话(部)	Telephone (unit)				
移动电话(部)	Hand Telephone (unit)			12.18	17.81
接入有线电视电视机(台)	Cable TV (unit)				
接入互连网计算机(台)	Internet computers (unit)				
接入互连网移动电话(部)	Internet Mobile Phones (unit)				

Per hundred Urban Households Annual Purchase of Durable Consumer Goods of Urban Households By Main Years

2002	2003	2004	2005	2006	2007	2008	2009
23.62	25.65	26.85	28.14	27.70	24.88	17.94	18.87
2.99	4.82	9.06	15.60	21.92	27.59	38.91	45.24
0.33	0.54	0.76	1.58	1.61	1.99	4.15	5.03
94.68	95.94	97.05	98.23	99.14	97.95	94.75	96.01
82.75	83.69	84.62	86.33	87.18	90.70	87.02	88.17
121.10	124.19	125.21	124.62	127.19	126.90	120.31	124.62
15.34	19.19	22.09	31.82	35.00	40.28	46.64	51.70
16.87	18.39	18.98	17.96	18.02	18.18	16.28	17.33
1.49	1.64	2.07	3.11	3.38	4.20	5.41	5.54
34.57	37.03	37.87	38.92	39.08	38.00	28.13	31.55
1.51	1.95	1.96	2.08	1.80	1.60	1.72	1.92
6.36	7.39	7.89	6.52	6.67	6.02	3.74	4.26
16.11	20.37	23.87	30.36	32.04	33.59	34.63	37.03
62.45	73.07	81.80	93.55	100.62	105.66	102.96	112.81
37.60	41.54	45.63	50.61	53.57	59.56	59.05	64.40
4.52	5.80	5.99	8.95	8.80	6.57	6.85	7.32
0.25	0.32	0.35	0.59	0.56	0.54	0.27	0.24
3.47	3.38	3.04	3.11	3.28	3.36	2.74	2.97
94.73	95.05	94.85	90.93	89.73	84.74	68.38	67.40
45.10	66.27	87.53	125.51	137.97	150.68	156.15	167.87
			108.64	105.51	105.25	97.84	99.84
			19.35	21.24	24.96	30.88	35.21
			2.97	2.92	4.51	6.84	9.50

11-17 城镇居民家庭平均每百户购买非食品数量(2009年)

指标	Indicator	总平均 Average	最低收入户 Lowest Income Households	#更低户 Difficult Households
服装(件/人)	Clothing (piece/person)	7.97	5.37	4.77
鞋类(双/人)	Shoes(double/person)	3.12	2.54	2.34
洗衣机(台)	Washing Machine (unit)	5.27	3.07	3.31
电冰箱(台)	Refrigerator (unit)	3.48	1.75	1.31
微波炉(台)	Oven (unit)	2.33	0.28	
空调器(台)	Air Conditioner (unit)	7.53	2.33	3.45
淋浴热水器(台)	Shower (unit)	4.59	1.24	1.57
消毒碗柜(台)	Antiseptic Cupboard (unit)	0.07		
洗碗机(台)	Dish Washing Machine (unit)	0.06		
摩托车(辆)	Motorcycle (unit)	1.05	0.67	
助力车(辆)	Aided Power Bike (unit)	6.56	6.28	3.54
家用汽车(辆)	Domestic Car (unit)	0.89		
电话机(部)	Telephone (unit)	3.17	1.02	
移动电话(部)	Hand Telephone (unit)	22.64	11.96	11.41
彩色电视机(台)	Color TV Set (unit)	4.84	1.36	
整机电脑(台)	Computer (unit)	5.21	1.97	0.96
组合音响(台)	Hi-Fi Stereo (unit)	0.24		
摄像机(架)	Pickup Camera (unit)	0.33		
照相机(架)	Camera (unit)	2.24	0.51	
钢琴(架)	Piano (unit)	0.07		
其他中高档乐器(件)	Medium and High-Grade Musical Instrument (unit)	0.30	0.20	
健身器材(件)	Healthy Equipment (unit)	0.94	0.40	0.40
电子辞典(部)	Electronic Dictionary (unit)	1.49	0.23	0.47
水(吨/人)	Water (ton/person)	32.70	22.22	21.59
电(度/人)	Elecritcity(kw/person)	561.50	366.08	348.85
煤炭(千克/人)	Coal(kg/person)	97.94	123.54	127.22
液化石油气(千克/人)	Liquefied gas(kg/person)	11.42	10.25	10.67
管道煤气(立方米/人)	Gas pipeline(cu. m/person)	20.59	19.44	14.65

Per hundred Urban Households Annual Procurement of The Main Non-food(2009)

低收入户 Low Income Households	较低收入户 Lower Middle Income Households	中间收入户 Middle Income Households	较高收入户 Upper Middle Income Households	高收入户 High Income Households	最高收入户 Highest Income Households	#更高收入户 Higher Income Household
6.14	7.05	8.19	8.95	10.71	11.63	12.70
2.58	2.90	3.15	3.45	3.75	3.95	4.14
3.81	5.32	4.55	7.67	5.02	6.20	4.08
4.81	3.70	4.27	3.77	2.61	2.12	3.82
1.14	2.38	2.51	3.29	3.94	1.92	2.71
1.89	4.73	8.74	9.44	10.59	16.25	11.08
3.36	5.45	5.72	3.27	7.94	4.79	5.55
			0.39			
		0.28				
	1.77	1.52	1.25	0.17	0.58	1.17
3.99	4.55	5.11	8.20	9.85	10.48	12.12
	0.53	0.65	0.91	0.85	4.16	2.11
2.68	1.75	3.36	5.07	5.28	2.86	4.83
17.13	19.12	19.72	27.10	35.35	32.67	36.89
2.33	4.02	3.77	5.53	6.82	12.15	10.63
3.16	5.01	5.17	6.37	7.50	7.02	6.13
	0.10	0.19	0.23	0.47	0.91	1.84
		0.75	0.12	0.74	0.95	0.48
1.02	1.62	1.90	2.79	4.89	3.82	5.36
		0.34				
	0.51	0.25		0.80	0.48	
0.35	1.40	0.71	1.01	0.98	1.49	0.95
1.77	0.78	1.62	0.64	2.76	4.34	2.49
26.38	26.90	32.28	40.23	42.71	48.50	54.56
444.49	495.00	563.85	673.80	715.84	809.03	872.57
123.93	112.07	101.77	73.84	74.47	47.82	40.44
10.00	10.99	13.19	12.79	11.02	9.39	7.15
19.89	14.65	16.87	24.89	24.84	35.83	28.34

11-18 各市城镇居民家庭平均每人主要食品消费量(2009年)
Per Capita Consumption of Major Food in Rural Households by City(2009)

单位：千克 (kg)

市 City	大米面粉 Rice and Flour	鲜菜 Fresh Vegetables	食用植物油 Edible Vegetable Oil	猪牛羊肉 Pork, Beef and Mutton	鸡鸭 Chicken and Duck	鲜蛋 Fresh Eggs	鱼虾 Fish and Shrimp	鲜奶 Fresh Milk	酒 Liquor
郑州市 Zhengzhou	40.7	146.2	7.4	17.8	5.6	12.3	6.8	16.3	7.5
开封市 Kaifeng	53.4	145.1	8.3	13.7	4.3	14.4	5.7	15.1	8.4
洛阳市 Luoyang	46.8	142.9	8.8	17.4	3.8	13.4	6.8	20.6	4.3
平顶山市 Pingdingshan	51.8	160.4	15.2	16.7	4.8	13.5	4.8	11.2	11.3
安阳市 Anyang	63.3	165.1	10.4	15.5	3.0	16.1	3.5	18.2	7.3
鹤壁市 Hebi	40.8	142.0	7.5	12.9	4.0	16.1	3.0	12.8	5.8
新乡市 Xinxiang	40.6	127.8	7.2	14.3	3.8	15.9	3.3	12.5	6.2
焦作市 Jiaozuo	48.8	137.4	10.0	16.8	3.8	15.6	3.7	15.3	6.3
濮阳市 Puyang	46.3	157.3	9.8	13.3	4.5	13.6	5.1	11.1	7.3
许昌市 Xvchang	32.7	139.0	6.2	13.3	4.9	11.2	2.6	8.0	2.8
漯河市 Luohe	30.9	136.0	6.4	14.0	6.1	11.3	3.3	5.3	4.6
三门峡市 Sanmenxia	40.4	128.6	6.8	12.8	2.2	11.0	2.6	11.7	4.6
南阳市 Nanyang	61.9	157.7	10.4	16.8	5.2	16.4	4.2	19.1	6.5
商丘市 Shangqiu	47.3	125.8	7.2	11.1	6.7	16.1	4.2	14.6	8.5
信阳市 Xinyang	64.1	138.7	11.7	26.6	11.3	10.4	9.0	3.1	10.8
周口市 Zhoukou	49.3	144.3	7.3	10.3	7.9	14.2	5.6	2.9	8.0
驻马店市 Zhumadian	48.7	122.3	7.1	14.7	9.0	12.8	5.3	8.4	6.1
济源市 Jiyuan	23.2	106.9	3.8	11.1	3.8	12.4	1.2	8.8	2.8

11−19 城镇居民家庭居住情况(2009年)
Living Conditions of Urban Households(2009)

项目	Item	全省 Total		城市 City		县城 County Towns	
		调查户数(户) Number of Households Surveyed (household)	比重(%) Proportion (%)	调查户数(户) Number of Households Surveyed (household)	比重(%) Proportion (%)	调查户数(户) Number of Households Surveyed (household)	比重(%) Proportion (%)
总计	**Total**	**2399**	**100.0**	**1899**	**100.0**	**500**	**100.0**
房屋产权	**House Ownership**						
租赁公房	Renting of Publicly-Funded House	81	3.4	55	2.9	23	4.5
租赁私房	Renting of Private House	78	3.3	54	2.8	22	4.3
原有私房	Original Private House	321	13.4	87	4.6	176	35.2
房改私房	Private House Obtained from House Reform	1130	47.1	1166	61.4	59	11.7
商品房	Commercial House	730	30.4	488	25.7	210	42.1
其他	Others	59	2.5	50	2.6	11	2.1
住宅建筑式样	**Architectural Style of Dwelling**						
单栋住宅	Building	16	0.7			12	2.3
四居室	Four-Room House	69	2.9	56	3.0	13	2.6
三居室	Three-Room House	952	39.7	780	41.1	181	36.2
二居室	Two-Room House	885	36.9	872	45.9	72	14.5
一居室	One-Room House	42	1.8	42	2.2	3	0.6
普通楼房	Ordinary Multi-Storey Building	139	5.8	79	4.2	49	9.9
平房及其他	A Single-Storey House and Others	296	12.3	69	3.6	169	33.9
饮水情况	**Condition of Drinking Water**						
自来水	Tap Water	2148	89.5	1702	89.6	447	89.3
矿泉水	Mineral Water	88	3.7	91	4.8	4	0.8
纯净水	Purified Water	142	5.9	106	5.6	34	6.8
井、河水	Well Water、River Water	22	0.9			16	3.1
用水情况	**By Tap Water Facilities**						
独用自来水	Tap Water Owner Per Household	2342	97.6	1886	99.3	467	93.4
公用自来水	Public Tap Water	26	1.1	12	0.6	11	2.3
井、河水	Well Water、River Water	31	1.3	1	0.1	21	4.3
卫生设备	**By Health Facilities**						
无卫生设备	Without Toilet Room	84	3.5	18	0.9	50	9.9
有厕所浴室	Bathroom and Toilet Room Owned by Household	1628	67.9	1381	72.7	280	56.0
有厕所无浴室	Toilet Room Owned by Household and Without bathroom	617	25.7	455	24.0	150	30.1
公用	Public Toilet Room	69	2.9	45	2.4	20	4.1
取暖设备	**By Heating Facilities**						
空调设备	Air Conditioner Owned	542	22.6	458	24.1	94	18.8
暖气	Warm Gas	645	26.9	652	34.4	42	8.4
其他	Other	1110	46.3	735	38.7	325	65.0
炊用燃料使用情况	**By Fuel Types**						
管道煤气	Pipeline gas	295	12.3	298	15.7	20	3.9
液化石油气	LPG	732	30.5	531	28.0	184	36.8
煤	Coal	490	20.4	203	10.7	223	44.6
其他	Others	883	36.8	867	45.6	74	14.7

11-20 农村居民家庭基本情况
Basic Conditions of Rural Households

项　目	Item	2000	2005	2006	2007	2008	2009
调查户数(户)	Number of Households Surveyed(household)	4200	4200	4200	4200	4200	4200
调查户常住人口(人)	Number of Residents Surveyed (person)	17376	17591	17470	17404	17270	17139
平均每户中	Average Number of Permanent						
常住人口	Residents per Household	4.14	4.19	4.12	4.14	4.11	4.08
整、半劳动力	Average Number of Able-bodied and						
	Semi-ablebodied Laborers per Household	2.66	2.87	2.87	2.88	2.87	2.89
劳动力占常住人口比重(%)	Percentage of Laborers to Residents Surveyed(%)	64.3	68.5	68.9	69.6	70.0	70.9
每个劳动力负担人口	Average Number of Persons Supported by						
	a Laborer	1.56	1.46	1.45	1.44	1.43	1.41
平均每百个常住人口中(人)	Among Per 100 Permanent Residents (person)						
学龄前人数	Preschool	5.9	6.4	6.1	6.2	6.1	6.7
7-15岁人数	Age 7-15	23.1	14.7	12.9	11.8	11.1	10.4
#在校人数	Student Enrollment	22.1	14.2	12.8	11.7	10.9	10.3
入学率(%)	Enrolled rote (%)	95.4	96.9	98.7	98.7	98.4	98.7
16-60岁人数	Age 16-60	66.0	72.6	74.1	74.5	74.5	74.2
61岁以上人数	Age 61 and over	4.9	6.2	6.9	7.4	8.3	8.8
平均每百个家庭中(户)	Among Per 100 household (household)						
单身或夫妇	Conjugality or bachelordom	4.5	6.2	6.6	6.9	7.9	8.2
夫妇与一个孩子	Conjugality and a child	18.3	16.1	15.4	15.0	14.9	14.8
夫妇与两个孩子	Conjugality and two children	34.9	36.1	35.9	36.2	34.8	34.9
夫妇与三个以上孩子	Conjugality and three or more than three children	20.4	14.7	13.8	13.2	12.6	11.7
单亲与孩子	Parent and children	1.7	1.4	1.7	1.8	2.0	2.4
三代同堂	Household with three generations persons	17.6	21.2	22.5	23.6	24.3	24.2
其他	Others	2.6	4.3	4.1	3.3	3.6	3.9
每百个就业劳动力文化程度(人)	Among Per 100 Laborers (person)(by cultur level)						
不识字或识字很少	Illiterate or Semiliterate	6.1	6.6	6.6	5.9	5.8	5.0
小学程度	Primary School	23.3	18.5	17.0	16.6	16.1	16.2
初中程度	Junior Secondary School	57.6	61.2	61.9	61.5	61.5	61.8
高中程度	Senior Secondary School	11.0	10.5	11.1	12.3	12.4	12.5
中专	Specialized Secondary School	1.7	2.1	2.4	2.6	2.8	2.7
大专及以上	College and Higher Level	0.4	1.0	1.0	1.1	1.4	1.8
每百个就业劳动力主要就业地点(人)	Among Per 100 Laborers (person)(by working place)						
乡内	Native place	88.3	79.9	78.1	77.4	77.4	73.1
县内乡外	Native county(other countryside)	2.9	2.5	2.8	2.6	3.1	5.0
省内县外	Native province(other county)	3.0	4.4	4.6	5.0	5.0	5.8
国内省外	Other province	5.9	13.2	14.5	15.0	14.5	16.1

11－20 续表 continued

项 目	Item	2000	2005	2006	2007	2008	2009
每百个就业劳动力从事的主要行业(人)	Among Per 100 Laborers (person)(by Industry)						
第一产业	Primary Industry	80.8	66.7	63.8	61.9	60.5	58.1
第二产业	Secondary Industry	8.7	17.3	19.1	20.4	21.4	23.2
第三产业	Tertiary Industry	10.4	16.0	17.2	17.7	18.1	18.7
每个劳动力年内从事行业时间(月)	Working houses Per 100 Laborers(months)						
从事农业的时间	Agricultural		4.7	4.4	4.1	4.0	3.8
从事非农业的时间	Un-Agricultural		3.3	3.6	3.8	3.8	4.2
平均每百人经营耕地面积(公顷)	Per 100 Capita Area of Cultivated Land Under Management (hectare)	10.0	10.2	10.6	10.9	10.8	11.0
平均每百人经营山地面积(公顷)	Average Hilly Area Run by Per 100 Capita (hectare)	0.1	0.1	0.3	0.2	0.2	0.1
平均每人年内新建购住房面积(平方米)	Per 100 Capita Floor Space of House newly Built Within the year (sq.m)	0.9	1.5	1.4	2.0	1.8	2.2
#钢筋混凝土结构	Reinforced Concrete Structure	0.4	1.0	0.9	1.5	1.3	1.6
砖木结构	Brick and Wood Structure	0.5	0.5	0.5	0.5	0.4	0.6
#楼房面积(平方米)	Floor Space of Multi-floor Buildings (sq.m)	0.3	0.8	0.8	1.4	1.2	1.6
年内平均每平方米新建(购)住房价值(元)	Value of Newly Built House Per Square Metre(yuan)	232.1	324.7	341.7	403.4	449.0	477.0
平均每人年末住房面积(平方米)	Per Capita Living Floor Space (sq.m)	23.1	27.2	28.4	30.2	31.7	33.5
#砖木结构	Brick and Wood Structure	16.1	15.7	16.1	15.5	16.4	16.2
钢筋混凝土结构	Reinforced Concrete Structure	6.0	10.4	11.2	13.8	14.4	16.4
住房中有卫生设备的住户(户)	Number of Household with Sanitary Equipments in Rooms (household)	4095	4064	3994	4029	4030	4005
生活用电数量(度/户)	Power Consumption (kwh/household)	244	248	277	321	382	507
使用安全饮用水的住户(户)	Number of Household Drinking Safe Drinking Water (household)	2411	2949	3061	3192	3179	3187
住房中有取暖设备的住户(户)	Number of Household with Heating Equipments in Rooms (household)	83	159	105	128	107	152
使用液化气的住户(户)	Number of Household Using Liqified Gas (household)	16	90	237	660	576	658
使用煤炭的住户(户)	Number of Household Using Coal (household)	2139	2056	2028	1921	1733	1589

11-21 农民家庭平均每人总收入

单位：元

项　　目	Item	1980	1990	1995
全年总收入	**Annual Total Cash Income**	**184**	**773**	**1883**
工资性收入	**Income of Wage**	**91**	**79**	**164**
在非企业组织中劳动得到的收入	Income for Working in non-enterprise organization			
在本乡地域内劳动得到的收入	Income for Working in township			
#在本地乡镇企业得到的收入	Income From township Enterprises			
常住人口外出从业得到的收入	Income of permanent person for working in other place			
家庭经营收入	**Income from Household Business Operation**	**67**	**655**	**1631**
第一产业	Primary Industry	57	588	1482
农业收入	Farming Products	25	487	1240
林业收入	Forestry Products		9	16
牧业收入	Animal Husbandry Products	33	91	222
渔业收入	Fishery Products		1	4
第二产业	Secondary Industry		24	36
工业收入	From Industrial products Processing		12	7
建筑业收入	From Construction		12	28
第三产业	Tertiary Industry	10	43	113
交通运输、邮电业收入	From transportation		19	37
批发和零售贸易、餐饮业收入	Wholesale,retail and Catering Businesses		9	24
社会服务业现金收入	From Services Trade		6	13
文教卫生业现金收入	From culture,Education and Health			
其他家庭经营现金收入	From Other Household Business	10	10	40
财产性收入	**Property Income**	**2**	**3**	**34**
转移性收入	**Transfer Income**	**24**	**36**	**54**
#家庭非常住人口寄回和带回	Income from Non-resident population	8	7	16

Per Capita Total Income in Rural Households

(yuan)

2000	2005	2006	2007	2008	2009
2726	**3946**	**4459**	**5197**	**5994**	**6414**
474	**854**	**1023**	**1268**	**1500**	**1622**
85	104	119	145	169	173
159	310	387	491	567	640
32	61	76	116	167	170
229	440	517	632	764	809
2134	**2966**	**3279**	**3721**	**4212**	**4462**
1767	2532	2764	3144	3577	3711
1310	1802	1991	2234	2513	2640
25	34	40	45	51	46
412	673	708	835	985	1000
20	24	25	30	29	26
96	130	161	185	194	211
66	99	120	133	142	150
30	30	41	52	51	61
271	304	354	392	440	540
67	96	118	120	135	164
80	123	141	157	187	231
27	25	28	40	41	50
9	17	27	31	35	42
88	43	39	43	42	52
29	**36**	**40**	**53**	**53**	**56**
89	**90**	**118**	**155**	**230**	**275**
24	14	17	18	15	15

11-22 农村居民家庭平均每人总支出

Per Capita Total Expenditures in Rural Households

单位：元 (yuan)

项　目	Item	2000	2005	2006	2007	2008	2009
全年总支出	**Annual Total Expenditure**	**2120**	**3107**	**3638**	**4213**	**4832**	**5220**
家庭经营费用支出	**Expenditure for Household Business**	**540**	**945**	**1054**	**1194**	**1378**	**1419**
第一产业	Primary Industry	470	842	920	1036	1211	1217
第二产业	Secondary Industry	21	41	57	72	71	81
第三产业	Tertiary Industry	48	62	77	87	96	121
购置生产性固定资产支出	**Expenditure on Purchasing Productive Fixed Assets**	**66**	**129**	**173**	**118**	**152**	**133**
税费支出	**Expenditure of Tax**	**97**	**3**	**3**	**4**	**3**	**3**
第一产业	Primary Industry		0				
第二产业	Secondary Industry		0	0	1	1	1
第三产业	Thertiary Industry		1	1	1	0	0
其他各项收费	Others		2	2	2	1	2
生活消费支出	**Living Expenditure**	**1316**	**1892**	**2229**	**2676**	**3044**	**3388**
食品	Food	654	859	911	1017	1166	1220
衣着	Clothing	87	132	160	190	210	226
居住	Residence	206	318	444	616	713	876
家庭设备、用品及服务	Household Facilities,Articles and services	69	83	105	136	170	204
交通和通讯	Transportation and Communications	56	160	221	269	291	310
文化、教育、娱乐用品及服务	Cultural,Education and Recreational Article and Services	133	178	199	212	214	234
医疗保健	Medical Articles	64	123	141	173	215	243
其他商品和服务	Other Commodities and Services	46	39	49	62	66	76
财产性支出	**Property Expenditure**	**13**	**5**	**6**	**6**	**7**	**4**
转移性支出	**Transfer Expenditure**	**87**	**134**	**172**	**214**	**248**	**273**

11-23 农村居民家庭按收入来源分组的平均每人纯收入

Per Capital Annual net income of rural household by Source

单位：元 (yuan)

项目	Item	2000	2005	2006	2007	2008	2009
纯收入	**Net Income**	**1986**	**2871**	**3261**	**3852**	**4454**	**4807**
工资性收入	**Laborage**	**474**	**854**	**1023**	**1268**	**1500**	**1622**
家庭经营纯收入	**Net Income from Household Business**	**1427**	**1914**	**2108**	**2398**	**2699**	**2891**
农业收入	Farming	933	1261	1395	1581	1747	1885
林业收入	Forestry	23	30	35	38	45	42
牧业收入	Animal Husbandry	183	307	314	374	455	434
渔业收入	Fishery	12	13	15	16	15	19
工业收入	Industry	46	62	71	73	79	84
建筑业收入	Construction	22	19	25	31	36	36
交通、运输、邮电业收入	Transport, Post and Telecommunication Services	40	58	70	74	82	91
批发、零售贸易及餐饮业收入	Wholesale and Retail Trade and Catering Services	57	92	106	116	141	177
社会服务业收入	Social Services	24	20	22	30	33	42
文教卫生业收入	Culture, Education and Health Care	8	13	21	25	27	34
其他收入	Others	79	39	35	41	39	47
转移性和财产性收入	**Transfer Income and Property Income**	**85**	**103**	**130**	**186**	**255**	**295**

11-24 农村居民家庭按收入水平分组的基本情况(2009年)

Basic complexion of rural household by Level of Income (2009)

单位：元 (yuan)

项　目	Item	低收入户 low-income household	中低收入户 middle and low-income household	中等收入户 middle household	中高收入户 middle and high-income household	高收入户 high-income household
平均每户常住人口(人)	Average Number of Permanent Residents Per Household (person)	4.3	4.3	4.2	3.9	3.6
平均每户整半劳动力(人)	Average Number of Full/Semi Labour Force Per Household (person)	2.92	3.00	2.95	2.85	2.75
平均每个劳动力负担人口(人)	Average Number of Persons supported by a Labour (person)	1.49	1.44	1.44	1.37	1.30
平均每人总收入	Per Capita Annual Income	2887	4155	5370	7206	13792
#现金收入	Cash Income	2007	3108	4274	5937	12073
平均每人总支出	Per Capita Annual Expenditures	3365	3888	4451	5557	9620
#现金支出	Cash Expenditures	2978	3476	4023	5097	9050
全年纯收入	Annual Net Income	1837	3127	4206	5688	10186
工资性收入	Income of Wage	568	1101	1614	2285	2815
家庭经营收入	Income from Household Business Operation	1108	1813	2332	3058	6830
第一产业	Primary Industry	1051	1680	1976	2554	5122
农业收入	Farming	1048	1512	1726	2174	3224
林业收入	Forestry	13	50	32	52	67
牧业收入	Animal Husbandry	-3	117	213	323	1728
渔业收入	Fishery	-6	1	5	4	104
第二产业	Secondary Industry	-10	8	45	100	524
工业收入	Industry	-6	11	36	78	345
建筑业收入	Construction	-4	-2	9	22	179
第三产业	Tertiary Industry	67	125	311	405	1184
交通、运输、邮电业收入	Transport, Post and Telecommunication Services	17	18	51	103	306
批发、零售贸易及餐饮业收入	Wholesale and Retail Trade and Catering Services	22	47	166	178	532
社会服务业收入	Social Services	4	23	22	46	128
文教卫生业收入	Culture, Education and Health Care	8	13	21	31	111
其他收入	Others	17	23	52	47	107
财产性收入	Property Income	18	23	45	60	150
转移性收入	Transfer Income	143	190	214	285	391
全年可支配收入	Annual Disposable Income	1702	2958	4010	5405	9719

11-25 农村居民家庭平均每人按纯收入水平分组的户数构成

Composition of Rural Households by Per Capita Annual Net Income

单位：%　　　　(%)

项　目	Item	2000	2001	2002	2003	2004	2005	2006	2007	2008	2009
600元以下的户	<600yuan	3.5	1.8	1.1	3.4	1.1	1.2	1.0	0.5	0.5	0.6
600-1000元的户	600-1000 yuan	10.3	8.6	8.0	11.7	5.3	3.3	2.2	1.8	1.0	1.4
1000-1200元的户	1000-1200 yuan	8.7	8.6	8.0	7.3	5.4	3.7	2.3	1.4	1.0	0.9
1200-1500元的户	1200-1500 yuan	17.6	14.3	13.5	12.7	10.4	7.7	5.6	2.9	2.5	2.2
1500-1800元的户	1500-1800 yuan	14.0	14.2	14.8	11.8	11.9	8.8	6.8	4.6	3.3	2.8
1800-2000元的户	1800-2000 yuan	8.1	8.6	8.2	7.4	9.0	7.1	5.0	3.5	3.1	2.7
2000-2500元的户	2000-2500 yuan	15.3	16.9	16.9	15.0	16.0	15.8	14.0	11.7	8.4	7.9
2500-3000元的户	2500-3000 yuan	8.3	9.9	9.9	10.6	13.5	14.5	15.2	12.5	10.0	8.7
3000-3500元的户	3000-3500 yuan	5.5	6.2	6.8	6.3	8.8	10.7	11.8	11.7	10.8	10.1
3500-4000元的户	3500-4000 yuan	3.0	2.8	4.0	4.0	6.4	8.3	9.5	11.3	9.9	9.0
4000-5000元的户	4000-5000 yuan	3.0	4.0	3.8	4.6	5.6	9.0	12.0	15.7	17.0	16.0
5000元以上的户	>5000 yuan	2.7	4.1	5.0	5.2	6.6	9.9	14.6	22.4	32.5	37.6

11-26 按收入等级分农村居民家庭平均每人生活消费支出（2009年）

Composition of Per Capita Consumption Expenditure of Rural Households by Level of Income (2009)

单位：元 (yuan)

		全省平均 Average	低收入户 Low Income Households	中低收入户 Lower Middle Income Households	中等收入户 Middle Income Households	中高收入户 Upper Middle Income Households	高收入户 High Income Households
生活消费支出	**Consumption Expenditure**	**3388.47**	**2275.80**	**2737.42**	**3095.13**	**3748.62**	**5478.05**
食品	Food	1220.36	979.07	1051.75	1163.51	1302.60	1694.12
衣着	Clothing	225.64	164.12	181.81	215.00	249.02	340.28
居住	Residence	875.83	468.88	655.73	750.58	1034.95	1609.80
家庭设备用品及服务	Household Appliances and Services	203.81	134.72	167.27	166.08	245.61	330.83
交通通讯	Transport and Telecommunications	310.11	175.81	233.70	270.08	356.23	562.26
文教娱乐用品及服务	Education, Cultural and Recreation and Services	234.01	130.40	156.57	237.84	246.53	434.88
医疗保健	Health Care and Medical Services	242.87	176.44	234.41	226.24	241.70	354.48
其他商品及服务	Other Goods and Services	75.85	46.36	56.17	65.80	71.98	151.40
生活消费现金支出	**Cash Consumption Expenditure**	**2996.19**	**1937.06**	**2372.83**	**2717.58**	**3342.25**	**4985.34**
食品	Food	879.36	676.98	736.90	844.41	957.03	1253.47
衣着	Clothing	225.57	164.08	181.81	214.93	248.86	340.18
居住	Residence	824.62	432.27	605.98	692.21	974.31	1557.87
家庭设备用品及服务	Household Appliances and Services	203.80	134.72	167.27	166.07	245.61	330.80
交通通讯	Transport and Telecommunications	310.11	175.81	233.70	270.08	356.23	562.26
文教娱乐用品及服务	Education, Cultural and Recreation and Services	234.01	130.40	156.57	237.84	246.53	434.88
医疗保健	Health Care and Medical Services	242.87	176.44	234.41	226.24	241.70	354.48
其他商品及服务	Other Goods and Services	75.85	46.36	56.17	65.80	71.98	151.40

11-27 农民家庭主要食品消费量

Per Capita Consumption of Major Goods in Rural Households

单位：公斤/人 (Kg/person)

项　目	Item	1980	1990	1995	2000	2005	2006	2007	2008	2009
粮食	Grain	221.60	253.96	235.67	257.63	211.62	211.33	206.00	245.69	194.44
#小麦	Wheat	102.39	204.38	189.42	209.28	170.48	168.86	162.33	156.20	150.72
稻谷	Rice	20.64	18.54	17.54	17.11	19.58	21.15	22.70	20.50	20.77
玉米	Corn			18.96	22.17	16.86	15.55	14.90	14.91	16.42
薯类	Tubers			6.01	5.58	0.86	0.95	1.22	1.03	1.01
豆类	Beans			2.50	3.44	2.93	1.64	1.59	1.41	1.85
油脂类	Oil	1.50	3.17	3.32	5.09	4.36	4.45	4.59	5.17	4.84
植物油	Vegetables Oil	1.00	2.60	2.97	4.77	4.25	4.32	4.50	5.09	4.78
动物油	Animal Oil	0.50	0.57	0.35	0.32	0.11	0.13	0.09	0.08	0.07
蔬菜及菜制品	Vegetables	75.08	85.00	52.76	146.54	100.75	99.63	102.06	121.66	93.64
瓜类	Melons					5.93	9.19	6.67	7.81	10.22
水果类	Fruits					9.46	8.89	10.26	11.72	11.20
肉禽及制品	Meat and Products	4.33	5.68	4.69	12.35	8.68	9.57	8.75	8.37	9.84
#猪肉	Pork	3.83	4.75	3.98	8.58	5.46	6.38	5.46	4.49	5.61
牛肉	Beef			0.13	1.12	0.83	0.67	0.49	0.39	0.40
羊肉	Mutton			0.09	0.64	0.14	0.14	0.15	0.13	0.15
家禽	Poultry	0.23	0.46	0.35	1.72	1.57	1.60	1.76	2.38	2.40
蛋类及蛋制品	Eggs and Related Productions	1.03	2.19	2.71	9.73	8.48	10.10	8.94	10.40	10.57
奶和奶制品	Milk and dairy Products		0.02	0.09	0.14	0.85	1.21	1.49	2.18	2.15
水产品	Aquatic Products	0.27	0.22	0.49	0.96	1.30	1.39	1.48	1.45	1.50
食糖	Sugar	0.67	1.46	1.41	1.19	1.06	1.11	1.01	1.07	1.03
酒类	Liquor	0.67	2.27	2.80	4.62	5.97	6.53	6.34	6.02	6.45

11−28 农民家庭平均每百户主要耐用消费品年末拥有量
Number of Durable Consumer Goods Owned Per 100 Rural Households at the Year-end

项目	单位	1990	1995	2000	2005	2006	2007	2008	2009
洗衣机(台)	Washing Machine (unit)	4.02	11.36	24.52	55.67	62.36	69.93	73.40	79.45
电冰箱(台)	Refrigerator (unit)	0.24	2.17	6.90	13.48	15.50	22.12	27.07	34.43
空调器(台)	Air Conditioner (unit)			0.60	5.19	6.62	8.90	11.36	15.05
排油烟机(台)	Gas Hooker (unit)			0.43	0.48	0.74	1.36	1.50	2.29
吸尘器(台)	Vacuum cleaner (unit)				0.10	0.17	0.14	0.17	0.14
微波炉(台)	Oven(unit)			0.17	0.67	0.98	2.11	3.00	3.43
淋浴热水器(台)	Shower (unit)			1.24	3.24	3.86	4.83	6.62	10.02
自行车(辆)	Bike (Unit)	127.57	145.19	151.95	133.38	136.19	136.45	136.12	132.33
摩托车(辆)	Motorcycle (unit)	0.52	1.43	14.57	39.14	43.36	46.50	48.76	51.95
生活用汽车(辆)	Domestic Car (Unit)				0.33	0.43	0.71	0.79	1.33
固定电话(部)	Telephone (unit)			25.40	51.33	53.36	47.71	43.90	35.52
移动电话(部)	Hand Telephone (unit)			1.38	55.38	73.79	100.17	114.14	126.24
#接入互联网的	Internet Mobile Phones (unit)				1.69	3.83	3.24	6.64	6.26
黑白电视机(台)	Black-and-white television (unit)	24.05	60.98	61.21	26.52	20.93	14.14	9.10	6.50
#接入有线电视网的	Cable TV				0.86	0.38	0.21	0.55	0.26
彩色电视机(台)	Color TV Set (unit)	2.81	12.07	38.21	81.69	88.76	96.83	100.05	103.76
#接入有线电视网的	Cable TV				10.07	10.64	13.95	18.67	21.21
摄像机(架)	Pickup Camera (unit)			0.05	0.31	0.29	0.36	0.64	0.90
影碟机(台)	Video disc player(unit)			5.50	23.07	27.24	25.40	26.40	28.26
照相机(架)	Camera (unit)	0.24	0.60	1.29	2.14	1.71	1.98	2.17	2.31
家用电脑(台)	Computer(unit)			0.07	0.57	1.02	2.19	2.69	4.05
#接入互联网的	Internet computers				0.24	0.52	0.90	1.79	2.79
中高档乐器(件)	Medium and High-Grade Musical Instrument (unit)				0.07	0.07	0.14	0.14	0.05

11-29 按收入分组的农民家庭平均每人主要食品消费量(2009年)

Per Capita Annual Purchases of Food of Rural Households by Level of Income(2009)

单位：公斤/人 (Kg/person)

项　目	Item	低收入户 Low Income Households	中低收入户 Lower Middle Income Households	中等收入户 Middle Income Households	中高收入户 Upper Middle Income Households	高收入户 High Income Households
粮食(原粮)	Grain	186.87	186.51	187.31	199.97	215.64
#小麦	Wheat	148.62	150.45	145.58	151.13	159.25
稻谷	Rice	18.85	17.54	22.67	23.32	21.96
玉米	Corn	13.92	13.36	12.69	18.35	25.45
薯类	Tubers	0.77	0.85	1.02	1.10	1.40
豆类	Beans	1.51	1.72	1.63	1.94	2.56
油脂类	Oil	4.39	4.65	4.84	4.74	5.75
植物油	Vegetables Oil	4.35	4.60	4.77	4.66	5.63
动物油	Animal Oil	0.04	0.04	0.07	0.08	0.12
豆制品	Soybean	1.06	1.01	1.33	1.57	3.33
蔬菜及菜制品	Vegetables	77.49	81.45	92.60	101.47	120.66
瓜类	Melons	7.79	8.57	10.94	11.00	13.48
水果类	Fruits	9.69	10.76	11.65	11.21	13.03
肉禽及制品	Meat and Products	8.38	8.36	9.32	10.80	12.96
#猪肉	Pork	4.62	4.86	5.34	6.01	7.60
牛肉	Beef	0.29	0.32	0.40	0.40	0.62
羊肉	Mutton	0.06	0.09	0.15	0.23	0.23
家禽	Poultry	1.77	2.15	2.29	3.02	2.92
蛋类及蛋制品	Eggs and Related Productions	6.27	7.52	7.67	9.27	24.33
奶和奶制品	Milk and dairy Products	2.28	2.22	2.00	1.83	2.45
水产品	Aquatic Products	1.23	1.38	1.63	1.46	1.83
酒类	Liquor	5.03	6.13	6.14	7.17	8.14

11-30 按收入分组的农民家庭平均每百户主要耐用消费品年末拥有量(2009年)
Number of Durable Consumer Goods Owned Per hundred Rural Households at the Year-end by Level of Income(2009)

项目	Item	低收入户 Low Income Households	中低收入户 Lower Middle Income Households	中等收入户 Middle Income Households	中高收入户 Upper Middle Income Households	高收入户 High Income Households
洗衣机(台)	Washing Machine (unit)	71.55	77.98	78.81	81.55	87.38
电冰箱(台)	Refrigerator (unit)	27.02	27.98	35.48	35.24	46.43
空调器(台)	Air Conditioner (unit)	8.45	10.95	14.29	15.71	25.83
排油烟机(台)	Gas Hooker (unit)	2.02	1.90	1.90	1.90	3.69
吸尘器(台)	Vacuum cleaner (unit)	0.12	0.12	0.12		0.36
微波炉(台)	Oven(unit)	3.57	3.45	4.05	2.50	3.57
淋浴热水器(台)	Shower (unit)	6.90	8.33	11.43	10.71	12.74
自行车(辆)	Bike (Unit)	119.29	132.14	133.81	134.40	142.02
摩托车(辆)	Motorcycle (unit)	46.07	50.12	51.07	52.74	59.76
生活用汽车(辆)	Domestic Car (Unit)	0.95	1.07	0.71	1.55	2.38
固定电话(部)	Telephone (unit)	29.05	31.43	31.19	38.10	47.86
移动电话(部)	Hand Telephone (unit)	110.24	120.71	124.52	128.21	147.50
#接入互联网的	Internet Mobile Phones (unit)	5.48	8.93	7.26	4.17	5.48
黑白电视机(台)	Black-and-white television (unit)	7.26	7.50	7.14	5.36	5.24
#接入有线电视网的	Cable TV		0.12	0.60	0.24	0.36
彩色电视机(台)	Color TV Set (unit)	100.36	101.90	103.45	105.83	107.26
#接入有线电视网的	Cable TV	19.29	16.90	20.00	21.55	28.33
摄像机(架)	Pickup Camera (unit)	0.48	0.83	1.67	0.71	0.83
影碟机(台)	Video disc player(unit)	22.26	25.83	28.93	30.00	34.29
照相机(架)	Camera (unit)	1.31	1.55	1.67	2.50	4.52
家用电脑(台)	Computer(unit)	2.26	2.50	3.10	3.45	8.93
#接入互联网的	Internet computers	1.43	1.43	2.02	2.74	6.31
中高档乐器(件)	Medium and High-Grade Musical Instrument (unit)			0.12		0.12

11-31 各市农村居民人均纯收入

Per Capita Net Income of Rural Household by city

单位：元 (yuan)

市	City	1990	1995	2000	2005	2006	2007	2008	2009
郑州市	Zhengzhou	692	1555	2912	4774	5559	6594	7548	8121
开封市	Kaifeng	612	1167	2096	2714	3172	3763	4355	4695
洛阳市	Luoyang	439	1040	1976	2903	3408	4038	4597	4961
平顶山市	Pingdingshan	492	1121	1967	2688	3150	3733	4420	4778
安阳市	Anyang	615	1299	2129	3220	3772	4493	5190	5595
鹤壁市	Hebi	571	1285	2105	3469	4062	4827	5495	5940
新乡市	Xinxiang	601	1467	2165	3133	3652	4355	5038	5431
焦作市	Jiaozuo	675	1779	2564	3831	4494	5326	6130	6590
濮阳市	Puyang	541	1114	1845	2472	2907	3460	4065	4411
许昌市	Xvchang	530	1447	2520	3643	4269	5046	5840	6302
漯河市	Luohe	531	1530	2303	3319	3883	4567	5230	5622
三门峡市	Sanmenxia	537	1183	2161	2935	3435	4033	4680	5046
南阳市	Nanyang	487	1124	1889	2894	3386	4014	4570	4931
商丘市	Shangqiu	438	980	1815	2346	2745	3248	3750	4054
信阳市	Xinyang	450	1056	1916	2707	3153	3737	4272	4618
周口市	Zhoukou	514	1245	1915	2276	2641	3122	3605	3908
驻马店市	Zhumadian	449	1086	1905	2486	2906	3410	3900	4216
济源市	Jiyuan	601	1532	2425	3889	4510	5346	6176	6763

11-32 各市农村居民家庭平均每人全年纯收入分组情况(2009年)

Per Capita Net Income of Rural Household by city(2009)

单位：元 (yuan)

项目	Item	低收入户 Low Income Households	中低收入户 Lower Middle Income Households	中等收入户 Middle Income Households	中高收入户 Upper Middle Income Households	高收入户 High Income Households
郑州市	Zhengzhou	3255	5253	6876	9090	18906
开封市	Kaifeng	1677	3127	4189	5531	10086
洛阳市	Luoyang	1625	3199	4416	5971	10540
平顶山市	Pingdingshan	1966	3668	4967	6493	10509
安阳市	Anyang	2223	3881	5257	7170	12023
鹤壁市	Hebi	2602	3739	4848	6365	13299
新乡市	Xinxiang	2159	3716	4948	6550	12303
焦作市	Jiaozuo	2795	4465	5794	7454	13439
濮阳市	Puyang	1743	2845	3832	5284	9180
许昌市	Xvchang	2928	4417	5758	7602	12749
漯河市	Luohe	1237	3871	5384	7278	14045
三门峡市	Sanmenxia	2015	3292	4405	6203	10751
南阳市	Nanyang	2383	3536	4589	5863	9073
商丘市	Shangqiu	1561	2818	3763	4893	8148
信阳市	Xinyang	2052	3428	4438	5693	8776
周口市	Zhoukou	1325	2962	3912	5185	9075
驻马店市	Zhumadian	1643	2922	3902	5123	8550
济源市	Jiyuan	1125	3074	4934	7843	18880

11-33 各市农村居民家庭平均每人生活消费支出(2009年)

Per Capita Consumption Expenditure of Rural Households by City (2009)

单位：元 (yuan)

市	City	生活消费支出合计 Consumption Expenditure	食品 Food	衣着 Clothing	居住 Residence	家庭设备及服务 Household Appliances and Services	交通和通讯 Transport, and Communi-cations	文教、娱乐用品及服务 Education, Cultural and Recreation and Services	医疗保健 Health Care and Medical Services	其他商品及服务 Other Goods and Services
郑州市	Zhengzhou	5372	1542	368	1833	263	584	354	325	104
开封市	Kaifeng	3045	1003	207	856	190	261	258	214	56
洛阳市	Luoyang	4114	1267	377	1207	290	384	269	233	87
平顶山市	Pingdingshan	2827	1155	239	520	168	277	190	200	78
安阳市	Anyang	3405	1065	258	694	254	377	327	333	98
鹤壁市	Hebi	3331	1279	288	810	223	296	214	187	34
新乡市	Xinxiang	4054	1314	328	958	281	412	346	266	148
焦作市	Jiaozuo	4247	1320	346	905	381	463	372	290	172
濮阳市	Puyang	2597	965	181	425	160	325	265	191	86
许昌市	Xvchang	3754	1186	336	908	211	341	321	232	219
漯河市	Luohe	3172	1090	223	677	329	263	282	236	71
三门峡市	Sanmenxia	3674	1278	310	767	200	456	309	286	68
南阳市	Nanyang	3606	1363	196	1044	190	325	180	229	80
商丘市	Shangqiu	2693	1011	185	674	146	237	190	199	51
信阳市	Xinyang	3437	1667	167	683	163	264	269	155	69
周口市	Zhoukou	3091	1159	175	997	151	240	178	144	46
驻马店市	Zhumadian	3131	1357	158	768	180	247	166	199	58
济源市	Jiyuan	3969	1364	260	824	279	540	262	327	113

11-34 各市农村居民家庭平均每人主要食品消费量(2009年)

Per Capita Consumption of Major Food in Rural Households by City(2009)

单位：千克 (kg)

市	City	粮食 Grain	蔬菜 Vegetables	食油 Edible Oil	猪牛羊肉 Pork, Beef and Mutton	家禽 Poultry	蛋类及其制品 Eggs and Related Products	水产品 Aquatic Products	食糖 Sugar	酒 Liquor	鲜奶 Fresh Milk
郑州市	Zhengzhou	162.68	87.50	6.77	8.42	1.35	8.33	1.10	0.99	4.08	1.24
开封市	Kaifeng	187.76	74.98	3.84	3.94	0.95	6.17	1.38	1.05	5.51	1.49
洛阳市	Luoyang	195.89	81.05	8.21	8.15	0.48	7.26	0.49	0.88	3.22	1.47
平顶山市	Pingdingshan	231.59	105.45	5.02	8.10	1.38	6.19	0.79	1.25	3.67	0.38
安阳市	Anyang	180.85	90.54	4.72	5.13	0.61	8.23	0.70	0.84	6.28	1.39
鹤壁市	Hebi	183.00	97.00	11.00	9.50	0.30	8.28	0.55	0.47	9.67	3.22
新乡市	Xinxiang	179.36	108.90	6.49	7.75	0.83	17.04	0.90	0.85	7.56	0.78
焦作市	Jiaozuo	218.82	94.96	7.45	6.76	2.10	10.22	0.69	0.91	4.41	2.39
濮阳市	Puyang	197.79	60.60	7.48	4.24	1.38	7.37	0.66	1.09	5.12	0.24
许昌市	Xvchang	153.09	109.55	6.30	7.84	2.07	6.20	1.01	0.84	3.32	1.30
漯河市	Luohe	196.78	90.27	5.38	6.83	1.70	6.31	0.96	0.62	4.95	0.72
三门峡市	Sanmenxia	215.46	84.14	8.60	4.88	0.33	3.18	0.29	0.69	2.68	0.34
南阳市	Nanyang	272.36	113.66	4.27	10.22	1.64	15.60	1.32	1.12	7.36	2.31
商丘市	Shangqiu	190.29	60.98	6.06	4.31	2.63	6.06	1.50	1.21	5.28	1.19
信阳市	Xinyang	238.52	113.26	4.27	17.66	5.57	5.66	6.61	0.92	16.76	0.15
周口市	Zhoukou	206.65	63.82	4.73	6.99	3.54	8.69	2.41	1.27	5.50	1.49
驻马店市	Zhumadian	216.77	95.43	5.91	8.05	4.63	8.61	2.21	0.76	9.17	1.49
济源市	Jiyuan	223.57	118.57	4.91	6.93	0.83	11.66	0.45	0.81	2.50	6.62

11-35　农民家庭土地经营情况

Situation of Land management in Rural Households

单位：公顷　　(hectare)

项　　目	Item	2000	2004	2005	2006	2007	2008	2009
平均每百人土地经营情况	**Situation of Land management Per hunred persons**							
期初实际经营土地面积	Beginning Area		10.57	10.59	10.83	11.26	11.37	11.40
耕地	Arable land		10.13	10.03	10.30	10.72	10.83	10.96
#有效灌溉面积	Effective Irrigated Area		7.34	7.35	7.48	8.00	8.15	8.11
山地	Highland		0.13	0.06	0.23	0.23	0.22	0.14
园地	Garden plot		0.27	0.22	0.26	0.25	0.27	0.26
牧草地	Grassland		0.01	0.01	0.01	0.01	0.01	0.01
养殖水面	Culture surface		0.03	0.28	0.03	0.04	0.04	0.04
期末实际经营的土地面积	Ending Area	10.47	10.65	10.71	11.20	11.43	11.51	11.51
耕地	Arable land	10.01	10.21	10.11	10.62	10.90	10.98	11.06
#有效灌溉面积	Effective Irrigated Area		7.40	7.37	7.69	8.14	8.17	8.16
山地	Highland	0.06	0.13	0.06	0.27	0.23	0.22	0.14
园地	Garden plot	0.20	0.27	0.22	0.25	0.25	0.26	0.26
牧草地	Grassland		0.01	0.01	0.01	0.01	0.01	0.01
养殖水面	Culture surface	0.20	0.03	0.32	0.05	0.04	0.04	0.05
平均每百人土地种植情况	**Situation of Land Cultivation Per hunred persons**							
粮食播种面积	Sown Areas of Grain	15.49	16.39	15.58	16.71	16.85	18.50	17.40
#小麦	Wheat	8.93	8.66	8.38	8.76	8.82	9.43	8.87
水稻	Rice	0.69	0.94	0.78	1.03	1.05	1.78	1.05
玉米	Corn	3.38	5.22	4.77	5.63	5.94	6.07	6.27
豆类	Beans	1.41	1.31	1.30	1.06	0.85	1.04	1.02
薯类	Tubers	0.70	0.12	0.23	0.13	0.13	0.11	0.11
经济作物播种面积	Sown Areas of Economic crops		4.32	4.67	3.94	5.37	3.33	3.23
#棉花	Cotton		1.09	1.27	1.07	0.98	0.79	0.48
油料	Oil- bearing Crops		1.90	2.01	1.56	1.44	1.47	1.47
麻类	Fiber Crops		0.05	0.05	0.08	0.06	0.01	0.00
烟草	Tobacco		0.10	0.28	0.20	0.18	0.18	0.22
蔬菜	Vegetables		0.85	0.83	0.80	0.85	0.73	0.87
果用瓜	Fruits		0.10	0.17	0.22	0.19	0.15	0.19

主要统计指标解释

城镇居民家庭总收入 指家庭成员得到的工薪收入、经营净收入、财产性收入、转移性收入之和，不包括出售财物收入和借贷收入。

城镇居民家庭可支配收入 指家庭成员得到可用于最终消费支出和其它非义务性支出以及储蓄的总和，即居民家庭可以用来自由支配的收入。它是家庭总收入扣除交纳的所得税、个人交纳的社会保障支出以及记账补贴后的收入。

城镇居民家庭消费性支出 指被调查的城镇居民家庭用于日常生活的全部支出，包括购买商品支出和文化生活、服务等非商品性支出。不包括罚没、丢失款和缴纳的各种税款（如个人所得税、牌照税、房产税等），也不包括个体劳动者生产经营过程中发生的各项费用。

农村居民家庭总收入 指调查期内农村住户和住户成员从各种来源渠道得到的收入总和。按收入的性质划分为工资性收入、家庭经营收入、财产性收入和转移性收入。

农村居民家庭现金收入 指农村住户和住户成员在调查期内得到以现金形态表现的收入。按来源分成工资性收入、家庭经营现金收入、财产性收入、转移性收入。

农村居民家庭纯收入 指农村住户当年从各个来源得到的总收入相应地扣除所发生的费用后的收入总和。纯收入主要用于再生产投入和当年生活消费支出，也可用于储蓄和各种非义务性支出。“农民人均纯收入”按人口平均的纯收入水平，反映的是一个地区或一个农户农村居民的平均收入水平。

农村居民家庭总支出 指农村住户用于生产、生活和再分配的全部支出。家庭经营费用支出、购置生产性固定资产支出、生产性固定资产折旧、税费支出、生活消费支出、财产性支出和转移性支出。

农村居民家庭现金支出 指农村住户用于生产、生活和再分配所支付的现金。包括家庭经营费用支出、缴纳的税费、购买生产性固定资产、生活消费、财产性和转移性支出。

农村居民家庭生活消费支出 指农村常住居民家庭用于日常生活的全部开支，是反映和研究农民家庭实际生活消费水平高低的重要指标。

恩格尔系数 指食物支出金额在消费性总支出金额中所占的比例。计算公式为：

恩格尔系数=食品支出金额／消费性总支出金额×100%。

如果城乡居民在食用方面的支出较大，恩格尔系数就高，表明人们的生活水平低；反之，随着人们生活水平的提高，城乡居民在食用方面的支出少，恩格尔系数越来越小。

Explanatory Notes on Main Statistical Indicators

Total Income of Urban Households refers to the sum of wage and salary; net business income; income from properties; and income from transfers of members of the households. Income from selling of properties and income from borrowing are not included.

Disposable Income of Urban Households refers to the actual income at the disposal of members of the households which can be used for final consumption, other non-compulsory expenditure and savings. This equals to total income minus income tax, personal contribution to social security and subsidy for keeping diaries in being a sample household.

Expenditure for Consumption of Urban Households refers to total expenditure of the sample households for consumption in daily life, including expendlture for various commodities and expense for non-commodity items such as culture and service, etc., but excluding fines and confiscation, loss, tax payments (such as income tax, license tax, real estate tax etc.) and various expenses by individual laborers for business purposes.

Total Income of Rural Households refers to the sum of income earned from various sources by the rural households and their members during the reference period, and is classified as income from wages and salaries, income from household operations, income from properties and income from transfers.

Cash Income of Rural Households refers to income received by rural households and their members in the form of cash during the reference period. It is classified, by source of income, into income from wages and salaries, cash income from household operations, income from properties and income from transfers

Net Income of Rural Households refers to the total income of rural households from all sources minus all corresponding expenses. Net income is mainly used as input for reinvestment in production and as consumption expenditure of the year, and also used for savings and non-compulsory expenses of various forms. "Per capita net income of farmers" is the level of net income averaged by population, reflecting the average income level of rural households in a given area.

Total Expenditure of Rural Households refers to total expenses of rural households on production, consumption and redistribution, including expenditure on household operations, on purchase of productive fixed assets, depreciation of productive fixed assets, taxes and fees, expenses on household consumption, expenses on properties and expenses on transfers.

Cash Expenditure of Rural Households refers to cash expenditure by rural households for production, consumption and redistribution during the reference period, including cash expenses on household operations, taxes and fees, purchase of productive fixed assets, household consumption, and expenses on properties and transfers.

Expenditure of Rural Households for Consumption refers to total expenses of rural households on daily life, including expenses on food clothing housing, fuel, article for daily use, and expenses on cultural life and services. This indicator is used to show the actual consumption level of peasants

Engel Coefficient refers to the percentage of expenditure on food in the total consumption expenditure, using the following formula: Engel coefficient = expenditure on food /total consumption expenditure.

If the food expenditure of urban and rural households is bigger, Engel coefficient will be higher ,it means the life level of people is lower ; On the contrary, with the improving on the life level and the decreasing on the food expenditure of urban and Rural Households, Engel coefficient will be lower.

城市概况

General Survey of Cities

● 资料整理：史新旺　孙　黎

简要说明

一、主要内容

本篇反映河南省城市公用事业概况，主要包括：城市建设、供水、供气、供热、市政设施、公共交通、城市绿化、环境卫生等资料。

二、统计范围

包括全省所有设市城市在建成区范围内的城市规划管理、投资、建设或经营管理相关设施的单位。

三、资料来源

省辖市主要经济指标由河南省统计局地方调查队编辑整理。省辖市和县级市城市公用事业基本情况资料由河南省城乡建设和住房厅提供。

Brief Introduction

I. Main Contents

Data in this chapter present the basic conditions of public facilities of urban construction of Henan provincial cities, main include supply of water, gas and heating; municipal infrastructure; public transportation; urban greenery; public transportation and environmental, sanitation.

II. Scope of Statistics

Data in this chapter cover all units under the jurisdiction of cities which are engaged in urban planning and management, investment, construction and operation of relevant facilities.

III. Sources of Data

Data on Districts are provided by Henan provincial survey organizations of social and economy. Data on basic conditions and overall level of urban public facilities are collected by the Henan provincial bureau of Housing and Urban-Rural development.

12-1 城市社会经济主要指标(2009年)

Major Social and Economic Indicators of Cities (2009)

本表价值量指标均按当年价格计算。
Data in value terms in this table are calculated at current prices.

指 标	Item	全省 The Province Total	省辖市市区合计 Total of Cities Zones	省辖市市区占全省比重(%) Percentage of Cities to Province (%)
土地面积(万平方公里)	Total Area (10 000 sq.km)	16.7	1.4	8.4
年末城镇失业人员(登记数)(万人)	Number of Registered Urban Unemployed Persons at the Year-end (10 000persons)	38.5	18.29	47.5
生产总值(亿元)	Gross Domestic Product (100 million yuan)	19480.46	5590.21	28.7
第一产业	Primary Industry	2769.05	243.90	8.8
第二产业	Secondary Industry	11010.50	2844.00	25.8
第三产业	Tertiary Industry	5700.91	2502.30	43.9
城镇固定资产投资额(亿元)	Total Investment in Fixed Assets of Township (100 million yuan)	11455.01	3357.38	29.3
#房地产开发投资额	Total Investment in Real Estate Development	1553.76	993.00	63.9
#住宅	Residential Buildings	1235.21	759.30	61.5
地方财政一般预算收入(亿元)	Total Revenue of Local Governments (100 million yuan)	1126.06	579.03	51.4
地方财政一般预算支出(亿元)	Total Expenditures of Local Governments (100 million yuan)	2905.76	906.54	31.2
规模以上工业企业	Enterprises above Designated Size			
主营业务收入(亿元)	Product Sales (100 million yuan)	28246.65	8786.88	31.1
利润总额(亿元)	Total Profits (100 million yuan)	2444.18	338.74	13.9
本地固定电话用户数(万户)	Number of Telephone Sets (year-end) (10 000 households)	1463.89	618.04	42.2
本地移动电话用户数(万户)	Number of Telephone Sets (year-end) (10 000 households)	4016.84	1690.26	42.1
限额以上批零贸易业商品销售总额(亿元)	Total Sales of Enterprise above Designated Size in Wholesale and Retail Sale Trades (100 million yuan)	4774.08	3632.26	76.1
当年实际使用外资金额(万美元)	Amount of Foreign Capital Actually Vtilized This Year (USD 10 000)	479858	235541	49.1
城乡居民储蓄年底余额(亿元)	Outstanding Amount of Savings Deposit in Urban and Rural Areas (year-end) (100 million yuan)	11207.40	5414.13	48.3
在岗职工工资总额(亿元)	Total Wages of Staff and Workers (100 million yuan)	1918.14	863.45	45.0
在校学生数(万人)	Student Enrollment (10 000 persons)			
#普通高等学校	Number of Regular Institutes of Higher Education	136.88	123.09	89.9
普通中学	Number of Regular Secondary Schools	675.45	126.28	18.7
小学	Number of Primary Schools	1052.03	173.86	16.5
医院、卫生院个数(个)	Number of Hospitals (unit)	12157	929	7.6
医院、卫生院床位数(万张)	Number of Beds in Hospitals (10 000 beds)	30.24	11.83	39.1
医生(万人)	Number of Doctors (10 000 persons)	13.96	5.41	38.8

12-2 省辖市市区社会经济主要指标(2009年)

本表价值量指标均按当年价格计算。
Data in value terms in this table are calculated at current prices.

指标	Item	郑州 Zhengzhou	开封 Kaifeng	洛阳 Luoyang	平顶山 Pingdingshan	安阳 Anyang
年底总人口(万人)	Total Population (year-end) (10 000 persons)	333.12	85.57	156.13	94.06	104.09
年底单位从业人员数(万人)	Number of Employed Persons (year-end) (10 000 persons)	70.71	15.25	29.71	28.88	19.72
在岗职工平均人数(万人)	Staff and Workers (10 000 persons)	66	14.62	31.8	27.98	16.7
土地面积(平方公里)	Total Area (sq.km)	1010	362	544	459	544
#建成区土地面积	Developed Areas	337	94	166	63	75
生产总值(亿元)	Gross Domestic Product (100 million yuan)	1431.79	189.49	666.37	407.87	311.86
#第二产业	Secondary Industry	473.02	82.14	336.86	303.11	182.94
第三产业	Tertiary Industry	947.98	96.48	319.92	99.05	122.70
城镇固定资产投资完成额(亿元)	Actually Completed Investment in Fixed Assets of Urban Area(100 million yuan)	848.94	122.45	341.42	115.07	205.61
房地产开发投资额(亿元)	Investment in Real Estate Development (100 million yuan)	438.84	26.25	96.64	31.12	52.72
#住宅	Residential Buildings	325.82	20.09	75.34	19.70	41.53
地方财政一般预算收入(亿元)	Total Revenue of Local Governments (100 million yuan)	226.56	16.69	61.24	39.30	32.45
地方财政一般预算支出(亿元)	Total Expenditures of Local Governments (100 million yuan)	229.94	38.02	85.34	55.16	50.87
规模以上工业企业	Enterprises above Designated Size					
主营业务收入(亿元)	Product Sales (100 million yuan)	1228.26	198.14	1399.41	1103.64	538.35
利润总额(亿元)	Total Profits (100 million yuan)	103.56	9.27	21.30	40.55	-4.07
本地固定电话用户数(万户)	Number of Telephone Sets (year-end) (10 000 households)	91.42	49.43	86.72	25.89	19.5
本地移动电话用户数(万户)	Number of Telephone Sets (year-end) (10 000 households)	524.05	64.93	147.42	80.58	80.76
全年用电量(亿千瓦小时)	Annual Electricity Consumption (100 million kwh)	264.50	30.84	195.86	66.17	95.86
#工业用电	Industrial Power Consumption	189.86	21.29	177.78	57.26	84.42
居民生活用电	Urban Power Consumption	27.04	5.32	6.34	4.46	6.37
限额以上批零贸易业商品销售总额(亿元)	Total Sales of Enterprise above Designated Size in Wholesale and Retail Sale Trades (100 million yuan)	1703.37	103.93	285.85	295.88	198.33
当年实际使用外资金额(万美元)	Amount of Foreign Capital Actually Vtilized This Year (USD 10 000)	109500	3871	27020	4780	9953
城乡居民储蓄年底余额(亿元)	Outstanding Amount of Savings Deposit in Urban and Rural Areas (year-end) (100 million yuan)	1912.46	213.88	614.34	363.10	219.30
在岗职工工资总额(亿元)	Total Wages of Staff and Workers (100 million yuan)	215.53	32.62	82.19	88.45	50.34
在校学生数(万人)	Student Enrollment (10 000 persons)					
普通高等学校	Number of Regular Institutes of Higher Education	49.75	7.13	8.08	5.79	4.05
中等职业学校	Number of Vocational Secondary Schools	23.58	3.30	9.39	3.16	2.43
普通中学	Number of Regular Secondary Schools	19.62	5.07	10.84	5.15	6.18
小学	Number of Primary Schools	27.39	6.47	12.61	7.82	9.86
医院、卫生院个数(个)	Number of Hospitals (unit)	126	55	84	64	55
医院、卫生院床位数(万张)	Number of Beds in Hospitals (10 000 beds)	2.78	0.63	1.34	0.80	0.64
医生(万人)	Number of Doctors (10 000 persons)	1.32	0.26	0.59	0.26	0.27

Major Social and Economic Indicators of Districts in Cities Directly Under the Province (2009)

鹤壁 Hebi	新乡 Xinxiang	焦作 Jiaozuo	濮阳 Puyang	许昌 Xuchang	漯河 Luohe	三门峡 Sanmenxia	南阳 Nanyang	商丘 Shangqiu	信阳 Xinyang	周口 Zhoukou	驻马店 Zhumadian
56.72	94.24	83.81	54.25	39.37	129.84	30.50	171.77	148.95	141.84	45.29	60.01
12.4	19.01	17.72	21.79	8.32	14.65	7.08	29.79	13.7	13.21	10.05	11.82
12.17	18.74	16.33	18.67	7.98	14.3	6.65	29.21	13.2	13.17	9.62	10.91
679	346	424	260	97	1020	198	1981	1600	3604	148	772
49	96	90	36	74	52	29	87	59	62	44	49
180.99	269.41	221.55	220.67	168.58	344.04	99.44	383.36	204.03	238.88	93.90	157.98
128.87	133.73	120.27	160.76	120.33	231.82	55.85	177.62	93.65	117.42	40.22	85.39
43.25	130.49	98.70	49.21	46.25	74.70	41.56	166.59	67.43	88.39	47.35	62.26
165.03	203.99	144.48	131.87	115.19	174.34	64.10	203.21	165.38	178.54	84.80	92.96
10.50	58.85	33.99	26.68	25.21	14.35	12.68	39.73	34.27	31.95	34.66	24.54
8.49	43.01	27.25	19.39	22.18	12.95	9.56	29.84	31.48	22.12	29.76	20.76
14.14	27.30	24.02	17.41	15.95	15.70	12.27	23.79	16.29	13.02	9.81	13.08
29.29	43.00	41.67	29.93	28.03	38.31	27.19	63.26	45.88	45.10	25.27	30.27
333.50	475.34	504.51	415.40	350.72	787.98	283.98	384.72	221.00	277.81	90.58	193.54
8.04	25.59	11.77	-22.81	25.05	84.74	1.01	15.50	2.30	4.70	6.64	5.58
18.04	39.05	26.64	18.51	14.05	19.58	27.13	38.19	48.55	41.4	42.31	11.63
50.56	104.6	108.49	42.68	44.56	71.71	27.69	116.97	66.17	71.9	39.6	47.59
24.35	50.58	136.66	34.19	19.71	24.57	23.51	56.17	64.22	25.78	10.86	22.55
20.61	38.32	133.02	28.27	13.77	17.97	21.10	42.51	54.83	14.68	7.20	16.83
1.43	6.40	3.64	2.39	3.06	3.65	1.52	6.50	4.91	4.66	1.67	2.15
25.81	161.34	63.60	79.18	88.19	72.20	70.38	160.95	106.19	81.92	66.42	68.74
11292	11954	4838	2481	5242	20874	10966	6488	2420	1610	1000	1252
94.22	234.09	210.43	217.75	137.54	147.13	101.93	297.06	195.10	201.51	109.45	144.84
27.59	42.62	43.73	53.10	19.13	29.13	17.55	71.93	22.67	26.82	22.17	17.88
0.88	10.49	6.06	1.16	3.24	2.39	1.43	6.35	6.69	4.81	3.11	1.69
2.47	2.69	2.27	1.79	2.88	3.35	1.72	7.96	3.20	2.31	4.17	4.42
4.26	5.85	4.53	8.88	3.08	8.81	1.97	9.99	13.46	8.35	4.64	5.6
6.05	8.19	6.61	7.38	3.47	11.69	2.99	17.1	20.81	11.13	6.54	7.75
31	59	54	39	39	47	18	105	41	59	29	24
0.30	0.74	0.57	0.46	0.39	0.45	0.24	0.82	0.48	0.46	0.29	0.43
0.14	0.26	0.27	0.25	0.18	0.18	0.10	0.34	0.44	0.19	0.18	0.16

12-3 城市建设基本情况
Basic Statistics on Urban Construction

指　标	Item	2005	2008	2009
城市个数(个)	Number of Cities (unit)	38	38	38
建成区面积(平方公里)	Developed Areas (sq.km)	1572	1857	1913
年底供水综合生产能力(万立方米/日)	General Production Capacity of Water Supply (year-end) (10 000 cu.m/day)	1027	1014	1008
全年供水总量(万立方米)	Total Annual Volume of Water Supply (10 000 cu.m)	183436	168294	173377
#居民家庭用水量	For Residential Use		52368	54378
平均每人每天生活用水量(升)	Per Capita Daily Consumption of Tap Water for Residential Use (liter)	147.1	115.9	118.5
用水普及率(%)	Percentage of Population with Access to Tap Water (%)	91.9	85.6	88.3
公共交通标准运营车辆(标台)	Operating Standard Public Transit Vehicles (Standardized)	12514	15661	18381
平均每万人拥有公交车辆(标台)	Number of Public Transportation Vehicles per 10 000 Population (Standardized)	7.8	8.0	9.7
煤气家庭用量(万立方米)	Consumption of Coal Gas for Residential Use (10 000cu.m)	12735	13468	13507
天然气家庭用量(万立方米)	Consumption of Natural Gas for Residential Use (10 000cu.m)	18649	32092	38969
液化石油气家庭用量(吨)	Consumption of Liquefied Petroleum Gas for Residential Use (ton)	198629	212604	202029
燃气普及率(%)	Percentage of Population with Access to Gas (%)		66.9	72.9
集中供热面积(万平方米)	Heated Area (10 000 sq.m)	5361	8625	9283
道路长度(千米)	Length of Roads (km)	7090	8704	9018
道路面积(万平方米)	Area of Roads (10 000sq.m)	15653	19689	20534
排水管道长度(千米)	Length of Drainage Pipelines (km)	10201	13248	13896
建成区绿化覆盖面积(公顷)	Coverage Space of Green Areas Developed (hectare)	50822	65713	69426
建成区绿化覆盖率(%)	Coverage Rate of Green Areas Developed (%)	32.3	35.4	36.3
公园个数(个)	Number of Parks (unit)	272	240	248
公园绿地面积(公顷)	Public Green Areas (hectare)		16301	17154
人均公园绿地面积(平方米)	Per Capita Public Green Area (sq.m)		8.2	8.7
生活垃圾清运量(万吨)	Volume of Residential Garbages and Night Soil Disposal (10 000 tons)	754	757	679
生活垃圾无害化处理率(%)	Percentage of Harmless Disposal (%)	58.1	67.3	75.3

12-4 城市市区市政设施、公共交通情况(2009年)

Municipal Installation and Public Transportation in Urban Districts (2009)

城市名称 City	建成区面积(平方公里) Developed Areas (sq.km)	市区人口密度(人/平方公里) Density of cantonal Population (person/sq.km)	年底道路长度(公里) Length of Roads (year-end) (km)	年底道路面积(万平方米) Area of Roads (year-end) (10 000sq.m)	人均城市道路面积(平方米) Per Capita Area of Roads (sq.m)	年底路灯盏数(盏) Number of Street Lights (year-end) (unit)	年底实有运营车辆(辆) Operating Transit Vehicles (year-end) (unit)
郑州 Zhenzhou	337	10060	1304	3052	6.91	63660	4427
开封 Kaifeng	94	7124	357	876	10.14	30381	604
洛阳 Luoyang	166	5723	520	1487	7.84	115585	1172
平顶山 Pingdingshan	63	3434	232	842	9.43	36353	683
安阳 Anyang	75	4576	415	862	12.31	26306	656
鹤壁 Hebi	49	3212	261	577	13.78	16956	340
新乡 Xinxiang	96	7194	425	977	13.18	26951	909
焦作 Jiaozuo	90	8372	382	1026	13.62	18406	663
濮阳 Puyang	36	8656	209	405	9.35	14337	366
许昌 Xuchang	74	4487	250	533	12.24	37156	477
漯河 Luohe	52	4587	328	716	14.61	20531	833
三门峡 Sanmenxia	29	9973	129	188	6.29	11745	243
南阳 Nanyang	87	5282	647	1033	8.72	21475	440
商丘 Shangqiu	59	9359	346	719	7.46	15500	811
信阳 Xinyang	62	1800	386	765	16.39	12908	240
周口 Zhoukou	44	2590	194	579	22.36	35333	196
驻马店 Zhumadian	49	2276	312	835	19.83	23163	242
济源 Jiyuan	31	5190	197	504	19.42	28344	275
巩义 Gongyi	24	6958	75	223	8.88	13380	296
荥阳 Xingyang	22	5964	110	231	15.28	5320	94
新郑 Xinzheng	24	6866	85	286	12.15	4590	234
登封 Dengfeng	19	2351	132	262	18.99	14264	76
新密 Xinmi	23	1974	91	242	15.67	7162	182
偃师 Yanshi	15	7571	82	113	7.13	7140	190
汝州 Ruzhou	25	1840	103	158	6.29	5813	75
舞钢 Wugang	14	1786	92	162	13.33	2832	61
林州 Linzhou	20	4289	120	164	10.07	6696	69
卫辉 Weihui	19	3027	75	131	9.62	7074	32
辉县 Huixian	21	1717	102	203	10.17	5438	21
沁阳 Qinyang	19	3932	149	265	19.85	7227	25
孟州 Mengzhou	14	1235	75	238	17.01	13292	25
禹州 Yuzhou	32	5377	115	317	11.28	15337	234
长葛 Changge	20	2483	127	276	14.73	8060	108
义马 Yima	16	1567	107	220	12.52	2848	100
灵宝 Lingbao	19	5779	81	200	11.93	3934	70
永城 Yongcheng	23	4754	150	360	16.67	6585	107
邓州 Dengzhou	25	6250	148	292	11.69	8282	37
项城 Xiangcheng	27	8027	108	215	8.17	3300	122

12-5 城市市区供、排水情况(2009年)

Supply of Tap Water and Wastewater Discharging in Urban Districts (2009)

城市名称 City		年底供水综合生产能力(万立方米/日) General Production Capacity of Water Supply(year-end)(10 000 cu.m/day)	供水管道长度(公里) Length of Water Supply Pipelines (year-end) (km)	全年供水总量(万立方米) Total Annual Volume of Water Supply (10 000cu.m)	#居民家庭用水 For Residential Use	用水人口(万人) Number of Residents with Access to Tap Water (10 000 persons)	人均日生活用水量(升) Per Capita Daily ConSumption of Tap Water for Residential Use (liter)	用水普及率(%) Percentage of Population with Access to Tap Water (%)	排水管道长度(公里) Length of Drainage Pipelines (km)	排水管道密度(公里/平方公里) Density of Drainage Pipelines (km/sq.km)
郑州	Zhenzhou	124.42	2516	35474.92	12521.59	441.71	115	100.0	2880	8.55
开封	Kaifeng	62.50	1062	7213.29	2097.07	84.96	81	98.4	576	6.11
洛阳	Luoyang	79.31	1245	13546.20	5819.20	134.60	161	71.0	1172	7.06
平顶山	Pingdingshan	74.20	860	10196.90	3758.11	84.00	134	94.1	327	5.23
安阳	Anyang	83.00	741	10995.00	1998.00	70.01	128	100.0	748	9.97
鹤壁	Hebi	38.33	338	4840.44	1732.36	40.80	142	97.4	325	6.63
新乡	Xinxiang	62.00	572	10823.93	2525.35	72.00	127	97.2	712	7.44
焦作	Jiaozuo	55.10	774	7996.31	1952.55	75.35	86	100.0	632	7.03
濮阳	Puyang	27.60	140	5037.00	1385.00	39.41	129	91.1	266	7.39
许昌	Xuchang	30.00	428	4142.20	1089.00	42.96	93	98.7	429	5.80
漯河	Luohe	32.40	454	9972.00	1685.00	45.40	162	92.7	443	8.59
三门峡	Sanmenxia	14.50	187	1825.00	769.00	26.60	95	88.9	158	5.43
南阳	Nanyang	53.03	882	5667.97	1765.09	80.71	93	68.2	738	8.44
商丘	Shangqiu	37.30	330	4608.00	2065.00	60.20	138	62.5	237	4.02
信阳	Xinyang	26.80	1296	3712.67	1375.56	44.63	151	95.6	277	4.47
周口	Zhoukou	16.00	234	1880.87	735.95	23.80	119	91.9	366	8.32
驻马店	Zhumadian	12.45	280	3732.66	1011.03	23.68	127	56.3	445	9.01
济源	Jiyuan	11.00	272	2191.97	704.00	25.89	110	99.8	304	9.87
巩义	Gongyi	12.00	147	1804.26	477.60	24.40	74	97.4	167	6.96
荥阳	Xingyang	4.20	208	909.00	486.00	13.62	118	90.1	185	8.41
新郑	Xinzheng	4.70	238	1442.00	335.00	16.65	108	70.7	116	4.87
登封	Dengfeng	3.70	101	914.00	286.00	13.02	104	94.2	164	8.54
新密	Xinmi	10.50	219	1092.00	639.00	14.40	165	93.3	114	4.94
偃师	Yanshi	7.55	173	863.50	486.00	14.99	100	94.3	81	5.44
汝州	Ruzhou	7.30	223	836.50	211.30	12.18	55	48.5	121	4.84
舞钢	Wugang	15.70	111	3071.30	520.00	10.77	162	88.6	50	3.59
林州	Linzhou	6.00	151	1385.00	370.00	14.80	113	90.8	124	6.36
卫辉	Weihui	6.00	105	1858.50	519.00	11.50	174	84.4	90	4.76
辉县	Huixian	11.00	322	2468.00	496.00	19.00	148	95.0	158	7.41
沁阳	Qinyang	7.60	90	1105.65	298.92	12.43	82	93.0	186	10.05
孟州	Mengzhou	7.30	125	1006.00	192.00	13.80	78	98.6	185	12.92
禹州	Yuzhou	7.70	143	1851.00	1160.00	27.20	127	96.8	178	5.49
长葛	Changge	11.00	73	1465.00	327.00	15.34	91	81.8	160	8.04
义马	Yima	14.80	64	1444.20	295.00	12.60	73	71.8	53	3.42
灵宝	Lingbao	8.20	116	1671.00	407.00	14.81	102	88.4	128	6.63
永城	Yongcheng	6.00	201	924.00	726.00	17.09	128	79.2	223	9.57
邓州	Dengzhou	10.10	497	1137.00	390.00	18.75	84	75.0	133	5.32
项城	Xiangcheng	6.50	191	2272.00	767.00	23.76	100	90.2	245	9.01

12-6 城市市区燃气供应情况(2009年)

Supply of Gas in Urban Districts (2009)

城市名称	City	煤气 Coal Gas			天然气 Natural Gas			液化石油气 Liquefied Petroleum Gas			燃气普及率(%)
		供气总量(万立方米) Total Gas Supply (10 000 cu.m)	#家庭用量 Residential Use	用气人口(万人) Population with Access to Gas(10 000 persons)	供气总量(万立方米) Total Gas Supply (10 000 cu.m)	#家庭用量 Residential Use	用气人口(万人) Population with Access to Gas (10 000 persons)	供气总量(吨) Total Gas Supply (ton)	#家庭用量 Residential Use	用气人口(万人) Population with Access to Gas (10 000 persons)	Percentage of Population with Access to Gas (%)
郑州	Zhenzhou	480	377	2.80	47610	14638	330.69	64800	47120	55.30	88.0
开封	Kaifeng				5114	2571	43.90	8500	8500	18.90	72.7
洛阳	Luoyang	28283	1448	19.30	2933	753	23.80	27052	20689	40.15	43.9
平顶山	Pingdingshan	5197	3939	74.04	10000	444	9.96	172	172	0.34	94.5
安阳	Anyang	57500	435	4.10	10003	3650	54.18	7810	3718	9.85	97.3
鹤壁	Hebi				1463	523	12.00	4800	4800	17.50	70.4
新乡	Xinxiang				7178	2369	49.30	6877	6877	21.95	96.2
焦作	Jiaozuo				10326	4081	53.04	3575	3575	15.49	91.0
濮阳	Puyang				5121	3240	37.80				87.3
许昌	Xuchang				894	891	6.10	8275	8275	22.98	66.8
漯河	Luohe				1705	1164	13.68	10595	9800	30.23	89.6
三门峡	Sanmenxia				88	50	2.55	2618	2438	11.50	47.0
南阳	Nanyang	1819	1162	22.94				18213	17695	55.00	65.8
商丘	Shangqiu				736	646	5.90	14525	13210	49.40	57.4
信阳	Xinyang				2363	217	4.79	10000	8900	36.48	88.4
周口	Zhoukou				1032	66	3.27	3900	3880	14.00	66.7
驻马店	Zhumadian				1239	395	10.80	2967	2967	10.50	50.6
济源	Jiyuan	2807	2500	14.40	4350	80	1.75	1086	1086	4.80	80.7
巩义	Gongyi	10394	1430	16.10				2302	1150	4.47	82.1
荥阳	Xingyang	1835	615	4.06				3620	2350	8.90	85.7
新郑	Xinzheng				1010	525	3.59	2124	1880	10.25	58.8
登封	Dengfeng				513	34	2.25	914	860	3.25	39.8
新密	Xinmi				162	58	1.70	1700	1688	7.10	57.0
偃师	Yanshi	508	180	9.10				1235	1231	4.90	88.1
汝州	Ruzhou	1868	1108	7.17				400	340	1.14	33.1
舞钢	Wugang				97	95	2.97	205	190	1.00	32.7
林州	Linzhou				647	549	8.41	1398	1394	5.89	87.7
卫辉	Weihui				399	251	1.60	950	950	3.30	36.0
辉县	Huixian	58	58	0.19	780	153	1.60	4392	4368	11.75	67.7
沁阳	Qinyang				180	180	2.00	1839	1839	8.17	76.1
孟州	Mengzhou				500	400	8.00				57.1
禹州	Yuzhou				2739	438	2.00	4300	3950	14.20	57.7
长葛	Changge				7278	281	4.54	4200	4110	10.10	78.0
义马	Yima	387	255	5.60				1805	1780	2.70	47.3
灵宝	Lingbao				1	1	0.70	3070	3070	10.07	64.3
永城	Yongcheng				134	99	2.20	2224	1878	6.62	40.9
邓州	Dengzhou							3000	2850	8.21	32.8
项城	Xiangcheng				128	128	1.55	2453	2450	10.99	47.6

12-7 城市市区园林绿化情况(2009年)

Virescence of gardens in Urban Districts(2009)

城市名称 City		建成区绿化覆盖面积(公顷) Coverage Space of Green Areas in Developed Area(hectare)	建成区绿化覆盖率(%) Coverage Rate of Green Areas in Developed Area (%)	公园绿地面积(公顷) Public Green Area (hectare)	人均公园绿地面积(平方米) Per Capita Public Green Area (sq.m)
郑州	Zhenzhou	11628	34.5	2772	6.28
开封	Kaifeng	3163	33.6	437	5.06
洛阳	Luoyang	5743	34.6	1571	8.28
平顶山	Pingdingshan	2362	37.8	759	8.50
安阳	Anyang	2786	37.2	596	8.51
鹤壁	Hebi	1898	38.7	461	11.01
新乡	Xinxiang	3933	41.1	680	9.18
焦作	Jiaozuo	3164	35.2	708	9.40
濮阳	Puyang	1632	45.3	535	12.36
许昌	Xuchang	3048	41.2	505	11.60
漯河	Luohe	2288	44.3	815	16.63
三门峡	Sanmenxia	1281	44.0	482	16.11
南阳	Nanyang	2817	32.2	1256	10.61
商丘	Shangqiu	2242	38.0	495	5.13
信阳	Xinyang	2593	41.8	626	13.40
周口	Zhoukou	1669	37.9	256	9.88
驻马店	Zhumadian	1953	39.5	359	8.53
济源	Jiyuan	1218	39.6	250	9.63
巩义	Gongyi	1071	44.6	368	14.69
荥阳	Xingyang	870	39.6	163	10.78
新郑	Xinzheng	782	32.9	184	7.81
登封	Dengfeng	602	31.4	145	10.49
新密	Xinmi	639	27.7	148	9.59
偃师	Yanshi	643	43.2	160	10.06
汝州	Ruzhou	422	16.9	170	6.77
舞钢	Wugang	538	38.7	123	10.12
林州	Linzhou	653	33.5	172	10.55
卫辉	Weihui	475	25.1	105	7.71
辉县	Huixian	741	34.8	136	6.80
沁阳	Qinyang	395	21.4	117	8.75
孟州	Mengzhou	533	37.2	140	10.00
禹州	Yuzhou	1145	35.3	322	11.46
长葛	Changge	694	34.9	206	10.98
义马	Yima	493	31.8	155	8.83
灵宝	Lingbao	546	28.3	148	8.83
永城	Yongcheng	877	37.6	192	8.89
邓州	Dengzhou	895	35.8	182	7.28
项城	Xiangcheng	994	36.6	255	9.68

注：公园个数、面积含小游园。
a)Data on number parks and area of parks include samall amusement parks.

12-8 城市环境卫生情况(2009年)

Environment and Sanitation in Urban Districts(2009)

城市名称	City	污水排放量(万立方米) Domestic Sewage Discharged (10 000 cu.m)	污水处理量(万立方米) Domestic Sewage Treated (10 000 cu.m)	生活垃圾清运量(万吨) Volume of Garbage Disposal (10 000 tons)	生活垃圾处理量(万吨) Volume of Garbages Treated (10 000 tons)	垃圾无害化处理量(万吨) Volume of Garbages innocuously Treated (10 000tons)	公共厕所(座) Number of Public Lavatories (unit)	环卫车辆(辆) Number of Special Vehicles for Environmental Sanitation (unit)	保洁面积(万平方米) Area under Cleaning Program (10 000 sq.m)
郑州	Zhenzhou	31031	30155	131	113	113	929	401	3143
开封	Kaifeng	5716	5033	31	31		475	128	982
洛阳	Luoyang	12065	11382	59	39	39	515	241	1779
平顶山	Pingdingshan	7370	7350	29	25	25	356	121	557
安阳	Anyang	7985	7782	27	25	25	637	194	862
鹤壁	Hebi	3389	2630	14	12	12	70	56	722
新乡	Xinxiang	8659	7508	28	26	26	307	102	956
焦作	Jiaozuo	6398	4932	33	25	25	230	160	980
濮阳	Puyang	3826	2044	16	15	15	130	172	461
许昌	Xuchang	3377	3016	17	16	16	143	63	419
漯河	Luohe	8538	4040	17	14	14	261	75	499
三门峡	Sanmenxia	1460	1460	9	9	9	54	51	162
南阳	Nanyang	5066	2373	9	30	30	692	201	1577
商丘	Shangqiu	3590	3433	9	21	21	372	110	570
信阳	Xinyang	3487	2804	9	12	12	365	76	657
周口	Zhoukou	1431	1000	9			95	21	460
驻马店	Zhumadian	3321	2968	9	17	17	267	55	596
济源	Jiyuan	1753	1490	9	11	11	102	41	355
巩义	Gongyi	1410	731	9	8	8	33	33	247
荥阳	Xingyang	730	597	9	5		50	27	300
新郑	Xinzheng	1209	853	9	7		41	30	180
登封	Dengfeng	730	715	9	5		37	15	338
新密	Xinmi	913	690	9	7	7	59	31	295
偃师	Yanshi	644	587	9	7	7	34	10	141
汝州	Ruzhou	735	727	9	8	8	35	29	140
舞钢	Wugang	2180	1416	9	1		67	41	118
林州	Linzhou	1105	770	9	7	7	31	19	164
卫辉	Weihui	1486	832	9	4	4	178	30	161
辉县	Huixian	1981	1430	9	9	9	46	28	144
沁阳	Qinyang	884	722	9	3	3	27	26	134
孟州	Mengzhou	796	729	9	4	4	17	14	216
禹州	Yuzhou	1469	1300	9	9	9	42	96	400
长葛	Changge	1172	1074	9	9	9	18	37	220
义马	Yima	1020	421	9	1	1	28	26	220
灵宝	Lingbao	1321	1058	9	7	7	35	15	168
永城	Yongcheng	826	704	9	6	6	93	30	359
邓州	Dengzhou	820	736	9	8		72	22	245
项城	Xiangcheng	2002	1552	9	10	0	50	29	270

主要统计指标解释

供水综合生产能力 指按供水设施取水、净化、送水、出厂输水干管等环节设计能力计算的综合生产能力。包括在原设计能力的基础上，经挖、革、改增加的生产能力。计算时，以四个环节中最薄弱的环节为主确定能力。

年末供水管道长度 指从送水泵到用户水表之间所有管道的长度。

全年供水总量 指公用自来水厂和自备水源的社会单位全年的供水总量，包括有效供水量及损失水量。

生活用水量 指居民日常生活与公共福利设施的用水量，包括居民、饮食店、旅馆、医院、理发店、浴池、洗衣店、游泳池、商店、学校、机关、部队等单位的用水量。

城市人口用水普及率 指城市用水的非农业人口数(不包括临时人口和流动人口)与城市非农业人口总数之比。计算公式为：

用水普及率＝城市用水的非农业人口数／城市非农业人口数×100%

全年供气总量 指全年售给各类用户的全部煤气量，包括工业用量、家庭用量和其他用量。

城市用气普及率 指使用煤气(包括人工煤气、液化石油气、天然气)的城市非农业人口数(不包括临时人口和流动人口)与城市非农业人口总数之比。计算公式为：

城市煤气普及率＝城市用气的非农业人口数／城市非农业人口总数×100%

城市排水管道长度 指所有排水总管、干管、支管、检查井及连接井进出口等长度之和。

年底实有铺装道路长度 指除土路外，路面经过铺装宽度在3.5米以上的道路，包括高级、次高级道路和普通道路。

年末实有公共汽(电)车 指年底可参加营运的全部车辆数，包括营运车辆数和库存查封未参加营运的车辆。不包括非营运车辆，如架线车、油罐车、工程车、货车及其他专用车辆和借入的客运车辆。

公共绿地 指供游览休息的各种公园、动物园、植物园、陵园以及花园、游园和供游览休息用的林荫道绿地、广场绿地，不包括一般栽植的行道树及林荫道的面积。

清扫保洁面积 指报告期末对城市道路和公共场所（主要包括城市行车道、人行道、车行隧道、人行过街地下通道、道路附属绿地、地铁站、高架路、人行过街天桥、立交桥、广场、停车场及其他设施等）进行清扫保洁的面积。一天清扫多次的，按清扫保洁面积最大的一次计算。

市容环卫专用车辆 指用于环境卫生作业、监察的专用车辆和设备，包括用于道路清扫、冲洗、洒水、除雪、垃圾粪便清运、市容监察以及与其配套使用的车辆和设备。

Explanatory Notes on Main Statistical Indicators

Production Capacity of Water Supply refers to the designed overall production capacity of water facilities, covering the four segments of water collection, purification, conveyance, and outflow through trunk pipelines. Increased capacity through transformation and innovation projects is included as well. The capacity is determined mainly on the weakest of the above-mentioned four segments.

Production Capacity of Tap Water at the Year-end refers to the actual comprehensive production capacity of the waterworks administered by the urban construction department and those owned by enterprises or institutions, taking the capacity of the main links, such as water inflow, purification, conveyance and outflow of the trunk pipelines into account.

Length of Water Supply Pipelines at the Year-end refers to the total length of all the pipelines between the water pumps and the users water meters.

Annual Volume of Water Supply refers to the total volume of water supplied by the public water-works and those owned by individual enterprises and institutions during the whole year, including both the effective water supply and loss during the water supply.

Consumption of Water for Residential Use refers to the water consumption of households for daily life and the water consumption of public welfare facilities, including the consumption of restaurants, hotels, hospitals, barber shops, public bathhouses, laundries, swimming pools, shops, schools, institutions, army units and other units.

Percentage of Urban Population with Access to Tap Water refers to the ratio of the urban non-agricultural population (excluding temporary and mobile population)with access to tap water to the total urban non-agricultural population. The formula is:

Percentage of Population with Access to Tap Water

=Urban Non-agricultural Population with Access to Tap Water ÷Urban Non-agricultural Population×100%

Volume of Gas Supply refers to the total volume of gas sold to users in a year, including the volume for industrial use, residential use and other uses.

Percentage of Urban Population with Access to Gas refers to the ratio of the urban non-agricultural population with access to gas (including gas, liquefied petroleum gas and natural gas) to the urban non-agricultural population (excluding temporary and mobile population). The formula is:

Percentage of Population with Access to Gas

=Urban Nonagricultural Population with Access to Gas÷ Urban Non-agricultural Population×100%

Length of Urban Sewage Pipes refers to the total length of general drainage, trunks, branch and inspection wells, connection wells, inlets and outlets, etc.

Length of Paved Roads at the Year-end refers to the length of roads with a paved surface, and with a width of more than 3-5 meters, including high quality, medium quality and ordinary roads.

Number of Public Vehicles (Buses and Trolley buses) at the Year-end refers to the total number of operational buses available at the year-end, including the year-end operational vehicles and vehicles in stock. Non-operational vehicles such as stringing cars, tank cars, machine shop cars, trucks and other special vehicles and the borrowed passenger vehicles are excluded.

Public Green Area refers to green areas of various parks, zoos, botanical gardens, cemeteries, amusement parks, tree-flanked boulevards green land squares for tourism and relaxing. Areas with trees planted along-side the streets and boulevards are excluded.

Area Cleaned refers to the area which are regularly cleaned, as at the end of the reference period, at urban roads and public places (mainly including urban roadways, pedestrian walkways, vehicular tunnels, pedestrian underpasses, underground railway stations, lifted roads, pedestrians walk bridges, overpasses, plazas, car parks and other facilities). If there are several times of cleaning in a day at a location, the area of that time of cleaning with the largest area cleaned will be taken.

Vehicles Dedicated to Urban Cleanliness and Environmental Sanitation refer to vehicles and facilities dedicated for use in the operation, management and monitoring of environmental hygiene work. They include vehicles for road cleaning, washing, showering, ice removal, disposal of garbage and human wastes, cleanliness monitoring and related activities.

农业
Agriculture

● 资料整理：韩爱桃　张亚民
王巧英　刘凤玲

简要说明

一、主要内容

本篇包括我省农业生产和农村经济的基本情况，内容主要包括农村劳动力、耕地、农业机械拥有量、农林牧渔业产值、主要农产品产量、水利设施与除涝治碱、农村居民家庭拥有生产性固定资产等方面的统计资料。

二、统计范围

包括农村各种经济组织和农户经营的农林牧渔业生产活动；各种专业性农、林、牧、渔场的农业生产活动；国家各级机关、团体、学校、部队进行的农业生产活动；集体所有制的乡、镇、村办农场的农业生产活动；以及工矿企业经营的农、林、牧、渔业生产活动。

三、资料来源

全省农作物播种面积及产量、畜牧业生产情况由河南省统计局农业处和国家统计局河南调查总队编辑整理。农村基本情况、农林牧渔业增加值、市级农作物播种面积及产量、市级畜牧业生产情况等由河南省统计局农业处编辑整理。市级粮食产量数据由河南省地方调查队编辑整理。林业生产情况、渔业生产情况、灌溉、水库和除涝、治水、治碱资料，农业机械拥有情况及农机化作业情况、农村基层组织情况等由河南省统计局农业处根据河南省林业厅、河南省农业厅水产局、河南省水利厅、河南省农业机械化管理局、河南省民政厅等部门提供的资料整理编辑

Brief Introduction

I. Main Contents

The data in this chapter show the basic conditions of agricultural production and rural economy, including mainly cultivated number of rural employed persons， land, quantity of agricultural machinery, output of agriculture, forestry, animal husbandry and fishery, output of major products, facilities of water conservancy and efforts to eliminate water-logging and combat alkalinity, productive fixed assets owned by rural households.

II. Statistical Scopes

Statistics on agriculture cover in agriculture statistics are production activities in agriculture, forestry, animal husbandry and fishery undertaken by rural economic units of various types and by rural households; production activities of farms specializing in agriculture, forestry, animal husbandry and fishery; production activities in agriculture undertaken by government agencies, institutions, schools and military units; production activities in agriculture undertaken by collective farms run by townships and villages; and production activities in agriculture, forestry, animal husbandry and fishery undertaken by manufacturing and mining enterprises.

III. Data Sources

Data on provincial sown areas and output of farm crops, output of animal husbandry are provided by Department of Henan Survey organizations, NBS and Department of agricultural of the Henan provincial Bureau of Statistics. Data on number of rural employed persons, agricultural production and value-added of agriculture, forestry, animal husbandry and fishery, municipal sown areas, output of farm crops, output of animal husbandry are provided by Department of agricultural of the Henan provincial Bureau of Statistics. Data on municipal output of farm crops are provided by Henan provincial survey organizations of social and economy. Other data are provided by Henan provincial Bureau of forestry, Henan provincial Bureau of agricultural, Henan provincial Bureau of water, Henan provincial Bureau of agricultural machinery, Henan provincial Bureau of Civil affairs.

13-1　农村基本情况(年底数)

Basic Statistics on Rural Areas (Year-end)

指　　标	Item	2000	2005	2006	2007	2008	2009
农村基层组织(个)	**Rural Grassroots Units (unit)**						
乡镇	Number of Township and Town Governments	2129	1907	1895	1892	1889	1882
#镇	Number of Town Governments	844	841	832	848	856	904
村民委员会	Number of Villagers' Committees	48206	48064	47603	47533	47447	47346
农村基础设施（个）	**Social Basic Facilities In Rural Areas(unit)**						
自来水受益村数	Number of Villages with Access to Tap Water	13252	17369	18584	20272	22346	24517
通汽车村数	Number of Villages with Highways	44593	47131	47455	47754	47814	47819
通电话村数	Number of Villages with Telephone Communications	48062	48044	48081	48058	47998	47901
乡村劳动力和从业人员	**Number of Rural Laborer and Employed Persons**						
乡村户数(万户)	Number of Rural Households (10 000 households)	1972	2026	2025	2033	2037	2046
乡村劳动力资源数(万人)	Number of Rural Laborer Resource (10 000 persons)	5069	5167	5187	5223	5266	5296
#劳动力年龄内	Within Laborer Force Age	4525	4686	4702	4745	4794	4823
乡村从业人员(万人)	Number of Rural Employed Persons (10 000 persons)	4712	4752	4777	4815	4859	4882
#劳动力年龄内	Within Laborer Force Age	4328	4457	4471	4497	4533	4535
按性别分	By Sex						
男	Male	2493	2517	2538	2554	2582	2600
女	Female	2220	2235	2239	2261	2277	2282
按国民经济行业分	By Sector						
农业	Farming	3559	3128	3039	2910	2837	2754
工业	Industry	354	544	599	682	733	791
建筑业	Construction	280	377	400	446	470	493
交通运输、仓储和邮政业	Transportation, Storage, Postal and Telecommunications Services	107	144	149	160	168	173
信息传输、计算机服务和软件业	Information transfer, computer services and software		9	12	16	18	20
批发和零售业	Wholesale, Retail Sale and Catering Trades	171	197	208	220	237	249
住宿和餐饮业	Accommodation and Restaurants		88	95	107	114	121
其他	Others	241	264	275	275	282	281

注：乡镇个数、镇个数、村民委员会个数为民政部门数据。
a)Number of Township and Town Governments,Villagers' Committees are taken from civil administration department.

13-2 各市农村基本情况(2009年底)

Basic Conditions of Rural Areas by City (End of 2009)

市 City	乡村户数(万户) Number of Rural Households (10 000 households)	乡村劳动力资源数(万人) Number of Rural Laborer Resource (10 000 persons)	#劳动力年龄内 Within Laborer Force Age	乡村从业人员(万人) Number of Rural Employed Persons (10 000 persons)	#劳动力年龄内 Within Laborer Force Age	男 Male	女 Female
郑州市 Zhengzhou	106.76	260.86	237.51	233.76	221.03	125.75	108.01
开封市 Kaifeng	95.67	260.80	238.96	243.44	225.91	128.59	114.85
洛阳市 Luoyang	127.94	330.70	304.17	309.87	294.04	163.49	146.38
平顶山市 Pingdingshan	101.48	258.27	236.87	243.34	225.53	130.61	112.73
安阳市 Anyang	117.93	302.73	276.17	280.90	259.41	153.52	127.38
鹤壁市 Hebi	27.54	73.02	63.63	63.68	59.18	34.76	28.92
新乡市 Xinxiang	107.43	266.25	249.68	247.46	236.45	134.75	112.70
焦作市 Jiaozuo	61.84	155.88	145.08	144.14	136.15	75.73	68.41
濮阳市 Puyang	72.54	200.84	178.06	185.56	170.68	101.33	84.23
许昌市 Xuchang	86.29	229.55	213.80	214.97	203.24	112.13	102.84
漯河市 Luohe	53.01	138.84	128.79	126.97	120.76	68.90	58.06
三门峡市 Sanmenxia	42.85	101.45	93.19	94.48	89.52	50.19	44.29
南阳市 Nanyang	239.65	600.66	552.70	553.30	515.08	297.43	255.88
商丘市 Shangqiu	190.88	463.80	434.70	436.33	413.42	229.33	207.01
信阳市 Xinyang	179.85	441.84	401.74	409.35	389.32	219.83	189.52
周口市 Zhoukou	237.10	626.57	580.29	586.15	544.67	307.09	279.07
驻马店市 Zhumadian	185.73	554.23	461.38	482.29	406.55	253.17	229.12
济源市 Jiyuan	11.77	29.36	26.42	25.66	24.19	13.50	12.16

市 City	农业 Farming	工业 Industry	建筑业 Construction	交通运输、仓储和邮政业 Transportation,Storage, Postal and Telecommunications Services	信息传输、计算机服务和软件业 Information transfer, computer services and software	批发与零售业 Wholesale, Retail Sale and Catering Trades	住宿及餐饮业 Accommodation and Restaurants	其他 Others
郑州市 Zhengzhou	102.98	57.78	20.28	13.75	1.74	14.13	8.17	14.93
开封市 Kaifeng	156.95	36.73	20.58	7.29	0.65	7.82	4.19	9.23
洛阳市 Luoyang	156.82	56.98	30.91	13.93	1.40	19.09	9.58	21.16
平顶山市 Pingdingshan	149.99	37.24	16.63	9.29	0.99	10.47	5.48	13.25
安阳市 Anyang	151.03	38.49	48.28	9.56	1.82	13.60	6.55	11.57
鹤壁市 Hebi	30.98	10.25	8.12	3.36	0.26	3.36	2.17	5.19
新乡市 Xinxiang	128.75	43.82	35.36	8.55	1.01	10.43	6.43	13.11
焦作市 Jiaozuo	80.49	31.59	9.43	6.45	0.82	5.94	3.58	5.85
濮阳市 Puyang	115.07	20.87	21.56	5.16	0.76	9.91	3.96	8.27
许昌市 Xuchang	106.62	52.37	18.19	8.47	1.34	11.52	6.19	10.28
漯河市 Luohe	70.15	24.02	13.60	4.59	0.63	5.47	2.83	5.67
三门峡市 Sanmenxia	62.61	10.13	5.06	4.56	0.38	4.56	2.46	4.72
南阳市 Nanyang	333.03	93.11	38.71	16.79	2.42	29.89	12.85	26.49
商丘市 Shangqiu	243.48	75.13	49.57	13.17	1.98	25.17	8.77	19.06
信阳市 Xinyang	219.24	53.54	41.89	14.12	1.80	23.51	12.75	42.49
周口市 Zhoukou	341.43	85.49	64.38	17.32	1.28	28.47	11.45	36.33
驻马店市 Zhumadian	291.76	57.87	48.72	15.21	1.11	23.81	12.44	31.38
济源市 Jiyuan	12.81	5.23	2.14	1.49	0.06	1.40	0.74	1.80

13-3 历年农林牧渔业增加值

Value-Added of Farming, Forestry,Animal Husbandry and Fishery over the year

本表增加值按当年价格计算，指数按可比价格计算。
Data in this table are calculated at current prices.Indices are based on comparable prices.

年 份 Year	农林牧渔业 Farming, Forestry, Animal Husbandry and Fishery	农 业 Farming	林 业 Forestry	牧 业 Animal Husbandry	渔 业 Fishery	农林牧渔服务业 Service for Farming,Forestry, Animal Husbandry and Fishery
绝对值(亿元) Absolute value (100 million yuan)						
1985	173.43	139.96	9.19	23.07	1.21	
1990	325.77	251.82	16.61	54.08	3.26	
1992	353.91	246.24	20.56	83.11	4.00	
1993	410.45	291.90	21.80	92.49	4.26	
1994	546.68	369.15	22.94	149.75	4.84	
1995	762.99	512.10	28.55	215.85	6.49	
1996	937.64	644.25	31.04	254.70	7.65	
1997	1005.55	653.48	35.40	307.25	9.42	
1998	1068.58	690.35	37.65	329.21	11.37	
1999	1120.14	735.80	38.86	332.88	12.60	
2000	1160.22	751.03	41.72	353.77	13.70	
2001	1234.34	798.75	40.39	381.41	13.79	
2002	1246.44	722.49	37.73	431.69	15.20	39.33
2003	1239.70	673.54	42.16	466.45	16.55	41.00
2004	1692.79	956.92	46.27	624.53	19.85	45.22
2005	1892.01	1068.85	51.19	699.67	24.33	47.96
2006	1916.73	1196.84	57.72	595.05	20.21	46.91
2007	2217.65	1337.48	63.56	736.62	30.49	49.49
2008	2658.77	1514.57	74.26	975.22	40.32	54.39
2009	2769.05	1670.25	80.78	913.15	44.24	60.63
指数(上年=100) Index (Preceding year=100)						
1985	100.8					
1990	105.4					
1992	101.5					
1993	110.4					
1994	101.3					
1995	111.9					
1996	111.3					
1997	107.6	105.3	104.2	112.0	117.8	
1998	107.0	105.4	104.7	109.7	114.6	
1999	107.2	108.2	103.0	106.2	106.3	
2000	104.5	103.2	105.2	106.6	110.2	
2001	105.5	105.4	96.4	107.1	100.2	
2002	104.5	103.8	103.2	105.4	115.3	
2003	97.5	90.1	108.0	106.9	108.3	106.9
2004	113.2	118.8	105.5	106.8	109.9	105.0
2005	107.6	107.7	104.7	107.6	119.0	104.0
2006	107.3	107.7	107.4	106.6	118.6	102.3
2007	103.8	104.7	105.0	101.5	111.7	104.1
2008	105.5	104.7	107.5	106.7	108.5	104.7
2009	104.2	102.9	107.2	105.8	106.3	105.2

注：本表2002年以前的农业牧渔业增加值不包括农林牧渔服务业增加值；2006年绝对数已根据第二次农业普查有关资料进行了修正。
a) Data of Value-Added of Farming, Forestry,Animal Husbandry and Fishery do not include Service for Farming, Forestry,Animal Husbandry and Fishery before 2002; Data of absolute valueare Amended base on The second agricultural General Investigation of China in 2006.

13-4 各市农林牧渔业增加值(2009年)
Value-Added of Farming, Forestry, Animal Husbandry and Fishery by City (2009)

本表按当年价格计算。
Data in this table are calculated at current prices.

单位：亿元 (100 million yuan)

市 City	农林牧渔业 Farming, Forestry, Animal Husbandry and Fishery	农业 Farming	林业 Forestry	牧业 Animal Husbandry	渔业 Fishery	农林牧渔服务业 Service for Farming,Forestry, Animal Husbandry and Fishery
全　　省 Total	**2769.05**	**1670.25**	**80.78**	**913.15**	**44.24**	**60.63**
郑　州　市 Zhengzhou	103.09	53.51	2.19	40.28	5.46	1.66
开　封　市 Kaifeng	168.58	104.48	3.40	53.89	1.28	5.53
洛　阳　市 Luoyang	173.79	95.56	20.97	44.81	2.30	10.15
平 顶 山 市 Pingdingshan	105.36	53.96	4.68	42.87	1.75	2.10
安　阳　市 Anyang	142.31	100.38	5.92	31.98	0.23	3.81
鹤　壁　市 Hebi	44.31	17.96	0.39	24.07	0.35	1.54
新　乡　市 Xinxiang	131.80	75.81	3.10	48.25	2.17	2.47
焦　作　市 Jiaozuo	85.55	49.59	1.24	32.78	0.64	1.29
濮　阳　市 Puyang	93.78	55.73	3.56	32.61	0.68	1.21
许　昌　市 Xuchang	136.80	80.69	5.73	46.93	0.49	2.97
漯　河　市 Luohe	78.70	41.49	0.77	34.08	0.51	1.86
三 门 峡 市 Sanmenxia	57.61	42.52	3.79	10.51	0.45	0.35
南　阳　市 Nanyang	366.91	244.94	14.49	94.74	5.47	7.27
商　丘　市 Shangqiu	270.79	193.29	6.70	61.55	4.97	4.28
信　阳　市 Xinyang	234.83	148.34	16.39	50.95	14.44	4.72
周　口　市 Zhoukou	318.22	222.23	8.06	77.21	2.80	7.92
驻 马 店 市 Zhumadian	235.70	126.88	7.93	93.09	4.72	3.07
济　源　市 Jiyuan	14.54	6.33	1.53	5.90	0.61	0.16

13-5 历年农业生产条件

Conditions of Agriculture over the years

年 份 Year	乡村从业人员 (万人) Employed persons in Rural Area (10 000 persons)	#农、林、牧、渔业 Farming, Forestry, Animal Husbandry and Fishery	年底常用耕地面积 (千公顷) Year end Area of Plow land in use (1 000 hectares)	农用机械总动力 (万千瓦) Total Power of Agricultural Machinery (10 000 kw)	农田有效灌溉面积 (千公顷) Effective Irrigated Area (1 000 hectares)	化肥施用折纯量 (万吨) Consumption of Chemical Fertilizer by 100% Effective Component (10 000 tons)	农村用电量 (亿千瓦小时) Electricity Consumption in Rural Areas (100 million kwh)	农药施用实物量 (万吨) Consumption of Chemical Pesticides (10 000 tons)	农用塑料薄膜使用量 (万吨) Plastic Film Use for Agriculture (10 000 tons)
1978	2384	2251	7157.3	974.4	3722.67	52.54	13.25		
1979	2429	2300	7138.7	1079.3	3636.00	60.05	14.59		
1980	2505	2365	7128.1	1178.0	3536.23	72.52	17.23		
1981	2576	2457	7121.3	1262.1	3388.00	81.90	20.85		
1982	2669	2515	7109.3	1356.3	3265.33	105.50	22.76		
1983	2711	2537	7100.7	1405.9	3210.00	130.67	23.50		
1984	2819	2565	7079.3	1507.0	3278.67	140.16	25.83		
1985	2932	2558	7033.2	1590.0	3189.97	143.58	28.33		
1986	2998	2561	6998.9	1737.9	3212.71	148.73	33.30		
1987	3096	2583	6972.6	1865.9	3250.07	135.58	37.29		
1988	3212	2636	6956.4	2004.2	3358.76	150.57	40.81		
1989	3284	2706	6944.4	2153.4	3438.00	184.25	45.20		
1990	3424	2820	6933.2	2264.0	3550.09	213.18	46.93	3.31	2.75
1991	3511	2913	6920.0	2330.4	3676.59	239.74	52.06	3.88	3.15
1992	3601	2947	6887.8	2424.4	3779.72	251.13	59.58	4.76	3.45
1993	3658	2902	6871.0	2624.0	3868.33	288.21	61.10	5.44	3.84
1994	3717	2859	6830.0	2780.5	3931.30	292.47	70.54	6.53	4.87
1995	3773	2808	6805.8	3115.4	4044.19	322.21	85.07	7.56	5.32
1996	3848	2816	6786.3	4256.4	4191.05	345.33	103.66	8.33	6.17
1997	4015	2903	6773.4	4337.9	4333.06	355.31	118.27	8.49	6.95
1998	4067	2940	6834.0	4764.4	4513.86	382.80	121.21	9.10	7.49
1999	4311	3299	6825.9	5342.9	4648.78	399.85	122.54	9.61	7.94
2000	4712	3559	6875.3	5780.6	4725.31	420.71	125.80	9.55	9.19
2001	4688	3472	6907.3	6078.7	4766.00	441.73	134.61	9.85	9.41
2002	4691	3393	7262.8	6548.2	4802.36	468.83	141.36	10.20	9.86
2003	4695	3321	7187.2	6953.2	4792.22	467.89	144.59	9.87	9.88
2004	4718	3235	7177.5	7521.1	4829.10	493.16	157.69	10.12	10.16
2005	4752	3128	7201.2	7934.2	4864.12	518.14	172.15	10.51	10.84
2006	4777	3039	7202.4	8309.1	4918.80	540.43	188.82	11.16	11.84
2007	4815	2910	7201.9	8718.7	4955.84	569.68	223.43	11.80	12.66
2008	4859	2837	7202.2	9429.3	4989.20	601.68	237.36	11.91	13.07
2009	4882	2754		9817.9	5033.03	628.67	257.76	12.14	14.14

注：2001年及以前年份年底常用耕地面积为老口径(下同)。
a)Data of cultivated area at year-end in 2001 and before is former caliber (The same as following tables).

13-6 常用耕地面积变动情况

Change of Regularly Cultivated Land

指 标	Item	2000	2005	2008
年底耕地总资源(千公顷)	**Total Area of Cultivated La**		**7926.30**	**7926.40**
年底常用耕地面积(千公顷)	**Cultivated Area at Year-end (1 000 hectares)**	**6875.25**	**7201.18**	**7202.20**
#水田		460.76	645.78	658.98
占年底常用耕地面积比重(%)	Percentage to Cultivated Area (%)	6.7	9.0	9.1
水浇地	Irrigated Farmland		3092.60	3241.82
占年底常用耕地面积比重(%)	Percentage to Cultivated Area (%)		42.9	45.0
当年增加常用耕地面积(千公顷)	**Increased Area This Year (1 000 hectares)**	**93.91**	**16.14**	**10.40**
#新开荒地	Bring Barren under Cultivation	5.45	5.90	7.00
占增加常用耕地面积比重(%)	Percentage to Increased Area (%)	5.9	36.6	66.8
园地改为耕地	Gardens Converted to Farmland		2.22	0.10
当年减少常用耕地面积(千公顷)	**Decrease in Cultivated Area This Year (1 000 hectares)**	**44.58**	**17.18**	**10.10**
#国家基建占地	State Capital Construction	12.57	9.70	9.80
占减少常用耕地面积比重(%)	Percentage to Decrease in Cultivated Area (%)	28.3	56.4	96.9
退耕还林还草占地	Farmland Converted to Pastures		1.77	0.10
占减少常用耕地面积比重(%)	Percentage to Decrease in Cultivated Area (%)	5.4	10.5	6.7
耕地改为园地	Farmland Converted to Gardens		0.60	0.00
占减少常用耕地面积比重(%)	Percentage to Decrease in Cultivated Area (%)		3.5	0.0
平均每人占有常用耕地面积(公顷/人)	**Per Capita Cultivated Area (hectares/person)**	**0.07**	**0.07**	**0.07**

13-7 各市常用耕地面积变动情况(2008年)

Change of Regularly Cultivated Land by City (2008)

单位：千公顷 (1 000 hectares)

市 City	年底耕地总资源 Year-end Cultivated Land	年底实有常用耕地面积 Cultiv-ated Area at Year-end	#水田 Irrig-ated Fields	平均每人常用耕地面积(公顷) Per Capita Cultivated Area (hectares)	当年增加常用耕地面积 Increased Area This Year	#新开荒 Bring Barren under Cultiva-tion	当年减少常用耕地面积 Decrease in Cultivated Area This Year	#国家基建占地 State Capital Cultiva-tion
全 省 Total	**7926.37**	**7202.22**	**658.98**	**0.07**	**10.43**	**6.97**	**10.08**	**9.78**
郑 州 市 Zhengzhou	328.53	294.44	14.29	0.04	0.64	0.54	1.89	1.84
开 封 市 Kaifeng	427.85	394.01	6.73	0.08	0.55	0.36	0.58	0.51
洛 阳 市 Luoyang	424.28	355.58	3.21	0.05	0.89	0.55	1.38	1.33
平顶山市 Pingdingshan	315.37	312.89	3.05	0.06	0.18	0.16	0.20	0.16
安 阳 市 Anyang	408.46	394.62	0.14	0.07	0.23	0.13	0.23	0.22
鹤 壁 市 Hebi	105.20	96.13		0.07	0.65	0.57	0.87	0.87
新 乡 市 Xinxiang	454.00	403.00	38.00	0.07	0.82	0.76	0.90	0.89
焦 作 市 Jiaozuo	192.52	181.65	4.35	0.05	0.78	0.64	0.77	0.77
濮 阳 市 Puyang	269.92	248.47	9.49	0.07	0.22	0.13	0.12	0.12
许 昌 市 Xuchang	343.96	325.59		0.07	0.34	0.03	0.35	0.34
漯 河 市 Luohe	188.65	165.74	0.09	0.06	0.21	0.01	0.20	0.18
三门峡市 Sanmenxia	179.13	164.37	0.01	0.07	1.47	1.00	0.29	0.28
南 阳 市 Nanyang	994.86	941.79	54.63	0.09	0.97	0.86	0.34	0.33
商 丘 市 Shangqiu	719.98	666.57	0.02	0.08	0.45	0.35	0.44	0.42
信 阳 市 Xinyang	791.63	568.93	505.23	0.07	0.56	0.39	0.27	0.27
周 口 市 Zhoukou	854.17	826.18	0.33	0.08	0.35		0.34	0.34
驻马店市 Zhumadian	886.31	827.47	18.99	0.10	0.95	0.38	0.75	0.74
济 源 市 Jiyuan	41.57	34.80	0.42	0.05	0.18	0.12	0.18	0.18

13-8 主要农业机械和农产品加工机械年末拥有量

Number of Agricultural Machinery and Machinery for Processing Farm Products at Year-end

指　　标	Item	1980	1990	2000	2008	2009
农业机械总动力(万千瓦)	**Total Power of Agricultural Machinery(10 000 kw)**	**1178.00**	**2263.99**	**5780.60**	**9429.30**	**9817.90**
#柴油发动机动力	Diesel Engines		1588.55	4859.20	8320.80	8694.90
汽油发动机动力	Benzine Engines		94.62	107.90	54.83	50.84
电动发动机动力	Electric Engines		580.82	812.40	1053.60	1072.10
大中型拖拉机(混合台)(万台)	Large and Medium Tractors (10 000 units)	5.97	4.93	6.62	20.26	24.69
(万千瓦)	(10 000 kw)	216.90	174.30	216.80	693.22	816.84
小型(包括手扶)拖拉机(万台)	Mini-Tractors (10 000 units)	12.77	82.20	224.67	363.67	365.53
(万千瓦)	(10 000 kw)	111.10	758.40	2317.70	3775.00	3806.10
大中型拖拉机配套农具(万部)	Number of Large and Medium Tractor Towing Farm Machinery (10 000 units)	7.41	6.57	11.87	43.16	58.25
小型拖拉机配套农具(万部)	Number of Mini-Tractor Towing Farm Machinery(10 000 units)	4.76	83.34	357.32	639.52	660.84
机引犁(万台)	Tractor-propelled Plough(10 000 units)	3.81	63.93	196.23	311.86	316.80
机引耙(万台)	Citation Machine harrow(10 000 units)	2.24	18.51	110.17	209.90	214.60
旋耕机(万台)	Rotary cultivator(10 000 units)		1.17	4.08	13.74	15.46
农用运输车(万辆)	Trucks for Agricultural(10 000 unit)			131.24	215.51	215.73
(万千瓦)	(10 000 kw)			1406.07	2677.10	2682.30
农用排灌动力机械(万台)	Drainage and Irrigation Agricultural Machinery (10 000 unit)	80.52	86.93	125.58	153.19	158.21
(万千瓦)	(10 000 kw)	574.60	609.60	905.90	1093.80	1124.50
柴油机(万台)	Diesel Engines (10 000 units)	43.50	32.59	47.52	50.96	54.34
(万千瓦)	(10 000 kw)	356.70	295.40	458.70	501.77	519.93
电动机(万台)	Electric Engines (10 000 units)	37.02	54.29	78.06	102.23	103.87
(万千瓦)	(10 000 kw)	218.10	314.00	447.20	592.02	604.62
节水灌溉机械(万套)	Watersaving Irrigation Machinery (10 000 sets)				16.24	14.03
农用水泵(万台)	Pumps (10 000 units)	56.53	79.51	175.89	207.34	215.03
联合收割机(台)	Combine Harvesters (unit)	799	837	26900	102530	124330
水稻插秧机(部)	Rice Transplanter (unit)	1053			442	904
机动割晒机(万台)	Swather motor(10 000 units)			28.38	8.96	8.44
机动脱粒机(万台)	Mobile thresher(10 000 units)	11.93	34.96	79.15	57.39	56.15
谷物烘干机(台)	Grain dryer (unit)	41	9	100	569	610
种子精选机(台)	Seed selection machine (unit)	119	123	110	577	633
机动喷雾(粉)机(万部)	Mobile spray (powder) machines(10 000 units)	0.52	3.32	15.58	22.52	24.22
(万千瓦)	(10 000 kw)	1.00	5.40	24.90	43.95	45.82
饲料粉碎机(万台)	Feed grinder(10 000 units)	11.38	9.92	11.53	14.63	15.45
农产品加工动力机械(万台)	Power Machinery processing of agricultural products (10 000 units)	32.86	53.09	67.76	76.62	78.57
(万千瓦)	(10 000 kw)	223.80	355.10	466.80	557.70	566.40
柴油机(万台)	Diesel Engines(10 000 units)	9.14	9.50	11.44	15.26	15.67
(万千瓦)	(10 000 kw)	84.80	88.20	118.70	150.72	155.95
电动机(万台)	Electric Engines(10 000 units)	23.72	43.59	53.46	61.36	62.90
(万千瓦)	(10 000 kw)	139.00	266.90	348.10	407.01	410.47
农产品加工作业机械(万台)	Agricultural products processing machinery (10 000 units)			43.18	49.50	47.79
#粮食加工机	Food processing machine			32.31	34.88	33.28
棉花加工机	Cotton processing machine			3.87	5.18	4.69
油料加工机	Oil processing machine			6.82	8.45	8.34
农田基本建设机械(台)	Farmland capital construction machinery(unit)			5302	14564	15545

13−9 各市农业机械和农产品加工机械年末拥有量(2009年)

Number of Agricultural Machinery and Machinery for Processing Farm Products at Year-end by City (2009)

市	City	农业机械总动力(万千瓦) Total Power of Agricultural Machinery (10 000 kw)	柴油发动机动力 Diesel Engines	汽油发动机动力 Benzine Engines	电动机动力 Electric Engines	农用大中型拖拉机 Large and Medium Tractors (台) (unit)	(万千瓦) (10 000 kw)	小型及手扶拖拉机 Mini-Tractors (万台) (10 000 units)	(万千瓦) (10 000 kw)
郑州市	Zhengzhou	453.65	369.01	3.61	81.03	8702	34.73	11.15	107.87
开封市	Kaifeng	659.12	590.87	1.57	66.68	7276	30.50	24.67	265.94
洛阳市	Luoyang	441.94	346.66	4.72	90.55	6727	27.71	17.40	149.80
平顶山市	Pingdingshan	337.00	282.56	1.17	53.28	14770	41.69	10.71	116.93
安阳市	Anyang	549.05	436.72	3.18	109.15	9082	39.03	13.44	161.20
鹤壁市	Hebi	210.15	182.21	0.21	27.72	6743	22.53	7.59	99.64
新乡市	Xinxiang	657.60	570.47	1.62	85.52	13928	61.57	17.65	193.37
焦作市	Jiaozuo	369.07	314.17	0.81	54.09	10236	41.43	5.57	63.01
濮阳市	Puyang	399.09	333.51	2.65	62.93	6261	26.11	9.42	102.11
许昌市	Xuchang	350.62	281.88	1.03	67.71	5660	26.25	6.37	70.56
漯河市	Luohe	244.60	227.95	0.28	16.37	3363	18.37	9.43	116.49
三门峡市	Sanmenxia	161.60	135.56	1.26	24.78	2558	10.03	3.62	37.59
南阳市	Nanyang	1075.60	984.55	10.05	81.02	22800	73.77	92.66	734.31
商丘市	Shangqiu	1093.90	1010.41	4.91	78.59	19216	80.44	24.56	293.29
信阳市	Xinyang	416.50	374.36	2.66	39.48	14191	33.86	17.01	162.48
周口市	Zhoukou	1024.90	962.66	3.45	58.75	18316	74.61	39.08	432.93
驻马店市	Zhumadian	1271.50	1208.00	7.46	56.02	74640	164.94	53.50	680.74
济源市	Jiyuan	102.02	83.38	0.20	18.43	2450	9.27	1.70	17.82

市	City	大中型拖拉机配套农具(部) Number of Large and Medium Tractor Towing Farm Machinery (unit)	小型拖拉机配套农具(万部) Number of Mini-Tractor Towing Farm Machinery (10000 units)	耕整地及种植机械(万台) Arable land and planting machinery (10 000 units): 机引犁 Tractor-propelled Plough	机引耙 Citation Machine harrow	旋耕机 Rotary cultivator	机引播种机 Citation Machine Drill	化肥深施机 Fertilizer deep-Shi Machine	秸秆粉碎还田机 Straw Mill
郑州市	Zhengzhou	20940	16.64	7.90	7.19	0.71	2.31	0.24	0.67
开封市	Kaifeng	20349	34.31	17.77	11.05	0.73	3.74	1.00	0.46
洛阳市	Luoyang	12813	27.52	12.42	11.07	1.88	5.87	0.06	0.26
平顶山市	Pingdingshan	30650	19.13	10.04	5.36	0.93	4.80	0.06	0.36
安阳市	Anyang	27885	23.94	12.60	7.90	0.85	3.74	0.41	0.84
鹤壁市	Hebi	32765	19.12	7.46	7.15	0.11	3.04	0.30	0.29
新乡市	Xinxiang	26943	27.75	12.79	10.07	1.00	6.41	0.33	0.93
焦作市	Jiaozuo	23041	6.75	3.27	1.10	0.62	2.68	0.04	0.99
濮阳市	Puyang	15056	17.83	7.18	5.11	0.54	3.39	0.91	0.67
许昌市	Xuchang	14590	11.14	5.74	1.99	0.50	2.69	0.85	0.49
漯河市	Luohe	7650	22.83	7.57	6.87	0.32	4.43	0.34	0.52
三门峡市	Sanmenxia	5362	5.55	2.58	1.28	0.47	0.65	0.09	0.04
南阳市	Nanyang	63700	155.48	85.04	56.85	1.25	18.03	0.65	0.20
商丘市	Shangqiu	44057	41.44	17.01	6.70	1.92	9.05	1.99	1.07
信阳市	Xinyang	13368	25.44	14.81	9.30	0.73	1.08	0.66	0.02
周口市	Zhoukou	27101	66.38	36.41	17.69	1.78	9.84	1.14	0.47
驻马店市	Zhumadian	190400	137.22	55.27	47.26	0.81	36.44	0.83	1.13
济源市	Jiyuan	5840	2.35	0.93	0.61	0.30	1.04		0.15

13-9 续表 1 Continued

市	City	农用排灌动力机械 Irrigation and drainage of agricultural power machinery (万台) (10 000 units)	(万千瓦) (10 000 kw)	柴油机 Diesel Engines (万台) (10 000 units)	(万千瓦) (10 000 kw)	电动机 Electric Engines (万台) (10 000 units)	(万千瓦) (10 000 kw)	农用水泵 (万台) Agricultural pumps (10 000 units)	节水灌溉机械 (万套) Water-saving irrigation machinery (10 000 units)
郑州市	Zhengzhou	7.93	60.65	1.27	12.37	6.66	48.28	9.74	0.42
开封市	Kaifeng	11.93	75.38	3.40	32.59	8.53	42.79	18.03	0.26
洛阳市	Luoyang	7.61	62.80	2.72	21.21	4.89	41.59	4.10	0.61
平顶山市	Pingdingshan	6.47	46.89	1.93	20.64	4.55	26.24	8.27	0.60
安阳市	Anyang	12.85	93.34	1.43	12.38	11.42	80.96	16.44	0.04
鹤壁市	Hebi	3.62	25.67	0.50	5.39	3.12	20.27	4.38	0.05
新乡市	Xinxiang	13.92	97.68	4.22	51.87	9.70	45.81	16.34	0.28
焦作市	Jiaozuo	7.74	43.59	0.21	1.96	7.53	41.63	7.86	0.03
濮阳市	Puyang	11.52	89.19	4.33	42.93	7.18	46.26	11.19	0.15
许昌市	Xuchang	11.17	60.41	2.00	23.24	9.17	37.18	9.87	0.01
漯河市	Luohe	5.09	34.72	3.27	24.65	1.83	10.08	5.91	0.25
三门峡市	Sanmenxia	1.61	16.28	0.54	5.05	1.07	11.23	1.55	0.22
南阳市	Nanyang	9.07	62.40	3.83	32.00	5.24	30.40	16.03	1.54
商丘市	Shangqiu	19.33	130.77	9.12	91.70	10.20	39.07	17.73	1.60
信阳市	Xinyang	6.14	55.51	4.30	38.00	1.83	17.51	8.64	0.39
周口市	Zhoukou	13.46	92.88	8.02	69.36	5.44	23.51	37.29	1.17
驻马店市	Zhumadian	7.20	63.57	3.20	34.09	4.00	29.48	20.67	6.41
济源市	Jiyuan	1.54	12.83	0.05	0.49	1.49	12.33	1.00	0.01

市	City	联合收割机 Combine harvester (台) (unit)	(万千瓦) (10 000 kw)	水稻插秧机 (台) Rice Transplanter (unit)	机动瞎晒机 (台) Swather motor (unit)	机动脱粒机 (台) Mobile thresher (unit)	谷物烘干机 (台) Grain dryer	机动喷雾(粉)机 (台) Mobile spray machines (unit)	饲料粉碎机 (台) Feed grinder (units)
郑州市	Zhengzhou	4391	18.09		4482	33162	7	10430	7630
开封市	Kaifeng	7500	30.81	35	2790	50576	340	5170	10917
洛阳市	Luoyang	3399	11.12		16109	113168	1	12304	8646
平顶山市	Pingdingshan	4490	18.02	3	400	18280	10	2950	10790
安阳市	Anyang	7891	36.05		140	52053		17643	3891
鹤壁市	Hebi	4561	19.85		1601	7075		1533	1570
新乡市	Xinxiang	10616	49.12	24	5058	15491	120	8809	7032
焦作市	Jiaozuo	5967	23.80	4	127	11253	8	4401	4679
濮阳市	Puyang	4246	19.77	30	7131	22136		7546	4080
许昌市	Xuchang	4630	21.15			8080		6870	9670
漯河市	Luohe	3791	20.27			10050		2030	587
三门峡市	Sanmenxia	1354	6.09		1278	23850	30	7816	4019
南阳市	Nanyang	5900	26.48	80	4690	29100	90	60300	12500
商丘市	Shangqiu	16228	54.90		20057	75457		20662	23362
信阳市	Xinyang	7023	27.53	728	1095	9501	4	13430	6158
周口市	Zhoukou	16478	80.29		11455	51689		21638	16400
驻马店市	Zhumadian	14837	94.05		7300	24900		37100	18500
济源市	Jiyuan	1024	4.53		655	5721		1523	4038

13-9 续表 2 Continued

市 City	农田基本建设机械 Farmland capital construction machinery (台) (unit)	(万千瓦) (10 000 kw)	农产品加工动力机械 Power Machinery processing of agricultural products (万台) (10 000 units)	(万千瓦) (10 000 kw)	#柴油机 Diesel Engines (万台) (10 000 units)	(万千瓦) (10 000 kw)	#电动机 Electric Engines (万台) (10 000 units)	(万千瓦) (10 000 kw)
郑州市 Zhengzhou	2438	16.57	4.29	26.43	0.05	0.48	4.24	25.95
开封市 Kaifeng	1020	5.29	5.35	36.26	2.48	13.80	2.87	22.46
洛阳市 Luoyang	1327	10.08	7.50	54.13	1.06	11.96	6.44	42.17
平顶山市 Pingdingshan	710	4.50	3.57	23.42	0.31	2.79	3.26	20.63
安阳市 Anyang	1823	9.94	4.24	26.85	0.13	1.44	4.11	25.42
鹤壁市 Hebi	51	0.34	1.07	7.28	0.03	0.76	1.04	6.52
新乡市 Xinxiang	1029	6.73	5.13	37.78	0.45	5.06	4.68	32.72
焦作市 Jiaozuo	911	2.32	1.67	10.40	0.01	0.13	1.65	10.27
濮阳市 Puyang	619	3.34	2.22	16.73	0.22	1.65	2.01	15.08
许昌市 Xuchang	480	3.76	4.95	30.52	0.45	5.22	4.50	25.30
漯河市 Luohe	50	0.30	1.31	9.78	0.32	3.73	0.99	6.05
三门峡市 Sanmenxia	500	3.75	2.08	14.19	0.31	2.81	1.78	11.38
南阳市 Nanyang	1360	9.01	7.74	63.40	1.22	12.78	6.52	50.62
商丘市 Shangqiu	889	3.70	9.46	73.94	3.28	37.23	6.18	36.71
信阳市 Xinyang	756	4.05	4.36	38.83	1.82	18.15	2.54	20.67
周口市 Zhoukou	239	1.34	6.54	43.33	1.19	12.54	5.35	30.80
驻马店市 Zhumadian	933	6.12	6.55	49.43	2.34	25.40	4.21	24.03
济源市 Jiyuan	410	4.28	0.54	3.71	0.00	0.01	0.54	3.69

市 City	农用运输车 Trucks for Agricultural (万辆) (10 000 units)	(万千瓦) (10 000 kw)	#三轮运输车 Tricycle (万辆) (10 000 units)	(万千瓦) (10 000 kw)	农产品加工作业机械 (万台) Agricultural products processing machine (10 000 units)	粮食加工机械 Food processing machine	棉花加工机械 Cotton processing machine	油料加工机械 Oil processing machine
郑州市 Zhengzhou	11.19	150.54	9.42	105.29	2.65	2.16	0.18	0.31
开封市 Kaifeng	18.65	207.47	17.96	194.59	2.22	1.09	0.46	0.53
洛阳市 Luoyang	6.80	107.82	5.06	63.87	4.56	3.30	0.61	0.66
平顶山市 Pingdingshan	6.24	77.56	5.21	58.00	2.60	2.07	0.19	0.34
安阳市 Anyang	13.85	183.88	13.11	166.80	1.68	0.91	0.32	0.45
鹤壁市 Hebi	2.55	33.70	2.25	28.27	0.76	0.60	0.09	0.06
新乡市 Xinxiang	17.12	202.63	16.25	176.47	2.56	1.95	0.25	0.35
焦作市 Jiaozuo	17.61	180.67	16.84	166.20	1.11	0.86	0.09	0.15
濮阳市 Puyang	12.03	138.62	11.40	128.42	1.90	1.29	0.18	0.42
许昌市 Xuchang	10.11	131.63	8.87	98.21	2.21	1.68	0.27	0.26
漯河市 Luohe	3.11	44.01	3.03	42.47	0.72	0.50	0.10	0.12
三门峡市 Sanmenxia	5.75	63.12	5.29	53.75	0.91	0.73	0.06	0.12
南阳市 Nanyang	6.67	91.42	5.51	62.59	5.07	3.57	0.48	1.02
商丘市 Shangqiu	38.14	446.11	35.12	382.81	4.81	3.22	0.50	1.09
信阳市 Xinyang	6.27	81.85	4.60	53.69	5.06	3.09	0.16	0.50
周口市 Zhoukou	25.36	292.07	23.78	267.02	4.46	2.86	0.47	1.11
驻马店市 Zhumadian	10.63	202.41	9.37	162.04	4.17	3.09	0.25	0.83
济源市 Jiyuan	3.66	46.81	3.27	33.91	0.33	0.30	0.02	0.02

13-10 农业机械化、能源、主要物资消耗及水利建设情况
Agricultural Mechanization, Energy Resources, Consumption of main materials and Construction of Water Conservancy

指　标	Item	2000	2005	2008	2009
农业机械化情况	**Agricultural Mechanization**				
当年实际机耕面积(千公顷)	Area Cultivated by Machine This Year (1 000 hectares)	5607	5804	7725	8118
当年机械播种面积(千公顷)	Area Sown by Machine This Year (1 000 hectares)	4648	5855	7714	8488
为农作物播种面积%	Percentage to Sown Area of Crops (%)	35.4	42.1	54.4	59.9
当年机械收获面积(千公顷)	Mechanical Harvest Area This Year (1 000 hectares)	4250	4801	5992	6542
为农作物播种面积%	Percentage to Sown Area of Crops (%)	32.4	34.5	42.3	46.1
农村能源情况	**Agricultural Energy**				
农村用电量(亿千瓦小时)	Electricity Consumed in Rural Area (100 million kwh)	125.80	172.15	237.36	257.76
乡、村水电站数(个)	Hydropower Stations in Rural Areas (unit)	475	419	320	390
装机容量(万千瓦)	Generating Capacity (10 000 kw)	6.80	6.37	8.30	11.00
实际发电量(亿千瓦小时)	Electricity (100 million kwh)	0.44	1.06	1.58	3.20
农业主要物资消耗情况	**Agricultural Consumption of main materials**				
农用化肥施用折纯量(万吨)	Consumption of Chemical Fertilizer by 100% Effective Component (10 000 tons)	420.71	518.14	601.68	628.67
每公顷耕地平均施用量(千克)	Fertilizer Consumption of Per Hectare Cultivated Area (kg)	612	720	835	
农用塑料薄膜使用量(万吨)	Plastic Film Use for Agriculture (10 000 tons)	9.19	10.84	13.07	14.14
农药施用实物量(万吨)	Pesticide Use (10 000 tons)	9.55	10.51	11.91	12.14
农用柴油使用量(万吨)	Diesel Oil Use for Agriculture (10 000 tons)	79.56	89.79	99.24	104.17
农田水利建设情况	**Farm Water Conservancy Condition**				
农田有效灌溉面积(千公顷)	Effective Irrigated Area (1 000 hectares)	4725	4864	4989	5033
#机电灌溉面积	Mechanical and Electrical Irrigated Area	3815	3917	3991	4044
有效灌溉面积占耕地面积比重(%)	Effective Irrigated Area Percentage to Cultivated Area (%)	68.7	67.5	69.3	
机电灌溉面积占有效灌溉面积比重(%)	Mechanical and Electrical Irrigated Area Percentage to Effective Irrigated Area (%)	80.7	80.5	80.0	80.3
旱涝保收农田面积(千公顷)	Farmland Area of Stable Yields Despite Drought or Excessive Rain (1 000 hectares)	3693	3882	3993	4051

13-11 各市农业机械化和能源情况(2009年)

Agricultural Mechanization and Energy Resources by City (2009)

市 City	农业机械化情况 Agricultural Mechanization			农村能源情况 Agricultural Energy Resources			
	机耕面积(千公顷) Area Ploughed by Tractors (1 000 hectares)	机播面积(千公顷) Area Sown by Machines (1 000 hectares)	机收面积(千公顷) Area Harvested by Machines (1 000 hectares)	农村用电量(亿千瓦小时) Electricity Consumption in Rural Areas (100 million kwh)	乡、村及村以下办水电站 Hydropower Station in Rural Areas		
					个数 Number (unit)	装机容量(万千瓦) Generating Capacity (10 000 kw)	发电量(万千瓦小时) Electricity (10 000 kwh)
郑　州　市 Zhengzhou	235.70	292.68	199.27	39.67			
开　封　市 Kaifeng	445.23	479.56	364.97	7.98			
洛　阳　市 Luoyang	335.16	304.08	215.84	20.11	41	1.23	1921
平 顶 山 市 Pingdingshan	250.67	341.78	232.31	7.85	17	0.19	122
安　阳　市 Anyang	342.03	382.476	353.27	25.15	92	1.72	
鹤　壁　市 Hebi	87.19	115.09	98.18	2.16			
新　乡　市 Xinxiang	417.24	524.12	412.03	49.61	19	0.64	1383
焦　作　市 Jiaozuo	198.42	311.39	233.72	10.88			
濮　阳　市 Puyang	286.01	254.30	235.89	5.58			
许　昌　市 Xuchang	278.38	374.71	261.06	8.81			
漯　河　市 Luohe	151.23	265.69	152.08	3.91			
三 门 峡 市 Sanmenxia	94.65	84.78	55.85	3.03	59	1.18	4914
南　阳　市 Nanyang	1301.79	1160.55	737.59	16.70	46	2.05	5507
商　丘　市 Shangqiu	637.36	905.46	666.92	16.43			
信　阳　市 Xinyang	867.92	163.94	614.27	11.24	88	0.56	1104
周　口　市 Zhoukou	830.61	1040.97	802.85	12.17			
驻 马 店 市 Zhumadian	1328.65	1449.75	882.08	14.83			
济　源　市 Jiyuan	29.30	36.26	23.95	1.66	10	0.26	390

13-12 各市农用物资消耗情况(2009年)

Consumption of Agricultural Materials by City (2009)

单位：吨 (ton)

市 City	农用化肥使用折纯量 Consumption of Chemical Fertilizer by 100% Effective Component	#氮肥 Nitrogenous Fertilizer	#磷肥 Phosphate Fertilizer	#钾肥 Potash Fertilizer	农用地膜使用量 Plastic Film Use for Agriculture	农用柴油使用量 Diesel Oil Use for Agriculture	农药使用量 Consumption of Chemical Pesticides
郑州市 Zhengzhou	225036	81067	42828	19559	3591	65862	4361
开封市 Kaifeng	271540	120982	56061	27597	7480	53785	6319
洛阳市 Luoyang	222730	86162	38094	21431	2328	42476	4032
平顶山市 Pingdingshan	327709	116538	55637	23546	1856	51351	3653
安阳市 Anyang	391893	170843	64594	30827	2095	64606	5199
鹤壁市 Hebi	69566	30399	12259	4037	145	14911	1483
新乡市 Xinxiang	476193	204708	86290	31525	1253	82052	9432
焦作市 Jiaozuo	208507	78052	27808	6877	840	36865	4384
濮阳市 Puyang	258800	119313	59217	18737	1352	32784	4388
许昌市 Xuchang	306444	92634	45734	20188	1543	38658	5286
漯河市 Luohe	155618	67306	22864	9125	1822	24406	2282
三门峡市 Sanmenxia	91331	27201	11631	11167	2009	18733	2446
南阳市 Nanyang	766494	275710	159436	95467	14353	135168	19172
商丘市 Shangqiu	662000	227241	136533	95937	6015	72069	15592
信阳市 Xinyang	450689	248947	103218	30831	6249	74086	8309
周口市 Zhoukou	712468	290235	138471	77064	9457	136651	18647
驻马店市 Zhumadian	667341	147531	99818	71683	4521	88503	5927
济源市 Jiyuan	22388	8978	5205	2545	107	8695	497

13-13 农民家庭平均每百户拥有主要生产性固定资产数量(年底数)

Number of Productive Fixed Assets Per 100 Rural Households (Year-end)

指标	Item	2000	2002	2005	2006	2007	2008	2009
房屋及建筑物(平方米)	House and Building (sq.m)	638.57	1014.62	1208.12	1159.79	1373.17	1357.71	1447.56
汽车(辆)	Motor Vehicles(unit)	0.55	0.62	1.41	1.72	1.44	1.73	2.43
大中型拖拉机(台)	Large and Medium Tractors(unit)	3.29	2.86	5.58	5.84	7.76	9.00	11.68
小型和手扶拖拉机(台)	Mini and Walking Tractors(unit)	35.66	40.51	44.18	46.07	38.97	36.19	34.66
机动脱粒机(台)	Motorized Threshing Machines(unit)	12.40	13.02	6.51	6.31	6.21	6.66	4.73
收割机(台)	Harvesters(unit)	4.39	4.38	1.82	1.81	1.47	1.25	1.72
农用动力机械(台)	Agricultural Motorized Machinery(unit)	14.45	19.25	14.73	14.41	12.25	15.08	13.11
胶轮大车(辆)	Carts with Rubber Tires(unit)	18.95	19.31	10.88	10.69	9.17	9.29	8.10
水泵(台)	Pumps(unit)	35.48	43.06	31.98	32.32	36.08	36.61	36.00
役畜(头)	Draught Animals(unit)	25.36	22.31	12.92	10.70	9.15	9.27	7.55
产品畜(头)	Commodity Animals(unit)	25.83	49.94	31.69	25.36	32.05	39.83	33.02

13-14 各市农田水利情况(2009年)

Condition of Irrigation and Conservancy Project by City (2009)

市	City	有效灌溉面积(千公顷) Effective Irrigated Area	#当年实灌 Actual Irrigated area in Current Year	机电灌溉面积(千公顷) Mechanical and Electrical Irrigated Area	旱涝保收面积(千公顷) Farmland Area of Stable Yields Despite Drought or Excessive Rain	机电井(眼) Motor-pumped Well (unit)	#已配套机电井 Supported
郑州市	Zhengzhou	191.81	172.85	165.92	161.76	48077	44383
开封市	Kaifeng	321.40	306.59	291.58	237.49	89952	86952
洛阳市	Luoyang	139.40	109.51	88.40	115.92	18171	16018
平顶山市	Pingdingshan	197.70	139.49	135.41	158.28	44655	37203
安阳市	Anyang	298.11	273.87	254.02	223.77	85068	81633
鹤壁市	Hebi	83.88	78.69	87.23	71.17	24991	24666
新乡市	Xinxiang	327.41	307.83	267.93	282.05	78015	73219
焦作市	Jiaozuo	161.94	155.35	155.80	147.15	43862	43508
濮阳市	Puyang	217.86	216.41	176.14	187.35	62363	57561
许昌市	Xuchang	237.27	228.66	210.41	201.58	70617	67546
漯河市	Luohe	149.64	130.25	149.74	125.59	50611	49081
三门峡市	Sanmenxia	53.57	45.38	20.73	45.11	4254	3819
南阳市	Nanyang	464.24	376.93	272.37	332.17	84305	78279
商丘市	Shangqiu	595.02	575.11	596.51	546.21	190463	188216
信阳市	Xinyang	452.35	333.73	108.01	329.71	14576	11867
周口市	Zhoukou	593.45	593.45	595.75	437.37	204841	182319
驻马店市	Zhumadian	527.81	479.78	479.08	431.57	155013	148479
济源市	Jiyuan	20.17	15.84	9.21	16.96	2885	2440

13-15 水库、灌区情况

Reservoirs and Irrigated Areas

指　标	Item	2000	2005	2008	2009
年底水库数(座)	**Number of Reservoirs at Year-end (unit)**	**2396**	**2343**	**2342**	**2350**
大型水库(1亿立方米以上)	Large Reservoirs (100 million and over cu.m)	21	21	21	21
中型水库(1千万至1亿立方米)	Medium-sized Reservoirs (10 million - 100 million cu.m)	102	104	104	108
小型水库(10万至1千万立方米)	Small Reservoirs (100 thousand - 10 million cu.m)	2273	2218	2217	2221
水库库容量(亿立方米)	**Capacity of Reservoirs (100 million cu.m)**	**269.60**	**270.59**	**272.69**	**274.15**
大型水库	Large Reservoirs	221.82	222.10	224.01	224.01
中型水库	Medium-sized Reservoirs	27.62	28.86	29.08	30.25
小型水库	Small Reservoirs	20.16	19.62	19.60	19.89
水库灌溉面积(千公顷)	**Irrigated Area by Reservoirs (1 000 hectares)**	**587.27**	**604.92**	**770.34**	**635.92**
#大型水库	Large Reservoirs	398.27	419.67	433.28	440.72
中型水库	Medium-sized Reservoirs	189.00	185.25	192.34	195.20
年底灌区数(处)	**Number of Irrigation Areas at Year-end (unit)**	**171**	**178**	**189**	**189**
#3.3万公顷以上	33 000 Hectares and Over	8	9	13	12
灌区有效灌溉面积(千公顷)	**Effective Irrigated Area (1 000 hectares)**	**1221.62**	**1469.49**	**1766.70**	**1747.92**
#3.3万公顷以上	33 000 Hectares and Over	426.55	632.24	915.66	914.99

13-16 除涝、治水、堤防情况

Condition of Flood Prevention, water-control and Embankment

指　标	Item	2000	2005	2008	2009
易涝面积(千公顷)	Area Liable to Flooding or Waterlogging (1 000 hectares)	2108.33	2098.92	2100.20	2100.20
除涝面积(千公顷)	Flooded or Waterlogged Area Under Control (1 000 hectares)	1848.11	1903.68	1908.21	1935.98
占易涝面积比重(%)	Percentage to Area Liable to Flooding or Waterlogging (%)	87.7	90.6	90.9	92.2
水土流失面积(平方公里)	Area of Soil Erosion (sq.km)	60798	60970	61154	61154
水土流失治理面积(平方公里)	Area of Soil Erosion Under Control (sq.km)	38102	41225	43480	44494
占水土流失面积比重(%)	Percentage to Area of Soil Erosion (%)	62.7	67.6	71.1	72.8
堤防长度(公里)	Total Length of Dikes (km)	15758	16076	16249	16292
堤防保护面积(千公顷)	Area of Land Protected by Dikes (1 000 hectares)	3260.00	3240.87	3224.42	3232.90

13-17 历年农业生产情况
Agriculture Production Over the years

年 份 Year	播种面积(千公顷) Insemination Area (1 000 hectares)	#粮食 Grain	#棉花 Cotton	#油料 Oil- bearing Crops	粮食产量(万吨) Grain Yield (10 000 tons)	#小麦 Wheat	棉花产量(万吨) Cotton Yield (10 000 tons)	油料产量(万吨) Oil- bearing Crops Yield (10 000 tons)	水果产量(万吨) Fruits Yield (10 000 tons)
1978	10966.70	9123.30	612.00	465.33	2097.40	868.18	22.42	24.16	47.11
1979	10917.00	9066.70	555.33	632.67	2134.50	969.00	19.84	36.87	52.37
1980	10788.20	8858.90	626.67	710.00	2148.68	890.37	40.62	46.20	43.55
1981	11013.00	9029.30	641.33	744.67	2314.50	1083.50	35.50	55.99	52.30
1982	11076.00	8923.30	754.00	709.33	2217.10	1220.10	32.04	44.16	46.63
1983	11326.70	9286.70	794.00	607.33	2904.00	1455.75	63.24	51.52	58.67
1984	11432.70	8996.70	1162.00	579.33	2893.50	1653.00	86.89	52.50	41.01
1985	11685.30	9029.30	814.30	793.70	2710.53	1528.23	54.73	96.18	53.33
1986	11819.50	9372.20	619.33	921.33	2545.67	1567.90	39.86	98.99	61.23
1987	11952.90	9365.20	717.33	977.33	2948.41	1626.00	57.00	136.57	77.84
1988	11930.20	9053.80	916.03	952.84	2663.00	1520.95	63.71	96.17	74.81
1989	11999.40	9262.00	836.15	915.43	3149.44	1695.13	52.72	118.48	76.75
1990	11889.70	9316.10	823.00	876.40	3303.66	1639.86	67.61	152.29	63.92
1991	12001.90	9040.40	1193.20	896.00	3010.30	1554.28	94.77	127.62	63.67
1992	11936.30	8804.70	1247.90	908.60	3109.61	1650.67	65.85	133.63	87.79
1993	12068.00	8969.00	974.00	1075.00	3639.21	1922.13	66.01	204.50	125.12
1994	12087.70	8810.90	966.70	1242.00	3253.80	1798.42	62.81	225.00	170.54
1995	12136.80	8810.00	1000.10	1271.50	3466.50	1754.18	77.00	298.00	211.66
1996	12257.40	8965.30	933.30	1181.10	3839.90	2026.76	73.57	278.46	247.26
1997	12276.74	8879.90	868.30	1208.50	3894.66	2372.35	79.00	276.66	269.26
1998	12567.05	9101.98	800.00	1235.90	4009.61	2073.53	72.84	312.13	312.60
1999	12659.90	9032.30	733.30	1316.10	4253.25	2291.46	70.73	349.25	349.42
2000	13136.91	9029.60	779.33	1492.54	4101.50	2235.95	70.38	392.55	364.73
2001	13127.70	8822.79	858.20	1443.97	4119.88	2299.71	82.77	362.49	399.12
2002	13359.80	8975.10	793.10	1537.00	4209.98	2248.39	76.49	420.68	427.01
2003	13684.40	8923.30	926.67	1569.90	3569.47	2292.50	37.67	309.91	430.38
2004	13805.69	8970.07	951.80	1554.96	4260.00	2480.93	66.67	408.75	507.07
2005	13922.60	9153.40	781.47	1605.80	4582.00	2577.69	67.70	449.60	555.69
2006	13995.39	9455.80	748.20	1489.10	5112.30	2936.50	81.00	460.07	591.78
2007	14087.84	9468.03	700.00	1497.41	5245.22	2980.21	75.00	483.98	663.49
2008	14181.67	9600.00	606.00	1518.32	5365.48	3051.00	65.08	505.34	714.09
2009	14196.59	9683.61	537.33	1541.22	5389.00	3056.00	51.75	532.98	755.90

13-18　农作物播种面积

Total Sown Areas of Farm Crops

单位：千公顷　　　(1 000 hectares)

指　标	Item	2006	2007	2008	2009
播种面积总计	**Total**	**13995.39**	**14087.84**	**14181.67**	**14196.59**
粮食作物	Grain	9455.80	9468.03	9600.00	9683.61
夏收粮食	Summer Harvest	5242.71	5246.67	5286.67	5290.00
秋收粮食	Autumn Harvest	4213.09	4221.36	4313.33	4393.61
谷物	Cereal	8604.33	8662.53	8741.10	8838.97
稻谷	Rice	571.33	600.00	604.67	611.30
小麦	Wheat	5208.47	5213.33	5260.00	5263.30
玉米	Corn	2751.67	2779.22	2820.00	2895.42
谷子	Millet	34.85	33.33	34.50	37.96
高粱	Sorghum	3.91	3.31	3.73	3.97
其他谷物	Others	34.24	33.32	18.20	27.02
#大麦	Barley	34.24	33.32	18.20	25.20
豆类	Beans	584.00	525.50	551.00	529.29
#大豆	Soybean	539.07	468.84	486.10	467.00
绿豆	Mung bean	40.28	52.00	60.80	58.05
红薯	Tubers	267.47	280.00	307.90	315.35
油料	Oil- bearing Crops	1489.10	1497.41	1518.32	1541.22
#花　生	Peanuts	919.27	947.75	956.73	975.35
油菜籽	Rapeseeds	346.87	356.44	376.61	381.96
芝　麻	Sesame	215.58	185.30	177.99	177.46
棉花	Cotton	748.20	700.00	606.00	537.33
麻类	Fiber Crops	13.63	14.88	11.39	7.48
#黄红麻	Jute and Ambary Hemp	13.41	14.75	11.37	7.33
甘蔗	Sugarcane	2.87	3.03	3.49	4.57
烟叶	Tobacco	97.47	102.34	111.89	127.03
#烤烟	Flue-cured Tobacco	96.00	100.00	111.61	116.78
药材	Medicinal Materials	92.00	96.60	111.05	117.77
蔬菜类	Vegetables	1558.62	1688.35	1713.70	1692.21
瓜果类	Fruits	343.70	326.83	315.76	333.02
#西瓜	Watermelon	294.07	273.28	259.98	280.48
甜瓜	Honey-dew Melon	45.94	48.24	51.10	46.10
草莓	Strawberries	3.69	5.31	4.68	4.23
其他农作物	Others	194.01	190.37	190.07	151.92
#青饲料	Succulence	25.82	25.76	18.59	9.92
花卉	Flower	69.96	73.00	69.91	86.68

13-19 主要农作物种植结构

Planting Structure of Major Farm Crops

单位：% (%)

指 标	Item	2006	2007	2008	2009
总播种面积	**Total sown Area**	**100.0**	**100.0**	**100.0**	**100.0**
粮食作物	Grain	67.6	67.2	67.7	68.2
夏收粮食	Summer Harvest	37.5	37.2	37.3	37.3
秋收粮食	Autumn Harvest	30.1	30.0	30.4	30.9
谷物	Cereal	61.5	61.5	61.6	62.3
稻谷	Rice	4.1	4.3	4.3	4.3
小麦	Wheat	37.2	37.0	37.1	37.1
玉米	Corn	19.7	19.7	19.9	20.4
谷子	Millet	0.3	0.3	0.2	0.3
高粱	Sorghum	0.0	0.0	0.0	0.0
其他谷物	Others	0.2	0.2	0.1	0.2
#大麦	Barley	0.2	0.2	0.1	0.2
豆类	Beans	4.2	3.7	3.9	3.7
#大豆	Soybean	3.9	3.3	3.4	3.3
绿豆	Mung bean	0.3	0.4	0.4	0.4
红薯	Tubers	1.9	2.0	2.2	2.2
油料	Oil- bearing Crops	10.6	10.6	10.7	10.9
#花 生	Peanuts	6.6	6.0	6.8	6.9
油菜籽	Rapeseeds	2.5	2.5	2.7	2.7
芝 麻	Sesame	1.5	1.3	1.3	1.3
棉花	Cotton	5.3	5.0	4.3	3.8
麻类	Fiber Crops	0.1	0.1	0.1	0.1
#黄红麻	Jute and Ambary Hemp	0.1	0.1	0.1	0.1
烟叶	Tobacco	0.7	0.7	0.8	0.9
#烤烟	Flue-cured Tobacco	0.7	0.7	0.8	0.8
药材	Medicinal Materials	0.7	0.7	0.8	0.8
蔬菜类	Vegetables	11.1	12.0	12.1	11.9
瓜果类	Fruits	2.5	2.3	2.2	2.3
#西瓜	Watermelon	2.1	1.9	1.8	1.9
甜瓜	Honey-dew Melon	0.3	0.3	0.4	0.3
其他农作物	Others	1.4	1.4	1.3	1.0
#青饲料	Succulence	0.2	0.2	0.1	0.1
花卉	Flower	0.5	0.5	0.5	0.6

13-20　主要农产品产量

Output of Major Farm Crops

单位：万吨　　(10 000 tons)

指　　标	Item	2006	2007	2008	2009
粮　食	Grain	5112.30	5245.22	5365.48	5389.00
夏收粮食	Summer Harvest	2950.25	2993.77	3060.00	3065.00
秋收粮食	Autumn Harvest	2162.05	2251.45	2305.48	2324.00
谷物	Cereal	4908.77	5023.42	5126.28	5159.87
稻　谷	Rice	404.60	436.50	443.13	451.00
小　麦	Wheat	2936.50	2980.21	3051.00	3056.00
玉　米	Corn	1541.80	1582.53	1615.00	1634.00
谷　子	Millet	11.78	10.27	10.40	11.00
高　粱	Sorghum	0.34	0.35	0.38	0.37
其他谷物	Others	13.75	13.56	6.37	7.50
#大麦	Barley	13.75	13.56	6.37	7.38
豆类	Beans	76.43	91.80	96.20	93.00
#大　豆	Soybean	67.80	85.00	88.73	86.00
绿　豆	Mung bean	6.53	5.90	6.94	6.40
红薯	Tubers	127.10	130.00	143.00	136.13
油　料	Oil- bearing Crops	460.07	483.98	505.34	532.98
#花　生	Peanuts	353.10	373.59	384.59	412.56
油菜籽	Rapeseeds	79.20	85.91	97.07	93.07
芝　麻	Sesame	25.80	22.32	22.25	26.17
棉　花	Cotton	81.00	75.00	65.08	51.75
麻　类	Fiber Crops	4.14	4.75	4.38	4.62
#黄红麻	Jute and Ambary Hemp	4.07	4.68	4.37	4.56
甘　蔗	Sugarcane	15.10	16.60	20.74	28.27
烟　叶	Tobacco	22.95	23.94	26.73	29.73
#烤烟	Flue-cured Tobacco	22.46	23.54	26.72	29.73
蔬菜类	Vegetables	5760.00	6235.49	6394.31	6370.38
瓜果类	Fruits	1413.81	1425.11	1415.50	1472.19
#西　瓜	Watermelon	1259.30	1260.12	1206.72	1279.36
甜　瓜	Honey-dew Melon	147.67	156.58	198.94	164.50
草　莓	Strawberries	6.83	8.41	9.83	12.14

13-21 主要农产品单位面积产量(按播种面积计算)
Output of Major Farm Crops Per Hectare by Sown Areas

单位：千克/公顷 (kg/hectare)

指　标	Item	2006	2007	2008	2009
粮食	Grain	5407	5540	5589	5565
夏收粮食	Summer Harvest	5627	5706	5788	5794
秋收粮食	Autumn Harvest	5132	5333	5345	5289
谷物	Cereal	5705	5799	5865	5838
稻谷	Rice	7082	7275	7328	7378
小麦	Wheat	5638	5717	5800	5806
玉米	Corn	5603	5694	5727	5643
谷子	Millet	3380	3081	3014	2898
高粱	Sorghum	869	1058	1019	932
其他谷物	Others	4016	4068	3500	2776
#大麦	Barley	4016	4068	3500	2929
豆类	Beans	1309	1747	1746	1757
#大豆	Soybean	1258	1813	1825	1842
绿豆	Mung bean	1621	1475	1141	1102
红薯	Tubers	4752	4643	4644	4317
油料	Oil- bearing Crops	3090	3232	3328	3458
#花　生	Peanuts	3841	3942	4020	4229
油菜籽	Rapeseeds	2283	2410	2578	2437
芝　麻	Sesame	1197	1204	1250	1474
棉花	Cotton	1083	1071	1074	963
麻类	Fiber Crops	3036	3193	3844	3857
#黄红麻	Jute and Ambary Hemp	3036	3170	3847	3854
甘蔗	Sugarcane	52674	54840	59426	61869
烟叶	Tobacco	2355	2339	2389	2341
#烤烟	Flue-cured Tobacco	2340	2354	2394	2662
蔬菜	Vegetables	36956	36933	37313	37645
瓜果类	Fruits	41135	43604	44828	45111

注：本表单位面积产量均按原始计量单位计算，故与表13-18、20表的计算结果略有出入。
a)Output of farm crops per hectare in this table are calculated at original computation unit,so the data is different from 13-18、20.

13-22 各市主要农作物播种面积(2009年)
Total Sown Areas of Farm Crops by City (2009)

单位：千公顷 (1 000 hectares)

市 City	农作物播种面积 Sown Area of Farm Crops	粮食作物 Grain	夏收粮食 Summer Harvest	秋收粮食 Autumn Harvest	谷物 Cereal	#稻谷 Rice	#小麦 Wheat	#玉米 Corn	豆类 legume	#大豆 Soybean
郑州市 Zhengzhou	509.07	361.50	176.37	185.13	331.43	1.70	176.02	151.50	15.56	12.18
开封市 Kaifeng	795.66	455.62	292.75	162.87	421.27	7.40	292.73	120.81	18.11	17.03
洛阳市 Luoyang	693.89	521.42	250.82	270.60	456.33	1.91	250.79	187.57	36.88	26.32
平顶山市 Pingdingshan	544.30	410.72	205.45	205.27	370.09	1.97	205.31	162.64	18.62	15.75
安阳市 Anyang	744.33	538.90	303.07	235.83	523.87	0.39	303.04	212.24	7.18	6.87
鹤壁市 Hebi	191.02	164.25	86.61	77.64	160.07		86.61	71.74	2.46	1.99
新乡市 Xinxiang	784.40	601.88	334.65	267.23	569.18	42.65	334.51	189.15	22.45	22.00
焦作市 Jiaozuo	350.70	265.55	138.70	126.85	257.75	5.68	138.70	113.25	5.09	4.85
濮阳市 Puyang	492.75	376.82	215.59	161.23	356.88	43.08	215.51	97.28	13.99	13.59
许昌市 Xuchang	598.62	427.34	213.33	214.00	369.70		214.00	155.70	16.43	16.13
漯河市 Luohe	369.14	261.93	140.16	121.77	242.55		140.00	102.38	10.41	10.37
三门峡市 Sanmenxia	244.88	162.11	79.50	82.61	130.29		79.50	48.60	25.19	19.13
南阳市 Nanyang	1857.40	1121.09	666.27	454.82	975.22	49.20	660.96	262.89	83.15	61.81
商丘市 Shangqiu	1378.70	922.12	559.65	362.47	828.89	0.49	557.20	269.00	72.08	68.26
信阳市 Xinyang	1225.26	821.09	308.37	512.72	778.75	440.10	296.20	30.28	19.07	14.97
周口市 Zhoukou	1698.83	1122.27	648.16	474.11	974.14	0.68	647.88	325.12	118.59	110.03
驻马店市 Zhumadian	1628.16	1154.42	664.67	489.75	1097.33	29.57	647.66	403.23	36.48	31.15
济源市 Jiyuan	57.74	41.77	19.44	22.33	38.63		19.44	19.06	2.01	1.77

市 City	红薯 Tubers	油料 Oilbearing Crops	#花生 Peanuts	#油菜籽 Rapeseeds	#芝麻 Sesame	棉花 Cotton	烟叶 Fluecured Tobacco	#烤烟 Tobacco	蔬菜 Vegetables
郑州市 Zhengzhou	14.51	53.92	41.31	10.95	1.64	5.70	1.02	1.02	74.27
开封市 Kaifeng	16.24	106.22	95.68	9.90	0.65	66.91			125.10
洛阳市 Luoyang	28.21	45.34	27.47	9.65	4.61	4.39	24.30	24.30	54.34
平顶山市 Pingdingshan	22.01	53.23	29.61	17.58	6.04	3.94	12.65	12.65	54.26
安阳市 Anyang	7.85	59.45	50.37	8.62	0.46	21.34			107.71
鹤壁市 Hebi	1.72	13.13	11.66	1.30	0.17	1.13			11.00
新乡市 Xinxiang	10.25	81.81	76.29	5.10	0.42	20.24			61.30
焦作市 Jiaozuo	2.71	19.89	17.63	2.06	0.18	4.73			44.44
濮阳市 Puyang	5.95	33.82	32.79	0.99	0.05	12.50			62.95
许昌市 Xuchang	41.21	26.19	15.15	10.06	0.98	10.96	16.22	16.22	46.75
漯河市 Luohe	8.97	13.18	5.79	5.45	1.93	17.95	6.55	6.55	53.47
三门峡市 Sanmenxia	6.63	16.03	4.33	7.67	1.33	3.20	19.20	19.20	27.70
南阳市 Nanyang	62.72	305.54	197.15	48.00	60.38	106.56	22.73	22.73	239.27
商丘市 Shangqiu	21.15	85.88	64.90	16.17	4.82	101.26	3.61	3.61	202.00
信阳市 Xinyang	23.27	240.15	52.33	177.55	10.27	7.03	1.05	1.04	109.01
周口市 Zhoukou	29.54	101.29	59.50	11.54	30.25	155.02	5.05	5.05	214.36
驻马店市 Zhumadian	20.61	281.14	190.47	38.90	51.76	23.10	8.44	8.44	115.54
济源市 Jiyuan	1.13	1.89	1.30	0.44	0.14	0.34	2.18	2.18	7.78

13-23 各市主要农产品产量(2009年)

Output of Major Farm Crops by City (2009)

单位：万吨 (10 000 tons)

市 City	粮食 Grain	夏粮 Summer Harvest	秋粮 Autumn Harvest	谷物 Cereal	#稻谷 Rice	#小麦 Wheat	#玉米 Corn	豆类 legume	#大豆 Soybean
郑 州 市 Zhengzhou	166.08	79.55	86.53	155.42	1.11	79.53	74.36	3.25	2.33
开 封 市 Kaifeng	253.54	170.95	82.59	241.39	4.75	170.95	65.63	4.24	3.98
洛 阳 市 Luoyang	235.14	110.08	125.06	209.14	1.12	110.07	92.72	7.76	5.90
平 顶 山 市 Pingdingshan	195.73	99.52	96.22	177.98	1.20	99.52	77.19	4.23	3.72
安 阳 市 Anyang	333.08	185.24	147.84	327.15	0.31	185.23	139.31	1.52	1.47
鹤 壁 市 Hebi	110.90	59.11	51.78	109.88		59.36	50.09	0.56	0.50
新 乡 市 Xinxiang	378.76	222.02	156.74	367.50	28.84	221.43	116.11	5.38	5.11
焦 作 市 Jiaozuo	197.82	105.63	92.19	193.27	4.87	105.63	82.75	1.62	1.54
濮 阳 市 Puyang	248.96	146.66	102.30	240.89	29.66	146.62	64.21	3.14	3.04
许 昌 市 Xuchang	272.92	149.74	123.18	249.05		149.73	99.32	3.53	3.48
漯 河 市 Luohe	166.40	95.97	70.42	156.64		95.86	60.66	2.69	2.68
三 门 峡 市 Sanmenxia	62.78	31.24	31.54	53.08		31.24	21.31	5.42	4.39
南 阳 市 Nanyang	579.37	356.23	223.14	531.14	31.33	354.77	144.49	16.48	12.07
商 丘 市 Shangqiu	594.58	385.80	208.78	566.20	0.49	384.42	180.10	19.30	18.42
信 阳 市 Xinyang	573.02	140.80	432.22	562.15	408.30	137.62	13.05	1.97	1.43
周 口 市 Zhoukou	716.71	473.48	243.23	651.49	0.61	473.33	177.23	37.03	35.00
驻 马 店 市 Zhumadian	661.67	421.23	240.44	640.73	18.89	413.41	200.45	8.69	7.35
济 源 市 Jiyuan	21.58	10.71	10.87	20.72		10.71	9.97	0.31	0.28

市 City	红薯 Tubers	油料 Oil-bearing Crops	#花生 Peanuts	#油菜籽 Rapeseeds	#芝麻 Sesame	棉花 Cotton	烟叶 Flue-cured Tobacco	#烤烟 Tobacco	蔬菜 Vegetables
郑 州 市 Zhengzhou	7.42	19.02	17.22	1.61	0.19	0.42	0.22	0.22	274.39
开 封 市 Kaifeng	7.91	41.91	38.86	2.95	0.10	6.29			592.47
洛 阳 市 Luoyang	18.25	12.72	9.33	1.84	0.89	0.36	6.23	6.23	215.76
平 顶 山 市 Pingdingshan	13.52	13.78	9.43	3.62	0.73	0.31	2.89	2.89	230.65
安 阳 市 Anyang	4.40	25.05	23.43	1.59		2.06			515.75
鹤 壁 市 Hebi	0.95	5.70	5.54	0.15		0.07			52.27
新 乡 市 Xinxiang	5.88	31.84	30.63	1.15	0.06	1.86			253.02
焦 作 市 Jiaozuo	2.93	9.02	8.53	0.46		0.43			216.46
濮 阳 市 Puyang	4.93	15.82	15.55	0.27		1.01			221.85
许 昌 市 Xuchang	20.34	8.11	5.57	2.36	0.18	0.99	4.53	4.53	209.52
漯 河 市 Luohe	7.07	3.58	1.94	1.39	0.25	1.57	1.05	1.05	191.89
三 门 峡 市 Sanmenxia	4.28	3.08	1.03	1.38	0.14	0.22	3.91	3.91	94.92
南 阳 市 Nanyang	31.75	111.40	88.72	13.28	9.40	9.00	5.87	5.87	900.91
商 丘 市 Shangqiu	9.08	36.00	29.87	5.35	0.78	9.97	1.33	1.33	853.60
信 阳 市 Xinyang	8.90	64.22	18.77	43.44	2.01	0.74	0.29	0.28	299.18
周 口 市 Zhoukou	28.19	34.72	26.73	3.70	4.29	15.01	1.66	1.66	790.60
驻 马 店 市 Zhumadian	12.26	87.82	74.50	8.47	4.85	2.02	1.95	1.95	365.12
济 源 市 Jiyuan	0.55	0.32	0.25	0.06			0.26	0.26	29.07

13-24 各市主要农产品单位面积产量（2009年，按播种面积计算）
Output of Major Farm Crops Per Hectare by City (2009, by Sown Areas)

单位：千克/公顷 (kg/hectare)

市	City	粮食 Grain	夏收粮食 Summer Harvest	秋收粮食 Autumn Harvest	谷物 Cereal	稻谷 Rice	小麦 Wheat	玉米 Corn	豆类 Soybean	大豆 Soybean	红薯 Tubers
郑州市	Zhengzhou	4594	4511	4674	4689	6516	4518	4908	2087	1913	5111
开封市	Kaifeng	5565	5839	5071	5730	6417	5840	5432	2341	2335	4873
洛阳市	Luoyang	4510	4389	4622	4583	5895	4389	4943	2103	2242	6467
平顶山市	Pingdingshan	4770	4845	4689	4809	6132	4847	4746	2274	2361	6145
安阳市	Anyang	6181	6112	6268	6245	7915	6113	6564	2122	2139	5611
鹤壁市	Hebi	6751	6825	6670	6865		6854	6982	2280	2507	5528
新乡市	Xinxiang	6293	6634	5865	6457	6761	6620	6139	2397	2321	5735
焦作市	Jiaozuo	7449	7616	7268	7498	8573	7616	7307	3178	3170	10805
濮阳市	Puyang	6607	6803	6345	6750	6885	6804	6601	2243	2239	8292
许昌市	Xuchang	6387	7019	5756	6737		6997	6379	2147	2160	4936
漯河市	Luohe	6353	6848	5783	6458		6847	5925	2583	2585	7883
三门峡市	Sanmenxia	3873	3930	3818	4074		3930	4384	2154	2294	6460
南阳市	Nanyang	5189	5352	4935	5446	6368	5368	5496	1982	1952	5062
商丘市	Shangqiu	6448	6894	5760	6831	10027	6899	6695	2678	2698	4293
信阳市	Xinyang	6975	4575	8430	7219	9277	4646	4310	1031	956	3825
周口市	Zhoukou	6386	7305	5130	6688	8990	7306	5451	3122	3181	9543
驻马店市	Zhumadian	5732	6338	4910	5839	6388	6383	4971	2383	2359	5947
济源市	Jiyuan	5167	5512	4867	5365		5512	5233	1538	1600	4860

市	City	油料 Oil-bearing Crops	花生 Peanuts	油菜籽 Rapeseeds	芝麻 Sesame	棉花 Cotton	麻类 Fiber Crops	烟叶 Tobacco	烤烟 Flue-cured Tobacco	蔬菜 Vegetables	瓜果类 Melon for Fruits
郑州市	Zhengzhou	3527	4167	1472	1128	739		2154	2154	36944	44093
开封市	Kaifeng	3945	4062	2979	1505	940	4457			47362	47387
洛阳市	Luoyang	2804	3397	1907	1926	814	4200	2564	2564	39706	28448
平顶山市	Pingdingshan	2589	3186	2059	1204	798	5311	2288	2288	42512	32262
安阳市	Anyang	4214	4651	1840		967				47884	61048
鹤壁市	Hebi	4340	4755	1131		638				47538	47006
新乡市	Xinxiang	3892	4015	2262	1392	917				41277	38544
焦作市	Jiaozuo	4536	4838	2242		911				48712	53629
濮阳市	Puyang	4679	4742	2702		806				35243	42664
许昌市	Xuchang	3096	3677	2348	1793	905	1000	2793	2793	44820	43270
漯河市	Luohe	2721	3355	2555	1287	874		1604	1604	35884	30667
三门峡市	Sanmenxia	1924	2378	1802	1092	698		2035	2035	34274	28397
南阳市	Nanyang	3646	4500	2768	1556	845	5110	2584	2584	37652	53744
商丘市	Shangqiu	4192	4603	3312	1619	985	4567	3678	3678	42258	54537
信阳市	Xinyang	2674	3586	2446	1959	1048	3858	2755	2733	27447	40109
周口市	Zhoukou	3428	4493	3203	1420	968	4138	3277	3277	36882	42796
驻马店市	Zhumadian	3124	3911	2178	937	874	3890	2305	2305	31600	44766
济源市	Jiyuan	1693	1900	1307				1196	1196	37392	23487

13-25 蔬菜生产情况
Production of Vegetables

指 标	Item	2008		2009	
		播种面积 (千公顷) Sown Areas (1 000 hectares)	产量 (万吨) Output (10 000tons)	播种面积 (千公顷) Sown Areas (1 000 hectares)	产量 (万吨) Output (10 000tons)
蔬菜合计	**Vegetables**	**1713.70**	**6394.31**	**1692.2**	**6370.4**
叶菜类	Leaf Type for Vegetable	414.93	1695.47	419.2	1673.9
#菠菜	Spinach	70.06	195.52	67.4	202.7
芹菜	Celery	71.93	287.90	71.4	309.2
大白菜	Celery Cabbage	176.69	820.28	173.1	785.9
圆白菜	Cabbage Patch	53.04	213.16	51.1	211.3
油菜	Cole	19.36	57.18	18.9	59.8
瓜菜类	Melons for Vegetable	186.72	811.75	179.6	778.4
#黄瓜	Cucumber	137.52	588.26	135.5	591.0
块根、块茎类	Root and Stem Tuber for Vegetable	230.56	1004.18	221.8	992.5
#萝卜	Radish	131.82	575.60	129.5	580.6
胡萝卜	Carrot	58.24	229.75	57.5	242.1
茄果菜类	Eggplant and Fruit for Vegetable	245.95	1005.60	241.1	992.2
#茄子	Eggplant	77.01	298.30	78.4	312.8
西红柿	Tomato	112.01	563.22	110.2	566.8
葱蒜类	Shallot and Garlic for Vegetable	227.84	816.63	232.6	867.9
#大葱	Scallion	93.39	363.34	93.7	406.5
蒜头	Garlic	118.99	377.72	116.3	379.2
菜用豆类	Legume for Vegetable	134.65	479.97	134.8	489.7
#四季豆	Kidney Bean	44.18	154.11	45.3	167.6
长豆角	Carob	79.92	269.13	74.6	283.7
水生菜类	Aquicolous Vegetable	31.65	128.08	31.0	133.2
#莲藕	Lotus	30.15	123.36	29.0	127.7
其他蔬菜	Others	241.40	452.64	232.1	442.6

13-26 各市蔬菜播种面积(2009年)
Total Sown Areas of Vegetables by City(2009)

单位：千公顷 (1000 hectare)

市 City	蔬菜 Vegetables	叶菜类 Leaf Type for Vegetable	瓜菜类 Melons for Vegetable	块根、块茎类 Root and Stem Tuber for Vegetable	茄果菜类 Eggplant and Fruit for Vegetable	葱蒜类 Shallot and Garlic for Vegetable	菜用豆类 Legume for Vegetable	水生菜类 Aquicolous Vegetable	其他蔬菜 Others
全省 Total	**1692.21**	**419.18**	**179.61**	**221.80**	**241.14**	**232.63**	**134.79**	**30.99**	**232.07**
郑州市 Zhengzhou	74.27	19.06	5.15	8.61	6.35	23.14	5.33	2.96	3.67
开封市 Kaifeng	125.10	26.67	7.82	16.40	11.65	35.87	5.52	2.41	18.76
洛阳市 Luoyang	54.34	15.04	4.92	9.18	11.77	6.02	4.29	0.49	2.63
平顶山市 Pingdingshan	54.90	18.74	5.41	11.06	6.48	5.00	4.50	0.40	3.32
安阳市 Anyang	107.71	17.50	7.87	7.54	21.58	15.84	15.32		22.06
鹤壁市 Hebi	11.00	4.11	1.20	1.41	1.67	0.52	0.75		1.34
新乡市 Xinxiang	61.30	25.18	7.32	8.07	8.21	4.48	4.17	0.93	2.93
焦作市 Jiaozuo	44.44	14.90	5.97	7.28	5.86	5.73	3.79	0.15	0.76
濮阳市 Puyang	62.37	17.24	8.16	6.19	6.06	5.13	2.60	0.41	16.58
许昌市 Xuchang	46.75	11.11	9.48	9.28	8.06	4.77	2.37	0.56	1.12
漯河市 Luohe	53.47	13.17	5.60	7.47	5.16	7.21	3.52		11.31
三门峡市 Sanmenxia	27.70	7.55	2.91	5.69	5.88	2.06	1.37	0.30	1.95
南阳市 Nanyang	239.27	31.83	16.99	25.42	18.43	20.07	17.22	8.70	100.62
商丘市 Shangqiu	202.00	54.73	20.73	17.83	51.25	29.06	12.99	3.40	12.01
信阳市 Xinyang	109.01	32.28	12.84	18.19	11.57	13.03	12.21	3.85	5.05
周口市 Zhoukou	214.36	49.91	33.61	28.36	33.91	29.18	23.09	3.23	13.07
驻马店市 Zhumadian	115.54	37.83	13.85	22.19	14.25	13.67	8.49	1.65	3.61
济源市 Jiyuan	7.78	2.24	1.16	1.29	1.44	0.67	0.79		0.17

13-27 各市蔬菜产量(2009年)
Output of Vegetables by City(2009)

单位：万吨 (10 000tons)

市 City	蔬菜 Vegetables	叶菜类 Leaf Type for Vegetable	瓜菜类 Melons for Vegetable	块根、块茎类 Root and Stem Tuber for Vegetable	茄果菜类 Eggplant and Fruit for Vegetable	葱蒜类 Shallot and Garlic for Vegetable	菜用豆类 Legume for Vegetable	水生菜类 Aquicolous Vegetable	其他蔬菜 Others
全省 Total	**6370.38**	**1673.88**	**778.38**	**992.49**	**992.19**	**867.94**	**489.70**	**133.20**	**442.60**
郑州市 Zhengzhou	274.39	81.28	22.77	37.33	26.79	59.06	15.88	13.95	17.33
开封市 Kaifeng	592.47	139.74	41.97	84.62	63.64	170.93	27.61	13.63	50.33
洛阳市 Luoyang	215.76	63.76	26.48	36.57	39.28	23.27	14.75	0.97	10.68
平顶山市 Pingdingshan	230.65	71.52	24.19	58.08	25.86	15.07	14.74	1.02	20.17
安阳市 Anyang	515.75	86.40	40.96	43.79	175.20	86.09	63.03	0.01	20.28
鹤壁市 Hebi	52.27	19.68	6.20	7.98	9.51	1.78	1.87	0.00	5.25
新乡市 Xinxiang	253.02	98.84	32.22	37.37	35.65	16.02	15.18	2.73	15.02
焦作市 Jiaozuo	216.46	70.60	32.56	38.19	30.93	25.44	12.80	0.36	5.59
濮阳市 Puyang	221.85	70.80	42.99	28.82	30.58	22.61	9.39	0.95	15.71
许昌市 Xuchang	209.52	40.34	41.50	45.48	42.37	18.09	10.42	3.09	8.22
漯河市 Luohe	191.89	57.14	24.63	32.47	23.65	25.55	12.96	0.18	15.30
三门峡市 Sanmenxia	94.92	27.36	11.25	19.47	16.61	8.08	3.31	1.61	7.24
南阳市 Nanyang	900.91	163.28	106.83	160.18	110.63	110.56	108.15	50.54	90.74
商丘市 Shangqiu	853.60	275.38	90.50	90.72	161.76	107.90	42.39	16.55	68.41
信阳市 Xinyang	299.18	86.22	35.55	66.24	28.23	29.50	28.36	9.14	15.95
周口市 Zhoukou	790.60	170.44	142.40	113.41	112.71	100.29	83.01	13.14	55.21
驻马店市 Zhumadian	365.12	124.25	41.77	76.94	45.13	37.31	19.59	3.93	16.21
济源市 Jiyuan	29.07	10.32	5.92	5.03	3.85	1.84	1.41	0.09	0.60

13-28 茶叶、蚕茧、水果生产情况
Production of Tea, Silkworm Cocoons and Fruit

指 标	Item	2000	2005	2006	2007	2008	2009
面 积	**Area**						
茶园面积(千公顷)	Area of Tea Plantations (1 000 hectares)	20.68	33.09	34.95	47.08	55.07	59.80
果园面积(千公顷)	Area of Orchards (1 000 hectares)	355.90	416.63	416.34	448.50	438.18	449.03
苹果园	Apple Orchards	206.97	165.78	167.74	182.26	173.06	175.70
梨园	Pears Orchards	30.87	39.23	41.08	43.20	45.97	47.07
葡萄园	Grapes Orchards	16.75	26.17	24.97	26.20	26.82	29.58
猕猴桃园	Chinese goosebeery Orchards		6.90	7.90	7.60	9.32	8.89
桃园	Peach Orchards	29.11	60.22	64.40	76.00	69.54	70.31
柑桔园	Citrus Orchards	4.88	10.05	9.72	10.00	10.10	10.66
其他果园	Others	67.30	108.30	100.50	103.24	103.37	106.82
产 量	**Output**						
茶叶产量(吨)	Output of Tea (ton)	9163	16902	20697	26068	31923	35519
蚕茧产量(吨)	Output of Silkworm Cocoons (ton)	15190	20366	23659	24425	28352	28285
#桑蚕茧	Mulberry Silkworm Cocoons	12560	14803	17398	18011	21923	21781
柞蚕茧	Tussore Silkworm Cocoons	2630	5563	6261	6414	6429	6504
园林水果产量(万吨)	Output of garden fruit (10 000 tons)	364.73	555.69	591.79	663.49	714.09	755.90
苹果	Apples	238.90	300.62	322.79	352.33	374.39	388.63
梨	Pears	33.30	65.47	69.60	79.99	87.65	92.26
葡萄	Grapes	20.83	41.26	40.51	41.95	43.73	46.11
鲜枣	Jujube	17.78	26.81	30.13	33.47	36.65	38.78
柿	Persimmon	15.88	25.86	27.60	32.68	36.42	41.57
桃	Peach	26.63	60.10	65.01	77.48	85.09	93.86
柑桔	Citrus	2.12	3.59	3.70	3.85	3.96	4.01
其他园林水果	other garden fruit	9.29	31.98	32.45	41.74	46.20	50.68

13-29 各市果园面积(2009年)
Area of Orchard by City (2009)

单位：千公顷 (1 000 hectares)

市 City	合计 Total	#苹果园 Apple Orchards	#梨园 Pears Orchards	#葡萄园 Grapes Orchards	#柑橘园 Orange Orchards	#猕猴桃园 Chinese goosebeery Orchards	#桃园 Peach Orchards
全 省 Total	**449.03**	**175.70**	**47.07**	**29.58**	**10.66**	**8.89**	**70.31**
郑 州 市 Zhengzhou	24.69	4.04	1.65	2.02		0.03	2.91
开 封 市 Kaifeng	24.48	14.32	1.98	2.45		0.01	4.03
洛 阳 市 Luoyang	33.89	21.06	1.58	1.62		0.05	2.37
平 顶 山 市 Pingdingshan	16.28	1.87	1.79	0.70		0.02	7.63
安 阳 市 Anyang	45.01	13.26	1.60	1.49			4.57
鹤 壁 市 Hebi	4.41	1.53	0.04	0.12			0.22
新 乡 市 Xinxiang	12.58	4.56	1.00	1.00		0.01	3.25
焦 作 市 Jiaozuo	13.66	5.34	0.99	0.82			4.35
濮 阳 市 Puyang	11.06	6.60	0.55	0.38			1.08
许 昌 市 Xuchang	7.81	3.20	0.60	1.43		0.02	1.64
漯 河 市 Luohe	4.96	0.31	0.82	2.06		0.02	1.47
三 门 峡 市 Sanmenxia	64.34	51.60	1.11	1.01		0.00	2.69
南 阳 市 Nanyang	77.28	9.95	10.70	1.99	10.11	8.35	15.00
商 丘 市 Shangqiu	48.60	29.76	9.42	4.92		0.01	2.46
信 阳 市 Xinyang	14.46	0.32	3.91	2.69	0.29	0.34	4.23
周 口 市 Zhoukou	19.07	3.69	3.13	2.33		0.02	5.11
驻 马 店 市 Zhumadian	21.66	2.38	5.62	2.53		0.02	6.86
济 源 市 Jiyuan	4.78	1.90	0.58	0.03			0.42

13-30 各市园林水果产量(2009年)
Output of garden fruit by City (2009)

单位：吨 (ton)

市 City	合计 Total	#苹果 Apples	#梨 Pears	#葡萄 Grapes	#枣 Jujube	#柿 Persimmon	#桃 Peach
全 省 Total	**7559013**	**3886253**	**922590**	**461083**	**387830**	**415736**	**938641**
郑 州 市 Zhengzhou	294647	63604	21425	35471	81770	17513	41044
开 封 市 Kaifeng	436211	247455	33076	26566	17971	13787	84883
洛 阳 市 Luoyang	636965	364973	32014	43999	14510	57634	41506
平 顶 山 市 Pingdingshan	81835	19340	7404	4912	2700	15433	26467
安 阳 市 Anyang	540471	239141	33919	23876	112708	44539	68249
鹤 壁 市 Hebi	45496	23688	540	2733	9061	4757	4654
新 乡 市 Xinxiang	149181	59863	12466	26799	2580	9337	32963
焦 作 市 Jiaozuo	305808	174976	14340	20621	5834	9674	76411
濮 阳 市 Puyang	246326	180615	9090	13212	11565	2364	12178
许 昌 市 Xuchang	74524	23775	6703	16712	915	2230	15737
漯 河 市 Luohe	106622	4209	11393	57106	588	2740	30204
三 门 峡 市 Sanmenxia	1620487	1294523	22328	18833	57721	101343	58899
南 阳 市 Nanyang	617466	58541	83448	17359	31299	29942	124698
商 丘 市 Shangqiu	1730486	1009803	497144	88117	8506	38144	78241
信 阳 市 Xinyang	108983	3197	43630	12813	3051	17037	28234
周 口 市 Zhoukou	391442	84142	53951	32109	22058	40060	157054
驻 马 店 市 Zhumadian	128703	9113	33329	19656	4617	5957	53276
济 源 市 Jiyuan	43360	25295	6390	190	377	3245	3942

13－31 林业生产情况
Conditions of Forestry Production

指 标	Item	2000	2005	2008	2009
营林情况	**Afforestation Conditions**				
当年造林面积(千公顷)	New Forest Area This Year (1 000 hectares)	241.32	186.72	338.14	416.13
#人工造林	By Manpower	206.45	173.38	320.80	382.13
按造林用途分(千公顷)	Afforestation Area by Use (1 000 hectares)				
用材林	Timber Forest	56.77	73.90	91.68	156.30
#速生丰产林面积	Speeded-up Forest	18.97	5.85	6.33	9.17
经济林	Economic Forest	69.11	39.00	38.76	47.68
防护林	Shelter Forest	113.80	72.93	207.71	212.16
封山育林面积(千公顷)	Area of Close Hillsides to Facilitate Afforestation(1 000 hectares)	475.46	385.92	339.55	299.83
零星(四旁)植树(万株)	Planting Trees Piecemeal (10 000 trees)	25806.27	30638.85	24201.77	29904.98
育苗面积(千公顷)	Area of Tending Seedlings (1 000 hectares)	18.21	28.65	28.55	59.51
当年苗木产量(万株)	Output of Nursery Stock(10 000 trees)		201169	192510	185463
幼林抚育作业面积(千公顷)	Area of Tending Growing Forest (1 000 hectares)	978.01	1239.02	1080.03	1066.68
成林抚育面积(千公顷)	Area of Tending Forest (1 000 hectares)	694.79	959.92	1188.69	1160.76
主要林产品产量	**Output of Major Forest Products**				
生漆(吨)	Lacquer (ton)	569	955	1414	1563
油桐籽(吨)	Tung-oil Seeds (ton)	57054	45802	66640	72416
油茶籽(吨)	Tea-oil Seeds (ton)	3270	8079	17893	19347
乌桕籽(吨)	Tallow-seeds (ton)	1157	2557	10086	11426
五倍子(吨)	Chinese Gall (ton)	934	1709	3287	3350
核桃(吨)	Walnuts (ton)	17143	25339	41067	44816
板栗(吨)	Chestnut (ton)	85650	112351	213244	237725
村及村以下竹木采伐量	**Fall of Bamboo and Tree in Rural Areas**				
木材(万立方米)	Wood (10 000 cu.m)	306.00	55.94	151.62	110.34
竹材(万根)	Bamboo (10 000 units)	158.00	506.50	55.02	451.17

13-32 各市林业生产情况(2009年)

Conditions of Forestry Production by City (2009)

单位：千公顷 (1 000 hectares)

市	City	当年造林面积 Current New Forest Area	#人工造林 By Manpower	用材林 Timber Forest	经济林 Economic Forest	防护林 Shelter Forest
全 省	**Total**	**416.13**	**382.13**	**156.30**	**47.68**	**212.16**
郑州市	Zhengzhou	21.17	21.17	6.52	1.10	13.56
开封市	Kaifeng	12.23	12.23	2.92	0.51	8.80
洛阳市	Luoyang	41.65	32.45	9.09	9.43	23.13
平顶山市	Pingdingshan	17.16	16.83	6.44	2.27	8.45
安阳市	Anyang	17.36	16.43	2.09	0.17	15.10
鹤壁市	Hebi	18.24	16.97	3.55	0.96	13.72
新乡市	Xinxiang	20.29	19.15	14.19		6.10
焦作市	Jiaozuo	13.57	12.77	2.09	0.08	11.40
濮阳市	Puyang	13.06	13.06	6.74	0.31	6.01
许昌市	Xuchang	19.58	18.91	12.34	1.58	5.66
漯河市	Luohe	5.41	5.41	2.02	0.48	2.91
三门峡市	Sanmenxia	45.33	40.53	14.94	12.73	17.65
南阳市	Nanyang	60.97	53.17	15.68	7.20	38.10
商丘市	Shangqiu	19.56	19.56	4.16	2.26	13.13
信阳市	Xinyang	39.23	35.50	26.16	4.79	8.28
周口市	Zhoukou	18.91	18.91	5.66	3.13	10.13
驻马店市	Zhumadian	25.92	25.25	21.72	0.67	3.53
济源市	Jiyuan	6.51	3.85			6.51

市	City	封山育林面积 Area of Close Hillsides to Facilitate Afforestation	零星(四旁)植树(万株) Planting Trees Piecemeal (10 000 trees)	幼林抚育作业面积 Area of Tending Growing Forest	成林抚育面积 Area of Tending Forest
全 省	**Total**	**299.83**	**29904.98**	**1066.68**	**1160.76**
郑州市	Zhengzhou	3.00	1363.60	76.55	27.86
开封市	Kaifeng		1024.00	14.49	24.87
洛阳市	Luoyang	62.44	997.10	24.99	14.81
平顶山市	Pingdingshan	4.53	3693.70	35.95	18.13
安阳市	Anyang	11.28	1042.05	11.90	18.21
鹤壁市	Hebi	12.91	340.00	8.15	7.29
新乡市	Xinxiang	12.80	1471.16	27.77	7.46
焦作市	Jiaozuo	9.95	207.61	0.00	1.99
濮阳市	Puyang		267.00	32.01	49.13
许昌市	Xuchang	5.33	1646.05	25.00	28.32
漯河市	Luohe		585.23	15.48	15.97
三门峡市	Sanmenxia	59.96	955.83	14.56	60.83
南阳市	Nanyang	81.84	5842.80	456.22	369.34
商丘市	Shangqiu		1680.22	17.00	14.47
信阳市	Xinyang	13.07	2525.00	277.49	366.24
周口市	Zhoukou		2954.01	12.43	62.12
驻马店市	Zhumadian	11.20	3249.63	15.62	73.73
济源市	Jiyuan	11.53	60.00	1.06	

13-33 历年牧渔业产量

Output of Animal Husbandry and Fishery over the Years

年 份 Year	肉类产量(万吨) Total Output of Meat (10 000 tons)	#猪肉 Pork	#牛肉 Beef	#羊肉 Mutton	大牲畜年底头数(万头) Number of Livestock at Year-end (10 000 units)	#役畜 Draught Animals	猪年底头数(万头) Hogs (10 000 units)	禽蛋产量(万吨) Poultry Eggs (10 000 tons)	水产品产量(万吨) Total Aquatic Products (10 000 tons)
1978	45.64	42.20			515.03	401.70	1724.90		2.47
1979	55.14	50.00			521.50	400.40	1592.30		2.30
1980	55.03	49.45	0.69	2.88	541.99	423.75	1474.24	15.86	2.91
1981	51.58	44.30	0.60	3.36	607.00	498.90	1386.50	16.31	3.00
1982	54.26	47.60	0.52	3.46	671.50	542.10	1310.70	16.75	3.25
1983	51.33	43.70	0.88	3.41	704.70	562.20	1195.70	21.41	3.78
1984	58.59	49.60	1.83	3.31	794.70	615.70	1327.00	31.38	4.89
1985	71.83	61.08	3.01	3.38	886.35	664.55	1621.74	37.15	6.37
1986	79.42	65.00	5.50	3.70	957.44	708.10	1539.41	37.32	6.61
1987	86.63	66.10	8.90	5.00	1000.82	738.44	1404.72	43.55	7.62
1988	103.75	76.87	12.24	6.48	1069.20	779.57	1586.18	50.43	9.39
1989	121.53	88.11	15.26	7.89	1111.56	794.04	1680.22	53.62	9.83
1990	134.86	97.45	18.16	8.05	1116.33	798.30	1750.32	59.58	10.48
1991	157.95	108.73	24.82	7.76	1102.10	782.25	1820.80	73.81	10.77
1992	171.66	119.23	25.67	7.96	1135.50	794.90	1959.70	79.29	11.55
1993	203.51	137.60	32.64	9.90	1211.00	843.00	2085.00	95.58	13.83
1994	253.31	165.81	44.00	12.57	1329.18	919.79	2325.17	125.28	15.84
1995	333.00	210.37	64.39	21.10	1420.45	985.76	2667.72	140.01	18.09
1996	347.72	225.63	59.45	21.72	1089.14	783.00	2229.67	154.54	20.51
1997	403.00	256.12	64.88	25.23	1420.87	857.03	2931.91	201.40	23.88
1998	461.63	297.86	76.71	28.00	1416.84	803.70	3439.66	229.34	27.02
1999	485.11	313.95	82.21	29.96	1448.42	530.60	3556.43	251.82	28.83
2000	517.00	337.88	83.00	32.00	1445.73	482.84	3787.69	270.00	32.17
2001	540.65	343.77	89.23	34.51	1435.93	479.53	3672.07	286.00	31.46
2002	570.01	366.49	89.20	37.85	1409.78	437.03	3800.00	302.00	36.22
2003	603.55	386.00	93.00	42.00	1469.45	430.00	3917.80	326.20	38.95
2004	643.00	412.37	98.33	44.06	1491.19	427.00	4152.87	347.40	42.70
2005	689.00	441.20	102.75	47.38	1508.80	412.90	4439.00	375.30	51.68
2006	584.60	391.30	82.00	23.80	1114.26	410.12	3953.30	329.50	61.43
2007	542.90	339.00	82.10	25.30	1081.93	353.76	4185.50	336.70	74.74
2008	584.50	367.10	84.10	26.50	1097.55	251.62	4462.00	173.60	85.68
2009	615.10	389.60	84.00	25.90	1080.11	216.55	4528.90	382.90	93.94

13−34 畜禽产品年末存栏数量

Number of Livestock Year-end

单位：万头、万只 (10 000 units)

指 标	Item	1980	1990	2000	2005	2008	2009
大牲畜总头数	**Number of Large Livestock at Year-end**	**542.00**	**1116.30**	**1445.70**	**1508.80**	**1097.55**	**1080.11**
#从事农事劳役的头数	Draught Animals	423.80	798.30	482.80	412.90	251.62	216.55
#能繁殖的母畜	Dams to breed	169.40	491.00	756.70	736.75	517.69	500.82
#当年生仔畜	Newborn animal in current year	45.60	223.90	515.50	498.11	360.05	348.80
牛	Cow	339.60	892.50	1340.20	1447.00	1051.00	1044.70
能繁殖的母畜	Dams to breed	110.40	420.90	722.30	715.81	498.79	486.69
当年生仔畜	Newborn animal in current year	33.43		493.00	483.50	349.05	340.00
#肉牛	Cattle	177.70		282.80	514.06	621.00	559.83
#乳牛	Dairy	0.90	1.90	6.70	31.22	71.80	76.86
能繁殖的母畜	Dams to breed	0.40	1.00	4.40	20.22	42.47	47.04
当年生仔畜	Newborn animal in current year	0.16		1.60	8.34	19.53	21.57
马	Horse	52.20	39.20	29.30	17.29	15.57	12.74
能繁殖的母畜	Dams to breed	24.00	17.30	12.10	7.33	6.53	5.63
当年生仔畜	Newborn animal in current year	3.58		6.60	4.32	3.60	3.04
驴	Donkey	94.30	120.90	49.50	29.60	23.44	17.06
能繁殖的母畜	Dams to breed	35.00	52.80	22.30	13.61	12.37	8.51
当年生仔畜	Newborn animal in current year	6.82		12.50	8.12	5.75	4.64
骡	Mule	55.90	63.70	26.80	14.91	7.49	5.56
当年生仔畜	Newborn animal in current year	1.77		3.40	2.17	1.65	1.12
猪	Pig	1474.20	1750.30	3787.70	4439.00	4462.00	4528.90
# 能繁殖的母猪	Mulmeehs to breed	100.80	116.50	365.00	517.00	470.20	473.80
羊	Sheep	1147.80	1279.50	2961.40	3988.00	2038.00	1997.20
山羊	Goat	764.80	1129.50	2730.10	3509.00	1866.00	1798.00
绵羊	Sheep	383.00	150.00	231.30	479.00	172.00	199.20
家禽	Poultry		19849.90	42529.00	61958.00	61002.00	61307.00

13-35 主要畜产品产量
Output of Livestock Products

指 标	Item	1980	1990	2000	2005	2008	2009
猪牛羊出栏头数	**Slaughtered Fattened Hogs, Cattle and Sheep**						
肉猪(万头)	Hogs (10 000 units)	684.70	1182.40	4180.00	5568.00	4847.90	5143.60
肉用牛(万头)	Cattle (10 000 units)	9.00	167.90	578.00	702.64	560.00	559.80
肉用羊(万只)	Sheep and Goats (10 000 units)	289.10	834.00	2903.80	4225.00	2220.00	2175.60
肉类总产量(万吨)	**Total Output of Meat (10 000 tons)**	**55.00**	**134.90**	**517.00**	**689.00**	**584.50**	**615.10**
猪肉	Pork	49.40	97.40	337.90	441.20	367.10	389.60
牛肉	Beef	0.70	18.20	83.00	102.75	84.10	84.00
羊肉	Mutton	2.90	8.10	32.00	47.38	26.50	25.90
禽肉	Meat of Poultry	1.90	9.40	55.00	87.51	93.50	100.10
兔肉	Rabbit	0.10	0.30	4.20	5.66	7.12	7.98
其他畜产品产量	**Others Output of Livestock Products**						
奶类总产量(万吨)	Output of Milk (10 000 tons)	2.20	7.40	20.20	108.50	298.62	301.29
牛奶	Cow Milk	0.80	2.70	16.10	104.00	279.10	281.90
羊奶	Sheep Milk	1.40	4.70	4.10	5.00	19.52	19.39
羊毛总产量(吨)	Output of Wool (ton)	10708	6745	10844	14335	18011	17101
山羊毛	Goat Wool	771	1372	2858	2873	6221	4887
绵羊毛	Sheep Wool	9937	5373	7986	11462	11790	12214
羊绒产量(吨)	Cashmere (ton)	52	102	277	7135	897	885
蜂蜜产量(吨)	Honey (ton)	5287	11908	23105	27441	102470	100914
禽蛋产量(万吨)	Poultry Eggs (10 000 tons)	15.90	59.60	270.00	375.30	371.70	382.90

13-36 各市牲畜饲养情况(2009年底)

Number of Livestock by City (End of 2009)

市 City	大牲畜年底头数(万头) Number of Large Animals (year-end) (10 000 units)	#役畜 Draught Animals	牛(万头) Cattle's (10 000 units)	马(万头) Horses (10 000 units)	驴(万头) Donkeys (10 000 heads)	骡(万头) Mules (10 000 units)
郑州市 Zhengzhou	29.48	4.21	28.49	0.13	0.64	0.23
开封市 Kaifeng	62.10	0.68	60.71	0.32	0.84	0.23
洛阳市 Luoyang	71.39	20.15	70.57	0.23	0.44	0.15
平顶山市 Pingdingshan	85.00	13.70	78.49	3.03	2.48	1.00
安阳市 Anyang	31.45	1.56	30.73	0.07	0.55	0.09
鹤壁市 Hebi	5.47	0.40	4.98	0.11	0.18	0.19
新乡市 Xinxiang	51.94	0.73	49.73	0.44	0.83	0.94
焦作市 Jiaozuo	27.17	0.00	27.10		0.07	
濮阳市 Puyang	29.04	1.53	27.35	0.56	0.72	0.41
许昌市 Xuchang	56.41	5.45	54.06	0.70	1.38	0.27
漯河市 Luohe	14.81	0.47	14.38	0.21	0.11	0.11
三门峡市 Sanmenxia	42.47	20.91	42.46	0.00	0.00	0.00
南阳市 Nanyang	168.50	76.60	161.29	2.65	4.04	0.53
商丘市 Shangqiu	100.29	0.70	98.53	0.84	0.79	0.13
信阳市 Xinyang	65.00	32.11	65.00			
周口市 Zhoukou	79.99	0.62	78.94	0.29	0.50	0.26
驻马店市 Zhumadian	150.99	31.56	143.30	3.16	3.49	1.04
济源市 Jiyuan	3.81	0.33	3.81			

市 City	猪年底头数(万头) Hogs (year-end) (10 000 units)	羊年底只数(万只) Sheep and Goats (year-end) (10 000 units)	#山羊 Goats	家禽(万只) Poultry (10 000 units)	兔(万只) Rabbits (10 000 units)
郑州市 Zhengzhou	157.80	52.69	47.09	3141.64	100.73
开封市 Kaifeng	325.50	163.00	157.31	3222.80	90.20
洛阳市 Luoyang	192.32	76.80	53.75	2280.30	321.70
平顶山市 Pingdingshan	260.00	108.10	77.68	2867.29	75.28
安阳市 Anyang	174.70	77.40	66.81	3953.00	65.27
鹤壁市 Hebi	73.73	34.43	27.60	3687.10	15.43
新乡市 Xinxiang	246.70	70.00	45.05	3915.29	158.20
焦作市 Jiaozuo	145.50	46.10	6.60	2700.41	79.37
濮阳市 Puyang	136.00	75.84	56.23	3132.68	186.21
许昌市 Xuchang	252.00	87.74	86.16	2689.51	77.85
漯河市 Luohe	197.70	21.72	20.87	1865.00	173.16
三门峡市 Sanmenxia	64.46	34.68	22.20	993.57	11.80
南阳市 Nanyang	533.00	279.20	269.00	5822.30	325.04
商丘市 Shangqiu	333.00	321.58	317.66	5651.03	34.40
信阳市 Xinyang	292.00	80.20	80.20	5962.06	48.11
周口市 Zhoukou	473.00	261.44	261.20	4750.28	129.57
驻马店市 Zhumadian	638.40	202.00	200.23	5914.33	496.00
济源市 Jiyuan	41.40	4.34	2.37	237.50	28.28

13-37 各市畜产品产量(2009年)
Output of Livestock Products by City (2009)

市	City	猪牛羊出栏头(只)数 Slaughtered Fattened Hogs,Cattle and Sheep			肉类总产量 (万吨) Total Output of Meat (10 000 tons)	#猪肉 Pork	#牛肉 Beef	#羊肉 Mutton
		猪(万头) Hogs (10 000 heads)	牛(万头) Cattle (10 000 heads)	羊(万只) Sheep and Goats (10 000 units)				
郑　州　市	Zhengzhou	192.80	14.28	57.40	23.08	14.79	2.08	0.75
开　封　市	Kaifeng	316.90	38.10	196.50	35.38	23.98	5.49	2.26
洛　阳　市	Luoyang	196.90	34.60	70.20	23.25	14.81	4.97	0.71
平顶山市	Pingdingshan	294.50	35.80	104.01	35.26	21.79	5.48	1.24
安　阳　市	Anyang	174.70	8.70	61.00	19.84	13.10	1.08	0.70
鹤　壁　市	Hebi	94.00	2.73	43.00	22.78	7.17	0.33	0.52
新　乡　市	Xinxiang	304.60	23.85	98.80	33.41	22.08	3.74	1.19
焦　作　市	Jiaozuo	148.50	20.00	38.95	18.38	10.82	2.68	0.47
濮　阳　市	Puyang	139.10	11.19	85.15	19.22	10.67	1.68	1.12
许　昌　市	Xuchang	349.00	25.50	91.60	36.29	25.65	3.87	1.23
漯　河　市	Luohe	316.90	8.70	24.50	26.21	21.70	1.24	0.29
三门峡市	Sanmenxia	65.40	16.54	27.18	7.55	4.51	2.15	0.27
南　阳　市	Nanyang	545.10	91.84	322.55	67.57	41.38	13.75	3.82
商　丘　市	Shangqiu	381.40	65.20	350.60	50.91	29.29	9.90	4.17
信　阳　市	Xinyang	343.20	25.70	92.60	54.57	29.10	3.08	1.02
周　口　市	Zhoukou	538.77	59.60	309.60	64.59	42.02	8.90	3.67
驻马店市	Zhumadian	694.30	75.50	198.00	76.57	52.12	11.35	2.34
济　源　市	Jiyuan	49.50	2.00	4.00	4.03	3.32	0.31	0.05

市	City	奶类总产量 (吨) Total Output of Milk (ton)	#牛奶 Cow Milk	蜂蜜 (吨) Honey (ton)	禽蛋 (吨) Poultry Eggs(ton)	绵羊毛 (吨) Sheep Wool (ton)	#细羊毛 Fine Wool	山羊毛 (吨) Goat Wool (ton)
郑　州　市	Zhengzhou	467551	406694	3428	205700	145	63	31
开　封　市	Kaifeng	239654	226239	4400	248080	3	1	
洛　阳　市	Luoyang	411094	361690	5796	137000	1634	296	616
平顶山市	Pingdingshan	198507	197200	1031	143830	2450	204	1031
安　阳　市	Anyang	74625	74505	866	279500	391	1	28
鹤　壁　市	Hebi	83604	83604	53	142800	39	33	49
新　乡　市	Xinxiang	273027	273000	436	333700	373	83	113
焦　作　市	Jiaozuo	206643	206000	275	278800	1065	2	59
濮　阳　市	Puyang	62545	62500	1	269951	1446		
许　昌　市	Xuchang	65849	63831	314	221600	1108	103	30
漯　河　市	Luohe	146100	146100	76	118500	17		
三门峡市	Sanmenxia	34500	34100	2192	47010	1145		881
南　阳　市	Nanyang	289614	224470	30186	312300	435	59	1670
商　丘　市	Shangqiu	244029	243981	233	267200			38
信　阳　市	Xinyang	7715	7715	7068	237000			
周　口　市	Zhoukou	100500	100500	681	238200	13	13	
驻马店市	Zhumadian	60408	59900	43442	321000	114	89	300
济　源　市	Jiyuan	27931	27930	436	27300	40		41

13-38 渔业生产情况
Output of Aquatic Products

项　　目	Item	1980	1990	1995	2000	2005	2008	2009
水产品产量(万吨)	**Output of Aquatic Products (10 000 tons)**	**2.91**	**10.48**	**18.09**	**32.17**	**51.68**	**85.68**	**92.94**
鱼类	Fish	2.85	10.22	17.68	31.08	49.75	82.04	88.73
甲壳类	Crustaceans	0.04	0.17	0.23	0.66	1.45	2.84	3.09
贝类	Shellfish	0.02	0.09	0.04	0.11	0.14	0.28	0.27
其他	Others			0.14	0.32	0.34	0.51	0.86
淡水捕捞	Freshwater Fishing		1.09	1.18	1.94	3.46	2.96	5.30
鱼类	Fish			0.92	1.23	2.56	2.19	4.00
甲壳类	Crustaceans			0.17	0.54	0.79	0.66	1.16
贝类	Shellfish			0.03	0.11	0.08	0.10	0.13
其他	Others			0.06	0.06	0.03	0.01	0.01
淡水养殖	Freshwater Cultured	2.12	9.38	16.91	30.23	48.22	80.66	87.64
鱼类	Fish			16.76	29.84	47.19	78.32	84.73
甲壳类	Crustaceans			0.06	0.13	0.65	1.72	1.93
贝类	Shellfish			0.02		0.07	0.12	0.14
其他	Others			0.07	0.26	0.31	0.50	0.84
淡水养殖面积(千公顷)	**Freshwater Aquaculture Ware(1000 hectares)**	**147.56**	**161.76**	**174.27**	**189.15**	**229.95**	**248.99**	**251.81**
池塘养殖	Pond	57.53	70.82	82.14	91.65	103.80	116.73	119.24
湖泊养殖	Lakes	3.85	3.63	3.57	2.92	4.05	4.00	3.73
河沟养殖	rivulet	4.09	3.90	3.15	3.63	6.35	8.18	8.01
水库养殖	Reservoir	82.09	81.58	84.80	90.40	114.92	120.08	120.82
其他	Others		1.83	0.60	0.55	0.83	0.01	0.01

注：淡水养殖面积合计中不包括稻田养殖面积。
a) Data on Freshwater Aquaculture Ware do not include Rice breeding.

13-39 各市渔业生产情况(2009年)
Output of Aquatic Products by City (2009)

市 City	养殖面积 (公顷) Aquaculture area (hectares)	水产品总产量 (吨) Output of Aquatic Products (ton)	捕捞产量 Fishing	养殖产量 Cultured	鱼类 Fish	甲壳类 Crustaceans	贝类 Shellfish	其他 Others
郑 州 市 Zhengzhou	8718	131713	54	131659	131336	198		179
开 封 市 Kaifeng	5259	38979	451	38528	38419	56	8	496
洛 阳 市 Luoyang	29786	38515	3891	34624	38249	261	1	4
平 顶 山 市 Pingdingshan	14713	35023	263	34760	34357	586	20	60
安 阳 市 Anyang	1745	6130	193	5937	6125			5
鹤 壁 市 Hebi	1865	8641	207	8434	8616	10		15
新 乡 市 Xinxiang	3483	39765	236	39529	39642			123
焦 作 市 Jiaozuo	1552	12530	49	12481	12504	3		23
濮 阳 市 Puyang	1751	11295	400	10895	11195	100		
许 昌 市 Xuchang	2950	8430	345	8085	8200	157		73
漯 河 市 Luohe	2350	11217	704	10513	11167	35	2	13
三 门 峡 市 Sanmenxia	3028	8348	2199	6149	8287	35		26
南 阳 市 Nanyang	47102	97349	4595	92754	89650	3855	120	3724
商 丘 市 Shangqiu	10811	76143	2517	73626	74487	1391		265
信 阳 市 Xinyang	66660	238398	14772	223626	213262	19974	2122	3040
周 口 市 Zhoukou	15737	56891	6585	50306	56355	470	21	45
驻 马 店 市 Zhumadian	34028	99232	13705	85527	94801	3587	387	457
济 源 市 Jiyuan	270	10800	1800	9000	10648	150		2

主要统计指标解释

农林牧渔业增加值 农林牧渔业增加值是指农、林、牧、渔业生产及农林牧渔服务业提供服务活动所增加的价值，为农林牧渔业现价总产值扣除农林牧渔业现价中间投入后的余额，是农、林、牧、渔及其服务业各单位生产经营对社会所作的贡献。从宏观上来说，农林牧渔业增加值是计算国内生产总值的基础；从微观上来说，农林牧渔业增加值能客观反映农林牧渔业各生产单位或行业的投入、产出、效益、速度和收入等情况。

粮食产量 指全社会的产量。包括国有经济经营的、集体统一经营的和农民家庭经营的粮食产量，还包括工矿企业办的农场和其他生产单位的产量。粮食除包括稻谷、小麦、玉米、高粱、谷子及其他杂粮外，还包括薯类和豆类。其产量计算方法，豆类按去豆荚后的干豆计算；薯类(包括甘薯和马铃薯，不包括芋头和木薯)1963 年以前按每 4 公斤鲜薯折 1 公斤粮食计算，从 1964 年开始改为按 5 公斤鲜薯折 1 公斤粮食计算。城市郊区作为蔬菜的薯类(如马铃薯等)按鲜品计算，并且不作粮食统计。其他粮食一律按脱粒后的原粮计算。

油料产量 指全部油料作物的生产量。包括花生、油菜籽、芝麻、向日葵籽、胡麻籽（亚麻籽）和其他油料。不包括大豆、木本油料和野生油料。花生以带壳干花生计算。

水产品产量 指人工养殖的水产品和天然生长的水产品的捕捞量。包括海水的鱼类、虾蟹类、贝类和藻类以及内陆水域的鱼类、虾蟹类和贝类，不包括淡水生植物。

猪、牛、羊肉产量 指当年出栏并已屠宰、除去头蹄下水后带骨肉(即胴体重)的重量。

期初(末)畜禽存栏头(只)数 指报告期初(末)农村各种合作经济组织和国营农场、农民个人、机关、团体、学校、工矿企业、部队等单位以及城镇居民饲养的大牲畜、猪、羊、家禽等畜禽的存栏数。

常用耕地 是指耕地总资源中专门种植农作物并经常进行耕种、能够正常收获的土地。包括当年实际耕种的熟地；弃耕、休闲不满三年，随时可以复耕的地；开荒利用三年以上的地。不包括临时种植农作物的坡度在 25 度以上的陡坡地；在河套、湖畔、库区临时开发的成片或零星土地；也不包括已列为国家和省（区、市）退耕计划但临时耕种的土地。

农作物播种面积 指实际播种或移植有农作物的面积。凡是实际种植有农作物的面积，不论种植在耕地上还是种植在非耕地上，均包括在农作物播种面积中。在播种季节基本结束后，因遭灾而重新改种和补种的农作物面积，也包括在内。

有效灌溉面积 指具有一定的水源，地块比较平整，灌溉工程或设备已经配套，在一般年景下当年能够进行正常灌溉的耕地面积。

农用化肥施用量 指本年内实际用于农业生产的化肥数量，包括氮肥、磷肥、钾肥和复合肥。化肥施用量要求按折纯量计算数量。折纯量是指把氮肥、磷肥、钾肥分别按含氮、含五氧化二磷、含氧化钾的百分之一百成份进行折算后的数量。复合肥按其所含主要成分折算。

农业机械总动力 指主要用于农、林、牧、渔业的各种动力机械的动力总和。包括耕作机械、排灌机械、收获机械、农用运输机械、植物保护机械、牧业机械、林业机械、渔业机械和其他农业机械〔内燃机按引擎马力折成瓦(特)计算、电动机按功率折成瓦(特)计算〕。不包括专门用于乡镇、村、组办工业、基本建设、非农业运输、科学试验和教学等非农业生产方面用的动力机械与作业机械。

农林牧渔业劳动力 指全社会直接参加农林牧渔业生产活动的劳动力。

乡村从业人员 指乡村人口中劳动年龄在 16 周岁以上实际参加生产经营活动并取得实物或货币收入的人员，包括劳动年龄内经常参加劳动的人员，也包括超过劳动年龄但经常参加劳动的人员，但不包括户口在家的在外学生、现役军人和丧失劳动能力的人，也不包括待业人员和家务劳动者。从业人员按从事主业时间最长(时间相同按收入)分为农业从业人员、工业从业人员、建筑从业人员、交运仓储及邮电业从业人员、批零贸易及餐饮业从业人员、其它从业人员。

Explanatory Notes on Main Statistical Indicators

Value Added of Farming, Forestry, Animal Husbandry and Fishery refers to new increasing value through farming, forestry, animal husbandry and fishery and services for farming, forestry, animal husbandry and fishery minus their intermediate consumption. That is the devotion to the society of the unit. It's a base to calculate GDP in macroscopic. It reflects input and output. results, rate and income of the units in microscopic.

Grain Yield refers to the yield in the whole country including grains produced by state farms, collective units, industrial enterprises and mines. Grain includes rice, wheat, corn, sorghum, millet and other miscellaneous grains as well as tubers and beans. Output of beans refers to dry beans without pods. The output of tubers (sweet potatoes and potatoes, not including taros and cassava) was converted into that of grain at the ratio 4:1, i.e. 4 kilograms of fresh tubers was equivalent to 1 kilogram of grain up to 1963.Since 1964 the ratio for conversion has been 5:1. Tubers supplied as vegetables (such as potatoes) in cities and suburbs are calculated as fresh vegetables and their output is not included in the output of grain. Output of all other grains refers to husked grain.

Yield of Oil-bearing Crops refers to the total yield of oil-bearing crops of various kinds, including peanuts, (dry, in shell) rapeseeds, sesame, sunflower seeds, flax seeds, and other oil-bearing crops. Soybeans, oil-bearing woody plants, and wild oil-bearing crops are not included.

Output of Aquatic Products refers to catches of both artificially cultured and naturally grown aquatic products, including fish, shrimps, crabs and shellfish in sea and inland water as well as seaweed. not included Freshwater plants.

Output of Pork, Beef, and Mutton refers to the meat of slaughtered hogs, cattle, sheep and goats with head, feet, and offal taken away.

Number of Livestock or Poultry in Stock at Beginning (or End) refers to the total number of large animals, pigs, sheep, fowls, etc. raised by rural cooperative organizations, state farms, rural individuals, government agencies, schools, industrial and mining enterprises, army, and urban residents at the beginning (or end) of the reference period.

Regularly Cultivated Land refers to farmland among the total land resources which is exclusively used for farming and is under regular cultivation with harvest in normal years. Included are currently cultivated land, land that has been abandoned or put in idle for less than 3 years and could be re-used for cultivation at any time, and new-claimed land that has been put into cultivation for more than 3 years. Excluded under this category are steep slope land over 25 degrees under temporary cultivation, land (large or small plots) that is claimed along river bends, lake sides or banks of reservoirs, as well as land that has been designated under the "Green for Grain" programs of the state and provincial governments but is still temporarily under cultivation.

Sown Area of Crops refers to area of land sown or transplanted with crops regardless of being in cultivated area or non cultivated area. Area of land re-sown due to natural disasters is also included.

Irrigated Area refers to areas that are effectively irrigated, i.e. level land, which has water source and complete sets of irrigation facilities to lift and move adequate water for irrigation purpose under normal conditions.

Consumption of Chemical Fertilizers in Agriculture refers to the quantity of chemical fertilizers applied in agriculture in the year, including nitrogenous fertilizer, phosphate fertilizer, potash fertilizer, and compound fertilizer. The consumption of chemical fertilizers is required in calculation to convert the gross weight into weight containing 100% effective component (e.g. 100% nitrogen content in nitrogenous fertilizer, 100% phosphorous-pent oxide contents in phosphate fertilizer, 100% potassium oxide contents in potash fertilizer). Compound fertilizer is converted with its major component.

Total Power of Farm Machinery refers to total mechanical power of machinery used in farming, forestry, animal husbandry, and fishery, including equipment of ploughing, irrigation and drainage, harvesting, transport, plant protection, stock breeding, forestry and fishery. The power of internal combustion engines is required to convert horsepower into watts and the power of electric motors is required to be converted into watts. Machinery employed for non agricultural purposes, such as the machines used in township run and village-run industry, construction, non agricultural transport, scientific experiments and teaching, is excluded.

Labour Force Engaged in Farming, Forestry, Farming of animals and Fishing refers to the total laborers who are directly engaged in production of farming, forestry, animal husbandry and fishery.

Rural Employed Persons refer to rural labor forces aged over 16 years old who are engaged in real production and management activities and receive payment in kind or wages, including those covered within the age frame and regularly participating in production activities, and t hose who are out of the range of age frame and also participating in product ion activities regularly. Excluding students studying in other places with their permanent residence registered in local areas, servicemen and persons incapable of working; also excluding those who are waiting for jobs and those engaged in household work. Persons employed are classified as rural employed persons; industrial employed persons; const ruction industry employ ed persons; transport, storage and telecommunications industries employed persons; whole sales and retail sales trade and catering industry employed per sons and other s according to the longest period of persons engaged in major activities (or using income indicator when periods are the same).

工业
Industry

资料整理：张奕琳　李　鑫

简要说明

一、主要内容

本篇包括河南省规模以上工业企业单位数，工业增加值，工业主要产品产量和主要经济效益指标。

二、统计范围

工业统计调查范围为规模以上工业企业。1997年以前，我国工业的统计范围按隶属关系划分，分为乡及乡以上独立核算工业企业和非独立核算生产单位、村办工业、城镇合作工业、农村合作工业、城镇个体工业、农村个体工业六大部分，（其中，1984年以前不包括村办工业）。1998年至2005年，工业统计调查对象由按隶属关系划分，改变为按企业规模划分，分为全部国有及年主营业务收入在500万元及以上非国有工业企业(简称规模以上工业)和年主营业务收入在500万元以下非国有工业企业(简称规模以下工业)及个体工业三部分。2006年年报起，规模以上工业企业统计范围由全部国有及年主营业务收入在500万元及以上非国有工业企业改为年主营业务收入在500万元及以上的工业法人企业。

三、资料来源

企业实行全数调查，由河南省统计局工业处整理提供。

Brief Introduction

I. Main Contents

Data on this chapter including number of industrial enterprises, value-added of industrial enterprises, output, beneficial indicators of industrial enterprises above designated size.

II. Scope of Statistics

The scopes of industrial statistics are industrial enterprises above designated size. Before 1997, the scopes of industrial statistics include six parts, as enterprises above township, Village-run enterprises, Cooperation in industrial cities and towns, rural cooperative industrial, urban individual industries, individual industries in rural areas. The scopes of industrial statistics are all State-owned industrial enterprises and non-State-owned industrial enterprises with revenue from principal business over 5 million yuan from 1998 to 2005. Since 2007, the scopes of industrial statistics are all industrial enterprises with revenue from principal business over 5 million yuan, (or the industrial enterprises above designated size).

III. Sources of Data

Data on industrial enterprises above designated size are collected through a combination of Full survey, which are provided by the Department of Industrial of the Henan provincial bureau of Statistics.

14-1 历年规模以上工业增加值及指数

Output Value and Growth Rate of Industrial Enterprises above Designated Size

年份 Year	工业增加值(亿元) Output value of Industrial Enterprises above Designated Size (100 million yuan)	轻工业 Enterprises of Light Industry	重工业 Enterprises of Heavy Industry	#国有控股 State-owned and State-holds	工业增加值指数(上年=100) Growth Rate of Output value of Industrial Enterprises above Designated Size (Preceding=100)	轻工业 Enterprises of Light Industry	重工业 Enterprises of Heavy Industry	#国有控股 State-owned and State-holds
1997	970.25	347.72	622.53	526.17	105.9	106.0	105.8	100.6
1998	970.34	326.30	644.00	572.40	107.2	104.1	109.2	102.8
1999	993.62	332.40	661.20	586.30	107.5	107.0	107.8	107.4
2000	1154.39	366.70	787.60	692.80	111.6	106.2	114.2	114.6
2001	1269.97	405.20	864.80	751.50	109.8	109.3	110.1	108.6
2002	1430.75	439.70	991.00	828.00	114.2	110.8	115.7	113.2
2003	1754.08	510.80	1243.30	990.10	119.9	115.2	121.9	117.0
2004	2332.68	668.60	1664.10	1121.85	123.6	119.8	125.4	118.0
2005	3200.23	929.50	2270.80	1298.20	123.3	128.8	121.0	109.5
2006	4150.60	1212.60	2938.00	1521.50	123.4	124.6	122.8	116.6
2007	5438.06	1643.84	3794.22	1777.24	124.2	125.0	123.9	118.0
2008	7305.39	2239.33	5066.06	2087.06	119.8	124.8	117.6	111.6
2009	7764.45	2463.90	5300.56	1986.08	114.6	113.7	115.0	106.4

注：本表增加值均为现价数据，增速为可比价数据。

a) Data of Output value and Value-added in this table are calculated at current prices,and Data of Growth Rate are calculated at comparable prices.

14-2 各市规模以上工业单位数(2009年)

Number of All Industrial Above Designated size by City (2009)

单位：个 (unit)

市	City	合计 Total	#国有控股 State holds the majority of shares	集体控股 Collective holds the majority of shares	私人控股 Private holds the majority of shares	港澳台控股 Hong Kong,Macao and Taiwan holds the majority of shares	外商控股 Foreign holds the majority of shares
全省	**Total**	**18592**	**884**	**1117**	**15615**	**201**	**201**
郑州市	Zhengzhou	2510	132	95	2041	41	52
开封市	Kaifeng	1178	29	63	1063	8	13
洛阳市	Luoyang	1677	162	70	1299	10	24
平顶山市	Pingdingshan	864	79	84	683	13	5
安阳市	Anyang	980	29	46	878	9	9
鹤壁市	Hebi	456	14	168	260	6	8
新乡市	Xinxiang	1122	50	61	873	12	8
焦作市	Jiaozuo	1053	40	48	933	8	5
濮阳市	Puyang	657	32	51	552	11	11
许昌市	Xuchang	1208	35	33	1103	10	2
漯河市	Luohe	625	19	12	568	9	2
三门峡市	Sanmenxia	658	48	149	445	8	8
南阳市	Nanyang	1358	67	70	1124	16	10
商丘市	Shangqiu	696	30	27	617	6	9
信阳市	Xinyang	1073	37	35	971	7	4
周口市	Zhoukou	970	21	10	900	6	5
驻马店市	Zhumadian	1261	47	76	1102	16	20
济源市	Jiyuan	244	11	19	203	5	6

14-3 规模以上工业增加值及指数

Value-added and the Indices of Value-added of the Industry Enterprises above Designated Size

本表按当年价格计算。
The data in this table are calculated at current prices.

单位：亿元 (100 million yuan)

项 目	Item	2000	2005	2006	2007	2008	2009
增加值	**Total**	**1154.39**	**3200.23**	**4150.60**	**5438.06**	**7305.39**	**7764.45**
按注册类型分	By Registration status						
内资企业	Domestic Funded Enterprises	1068.67	3018.37	3903.71	5102.00	6823.25	7279.18
国有	State-owned	461.61	643.40	593.76	651.94	775.88	767.98
集体	Collective-owned	263.75	363.84	360.63	365.32	428.84	324.49
股份合作	Cooperative	24.07	67.75	69.44	83.03	106.96	74.52
联营	Joint Ownership	6.97	10.43	16.09	18.32	26.11	14.80
有限责任公司	Limited Liability Corporations	156.75	830.68	1262.81	1706.06	2224.65	2292.52
股份有限公司	Share-holding Corporation Ltd	95.96	345.07	483.74	594.02	707.10	708.43
私营	Private	59.51	739.10	1100.05	1657.91	2514.50	3051.13
其他	Other	0.05	18.11	17.19	25.40	39.21	45.31
港澳台商投资	Enterprises with Funds from Hong Kong, Macao and Taiwan	56.84	89.42	105.70	143.59	242.62	212.54
外商投资	Foreign Funded	28.88	92.44	141.19	192.47	239.52	272.74
按控股类型分	By Proprietarily System						
#国有控股	State-holding				1777.24	2087.06	1986.08
集体控股	Collective-holding				517.53	572.01	458.57
私人控股	Private-holding				2888.99	4147.23	4678.58
港澳台控股	Hong Kong, Macao and Taiwan-holding				100.54	243.50	179.47
外商控股	Foreign-holding				153.77	255.60	202.55
按所有制分	By Proprietorial System						
公有制	Public-owned		1772.81	1998.28	2294.77	2659.07	2444.65
非公有制	Non-Public-owned		1427.42	2152.32	3143.29	4646.32	5319.81
按轻重工业分	Grouped by Light & Heavy Industry						
轻工业	Enterprises of Light Industry	366.74	929.47	1212.55	1643.84	2239.33	2463.90
重工业	Enterprises of Heavy Industry	787.65	2270.76	2938.05	3794.22	5066.06	5300.56
按企业规模分	Grouped by Size of Enterprises						
大型企业	Large Enterprises	471.24	992.00	1282.71	1732.47	2151.61	2093.60
中型企业	Medium-sized Enterprises	147.29	748.41	953.24	1501.41	2127.68	2395.57
小型企业	Small Enterprises	535.86	1459.82	1914.65	2204.18	3026.10	3275.28
指 数	**Indices**	**111.6**	**123.3**	**123.4**	**124.2**	**119.8**	**114.6**
按注册类型分	By Registration status						
内资企业	Domestic Funded Enterprises	111.6	124.0	123.7	124.1	119.8	114.5
国有	State-owned	114.6	109.5	114.9	117.3	110.2	110.0
集体	Collective-owned	106.7	128.8	124.8	112.7	107.6	109.6
股份合作	Cooperative	111.1	130.3	131.7	130.9	120.3	105.5
联营	Joint Ownership	93.6	120.7	127.1	109.6	128.5	130.4
有限责任公司	Limited Liability Corporations	108.3	119.9	118.4	127.2	119.6	114.1
股份有限公司	Share-holding Corporation Ltd	112.8	115.8	122.9	117.4	109.5	111.0
私营	Private	122.2	148.5	133.7	129.3	128.9	117.5
其他	Other	102.0	164.1	146.0	125.4	139.7	132.6
港澳台商投资	Enterprises with Funds from Hong Kong, Macao and Taiwan	113.9	110.8	117.1	122.8	118.3	111.6
外商投资	Foreign Funded	106.4	115.2	120.8	127.5	119.3	110.7
按控股类型分	By Proprietarily System						
#国有控股	State-holding				118.0	111.6	106.4
集体控股	Collective-holding				115.2	110.1	107.6
私人控股	Private-holding				129.7	125.8	119.5
港澳台控股	Hong Kong, Macao and Taiwan-holding				128.0	118.5	112.7
外商控股	Foreign-holding				132.6	120.4	110.8
按所有制分	By Proprietorial System						
公有制	Public-owned		114.0	118.3	117.3	111.3	106.6
非公有制	Non-Public-owned		137.0	129.1	129.8	124.9	118.3
按轻重工业分	Grouped by Light & Heavy Industry						
轻工业	Enterprises of Light Industry	106.2	128.8	124.6	125.0	124.8	113.7
重工业	Enterprises of Heavy Industry	114.2	121.0	122.8	123.9	117.6	115.0
按企业规模分	Grouped by Size of Enterprises						
大型企业	Large Enterprises	116.0	114.3	119.0	123.2	113.2	109.8
中型企业	Medium-sized Enterprises	103.0	112.5	117.8	128.4	119.5	116.7
小型企业	Small Enterprises	110.4	138.0	130.8	122.2	124.4	115.6

14-4 各市规模以上工业增加值(2009年)

Value-added of Industry Enterprises Above Designated Size by City(2009)

本表按当年价格计算。

Data in this table are calculated at current prices.

单位：亿元 (100 million yuan)

市 City		合计 Total	公有制企业 Public-owned	非公有制企业 Non-public owned	大型企业 Large-sized Enterprises	中型企业 Medium-sized Enterprises	小型企业 Small Enterprises	轻工业 Enterprises of Light Industry
全 省	**Total**	**7764.45**	**2444.65**	**5319.81**	**2093.60**	**2395.57**	**3275.28**	**2463.90**
郑 州 市	Zhengzhou	1298.52	287.41	1011.11	213.21	434.97	650.34	286.62
开 封 市	Kaifeng	217.80	38.47	179.34	32.24	81.08	104.49	92.33
洛 阳 市	Luoyang	780.00	389.59	390.41	281.32	235.43	263.25	98.35
平 顶 山 市	Pingdingshan	531.33	280.88	250.45	214.78	126.71	189.85	65.41
安 阳 市	Anyang	520.54	122.19	398.34	127.33	256.83	136.38	113.37
鹤 壁 市	Hebi	209.97	97.45	112.53	51.25	43.93	114.80	65.54
新 乡 市	Xinxiang	411.41	104.82	306.59	89.83	196.33	125.25	186.03
焦 作 市	Jiaozuo	568.76	136.85	431.91	109.67	205.18	253.92	211.20
濮 阳 市	Puyang	345.10	132.31	212.79	88.17	73.25	183.68	152.67
许 昌 市	Xuchang	545.29	127.02	418.27	123.24	153.83	268.21	195.22
漯 河 市	Luohe	326.56	64.74	261.82	103.84	120.78	101.93	242.91
三 门 峡 市	Sanmenxia	370.09	194.29	175.80	69.93	126.28	173.89	22.56
南 阳 市	Nanyang	486.30	150.72	335.58	129.65	120.60	236.05	203.16
商 丘 市	Shangqiu	290.44	156.12	134.32	126.66	67.46	96.32	108.55
信 阳 市	Xinyang	219.53	38.80	180.72	43.66	64.65	111.21	90.70
周 口 市	Zhoukou	282.21	48.36	233.85	106.83	54.85	120.54	220.30
驻 马 店 市	Zhumadian	221.14	47.15	174.00	32.33	87.49	101.32	103.46
济 源 市	Jiyuan	172.10	55.90	116.20	63.04	59.08	49.99	9.53

市 City		重工业 Enterprises of Heavy Industry	#国有控股 State holds the majority of shares	#集体控股 Collective holds the majority of shares	#私人控股 Private holds the majority of shares	#港澳台控股 Hong Kong,Macao and Taiwan holds the majority of shares	#外商控股 Foreign holds the majority of shares	增加值增速(%) Growth Rate of Output value (%)
全 省	**Total**	**5300.56**	**1986.08**	**458.57**	**4678.58**	**179.47**	**202.55**	**14.6**
郑 州 市	Zhengzhou	1011.90	250.51	36.90	875.24	33.19	49.39	11.2
开 封 市	Kaifeng	125.48	19.98	18.49	174.34	1.15	3.84	17.8
洛 阳 市	Luoyang	681.65	373.92	15.67	333.88	3.69	21.10	15.9
平 顶 山 市	Pingdingshan	465.92	247.08	33.80	210.91	26.14	13.40	11.1
安 阳 市	Anyang	407.17	114.10	8.09	391.70	2.17	3.11	15.2
鹤 壁 市	Hebi	144.43	57.35	40.10	104.83	3.23	4.46	15.3
新 乡 市	Xinxiang	225.38	53.00	51.82	236.38	2.48	10.03	16.1
焦 作 市	Jiaozuo	357.57	94.89	41.96	412.82	5.59	2.54	13.4
濮 阳 市	Puyang	192.43	110.79	21.52	199.37	7.35	6.06	12.0
许 昌 市	Xuchang	350.06	113.75	13.26	385.99	4.99	12.78	17.9
漯 河 市	Luohe	83.65	28.02	36.72	180.84	56.37	10.16	15.1
三 门 峡 市	Sanmenxia	347.54	115.63	78.67	135.01	7.57	33.22	13.5
南 阳 市	Nanyang	283.14	128.95	21.77	298.64	7.97	5.14	14.0
商 丘 市	Shangqiu	181.89	145.51	10.61	129.10	1.97	1.28	13.3
信 阳 市	Xinyang	128.83	27.36	11.44	167.87	1.90	1.35	20.2
周 口 市	Zhoukou	61.92	43.56	4.80	185.46	1.19	8.98	17.7
驻 马 店 市	Zhumadian	117.69	30.63	16.52	156.80	2.71	14.48	17.6
济 源 市	Jiyuan	162.57	53.04	2.86	100.88	12.45	2.86	17.4

14-5 规模以上工业企业主要指标(2009年)

本表增加值按当年价格计算，指数按可比价格计算。
Gross Value-added of industry are calculated at current prices, Indices are based on comparable prices.
单位：亿元

行业	Sector	单位数(个) Number of Enterprises (unit)	从业人员(万人) Number of Employed Persons (10 000 persons)	工业增加值 Value-Added of Industry
总计	**Total**	**18592**	**449.14**	**7764.45**
按轻重工业分	**Grouped by Light & Heavy Industry**			
轻工业	Enterprises of Light Industry	7255	154.31	2463.90
重工业	Heavy Industry	11337	294.83	5300.56
按企业规模分	**Grouped by Size of Enterprises**			
大型企业	Large Enterprises	190	130.49	2093.60
中型企业	Medium-sized Enterprises	1925	143.69	2395.57
小型企业	Small Enterprises	16477	174.96	3275.28
按所有制分	**By Proprietorial System**			
公有制	Public-owned	2001	153.73	2444.65
非公有制	Non-Public-owned	16591	295.41	5319.81
按行业分	**By Sector**			
煤炭开采和洗选业	Mining and Washing of Coal	746	61.29	738.79
石油和天然气开采业	Extraction of Petroleum and Natural Gas	8	8.91	108.16
黑色金属矿采选业	Mining of Ferrous Metal Ores	141	1.71	33.89
有色金属矿采选业	Mining of Non-ferrous Metal Ores	354	6.60	222.30
非金属矿采选业	Mining and Processing of Nonmetal Ores	288	3.72	72.86
其他采矿业	Mining of Other Ores n.e.c			
农副食品加工业	Processing of Food From Agricultural Products	1948	29.94	594.64
食品制造业	Manufacture of Foods	636	16.62	255.39
饮料制造业	Manufacture of Beverage	429	9.15	160.27
烟草制品业	Manufacture of Tobacco	20	2.22	134.60
纺织业	Manufacture of Textile	1027	29.24	270.95
纺织服装、鞋、帽制造业	Manufacture of Textile Wearing Apparel, Footware, and Caps	262	6.45	66.10
皮革、毛皮、羽毛(绒)及其制品业	Manufacture of Leather, Fur, Feather and Its Products	313	5.95	127.60
木材加工及木、竹、藤、棕、草制品业	Processing of Timbers, Manufacture of Wood, Bamboo,	573	9.40	117.07
家具制造业	Manufacture of Furniture	243	3.81	47.66
造纸及纸制品业	Manufacture of Paper and Paper Products	433	10.51	191.54
印刷业和记录媒介的复制	Printing,Reproduction of Recording Media	206	2.60	45.71
文教体育用品制造业	Manufacture of Articles for Culture,Education and Sport Activity	42	0.85	8.61
石油加工、炼焦及核燃料加工业	Processing of Petroleum ,Coking,Processing of Nucleus Fuel	89	2.75	177.15
化学原料及化学制品制造业	Manufacture of Chemical Raw Material and Chemical Products	1082	21.63	368.52
医药制造业	Manufacture of Medicines	380	10.36	169.29
化学纤维制造业	Manufacture of Chemical Fibers	36	1.45	15.20
橡胶制品业	Manufacture of Rubber	177	4.41	67.99
塑料制品业	Manufacture of Plastic	463	6.63	101.01
非金属矿物制品业	Manufacture of Non-metallic Mineral Products	2922	46.77	944.08
黑色金属冶炼及压延加工业	Manufacture and Processing of Ferrous Metals	296	12.62	437.19
有色金属冶炼及压延加工业	Manufacture and Processing of Non-ferrous Metals	519	17.50	422.58
金属制品业	Manufacture of Metal Products	620	8.30	143.80
通用设备制造业	Manufacture of General Purpose Machinery	1280	22.16	379.98
专用设备制造业	Manufacture of Special Purpose Machinery	964	20.76	298.30
交通运输设备制造业	Manufacture of Transport Equipment	605	15.36	205.40
电气机械及器材制造业	Manufacture of Electrical Machinery and Equipment	527	14.98	183.02
通信设备、计算机及其他电子设备制造业	Manufacture of Communication Equipment ,	116	3.03	36.59
仪器仪表及文化、办公用机械制造业	Manufacture of Measuring Instrument	165	3.68	50.20
工艺品及其他制造业	Manufacture of Artwork, Other Manufacture n.e.c	278	6.67	87.28
废弃资源和废旧材料回收加工业	Recycling and Disposal of Waste	40	0.39	7.09
电力、热力的生产和供应业	Production and Supply of Electric Power and Heat Power	249	16.81	449.77
燃气生产和供应业	Production and Distribution of Gas	39	1.40	14.88
水的生产和供应业	Production and Distribution of Water	76	2.48	9.02

Main Indicators of Industrial Enterprises above Designated Size by Industrial Sector(2009)

(100 million yuan)

工业增加值指数(上年=100) Indices of Value-Added of Industry (Preceding=100)	资产总计 Total Assets	流动资产合计 Balance of Working Capitals	负债合计 Total Liabilities	主营业务收入 Revenue from Principal Business	主营业务成本 Cost of Pricipal Business	利润总额 Total Profits	利税总额 Total Pre-tax Profits	本年应缴增值税 Value Added Tax Payable
114.6	**19668.61**	**7769.93**	**11103.26**	**28246.65**	**23765.05**	**2444.18**	**3835.99**	**976.99**
113.7	4153.64	1886.15	1878.63	8234.69	6716.57	876.37	1312.71	261.32
115.0	15514.97	5883.78	9224.63	20011.96	17048.48	1567.80	2523.28	715.68
109.8	8295.68	3310.53	5290.53	8006.52	6879.44	405.03	894.08	299.26
116.7	6764.96	2520.54	3886.41	9023.24	7700.79	744.07	1121.83	282.87
115.6	4607.98	1938.87	1926.32	11216.89	9184.82	1295.08	1820.08	394.86
106.6	9880.62	3549.04	6481.47	9091.38	7861.03	360.30	920.29	333.60
118.3	9787.99	4220.89	4621.79	19155.27	15904.02	2083.88	2915.70	643.39
111.9	2657.12	920.81	1572.32	2545.21	2036.95	291.11	458.39	135.95
98.5	738.07	84.52	478.74	357.12	299.73	-37.35	5.58	16.82
117.2	52.44	20.86	19.91	113.29	91.65	12.21	19.65	4.46
129.0	309.00	121.97	138.43	643.42	518.17	94.52	107.39	8.18
109.9	69.78	23.50	15.79	197.23	155.04	24.49	37.13	7.20
109.6	796.33	370.27	319.74	2322.22	2000.81	210.10	280.87	53.71
114.2	481.99	208.62	236.46	856.26	690.51	105.35	136.86	25.87
116.3	337.37	131.50	177.22	510.87	405.82	59.82	89.08	16.99
109.2	191.80	131.97	91.30	241.28	95.06	22.29	146.32	25.88
110.4	591.22	246.84	276.38	1041.13	881.89	96.24	138.65	31.77
116.2	80.70	36.83	32.75	197.58	164.98	20.13	28.51	6.58
122.4	127.51	64.85	49.72	379.79	306.08	58.88	74.68	12.19
117.6	151.37	67.39	43.24	401.59	324.66	49.54	69.90	13.74
121.3	38.98	19.72	12.02	182.39	143.95	20.60	26.57	4.20
104.3	378.94	152.58	174.71	653.78	540.51	75.67	104.93	23.15
116.2	77.55	30.60	27.05	125.74	101.80	13.57	19.85	5.18
116.8	10.97	4.50	3.67	27.84	22.42	3.29	4.49	0.77
122.7	279.72	125.46	158.67	712.93	585.71	56.76	133.79	23.82
114.9	1041.99	389.09	571.72	1381.51	1179.58	116.02	170.01	41.85
120.2	420.47	207.26	206.92	529.23	415.05	64.25	85.16	16.57
121.3	65.32	20.99	31.45	60.46	52.72	6.96	8.51	1.11
115.2	134.31	56.55	73.76	271.69	219.34	27.44	38.71	7.94
128.8	131.48	57.99	58.60	361.02	294.22	43.97	61.03	13.11
120.7	1516.86	614.16	671.62	2948.74	2364.48	361.38	528.53	131.33
113.7	979.36	437.32	624.88	1647.78	1510.96	82.48	148.36	56.41
109.9	1868.73	825.15	1153.07	2201.26	2004.85	113.80	173.16	51.27
129.8	215.75	95.48	92.87	430.09	360.72	42.39	58.94	12.57
119.8	624.88	320.89	288.42	1225.07	1022.82	109.96	163.38	41.68
115.9	804.71	476.54	460.93	1310.82	1118.84	113.67	161.20	39.77
115.2	624.77	353.65	356.62	974.77	807.93	97.23	136.59	31.27
122.4	558.34	341.38	285.80	831.73	672.99	79.93	109.43	23.94
106.3	154.85	80.14	92.40	136.85	117.80	-2.49	1.25	2.89
124.1	127.02	78.99	64.48	150.00	121.72	13.25	18.63	4.54
110.2	104.80	60.85	43.65	246.83	203.21	23.77	37.03	9.92
94.1	11.26	6.68	6.90	24.78	21.55	1.35	2.04	0.52
103.9	2647.37	495.92	2014.55	1888.67	1814.88	-35.06	39.58	70.19
97.8	175.09	65.98	130.36	94.13	78.44	7.76	11.40	2.58
104.9	90.37	22.12	46.16	21.57	17.18	-1.11	0.40	1.11

14-6 规模以上国有控股工业企业主要指标(2009年)

本表增加值按当年价格计算，指数按可比价格计算。
Gross Value-added of industry are calculated at current prices, Indices are based on comparable prices.
单位：亿元

行 业	Sector	单位数 (个) Number of Enterprises (unit)	从业人员 (万人) Number of Employed Persons (10 000 persons)	工业增加值 Value-Added of Industry
总 计	**Total**	**884**	**127.64**	**1986.08**
按轻重工业分	**Grouped by Light & Heavy Industry**			
轻工业	Enterprises of Light Industry	217	14.01	280.95
重工业	Heavy Industry	667	113.63	1705.13
按企业规模分	**Grouped by Size of Enterprises**			
大型企业	Large Enterprises	89	92.96	1438.49
中型企业	Medium-sized Enterprises	370	28.20	456.92
小型企业	Small Enterprises	425	6.47	90.66
按行业分	**By Sector**			
煤炭开采和洗选业	Mining and Washing of Coal	54	45.41	420.36
石油和天然气开采业	Extraction of Petroleum and Natural Gas	3	8.81	108.81
黑色金属矿采选业	Mining of Ferrous Metal Ores	3	0.16	2.02
有色金属矿采选业	Mining of Non-ferrous Metal Ores	21	1.66	62.03
非金属矿采选业	Mining and Processing of Nonmetal Ores	8	0.17	3.55
其他采矿业	Mining of Other Ores n.e.c			
农副食品加工业	Processing of Food From Agricultural Products	41	1.63	21.88
食品制造业	Manufacture of Foods	12	1.99	37.94
饮料制造业	Manufacture of Beverage	10	0.90	12.74
烟草制品业	Manufacture of Tobacco	14	1.97	133.24
纺织业	Manufacture of Textile	27	2.37	16.62
纺织服装、鞋、帽制造业	Manufacture of Textile Wearing Apparel, Footware, and Caps	4	0.06	0.67
皮革、毛皮、羽毛(绒)及其制品业	Manufacture of Leather, Fur, Feather and Its Products	2	0.17	5.18
木材加工及木、竹、藤、棕、草制品业	Processing of Timbers, Manufacture of Wood, Bamboo,	4	0.20	3.51
家具制造业	Manufacture of Furniture	1	0.01	0.04
造纸及纸制品业	Manufacture of Paper and Paper Products	6	0.98	14.46
印刷业和记录媒介的复制	Printing,Reproduction of Recording Media	17	0.37	3.00
文教体育用品制造业	Manufacture of Articles for Culture,Education and Sport Activity			
石油加工、炼焦及核燃料加工业	Processing of Petroleum ,Coking,Processing of Nucleus Fuel	4	0.54	70.27
化学原料及化学制品制造业	Manufacture of Chemical Raw Material and Chemical Products	67	4.28	72.43
医药制造业	Manufacture of Medicines	15	0.31	5.51
化学纤维制造业	Manufacture of Chemical Fibers	2	0.98	8.35
橡胶制品业	Manufacture of Rubber	6	0.93	16.99
塑料制品业	Manufacture of Plastic	8	0.05	2.50
非金属矿物制品业	Manufacture of Non-metallic Mineral Products	77	3.68	66.14
黑色金属冶炼及压延加工业	Manufacture and Processing of Ferrous Metals	5	4.17	104.96
有色金属冶炼及压延加工业	Manufacture and Processing of Non-ferrous Metals	38	8.26	164.36
金属制品业	Manufacture of Metal Products	13	0.66	7.42
通用设备制造业	Manufacture of General Purpose Machinery	43	3.24	40.73
专用设备制造业	Manufacture of Special Purpose Machinery	49	6.13	81.33
交通运输设备制造业	Manufacture of Transport Equipment	38	4.17	55.52
电气机械及器材制造业	Manufacture of Electrical Machinery and Equipment	20	3.76	37.25
通信设备、计算机及其他电子设备制造业	Manufacture of Communication Equipment ,	10	0.73	4.23
仪器仪表及文化、办公用机械制造业	Manufacture of Measuring Instrument	17	1.45	9.43
工艺品及其他制造业	Manufacture of Artwork, Other Manufacture n.e.c	1	0.06	3.56
废弃资源和废旧材料回收加工业	Recycling and Disposal of Waste			
电力、热力的生产和供应业	Production and Supply of Electric Power and Heat Power	192	14.61	373.76
燃气生产和供应业	Production and Distribution of Gas	9	0.89	7.61
水的生产和供应业	Production and Distribution of Water	43	1.90	5.88

Main Indicators on Economic Benefit of State-holding Industrial Enterprises above Designated Size(2009)

(100 million yuan)

工业增加值指数(上年=100) Indices of Value-Added of Industry (Preceding=100)	资产总计 Total Assets	流动资产合计 Balance of Working Capitals	负债合计 Total Liabilities	主营业务收入 Revenue from Principal Business	主营业务成本 Cost of Pricipal Business	利润总额 Total Profits	利税总额 Total Pre-tax Profits	本年应缴增值税 Value Added Tax Payable
106.4	**9238.10**	**3247.11**	**6181.27**	**7601.79**	**6621.25**	**199.82**	**712.43**	**300.32**
107.5	715.56	344.69	428.22	597.37	412.72	37.49	174.38	35.71
105.5	8522.54	2902.42	5753.05	7004.42	6208.53	162.34	538.05	264.61
103.7	6424.52	2467.20	4269.29	5424.09	4660.30	174.98	577.63	225.49
113.0	2393.22	641.87	1602.27	1909.78	1722.14	21.76	120.13	65.53
105.1	420.36	138.04	309.70	267.92	238.81	3.09	14.67	9.30
110.2	2203.78	765.25	1422.47	1810.30	1512.18	124.57	234.48	92.28
90.1	736.43	83.23	477.73	354.49	297.60	-37.64	5.15	16.73
77.3	6.66	2.16	1.64	5.78	4.85	0.21	0.85	0.49
154.5	91.17	34.43	49.54	78.36	69.59	2.55	5.93	2.47
120.2	5.56	1.83	2.39	9.77	8.08	1.14	1.67	0.42
107.2	40.54	21.19	26.18	64.65	61.00	1.19	1.56	0.30
112.4	86.95	39.54	60.61	79.08	64.58	7.40	12.12	4.05
113.8	68.99	39.22	55.32	48.12	47.06	1.27	3.48	0.94
108.1	186.96	128.70	88.15	236.24	91.16	22.09	145.76	25.55
96.6	64.88	25.47	44.61	45.41	40.89	0.40	1.85	1.20
99.8	0.78	0.44	0.52	1.80	1.39	0.05	0.24	0.09
124.2	3.88	1.94	2.69	5.51	4.47	0.38	0.53	0.08
112.3	3.37	1.51	0.85	9.97	7.99	1.71	1.83	0.06
102.9	0.08	0.07	0.10	0.18	0.13		0.02	0.01
106.5	99.31	39.29	67.53	47.45	42.25	2.50	4.18	1.51
107.4	12.67	4.18	3.28	7.25	5.50	0.81	1.27	0.42
106.3	100.78	34.97	84.79	310.60	251.26	3.19	63.35	11.62
104.0	319.14	107.99	197.96	223.63	201.45	7.13	13.27	5.10
130.6	15.90	6.09	7.39	11.53	9.59	0.55	1.03	0.44
120.6	44.93	15.20	24.95	24.76	21.84	3.36	3.62	0.11
99.3	57.41	26.80	39.38	64.97	50.39	3.83	6.05	1.29
134.7	1.86	0.71	1.23	2.16	2.04	-0.03	0.02	0.05
114.4	205.23	75.47	130.84	137.05	116.39	4.54	12.99	7.46
82.4	430.72	193.26	283.77	386.59	362.41	2.89	19.56	14.82
100.7	969.63	423.77	618.82	941.88	864.72	38.97	64.90	22.16
112.0	28.16	7.90	14.09	6.94	6.15	0.14	0.47	0.15
104.3	138.39	85.50	80.66	129.20	111.87	3.84	7.94	3.72
131.5	371.79	257.21	261.96	361.48	321.66	21.56	31.17	8.71
109.6	238.94	159.74	148.00	241.37	197.60	14.87	24.35	7.04
120.5	247.05	164.35	146.63	152.09	117.45	11.79	19.09	6.59
107.5	40.77	16.47	38.18	15.46	15.09	-13.17	-12.83	0.30
106.5	46.91	29.24	23.61	29.47	24.16	1.18	1.70	0.45
94.8	0.24	0.21	0.21	0.13	0.10	0.01	0.03	0.02
104.2	2156.33	385.34	1628.73	1688.91	1629.24	-34.53	31.00	61.71
87.7	133.98	49.65	107.32	54.96	46.65	3.15	4.85	1.13
101.5	77.93	18.78	39.14	14.27	12.45	-2.08	-1.05	0.82

14-7 规模以上公有制工业企业主要指标(2009年)

本表增加值按当年价格计算，指数按可比价格计算。
Gross Value-added of industry are calculated at current prices, Indices are based on comparable prices.
单位：亿元

行 业	Sector	单位数（个）Number of Enterprises (unit)	从业人员（万人）Number of Employed Persons (10 000 persons)	工业增加值 Value-Added of Industry
总 计	**Total**	**2001**	**153.73**	**2444.65**
按轻重工业分	**Grouped by Light & Heavy Industry**			
轻工业	Enterprises of Light Industry	545	24.77	471.59
重工业	Heavy Industry	1456	128.97	1973.06
按企业规模分	**Grouped by Size of Enterprises**			
大型企业	Large Enterprises	101	97.28	1530.33
中型企业	Medium-sized Enterprises	510	38.18	595.17
小型企业	Small Enterprises	1390	18.27	319.16
按行业分	**By Sector**			
煤炭开采和洗选业	Mining and Washing of Coal	181	47.69	451.69
石油和天然气开采业	Extraction of Petroleum and Natural Gas	5	8.84	109.30
黑色金属矿采选业	Mining of Ferrous Metal Ores	12	0.31	3.73
有色金属矿采选业	Mining of Non-ferrous Metal Ores	132	3.24	126.48
非金属矿采选业	Mining and Processing of Nonmetal Ores	25	1.04	10.58
其他采矿业	Mining of Other Ores n.e.c			
农副食品加工业	Processing of Food From Agricultural Products	122	3.23	64.69
食品制造业	Manufacture of Foods	27	3.94	62.13
饮料制造业	Manufacture of Beverage	36	1.59	27.16
烟草制品业	Manufacture of Tobacco	19	2.20	135.94
纺织业	Manufacture of Textile	65	3.66	33.05
纺织服装、鞋、帽制造业	Manufacture of Textile Wearing Apparel, Footware, and Caps	17	0.55	4.59
皮革、毛皮、羽毛(绒)及其制品业	Manufacture of Leather, Fur, Feather and Its Products	13	0.71	16.74
木材加工及木、竹、藤、棕、草制品业	Processing of Timbers, Manufacture of Wood, Bamboo,	16	0.36	7.62
家具制造业	Manufacture of Furniture	6	0.09	1.13
造纸及纸制品业	Manufacture of Paper and Paper Products	38	2.29	41.61
印刷业和记录媒介的复制	Printing,Reproduction of Recording Media	29	0.68	9.48
文教体育用品制造业	Manufacture of Articles for Culture,Education and Sport Activity			
石油加工、炼焦及核燃料加工业	Processing of Petroleum ,Coking,Processing of Nucleus Fuel	13	0.67	75.05
化学原料及化学制品制造业	Manufacture of Chemical Raw Material and Chemical Products	148	5.22	96.90
医药制造业	Manufacture of Medicines	32	1.15	26.74
化学纤维制造业	Manufacture of Chemical Fibers	7	1.06	8.91
橡胶制品业	Manufacture of Rubber	14	1.19	20.09
塑料制品业	Manufacture of Plastic	40	0.87	11.20
非金属矿物制品业	Manufacture of Non-metallic Mineral Products	217	6.74	111.43
黑色金属冶炼及压延加工业	Manufacture and Processing of Ferrous Metals	13	4.46	106.71
有色金属冶炼及压延加工业	Manufacture and Processing of Non-ferrous Metals	65	8.90	176.34
金属制品业	Manufacture of Metal Products	55	1.17	16.89
通用设备制造业	Manufacture of General Purpose Machinery	103	3.94	55.45
专用设备制造业	Manufacture of Special Purpose Machinery	112	7.48	98.83
交通运输设备制造业	Manufacture of Transport Equipment	74	5.07	65.56
电气机械及器材制造业	Manufacture of Electrical Machinery and Equipment	56	4.38	47.68
通信设备、计算机及其他电子设备制造业	Manufacture of Communication Equipment ,	14	1.00	7.40
仪器仪表及文化、办公用机械制造业	Manufacture of Measuring Instrument	22	1.55	9.94
工艺品及其他制造业	Manufacture of Artwork, Other Manufacture n.e.c	14	0.90	8.02
废弃资源和废旧材料回收加工业	Recycling and Disposal of Waste	3	0.03	1.94
电力、热力的生产和供应业	Production and Supply of Electric Power and Heat Power	200	14.73	379.60
燃气生产和供应业	Production and Distribution of Gas	9	0.89	7.64
水的生产和供应业	Production and Distribution of Water	46	1.93	6.01

Main Indicators on Economic Benefit of Public-owned Industrial Enterprises above Designated Size(2009)

(100 million yuan)

工业增加值指数(上年=100) Indices of Value-Added of Industry (Preceding=100)	资产总计 Total Assets	流动资产合计 Balance of Working Capitals	负债合计 Total Liabilities	主营业务收入 Revenue from Principal Business	主营业务成本 Cost of Pricipal Business	利润总额 Total Profits	利税总额 Total Pre-tax Profits	本年应缴增值税 Value Added Tax Payable
106.6	**9880.62**	**3549.04**	**6481.47**	**9091.38**	**7861.03**	**360.30**	**920.29**	**333.60**
110.1	947.16	435.07	519.49	1161.81	886.75	96.18	251.80	48.36
105.2	8933.46	3113.97	5961.98	7929.57	6974.28	264.12	668.49	285.24
104.3	6551.79	2514.28	4321.16	5662.50	4856.00	205.48	614.49	230.23
112.9	2654.09	773.54	1735.65	2427.36	2161.43	66.81	182.55	78.58
103.0	674.74	261.22	424.66	1001.52	843.60	88.02	123.25	24.79
106.1	2241.42	782.16	1440.65	1878.27	1566.92	133.36	248.29	95.76
90.1	736.89	83.60	478.12	355.00	298.03	-37.62	5.23	16.77
97.6	8.46	2.56	1.87	11.04	8.76	1.30	2.31	0.77
129.3	154.17	61.24	71.08	369.14	302.23	49.30	54.34	2.55
117.0	11.57	5.80	3.46	28.00	22.03	3.56	5.15	1.20
104.0	87.44	44.75	51.41	206.10	186.84	12.37	15.85	2.79
118.9	115.00	52.56	78.28	152.25	120.17	16.91	24.37	6.12
117.5	88.12	45.30	63.65	84.95	75.77	4.30	9.34	2.09
108.1	190.71	131.34	90.50	240.51	94.49	22.24	146.21	25.83
108.1	87.53	32.76	53.74	84.02	74.67	3.59	5.89	1.93
66.1	2.98	1.28	1.78	13.82	11.92	0.31	0.89	0.35
129.2	13.50	6.76	7.52	44.37	38.63	3.97	5.57	1.15
106.7	5.21	2.11	1.11	20.90	17.67	2.59	3.10	0.36
119.6	0.96	0.39	0.33	3.38	2.75	0.26	0.44	0.16
111.3	139.61	50.89	77.29	137.75	116.07	15.74	19.62	3.25
119.3	17.38	6.78	4.83	17.91	14.11	2.28	3.04	0.69
107.9	104.49	36.55	86.78	328.05	267.61	3.79	64.36	12.00
105.8	350.22	122.85	216.53	290.73	258.84	11.65	20.37	6.65
124.5	44.95	14.37	11.64	83.60	69.96	9.94	12.64	1.67
122.3	55.82	17.51	26.88	33.92	30.55	3.90	4.39	0.27
103.3	59.68	27.90	39.99	73.67	58.19	4.51	6.98	1.53
126.6	22.74	10.53	12.15	47.31	38.53	5.49	7.78	1.68
115.7	261.91	106.52	153.19	270.22	221.86	20.60	35.76	12.47
82.6	434.52	195.53	287.15	399.15	374.35	2.91	19.88	15.07
99.7	1012.00	443.90	647.47	988.93	910.05	39.81	66.63	22.98
122.3	38.27	13.96	20.11	34.71	31.17	1.36	2.35	0.67
106.5	156.67	96.19	90.04	162.51	138.69	6.84	12.48	4.54
124.0	407.29	280.01	281.53	422.22	374.39	26.11	37.65	10.36
110.3	262.68	173.82	163.17	280.00	230.69	17.00	27.68	8.09
121.3	267.95	179.23	158.82	192.77	149.52	15.88	24.73	7.95
108.1	59.13	25.34	46.48	22.04	20.32	-12.50	-11.89	0.54
105.5	55.02	32.66	29.69	30.53	24.96	0.58	1.15	0.51
100.6	4.51	2.47	1.77	12.91	10.71	0.94	1.73	0.54
50.5	1.23	0.91	0.83	0.58	0.56	-0.02	0.01	0.03
104.2	2168.10	389.74	1634.70	1700.61	1639.78	-34.06	32.07	62.29
87.7	133.98	49.65	107.32	54.96	46.65	3.15	4.85	1.13
101.3	78.48	19.13	39.63	14.54	12.61	-2.01	-0.96	0.85

14-8 分行业规模以上私营工业企业主要指标(2009年)

本表增加值按当年价格计算，指数按可比价格计算。
Gross Value-added of industry are calculated at current prices, Indices are based on comparable prices.
单位：亿元

行 业	Sector	单位数(个) Number of Enterprises (unit)	从业人员(万人) Number of Employed Persohs (10 000 persons)	工业增加值 Value-Added of Industry
总 计	**Total**	**11534**	**165.63**	**3051.13**
按轻重工业分	**Grouped by Light & Heavy Industry**			
轻工业	Enterprises of Light Industry	4881	72.73	1186.62
重工业	Heavy Industry	6653	92.89	1864.51
按企业规模分	**Grouped by Size of Enterprises**			
大型企业	Large Enterprises	24	6.32	105.89
中型企业	Medium-sized Enterprises	722	51.30	864.80
小型企业	Small Enterprises	10788	108.01	2080.44
按行业分	**By Sector**			
煤炭开采和洗选业	Mining and Washing of Coal	333	7.58	164.51
石油和天然气开采业	Extraction of Petroleum and Natural Gas	2	0.02	0.27
黑色金属矿采选业	Mining of Ferrous Metal Ores	94	1.01	22.12
有色金属矿采选业	Mining of Non-ferrous Metal Ores	161	2.26	55.24
非金属矿采选业	Mining and Processing of Nonmetal Ores	224	2.28	51.90
其他采矿业	Mining of Other Ores n.e.c			
农副食品加工业	Processing of Food From Agricultural Products	1466	15.23	319.82
食品制造业	Manufacture of Foods	430	6.42	94.32
饮料制造业	Manufacture of Beverage	279	3.83	64.15
烟草制品业	Manufacture of Tobacco			
纺织业	Manufacture of Textile	698	15.71	163.68
纺织服装、鞋、帽制造业	Manufacture of Textile Wearing Apparel, Footware, and Caps	171	3.54	42.13
皮革、毛皮、羽毛(绒)及其制品业	Manufacture of Leather, Fur, Feather and Its Products	231	3.17	60.57
木材加工及木、竹、藤、棕、草制品业	Processing of Timbers, Manufacture of Wood, Bamboo,	477	7.19	88.98
家具制造业	Manufacture of Furniture	202	3.23	40.65
造纸及纸制品业	Manufacture of Paper and Paper Products	286	5.16	98.09
印刷业和记录媒介的复制	Printing,Reproduction of Recording Media	117	1.24	26.11
文教体育用品制造业	Manufacture of Articles for Culture,Education and Sport Activity	29	0.43	4.43
石油加工、炼焦及核燃料加工业	Processing of Petroleum ,Coking,Processing of Nucleus Fuel	43	1.02	57.79
化学原料及化学制品制造业	Manufacture of Chemical Raw Material and Chemical Products	602	9.03	158.84
医药制造业	Manufacture of Medicines	172	2.78	52.76
化学纤维制造业	Manufacture of Chemical Fibers	17	0.28	4.41
橡胶制品业	Manufacture of Rubber	123	1.91	29.24
塑料制品业	Manufacture of Plastic	289	3.17	49.74
非金属矿物制品业	Manufacture of Non-metallic Mineral Products	1925	25.59	536.63
黑色金属冶炼及压延加工业	Manufacture and Processing of Ferrous Metals	187	2.82	133.63
有色金属冶炼及压延加工业	Manufacture and Processing of Non-ferrous Metals	289	3.84	102.36
金属制品业	Manufacture of Metal Products	409	4.94	86.80
通用设备制造业	Manufacture of General Purpose Machinery	757	9.49	185.97
专用设备制造业	Manufacture of Special Purpose Machinery	552	6.82	119.22
交通运输设备制造业	Manufacture of Transport Equipment	350	4.81	75.73
电气机械及器材制造业	Manufacture of Electrical Machinery and Equipment	270	5.67	78.20
通信设备、计算机及其他电子设备制造业	Manufacture of Communication Equipment ,	54	1.01	10.90
仪器仪表及文化、办公用机械制造业	Manufacture of Measuring Instrument	78	1.04	20.40
工艺品及其他制造业	Manufacture of Artwork, Other Manufacture n.e.c	165	2.52	42.24
废弃资源和废旧材料回收加工业	Recycling and Disposal of Waste	21	0.19	3.10
电力、热力的生产和供应业	Production and Supply of Electric Power and Heat Power	9	0.20	2.16
燃气生产和供应业	Production and Distribution of Gas	8	0.10	2.97
水的生产和供应业	Production and Distribution of Water	14	0.12	1.05

Main Indicators on Economic Benefit of Private Industrial Enterprises above Designated Size(2009)

(100 million yuan)

工业增加值指数(上年=100) Indices of Value-Added of Industry (Preceding=100)	资产总计 Total Assets	流动资产合计 Balance of Working Capitals	负债合计 Total Liabilities	主营业务收入 Revenue from Principal Business	主营业务成本 Cost of Pricipal Business	利润总额 Total Profits	利税总额 Total Pre-tax Profits	本年应缴增值税 Value Added Tax Payable
117.5	**4166.28**	**1731.91**	**1544.08**	**10908.78**	**8898.60**	**1327.08**	**1840.41**	**384.21**
114.9	1569.33	657.65	559.19	4120.16	3349.77	500.34	677.00	130.53
120.6	2596.95	1074.26	984.89	6788.62	5548.83	826.74	1163.40	253.68
129.5	273.67	109.46	122.92	359.83	298.19	42.05	60.60	16.70
121.1	1414.06	589.48	579.98	3295.28	2731.66	393.05	525.68	100.14
116.8	2478.54	1032.97	841.18	7253.67	5868.75	891.98	1254.13	267.36
114.6	194.94	66.28	67.93	364.06	257.19	79.17	106.69	19.46
122.7	0.15	0.10	0.10	0.97	0.73	0.15	0.17	
119.5	34.93	14.39	13.55	75.02	60.66	8.40	13.71	2.96
117.9	98.51	39.03	40.73	184.82	150.49	27.08	31.60	3.04
109.3	51.47	15.28	10.55	141.41	110.03	17.84	27.32	4.97
111.0	334.33	141.42	95.68	1160.11	964.37	130.79	174.11	31.57
112.0	128.44	44.45	38.19	342.28	278.00	44.41	56.97	9.34
118.7	127.82	43.71	53.41	218.37	171.34	29.69	42.91	8.56
112.3	303.86	128.69	120.49	654.61	537.67	71.78	99.93	21.04
128.8	47.22	21.03	16.57	119.74	98.22	14.06	19.78	4.51
126.0	67.27	28.45	19.90	201.67	159.93	32.33	42.56	7.45
119.3	111.48	51.00	28.67	308.91	249.60	38.12	53.55	10.64
121.4	30.90	15.39	9.22	157.73	123.25	18.08	23.15	3.42
102.5	133.47	55.06	48.24	338.01	274.45	43.17	60.18	14.16
118.6	39.72	12.67	12.42	80.17	64.99	8.41	12.46	3.28
112.0	4.32	1.94	1.17	16.35	13.34	1.87	2.74	0.55
127.5	101.81	47.28	31.74	237.29	189.96	36.79	47.30	7.12
124.4	278.08	103.13	105.53	638.65	529.00	71.02	99.98	22.51
122.2	132.67	67.23	73.36	160.46	124.73	19.71	26.86	5.55
114.0	6.66	2.25	2.49	23.25	19.33	3.00	3.89	0.70
120.1	34.88	11.94	12.57	124.60	99.08	14.96	21.54	4.48
129.0	62.14	25.01	23.55	202.17	161.15	26.07	35.73	6.97
120.1	629.69	235.61	225.28	1749.74	1390.37	234.90	336.67	77.70
122.2	164.60	76.42	82.47	497.66	444.31	40.99	63.62	19.87
120.9	197.05	108.45	99.65	489.02	431.87	38.73	54.83	13.51
132.6	102.05	43.56	35.61	274.67	227.99	28.97	39.79	7.94
119.1	204.01	86.76	69.95	658.19	537.69	72.95	105.28	23.58
112.7	187.05	75.91	65.71	503.48	415.79	57.28	80.98	18.74
124.9	125.14	61.32	50.89	368.59	304.95	46.73	63.15	13.31
126.4	115.95	59.25	40.57	345.62	283.46	39.96	49.71	7.32
120.1	33.03	12.27	16.05	46.48	38.13	4.76	6.39	1.25
153.4	22.74	10.58	7.67	57.22	47.11	6.61	8.54	1.51
109.1	34.10	15.46	9.50	127.30	105.50	14.22	21.77	5.47
141.4	7.26	4.06	4.36	15.24	13.59	1.00	1.35	0.21
137.5	10.40	3.92	7.23	7.18	6.01	0.43	0.96	0.37
120.4	5.03	1.80	1.41	14.84	12.49	2.04	3.42	1.04
126.4	3.12	0.79	1.66	2.93	1.83	0.60	0.84	0.10

14-9 各市规模以上公有制工业企业增加值(2009年)

Value-added of Public-owned Industrial Enterprises above Designated Size by City (2009)

单位：亿元 (100 million yuan)

市	City	合计 Total	轻工业 Enterprises of Light Industry	重工业 Enterprises of Heavy Industry	#大型企业 Large-sized Enterprises	#中型企业 Medium-sized Enterprises	工业增加值指数(上年=100) Indices of Value Added of Industry (Preceding year=100)
郑州市	Zhengzhou	287.41	62.44	224.97	150.00	107.49	97.5
开封市	Kaifeng	38.47	10.51	27.96	10.59	20.65	114.4
洛阳市	Luoyang	389.59	17.86	371.73	269.48	96.06	115.9
平顶山市	Pingdingshan	280.88	18.24	262.65	200.18	48.86	99.2
安阳市	Anyang	122.19	25.68	96.52	71.75	45.36	86.9
鹤壁市	Hebi	97.45	16.23	81.22	45.55	17.67	116.4
新乡市	Xinxiang	104.82	47.17	57.65	45.32	47.22	114.9
焦作市	Jiaozuo	136.85	23.07	113.78	84.97	35.83	98.1
濮阳市	Puyang	132.31	15.97	116.34	88.17	27.28	99.0
许昌市	Xuchang	127.02	38.13	88.89	59.97	56.78	114.3
漯河市	Luohe	64.74	53.32	11.42	41.12	20.23	112.1
三门峡市	Sanmenxia	194.29	4.34	189.95	68.53	52.62	110.2
南阳市	Nanyang	150.72	46.99	103.73	75.50	52.19	103.2
商丘市	Shangqiu	156.12	13.49	142.63	115.62	33.34	109.9
信阳市	Xinyang	38.80	18.73	20.07	11.76	10.43	127.3
周口市	Zhoukou	48.36	40.10	8.27	35.64	10.78	116.8
驻马店市	Zhumadian	47.15	14.68	32.47	2.36	31.86	102.4
济源市	Jiyuan	55.90	0.92	54.99	32.53	18.99	114.4

14-10 规模以上工业六大优势产业主要指标(2009年)

Main indicators of Six Prominent Industrial Exterprises above Designated Size (2009)

单位：亿元 (100 million yuan)

行业	Sector	单位数(个) Number of Enterprises (unit)	工业增加值 Value-added of Industrial Enterprises
合　计	**Total**	**10659**	**3947.39**
食品	**Food**	**3033**	**1144.89**
农副食品加工业	Processing of Food From Agricultural Products	1948	594.64
食品制造业	Manufacture of Foods	636	255.39
饮料制造业	Manufacture of Beverages	429	160.27
烟草制品业	Manufacture of Tobacco	20	134.60
有色金属	**Non-ferrous Metals**	**873**	**644.87**
有色金属矿采选业	Mining of Processing of Non-ferrous Metal Ores	354	222.30
有色金属冶炼及压延加工业	Smelting and Pressing of Non-ferrous Metals	519	422.58
化工	**Chemical Engineering**	**1267**	**544.67**
石油加工、炼焦及核燃料加工业	Processing of Petroleum, Coking, Processing of Nuclear Fuel	8	108.16
化学原料及化学制品制造业	Manufacture of Raw Chemical Materials and Chemical Products	1082	368.52
橡胶制品业	Manufacture of Rubber	177	67.99
汽车及零部件	**Automobile and Parts**	**491**	**173.94**
汽车制造	Manufacture of Automobile	416	148.35
摩托车制造	Manufacture of Motorcycle	75	25.59
装备制造业	**Manufacture of Equipment**	**3670**	**1086.76**
金属制品业	Manufacture of Metal Products	620	143.80
通用设备制造业	Manufacture of General Purpose Machinery	1280	379.98
专用设备制造业	Manufacture of Special Purpose Machinery	964	298.30
交通运输设备制造业（不包括汽车制造、摩托车制造）	Manufacture of Transport Equipment (Manufacture of Automobile and Motorcycle are excluded)	114	31.46
电气机械及器材制造业	Manufacture of Electrical Machinery and Equipment	527	183.02
仪器仪表及文化、办公用机械制造业	Manufacture of Measuring Instrument and Machinery for Cultural Activity and Office Work	165	50.20
纺织服装	**Textile Wearing Apparel**	**1325**	**352.26**
纺织业	Manufacture of Textile	1027	270.95
纺织服装、鞋、帽制造业	Manufacture of Textile Wearing Apparel, Footware, and Caps	262	66.10
化学纤维制造业	Manufacture of Chemical Fibers	36	15.20

14-11 各市规模以上国有控股工业增加值(2009年)
Value-added of State-holding Industrial Enterprises above Designated Size by City

单位：亿元 (100 million yuan)

市 City	合计 Total	轻工业 Enterprises of Light Industry	重工业 Enterprises of Heavy Industry	#大型企业 Large-sized Enterprises	#中型企业 Medium-sized Enterprises	工业增加值指数(上年=100) Indices of Value Added of Industry (Preceding year=100)
郑州市 Zhengzhou	250.51	49.25	201.26	147.99	91.17	97.3
开封市 Kaifeng	19.98	3.34	16.64	8.92	9.80	120.2
洛阳市 Luoyang	373.92	16.15	357.77	269.48	88.91	116.8
平顶山市 Pingdingshan	247.08	10.80	236.28	200.18	36.65	100.4
安阳市 Anyang	114.10	20.50	93.60	71.75	40.12	86.8
鹤壁市 Hebi	57.35	6.66	50.69	45.55	7.20	109.4
新乡市 Xinxiang	53.00	8.73	44.26	13.50	35.95	112.4
焦作市 Jiaozuo	94.89	1.92	92.98	71.60	19.82	93.9
濮阳市 Puyang	110.79	5.68	105.11	84.76	21.91	95.3
许昌市 Xuchang	113.75	33.97	79.78	59.97	49.60	113.3
漯河市 Luohe	28.02	18.82	9.20	8.83	18.11	103.2
三门峡市 Sanmenxia	115.63	0.91	114.72	68.53	43.28	114.1
南阳市 Nanyang	128.95	36.42	92.52	72.10	48.60	103.9
商丘市 Shangqiu	145.51	3.64	141.88	115.62	25.47	109.8
信阳市 Xinyang	27.36	14.06	13.29	11.76	4.03	134.0
周口市 Zhoukou	43.56	35.78	7.79	35.64	7.36	116.8
驻马店市 Zhumadian	30.63	7.05	23.58	2.36	26.79	104.1
济源市 Jiyuan	53.04	0.25	52.79	32.53	18.99	116.5

14-12 各市规模以上私营工业企业增加值(2009年)

Value-added of Private Industrial Enterprises above Designated Size by City (2009)

市	City	工业增加值(亿元) Value Added of Industry (100 million yuan)	轻工业 Enterprises of Light Industry	重工业 Enterprises of Heavy Industry	#大型企业 Large-sized Enterprises	#中型企业 Medium-sized Enterprises	工业增加值指数(上年=100) Indices of Value Added of Industry (Preceding year=100)
郑州市	Zhengzhou	532.93	106.85	426.08	11.90	165.83	115.1
开封市	Kaifeng	126.83	59.95	66.88	13.47	34.13	117.0
洛阳市	Luoyang	197.93	58.97	138.96		48.47	110.1
平顶山市	Pingdingshan	139.71	34.66	105.04	2.28	20.40	130.8
安阳市	Anyang	230.17	41.33	188.84	13.80	128.78	129.3
鹤壁市	Hebi	69.54	33.53	36.00		8.67	112.2
新乡市	Xinxiang	141.79	65.85	75.94	12.18	64.53	119.4
焦作市	Jiaozuo	298.38	127.81	170.57	8.93	99.46	118.7
濮阳市	Puyang	159.77	102.98	56.79		29.41	122.0
许昌市	Xuchang	278.42	100.43	177.99	19.71	59.63	119.1
漯河市	Luohe	129.36	86.06	43.30	0.81	57.59	112.8
三门峡市	Sanmenxia	103.97	11.21	92.76		23.86	119.8
南阳市	Nanyang	180.22	106.94	73.28	3.72	17.07	115.4
商丘市	Shangqiu	101.00	69.60	31.40	2.21	25.83	122.3
信阳市	Xinyang	109.54	48.80	60.74	4.88	24.95	119.5
周口市	Zhoukou	121.48	83.61	37.86	7.44	12.77	120.1
驻马店市	Zhumadian	100.41	51.54	48.87	3.69	27.41	124.0
济源市	Jiyuan	33.14	1.73	31.41		10.41	114.7

14-13 各市规模以上工业企业主要财务指标

单位：亿元

年份 year 市 City	单位数（个）Number of Enterprises (unit)	从业人员年平均人数(万人) Average Number of Employed Persons (10 000 persons)	资产总计 Total Assets	流动资产合计 Balance of Working Capitals
1998	10450	380.58	4813.59	
1999	9922	358.02	5090.87	
2000	9930	343.13	5234.71	
2001	9720	335.73	5633.03	
2002	9671	322.47	5987.80	
2003	9091	317.32	6575.13	
2004	9782	326.92	8142.33	
2005	10867	355.70	9158.03	
2006	11895	361.94	11026.18	
2007	13518	382.43	13788.00	
2008	15795	401.53	16421.08	
2009	18592	449.14	19668.61	7769.93
郑州市 Zhengzhou	2510	61.45	3185.05	1347.19
开封市 Kaifeng	1178	22.47	589.92	226.89
洛阳市 Luoyang	1677	37.97	2473.34	1057.56
平顶山市 Pingdingshan	864	34.81	1746.39	670.03
安阳市 Anyang	980	21.66	1077.49	436.20
鹤壁市 Hebi	456	14.08	451.62	167.38
新乡市 Xinxiang	1122	33.01	1134.45	471.74
焦作市 Jiaozuo	1053	32.35	1112.87	435.47
濮阳市 Puyang	657	18.06	957.82	195.51
许昌市 Xuchang	1208	29.69	1123.85	509.61
漯河市 Luohe	625	16.32	552.27	221.65
三门峡市 Sanmenxia	658	18.08	1115.81	434.11
南阳市 Nanyang	1358	32.56	1160.76	480.67
商丘市 Shangqiu	696	15.07	789.58	291.32
信阳市 Xinyang	1073	17.89	452.89	161.92
周口市 Zhoukou	970	17.75	564.69	234.44
驻马店市 Zhumadian	1261	20.21	580.94	219.81
济源市 Jiyuan	244	5.72	598.88	208.43

Main Indicators on Economic Benefit of Industrial Enterprises above Designated Size by City

(100 million yuan)

负债合计 Total Liabilities	主营业务收入 Revenue from Principal Business	主营业务成本 Cost of Pricipal Business	利润总额 Total Profits	利税总额 Total Pre-tax Profits	本年应缴增值税 Value Added Tax Payable
3237.58	2774.43	2278.26	71.21	251.73	117.88
3357.14	2889.61	2391.14	79.58	269.43	128.23
3477.34	3297.78	2708.84	139.97	343.68	140.02
3699.60	3642.32	3015.28	141.62	363.93	150.68
3825.08	4159.57	3438.38	183.85	440.01	174.14
4227.07	5284.81	4399.48	255.91	558.98	208.00
5087.83	7283.63	6078.52	403.65	794.78	283.02
5639.20	10114.21	8441.39	643.39	1205.65	402.71
6644.10	13809.07	11463.04	1141.80	1907.06	565.18
7970.01	18936.82	15478.08	1941.51	3023.05	812.31
9497.17	25292.02	21251.31	2179.10	3458.82	926.72
11103.26	28246.65	23765.05	2444.18	3835.99	976.99
1747.94	4726.58	3843.35	498.79	780.36	213.58
239.11	895.95	730.98	111.92	149.75	27.67
1498.65	3002.41	2615.05	175.57	338.73	95.92
1069.00	1842.10	1588.82	115.99	205.45	70.32
636.27	1905.58	1657.20	143.22	240.97	70.75
302.17	632.51	528.78	39.47	68.67	21.93
636.30	1667.12	1455.52	129.42	175.41	39.50
632.87	2074.78	1684.55	213.59	322.12	85.16
583.77	1216.58	1023.17	79.68	133.42	28.34
523.17	1766.44	1392.66	212.29	354.35	85.03
238.52	1220.65	1010.25	153.82	188.19	22.59
692.74	1524.39	1313.84	127.60	171.92	33.05
672.59	1530.14	1276.63	102.20	193.81	59.75
478.20	1090.01	950.82	80.28	118.31	29.06
245.15	769.91	666.50	42.54	76.93	22.24
264.75	895.57	712.86	124.79	166.83	27.65
306.62	845.72	735.47	55.29	88.30	21.59
335.41	640.20	578.60	37.70	62.48	22.86

14-14 各市规模以上国有控股工业企业主要财务指标(2009年)
Main Indicators on Economic Benefit of State-holding Industrial Enterprises above Designated Size by City(2009)

单位：亿元 (100 million yuan)

市	City	从业人员(万人) Number of Employed Persons (10 000 persons)	资产总计 Total Assets	流动资产合计 Balance of Working Capitals	负债合计 Total Liabilities
全省	**Total**	**127.64**	**9238.10**	**3247.11**	**6181.27**
郑州市	Zhengzhou	16.32	1152.84	464.97	776.13
开封市	Kaifeng	2.56	118.07	46.56	83.77
洛阳市	Luoyang	18.25	1746.61	723.13	1088.60
平顶山市	Pingdingshan	22.18	1183.27	448.82	784.76
安阳市	Anyang	5.69	496.35	197.91	353.71
鹤壁市	Hebi	5.44	230.51	74.11	181.19
新乡市	Xinxiang	4.45	281.43	87.92	224.45
焦作市	Jiaozuo	7.32	433.36	136.50	297.58
濮阳市	Puyang	8.37	754.06	102.09	535.72
许昌市	Xuchang	5.84	386.78	158.59	241.61
漯河市	Luohe	1.31	93.86	39.24	56.90
三门峡市	Sanmenxia	8.08	537.87	197.29	368.51
南阳市	Nanyang	7.95	499.69	160.27	314.17
商丘市	Shangqiu	5.15	586.73	206.90	387.39
信阳市	Xinyang	2.46	115.26	31.08	85.74
周口市	Zhoukou	2.53	94.99	42.89	68.08
驻马店市	Zhumadian	2.40	193.78	54.88	149.52
济源市	Jiyuan	1.33	332.65	73.97	183.45

市	City	主营业务收入 Revenue from Principal Business	主营业务成本 Cost of Pricipal Business	利润总额 Total Profits	利税总额 Total Pre-tax Profits	本年应缴增值税 Value Added Tax Payable
全省	**Total**	**7601.79**	**6621.25**	**199.82**	**712.43**	**300.32**
郑州市	Zhengzhou	907.10	771.02	12.81	93.99	40.09
开封市	Kaifeng	81.11	72.57	1.51	3.76	1.99
洛阳市	Luoyang	1483.03	1286.24	61.99	178.84	57.57
平顶山市	Pingdingshan	1054.65	949.42	26.71	73.76	39.45
安阳市	Anyang	423.40	380.38	-11.68	24.83	19.59
鹤壁市	Hebi	162.28	125.04	3.02	13.36	8.96
新乡市	Xinxiang	225.62	200.16	11.23	19.09	7.19
焦作市	Jiaozuo	403.61	359.84	6.07	24.44	15.79
濮阳市	Puyang	372.53	324.16	-26.81	6.54	15.74
许昌市	Xuchang	309.48	227.19	27.68	70.96	16.90
漯河市	Luohe	89.88	72.73	6.24	16.51	3.35
三门峡市	Sanmenxia	571.53	519.49	13.08	33.14	17.02
南阳市	Nanyang	403.90	341.52	5.08	40.18	16.75
商丘市	Shangqiu	576.67	501.86	48.02	72.17	20.42
信阳市	Xinyang	100.79	95.61	0.27	2.16	1.43
周口市	Zhoukou	105.92	91.63	7.32	12.36	4.48
驻马店市	Zhumadian	129.43	118.28	-0.78	9.50	5.49
济源市	Jiyuan	200.83	184.11	8.09	16.86	8.09

14-15 各市规模以上公有制工业企业主要财务指标(2009年)

Main Indicators on Economic Benefit of Public-owned Industrial Enterprises above Designated Size by City(2009)

单位：亿元 (100 million yuan)

市	City	从业人员(万人) Number of Employed Persons (10 000 persons)	资产总计 Total Assets	流动资产合计 Balance of Working Capitals	负债合计 Total Liabilities
郑州市	Zhengzhou	18.72	1224.77	502.38	818.91
开封市	Kaifeng	3.52	144.41	57.82	91.19
洛阳市	Luoyang	19.26	1775.09	740.45	1108.41
平顶山市	Pingdingshan	23.70	1215.66	466.72	803.09
安阳市	Anyang	6.56	509.62	205.80	361.45
鹤壁市	Hebi	7.21	271.13	92.83	201.89
新乡市	Xinxiang	6.80	362.35	107.41	242.47
焦作市	Jiaozuo	9.56	513.33	179.35	344.90
濮阳市	Puyang	9.25	780.51	117.98	546.18
许昌市	Xuchang	6.84	404.87	166.01	249.20
漯河市	Luohe	3.44	129.22	54.81	75.16
三门峡市	Sanmenxia	10.19	618.25	232.55	398.68
南阳市	Nanyang	9.84	545.61	186.78	338.60
商丘市	Shangqiu	5.91	605.31	218.95	400.68
信阳市	Xinyang	3.93	126.53	37.16	89.21
周口市	Zhoukou	2.76	107.70	44.90	72.08
驻马店市	Zhumadian	4.82	211.81	62.35	155.25
济源市	Jiyuan	1.44	334.44	74.80	184.12

市	City	主营业务收入 Revenue from Principal Business	主营业务成本 Cost of Pricipal Business	利润总额 Total Profits	利税总额 Total Pre-tax Profits	本年应缴增值税 Value Added Tax Payable
郑州市	Zhengzhou	1047.34	885.08	27.51	115.28	45.08
开封市	Kaifeng	117.41	102.25	6.26	10.00	3.10
洛阳市	Luoyang	1546.06	1344.19	63.18	181.54	58.83
平顶山市	Pingdingshan	1139.53	1024.76	32.85	82.94	41.93
安阳市	Anyang	448.23	401.22	-8.85	28.29	20.14
鹤壁市	Hebi	240.69	191.18	9.61	22.88	10.60
新乡市	Xinxiang	395.75	347.52	31.15	43.16	10.04
焦作市	Jiaozuo	550.90	485.55	18.00	42.20	20.67
濮阳市	Puyang	446.63	384.12	-18.00	17.32	17.07
许昌市	Xuchang	347.63	256.78	32.29	79.81	19.47
漯河市	Luohe	168.52	132.18	17.99	30.83	5.31
三门峡市	Sanmenxia	901.53	784.85	63.94	86.71	17.93
南阳市	Nanyang	470.90	396.54	9.87	49.24	19.25
商丘市	Shangqiu	613.96	534.71	49.95	74.62	20.81
信阳市	Xinyang	136.39	124.19	3.41	7.23	2.85
周口市	Zhoukou	122.34	105.07	9.23	14.97	4.99
驻马店市	Zhumadian	192.04	172.68	3.35	15.60	7.14
济源市	Jiyuan	205.52	188.14	8.56	17.67	8.41

14-16 各市规模以上私营工业企业主要财务指标(2009年)

单位：亿元

市	City	从业人员(万人) Number of Employed Persons (10 000 persons)	资产总计 Total Assets	流动资产合计 Balance of Working Capitals
郑州市	Zhengzhou	21.14	663.54	275.23
开封市	Kaifeng	13.32	265.84	101.61
洛阳市	Luoyang	9.96	274.46	139.87
平顶山市	Pingdingshan	5.74	162.38	59.94
安阳市	Anyang	7.88	285.60	127.93
鹤壁市	Hebi	2.79	94.42	35.66
新乡市	Xinxiang	12.35	267.90	103.94
焦作市	Jiaozuo	14.39	347.25	134.94
濮阳市	Puyang	5.87	114.58	54.57
许昌市	Xuchang	13.57	383.02	167.05
漯河市	Luohe	6.28	174.71	59.32
三门峡市	Sanmenxia	5.50	175.23	77.44
南阳市	Nanyang	11.90	230.19	100.82
商丘市	Shangqiu	6.49	118.14	44.96
信阳市	Xinyang	8.75	149.37	52.41
周口市	Zhoukou	9.42	246.15	100.92
驻马店市	Zhumadian	9.32	155.82	62.57
济源市	Jiyuan	0.97	57.68	32.75

Main Indicators on Economic Benefit of Private Industrial Enterprises above Designated Size by City(2009)

(100 million yuan)

负债合计 Total Liabilities	主营业务收入 Revenue from Principal Business	主营业务成本 Cost of Pricipal Business	利润总额 Total Profits	利税总额 Total Pre-tax Profits	本年应缴增值税 Value Added Tax Payable
232.87	1958.21	1562.86	277.92	390.02	96.81
47.91	579.18	457.48	89.29	117.63	20.24
132.40	735.81	630.46	56.46	78.99	17.74
58.00	389.41	300.13	59.34	85.19	17.94
107.34	831.96	707.78	99.34	133.77	27.90
50.82	243.00	203.98	25.19	35.72	8.44
115.73	560.85	488.37	47.14	60.64	10.94
137.77	1038.67	804.37	142.08	204.24	46.77
21.52	582.66	481.65	75.83	89.93	8.66
138.16	939.40	740.41	126.82	194.41	45.15
58.34	418.07	329.73	72.21	80.91	5.68
96.74	375.09	314.26	40.33	52.92	7.23
104.61	594.88	498.54	48.86	77.95	23.38
42.93	365.28	319.76	24.34	33.53	5.91
46.40	377.16	313.84	28.90	48.46	13.03
86.41	430.02	330.93	66.68	90.80	14.59
37.69	371.59	310.88	36.24	50.32	9.25
28.45	117.54	103.17	10.11	14.97	4.53

14-17 分行业规模以上工业企业主要经济效益指标(2009年)

行 业	Sector	总资产贡献率(%) Ratio of Total Assets to Industrial Output Value (%)
总 计	**Total**	**21.0**
按轻重工业分	**Grouped by Light & Heavy Industry**	
轻工业	Light Industry	33.0
重工业	Heavy Industry	17.8
按企业规模分	**Grouped by Size of Enterprises**	
大型企业	Large Enterprises	12.2
中型企业	Medium-sized Enterprises	18.2
小型企业	Small Enterprises	40.9
按所有制分	**By Proprietorial System**	
公有制	Public-owned	10.9
非公有制	Non-Public-owned	31.2
按行业分	**Grouped by Sectors**	
煤炭开采和洗选业	Mining and Washing of Coal	18.7
石油和天然气开采业	Extraction of Petroleum and Natural Gas	1.2
黑色金属矿采选业	Mining of Ferrous Metal Ores	38.3
有色金属矿采选业	Mining of Non-ferrous Metal Ores	36.0
非金属矿采选业	Mining and Processing of Nonmetal Ores	54.5
其他采矿业	Mining of Other Ores n.e.c	
农副食品加工业	Processing of Food From Agricultural Products	36.5
食品制造业	Manufacture of Foods	30.0
饮料制造业	Manufacture of Beverage	27.9
烟草制品业	Manufacture of Tobacco	77.1
纺织业	Manufacture of Textile	25.2
纺织服装、鞋、帽制造业	Manufacture of Textile Wearing Apparel, Footware, and Caps	36.4
皮革、毛皮、羽毛(绒)及其制品业	Manufacture of Leather, Fur, Feather and Its Products	60.1
木材加工及木、竹、藤、棕、草制品业	Processing of Timbers, Manufacture of Wood, Bamboo,	47.6
家具制造业	Manufacture of Furniture	72.3
造纸及纸制品业	Manufacture of Paper and Paper Products	29.0
印刷业和记录媒介的复制	Printing,Reproduction of Recording Media	26.8
文教体育用品制造业	Manufacture of Articles for Culture,Education and Sport Activity	42.8
石油加工、炼焦及核燃料加工业	Processing of Petroleum ,Coking,Processing of Nucleus Fuel	49.3
化学原料及化学制品制造业	Manufacture of Chemical Raw Material and Chemical Products	17.6
医药制造业	Manufacture of Medicines	21.6
化学纤维制造业	Manufacture of Chemical Fibers	14.3
橡胶制品业	Manufacture of Rubber	30.8
塑料制品业	Manufacture of Plastic	47.7
非金属矿物制品业	Manufacture of Non-metallic Mineral Products	36.3
黑色金属冶炼及压延加工业	Manufacture and Processing of Ferrous Metals	16.5
有色金属冶炼及压延加工业	Manufacture and Processing of Non-ferrous Metals	10.8
金属制品业	Manufacture of Metal Products	28.6
通用设备制造业	Manufacture of General Purpose Machinery	27.2
专用设备制造业	Manufacture of Special Purpose Machinery	20.9
交通运输设备制造业	Manufacture of Transport Equipment	22.8
电气机械及器材制造业	Manufacture of Electrical Machinery and Equipment	21.0
通信设备、计算机及其他电子设备制造业	Manufacture of Communication Equipment ,	2.1
仪器仪表及文化、办公用机械制造业	Manufacture of Measuring Instrument	15.5
工艺品及其他制造业	Manufacture of Artwork, Other Manufacture n.e.c	37.2
废弃资源和废旧材料回收加工业	Recycling and Disposal of Waste	19.1
电力、热力的生产和供应业	Production and Supply of Electric Power and Heat Power	4.0
燃气生产和供应业	Production and Distribution of Gas	7.2
水的生产和供应业	Production and Distribution of Water	1.3

Main Economic Beneficial Indicators of Industrial Enterprises above Designated Size by Sector(2009)

成本费用利润率 (%) Ratio of Profits to Industrial Cost (%)	资产负债率 (%) Assets-Liability Ratio (%)	产品销售率 (%) Proportion of Products Sold (%)	全员劳动生产率 (元/人.年) Over Labour Productivity of Industrial Enterpreses (yuan/person.year)
9.6	**56.5**	**98.5**	**172873.8**
12.2	45.2	98.7	159672.0
8.6	59.5	98.4	179783.5
5.4	63.8	98.6	160441.5
9.0	57.5	98.2	166718.1
13.3	41.8	98.6	187201.7
4.2	65.6	98.9	159022.2
12.3	47.2	98.3	180082.1
13.1	59.2	98.5	120539.8
-10.4	64.9	99.8	121394.4
12.6	38.0	99.3	198208.4
17.3	44.8	98.0	336810.6
14.6	22.6	98.6	195857.0
10.0	40.2	98.7	198609.1
14.1	49.1	98.0	153661.5
13.3	52.5	98.1	175155.7
18.3	47.6	100.4	606293.5
10.3	46.8	99.7	92665.6
11.6	40.6	98.3	102484.8
18.6	39.0	99.6	214456.8
14.4	28.6	98.8	124541.8
12.9	30.8	98.9	125093.0
13.2	46.1	98.8	182242.2
12.2	34.9	98.3	175789.9
13.7	33.5	97.9	101256.0
9.3	56.7	99.0	644175.2
9.2	54.9	98.5	170373.5
13.9	49.2	97.4	163404.1
12.3	48.1	99.1	104824.5
11.4	54.9	98.5	154172.6
14.0	44.6	98.9	152354.2
14.1	44.3	98.6	201855.7
5.2	63.8	97.9	346424.0
5.4	61.7	98.9	241474.0
11.1	43.1	98.3	173252.5
10.0	46.2	98.2	171470.1
9.4	57.3	97.3	143691.7
11.1	57.1	97.2	133724.4
10.7	51.2	97.4	122178.9
-1.9	59.7	92.0	120760.9
9.7	50.8	94.6	136409.5
10.9	41.7	98.9	130861.4
5.9	61.3	97.8	181685.1
-1.8	76.1	99.8	267562.5
9.0	74.5	98.9	106300.5
-4.7	51.1	94.8	36351.4

14－18 分行业规模以上国有控股工业企业主要经济效益指标(2009年)

行 业	Sector	总资产贡献率(%) Ratio of Total Assets to Industrial Output Value (%)
总 计	**Total**	**9.3**
按轻重工业分	**Grouped by Light & Heavy Industry**	
轻工业	Light Industry	25.8
重工业	Heavy Industry	7.9
按企业规模分	**Grouped by Size of Enterprises**	
大型企业	Large Enterprises	10.4
中型企业	Medium-sized Enterprises	6.9
小型企业	Small Enterprises	5.6
按行业分	**Grouped by Sectors**	
煤炭开采和洗选业	Mining and Washing of Coal	12.2
石油和天然气开采业	Extraction of Petroleum and Natural Gas	1.1
黑色金属矿采选业	Mining of Ferrous Metal Ores	12.7
有色金属矿采选业	Mining of Non-ferrous Metal Ores	7.2
非金属矿采选业	Mining and Processing of Nonmetal Ores	30.8
其他采矿业	Mining of Other Ores n.e.c	
农副食品加工业	Processing of Food From Agricultural Products	5.0
食品制造业	Manufacture of Foods	16.6
饮料制造业	Manufacture of Beverage	7.7
烟草制品业	Manufacture of Tobacco	78.8
纺织业	Manufacture of Textile	4.5
纺织服装、鞋、帽制造业	Manufacture of Textile Wearing Apparel, Footware, and Caps	32.6
皮革、毛皮、羽毛(绒)及其制品业	Manufacture of Leather, Fur, Feather and Its Products	13.6
木材加工及木、竹、藤、棕、草制品业	Processing of Timbers, Manufacture of Wood, Bamboo,	55.4
家具制造业	Manufacture of Furniture	22.4
造纸及纸制品业	Manufacture of Paper and Paper Products	5.8
印刷业和记录媒介的复制	Printing,Reproduction of Recording Media	10.2
文教体育用品制造业	Manufacture of Articles for Culture,Education and Sport Activity	
石油加工、炼焦及核燃料加工业	Processing of Petroleum ,Coking,Processing of Nucleus Fuel	65.2
化学原料及化学制品制造业	Manufacture of Chemical Raw Material and Chemical Products	5.4
医药制造业	Manufacture of Medicines	7.6
化学纤维制造业	Manufacture of Chemical Fibers	9.6
橡胶制品业	Manufacture of Rubber	13.0
塑料制品业	Manufacture of Plastic	2.9
非金属矿物制品业	Manufacture of Non-metallic Mineral Products	8.1
黑色金属冶炼及压延加工业	Manufacture and Processing of Ferrous Metals	6.3
有色金属冶炼及压延加工业	Manufacture and Processing of Non-ferrous Metals	8.2
金属制品业	Manufacture of Metal Products	2.6
通用设备制造业	Manufacture of General Purpose Machinery	6.3
专用设备制造业	Manufacture of Special Purpose Machinery	9.0
交通运输设备制造业	Manufacture of Transport Equipment	10.7
电气机械及器材制造业	Manufacture of Electrical Machinery and Equipment	9.6
通信设备、计算机及其他电子设备制造业	Manufacture of Communication Equipment ,	-28.8
仪器仪表及文化、办公用机械制造业	Manufacture of Measuring Instrument	4.0
工艺品及其他制造业	Manufacture of Artwork, Other Manufacture n.e.c	16.4
废弃资源和废旧材料回收加工业	Recycling and Disposal of Waste	
电力、热力的生产和供应业	Production and Supply of Electric Power and Heat Power	3.9
燃气生产和供应业	Production and Distribution of Gas	4.3
水的生产和供应业	Production and Distribution of Water	-0.6

Main Economic Beneficial Indicators of State-holding Industrial Enterprises above Designated Size by Sector(2009)

成本费用利润率 (%) Ratio of Profits to Industrial Cost (%)	资产负债率 (%) Assets-Liability Ratio (%)	产品销售率 (%) Proportion of Products Sold (%)	全员劳动生产率 (元/人.年) Over Labour Productivity of Industrial Enterpreses (yuan/person.year)
2.8	**66.9**	**99.0**	**155599.7**
7.9	59.8	98.5	200536.4
2.4	67.5	99.1	150059.7
3.4	66.5	99.0	154743.3
1.2	67.0	99.1	162027.5
1.2	73.7	98.7	140130.5
7.5	64.6	98.6	92570.6
-10.6	64.9	99.8	123502.8
4.0	24.6	99.2	126094.0
3.4	54.3	95.9	373677.7
13.4	42.9	98.9	209095.2
1.9	64.6	98.9	134258.1
10.3	69.7	97.9	190634.1
2.4	80.2	93.8	141534.7
18.9	47.2	100.4	676337.7
0.9	68.8	97.7	70125.6
2.9	66.8	98.8	110882.2
7.6	69.3	109.0	304667.0
20.6	25.1	96.7	175674.0
2.3	121.9	106.0	37738.9
5.4	68.0	100.0	147567.1
12.2	25.9	96.4	81149.2
1.2	84.1	99.6	1301378.9
3.2	62.0	98.7	169234.8
5.0	46.5	93.9	177895.0
14.0	55.5	98.3	85235.8
6.4	68.6	98.5	182698.8
-1.6	65.9	102.3	499343.5
3.4	63.8	100.0	179721.2
0.8	65.9	100.5	251692.2
4.3	63.8	99.9	198977.9
1.7	50.0	98.0	112367.2
3.0	58.3	100.8	125722.5
6.0	70.5	98.3	132672.0
6.6	61.9	96.3	133145.1
8.2	59.4	92.4	99061.7
-55.7	93.6	88.5	57968.1
4.1	50.3	97.4	65025.3
9.6	85.8	100.0	593291.0
-2.0	75.5	100.0	255823.0
6.1	80.1	97.8	85541.0
-12.0	50.2	92.4	30939.1

14-19 分行业规模以上公有制工业企业主要经济效益指标(2009年)

行 业	Sector	总资产贡献率(%) Ratio of Total Assets to Industrial Output Value (%)
总 计	**Total**	**10.9**
按轻重工业分	**Grouped by Light & Heavy Industry**	
轻工业	Light Industry	28.1
重工业	Heavy Industry	9.1
按企业规模分	**Grouped by Size of Enterprises**	
大型企业	Large Enterprises	10.8
中型企业	Medium-sized Enterprises	8.7
小型企业	Small Enterprises	20.1
按行业分	**Grouped by Sectors**	
煤炭开采和洗选业	Mining and Washing of Coal	12.6
石油和天然气开采业	Extraction of Petroleum and Natural Gas	1.1
黑色金属矿采选业	Mining of Ferrous Metal Ores	27.4
有色金属矿采选业	Mining of Non-ferrous Metal Ores	36.6
非金属矿采选业	Mining and Processing of Nonmetal Ores	46.3
其他采矿业	Mining of Other Ores n.e.c	
农副食品加工业	Processing of Food From Agricultural Products	19.8
食品制造业	Manufacture of Foods	24.3
饮料制造业	Manufacture of Beverage	13.1
烟草制品业	Manufacture of Tobacco	77.5
纺织业	Manufacture of Textile	8.2
纺织服装、鞋、帽制造业	Manufacture of Textile Wearing Apparel, Footware, and Caps	30.9
皮革、毛皮、羽毛(绒)及其制品业	Manufacture of Leather, Fur, Feather and Its Products	42.2
木材加工及木、竹、藤、棕、草制品业	Processing of Timbers, Manufacture of Wood, Bamboo,	60.9
家具制造业	Manufacture of Furniture	48.5
造纸及纸制品业	Manufacture of Paper and Paper Products	15.3
印刷业和记录媒介的复制	Printing,Reproduction of Recording Media	17.8
文教体育用品制造业	Manufacture of Articles for Culture,Education and Sport Activity	
石油加工、炼焦及核燃料加工业	Processing of Petroleum ,Coking,Processing of Nucleus Fuel	63.9
化学原料及化学制品制造业	Manufacture of Chemical Raw Material and Chemical Products	7.1
医药制造业	Manufacture of Medicines	28.8
化学纤维制造业	Manufacture of Chemical Fibers	9.2
橡胶制品业	Manufacture of Rubber	14.1
塑料制品业	Manufacture of Plastic	35.8
非金属矿物制品业	Manufacture of Non-metallic Mineral Products	15.3
黑色金属冶炼及压延加工业	Manufacture and Processing of Ferrous Metals	6.3
有色金属冶炼及压延加工业	Manufacture and Processing of Non-ferrous Metals	8.1
金属制品业	Manufacture of Metal Products	7.2
通用设备制造业	Manufacture of General Purpose Machinery	8.6
专用设备制造业	Manufacture of Special Purpose Machinery	9.9
交通运输设备制造业	Manufacture of Transport Equipment	11.1
电气机械及器材制造业	Manufacture of Electrical Machinery and Equipment	11.1
通信设备、计算机及其他电子设备制造业	Manufacture of Communication Equipment ,	-18.0
仪器仪表及文化、办公用机械制造业	Manufacture of Measuring Instrument	3.1
工艺品及其他制造业	Manufacture of Artwork, Other Manufacture n.e.c	41.3
废弃资源和废旧材料回收加工业	Recycling and Disposal of Waste	1.2
电力、热力的生产和供应业	Production and Supply of Electric Power and Heat Power	4.0
燃气生产和供应业	Production and Distribution of Gas	4.3
水的生产和供应业	Production and Distribution of Water	-0.5

Main Economic Beneficial Indicators of Public-owned Industrial Enterprises above Designated Size by Sector(2009)

成本费用利润率 (%) Ratio of Profits to Industrial Cost (%)	资产负债率 (%) Assets-Liability Ratio (%)	产品销售率 (%) Proportion of Products Sold (%)	全员劳动生产率 (元/人.年) Over Labour Productivity of Industrial Enterpreses (yuan/person.year)
4.2	**65.6**	**98.9**	**159022.2**
9.9	54.9	98.8	190389.6
3.5	66.7	98.9	152985.7
3.9	66.0	99.0	157311.6
2.9	65.4	98.8	155884.1
9.7	62.9	98.9	174690.2
7.7	64.3	98.5	94713.3
-10.6	64.9	99.8	123647.2
13.7	22.1	101.2	120440.9
15.5	46.1	98.8	390355.2
14.9	29.9	98.8	101722.9
6.3	58.8	98.3	200279.7
12.7	68.1	98.5	157696.3
5.0	72.2	95.9	170834.1
18.4	47.5	100.4	617920.8
4.5	61.4	102.9	90294.4
2.5	59.9	99.6	83498.5
10.0	55.7	100.4	235730.4
14.1	21.3	97.7	211692.1
8.3	34.4	100.6	126041.3
12.9	55.4	99.5	181719.7
14.3	27.8	97.7	139435.4
1.4	83.1	99.4	1120089.9
4.1	61.8	98.0	185623.5
13.7	25.9	96.4	232513.0
11.8	48.2	98.1	84069.3
6.7	67.0	98.4	168787.1
13.3	53.4	98.7	128693.3
8.2	58.5	99.5	165328.1
0.7	66.1	100.3	239249.1
4.2	64.0	99.9	198132.9
3.9	52.5	97.7	144351.7
4.4	57.5	99.9	140729.5
6.3	69.1	97.9	132124.7
6.5	62.1	96.5	129307.6
9.0	59.3	93.8	108854.5
-41.8	78.6	79.8	74018.6
1.9	54.0	97.5	64134.2
8.1	39.2	96.7	89084.1
-3.4	67.7	84.5	648151.9
-2.0	75.4	99.9	257705.6
6.1	80.1	97.8	85833.0
-11.5	50.5	92.5	31165.2

14-20　分行业规模以上私营工业企业主要经济效益指标(2009年)

行　　业	Sector	总资产贡献率 (%) Ratio of Total Assets to Industrial Output Value (%)
总　计	**Total**	**45.6**
按轻重工业分	**Grouped by Light & Heavy Industry**	
轻工业	Light Industry	44.7
重工业	Heavy Industry	46.2
按企业规模分	**Grouped by Size of Enterprises**	
大型企业	Large Enterprises	23.6
中型企业	Medium-sized Enterprises	38.5
小型企业	Small Enterprises	52.1
按行业分	**Grouped by Sectors**	
煤炭开采和洗选业	Mining and Washing of Coal	55.7
石油和天然气开采业	Extraction of Petroleum and Natural Gas	109.4
黑色金属矿采选业	Mining of Ferrous Metal Ores	40.3
有色金属矿采选业	Mining of Non-ferrous Metal Ores	33.5
非金属矿采选业	Mining and Processing of Nonmetal Ores	54.3
其他采矿业	Mining of Other Ores n.e.c	
农副食品加工业	Processing of Food From Agricultural Products	53.6
食品制造业	Manufacture of Foods	45.8
饮料制造业	Manufacture of Beverage	34.5
烟草制品业	Manufacture of Tobacco	
纺织业	Manufacture of Textile	34.8
纺织服装、鞋、帽制造业	Manufacture of Textile Wearing Apparel, Footware, and Caps	43.3
皮革、毛皮、羽毛(绒)及其制品业	Manufacture of Leather, Fur, Feather and Its Products	65.1
木材加工及木、竹、藤、棕、草制品业	Processing of Timbers, Manufacture of Wood, Bamboo,	49.6
家具制造业	Manufacture of Furniture	79.7
造纸及纸制品业	Manufacture of Paper and Paper Products	46.2
印刷业和记录媒介的复制	Printing,Reproduction of Recording Media	33.0
文教体育用品制造业	Manufacture of Articles for Culture,Education and Sport Activity	66.7
石油加工、炼焦及核燃料加工业	Processing of Petroleum ,Coking,Processing of Nucleus Fuel	47.0
化学原料及化学制品制造业	Manufacture of Chemical Raw Material and Chemical Products	37.3
医药制造业	Manufacture of Medicines	21.6
化学纤维制造业	Manufacture of Chemical Fibers	59.1
橡胶制品业	Manufacture of Rubber	64.1
塑料制品业	Manufacture of Plastic	59.1
非金属矿物制品业	Manufacture of Non-metallic Mineral Products	55.0
黑色金属冶炼及压延加工业	Manufacture and Processing of Ferrous Metals	39.6
有色金属冶炼及压延加工业	Manufacture and Processing of Non-ferrous Metals	29.4
金属制品业	Manufacture of Metal Products	40.3
通用设备制造业	Manufacture of General Purpose Machinery	53.4
专用设备制造业	Manufacture of Special Purpose Machinery	44.7
交通运输设备制造业	Manufacture of Transport Equipment	51.5
电气机械及器材制造业	Manufacture of Electrical Machinery and Equipment	44.1
通信设备、计算机及其他电子设备制造业	Manufacture of Communication Equipment ,	20.5
仪器仪表及文化、办公用机械制造业	Manufacture of Measuring Instrument	38.6
工艺品及其他制造业	Manufacture of Artwork, Other Manufacture n.e.c	65.2
废弃资源和废旧材料回收加工业	Recycling and Disposal of Waste	19.9
电力、热力的生产和供应业	Production and Supply of Electric Power and Heat Power	11.7
燃气生产和供应业	Production and Distribution of Gas	68.6
水的生产和供应业	Production and Distribution of Water	30.7

Main Economic Beneficial Indicators of Private Industrial Enterprises above Designated Size by Sector(2009)

成本费用 利润率 (%) Ratio of Profits to Industrial Cost (%)	资产 负债率 (%) Assets- Liability Ratio (%)	产品 销售率 (%) Proportion of Products Sold (%)	全员劳动 生产率 (元/人.年) Over Labour Productivity of Industrial Enterpreses (yuan/person.year)
14.1	**37.1**	**98.5**	**184213.9**
14.1	35.6	98.8	163153.6
14.1	37.9	98.3	200722.5
13.4	44.9	97.4	167542.5
13.6	41.0	98.3	168576.5
14.3	33.9	98.7	192615.8
28.8	34.9	98.3	217035.6
19.0	65.7	97.2	134964.5
13.2	38.8	99.4	219037.0
17.2	41.3	97.5	244431.5
14.9	20.5	98.4	227647.8
12.9	28.6	99.3	209994.5
15.0	29.7	98.4	146921.9
16.1	41.8	99.0	167503.8
12.6	39.7	99.3	104186.1
13.6	35.1	98.6	119014.7
19.3	29.6	99.6	191068.0
14.4	25.7	99.2	123749.0
13.1	29.8	98.9	125840.1
14.7	36.1	98.5	190087.8
11.9	31.3	98.7	210559.8
13.3	27.0	98.9	102995.0
18.4	31.2	98.3	566520.1
12.7	38.0	98.9	175907.7
14.2	55.3	95.6	189792.5
14.8	37.4	100.6	157501.4
14.0	36.0	99.1	153095.2
15.1	37.9	99.0	156905.4
15.7	35.8	98.6	209701.9
9.0	50.1	97.9	473870.8
8.7	50.6	98.6	266569.1
12.0	34.9	98.4	175711.9
12.7	34.3	97.9	195964.4
13.0	35.1	97.6	174802.6
14.7	40.7	98.2	157446.1
13.4	35.0	98.5	137917.6
11.7	48.6	91.8	107957.9
13.2	33.8	98.4	196188.0
12.7	27.9	98.7	167623.4
7.0	60.0	98.1	163084.7
6.6	69.6	100.0	108202.7
16.0	28.1	99.7	296780.5
27.9	53.2	99.9	87910.8

14-21 各市规模以上工业企业主要经济效益指标
Main Economic Beneficial Indicators of Industrial Enterprises above Designated Size by City

年份 市	Year City	总资产贡献率 (%) Ratio of Total Assets to Industrial Output Value (%)	成本费用利润率 (%) Ratio of Profits to Industrial Cost (%)	资产负债率 (%) Assets-Liability Ratio (%)	产品销售率 (%) Proportion of Products Sold (%)	全员劳动生产率 (元/人.年) Over Labour Productivity of Industrial Enterpreses (yuan/person.year)
	1998	7.6	2.7	67.3	97.2	25496
	1999	7.3	2.8	65.9	97.8	27753
	2000	8.6	4.5	66.4	98.0	33643
	2001	8.1	4.1	65.7	97.9	37827
	2002	9.4	4.7	63.9	98.3	44368
	2003	10.7	5.2	64.3	98.5	55278
	2004	23.0	6.0	62.4	98.4	76834
	2005	15.7	6.9	61.6	98.4	88950
	2006	20.7	9.1	60.3	97.0	111021
	2007	23.5	11.6	57.8	98.3	142201
	2008	24.7	9.5	57.8	98.4	181939
	2009	21.0	9.6	56.5	98.5	172874
郑州市	Zhengzhou	25.7	12.0	54.9	97.7	211313
开封市	Kaifeng	26.7	14.4	40.5	98.7	96931
洛阳市	Luoyang	15.1	6.3	60.6	98.2	205425
平顶山市	Pingdingshan	13.3	6.8	61.2	97.7	152637
安阳市	Anyang	23.8	8.2	59.1	98.8	240322
鹤壁市	Hebi	17.3	6.9	66.9	96.2	149128
新乡市	Xinxiang	16.9	8.4	56.1	98.1	124631
焦作市	Jiaozuo	30.7	11.7	56.9	99.6	175816
濮阳市	Puyang	14.5	7.2	61.0	101.8	191085
许昌市	Xuchang	33.3	14.0	46.6	98.5	183660
漯河市	Luohe	35.2	14.5	43.2	98.4	200096
三门峡市	Sanmenxia	17.1	9.2	62.1	99.1	204698
南阳市	Nanyang	18.4	7.3	57.9	98.9	149355
商丘市	Shangqiu	16.8	8.0	60.6	98.8	192725
信阳市	Xinyang	18.9	5.7	54.1	96.2	122709
周口市	Zhoukou	31.5	16.5	46.9	98.9	158994
驻马店市	Zhumadian	16.6	7.1	52.8	98.2	109422
济源市	Jiyuan	12.3	6.2	56.0	99.5	300876

14-22 各市规模以上国有控股工业企业主要经济效益指标(2009年)
Main Economic Beneficial Indicators of State-holding Industrial Enterprises above Designated Size by City(2009)

市 City	总资产贡献率 (%) Ratio of Total Assets to Industrial Output Value (%)	成本费用利润率 (%) Ratio of Profits to Industrial Cost (%)	资产负债率 (%) Assets-Liability Ratio (%)	产品销售率 (%) Proportion of Products Sold (%)	全员劳动生产率 (元/人.年) Over Labour Productivity of Industrial Enterpreses (yuan/person.year)
郑州市 Zhengzhou	9.2	1.5	67.3	98.2	153498.0
开封市 Kaifeng	4.7	1.9	71.0	99.0	78045.6
洛阳市 Luoyang	11.7	4.5	62.3	99.4	204885.6
平顶山市 Pingdingshan	7.8	2.6	66.3	98.0	111396.7
安阳市 Anyang	6.9	-2.8	71.3	100.9	200529.8
鹤壁市 Hebi	8.2	2.1	78.6	95.6	105423.1
新乡市 Xinxiang	9.5	5.1	79.8	97.2	119095.5
焦作市 Jiaozuo	7.5	1.5	68.7	99.0	129634.2
濮阳市 Puyang	1.5	-7.1	71.1	99.4	132371.1
许昌市 Xuchang	20.4	10.5	62.5	100.1	194784.8
漯河市 Luohe	19.0	7.9	60.6	100.2	213924.8
三门峡市 Sanmenxia	7.8	2.4	68.5	99.6	143100.6
南阳市 Nanyang	9.7	1.3	62.9	99.1	162198.2
商丘市 Shangqiu	14.3	9.1	66.0	99.7	282550.8
信阳市 Xinyang	3.6	0.3	74.4	98.8	111217.0
周口市 Zhoukou	15.7	7.4	71.7	98.1	172192.5
驻马店市 Zhumadian	6.4	-0.6	77.2	98.3	127622.8
济源市 Jiyuan	7.2	4.1	55.2	99.3	398814.8

14-23 各市规模以上公有制工业企业主要经济效益指标(2009年)
Main Economic Beneficial Indicators of Public-owned Industrial Enterprises above Designated Size by City(2009)

市 City	总资产贡献率 (%) Ratio of Total Assets to Industrial Output Value (%)	成本费用利润率 (%) Ratio of Profits to Industrial Cost (%)	资产负债率 (%) Assets-Liability Ratio (%)	产品销售率 (%) Proportion of Products Sold (%)	全员劳动生产率 (元/人.年) Over Labour Productivity of Industrial Enterpreses (yuan/person.year)
郑州市 Zhengzhou	10.5	66.9	2.8	98.2	153530.5
开封市 Kaifeng	8.4	63.2	5.6	99.0	109281.0
洛阳市 Luoyang	11.7	62.4	4.3	99.1	202278.8
平顶山市 Pingdingshan	8.4	66.1	3.0	98.0	118515.7
安阳市 Anyang	7.4	70.9	-2.0	100.9	186270.8
鹤壁市 Hebi	10.7	74.5	4.5	94.8	135152.8
新乡市 Xinxiang	14.2	66.9	8.5	97.9	154146.8
焦作市 Jiaozuo	10.0	67.2	3.4	99.3	143148.0
濮阳市 Puyang	2.9	70.0	-4.1	100.1	143037.8
许昌市 Xuchang	21.7	61.6	10.9	99.8	185698.7
漯河市 Luohe	26.1	58.2	12.4	99.4	188196.0
三门峡市 Sanmenxia	15.8	64.5	7.7	99.7	190669.3
南阳市 Nanyang	10.6	62.1	2.2	98.8	153169.6
商丘市 Shangqiu	14.3	66.2	8.9	99.3	264162.6
信阳市 Xinyang	7.6	70.5	2.6	98.4	98738.7
周口市 Zhoukou	16.5	66.9	8.2	98.2	175225.5
驻马店市 Zhumadian	8.9	73.3	1.8	98.3	97814.0
济源市 Jiyuan	7.4	55.1	4.2	99.2	388226.3

14-24 各市规模以上私营工业企业主要经济效益指标(2009年)

Main Economic Beneficial Indicators of Private Industrial Enterprises above Designated Size by City(2009)

市	City	总资产贡献率 (%) Ratio of Total Assets to Industrial Output Value (%)	成本费用利润率 (%) Ratio of Profits to Industrial Cost (%)	资产负债率 (%) Assets-Liability Ratio (%)	产品销售率 (%) Proportion of Products Sold (%)	全员劳动生产率 (元/人.年) Over Labour Productivity of Industrial Enterpreses (yuan/person.year)
郑州市	Zhengzhou	59.9	16.7	35.1	98.1	252097.4
开封市	Kaifeng	45.4	18.5	18.0	98.7	95220.1
洛阳市	Luoyang	30.3	8.4	48.2	96.8	198724.2
平顶山市	Pingdingshan	53.4	18.7	35.7	98.2	243390.6
安阳市	Anyang	47.9	13.6	37.6	98.5	292096.0
鹤壁市	Hebi	39.7	11.8	53.8	98.5	249230.0
新乡市	Xinxiang	23.6	9.2	43.2	98.2	114811.2
焦作市	Jiaozuo	60.6	16.4	39.7	99.7	207352.2
濮阳市	Puyang	78.9	15.2	18.8	102.8	272186.3
许昌市	Xuchang	52.2	15.9	36.1	97.8	205171.0
漯河市	Luohe	47.6	21.0	33.4	98.1	205979.4
三门峡市	Sanmenxia	32.2	12.3	55.2	98.6	189030.3
南阳市	Nanyang	36.1	9.2	45.5	98.7	151442.4
商丘市	Shangqiu	29.9	7.2	36.3	98.4	155626.1
信阳市	Xinyang	34.6	8.4	31.1	98.3	125190.5
周口市	Zhoukou	39.1	18.9	35.1	98.7	128955.4
驻马店市	Zhumadian	33.1	11.0	24.2	97.9	107731.3
济源市	Jiyuan	27.7	9.5	49.3	98.8	341680.3

14-25 主要工业产品生产能力
Production Capacity of Major Industrial Products

产品	Item	2005	2006	2007	2008	2009
原煤(万吨)	Coal (10 000 tons)	20767	20451	22683	24216	26381
天然原油(万吨)	Crude Oil (10 000 tons)	496	488	486	477	500
发电设备容量总计(万千瓦)	Total Generating Capacity of Power Generating Equipment (10 000 kw)	3200	3585	3608	4431	4158
卷烟(亿支)	Cigarettes (100 million pieces)	1752	2013	2530	2514	2563
化学纤维(万吨)	Chemical Fiber (10 000 tons)	46	50	61	71	79
棉纺锭(环锭纺)(万锭)	Cotton Spinning Spindle (10 000 spingdles)	1146	1441	1151	1541	1572
气流纺锭(转杯纺)(万头)	Slipstream Spinning Spindle (10 000 units)	17.13	28.05	33.60	32.44	40.77
棉布织机(万台)	Cotton Loom (10 000 units)	5.28	5.19	8.60	8.18	20.26
焦炭(万吨)	Coke (10 000 tons)	1671	1764	2057	3324	2783
农用氮、磷、钾化学肥料总(万吨)	Chemical Fertilizers (10 000 tons)	642	751	734	817	833
水泥(万吨)	Cement (10 000 tons)	7790	9649	12914	15158	18348
平板玻璃(万重量箱)	Plate Glass (10 000 weight cases)	4197	4277	3704	3879	3841
生铁(万吨)	Pig Iron (10 000 tons)	1411	1779	2322	2059	2421
粗钢(万吨)	Crude Steel (10 000 tons)	1563	2210	2884	2981	3233
钢材(万吨)	Rolled Steel (10 000 tons)	1622	2187	3100	3444	3719
金属切削机床(台)	Metal-cutting Machine Tools (set)	8983	5941	10417	12635	10405
汽车(万辆)	Motor Vehicles (10 000 units)	9.04	12.60	16.60	20.70	25.56
家用洗衣机(万台)	Home Washing Machines (10 000 sets)	15.50	17.70	20.70	5.40	5.40
家用电冰箱(万台)	Home Refrigerators (10 000 sets)	330	300	550	550	550
房间空气调节器(万台)	Air Conditioners (10 000 sets)	108	100	100	110	107
微型电子计算机(万台)	Micro-Cpmputers (10 000 sets)	0.50	0.50	0.50	2.00	2.00
彩色电视机(万台)	Color Television Sets (10 000 sets)	180	228	228	180	180

14-26 历年主要工业产品产量
Output of Major Industrial Products Over the Years

年 份 year	纱 (万吨) Yarn (10 000 tons)	卷烟 (万箱) Cigarettes (10 000 cases)	农用化肥 (万吨) Chemical Fertilizers (10 000 tons)	原煤 (万吨) Coal (10 000 tons)	原油 (万吨) Crude Oil (10 000 tons)	发电量 (亿千瓦小时) Electricity (100 million kwh)	粗 钢 (万吨) Steel (10 000 tons)	平板玻璃 (万重量箱) Plate Glass (10 000 weight cases)
1978	16.28	161.70	51.92	5845	167.44	130.68	54.22	184.20
1979	18.88	187.70	55.65	5838	225.72	145.50	59.18	231.71
1980	20.17	231.60	65.06	5625	230.89	159.45	64.50	294.61
1981	22.90	258.80	65.57	5825	369.23	171.17	55.78	284.16
1982	23.27	277.90	75.35	5968	448.32	177.97	63.88	343.90
1983	22.43	254.30	89.06	6402	541.21	187.88	77.08	402.13
1984	21.22	290.40	99.01	6934	639.59	198.72	86.68	485.03
1985	22.92	316.20	81.43	7857	793.31	209.34	97.26	595.73
1986	26.01	329.20	80.29	7949	880.78	231.63	103.99	665.07
1987	28.46	326.30	111.62	8062	932.04	259.33	118.09	769.16
1988	30.65	323.30	129.28	8245	979.07	286.57	138.95	877.52
1989	32.58	285.56	131.84	8858	953.15	302.82	159.00	981.57
1990	31.45	291.49	140.58	9080	882.06	319.14	168.98	904.80
1991	31.95	293.68	156.50	8973	848.32	356.49	186.12	1014.20
1992	37.45	298.71	169.78	9027	810.13	405.17	212.87	1132.95
1993	47.65	297.51	164.84	9279	764.07	440.65	239.39	1299.13
1994	35.20	295.51	189.70	9618	688.25	485.46	241.30	1604.21
1995	41.03	298.30	219.19	10334	601.96	547.71	280.98	2127.41
1996	42.70	290.95	241.09	10781	587.19	593.99	309.87	1832.36
1997	49.59	290.28	237.89	10520	587.13	630.83	334.16	1546.18
1998	47.06	275.77	267.89	9406	587.60	631.05	366.58	2165.02
1999	52.85	287.67	252.72	8012	565.40	658.97	392.03	2137.14
2000	61.06	294.23	258.56	7578	562.18	694.93	404.84	2425.41
2001	67.64	291.56	280.13	8448	566.57	791.05	530.98	2794.30
2002	81.33	282.62	308.30	9921	568.06	909.68	672.22	2920.37
2003	86.91	285.50	307.70	11871	547.60	1025.10	851.75	2978.20
2004	106.37	1434.73	345.03	14445	523.41	1185.58	974.73	3346.34
2005	138.80	1430.19	396.64	18761	507.16	1414.68	1226.62	3894.92
2006	188.36	1484.44	440.87	18532	492.06	1590.25	1740.84	3463.84
2007	246.66	1552.10	523.98	18917	485.08	1910.97	2264.65	3588.17
2008	305.20	1586.08	536.04	20888	475.81	1952.78	2187.85	3208.94
2009	340.40	1613.50	554.80	23018	474.50	2068.00	2329.00	2764.70

注：2004年以后卷烟产量计量单位改为"亿支"。
a) unit of cigarette is "100 million rolls" since 2004.

14-27 主要工业产品产量

Output of Major Industrial Products

产品名称	Item	2000	2005	2006	2007	2008	2009
自行车(万辆)	Bicycles (10 000 units)	35.74	11.05	26.24	68.92	16.90	8.80
电视机(万台)	Television Set (10 000 units)	90.91	177.00	164.00	102.04	101.32	43.50
家用电冰箱(万台)	Household Refrigerators (10 000 units)	107.97	249.00	266.76	293.78	290.85	319.20
化学纤维(吨)	Chemical Fiber (ton)	186297	397266	448667	471552	464713	525154
纱(万吨)	Yarn (10 000 tons)	61.06	138.80	188.36	246.66	305.20	340.45
布(亿米)	Cloth (100 million m)	11.09	16.03	18.79	26.06	23.00	31.68
丝(吨)	Silk (ton)	1075.00	5264.40	552.60	105.80	46.70	90.30
呢绒(万米)	Woolen Piece Goods (10 000 m)	184.90	529.40	1138.00	1208.60	1530.20	366.60
毛线(吨)	Knitting Wool (ton)	12115	16207	21878	25787	30096	32363
服装(万件)	Garments (10 000 sets)	6502	20138	20659	26581	34711	38774
原盐(万吨)	Salt (10 000 tons)	59.38	109.95	172.91	191.65	247.56	217.35
卷烟(亿支)	Cigarettes (100 million rolls)	294.23	1430.19	1484.44	1552.10	1586.08	1613.50
饮料酒(万千升)	Alcoholic Beverages (10 million litre)	141.45	227.53	283.07	387.68	448.77	468.41
方便面(万吨)	Instant Noodles(10 000 tons)		64.87	114.58	135.89	136.82	158.51
速冻米面食品(万吨)	Quick-frozen Rice and Wheat Flour foods(10 000 tons)		93.47	117.70	136.12	156.11	181.43
罐头(吨)	Canned Food (ton)	24615	31270	36032	37505	60750	156848
畜肉制品(万吨)	Raise Meat Products(10 000 tons)		88.39	106.02	117.90	105.80	111.61
液体乳(吨)	Liquid Milk(ton)		309129	511062	620154	610256	882555
配、混合饲料(万吨)	Mixed Feed (10 000 tons)	185.03	475.20	637.95	829.60	1101.47	866.02
机制纸及纸板(万吨)	Machine-made Paper and Paperboard (10 000 tons)	290.06	562.18	784.32	989.71	989.00	1023.66
合成洗涤剂(万吨)	Synthetic Detergents (10 000 tons)	19.03	16.33	24.01	27.67	34.00	43.98
日用精铝制品(吨)	Fine Aluminium Products Daily-use (ton)	16527	23089	27144	14933	16724	12751
日用陶瓷器(万件)	Household Ceramics (10 000 pcs)	38070	32569	51356	107561	117694	89577
日用玻璃制品(万吨)	Daily-use Glassware (10 000 ton)	26.99	71.66	89.37	149.32	134.00	31.63
塑料制品(万吨)	Plastic Products (10 000 tons)	46.88	103.95	122.75	121.69	128.95	155.70
#农用薄膜	Plastic Film for Farm Use	9.28	15.14	14.87	9.39	11.38	11.20
肥皂(吨)	Soap (ton)	13283	11707	16912	11489	11858	14360
原煤(万吨)	Coal (10 000 tons)	7578	18761	18532	18917	20888	23018
原油(万吨)	Crude Oil (10 000 tons)	562.18	507.16	492.06	485.08	475.81	474.50
原油加工量(万吨)	Volume of Crude Oil Processing (10 000 tons)	573.65	553.58	667.74	676.41	663.87	793.80
汽油(不包括溶剂油)(万吨)	Gasoline (10 000 tons)	136.86	127.03	140.86	157.83	159.43	189.40
柴油(万吨)	Diesel Oil (10 000 tons)	213.42	218.97	265.47	243.96	247.50	287.01
润滑油(吨)	Lubricating Oil (ton)	42783	101431	82646	88872	124865	149612
天然气(万立方米)	Natural Gas (10 000 cu.m)	149465	201432	186782	157607	143971	99915
发电量(亿千瓦小时)	Electricity (100 million kwh)	694.93	1414.68	1590.25	1910.97	1952.78	2067.96

注：卷烟产量2000年计量单位为“万箱”，饮料酒2005年以前计量单位为“万吨”。
a) unit of cigarette is “10 000 cases” in 2000，unit of Alcoholic Beverages is “10 000 tons"before 2005.

14–27 续表 contiuned

产品名称	Item	2000	2005	2006	2007	2008	2009
铁矿石(原矿量)(万吨)	Iron ore (10 000 tons)	154.66	281.32	441.02	556.19	807.32	828.38
生铁(万吨)	Pig Iron (10 000 tons)	508.88	973.00	1460.75	1925.40	1715.98	1944.63
粗钢(万吨)	Steel (10 000 tons)	404.84	1226.62	1740.84	2264.65	2187.85	2328.99
成品钢材(万吨)	Steel Products (10 000 tons)	405.62	1337.40	1772.99	2474.97	2570.78	2882.47
铁合金(万吨)	Ferroalloy (10 000 tons)	14.27	54.98	69.87	105.33	136.74	136.80
焦炭(万吨)	Coke (10 000 tons)	355.22	1317.27	1545.72	1938.00	2041.67	2163.06
十种有色金属(万吨)	10 Nonferrous Metal (10 000 tons)	70.92	294.86	323.81	438.96	475.12	481.62
铜材(万吨)	Copper Products (10 000 tons)	11.69	25.74	34.49	40.71	43.52	40.90
原铝(万吨)	Aluminium (10 000 tons)	41.53	193.96	201.85	315.99	327.54	317.74
氧化铝(万吨)	Alumina (10 000 tons)	144.42	353.35	524.47	750.53	856.58	852.10
硫铁矿(生产量)(万吨)	Sulfur-iron ore (Output) (10 000 tons)	23.26	9.90	10.34	12.95	10.73	16.50
硫酸(万吨)	Sulfuric Acid (10 000 tons)	75.01	124.76	127.15	155.40	177.03	207.59
浓硝酸(吨)	Concentrated Nitric Acid (ton)	38451	110114	101404	154508	217028	227109
纯碱(万吨)	Soda Ash (10 000 tons)	33.65	118.65	169.46	200.44	226.51	212.20
烧碱(万吨)	Caustic Soda (10 000 tons)	37.62	67.84	82.34	107.69	118.03	111.24
电石(折合量)(万吨)	Calcium Carbide (10 000 tons)	9.88	21.98	16.89	20.49	17.39	76.62
纯苯(吨)	Pure Benzene (ton)	47545	106730	131603	131548	83931	106582
冰醋酸(吨)	Glacial Acetic Acid (ton)	11123	10025	8900	9111	6293	2242
合成氨(万吨)	Synthetic Ammonia (10 000 tons)	316.55	515.71	549.59	600.92	532.70	485.58
农用化肥(折纯量)(万吨)	Chemical Fertilizers (10 000 tons)	258.56	396.64	440.87	523.98	536.04	554.77
化学农药原药(吨)	Chemical Pesticide (ton)	21008	47476	52795	76865	69711	108339
染料(吨)	Dyestuff (ton)	9033	4344	8092	23437	24874	19941
化学药品原药(吨)	Chemical Raw Medicine (ton)	13832	68544	86284	131051	142853	125228
橡胶轮胎外胎(万条)	Tires (10 000 units)	555.51	851.81	1217.28	2017.99	1542.56	1576.55
塑料制品(万吨)	Plastics (10 000 tons)	38.20	69.63	85.44	113.58	128.95	155.75
人造板(万立方米)	Artificial Board (10 000 cu.m)	64.66	316.47	719.78	1072.94	1785.38	1422.59
水泥(万吨)	Cement (10 000 tons)	3723	6211	7414	9347	10227	11711
平板玻璃(万重量箱)	Plate Glass (10 000 weight cases)	2425	3895	3464	3588	3209	2765
发电设备(万千瓦)	Power Generating Equipment (10 000kw)	17.18	115.68	79.39	71.27	67.38	50.60
交流电动机(万千瓦)	Alternating Eguipment (10 000 Kw)	152.74	429.35	551.56	852.92	1231.07	1206.15
金属切削机床(台)	Metal-cutting Machine Tools (unit)	1197	8701	6600	7387	6757	5847
汽车(辆)	Motor Vehicles (unit)	7903	36352	48461	71310	81568	124573
大中型拖拉机(台)	Large and Medium Tractors (unit)	7059	29548	49461	53330	52323	71376
小型拖拉机(万台)	Small-size Tractor (10 000 units)	42.01	53.39	48.01	54.35	33.81	22.81
彩色显象管玻壳(万只)	Chromatron Glass-shell (10 000 units)		3650	3877	2495	3102	1299
电话单机(部)	Telephone(unit)		62573	217798	118792	36045	28960

14-28 各市主要工业产品产量(2009年)

Output of Major Industrial Products by City (2009)

市	City	化学纤维(吨) Chemical Fiber (ton)	纱(万吨) Yarn (10 000 tons)	布(万米) Cloth (10 000m)	服装(万件) Garments (10 000 sets)	卷烟(亿支) Cigarettes (100 millin rolls)	饮料酒(千升) Alcoholic Beverages (1 000 litre)	液体乳(吨) Liquid Milk (ton)
全　　省	**Total**	**525154**	**340.45**	**316818**	**38774**	**1613**	**4684096**	**882555**
郑 州 市	Zhengzhou	17461	3.29	86063	10117	560	496939	82368
开 封 市	Kaifeng	2818	34.49	15814	1017		125930	39899
洛 阳 市	Luoyang	248899	5.04	9366	4090	89	137600	49614
平顶山市	Pingdingshan	77973	9.84	5984	3552		68798	52418
安 阳 市	Anyang		11.11	25950	683	248	767820	
鹤 壁 市	Hebi		4.01	6485	969		44399	68924
新 乡 市	Xinxiang	123883	42.97	36883	240		177086	19894
焦 作 市	Jiaozhuo	5161	6.74	14058	739		607905	18373
濮 阳 市	Puyang	11562	12.06	454	203		17293	17677
许 昌 市	Xuchang	28413	50.69	40693	643	409	24551	
漯 河 市	Luohe	2970	2.35	5326	1240	111	588977	197379
三门峡市	Sanmenxia		1.97	415	14		42170	15380
南 阳 市	Nanyang		89.97	39951	3125	128	360503	41953
商 丘 市	Shangqiu	3446	19.67	1310	9155		455378	173114
信 阳 市	Xinyang	2569	1.95		565		182508	
周 口 市	Zhoukou		38.67	24820	1458		516460	73926
驻马店市	Zhumadian		4.51	2305	953	70	69780	983
济 源 市	Jiyuan		1.13	942	13			30653

市	City	畜肉制品(吨) Raise Meat Products (ton)	速冻米面食品(吨) Quick-frozen Rice and Wheat Flour foods (ton)	机制纸及纸板(万吨) Machinema-de Paper and Paperboard (10 000 tons)	焦炭(万吨) Synthetic Detergents (10 000 tons)	十种有色金属(万吨) Ten Kinds of Nonferrous Metals (10 000 tons)	原煤(万吨) Coal (10 000 tons)	发电量(亿千瓦小时) Electricity (100 million kwh)
全　　省	**Total**	**1116130**	**1814311**	**1023.66**	**2163.06**	**481.62**	**23018**	**2067.96**
郑 州 市	Zhengzhou	2283	908581	266.86		63.20	6660	273.80
开 封 市	Kaifeng	5356	26498	24.65	1.18	1.34		56.74
洛 阳 市	Luoyang	45418		8.53	20.57	107.65	1873	374.95
平顶山市	Pingdingshan	33530		6.50	525.18		5782	175.70
安 阳 市	Anyang	12756	24745	31.17	939.99	29.80	356	64.12
鹤 壁 市	Hebi	7781		6.69		11.79	1107	110.82
新 乡 市	Xinxiang	754	41438	183.04		0.09	371	115.54
焦 作 市	Jiaozhuo	18533	26099	134.47		62.29	748	120.97
濮 阳 市	Puyang		2825	54.38				23.36
许 昌 市	Xuchang			161.53	366.82	1.08	2124	74.93
漯 河 市	Luohe	847638	477242	91.43				3.60
三门峡市	Sanmenxia	444		0.19		47.97	1881	124.84
南 阳 市	Nanyang	12640	79	8.26		8.27		141.61
商 丘 市	Shangqiu	34941	282826	18.65	1.90	42.36	2027	121.34
信 阳 市	Xinyang	7090		1.43	53.32		2	67.29
周 口 市	Zhoukou	77796	10902	1.81				17.28
驻马店市	Zhumadian		570	23.34				56.66
济 源 市	Jiyuan	9172	12506	0.73	254.10	105.78	88	144.42

14-28 续表 continued

市	City	生铁 (万吨) Pig Iron (10 000 tons)	粗钢 (万吨) Steel (10 000 tons)	成品钢材 (万吨) Steel Products (10 000 tons)	硫酸 (万吨) Sulfuric Acid (10 000 tons)	烧碱 (万吨) Caustic Soda (10 000 tons)	原铝 (万吨) Aluminum (10 000 tons)	合成氨 (万吨) Synthetic Ammonia (10 000 tons)
全　　省	**Total**	**1944.63**	**2328.99**	**2882.47**	**207.59**	**111.24**	**317.74**	**485.58**
郑州市	Zhengzhou		19.50	339.73	10.01	0.06	60.07	24.50
开封市	Kaifeng		1.43	6.01	0.65	14.58		40.71
洛阳市	Luoyang		60.10	303.84	3.16		104.30	15.23
平顶山市	Pingdingshan	94.92	304.34	281.06		27.93		23.34
安阳市	Anyang	1256.24	1330.53	1051.41	3.29		16.89	27.04
鹤壁市	Hebi			1.73				0.42
新乡市	Xinxiang			42.04	7.34	1.35		119.79
焦作市	Jiaozhuo			38.38	39.92	31.12	54.75	35.41
濮阳市	Puyang			10.27				29.95
许昌市	Xuchang						1.08	0.07
漯河市	Luohe			7.27		3.75		13.49
三门峡市	Sanmenxia	5.19		22.06	54.58	5.01	33.20	14.30
南阳市	Nanyang	202.11	187.90	194.37		1.95	5.09	9.46
商丘市	Shangqiu		1.47	65.26			42.36	2.54
信阳市	Xinyang	146.16	148.37	191.26		3.67		38.15
周口市	Zhoukou				6.97			25.31
驻马店市	Zhumadian		5.48	69.94				65.68
济源市	Jiyuan	240.00	269.89	257.83	81.67	21.82		0.22

市	City	农用化肥(折纯量) (万吨) Synthetic Ammonia (10 000 tons)	化学农药(原药) (吨) Chemical Pesticide (ton)	塑料制品 (万吨) Plastics (10 000 tons)	人造板 (万立方米) Artificial Board (10 000 cu.m)	水泥 (万吨) Cement (10 000 tons)	平板玻璃 (万重量箱) Plate Glass (10 000 weight cases)	小型拖拉机 (台) Small Tractors (unit)
全　　省	**Total**	**554.77**	**108339**	**155.75**	**1422.59**	**11710.67**	**2764.65**	**228144**
郑州市	Zhengzhou	25.57	18255	16.62	11.21	2197.79		5861
开封市	Kaifeng	29.58	3634	7.68	229.05	27.89		132400
洛阳市	Luoyang	35.68		9.76	15.34	636.56	1139.22	76819
平顶山市	Pingdingshan	17.01	70	6.73	2.06	1096.36		
安阳市	Anyang	16.79	4557	5.48	41.15	1114.44		
鹤壁市	Hebi	10.08	30455	3.44	25.59	578.39		
新乡市	Xinxiang	96.05		7.39	107.19	1092.57		6717
焦作市	Jiaozhuo	56.87	10655	10.31	54.54	549.53	430.14	579
濮阳市	Puyang	19.02	6262	23.93	55.80	103.61		
许昌市	Xuchang	2.40		2.27	196.74	403.52		5200
漯河市	Luohe	67.99	5297	15.73	175.57	30.06		568
三门峡市	Sanmenxia	15.41		9.08	55.54	541.53	311.08	
南阳市	Nanyang	29.35		17.59	187.69	1519.14	23.19	
商丘市	Shangqiu	5.60	27844	1.98	128.00	348.67	502.76	
信阳市	Xinyang	51.50		0.53	15.68	599.57		
周口市	Zhoukou	33.52	1310	10.24	36.89	182.00		
驻马店市	Zhumadian	35.21		5.34	84.55	497.44	105.20	
济源市	Jiyuan	7.13		1.65		191.61	253.07	

主要统计指标解释

工业 指从事自然资源的开采，对采掘品和农产品进行加工和再加工的物质生产部门。具体包括：(1) 对自然资源的开采，如采矿、晒盐、森林采伐等（不包括禽兽捕猎和水产捕捞）；(2) 对农副产品的加工、再加工，如粮油加工、食品加工、轧花、缫丝、纺织、制革等；(3) 对采掘品的加工、再加工，如炼铁、炼钢、化工生产、石油加工、机器制造、木材加工等，以及电力、自来水、煤气的生产和供应等；(4) 对工业品的修理、翻新，如机器设备的修理、交通运输工具（包括小卧车的修理等。1984 年以前农村的村及村以下办工业归属农业，1984 年以后划归工业。

本年鉴中涉及的企业登记注册类型：

(1) 国有企业　指企业全部资产归国家所有，并按《中华人民共和国企业法人登记管理条例》规定登记注册的非公司制的经济组织。不包括有限责任公司中的国有独资公司。

(2) 集体企业　指企业资产归集体所有，并按《中华人民共和国企业法人登记管理条例》规定登记注册的经济组织。

(3) 股份合作企业　指以合作制为基础，由企业职工共同出资入股，吸收一定比例的社会资产投资组建，实行自主经营，自负盈亏，共同劳动，民主管理，按劳分配与按股份红相结合的一种集体经济组织。

(4) 联营企业　指两个及两个以上相同或不同所有制性质的企业法人或事业单位法人，按自愿、平等、互利的原则，共同投资组成的经济组织。联营企业包括国有联营企业、集体联营企业、国有与集体联营企业和其他联营企业。

(5) 有限责任公司　指根据《中华人民共和国公司登记管理条例》规定登记注册，由两个以上、五十个以下的股东共同出资，每个股东以其所认缴的出资额对公司承担有限责任，公司以其全部资产对其债务承担责任的经济组织。有限责任公司包括国有独资公司以及其他有限责任公司。

(6) 股份有限公司　指根据《中华人民共和国公司登记管理条例》规定登记注册，其全部注册资本由等额股份构成并通过发行股票筹集资本，股东以其认购的股份对公司承担有限责任，公司以其全部资产对其债务承担责任的经济组织。

(7) 私营企业　指由自然人投资设立或由自然人控股，以雇佣劳动为基础的营利性经济组织。包括按照《公司法》、《合伙企业法》、《私营企业暂行条例》以及《个人独资企业法》规定登记注册的私营有限责任公司、私营股份有限公司、私营合伙企业和私营独资企业。

(8) 其他内资企业　指上述第 1 条至第 7 条之外的其他内资经济组织。

(9) 与港澳台商合资经营企业　指港澳台地区投资者与内地企业依照《中华人民共和国中外合资经营企业法》及有关法律的规定，按合同规定的比例投资设立、分享利润和分担风险的企业。

(10) 与港澳台商合作经营企业　指港澳台地区投资者与内地企业依照《中华人民共和国中外合作经营企业法》及有关法律的规定，依照合作合同的约定进行投资或提供条件设立、分配利润和分担风险的企业。

(11) 港澳台商独资经营企业　指依照《中华人民共和国外资企业法》及有关法律的规定，在内地由港澳台地区投资者全额投资设立的企业。

(12) 港澳台商投资股份有限公司　指根据国家有关规定，经原外经贸部依法批准设立，其中港、澳、台商的股本占公司注册资本的比例达 25% 以上的股份有限公司。凡其中港、澳、台商的股本占公司注册资本的比例小于 25%的，属于内资企业中的股份有限公司。

(13) 中外合资经营企业　指外国企业或外国人与中国内地企业依照《中华人民共和国中外合资经营企业法》及有关法律的规定，按合同规定的比例投资设立、分享利润和分担风险的企业。

(14) 中外合作经营企业　指外国企业或外国人与中国内地企业依照《中华人民共和国中外合作经营企业法》及有关法律的规定，依照合作合同的约定进行投资或提供条件设立、分配利润和分担风险的企业。

(15) 外资企业　指依照《中华人民共和国外资企业法》及有关法律的规定，在中国内地由外国投资者全额投资设立的

企业。

（16）外商投资股份有限公司　指根据国家有关规定，经原外经贸部依法批准设立，其中外资的股本占公司注册资本的比例达 25% 以上的股份有限公司。凡其中外资股本占公司注册资本的比例小于 25%的，属于内资企业中的股份有限公司。

国有控股企业　是对混合所有制经济的企业进行的“国有控股”分类。它是指这些企业的全部资产中国有资产（股份）相对其他所有者中的任何一个所有者占资（股）最多的企业。该分组反映了国有经济控股情况。

轻工业　指主要提供生活消费品和制作手工工具的工业。

重工业　指为国民经济各部门提供物质技术基础的主要生产资料的工业。

工业增加值　是指工业行业在报告期内以货币表现的工业生产活动的最终成果。

实收资本　指企业实际收到的投资人投入的资本。按投资主体可分为国家资本、集体资本、法人资本、个人资本、港澳台资本和外商资本等。

资产合计　指企业拥有或控制的能以货币计量的经济资源。包括各种财产、债权和其他权利。资产按其流动性划分为流动资产、长期投资、固定资产、无形及递延资产和其他资产。

（1）流动资产　指企业可以在一年内或者超过一年的一个生产周期内变现或耗用的资产合计。包括现金及各种存款、短期投资、应收及预付款项、存货等。

（2）固定资产　指企业固定资产净值、固定资产清理、在建工程、待处理固定资产损失所占用的资金合计。

（3）无形资产　指企业长期使用而没有实物形态的资产。包括专利权、非专利技术、商标权、著作权、土地使用权、商誉等。

负债合计　指企业承担的能以货币计量，将以资产或劳务偿付的债务。负债一般按偿还期长短分为流动负债和长期负债、递延税项等。

（1）流动负债　指企业在一年内或者超过一年的一个营业周期内需要偿还的债务合计，其中包括短期借款、应付及预收款项、应付工资、应交税金和应交利润等。

（2）长期负债　指企业在一年以上或者超过一年的一个营业周期以上需要偿还的债务合计，其中包括长期借款、应付债务、长期应付款项等。

所有者权益　指企业投资人对企业净资产的所有权。企业净资产等于企业全部资产减去全部负债后的余额，其中包括投资者对企业的最初投入，以及资本公积金、盈余公积金和未分配利润，对股份制企业即为股东权益。

固定资产原价　指企业在建造、购置、安装、改建、扩建、技术改造某项固定资产时所支出的全部货币总额。它一般包括买价、包装费、运杂费和安装费等。

固定资产净值　是指固定资产原价减去历年已提折旧额后的净额。

流动资产　是指可以在一年或者超过一年的一个营业周期内变现或者耗用的资产，包括现金及各种存款、短期投资、应收及预付货款、存货等。

产品销售收入　指企业销售产品和提供劳务等主要经营业务取得的收入总额。

产品销售成本　指企业销售产品和提供劳务等主要经营业务的实际成本。

产品销售税金及附加　指企业销售产品和提供工业性劳务等主要经营业务应负担的城市维护建设税、消费税、资源税和教育费附加。

应交增值税　指企业在报告期内应交纳的增值税额。

总资产贡献率　反映企业全部资产的获利能力，是企业经营业绩和管理水平的集中体现，是评价和考核企业盈利能力的核心指标。计算公式为：

总资产贡献率=(利润总额+税金总额+利息支出)/平均资产总额*100%

资产负债率　该指标既反映企业经营风险的大小，也反映企业利用债权人提供的资金从事经营活动的能力。计算公式为：

资产负债率=负债总额/资产总额*100%

工业成本费用利润率 指在一定时期内实现的利润与成本费用之比，是反映工业生产成本及费用投入的经济效益指标，同时也是反映降低成本的经济效益的指标。计算公式为：

工业成本费用利润率(%)=利润总额/成本及费用总额*100%

工业增加值率 指在一定时期内工业增加值占同期工业总产值的比重，反映降低中间消耗的经济效益。计算公式为：

工业增加值率(%)=工业增加值(现价)/工业总产值*100%

流动资产周转次数 指在一定时期内流动资产完成的周转次数，反映流动资产的周转速度。计算公式为：

流动资产周转次数=产品销售收入/全部流动资产平均余额

产品销售率 指报告期工业销售产值与同期全部工业总产值之比，是反映工业产品已实现销售的程度，分析工业产销衔接情况，研究工业产品满足社会需求程度的指标。计算公式为：

产品销售率(%)=工业销售产值/工业总产值(现价)*100%

全员劳动生产率 指根据产品的价值量指标计算的平均每一个就业人员在单位时间内的产品生产量。是考核企业经济活动的重要指标，是企业生产技术水平、经营管理水平、职工技术熟练程度和劳动积极性的综合表现。目前我国的全员劳动生产率是将工业企业的工业增加值除以同一时期全部就业人员的平均人数来计算的。计算公式为：

全员劳动生产率(%)=工业增加值/全部就业人员平均人数*100%

Explanatory Notes on Main Statistical Indicators

Industry refers to the material production sector which is engaged in extraction of natural resources and processing and reprocessing of minerals and agricultural products, including (1) extraction of natural resources, such as mining, salt production, logging (but not including hunting and fishing); (2) processing and reprocessing of farm and sideline produces, such as rice husking, flour milling, wine making, oil pressing, cotton ginning, silk reeling, spinning and weaving, and leather making; (3) manufacture of industrial products, such as steel making, iron smelting, chemicals manufacturing, petroleum processing, machine building, timber processing; water and gas production and electricity generation and supply; (4) repairing of industrial products such as the repairing of machinery and means of transport (including cars). Prior to 1984, the rural industry run by villages and cooperative organizations under village was classified into agriculture. Since 1984, it has been grouped into industry.

Types of enterprise registration involved in this yearbook are as the following:

(1) State-owned Enterprises refer to non-corporation economic units where the entire assets are owned by the state and which have registered in accordance with the Regulation of the People's Republic of China on the Management of Registration of Corporate Enterprises. Excluded from this category are sole state-funded corporations in the limited liability corporations.

(2) Collective-owned Enterprises refer to economic units where the assets are owned collectively and which have registered in accordance with the Regulation of the People's Republic of China on the Management of Registration of Corporate Enterprises.

(3) Cooperative Enterprises refer to a form of collective economic units (enterprises) where capitals come mainly from employees as their shares, with certain proportion of capital from the outside, where production is organized on the basis of independent operation, independent accounting for profits and losses, joint work, democratic management, and a distribution system that integrates remuneration according to work with dividend according to capital share.

(4) Joint Ownership Enterprises refer to economic units established by two or more corporate enterprises or corporate institutions of the same or different ownership, through joint investment on the basis of equality, voluntary participation and mutual benefits. They include state joint ownership enterprises, collective joint ownership enterprises, joint state-collective enterprises, other joint ownership enterprises.

(5) Limited Liability Corporations refer to economic units established with investment from 2-50 investors and registered in accordance with the Regulation of the People's Republic of China on the Management of Registration of Corporations, each investor bearing limited liability to the corporation depending on its share of investment, and the corporation bearing liability to its debt to the maximum of its total assets. Limited liability corporations include exclusive state-funded limited liability corporations and other limited liability corporations.

(6) Share holding Corporations Ltd. refer to economic units registered in accordance with the Regulation of the People's Republic of China on the Management of Registration of Corporations, with total registered capitals divided into equal shares and raised through issuing stocks. Each investor bears limited liability to the corporation depending on the holding of shares, and the corporation bears liability to its debt to the maximum of its total assets.

(7) Private Enterprises refer to profit-making economic units invested and established by natural persons, or controlled by natural persons using employed labor. Included in this category are private limited liability corporations, private share-holding corporations Ltd., private partnership enterprises and private-funded enterprises registered in accordance with the Corporation Law, Partnership Enterprises Law and Interim Regulations on Private Enterprise.

(8) Other Domestic-funded Enterprises refer to domestic-funded economic units other than those mentioned above.

(9) Joint-venture Enterprises with Funds from Hong Kong, Macao and Taiwan refer to enterprises jointly established by invertors from Hong Kong, Macao and Taiwan with enterprises in the mainland of China in accordance with the Law of the People's Republic of China on Sino-foreign Joint Venture Enterprises and other relevant laws, where the share of investment, profits and risks is stipulated in the contract.

(10) Cooperative Enterprises with Funds from Hong Kong Macau and Taiwan established by investors from Hong Kong, Macau and Taiwan with enterprises in the mainland of China in accordance with the Law of the People's Republic of China on Sino-foreign Cooperative Enterprises and other relevant laws, where the investment or provision of facilities, and the share of profits and risks is stipulated in the cooperative contract.

(11) Enterprises with Sole (exclusive) Investment from Hong Kong, Macau and Taiwan refer to enterprises established in the mainland of China with exclusive investment from investors from Hong Kong, Macau and Taiwan in accordance with the Law of the People's Republic of China on Foreign-Funded Enterprises and other relevant laws.

(12) Share-holding Corporations Ltd. with Investment from Hong Kong, Macau and Taiwan refer to share-holding corporations Ltd. established with the approval from the former Ministry of Foreign Trade and Economic Relations in line with relevant state regulations, where the share of investment from Hong Kong, Macau or Taiwan businessmen exceeds 25% of the total registered capital of the corporation. In case the share of investment from Hong Kong, Macau or Taiwan is less than 25% of the total registered capital, the enterprise is to be classified as domestic-funded share-holding corporation Ltd.

(13) Joint-venture Enterprises with Foreign Investment refer to enterprises jointly established by foreign enterprises or foreigners with enterprises in the mainland of China in accordance with the Law of the People's Republic of China on Sino-foreign Joint Venture Enterprises and other relevant laws, where the share of investment, profits and risks is stipulated in the contract.

(14) Cooperation Enterprises with Foreign Investment refer to enterprises jointly established by foreign enterprises or foreigners with enterprises in the mainland of China in accordance with the Law of the People's Republic of China on Sino-foreign Cooperative Enterprises and other relevant laws, where the investment or provision of facilities, and the share of profits and risks is stipulated in the cooperative contract.

(15) Enterprises with Sole (exclusive) Foreign Investment refer to enterprises established in the mainland of China with exclusive investment from foreign investors in accordance with the Law of the People's Republic of China on Foreign-Funded Enterprises and other relevant laws.

(16) Share-holding Corporations Ltd. with Foreign Investment refer to share-holding corporations Ltd. established with the approval from the Ministry of Foreign Trade and Economic Relations in line with relevant state regulations, where the share of investment from foreign investors exceeds 25% of the total registered capital of the corporation. In case the share of foreign investment is less than 25% of the total registered capital, the enterprise is to be classified as domestic-funded share-holding corporation Ltd.

State-holding Enterprises refer to a classification of enterprises of mixed ownership. It means the state-owned asset of total assets is more than that of other owners. The classification shows the status of share held by state-owned economy.

Light Industry refers to the industry, which produces consumer goods and hand tools.

Heavy Industry refers to the industry which produces capital goods, and provides various sectors of the national economy with necessary material and technical basis.

Value-added of Industry refers to the final results of industrial production of the industrial trade in money terms during the reference period.

Capital Obtained refers to capital actually received by the enterprise from investors. It can be further classified by investors as state capital, collective capital, corporate capital, individual capital, capital from Hong Kong, Macau and Taiwan and foreign capital.

Total Assets refer to all economic resources, owned or controlled by enterprises, that could be measured in monetary terms, including properties, creditors equity and other economic rights of all forms. Classified by the degree of equitability, total assets include circulating assets, long term investment, fixed assets, intangible assets and deferred assets, and other assets.

(1)Circulating assets (working capital) refer to assets which can be cashed in or spent or consumed in an operating cycle of one year or over one year, including cash, all kinds of deposits, short term investment, receivables, advance payment, stock, etc.

(2)Fixed assets refer to the net value of fixed assets, clearance of fixed assets, project under construction, fixed assets losses in suspense. These are corporations fund holdings.

(3)Intangible assets refer to the assets without material form used by enterprises over a long time, such as patents, non-patent technologies, trade marks, copyright, land use right, busincss reputation, etc.

Total Liabilities refer to the debts, measured in monetary terms, that enterprises are responsible for repayment in the form of cash, assets or labour. Classified by terms of repayment, liability include liquid liabilities and long-term liabilities.

(1)Liquid liabilities (also called quick liabilities or immediate liabilities) refer to enterprises' total debt payable within an operating cycle of one year or over one year, including short term loans, payable and advance payments, wages payable, taxes payable and profit payable, etc.

(2)Long term liabilities refers to total debt payable within an operating cycle of one year or over one year, including long-term loans, payable liabilities, long-term payable, etc.

Creditors' Equity refers to investors ownership of net assets of the enterprise. It is equal to the total assets of the enterprise minus its total liabilities, including the primary input from investors, capital accumulation fund, surplus accumulation fund and undistributed profit. It is the shareholder's equity in share-holding companies.

Original Value of Fixed Assets refers to the original value of all fixed assets owned by industrial enterprises, calculated at the cost paid at the time of purchase, installation, reconstruction, expansion, and technical innovation and transformation of the said assets, which includes expenses on purchase, package, transportation, and installation, etc.

Net Value of Fixed Assets is obtained by deducting depreciation over years from the original value of fixed assets.

Working Capital (Circulating Assets) refers to assets which can be cashed in or spent or consumed in an operating cycle of one year or over one year, which includes cash, various deposits, short term investment, and receivable payments, and advance payments, stock, etc.

Sales Revenue of Industrial Products refers to the revenue from the sales of products by industrial enterprises and the revenue from services provided and etc.

Sales Cost of Industrial Products refers to the actual cost of products of industrial enterprises and industrial services provided, etc..

Tax and Extra Charges on Sales of Products refer to the tax on city maintenance and construction, consumption tax, resources tax and extra charges for education, which should be borne by the enterprises in selling products and providing industrial services.

Value-added Tax Payable refers to the amount of the value added tax which should be paid by the enterprises in the reporting period.

Ratio of Profits, Taxes and Interests to Average Assets reflects the profit-making capability of all assets of the enterprise and is a key indicator manifesting the performance and management and evaluating the profit-making potential of the enterprise. It is calculated as follows:

Ratio of profits, taxes and interests to average assets (%) = [(Total profits + total Taxes + interest payment) / average assets]×100%

Ratio of Debts to Assets reflect both the operation risk and the capability of the enterprise in making use of the capital from thc creditors. It is calculated as follows:

Ratio of debts to assets (%) = (Total debts / total assets)×100%

Ratio of Profits to Total Industrial Costs refers to the ratio of profits realized in a given period to the total costs in the same period, which reflects the economic efficiency of input cost and is calculated as follows:

Ratio of Profits to Total Industrial Cost(%)=(Total Profits/ Total Costs)×100%

Value-added Rate of Industry refers to the ratio of value added of industry in a given period to the gross output value in the same period, which reflects the economic efficiency of cutting down the intermediate input and is calculated as follows:

Value-added Rate of Industry(%)=[Value-added of Industry (at current prices)] / [Gross Output Value (at Current Prices)]×100%

Turnover of Working Capital refers to the number of times of turnover of working capital in a given period of time, which reflects the speed of the turnover of working capital and is calculated as follows:

Turnover of Working Capital(%)=(Sales Revenue of Products) / (Average Balance of Total Working Capital)×100%

Ratio of Sales to Gross Output Value refers to the sales of industrial products to the gross industrial output value during the reference period, and is important in reflecting the linkage between production and sales and the extent of the needs of the society that has been met by the supply of industrial products. It is calculated as follows:

Ratio of Sales to Gross Output Value=[Industrial sales / Gross industrial output value (at current prices)] ×100%

Overall Labour Productivity of Industrial Enterprises refers to the average output per employed person in industrial enterprises in value terms. At present, the value added and the average number of staff and workers of an industrial enterprises in a given period are used to calculate the overall labour productivity. The formula used is:

Overall Labour Productivity=(Value Added of Industry) / (Average Number of Staff and Workers)

建筑业
Construction

◉ 资料整理：孔令惠

简要说明

一、主要内容

本篇反映河南省建筑业企业的基本情况和经营情况。包括企业个数、从业人员数、建筑业总产值、房屋建筑面积、资产、利润、税金、劳动生产率等资料。

二、统计范围

从2002年起，由原具有建筑业资质等级四级及四级以上的独立核算建筑业企业，调整为具有建筑业资质的总承包和专业承包、劳务分包建筑业企业。

三、资料来源

建筑业资料采取全面调查的方法，由河南省统计局固定资产投资处编辑整理。

Brief Introduction

I. Main Contents

Data in this chapter show the general and operation situation of the construction industry in Henan provincial. They cover the situation of production and management of the construction enterprises, including the number of enterprises; number of employed persons; gross output value of the construction industry; floor space of buildings under construction; profits and taxes ; and labour productivity etc.

II. Scope of Statistics

Starting from 2002 the scope of construction statistics has been adjusted to include all the construction enterprises of various types of ownership with qualification certificates and independent accounting systems, replacing the previous criteria that required construction enterprises of various types of ownership to have qualification certificates at or above Class 4 with independent accounting systems.

III. Sources of Data

Data on construction enterprises are collected in accordance with the Reporting Form System of Construction Statistics, which are provided by Department of investment in fixed assets of the Henan provincial Bureau of Statistics.

15-1 历年建筑业企业主要统计指标

Main Indicators of Construction Enterprises Over the Years

年份 Year	单位数 (个) Number of Enterprise (unit)	建筑业总产值 (亿元) Gross Output Value of Construction (100 million yuan)	从业人员 (万人) Number of Person Employed (10 000persons)	房屋建筑面积(万平方米) Floor Spece of Buildings (10 000 sq.m)		资产 (亿元) Asset (100 million yuan)	利润 (亿元) Profit (100 million yuan)	税金 (亿元) Tax (100 million yuan)	劳动生产率 (按总产值计算) (元/人.年) Overall Labor Productivity by Total Output (yuan/person.year)
				施工 Under Construction	竣工 Completed				
1978			24.03						
1979			25.91						
1980			27.74						
1981			28.23						
1982			28.01						
1983	249	13.30	27.97	1050.00	608.40		0.90	0.26	4749
1984	264	19.53	34.50	1177.00	647.10		1.10	0.38	5762
1985	375	26.09	38.20	1287.70	607.90		1.39	0.58	7435
1986	383	29.20	37.60	1324.70	659.70		1.09	0.45	7991
1987	412	31.56	38.74	1482.90	731.30		1.16	0.68	8429
1988	442	36.81	39.88	1829.20	674.90		1.10	0.91	9720
1989	403	39.26	36.49	1355.50	594.60		0.64	0.95	10759
1990	393	41.05	35.49	1264.50	609.70		1.02	1.14	11985
1991	493	53.91		1614.72	701.61		0.98	1.67	13098
1992	511	70.33		1934.10	878.60		1.27	2.04	16060
1993	979	101.26		2476.25	1015.03	108.10	1.10	2.74	19549
1994	1332	145.52		2966.28	1322.53	147.44	1.47	3.99	24100
1995	1384	182.07		3386.46	1533.55	186.59	2.07	5.18	27121
1996	2278	271.56		5335.91	2726.45	255.43	4.02	8.32	27910
1997	1975	294.69		4984.41	2447.91	274.48	2.60	8.63	31485
1998	2027	304.96	93.79	5061.35	2418.40	305.48	2.11	9.23	35619
1999	1936	316.99	79.77	5016.55	2584.82	324.54	3.72	9.51	40279
2000	1983	357.34	79.90	5308.29	2629.33	356.53	3.09	11.76	45237
2001	1824	452.49	84.01	6295.47	3146.07	437.70	5.86	14.40	52002
2002	1926	536.73	92.65	7118.44	3630.82	562.05	7.53	16.93	57930
2003	1905	634.52	93.44	8026.07	3433.59	656.32	9.40	20.36	65943
2004	2556	817.13	107.66	9086.52	4186.89	828.57	19.05	27.65	83239
2005	2842	1066.15	125.03	10813.15	4787.12	926.11	25.55	37.01	83308
2006	2834	1530.95	141.37	14472.92	6530.01	1130.11	37.10	50.78	108464
2007	3110	2151.72	176.43	19015.67	9177.80	1484.90	57.43	74.30	123272
2008	3894	2824.06	197.86	21966.53	10289.20	1898.06	92.92	98.71	140560
2009	4146	3596.49	224.34	24596.04	11994.23	2386.99	118.67	129.09	162702

注：本表不包括劳务分包企业(下同)。
a)Construction Enterprises in this table exclude Work Subcontractors Enterprises(the same as following tables).

15-2 建筑业企业主要经济指标

Main Indicators of Construction Enterprises

指 标	Item	2008	2009
企业单位数 (个)	Number of Construction Enterprises (unit)	3894	4146
从业人员 (万人)	Number of Employed Persons (10 000 persons)	197.86	224.34
固定资产原价 (亿元)	Original Value of Fixed Assets Owned (100 million yuan)	548.55	648.85
固定资产合计 (亿元)	Net Value of Fixed Assets Owned (100 million yuan)	433.21	516.64
自有施工机械设备年末总台数 (万台)	Total Number of Machinery and Equipment Owned (10 000 sets)	68.28	65.08
自有施工机械设备年末净值 (亿元)	Net Value of Machinery and Equipment Owned (100 million yuan)	194.33	218.25
自有施工机械设备年末总功率 (万千瓦)	Total Power of Machinery and Equipment Owned (10 000 kw)	1124.75	1205.11
建筑业总产值 (亿元)	Gross Output Value of Construction (100 million yuan)	2824.06	3596.49
全员劳动生产率	Overall Labor Productivity		
按总产值计算 (元/人)	In Terms of Gross Output Value (yuan/person)	140560	162702
房屋建筑施工面积 (万平方米)	Floor Space of Buildings under Construction (10 000 sq.m)	21966.53	24596.04
房屋建筑竣工面积 (万平方米)	Floor Space of Buildings Completed (10 000 sq.m)	10289.2	11994.23
技术装备率 (元/人)	Value of Machines per Laborer (yuan/person)	9821	9728
动力装备率 (千瓦/人)	Power of Machines per Laborer (kw/person)	5.68	5.37
工程结算收入(亿元)	Revenue of Project Settlement Accounts (100 million yuan)	2640.08	3402.01
工程结算成本(亿元)	Costs of Project Settlement Accounts (100 million yuan)	2307.32	2996.73
工程结算税金及附加(亿元)	Taxes and Extra Charges on Project Settle Accounts (100 million yuan)	91.67	119.79
管理费用中的税金(亿元)	Taxes in Management Expenses (100 million yuan)	7.04	9.30
本年固定资产折旧(亿元)	Depreciation of Fixed Assets (100 million yuan)	44.36	43.46
主营业务应付工资(亿元)	Wages Payable from Principal Business (100 million yuan)	395.08	436.62
主营业务应付福利费(亿元)	Welfare Expenses Payable from Principal Business (100 million yuan)	31.9	34.1
住房公积金及住房补贴(亿元)	Housing Provident Funds and Housing Subsidies (100 million yuan)	12.42	13.38
利润总额 (亿元)	Total Profits (100 million yuan)	92.92	118.67
税金总额 (亿元)	Total Tax (100 million yuan)	98.71	129.09
产值利润率 (%)	Ratio of Profit to Gross Output Value (%)	3.3	3.3
产值利税率 (%)	Ratio of Pre-tax Profit to Gross Output Value (%)	6.8	6.9

15-3 建筑业企业房屋建筑竣工面积及竣工价值

Floor space and Value of Building completed of Construction Enterprises

指 标	Item	2008		2009	
		竣工面积（万平方米）Floor space Building completed (10 000 sq.m)	竣工价值（亿元）Value of Hoor Space (100 million yuan)	竣工面积（万平方米）Floor space Building completed (10 000 sq.m)	竣工价值（万元）Value of Hoor Space (10 million yuan)
竣工房屋	**Buildings Completed**	**10289.20**	**849.56**	**11994.23**	**1064.88**
厂房、仓库	Factory Building	1153.48	102.87	1408.09	122.22
住宅	Residential Building	6830.25	536.67	7774.48	665.99
办公用房	Official Building	920.95	87.54	1018.90	100.36
批发和零售用房	Houses for wholesale and retail	114.99	9.85	146.36	13.43
住宿和餐饮用房	Houses for accommodation and dining	120.93	10.34	193.25	16.74
居民服务业用房	Houses for inhabitant service	117.96	9.63	149.55	12.38
教育用房	Houses for education	464.96	39.21	583.15	50.44
文化、体育和娱乐用房	Houses for culture and sports and amusement	78.37	7.61	88.10	9.07
卫生医疗用房	Houses for public health and medical	154.59	14.74	193.50	19.99
科研用房	Houses for scientific research	25.76	2.73	22.61	3.05
其他用房	Houses for other uses	306.96	28.37	416.24	51.21

15-4 建筑业企业生产情况(2008年)

指　标	Item	合　计 Total	内资 Domestic Funded	港澳台商投资 Funded from Hong Kong, Macao and Taiwan	外商投资 Foreign Funded
企业个数(个)	Number of Enterprises(unit)	3894	3883	4	7
签订的合同额(亿元)	Contract Value Signed(100 million yuan)	4351.15	4346.55	3.17	1.42
上年结转合同额	Contract Value on Hand Last Year	1430.57	1430.41	0.02	0.13
本年新签合同额	Contract Value Newly Signed this Year	2920.58	2916.14	3.15	1.29
承包工程完成情况(亿元)	Conditions Finished of Contracted Projects(100 million yuan)				
直接从建设单位承揽	Contracted Directly from Fabricative Units				
工程完成的产值	Output Value Finished of Projects	2792.87	2789.72	1.76	1.39
自行完成施工产值	Output Value Self-Finished of Buildings Under Construction	2776.95	2773.80	1.76	1.39
分包出去工程的产值	Output Value of Projects Subcontracted	15.92	15.92		
从建设单位以外承揽	Contracted Directly Exceptant Fabricative Units				
工程完成的产值	Output Value Finished of Projects	47.11	47.11		
建筑业总产值(亿元)	Gross Output Value of Construction (100 million yuan)	2824.06	2820.91	1.76	1.39
建筑工程	Construction	2429.20	2426.63	1.71	0.86
安装工程	Installation	304.12	303.78	0.03	0.31
其他	Others	90.74	90.50	0.01	0.22
#装修装饰	Building Decoration	124.09	122.80	0.92	0.37
建筑业竣工产值(亿元)	Buildings Completed Output Value of Construction(100 million yuan)	1667.03	1664.75	0.95	1.33
从业人员(万人)	Number of Persons Engaged(10 000 persons)	197.86	197.63	0.16	0.08
#工程技术人员	Engineering	26.77	26.74	0.01	0.01
计算劳动生产率的平均人数(万人)	Staff and Workers Annual Average (10 000 persons)	200.92	200.73	0.11	0.08
全员劳动生产率	Overall Labor Productivity				
按总产值计算(元/人)	In Terms of Gross Output Value(yuan/person)	140560	140536	155600	180438
房屋建筑施工面积(万平方米)	Floor Space of Buildings Under Construction (10 000 sq.m)	21966.53	21945.62	20.91	
#本年新开工	Beginning Projects This Year	13105.51	13084.60	20.91	
#投标承包面积	Floor Space of Enter a bid Contract	18896.45	18875.54	20.91	
#本年新开工	Beginning Projects This Year	11669.63	11648.72	20.91	
房屋建筑竣工面积(万平方米)	Floor Space of Buildings Completed (10 000 sq.m)	10289.20	10289.20		
房屋竣工率(%)	Rate of Floor Space of Buildings Completed(%)	46.84	46.88		
施工工程招投标承包面按房屋施工面积计算(%)	Rate of Enter a bid Contract Calculated by Floor Space of Buildings Completed(%)	86.02	86.01	100.00	
自有施工机械设备年末总台数(台)	Number of Machinery and Equipment Owned(set)	682815	682315	218	282
自有施工机械设备年末净值(亿元)	Net Value of Machinery and Equipment Owned(100 million yuan)	194.33	194.15	0.01	0.17
自有施工机械设备年末总功率(万千瓦)	Total Power of Machinery and Equipment(10 000kw)	1124.75	1123.33	1.06	0.36
技术装备率(元/人)	Valve of Machinery Per Laborer(yuan/person)	9821	9824	632	21563
动力装备率(千瓦/人)	Power of Machinery per Laborer(kw/person)	5.68	5.68	6.68	4.74

Main Indicators on Construction Enterprises(2008)

#国有控股 State-holding	#集体控股 Collective-holding	#私人控股 Private-holding	房屋和土木工程建筑业 Floor Space Civil Engineering	建筑安装业 Building Installation	建筑装饰业 Building Decoration	其他建筑业 Others	公有制 Public-owned	非公有制 Non-public owned
362	428	2501	2031	542	1007	314	790	3104
1983.83	347.27	1545.31	3787.42	364.47	74.59	124.66	2331.10	2020.05
786.84	82.76	416.62	1269.51	104.03	8.85	48.18	869.60	560.96
1196.99	264.51	1128.69	2517.91	260.44	65.75	76.48	1461.49	1459.09
1059.82	276.14	1125.07	2390.90	247.80	62.85	91.32	1335.96	1456.91
1051.74	274.78	1120.71	2379.83	243.69	62.55	90.88	1326.52	1450.43
8.07	1.36	4.37	11.07	4.11	0.30	0.44	9.43	6.49
22.68	3.84	13.20	38.37	5.35	1.21	2.17	26.52	20.59
1074.42	278.62	1133.91	2418.20	249.04	63.76	93.05	1353.04	1471.01
909.75	240.35	985.84	2190.75	144.51	42.86	51.08	1150.09	1279.11
142.18	26.47	102.08	173.27	90.00	7.90	32.95	168.65	135.47
22.50	11.80	45.99	54.18	14.53	13.01	9.02	34.30	56.44
11.65	12.86	82.77	61.19	13.97	45.02	3.91	24.51	99.58
418.48	209.99	826.16	1391.02	163.30	45.20	67.51	628.47	1038.56
43.52	26.44	102.74	166.50	18.20	5.88	7.28	69.97	127.89
6.18	3.31	13.68	21.65	2.61	1.32	1.19	9.49	17.29
46.82	26.09	101.92	170.23	18.26	5.62	6.81	72.91	128.00
229477	106786	111255	142057	136367	113479	136725	185572	114920
3298.49	3189.51	12299.69	20070.66	1705.81		190.05	6487.99	15478.53
1719.52	2073.04	7584.64	11995.06	985.96		124.49	3792.56	9312.96
3102.94	2626.67	10442.52	17229.56	1530.94		135.94	5729.61	13166.84
1623.96	1871.62	6674.45	10696.50	880.49		92.64	3495.58	8174.05
843.10	1718.40	6370.38	9561.89	632.13		95.19	2561.50	7727.70
25.56	53.88		47.64	37.06		50.09	39.48	49.93
94.07	82.35		85.84	89.75		71.53	88.31	85.07
117118	86334	397035	548768	65003	37646	31398	203452	479363
167.47	13.82	3.77	167.47	13.82	3.77	9.27	94.61	99.72
393.22	108.46	492.16	954.69	95.73	25.51	48.83	501.68	623.07
38479	5226	367	10058	7592	6413	12725	13521	7797
9.03	4.10	4.79	5.73	5.26	4.34	6.70	7.17	4.87

15-5 建筑业企业生产情况(2009年)

指 标	Item	合 计 Total	内资 Domestic Funded	港澳台商投资 Funded from Hong Kong, Macao and Taiwan	外商投资 Foreign Funded
企业个数(个)	Number of Enterprises(unit)	4146	4133	5	8
签订的合同额(亿元)	Contract Value Signed(100 million yuan)	5584.60	5578.63	4.59	1.38
上年结转合同额	Contract Value on Hand Last Year	1615.73	1613.48	2.06	0.19
本年新签合同额	Contract Value Newly Signed this Year	3968.88	3965.15	2.53	1.19
承包工程完成情况(亿元)	Conditions Finished of Contracted Projects(100 million yuan)				
直接从建设单位承揽	Contracted Directly from Fabricative Units				
工程完成的产值	Output Value Finished of Projects	3559.01	3555.40	2.24	1.37
自行完成施工产值	Output Value Self-Finished of Buildings Under Construction	3535.55	3531.95	2.24	1.37
分包出去工程的产值	Output Value of Projects Subcontracted	23.46	23.45	0.01	
从建设单位以外承揽	Contracted Directly Exceptant Fabricative Units	60.94	60.94		
工程完成的产值	Output Value Finished of Projects				
建筑业总产值(亿元)	Gross Output Value of Construction (100 million yuan)	3596.49	3592.88	2.24	1.37
建筑工程	Construction	3112.41	3109.59	2.03	0.79
安装工程	Installation	357.11	356.38	0.21	0.52
其他	Others	126.96	126.91		0.05
#装修装饰	Building Decoration	214.89	214.29	0.20	0.39
建筑业竣工产值(亿元)	Buildings Completed Output Value of Construction(100 million yuan)	2073.04	2071.46	0.90	0.69
从业人员(万人)	Number of Persons Engaged(10 000 persons)	224.34	224.05	0.20	0.09
#工程技术人员	Engineering	29.98	29.91	0.04	0.02
计算劳动生产率的平均人数(万人)	Staff and Workers Annual Average (10 000 persons)	221.05	220.79	0.17	0.08
全员劳动生产率	Overall Labor Productivity				
按总产值计算(元/人)	In Terms of Gross Output Value(yuan/person)	162702	162729	128991	161696
房屋建筑施工面积(万平方米)	Floor Space of Buildings Under Construction (10 000 sq.m)	24596.04	24558.29	37.75	
#本年新开工	Beginning Projects This Year	14905.36	14888.52	16.84	
#投标承包面积	Floor Space of Enter a bid Contract	21289.35	21251.59	37.75	
#本年新开工	Beginning Projects This Year	13256.67	13239.82	16.84	
房屋建筑竣工面积(万平方米)	Floor Space of Buildings Completed (10 000 sq.m)	11994.23	11985.34	8.90	
房屋竣工率(%)	Rate of Floor Space of Buildings Completed(%)	48.8	48.8	23.6	
施工工程招投标承包面按房屋施工面积计算(%)	Rate of Enter a bid Contract Calculated by Floor Space of Buildings Completed(%)	86.6	86.5	100.0	
自有施工机械设备年末总台数(台)	Number of Machinery and Equipment Owned(set)	650797	650387	253	157
自有施工机械设备年末净值(亿元)	Net Value of Machinery and Equipment Owned(100 million yuan)	218.25	218.21	0.03	0.01
自有施工机械设备年末总功率(万千瓦)	Total Power of Machinery and Equipment(10 000kw)	1205.11	1203.93	1.15	0.02
技术装备率(元/人)	Valve of Machinery Per Laborer(yuan/person)	9728	9739	1287	1097
动力装备率(千瓦/人)	Power of Machinery per Laborer(kw/person)	5.37	5.37	5.89	0.23

Main Indicators on Construction Enterprises(2009)

#国有控股 State-holding	#集体控股 Collective-holding	#私人控股 Private-holding	房屋和土木工程建筑业 Floor Space Civil Engineering	建筑安装业 Building Installation	建筑装饰业 Building Decoration	其他建筑业 Others	公有制 Public-owned	非公有制 Non-public owned
329	397	3165	2103	599	1088	356	726	3420
2106.70	365.48	2427.12	4913.68	455.23	100.54	115.15	2472.19	3112.42
640.73	90.08	624.25	1451.72	129.50	12.18	22.33	730.81	884.92
1465.97	275.41	1802.86	3461.96	325.74	88.36	92.82	1741.38	2227.50
1204.41	290.92	1704.67	3099.06	283.94	80.68	95.32	1495.33	2063.67
1195.44	288.78	1698.41	3077.87	282.44	80.38	94.86	1484.22	2051.33
8.97	2.14	6.27	21.20	1.49	0.30	0.47	11.11	12.34
23.16	4.16	20.31	50.63	7.01	1.24	2.05	27.31	33.62
1218.60	292.94	1718.72	3128.50	289.46	81.62	96.91	1511.53	2084.95
1061.75	258.59	1478.12	2836.62	168.34	48.08	59.37	1320.33	1792.08
127.60	19.32	166.10	211.14	108.50	12.92	24.55	146.92	210.19
29.25	15.03	74.49	80.74	12.61	20.63	12.99	44.28	82.68
84.89	5.41	117.74	138.11	9.75	64.09	2.93	90.31	124.58
479.85	217.43	1179.34	1774.53	182.04	55.52	60.95	697.28	1375.76
48.64	23.76	135.72	188.83	19.77	6.81	8.94	72.40	151.94
6.11	3.30	18.05	24.02	3.08	1.41	1.46	9.41	20.57
48.16	22.83	132.60	185.58	20.26	6.72	8.49	70.99	150.06
253029	128318	129612	168582	142882	121375	114187	212924	138943
1814.94	3352.44	17509.34	22552.68	1820.90		222.46	5167.38	19428.66
895.44	1994.02	10981.22	13717.76	1025.59		162.02	2889.46	12015.91
1592.23	2931.94	15144.62	19548.96	1606.84		133.54	4524.17	16765.17
825.53	1789.39	9747.22	12228.08	912.32		116.26	2614.93	10641.74
668.89	1748.86	8838.14	11179.02	723.88		91.34	2417.74	9576.49
36.9	52.2	50.5	49.6	39.8		41.1	46.8	49.3
87.7	87.5	86.5	86.7	88.2		60.0	87.6	86.3
103836	73847	437283	510118	67888	31709	41082	177683	473114
86.38	14.57	98.93	190.78	14.67	3.90	8.89	100.95	117.29
370.95	102.12	650.84	1010.12	93.01	39.80	62.18	473.07	732.04
17760	6132	7290	10103	7420	5736	9945	13944	7719
7.63	4.30	4.80	5.35	4.70	5.85	6.96	6.53	4.82

15-6 建筑业企业主要财务指标(2008年)

单位：万元

指 标	Item	合 计 Total	内资 Domestic Funded	港澳台商投资 Funded from Hong Kong, Macao and Taiwan	外商投资 Foreign Funded
年末资产负债	**Year-end Assets and Liabilities**				
资产总计	Total Assets	18980628	18940590	14135	25903
流动资产合计	Total Circulating Funds	13330932	13300288	12636	18009
#存货	Stock	3662631	3657414	149	5068
长期投资	Long-term Investment	467953	467713		240
固定资产合计	Total Fixed Assets	4332095	4323191	1499	7405
固定资产原价	Original Value of Fixed Assets	5485535	5476432	1585	7518
#生产经营用	Used by Production	4314049	4307133	1262	5655
累计折旧	Total Depreciation Drawn Accumulated	1735133	1733346	467	1320
#本年折旧	Draw Depreciation This Year	443574	442610	76	888
在建工程	Under Construction Project	369235	367647	382	1206
无形及递延资产合计	Total Intangible and Deferred Assets	640921	640920		1
负债合计	Total Liabilities	11157342	11136725	8892	11725
流动负债	Liquid Liabilities	10725011	10704463	8892	11656
长期负债	Long-term Liabilities	432331	432261		69
所有者权益合计	Total Creditors Equity	7823286	7803866	5243	14177
#实收资本	Capitals Hold	5899521	5890269	3838	5414
损益及分配	**Loss-profit and Allocation**				
工程结算收入	Revenue of Project Settlement Accounts	26400818	26369151	17513	14154
工程结算成本	Costs of Project Settlement Accounts	23073190	23051871	12916	8403
工程结算税金及附加	Taxes and Extra Charges on Project Settle Accounts	916720	915792	552	376
工程结算利润	Profits of Project Settlement Accounts	2184572	2175412	4046	5114
其他业务收入	Other Revenue from Business	330146	329266		880
其他业务利润	Other Profit from Business	61960	61226		735
管理费用	Management Fee	994815	990957	1591	2267
#税金	Taxes	70438	70385	41	12
财产保险费	Premium of Property	9151	9142		9
财务费用	Financial Expenses	150170	150209		19
#利息支出	Expenses of Interest	105767	105794		
营业利润	Profits of Business	1101547	1095472	2514	3562
利润总额	Total Profits	929179	925268	282	3629
利税总额	Total Pre-Tax Profits	1916338	1911446	876	4016
劳动、失业保险费	Labor and Unemployment Insurance	261943	261774	86	83
住房公积金及住房补贴	Housing Accumulation Fund and Housing Allowance	133832	133666	92	75
工资、福利费	**Wages,Welfare**				
本年应付工资总额	Payable Total Wages This Year	4003149	4000381	830	1938
#主营业务应付工资总额	Wage for Principal Operations	3950754	3948093	830	1831
本年应付福利费总额	Payable Total Welfare This Year	324883	324621	43	219
#主营业务应付福利费总额	Welfare for Principal Operations	319033	318785	43	206
亏损企业个数(个)	**Number of Loss-Making Enterprises(unit)**	472	470		2
应收工程款	Year-end Projects Arrearage	2095649	2094580	107	962
#竣工工程	Completed Arrearage	872332	871263	107	962

Main Economic Indicators on Construction Enterprises by Registration Status(2008)

(10 000 yuan)

#国有控股 State-holding	#集体控股 Collective-holding	#私人控股 Private-holding	房屋和土木工程建筑业 Floor Space Civil Engineering	建筑安装业 Building Installation	建筑装饰业 Building Decoration	其他建筑业 Others	公有制 Public-owned	非公有制 Non-public owned
8461816	1573548	6763659	15473349	1937413	664475	905391	10035365	8945263
6418347	1009236	4492821	10858412	1388892	510012	573616	7427583	5903349
1741468	246273	1256856	3097475	310556	115860	138740	1987741	1674890
221514	44150	142286	339552	88332	11413	28656	265664	202289
1367241	468234	1905461	3497973	421703	132297	280121	1835475	2496621
2030382	522817	2231420	4465000	532383	150828	337324	2553199	2932335
1758190	387012	1631309	3528214	415421	106075	264339	2145202	2168848
803951	135294	593501	1416706	177438	40636	100354	939245	795887
230929	30819	137619	343405	50349	11143	38678	261748	181827
99682	50448	163560	307012	35779	11959	14486	150130	219105
304171	45365	199535	575825	35215	9004	20877	349536	291385
6408128	828710	2836868	9510656	1081332	197360	367994	7236838	3920504
6147699	808276	2743511	9127743	1057293	185678	354298	6955976	3769036
260429	20434	93357	382913	24039	11683	13696	280862	151468
2053688	744838	3926792	5962693	856081	467115	537397	2798527	5024759
1481458	641329	2945842	4475720	702305	410807	310689	2122788	3776733
10269892	2582681	10437221	22497121	2333309	608068	962320	12852573	13548245
9208578	2230408	8943386	19856071	1997420	482530	737169	11438985	11634204
342412	97200	369438	781760	76388	24494	34077	439613	477107
686950	224530	991357	1690999	229077	87559	176938	911481	1273091
177518	26366	65657	272031	33062	4216	20837	203884	126262
21619	8836	21041	47436	11418	1207	1899	30455	31505
394606	116658	363010	760283	129352	43080	62100	511264	483551
16658	9401	31949	54082	7870	3931	4556	26059	44379
3026	521	3680	7079	944	669	460	3547	5604
64920	12776	50721	131439	9622	4847	4262	77697	72474
60307	6343	29434	94602	7414	2220	1531	66650	39117
249044	103931	598667	846713	101521	40839	112475	352975	748572
245818	91565	465258	757260	90191	36772	44957	337383	591797
604888	198167	866645	1593103	174448	65197	83590	803055	1113283
174318	10924	54102	233757	17300	2332	8554	185242	76701
106130	4638	14097	123235	8265	657	1676	110768	23065
1350279	392227	1770522	3433919	369007	80922	119301	1742506	2260643
1339171	385597	1742479	3392156	363948	78517	116133	1724768	2225986
96277	40602	143005	273555	34056	6487	10785	136880	188004
94701	39924	140000	268827	33419	6254	10534	134625	184408
40	34	325	174	79	173	46	74	398
1048586	141552	675050	1727482	207849	77300	83018	1190138	905511
344726	86341	344079	664109	103328	49804	55091	431067	441265

15-7 建筑业企业主要财务指标(2009年)

单位：万元

指标	Item	合计 Total	内资 Domestic Funded	港澳台商投资 Funded from Hong Kong, Macao and Taiwan	外商投资 Foreign Funded
年末资产负债	**Year-end Assets and Liabilities**				
资产总计	Total Assets	23869913	23807843	17791	44280
流动资产合计	Total Circulating Funds	17236043	17197507	16088	22448
#存货	Stock	4521873	4511365	6733	3775
长期投资	Long-term Investment	584182	583942		240
固定资产合计	Total Fixed Assets	5166370	5143343	1458	21569
固定资产原价	Original Value of Fixed Assets	6488530	6465225	3228	20077
#生产经营用	Used by Production	4839301	4831526	1019	6757
累计折旧	Total Depreciation Drawn Accumulated	2073260	2067614	1770	3876
#本年折旧	Draw Depreciation This Year	434569	433526	160	882
在建工程	Under Construction Project	544468	541211		3257
无形及递延资产合计	Total Intangible and Deferred Assets	762026	761776	245	5
负债合计	Total Liabilities	14468108	14429304	10130	28675
流动负债	Liquid Liabilities	13716491	13679952	10130	26409
长期负债	Long-term Liabilities	751618	749352		2266
所有者权益合计	Total Creditors Equity	9401805	9378539	7661	15605
#实收资本	Capitals Hold	6771023	6759331	4338	7354
损益及分配	**Loss-profit and Allocation**				
工程结算收入	Revenue of Project Settlement Accounts	34020108	33982994	22354	14759
工程结算成本	Costs of Project Settlement Accounts	29967339	29937756	18363	11220
工程结算税金及附加	Taxes and Extra Charges on Project Settle Accounts	1197882	1196725	667	491
工程结算利润	Profits of Project Settlement Accounts	2566317	2560462	3216	2638
其他业务收入	Other Revenue from Business	264248	262907	19	1322
其他业务利润	Other Profit from Business	62769	61869	19	881
管理费用	Management Fee	1152470	1148175	1781	2514
#税金	Taxes	92981	92790	154	37
财产保险费	Premium of Property	12535	12525		10
财务费用	Financial Expenses	166864	166828	38	-1
#利息支出	Expenses of Interest	100259	100242	20	-4
营业利润	Profits of Business	1309751	1307328	1416	1006
利润总额	Total Profits	1186690	1184062	1416	1212
利税总额	Total Pre-Tax Profits	2477553	2473577	2236	1740
劳动、失业保险费	Labor and Unemployment Insurance	220145	220088	48	9
住房公积金及住房补贴		124217	124206	1	9
工资、福利费	**Wages,Welfare**				
本年应付工资总额	Payable Total Wages This Year	4470135	4465143	3420	1573
#主营业务应付工资总额	Wage for Principal Operations	4366212	4361771	3216	1226
本年应付福利费总额	Payable Total Welfare This Year	350373	350240	18	115
#主营业务应付福利费总额	Welfare for Principal Operations	340979	340863	18	98
亏损企业个数(个)	**Number of Loss-Making Enterprises(unit)**	399	398		1
应收工程款	Year-end Projects Arrearage	2603875	2600881	669	2325
#竣工工程	Completed Arrearage	931697	931476	109	112

Main Economic Indicators on Construction Enterprises by Registration Status(2009)

(10 000 yuan)

#国有控股 State-holding	#集体控股 Collective-holding	#私人控股 Private-holding	房屋和土木工程建筑业 Floor Space Civil Engineering	建筑安装业 Building Installation	建筑装饰业 Building Decoration	其他建筑业 Others	公有制 Public-owned	非公有制 Non-public owned
9484969	1753083	9868118	19601607	2596791	854231	817284	11238052	12631862
7420767	1125279	6647959	14196056	1836946	651490	551551	8546046	8689997
1990164	294493	1728533	3863065	391021	133746	134041	2284657	2237216
157271	58591	242837	395239	148325	19673	20945	215862	368320
1568394	466232	2603946	4240504	528833	168219	228814	2034626	3131743
2272065	557753	3045682	5355832	663656	178335	290706	2829818	3658711
1780933	413705	2154255	4089527	432081	114033	203660	2194638	2644663
881804	143924	841115	1729581	211719	46055	85904	1025728	1047532
176004	35608	172961	351646	51918	9707	21297	211612	222957
118539	30482	292574	449903	54766	26098	13701	149021	395448
287143	90240	323325	663632	71791	11825	14778	377383	384643
7462697	946919	4129377	12468940	1400133	301368	297667	8409615	6058493
6968782	909294	3970262	11777384	1369340	287173	282594	7878076	5838414
493915	37624	159115	691557	30793	14196	15073	531539	220079
2022272	806164	5738741	7132667	1196658	552863	519618	2828436	6573369
1455867	624202	4068106	5094921	843999	446808	385296	2080069	4690954
12058817	2659192	15753878	29637470	2682185	767960	932493	14718009	19302099
10883659	2274168	13631787	26396680	2255636	600556	714466	13157827	16809512
384025	98038	598463	1032222	91754	30362	43545	482062	715820
753474	253785	1326692	1991774	302147	119604	152792	1007259	1559058
95824	32498	96392	196384	46378	3514	17972	128322	135926
18235	7044	31039	43805	14010	1610	3343	25279	37490
398253	117167	527500	885079	157699	55166	54527	515420	637050
19862	12869	50256	68681	12508	5147	6645	32731	60250
1418	1423	8795	8004	2954	926	651	2841	9694
57849	12078	77464	145292	11336	5189	5049	69927	96937
35188	5408	46833	87589	7384	2758	2528	40596	59663
315607	131583	752767	1005209	147123	60860	96559	447190	862560
291964	108883	678171	944858	126270	55295	60268	400847	785844
695850	219789	1326890	2045760	230531	90804	110458	915640	1561914
166834	6716	36183	208324	8874	1019	1927	173550	46595
80383	6621	24352	106079	13749	1393	2996	87004	37213
1585532	355983	2160002	3914855	346186	91488	117607	1941515	2528620
1562138	345529	2094744	3829416	336398	87621	112778	1907667	2458545
118937	33686	169597	306138	30697	5884	7654	152623	197750
115615	32450	165297	298181	29932	5571	7295	148065	192914
37	25	314	146	82	125	46	62	337
1084379	135875	1020316	2171882	252316	103061	76615	1220254	1383620
220397	75273	547488	671994	133266	72193	54245	295670	636027

15-8 劳务分包建筑企业生产经营情况(2009年)

Main Indicators on Construction Enterprises of Work Subcontractors (2009)

指标	Item	合计 Total	#内资 Domestic Funded	#国有控股 State-holding	#集体控股 Collective-holding	#私人控股 Private-holding	#其他 Others
企业数(个)	Number of Construction Enterprises (unit)	952	952	11	45	844	52
#有工作量企业	Have Workload	884	884	11	43	785	45
年末从业人员(人)	Number of Employed Persons at the Year-end (person)	175518	175518	705	5039	155826	13948
#管理人员	Manager in Employed Persons at the Year-end	12671	12671	58	452	11112	1049
#工程技术人员	Technologist in Employed Persons at the Year-end	16958	16958	83	458	15373	1044
#现场施工工人	Builder in Employed Persons at the Year-end	138628	138628	544	3773	122665	11646
计算劳动生产率的平均人数(人)	Staff and Workers Annual Average (person)	167321	167321	597	5073	147686	13965
建筑业总产值(万元)	Gross Output Value of Construction (10 000 yuan)	553306	553306	2102	58276	429938	62991
#装饰装修产值	Output Value of Fitment	38695	38695	401	652	33508	4133
营业收入合计(万元)	Total Income (10 000 yuan)	446987	446987	2154	39379	385113	20342
#主营业务收入	Income form Principal Operations	444677	444677	2146	39128	383551	19852
税金(万元)	Taxes (10 000 yuan)	17776	17776	115	2666	14205	791
利润总额(万元)	Total profits (10 000yuan)	30417	30417	241	3091	26588	497
从业人员劳动报酬(万元)	Labour Reward of Employed Persons(10 000 yuan)	206794	206794	456	5638	182126	18575
劳动、失业保险费(万元)	Premium of Unemployment and Labour (10 000 yuan)	5661	5661	46	222	5058	336
全部从业人员年平均人数(人)	Average Number of Employed Persons (penson)	173994	173994	598	5109	154039	14248
住房公积金及住房补贴(万元)	Housing Provident Funds(10 000 yuan)	1945	1945	38	117	1607	183

指标	Item	房屋和土木工程建筑业 Floor Space Civil Engineering	建筑安装业 Building Instal-lation	建筑装饰业 Building Decora-tion	其他建筑业 Others	公有制 Public-owned	非公有制 Non-public owned
企业数(个)	Number of Construction Enterprises (unit)	545	127	25	255	56	896
#有工作量企业	Have Workload	501	124	25	234	54	830
年末从业人员(人)	Number of Employed Persons at the Year-end (penson)	105643	12241	5125	52509	5744	169774
#管理人员	Manager in Employed Persons at the Year-end	7799	1029	525	3318	510	12161
#工程技术人员	Technologist in Employed Persons at the Year-end	9777	1116	440	5625	541	16417
#现场施工工人	Builder in Employed Persons at the Year-end	85110	9219	4021	40278	4317	134311
计算劳动生产率的平均人数(人)	Staff and Workers Annual Average (person)	101837	11617	4370	49497	5670	161651
建筑业总产值(万元)	Gross Output Value of Construction (10 000 yuan)	355354	38285	12971	146697	60378	492929
#装饰装修产值	Output Value of Fitment	24136	2631	889	11040	1053	37641
营业收入合计(万元)	Total Income (10 000 yuan)	274556	41558	13346	117527	41533	405454
#主营业务收入	Income form Principal Operations	273657	41223	12598	117198	41274	403403
税金(万元)	Taxes (10 000 yuan)	10875	2347	358	4197	2781	14995
利润总额(万元)	Total profits (10 000yuan)	18596	3774	348	7700	3332	27085
从业人员劳动报酬(万元)	Labour Reward of Employed Persons(10 000 yuan)	119033	15798	6919	65044	6093	200701
劳动、失业保险费(万元)	Premium of Unemployment and Labour (10 000 yuan)	4052	418	48	1143	267	5394
全部从业人员年平均人数(人)	Average Number of Employed Persons (penson)	105449	12017	5372	51156	5707	168287
住房公积金及住房补贴(万元)	Housing Provident Funds(10 000 yuan)	1347	261	18	319	156	1789

15－9 各市建筑业企业总产值

Total Output Value of Construction by City

单位:亿元 (100 million yuan)

市	City	2000	2005	2006	2007	2008	2009
全省	**Total**	**357.34**	**1066.15**	**1530.95**	**2151.72**	**2824.06**	**3596.49**
郑州市	Zhengzhou	105.93	299.39	401.27	583.66	797.32	1126.12
开封市	Kaifeng	10.77	35.16	48.50	62.76	79.16	93.38
洛阳市	Luoyang	50.18	168.54	253.59	356.12	512.33	681.81
平顶山市	Pingdingshan	15.48	31.18	45.98	64.46	83.89	74.45
安阳市	Anyang	28.68	71.78	128.44	175.84	212.78	269.54
鹤壁市	Hebi	3.65	6.34	14.68	16.48	21.53	26.70
新乡市	Xinxiang	26.84	79.44	121.24	156.86	205.30	204.70
焦作市	Jiaozuo	9.31	36.26	38.72	62.23	60.75	69.18
濮阳市	Puyang	23.45	46.84	68.95	91.98	102.55	118.50
许昌市	Xuchang	9.69	21.28	29.06	38.36	48.00	62.70
漯河市	Luohe	3.73	10.10	12.38	13.71	18.47	25.80
三门峡市	Sanmenxia	7.55	26.25	36.85	45.60	60.93	73.03
南阳市	Nanyang	21.29	75.70	98.22	139.35	145.46	165.40
商丘市	Shangqiu	9.42	43.76	60.40	80.62	109.78	137.86
信阳市	Xinyang	14.78	43.34	71.92	108.28	141.53	169.54
周口市	Zhoukou	9.73	40.60	55.00	87.25	117.32	148.07
驻马店市	Zhumadian	6.09	23.14	37.25	57.50	93.90	134.29
济源市	Jiyuan	0.78	7.08	8.50	10.66	13.05	15.40

15－10 各市建筑业企业利税总额

Total Pre-Tax Profits of Construction Enterprises by City

单位:万元 (10 000 yuan)

市	City	2000	2005	2006	2007	2008	2009
全省	**Total**	**148547**	**625512**	**878828**	**1317278**	**1916338**	**2477553**
郑州市	Zhengzhou	35374	136720	197232	334113	524896	738885
开封市	Kaifeng	3581	18134	23936	30658	56219	54125
洛阳市	Luoyang	6407	96068	113924	180636	249713	348039
平顶山市	Pingdingshan	5962	19443	18319	29181	42113	47977
安阳市	Anyang	15184	29358	67976	80971	106828	136581
鹤壁市	Hebi	1296	1649	6678	10073	12149	15639
新乡市	Xinxiang	15297	56331	85163	122016	190766	215527
焦作市	Jiaozuo	2673	17570	16786	37657	37086	39635
濮阳市	Puyang	11834	24647	46455	61218	69700	76165
许昌市	Xuchang	6812	8436	12303	19024	31754	45758
漯河市	Luohe	2363	5093	7529	11635	14553	20182
三门峡市	Sanmenxia	2626	12422	15867	24739	41449	61322
南阳市	Nanyang	10156	45817	57350	100115	110602	158883
商丘市	Shangqiu	8610	33083	53087	44481	88891	110450
信阳市	Xinyang	7246	44549	68659	100986	120856	144178
周口市	Zhoukou	9263	38970	52574	82538	126703	141525
驻马店市	Zhumadian	3624	30310	30180	36596	78213	106093
济源市	Jiyuan	241	6915	4812	10642	13847	16591

15-11 各市建筑业企业利润总额

Total Profits of Construction Enterprises by City

单位:万元 (10 000 yuan)

市 City	2000	2005	2006	2007	2008	2009
全 省 Total	**30936**	**255460**	**371010**	**574318**	**929179**	**1186690**
郑 州 市 Zhengzhou	3508	40921	72203	150382	272640	340671
开 封 市 Kaifeng	418	6952	8640	11326	25650	24579
洛 阳 市 Luoyang	-8040	39499	33803	67391	92273	132296
平 顶 山 市 Pingdingshan	528	7813	2352	7144	13918	20125
安 阳 市 Anyang	1411	6107	25317	22011	40461	55193
鹤 壁 市 Hebi	-57	-388	1311	4518	4568	6316
新 乡 市 Xinxiang	4511	23368	42176	66068	101438	130576
焦 作 市 Jiaozuo	88	6175	6112	17725	14804	16137
濮 阳 市 Puyang	5261	11735	22153	27416	26118	34868
许 昌 市 Xuchang	4307	2563	2862	5965	14608	24447
漯 河 市 Luohe	1454	2394	3318	4533	6301	8155
三 门 峡 市 Sanmenxia	710	2950	4018	7805	17290	33054
南 阳 市 Nanyang	3271	20315	25869	42888	56968	73768
商 丘 市 Shangqiu	5148	17363	29298	21198	51056	65329
信 阳 市 Xinyang	2725	24434	35692	51230	67243	75997
周 口 市 Zhoukou	4782	23148	34881	44471	73303	76646
驻 马 店 市 Zhumadian	895	15027	18842	15430	43670	58365
济 源 市 Jiyuan	17	5086	2164	6818	6871	10168

15-12 各市建筑业企业主要指标(2009年)

Main Indicators of Construction Enterprises by City (2009)

市 City	企业个数(个) Number of Enterprises (unit)	从业人员(万人) Number of Persons Engaged (10 000 person)	计算劳动生产率的平均人数(万人) Staff and Workers Annual Average (10 000 person)	签定的合同额(亿元) Contract Value Signed (100 million yuan)	总产值(亿元) Gross Output Value (100 million yuan)
全　省 Total	**4146**	**224.34**	**221.05**	**5584.60**	**3596.49**
郑州市 Zhengzhou	1180	51.44	47.79	2031.16	1126.12
开封市 Kaifeng	170	7.52	7.43	133.39	93.38
洛阳市 Luoyang	345	35.00	35.71	1202.77	681.81
平顶山市 Pingdingshan	180	5.50	5.42	109.76	74.45
安阳市 Anyang	192	21.24	21.82	338.30	269.54
鹤壁市 Hebi	54	3.22	3.14	35.28	26.70
新乡市 Xinxiang	318	19.90	19.32	255.33	204.70
焦作市 Jiaozuo	173	4.99	4.94	116.87	69.18
濮阳市 Puyang	172	8.18	8.36	157.49	118.50
许昌市 Xuchang	113	5.24	5.08	90.67	62.70
漯河市 Luohe	75	3.33	3.27	32.77	25.80
三门峡市 Sanmenxia	119	4.37	4.35	110.38	73.03
南阳市 Nanyang	314	15.08	14.75	214.22	165.40
商丘市 Shangqiu	139	9.04	8.63	185.12	137.86
信阳市 Xinyang	194	11.89	11.61	199.03	169.54
周口市 Zhoukou	158	7.93	8.27	180.29	148.07
驻马店市 Zhumadian	186	9.21	9.98	169.56	134.29
济源市 Jiyuan	64	1.28	1.19	22.20	15.40

市 City	竣工产值(亿元) Buildings Completed Output Value (100 million yuan)	房屋建筑施工面积(万平方米) Floor Space of Buildings Under Construction (10 000 sq.m)	房屋建筑竣工面积(万平方米) Floor Space of Buildings Completed (10 000 sq.m)	自有施工机械设备年末总功率(万千瓦) Total Power of Machinery and Equipment Owned (10 000 kw)	自有施工机械设备年末净值(亿元) Net Value of Machinery and Equipment Owned (100 million yuan)
全　省 Total	**2073.04**	**24596.04**	**11994.23**	**1205.11**	**218.25**
郑州市 Zhengzhou	548.42	7106.64	2277.83	299.37	53.90
开封市 Kaifeng	66.63	902.40	563.07	26.07	4.52
洛阳市 Luoyang	274.17	3108.68	1145.28	212.75	43.96
平顶山市 Pingdingshan	40.61	806.25	266.23	21.98	5.06
安阳市 Anyang	185.59	2502.99	1595.87	102.80	17.83
鹤壁市 Hebi	15.97	314.58	170.16	10.32	1.70
新乡市 Xinxiang	148.08	1648.67	1003.57	104.12	13.53
焦作市 Jiaozuo	52.72	607.25	332.99	16.20	3.43
濮阳市 Puyang	84.53	564.89	405.63	64.02	12.52
许昌市 Xuchang	46.37	671.40	379.88	22.23	5.17
漯河市 Luohe	17.22	324.49	183.88	7.70	1.34
三门峡市 Sanmenxia	38.69	348.25	167.95	52.99	12.05
南阳市 Nanyang	132.74	1176.09	702.19	48.33	8.91
商丘市 Shangqiu	92.57	1003.71	710.82	42.31	8.10
信阳市 Xinyang	119.18	1403.74	919.73	59.54	10.38
周口市 Zhoukou	115.59	1026.16	640.22	57.39	7.81
驻马店市 Zhumadian	82.18	910.10	460.74	44.00	5.96
济源市 Jiyuan	11.77	169.76	68.20	13.01	2.09

15-13 各市建筑业企业个数(2009年)
Number of Construction Enterprises by City (2009)

单位：个 (unit)

市 City	企业个数 Number of Enterprises	内资 Domestic Funded	港澳台商投资 Funded from Hong Kong, Macao and Taiwan	外商投资 Foreign Funded	公有制 Public-owned	非公有制 Non-public owned
全 省 Total	**4146**	**4133**	**5**	**8**	**726**	**3420**
郑 州 市 Zhengzhou	1180	1170	5	5	101	1079
开 封 市 Kaifeng	170	170			36	134
洛 阳 市 Luoyang	345	344		1	80	265
平 顶 山 市 Pingdingshan	180	180			44	136
安 阳 市 Anyang	192	192			40	152
鹤 壁 市 Hebi	54	54			9	45
新 乡 市 Xinxiang	318	316		2	52	266
焦 作 市 Jiaozuo	173	173			16	157
濮 阳 市 Puyang	172	172			22	150
许 昌 市 Xuchang	113	113			14	99
漯 河 市 Luohe	75	75			17	58
三 门 峡 市 Sanmenxia	119	119			15	104
南 阳 市 Nanyang	314	314			71	243
商 丘 市 Shangqiu	139	139			45	94
信 阳 市 Xinyang	194	194			63	131
周 口 市 Zhoukou	158	158			27	131
驻 马 店 市 Zhumadian	186	186			66	120
济 源 市 Jiyuan	64	64			8	56

市 City	#国有控股 State-holding	#集体控股 Collective-holding	#私人控股 Private-holding	#房屋和土木工程建筑业 Floor Space Civil Engineering	#建筑安装业 Building Installation	#建筑装饰业 Building Decoration
全 省 Total	**329**	**397**	**3165**	**2103**	**599**	**1088**
郑 州 市 Zhengzhou	58	43	1009	362	267	383
开 封 市 Kaifeng	13	23	128	108	34	24
洛 阳 市 Luoyang	35	45	253	184	47	91
平 顶 山 市 Pingdingshan	17	27	131	97	19	58
安 阳 市 Anyang	16	24	143	129	26	31
鹤 壁 市 Hebi	5	4	39	39	7	6
新 乡 市 Xinxiang	20	32	246	187	44	49
焦 作 市 Jiaozuo	6	10	136	59	20	83
濮 阳 市 Puyang	15	7	140	81	22	42
许 昌 市 Xuchang	3	11	77	57	19	28
漯 河 市 Luohe	4	13	48	52	4	17
三 门 峡 市 Sanmenxia	13	2	104	90	5	19
南 阳 市 Nanyang	40	31	228	153	27	124
商 丘 市 Shangqiu	19	26	83	95	12	23
信 阳 市 Xinyang	28	35	121	143	11	33
周 口 市 Zhoukou	6	21	125	112	9	29
驻 马 店 市 Zhumadian	27	39	103	129	16	25
济 源 市 Jiyuan	4	4	51	26	10	23

15-14 各市建筑业企业总产值(2009年)

Total Output Value of Construction Enterprises by City (2009)

单位：亿元 (100 million yuan)

市 City	总产值 Gross Output Value	内资 Domestic Funded	港澳台商投资 Funded from Hong Kong, Macao and Taiwan	外商投资 Foreign Funded	公有制 Public-owned	非公有制 Non-public owned
全 省 Total	**3596.49**	**3592.88**	**2.24**	**1.37**	**1511.53**	**2084.95**
郑 州 市 Zhengzhou	1126.12	1122.82	2.24	1.06	416.80	709.32
开 封 市 Kaifeng	93.38	93.38			19.34	74.04
洛 阳 市 Luoyang	681.81	681.79		0.02	537.49	144.32
平 顶 山 市 Pingdingshan	74.45	74.45			10.29	64.16
安 阳 市 Anyang	269.54	269.54			39.79	229.75
鹤 壁 市 Hebi	26.70	26.70			6.95	19.76
新 乡 市 Xinxiang	204.70	204.41		0.29	28.21	176.48
焦 作 市 Jiaozuo	69.18	69.18			26.07	43.12
濮 阳 市 Puyang	118.50	118.50			41.62	76.89
许 昌 市 Xuchang	62.70	62.70			13.16	49.53
漯 河 市 Luohe	25.80	25.80			5.91	19.89
三 门 峡 市 Sanmenxia	73.03	73.03			34.28	38.75
南 阳 市 Nanyang	165.40	165.40			75.26	90.14
商 丘 市 Shangqiu	137.86	137.86			78.89	58.97
信 阳 市 Xinyang	169.54	169.54			67.69	101.85
周 口 市 Zhoukou	148.07	148.07			32.63	115.45
驻 马 店 市 Zhumadian	134.29	134.29			74.13	60.17
济 源 市 Jiyuan	15.40	15.40			3.04	12.36

市 City	#国有控股 State-holding	#集体控股 Collective-holding	#私人控股 Private-holding	#房屋和土木工程建筑业 Floor Space Civil Engineering	#建筑安装业 Building Installation	#建筑装饰业 Building Decoration
全 省 Total	**1218.60**	**292.94**	**1718.72**	**3128.50**	**289.46**	**81.62**
郑 州 市 Zhengzhou	369.27	47.54	513.03	907.75	139.41	39.60
开 封 市 Kaifeng	9.44	9.89	55.12	61.72	29.28	2.02
洛 阳 市 Luoyang	516.57	20.92	136.27	649.35	20.54	4.41
平 顶 山 市 Pingdingshan	2.60	7.69	32.82	69.57	2.66	1.46
安 阳 市 Anyang	18.01	21.78	218.47	256.45	12.32	0.48
鹤 壁 市 Hebi	6.25	0.70	14.74	24.93	1.42	0.34
新 乡 市 Xinxiang	15.36	12.85	164.90	156.90	24.04	2.58
焦 作 市 Jiaozuo	18.27	7.80	36.49	60.18	4.33	3.75
濮 阳 市 Puyang	38.04	3.57	72.70	99.35	7.98	3.27
许 昌 市 Xuchang	5.46	7.70	32.89	56.60	4.61	0.82
漯 河 市 Luohe	0.85	5.06	14.66	23.24	0.52	1.69
三 门 峡 市 Sanmenxia	33.53	0.76	38.75	71.19	0.87	0.64
南 阳 市 Nanyang	48.13	27.13	78.82	143.14	14.53	5.51
商 丘 市 Shangqiu	58.67	20.21	46.83	124.70	5.13	3.76
信 阳 市 Xinyang	26.17	41.52	91.45	158.19	4.58	5.13
周 口 市 Zhoukou	11.49	21.14	110.80	133.06	7.88	4.34
驻 马 店 市 Zhumadian	38.83	35.30	47.79	119.71	7.28	1.20
济 源 市 Jiyuan	1.65	1.39	12.20	12.47	2.08	0.63

15-15 各市建筑业企业实收资本(2009年)

Paid-up Capitals of Construction Enterprises by City (2009)

单位：亿元 (100 million yuan)

市 City	实收资本 Capitals Hold Value	内资 Domestic Funded	港澳台商投资 Funded from Hong Kong, Macao and Taiwan	外商投资 Foreign Funded	公有制 Public-owned	非公有制 Non-public owned
全省 Total	**677.10**	**675.93**	**0.43**	**0.74**	**208.01**	**469.10**
郑州市 Zhengzhou	213.21	212.26	0.43	0.52	50.49	162.72
开封市 Kaifeng	23.85	23.85			4.89	18.96
洛阳市 Luoyang	85.66	85.56		0.10	52.07	33.59
平顶山市 Pingdingshan	20.90	20.90			4.27	16.63
安阳市 Anyang	43.27	43.27			10.95	32.32
鹤壁市 Hebi	7.69	7.69			1.50	6.19
新乡市 Xinxiang	49.89	49.77		0.12	8.53	41.36
焦作市 Jiaozuo	15.62	15.62			3.48	12.14
濮阳市 Puyang	30.83	30.83			6.77	24.06
许昌市 Xuchang	14.26	14.26			2.79	11.47
漯河市 Luohe	9.76	9.76			2.53	7.23
三门峡市 Sanmenxia	17.08	17.08			5.01	12.08
南阳市 Nanyang	31.98	31.98			14.31	17.68
商丘市 Shangqiu	24.82	24.82			11.71	13.10
信阳市 Xinyang	33.88	33.88			10.82	23.06
周口市 Zhoukou	21.63	21.63			3.99	17.64
驻马店市 Zhumadian	25.88	25.88			12.72	13.17
济源市 Jiyuan	6.88	6.88			1.20	5.68

市 City	#国有控股 State-holding	#集体控股 Collective-holding	#私人控股 Private-holding	#房屋和土木工程建筑业 Floor Space Civil Engineering	#建筑安装业 Building Installation	#建筑装饰业 Building Decoration
全省 Total	**145.59**	**62.42**	**406.81**	**509.49**	**84.40**	**44.68**
郑州市 Zhengzhou	41.76	8.72	134.18	130.22	43.84	22.49
开封市 Kaifeng	2.21	2.68	17.43	18.98	3.90	0.64
洛阳市 Luoyang	43.92	8.15	31.84	74.00	6.98	2.77
平顶山市 Pingdingshan	1.78	2.49	10.13	17.22	1.47	2.01
安阳市 Anyang	4.48	6.47	31.06	39.66	2.60	0.60
鹤壁市 Hebi	1.17	0.32	4.72	6.58	0.87	0.21
新乡市 Xinxiang	5.18	3.34	37.81	34.04	5.69	1.56
焦作市 Jiaozuo	1.81	1.67	10.14	11.01	1.59	2.36
濮阳市 Puyang	5.09	1.67	22.74	22.84	3.16	1.79
许昌市 Xuchang	1.36	1.43	8.90	10.55	2.24	0.89
漯河市 Luohe	0.82	1.71	5.74	8.62	0.36	0.60
三门峡市 Sanmenxia	4.81	0.20	12.08	16.21	0.41	0.35
南阳市 Nanyang	8.97	5.34	16.35	24.34	4.73	2.46
商丘市 Shangqiu	8.16	3.56	11.69	21.32	1.40	0.82
信阳市 Xinyang	4.24	6.58	19.17	30.29	1.34	1.85
周口市 Zhoukou	1.63	2.36	16.68	18.40	0.97	1.66
驻马店市 Zhumadian	7.51	5.20	10.60	20.11	1.86	0.99
济源市 Jiyuan	0.66	0.54	5.55	5.09	0.99	0.63

15-16 各市建筑业企业资产总计(2009年)
Total Assets of Construction Enterprises by City (2009)

单位：亿元 (100 million yuan)

市	City	资产合计 Total Assets	内资 Domestic Funded	港澳台商投资 Funded from Hong Kong, Macao and Taiwan	外商投资 Foreign Funded	公有制 Public-owned	非公有制 Non-public owned
全省	**Total**	**2386.99**	**2380.78**	**1.78**	**4.43**	**1123.81**	**1263.19**
郑州市	Zhengzhou	831.40	827.07	1.78	2.54	348.64	482.76
开封市	Kaifeng	60.45	60.45			15.73	44.72
洛阳市	Luoyang	493.23	493.11		0.11	400.57	92.65
平顶山市	Pingdingshan	84.14	84.14			14.48	69.66
安阳市	Anyang	106.11	106.11			24.67	81.45
鹤壁市	Hebi	20.80	20.80			6.12	14.68
新乡市	Xinxiang	136.04	134.27		1.77	29.78	106.26
焦作市	Jiaozuo	48.07	48.07			19.86	28.21
濮阳市	Puyang	77.83	77.83			26.31	51.52
许昌市	Xuchang	44.78	44.78			9.16	35.63
漯河市	Luohe	22.54	22.54			4.80	17.74
三门峡市	Sanmenxia	78.87	78.87			49.87	28.99
南阳市	Nanyang	93.62	93.62			45.12	48.50
商丘市	Shangqiu	81.63	81.63			50.54	31.09
信阳市	Xinyang	68.58	68.58			26.39	42.19
周口市	Zhoukou	56.45	56.45			12.85	43.59
驻马店市	Zhumadian	66.18	66.18			33.96	32.22
济源市	Jiyuan	16.28	16.28			4.95	11.32

市	City	#国有控股 State-holding	#集体控股 Collective-holding	#私人控股 Private-holding	#房屋和土木工程建筑业 Floor Space Civil Engineering	#建筑安装业 Building Installation	#建筑装饰业 Building Decoration
全省	**Total**	**948.50**	**175.31**	**986.81**	**1960.16**	**259.68**	**85.42**
郑州市	Zhengzhou	316.23	32.40	324.70	620.37	137.00	40.82
开封市	Kaifeng	9.72	6.01	35.82	42.78	16.20	1.07
洛阳市	Luoyang	376.87	23.70	85.64	455.95	26.25	4.64
平顶山市	Pingdingshan	5.87	8.60	28.58	74.80	5.30	3.14
安阳市	Anyang	12.35	12.31	77.34	97.41	6.97	0.83
鹤壁市	Hebi	5.17	0.96	11.22	18.83	1.65	0.28
新乡市	Xinxiang	21.68	8.10	96.68	98.19	17.03	2.40
焦作市	Jiaozuo	13.60	6.26	24.19	38.36	3.95	4.69
濮阳市	Puyang	22.12	4.19	47.09	61.48	5.66	3.13
许昌市	Xuchang	5.36	3.79	29.68	37.28	5.41	1.15
漯河市	Luohe	2.08	2.72	12.89	18.92	0.81	2.47
三门峡市	Sanmenxia	49.33	0.55	28.99	77.15	0.79	0.69
南阳市	Nanyang	27.64	17.48	45.31	68.40	15.98	8.11
商丘市	Shangqiu	40.67	9.87	27.52	74.28	2.73	1.52
信阳市	Xinyang	12.19	14.20	35.13	62.01	2.61	3.23
周口市	Zhoukou	7.19	5.66	40.95	48.31	2.29	4.74
驻马店市	Zhumadian	17.41	16.55	24.38	54.09	5.65	1.57
济源市	Jiyuan	3.01	1.94	10.67	11.53	3.43	0.94

15-17 各市建筑业企业负债合计(2009年)

Total Liabilities of Construction Enterprises by City (2009)

单位：亿元 (100 million yuan)

市 City	负债合计 Total Liabilities	内资 Domestic Funded	港澳台商投资 Funded from Hong Kong, Macao and Taiwan	外商投资 Foreign Funded	公有制 Public-owned	非公有制 Non-public owned
全 省 Total	**1446.81**	**1442.93**	**1.01**	**2.87**	**840.96**	**605.85**
郑 州 市 Zhengzhou	531.49	529.35	1.01	1.13	276.88	254.62
开 封 市 Kaifeng	30.24	30.24			7.33	22.90
洛 阳 市 Luoyang	385.85	385.81		0.04	337.11	48.74
平 顶 山 市 Pingdingshan	57.88	57.88			9.00	48.88
安 阳 市 Anyang	49.67	49.67			12.01	37.66
鹤 壁 市 Hebi	11.48	11.48			4.60	6.88
新 乡 市 Xinxiang	58.29	56.59		1.70	17.64	40.65
焦 作 市 Jiaozuo	27.61	27.61			14.80	12.81
濮 阳 市 Puyang	37.00	37.00			18.13	18.87
许 昌 市 Xuchang	21.30	21.30			4.72	16.57
漯 河 市 Luohe	9.82	9.82			1.87	7.96
三 门 峡 市 Sanmenxia	51.20	51.20			37.64	13.56
南 阳 市 Nanyang	49.37	49.37			27.17	22.20
商 丘 市 Shangqiu	42.64	42.64			32.15	10.49
信 阳 市 Xinyang	25.67	25.67			12.73	12.94
周 口 市 Zhoukou	19.46	19.46			5.48	13.98
驻 马 店 市 Zhumadian	29.71	29.71			18.52	11.20
济 源 市 Jiyuan	8.12	8.12			3.17	4.95

市 City	#国有控股 State-holding	#集体控股 Collective-holding	#私人控股 Private-holding	#房屋和土木工程建筑业 Floor Space Civil Engineering	#建筑安装业 Building Installation	#建筑装饰业 Building Decoration
全 省 Total	**746.27**	**94.69**	**412.94**	**1246.89**	**140.01**	**30.14**
郑 州 市 Zhengzhou	256.71	20.16	133.65	431.89	73.19	13.43
开 封 市 Kaifeng	5.15	2.19	15.73	18.75	11.10	0.31
洛 阳 市 Luoyang	323.71	13.40	44.12	363.79	17.45	1.36
平 顶 山 市 Pingdingshan	3.64	5.36	15.42	52.93	3.35	0.95
安 阳 市 Anyang	6.91	5.10	35.04	45.23	3.76	0.20
鹤 壁 市 Hebi	4.01	0.59	4.97	10.72	0.64	0.10
新 乡 市 Xinxiang	14.09	3.55	37.57	46.98	6.41	0.58
焦 作 市 Jiaozuo	10.57	4.23	11.13	23.64	2.13	1.70
濮 阳 市 Puyang	15.81	2.32	16.48	31.32	1.59	0.62
许 昌 市 Xuchang	3.07	1.66	13.56	18.45	2.35	0.16
漯 河 市 Luohe	1.07	0.80	5.18	7.67	0.39	1.69
三 门 峡 市 Sanmenxia	37.48	0.16	13.56	50.58	0.30	0.23
南 阳 市 Nanyang	16.10	11.07	20.69	34.18	9.67	5.00
商 丘 市 Shangqiu	27.73	4.42	9.58	39.59	0.98	0.65
信 阳 市 Xinyang	6.90	5.84	10.15	23.58	0.77	1.05
周 口 市 Zhoukou	3.00	2.47	12.41	16.46	1.14	1.46
驻 马 店 市 Zhumadian	8.41	10.11	9.26	25.55	2.66	0.37
济 源 市 Jiyuan	1.90	1.27	4.44	5.61	2.15	0.26

15-18 各市建筑业企业工程结算收入(2009年)

Revenue of Project Settlement Accounts of Construction Enterprises by City (2009)

单位：亿元 (100 million yuan)

市 City	工程结算收入 Revenue of Project Settlement Accounts	内资 Domestic Funded	港澳台商投资 Funded from Hong Kong, Macao and Taiwan	外商投资 Foreign Funded	公有制 Public-owned	非公有制 Non-public owned
全　　省 Total	**3402.01**	**3398.30**	**2.24**	**1.48**	**1471.80**	**1930.21**
郑　州　市 Zhengzhou	1082.95	1079.57	2.24	1.14	418.75	664.20
开　封　市 Kaifeng	80.24	80.24			17.99	62.25
洛　阳　市 Luoyang	658.98	658.95		0.03	523.50	135.48
平 顶 山 市 Pingdingshan	71.13	71.13			11.03	60.10
安　阳　市 Anyang	230.92	230.92			37.11	193.81
鹤　壁　市 Hebi	25.03	25.03			6.73	18.31
新　乡　市 Xinxiang	201.39	201.08		0.31	29.04	172.34
焦　作　市 Jiaozuo	64.66	64.66			26.62	38.04
濮　阳　市 Puyang	120.09	120.09			45.78	74.31
许　昌　市 Xuchang	57.79	57.79			13.20	44.59
漯　河　市 Luohe	25.54	25.54			5.99	19.55
三 门 峡 市 Sanmenxia	80.90	80.90			43.63	37.27
南　阳　市 Nanyang	160.42	160.42			72.93	87.49
商　丘　市 Shangqiu	131.41	131.41			70.43	60.98
信　阳　市 Xinyang	156.61	156.61			61.99	94.62
周　口　市 Zhoukou	135.51	135.51			29.45	106.06
驻 马 店 市 Zhumadian	102.67	102.67			54.40	48.26
济　源　市 Jiyuan	15.77	15.77			3.24	12.53

市 City	#国有控股 State-holding	#集体控股 Collective-holding	#私人控股 Private-holding	#房屋和土木工程建筑业 Floor Space Civil Engineering	#建筑安装业 Building Installation	#建筑装饰业 Building Decoration
全　　省 Total	**1205.88**	**265.92**	**1575.39**	**2963.75**	**268.22**	**76.80**
郑　州　市 Zhengzhou	380.01	38.74	467.70	878.54	132.35	36.52
开　封　市 Kaifeng	8.66	9.33	44.43	51.56	27.32	1.00
洛　阳　市 Luoyang	504.08	19.41	126.98	626.91	20.20	4.41
平 顶 山 市 Pingdingshan	2.82	8.21	29.15	66.23	2.63	1.46
安　阳　市 Anyang	16.96	20.15	186.78	221.72	8.39	0.54
鹤　壁　市 Hebi	6.03	0.70	14.06	23.91	0.77	0.35
新　乡　市 Xinxiang	16.39	12.65	160.57	155.57	20.10	2.42
焦　作　市 Jiaozuo	18.57	8.05	31.80	56.10	4.33	3.29
濮　阳　市 Puyang	41.49	4.29	70.51	100.79	7.87	3.31
许　昌　市 Xuchang	5.46	7.74	29.39	51.75	4.56	0.87
漯　河　市 Luohe	0.93	5.05	14.30	22.84	0.69	1.67
三 门 峡 市 Sanmenxia	42.83	0.80	37.27	79.21	0.74	0.63
南　阳　市 Nanyang	46.82	26.11	76.40	139.00	14.33	4.86
商　丘　市 Shangqiu	52.27	18.15	49.73	118.71	5.38	3.39
信　阳　市 Xinyang	23.74	38.25	83.94	145.72	4.07	5.58
周　口　市 Zhoukou	10.47	18.97	101.42	121.34	6.91	4.66
驻 马 店 市 Zhumadian	26.50	27.91	38.58	91.19	5.32	1.17
济　源　市 Jiyuan	1.85	1.39	12.38	12.67	2.27	0.67

15-19 各市建筑业企业利润总额(2009年)

Total Profits of Construction Enterprises by City (2009)

单位：万元 (10 000 yuan)

市 City	利润总额 Total Profits	内资 Domestic Funded	港澳台商投资 Funded from Hong Kong, Macao and Taiwan	外商投资 Foreign Funded	公有制 Public-owned	非公有制 Non-public owned
全　省 Total	**1186690**	**1184062**	**1416**	**1212**	**400847**	**785844**
郑　州　市 Zhengzhou	340671	338065	1416	1190	93100	247571
开　封　市 Kaifeng	24579	24579			9758	14821
洛　阳　市 Luoyang	132296	132295		2	94069	38227
平顶山市 Pingdingshan	20125	20125			1662	18463
安　阳　市 Anyang	55193	55193			15769	39425
鹤　壁　市 Hebi	6316	6316			394	5922
新　乡　市 Xinxiang	130576	130555		21	14637	115939
焦　作　市 Jiaozuo	16137	16137			3998	12139
濮　阳　市 Puyang	34868	34868			5972	28896
许　昌　市 Xuchang	24447	24447			6710	17737
漯　河　市 Luohe	8155	8155			2431	5724
三门峡市 Sanmenxia	33054	33054			14065	18990
南　阳　市 Nanyang	73768	73768			26105	47663
商　丘　市 Shangqiu	65329	65329			37330	27999
信　阳　市 Xinyang	75997	75997			26683	49314
周　口　市 Zhoukou	76646	76646			22234	54412
驻马店市 Zhumadian	58365	58365			22234	36131
济　源　市 Jiyuan	10168	10168			3696	6472

市 City	#国有控股 State-holding	#集体控股 Collective-holding	#私人控股 Private-holding	#房屋和土木工程建筑业 Floor Space Civil Engineering	#建筑安装业 Building Installation	#建筑装饰业 Building Decoration
全　省 Total	**291964**	**108883**	**678171**	**944858**	**126270**	**55295**
郑　州　市 Zhengzhou	80361	12740	206831	242589	56773	25637
开　封　市 Kaifeng	3429	6329	12533	20386	3363	651
洛　阳　市 Luoyang	82835	11234	33793	113420	10755	2888
平顶山市 Pingdingshan	1004	659	12056	18904	941	290
安　阳　市 Anyang	10565	5204	37973	49164	5863	112
鹤　壁　市 Hebi	375	18	4229	5867	377	68
新　乡　市 Xinxiang	7350	7287	104574	89902	20072	2895
焦　作　市 Jiaozuo	2144	1853	11118	11640	1296	2514
濮　阳　市 Puyang	5059	913	26789	23804	4552	2364
许　昌　市 Xuchang	2753	3958	11893	19919	4135	373
漯　河　市 Luohe	348	2083	4088	6407	166	1106
三门峡市 Sanmenxia	13308	757	18990	31569	545	662
南　阳　市 Nanyang	15470	10635	38443	65549	3936	2941
商　丘　市 Shangqiu	30842	6488	21437	58509	2426	1211
信　阳　市 Xinyang	15075	11608	45777	66357	1694	5656
周　口　市 Zhoukou	5445	16789	52921	65678	5359	3587
驻马店市 Zhumadian	13331	8903	28343	47732	1897	1862
济　源　市 Jiyuan	2272	1425	6385	7462	2123	479

15-20 各市建筑业企业利税总额(2009年)

Total Pre-tax Profits of Construction Enterprises by City (2009)

单位：亿元 (100 million yuan)

市 City	利税总额 Total Pre-tax Profits	内资 Domestic Funded	港澳台商投资 Funded from Hong Kong, Macao and Taiwan	外商投资 Foreign Funded	公有制 Public-owned	非公有制 Non-public owned
全　　省 Total	**247.76**	**247.36**	**0.22**	**0.17**	**91.56**	**156.19**
郑　州　市 Zhengzhou	73.89	73.50	0.22	0.16	23.27	50.62
开　封　市 Kaifeng	5.41	5.41			1.58	3.83
洛　阳　市 Luoyang	34.80	34.80		0.00	26.23	8.58
平顶山市 Pingdingshan	4.80	4.80			0.56	4.24
安　阳　市 Anyang	13.66	13.66			3.04	10.62
鹤　壁　市 Hebi	1.56	1.56			0.27	1.29
新　乡　市 Xinxiang	21.55	21.54		0.01	2.67	18.88
焦　作　市 Jiaozuo	3.96	3.96			1.34	2.62
濮　阳　市 Puyang	7.62	7.62			1.75	5.86
许　昌　市 Xuchang	4.58	4.58			1.20	3.38
漯　河　市 Luohe	2.02	2.02			0.55	1.47
三门峡市 Sanmenxia	6.13	6.13			2.65	3.49
南　阳　市 Nanyang	15.89	15.89			5.73	10.16
商　丘　市 Shangqiu	11.05	11.05			6.06	4.98
信　阳　市 Xinyang	14.42	14.42			5.61	8.81
周　口　市 Zhoukou	14.15	14.15			3.80	10.36
驻马店市 Zhumadian	10.61	10.61			4.78	5.83
济　源　市 Jiyuan	1.66	1.66			0.49	1.16

市 City	#国有控股 State-holding	#集体控股 Collective-holding	#私人控股 Private-holding	#房屋和土木工程建筑业 Floor Space Civil Engineering	#建筑安装业 Building Installation	#建筑装饰业 Building Decoration
全　　省 Total	**69.59**	**21.98**	**132.69**	**204.58**	**23.05**	**9.08**
郑　州　市 Zhengzhou	20.63	2.65	39.96	54.73	11.01	4.08
开　封　市 Kaifeng	0.64	0.95	3.03	4.03	1.24	0.11
洛　阳　市 Luoyang	24.07	2.16	7.87	31.78	1.79	0.50
平顶山市 Pingdingshan	0.22	0.34	2.46	4.50	0.18	0.10
安　阳　市 Anyang	1.65	1.39	10.22	12.69	0.92	0.03
鹤　壁　市 Hebi	0.24	0.03	0.99	1.49	0.06	0.02
新　乡　市 Xinxiang	1.51	1.16	17.18	15.52	2.80	0.39
焦　作　市 Jiaozuo	0.89	0.45	2.30	3.18	0.27	0.40
濮　阳　市 Puyang	1.51	0.24	5.50	5.77	0.80	0.37
许　昌　市 Xuchang	0.46	0.74	2.20	3.96	0.53	0.06
漯　河　市 Luohe	0.13	0.42	1.11	1.70	0.08	0.17
三门峡市 Sanmenxia	2.54	0.11	3.49	5.93	0.08	0.09
南　阳　市 Nanyang	3.87	1.86	8.65	14.06	0.99	0.61
商　丘　市 Shangqiu	4.72	1.34	3.91	9.92	0.40	0.25
信　阳　市 Xinyang	2.75	2.86	7.98	12.91	0.34	0.87
周　口　市 Zhoukou	1.05	2.75	10.00	12.27	0.88	0.65
驻马店市 Zhumadian	2.43	2.34	4.70	8.86	0.39	0.29
济　源　市 Jiyuan	0.30	0.19	1.15	1.28	0.28	0.08

主要统计指标解释

建筑业统计单位 指从事房屋、构筑物建造和设备安装活动的法人企业。建筑业法人企业应同时具备的条件是：① 依法成立，有自己的名称、组织机构和场所，能够承担民事责任；②独立拥有和使用资产，承担负债，有权与其他单位签订合同；③独立核算盈亏，能够编制资产负债表。

建筑业总产值 是以货币形式表现的建筑业企业在一定时期内生产的建筑业产品和提供的服务的总和。建筑业总产值包括：

⑴建筑工程产值：指列入建筑工程预算内的各种工程价值。

⑵安装工程产值：指设备安装工程价值，不包括被安装设备本身的价值。

⑶其他产值：建筑业总产值中除建筑工程、安装工程以外的产值。包括房屋构筑物修理产值、非标准设备制造产值、总包企业向分包企业收取的管理费以及不能明确划分的施工活动所完成的产值。

a.房屋构筑物修理产值：指房屋和构筑物修理所完成的产值，但不包括被修理房屋、构筑物本身价值和生产设备的修理产值。

b.非标准设备制造产值：指加工制造没有定型的非标准生产设备的加工费和原材料价值(如化工厂、炼油厂用的各种罐、槽，矿井生产统一使用的各种漏斗、三角槽、阀门等)以及附属加工厂为本企业承建工程制作的非标准设备的价值。

房屋建筑施工面积 指在报告期内施工的全部房屋建筑面积，包括本期新开工的房屋面积、上期施工跨入本期继续施工的房屋面积、上期停缓建在本期恢复施工的房屋面积、本期竣工的房屋面积及本期施工后又停缓建的房屋面积。

房屋建筑竣工面积 指在报告期内房屋建筑按照设计要求全部完工，达到了住人和使用条件，经验收鉴定合格，正式移交使用单位的房屋建筑面积。

自有机械设备年末总台数 指归本企业所有，属于本企业固定资产的生产性机械设备年末总台数。包括施工机械、生产设备、运输设备以及其他设备。

自有机械设备年末总功率 指本企业自有施工机械、生产设备、运输设备以及其他设备等列为在册固定资产的生产性机械设备年末总功率，按设定能力或查定能力计算。包括机械本身的动力和为该机械服务的单独动力设备，如电动机等。计算单位用千瓦，动力换算可按 1 马力＝0.735 千瓦折合成千瓦数。电焊机、变压器、锅炉不计算动力。

工程结算收入 指企业承包工程实现的工程价款结算收入，以及向发包单位收取的除工程价款以外的按规定列作营业收入的各种款项，如临时设施费、劳动保险费、施工机械调迁费等以及向发包单位收取的各种索赔款。

工程结算利润 指已结算工程实现的利润，如亏损以“－”号表示。计算公式为：

工程结算利润＝工程结算收入－工程结算成本－工程结算税金及附加–经营费用

Explanatory Notes on Main Statistical Indicators

Statistical Unit in Construction refers to corporate enterprise engaged in the construction of buildings and structures and in the installation of equipment. A corporate construction enterprise should meet the following 3 requirements:①being set up in line with relevant legal basis, having its full name, organization and location, and capable of taking civil liabilities;②independently possessing and using its assets and assuming its liabilities, and entitled to sign contracts with other institutions; and ③ making independent accounts of its profits and losses, and capable of compiling its own balance sheet

Gross Output Value of Construction refers to total of construction products and services, expressed in money terms, produced or rendered by construction and installation enterprises during a given period of time. It includes:

(1) Output value of construction projects: the value of projects covered by the project budgets;

(2) Output value of installation projects: the value of the installation of equipment, (excluding the value of the equipment to be installed);

(3) Other output values: the output value of construction industry apart from that of construction projects and installation projects. It includes: output value of repair of buildings and structures; output value of non-standard equipment manufacturing; overhead expenses received by contracted enterprises from the sub-contracted enterprises and the completed output value of construction activities for which there is no clear definition.

a. Output value of repair of buildings and structures: the value created through the repairs of buildings or structures. It does not include the value of buildings or structures being repaired and the value of the repair of production equipment;

b. Output value of manufactured non-standard equipment: the value of non-standard production equipment, including raw materials and manufacturing cost, made for the construction project (i.e., chemical plant; kettles or tanks used by refineries; various fillers, triangle tanks, valves used by mines). It also includes the output value of equipment manufactured by subsidiary workshops.

Floor Space of Buildings Under Construction refers to floor space of buildings under construction during the reference period, including newly started buildings, buildings started earlier and continued during the reference period, and buildings suspended earlier but restarted during the reference period, buildings completed during the reference period, and buildings under construction and then suspended during the reference period.

Floor Space of Buildings Completed refers to the floor space of buildings that are completed in the reference period in accordance with the requirements of the design, up to the standard for putting them into use, and have been checked and accepted by concerned departments as qualified ones.

Total Number of Machinery and Equipment Owned by the End of Year refers to the number of machines and equipment owned by the enterprises, and listed as the fixed assets of the enterprises by the end of the year, including machinery and equipment for construction, production and transportation.

Total Power of Machinery and Equipment Owned by the End of Year refers to the total power of machinery and equipment owned by the enterprises, and listed as the fixed assets of the enterprises by the end of the year, including machinery and equipment for construction, production and transportation. The power of the machinery is calculated on basis of the designed or verified capacity, covering the power of the machinery/equipment and the separate power equipment serving the machinery/equipment (such as electric motors), but excluding welders, transformers and boilers. The unit used for the calculation of power is kilowatt, with horsepower converted to kilowatt by 1 horsepower=0.735 kilowatt.

Income from Settlement of Projects refers to the income received by the construction enterprise from the contracted project through settlement procedures, and other charges of Operating income in addition to the value of the project, such as temporary facility fee, labour insurance premium, moving cost of construction equipment, as well as various types of claims to the contract.

Profit from Settlement of Projects refers to profit realized through settled projects. It is calculated with the following formula:

Profit from Settlement of Projects＝Income from Settlement of Projects－Settled Cost－Settled Taxes and Other Cost- Operating expenses

交通运输、仓储、邮政业

Transport, Storage and Post

◉ 资料整理：刘秋香　赵翠清　刘文太

简要说明

一、主要内容

本篇反映河南省交通运输业、邮政和物流业发展的基本状况。主要有交通运输、仓储和邮政业单位数、从业人数、法人单位增加值，主要运输方式的线路里程、运输设备拥有量、货物运输量和旅客运输量。邮政业资料主要包括：全省邮政局(所)及邮路情况，邮政设备拥有量，邮政业务完成情况，邮政通信发展水平等资料。物流业主要包括：社会物流总额、总费用、物流业增加值、物流业设施和设备及物流企业经营情况等资料。

二、统计范围

交通运输、仓储和邮政业单位数、从业人数、法人单位增加值中，包括郑州铁路局全局数据。铁路包括国家铁路、合资铁路、地方铁路。公路里程包括全省范围内所有国道、省道、县道、乡道(含村道)、专用公路。民用车辆拥有量包括辖区内全部登记注册民用车辆。公路客货运输量包括从事公路运输的全部企事业单位、私人(包括个体联户)完成的运输量。民航包括民航企业。邮电通信包括省邮政局、省邮政公司、省通信管理局及所有从事邮电通信运营的企业。

三、资料来源

铁路资料由省地方铁路局、郑州铁路局、武汉铁路局提供；公路资料由省交通厅提供；民用车辆资料由省公安厅、省农机局和各省辖市统计局提供。民航资料由郑州新郑国际机场、南方航空公司河南分公司提供；邮政业业资料由河南省邮政局、省邮政公司和省通信管理局提供。由河南省地方经济社会调查队服务业调查处编辑整理。

Brief Introduction

I. Main Contents

Data in this chapter present the development of transportation, post and logistics in Henan province. Data on transport cover mainly unit, employment and value-added of Traffic, transport, storage and post, the length of the routes of five means of transportation, the possession of transport equipment, the condition of technological quality, freight traffic and passenger traffic accomplished. Data on post cover mainly the situation of post offices and postal routes; telephone lines, telegraph lines and the possession of post facilities; business volume of postal services achieved; and the level of development of postal services. Logistics include: output, total cost, value-added, facilities and equipment and logistics enterprise management, etc.

II. Scope of Statistics

Data on unit, employment and value-added of Traffic, transport, storage and post include the data of Zhengzhou Railway Administration. Data on railway transportation including the operation and management of the national, joint-venture and local railways. The length of highways refer to the operation and management of the national, provincial, county, town and dedicated lanes. Data on the possession of civil motor vehicles including all registered vehicles. Data on passenger traffic and freight traffic by highways, the statistical scope encompasses all the enterprises, institutional units and individuals (including joint-households) engaged in highway freight or passenger transport business. The data on civil aviation transport cover the civil enterprises. The data on post cover the Henan provincial bureau of post, Henan provincial Postal company, Henan provincial bureau of communications authority and all enterprises for post.

III. Sources of Data

Data on railway transportation are calculated from Henan provincial operation bureau of local railways, Zhengzhou Railway Administration, Wuhan Railway Administration. Data on highway transportation are calculated from Henan provincial bureau of transportation. Data on civilian vehicles are calculated from Henan provincial bureau of public safety, Henan provincial bureau of agricultural machinery and municipal Henan provincial bureau of statistics. Data on civil aviation are calculated from Xinzheng international airport and Henan Branch of China Southern airlines. Data on postal services come from the Henan provincial bureau of post, Henan provincial post company, and Henan provincial communications authority. Data in this chapter are provided by Henan provincial survey organizations of social and economy.

16-1 法人单位数

Number of Institutional Unit

单位：个 (unit)

指标	Item	2008	2009
合计	**Total**	**4772**	**5054**
企业	Enterprise	4633	4905
行政事业	Administrative institution	129	134
社会团体及其他	Social organizations and others	10	15

16-2 法人单位从业人员数

Number of Employed Persons in Institutional Unit

单位：万人 (10 000 persons)

指标	Item	2008	2009
合计	**Total**	**49.87**	**47.98**
企业	Enterprise	48.90	47.02
行政事业	Administrative institution	0.96	0.93
社会团体及其他	Social organizations and others	0.02	0.03

16-3 分行业法人单位财务指标(2008年)
Main Financial Indicators of Institutional Unit by Sector(2008)

单位：万元 (10 000 yuan)

行业名称	Sector	单位数(个) Number of units (unit)	从业人数(万人) Employed Persons (10 000 Persons)	固定资产原价 Fixed Asset Price	收入合计 Total Income
合　计	**Total**	**4772**	**49.87**	**16597418**	**11780565**
铁路运输业	Railway transportation	41	12.45	6774586	2720474
道路运输业	Road transportation	2563	21.21	7133883	4218019
城市公共交通业	Urban public transportation	390	6.16	472189	457753
水上运输业	Water transportation	77	0.83	102927	230407
航空运输业	Aviation transportation	12	0.56	299721	253773
装卸搬运和其他运输服务业	Handling and other transport services	543	1.65	109745	247968
仓储业	Storage	1082	4.59	1406106	3345210
邮政业	Post	63	2.41	298262	306961

行业名称	Sector	成本费用合计 Total Cost	工资和福利费 Salary and Welfare	税费合计 Tax	营业利润 Operating Profit
合　计	**Total**	**8825647**	**1225664**	**448013**	**1460591**
铁路运输业	Railway transportation	2073148	420340	83272	244893
道路运输业	Road transportation	2833689	432391	233443	831844
城市公共交通业	Urban public transportation	292353	119817	29949	80948
水上运输业	Water transportation	117288	14532	10024	95144
航空运输业	Aviation transportation	235260	39343	10586	-23909
装卸搬运和其他运输服务业	Handling and other transport services	146285	30338	11731	72445
仓储业	Storage	2881280	103554	60697	169616
邮政业	Post	246343	65346	8311	-10386

注：铁路运输业包含郑州铁路局全局数据。(16-4,5,6同)
a).Data on railway transportation include Zhengzhou railways Administration (the same as16-4,5,6).

16-4 分行业法人单位财务指标(2009年)

Main Financial Indicators of Institutional Unit by Sector(2009)

单位：万元 (10 000 yuan)

行业名称	Sector	单位数(个) Number of units (unit)	从业人数(万人) Employed Persons (10 000 Persons)	固定资产原价 Fixed Asset Price	收入合计 Total Income
合　计	**Total**	**5054**	**47.98**	**15790519**	**11757283**
铁路运输业	Railway transportation	40	12.31	6780869	3049024
道路运输业	Road transportation	2715	19.14	6482520	3351207
城市公共交通业	Urban public transportation	400	5.07	443348	337887
水上运输业	Water transportation	84	0.86	133348	258386
航空运输业	Aviation transportation	15	0.56	75843	298062
装卸搬运和其他运输服务业	Handling and other transport services	575	2.06	136321	261510
仓储业	Storage	1146	4.85	1379386	3788548
邮政业	Post	78	3.12	358886	412659

行业名称	Sector	成本费用合计 Total Cost	工资和福利费 Salary and Welfare	税费合计 Tax	营业利润 Operating Profit
合　计	**Total**	**9127287**	**1102239**	**369187**	**1020345**
铁路运输业	Railway transportation	2275340	438566	91371	328598
道路运输业	Road transportation	2322998	331878	163141	477440
城市公共交通业	Urban public transportation	259200	95812	17645	18924
水上运输业	Water transportation	136094	15340	11235	101619
航空运输业	Aviation transportation	278172	7270	8656	-10279
装卸搬运和其他运输服务业	Handling and other transport services	181772	31277	10928	38499
仓储业	Storage	3321314	99178	57788	87357
邮政业	Post	352398	82917	8424	-21809

16-5 各市法人单位财务指标(2008年)

Main Financial Indicators of Institutional Unit by City(2008)

单位：万元 (10 000 yuan)

市 City	单位数(个) Number of units (unit)	从业人数(万人) Employed Persons (10 000 Persons)	固定资产原价 Fixed Asset Price	收入合计 Total Income
全省 Total	**4772**	**49.87**	**16597418**	**11780565**
郑州市 Zhengzhou	820	18.28	10606422	4989312
开封市 Kaifeng	483	3.94	578343	670363
洛阳市 Luoyang	331	6.92	728382	1023800
平顶山市 Pingdingshan	150	1.24	419051	281078
安阳市 Anyang	232	1.32	172591	340864
鹤壁市 Hebi	58	0.13	12940	13191
新乡市 Xinxiang	216	1.82	698166	317344
焦作市 Jiaozuo	224	1.43	252388	486228
濮阳市 Puyang	133	0.72	211863	89480
许昌市 Xuchang	303	1.34	215741	431125
漯河市 Luohe	156	0.93	391044	478127
三门峡市 Sanmenxia	176	1.00	116841	226152
南阳市 Nanyang	266	2.71	1087749	670392
商丘市 Shangqiu	282	2.53	207280	565053
信阳市 Xinyang	249	1.81	219318	411613
周口市 Zhoukou	291	1.31	137551	196958
驻马店市 Zhumadian	365	2.14	514956	530566
济源市 Jiyuan	37	0.32	26794	58920

市 City	成本费用合计 Total Expenses	工资和福利费 Salary and Welfare	税费合计 Tax and Expenses	营业利润 Operating Profit
全省 Total	**8825647**	**1225664**	**448013**	**1460591**
郑州市 Zhengzhou	3780088	599320	146656	487099
开封市 Kaifeng	382145	87204	67671	217494
洛阳市 Luoyang	753711	182958	47975	173346
平顶山市 Pingdingshan	211232	18970	16727	22588
安阳市 Anyang	283721	23386	13888	20841
鹤壁市 Hebi	8203	2020	463	530
新乡市 Xinxiang	228833	34985	13146	50999
焦作市 Jiaozuo	391094	20610	26052	43432
濮阳市 Puyang	77849	13241	2398	5781
许昌市 Xuchang	328005	26180	28652	39023
漯河市 Luohe	413756	13610	5761	24851
三门峡市 Sanmenxia	174737	18241	7328	24941
南阳市 Nanyang	397782	55097	23090	124797
商丘市 Shangqiu	477969	38277	15534	54151
信阳市 Xinyang	315207	31281	6700	47410
周口市 Zhoukou	147691	18847	8004	33563
驻马店市 Zhumadian	414000	34852	14743	78877
济源市 Jiyuan	39624	6587	3228	10867

注：郑州市包括郑州铁路局全局数据（下表同）
a)Data of Zhengzhou include Zhengzhou Railways Administration data.（the same as the following table）

16-6 各市法人单位财务指标(2009年)
Main Financial Indicators of Institutional Unit by City(2009)

单位：万元 (10 000 yuan)

市 City	单位数(个) Number of units (unit)	从业人数(万人) Employed Persons (10 000 Persons)	固定资产原价 Fixed Asset Price	收入合计 Total Income
全 省 Total	**5054**	**47.98**	**15790519**	**11757284**
郑 州 市 Zhengzhou	832	16.72	10399348	5160734
开 封 市 Kaifeng	528	4.29	714136	799975
洛 阳 市 Luoyang	354	4.46	641095	922620
平 顶 山 市 Pingdingshan	169	2.08	509284	323361
安 阳 市 Anyang	251	1.63	206858	372069
鹤 壁 市 Hebi	64	0.20	35138	41198
新 乡 市 Xinxiang	261	1.90	604155	246289
焦 作 市 Jiaozuo	222	1.68	261947	420528
濮 阳 市 Puyang	139	0.87	196750	107857
许 昌 市 Xuchang	317	1.39	210061	387790
漯 河 市 Luohe	163	0.92	421405	412409
三 门 峡 市 Sanmenxia	179	0.79	98930	134631
南 阳 市 Nanyang	295	2.63	590818	610815
商 丘 市 Shangqiu	292	2.74	208479	617733
信 阳 市 Xinyang	264	1.98	246742	417155
周 口 市 Zhoukou	309	1.55	134106	177591
驻 马 店 市 Zhumadian	378	1.88	288830	555091
济 源 市 Jiyuan	37	0.30	22435	49441

市 City	成本费用合计 Total Expenses	工资和福利费 Salary and Welfare	税费合计 Tax and Expenses	营业利润 Operating Profit
全 省 Total	**9127286**	**1102239**	**369186**	**1020346**
郑 州 市 Zhengzhou	3914317	541770	137218	440070
开 封 市 Kaifeng	491344	87117	59652	199014
洛 阳 市 Luoyang	761705	95234	31083	73006
平 顶 山 市 Pingdingshan	257574	33854	13203	4203
安 阳 市 Anyang	308050	36844	13876	24732
鹤 壁 市 Hebi	37464	4308	567	-1780
新 乡 市 Xinxiang	204656	35888	7603	11283
焦 作 市 Jiaozuo	356011	25969	15699	21197
濮 阳 市 Puyang	82459	12375	3168	5257
许 昌 市 Xuchang	315808	21667	15895	15113
漯 河 市 Luohe	376787	13897	5052	4123
三 门 峡 市 Sanmenxia	107020	14202	4352	5969
南 阳 市 Nanyang	424696	49533	15811	80871
商 丘 市 Shangqiu	535725	43507	12266	25862
信 阳 市 Xinyang	315229	33499	5817	51481
周 口 市 Zhoukou	131520	23138	11264	20695
驻 马 店 市 Zhumadian	473690	23447	13915	30883
济 源 市 Jiyuan	33231	5991	2746	8370

16-7 历年交通运输基本情况

Basic Conditions of Transport Over the years

年份 Year	铁路里程（公里） Length of Railways (km)	公路里程（公里） Length of ways (km)	民用汽车拥有量(辆) Number of Civil Motor Vehicles Owned (unit)	客运量（万人） Passenger Traffic (10000 persons)	#铁路 Railway	#公路 Highway	#水运 Waterway	货运量（万吨） Freight Traffic (10000 tons)	#铁路 Railway	#公路 Highway	#水运 Waterway
1978	3212	31549	62965	11145	4319	6781	45	18176	6722	11321	133
1979	3216	36155	73453	12784	4513	8218	53	17533	6693	10728	112
1980	3192	36423	85137	15092	4860	10151	81	17047	6758	10183	106
1981	3460	36478	101303	17559	4752	12724	83	16403	6614	9705	84
1982	3401	36912	112794	20129	4680	15373	76	19847	6934	12794	119
1983	3305	37196	122147	23050	5060	17907	82	21579	7142	14308	129
1984	3342	37704	140967	25985	5474	20412	97	23908	7456	16296	155
1985	3248	38840	178248	36576	5723	30729	121	35642	8101	27340	201
1986	3344	39286	184217	43590	5659	37822	105	36436	8420	27799	217
1987	3409	39713	215966	46140	5524	40510	100	39539	8632	30670	237
1988	3358	40622	249182	54667	6073	48421	168	38357	8772	29282	303
1989	3546	41170	286114	52328	5476	46634	211	38245	9089	28811	345
1990	3536	43150	307914	53567	4429	48977	150	38111	9038	28818	255
1991	3384	44199	333841	53846	4223	49494	119	39923	9193	30486	244
1992	3486	45049	343214	58096	4271	53703	106	44018	9343	34404	271
1993	3456	46487	384016	61285	4602	56511	146	47347	9811	37182	354
1994	3350	47704	452291	62686	4563	57996	81	50988	9974	40428	395
1995	3382	49707	469337	61964	4288	57522	82	53582	10373	42692	324
1996	3426	50907	514094	66490	3818	62464	129	55920	10594	44800	382
1997	3428	55016	603453	69863	3843	65786	152	56113	9996	45542	433
1998	3461	57172	680875	74182	4133	69917	55	58150	9416	48250	342
1999	3354	60330	765891	78009	4366	73493	76	59218	9657	49208	352
2000	3354	64453	847289	83912	4727	79017	91	60678	10172	50133	372
2001	3319	69041	924636	85412	4980	80259	95	65191	11196	53596	398
2002	3347	71741	1058193	90334	5085	85078	86	68397	12148	55743	505
2003	3410	73831	1197516	81323	4864	76301	63	69689	12925	56100	663
2004	3752	75718	1309670	91013	5695	85016	84	73796	14732	58147	915
2005	4000	79506	2060094	98099	5842	91920	97	78827	14806	62684	1334
2006	3988	236351	2529386	108060	6313	101345	105	86608	15190	69898	1516
2007	3989	238676	2926945	122557	6585	115460	160	101410	16010	83537	1858
2008	3989	240645	3384377	(139290)	7476	(131291)	(167)	(116889)	16226	(98433)	(2226)
				130436		122414	190	138392		118198	3964
2009	3898	242314	4045333	144666	7724	136278	206	169636	13856	151343	4439

注：1.2006年起，公路里程包括村道(16-9同)。
2.2008年客货运输量为公路水路运输量专项调查数据，括号内为原口径数据。

a)Length of ways include county ways since 2006(the same as table 16-9).

b)Data on passenger and freight traffic in 2008 are calculated on basis of Highway and waterway traffic special investigation,and data in the brackets are original data.

16-8 历年旅客和货物周转量

Passenger-Kilometers and Freight Ton-Kilometers over the Years

Year	旅客周转量(亿人公里) Passenger-Kilometers (100 million passenger-km)	#铁路 Railways	#公路 Highways	#水运 Waterways	货物周转量(亿吨公里) Freight Ton-Kilometers (100 million ton-km)	#铁路 Railways	#公路 Highways	#水运 Waterways
1949	6.46	6.45	0.01		16.53	16.00	0.21	0.32
1952	15.62	15.26	0.36		39.12	36.56	0.88	1.68
1957	33.23	30.85	2.33	0.05	112.68	106.68	3.13	2.87
1962	90.02	82.01	7.98	0.03	131.21	125.02	4.08	2.11
1965	46.46	37.79	8.65	0.02	227.88	219.56	6.07	2.25
1970	80.54	64.74	15.66	0.14	332.55	322.03	8.74	1.78
1975	105.23	82.18	22.90	0.15	390.77	372.64	16.29	1.84
1978	123.22	92.62	30.47	0.13	508.41	484.79	21.57	2.05
1979	140.25	105.73	34.37	0.15	529.00	507.56	19.77	1.67
1980	163.98	122.40	41.35	0.23	547.65	525.31	21.01	1.33
1981	176.99	126.76	49.98	0.25	563.45	537.75	24.45	1.25
1982	195.70	135.60	59.87	0.23	617.77	578.55	37.41	1.81
1983	226.31	155.09	70.96	0.26	674.22	624.37	47.86	1.99
1984	253.11	171.10	81.71	0.30	702.70	643.53	55.88	3.29
1985	323.50	209.77	113.36	0.37	838.22	728.25	105.72	4.25
1986	358.20	228.54	129.34	0.32	881.90	777.12	99.73	5.05
1987	400.06	249.01	150.75	0.30	1020.81	880.94	133.83	6.04
1988	484.77	290.16	194.24	0.37	1079.26	932.37	139.64	7.25
1989	488.56	280.00	208.16	0.40	1157.63	1007.00	142.70	7.93
1990	423.46	229.90	193.10	0.46	1169.44	1001.79	160.66	6.99
1991	459.53	249.52	209.64	0.37	1199.31	1022.17	170.03	7.11
1992	511.40	275.46	235.56	0.38	1302.34	1085.18	209.03	8.13
1993	538.45	295.85	242.15	0.45	1337.03	1099.61	227.37	10.05
1994	566.29	305.35	260.74	0.20	1432.97	1164.43	258.41	9.60
1995	573.85	304.66	262.11	0.24	1538.82	1233.74	295.18	9.32
1996	584.25	285.72	289.65	0.35	1603.52	1263.13	326.16	10.26
1997	620.28	296.80	314.26	0.38	1547.18	1179.62	352.74	10.92
1998	640.16	310.79	320.93	0.21	1452.74	1083.35	355.48	9.93
1999	689.89	339.15	342.56	0.30	1432.08	1058.12	363.56	10.29
2000	740.98	378.80	353.78	0.30	1476.51	1101.74	363.94	10.69
2001	779.93	401.77	369.41	0.32	1573.28	1185.36	375.78	12.01
2002	820.83	421.00	390.00	0.27	1649.22	1234.77	398.87	15.43
2003	822.92	462.10	350.02	0.19	1891.73	1463.20	405.20	23.22
2004	963.09	542.00	395.40	0.45	2107.26	1650.00	422.02	34.93
2005	1000.70	535.43	437.84	0.53	2282.60	1759.77	467.00	55.49
2006	1113.77	586.88	492.72	0.55	2415.89	1810.80	538.76	65.85
2007	1264.10	620.68	601.81	0.78	2729.30	1962.93	681.85	83.95
2008	(1444.29)	667.32	(734.96)	(0.81)	(2969.81)	1985.84	(848.22)	(114.67)
	1517.33		808.32	0.49	5215.84		2995.15	213.77
2009	1645.18	675.48	914.80	0.52	6146.09	1955.36	3927.08	263.05

注：2008年客货运输周转量为公路水路运输量专项调查数据，括号内为原口径数据。

a)Data on passenger and freight Volume in 2008 are calculated on basis of Highway and waterway traffic special investigation,and data in the brakfets are original data.

16-9 铁路、公路、内河通车通航里程(年底数)
Length of Railways, Highways and Navigable Inland Waterways(Year-end)

单位：公里 (km)

指　标	Item	2000	2005	2006	2007	2008	2009
铁　路	**Length of Railways**	**3354**	**4000**	**3988**	**3989**	**3989**	**3898**
#电气化	Electrified Railways		1309	1548	1548	1539	1606
中央铁路	National Railways	2043	2788	2832	2833	2833	3040
地方铁路	Local Railways	1311	1212	1156	1156	1156	857
公　路	**Length of Highways**	**64453**	**79506**	**236351**	**238676**	**240645**	**242314**
#晴雨通车	All-weather Highways	55770	74194	154456	146471	150059	179404
#高级、次高级路面	Senior and Second-senior	46917	63474	123925	142165	149834	159722
#高速公路	Expressways	505	2678	3439	4556	4841	4861
内　河	**Length of Navigable Inland Waterways**	**1104**	**1439**	**1439**	**1439**	**1439**	**1439**

注：铁路通车里程为正线里程；铁路电气化里程为郑州铁路局全局数据。2006年以前年份晴雨通车里程为晴通雨阻里程。
a)Length of railways refers to trunk lines.Length of electrified railways refers to data of Zhengzhou Railway Administration.All-weather Highways is Opening in sunny and Obstruction in rainy before 2006.

16-10 交通运输工具拥有量(年底数)
Possession of Means of Transportation(Year-end)

指 标	Item	2000	2005	2006	2007	2008	2009
铁路	**Railways**						
国家铁路	National Railways						
内燃机车(台)	Diesel Locomotives(unit)	951	446	441	458	517	504
电力机车(台)	Electric Locomotives(unit)	981	570	603	613	640	632
客车(辆)	Passenger Coaches(unit)	4981	1860	1898	2045	2165	2592
地方铁路	Number of Locomotives						
内燃机车(台)	Diesel Locomotives(unit)	85	106	102	102	105	69
客车(辆)	Passenger Coaches(unit)	80	60	56	54	27	29
货车(辆)	Freight Cars(unit)	1476	1219	1230	1230	1129	1067
公路	**Highways**						
载货汽车(辆)	Ordinary Trucks(unit)	363723	491669	518814	571633	592516	763457
#重型	Heabvy	212965	136946	139814	154265	155415	249004
中型	Middle			116783	136506	135616	142243
轻型	Light	150758	199410	224905	254374	283330	356421
载客汽车(辆)	Buses and Cars(unit)	456068	988796	1212850	1463799	1803136	2366669
#大型	Large	32771	46187	47678	52819	54644	58092
中型	Middle			71342	75174	78056	80381
小型	Small	423297	672144	886256	1123247	1452313	1995601
内河	**Inland Rivers**						
机动船(艘)	Motor Vessels (unit)	3314	4687	4493	4957	4650	4628
驳船(艘)	Barges (unit)	418	431	194	193	146	137

注：国家铁路为郑州铁路局数据。由于郑州铁路局调整，2005年以后的数据与以前年不可比。
a)Data on national railways are calculated by ZhengZhou Railways Administration. Because of The Change of ZhengZhou Railways Administration, data since 2005 could not be Compared with former Years.

16−11 各市公路线路里程(2009年底)

Length of Highways by City (End of 2009)

单位：公里 (km)

市 City	总计 Total	等级公路 Expressway and Class Ⅰ to Ⅳ Highway	高速 Express-way	一级 First Class	二级 Second Class	三级 Third Class	四级 Four Class
全　　省 Total	**242314**	**177235**	**4861**	**565**	**23671**	**17632**	**130506**
郑　州　市 Zhengzhou	12197	10141	407	85	1635	1611	6403
开　封　市 Kaifeng	8580	6566	258		1094	332	4883
洛　阳　市 Luoyang	17704	12512	246	8	1594	1894	8769
平顶山市 Pingdingshan	13174	12052	344	99	1678	894	9038
安　阳　市 Anyang	11507	8978	226	14	1320	1086	6332
鹤　壁　市 Hebi	4336	4111	75	18	464	286	3268
新　乡　市 Xinxiang	12726	9979	297	40	1918	772	6951
焦　作　市 Jiaozuo	7223	5856	187	56	1555	890	3167
濮　阳　市 Puyang	6148	5510	72		827	454	4157
许　昌　市 Xuchang	9042	5994	265	109	1016	526	4077
漯　河　市 Luohe	5156	3890	126		572	364	2829
三门峡市 Sanmenxia	9258	6682	166	22	599	723	5172
南　阳　市 Nanyang	36911	26925	553		2457	2626	21289
商　丘　市 Shangqiu	22497	13922	303	72	1569	1162	10817
信　阳　市 Xinyang	24038	16673	434		1702	1429	13108
周　口　市 Zhoukou	20793	13527	438		1564	1183	10342
驻马店市 Zhumadian	18825	12104	368	14	1674	963	9085
济　源　市 Jiyuan	2200	1813	95	29	433	438	817

市 City	等外公路 Highway Below Class Ⅳ	有铺装路面里程 paved Highway	沥青混凝土 Bitumen	水泥混凝土 concrete	简易铺装路面里程 Simply Paved Highway	未铺装路面里程 Unpaved Highway	#晴雨通车里程 All-weather Highway
全　　省 Total	**65079**	**104657**	**33344**	**71313**	**55064**	**82592**	**179404**
郑　州　市 Zhengzhou	2056	6171	2645	3526	3901	2125	10271
开　封　市 Kaifeng	2014	4940	4223	717	1626	2014	6566
洛　阳　市 Luoyang	5191	10779	2080	8700	553	6371	13030
平顶山市 Pingdingshan	1121	7917	1155	6762	353	4903	12067
安　阳　市 Anyang	2529	6770	1594	5177	721	4016	9057
鹤　壁　市 Hebi	224	2091	536	1555	1401	844	4193
新　乡　市 Xinxiang	2747	5993	1935	4058	3984	2749	10076
焦　作　市 Jiaozuo	1367	4132	990	3142	1663	1427	6003
濮　阳　市 Puyang	639	2932	1299	1633	2508	708	5582
许　昌　市 Xuchang	3048	2144	838	1305	3822	3077	6266
漯　河　市 Luohe	1266	1446	446	1001	2443	1267	3895
三门峡市 Sanmenxia	2576	5532	1320	4211	456	3270	8232
南　阳　市 Nanyang	9986	17840	3260	14580	4599	14472	27064
商　丘　市 Shangqiu	8575	3305	2139	1167	10573	8619	14004
信　阳　市 Xinyang	7364	9680	2236	7444	3116	11241	15176
周　口　市 Zhoukou	7267	3969	2997	973	9059	7765	13704
驻马店市 Zhumadian	6721	7751	3063	4689	3757	7316	12382
济　源　市 Jiyuan	387	1263	590	673	528	409	1838

16-12 各种民用车辆拥有量(2009年底)
Possession of Civil Vehicles (End of 2009)

单位：辆 (unit)

指标	Item	总计 Total	营运 Commerial	非营运 Non-commerial	#进口 Imports	#私人 Private-owned	#新注册 Newly-registered	报废 Abandoned
合　计	**Total**	**13015699**	**1253996**	**7993602**	**46413**	**7733428**	**1057856**	**48608**
汽车	Vehicles	4045333	1099871	2945462	45593	3054920	708478	20616
载客汽车	Passenger Service Vehicles	2366669	145266	2221403	43100	1813805	540865	6050
大型	Big-size	58092	45023	13069	260	6963	5166	939
中型	Medium-size	80381	31995	48386	1407	30727	2978	1853
小型	Small-size	1995601	63860	1931741	39877	1579841	517562	2608
微型	mini	232595	4388	228207	1556	196274	15159	650
#轿车	Saloon Cars	1343254	60164	1283090	20599	952933	277834	1510
载货汽车	Freight vehicle	763457	549822	213635	2088	379107	130714	4852
重型	Heavy Duty	249004	227765	21239	831	61113	40438	2397
中型	Medium-Duty	142243	129264	12979	192	64745	10931	602
轻型	Light-Duty	356421	186527	169894	1062	241283	78936	1484
微型	Mini	15789	6266	9523	3	11966	409	369
#普通载货	Cargo Vehicle	402859	260563	142296	927	191315	47816	3740
其他汽车	Others	915207	404783	510424	405	862008	36899	9714
#三轮	Tricycle	700361	279003	421358	29	689285	23154	9467
低速货车	Low-speed truck	184229	120748	63481	5	163880	11389	182
电车	Buses	166	121	45				
摩托车	Motorcycle	5086866	47558	5039308	746	4663604	328526	25797
普通	Standard	4990871	47409	4943462	725	4582889	327440	23509
轻便	Light	95995	149	95846	21	80715	1086	2288
拖拉机	Tractors	3768101						2195
#大中型	Large and Medium	245041						271
小型	Small	2725857						1924
挂车	Combination Vehicle	115007	106333	8674	74	14873	20839	60
其他类型车	Others	226	113	113		31	13	

注：拖拉机数据来源于农机管理局，轿车和其他汽车及其分项数据来源于省辖市，其他数据来源于公安厅。
a) Data of Tractor was calculated from the Administration of agricultural machinery,data of cars and other vehicles was calculated from cities.

16-13 各市民用车辆拥有量(2009年底)

Possession of Civil Vehicles by City (End of 2009)

单位：辆 (unit)

市 City	民用汽车 Civil Vehicles	载客汽车 Buses and Cars	#大型 Large	#轿车 Sedan	载货汽车 Ordinary Trucks	#重型 Heavy	#普通载货 Ordinary Trucks
郑州市 Zhengzhou	762362	577511	11341	346239	101132	28082	36293
开封市 Kaifeng	161468	87067	2271	42181	24774	6705	14542
洛阳市 Luoyang	316775	203941	4728	107582	69691	21483	38796
平顶山市 Pingdingshan	198018	123408	3932	62166	36806	13793	20456
安阳市 Anyang	261775	149948	2557	79302	37951	13273	25899
鹤壁市 Hebi	64298	42886	1275	15657	12552	3489	7142
新乡市 Xinxiang	245017	160229	3509	81732	44417	11429	26997
焦作市 Jiaozuo	181242	103122	2766	53253	46774	23836	21940
濮阳市 Puyang	197007	117710	2842	60442	39312	11119	20809
许昌市 Xuchang	178926	112739	2300	56648	39703	11016	15594
漯河市 Luohe	88777	48081	804	20135	17361	5466	7329
三门峡市 Sanmenxia	129986	79915	1202	76400	23765	4494	19271
南阳市 Nanyang	250200	132595	4058	75703	54506	15234	32120
商丘市 Shangqiu	272681	114392	4189	62623	45520	15744	22680
信阳市 Xinyang	192609	79228	3291	72635	41727	8338	32107
周口市 Zhoukou	323032	99860	4154	41445	85127	44024	30610
驻马店市 Zhumadian	144208	77107	2177	69396	29835	6675	25360
济源市 Jiyuan	49535	32912	482	19715	9105	3897	4914

市 City	其他汽车 Other	#新注册 Newly-registered	拖拉机 Tractors	载货挂车 Trailer	摩托车 Motors	机动车驾驶员(万人) Number of Motor Drivers (10 000 Person)	#汽车 Automobile Drivers
郑州市 Zhengzhou	83719	3555	111899	6478	420895	1583005	1458736
开封市 Kaifeng	49627	1478	254018	3000	143886	497626	425261
洛阳市 Luoyang	43143	2348	180680	4130	378597	911056	706180
平顶山市 Pingdingshan	37804	3035	121918	4640	221048	585286	446891
安阳市 Anyang	73876	1907	143043	9655	216647	626834	500390
鹤壁市 Hebi	8860	948	82843	1224	91602	190368	165541
新乡市 Xinxiang	40371	2106	188398	4178	230354	644606	575514
焦作市 Jiaozuo	31346	2478	65896	12288	255475	591586	468475
濮阳市 Puyang	39985	2017	100429	4923	176851	610096	525446
许昌市 Xuchang	26484	1762	69260	3765	310476	524688	324849
漯河市 Luohe	23335	1195	106380	2697	133750	299355	250346
三门峡市 Sanmenxia	26306	1140	38775	1520	175027	354761	255479
南阳市 Nanyang	63099	4214	949400	4382	772899	2056028	716982
商丘市 Shangqiu	112769	3554	264800	11615	202390	677148	373718
信阳市 Xinyang	71654	4441	52176	3195	499372	767928	393546
周口市 Zhoukou	138045	354	409116	31865	451821	824729	572558
驻马店市 Zhumadian	37266	337	609640	3971	304130	706636	437277
济源市 Jiyuan	7518	30	19430	1080	63298	133213	113599

16−14 各市私人车辆拥有量(2009年底)
Possession of Private Vehicles by City (End of 2009)

单位：辆 (unit)

市	City	民用汽车 Civil Vehicles	载客汽车 Buses and Cars	载货汽车 Ordinary Trucks	其他汽车 Other Special Vehicles	摩托车 Motors	#普通 Bicycle Motor
郑州市	Zhengzhou	596414	468905	48425	79084	417033	411420
开封市	Kaifeng	130513	69939	12763	47811	143184	135673
洛阳市	Luoyang	224999	150270	34593	40136	370143	365890
平顶山市	Pingdingshan	144310	91039	18738	34533	186871	180110
安阳市	Anyang	210399	119813	18846	71740	216475	207811
鹤壁市	Hebi	49533	32043	8921	8569	77653	75338
新乡市	Xinxiang	190504	129089	24520	36895	227238	223082
焦作市	Jiaozuo	124267	80787	14871	28609	69948	69255
濮阳市	Puyang	160769	99020	23667	38082	176165	173872
许昌市	Xuchang	124878	82275	19208	23395	218333	217309
漯河市	Luohe	64474	36466	6706	21302	107471	106447
三门峡市	Sanmenxia	102839	62436	14872	25531	153049	148934
南阳市	Nanyang	173212	99109	22291	51812	766438	756965
商丘市	Shangqiu	228238	92068	24761	111409	202052	196131
信阳市	Xinyang	156052	55137	30455	70460	489096	484827
周口市	Zhoukou	242835	72906	37060	132869	447749	443090
驻马店市	Zhumadian	103832	56574	14556	32702	300237	297581
济源市	Jiyuan	38215	26899	4247	7069	62937	61888

16-15　客货运量及周转量

Passenger and Freight Traffic, Turnover Volume

指　标	Item	2005	2006	2007	2008	2009
运输量	**Traffic Volume**					
客运量(万人)	Passenger Traffic(10 000 persons)	98099	108060	122557	130436	144666
铁路	Railways	5842	6313	6585	7476	7724
国家铁路	National Railways	5758	6253	6527	7413	7712
地方铁路	Local Railways	84	60	58	63	12
公路	Highways	91920	101345	115460	122414	136278
水运	Waterways	97	105	160	190	206
民用航空	Civil Aviation	240	297	352	356	456
货运量(万吨)	Freight Traffic(10 000 tons)	78827	86608	101410	138392	169636
#铁路	Railways	14806	15190	16010	16225	13856
国家铁路	National Railways	12697	12900	13554	13783	12991
地方铁路	Local Railways	2109	2290	2456	2443	865
公路	Highways	62684	69898	83537	118198	151343
水运	Waterways	1334	1516	1858	3964	4439
民用航空	Civil Aviation	3	4	5	4	5
周转量	**Turnover Volume**					
旅客周转量(百万人公里)	Passenger-Kilometers (million person-km)	100070	111377	126410	151733	164518
铁路	Railways	53543	58688	62068	66732	67548
国家铁路	National Railways	53468	58632	62028	66687	67540
地方铁路	Local Railways	75	57	40	45	8
公路	Highways	43784	49272	60181	80832	91480
水运	Waterways	53	55	78	49	52
民用航空	Civil Aviation	2690	3361	4083	4120	5438
货物周转量(百万吨公里)	Freight Ton-Kilometers (million ton-km)	228260	241589	272930	521584	614609
铁路	Railways	175977	181080	196293	200640	195536
国家铁路	National Railways	173606	178545	193479	197876	194741
地方铁路	Local Railways	2371	2535	2814	2764	795
公路	Highways	46700	53876	68185	299515	392708
水运	Waterways	5549	6585	8395	21377	26305
民用航空	Civil Aviation	34	48	57	51	59

注：2009年3月起国家铁路局运输量包含漯阜公司，地方铁路数据不包括漯阜公司。

a) Data of LuoFu company was adjusted from local railways to national railways since March 2009.

16－16　各市公路客货运输量(2009年)
Passenger and Freight Traffic of Highway by City(2009)

市 City	客运量 (万人) Passenger Traffic (10 000 persons)	旅客周转量 (亿人公里) Passenger-Kilometers (100 million person-km)	货运量 (万吨) Freight Traffic (10 000 tons)	货物周转量 (亿吨公里) Freight Ton-Kilometers (100 million ton-km)
全　省 Total	**136278**	**914.80**	**151343**	**3927.08**
郑州市 Zhengzhou	22974	113.52	13953	211.10
开封市 Kaifeng	5119	43.96	5160	96.68
洛阳市 Luoyang	11121	87.31	10805	236.93
平顶山市 Pingdingshan	7201	34.94	10265	134.87
安阳市 Anyang	6349	36.11	14516	503.78
鹤壁市 Hebi	5653	13.26	4285	102.48
新乡市 Xinxiang	5121	22.81	6594	147.19
焦作市 Jiaozuo	3821	20.97	9922	568.16
濮阳市 Puyang	3573	25.09	2771	77.48
许昌市 Xuchang	5238	33.31	12371	263.87
漯河市 Luohe	3063	26.71	3106	42.91
三门峡市 Sanmenxia	3281	15.21	2795	50.23
南阳市 Nanyang	12601	120.93	12520	272.95
商丘市 Shangqiu	10652	68.37	13979	479.70
信阳市 Xinyang	8424	62.71	5163	98.50
周口市 Zhoukou	7994	107.38	7425	321.63
驻马店市 Zhumadian	11776	75.98	13111	292.31
济源市 Jiyuan	2317	6.24	2603	26.30

16-17 铁路主要站客货发送量(2009年)

Number of Passengers and Volume of Freight Dispatched from Principal Railway Stations (2009)

车站名称	Name	旅客发送量 (万人) Number of Passengers Dispatched (10 000 persons)	车站名称	Name	货物发送量 (万吨) Volume of Freight Dispatched (10 000 tons)
郑　州	Zhengzhou	2679.10	郑州东	Eastern zhengzhou	237.03
巩　义	Gongyi	119.82	上　街	Shangjie	136.29
开　封	Kaifeng	251.04	巩　义	Gongyi	110.94
洛　阳	Luoyang	619.06	新　密	Xinmi	408.55
洛阳东	Eastern luoyang	29.27	新　郑	Xinzheng	157.39
偃　师	Yanshi	52.96	洛阳东	Eastern luoyang	80.01
平顶山西	Western pingdingshan	44.71	平顶山西	Western pingdingshan	376.82
安　阳	Anyang	307.81	安阳西	Western anyang	181.65
鹤　壁	Hebi	20.13	鹤壁北	Northern hebi	367.82
新　乡	Xinxiang	403.33	新　乡	Xinxiang	136.69
焦　作	Jiaozuo	73.27	焦作北	Northern jiaozuo	133.82
许　昌	Xuchang	178.99	月　山	Yueshan	72.77
三门峡	Sanmenxia	125.95	许　昌	Xuchang	127.16
三门峡西	Western sanmenxia	37.65	三门峡	Sanmenxia	80.67
南　阳	Nanyang	228.40	商　丘	Shangqiu	101.77
商　丘	Shangqiu	514.10	济　源	Jiyuan	166.40
商丘南	Southern shangqiu	40.24			

注：本表为郑州铁路局辖区内主要站数据。

a)Stations in this table are main Principal in popedom of zhengzhou Railways Administration.

16−18　铁路、公路分货类运输量(2009年)

Freight Traffic of Railway and Highway by Category (2009)

货类	Type of Freight	铁路 Railways 运输量(万吨) Traffic Volume (10 000 tons)	铁路 Railways 货物周转量(万吨公里) Freight Ton-Kilometers (10 000 ton-km)
煤	Coal	22980	6864438
石油	Petroleum	1936	636824
焦炭	Coke	2838	836997
金属矿石	Metal Ores	7271	2244072
钢铁及有色金属	Steel and Iron,	5583	1922341
非金属矿石	Nonmetal Ores	1202	326166
磷矿石	Phosphorus Ores	239	89913
矿建材料	Mineral Building Materials	783	208897
水泥	Cement	138	45732
木材	Timber	330	106958
粮食	Grain	3974	1144254
棉花	Cotton	312	150118
化肥和农药	Chemical Fertilizers and Pesticides	2842	1020807
盐	Salt	146	36216
化工品	Chemical Products	1548	516056
工业机械	Industry Machinery	174	59694
电子电气	Electronic and Electric	22	5495
金属制品	Metal Products	110	42534
农业机具	Agriculture Implements	1	127
鲜活易腐货物	Fresh, Live and Perishable Goods	142	53852
农副土特产品	Agriculture Products	141	50507
饮食烟草	Diet and Tobaccos	542	186656
纺织品	Textile Products	12	4882
文教用品	Cultural and Educational Products	159	60370
医药品	Medicine Products	41	15104
零担	Fragmentary Freight	9	3199
集装箱	Container	2279	834137

货类	Type of Freight	公路 Highways 运输量(万吨) Traffic Volume (10 000 tons)	公路 Highways 货物周转量(万吨公里) Freight Ton-Kilometers (10 000 ton-km)
煤炭	Coal and coke	27814	7770738
石油	Petroleum	4652	881202
金属矿石	Metal Ores	7326	2075809
钢铁	Steel and Iron	8956	2967587
矿建材料	Mineral Building Materials	26085	3780669
水泥	Cement	10961	1899641
木材	Timber	4040	1049874
非金属矿石	Nonmetal Ores	6074	1933973
化肥及农药	Chemical Fertilizers and Pesticides	3714	799989
盐	Salt	2770	355046
粮食	Grain	16146	3677845
机械、设备、电器	Machinery, Equipment and Electrical Appliances	6366	3244746
化工原料及制品	Chemical Raw Materials and Chemical Finished Products	3994	1397337
有色金属	Nonferrous Metals	2038	817350
轻工、医药产品	Light Industry and Medicine Products	6794	2309925
农林牧渔业产品	Agriculture, Forestry, Animal Husbandry and Fishery Products	7001	2786021

注：铁路为郑州铁路局全局数，公路为交通系统数。
a)Freight Traffic of railway refers to data of Zhengzhou Railways Administration, highway refers to data of transportation department.

16−19 铁路运输主要技术经济指标(2009年)

Major Economic and Technical Indicators of Railway Transport(2009)

指　标	Item	2008	2009
货运机车日产量 （万吨公里）	Average Daily Ton-kilometers of Freight Locomotives (10 000 ton-kms)	128	130
内燃机车	Diesel Locomotives	143	141
电力机车	Electric Locomotives	121	124
货运机车平均牵引总重量 （吨）	Average Total Tonnage of Freight Locomotives (ton)	3460	3633
内燃机车	Diesel Locomotives	3336	3539
电力机车	Electric Locomotives	3537	3688
客运机车日车公里 （公里）	Daily Distance per Passenger Locomotive (km)	775	819
货运机车日车公里 （公里）	Daily Distance per Freight Locomotive (km)	467	453
内燃机车万吨公里耗油（公斤）	Oil Consumption of Diesel Locomotive Per 10 000 tons.km (kg)	20.3	20.1
电力机车万吨公里耗电 （千瓦小时）	Electricity Consumption of Electric Locomotive Per 10 000 tons.km (kwh)	115.3	112.4
旅客列车技术速度 （公里/小时）	Technical Speed of Passenger Trains (km/hr)	87.4	85.9
旅客列车旅行速度 （公里/小时）	Traveling Speed of Passenger Trains (km/hr)	76.2	74.1
货物列车技术速度 （公里/小时）	Technical Speed of Freight Trains (km/hr)	45.9	46.4
货物列车旅行速度 （公里/小时）	Running Speed of Freight Trains (km/hr)	34.6	33.8
货物列车运行正点率 (%)	Punctuality Rate of Freight Trains in Running (%)	99.5	96.5
货物列车出发正点率 (%)	Punctuality Rate of Freight Trains at Departure (%)	98.9	95.0
旅客列车运行正点率 (%)	Punctuality Rate of Passenger Trains in Running (%)	99.9	100.0
旅客列车出发正点率 (%)	Punctuality Rate of Passenger Trains at Departure (%)	100.0	100.0
货车周转时间 （天）	Trunning Around Time of Freight Cars (day)	1.6	1.6
货车一次作业时间 （小时）	Handling Time of Freight Cars (hour)	25.3	25.5
货车中转停留时间 （小时）	Transfer Waiting Time Per Freight Car (hour)	4.3	4.4

注：本表数据来源于郑州铁路局。
a)Data in this chapter are calculated by ZhengZhou Railways Administration.

16-20 民航基本情况
Main Indicators of Civil Aviation

指　标	Item	2008	2009
航线条数(条)	Number of Civil Aviation Routes(unit)	65	73
#国际	International Routes	5	3
国内	Domestic Routes	60	70
地区	Regional Routes	2	2
航线里程(公里)	Length of Civil Aviation Routs(km)	164763	185058
#国际	International Routes	25179	15107
国内	Domestic Routes	135938	169951
地区	Regional Routes	3646	3646
飞机班次(班次)	Number of Flight	36261	39212
#国际	International Routes	848	925
国内	Domestic Routes	35412	38287
民用机场数(个)	Number of Civil Airports (unit)	3	3
#可降737以上机型	Airports Serving Boeing 737 and above	3	3
民用飞机架数(架)	Number of Civil Aircraft (unit)	19	19
通航国家和地区(个)	Navigable Country or Region (unit)	4	3
#通航城市	Navigable City	6	3
客运量(万人)	Passenger Traffic (10 000 persons)	356	456
旅客周转量(百万人公里)	Passenger-tons (million person-km)	4120	5438
货邮运量(吨)	Freight Traffic (ton)	40929	47249
货邮周转量(万吨公里)	Freight Ton-kilometers (10 000 ton-km)	5080	5940
客货吞吐量	Passenger and Cargo throughput		
旅客吞吐量(万人)	Passenger throughput (10 000persons)	588.76	734.30
货物吞吐量(万吨)	Cargo throughput(10 000tons)	6.47	7.10

注：本表数据除民用机场数和客货吞吐量外，其余均为南航河南分公司数据。
Data in this table come from Henan branch of China Southern Airlines Company Limited except Number of Civil Airports.

16-21 邮政行业基本情况及邮政水平(年底数)
Basic Conditions and Level of Post Services(Year-end)

指　标	Item	2008	2009
局所网络	**Offices and Network**		
邮政局所(处)	Number of Post Offices(unit)	2688	2538
邮路总长度(公里)	Length of Postal Routes(km)	105886	109963
#汽车邮路总长度	Length of Postal Routes and Rural	63996	66669
铁路邮路总长度	Delivery Routes	7545	7545
农村投递线路总长度(公里)	Rural Delivery Routes(km)	195657	193533
邮政业务总量(万元)	Business Volume of Post (10 000 yuan)	470421	548770
函件(万件)	Number of Letters (10 000 pcs)	22147	19786
包裹(万件)	Number of Parcels (10 000 pcs)	315	271
特快专递(万件)	Pieces of Express Mail Services (10 000 pcs)	1497	1788
报刊期发数(万份)	Newspapers and Magazines Circulation (10 000 copies)	846	809
集邮业务(万枚)	Philately (10 000 units)	7100	6064
邮政水平	Level of Post Services		
平均每一邮电局所服务面积(平方公里)	Average Area Served Every Post Office (sq.km)	62	66
平均每一邮电局所服务人口(万人)	Average People Served by Every Post Office (10 000 persons)	3.7	3.9
平均每人发函件数(件)	Average Number of Letters Mailed per Capita (piece)	2.2	2.1
平均每百人订有报刊数(份)	Average Number of Newspaper and Magazine Subscribed per 100 Persons (piece)	9.7	8.2

16-22 各市邮政网和业务量(2009年)
Network and Business Volume of Post by City (2009)

市 City	邮政局所(处) Number of Post Offices (unit)	邮路总长度(公里) Length of Postal Routes (km)	农村投递线路总长度(公里) Rural Delivery Routes (km)	邮政业务总量(亿元) business Volume of Post	函件(万件) Number of Letters (10 000 pcs)	包裹(万件) Number of Parcels (10 000 pcs)	特快专递(万件) Pieces of Express Mail Services (10 000 pcs)	订销报刊期发数(万份) Magazine Subscriptions (10 000 pcs)	集邮业务(万枚) Stamps for Collection (10 000 units)
全　　省 Total	**2538**	**109963**	**193533**	**54.88**	**19786.12**	**270.76**	**1787.93**	**808.52**	**6063.70**
郑　州　市 Zhengzhou	258	52200	16456	7.84	7427.10	68.08	507.75	110.51	1570.95
开　封　市 Kaifeng	111	2042	8807	2.05	270.15	10.36	46.28	37.47	269.28
洛　阳　市 Luoyang	186	4448	13471	3.65	1125.41	26.98	122.36	60.07	396.12
平顶山市 Pingdingshan	129	2164	7087	2.67	829.33	8.17	51.00	42.19	265.28
安　阳　市 Anyang	116	1735	10230	3.53	945.81	14.99	60.66	59.91	860.54
鹤　壁　市 Hebi	24	587	2999	0.59	584.42	2.68	22.25	14.60	156.42
新　乡　市 Xinxiang	150	2939	10936	4.48	1973.56	27.03	124.00	56.87	438.39
焦　作　市 Jiaozuo	109	1389	7868	2.12	902.12	9.94	56.13	54.23	162.65
濮　阳　市 Puyang	96	1169	6041	1.74	636.96	11.63	70.74	29.33	120.86
许　昌　市 Xuchang	114	1595	8291	2.12	771.85	10.86	41.17	35.42	209.20
漯　河　市 Luohe	59	750	3561	1.30	300.26	4.22	45.33	25.57	25.43
三门峡市 Sanmenxia	78	1478	8195	1.54	851.04	6.08	28.61	23.51	189.48
南　阳　市 Nanyang	271	5519	27512	4.56	853.71	19.04	118.49	90.62	376.56
商　丘　市 Shangqiu	201	3217	15705	4.04	731.35	10.77	124.07	39.63	442.36
信　阳　市 Xinyang	230	4692	15846	3.40	397.84	11.07	91.04	37.15	98.63
周　口　市 Zhoukou	187	3381	16431	4.02	271.51	18.08	113.12	36.36	285.73
驻马店市 Zhumadian	194	3595	12863	4.47	689.51	9.00	149.36	43.42	105.48
济　源　市 Jiyuan	25	440	1234	0.61	224.19	1.77	15.58	11.65	90.35

注：本表全省合计包括郑州邮区中心局数据。

a)Data of Total include Data of Center situation in zhengzhou postal district.

16－23 物流业主要统计指标
major statistical index on logistics

单位：亿元 (100 million yuan)

指 标	Item	2005	2006	2007	2008	2009
社会物流总额	**Total social logistics**	**20489.65**	**24662.14**	**30045.62**	**37090.73**	**39843.43**
农产品物流	Agricultural logistics	3024.20	3280.05	3545.16	3939.22	4092.48
工业品物流	Total industrial logistics	14976.74	18649.52	23465.71	29586.36	31762.07
进省货物物流	In total logistics provinces goods	2249.01	2404.84	2657.00	3039.35	3516.91
再生资源物流	Renewable resources total logistics	16.17	19.73	25.89	36.57	40.47
单位与居民物品物流	Units and residents items of logistics	10.11	12.34	13.91	15.81	15.33
进口货物物流	Import goods total logistics	213.42	295.67	337.95	473.42	416.17
社会物流总费用	**Social logistics cost**	**1691.90**	**2017.40**	**2542.44**	**2966.22**	**3273.56**
生产流通企业自营物流费用	Production and circulation enterprises self-conducting logistics cost	757.06	930.31	1171.28	1390.29	1584.16
农业自营物流	Agricultural self-conducting logistics cost	62.19	67.45	72.91	87.75	91.55
工业自营物流	Industrial self-conducting logistics cost	566.13	704.96	801.59	943.90	1074.60
建筑业自营物流	Construction self-conducting logistics cost	111.93	139.46	150.29	182.03	213.65
批零业自营物流	Self-conducting cost of Wholesale and retail trade	16.81	18.44	146.50	176.61	204.36
社会物流费用	Social logistics cost	906.81	1087.09	1371.16	1575.93	1689.40
物流业增加值	**Logistics value-added**	**489.43**	**553.44**	**655.28**	**635.58**	**685.73**
运输业	Transportation	454.90	513.35	612.44	504.43	551.20
铁路运输业	Railway	98.82	110.79	122.45	115.23	113.16
道路运输业	Road	346.00	390.57	473.35	375.59	425.70
水上运输业	Water	9.37	11.07	15.61	13.40	12.26
航空运输业	Aviation	0.35	0.47	0.34	0.21	0.08
管道运输业	Piping	0.36	0.45	0.69		
仓储业	Ware-housing	9.96	10.78	9.32	41.90	42.18
装卸搬运和其他运输服务	Handling and other transport services	20.83	24.62	28.10	86.54	89.44
邮政业(物流部分)	Postal service (logistics)	3.74	4.69	5.42	2.71	2.91
物流相关行业城镇固定资产投资	**Urban fixed assets investment of Logistics industry**	**468.35**	**568.40**	**426.06**	**389.43**	**484.25**

16-24 物流企业主要经济指标
main economic indicators on Logistics enterprises

指　　标	Item	2008	2009
单位数(个)	**Unit**	**3206**	**3180**
从业人员(人)	**Practitioners (person)**	**216207**	**221813**
财务状况(亿元)	**Financial status (100 million yuan)**		
资产总计	Total Assets	1090.55	1256.08
#流动资产	Circulating Funds	374.88	468.79
固定资产原值	Original Value of Fixed Assets	619.73	636.74
本期折旧	Depreciation in this Year	36.17	38.55
负债合计	Total Liabilities	355.17	410.02
主营业务收入	Income from principal operations	692.88	826.32
主营业务成本	Main business costs	597.93	686.72
营业费用	Expenses of Sales	11.42	13.03
管理费用	Overhead Cost	18.13	18.64
财务费用	Financial Expenses	15.25	14.45
应缴税金	Tax Payable	17.96	15.98
主营业务利润	Principal operations Profits	78.34	113.42
营业利润	Operating profit	53.36	66.96
利润总额	Total Profits	54.07	86.44
从业人员劳动报酬	Personnel Labour remuneration	49.04	56.00
固定资产投资完成额	Fixed assets investment	21.47	54.68
设施和装备(辆)	**Facilities and equipment (unit)**		
货运车辆总数	Freight vehicle	66781	71941
普通货运车辆	Ordinary	62626	67494
专运货运车辆	Special transport	4155	4447
装卸设备总数	Total loading and unloading equipment	17383	17661
仓储总面积(万平方米)	Storage area (10 000 sq.m)	89.06	108.87
计算机管理系统(套)	Computer Management System (sets)	953	1005
业务量	**Volume of Business**		
道路货运量(万吨)	Freight Traffic of Road （10 000tons)	18599	21781
道路货物周转量(万吨公里)	Freight Ton-Kilometers of Road (10 000ton-km)	4712987	5641279

主要统计指标解释

铁路营业里程　又称营业长度（包括正式营业和临时营业里程），指办理客货运输业务的铁路正线总长度。凡是全线或部分建成双线及以上的线路，以第一线的实际长度计算；复线、站线、段管线、岔线和特殊用途线以及不计算运费的联络线都不计算营业里程。铁路营业里程是反映铁路运输业基础设施发展水平的重要指标，也是计算客货周转量、运输密度和机车车辆运用效率等指标的基础资料。

铁路电气化里程　指在全部铁路营业里程中已安装了供电线路及设备，可以供电力机车牵引列车运行的区段的总里程。

公路里程　指在一定时期内实际达到《公路工程[WTBZ]技术标准JTJ01－88》规定的等级公路，并经公路主管部门正式验收交付使用的公路里程数。包括大中城市的郊区公路以及通过小城镇街道部分的公路里程和桥梁、渡口的长度，不包括大中城市的街道、厂矿、林区生产用道和农业生产用道的里程。两条或多条公路共同经由同一路段，只计算一次，不得重复计算里程长度。它是反映公路建设发展规模的重要指标，也是计算运输网密度等指标的基础资料。

内河航道里程　也称内河通航里程，指在一定时期内，能通航运输船舶及排筏的天然河流、湖泊水库、运河及通航渠道的长度。包括全年季节性通航累计三个月以上的航道，不包括仅供零散流放竹、木排的河道。它是反映内河水运网规模、水平和发展情况的主要指标。

民用航空航线里程　指统计期间内全部民用航空航线的航线总长度。航线长度指民用航空航线的计费距离。计算航线里程可按重复和不重复两种方法，前者是指各航线长度相加的总和；后者则要扣除各航线之间相同航段重复计算的部分。

货（客）运量　指在一定时期内，各种运输工具实际运送的货物（旅客）数量。它是反映运输业为国民经济和人民生活服务的数量指标，也是制定和检查运输生产计划、研究运输发展规模和速度的重要指标。货运按吨计算，客运按人计算。货物不论运输距离长短、货物类别，均按实际重量统计。旅客不论行程远近或票价多少，均按一人一次客运量统计；半价票、小孩票也按一人统计。

货物（旅客）周转量　指在一定时期内，由各种运输工具运送的货物（旅客）数量与其相应运输距离的乘积之总和。它是反映运输业生产总成果的重要指标，也是编制和检查运输生产计划，计算运输效率、劳动生产率以及核算运输单位成本的主要基础资料。计算货物周转量通常按发出站与到达站之间的最短距离，也就是计费距离计算。计算公式为：

货物（旅客）周转量＝Σ货物（旅客）运输量×运输距离

民用汽车拥有量　指报告期末，在公安交通管理部门按照《机动车注册登记工作规范》，已注册登记领有民用车辆牌照的全部汽车数量。汽车拥有量统计的主要分类：根据汽车结构分为载客汽车、载货汽车以及其他汽车；根据汽车所有者的不同分为个人（私人）汽车、单位汽车；根据汽车的使用性质分为营运汽车、非营运汽车和特种汽车；根据汽车大小规格不同载客汽车分为大型、中型、小型和微型，载客汽车分为重型、中型、轻型和微型。

Explanatory Notes on Main Statistical Indicators

Length of Railways in Operation refers to the total length of the trunk line under passenger and freight transportation (including both full operation and temporary operation). The calculation is based on the actual length of the first line even if this line has a full or partial double track or more tracks, excluding double tracks, station sidings, tracks under the charge of stations, branch lines, special-purpose lines and the non-payable connecting lines. The length of railways in operation is an important indicator to show the development of the infrastructure for the railway transport, and also the essential data to calculate volume of passenger freight transport, traffic density and utilization efficiency of the locomotives and carriages.

Length of Electrified Railways refers to the length of the section of railways in operation in which the power supply lines and other equipment are installed for the running of electrified locomotives. The proportion of the length of electrified railways to the total length of railways in operation is an important indicator to show the modernization of railways.

Length of Highways refers to the length of highways which are built in conformity with the grades specified by the highway engineering standard formulated by the Ministry of Communications, and have been formally checked and accepted by the departments of highways and put into use. The length of highways includes that of the suburb highways at large and medium-sized cities, highways passing through streets at small cities and towns, and also the length of bridges and ferries. It does not include the length of streets in big and medium-sized cities and highways built for the production purpose at factories, mines, forest areas and agricultural areas. If two or more highways go the same section of the way, the length of the section is only calculated for once and no duplication is allowed. The length of highways is an important indicator to show the development of the highway construction and to provide essential information to calculate the transport network density.

Length of Navigable Inland Waterways an indicator reflecting the size and development of inland water network, it refers to the length of the natural rivers, lakes, reservoirs, canals, and ditches open to navigation during a given period, which enables the transport by ships and rafts. It includes the channels open to navigation for over an accumulative 3 months in a year, yet this does not include the river courses which are only used to float odd logs and bamboo rafts.

Length of Civil Aviation Routes refers to the length of all routes for civil aviation flights, which is used to account the freight, during the period of statistics.. There are usually two ways to calculate the route length: duplicated calculation and non-duplicated calculation, the former is the sum of length of all civil aviation routes, and the latter should deduct the duplication length of same route among all routes.

Freight (Passenger) Traffic refers to the volume of freight (passenger) transported with various means. Freight transport is calculated in tons and passenger traffic is calculated in the number of persons. Despite the type of freight and traveling distance, the freight transport is calculated in the actual weight of the goods: and despite the traveling distance and ticket price, the passenger traffic is calculated by the principle that one person can be counted only once in one travel. The passenger who travel with a half price ticket or a child ticket is also calculated as one person. The freight (passenger) traffic provides a quantitative measure to show how the transport industry serves the national economy and people, and is also an important indicator for planning the transport industry and for studying the development scale and speed of the transport industry.

Freight Ton-kilometers (Passenger-kilometers) refer to the sum of the products of the volume of transported cargo (passengers) multiplying by the transport distance, usually using ton-kilometer and passenger-kilometer as units for measurement. Normally, the shortest distance between the departure station and the destination station (i.e., the payable distance) is the basis to calculate the freight ton-kilometers. This is an important indicator to show the total results of the transport industry, to prepare and examine the transport plan and to measure the efficiency, the labour productivity and the unit cost of transport.

The formula is as follows:

Freight Ton-kilometers (Passenger-kilometers) =∑{Freight (Passenger) Traffic x Distance of Transportation}

Measuring unit: ton-kilometer (person-kilometer)

Possession of civil Motor Vehicles refer to the total numbers of vehicles that are registered and received vehicles' license tags according to the Work Standard for Motor Vehicles Registration formulated by transport management office under department of public security at the end of reference period. They are divided into following categories according to the structure of motor vehicles: passenger vehicles, trucks and others; and private vehicles and vehicles for units use according to ownerships; working vehicles, non-working vehicles and special motor vehicles according to kind of usage; large passenger vehicles; medium passenger vehicles and small passenger vehicles, heavy trucks, light-heavy trucks and light trucks according to sizes of vehicles.

信息传输、计算机服务和软件业

Information Transmission, Computer Services and Software

◉ 资料整理：刘秋香 赵翠清

简要说明

一、主要内容

本篇包括信息传输、计算机服务和软件业企业、行政事业单位、社会团体及其他法人单位的单位数、从业人数、主要财务指标以及 通信业情况。

二、资料来源

17-1至17-5表由省统计局组织各部门和各地区统计调查，2008年为全省第二次经济普查数据；通信业数据由省通信管理局提供，由省地方经济社会调查队编辑整理。

Brief Introduction

I. Main Contents

Data in the chapter mainly include: unit, employment, and main financial indicators of Information transfer, computer services and software enterprises, Administrative institution, social organizations and others, and basic condition of telecommunication services.

II. Sources of Data

Data from table 17-1 to 17-5 are calculated from Statistical investigation by Henan provincial bureau of statistics. Data of 2008 year are calculated from The second economic census, which are provided by Henan provincial survey organizations of social and economy.

17-1 法人单位数

Number of Institutional Unit

单位：个 (unit)

指标	Item	2008	2009
合计	**Total**	**4602**	**4789**
企业	Enterprise	4512	4698
行政事业	Administrative institution	82	82
社会团体及其他	Social organizations and others	8	9

17-2 法人单位从业人员数

Number of Employed Persons in Institutional Unit

单位：万人 (10 000 persons)

指标	Item	2008	2009
合计	**Total**	**8.83**	**10.73**
企业	Enterprise	8.55	10.43
行政事业	Administrative institution	0.26	0.29
社会团体及其他	Social organizations and others	0.01	0.01

17−3 分行业法人单位财务指标

Main Financial Indicators of Institutional Unit by Sector

单位：万元 (10 000 yuan)

指标	Item	2008 信息传输、计算机服务和软件业 Information transfer, computer services and software	电信和其他信息传输服务业 Telecom and other Information transfer services	计算机服务业 Computer services	软件业 Software
单位数(个)	Number of units (unit)	4602	416	3692	494
从业人数(万人)	Employed Persons (10 000 Persons)	8.83	5.85	2.32	0.66
固定资产原价	Fixed Asset Price	8016341	7782630	202659	31052
收入合计	Total Income	3585345	3112659	372393	100293
成本费用合计	Total Cost	1554334	1323715	184071	46549
工资和福利费	Salary and Welfare	237512	182873	37550	17090
税费合计	Tax	140647	108019	25623	7006
营业利润	Operating Profit	1050864	892700	136593	21571

指标	Item	2009 信息传输、计算机服务和软件业 Information transfer, computer services and software	电信和其他信息传输服务业 Telecom and other Information transfer services	计算机服务业 Computer services	软件业 Software
单位数(个)	Number of units (unit)	4789	425	3824	540
从业人数(万人)	Employed Persons (10 000 Persons)	10.73	7.42	2.59	0.72
固定资产原价	Fixed Asset Price	10252326	9716263	495886	40178
收入合计	Total Income	4327537	3717070	493315	117153
成本费用合计	Total Cost	2150431	1813397	265629	71406
工资和福利费	Salary and Welfare	289050	229529	44266	15255
税费合计	Tax	151714	117414	27931	6370
营业利润	Operating Profit	964043	788467	164510	11067

17-4 各市法人单位财务指标(2008年)

Main Financial Indicators of Institutional Unit by City(2008)

单位：万元 (10 000 yuan)

市 City	单位数(个) Number of units (unit)	从业人数(万人) Employed Persons (10 000 Persons)	固定资产原价 Fixed Asset Price	收入合计 Total Income
全 省 Total	**4602**	**8.83**	**8016341**	**3585345**
郑 州 市 Zhengzhou	1172	2.38	1922485	1023386
开 封 市 Kaifeng	355	0.66	474249	333140
洛 阳 市 Luoyang	519	0.84	679116	257930
平 顶 山 市 Pingdingshan	259	0.47	453302	181104
安 阳 市 Anyang	244	0.62	496067	236536
鹤 壁 市 Hebi	65	0.02	2069	1508
新 乡 市 Xinxiang	101	0.26	586574	231431
焦 作 市 Jiaozuo	148	0.24	240773	82811
濮 阳 市 Puyang	226	0.18	290264	114129
许 昌 市 Xuchang	265	0.52	325450	159124
漯 河 市 Luohe	17	0.13	195385	66761
三 门 峡 市 Sanmenxia	190	0.24	274983	101690
南 阳 市 Nanyang	297	0.77	739038	267030
商 丘 市 Shangqiu	34	0.10	17823	9640
信 阳 市 Xinyang	115	0.47	457387	174791
周 口 市 Zhoukou	229	0.55	487612	205718
驻 马 店 市 Zhumadian	292	0.29	322025	105366
济 源 市 Jiyuan	74	0.09	51741	33253

市 City	成本费用合计 Total Expenses	工资和福利费 Salary and Welfare	税费合计 Tax and Expenses	营业利润 Operating Profit
全 省 Total	**1554334**	**237512**	**140647**	**1050864**
郑 州 市 Zhengzhou	426692	76571	45021	300402
开 封 市 Kaifeng	135679	16190	18096	147282
洛 阳 市 Luoyang	117892	23839	8832	65730
平 顶 山 市 Pingdingshan	78924	10001	7250	56739
安 阳 市 Anyang	103929	11055	8356	70805
鹤 壁 市 Hebi	1036	513	65	416
新 乡 市 Xinxiang	92588	10509	6968	52682
焦 作 市 Jiaozuo	46107	8459	2846	11781
濮 阳 市 Puyang	51091	5863	3692	24931
许 昌 市 Xuchang	62990	7997	6468	52449
漯 河 市 Luohe	30227	2814	2106	19542
三 门 峡 市 Sanmenxia	49693	7477	3147	16809
南 阳 市 Nanyang	111646	19178	8950	88307
商 丘 市 Shangqiu	6658	1681	572	1548
信 阳 市 Xinyang	80860	13956	6722	38916
周 口 市 Zhoukou	86021	10657	5645	71553
驻 马 店 市 Zhumadian	61192	9087	4586	20253
济 源 市 Jiyuan	11110	1665	1328	10718

17−5 各市法人单位财务指标(2009年)

Main Financial Indicators of Institutional Unit by City(2009)

单位：万元 (10 000 yuan)

市 City	单位数(个) Number of units (unit)	从业人数(万人) Employed Persons (10 000 Persons)	固定资产原价 Fixed Asset Price	收入合计 Total Income
全省 Total	**4789**	**10.73**	**10252326**	**4327537**
郑州市 Zhengzhou	1262	2.92	2348836	1221529
开封市 Kaifeng	384	0.76	720379	302311
洛阳市 Luoyang	528	0.85	815943	315356
平顶山市 Pingdingshan	268	0.53	724796	232354
安阳市 Anyang	248	0.50	488517	204006
鹤壁市 Hebi	68	0.16	166561	48245
新乡市 Xinxiang	109	0.41	592335	222737
焦作市 Jiaozuo	150	0.39	358179	138907
濮阳市 Puyang	225	0.23	309267	120019
许昌市 Xuchang	279	0.37	377510	170943
漯河市 Luohe	18	0.16	231435	79771
三门峡市 Sanmenxia	191	0.28	281665	101288
南阳市 Nanyang	310	0.92	768384	321849
商丘市 Shangqiu	33	0.44	471916	196554
信阳市 Xinyang	114	0.55	519298	189470
周口市 Zhoukou	232	0.53	499088	213022
驻马店市 Zhumadian	296	0.65	513533	213943
济源市 Jiyuan	74	0.08	64686	35234

市 City	成本费用合计 Total Expenses	工资和福利费 Salary and Welfare	税费合计 Tax and Expenses	营业利润 Operating Profit
全省 Total	**2150431**	**289050**	**151714**	**964043**
郑州市 Zhengzhou	644122	113187	41864	192982
开封市 Kaifeng	160246	21849	17263	79806
洛阳市 Luoyang	153580	18020	10226	77941
平顶山市 Pingdingshan	120222	14005	8347	41087
安阳市 Anyang	96318	13223	6827	57371
鹤壁市 Hebi	26815	3368	1594	2649
新乡市 Xinxiang	99544	12021	6902	74080
焦作市 Jiaozuo	65063	9747	4715	29517
濮阳市 Puyang	59291	5657	3784	21941
许昌市 Xuchang	73226	8722	6901	51936
漯河市 Luohe	38689	3874	2448	13379
三门峡市 Sanmenxia	49125	7328	3272	20778
南阳市 Nanyang	157961	17434	9559	79630
商丘市 Shangqiu	89666	8737	6209	57045
信阳市 Xinyang	94425	11337	5928	35986
周口市 Zhoukou	101083	8723	7274	58588
驻马店市 Zhumadian	109099	10345	7289	56773
济源市 Jiyuan	11956	1475	1312	12554

17-6 通信行业基本情况及通信水平(年底数)
Basic Conditions and Level of Post Services(Year-end)

指　　标	Item	2008	2009
通信网络	**Network of Telecommunication**		
电信业务总量(万元)	Business Volume of Telecommunication Services (10 000 yuan)	10770888	12419886
长途电话业务电路(2M)	Long-distance Call Lines(line)	160105	274730
数据通信网长途电路(2M)	Long-distance Lines of Data Traffic Network (line)	597514	819509
固定长途电话通话时长(万分钟)	Time of Long-distance Calls (10 000 minutes)	430807	350956
移动长途电话通话时长(万分钟)	Time of Mobiles (10 000 minutes)	847356	1120724
移动电话用户期末数(万户)	Number of Mobile Telephones Subscribers at Year-end (10 000 subscribers)	3499	4017
本地电话用户(万户)	Number of Local Telephone Subscribers of at Year-end (10 000 subscribers)	1562	1464
#城市	Number of Urban Telephone Subscribers	1051	1018
住宅电话用户(万户)	Number of Residential Telephone Subscribers (10 000 subscribers)	1326.28	1238.22
#城市	Number of Urban Telephone Subscribers	840.48	811.40
公用电话(万户)	Number of Public Telephone (10 000 Subscribers)	153.07	146.73
数字数据用户(户)	Number of Digital and Data Subscribers(subscriber)	11136	10217
国际互联网用户(万户)	Number of Subscribers of Internet Service (10 000 Subscribers)	494.38	625.49
电信主要通信能力	**Major Capacity of Telecommunication Services**		
长途电话交换机容量(路端)	Capacity of Long-distance Call Exchanges(unit)	1048502	1058034
局用电话交换机容量(万门)	Capacity of Office switching Telephone Machine(10 000 units)	2382	2304
移动电话交换机容量(万户)	Capacity of Mobile Telephone Exchanges(10 000 subscribers)	6300	7176
长途电信线路	**Long Distance Telephone Lines**		
长途光缆线路长度(公里)	Length of Optical Cable Lines(km)	35718	36127
数字微波线路长度(公里)	Length of Digital Lines(km)	500	500
通信水平	**Level of Telecommunication**		
固定电话普及率(部/百人)	Popularization Rate of Telephone (sets/100 persons)	15.8	14.7
移动电话普及率(部/百人)	Popularization Rate of Mobile Telephone (sets/100 persons)	35.4	40.4
城市固定电话普及率(部/百人)	Popularization Rate of Telephone in Urban Areas (sets/100 persons)	30.2	27.8
平均每千人拥有公用电话数(部)	Per 1 000 Persons Public Telephone(set)	15.5	14.8
已通固定电话的乡(镇)比重(%)	Percentage of Townships with Telephone(%)	100	100
移动电话(GSM)网络覆盖县(市)	Number of County(city) Covered by GSM (unit)	109	109
移动电话(CDMA)网络覆盖县(市)	Number of County(city) Covered by CDMA (unit)	109	109
移动电话漫游国家和地区(个)	Number of country (Territory) Roamed through Mobile Telephone(unit)	237	237
数据通信网覆盖地(市)	Number of Region(city) Covered by Data Traffic (unit)	18	18

17-7 各市电信网和业务量(2009年)

市 City	长途电话交换机容量(路端) Capacity of Long-distance Telephone Exchanges (unit)	局用电话交换机容量(万门) Capacity of Office Telephone Exchanges (10 000 lines)	移动电话交换机容量(万户) Capacity of Mobile Telephone Exchanges (10 000 subscribers)	电信业务总量(亿元) Business Volume of Telecommunications	固定长途电话通话时长(万分钟) Time of Long-distance Calls (10 000 minutes)
全　　省 Total	**1058034**	**2304**	**7176**	**1241.99**	**350955.50**
郑　州　市 Zhengzhou	446352	410	1821	249.64	82654.26
开　封　市 Kaifeng	40125	100	326	52.80	21560.39
洛　阳　市 Luoyang	68265	224	551	98.08	26437.02
平顶山市 Pingdingshan	33436	97	313	67.38	17557.79
安　阳　市 Anyang	39928	149	346	66.49	18466.56
鹤　壁　市 Hebi	17110	32	92	19.17	8582.05
新　乡　市 Xinxiang	38662	178	362	78.81	25617.75
焦　作　市 Jiaozuo	27710	115	292	53.78	9769.52
濮　阳　市 Puyang	27429	61	235	44.78	13939.24
许　昌　市 Xuchang	34401	93	342	56.68	19295.39
漯　河　市 Luohe	30790	50	125	30.65	8642.78
三门峡市 Sanmenxia	26252	70	220	35.91	9843.73
南　阳　市 Nanyang	47963	200	453	92.24	19319.47
商　丘　市 Shangqiu	43080	146	408	78.82	18714.35
信　阳　市 Xinyang	51446	101	372	61.38	20372.89
周　口　市 Zhoukou	46037	138	590	76.54	15592.78
驻马店市 Zhumadian	39048	115	297	66.42	12960.35
济　源　市 Jiyuan			33	10.67	1972.54

Network of Telecommunications and Business Volume by City (2009)

移动长途电话通话时长(万分钟) Time of Mobiles (10 000 minutes)	移动电话用户(万户) Number of Mobile Telephones Subscribers (10 000 subscribers)	移动短信业务量(亿条) Mobile SMS business (100 million piece)	本地电话用户(万户) Number of Local Telephone Subscribers at Year-end (10 000 subscribers)	#城市电话用户 Number of Urban Telephone Subscribers	住宅电话用户(万户) Number of Household Telephone Subscribers (10 000 subscribers)	公用电话(万户) Number of Public Telephone (10 000 subscribers)	国际互联网用户(万户) Number of Subscribers of Internet Services (10 000 subscribers)
1120723.65	**4016.84**	**307.37**	**1463.89**	**1017.96**	**1238.22**	**146.73**	**625.49**
314348.34	741.62	83.84	261.40	233.61	201.51	28.16	134.40
43973.42	178.73	11.77	65.75	49.43	58.38	9.46	29.72
77170.66	313.29	23.80	140.36	104.34	116.22	11.73	55.68
55881.50	216.17	14.87	63.13	47.70	47.85	7.11	34.64
50236.09	219.16	16.96	98.27	58.42	89.00	7.78	43.55
15928.88	71.66	3.66	29.69	23.42	25.68	3.63	13.33
57959.65	262.24	19.81	127.12	77.91	112.00	12.42	49.00
38845.36	171.93	12.75	65.15	43.79	55.15	6.82	32.61
36621.56	144.80	9.35	39.73	26.18	34.12	2.93	16.83
48080.61	190.12	11.80	66.46	48.59	57.29	5.52	33.87
29733.47	109.33	6.77	31.45	24.60	26.15	4.91	16.81
31766.83	131.99	7.71	36.85	27.13	30.63	4.10	21.29
67761.62	294.82	19.42	121.74	63.01	103.97	15.92	35.17
63297.30	237.08	17.41	78.41	48.55	70.39	7.13	24.50
58964.57	213.71	16.81	80.18	42.80	71.64	6.25	26.34
68925.39	251.16	15.58	74.94	42.31	63.21	6.44	27.42
54120.95	227.69	12.54	65.33	44.39	58.69	5.93	24.90
7107.46	41.33	2.51	17.93	11.77	16.29	0.44	5.47

主要统计指标解释

移动电话用户 是指通过移动电话交换机进入移动电话网、占用移动电话号码的电话用户。用户数量以报告期末在移动电话营业部门实际办理登记手续进入移动电话网的户数进行计算，一部移动电话统计为一户。

互联网上网人数 指平均每周使用互联网至少1小时的6周岁以上中国公民人数。

固定电话用户 指在电信运营企业营业网点办理开户登记手续并已接入固定电话网上的全部电话用户。包括普通电话用户、公用电话用户、窄带综合业务数字网（N—ISDN）用户、智能网专用接入终端用户等。按行政区划分为城市电话用户和农村电话用户。

城市电话用户 指直辖市、省辖市、地级市、县级市的市区、市郊区及县城范围内接入局用交换机的电话用户。包括分布在农村地区县团级以上建制的独立工矿区、林区、驻军等电话用户。

农村电话用户 指县城关区以下的集镇和农村接入局用交换机的电话用户。

住宅电话用户 指安装在居民住宅或农民家里并按照住宅电话用户登记注册和收费的各类电话用户。包括私人付费、单位付费和按规定免费安装的住宅电话用户。

长途电话交换机容量 指用于接入长途电话网的电话交换机的设备额定容量，包括国际电话交换机容量。

局用交换机容量 指安装在电信运营企业内用于接续本地固定电话的电话交换机容量，有倍增设备按倍增后的数量计数。包括现用和备用的人工或自动交换机的全部容量。不包括用户交换机容量。

移动电话交换机容量 指移动电话交换机根据一定话务模型和交换机处理能力计算出来的最大同时服务用户的数量。

Explanatory Notes on Main Statistical Indicators

Mobile Telephone Subscribers refer to the persons who own mobile telephone numbers and are connected with the mobile telephone communication network through the mobile telephone switchboards. The number of subscribers is calculated by the subscribers who have completed registration at mobile communication business centers and entered into the mobile telephone network. One mobile telephone is taken as a subscriber.

Internet Users refer to the number of Chinese citizens aged 6 and over who use the Internet at least for one hour each week.

Local Telephone Subscribers refer to all subscribers who have gone through registration procedures in the operation points of enterprises engaged in telecommunications and are hence connected to the local telecommunications service provider through fixed line network. Included are general subscribers, public telephones subscribers, N-ISDN subscribers and intelligent network terminal subscribers. They are also classified in terms of administrative districts as urban telephone subscribers and rural telephone subscribers according to location.

Urban Telephone Subscribers refer to the number of telephone subscribers, located at the different administrative districts of municipalities directly under the Central Government, cities under the jurisdiction of province, cities at prefecture level, downtown and suburb of city at county level town and county towns, that are connected to the public line telephone network, including rural mineral area, forest area, military area.

Rural Telephone Subscribers refer to telephone subscribers, located at the towns below the level of county town and villages, that are connected to the public line telephone network.

Household Telephone Subscribers refer to telephone sets installed in the dwelling units of urban or rural residents, and registered as residence subscribers for payment, including three types of payment for the service: private payment, public payment and free service in accordance with relevant regulations.

Capacity of Long Distance Telephone Exchanges refers to the rated capacity of telephone exchanges to connect long distance telephone network, including capacity of international telephone exchanges.

Capacity of Office Telephone Exchanges refers to the capacity (measured in gate) of telephone exchanges installed in the offices of telecommunication service providers for communication between fixed telephones. It includes the capacity of both manual and automatic exchanges in use and for stand-by purpose. The capacity of subscriber exchanges is not included.

Capacity of Mobile Telephone Exchanges refers to the capacity of the maximum services provided to subscribers at any one time as computed based on a certain model of calls distribution and transacting capacity of the mobile telephone exchanges.

批发和零售业、住宿和餐饮业

Wholesale and Retail Sale trades, Hotels and Catering Services

资料整理：赵新池

简要说明

一、主要内容

本篇包括河南省商品市场状况和批发零售业、住宿餐饮业经营情况以及主要财务状况。

二、统计范围

社会消费品零售总额不包括农业生产资料、居民购买住房；不包括各种经济类型的制造业法人企业、产业活动单位和个体工业直接售给城乡居民（包括本企业职工）和社会集团的商品；不包括农民在田间地头出售的农产品。

限额以上批发和零售业、住宿和餐饮业企业统计限额标准：批发业，年销售额2000万元及以上；零售业，年销售额 500万元及以上；住宿业，有星级标志的或年营业收入200万元及以上的宾馆、饭店；餐饮业，年营 业额200万元及以上。

三、资料来源

限额以上批发和零售业、住宿和餐饮业企业的经营性指标采用全面调查的方法取得资料，来源于2009年定报数，限额以上批发和零售业、住宿和餐饮业企业的财务指标来源于2009年年报数据；限额以下批发零售企业采用抽样调查方法取得资料，限额以下住宿和餐饮业企业采用全面调查方法取得资料；批发零售和住宿餐饮业个体经营户资料采用抽样调查方法取得。由省统计局贸易外经处编辑整理。

Brief Introduction

I. Main Contents

Data in this chapter main contents include the operation and financial terms conditions of the wholesale and retail trades, hotels and catering services in Henan province.

II. Scope of Statistics

Total retail sales of consumer goods do not include means of agricultural production; purchase of housing by residents; and do not include commodities that various types of corporate enterprise, industrial activity units and individual industrial directly sale to residents and social groups; and do not include agricultural products that sold by farmers in the fields.

Criteria for wholesale and retail sale trades, hotels and catering services above designated size are as follows: wholesale trade, having annual sales over 20 million yuan; retail trade, having annual sales over 5 million yuan; hotels, certified hotels with star-ranking and having annual income over 2 million yuan; catering services, having annual income over 2 million yuan.

III. Sources of Data

Data on basic conditions for enterprises of wholesale and retail trades above designated size, all hotels and catering services are collected through comprehensive reporting form system, which are calculated from 2009 regular report, data of financial indicators come form 2009 annual report. Data on enterprises and individual enterprises below the designated size are collected by sample surveys. Data in this chapter are provided by the Department of Trade and External Economic Relations of the Henan provincial bureau of Statistics.

18−1 历年社会消费品零售总额

Total Retail Sale of Consumer Goods Over the Years

单位：亿元 (100 million yuan)

年 份 Year	社会消费品零售总额 Total Retail Sales of Consumer Goods	#批发和零售业 Wholesale and Retail Trades	住宿和餐饮业 Hotels and Catering Serbices	市 City	县 County	县以下 Under County Level
1978	71.79					
1979	80.44					
1980	96.04					
1981	106.86					
1982	113.82					
1983	123.05					
1984	146.85					
1985	180.59					
1986	198.32					
1987	225.28					
1988	283.25					
1989	310.85					
1990	314.31	283.78	16.42	140.85	76.21	97.25
1991	368.92	332.88	19.81	169.33	89.98	109.61
1992	470.30	427.64	27.85	223.49	111.41	135.40
1993	577.96	524.17	34.77	284.03	133.36	160.57
1994	790.17	696.31	60.37	391.68	174.66	223.83
1995	957.76	823.67	87.06	468.74	208.27	280.75
1996	1194.76	1045.79	115.26	591.94	239.75	363.07
1997	1427.53	1211.04	172.19	701.87	307.68	417.98
1998	1565.88	1339.39	177.10	762.22	340.23	463.43
1999	1691.20	1445.48	191.09	825.90	363.91	501.39
2000	1869.80	1586.69	219.35	914.90	399.02	555.88
2001	2071.93	1743.90	258.65	1022.13	435.98	613.82
2002	2292.75	1906.72	312.70	1152.53	471.44	668.78
2003	2539.33	2103.25	359.08	1292.22	517.21	729.90
2004	2938.26	2468.73	402.21	1544.91	586.51	806.84
2005	3380.88	2840.62	470.90	1817.27	661.81	901.80
2006	3932.55	3264.86	596.57	2148.32	763.67	1020.56
2007	4690.32	3830.07	779.77	2590.49	914.99	1184.84
2008	5815.44	4725.41	992.28	3224.87	1150.82	1439.75
2009	6746.38	5525.51	1115.22	3725.84	1359.90	1660.64

18−2 社会消费品零售总额

Total Retail Sale of Consumer Goods

单位：亿元 (100 million yuan)

指　标	Item	1990	1995	2000	2005	2006	2007	2008	2009
社会消费品零售总额	**Total Retail Sale of Consumer Goods**	**314.31**	**957.76**	**1869.80**	**3380.88**	**3932.56**	**4690.32**	**5815.44**	**6746.38**
按销售地区分	By Location of Establishments								
市的零售额	City	140.85	468.74	914.90	1817.28	2148.33	2590.49	3224.87	3725.84
县的零售额	County	76.21	208.27	399.02	661.81	763.68	915.00	1150.83	1359.90
县以下的零售额	Under County Level	97.25	280.75	555.88	901.79	1020.55	1184.83	1439.74	1660.64
按行业分	By Sector								
批发和零售业	Wholesale and Retail Trade	283.78	823.67	1586.69	2840.62	3264.87	3830.07	4725.41	5525.51
限额以上	Above Designed Size				656.07	831.90	1060.98	1340.58	1637.75
限额以下	Below Designed Size				302.39	366.29	420.87	526.64	616.04
个体户	Outside Market				1882.17	2066.67	2348.23	2858.19	3271.72
住宿和餐饮业	Accommodation and Catering Trade	16.42	87.06	219.35	470.91	596.57	779.77	992.29	1115.22
限额以上	Above Designed Size				48.12	64.11	84.52	109.13	132.07
限额以下	Below Designed Size				39.37	49.70	62.62	75.51	78.77
个体户	Outside Market				383.42	482.76	632.63	807.65	904.38
其它	Others	14.11	47.03	63.76	69.35	71.12	80.47	97.74	105.65

18-3 各市社会消费品零售总额

Total Retail Sale of Consumer Goods by City

单位：亿元 (100 million yuan)

市 City	2008 社会消费品零售总额 Total Retail Sales of Consumer Goods	市 City	县 County	县以下 Under County Level	批发和零售业 Wholesale and Retail Sale Trade	住宿和餐饮业 Accommodation and Catering	其他 Others
郑州市 Zhengzhou	1241.85	879.10	56.13	306.63	1006.51	213.67	21.67
开封市 Kaifeng	266.18	142.93	74.33	48.92	208.20	53.64	4.34
洛阳市 Luoyang	593.11	326.50	118.89	147.72	497.00	90.25	5.87
平顶山市 Pingdingshan	253.05	161.77	45.74	45.54	210.00	40.58	2.48
安阳市 Anyang	253.03	150.68	26.52	75.83	200.74	50.32	1.97
鹤壁市 Hebi	69.46	34.33	22.24	12.89	56.67	11.60	1.18
新乡市 Xinxiang	285.99	153.89	57.05	75.04	243.06	37.44	5.49
焦作市 Jiaozuo	228.33	123.11	55.90	49.31	185.49	42.84	
濮阳市 Puyang	171.06	62.73	62.37	45.95	135.00	34.19	1.87
许昌市 Xuchang	255.91	156.11	25.59	74.21	199.61	53.74	2.56
漯河市 Luohe	161.76	104.56	36.45	20.75	129.82	28.96	2.98
三门峡市 Sanmenxia	148.34	81.48	25.72	41.15	126.13	19.65	2.56
南阳市 Nanyang	568.61	180.18	190.26	198.17	470.05	87.66	10.89
商丘市 Shangqiu	287.85	130.37	77.39	80.09	232.97	50.18	4.70
信阳市 Xinyang	321.65	93.67	123.83	104.14	245.58	68.07	7.99
周口市 Zhoukou	344.09	70.05	131.66	142.38	276.25	61.55	6.29
驻马店市 Zhumadian	277.05	54.01	109.36	113.68	228.98	44.96	3.11
济源市 Jiyuan	51.68	36.94		14.74	38.95	11.77	0.96

市 City	2009 社会消费品零售总额 Total Retail Sales of Consumer Goods	市 City	县 County	县以下 Under County Level	批发和零售业 Wholesale and Retail Sale Trade	住宿和餐饮业 Accommodation and Catering	其他 Others
郑州市 Zhengzhou	1434.76	1021.75	64.82	348.19	1170.86	239.84	24.07
开封市 Kaifeng	308.33	164.29	87.93	56.11	246.40	56.98	4.95
洛阳市 Luoyang	687.29	378.14	138.31	170.84	569.23	110.69	7.37
平顶山市 Pingdingshan	295.85	188.61	54.46	52.78	246.54	46.50	2.81
安阳市 Anyang	292.52	176.02	29.80	86.70	228.15	62.20	2.18
鹤壁市 Hebi	80.02	39.68	25.65	14.68	63.97	14.66	1.39
新乡市 Xinxiang	330.28	177.83	66.09	86.36	276.64	48.09	5.54
焦作市 Jiaozuo	263.70	142.64	64.76	56.30	217.80	44.27	1.62
濮阳市 Puyang	196.86	71.51	71.27	54.08	154.29	40.49	2.08
许昌市 Xuchang	297.01	181.38	31.27	84.36	228.56	63.77	4.68
漯河市 Luohe	186.26	121.89	41.84	22.53	149.02	33.72	3.52
三门峡市 Sanmenxia	171.75	94.20	29.72	47.83	145.27	23.65	2.83
南阳市 Nanyang	676.65	220.61	223.54	232.50	558.83	106.03	11.80
商丘市 Shangqiu	343.36	156.03	93.10	94.22	284.57	52.52	6.27
信阳市 Xinyang	373.85	109.01	143.86	120.98	274.03	90.19	9.62
周口市 Zhoukou	413.59	81.00	163.58	169.02	330.51	76.52	6.57
驻马店市 Zhumadian	320.90	63.01	126.90	130.99	263.19	54.86	2.85
济源市 Jiyuan	59.76	42.83		16.92	44.48	14.25	1.03

18-4 按登记注册类型分批发和零售业、住宿和餐饮业基本情况

Basic Conditions of Enterprises in Wholesale and Retail Trades, Hotels and Catering Services by Types of Registration

指 标	Item	2008		2009	
		单位数（个）(unit)	从业人员（人）Persons Employed (person)	单位数（个）(unit)	从业人员（人）Persons Employed (person)
批发和零售业	**Wholesale and Retail Sale trades**	**46859**	**913037**	**47613**	**925539**
限额以上企业	Above Designated Size	6213	424685	6637	437187
按注册登记类型	By Registration				
内资企业	Domestic-Funded Enterprises	6144	415647	5881	414583
港澳台投资企业	Enterprises With Investment from Hong Kong, Macao and Taiwan	26	5786	24	4197
外商投资企业	Enterprises With Foreign Investment	43	3252	36	3475
个体	Individual			696	14932
按国民经济行业	By Sector				
批发业	Wholesale Trade	1929	145284	1850	146038
零售业	Retail trade	4284	279401	4787	291149
限额以下企业	Below Designated Size	40646	488352	40976	488352
按注册登记类型	By Registration				
内资企业	Domestic-Funded Enterprises	40583	487191	40913	487191
港澳台投资企业	Enterprises With Investment from Hong Kong, Macao and Taiwan	23	362	23	362
外商投资企业	Enterprises With Foreign Investment	40	799	40	799
按国民经济行业	By Sector				
批发业	Wholesale Trade	20801	280126	20801	280126
零售业	Retail trade	19845	208226	20175	208226
住宿和餐饮企业	**Hotels and Catering Services**	**8807**	**282007**	**9880**	**320771**
限额以上企业	Above Designated Size	2965	178265	3595	217029
按注册登记类型	By Registration				
内资企业	Domestic-Funded Enterprises	2930	169381	2577	175402
港澳台投资企业	Enterprises With Investment from Hong Kong, Macao and Taiwan	20	5581	24	6252
外商投资企业	Enterprises With Foreign Investment	15	3303	15	5525
个体	Individual			979	29850
按国民经济行业	By Sector				
住宿业	Hotels Services	957	94224	1076	100689
餐饮业	Catering Services	2008	84041	2519	116340
限额以下企业	Below Designated Size	5842	103742	6285	103742
按注册登记类型	By Registration				
内资企业	Domestic-Funded Enterprises	5830	103410	6273	103410
港澳台投资企业	Enterprises With Investment from Hong Kong, Macao and Taiwan	6	179	6	179
外商投资企业	Enterprises With Foreign Investment	6	153	6	153
按国民经济行业	By Sector				
住宿业	Hotels Services	1822	39158	1822	39158
餐饮业	Catering Services	4020	64584	4463	64584

注：限额以下数据为经济普查年份数据。

a) Data on Below Designated Size are calculated in Economic census year.

18-5 各市批发和零售、住宿和餐饮业企业单位数(2009年)

Number of Corporation in Wholesale and Retail Sale, Hotels and Catering Services by City (2009)

单位：个 (unit)

市 City	2008 批发业 Wholesale Trade	#限额以上 Above Designated Size	零售业 Retail Sale	#限额以上 Above Designated Size	住宿业 Accomm-odation	#限额以上 Above Designated Size	餐饮业 Catering Trade	#限额以上 Above Designated Size
郑州市 Zhengzhou	7160	520	4761	654	381	169	596	252
开封市 Kaifeng	1015	108	1449	319	196	53	676	225
洛阳市 Luoyang	2191	211	1677	359	246	82	244	79
平顶山市 Pingdingshan	1002	77	1196	240	234	91	541	178
安阳市 Anyang	1593	156	1323	178	124	27	318	90
鹤壁市 Hebi	229	30	268	57	38	13	56	21
新乡市 Xinxiang	1264	139	1490	198	115	42	304	79
焦作市 Jiaozuo	858	58	925	178	107	36	108	38
濮阳市 Puyang	432	47	757	140	53	20	239	54
许昌市 Xuchang	1307	97	1164	176	134	39	438	127
漯河市 Luohe	348	34	638	105	50	17	149	65
三门峡市 Sanmenxia	665	43	1425	131	128	35	144	35
南阳市 Nanyang	1392	154	1990	443	355	88	916	271
商丘市 Shangqiu	555	35	790	161	72	18	171	60
信阳市 Xinyang	652	40	1206	221	153	53	454	155
周口市 Zhoukou	748	69	751	235	162	96	240	157
驻马店市 Zhumadian	944	96	2252	461	165	64	476	119
济源市 Jiyuan	342	15	100	28	21	14	3	3

市 City	2009 批发业 Wholesale Trade	#限额以上 Above Designated Size	零售业 Retail Sale	#限额以上 Above Designated Size	住宿业 Accomm-odation	#限额以上 Above Designated Size	餐饮业 Catering Trade	#限额以上 Above Designated Size
郑州市 Zhengzhou	7165	557	4962	769	409	199	876	508
开封市 Kaifeng	1015	98	1464	319	198	56	722	234
洛阳市 Luoyang	2196	198	1706	377	261	103	288	113
平顶山市 Pingdingshan	1004	62	1219	253	251	95	593	192
安阳市 Anyang	1596	135	1340	187	127	29	371	117
鹤壁市 Hebi	232	27	277	75	40	15	66	29
新乡市 Xinxiang	1265	133	1511	243	118	39	354	109
焦作市 Jiaozuo	862	52	976	205	120	42	132	65
濮阳市 Puyang	436	43	777	152	58	19	262	67
许昌市 Xuchang	1319	96	1211	198	143	38	512	135
漯河市 Luohe	353	38	660	136	51	18	166	82
三门峡市 Sanmenxia	667	27	1428	140	133	33	155	37
南阳市 Nanyang	1396	141	2039	499	375	105	1002	289
商丘市 Shangqiu	555	31	793	172	72	19	179	65
信阳市 Xinyang	664	42	1268	277	168	63	555	193
周口市 Zhoukou	748	56	755	261	162	97	241	162
驻马店市 Zhumadian	951	88	2361	509	183	75	513	140
济源市 Jiyuan	342	12	100	29	21	11	3	2

注：2009年单位数包含限额以上个体批发零售业和住宿餐饮业商户。

a) Number of unit include Individual Above Designated Size in 2009.

18-6 限额以上批发和零售企业商品分类销售总额(2009年)

Total Sales of Enterprises above Designated Size of Wholesale and Retail Trade by Category of Main Commodities(2009)

单位：亿元　(100 million yuan)

指　标		合计 Total	批发 Wholesale Trade	零售 Retail Trade
粮油、食品、饮料、烟酒类	Grain and oils,Food, Beverages, Tobacco and Liquor	901.18	669.99	231.19
粮油、食品类	Grain,oils and Food	299.21	164.06	135.15
#粮油类	Grain and oils	126.86	92.20	34.66
肉禽蛋类	Meat, Poultry and Eggs	57.19	21.23	35.96
饮料类	Beverages	38.29	4.21	34.08
烟酒类	Tobacco and Liquor	563.68	501.72	61.95
服装、鞋帽、针纺织品类	Clothing, Shoes, Hats and Textiles	189.26	29.12	160.14
服装类	Clothing	122.35	14.42	107.93
鞋帽类	Shoes and Hats	35.21	3.69	31.52
针、纺织品类	Knitwear and Textiles	31.69	11.01	20.69
化妆品类	Cosmetics	25.76	0.63	25.13
金银珠宝类	Gold, Silver and Jewelry	18.84	0.10	18.73
日用品类	Articles for Daily Use	77.84	13.18	64.66
#洗涤用品类	Washing Articles	25.54	5.82	19.71
儿童玩具类	Children Toys	4.43	0.11	4.32
五金、电料类	Hardware and Electrical Materials	32.68	12.28	20.39
体育、娱乐用品类	Sports and Recreation Articles	9.68	3.49	6.19
书报杂志类	Newspapers and Magazines	48.92	21.42	27.50
电子出版物及音像制品类	E-journal and Video Products	2.96	0.89	2.07
家用电器和音像器材类	Household Appliances and Video Appliances	221.52	86.34	135.18
中西药品类	Traditional Chinese and Western Medicines	279.33	209.26	70.07
#西药	Western Medicines	181.25	142.15	39.10
中草药及中成药	Traditional Chinese Medicines	38.60	21.25	17.35
文化办公用品类	Cultural and Official Goods	43.07	20.08	23.00
家俱类	Furniture	24.61	2.25	22.36
通讯器材类	Communication Appliances	29.79	8.73	21.05
煤炭及制品类	Coal and Related Products	283.74	271.59	12.15
木材及制品类	Wood and Wooden Products	11.90	11.90	
石油及制品类	Petroleum and Related Products	1221.13	889.28	331.85
化工材料及制品类	Raw Chemical Materials	126.50	126.50	
#化肥类	Fertilizer	60.97	60.97	
金属材料类	Metal Materials	319.78	319.78	
建筑及装潢材料类	Building and Decoration Materials	31.50	19.90	11.60
机电产品及设备类	Mechanical and Electrical Products	116.41	99.89	16.51
#农机类	Agricultural Machinery	16.05	16.05	
汽车类	Automobile	535.60	128.45	407.14
种子饲料类	Seed and Feedstuff	38.57	38.57	
棉麻类	Cotton, Hemp	37.82	37.82	
其他类	Others	145.73	114.90	30.83

18-7 限额以上批发和零售企业商品销售、库存(2009年)

Total Sales and Inventory of Enterprises above Designated Size in Wholesale and Retail Trades (2009)

指　　标	Item	销售总量 Total Sales	批发 Wholesale trade	零售 Retail Trade	年末库存 Inventory (year-end)
粮食(吨)	Grain (ton)	7088261	6314179	774082	3364893
食用植物油(吨)	Edible Vegetable Oil (ton)	144655	34264	110391	11560
肉及肉制品(吨)	Meat and meat product(ton)	613671	472729	140942	38417
卷烟(万支)	Cigarettes (10 000 units)	20095304	19183459	911845	1066503
酒(吨)	Wine(ton)	380532	140343	240189	19189
#白酒	Distillate spirits	127651	18778	108873	12757
啤酒	Beer	220782	119763	101019	4418
棉花(吨)	Cotton (ton)	192619	190145	2474	13604
布(百米)	Cloth (100 meter)	681190	319064	362126	59074
各种服装(百件)	Clothing of all kinds(100 pieces)	1641609	452022	1189587	66826
#童装	Children's garments	509559	239346	270213	16756
鞋(百双)	Shoes (100 pairs)	667314	16773	650541	12680740
照相机(台)	Camera(unit)	192510	13329	179181	14480
#数码照相机	Digital camera	165739	4177	161562	12355
彩色电视机(台)	Colour Television Set (unit)	2092842	910351	1182491	93081
组合音响(台)	Hi-Fi Stereo Component System (unit)	70026	387	69639	6206
摄像机(台)	Pickup Camera (unit)	20129	226	19903	2551
影碟机(台)	Video Disc Player (unit)	157694	4367	153327	16486
家用电冰箱(台)	Household Refrigerator (unit)	1530601	857583	673018	62539
家用洗衣机(台)	Household Washing Machine (unit)	719659	63057	656602	77190
房间空调器(台)	Room Air Conditioner (unit)	1886423	934964	951459	204256
微波炉(台)	Micro-oven (unit)	197463	4400	193063	18399
微型计算机(台)	Personal Computer (unit)	281955	132383	149572	46779
热水器(台)	Water heater(unit)	193535	1606	191929	8520
普通电话机(部)	Telephone (unit)	96044	245	95799	6702
移动电话机(部)	Hand Telephone (unit)	1689674	193424	1496250	147308
化学肥料(吨)	Chemical Fertilizers (ton)	3339729	3332116	7613	337242
化学农药(吨)	Chemical Pesticide (ton)	27201	26913	288	3752
农用塑料薄膜(吨)	Farming Pellicle (ton)	11410	11013	397	781
煤炭(吨)	Coal (ton)	50268740	49615042	653698	359000
木材(立方米)	Wood (cu.m)	1163620	1162530	1090	63780
汽油(吨)	Gasoline (ton)	5586552	3233316	2353236	431601
煤油(吨)	Kerosene (ton)	186556	177232	9324	17984
柴油(吨)	Diesel Oil (ton)	13517589	11339495	2178094	697243
钢材(吨)	Steel Products (ton)	4905545	4844226	61319	187630
铜(吨)	Copper (ton)	150561	150534	27	1778
铝(吨)	Aluminum (ton)	740990	740877	113	1503
水泥(吨)	Cement (ton)	500090	490969	9121	80729
汽车(辆)	Motor Vehicles (unit)	505962	138921	367041	28040
#轿车	Car	194196	6904	187292	11777
摩托车(辆)	Motor (unit)	255868	94113	161755	15785
拖拉机(台)	Tractors (unit)	12324	12222	102	1311

18-8 各市限额以上批发和零售企业商品购、销、存总额(2009年)

Total Purchases, Sales and Inventory above Designated Size of Wholesale and Retail Trades by City(2009)

单位：万元 (10 000 yuan)

		销售总额 Total Sales	批发 Wholesale trade	零售 Retail Trade	年末库存额 Inventory (year-end)
郑州市	Zhengzhou	18839793	12664247	6175545	1546793
开封市	Kaifeng	1611533	911802	699731	98401
洛阳市	Luoyang	3462038	1887178	1574860	421688
平顶山市	Pingdingshan	3396051	2706268	689783	313061
安阳市	Anyang	2545401	1850814	694587	218493
鹤壁市	Hebi	324407	204799	119608	34255
新乡市	Xinxiang	2305228	1538566	766662	234952
焦作市	Jiaozuo	1359388	528737	830651	108904
濮阳市	Puyang	6017808	410269	5607539	73021
许昌市	Xuchang	1492470	816769	675701	163777
漯河市	Luohe	1128155	625021	503134	152765
三门峡市	Sanmenxia	1050500	637436	413064	108199
南阳市	Nanyang	3412271	2351629	1060642	664534
商丘市	Shangqiu	1688556	1056376	632180	139358
信阳市	Xinyang	1310548	514662	795886	190029
周口市	Zhoukou	1373741	773448	600293	580110
驻马店市	Zhumadian	1650165	937709	712456	149737
济源市	Jiyuan	300560	187244	113316	21350

18-9 各市限额以上批发和零售企业商品分类批发总额(2009年)
Total Wholesale Value of Enterprises above Designated Size of Wholesales and Retail Trades by City and Sort(2009)

单位：万元 (10 000 yuan)

市 City	食品饮料烟酒类 Food,Beverages Tobaccos and wine	日用品类 Articles for Daily Use	服装、鞋帽针纺织类 Clothing,shoes and Hats,Knitwear and Textiles	文化体育用品类 Cultural and Sports	家用电器和音像器材类 Household and Video Appliances	中西药品类 Medical Treatment Use	书报杂志类 Newspapers and Magazines
郑州市 Zhengzhou	863113	87560	248364	230202	592045	1141138	183572
开封市 Kaifeng	524564	27995	56469	10556	91779	53912	9080
洛阳市 Luoyang	363975	5189	12434	317	36308	120099	
平顶山市 Pingdingshan	297772	1427			251	29230	436
安阳市 Anyang	235701	6569	4011	6	11575	153301	268
鹤壁市 Hebi	83161					4843	
新乡市 Xinxiang	343745	1835	953		24221	161812	3588
焦作市 Jiaozuo	169110	818	1770	512	16520	14212	447
濮阳市 Puyang	149223	180	299	4592	4342	7113	926
许昌市 Xuchang	569384	11034	623	762	97	60979	1724
漯河市 Luohe	302806	23			71870	23461	272
三门峡市 Sanmenxia	186727	1173		9387	1395		16768
南阳市 Nanyang	830874	13378	41745	10395	69295	184179	2235
商丘市 Shangqiu	287700	1694				138682	
信阳市 Xinyang	293148	3760	1264		9246	19613	
周口市 Zhoukou	511777	318	1308	12	856	4769	
驻马店市 Zhumadian	478920	1335	172	511		30629	5041
济源市 Jiyuan	28037			39401	951	55	2315

18-10 各市限额以上批发和零售企业商品分类零售总额(2009年)
Retail Trades Value of Enterprises above Designated Size in Wholesales and Retail Trades by City and Sort(2009)

单位：万元 (10 000 yuan)

市 City	食品饮料烟酒类 Food,Beverages Tobaccos and wine	日用品类 Articles for Daily Use	服装、鞋帽针纺织类 Clothing,shoes and Hats,Knitwear and Textiles	文化体育用品类 Cultural and Sports	家用电器和音像器材类 Household and Video Appliances	中西药品类 Medical Treatment Use	书报杂志类 Newspapers and Magazines
郑州市 Zhengzhou	396924	182258	628451	137395	438027	110920	52322
开封市 Kaifeng	124144	23688	51653	10276	90116	27281	6906
洛阳市 Luoyang	168691	53952	119955	25827	101614	39332	23570
平顶山市 Pingdingshan	90715	21288	48358	14399	51067	69901	9802
安阳市 Anyang	113697	41718	51373	5918	64217	63239	9643
鹤壁市 Hebi	10379	2277	6223	510	10749	5177	3523
新乡市 Xinxiang	164741	26164	65292	9417	45606	28524	12679
焦作市 Jiaozuo	114581	23490	88744	7724	73861	45910	16210
濮阳市 Puyang	6818	503	10364	12983	29429	7927	5783
许昌市 Xuchang	80208	1029	51956	926	63567	8576	10569
漯河市 Luohe	123665	13360	24359	7269	22635	23258	5908
三门峡市 Sanmenxia	137744	9583	21271	29907	5159	4673	21629
南阳市 Nanyang	56454	23245	37469	20417	85189	28152	1103
商丘市 Shangqiu	90387	16899	31903	10513	18404	82213	20015
信阳市 Xinyang	572607	25575	58823	9078	67249	12990	24263
周口市 Zhoukou	123474	30171	75357	1579	39228	50579	25813
驻马店市 Zhumadian	134366	49202	77156	9807	48029	34671	23391
济源市 Jiyuan	30109	2787	3904	9749	389	1255	3159

18-11 成品油批发企业能源商品购进、销售与库存(2009年)

Purchases, Sales and Inventory energy Commodity of Wholesale Finished Product oil Enterprises(2009)

单位：吨 (ton)

能源品种	energy name	年初库存量 Inventory (year-early)	本年购进量 Total Purchases	#购自省外 From Other Province	本年销售量 Total Sales	#售予批发和零售企业 To Wholesale and Retail	年末库存量 Inventory (year-end)
汽油	Gasoline	113099	2699928	616208	2235236	461995	204177
#93″	93″	64196	1724514	370166	1581754	228553	137417
柴油	Diesel oil	158370	7659098	2731864	6251154	2111812	305909
#0″	0″	116565	6407194	2193396	5315849	1558786	217751
煤油	Kerosene	10277	182988	182796	176778	88	17811
燃料油	Elding oil	3967	270552	123021	266774	84933	7397
润滑油	Lubricating oil	10639	70709	42618	71168	36582	10176

18-12 成品油零售企业能源商品销售与库存(2009年)

Sales and Inventory energy Commodity of Retail Finished Product oil Trades (2009)

单位：吨 (ton)

能源品种	energy name	年初库存量 Inventory (year-early)	本年销售量 Total Sales	年末库存量 Inventory (year-end)
汽油	Gasoline	87679	3010205	775168
#93″	93″	59919	2264183	590608
柴油	Diesel oil	125895	5381995	1495757
#0″	0″	83783	4684127	1325740
煤油	Kerosene	101	1800	348
燃料油	Elding oil	602	1865	181
润滑油	Lubricating oil	4667	24024	6084

18-13 住宿和餐饮企业经营情况(2009年)

Management of Hotels and Catering Services (2009)

单位：万元 (10 000 yuan)

指 标	Item	营业总收入 Total Business Revenue	客房收入 guest room Revenue	餐费收入 meal Revenue	商品销售收入 Total Retail Sales of Consumer Goods	其他收入 other Revenue
总 计	**Total**	**3305460**	**739399**	**2316881**	**132955**	**116225**
限额以上企业	Above Designated Size	2253435	499638	1564144	98004	91649
星级住宿业	Star-rated Hotels	933377	427345	397317	44436	64278
餐饮业	Catering Trade	1320058	72294	1166827	53567	27370
限额以下企业	Below Designated Size	1052025	239761	752737	34951	24576
星级外住宿业	Star-rated Hotels	508775	221403	249128	19695	18549
餐饮业	Catering Trade	543250	18358	503609	15256	6027

18-14 各市限额以上星级住宿和餐饮业企业经营情况(2009年)

Management of Enterprises above Designated Size of Star-rated Hotels and Catering Services by City (2009)

单位：万元 (10 000 yuan)

市	City	营业总收入 Total Business Revenue	客房收入 Guest room Revenue	餐费收入 Meal Revenue	商品销售收入 Total Retail Sales of Consumer Goods	其他收入 Other Revenue
郑州市	Zhengzhou	659022	151978	415342	43997	47706
开封市	Kaifeng	162526	31835	126102	2655	1934
洛阳市	Luoyang	148172	37504	98328	4713	7627
平顶山市	Pingdingshan	130344	26326	92766	8527	2725
安阳市	Anyang	138775	24974	103290	3076	7435
鹤壁市	Hebi	25298	5120	17625	1720	833
新乡市	Xinxiang	72448	14213	54141	2494	1600
焦作市	Jiaozuo	75399	15985	53647	2605	3161
濮阳市	Puyang	31554	5044	23466	189	2855
许昌市	Xuchang	103291	17442	78646	3914	3289
漯河市	Luohe	61883	11837	48862	1122	62
三门峡市	Sanmenxia	44044	13254	26674	2868	1248
南阳市	Nanyang	187017	45499	134191	3793	3534
商丘市	Shangqiu	55534	11363	40148	2353	1669
信阳市	Xinyang	132422	27228	98765	4682	1747
周口市	Zhoukou	107459	23191	76497	6523	1248
驻马店市	Zhumadian	93343	28081	59900	2608	2754
济源市	Jiyuan	9728	3265	6394	46	23

18-15 各市限额以上星级住宿企业经营情况(2009年)

Business of Star-rated Hotels above Designated Sized by City (2009)

单位：万元 (10 000 yuan)

市 city	营业额 Total Business Revenue	客房收入 guest room Revenue	餐费收入 meal Revenue	商品销售收入 Total Retail Sales of Consumer Goods	其他收入 other Revenue
郑州市 Zhengzhou	290764	137181	96292	21943	35348
开封市 Kaifeng	48217	29505	16294	1001	1416
洛阳市 Luoyang	79397	33832	35799	2502	7264
平顶山市 Pingdingshan	61778	25443	28792	4959	2584
安阳市 Anyang	37505	18770	16181	874	1680
鹤壁市 Hebi	12503	4194	6320	1355	634
新乡市 Xinxiang	30348	11522	16574	1140	1112
焦作市 Jiaozuo	35821	11887	20430	484	3020
濮阳市 Puyang	7360	4792	2407	127	34
许昌市 Xuchang	34066	13342	18965	278	1481
漯河市 Luohe	17049	8243	8738	58	10
三门峡市 Sanmenxia	29082	12611	13397	1829	1245
南阳市 Nanyang	73425	34308	34025	1921	3171
商丘市 Shangqiu	16753	6495	7969	873	1417
信阳市 Xinyang	45022	21802	21329	1286	604
周口市 Zhoukou	45888	21274	21745	2371	498
驻马店市 Zhumadian	49153	23365	21968	1268	2552
济源市 Jiyuan	8813	3265	5479	46	23

18-16 各市限额以上餐饮企业经营情况(2009年)

Business of Catering Services above Designated Size by City (2009)

单位：万元 (10 000 yuan)

市 city	营业额 Total Business Revenue	客房收入 guest room Revenue	餐费收入 meal Revenue	商品销售收入 Total Retail Sales of Consumer Goods	其他收入 other Revenue
郑州市 Zhengzhou	368258	14796	319050	22054	12358
开封市 Kaifeng	114309	2330	109807	1653	518
洛阳市 Luoyang	68775	3672	62529	2211	362
平顶山市 Pingdingshan	68567	883	63974	3568	142
安阳市 Anyang	101271	6204	87110	2202	5755
鹤壁市 Hebi	12795	926	11305	365	199
新乡市 Xinxiang	42100	2691	37567	1354	488
焦作市 Jiaozuo	39578	4098	33218	2122	141
濮阳市 Puyang	24194	252	21059	62	2821
许昌市 Xuchang	69225	4100	59681	3635	1809
漯河市 Luohe	44834	3594	40124	1064	52
三门峡市 Sanmenxia	14962	643	13277	1039	3
南阳市 Nanyang	113592	11191	100166	1872	363
商丘市 Shangqiu	38780	4869	32179	1480	253
信阳市 Xinyang	87400	5426	77436	3396	1143
周口市 Zhoukou	61572	1917	54752	4152	750
驻马店市 Zhumadian	44190	4715	37932	1341	202
济源市 Jiyuan	915		915		

18-17 个体批发和零售业、住宿和餐饮业经营情况(2009年)

Management of Individual Enterprises in Wholesale and Retail Trades, Hotels and Catering Trades (2009)

指 标	Item	户数 (户) Number of Households (household)	从业人员 (万人) Persons Employed (10 000 persons)	营业收入 (亿元) Business Revenue (100 million yuan)	销售总额 (亿元) Total Sales (100 million yuan)	批发额 Wholesale Trade	零售额 Retail Trade
批发和零售业	**Wholesale and Retail trades**	**1533496**	**321.14**		**4119.34**	**847.62**	**3271.72**
市	City	470896	100.78		1822.40	295.55	1526.85
县	County	215403	44.58		923.49	182.09	741.40
县以下	Under County Level	847197	175.78		1373.45	369.98	1003.48
批发业	Wholesale Trade	254761	58.86		1069.06	720.70	348.37
零售业	Retail Trade	1278735	262.27		3050.28	126.92	2923.36
住宿和餐饮业	**Accommodation and Catering Trade**	**250505**	**80.44**	**904.38**			**904.38**
市	City	92522	33.80	453.73			453.73
县	County	48060	14.57	203.68			203.68
县以下	Under County Level	109923	32.07	246.97			246.97

18-18 限额以上批发和零售、住宿和餐饮业主要财务指标(2009年)

Main Financial Indicators of Enterprises in Wholesale and Retail Trades, Hotels and Catering Trades above Designated Size(2009)

单位：万元 (10 000 yuan)

		批发业 Wholesale	零售业 Retail Sale	餐饮业 Catering Trade	住宿业 Accommodation Trade
年末资产负债	**Assets and Liability(year-end)**				
流动资产合计	Circulating Funds	8740394	4348031	292541	554099
#存货	Inventory	2875985	1054228	34654	43408
固定资产原价	Original Value of Fixed Assets	2033477	1796857	392780	1376351
累计折旧	Accumulated Depreciation	637588	476407	94182	473217
#本年折旧	Depreciation of Deducted This Year	117513	104550	19201	66384
资产合计	Total Assets	11421087	6523854	725956	1817051
负债合计	Total Liabilities	8291893	4887021	385728	1253283
所有者权益合计	Total Creditors'Equity	3129194	1636833	340228	563768
#实收资本	Actual Capital	2384494	4619963	303289	839233
#国家	State	1341550	234074	13052	385733
港澳台	Funds from Hong Kong,Macao and Taiwan	398	60604	22559	109586
外商	Sole Foreign Funds	3234	24582	7681	2619
损益及分配	**Profit and Loss Apportionment**				
主营业务收入	Main Sales Revenue	28241435	14955636	975388	852509
主营业务成本	Cost of Sales	25339733	13376812	597426	392233
主营业务税金及附加	Main Sales Tax and Extra Changes	361235	183587	40295	41637
主营业务利润	Main Operating Profits	2540467	1395237	337667	418639
其他业务利润	Other Profits	36757	166682	5297	3746
营业费用	Operating Expenses	729774	553808	136128	206999
管理费用	Management Expenses	668108	403757	72488	181491
#税　金	Taxes	27813	28380	7049	11298
差旅费	Travel expense	21510	17297	2759	2443
工会经费	Trade union outlays	7557	4127	740	1294
财务费用	Financial Expenses	113859	56736	13153	27100
#利息支出	Profit Paying	73264	24069	5105	16843
营业利润	Management Profits	793763	528099	121192	6793
利润总额	Total Profits	888643	388537	105171	12017
应缴所得税	Income tax payable	220391	77096	14882	10969
劳动、失业保险费	Labor and unemployment premium	16477	11218	1528	3210
住房公积金和住房补贴	Housing accumulation fund and allowance	24392	12105	753	3656
工资福利及增值税	**Wages,Welfare Expenses and Value Added Taxes**				
本年应付工资总额	Total Wages Payable This Year	381513	361082	99823	129825
本年应付福利费总额	Total Welfare Expenses payable This Year	27990	16068	4262	6675
本年应缴增值税	Increment Value Tax Payable This Year	369377	319933		

18-19 各市限额以上批发和零售企业主要财务指标(2009年)

Main Economic Indicators of Enterprises in Wholesale and Retail Trades above Designated Size by City (2009)

单位：万元 (10 000 yuan)

市 City	流动资产合计 Circulating Funds	#存货 Inventory	固定资产原价 Fixed Asset	资产总计 Original Values of Fixed Asset	所有者权益 Total Assets	主营业务收入 Main Sales Revenue
郑州市 Zhengzhou	5761470	1204788	1035296	7473989	1573385	16111691
开封市 Kaifeng	227498	70519	139086	439309	232218	1555279
洛阳市 Luoyang	871860	234642	160499	1112660	259595	3038717
平顶山市 Pingdingshan	861085	300298	226333	1171703	302409	3042791
安阳市 Anyang	506532	163363	153484	738603	274382	2535669
鹤壁市 Hebi	71710	19006	57065	129106	34541	302304
新乡市 Xinxiang	567185	187564	178540	795023	230076	2132864
焦作市 Jiaozuo	279955	88042	138969	457367	153308	1133146
濮阳市 Puyang	224467	58133	106085	355642	111314	917835
许昌市 Xuchang	29573	93351	161958	470785	186265	1291050
漯河市 Luohe	177084	49880	85082	269590	97631	1007657
三门峡市 Sanmenxia	224407	85426	116208	350951	133316	968788
南阳市 Nanyang	1124024	311114	307122	1489881	444277	2993015
商丘市 Shangqiu	310700	86916	196440	533922	277498	1591739
信阳市 Xinyang	247334	83152	174868	443573	134980	1189219
周口市 Zhoukou	1037910	822018	206268	1222504	178720	1363617
驻马店市 Zhumadian	361571	84320	330666	602576	202085	1462605
济源市 Jiyuan	41753	12183	30057	66676	14012	279352

市 City	成本 Cost of Main Sales	税金及附加 Main Sales Tax and Extra Changes	利润 Profits of Main Sales	费用 Manage-ment Expenses	总额 Total Profits	增值税 Increment Value Tax Payable
郑州市 Zhengzhou	14919644	41267	1150780	359156	302569	175460
开封市 Kaifeng	1354999	29212	171068	37277	89349	13996
洛阳市 Luoyang	2784649	17674	236393	74199	66707	34386
平顶山市 Pingdingshan	2864413	10266	168112	59221	58380	35599
安阳市 Anyang	2341198	15783	178688	41981	74857	42030
鹤壁市 Hebi	256538	2914	42852	11585	11950	5717
新乡市 Xinxiang	1987001	13455	132408	44388	45943	18935
焦作市 Jiaozuo	1035326	5971	91849	33021	22981	10415
濮阳市 Puyang	828007	6709	83119	23190	30545	9907
许昌市 Xuchang	1098957	13707	178386	46605	94068	32264
漯河市 Luohe	909159	9167	89331	24798	34345	36791
三门峡市 Sanmenxia	818546	11361	138881	31059	27002	14984
南阳市 Nanyang	2660434	27150	305431	104565	111649	79606
商丘市 Shangqiu	1455281	18955	117503	38383	41149	87564
信阳市 Xinyang	941808	14189	233222	46958	49120	28342
周口市 Zhoukou	1183855	28036	151726	48098	48255	20010
驻马店市 Zhumadian	1239672	58223	164710	48292	73068	22339
济源市 Jiyuan	255506	1386	22460	9894	6010	5060

18－20 各市限额以上住宿和餐饮企业主要财务指标(2009年)

Main Economic Indicators of Enterprises in Hotels and Catering Services above Designated Size by City(2009)

单位：万元 (10 000 yuan)

市 City	流动资产合计 Circulating Funds	#存货 Inventory	固定资产原价 Original Values of Fixed Asset	资产总计 Total Assets	所有者权益 Total Creditors' Equity	#实收资本 Actual Capital	主营业务收入 Main Sales Revenue
郑州市 Zhengzhou	356292	25333	645895	952754	288286	344884	529971
开封市 Kaifeng	35015	6295	87728	132624	47501	52596	148317
洛阳市 Luoyang	85647	6253	131661	242203	92063	234936	129165
平顶山市 Pingdingshan	54629	4636	86056	144649	49824	68108	107555
安阳市 Anyang	25754	2286	75388	98099	51913	27758	110631
鹤壁市 Hebi	4705	1023	10756	12254	4639	8496	19041
新乡市 Xinxiang	31919	3665	58186	93591	37039	33637	57555
焦作市 Jiaozuo	39532	5860	66483	104060	20527	27988	57831
濮阳市 Puyang	23061	981	28496	46412	31513	33112	31031
许昌市 Xuchang	23143	1674	52638	74773	16360	27189	66505
漯河市 Luohe	13000	1853	31311	40662	19368	20558	56647
三门峡市 Sanmenxia	15331	2690	44958	51183	12868	15008	36943
南阳市 Nanyang	47653	5424	121302	170757	72358	76870	143838
商丘市 Shangqiu	12293	2244	29636	50418	24080	28570	53620
信阳市 Xinyang	32370	2834	72746	116099	40220	43970	84805
周口市 Zhoukou	20220	2932	51812	80598	59864	57580	106873
驻马店市 Zhumadian	18578	1615	64174	101633	36354	39467	77590
济源市 Jiyuan	8181	1199	17166	26080	1399	2495	9340

市 City	主营业务成本 Cost of main Sales	主营业务税金及附加 main sales tax and Extra Charges	主营业务利润 Operating Profits	营业费用 Operating Expenses	管理费用 Manage-ment	财务费用 Finance Charge	利润总额 Total Profits
郑州市 Zhengzhou	197583	28219	304170	169643	117498	12809	-1617
开封市 Kaifeng	87326	7464	53527	17688	9963	3566	21030
洛阳市 Luoyang	65183	6729	57253	32278	27431	2905	-4307
平顶山市 Pingdingshan	69213	4040	34301	13550	10648	2336	6601
安阳市 Anyang	56019	3735	50877	9292	9813	914	22119
鹤壁市 Hebi	13913	601	4527	2433	1631	277	66
新乡市 Xinxiang	32484	2832	22239	11026	7483	1792	2278
焦作市 Jiaozuo	34805	1728	21298	11921	9086	2370	-1946
濮阳市 Puyang	21428	860	8743	2807	2324	1186	1874
许昌市 Xuchang	36377	3094	27034	6220	7799	2476	9992
漯河市 Luohe	38116	1914	16617	4388	3110	565	8624
三门峡市 Sanmenxia	19087	2074	15782	8653	6860	534	-463
南阳市 Nanyang	94844	4807	44187	21051	11381	2196	7382
商丘市 Shangqiu	36179	1637	15805	7275	6681	501	1258
信阳市 Xinyang	53024	2768	29014	10572	6712	2429	9367
周口市 Zhoukou	76284	4729	25860	5158	5521	1506	13490
驻马店市 Zhumadian	51823	4335	21432	6423	9229	1650	3936
济源市 Jiyuan	5208	428	3704	2526	1431	288	-485

18-21 限额以上连锁店(公司)单位数(2009年)

Number of Chain Stores (Company) above Designated Size (2009)

单位：个 (unit)

指标名称	Indicators	连锁总店 Head Offices of Chain Store	连锁门店数 Number of Chain Stores	直营店 Under Direct Management	加盟店 Through License Arrangement
总计	**Total**	**160**	**8249**	**4213**	**4036**
批发业	**Wholesale**	**21**	**3357**	**1450**	**1907**
#国有控股	State-owned and State-holding	15	1347	1347	
专业店	Professional Shop	18	3193	1373	1820
其他	Others	3	164	77	87
零售业	**Retal Trade**	**139**	**4892**	**2763**	**2129**
#国有控股	State-owned and State-holding	16	1216	846	370
#外商及港澳台商投资	Funds from Foreign, Hong Kong, Macao and Taiwan	6	111	103	8
百货商店	Department Store	6	159	159	
超级市场	Supermarket	55	1575	636	939
专业店	Professional Shop	49	1451	856	595
专卖店	Regie Shop	20	771	549	222
便利店	Neighbourhood Market	4	26	26	
其他	Others	11	1069	696	373
餐饮业	**Catering Services**	**16**	**164**	**163**	**1**
正餐	Restaurant	11	57	57	
快餐	Snack Counter	5	107	106	1
住宿业	**Hotels**	**1**	**2**	**2**	
星级宾馆	State-ranking	1	2	2	

18-22 限额以上连锁店(公司)基本情况(2009年)

Conditions of Enterprises above Designated Size of Chain Stores(Companies)(2009)

指标名称	Item	营业面积(平方米) Operational Area(sq.m)	从业人数(人) Employed Persons(person)
总计	**Total**	**4904486**	**70212**
批发业	**Wholesale**	**1888067**	**12631**
#国有及国有控股	State-owned and State-holding	1821530	6770
专业店	Professional Shop	1881787	12294
其他	Others	6280	337
零售业	**Retal Trade**	**2946883**	**51431**
#国有及国有控股	State-owned and State-holding	1193158	4481
#外商及港澳台商投资	Funds from Foreign, Hong Kong, Macao and Taiwan	385260	9236
百货商店	Department Store	435839	10811
超级市场	Supermarket	933009	25330
专业店	Professional Shop	464805	9721
专卖店	Regie Shop	122543	3149
便利店	Neighbourhood Market	3031	306
其他	Others	987656	2114
餐饮业	**Catering Services**	**69136**	**6108**
正餐	Restaurant	28142	1826
快餐	Snack Counter	40994	4282
住宿业	**Hotels**	**400**	**42**
星级宾馆	State-ranking	400	42

18-23 限额以上连锁店(公司)商品购进和配送情况(2009年)
Conditions of Purchase and Delivery of Enterprises above Designated Size of Chain Stores(Companies)(2009)

单位：万元 (10 000 yuan)

指标名称	Item	商品购进总额 Total Purchases	统一配送商品购进额 Centralized Pruchase and Delivery	自有配送中心配送商品购进额 Self Centralized Purchase and Delivery	非自有配送中心配送商品购进额 Non-self Centralized Purchase and Delivery
总计	**Total**	**3839353**	**2720358**	**1716217**	**81250**
批发业	**Wholesale**	**1276839**	**1266104**	**982566**	**38213**
#国有及国有控股	State-owned and State-holding	1250344	1250344	967076	37944
专业店	Professional Shop	1268990	1259772	976503	37944
其他	Others	7849	6332	6063	269
零售业	**Retal Trade**	**2531860**	**1430463**	**733370**	**42932**
#国有及国有控股	State-owned and State-holding	644581	379250	9638	185
#外商及港澳台商投资	Funds from Foreign, Hong Kong, Macao and Taiwan	660476	44791	44046	
百货商店	Department Store	637547	46439	40972	220
超级市场	Supermarket	531980	460948	217373	39430
专业店	Professional Shop	855553	452599	385084	2896
专卖店	Regie Shop	133069	98821	83658	385
便利店	Neighbourhood Market	3403	1346	35	
其他	Others	370310	370310	6249	
住宿业	**Hotels**	**302**	**302**		
星级宾馆	State-ranking	302	302		
餐饮业	**Catering Services**	**30352**	**23489**	**281**	**106**
正餐	Restaurant	6291	2840	36	106
快餐	Snack Counter	24062	20649	245	

18-24 限额以上连锁店(公司)商品销售情况

Conditions of Sale of Enterprises above Designated Size of Chain Stores(Companies)

单位：万元 (10 000yuan)

指标名称		2008		2009	
		商品销售额 Total Sale Value	零售额 Retail Sale	商品销售额 Total Sale Value	零售额 Retail Sale
总计	**Total**	**4788162**	**3339750**	**4748731**	**3457540**
批发业	**Wholesale**	**2321330**	**1181654**	**2002252**	**994013**
#国有及国有控股	State-owned and State-holding	2292122	1170146	1969535	987056
专业店	Professional Shop	1606579	723449	1993307	993250
便利店	Neighbourhood Market	4660	4660		
其他	Others	710091	453545	8945	763
零售业	**Retal Trade**	**2454635**	**2146244**	**2746479**	**2463527**
#国有及国有控股	State-owned and State-holding	759512	619013	775328	599577
#外商及港澳台商投资	Funds from Foreign, Hong Kong, Macao and Taiwan	351964	351964	680171	680171
百货商店	Department Store	540571	537785	659021	654875
超级市场	Supermarket	183386	82823	548701	529597
专业店	Professional Shop	1177678	994229	890954	753642
专卖店	Regie Shop	136855	125090	143556	140991
便利店	Neighbourhood Market	7404	7404	4320	4320
其他	Others	408740	398912	499927	380102

18-25 亿元以上商品交易市场情况(2009年)

Statistics on Commodity Exchange Market of Turnover above 100 million yuan(2009)

类　　别	Type	摊位数量(个) Number of Booths (Unit)	总成交额(亿元) Total Turnover (100 million yuan)
总　　计	**Total**	**96951**	**1157.96**
食品、饮料、烟酒类	Food,Beverages and Tobacco	27848	345.76
食品类	Food	23203	273.47
#粮油类	Grain,Edible Oil,Fruits,Vegetables	3582	102.04
肉禽蛋类	Meat,Poultry and Eggs	1529	6.68
水产品类	Aquatic Products	1484	12.68
蔬菜类	Vegetables	9758	116.94
干鲜果品类	Dried and Fresh Melons and Fruits	3218	19.62
饮料类	Beverages	2268	39.95
烟酒类	Tobacco and Liquor	2377	32.33
服装、鞋帽、针纺织品类	Garments,Footwears,Hats,Kintwear and Textiles	32246	180.53
服装类	Clothing	18168	103.67
鞋帽类	Shoes and Hats	9154	40.20
针、纺织品类	Knitwear and Textiles	4924	36.66
化妆品类	Cosmetics	2317	14.63
金银珠宝类	Gold,Silver and Fewelry	207	7.72
日用品类	Articles for Daily Use	4998	27.95
#洗涤用品类	Washing Articles	1962	11.14
儿童玩具类	Childern toys	997	7.95
五金、电料类	Hardware and Electrical Materials	2540	17.30
体育、娱乐用品类	Sports & Recreation Articles	637	6.30
书报杂志类	Newspapers and Magazines	252	0.72
电子出版物及音像制品类	E-journals and Video Products	418	8.53
家用电器和音像器材类	Household Appliances and Video Appliances	1517	48.28
中西药品类	Traditional Chinese and Western Medicines	2776	15.48
#西药类	Western Medicines	131	0.38
中草药及中成药类	Traditional Chinese l Medicines	2620	14.97
文化办公用品类	Cultural and Official Appliances	3152	32.53
家具类	Furniture	2008	16.36
通讯器材类	Communication Appliances	455	1.60
煤炭及制品类	Coal and Related Products	65	0.09
木材及制品类	Wood and Wooden Products	205	0.31
石油及制品类	Petroleum and Related Products	32	0.07
化工材料及制品类	Chemical Materials and Related Products	479	12.05
#化肥类	Fertilizers	303	1.44
金属材料类	Metals Materials	2208	160.84
建筑及装潢材料类	Building and Decoration Materials	4608	65.01
机电产品及设备类	Mechanical & Electrical Products	1176	20.43
#农机类	Agricultural Machineries	318	10.13
汽车类	Automobiles	1918	110.00
种子饲料类	Seeds and Feedstuff	127	0.76
棉麻类	Cotton and Hemp	104	4.52
其他类	Others	4658	60.18

主要统计指标解释

社会消费品零售总额 指批发和零售业、住宿和餐饮业、新闻出版业、邮政业和其他服务业等，售予城乡居民用于生活消费的商品和社会集团用于公共消费的商品之总量。社会消费品零售总额包括：

一、批发和零售业企业（单位）：

1. 售予城乡居民的各种生活消费品；

2. 售予入境旅游的外国人、华侨、港澳台同胞的各类商品；

3. 售予行政事业单位、社会团体、军队和武警等机构的商品，以及以零售方式售予各类企业的商品。具体包括：用于非生产和社会交往的办公用品，如通讯设备、计算器具和设备、电讯网络设备、文印设备、音像视听器材和设备、纸张、本册、文具及装订文印材料、家具、日用电器、针纺织品、清洁卫生用品、文体用品、奖品、纪念品、礼品等；供内部人员乘坐的交通工具和燃料；用于办公设施修缮的各类配件、材料、工具等；用于取暖和防暑降温的设备、燃料、材料及食品等；专用于教学的用品和设备；非营利医疗机构的中、西药品、中药材和医疗设备器材；非专用的劳动保护用品；不对外营业的内部食堂用的餐具、炊具、设备、清洁卫生工具和食品、燃料等；军队、武警用于其人员生活的衣着品和个人用品；其他各类非生产性设备和用品。

二、住宿和餐饮业出售的主食、菜肴、烟酒饮料和其他商品。

三、新闻出版业、邮政业售予城乡居民、企事业单位、军队和武警等机构的书报杂志、音像制品、邮品等。

四、其他服务业出售的食品、烟酒饮料、服装鞋帽、日常生活用品、医药保健用品、艺术品、工艺美术品、玩具、殡葬用品以及其他消费品。

批发和零售业商品购、销、存总额 指各种登记注册类型的批发、零售业企业(单位)以本企业(单位)为总体的，从国内、国外市场购进的商品总量，销售和出口的商品总量、库存商品总量等情况。该指标可以反映商品流转过程中商品的购进、销售、库存之间的比例关系和存在的问题。

商品购进总额 指从本企业(单位)以外的单位和个人购进(包括从境外直接进口)作为转卖或加工后转卖的商品总额。它反映批发和零售业从国内、国外市场上购进商品的总量。商品购进总额包括：(1)从工农业生产者购进的商品；(2)从出版社、报社的出版发行部门购进的图书、杂志和报纸；(3)从各种登记注册类型的批发和零售企业(单位)购进的商品；(4)从其他单位购进的商品，如从机关、团体、企业等单位购进的剩余物资，从餐饮业、服务业购进的商品，从海关、市场管理部门购进的缉私和没收的商品，从居民手中收购的废旧商品等；(5)从国(境)外直接进口的商品。不包括企业(单位)为自身经营用和未通过买卖行为而收入的商品以及销售退回、商品升溢等。

商品销售总额 指对本企业(单位)以外的单位和个人出售(包括对境外直接出口)的商品总额。它反映批发和零售业在国内市场上销售商品以及出口商品的总量。商品销售总额包括：(1)售给城乡居民和社会集团消费用的商品；(2)售给工业、农业、建筑业、运输邮电业、批发和零售业、住宿和餐饮业、服务业等作为生产、经营使用的商品；(3)售给批发和零售业作为转卖或加工后转卖的商品；(4)对国(境)外直接出口的商品。不包括出售本企业(单位)自用的废旧包装用品；未通过买卖行为付出的商品；经本单位介绍，由买卖双方直接结算，本单位只收取手续费的业务；购货退出的商品以及商品损耗和损失等。

年末库存总额 指报告期末各种登记注册类型的批发和零售企业(单位)已取得所有权的商品。它反映批发和零售企业(单位)的商品库存情况和对市场商品供应的保证程度。期末库存包括：(1)存放在批发和零售业经营单位(如门市部、批发站、经营处)仓库、货场、货柜和货架中的商品；(2)挑选、整理、包装中的商品；(3)已记入购进而尚未运到本单位的商品，即发货单或银行承兑凭证已到而货未到的部分；(4)寄放他处的商品，如因购货方拒绝承付而暂时存放在购货方的商品和已办完加工成品收回手续而未提回的商品；(5)委托其他单位代销(未作销售或调出)尚未售出的商品；(6)代其他单位购进尚未交付的商品。不包括所有权不属于本单位的商品、拨付除批发和零售业以外的其他行业所属独立核算加工厂等加工生产尚未收回成品的商

品、代国家物资储备部门保管的商品等。

库存总额采用的计算价格是：农副产品采购单位按购进价计算；批发单位按进货价计算；零售单位按核算价格计算，即按什么价格核算就按什么价格计算。

住宿和餐饮业经营情况

1．营业额：指住宿和餐饮业法人企业、产业活动单位在经营活动中，因提供服务或销售商品等取得的收入。包括：客房收入、餐费收入、商品销售收入和其他收入。

2．客房收入：指住宿和餐饮法人企业、产业活动单位在经营活动中因提供住宿服务取得的客房收入。

3．餐费收入：指住宿和餐饮法人企业、产业活动单位因为顾客提供就餐服务取得的餐费收入。包括：经烹饪、调制加工后出售的各种食品，如主食、炒菜、凉拌菜等的收入。

4．商品销售收入：指住宿和餐饮法人企业、产业活动单位伴随服务而出售商品所取得的收入。

5．其他收入：指营业收入中除客房收入、餐费收入、商品销售收入以外的其他收入。包括娱乐、健身和商务服务等。

亿元商品交易市场成交额 指年成交额在亿元以上的商品交易市场。商品交易市场是指经乡镇及以上政府有关部门和组织批准设立，有固定场所、设施，有经营管理部门和监管人员，若干市场经营者入内，常年或实际开业三个月以上，集中、公开、独立地进行生活消费品、生产资料等现货商品交易以及提供相关服务的交易场所，包括各类消费品市场、生产资料市场等。

连锁企业（或称连锁店、连锁公司） 指在核心企业或总店的领导下，由分散的、经营同类商品或服务的企业或活动单位，采取共同方针，实行集中采购和分散销售的有机结合，通过规范化经营，实现规模效益的经济联合组织形式。一般连锁店应由若干个分店组成。其经营特征：(1)经营同类商品；(2)使用统一商号；(3)统一采购配送，采购与销售相分离（部分商品可根据物流合理和保质保鲜原则，由供应商直接送货到门店，其余均由总部统一配送）。

连锁门店的形式分为直营连锁和加盟连锁。

直营连锁也叫正规连锁。指连锁门店均由总部独资或控股开设，在总部的直接领导下统一经营。总部采取纵深似的管理方式，直接下令掌管所有的零售门店，零售门店也必须完全接受总部指挥。这是大型垄断商业资本通过吞并、兼并或独资、控股等途径，发展壮大自身实力和规模的一种形式。

加盟连锁包括特许连锁和自由连锁两种形式。

特许连锁指各连锁门店（被特许人）通过合同形式，取得使用总部（特许人）商标、商号、经营技术和销售总部开发的商品的特许权，各加盟连锁门店为独立法人，在总部指导下统一经营。

自由连锁也称自愿连锁。指连锁公司的门店均为独立法人，各自的资产所有权关系不变，在公司总部的指导下共同经营。各成员店使用共同的店名，与总部订阅有关购、销、宣传等方面的合同，并按合同开展经营活动。在合同规定的范围之外，各成员店可以自由活动。根据自愿原则，各成员店可自由加入连锁体系，也可自由退出。

Explanatory Notes on Main Statistical Indicators

Total Retail Sales of Consumer Goods refer to the sum of retail sales of commodities sold by wholesale, retail, catering, publishing, post and telecommunications and other service industries to urban and rural households for private consumption and to social institutions for public consumption. Retail sales of consumer goods include:

1) Sales by wholesale and retail units:

a) of consumer goods sold to urban and rural households

b) of commodities sold to foreigners, overseas Chinese and Chinese compatriots from Hong Kong, Macao and Taiwan visiting in China

c) of commodities sold to government agencies, institutions, social organizations, military and armed police units, and commodities sold to enterprises in the form of retail sales. More specifically, they include: office facilities and articles for non-production purposes such as communications equipment, computing equipment and instruments, TV and network equipment, printing and copying equipment, audio-visual equipment and instruments, paper, notebooks, stationeries, furniture, electric appliances, knitwear, sanitation and cleaning articles, cultural and sport articles, articles for prizes, souvenirs, etc.; transport vehicles and fuels for employees; materials, spare parts and tools for the maintenance of office facilities; equipment, fuels, materials and food for winter heating or summer cooling purposes; articles and equipment for teaching purpose; Chinese and western medicines and medical equipment and facilities purchased by non profit-making medical institutes; non-specialized work safety articles; cooking utensils, tableware, equipment, cleaning articles, food and fuels purchased by internal cafeterias; clothes and personal articles purchased by military or armed police units for their officials and soldiers; and other equipment and articles for non-production purposes.

2) Sales of stable food, cooked dishes, beverages, tobaccos and other articles by catering units.

3) Sales of books, newspapers, magazines, audio-visual products and post products by publishing, post and telecommunications departments to urban and rural households and to enterprises, institutions, military and armed police units.

4) Sales of food, beverages, tobaccos, clothing, hats, footwear, articles for daily use, medicines, medical and health articles, work of art, handicrafts, toys, funeral articles and other articles by other service industries.

Purchase, Sales and Stock of Commodities by Wholesale and Retail Trades refer to the total volume of commodities purchased, total volume of sales and exports, and the stock of commodities by wholesale and retail enterprises (establishments) of different status of registration from domestic and overseas markets. This indictor reflects the relationship among purchase, sales and stock of commodities in the circulation of goods and reveals the existing problems.

Total Purchases of Commodities refer to the total value of purchases of commodities by the enterprises (establishments) from other establishments or individuals (including direct import from abroad) for the purpose of re-selling, either with or without further processing of the commodities purchased. This indicator is used to show the total value of purchases of commodities by wholesale and retail establishments from domestic and overseas markets. The total purchases include: (1) agricultural and industrial products purchased from producers; (2) books, magazines and newspapers purchased from distribution departments of the publishers; (3) commodities purchased from wholesale and retail establishments of different status of registration; (4) commodities purchased from other units, such as surplus materials purchased from government agencies, enterprises or institutions, commodities purchased from catering and service establishments, confiscated goods purchased from customs authorities or market management agencies, second-hand goods and wastes purchased from residents; and (5) commodities directly imported from abroad. Excluded are commodities purchased by enterprises (establishments) for use in their own business operation, commodities obtained without buying or selling procedures, rejected commodities, etc.

Total Sales of Commodities refer to value of commodities sold by the establishments to other establishments and individuals (including direct export). This indicator is used to show the total value of sales of commodities at domestic markets and export. The total sales include: (1) commodities sold to urban and rural residents and social groups for their consumption; (2) commodities sold to establishments in industry, agriculture, construction, transportation, post and telecommunications, wholesale and retail trades, catering trade and public utility for their production and operation; (3) commodities sold to wholesale and retail establishments for re selling, with or without further processing; and (4)commodities for direct export to other countries. Excluded are selling of waste packaging materials used by the establishments (units) themselves, commodities transferred without buying or selling procedures, commission income from brokerage in transactions whose settlement is directly handled by buyers and sellers, rejected commodities in the purchase, loss in commodities, etc.

Commodity Stock of Wholesale and Retail Enterprises refers to total commodities possessed by wholesale and retail enterprises (units) of various types of registration status at the end of the reference period, which reflects the commodity stock level of various wholesale and retail enterprises and the potential for market supply. It includes: (1) commodities located in storage, garages, counters, and shelves of operating units (such as sale stores, wholesale centers, and operating offices) of wholesale and retail enterprises; (2) commodities in the process of selecting, sorting, and packing; (3) commodities not arrived but recorded as purchase in the account, i.e. commodities not arrived but payment receipts for the commodities from the sellers or the banks arrived; (4) commodities deposited in other places rather than places mentioned above, for instance: commodities in the hold of purchasers temporarily due to the refusal of payment and commodities not taken back after going through the formalities; (5) commodities entrusted to other units to sell but not sold yet; (6) commodities purchased for other units but not delivered yet. Commodities not included as stock are those not owned by the enterprises (units), those allocated to financially independent factories rather than wholesale and retail enterprises for processing but not taken back yet, and finally those put in stock by wholesale and retail enterprises on behalf of the state material reserves units.

For the calculation of the value of commodities stock, the value is calculated at purchasing prices in agricultural goods purchasing units and wholesale units, and at the accounting prices in retail units.

Operation of Hotels and Catering Trade

1.Business income: refer to the total turnover of hotels and restaurants that obtain by service offering or commodity sales. It includes room income, catering service income, commodity sales and other income.

2.Room income: refer to the turnover of hotels and restaurants that obtain by offering accommodation service.

3.Catering service income: refer to the turnover of hotels and restaurants that obtain by offering catering service for customers, including sales of various foods which are sold after cooking and processing, such as staple food, cooked dishes, cold and dressed dishes and so on.

4.Commodity sales: refer to the turnover of hotels and restaurants that obtain by selling commodities.

5.Other income: refer to the part of business income except for room income, catering service income and commodity sales, such as entertainment, exercise and commercial service and so on.

Volume of Transaction at Large Commodity Markets with Transaction Value over 100 Million Yuan refers to the markets with an annual transaction of over 100 million yuan markets approved by the industrial and commercial administration departments, which specialize in wholesale and retail trades of commodities with an annual transaction of over 100 million yuan. The sum of sales of all sellers in the market makes up the transaction value of the market.

Chain Enterprises (also called chain stores or chain corporations) refer to a form of joint economic entities under which scattered enterprises or establishments engaged in providing homogeneous commodities or services, with the central leadership of core enterprise or headquarters and guided by common policies, conduct centralized purchase and distributed selling of commodities, in order to gain better efficiency through standardized operation. Consisting of a number of branch stores, the chain stores have in general the following features: 1) homogeneous commodities, 2) unique name of stores, 3) centralized purchase and delivery which is separated from distributed selling operation (most commodities are delivered from the headquarters except some items which, for logistics, quality or freshness considerations, might be delivered by suppliers directly).

The modes of chain operation include Regular Chain and Franchise Operation.

Regular Chain: refers to chain that are invested or controlled by the headquarters. They operate under direct and unified management from the headquarters. Adopting a direct management approach, the headquarters gives orders and controls all retail stores, which follow completely the directives from the headquarters. Large monopolized commercial companies develop and expand their business through purchasing, merging, direct investment and controlling of shares.

Franchise Operation includes Franchise Chain and Voluntary Chain.

Franchise Chain: Through contracts, chain stores (or their owners) obtain licenses from the headquarters (franchisee) to use designated trade marks, names, operation know-how, and to sell commodities developed by the headquarters. Under this arrangement, each store in the chain is an independent legal entity and operates under the guidance from the headquarters.

Voluntary Chain: Under this arrangement, all stores operate together under the guidance of the headquarters, while maintaining their status of independent legal entities with full ownership of their assets. They use the same store name and sign contracts with the headquarters concerning purchase, sale, and promotion. They will operate under the contracts. They are free to engage in other activities which are not bounded in the contract. They are free to join in or leave the chain.

金融业
Financial Intermediation

● 资料整理：张树琼

简要说明

一、主要内容

本篇包括金融机构、证券业、保险业和国债发行情况资料。

二、资料来源

金融机构和国债发行情况资料来源于中国人民银行郑州中心支行。证券业资料来源于河南证监局。保险业资料来源于河南保监局。本篇资料由河南省统计局国民经济核算处编辑整理。

Brief Introduction

I. Main Contents

Data in this chapter including four aspects: the financial activities of the financial institutions; the situations of the securities industry; the situation regarding the insurance business and the situation regarding the issuance of treasury bonds.

II. Data Sources

Data on financial institutions and issuance of treasury bonds are calculated from The People's Bank of China, Zhengzhou Central Sub-branch. Data on securities industry are calculated from Henan provincial Securities Regulatory Commission. Data on insurance business are calculated from Henan provincial Insurance Regulatory. Data on this chapter are provided of Department of National Accounts of the Henan provincial Bureau of Statistics.

19-1 历年金融机构和保险业主要指标

Main Indicators of Banking and Insurance over the Years

单位：亿元 (100million yuan)

年 份 Year	各项存款年底余额 Total Saving Deposit Balance	#企业存款 Deposits by Enterprises	各项贷款年底余额 Total Loan Balance	#工业贷款 Industrial Loans	#商业贷款 Commercial Loans	#农业贷款 Agricultural Loans	城乡居民储蓄存款年底余额 Urban and Rural Savings Deposits	#城镇居民 Urban Savings Deposits	保险公司保费收入 Premium Income of Insarance Companies	保险公司赔款及给付 Claim & Payment of Insarance Companies
1978	45.71	12.26	99.99	31.15	60.47	8.37	9.81	6.24		
1979	52.00	14.15	108.14	34.78	64.05	9.31	12.97	8.32		
1980	57.77	17.51	125.01	38.09	74.74	7.83	19.44	11.83		
1981	68.45	19.10	146.42	44.05	89.25	7.75	26.90	15.54		
1982	74.08	21.96	153.73	47.06	90.37	8.35	32.83	19.49		
1983	88.10	26.47	174.83	49.21	106.88	7.72	45.59	25.94		
1984	136.84	53.38	229.88	64.53	127.15	9.72	64.35	36.37		
1985	146.42	59.13	284.91	73.25	155.77	17.78	84.23	49.56		
1986	184.66	69.64	350.21	98.17	176.67	22.47	115.03	69.70		
1987	231.71	85.54	392.32	115.10	190.21	14.80	167.88	103.91		
1988	270.67	92.01	447.99	130.78	212.11	18.60	209.33	137.45		
1989	329.01	88.79	511.90	155.03	237.68	23.37	276.34	193.73		
1990	593.96	120.86	773.04	201.27	295.80	88.42	376.12	270.07	6.57	3.18
1991	754.03	149.68	945.90	229.13	359.13	110.77	484.84	351.85	8.47	4.49
1992	936.04	204.60	1127.26	263.22	409.43	126.07	595.39	446.76	13.65	5.46
1993	1143.66	275.80	1366.98	310.27	438.17	103.00	766.57	594.46	18.48	7.55
1994	1602.95	381.45	1704.82	351.26	550.16	127.03	1085.80	836.07	21.03	11.89
1995	2131.69	524.66	2170.17	417.29	658.84	168.56	1456.35	1116.74	25.57	11.47
1996	2707.65	700.86	2665.41	503.51	807.27	220.84	1855.28	1416.87	26.87	15.23
1997	3271.76	861.43	3320.89	672.28	1018.44	287.63	2243.00	1687.32	34.84	16.02
1998	3772.51	907.25	3878.53	732.31	1011.79	410.57	2657.23	1997.48	44.92	17.78
1999	4198.10	990.69	4179.51	753.71	1175.41	465.47	2940.08	2239.62	47.89	15.83
2000	4753.41	1207.41	4356.94	729.39	1120.63	500.67	3182.08	2373.86	55.77	17.30
2001	5530.16	1398.27	4885.73	789.73	1212.11	572.58	3634.50	2746.66	69.57	21.85
2002	6451.59	1566.27	5553.58	922.12	1185.53	682.47	4202.57	3218.22	126.22	22.68
2003	7618.03	1827.48	6422.66	1091.07	1135.91	805.13	4919.09	3796.30	162.98	27.53
2004	8631.79	1988.23	7092.31	1124.86	1124.22	939.80	5607.30	4338.79	202.05	33.84
2005	10003.96	2138.70	7434.53	943.16	1036.49	1062.96	6488.55	5000.44	213.55	38.16
2006	11492.55	2584.95	8567.33	1229.51	1156.17	1167.14	7367.37	5627.71	252.31	50.98
2007	12576.42	3012.85	9545.48	1356.31	1289.11	1285.26	7812.24	5849.02	323.56	100.88
2008	15255.42	3432.57	10368.05	1226.84	1182.48	1346.57	9515.82	7179.56	518.92	128.77
2009	19175.06	4845.22	13437.43	1384.72	1363.16	1519.13	11207.40	8582.23	565.39	148.23

注：1. 各项存款、贷款年底余额1989年及以前为国家银行口径，1990年以后为金融机构口径。

2. 城乡居民储蓄存款年底余额1986年以前为国家银行口径，1986-1989年含城市、农村信用社，1990年开始为金融机构口径。

a)The balance of various Deposits and loans before 1998 is measured by statistics of state-owned banks,otherwise,after 1990,it is evaluated by datum from financial institutions.

b)The balance of Urban and rural saving deposits is measured by statistics of state-owned banks before 1986, between 1986 to 1989,it includes both rural and urban credit cooperatives,but after 1989, it is evaluated by datum from financial institations.

19-2 金融机构信贷收支情况(年底数)

Deposits and Loans of Financial Institutions (Year-end)

单位：亿元 (100 million yuan)

项 目	Item	2000	2005	2006	2007	2008	2009
资金来源总计	**Funds Sources**	**4531.20**	**10143.15**	**11350.12**	**11509.31**	**14152.78**	**17764.72**
各项存款	Total Deposits	4753.41	10003.96	11492.55	12576.42	15255.42	19175.06
企业存款	Deposits by Enterprises	1207.41	2138.70	2584.95	3012.85	3432.57	4845.22
财政存款	Fiscal Deposits	46.58	130.97	170.69	229.57	355.49	409.12
机关团体部队存款	Deposits of Government Departments, Organizations and Army	63.30	245.07	300.16	374.99	441.18	697.07
储蓄存款	Savings Deposits	3182.08	6488.55	7367.37	7812.24	9515.82	11207.40
农业存款	Agricultural Deposits	61.19	137.22	189.22	260.55	265.88	399.42
委托存款	Consignment Deposits	-6.89	10.39	13.52	55.01	104.89	115.15
其他存款	Other Deposits	199.74	853.06	866.64	831.21	1139.59	1501.68
应付及暂收款	Account Payable and Deposit Received		147.26	194.80	286.36	371.65	340.10
同业往来	Interbanks Account		49.46	50.72	152.67	128.55	258.46
各项准备	Reserves		109.03	148.68	189.86	223.80	227.87
所有者权益	Creditors' Equity	-143.29	57.62	89.93	307.20	397.33	508.93
其他	Others	-78.92	-224.18	-626.56	-2003.20	-2223.97	-2745.70
资金运用总计	**All Uses**	**4531.20**	**10143.15**	**11350.12**	**11509.31**	**14152.78**	**17764.72**
各项贷款	Loans	4356.94	7434.53	8567.33	9545.48	10368.05	13437.43
短期贷款	Short-term Loan	3114.58	4088.16	4731.54	5213.08	5180.84	6016.17
工业贷款	Industrial Loans	729.39	943.16	1229.51	1356.31	1226.84	1384.72
商业贷款	Commercial Loans	1120.63	1036.49	1156.17	1289.11	1182.48	1363.16
建筑业贷款	Construction Loans	28.53	57.31	77.74	69.33	59.38	55.18
农业贷款	Agricultural Loans	500.67	1062.96	1167.14	1285.26	1346.57	1519.13
乡镇企业贷款	Loans to Township Enterprises	288.50	315.82	212.67	222.23	247.40	293.52
三资企业贷款	Loans to Sino-foreign Joint Venture and Cooperative Enterprises and Foreign-funded Enterprises	52.42	37.56	40.19	30.01	35.27	33.72
私营企业及个体贷款	Loans to Private Enterprises and Individuals	12.55	23.39	32.12	39.38	91.54	206.10
其他短期贷款	Other Call Loan	381.89	611.47	816.00	921.45	991.36	1160.64
中长期贷款	Medium-term & Long-term Loans	1057.50	2736.63	3259.90	3800.96	4302.41	6066.05
委托贷款	Consignment Loans	13.05	4.98	5.92	33.16	24.16	39.35
其他贷款	Others	171.08	604.76	569.97	498.28	860.64	1315.86
有价证券及投资	Securities & Investment	71.42	269.50	355.94	412.18	477.42	549.02
应收及预付款	Account Receivable and Payment Collected in Advance		87.37	85.08	74.35	83.24	103.80
外汇占款	Purchase of Foreign Exchanges	0.52	0.93	1.90	2.18	-3.19	1.93
其他	Others	102.32	2350.82	2339.87	1475.12	3227.26	3672.55

19-3 各市金融机构存款年底余额

Deposits of Financial Institutions by City

单位：亿元 (100million yuan)

市	City	2008	#企业存款 Deposits of Enterprises	#财政存款 Treasury Deposits	#农业存款 Agricultural Deposits	2009	#企业存款 Deposits of Enterprises	#财政存款 Treasury Deposits	#农业存款 Agricultural Deposits
郑州市	Zhengzhou	4916.39	1774.06	139.71	54.74	6540.27	2694.82	133.66	73.71
开封市	Kaifeng	442.69	57.20	4.86	5.10	568.50	90.30	10.47	12.17
洛阳市	Luoyang	1395.25	314.38	43.55	19.11	1719.74	404.61	53.62	30.19
平顶山市	Pingdingshan	812.76	157.22	17.29	29.76	974.80	156.81	21.78	39.15
安阳市	Anyang	748.07	131.44	10.06	13.88	884.39	173.98	13.91	17.80
鹤壁市	Hebi	206.12	37.56	5.53	3.27	263.10	58.22	10.65	5.56
新乡市	Xinxiang	759.57	117.50	10.09	16.06	940.98	162.74	12.48	26.35
焦作市	Jiaozuo	554.69	94.34	7.66	10.13	662.09	115.16	10.32	12.99
濮阳市	Puyang	443.42	71.44	11.87	3.47	525.65	82.57	16.62	5.25
许昌市	Xuchang	523.08	78.68	11.85	9.35	659.47	105.11	17.83	13.83
漯河市	Luohe	288.31	56.07	4.92	10.03	353.72	80.98	6.03	11.29
三门峡市	Sanmenxia	421.86	72.02	15.44	6.58	508.91	89.65	15.85	10.54
南阳市	Nanyang	921.18	118.34	15.71	28.87	1145.90	158.28	26.02	42.57
商丘市	Shangqiu	602.73	61.58	13.31	11.02	722.48	67.31	15.99	18.35
信阳市	Xinyang	728.17	91.36	15.52	15.30	888.91	124.47	12.65	26.63
周口市	Zhoukou	663.65	57.53	6.57	10.48	792.50	72.05	9.45	26.57
驻马店市	Zhumadian	657.34	68.23	20.67	14.07	793.27	95.82	21.18	18.55
济源市	Jiyuan	113.95	17.19	1.26	4.67	137.51	21.11	0.92	7.93

19-4 各市金融机构贷款年底余额

Loans of Financial Institution by City

单位：亿元 (100million yuan)

市	City	2008	#工业贷款 Industrial Loans	#商业贷款 Commercial Loans	#农业贷款 Agricultural Loans	2009	#工业贷款 Industrial Loans	#商业贷款 Commercial Loans	#农业贷款 Agricultural Loans
郑州市	Zhengzhou	3612.29	547.70	216.71	110.54	4922.19	625.73	228.09	114.29
开封市	Kaifeng	244.57	5.77	54.95	28.55	328.77	11.49	62.36	27.82
洛阳市	Luoyang	663.27	153.32	26.65	76.90	867.03	200.05	34.20	109.95
平顶山市	Pingdingshan	442.75	49.86	30.33	80.36	557.77	62.24	34.17	78.73
安阳市	Anyang	385.32	55.48	48.49	94.69	495.16	69.73	52.44	104.18
鹤壁市	Hebi	162.45	23.79	22.04	39.71	225.23	19.40	25.63	44.39
新乡市	Xinxiang	506.15	61.05	71.67	89.99	620.91	85.06	73.64	93.05
焦作市	Jiaozuo	342.06	39.79	39.02	85.89	409.11	38.57	40.35	99.23
濮阳市	Puyang	154.94	14.91	24.08	33.04	198.44	8.28	32.12	40.67
许昌市	Xuchang	378.65	70.43	53.78	74.39	479.23	66.33	60.38	89.08
漯河市	Luohe	206.37	17.24	62.37	30.19	247.39	14.09	80.97	32.74
三门峡市	Sanmenxia	214.42	41.78	8.56	41.55	264.28	34.61	10.21	47.55
南阳市	Nanyang	550.91	40.91	94.70	176.37	699.08	48.38	95.06	207.98
商丘市	Shangqiu	409.97	41.24	108.99	82.96	518.95	29.05	135.07	80.10
信阳市	Xinyang	353.63	12.04	80.89	101.75	470.87	20.50	112.18	117.74
周口市	Zhoukou	395.20	14.02	134.87	95.19	499.79	17.61	169.45	122.57
驻马店市	Zhumadian	335.05	20.51	101.73	89.19	419.53	22.68	114.03	104.14
济源市	Jiyuan	80.04	16.99	2.66	15.34	109.60	22.17	2.82	20.36

19-5 国有独资商业银行信贷收支情况(年底数)

Deposits and Loans of State-Owned Commercial Banks (Year-end)

单位：亿元 (100million yuan)

项目	Item	2008 绝对数 Absolute Value	2008 比重(%) Proportion (%)	2009 绝对数 Absolute Value	2009 比重(%) Proportion (%)
资金来源总计	**All Sources**	**7682.78**	**100.0**	**9540.46**	**100.0**
各项存款	Deposits	7127.62	92.8	8843.18	92.7
企业存款	Deposits of Enterprises	1702.41	22.2	2175.06	22.8
储蓄存款	Savings Deposits	4670.37	60.8	5530.72	58.0
农业存款	Agricultural Deposits	1.78		5.07	0.1
其他存款	Other Deposits	753.06	9.8	1132.33	11.9
应付及暂收款	Account Payable and Deposit Received	178.54	2.3	172.42	1.8
同业往来	Interbanks Account	213.68	2.8	323.67	3.4
各项准备	Reserves	90.55	1.2	95.66	1.0
所有者权益	Creditors' Equity	49.38	0.6	59.44	0.6
其他	Others	23.01	0.3	46.09	0.5
资金运用总计	**All Uses**	**7682.78**	**100.0**	**9540.46**	**100.0**
各项贷款	Loans	3519.30	45.8	4615.98	48.4
短期贷款	Short-term Loans	935.46	12.2	1067.52	11.2
工业贷款	Industrial Loans	638.60	8.3	616.22	6.5
商业贷款	Commercial Loans	18.41	0.2	24.09	0.3
建筑业贷款	Construction Loans	15.58	0.2	17.22	0.2
农业贷款	Agricultural Loans	10.46	0.1	8.23	0.1
三资企业贷款	Loans to Sino-foreign Joint Venture and Cooperative Enterprises and Foreign-funded Enterprises	19.26	0.3	14.63	0.2
私营企业及个体贷款	Loans to Private Enterprises and Individuals	12.79	0.2	90.97	1.0
其他短期贷款	Other Short-term Loans	220.36	2.9	296.15	3.1
中长期贷款	Medium-term & Long-term Loans	2150.55	28.0	3003.31	31.5
其他贷款	Others	433.29	5.6	545.14	5.7
有价证券及投资	Securities & Investment	63.61	0.8	58.76	0.6
存放中央银行准备金存款	Reserve Deposits Leaving in Central Bank	45.47	0.6	56.14	0.6
库存现金	Storage Cash	46.64	0.6	59.48	0.6
外汇占款	Purchase of Foreign Exchanges	-2.77		1.77	
其他	Others	4010.53	52.2	4748.34	49.8

19−6 股份制商业银行信贷收支情况(年底数)

Deposits and Loans of Stock-holding System Commercial Banks(Year-end)

单位：亿元 (100million yuan)

项目	Item	2008 绝对数 Absolute Value	2008 比重(%) Proportion (%)	2009 绝对数 Absolute Value	2009 比重(%) Proportion (%)
资金来源总计	**All Sources**	**2583.83**	**100.0**	**3574.41**	**100.0**
各项存款	Deposits	2280.17	88.2	3174.15	88.8
企业存款	Deposits of Enterprises	1105.4	42.8	1684.06	47.1
储蓄存款	Savings Deposits	586.75	22.7	779.41	21.8
农业存款	Agricultural Deposits	0.07		0.40	0.0
其他存款	Other Deposits	587.95	22.8	710.28	19.9
应付及暂收款	Account Payable and Deposit Received	33.10	1.3	30.21	0.8
同业往来	Interbanks Account	92.92	3.6	139.77	3.9
各项准备	Reserves	38.85	1.5	40.39	1.1
所有者权益	Creditors' Equity	38.88	1.5	53.51	1.5
其他	Others	99.91	3.9	136.38	3.8
资金运用总计	**All Uses**	**2583.83**	**100.0**	**3574.41**	**100.0**
各项贷款	Loans	1814.48	70.2	2643.33	74.0
短期贷款	Short-term Loans	894.78	34.6	1011.56	28.3
工业贷款	Industrial Loans	431.1	16.7	523.91	14.7
商业贷款	Commercial Loans	38.18	1.5	49.43	1.4
建筑业贷款	Construction Loans	26.55	1.0	15.89	0.4
农业贷款	Agricultural Loans	1.18		1.04	0.0
三资企业贷款	Loans to Sino-foreign Joint Venture and Cooperative Enterprises and Foreign-funded Enterprises	15.99	0.6	18.79	0.5
私营企业及个体贷款	Loans to Private Enterprises and Individuals	18.49	0.7	25.91	0.7
其他短期贷款	Other Short-term Loans	363.29	14.1	376.59	10.5
中长期贷款	Medium-term & Long-term Loans	761.51	29.5	1336.16	37.4
其他贷款	Others	158.19	6.1	295.61	8.3
有价证券及投资	Securities & Investment	45.56	1.8	3.79	0.1
存放中央银行准备金存款	Reserve Deposits Leaving in Central Bank	91.92	3.6	73.46	2.1
库存现金	Storage Cash	11.78	0.5	13.57	0.4
外汇占款	Purchase of Foreign Exchanges	-0.51		0.13	0.0
其他	Others	620.60	24.0	840.13	23.5

19－7　城市商业银行信贷收支情况(年底数)

Deposits and Loans of Urban Commercial Banks (Year-end)

单位：亿元　　(100million yuan)

项　目	Item	2008 绝对数 Absolute Value	2008 比重(%) Proportion (%)	2009 绝对数 Absolute Value	2009 比重(%) Proportion (%)
资金来源总计	**All Sources**	**1089.42**	**100.0**	**1568.93**	**100.0**
各项存款	Deposits	991.09	91.0	1425.43	90.9
企业存款	Deposits of Enterprises	353.67	32.5	525.28	33.5
储蓄存款	Savings Deposits	493.14	45.3	675.63	43.1
农业存款	Agricultural Deposits	0.42		0.95	0.1
其他存款	Other Deposits	143.86	13.2	223.58	14.3
应付及暂收款	Account Payable and Deposit Received	25.49	2.3	29.94	1.9
同业往来	Interbanks Account	23.61	2.2	22.86	1.5
各项准备	Reserves	21.66	2.0	32.86	2.1
所有者权益	Creditors' Equity	70.02	6.4	102.70	6.5
其他	Others	-42.45		-44.86	
资金运用总计	**All Uses**	**1089.42**	**100.0**	**1568.93**	**100.0**
各项贷款	Loans	637.44	58.5	881.40	56.2
短期贷款	Short-term Loans	319.45	29.3	458.74	29.2
工业贷款	Industrial Loans	117.03	10.7	194.07	12.4
商业贷款	Commercial Loans	30.42	2.8	64.37	4.1
建筑业贷款	Construction Loans	14.25	1.3	22.04	1.4
农业贷款	Agricultural Loans	0.83	0.1	1.75	0.1
乡镇企事业贷款	Loans to Township Enterprises	0.10		0.14	
三资企业贷款	Loans to Sino-foreign Joint Venture and Cooperative Enterprises and Foreign-funded Enterprises	0.03		0.30	
私营企业及个体贷款	Loans to Private Enterprises and Individuals	21.60	2.0	41.88	2.7
其他短期贷款	Other Short-term Loans	135.19	12.4	134.18	8.6
中长期贷款	Medium-term & Long-term Loans	175.82	16.1	229.61	14.6
其他贷款	Others	142.17	13.1	193.05	12.3
有价证券及投资	Securities & Investment	207.34	19.0	283.44	18.1
存放中央银行准备金存款	Reserve Deposits Leaving in Central Bank	211.42	19.4	286.98	18.3
库存现金	Storage Cash	6.96	0.6	10.89	0.7
其他	Others	26.26	2.4	106.22	6.8

19-8 城市信用社信贷收支情况（年底数）

Deposits and Loans of Urban Credit Cooperatives (Year-end)

单位：亿元 (100million yuan)

项　目	Item	2008		2009	
		绝对数 Absolute Value	比重(%) Proportion (%)	绝对数 Absolute Value	比重(%) Proportion (%)
资金来源总计	**All Sources**	**241.53**	**100.0**	**31.64**	**100.0**
各项存款	Deposits	231.91	96.0	35.75	113.0
企业存款	Deposits of Enterprises	46.31	19.2	8.75	27.7
储蓄存款	Savings Deposits	164.42	68.1	25.41	80.3
农业存款	Agricultural Deposits	0.12			
其他存款	Other Deposits	21.06	8.7	1.60	5.1
应付及暂收款	Account Payable and Deposit Received	6.31	2.6	0.59	1.9
向中央银行借款	Borrow Money from Central Bank	0.58	0.2		
同业往来	Interbanks account	0.40	0.2	0.10	0.3
各项准备	reserves	6.37	2.6	0.82	2.6
所有者权益	Creditors' Equity	14.40	6.0	2.50	7.9
其他	Others	-18.44		-8.12	
资金运用总计	**All Uses**	**241.53**	**100.0**	**31.64**	**100.0**
各项贷款	Loans	125.09	51.8	14.48	45.8
短期贷款	Short-term Loans	78.65	32.6	7.53	23.8
工业贷款	Industrial Loans	26.37	10.9	1.37	4.3
商业贷款	Commercial Loans	11.36	4.7	1.25	3.9
建筑业贷款	Construction Loans	3.00	1.2		
农业贷款	Agricultural Loans	0.06			
私营企业及个体贷款	Loans to Private Enterprises and Individuals	8.19	3.4	3.59	11.3
其他短期贷款	Other Short-term Loans	29.67	12.3	1.32	4.2
中长期贷款	Medium-term & Long-term Loans	36.43	15.1	6.54	20.7
其他贷款	Overdue Loans	10.01	4.1	0.41	1.3
有价证券及投资	Securities and Investment	24.82	10.3	4.47	14.1
存放中央银行准备金存款	Reserve Deposits Leaving in Central Bank	53.95	22.3	7.41	23.4
库存现金	Storage Cash	2.88	1.2	0.27	0.9
其他	Others	34.79	14.4	5.01	15.8

19－9 农村信用社信贷收支情况(年底数)

Deposits and Loans of Rural Credit Cooperatives (Year-end)

单位：亿元 (100million yuan)

项 目	Item	2008		2009	
		绝对数 Absolute Value	比重(%) Proportion (%)	绝对数 Absolute Value	比重(%) Proportion (%)
资金来源总计	**All Sources**	**2808.52**	**100.0**	**3541.45**	**100.0**
各项存款	Deposits	2701.70	96.2	3125.31	88.2
企业存款	Deposits of Enterprises	45.62	1.6	28.25	0.8
储蓄存款	Savings Deposits	2336.26	83.2	2625.17	74.1
农业存款	Agricultural Deposits	258.08	9.2	363.74	10.3
其他存款	Other Deposits	61.74	2.2	108.14	3.1
应付及暂收款	Account Payable and Deposit Received	96.62	3.4	84.90	2.4
向中央银行借款	Borrow Money from Central Bank	38.19	1.4	38.26	1.1
同业往来	Interbanks account	150.87	5.4	64.43	1.8
各项准备	Reserves	63.53	2.3	51.18	1.4
所有者权益	Creditors' Equity	176.65	6.3	178.65	5.0
其他	Others	-419.04		-1.28	
资金运用总计	**All Uses**	**2808.52**	**100.0**	**3541.45**	**100.0**
各项贷款	Loans	1951.97	69.5	2366.85	66.8
短期贷款	Short-term Loans	1648.25	58.7	1831.66	51.7
#农业贷款	Agricultural Loans	1302.89	46.4	1408.75	39.8
乡镇企业贷款	Loans to Township Enterprises	241.51	8.6	279.65	7.9
中长期贷款	Medium-term & Long-term Loans	197.47	7.0	277.06	7.8
其他贷款	Others	106.25	3.8	258.13	7.3
有价证券及投资	Securities & Investment	125.37	4.5	176.76	5.0
存放中央银行准备金存款	Reserve Deposits Leaving in Central Bank	472.93	16.8	420.29	11.9
同业往来	Intercourse between Banks	191.89	6.8	237.58	6.7
库存现金	Storage Cash	30.53	1.1	37.75	1.1
其他	Others	35.83	1.3	302.22	8.5

19−10 信托投资公司信贷收支情况(年底数)

Deposits and Loans of Financial Trust Investment Agencies (Year-end)

单位：亿元 (100million yuan)

项目	Item	2008 绝对数 Absolute Value	2008 比重(%) Proportion (%)	2009 绝对数 Absolute Value	2009 比重(%) Proportion (%)
资金来源总计	**All Sources**	**15.46**	**100.0**	**17.60**	**100.0**
各项存款	Deposits				
应付及暂收款	Account Payable and Deposit Received	1.29	8.3	1.66	9.4
各项准备	Reserves	0.49	3.2	0.83	4.7
所有者权益	Creditors' Equity	19.81	128.1	23.02	130.8
其他	Others	-6.13		-7.90	-44.9
资金运用总计	**All Uses**	**15.46**	**100.0**	**17.60**	**100.0**
各项贷款	Loans	3.27	21.2	3.57	20.3
委托贷款	Commission Loans				
信托贷款	Credit Loans				
抵押贷款	Mortgage Loans	0.07	0.5	0.07	0.4
融资租赁	Circulating Funds Tenancy				
其他贷款	Other Loans	3.20	20.7	3.51	19.9
投资	Investment	10.54	68.2	12.59	71.5
外汇占款	Purchase of Foreign Exchanges				
其他	Others	1.65	10.7	1.45	8.2

19−11 金融机构现金收支情况

Cash Receipts and Expenditure of Financial Institutions

单位：亿元 (100million yuan)

项目	Item	2008	2009
收入合计	**Total Income**	**39247.69**	**41974.39**
商品销售收入	Income from Commodity Sales	2442.52	2452.46
服务业收入	Income from Service Trade	1100.09	1222.81
行政税费收入	Income from administration Taxes	257.66	267.74
城乡个体经营收入	Income from Urban and Rural Individual Business	1224.53	1238.98
储蓄存款收入	Income from Savings Deposits	30824.78	32902.51
其他金融性公司收入	Income from Other Financial Company	94.29	86.23
居民归还贷款收入	Income from Repayment of Loans by Residents	839.25	836.33
汇兑收入	Income from Remittances	194.17	251.86
有价证券及其他投资性收入	Income from Securities and other Investment Income	36.27	53.37
其他收入	Other Income	2234.14	2662.10
支出合计	**Total Expenditure**	**38886.11**	**41585.98**
工资性及个人其他支出	Wages and Individual other Expenditure	1091.92	995.83
农副产品采购支出	Purchases of Agricultural and Sideline Products	1049.42	833.73
工矿及其他产品采购支出	Purchases of Industrial and Mineral Products	751.59	571.26
行政企业管理与经营费支出	Government and Enterprises Management and running Expenditure	1404.97	1326.47
城乡个体经营支出	Expenditure for Individual Business	1689.49	1583.65
储蓄存款支出	Expenditure for Savings Deposits	30175.76	33397.76
其他金融性公司支出	Expenditure for Other Financial Company	108.14	94.40
居民提取贷款支出	Expenditure for Loans by Residents	740.99	753.24
汇兑支出	Expenditure for Remittances	119.32	168.84
有价证券支出	Expenditure for Securities	39.66	35.28
其他支出	Other Expenditure	1714.85	1825.54
投放(+)、回笼(−)	**Monetary Issues(+) Cash Withdrawn(-)**	**-361.58**	**-388.41**

19-12 城乡居民储蓄存款年底余额

Residents' Saving Deposits of Financial Institutions in Urban and Rural Areas(Year-end)

单位：亿元 (100million yuan)

项 目	Item	2008		2009	
		绝对数 Absolute Value	比重(%) Proportion (%)	绝对数 Absolute Value	比重(%) Proportion (%)
总 计	**Total**	**9515.82**	**100.0**	**11207.40**	**100.0**
#定期储蓄	Fixed Deposits	6305.02	66.3	7136.31	63.7
城镇居民储蓄	Saving Deposits of Urban Residents	7179.56	75.4	8582.23	76.6
#定期储蓄	Fixed Deposits	4574.28	48.1	5287.05	47.2
农村居民储蓄	Saving Deposits of Rural Residents	2336.26	24.6	2625.17	23.4
#定期储蓄	Fixed Deposits	1730.74	18.2	1849.26	16.5

19-13 个人贷款总额

Total Amount of Personal Loans

单位：亿元 (100 million yuan)

指 标	Indicators	2005	2007	2008	2009
个人贷款总额	**Total Amount of Personal Loans**	**377.79**	**663.52**	**816.26**	**1229.86**
个人消费贷款	Personal Consumption Loan	347.30	552.30	666.45	1044.37
# 个人住房贷款	Housing Mortgage Loan	269.71	439.71	532.59	829.03
汽车消费贷款	Car Consumption Loan	41.02	41.29	44.77	47.24
公积金贷款	Accumulation Fund Loan	30.48	111.22	149.81	185.48
个人住房贷款	**Percentage of Housing Mortgage Loan**				
占个人消费贷款额比重(%)	**in Personal Consumption Loan (%)**	**71.4**	**66.3**	**65.2**	**67.4**

19−14 各市城乡居民储蓄存款年底余额

Residents' Saving Deposits of Financial Institutions in Urban and Rural Areas by City(Year-end)

单位：亿元 (100million yuan)

市	City	2008	定期 Fixed Deposits	活期 Current Deposits	2009	定期 Fixed Deposits	活期 Current Deposits
郑州市	Zhengzhou	2067.22	1284.80	782.42	2511.17	1521.81	989.36
开封市	Kaifeng	345.08	228.88	116.20	401.26	255.13	146.12
洛阳市	Luoyang	840.25	554.52	285.73	992.67	644.33	348.34
平顶山市	Pingdingshan	540.29	324.70	215.59	647.67	373.64	274.03
安阳市	Anyang	526.51	368.52	158.00	589.82	392.77	197.05
鹤壁市	Hebi	146.46	95.21	51.25	169.78	103.26	66.52
新乡市	Xinxiang	543.99	370.20	173.79	635.13	415.67	219.46
焦作市	Jiaozuo	399.93	286.88	113.05	465.10	323.23	141.87
濮阳市	Puyang	337.32	235.34	101.97	390.33	260.26	130.07
许昌市	Xuchang	388.35	257.36	130.98	466.50	292.81	173.70
漯河市	Luohe	195.29	133.10	62.18	226.03	146.63	79.40
三门峡市	Sanmenxia	294.49	191.36	103.13	341.99	212.89	129.10
南阳市	Nanyang	687.44	467.95	219.49	803.81	523.53	280.28
商丘市	Shangqiu	472.86	288.42	184.44	551.82	318.04	233.78
信阳市	Xinyang	571.31	415.61	155.70	674.90	472.03	202.87
周口市	Zhoukou	564.87	382.62	182.25	650.44	415.59	234.85
驻马店市	Zhumadian	513.56	372.81	140.75	595.31	413.95	181.36
济源市	Jiyuan	80.60	44.04	36.56	92.55	50.10	42.45

19-15 人民币一年期存贷款利率

Official Interest Rates of RMB Deposits and Loans of Financial Institutions

单位：年利率 %

(annual interest rate %)

执行日期 Ajust Time	金融机构存款基准利率 Official Interest Rates of Deposits of Financial Institutions	金融机构贷款基准利率 Official Interest Rates of Loans of Financial Institutions	中央银行对金融机构贷款基准利率 Official Interest Rates of Loans of Central Bank
1978	3.24	5.04	
1980	3.96-5.76	5.04	
1985	5.40-7.20	3.60-7.92	
1990.01.01	11.34	11.34	
1990.04.15	10.08	10.08	
1990.08.21	8.64	9.36	
1991.04.21	7.56	8.64	
1993.05.15	9.18	9.36	
1993.07.11	10.98	10.98	
1995.07.01	10.98	12.06	
1996.05.01	9.18	10.98	10.98
1996.08.23	7.47	10.08	10.62
1997.10.23	5.67	8.64	9.36
1998.03.25	5.22	7.92	7.92
1998.07.01	4.77	6.93	5.67
1998.12.07	3.78	6.39	5.13
1999.06.10	2.25	5.85	3.78
2002.02.21	1.98	5.31	3.24
2004.03.25	1.98	5.31	3.87
2004.10.29	2.25	5.58	3.87
2006.04.28	2.25	5.85	3.87
2006.08.19	2.52	6.12	3.87
2007.03.18	2.79	6.39	3.87
2007.05.19	3.06	6.57	3.87
2007.07.21	3.33	6.84	3.87
2007.08.22	3.60	7.02	3.87
2007.09.15	3.87	7.29	3.87
2007.12.21	4.14	7.47	3.87
2008.01.01	4.14	7.47	4.68
2008.09.16	4.14	7.20	4.68
2008.10.09	3.87	6.93	4.68
2008.10.30	3.60	6.66	4.68
2008.11.27	2.52	5.58	3.60
2008.12.23	2.25	5.31	3.33

19–16 各市凭证式国库券发行情况

Issuance of National Debt by City

单位：万元 (10 000 yuan)

市 City	2000	2001	2002	2003	2004	2005	2006	2007	2008	2009
全省 Total	**485000**	**365700**	**328900**	**439978**	**514630**	**460969**	**538669**	**432787**	**378128**	**629698**
郑州市 Zhengzhou	160330	126160	135264	224993	206636	190559	182749	162122	165302	260249
开封市 Kaifeng	23266	9500	10504	37050	13973	18625	27500	16700	11917	25413
洛阳市 Luoyang	79250	70300	54341	38227	89702	68155	75090	58420	53215	69539
平顶山市 Pingdingshan	21000	11150	16462	17582	14178	13410	19250	14140	13363	17609
安阳市 Anyang	30500	12100	8690	13265	12260	16682	17830	16130	11677	19723
鹤壁市 Hebi	2880	1950	2202	2780	7927	3360	10290	8150	2619	4587
新乡市 Xinxiang	30737	18800	13078	15875	18342	24089	29550	18060	11750	23661
焦作市 Jiaozuo	25021	12800	9850	9925	10306	11699	16850	17180	11700	22824
濮阳市 Puyang	35300	37820	24566	17095	50250	35975	55380	23460	28492	62422
许昌市 Xuchang	14600	9100	8741	8660	12519	10770	12620	11040	4927	11236
漯河市 Luohe	3296	1550	1665	2940	5505	6080	10170	8760	7766	11846
三门峡市 Sanmenxia	11710	9900	8560	7555	14262	9690	10460	9255	6314	11447
南阳市 Nanyang	8000	12870	7924	7422	11686	17220	21990	19320	11486	20616
商丘市 Shangqiu	6515	3100	2829	3851	5700	4505	8290	10600	7166	12629
信阳市 Xinyang	8275	9250	8932	11688	13515	9900	14650	12400	7757	16395
周口市 Zhoukou	8800	7050	5197	4720	6783	5575	9970	11200	8477	14225
驻马店市 Zhumadian	11600	8250	6754	13600	16955	9125	10170	10270	10197	21248
济源市 Jiyuan	3920	4050	3341	2750	4131	5550	5860	5580	4003	4029

19–17 证券市场情况

Basic Statistics on Securities Market

指标	Item	2008	2009
年末河南上市公司数量(家)	Number of Henan Listed Companies in Share Market at the Year-end(unit)	60	65
上市股票(只)	Listed shares(unit)	61	67
发行A股	A Shares	37	40
#新发行	Issued in this Year	2	3
发行境外股票	Overseas stock	24	27
#新发行	Issued in this Year	5	3
本年A股发行、配股募集资金(亿元)	Capital Avaliable from Issuing and Alloting of A Share (100 million yuan)	48.10	45.44
年末A股上市公司流通股市价总值(亿元)	Total Negotiable Market Capotalization of Companies Listed in A Share Market at the Year-edn(100 million yuan)	739.12	2503.00
股票成交量(亿元)	Total Stock Turnover (100 million yuan)	10718.67	26054.00
投资者开户数(万户)	Total Investors (10 000 households)	276.74	316.00
#机构	Institutions	0.25	0.32
个人	Individuals	276.49	315.68
证券营业部个数(个)	Number of Business Departments of Security Companies (unit)	75	123
#外省证券公司设本省营业部	Number of Local Business Departments of Security Companies from Strange Provinces	54	89

19-18 河南A股股票发行情况(1993-2009年)

Issuance of A Shares(1993-2009)

股票名称 Name of Stocks	证券代码 Code of Stocks	发行日期 Issued Time	发行数量(万股) Total Issued Capital (10 000 shares)	发行价格(元/股) Issued Prices (yuan/share)	发行总市值(万元) Issued Aggregate Market Value (10 000yuan)	募集资金净额(万元) Net Capitalization Collected (10 000yuan)
中原环保	000544	1993-10-25	4500	3.50	15750	15075
神马实业	600810	1993-11-03	4950	4.68	23166	23166
洛阳玻璃	600876	1995-09-28	5000	5.03	25150	23900
焦作万方	000612	1996-09-09	3201	6.80	21767	21127
ST冰熊	600753	1996-09-16	2000	5.18	10360	9760
思达高科	000676	1996-12-03	1250	5.20	6500	6000
许继电气	000400	1997-04-02	5000	9.24	46200	44700
银鸽投资	600069	1997-04-16	4000	4.62	18480	17810
宇通客车	600066	1997-04-23	3500	9.75	34125	33075
郑州煤电	600121	1997-10-28	8000	5.50	44000	42520
豫能控股	001896	1997-11-10	8000	3.36	26880	25920
莲花味精	600186	1998-06-15	10000	7.01	70100	68000
S双汇	000895	1998-09-16	5000	6.24	31200	30046
黄河旋风	600172	1998-10-19	4000	6.40	25600	24721
SST春都	000885	1998-12-02	6000	7.08	42480	40980
安彩高科	600207	1999-06-21	18000	7.20	129600	127623
神火股份	000933	1999-07-23	7000	7.50	52500	51170
太龙药业	600222	1999-08-13	3500	6.52	22820	21823
新乡化纤	000949	1999-08-18	7500	7.80	58500	56752
中原油气	000956	1999-09-10	17000	4.89	83130	80580
羚锐股份	600285	2000-09-14	4000	8.30	33200	32030
天方药业	600253	2000-12-06	6000	7.75	46500	44820
平高电气	600312	2001-01-15	6000	12.45	74700	72787
安阳钢铁	600569	2001-08-01	27500	6.80	187000	182925
中孚实业	600595	2002-06-12	5000	8.30	41500	39939
豫光金铅	600531	2002-07-15	4500	7.34	33030	31502
瑞贝卡	600439	2003-06-25	2400	10.40	24960	23956
中原高速	600020	2003-07-24	28000	6.36	178080	172754
风神股份	600469	2003-09-29	7500	4.30	32250	30533
华兰生物	002007	2004-06-10	2200	15.74	34628	32985
轴研科技	002046	2005-05-11	2500	6.39	15975	14784
平煤天安	601666	2006-11-08	37000	8.16	301920	294892
新野纺织	002087	2006-11-17	8000	5.19	41520	38821
恒星科技	002132	2007-04-13	4100	8.00	32800	30200
中航光电	002179	2007-10-18	3000	16.19	48570	46231
利达光电	002189	2007-11-15	5000	5.10	25500	23512
三全食品	002216	2008-02-20	2350	21.59	50737	48864
濮耐股份	002225	2008-04-25	6000	4.79	28740	27012
辉煌科技	002296	2009-09-29	1550	25.00	38750	37004
汉威电子	300007	2009-10-30	1500	27.00	40500	37364
华英农业	002321	2009-12-16	3700	16.98	62826	58884

19-19 保险业务情况

Major Indicators of Insurance Business

单位：万元 (10 000 yuan)

项　　目	Item	2006	2007	2008	2009
保费收入	**Premium Income**	**2523106**	**3235621**	**5189239**	**5653914**
财产保险	Property Insurance	476181	647687	778537	977354
#机动车辆险	Motor Vehicle Insurance	399160	538271	631479	817024
企业财产险	Enterprise Property Insurance	41440	52030	57058	54314
家庭财产险	Family Property Insurance	3810	1916	2452	2242
人身保险	Life Insurance	2046925	2587934	4410702	4676560
寿险	Life Insurance	1854461	2386260	4110140	4344466
健康险	Health Insurance	133789	132658	223564	249136
意外伤害险	Accident Insurance	58675	69015	76997	82958
赔款及给付	**Claim and Payment**	**509782**	**1008777**	**1287669**	**1482335**
财产保险	Property Insurance	231549	338994	451263	521312
#机动车辆险	Motor Vehicle Insurance	189390	289728	382449	431539
企业财产险	Enterprise Property Insurance	23945	28708	23876	29468
家庭财产险	Family Property Insurance	396	536	627	687
人身保险	Life Insurance	278233	669783	836406	961023
寿险	Life Insurance	197318	600394	745623	862212
健康险	Health Insurance	60553	44116	65145	73159
意外伤害险	Accident Insurance	20362	25273	25639	25651

19-20 各市国内保险业务主要指标(2009年)

Major Indicators of Domestic Insurance Business by City(2009)

单位：万元 (10 000 yuan)

市 City	保费收入 Premium Income	财产保险 Property Insurance	#机动车辆险 Motor Vehicle Insurance	#企业财产险 Enterprise Property Insurance	#家庭财产险 Family Property Insurance	人身保险 Life Insurance	寿险 Life Insurance	健康险 Health Insurance	意外伤害险 Accident Insurance
郑州市 Zhengzhou	1030680	245278	208041	21450	-192	785403	700272	64118	21012
开封市 Kaifeng	224228	26430	21824	758	143	197798	173811	21136	2850
洛阳市 Luoyang	505800	80659	69074	4670	217	425141	396594	21752	6794
平顶山市 Pingdingshan	290167	47869	40218	3656	245	242298	228470	9521	4308
安阳市 Anyang	288117	50389	42488	2193	63	237728	221845	10888	4995
鹤壁市 Hebi	80057	14954	13033	894	33	65103	61056	2743	1305
新乡市 Xinxiang	326148	46575	39173	2247	138	279573	261547	13863	4163
焦作市 Jiaozuo	284028	49410	42863	2494	140	234618	215311	15177	4130
濮阳市 Puyang	259857	36599	31914	1197	88	223258	211624	8603	3031
许昌市 Xuchang	253940	50488	44380	1880	128	203452	192969	6068	4416
漯河市 Luohe	161538	21550	17056	1236	237	139989	132005	5971	2013
三门峡市 Sanmenxia	156499	26993	22274	1565	122	129506	120964	5473	3069
南阳市 Nanyang	433085	67164	51387	4657	373	365921	340690	18130	7101
商丘市 Shangqiu	267400	48899	42675	964	346	218500	197992	17926	2582
信阳市 Xinyang	334629	48538	36523	845	71	286091	275213	7378	3499
周口市 Zhoukou	415184	61714	50786	1495	46	353471	344472	5947	3051
驻马店市 Zhumadian	296475	41335	33344	1370	104	255141	238547	12650	3944
济源市 Jiyuan	45495	11960	9425	692	5	33535	31083	1787	666

市 City	赔款及给付 Claim and Payment	财产保险 Property Insurance	#机动车辆险 Motor Vehicle Insurance	#企业财产险 Enterprise Property Insurance	#家庭财产险 Family Property Insurance	人身保险 Life Insurance	寿险 Life Insurance	健康险 Health Insurance	意外伤害险 Accident Insurance
郑州市 Zhengzhou	288489	111692	95829	9613	48	176796	147827	22920	6049
开封市 Kaifeng	55660	15101	11482	1032	37	40559	36410	3393	756
洛阳市 Luoyang	161411	40771	36023	1541	59	120640	112064	6176	2400
平顶山市 Pingdingshan	98379	27756	22509	1562	42	70623	66762	2730	1132
安阳市 Anyang	91051	27893	22924	1809	29	63158	57396	4198	1564
鹤壁市 Hebi	20730	7967	6261	387	27	12763	10841	1227	696
新乡市 Xinxiang	79960	25064	20995	1453	29	54896	49729	3872	1295
焦作市 Jiaozuo	69817	24710	19806	2281	64	45107	40579	3317	1211
濮阳市 Puyang	67693	20456	17017	1892	55	47237	44200	2068	969
许昌市 Xuchang	69151	30980	27482	1033	18	38171	34604	1910	1657
漯河市 Luohe	39248	13039	10105	530	16	26209	23416	2214	580
三门峡市 Sanmenxia	47114	15069	11750	1750	21	32045	28459	2551	1035
南阳市 Nanyang	105340	39435	30350	1856	146	65906	56904	6773	2229
商丘市 Shangqiu	70642	30186	25680	394	29	40455	37489	1977	990
信阳市 Xinyang	65836	28085	22027	352	25	37751	33861	3050	840
周口市 Zhoukou	78302	32666	27680	720	11	45636	43291	1519	826
驻马店市 Zhumadian	60506	23555	18340	754	27	36951	32822	2917	1212
济源市 Jiyuan	12044	5978	4516	458	1	6065	5560	326	179

主要统计指标解释

信贷资金 指金融机构以信用方式积聚和分配的货币资金。金融机构信贷资金的来源有各项存款、对国际金融机构负债、流通中货币、银行自有资金及当年结益等；信贷资金的运用有各项贷款、黄金占款、外汇占款、财政借款及在国际金融机构中的资产等。

存款 指企业、机关、团体或居民根据资金必须收回的原则，把货币资金存入银行或其他信用机构保管并取得一定利息的一种信用活动形式。根据存款对象的不同可划分为企业存款、财政存款、机关团体存款、基本建设存款、城镇储蓄存款、农村存款等科目。它是银行信贷资金的主要来源。

贷款 指银行或其他信用机构根据资金必须归还的原则，按一定利率，为企业、个人等提供资金的一种信用活动形式。我国银行贷款分为短期贷款、委托及信托类贷款、其他贷款等。

保险公司 在中国境内的、经过保险监督部门批准设立，并依法登记注册的各类商业保险公司。

证券 由债券购买者承购的或因销售产品而拥有的，可在金融市场上交易并代表一定债权的书面证明。包括政府债券、金融债券、企业债券、商业票据、股票、支付固定收入但不提供法人企业残余价值分享权的优先股等。

股票 指股票购买者及直接投资者对其投资企业净资产所拥有的权益。股票是股份公司签发的证明股东投资并按其所持股份享有权益和承担义务的权益性证券。

保费 指投保人为取得保险人在约定范围内所承担赔偿责任而支付给保险人的费用。

赔款 指保险人根据保险合同的规定，向被保险人支付的赔偿保险责任损失的金额。

给付 包括死伤医疗给付和满期给付。死伤医疗给付是指保险人根据人寿保险及长期健康保险合同的规定，因被保险人在保险期内发生保险责任范围内的保险事故支付给被保险人（或受益人）的金额。满期给付是指被保险人生存期满，保险人按人寿保险合同规定支付给被保险人的满期保险金额。

Explanatory Notes on Main Statistical Indicators

Credit Funds refer to the funds issued as loans by banking institutions. The sources of credit funds of the banking institutions included deposits, liabilities to international financial institutions, currency in circulation, self-owned funds and current retained profits, etc. The credit funds can be used in forms of loans, gold, foreign exchange, government debt and assets in the international financial institutions.

Deposit is a form of credit by which enterprises, institutions, organizations or households can put money into banks and other credit institutions for safekeeping and interest earning under the principle of free withdrawal. According to different depositors, deposits are divided into enterprise deposits, treasury deposits, deposits of government agencies and organizations, capital construction deposits, urban savings deposits, rural deposits and other deposits. Deposits are major sources of the credit funds of banks.

Loan is a form of credit by which banks and other credit institutions provide funds at certain interest rate to enterprises and individuals in the light of the principle of unconditional repayment. Loans from Chinese banks include short-term loans, medium-term and long-term loans, entrusted loans, and other loans.

Insurance Companies refer to commercial insurance companies of various forms registered by law and established in china with the approval of insurance regulatory agencies.

Securities refer to written certificates representing creditors' rights, purchased by bond holders or owned by selling products, which can be transacted at the financial markets. They include government bonds, financial bonds, corporation bonds, commercial drafts, stocks, preferential stocks that provide fixed income without the right to share the residual value of corporations, etc.

Stocks refer to the rights by stockholders and direct investors on the net assets of corporations they invested in. Stocks refer to negotiable securities on creditor's rights, issued by stock companies certifying the investment by stockholders and their rights and duties depending on their stocks.

Premium is the fee paid by the insurant to the insurer to obtain the obligation of compensation from the insurance within the agreed terms.

Settled Claim is the compensation paid by the insurer to the insurant in accordance with the insurance contract.

Payment includes payment for death, injury or medical treatment and mature payment. Payment for death, injury or medical treatment refers to the money paid to the insurant (or the beneficiary) in accordance with the life or health insurance contract when the insurant encounters accidents within the insured period covered in the contract. Mature payment refers to the mature payment to the insurant in accordance with the life insurance contract at the end of the insured period.

房地产业

Real Estate

◉ 资料整理：秦红娟

简要说明

一、主要内容

本篇包括房地产开发企业单位数、从业人数、主要财务指标以及房地产开发与经营活动的规模、结构及资金来源等资料。

二、统计范围

房地产开发统计范围包括：各种登记注册类型的房地产开发公司、商品房建设公司及其他房地产开发单位统一开发（包括统代建，拆迁还建）的各种房屋建筑物和配套的服务设施、土地开发工程，如道路、给水、排水、供电、供热、通讯、平整场地等基础设施工程，还包括实际从事房地产开发或经营活动的附营房地产开发单位。凡从事房地产开发与经营活动的单位，均按单位进行统计。

房地产开发企业数据，暂不包括物业管理、房地产中介服务、其它房地产活动法人单位数据。

三、资料来源

本篇资料由河南省统计局固定资产投资统计处编辑整理。

Brief Introduction

I. Main Contents

Statistics in this chapter including the unit, employment, and main financial indicators of real estate, the Size, structure and funding sources of real estate development and operation.

II. Scope of Statistics

Data on Scope of real estate development enterprises refer to various types of registration companies, commercial building companies, various of housing services to buildings and ancillary facilities built by real estate development companies, such as roads, water supply, drainage, electricity, heating, communications, site formation works and other infrastructure, and data also including subsidiary real estate development business unit which actually engaged in real estate development or business activities.

Data in this chapter except property management, real estate intermediary services and other real estate activities.

III. Sources of Data

Data in this chapter are provided by the Department of investment in fixed assets of the Henan provincial Bureau of Statistics.

20-1 历年房地产开发企业主要指标

Main Indicators of Enterprises for Real Estate Development over the Years

年份 Year	企业个数(个) Number of Enterprises (unit)	本年完成投资额(亿元) Investment Completed This Year (100 million yuan)	#住宅 Residential Buildings	房屋建筑面积竣工率(%) Rate of Floor Space of Buildings Completed (%)	商品房销售面积(万平方米) Floor Space of Selling House (10 000 sq.m)	#住宅 Residential Buildings	商品房销售额(亿元) Sales of Selling House (100 million yuan)	#住宅 Residential Buildings
1990		3.43	2.80					
1991		4.07	3.25	42.2	83.16		2.99	
1992		8.78	6.27	35.1	103.36		4.83	
1993		25.27		31.2	100.20		6.41	
1994	896	49.61	35.22	39.3	225.04	198.19	16.43	9.58
1995	880	62.56	39.38	64.0	660.29	484.53	26.14	20.86
1996	731	54.84	30.49	37.1	255.82	215.27	22.75	18.55
1997	509	51.75	27.15	35.5	220.49	201.65	20.26	17.69
1998	655	58.10	32.09	33.3	279.61	262.94	27.32	24.70
1999	677	70.41	42.94	33.2	297.10	275.28	30.37	26.41
2000	1020	77.87	50.37	36.0	509.21	438.41	64.18	50.51
2001	938	102.84	75.87	32.6	529.21	483.77	65.59	56.55
2002	1108	138.36	101.31	35.9	639.94	584.74	88.29	75.50
2003	1430	185.56	135.10	31.3	862.71	795.78	120.75	103.60
2004	1774	258.82	174.81	28.8	1055.37	948.61	165.91	136.76
2005	1906	388.52	271.62	28.0	1724.82	1539.60	322.01	255.37
2006	2100	581.95	432.64	24.0	2409.33	2190.99	484.72	403.72
2007	2586	837.11	639.08	26.4	3928.04	3569.18	885.16	742.83
2008	4146	1206.71	970.86	21.8	3191.98	2943.36	746.46	629.40
2009	3798	1553.76	1235.21	21.2	4336.90	4019.26	1156.22	1005.21

注：商品房销售面积、销售额2005年开始采用新口径，与以前不可比，新口径包括期房销售和现房销售。(下同)

a)Figures on Floor Space and Sales of selling House are Accounted in New Caliber in 2005, So they are different from former years. New Caliber Include marketable housing and futures marketable housing (the same as following tables).

20-2 房地产开发企业(单位)个数和从业人员数

Number of Employed Persons and Enterprises for Real Estate Development

指　标	Item	2008	2009
企业个数（个）	**Number of Enterprises(unit)**	**4146**	**3798**
#国有控股	State-holding	219	220
集体控股	Collective-holding	168	154
私人控股	Private-holding	3508	3203
港澳台控股	Hong Kong, Macao and Taiwan-holding	57	61
外资控股	Foreign-holding	68	61
从业人数（人）	**number of Employed Persons(person)**	**89512**	**88286**
#国有控股	State-holding	7117	6709
集体控股	Collective-holding	4331	3886
私人控股	Private-holding	71588	71226
港澳台控股	Hong Kong, Macao and Taiwan-holding	1684	1754
外资控股	Foreign-holding	2263	2555

20-3 各市房地产开发企业(单位)个数(2009年)

Number of Enterprises for Real Estate Development by City(2009)

单位：个 (unit)

市 City	企业(单位)个数 Enterprises Number	一级 First Class	二级 Second Class	三级 Third Class	四级 Fourth Class	暂定 Provisional	其他 Others
全省 Total	**3798**	**33**	**321**	**810**	**489**	**2018**	**127**
郑州市 Zhengzhou	1047	15	92	201	62	593	84
开封市 Kaifeng	171		8	29	48	86	
洛阳市 Luoyang	356	2	35	113	46	153	7
平顶山市 Pingdingshan	198	1	15	29	49	101	3
安阳市 Anyang	184	1	16	52	7	107	1
鹤壁市 Hebi	56		4	11	9	32	
新乡市 Xinxiang	225	1	28	60	22	101	13
焦作市 Jiaozuo	126	1	11	36	8	69	1
濮阳市 Puyang	94		14	32	11	34	3
许昌市 Xuchang	189	1	15	48	16	108	1
漯河市 Luohe	33		7	12	3	10	1
三门峡市 Sanmenxia	82		2	2	21	53	4
南阳市 Nanyang	331		19	45	81	186	
商丘市 Shangqiu	119	1	14	27	3	73	1
信阳市 Xinyang	183	4	7	43	57	69	3
周口市 Zhoukou	208		19	37	29	118	5
驻马店市 Zhumadian	156	6	7	23	15	105	
济源市 Jiyuan	40		8	10	2	20	

20-4 各市房地产开发企业从业人员(2009年)
Number of Employed Persons in Enterprises for Real Estate Development(2009)

单位：人 (person)

市 City	从业人员 Number of Employed Persons	一级 First Class	二级 Second Class	三级 Third Class	四级 Fourth Class	暂定 Provisional	其他 Others
全　　省 Total	**88286**	**1872**	**14396**	**20236**	**9061**	**41103**	**1618**
郑　州　市 Zhengzhou	24353	858	4715	5310	1366	11286	818
开　封　市 Kaifeng	3938		279	545	794	2320	
洛　阳　市 Luoyang	8369	324	1836	2326	717	3086	80
平 顶 山 市 Pingdingshan	3995	171	440	925	800	1601	58
安　阳　市 Anyang	4501	57	586	1088	88	2677	5
鹤　壁　市 Hebi	1198		100	194	221	683	
新　乡　市 Xinxiang	5705	22	977	1803	362	2167	374
焦　作　市 Jiaozuo	2826	31	389	742	219	1430	15
濮　阳　市 Puyang	2090		540	796	149	543	62
许　昌　市 Xuchang	4803	2	782	1044	209	2760	6
漯　河　市 Luohe	1212		542	367	99	184	20
三 门 峡 市 Sanmenxia	1689		99	51	385	1123	31
南　阳　市 Nanyang	6591		1275	1323	1359	2634	
商　丘　市 Shangqiu	3554	10	455	949	75	2018	47
信　阳　市 Xinyang	4148	128	268	1131	1213	1333	75
周　口　市 Zhoukou	4776		607	889	638	2615	27
驻 马 店 市 Zhumadian	3692	269	274	530	340	2279	
济　源　市 Jiyuan	846		232	223	27	364	

20-5 房地产开发投资额

Completed Investment in Real Estate Development

单位：亿元　　　　(100 million yuan)

项　　目	Item	2000	2005	2006	2007	2008	2009
投资总额	**Total Investment**	**77.87**	**388.52**	**581.95**	**837.11**	**1206.71**	**1553.76**
国有控股	State-holding			52.21	80.83	83.33	104.11
集体控股	Collective-holding			40.29	61.75	74.18	116.49
私人控股	Private-holding			436.30	632.77	931.06	1174.40
港澳台控股	Hong Kong, Macao and Taiwan-holding			22.81	27.69	27.46	29.75
外资控股	Foreign-holding			30.34	34.07	43.45	40.34
#土地开发投资额	Investment in Land Development	7.21	27.73	2.50	0.90	18.72	4.16
按构成分	**Grouped by Use of Composition**						
建筑、安装工程	Construction and Installation	57.36	283.87	432.62	672.47	933.61	1247.69
设备、工器具购置	Purchase of Equipment and Instruments	1.03	2.84	5.01	9.22	12.08	17.02
其他费用	Others	19.49	101.81	144.32	155.42	261.02	289.05
#土地购置费	Total Value of Land Purchased	13.93	74.81	104.46	109.09	195.34	198.18
按工程用途分	**By Use of Projects**						
住宅	Residential Buildings	50.37	271.62	432.64	639.08	970.86	1235.21
#140平方米以上	Over 140 sq.m				73.56	145.09	208.62
90平方米以下	Under 90 sq.m				135.43	237.85	333.06
#经济适用房	Economically Affordable Housing	16.61	23.55	32.56	45.78	37.35	59.85
办公楼	Office Buildings	4.41	14.05	19.04	30.80	30.34	33.13
商业营业用房	Houses for Bussiness Use	5.38	67.79	79.44	106.28	125.28	150.96
其他	Other	17.71	35.06	50.84	60.95	80.24	134.45
按资金来源分	**Grouped by Source of Funds**						
国家预算内资金	State Budgetary Appropriation	0.02					
国内贷款	Domestic Loans	17.33	60.75	71.49	92.75	133.10	160.80
利用外资	Foreign Investment	0.70	2.10	7.10	9.46	16.18	2.22
#外商直接投资	Foreign Direct Investment	0.66	1.45	6.84	8.15	13.83	1.86
自筹资金	Self-raising Funds	25.87	180.91	305.30	460.70	724.15	782.63
其他资金	Others	33.95	144.76	198.07	274.20	333.28	608.11
新增固定资产	**Newly Increased Fixed Assets**	**48.60**	**189.47**	**241.20**	**443.45**	**534.48**	**646.05**

20-6 房地产开发企业(单位)建设房屋建筑面积和造价

Floor Space and Cost of Buildings Developed by Enterprises for Real Estate Development

市 City	施工房屋面积(万平方米) Floor Space Under Construction (10 000 sq.m)	竣工房屋面积(万平方米) Floor Space Completed (10 000 sq.m)	房屋建筑面积竣工率(%) Rate of Floor Space of Buildings Completed(%)	竣工房屋价值(亿元) Value of Buildings Completed(100 million yuan)	竣工房屋造价(元/平方米) Cost of Buildings Completed (yuan/sq.m)
1997	1042.19	370.26	35.5	32.10	867
1998	1175.96	392.03	33.3	28.41	725
1999	1339.60	444.87	33.2	34.05	765
2000	1657.53	597.21	36.0	40.49	678
2001	1976.84	644.40	32.6	45.74	710
2002	2484.01	892.32	35.9	67.83	760
2003	3210.26	1005.52	31.3	86.33	859
2004	3940.64	1135.32	28.8	100.94	889
2005	4902.98	1370.94	28.0	144.72	1056
2006	7017.17	1681.42	24.0	184.87	1099
2007	10550.90	2785.48	26.4	326.78	1173
2008	13906.18	3026.04	21.8	403.95	1335
2009	16074.35	3400.98	21.2	434.30	1277
郑州市 Zhengzhou	5207.27	642.97	12.3	117.19	1823
开封市 Kaifeng	448.95	129.12	28.8	14.86	1151
洛阳市 Luoyang	1786.40	484.74	27.1	52.53	1084
平顶山市 Pingdingshan	637.69	105.35	16.5	11.04	1048
安阳市 Anyang	914.47	192.37	21.0	25.90	1346
鹤壁市 Hebi	166.11	48.95	29.5	7.25	1482
新乡市 Xinxiang	809.08	178.48	22.1	20.17	1130
焦作市 Jiaozuo	526.53	70.98	13.5	9.55	1345
濮阳市 Puyang	291.33	59.45	20.4	7.83	1317
许昌市 Xuchang	463.35	135.57	29.3	22.03	1625
漯河市 Luohe	188.83	61.36	32.5	9.00	1466
三门峡市 Sanmenxia	316.53	61.72	19.5	9.94	1611
南阳市 Nanyang	836.18	159.09	19.0	14.83	932
商丘市 Shangqiu	813.46	142.64	17.5	14.65	1027
信阳市 Xinyang	1085.04	448.21	41.3	52.40	1169
周口市 Zhoukou	607.52	189.93	31.3	17.66	930
驻马店市 Zhumadian	800.32	251.89	31.5	22.12	878
济源市 Jiyuan	175.28	38.16	21.8	5.33	1397

20-7 房地产开发企业开发情况

Operating Statistics of Enterprises for Real Estate Development

项　　目	Item	2000	2005	2006	2007	2008	2009
本年购置土地面积(万平方米)	Land Space Purchased This year (10 000sq.m)	503.89	2015.82	1561.89	1576.08	2094.56	2701.54
本年完成开发土地面积(万平方米)	Land Space Developed This year (10 000sq.m)	239.14	973.21	1794.09	1202.62	1394.57	1351.10
本年待开发的土地面积(万平方米)	Land Space Needed to Development This year(10 000sq.m)	305.45	763.50	907.60	1062.03	1296.21	911.38
房屋建筑面积(万平方米)	Floor Space of Building Construction (10 000 sq.m)						
施工面积	Floor Space Under Construction	1657.53	4902.98	7017.17	10550.90	13906.18	16074.35
#住宅	Residential Buildings	1382.10	3895.44	5610.20	8628.93	11666.21	13463.11
竣工面积	Floor Space Completed	597.21	1370.94	1681.42	2785.48	3026.04	3400.98
#住宅	Residential Buildings	532.30	1151.39	1406.98	2338.23	2597.03	2991.79
商品房屋竣工价值(亿元)	Value of Buildings Completed (100 million yuan)	40.49	144.72	184.87	326.78	403.95	434.30
商品房屋竣工造价(元/平方米)	Cost of Buildings Completed (yuan/sq.m)	678	1056	1099	1173	1335	1277
商品房屋销售建筑面积(万平方米)	Floor Space of Selling House (10 000 sq.m)	509.21	1724.82	2409.33	3928.04	3191.98	4336.90
#现房销售面积	Sale Space of marketable housing		791.21	905.36	1451.76	1175.42	1622.16
期房销售面积	Sale Space of futures marketable housing		933.61	1503.97	2476.28	2016.56	2714.74
商品房屋销售额(亿元)	Total Sales of Commerical Houses (100 million yuan)	64.18	322.01	484.72	885.16	746.46	1156.22
#现房销售额	Sale of marketable housing		128.95	150.18	261.39	219.84	321.33
期房销售额	Sale of futures marketable housing		193.06	334.54	623.76	526.62	834.89
商品住宅销售套数(万套)	Total Flats Saled of Residential Buildeins (10 000 sets)			18.09	29.73	26.43	36.82
#现房销售套数	Sale of marketable housing			6.18	10.07	8.99	12.48
期房销售套数	Sale of futures marketable housing			11.91	19.66	17.45	24.34
房屋空置面积(万平方米)	Area of Land Lying Idle (10 000 sq.m)	238.40	307.30	270.97	259.81	523.06	777.53

20-8 房地产开发企业施工、销售和空置情况(2009年)

项　　目	Item	合计 Total	商品住宅 Commercially Residential Buildings	#90平方米以下 Under 90 sq.m
房屋施工面积(万平方米)	Floor Space of Buildings under Construction (10 000 sq.m)	16074.35	13463.11	3512.98
#新开工	Started This Year	7117.61	6181.76	1493.53
房屋竣工面积(万平方米)	Floor Space of Buildings Completed (10 000 sq.m)	3400.98	2991.79	541.30
#不可销售面积	Floor Space Cannot be Solded	118.72	77.35	17.13
商品住宅竣工套数(万套)	Total Flats of Residential Buildings Completed (10 000 sets)	26.17	26.17	7.19
竣工房屋价值(亿元)	Value of Buildings Completed (100 million yuan)	434.30	365.38	80.05
出租房屋面积(万平方米)	Space of Buildings Leased (10 000 sq.m)	63.91	2.54	0.52
商品房销售面积(万平方米)	Floor Space Sold (10 000 sq.m)	4336.90	4019.26	965.65
#现房销售	Sale of marketable housing	1622.16	1483.16	248.14
期房销售	Sale of futures marketable housing	2714.74	2536.10	717.51
商品房销售额(亿元)	Total Sale of Commercial Buildings (100 million yuan)	1156.22	1005.21	302.27
#现房销售	Sale of marketable housing	321.33	269.85	46.99
期房销售	Sale of futures marketable housing	834.89	735.37	255.28
商品住宅销售套数(万套)	Total Flats Saled of Residential Buildings (10 000 sets)	36.82	36.82	12.92
#现房销售	Sale of marketable housing	12.48	12.48	3.06
期房销售	Sale of futures marketable housing	24.34	24.34	9.86
现房平均销售价格(元/平方米)	Average Price of marketable housing per sq.m (yuan/sq.m)	1981	1819	1894
期房平均销售价格(元/平方米)	Average Price of futures marketable housing per sq.m (yuan/sq.m)	3075	2900	3558
空置面积(万平方米)	Floor Space of Buildings Emptied(10 000 sq.m)	777.53	617.12	102.72
#空置1-3年	1-3Years Emptied	275.01	183.11	30.79
空置3年以上	Over 3 Years Emptied	11.75	4.51	0.12

Situation of Construction，Sale and Buildings Emptied of Real Estate Enterprises(2009)

			办公楼	商业	其他
#140平方米以上 Over 140 sq.m	#经济适用房 Economically Affordable Housing	#别墅、高档公寓 Villas, Highgrade Apartments	Office Buildings	营用房 House for Business Use	Others
2508.61	764.89	262.23	370.40	1507.56	733.28
1049.14	341.37	97.64	89.04	589.80	257.02
628.90	143.57	55.89	32.59	280.05	96.54
10.06	22.70	0.08	2.14	14.71	24.52
3.74	1.49	0.39			
86.32	14.01	18.28	5.03	50.46	13.42
0.10			2.86	54.51	4.00
832.47	157.02	85.27	65.94	218.14	33.55
341.66	40.75	46.44	6.56	113.19	19.25
490.81	116.28	38.83	59.39	104.96	14.30
220.43	26.34	29.67	29.75	113.48	7.78
68.72	5.32	10.67	2.66	44.12	4.71
151.71	21.02	18.99	27.08	69.37	3.07
5.09	1.66	0.53			
2.03	0.42	0.20			
3.06	1.25	0.32			
2011	1305	2299	4064	3898	2445
3091	1808	4891	4560	6609	2149
131.62	20.93	11.48	15.68	117.83	26.90
53.01	1.17	8.18	12.84	63.59	15.47
1.22		1.09	0.65	5.66	0.93

20-9 各市房地产开发投资情况(2009年)

Development and Investment Completed for Real Estate by City (2009)

市	City	投资总额(亿元) Total Investment (100 million yuan)	住宅 Residential Buildings	#90平方米以下 Under 90 sq.m	#140平方米以上 Over 140 sq.m	#经济适用房 Economically Affordable Housing
全省	**Total**	**1553.76**	**1235.21**	**333.06**	**208.62**	**59.85**
郑州市	Zhengzhou	513.83	394.16	167.47	52.42	26.20
开封市	Kaifeng	36.94	28.31	11.57	7.29	4.63
洛阳市	Luoyang	137.94	109.73	15.04	25.47	6.01
平顶山市	Pingdingshan	41.31	27.47	14.28	5.52	1.89
安阳市	Anyang	74.59	62.46	11.42	10.17	4.20
鹤壁市	Hebi	15.24	12.64	0.76	1.34	
新乡市	Xinxiang	102.16	75.11	9.94	18.15	0.86
焦作市	Jiaozuo	62.5	52.85	9.91	12.74	
濮阳市	Puyang	35.97	28.21	10.88	7.97	2.45
许昌市	Xuchang	58.43	46.46	6.86	6.16	3.11
漯河市	Luohe	16.52	14.43	5.39	3.33	0.76
三门峡市	Sanmenxia	26.5	19.17	5.76	4.92	0.01
南阳市	Nanyang	56.12	43.77	12.47	7.59	3.11
商丘市	Shangqiu	76.31	65.9	10.74	4.90	0.77
信阳市	Xinyang	112.51	88.39	8.41	17.74	0.05
周口市	Zhoukou	95.85	83.87	8.43	10.25	0.06
驻马店市	Zhumadian	76.85	69.91	19.05	10.78	1.16
济源市	Jiyuan	14.17	12.37	4.68	1.89	4.60

市	City	办公楼 Office Buildings	商业营业用房 Houses for Business Use	其他 Other	土地开发面积(万平方米) Area of Land Under Devel-opment (10 000 sq.m)	土地开发投资额(万元) Land Development (10 000 yuan)
全省	**Total**	**33.13**	**150.96**	**134.45**	**1351.10**	**41596**
郑州市	Zhengzhou	21.93	51.02	46.72	314.75	2885
开封市	Kaifeng	0.13	2.07	6.43	13.59	90
洛阳市	Luoyang	1.25	18.75	8.21	52.09	501
平顶山市	Pingdingshan	1.11	3.32	9.40	74.58	1420
安阳市	Anyang	0.46	4.60	7.06	126.89	874
鹤壁市	Hebi	0.10	0.36	2.14	58.08	2132
新乡市	Xinxiang	2.05	10.10	14.91	32.24	898
焦作市	Jiaozuo	0.83	7.80	1.02		
濮阳市	Puyang	3.07	2.75	1.95	87.68	4577
许昌市	Xuchang	0.02	6.60	5.36	74.86	10379
漯河市	Luohe	0.01	1.79	0.29	21.67	2526
三门峡市	Sanmenxia	0.62	3.65	3.06	46.70	944
南阳市	Nanyang	0.33	8.45	3.57	27.13	888
商丘市	Shangqiu	0.30	5.86	4.24	50.34	889
信阳市	Xinyang	0.38	12.06	11.69	129.92	10523
周口市	Zhoukou	0.49	6.46	5.03	111.77	1145
驻马店市	Zhumadian	0.06	4.33	2.55	102.63	501
济源市	Jiyuan		0.97	0.83	26.17	424

20-10 各市房地产开发施工房屋面积(2009年)
Floor Space of Buildings under Construction by City (2009)

单位：万平方米 (10 000 sq.m)

市 City	施工房屋面积 Floor Space of Buildings under Construction	住宅 Residential Buildings	#90平方米以下 Under 90 sq.m	#140平方米以上 Over 140 sq.m	#经济适用房 Economically Affordable Housing	办公楼 Office Buildings	商业营业用房 Houses for Business Use	其他 Others
全省 Total	**16074.35**	**13463.11**	**3512.98**	**2508.61**	**764.89**	**370.40**	**1507.56**	**733.28**
郑州市 Zhengzhou	5207.27	3939.56	1647.57	640.25	283.30	270.51	564.57	432.63
开封市 Kaifeng	448.95	406.92	134.52	134.09	70.91	1.41	27.64	12.99
洛阳市 Luoyang	1786.40	1515.59	168.35	311.50	86.82	13.10	167.61	90.09
平顶山市 Pingdingshan	637.69	518.74	195.35	117.73	31.48	16.78	64.68	37.50
安阳市 Anyang	914.47	811.59	175.82	176.83	57.31	3.14	60.98	38.77
鹤壁市 Hebi	166.11	158.54	12.18	22.59		1.05	6.16	0.36
新乡市 Xinxiang	809.08	723.93	89.41	186.39	24.18	22.05	54.93	8.17
焦作市 Jiaozuo	526.53	442.19	72.35	135.06		12.87	62.74	8.72
濮阳市 Puyang	291.33	256.16	130.51	46.26	52.16	8.13	19.88	7.15
许昌市 Xuchang	463.35	398.29	67.00	74.53	31.58	0.13	57.95	6.97
漯河市 Luohe	188.83	172.37	56.99	34.54	9.64	0.06	15.93	0.47
三门峡市 Sanmenxia	316.53	246.78	50.80	78.22	1.92	3.18	45.46	21.12
南阳市 Nanyang	836.18	699.62	163.68	133.90	34.45	5.97	100.31	30.28
商丘市 Shangqiu	813.46	752.94	166.86	52.53	18.40	3.20	50.54	6.78
信阳市 Xinyang	1085.04	939.98	82.63	192.76	3.06	7.10	121.06	16.89
周口市 Zhoukou	607.52	579.44	47.14	32.26	2.44	0.57	26.22	1.30
驻马店市 Zhumadian	800.32	749.27	210.62	105.17	22.27	1.15	45.41	4.49
济源市 Jiyuan	175.28	151.19	41.18	33.99	34.98		15.49	8.60

20-11 各市房地产开发竣工房屋面积(2009年)
Floor Space of Buildings Completed by City (2009)

单位：万平方米 (10 000 sq.m)

市 City	竣工房屋面积 Floor Space of Buildings Completed	住宅 Residential Buildings	#90平方米以下 Under 90 sq.m	#140平方米以上 Over 140 sq.m	#经济适用房 Economically Affordable Housing	办公楼 Office Buildings	商业营业用房 Houses for Business Use	其他 Others
全省 Total	**3400.98**	**2991.79**	**541.30**	**628.90**	**143.57**	**32.59**	**280.05**	**96.54**
郑州市 Zhengzhou	642.97	530.19	171.08	89.48	32.92	17.06	59.83	35.89
开封市 Kaifeng	129.12	111.98	25.47	56.47	18.85		14.45	2.68
洛阳市 Luoyang	484.74	425.71	46.35	100.35	25.75	1.90	37.71	19.42
平顶山市 Pingdingshan	105.35	94.12	17.69	19.07	10.37	0.40	4.33	6.50
安阳市 Anyang	192.37	179.08	26.00	58.69	4.59	0.05	12.19	1.05
鹤壁市 Hebi	48.95	45.61	9.67	9.82		1.05	2.24	0.05
新乡市 Xinxiang	178.48	158.27	17.01	40.14	15.05	0.06	17.93	2.21
焦作市 Jiaozuo	70.98	63.14	4.82	15.45			5.60	2.24
濮阳市 Puyang	59.45	50.77	19.21	10.40	0.93	3.02	5.66	
许昌市 Xuchang	135.57	123.22	20.06	29.35	3.91	0.05	10.63	1.68
漯河市 Luohe	61.36	58.43	12.03	13.64	3.30		2.93	
三门峡市 Sanmenxia	61.72	51.99	8.13	17.07	1.92	0.21	4.88	4.64
南阳市 Nanyang	159.09	133.96	19.49	21.76	1.22		22.30	2.83
商丘市 Shangqiu	142.64	127.35	30.53	6.17	5.30	3.00	8.28	4.01
信阳市 Xinyang	448.21	378.50	40.75	69.59	1.16	5.80	53.31	10.61
周口市 Zhoukou	189.93	183.37	18.70	11.53			6.07	0.50
驻马店市 Zhumadian	251.89	243.19	52.73	45.42	12.79		8.42	0.29
济源市 Jiyuan	38.16	32.92	1.59	14.49	5.52		3.29	1.95

20-12 各市房地产开发竣工房屋价值(2009年)
Value of Buildings Completed by City (2009)

单位：亿元 (100 million yuan)

市 City	竣工房屋价值 Value of Buildings Completed	住宅 Residential Buildings	#90平方米以下 Under 90 sq.m	#140平方米以上 Over 140 sq.m	#经济适用房 Economically Affordable Housing	办公楼 Office Buildings	商业营业用房 Houses for Business Use	其他 Others
全省 Total	**434.30**	**365.38**	**80.05**	**86.32**	**14.01**	**5.03**	**50.46**	**13.42**
郑州市 Zhengzhou	117.19	95.96	36.20	20.49	4.14	2.81	12.96	5.46
开封市 Kaifeng	14.86	12.77	2.74	5.72	1.70		1.85	0.24
洛阳市 Luoyang	52.53	43.73	5.66	13.12	2.01	0.24	5.87	2.69
平顶山市 Pingdingshan	11.04	9.58	1.58	2.36	0.82	0.04	0.65	0.77
安阳市 Anyang	25.90	23.56	2.98	9.34	0.34	0.01	2.22	0.12
鹤壁市 Hebi	7.25	6.56	1.43	1.13		0.21	0.47	0.01
新乡市 Xinxiang	20.17	16.61	2.18	4.29	1.63	0.01	3.40	0.16
焦作市 Jiaozuo	9.55	7.87	0.60	2.18			1.13	0.55
濮阳市 Puyang	7.83	6.57	2.09	1.58	0.07	0.37	0.88	
许昌市 Xuchang	22.03	19.42	4.54	3.98	0.46	0.01	2.40	0.22
漯河市 Luohe	9.00	8.01	2.08	2.15	0.30		0.99	
三门峡市 Sanmenxia	9.94	7.93	1.31	2.97	0.24	0.05	1.44	0.53
南阳市 Nanyang	14.83	12.20	1.82	2.28	0.09		2.17	0.47
商丘市 Shangqiu	14.65	12.91	3.08	0.76	0.56	0.27	1.11	0.36
信阳市 Xinyang	52.40	40.11	5.25	7.28	0.09	1.01	9.80	1.48
周口市 Zhoukou	17.66	16.49	1.53	0.98			1.14	0.03
驻马店市 Zhumadian	22.12	21.23	4.71	4.06	1.01		0.86	0.02
济源市 Jiyuan	5.33	3.89	0.26	1.64	0.54		1.13	0.31

20-13　房地产开发企业房屋销售情况

Selling of Enterprises for Real Estate Development

指　　标	Item	2000	2005	2006	2007	2008	2009
商品房屋销售额(亿元)	**Total Sales of Commerical Houses (100 million yuan)**	**64.18**	**322.01**	**484.72**	**885.16**	**746.46**	**1156.22**
商品住宅	Commercially Residential Buildings	50.51	255.37	403.72	742.83	629.40	1005.21
#90平方米以下	Under 90 sq.m			32.48	141.17	153.17	302.27
140平方米以上	Over 140 sq.m				87.37	142.59	220.43
#经济适用房	Economically Affordable Housing	16.51	21.00	31.08	41.72	28.05	26.34
别墅、高档公寓	Villas and Good Apartments	4.94	24.19	32.43	50.56	23.71	29.67
办公楼	Office Buildings	1.10	7.60	6.76	23.29	18.84	29.75
商业营业用房	Houses for Bussiness Use	11.52	58.32	72.70	114.34	94.60	113.48
其他房屋	Others	1.04	0.72	1.53	4.70	3.62	7.78
商品房屋销售面积(万平方米)	**Floor Space of Selling House (10 000 sq.m)**	**509.21**	**1724.82**	**2409.33**	**3928.04**	**3191.98**	**4336.90**
商品住宅	Commercially Residential Buildings	438.41	1539.60	2190.99	3569.18	2943.36	4019.26
#90平方米以下	Under 90 sq.m			151.02	551.05	604.98	965.65
140平方米以上	Over 140 sq.m				337.97	576.97	832.47
#经济适用房	Economically Affordable Housing	173.77	181.11	256.51	292.77	204.55	157.02
别墅、高档公寓	Villas and Good Apartments	23.44	94.85	115.25	146.68	65.55	85.27
办公楼	Office Buildings	5.52	24.86	19.57	64.88	43.13	65.94
商业营业用房	Houses for Bussiness Use	59.02	154.91	188.65	260.22	186.76	218.14
其他房屋	Others	6.26	5.45	10.12	33.75	18.72	33.55
房屋销售价格(元/平方米)	**Selling Price of House(yuan/sq.m)**	**1260**	**1867**	**2012**	**2253**	**2339**	**2667**
商品住宅	Commercially Residential Buildings	1152	1659	1843	2081	2138	2502
#90平方米以下	Under 90 sq.m			2150	2562	2532	3130
140平方米以上	Over 140 sq.m				2585	2471	2648
#经济适用房	Economically Affordable Housing	950	1159	1212	1425	1372	1677
别墅、高档公寓	Villas and Good Apartments	2107	2550	2814	3447	3618	3479
办公楼	Office Buildings	1996	3058	3456	3590	4367	4511
商业营业用房	Houses for Bussiness Use	1952	3765	3854	4394	5065	5202
其他房屋	Others	1668	1326	1515	1392	1933	2319

20−14 各市房地产开发商品房屋销售面积(2009年)
Floor Space of Commercial Houses Sold by City (2009)

单位：万平方米 (10 000sq.m)

市 City	商品房屋销售面积 Floor Space Sold of Commercial House	现房 marketable housing	期房 futures marketable housing	住宅 Residential Buildings	#90平方米以下 Under 90 sq.m	#经济适用房 Economically Affordable Housing	办公楼 Office Buildings	商业营业用房 Houses for Business Use	其他 Others
全 省 Total	**4336.90**	**1622.16**	**2714.74**	**4019.26**	**965.65**	**157.02**	**65.94**	**218.14**	**33.55**
郑州市 Zhengzhou	1198.92	169.03	1029.88	1085.14	451.68	43.32	54.25	55.39	4.13
开封市 Kaifeng	118.59	47.10	71.49	111.03	39.92	13.79	0.31	7.19	0.05
洛阳市 Luoyang	378.55	90.10	288.45	356.91	46.14	24.42	1.38	14.98	5.28
平顶山市 Pingdingshan	131.56	62.69	68.87	127.01	29.62	6.81	0.16	3.43	0.95
安阳市 Anyang	244.06	89.25	154.81	231.03	32.23	9.75	0.02	5.86	7.16
鹤壁市 Hebi	59.55	17.59	41.96	58.58	5.76			0.89	0.08
新乡市 Xinxiang	298.70	116.23	182.47	280.26	25.37	14.45		16.44	1.99
焦作市 Jiaozuo	180.10	71.21	108.89	162.52	25.65		4.50	12.86	0.22
濮阳市 Puyang	109.27	72.92	36.35	106.47	34.71	1.05		2.72	0.08
许昌市 Xuchang	154.93	63.82	91.11	141.89	28.39	10.46		11.65	1.40
漯河市 Luohe	76.80	10.81	65.99	71.91	29.33	7.54	0.03	4.65	0.21
三门峡市 Sanmenxia	67.07	17.07	50.00	61.59	12.03	1.92		4.83	0.66
南阳市 Nanyang	218.52	84.95	133.58	201.84	36.74	9.51	1.64	13.85	1.20
商丘市 Shangqiu	202.74	130.69	72.05	188.12	39.84	2.48	3.00	11.62	
信阳市 Xinyang	368.36	279.37	88.99	321.92	35.02	0.40	0.65	36.30	9.50
周口市 Zhoukou	171.66	138.03	33.63	166.34	17.69			5.32	
驻马店市 Zhumadian	329.20	156.99	172.22	319.72	72.38	6.83		9.30	0.19
济源市 Jiyuan	28.32	4.32	24.00	26.99	3.17	4.29		0.86	0.47

20−15 各市房地产开发商品房屋销售额(2009年)
Total Sales of Commercial Houses by City (2009)

单位：万元 (10 000 yuan)

市 City	商品房屋销售额 Total Sales of Commercial Houses	现房 marketable housing	期房 futures marketable housing	住宅 Residential Buildings	#90平方米以下 Under 90 sq.m	#经济适用房 Economically Affordable Housing	办公楼 Office Buildings	商业营业用房 Houses for Business Use	其他 Others
全 省 Total	**11562227**	**3213336**	**8348891**	**10052143**	**3022721**	**263391**	**297454**	**1134834**	**77796**
郑州市 Zhengzhou	5148231	596257	4551974	4398834	1997642	100223	267410	466283	15704
开封市 Kaifeng	281723	88124	193599	253008	87141	19493	933	27653	129
洛阳市 Luoyang	1037437	198401	839036	908913	121415	37085	3693	111100	13731
平顶山市 Pingdingshan	266654	115232	151422	236310	62231	10445	1825	20048	8471
安阳市 Anyang	472565	160085	312480	435936	61397	17039	59	26509	10061
鹤壁市 Hebi	115615	35081	80534	111668	10926			3811	136
新乡市 Xinxiang	567029	203984	363045	511289	51798	19207		53845	1895
焦作市 Jiaozuo	369562	131259	238303	318369	45212		10800	40113	280
濮阳市 Puyang	228878	140444	88434	219930	74896	1504		8718	230
许昌市 Xuchang	361663	142940	218723	309697	64742	15161		48353	3613
漯河市 Luohe	151754	18542	133212	138183	54168	10053	100	13156	315
三门峡市 Sanmenxia	156209	30496	125713	129255	27472	3060		26027	927
南阳市 Nanyang	424520	131043	293477	351722	66426	12574	5366	65559	1873
商丘市 Shangqiu	375096	219459	155637	327509	82346	3044	4500	43087	
信阳市 Xinyang	697289	501202	196087	549556	58248	1006	2768	126065	18900
周口市 Zhoukou	328493	261058	67435	309320	29351			19173	
驻马店市 Zhumadian	519997	230731	289266	488921	121777	7494		30619	457
济源市 Jiyuan	59512	8998	50514	53723	5533	6003		4715	1074

20-16 各市房地产开发企业(单位)财务状况

Financial Conditions of Enterprises for Real Estate Development

单位：万元 (10 000 yuan)

市 City	实收资本 合计 Total Capital Hold	#国家资本金 State Capital	资产总计 Total Assets	累计折旧 Total Depreciation	#本年折旧 Depriciation This Year	负债总计 Total Liabilities	所有者权益 Owners' Equity	资产负债率(%) Assets Liabilities Ration
1995			1764785	14267	5342	1279978	484807	72.5
1996	551806		1807658	26520	7591	1387989	419669	76.8
1997	406745	28943	1740105	19949	7588	1447544	292561	83.2
1998	505463	19117	2280437	30805	8592	1910905	369532	83.8
1999	510523	15301	2173758	36403	10014	1753236	420520	80.7
2000	817805	53528	3018825	56674	12183	2338003	680822	77.4
2001	945883	39983	3442486	63638	15519	2604287	838199	75.7
2002	1150354	33706	4595641	85859	17913	3481164	1114477	75.7
2003	1455042	42641	5510446	102740	19951	4038378	1472068	73.3
2004	2202011	196274	8276947	129627	29240	5938250	2338698	71.7
2005	2318891	145206	9784926	143625	29277	6816474	2968452	69.7
2006	3014227	141764	12757587	186086	48428	8971739	3785848	70.3
2007	4432599	215382	19659483	230093	45495	13732874	5926609	69.9
2008	6637409	371365	26964335	304507	73239	17873731	9090604	66.3
2009	7364502	276139	33620940	378972	80626	22812498	10808442	67.9
郑州市 Zhengzhou	3263866	159865	17834374	178806	34173	12642554	5191820	70.9
开封市 Kaifeng	230933	7055	777277	5591	891	460643	316633	59.3
洛阳市 Luoyang	630207	44692	2938968	29389	7678	2188773	750196	74.5
平顶山市 Pingdingshan	232149	1895	907626	11649	2963	583405	324221	64.3
安阳市 Anyang	271563	11258	1485243	15915	3295	1168795	316447	78.7
鹤壁市 Hebi	67430		331215	2027	535	256349	74867	77.4
新乡市 Xinxiang	431674	4233	1733916	29277	6013	1122280	611636	64.7
焦作市 Jiaozuo	131995	6535	699641	4518	954	533081	166559	76.2
濮阳市 Puyang	155692	9429	662469	12217	2755	413412	249057	62.4
许昌市 Xuchang	244096	800	844561	4791	1232	446524	398037	52.9
漯河市 Luohe	64459	3974	340443	2896	567	220142	120302	64.7
三门峡市 Sanmenxia	84505	2797	379490	5640	1398	243262	136227	64.1
南阳市 Nanyang	362558	14824	1368135	16735	2996	829275	538860	60.6
商丘市 Shangqiu	302722	1018	707482	3345	874	322791	384691	45.6
信阳市 Xinyang	246729	1812	917524	9860	1777	523636	393888	57.1
周口市 Zhoukou	299116	1095	628785	26371	6497	232629	396156	37.0
驻马店市 Zhumadian	277916	2186	840541	17657	5388	476957	363584	56.7
济源市 Jiyuan	66894	2672	223251	2285	642	147990	75260	66.3

20-17 各市房地产开发企业(单位)经营状况
Operating Statistics of Enterprises for Real Estate Development by City

单位：万元 (10 000 yuan)

市 City	主营业务总收入 Revenue from Principal Business	土地转让收入 Land Transferred	商品房屋销售收入 Commercial Houses Sold	房屋出租收入 Houses Leased	其他收入 Others	主营业务税金及附加 Operating Tax and Extra Charges	利润总额 Operating Profit
1995	296217	12144	261429	6646	15998		
1996	255167	5452	233920	3017	12778	11632	-25046
1997	253688	5168	219637	15007	13876	10766	-25754
1998	351299	13176	281049	12390	44684	14994	-24228
1999	372131	5429	305042	8766	52894	13786	-32030
2000	589976	5061	540151	2006	42758	25236	-31592
2001	795263	9742	667394	28533	89594	38027	-37939
2002	1076871	5910	922688	23136	125137	54990	-24806
2003	1456160	21772	1368253	18096	48039	76469	-33501
2004	2020881	15111	1918110	38611	49049	115015	26208
2005	2811080	61734	2675030	11543	62773	160582	176260
2006	3979391	24054	3887229	23325	44783	258454	273585
2007	6090315	45874	5939029	14200	91212	438474	632245
2008	7046582	53621	6772130	29211	191620	481789	694067
2009	8933162	63141	8721890	13006	135125	645284	1015016
郑州市 Zhengzhou	3662847	122	3584981	2787	74958	282433	504103
开封市 Kaifeng	268730	4288	261934	1881	627	17181	25139
洛阳市 Luoyang	838165	5887	818183	4619	9477	74897	97685
平顶山市 Pingdingshan	204549		203210	55	1285	12038	20093
安阳市 Anyang	429395	3107	425601	243	444	29844	27118
鹤壁市 Hebi	101623		98209		3414	6552	2715
新乡市 Xinxiang	430276		420194	791	9291	34699	53025
焦作市 Jiaozuo	154573		152992		1582	12415	6777
濮阳市 Puyang	242887	3000	225180		14707	18988	22237
许昌市 Xuchang	234243		233485	50	708	15377	21712
漯河市 Luohe	138466	6634	130303	5	1525	8287	16410
三门峡市 Sanmenxia	138562	159	135653	838	1912	8676	13089
南阳市 Nanyang	370903	586	360717	507	9093	22784	29947
商丘市 Shangqiu	302109		302099		10	18475	15403
信阳市 Xinyang	584576	26854	557309	200	212	36491	58456
周口市 Zhoukou	350360	4912	345448			19110	41442
驻马店市 Zhumadian	414865	7593	403156		4116	21490	53607
济源市 Jiyuan	66034		63237	1031	1766	5548	6059

主要统计指标解释

房地产开发投资 指房地产开发公司、商品房建设公司及其他房地产开发法人单位和附属于其他法人单位实际从事房地产开发或经营的活动单位统一开发的包括统代建、拆迁还建的住宅、厂房、仓库、饭店、宾馆、度假村、写字楼、办公楼等房屋建筑物和配套的服务设施，土地开发工程（如道路、给水、排水、供电、供热、通讯、平整场地等基础设施工程）的投资；不包括单纯的土地交易活动。

房屋建筑面积 指从房屋外墙线算起的各层平面面积的总和，包括可供使用的有效面积和房屋结构(如柱、墙)占用的面积。多层建筑按各层（包括地下室）面积总和计算。

住宅建筑面积 指施工和竣工房屋建筑面积中供居住用的施工和竣工房屋建筑面积。

施工面积 指报告期内施工的全部房屋建筑面积。包括本期新开工的面积、上期跨入本期继续施工的房屋面积、上期停缓建在本期恢复施工的房屋面积、本期竣工的房屋面积及本期施工后又停缓建的房屋面积。

竣工面积 指在报告期内房屋建筑按照设计要求已全部完工，达到住人和使用条件，经验收鉴定合格，正式移交使用单位的建筑面积。

新增固定资产 指报告期内已经完成建造和购置过程，并已交付生产或使用单位的固定资产价值。该指标是表示固定资产投资成果的价值指标，也是反映建设进度，计算固定资产投资效果的重要指标。

别墅、高档公寓 指建筑造价和销售价格明显高于一般商品住宅的商品住宅。别墅一般指地处郊区，独立成栋的商品住宅；高档公寓一般指地处市内高尚社区，高层或多层的商品住宅。别墅、高档公寓的确定标准：一是经有房地产投资计划审批权的主管部门审批建设的别墅、高档公寓开发项目；二是销售价格高于当地同等地段商品住宅平均销售价格一倍以上的别墅、公寓开发项目。该指标可以分析房地产投资结构，反映高收入家庭商品住宅的供求平衡情况。

经济适用房 指根据国家经济适用房计划安排建设的政策性住宅。经济是指房屋建筑造价和销售价格低于一般商品住宅；适用是指适合中低收入家庭购买使用。经济适用房主要是由国家统一下达投资计划，房地产公司开发，对外销售；用地一般采用行政划拨或招标投标方式，免收土地出让金；对各种经批准的收费减半征收，开发利润不超过3%；销售价格实行政府指导价。该指标可以分析房地产投资结构，反映中低收入家庭商品住宅的供求平衡情况。

商品房销售面积 指报告期内出售商品房屋的合同总面积(即双方签署的正式买卖合同中所确定的建筑面积)。由现房销售建筑面积和期房销售建筑面积两部分组成。

商品房销售额 指报告期内出售商品房屋的合同总价款(即双方签署的正式买卖合同中所确定的合同总价)。该指标与商品房销售面积同口径，由现房销售额和期房销售额两部分组成。

商品房建设投资额 是指房地产开发企业（单位）开发建设的供出售、出租用的住宅、厂房、仓库、饭店、度假村、写字楼、办公楼等房屋工程及其配套的服务设施所完成的投资额。

完成开发土地面积 指报告期内对土地进行开发并已完成七通一平等前期开发工程，具备进行房屋建筑物施工或达到出让条件的土地面积。

本年购置土地面积 指在本年内通过各种方式获得土地使用权的土地面积。

Explanatory Notes on Main Statistical Indicators

Investment in Real Estate Development It includes the investment by the real estate development companies, commercial buildings construction companies and other real estate development units of various types of ownership in the construction of house buildings, such as residential buildings, factory buildings, warehouses, hotels, guesthouses, holiday villages, office buildings, and the complementary service facilities and land development projects, such as roads,

water supply, water drainage, power supply, heating, telecommunications, land leveling and other projects of infrastructure. It excludes the activities in simple land transactions.

Floor Space of Buildings Under Construction and Completed refers to total floor space in each story of buildings calculated from the outside line of building walls, including both usable space and the space occupied by constructions like pillars or walls. The floor space of multi-story buildings includes the total floor space of each story (including basement).

Floor Space of Residential Buildings refers to the floor space of the residential buildings under construction and completed among the total space of buildings under construction and completed.

Floor Space Under Construction refers to total floor space of all buildings under construction during the reference period, including floor space of newly started buildings during the reference period, floor space of construction extended from the previous period to the current period, floor space of construction suspended during the previous period and resumed in the current period, floor space of construction completed in the current period, and floor space of construction started and then suspended in the current period.

Floor Space of Buildings Completed refers to the floor space of buildings completed in the reference period, which have come up to the designed standards and have been put into use.

Newly Increased Fixed Assets refer to the newly increased value of fixed assets, constructed or purchased, that have been transferred to the investors. This is an indicator that demonstrates the results of investment in fixed assets in monetary terms, and an important indicator to reflect the speed of construction and to calculate the efficiency of investment.

Villas, High-Grade Apartments refers to commercial houses whose construction costs and marketing prices are significantly higher than ordinary housing. Villas are independent structures generally located in the suburbs; high-grade apartments are multi-story buildings located in elegant urban neighborhoods. Criteria for villas and high-grade apartments include: 1) projects for the construction of villas or high-grade apartments have to be approved by competent departments in charge of real estate development and investment plans, and 2) prices for projects on villas or high-grade apartments are higher by over 100% compared with the average prices of ordinary commercial housing projects in similar location. This indicator helps to analyze the investment structure of the real estate industry and the demand and supply of housing for high-income households.

Economically Affordable Housing refers to housing constructed according to the state plan for economically affordable housing. Houses of this category featured in low cost in construction and low prices, and therefore are affordable to mid-income or low income households. Economically affordable housing projects are developed by real estate companies under the state investment plan, with the land provided through government allocation or tendering procedures. Developers are exempted from land utilization fees and enjoy another 50% exemption of all other legitimate fees, while their profits are limited to less than 3%, and the completed houses are sold under the government-guided prices. This indicator helps to analyze the investment structure of the real estate industry and the demand and supply of housing for mid or low income households.

Area of Commercialized Housing Sold refers to total contracted area of commercialized housing (i.e. area of floor space as designated in the formal contracts signed by both sides) during the reference time. It constitutes floor space of completed housing and floor space of future housing.

Value of Commercialized Housing Sold refers to the total contracted value (i.e. value of sales/purchase for selling/purchase of commercialized housing as designated in the contract signed by both sides) during the reference time. This indicator has the same coverage as the area of commercialized housing sold, which constitutes floor space of completed housing and floor space of housing yet to be completed

Investment in Commercial Buildings refers to the investment in residential buildings, workshops, warehouses, hotels, official buildings and related service establishment for sale or rent by real estate development enterprises.

Developed Land Area Completed refers to the land area of land development and prophase development projects completed, which can carry out construction or remise.

Purchased Land Area in Current Year refers to the land area accessible by various means in current year.

租赁和商务服务业

Leasing and Business Services

资料整理：刘秋香　张亚珂　李兰光

简要说明

一、主要内容

本篇包括租赁和商务服务业企业、行政事业单位、社会团体及其他法人单位的单位数、从业人数、主要财务指标以及旅游等社会活动情况。

二、资料来源

21-1至21-5表由省统计局组织各部门和各地区统计调查，2008年为第二次经济普查数据。由省地方经济社会调查队服务业调查处整理提供。

旅游资料中，旅游收入和国内出游人数等指标采取抽样调查方法，其余指标均为全面调查统计取得。旅游资料由河南省旅游局等有关部门提供，由河南省统计局贸易外经处编辑整理。

Brief Introduction

I. Main Contents

Data in the chapter mainly include: unit, employment, and main financial indicators of Tenancy and business services enterprises, Administrative institution, social organizations and others, and basic condition of telecommunication services, tourism, etc.

II. Sources of Data

Data from table 21-1 to 21-5 are calculated from Statistical investigation by Henan provincial bureau of statistics. Data of 2008 year are calculated from The second economic census, which are provided by Henan provincial survey organizations of social and economy.

Data on tourism revenue and number of tourism persons are calculated through a Sample survey system, and other data are calculated through a comprehensive reporting system. Data on tourism are calculated by the Henan provincial bureau of tourism. Data on tourism are provided by the Department of Trade and External Economic Relations of the Henan provincial bureau of Statistics.

21-1 法人单位数
Number of Institutional Unit

单位：个 (unit)

指标	Item	2008	2009
合计	**Total**	**9611**	**10534**
企业	Enterprise	8381	9281
行政事业	Administrative institution	956	960
社会团体及其他	Social organizations and others	274	293

21-2 法人单位从业人员数
Number of Employed Persons in Institutional Unit

单位：万人 (10 000 persons)

指标	Item	2008	2009
合计	**Total**	**17.50**	**20.10**
企业	Enterprise	15.01	17.29
行政事业	Administrative institution	2.19	2.40
社会团体及其他	Social organizations and others	0.30	0.40

21-3 分行业法人单位财务指标

Main Financial Indicators of Institutional Unit by Sector

单位：万元 (10 000 yuan)

指标	Item	2008		
		租赁和商务服务业 Tenancy and business services	租赁业 Tenancy	商务服务业 Business service
单位数(个)	Number of units (unit)	9611	486	9125
从业人数(万人)	Employed Persons (10 000 Persons)	17.50	0.51	17.00
固定资产原价	Fixed Asset Price	3529204	85593	3443611
收入合计	Total Income	1766637	58864	1707772
成本费用合计	Total Cost	1001523	30062	971461
工资和福利费	Salary and Welfare	317963	8655	309309
税费合计	Tax	98167	4875	93292
营业利润	Operating Profit	352108	12713	339395

指标	Item	2009		
		租赁和商务服务业 Tenancy and business services	租赁业 Tenancy	商务服务业 Business service
单位数(个)	Number of units (unit)	10534	546	9988
从业人数(万人)	Employed Persons (10 000 Persons)	20.10	0.78	19.32
固定资产原价	Fixed Asset Price	3641924	136699	3505225
收入合计	Total Income	1816299	87381	1728918
成本费用合计	Total Cost	1174544	49187	1125357
工资和福利费	Salary and Welfare	334402	13098	321305
税费合计	Tax	90346	6162	84185
营业利润	Operating Profit	227158	16023	211135

21-4 各市法人单位财务指标(2008年)

Main Financial Indicators of Institutional Unit by City(2008)

单位：万元 (10 000 yuan)

市 City	单位数(个) Number of units (unit)	从业人数(万人) Employed Persons (10 000 Persons)	固定资产原价 Fixed Asset Price	收入合计 Total Income
全 省 Total	**9611**	**17.50**	**3529204**	**1766637**
郑州市 Zhengzhou	4194	5.62	1484039	908445
开封市 Kaifeng	381	0.83	122911	99582
洛阳市 Luoyang	823	1.70	272723	120485
平顶山市 Pingdingshan	269	0.97	118391	91331
安阳市 Anyang	460	0.92	106789	71179
鹤壁市 Hebi	68	0.12	8259	8074
新乡市 Xinxiang	373	0.71	43666	33890
焦作市 Jiaozuo	396	0.60	627007	33379
濮阳市 Puyang	209	1.95	14383	57626
许昌市 Xuchang	332	0.46	87223	63421
漯河市 Luohe	153	0.33	128322	24522
三门峡市 Sanmenxia	475	0.71	58590	56704
南阳市 Nanyang	489	0.93	55693	51425
商丘市 Shangqiu	150	0.26	18906	14776
信阳市 Xinyang	304	0.51	67130	23131
周口市 Zhoukou	185	0.27	10810	13765
驻马店市 Zhumadian	264	0.48	32785	59948
济源市 Jiyuan	86	0.12	271579	34953

市 City	成本费用合计 Total Expenses	工资和福利费 Salary and Welfare	税费合计 Tax and Expenses	营业利润 Operating Profit
全 省 Total	**1001523**	**317963**	**98167**	**352108**
郑州市 Zhengzhou	458729	114299	46244	194917
开封市 Kaifeng	59076	21716	7662	32080
洛阳市 Luoyang	80712	28841	5659	17675
平顶山市 Pingdingshan	60043	15305	13459	11877
安阳市 Anyang	34212	13240	4659	14283
鹤壁市 Hebi	6707	1696	261	231
新乡市 Xinxiang	20249	10776	2112	4389
焦作市 Jiaozuo	19712	8858	2105	950
濮阳市 Puyang	54337	37849	417	1117
许昌市 Xuchang	34013	7646	5776	14934
漯河市 Luohe	13039	3918	714	8459
三门峡市 Sanmenxia	34606	13247	1466	8838
南阳市 Nanyang	31168	15154	2193	11705
商丘市 Shangqiu	9639	3678	810	2722
信阳市 Xinyang	16389	7780	1056	4077
周口市 Zhoukou	6641	4175	966	4798
驻马店市 Zhumadian	41999	7982	1757	6472
济源市 Jiyuan	20252	1805	852	12583

21-5 各市法人单位财务指标(2009年)

Main Financial Indicators of Institutional Unit by City(2009)

单位：万元 (10 000 yuan)

市 City	单位数(个) Number of units (unit)	从业人数(万人) Employed Persons (10 000 Persons)	固定资产原价 Fixed Asset Price	收入合计 Total Income
全　省 Total	**10534**	**20.10**	**3641924**	**1816299**
郑州市 Zhengzhou	4535	6.02	1731097	925125
开封市 Kaifeng	427	0.90	147635	113949
洛阳市 Luoyang	875	1.76	264418	119789
平顶山市 Pingdingshan	331	1.39	120500	72140
安阳市 Anyang	526	1.11	169399	89988
鹤壁市 Hebi	78	0.22	15208	11871
新乡市 Xinxiang	424	0.79	56516	37432
焦作市 Jiaozuo	415	0.80	460164	36263
濮阳市 Puyang	210	2.70	14784	59310
许昌市 Xuchang	379	0.48	89323	64170
漯河市 Luohe	160	0.49	60051	31442
三门峡市 Sanmenxia	526	0.64	59756	62649
南阳市 Nanyang	609	1.14	74110	63623
商丘市 Shangqiu	160	0.25	17653	19682
信阳市 Xinyang	316	0.54	116481	27386
周口市 Zhoukou	195	0.31	18042	29188
驻马店市 Zhumadian	280	0.46	34775	35599
济源市 Jiyuan	88	0.09	192013	16694

市 City	成本费用合计 Total Expenses	工资和福利费 Salary and Welfare	税费合计 Tax and Expenses	营业利润 Operating Profit
全　省 Total	**1174544**	**334402**	**90346**	**227158**
郑州市 Zhengzhou	607046	119816	42893	41378
开封市 Kaifeng	69522	22994	7425	36236
洛阳市 Luoyang	78287	28002	8273	21919
平顶山市 Pingdingshan	43472	22390	3516	8112
安阳市 Anyang	47674	15795	4324	19778
鹤壁市 Hebi	9525	3714	693	867
新乡市 Xinxiang	26631	11257	2360	3440
焦作市 Jiaozuo	19714	9156	2447	8633
濮阳市 Puyang	55986	35638	453	2199
许昌市 Xuchang	36928	7314	5961	16136
漯河市 Luohe	17774	5055	1667	9991
三门峡市 Sanmenxia	38301	11490	1580	10501
南阳市 Nanyang	37811	17981	3291	18046
商丘市 Shangqiu	12045	3491	1142	3496
信阳市 Xinyang	20157	8036	1162	5371
周口市 Zhoukou	19813	4645	1182	6314
驻马店市 Zhumadian	24238	6065	1319	8156
济源市 Jiyuan	9618	1563	658	6587

21−6 旅游事业基本情况

Basic Condition of International Tourism

项　目	Item	2005	2006	2007	2008	2009
旅游设施	**Tourist Facilities**					
饭店(个)	Number of Tourist Hotel (unit)	360	455	492	488	504
床位(张)	Number of Bed (unit)	102911	115403	105120	107587	110241
接待入境游客人数（人次）	**Number of International Tourists Received (person-times)**	**600529**	**757401**	**880885**	**1043580**	**1258515**
外国人	Foreigners	347329	453997	555640	679122	827646
香港同胞	Compatriots from Hongkong	102984	120836	136455	148309	176774
澳门同胞	Compatriots from Macao	46489	53671	46740	54408	68386
台湾同胞	Compatriots from Taiwan	103727	128897	142050	161741	185709
旅游创汇收入（万美元）	**Income of International Tourists Received (USD 10 000)**	**21604**	**27376**	**31801**	**37443**	**43302**

注：1.本表接待入境旅游者人数包括不过夜人数(下表同)。
2.旅游创汇收入为旅游部门抽样调查数。3.饭店和床位为星级饭店年报数据。
a)Number of international tourists received exclude persons who didn't stay for night. (The following table is the same).
b)Data on the income of international tourists received are obtained from sample surry by tourism administration.
c)Numbers of Hotels and Beds were Obtained from Stara-Ranked Hotels Annual Report.

21−7 各市入境旅游情况(2009年)

Basic Condition of International Tourism by City (2009)

市	City	星级饭店数（个）Total Number of Star-rated Hotel (unit)	接待入境游客人数（人次）Number of International Tourists Received (person-times)	旅游创汇收入（万美元）Income of International Tourists Received (USD 10 000)
全省	**Total**	**504**	**1258515**	**43302**
郑州市	Zhengzhou	117	321022	13800
开封市	Kaifeng	27	178608	4162
洛阳市	Luoyang	65	373200	13200
平顶山市	Pingdingshan	30	11210	310
安阳市	Anyang	18	50018	1020
鹤壁市	Hebi	11	5705	168
新乡市	Xinxiang	23	10549	315
焦作市	Jiaozuo	28	186343	6500
濮阳市	Puyang	15	16100	634
许昌市	Xuchang	16	7813	184
漯河市	Luohe	8	5389	230
三门峡市	Sanmenxia	25	36877	774
南阳市	Nanyang	35	11330	550
商丘市	Shangqiu	13	8313	210
信阳市	Xinyang	24	7686	315
周口市	Zhoukou	16	14200	440
驻马店市	Zhumadian	25	6200	300
济源市	Jiyuan	8	7952	190

21-8　接待国内游客人数和收入

Number and Income of Civil Tourists Received

本表为抽样调查数。
Date in this table are obtained from the Sample Survey.

项　目	Item	2008	省内游客 Local Tourists	省外游客 Non-local Tourists	2009	省内游客 Local Tourists	省外游客 Non-local Tourists
接待国内游客人数（万人次）	Number of Civil Tourists Received (10 000 person-times)	19921	11441	8480	23312	15439	7873
#一日游	Number of One Day Tour	4424	2541	1883	4702	2978	1724
接待国内游客收入（亿元）	Income of Civil Tourists Received (100 million yuan)	1566	899	667	1954	1294	660

21-9　各市国内旅游基本情况（2009年）

Basic statistics of internal-tour by City (2009)

市	City	总人次数(万人次) Number of person-time (10 000 person-times)	总花费(亿元) Total Cost (100 million yuan)	人均花费(元) Per capita Cost (yuan)
全　省	**Total**	**23312**	**1954.33**	**878**
郑州市	Zhengzhou	6169	505.12	819
开封市	Kaifeng	1953	149.47	765
洛阳市	Luoyang	3343	310.24	928
平顶山市	Pingdingshan	792	59.13	746
安阳市	Anyang	1234	89.39	725
鹤壁市	Hebi	338	19.74	583
新乡市	Xinxiang	1068	60.66	568
焦作市	Jiaozuo	1729	109.72	635
濮阳市	Puyang	680	44.98	661
许昌市	Xuchang	537	27.31	508
漯河市	Luohe	361	20.81	577
三门峡市	Sanmenxia	1303	68.48	525
南阳市	Nanyang	1112	75.41	678
商丘市	Shangqiu	650	35.92	553
信阳市	Xinyang	1064	52.12	490
周口市	Zhoukou	609	35.36	581
驻马店市	Zhumadian	728	38.81	533
济源市	Jiyuan	183	12.40	679

21-10 律师、公证、调解工作基本情况

Basic Statistics on Lawyers, Notarization and Mediation

项目	Item	1990	1995	2000	2005	2008	2009
律师工作	**Lawyers**						
律师事务所(个)	Number of Law Offices (unit)	201	439	537	553	618	694
律师(人)	Number of Lawyers (person)	2357	5047	4266	5594	7025	8027
#女性	Female					1220	1475
#专职律师	Full-time Lawyers	1647	3582	3849	5323	6281	7232
兼职律师	Part-time Lawyers	710	826	193	271	358	419
聘请担任常年法律顾问的单位(家)	Number of Units with Permanent Legal Advisors (unit)	3614	10087	29691	17313	16869	14945
民事代理(件)	Agent of Civil Cases(case)	3614	20992	54576	93191	62489	56495
刑事辩护(件)	Defender of Criminal Cases (case)	3614	12970	22312	24507	29504	36888
非诉讼法律事务(件)	Agent of Non-Litigious Legal Affairs (case)					77580	29273
解答法律询问(万件)	Agent of Legal Advisory Services (10 000 cases)	3614	30.65	59.90	34.65	31.17	33.05
代写法律事务文书(万件)	Agent of Legal Documents Written on Behalf of Clients (10 000 cases)					5.39	4.97
公证工作	**Notarization**						
公证处(个)	Number of Notary Offices (unit)	173	178	178	178	178	171
公证人员(人)	Notarial Personnel (person)	924	963	1205	1198	1120	1110
#公证员	Notaries	615	612	692	608	610	597
助理公证员	Assistant Notaries	136	138		590	510	513
国内公证(万件)	Domestic (10 000 cases)	17.75	35.71	199.40	60.00	58.02	58.85
涉外公证(件)	Foreign (case)			49149	53000	82056	89129
挽回经济损失(亿元)	Retrieve Losses of Economy (100 million yuan)			3.40	15.00	2.90	4.15
人民调解工作	**Number of People's Mediation**						
人民调解委员会(万个)	Number of People's Mediation Commit-tees (10 000 units)	5.51	5.85	5.00	5.80	5.74	5.76
调解民间纠纷(万件)	Number of Civil Disputes Mediated (10 000 cases)					37.84	38.23

21-11 法律援助工作基本情况

Basic Statistics on legal aid

项目	Item	2008	2009
机构数(个)	Number of institutions (unit)	179	181
实有人数(人)	Actual persons (person)	980	989
法律援助专职律师数(人)	Number of full time legal aid lawyers (person)	289	257
诉讼案件总数(件)	Total law case (case)	25451	39469
民事案件	Civil	16957	31072
刑事案件	Penal	8000	7917
行政案件	Administrative	494	480
非诉讼案件(件)	Unlitigant (case)	5796	5921
受援人数(人)	Recieve aid person(person)	36467	46420
咨询(来访、来电)数(人次)	Consultation persons(person-time)	186088	215698

主要统计指标解释

旅游人数

(1)入境旅游人数：指报告期内来我国观光、度假、探亲访友、就医疗养、购物、参加会议或从事经济、文化、体育、宗教活动的外国人、港澳台同胞等入境游客。统计时，外国人、港澳台同胞每入境一次统计1人次。

(2)出境人数：指中国（大陆）居民因公或因私出境前往其他国家、中国香港特别行政区、澳门特别行政区和台湾省观光、度假、探亲访友、就医疗养、购物、参加会议或从事经济、文化、体育、宗教活动的人数，即出境游客。统计时，按每出境一次统计1人次。

(3)国内旅游人数：指在报告期内在中国（大陆）观光游览、度假、探亲访友、就医疗养、购物、参加会议或从事经济、文化、体育、宗教活动的中国（大陆）居民人数，其出游的目的不是通过所从事的活动谋取报酬。统计时，国内游客按每出游一次统计1人次。

国际旅游(外汇)收入 指入境游客在中国（大陆）境内旅行、游览过程中用于交通、参观游览、住宿、餐饮、购物、娱乐等全部花费。

国内旅游收入 指国内游客在国内旅行、游览过程中用于交通、参观游览、住宿、餐饮、购物、娱乐等全部花费。

星级饭店 指设备、设施、服务符合《旅游饭店星级的划分与评定》(GB/T14308-2003)，通过相关旅游管理部门评定，并取得星级饭店称号的饭店（含预备星级饭店）。

律师 指受聘参加法律顾问处工作，担任法律顾问、刑（民）事代理人、刑事辩护人，办理非诉讼事件、解答法律询问，代写法律事务文书等主要从事律师业务的专职法律工作者和兼职律师。

公证人员 指在国家公证机关依法办理公证事务的司法人员，包括公证员、助理公证员和在公证处工作的其他人员。

公证文书 指公证处在一定时期内办结的公证文书件数。公证文书按司法部规定或批准的格式制作，包括国内公证和涉外公证两部分。国内公证分为经济合同公证和民事法律关系公证两大类。

调解人员 指在人民调解委员会担负调解民间一般民事纠纷和轻微违法行为引起纠纷的工作人员，包括调解委员会的委员和调解小组的调解员。

调解民间纠纷 指调解委员会依照法律规定，根据自愿原则，用说服教育的方法调解民间发生的有关民事权利和义务的争执，促成当事双方达到协议和谅解，解决纠纷。包括婚姻家庭纠纷，财产权益纠纷等，不包括法院受理调解的民事案件数。

Explanatory Notes on Main Statistical Indicators

Number of Tourists

(1) Visitor arrivals refer to the number of foreigners, Chinese compatriots from Hong Kong, Macao and Taiwan Chinese (mainland) who come to China (mainland) for sight-seeing, vacation, visiting relatives, medical treatment, shopping, attending conference, or to engage in economic, cultural, sports and religious activities. In compiling statistics, each time of entering China is counted as one person-time.

(2) Number of Chinese residents going abroad refer to the number of Chinese (mainland) residents going to other countries, Hong Kong Special Administrative region, Macao Special Administrative region and Taiwan for on official or private purposes, for sight-seeing, vacation, visiting relatives, medical treatment, shopping, attending conference, or to engage in economic, cultural, sports and religious activities. In compiling statistics, each time of leaving is counted as one person-time.

(3) Number of domestic tourists refers to the number Of Chinese (mainland) residents who travel within China (mainland) for sight-seeing, vacation, visiting relatives, medical treatment, shopping, attending conference, or to engage in economic, cultural, sports and religious activities. In compiling statistics, each time of traveling is counted as one person-time.

Foreign Exchange Earnings from International Tourism refer to the total expenditure of foreigners, overseas Chinese, Chinese compatriots from Hong Kong, Macao and Taiwan during their stay in the mainland of China on transportation, sighting, accommodation, food, shopping and entertainment.

Income from Domestic Tourism refer to expenditure of domestic tourists on transportation, sighting, accommodation, food, shopping and entertainment while they travel.

Star-rated Hotels refer to hotels rated with stars as assessed by the relevant tourism authorities according to GB/T14308-2003 standard with reference to their infrastructure, facilities and service levels.

Lawyers are legal workers who are employed full time by legal counseling firms to act as legal advisers, agents in criminal or civil lawsuits, or defenders in criminal lawsuits, or to handle non-litigious legal affairs, to advise on matters of law or to write legal papers for others. Both full-time and part time lawyers are included.

Notary Personnel refers to judicial workers of the state notary offices handling notarization work according to law. They include notaries, assistant notaries, and other people working for notary offices.

Notarized Documents refer to the documents settled by notary offices in a year. The notary documents are drawn up in accordance with the regulations of the Ministry of Justice, including domestic documents and foreign-related documents. Domestic documents are divided into two major categories, documents on economic contracts and documents on civil legal relations.

Mediators refer to workers on peoples mediation committees responsible for mediating in civil disputes and cases of slight infraction of the law. They include members of the mediation committees and mediators of mediation groups.

Mediation of Civil Disputes refers to mediation committees work in mediating in civil disputes concerning civil rights and duties through persuasion and education in accordance with the provisions of law on a voluntary basis, so as to solve disputes by helping the parties involved come to an agreement and understanding. These disputes include divorce cases and disputes over property ownership, but exclude the civil cases to be handled by the court.

科学研究、技术服务和地质勘查业

Scientific Research, Technical Services and Geologic Prospecting

◎ 资料整理：刘秋香　张永安

简要说明

一、主要内容

本篇包括科学研究、技术服务和地质勘查业企业、行政事业单位、社会团体及其他法人单位的单位数、从业人数、主要财务指标以及专利申请和授权资料、技术市场技术合同成交资料、测绘及质量监督等社会活动情况。

二、资料来源

22-1至22-5表由省统计局组织各部门和各地区统计调查。2008年为第二次经济普查数据。由省地方经济社会调查队服务业调查处整理提供。

技术市场资料、专利资料由省科技厅提供；测绘资料由省测绘局提供；质量监督资料由省质量技术监督局提供。由河南省统计局社会与科技处编辑整理。

Brief Introduction

I. Main Content

Data in the chapter mainly include: unit, employment, and main financial indicators of scientific research, technical service and geologic perambulation enterprises, Administrative institution, social organizations and others. data on patents application accepted and granted; data on technological markets; data on activities of the surveying and mapping, product quality supervision.

II. Sources of Data

Data from table 22-1 to 22-5 are calculated from Statistical investigation by Henan provincial bureau of statistics. Data of 2008 year are calculated from The second economic census, which are provided by Henan provincial survey organizations of social and economy.

Data on patents application accepted and granted, technological markets and patents application are calculated from Henan provincial bureau of scientific and technological. Data on surveying and mapping are calculated from Henan provincial bureau of Survey and Mapping. Data on product quality supervision are calculated from Henan provincial bureau of product quality supervision. Data on this chapter are provided by Department of social and scientific and technological of Henan provincial bureau of statistics.

22-1 法人单位数

Number of Institutional Unit

单位：个 (unit)

指标	Item	2008	2009
合计	**Total**	**5027**	**5238**
企业	Enterprise	2667	2871
行政事业	Administrative institution	2160	2149
社会团体及其他	Social organizations and others	200	218

22-2 法人单位从业人员数

Number of Employed Persons in Institutional Unit

单位：万人 (10 000 persons)

指标	Item	2008	2009
合计	**Total**	**15.10**	**14.47**
企业	Enterprise	7.98	8.18
行政事业	Administrative institution	6.78	6.00
社会团体及其他	Social organizations and others	0.34	0.29

22-3 分行业法人单位财务指标

Main Financial Indicators of Institutional Unit by Sector

单位：万元 (10 000 yuan)

指标	Item	2008 科学研究、技术服务和地质勘查业 Scientific research, technical service and geologic perambulation	研究与试验发展 Research and experimental development	专业技术服务业 Professional technique services	科技交流和推广服务业 Services of science and technique intercommunion and generalization	地质勘查业 Geologic Perambulation
单位数(个)	Number of units (unit)	5027	558	2770	1573	126
从业人数(万人)	Employed Persons (10 000 Persons)	15.10	2.61	7.92	2.68	1.89
固定资产原价	Fixed Asset Price	1998800	1042525	539381	126620	290274
收入合计	Total Income	2767899	845090	1375813	167079	379917
成本费用合计	Total Cost	2051219	679977	947382	127575	296284
工资和福利费	Salary and Welfare	471629	133034	238987	47427	52182
税费合计	Tax	99221	21666	51440	7033	19083
营业利润	Operating Profit	320843	65617	212065	19155	24006

指标	Item	2009 科学研究、技术服务和地质勘查业 Scientific research, technical service and geologic perambulation	研究与试验发展 Research and experimental development	专业技术服务业 Professional technique services	科技交流和推广服务业 Services of science and technique intercommunion and generalization	地质勘查业 Geologic Perambulation
单位数(个)	Number of units (unit)	5238	562	2880	1663	133
从业人数(万人)	Employed Persons (10 000 Persons)	14.47	2.1244	7.7513	2.8191	1.7752
固定资产原价	Fixed Asset Price	1835874	765674	618215	123132	328854
收入合计	Total Income	2896508	689701	1629835	168047	408925
成本费用合计	Total Cost	2189477	513204	1185819	125345	365110
工资和福利费	Salary and Welfare	433896	96520	243542	49774	44060
税费合计	Tax	119041	22604	66223	6803	23410
营业利润	Operating Profit	356905	87931	237561	19174	12239

22-4 各市法人单位财务指标(2008年)

Main Financial Indicators of Institutional Unit by City(2008)

单位：万元 (10 000 yuan)

市 City	单位数(个) Number of units (unit)	从业人数(万人) Employed Persons (10 000 Persons)	固定资产原价 Fixed Asset Price	收入合计 Total Income
全 省 Total	**5027**	**15.10**	**1998800**	**2767899**
郑 州 市 Zhengzhou	1388	5.25	653733	942962
开 封 市 Kaifeng	226	0.47	33362	45136
洛 阳 市 Luoyang	573	2.77	933981	1308858
平 顶 山 市 Pingdingshan	199	0.55	21693	41919
安 阳 市 Anyang	186	0.46	31867	46063
鹤 壁 市 Hebi	60	0.11	9825	6502
新 乡 市 Xinxiang	180	0.57	51581	81300
焦 作 市 Jiaozuo	292	0.68	42309	44394
濮 阳 市 Puyang	127	0.28	22099	29162
许 昌 市 Xuchang	152	0.44	20538	38447
漯 河 市 Luohe	61	0.11	13203	7717
三 门 峡 市 Sanmenxia	321	0.44	31204	27411
南 阳 市 Nanyang	416	1.18	60783	66623
商 丘 市 Shangqiu	77	0.17	8371	7354
信 阳 市 Xinyang	359	0.77	33773	32530
周 口 市 Zhoukou	84	0.16	6393	7515
驻 马 店 市 Zhumadian	265	0.56	18050	27231
济 源 市 Jiyuan	61	0.11	6037	6775

市 City	成本费用合计 Total Expenses	工资和福利费 Salary and Welfare	税费合计 Tax and Expenses	营业利润 Operating Profit
全 省 Total	**2051219**	**471629**	**99221**	**320843**
郑 州 市 Zhengzhou	633239	170485	44258	132469
开 封 市 Kaifeng	30004	13365	2382	10307
洛 阳 市 Luoyang	1027302	155784	35418	137160
平 顶 山 市 Pingdingshan	31205	12450	2371	3175
安 阳 市 Anyang	34258	9581	817	4984
鹤 壁 市 Hebi	5586	1961	127	411
新 乡 市 Xinxiang	67420	17857	867	2010
焦 作 市 Jiaozuo	30034	11580	3989	5169
濮 阳 市 Puyang	23713	6470	1166	759
许 昌 市 Xuchang	26243	7230	2192	4597
漯 河 市 Luohe	5603	1911	116	1392
三 门 峡 市 Sanmenxia	21951	8756	553	2397
南 阳 市 Nanyang	49363	24116	2882	9907
商 丘 市 Shangqiu	5503	2654	315	694
信 阳 市 Xinyang	25615	13502	789	1699
周 口 市 Zhoukou	5805	3769	270	1243
驻 马 店 市 Zhumadian	23580	7970	422	1842
济 源 市 Jiyuan	4795	2187	288	630

22-5 各市法人单位财务指标(2009年)

Main Financial Indicators of Institutional Unit by City(2009)

单位：万元 (10 000 yuan)

市 City	单位数(个) Number of units (unit)	从业人数(万人) Employed Persons (10 000 Persons)	固定资产原价 Fixed Asset Price	收入合计 Total Income
全　省 Total	**5238**	**14.47**	**1835874**	**2896508**
郑州市 Zhengzhou	1433	5.24	709093	1062028
开封市 Kaifeng	235	0.52	34933	46812
洛阳市 Luoyang	636	2.30	706604	1294931
平顶山市 Pingdingshan	213	0.51	22851	62219
安阳市 Anyang	189	0.43	32729	50274
鹤壁市 Hebi	63	0.10	9342	5992
新乡市 Xinxiang	188	0.59	55255	88213
焦作市 Jiaozuo	294	0.64	57885	48294
濮阳市 Puyang	126	0.26	23089	28286
许昌市 Xuchang	156	0.34	18420	26335
漯河市 Luohe	61	0.10	3817	6238
三门峡市 Sanmenxia	335	0.39	29056	24006
南阳市 Nanyang	455	1.23	58949	74156
商丘市 Shangqiu	78	0.17	8111	7656
信阳市 Xinyang	360	0.80	35293	34467
周口市 Zhoukou	89	0.17	6741	6512
驻马店市 Zhumadian	265	0.57	17971	23071
济源市 Jiyuan	62	0.11	5736	7019

市 City	成本费用合计 Total Expenses	工资和福利费 Salary and Welfare	税费合计 Tax and Expenses	营业利润 Operating Profit
全　省 Total	**2189477**	**433896**	**119041**	**356905**
郑州市 Zhengzhou	806017	173357	55602	59136
开封市 Kaifeng	30180	12944	2476	11347
洛阳市 Luoyang	965740	117759	38591	214090
平顶山市 Pingdingshan	44335	10188	7514	9095
安阳市 Anyang	41186	10595	798	5866
鹤壁市 Hebi	5283	1872	133	251
新乡市 Xinxiang	71979	16307	1244	21705
焦作市 Jiaozuo	36197	11083	3442	5011
濮阳市 Puyang	24923	6810	1382	1522
许昌市 Xuchang	17528	5546	1786	6976
漯河市 Luohe	4943	1831	92	1154
三门峡市 Sanmenxia	17608	8229	646	2249
南阳市 Nanyang	55598	25829	3379	11597
商丘市 Shangqiu	5734	2790	338	896
信阳市 Xinyang	28646	15440	877	2853
周口市 Zhoukou	6279	2805	174	960
驻马店市 Zhumadian	22224	8333	200	1539
济源市 Jiyuan	5076	2180	369	661

22-6 三种专利申请受理量及授权量

Three Types of Patent Application Examined and Granted

单位：项 (item)

项　　目	Item	2000	2005	2006	2007	2008	2009
申请量合计	**Total Applications Examined**	**3818**	**8981**	**11538**	**14916**	**19090**	**19589**
发明	Inventions	650	1703	2404	2875	4954	4952
实用新型	Utility Models	2551	4594	5376	5571	8167	9912
外观设计	Designs	617	2684	3758	6470	5969	4725
在三种专利申请受理量中	**In the Three Types of Patent Applications Examined**						
个人	Individuals	3209	5955	7326	9727	10760	9059
大专院校	Universities and Colleges	8	311	529	666	568	726
科研单位	Research Institutions	65	166	328	427	689	570
工矿企业	Industrial and Mineral Enterprises	526	2534	3326	4034	6968	9180
机关团体	Government Agencies and Organizations	10	15	29	62	105	54
授权量合计	**Total Applications Granted**	**2766**	**3748**	**5242**	**6998**	**9133**	**11425**
发明	Inventions	209	356	450	563	668	1129
实用新型	Utility Models	2113	2304	3260	4517	5317	6630
外观设计	Designs	444	1088	1532	1918	3148	3666
在三种专利授权量中	**In the Three Types of Patent Applications Granted**						
个人	Individuals	2253	2535	3427	4363	5715	5465
大专院校	Universities and Colleges	14	65	145	211	249	381
科研单位	Research Institutions	64	60	98	244	233	283
工矿企业	Industrial and Mineral Enterprises	417	1076	1560	2143	2900	5272
机关团体	Government Agencies and Organizations	18	12	12	37	36	24

22-7 各类技术合同情况(2009年)
Statistics on Technical Contracts(2009)

合同类别	Type	合同数(个) Number of Contracts (unit)	成交额 (万元) Transaction Value (10 000 yuan)	#技术额 Technical Contract Value	实现合同数 (份次) Number of Contracts Realized (share)	实现金额 (万元) Contract Value Realized (10 000 yuan)	#实现技术额 Technical Contract Value Realized
总　　计	**Total**	**3915**	**263776**	**194771**	**20**	**18416**	**4675**
技术开发	Technological Development	1149	77729	68248	4	7090	3103
技术转让	Technological Transfer	517	76784	32732	4	648	608
技术咨询	Technological Consultation	622	21147	17720			
技术服务	Technological Services	1627	88116	76072	12	10678	964

22-8 技术买方情况(2009年)
Statistics on Buyer of Technology(2009)

单位：个 万元 (item/10 000yuan)

买方类别	Type of Buyer	合计 Total		机关法人 Administration Corporate		事业法人 Institution Corporate		社团法人
		合同数 Number of Contracts	成交额 Transaction Value	合同数 Number of Contracts	成交额 Transaction Value	合同数 Number of Contracts	成交额 Transaction Value	合同数 Number of Contracts
总　　计	**Total**	**3915**	**263776**	**1**	**50**	**1056**	**30884**	**194**
机关法人	Administration Corporate	261	14702	1	50	62	1431	
事业法人	Institution Corporate	468	19301			120	2086	2
社团法人	Association Corporate	9	349			2	18	
企业法人	Enterprise Corporate	2997	228066			853	26432	62
自 然 人	Nature Persons	140	123			6	15	130
其他组织	Others	40	1235			13	902	

买方类别	Type of Buyer	Association Corporate	企业法人 Enterprise Corporate		自然人 Nature Persons		其他组织 Others	
		成交额 Transaction Value	合同数 Number of Contracts	成交额 Transaction Value	合同数 Number of Contracts	成交额 Transaction Value	合同数 Number of Contracts	成交额 Transaction Value
总　　计	**Total**	**406**	**2590**	**225938**	**23**	**4730**	**51**	**1768**
机关法人	Administration Corporate		196	13201			2	20
事业法人	Institution Corporate	300	346	16914				
社团法人	Association Corporate		7	332				
企业法人	Enterprise Corporate	53	2010	195102	23	4730	49	1748
自 然 人	Nature Persons	53	4	56				
其他组织	Others		27	333				

22-9 各种分组的技术成交情况(2009年)

Statistics on Transaction of Technology by Group(2009)

指　标	Item	合同数(个) Number of Contracts (unit)	成交额(万元) Transaction Value (10 000 yuan)
总计	**Total**	**3915**	**263776.10**
受让技术所服务的社会经济目标分类	**Grouped by Social and Economic Service Objection**		
农业、林业和渔业的发展	Development of Agriculture,Forestry and Fishery	166	22004.26
促进工业的发展	Promoting Industrial Development	606	107989.00
能源的生产和合理利用	Production,Rational Utilization of Energy	531	21167.23
基础设施的发展	Development of Infrastructure	171	13449.30
环境治理与保护	Environmental Treatment and Protextion	128	4372.03
卫生(不包括污染)	Health Care (Pollution is Excluded)	52	9147.43
社会发展和社会服务	Social Development and Service	1785	69237.67
地球和大气层的探索与利用	Exploration and application on Earth and Atmosphere	4	49.80
知识的发展	Development of Knowledge	19	499.86
民用空间	Civil Space	22	2686.41
国防	National Defence	24	2397.20
其他	Others	407	10775.89
按技术领域分类	**Grouped by Technology**		
电子信息技术	Electronic Information Technology	663	16155.44
航空航天技术	Aeronautic and Astronautic Technology	24	2603.70
先进制造技术	Advanced manufacturing technology	496	71727.13
生物、医药和医疗器械技术	Biological ,Medical and Medical Device Technology	179	21281.59
新材料及其应用	New Materials and Their Application	120	20918.27
新能源与高效节能	New Energy, High Efficiency and Energy Saving	494	54928.66
环境保护与资源综合利用技术	Environmental Protetion and Resources comprehensive utilization Technology	312	10122.11
核应用技术	Nuclear Application Technology	3	34.40
农业技术	Agriculture Technology	173	20988.50
现代交通	Modern Communication	195	3249.58
城市建设与社会发展	City Construction and Social Development	1256	41766.71
知识产权分类	**Grouped by Intellectual Property**		
技术秘密	Technology Secret	1107	120662.91
专利	Patent	31	28624.59
计算机软件	Computer Software	292	8106.56
动、植物新品种	new varieties of Animal and Plants	25	1665.30
集成电路布图设计	IC Layout Design	6	15.77
生物、医药新品种	new varieties of Biology and Medicine	20	1294.00
未涉及知识产权	Others	2434	103406.97

22-10 各市技术市场交易成交项数(2009年)

Number of Business on Technological Markets by City(2009)

单位：项 (item)

市 City	技术买方 Technology Buyers	事业法人 Institution Corporate	企业法人 Enterprise Corporate	其他 Others
郑州市 Zhengzhou	2455	354	1817	284
开封市 Kaifeng	3		3	
洛阳市 Luoyang	406	29	371	6
平顶山市 Pingdingshan	37		3	34
安阳市 Anyang	16		16	
鹤壁市 Hebi	8		8	
新乡市 Xinxiang	15		14	1
焦作市 Jiaozuo	550	42	413	95
濮阳市 Puyang	5		5	
许昌市 Xuchang	116		116	
漯河市 Luohe	92	23	59	10
三门峡市 Sanmenxia	25	2	23	
南阳市 Nanyang	160	14	136	10
商丘市 Shangqiu	9			9
信阳市 Xinyang	7		7	
周口市 Zhoukou	2	1	1	
驻马店市 Zhumadian	5	2	2	1
济源市 Jiyuan	4	1	3	

市 City	技术卖方 Technology Sellers	事业法人 Institution Corporate	企业法人 Enterprise Corporate	其他 Others
郑州市 Zhengzhou	2455	632	1591	232
开封市 Kaifeng	3		3	
洛阳市 Luoyang	406	29	371	6
平顶山市 Pingdingshan	37		2	35
安阳市 Anyang	16	9	7	
鹤壁市 Hebi	8	4		4
新乡市 Xinxiang	15		15	
焦作市 Jiaozuo	550	353	194	3
濮阳市 Puyang	5		5	
许昌市 Xuchang	116	4	112	
漯河市 Luohe	92		69	23
三门峡市 Sanmenxia	25		25	
南阳市 Nanyang	160	36	124	
商丘市 Shangqiu	9		9	
信阳市 Xinyang	7		7	
周口市 Zhoukou	2		2	
驻马店市 Zhumadian	5		3	2
济源市 Jiyuan	4	2	2	

22-11 各市技术市场交易成交金额(2009年)

Volume of Business on Technological Markets by City(2009)

单位：万元 (10 000 yuan)

市	City	技术买方 Technology Buyers	事业法人 Institution Corporate	企业法人 Enterprise Corporate	其他 Others
郑州市	Zhengzhou	149752.52	15762.79	124989.74	8999.99
开封市	Kaifeng	7881.34		7881.34	
洛阳市	Luoyang	53762.37	2025.00	51585.83	151.54
平顶山市	Pingdingshan	1691.00		735.00	956.00
安阳市	Anyang	4252.30		4252.30	
鹤壁市	Hebi	1814.00		1814.00	
新乡市	Xinxiang	1041.00		987.00	54.00
焦作市	Jiaozuo	18278.99	117.30	14904.99	3256.70
濮阳市	Puyang	2134.16		2134.16	
许昌市	Xuchang	5222.08		5222.08	
漯河市	Luohe	4940.10	40.30	4879.40	20.40
三门峡市	Sanmenxia	253.00	40.50	212.50	
南阳市	Nanyang	5002.31	977.30	3579.51	445.50
商丘市	Shangqiu	2470.00			2470.00
信阳市	Xinyang	3131.63		3131.63	
周口市	Zhoukou	620.00	20.00	600.00	
驻马店市	Zhumadian	1135.00	300.00	780.00	55.00
济源市	Jiyuan	394.00	18.00	376.00	

市	City	技术卖方 Technology Sellers	事业法人 Institution Corporate	企业法人 Enterprise Corporate	其他 Others
郑州市	Zhengzhou	149752.52	18562.05	131078.60	111.87
开封市	Kaifeng	7881.34		7881.34	
洛阳市	Luoyang	53762.37	280.00	53466.37	16.00
平顶山市	Pingdingshan	1691.00	295.00	606.00	790.00
安阳市	Anyang	4252.30	432.30	3820.00	
鹤壁市	Hebi	1814.00	1814.00		
新乡市	Xinxiang	1041.30		1041.30	
焦作市	Jiaozuo	18278.99	7603.44	9673.55	1002.00
濮阳市	Puyang	2134.16		2134.16	
许昌市	Xuchang	5222.08	44.00	5178.08	
漯河市	Luohe	4940.10	210.10		4730.00
三门峡市	Sanmenxia	253.00		253.00	
南阳市	Nanyang	5002.31	1601.00	3401.31	
商丘市	Shangqiu	2470.00		2470.00	
信阳市	Xinyang	3131.63		3131.63	
周口市	Zhoukou	620.00		620.00	
驻马店市	Zhumadian	1135.00		835.00	300.00
济源市	Jiyuan	394.00	256.00	138.00	

22-12 测绘行业持证单位人员情况(2009年，持有测绘资格证单位)

Statistics on Persons Engaged in Units Hold Certificate of Soundness by Surveying and Mapping Trades (2009)

系统名称	Department	持证单位数(个) Number of Units Hold Certificate of Soundness	甲 First	乙 Second	丙 Third	丁 Fourth	职工总数(人) Number of Staff and Workers (person)	#测绘专业证持证人员 certification staff	#测绘专业技术人员 Number of Professional Qualification Personnel		
									高级工程师 Senior	中级工程师 Medium	初级工程师 Jumior
总　计	**Total**	**613**	**21**	**103**	**185**	**304**	**14213**	**7900**	**1052**	**3239**	**4260**
测　绘	Surveying and Mapping Department	4	4				647	489	36	116	168
地　矿	Geologic and Mining Department	31	2	13	10	6	1131	462	92	332	364
水　电	Water and Electricity Department	29	5	13	9	2	1840	817	196	338	345
冶　金	Metallurgy Department	4			4		43	25	8	21	11
有色金属	Coloured Metal Department	6	1	4	1		238	144	31	85	75
建　设	construct	183	2	13	42	126	2807	1666	131	629	972
煤　炭	Coaling Department	14		6	3	5	499	304	27	83	137
石　油	Petrol Department	9		5	3	1	344	165	27	105	76
化　工	Chemical Industry Department	1				1	6	6		2	4
核工业	Nucleus Industry Department	1		1			85	6	16	27	42
交　通	Traffic Department	11	2	7	2		712	405	77	130	83
教育科研	Science and Education Department	4	1	2		1	176	57	56	67	26
建材、机械	Construction Material ,mechanism	2		2			78	46	13	16	26
铁　道	Railway Department	3	1	2			285	192	14	49	69
国　土	Territory	128	2	10	40	76	2021	1161	98	464	726
其　他	Others	183	1	25	71	86	3301	1955	230	775	1136

22-13 各系统主要仪器设备情况(2009年持有测绘资格证单位)

Statistics on Major Instrument and Equipment (2009,Hold Certificate of Soundness)

单位：台\套 (unit\set)

系统名称	Department	水准仪 Water Level	测距仪 range finder	全站仪 Omnidirec-tional Instrument	GPS	全数字摄影测量系统 Digital Monitor System
总 计	**Total**	**1755**	**1103**	**2354**	**1839**	**234**
测 绘	Surveying and Mapping Department	34	20	99	62	65
地 矿	Geologic and Mining Department	113	80	199	171	24
水 电	Water and Electricity Department	198	69	378	254	41
冶 金	Metallurgy Department	10	1	9	4	
有色金属	Coloured Metal Department	34	15	43	50	
建 设	construction	336	365	382	212	2
煤 炭	Coaling Department	66	11	65	41	
石 油	Petrol Department	34	7	84	156	5
化 工	Chemical Industry Department	1		1		
核工业	Nucleus Industry Department	7		10	9	
交 通	Traffic Department	73	28	60	59	1
教育科研	Science and Education Department	79	1	59	37	20
建 材	Construction Material	336	365	382	212	2
铁 道	Railway Department	75	13	60	54	
国 土	Territory	263	118	327	314	11
其 他	Others	96	10	196	204	63

22-14 基础地理信息按部门提供情况(2009年)

Statistics on Output of Basal Geographical Information by Departments(2009)

系统名称	Department	1：1万地形图提供量(幅) Output of Relief Map (1:10000) (unit)	1：5万地形图提供量(幅) Output of Relief Map (1:50000) (unit)	大地成果提供量(点) Geodetic Results (point)	完成测绘服务总值(万元) completed total value of mapping Service (10 000yuan)
总 计	**Total**	**1794**	**464**	**1536**	**106039.49**
测 绘	Surveying and Mapping Department	1152		949	8116.90
地 矿	Geologic and Mining Department	2		203	14332.89
水 电	Water and Electricity Department	7	464	54	17458.17
冶 金	Metallurgy				154.30
有色金属	Coloured Metal Department			129	2310.58
建 设	Construction	28			15043.56
煤 炭	Coaling Department			114	2834.70
石 油	Petrol Department			6	5452.66
化 工	Chemical				14.50
核工业	Nucleus				647.00
交 通	Traffic Department	133		10	2834.50
教育科研	Science and Education Department			4	998.60
地 震	Earthquake Department				
建 材	Construction Material				800.00
铁 道	Railway Department				2479.00
国 土	Territory	3		30	12921.61
其 他	Others	469		37	19640.52

22−15 质量技术监督基本情况
Basic Statistics on Quality and Technical Control

指　　标	Index	2008	2009
产品质量监督检验机构(个)	Institution of Supervising and Checking on Product Quality (unit)	201	201
国家质检中心(个)	national Centers of Checking on Product Quality (unit)	20	23
省监督抽查产品(种)	Products Supervised and checked by Province (kind)	1013	2558
产品抽查合格率(%)	Rate of Products Qualified (%)	72	85
行政执法人员(人)	Administration Tipstaff (person)	4934	5073
质量体系认证企业(个)	Enterprises of Quality System Attestation (unit)	8688	14203
中国名牌产品(个)	Chinese Famous Brand Products (unit)	60	60
河南名牌产品(个)	Henan Famous Brand Products (unit)	418	418
河南名牌农产品(个)	Henan Famous Brand farm Products (unit)	83	83
河南省名牌工艺美术品(个)	Henan Famous Arts and Crafts (unit)	12	12
计量认证数(个)	Number of Measure Attestation (unit)	342	528
省级地方标准(个)	Local Standard at Province Level (unit)	563	612
企业产品标准备案(个)	Standard Recorded Archives of Products (unit)	7898	8722
地理标志保护产品(个)	Product Protection of Orginal Producing Area (unit)	33	35

22−16 工业企业重点行业产品质量情况(2009年)
Production Quality of Important Industry Sector (2009)

单位：%　　　　(%)

行业	Sector	产品质量等级品率 Grading of Production Quality		
		等级品率 Grade rate	优等品率 Excellent	一等品率 First-class
化学原料及化学制品	Manufacture of Chemical Raw Material and Chemical Products	90.75	53.79	46.20
医药制造业	Manufacture of Medicines	93.43	67.16	32.83
非金属矿物制品业	Manufacture of Non-metallic Mineral Products	81.60	52.51	3.00
黑色金属冶炼及压延加工	Manufacture and Processing of Ferrous Metals	89.90	59.73	30.06
有色金属冶炼及压延加工	Manufacture and Processing of Non-ferrous Metals	89.15	58.44	28.89
金属制品业	Manufacture of Metal Products	87.44	53.53	30.13
通用设备制造业	Manufacture of General Purpose Machinery	77.45	41.17	4.92
专用设备制造业	Manufacture of Special Purpose Machinery	80.11	20.60	59.35
交通运输设备制造业	Manufacture of Transport Equipment	60.00		
电气机械及器材制造业	Manufacture of Electrical Machinery and Equipment	98.72	94.85	3.90

22-17 产品质量监督检查情况（2009年）
Results of Sampling Check on The Quality of Products under Supervision(2009)

项 目	Item	监督检查企业数（个） Number of Enterprises supervised and Checked (unit)	检查产品批 次 Check of Product Batch	产品合格批次（批） Check of Qualified Products (batch)	批 次合格率（%） Rate of Batch-time qualified (%)
省级总计	**Total**	**13205**	**16230**	**13915**	**85.7**
食品	**Food**	**8138**	**10106**	**8386**	**83.0**
#小麦粉	Wheat Powder	1661	1833	1333	72.7
大米	Rice	211	227	161	70.9
食用植物油	Edible Vegetable Oil	371	414	367	88.6
肉制品	Meat Products	197	279	229	82.1
白酒	Liquor	217	290	278	95.9
机械装备制造	**Machinery and equipment manufacturing**	**1370**	**1654**	**1605**	**97.0**
#电动机	Motor	16	16	15	93.8
电动自行车	Electric bicycle	14	21	21	100.0
防爆电气	Explosion-proof electric	46	46	46	100.0
灭火器	Fire extinguisher	154	327	321	98.2
太阳能热水器	Solar energy water heater	16	17	17	100.0
金属冶炼及压延加工业	**Metal smelting and rolling processing**	**124**	**171**	**160**	**93.6**
非金属矿物制品业	**Nonmetal mineral products industry**	**1996**	**2281**	**1970**	**86.4**
#建筑门窗	Building doors and Windows	76	77	77	100.0
水泥	Cement	340	372	349	93.8
石油化工	**Petrochemical**	**626**	**723**	**634**	**87.7**
#车用乙醇汽油	Ethanol Gasoline	18	24	24	100.0
复混肥料	Compound fertilizer	106	106	94	88.7
煤炭	Coal	98	106	91	85.8
农药	Pesticide	35	43	35	81.4
烟花爆竹	Fireworks	16	48	28	58.3
油漆	paint	41	48	44	91.7
纺织服装	**Textile and Apparel**	**315**	**432**	**353**	**81.7**
#棉纱	cotton	106	158	122	77.2
男女裤	Men and women pants.	69	106	75	70.8
橡塑制品	**Rubber and Plastic Products**	**104**	**138**	**134**	**97.1**
造纸印刷	**Printing paper**	**201**	**291**	**255**	**87.6**
#产品条形码	**Product code**	**24**	**102**	**97**	**95.1**
无碳复写纸	Carbonless Paper	28	31	24	77.4
木材加工及家具制造	**Wood processing and furniture manufacturing**	**331**	**434**	**418**	**96.3**
#家具	Furniture	147	224	218	97.3

Results of Sampling Check on the Quality of Products under Supervision (2009)

水利、环境和公共设施管理业

Management of Water Conservancy, Environment and Public Facilities

◉ 资料整理：刘秋香 赵 霞

简要说明

一、主要内容

本篇包括水利、环境和公共设施管理业企业、行政事业单位、社会团体及其他法人单位的单位数、从业人数、主要财务指标以及水环境，大气环境，固体废物，生态环境，自然灾害和环境污染治理投资等资料。

二、资料来源

23-1至23-5表由省统计局组织各部门和各地区统计调查，2008年为全省第二次经济普查数据。由省地方经济社会调查队服务业调查处整理提供。

环境污染与治理、污染物排放及处理、工业污染治理投资情况为省环境保护厅提供。水资源、城市生活垃圾清运及处理、耕地变动、森林资源、自然灾害等情况分别为省水利厅、省住房和城乡建设厅、省国土资源厅、省林业厅、省民政厅提供。由省统计局社会与科技处编辑整理。

Brief Introduction

I. Main Content

Data in this chapter mainly reflect unit, employment, and main financial indicators of Management of water conservancy, environment and public establishment enterprises, Administrative institution, social organizations and others. the Water Environment, Atmospheric environment, solid waste, ecological environment, natural disasters and investment in environmental pollution treatment. The specific contents are as follows: the total water resources, water utilization, discharge and treatment of industrial and other waste water, emission and treatment of waste gas, production, treatment and utilization of industrial solid wastes; change in cultivated land, water resources, forest resources, reforestation natural protection; Natural disasters, etc.

II. Sources of Data

Data from table 23-1 to 23-5 are calculated from Statistical investigation by Henan provincial bureau of statistics. Data of 2008 year are calculated from The second economic census, which are provided by Henan provincial survey organizations of social and economy.

Data on environmental pollution and treatment, pollutants from consumption, acoustic environment and on investment in the treatment of industrial pollution are provided by the Henan provincial bureau of environmental protection. Other data from the Henan provincial bureau of Land and Resources, Henan provincial bureau of Water Resources, Henan provincial bureau of Housing and Urban-Rural Development, Henan provincial bureau of Forestry Administration and Henan provincial bureau of civil affaires. Data in this chapter are provided by Department of social and technology of the Henan provincial Bureau of Statistics.

23-1 法人单位数
Number of Institutional Unit

单位：个 (unit)

指标	Item	2008	2009
合计	**Total**	**2114**	**2172**
企业	Enterprise	791	855
行政事业	Administrative institution	1283	1275
社会团体及其他	Social organizations and others	40	42

23-2 法人单位从业人员数
Number of Employed Persons in Institutional Unit

单位：万人 (10 000 persons)

指标	Item	2008	2009
合计	**Total**	**11.49**	**11.05**
企业	Enterprise	2.53	2.60
行政事业	Administrative institution	8.85	8.32
社会团体及其他	Social organizations and others	0.11	0.14

23-3 分行业法人单位财务指标

Main Financial Indicators of Institutional Unit by Sector

单位：万元 (10 000 yuan)

指标	Item	2008			
		水利、环境和公共设施管理业 Management of water Conservancy, Environment and public Establishment	水利管理业 Management of water Conservancy	环境管理业 Environmental Management	公共设施管理业 Management of public Establishment
单位数(个)	Number of units (unit)	2114	710	373	1031
从业人数(万人)	Employed Persons (10 000 Persons)	11.49	3.42	3.13	4.94
固定资产原价	Fixed Asset Price	3058816	2008868	126619	923329
收入合计	Total Income	731245	192742	108886	429618
成本费用合计	Total Cost	523277	177202	89031	257045
工资和福利费	Salary and Welfare	219444	71093	46689	101663
税费合计	Tax	20968	1883	1541	17544
营业利润	Operating Profit	113001	14016	7377	91609

指标	Item	2009			
		水利、环境和公共设施管理业 Management of water Conservancy, Environment and public Establishment	水利管理业 Management of water Conservancy	环境管理业 Environmental Management	公共设施管理业 Management of public Establishment
单位数(个)	Number of units (unit)	2172	720	389	1063
从业人数(万人)	Employed Persons (10 000 Persons)	11.05	3.02	3.20	4.83
固定资产原价	Fixed Asset Price	2751586	1898085	107260	746243
收入合计	Total Income	690864	215422	102414	373027
成本费用合计	Total Cost	519386	198295	87869	233222
工资和福利费	Salary and Welfare	207034	64654	46013	96368
税费合计	Tax	18322	1654	1200	15468
营业利润	Operating Profit	85580	12550	5963	67067

23-4 各市法人单位财务指标(2008年)
Main Financial Indicators of Institutional Unit by City(2008)

单位：万元 (10 000 yuan)

市 City	单位数(个) Number of units (unit)	从业人数(万人) Employed Persons (10 000 Persons)	固定资产原价 Fixed Asset Price	收入合计 Total Income
全　　省 Total	**2114**	**11.49**	**3058816**	**731245**
郑　州　市 Zhengzhou	286	1.61	467315	141330
开　封　市 Kaifeng	86	0.93	179702	102392
洛　阳　市 Luoyang	236	0.94	368897	70173
平 顶 山 市 Pingdingshan	125	0.84	275269	28346
安　阳　市 Anyang	116	0.56	137351	33661
鹤　壁　市 Hebi	31	0.20	24689	5798
新　乡　市 Xinxiang	138	0.61	225548	34009
焦　作　市 Jiaozuo	93	0.57	158046	58966
濮　阳　市 Puyang	54	0.41	94029	16799
许　昌　市 Xuchang	93	0.66	96792	22720
漯　河　市 Luohe	41	0.32	17543	11232
三 门 峡 市 Sanmenxia	114	0.35	68685	28181
南　阳　市 Nanyang	268	1.08	255506	67865
商　丘　市 Shangqiu	40	0.38	20937	5091
信　阳　市 Xinyang	195	0.93	554843	66312
周　口　市 Zhoukou	51	0.42	23521	8144
驻 马 店 市 Zhumadian	120	0.52	59958	22955
济　源　市 Jiyuan	27	0.19	30184	7271

市 City	成本费用合计 Total Expenses	工资和福利费 Salary and Welfare	税费合计 Tax and Expenses	营业利润 Operating Profit
全　　省 Total	**523277**	**219444**	**20968**	**113001**
郑　州　市 Zhengzhou	106028	38838	2171	8886
开　封　市 Kaifeng	56962	31812	2462	22522
洛　阳　市 Luoyang	50258	18550	2979	19054
平 顶 山 市 Pingdingshan	27014	9809	547	3927
安　阳　市 Anyang	27741	10875	282	6832
鹤　壁　市 Hebi	3982	1877	62	1134
新　乡　市 Xinxiang	30059	10938	1188	3956
焦　作　市 Jiaozuo	32365	11755	6514	5726
濮　阳　市 Puyang	15128	5643	30	404
许　昌　市 Xuchang	20934	9109	633	-1009
漯　河　市 Luohe	9457	3961	24	441
三 门 峡 市 Sanmenxia	22474	9887	293	1759
南　阳　市 Nanyang	49866	23068	847	11115
商　丘　市 Shangqiu	4204	3194	75	854
信　阳　市 Xinyang	35276	15391	2347	25159
周　口　市 Zhoukou	7614	4657	73	-82
驻 马 店 市 Zhumadian	17863	7166	291	1883
济　源　市 Jiyuan	6053	2915	152	441

23-5 各市法人单位财务指标(2009年)

Main Financial Indicators of Institutional Unit by City(2009)

单位：万元 (10 000 yuan)

市 City	单位数(个) Number of units (unit)	从业人数(万人) Employed Persons (10 000 Persons)	固定资产原价 Fixed Asset Price	收入合计 Total Income
全　　省 Total	**2172**	**11.05**	**2751586**	**690864**
郑州市 Zhengzhou	292	1.44	343832	129656
开封市 Kaifeng	88	1.01	68909	69295
洛阳市 Luoyang	242	0.92	365478	66070
平顶山市 Pingdingshan	126	0.77	267446	28035
安阳市 Anyang	119	0.53	132990	32472
鹤壁市 Hebi	32	0.22	26020	6465
新乡市 Xinxiang	148	0.55	242785	34071
焦作市 Jiaozuo	95	0.67	117597	61402
濮阳市 Puyang	54	0.35	157192	15102
许昌市 Xuchang	98	0.63	98347	23132
漯河市 Luohe	41	0.21	7219	8719
三门峡市 Sanmenxia	116	0.28	80061	24324
南阳市 Nanyang	283	1.10	274905	71956
商丘市 Shangqiu	42	0.41	6228	4867
信阳市 Xinyang	196	0.97	388516	74081
周口市 Zhoukou	51	0.41	24244	8869
驻马店市 Zhumadian	122	0.49	136834	26709
济源市 Jiyuan	27	0.11	12986	5641

市 City	成本费用合计 Total Expenses	工资和福利费 Salary and Welfare	税费合计 Tax and Expenses	营业利润 Operating Profit
全　　省 Total	**519386**	**207034**	**18322**	**85580**
郑州市 Zhengzhou	94010	36497	1732	6841
开封市 Kaifeng	49480	23439	1658	9645
洛阳市 Luoyang	54100	17752	1735	11931
平顶山市 Pingdingshan	24731	8943	402	1672
安阳市 Anyang	22432	10748	280	4360
鹤壁市 Hebi	5594	2432	47	-150
新乡市 Xinxiang	28302	10305	887	4908
焦作市 Jiaozuo	36844	13666	6834	4859
濮阳市 Puyang	14305	5770	31	303
许昌市 Xuchang	20488	8564	551	-380
漯河市 Luohe	7122	3701	21	356
三门峡市 Sanmenxia	19352	7863	239	1406
南阳市 Nanyang	56039	23459	894	11160
商丘市 Shangqiu	4660	3334	74	231
信阳市 Xinyang	47044	16074	2426	25928
周口市 Zhoukou	8347	4723	85	126
驻马店市 Zhumadian	22024	7506	324	2123
济源市 Jiyuan	4514	2257	104	261

23-6 生态环境保护情况

Basic Conditions of Environmental Protection

指标名称	Item	2005	2006	2007	2008	2009
人均耕地面积(亩)	Per Capita Cultivated Land (1/15 hectare)	1.2	1.2	1.2	1.2	
水土流失治理面积(千公顷)	Area of Water and Soil Conservation			4243	4348	4449
森林面积(万公顷)	Forest Area (10 000 hectares)	270.3	270.3	270.3	270.3	336.6
森林覆盖率(%)	Forest-coverage Rate (%)	16.2	16.2	16.2	16.2	20.2
人均森林面积(公顷)	Per Capita Forest Area (hectare)	0.03	0.03	0.03	0.03	0.03
活立木蓄积量(万立方米)	Total Standing Stock Volume (10 000cu.m)	13371	13371	13371	13371	18051
森林蓄积量(万立方米)	Stock Volume of the Forest(10 000cu.m)	8405	8405	8405	8405	12936
当年造林面积(万公顷)	Area of Afforestation for This Year (10 000 hectares)	26.35	18.13	5.10	33.81	41.61
人工造林面积	Artificial afforestation	18.67	17.06	4.14	32.08	38.21
无林地和疏林地本年新封	Closure in non-stocked Land and Scattered Wood Land	7.68	1.07	0.96	1.73	3.40
湿地面积(万公顷)	Area of Weslands (10 000 hectares)	110.87	110.87	110.87	110.87	110.87
自然保护区数(个)	Number of Nature Reserves (unit)	32	32	35	35	35
#国家级自然保护区	National-level Nature Reserves	10	10	11	11	11
自然保护区面积(万公顷)	Area of Nature Reserves (10 000 hectares)	73.77	74.26	75.69	75.49	73.48
自然保护区面积占辖区总面积比重(%)	Percentage of Nature Reserves in the Region(%)	4.3	4.5	4.5	4.5	4.4
已建珍稀、濒危动物人工繁殖场数(个)	Number of Farms to Breed Rare and Endangered Animals(unit)	145	213	72	81	90
已建珍稀植物引种栽培场数(个)	Number of Cultivating Farms of Rare Plants(unit)	11	11	11	11	11

23-7 水资源情况

Water Resources

指标名称	Item	2005	2006	2007	2008	2009
降水量(毫米)	Precipitation(mm)	905.8	714.7	786.9	738.1	753.8
水资源总量(亿立方米)	Total Amount of Water Resources (100 million cu.m)	558.56	321.78	465.16	371.53	328.77
#地表水资源量	Surface Water Resources	435.92	214.54	348.72	259.06	208.30
地下水资源量	Ground Water Resources	219.74	183.22	202.98	188.27	188.05
地表水与地下水资源重复量	Superposition Amount of Surface Water Resources and Ground Water Resources		75.98	86.54	75.80	67.58
人均水资源量(立方米/人)	Per Capita Water Resources(cu.m/person)			471.33	369.40	326.80
用水总量(亿立方米)	Water Use (100 million cu.m)	197.81	226.98	209.28	227.53	233.71
农业用水	Agriculture	114.59	148.53	120.07	126.14	138.10
工业用水	Industry	45.71	48.32	52.82	51.40	53.51
生活用水	Consumption	37.51	26.19	31.22	42.19	35.78
生态用水	Biological Protection		3.94	5.17	7.80	6.32
废水排放总量(万吨)	Total Volume of Waste Water Discharge (10 000 tons)	262564	278022	296467	309193	333980
工业废水排放量	Volume of Industrial Waste Water Discharge	123476	130158	134344	133144	140325
生活污水排放量	Volume of Consumption Waste Water Discharge	139088	147864	162123	176049	193656
化学需氧量(COD)排放量(吨)	Volume of COD Discharge (ton)	720825	721114	693904	650788	626228
工业废水中COD排放量	COD Discharge from Industrial Waste Wate	342606	317937	304532	303024	287676
生活污水中COD排放量	COD Discharge from Consumption Waste Wate	378219	403177	389372	347764	338552
氨氮排放量(吨)	Volume of Ammonia Nitrogen Discharge (ton)	103612	93627	85470	76288	75241
工业废水中氨氮排放量	Ammonia Nitrogen Discharge from Industrial Waste Wate	53598	42377	30861	28776	25716
生活污水中氨氮排放量	Ammonia Nitrogen Discharge from Consumption Waste Wate	50014	51250	54608	47513	49525
工业废水排放达标量(万吨)	Volume of Industrial Waste Wate Meeting Discharge Standards (10 000tons)	113518	121024	126324	126308	134850
工业废水排放达标率(%)	Proportion of Industrial Waste Wate Meeting Discharge Standards (%)	91.94	92.98	94.03	94.87	96.10

23-8 大气环境情况

Basic Conditions of Atmosphere Environment

指标名称	Item	2005	2006	2007	2008	2009
二氧化硫(SO2)排放量(万吨)	Volume of Sulphur Dioxide Emission (10 000 tons)	162.45	162.44	156.39	145.20	135.50
工业SO2排放量	Volume of Sulphur Dioxide Emission by Industry	147.12	146.43	141.02	128.06	117.60
生活SO2排放量	Volume of Sulphur Dioxide Emission by Consumption	15.34	16.01	15.37	17.14	17.90
烟尘排放量(万吨)	Volume of Soot Emission ((10 000 tons)	92.84	79.67	71.27	61.36	59.70
工业烟尘排放量	Volume of Industrial Soot Emission	85.72	72.52	63.72	53.22	52.05
生活烟尘排放量	Volume of Consumption Soot Emission	7.12	7.15	7.55	8.13	7.65
工业粉尘排放量(万吨)	Volume of Industrial Dust Emission ((10 000 tons)	70.43	56.39	41.49	28.67	24.91
工业SO2排放达标量(万吨)	Industrial Sulphur Dioxide Meeting Discharge Standards ((10 000 tons)	115.19	127.69	124.34	119.27	111.22
工业SO2排放达标率(%)	Proportion of Industrial Sulphur Dioxide Meeting Discharge Standards (%)	78.3	87.2	88.2	93.1	94.6
工业烟尘排放达标量(万吨)	Volume of Industrial Soot Meeting Discharge Standards((10 000 tons)	75.18	64.82	58.15	50.98	50.18
工业烟尘排放达标率(%)	Proportion of Industrial Soot Meeting Discharge Standards (%)	87.7	89.4	91.3	95.8	96.4
工业粉尘排放达标量(万吨)	Volume of Industrial Dust Meeting Discharge Standards ((10 000 tons)	48.40	48.89	37.85	25.89	23.31
工业粉尘排放达标率(%)	Proportion of Industrial Dust Meeting Discharge Standards (%)	68.7	86.7	91.2	90.3	93.6

23-9 固体废物的产生及利用情况

Production and Utilization of Industrial Solid Wastes

指标名称	Item	2005	2006	2007	2008	2009
工业固体废物产生量(万吨)	Volume of Industrial Solid Wastes Produced (10 000 tons)	6178	7464	8851	9557	10786
#危险废物产生量	Hazardous Wastes	15.12	15.23	19.51	14.51	17.90
工业固体废物排放量(万吨)	Volume of Industrial Solid Wastes Discharged (10 000 tons)	3.64	3.22	2.22	2.64	1.31
工业固体废物综合利用量(万吨)	Volume of Industrial Solid Wastes Utilized (10 000 tons)	4244	5268	6048	7124	8064
#危险废物综合利用量	Hazardous Wastes	13.52	13.74	15.53	8.75	14.84
#综合利用往年贮存量	Volume of Storage of Former Years Utilized	212.49	324.86	69.33	126.46	153.70
工业固体废物综合利用率(%)	Proportion of Industrial Solid Wastes Utilized (%)	66.4	67.6	67.8	73.6	73.7
工业固体废物处置量(万吨)	Volume of Industrial Solid Wastes Treated (10 000 tons)	1287	1831	2145	2479	2691
#危险废物处置量	Hazardous Wastes	1.53	1.45	2.29	5.23	3.97
#处置往年贮存量	Accumulated in previous years				135.65	100.00
工业固体废物处置率(%)	Proportion of Industrial Solid Wastes Treated (%)	20.8	24.5	24.2	25.6	24.7
"三废"综合利用产品产值(万元)	Output Value of Products Made from Utilization of Waste Gas, Waste Water& Solid Wasters (10 000yuan)	339140	444608	517888	716717	693261

23-10 自然灾害情况

Conditions of Natural Disasters

指标名称	Item	2005	2006	2007	2008	2009
农作物受灾面积(千公顷)	Area Covered (1000 hectares)	3609.8	1474.79	2577.68	1.47	3109.65
#旱灾	Drought	410.6	267.43	754.65	0.43	1579.17
洪涝灾	Waterlog	2111.3	608.48	1352.70	0.15	648.33
风雹灾	Wind and Hail		322.46	165.83	0.26	813.06
低温冷冻和雪灾	Disaster from Snow、Low Temperature and Frost		62.01	60.37	0.29	29.86
受灾人次(万人次)	person-time hit by a natural calamity (10 000 person-time)		1724.4	3029.2	1613.1	3531.8
直接经济损失(万元)	Direct Economic Losses(10 000yuan)		432580	1259366	505158	1353800
环境污染与破坏事故次数(次)	Number of Environment Pollution and Destruction Accidents (time)	7	7	9	12	10
环境污染与破坏事故直接经济损失(万元)	Direct Economic Losses of EnPollution and Destruction Accidents (10 000yuan)	109.7	109.7	60.0	180.0	80.6

23-11 环境污染治理投资情况

Investment in Treatment of Environment Pollution

项 目	Item	2005	2006	2007	2008	2009
环境污染治理投资总额(万元)	Total Investment in Treatment of Environment Pollution (10 000 yuan)	823431	951519	1144035	1098845	1213169
#城市环境基础设施投资	Investment in Urban Environment Infrastructure	442771	474295	412962	498788	579110
#燃气	Gas Supply	48237	60877	34146	44531	73551
集中供热	Centralized Hezting	103205	63679	30385	77843	80391
排水	Frainage Works	104074	168668	113206	130130	210839
园林绿化	Gardening and Greening	164533	159477	175908	211132	174264
市容环境卫生	Environmental Sanitation	22722	21594	59317	35152	40065
工业污染源治理投资	Investment in the Treatment of Industrial Pollution	206815	247335	338132	246110	154242
#治理废水	Treatment of Waste Water	101842	94577	123877	86156	66224
治理废气	Treatment of Waste Gas	70824	127750	184667	135126	61147
治理固体废物	Treatment of Solid Wastes	24178	16627	7668	14378	5687
治理噪声	Treatment of Noise Pollution	438	529	821	1122	1105
治理其他	Others	9533	7852	21099	9329	20079
“三同时”项目环保投资	Investment in New Construction, Expansion and Reconstruction Projects of Environment Protection	173845	229889	392941	353946	479817
环境污染治理投资占GDP比重 (%)	Total Investment in the Treatment of Environment Pollution as Percent of GDP (%)	0.78	0.76	0.76	0.60	0.63
排污费收入总额(万元)	Total Fees for Discharging Waste and Fines for Pollution (10 000 yuan)	60590	73389	79206	90244	81615
本年完成营林投资额(万元)	Investment Completed in Afforestation in Current Year (10 000yuan)	106248	169836	215319	506539	728770

主要统计指标解释

森林覆盖率 指一个国家或地区森林面积占土地总面积的百分比。森林覆盖率是反映森林资源的丰富程度和生态平衡状况的重要指标。在计算森林覆盖率时，森林面积包括郁闭度 0.2 以上的乔木林地面积和竹林地面积，国家特别规定的灌木林地面积、农田林网以及四旁(村旁、路旁、水旁、宅旁)林木的覆盖面积。

活立木总蓄积量 指一定范围内土地上全部树木蓄积的总量，包括森林蓄积、疏林蓄积、散生木蓄积和四旁树蓄积。

水资源总量 指评价区内降水形成的地表和地下产水总量，不包括过境水量。

水资源总量=地表水资源量 ＋ 地下水资源量 － 地表水和地下水资源重复量。

地表水资源量 指评价区内河流、湖泊、冰川等地表水体中可以逐年更新的动态水量，即当地天然河川径流量。

地下水资源量 指评价区内降水和地表水对饱水岩土层的补给量。

用水总量 指分配给各类用户的包括输水损失在内的毛用水量之和，不包括海水直接利用量。

农业用水 指农田灌溉用水、林果地灌溉用水、草地灌溉用水和鱼塘补水。

工业用水 指工矿企业在生产过程中用于制造、加工、冷却、空调、净化、洗涤等方面的用水，按新水取用量计，不包括企业内部的重复利用水量。

生活用水 包括城镇生活用水和农村生活用水。城镇生活用水由居民用水和公共用水（含第三产业及建筑业等用水）组成；农村生活用水除居民生活用水外，还包括牲畜用水在内。

生态用水 仅包括人为措施供给的城镇环境用水和部分河湖、湿地补水，而不包括降水、径流自然满足的水量。

生活污水排放量 指城镇居民每年排放的生活污水。用人均系数法测算。测算公式为：

生活污水排放量=城镇生活污水排放系数×市镇非农业人口×365

生活污水中化学需氧量(COD)排放量 指城镇居民每年排放的生活污水中的 COD 的量。用人均系数法测算。测算公式为：

城镇生活污水中 COD 排放量=城镇生活污水中 COD 产生系数×市镇非农业人口×365

化学需氧量(COD) 指用化学氧化剂氧化水中有机污染物时所需的氧量。COD 值越高，表示水中有机污染物污染越重。

湿地 指天然或人工、长久或暂时性的沼泽地、泥炭地或水域地带，包括静止或流动、淡水、半咸水、咸水体，低潮时水深不超过 6 米的水域以及海岸地带地区的珊瑚滩和海草床、滩涂、红树林、河口、河流、淡水沼泽、沼泽森林、湖泊、盐沼及盐湖。

自然保护区 指对有代表性的自然生态系统、珍稀濒危野生动植物物种的天然分布区、水源涵养区、有特殊意义的自然历史遗迹等保护对象所在的陆地、陆地水体或海域，依法划出一定面积进行特殊保护和管理的区域。以县及县以上各级人民政府正式批准建立的自然保护区为准(包括“六五”以前由部门或“革委会”批准且现仍存在的自然保护区)。风景名胜区、文物保护区不计在内。

工业废水排放量 指经过企业厂区所有排放口排到企业外部的工业废水量。包括生产废水、外排的直接冷却水、超标排放的矿井地下水和与工业废水混排的厂区生活污水，不包括外排的间接冷却水（清污不分流的间接冷却水应计算在内）。

工业废水排放达标量 指各项指标都达到国家或地方排放标准的外排工业废水量，包括未经处理外排达标和经过处理后外排达标两部分。

工业废水处理量 指报告期内各种水治理设施实际处理的工业废水量，包括处理后外排和处理后回用的工业废水量和虽经处理但未达到国家或地方排放标准的废水量。

工业废气排放量 指企业厂区内燃料燃烧和生产工艺过程中产生的各种排入空气的含有污染物的气体总量，按标准状态〔273K，101325Pa〕计算。

工业二氧化硫排放量　指企业在燃料燃烧和生产工艺过程中排入大气的二氧化硫数量。

烟尘排放量　指企业厂区内燃料燃烧产生的烟气中夹带的颗粒物数量。

工业粉尘排放量　指企业在生产工艺过程中排放的颗粒物重量，如钢铁企业的耐火材料粉尘、焦化企业的筛焦系统粉尘、烧结机的粉尘、石灰窑的粉尘、建材企业的水泥粉尘等。不包括电厂排入大气的烟尘。

工业固体废物产生量　指企业在生产过程中产生的固体状、半固体状和高浓度液体状废弃物的总量，包括危险废物、冶炼废渣、粉煤灰、炉渣、煤矸石、尾矿、放射性废物和其他废物等；不包括矿山开采的剥离废石和掘进废石（煤矸石和呈酸性或碱性的废石除外）。酸性或碱性废石指采掘的废石其流经水、雨淋水的pH值小于4或pH值大于10.5者。

工业固体废物综合利用量　指通过回收、加工、循环、交换等方式，从固体废物中提取或者使其转化为可以利用的资源、能源和其他原材料的固体废物量（包括当年利用往年的工业固体废物累计贮存量），如用作农业肥料、生产建筑材料、筑路等。综合利用量由原产生固体废物的单位统计。

工业固体废物贮存量　指以综合利用或处置为目的，将固体废物暂时贮存或堆存在专设的贮存设施或专设的集中堆存场所内的数量。专设的固体废物贮存场所或贮存设施必须有防扩散、防流失、防渗漏、防止污染大气、水体的措施。

工业固体废物处置量　指将固体废物焚烧或者最终置于符合环境保护规定要求的场所，并不再回取的工业固体废物量（包括当年处置往年的工业固体废物累计贮存量）。处置方法有填埋（其中危险废物应安全填埋）、焚烧、专业贮存场（库）封场处理、深层灌注、回填矿井等。

工业固体废物排放量　指将所产生的固体废物排到固体废物污染防治设施、场所以外的数量，不包括矿山开采的剥离废石和掘进废石（煤矸石和呈酸性或碱性的废石除外）。

“三废”综合利用产品产值　指利用“三废”（废液、废气、废渣）作为主要原料生产的产品价值（现行价）；已经销售或准备销售的应计算产品价值，留作生产自用的不应计算产品价值。

环境污染治理投资　指在工业污染源治理和城市环境基础设施建设的资金投入中，用于形成固定资产的资金。

Explanatory Notes on Main Statistical Indicators

Forest Coverage Rate Forest Coverage Rate refers to the ratio of area of afforested land to total land area. It is a very important indicator that reflects the status of abundance of forest resource and balance of the ecosystem. Forest area includes the area of trees and bamboo grow with canopy density above 0.2, the area of shrubby tree according to regulations of the government, the area of forest land inside farm land and the area of trees planted by the side of villages, farm houses and along roads and rivers.

Total Standing Stock Volume refers to the total stock volume of trees growing in land, including trees in forest, trees in sparse forest, scattered trees and trees planted by the side of villages, farm houses and along roads and rivers.

Water Resource refers to sum of Surface Water and Ground Water. Water Resource is as follows:

Water Resource= Surface Water + Ground Water – repetitious volume of Surface Water and Ground Water

Surface Water refers to different forms of water existing in rivers, lakes, swamps, glaciers, icecaps and so on. It is also called land water.

Ground Water refers to water deposited underground in crannies and holes of saturated rock soil and in water-eroded caves.

Water Use refers to gross water use distributed to users, including loss during transportation, broken down into use by agriculture, industry, living consumption and ecological protection.

Water Use by Agriculture includes uses of water by irrigation of farming fields and by forestry, animal husbandry and fishing. Water use by forestry, animal husbandry and fishery includes irrigation of forestry and orchards, irrigation of grassland and replenishment of fishing farms.

Water Use by Industry refers to new withdrawals of water, excluding reuse of water within enterprises.

Water Use by Living Consumption includes use of water for living consumption in both urban and rural areas. Urban water use by living consumption is composed of household use and public use (including services, commerce, restaurants, cargo transportation, posts, telecommunications and construction). Rural water use by living consumption includes both households and animals.

Water Use by Ecological Protection includes replenishment of rivers and lakes and use for urban environment.

Urban Non-industrial Waste Water Discharge refers to annual discharge of non-industrial waste water by urban households. It is estimated by per capita coefficient using the formula:

Urban non-industrial waste water discharge = urban non-industrial waste water discharge coefficient × urban non-agricultural population × 365

Volume of Chemical Oxygen Demand (COD) Generated by Urban Non-industrial Waster Water refers to chemical oxygen demand generated through the annual discharge of non-industrial waste water by urban households. It is estimated as:

Volume of chemical oxygen demand(cod) generated by urban non-industrial waster water = Coefficient of COD generated through urban non-industrial waste water × urban non-agricultural population × 365

Chemical Oxygen Demand (COD) refers to the amount of oxygen required when chemical oxidants are used to oxidize organic pollutants in water. A higher value of COD corresponds to more serious pollution by organic pollutants.

Wetlands refer to marshland and peat bog, whether natural or man-made, permanent or temporary; water covered areas, whether stagnant or flowing, with fresh or semi-fresh or salty water that is less than 6 meters deep at low tide; as well as coral beach, weed beach, mud beach, mangrove, river outlet, rivers, fresh-water marshland, marshland forests, lakes, salty bog and salt lakes along the coastal areas.

Natural Reserves refer to certain areas of land, waters or sea that are representative in natural ecological systems, or are natural habitats for rare or endangered wild animals or plants, or water conservation zones, or the location of important natural or historic relics, which are demarked by law and put under special protection and management. Natural reserves are designated by the formal approval of governments at and above county level (including those approved by relevant departments or "revolutionary committees" before 1980). Scenic spots and cultural preservation zones are not included.

Volume of Industrial Waste Water Discharged refers to the volume of industrial waste water discharged, through all outlets, to the outside of industrial enterprises, including waste water produced, direct-cooling water, underground water from mines that does not meet the standard of discharge, and the domestic sewage mixed up with industrial waste water when discharged, but excluding discharged indirect-cooling water.

Volume of Waste Water up to the Standard for Discharge refers to the volume of discharged industrial waste water that, with or without treatment, has come up to the national or local standards for discharge.

Volume of Treated Industrial Waste Water refers to the volume of industrial waste water after being treated and purified through various water treatment facilities in the reference period, including the volume discharged or recovered after being treated. The volume of waste water that fails to meet the national or local standards after treatment is also included.

Volume of Waste Industrial Gas Emission refers to waste gas emitted from burning of fuels and from production process in the area of the factory, and is measured by 10000 standard cubic meters each year under normal condition.

Volume of Industrial Sulphur Dioxide Discharged refers to the volume of sulphur dioxide discharged to the air in the process of fuel burning or in the production process.

Volume of Industrial Soot Discharged refers to the volume of solid soot in the smoke discharged in the process of fuel burning in the area of the factory.

Industrial Dust Discharged refers to the total weight of solid dust discharged by industrial enterprises in the production process, such as dust of refractory materials from iron plants, dust from coke-screening system or from sintering machines of coking plants, dust from lime kilns, cement dust from building material enterprises, etc., but excluding smoke and dust discharged by power plants.

Volume of Industrial Solid Wastes Produced refers to the total volume of solid, semi-solid or high concentration liquid residue produced by industrial enterprises in their production process, including dangerous wastes, residues from melting, slag, powdered coal ash, gangue, chemical residues, tailings, radioactive residues and other residues, but excluding stripped or dug stones in mining (except gangue and acid or alkali stones which are stones washed or soaked by water with a pH value smaller than 4 or larger than 10.5)

Volume of Industrial Solid Wastes Utilized in a Comprehensive Way refers to the volume of solid wastes from which useful materials can be extracted or which can be changed to be utilizable resources, energy or other materials, including the volume of industrial solid wastes stored up in the previous years and utilized in the current year, such as the solid wastes utilized as fertilizers, building materials, for making roads or for other purpose. Statistical data on utilization of industrial solid wastes are collected by solid wastes producing units.

Volume of Industrial Stored up Solid Wastes refers to the volume of industrial solid wastes temporarily stored up or piled with special facilities or piled in the special sites for the purpose of utilization or treatment in future. The special facilities or special sites for storing up solid wastes should have the measures against spreading or being washed away to other places, permeating the soil or causing air pollution or water contamination.

Volume of Industrial Solid Wastes Treated refers to solid wastes disposed of in a non-recoverable place that meet the requirement of environmental protection, such as burying (The dangerous wastes should be buried safely), burning, piling in designated sites, pouring water into the deep strata, filling of old mines, etc. (including treatment of solid wastes piled up in the previous years).

Volume of Industrial Solid Wastes Discharged refers to the volume of industrial solid wastes produced and discharged at the places outside the special facilities or special sites for preventing against pollution, excluding stripped or dug stones in mining (except gangue and acid or alkali waste stones).

Output Value of Products Made from Utilization of Waste Gas, Waste Water and Industrial Solid Wastes refers to the value of products (calculated at current prices) made by industrial enterprises using recovered waste water, waste gas or solid wastes as main raw materials. Only the value of the products which have been sold or are ready to be sold should be included. The value of the products which will be used in the production of the enterprises should not be included.

Investment in Environment Pollution Harnessing Projects refers to the proportion of investment in fixed assets in the total investment in harnessing industrial pollution and in the construction of urban environment infrastructure facilities.

居民服务业和其他服务业

Services to Households and Other Services

◉ 资料整理：刘秋香

简要说明

一、主要内容

本篇包括居民服务和其他服务业企业、行政事业单位、社会团体及其他法人单位的单位数、从业人数及主要财务指标。

二、资料来源

本篇由省统计局组织各部门和各地区统计调查，2008年为全省第二次经济普查数据。由省地方经济社会调查队服务业调查处整理提供。

Brief Introduction

I. Main Contents

Data in the chapter mainly include: unit, employment, and main financial indicators of Resident services and other services enterprises, Administrative institution, social organizations and others, and basic condition of telecommunication services.

II. Sources of Data

Data in the chapter are calculated from Statistical investigation by Henan provincial bureau of statistics. Data of 2008 year are calculated from The second economic census, which are provided by Henan provincial survey organizations of social and economy.

24-1 法人单位数

Number of Institutional Unit

单位：个 (unit)

指标	Item	2008	2009
合计	**Total**	**3641**	**3920**
企业	Enterprise	3279	3539
行政事业	Administrative institution	247	249
社会团体及其他	Social organizations and others	115	132

24-2 法人单位从业人员数

Number of Employed Persons in Institutional Unit

单位：万人 (10 000 persons)

指标	Item	2008	2009
合计	**Total**	**6.62**	**6.80**
企业	Enterprise	5.76	5.95
行政事业	Administrative institution	0.72	0.67
社会团体及其他	Social organizations and others	0.14	0.19

24-3 分行业法人单位财务指标

Main Financial Indicators of Institutional Unit by Sector

单位：万元 (10 000 yuan)

指标	Item	2008 居民服务业和其他服务业 Resident services and other services	2008 居民服务业 Resident Services	2008 其他服务业 Other Services
单位数(个)	Number of units (unit)	3641	2404	1237
从业人数(万人)	Employed Persons (10 000 Persons)	6.62	4.59	2.04
固定资产原价	Fixed Asset Price	533049	388308	144741
收入合计	Total Income	604419	413806	190612
成本费用合计	Total Cost	332496	219388	113109
工资和福利费	Salary and Welfare	120537	88218	32319
税费合计	Tax	44483	30098	14385
营业利润	Operating Profit	174662	128996	45667

指标	Item	2009 居民服务业和其他服务业 Resident services and other services	2009 居民服务业 Resident Services	2009 其他服务业 Other Services
单位数(个)	Number of units (unit)	3920	2533	1387
从业人数(万人)	Employed Persons (10 000 Persons)	6.80	4.62	2.18
固定资产原价	Fixed Asset Price	556398	390835	165562
收入合计	Total Income	749981	490842	259139
成本费用合计	Total Cost	428047	265869	162178
工资和福利费	Salary and Welfare	118837	85169	33668
税费合计	Tax	43346	28641	14705
营业利润	Operating Profit	195590	137215	58375

24-4 各市法人单位财务指标(2008年)

Main Financial Indicators of Institutional Unit by City(2008)

单位：万元 (10 000 yuan)

市	City	单位数(个) Number of units (unit)	从业人数(万人) Employed Persons (10 000 Persons)	固定资产原价 Fixed Asset Price	收入合计 Total Income
全省	**Total**	**3641**	**6.62**	**533049**	**604419**
郑州市	Zhengzhou	564	0.92	72488	62609
开封市	Kaifeng	245	1.40	130302	183402
洛阳市	Luoyang	215	0.36	36765	31445
平顶山市	Pingdingshan	204	0.25	16424	18716
安阳市	Anyang	317	0.45	35563	36635
鹤壁市	Hebi	29	0.04	708	1334
新乡市	Xinxiang	186	0.28	16756	12209
焦作市	Jiaozuo	113	0.27	24999	17740
濮阳市	Puyang	125	0.20	6828	8404
许昌市	Xuchang	336	0.43	66068	82932
漯河市	Luohe	100	0.12	5971	9901
三门峡市	Sanmenxia	238	0.35	15396	20842
南阳市	Nanyang	318	0.54	28220	38753
商丘市	Shangqiu	90	0.15	9873	13177
信阳市	Xinyang	117	0.24	15845	8683
周口市	Zhoukou	156	0.18	17006	14260
驻马店市	Zhumadian	266	0.40	31857	40382
济源市	Jiyuan	22	0.05	1981	2996

市	City	成本费用合计 Total Expenses	工资和福利费 Salary and Welfare	税费合计 Tax and Expenses	营业利润 Operating Profit
全省	**Total**	**332496**	**120537**	**44483**	**174662**
郑州市	Zhengzhou	37281	17733	3415	7324
开封市	Kaifeng	98422	33935	16680	68307
洛阳市	Luoyang	12943	4614	1205	10270
平顶山市	Pingdingshan	11296	3564	1827	5041
安阳市	Anyang	17927	7949	2255	12494
鹤壁市	Hebi	695	451	56	123
新乡市	Xinxiang	7572	3615	590	2802
焦作市	Jiaozuo	12831	3506	892	1632
濮阳市	Puyang	4883	2143	292	1380
许昌市	Xuchang	44342	7084	11028	20908
漯河市	Luohe	5151	1735	248	3373
三门峡市	Sanmenxia	11977	9578	376	5950
南阳市	Nanyang	21463	10084	1774	12378
商丘市	Shangqiu	9015	2320	568	2108
信阳市	Xinyang	5382	2918	475	2304
周口市	Zhoukou	6272	2632	949	5762
驻马店市	Zhumadian	23614	6049	1680	12073
济源市	Jiyuan	1430	627	174	435

24-5 各市法人单位财务指标(2009年)

Main Financial Indicators of Institutional Unit by City(2009)

单位：万元 (10 000 yuan)

市 City	单位数(个) Number of units (unit)	从业人数(万人) Employed Persons (10 000 Persons)	固定资产原价 Fixed Asset Price	收入合计 Total Income
全　省 Total	**3920**	**6.80**	**556398**	**749981**
郑州市 Zhengzhou	603	0.87	81636	75744
开封市 Kaifeng	260	1.50	123745	224935
洛阳市 Luoyang	236	0.38	37314	36927
平顶山市 Pingdingshan	245	0.28	18008	34186
安阳市 Anyang	330	0.45	37098	43115
鹤壁市 Hebi	30	0.04	691	1465
新乡市 Xinxiang	226	0.31	20018	17556
焦作市 Jiaozuo	119	0.27	24260	20338
濮阳市 Puyang	127	0.18	7381	9809
许昌市 Xuchang	357	0.45	65500	103438
漯河市 Luohe	105	0.12	11938	11428
三门峡市 Sanmenxia	251	0.29	14425	19516
南阳市 Nanyang	345	0.60	32987	48388
商丘市 Shangqiu	97	0.16	11613	18591
信阳市 Xinyang	117	0.22	16435	10105
周口市 Zhoukou	160	0.18	18175	20422
驻马店市 Zhumadian	290	0.44	32816	50405
济源市 Jiyuan	22	0.05	2359	3617

市 City	成本费用合计 Total Expenses	工资和福利费 Salary and Welfare	税费合计 Tax and Expenses	营业利润 Operating Profit
全　省 Total	428047	118837	43346	195590
郑州市 Zhengzhou	42276	13531	3644	3524
开封市 Kaifeng	126696	35127	14589	77886
洛阳市 Luoyang	16404	5294	1451	11528
平顶山市 Pingdingshan	19817	4119	2026	10432
安阳市 Anyang	21751	7209	2361	14210
鹤壁市 Hebi	864	500	71	125
新乡市 Xinxiang	11423	3877	758	3123
焦作市 Jiaozuo	14778	3691	976	1869
濮阳市 Puyang	6146	2178	352	1482
许昌市 Xuchang	59423	7055	9282	23546
漯河市 Luohe	5853	1643	303	3868
三门峡市 Sanmenxia	11837	7583	822	4797
南阳市 Nanyang	27367	10848	2201	13828
商丘市 Shangqiu	13218	2598	651	2783
信阳市 Xinyang	6466	2943	539	2534
周口市 Zhoukou	10339	2958	1176	6907
驻马店市 Zhumadian	31607	7032	1932	12693
济源市 Jiyuan	1782	651	213	457

教育
Education

◎ 资料整理：刘秋香　张永安

简要说明

一、主要内容

本篇包括教育行业企业、行政事业单位、社会团体及其他法人单位的单位数、从业人数、主要财务指标以及研究生教育、高等教育(普通教育本专科、成人教育本专科)、中等教育(高中阶段教育和初中阶段教育)、初等教育(小学)、学前教育、特殊教育(盲聋哑和弱智儿童学校等)以及教育经费等资料。

二、资料来源

25-1 至 25-5表是以经济普查数据为基础，利用财政系统和教育系统统计数据综合推算。2008年为第二次经济普查数据。由省地方经济社会调查队服务业调查处整理提供。

教育事业统计资料由省教育厅提供；技工学校的资料由省劳动和社会保障厅提供。由省统计局社会与科技处编辑整理。

Brief Introduction

I. Main Content

Data on education cover the unit, employment, and main financial indicators of education enterprises, Administrative institution, social organizations and others. The situations on education of postgraduates, higher education (universities and colleges), secondary education (senior and junior high schools), elementary education (primary schools), preschool education, special education (schools for the blind, deaf-mutes and mentally retarded) and their expenditure. The main indicators include the number of schools, the number of students enrolled, the number of new students enrolled, the number of graduates, the number of staff and workers, the number of full-time teachers, sources and outlay of education funding.

II. Sources of Data

Data from 25-1 to 25-5 are calculated basis on The Second Census, and the financial system data. Data of 2008 year are calculated from The second economic census, which are provided by Henan provincial survey organizations of social and economy.

Data on education undertakings are calculated from Henan Provincial bureau of Education. Data on technical training schools are calculated from Henan provincial bureau of Human Resources and Social Security. Data in this chapter are provided by Department of social and technology of the Henan provincial Bureau of Statistics.

25-1 法人单位数
Number of Institutional Unit

单位：个 (unit)

指标	Item	2008	2009
合计	**Total**	**22206**	**22367**
企业	Enterprise	1727	1759
行政事业	Administrative institution	16157	16213
社会团体及其他	Social organizations and others	4322	4395

25-2 法人单位从业人员数
Number of Employed Persons in Institutional Unit

单位：万人 (10 000 persons)

指标	Item	2008	2009
合计	**Total**	**121.50**	**122.08**
企业	Enterprise	3.62	3.76
行政事业	Administrative institution	107.86	108.06
社会团体及其他	Social organizations and others	10.03	10.25

25－3 分行业法人单位财务指标

Main Financial Indicators of Institutional Unit by Sector

单位：亿元 (100 million yuan)

指标	Item	2008					
		教育 Education	学前教育 Pre-school Education	初等教育 Primary Education	中等教育 Secondary Education	高等教育 Higher Education	其他教育 Other Education
单位数(个)	Number of units (unit)	22206	3690	10265	5497	237	2517
从业人数(万人)	Employed Persons (10 000 Persons)	121.50	5.83	43.72	55.72	9.13	7.10
固定资产原价	Fixed Asset Price	1101.56	28.66	235.12	463.86	296.27	77.64
收入合计	Total Income	615.13	21.81	145.59	269.63	130.09	48.01
成本费用合计	Total Cost	566.12	17.47	136.89	245.58	124.94	41.23
工资和福利费	Salary and Welfare	290.04	10.08	88.68	133.44	39.57	18.28
税费合计	Tax	2.15	0.23	0.35	0.48	0.15	0.95
营业利润	Operating Profit	10.94	1.29	1.86	4.12	0.15	3.53

指标	Item	2009					
		教育 Education	学前教育 Pre-school Education	初等教育 Primary Education	中等教育 Secondary Education	高等教育 Higher Education	其他教育 Other Education
单位数(个)	Number of units (unit)	22367	3698	10311	5533	237	2588
从业人数(万人)	Employed Persons (10 000 Persons)	122.08	5.87	43.87	56.03	9.13	7.18
固定资产原价	Fixed Asset Price	1111.03	30.93	235.92	469.30	296.29	78.59
收入合计	Total Income	741.39	26.86	179.46	319.62	146.21	69.24
成本费用合计	Total Cost	728.40	24.16	177.12	316.87	147.45	62.80
工资和福利费	Salary and Welfare	347.72	13.54	105.60	159.77	43.43	25.37
税费合计	Tax	2.39	0.33	0.34	0.55	0.19	0.97
营业利润	Operating Profit	10.04	0.19	1.74	3.96	-0.02	4.16

25-4 各市法人单位财务指标(2008年)

Main Financial Indicators of Institutional Unit by City(2008)

单位：万元 (10 000 yuan)

市 City	单位数(个) Number of units (unit)	从业人数(万人) Employed Persons (10 000 Persons)	固定资产原价 Fixed Asset Price	收入合计 Total Income
全 省 Total	**22206**	**121.50**	**11015603**	**6151306**
郑 州 市 Zhengzhou	2343	15.31	2424801	1422739
开 封 市 Kaifeng	776	6.72	859432	628423
洛 阳 市 Luoyang	2593	8.42	1000459	518556
平 顶 山 市 Pingdingshan	986	5.56	331907	222727
安 阳 市 Anyang	1701	6.23	492578	265974
鹤 壁 市 Hebi	388	1.84	138830	82668
新 乡 市 Xinxiang	1211	6.42	640338	294027
焦 作 市 Jiaozuo	673	4.31	333997	198538
濮 阳 市 Puyang	950	4.30	217057	166446
许 昌 市 Xuchang	1394	5.43	333170	228360
漯 河 市 Luohe	525	2.79	195304	123226
三 门 峡 市 Sanmenxia	420	2.86	197926	142200
南 阳 市 Nanyang	3132	12.98	862875	508384
商 丘 市 Shangqiu	1194	9.87	719205	324612
信 阳 市 Xinyang	1145	8.49	747043	298491
周 口 市 Zhoukou	1231	11.08	811031	341675
驻 马 店 市 Zhumadian	1330	8.01	615335	335429
济 源 市 Jiyuan	214	0.89	94316	48831

市 City	成本费用合计 Total Expenses	工资和福利费 Salary and Welfare	税费合计 Tax and Expenses	营业利润 Operating Profit
全 省 Total	**5661183**	**2900448**	**21506**	**109403**
郑 州 市 Zhengzhou	1376268	571793	3136	5724
开 封 市 Kaifeng	429793	194275	8718	48866
洛 阳 市 Luoyang	458625	227361	939	4579
平 顶 山 市 Pingdingshan	217035	117187	1016	-1857
安 阳 市 Anyang	245514	138160	1422	8970
鹤 壁 市 Hebi	76068	38070	22	761
新 乡 市 Xinxiang	277491	136591	362	330
焦 作 市 Jiaozuo	192722	90588	398	3829
濮 阳 市 Puyang	166071	87775	55	-326
许 昌 市 Xuchang	192682	101666	1808	5232
漯 河 市 Luohe	114724	53596	143	2698
三 门 峡 市 Sanmenxia	138373	70692	46	807
南 阳 市 Nanyang	487379	306502	774	10263
商 丘 市 Shangqiu	332698	203826	489	3098
信 阳 市 Xinyang	287107	174990	228	2873
周 口 市 Zhoukou	332637	210873	540	3286
驻 马 店 市 Zhumadian	291453	152914	1345	8757
济 源 市 Jiyuan	44545	23590	67	1513

25-5 各市法人单位财务指标(2009年)

Main Financial Indicators of Institutional Unit by City(2009)

单位：万元 (10 000 yuan)

市	City	单位数(个) Number of units (unit)	从业人数(万人) Employed Persons (10 000 Persons)	固定资产原价 Fixed Asset Price	收入合计 Total Income
全　省	**Total**	**22367**	**122.08**	**11110250**	**7413928**
郑州市	Zhengzhou	2373	15.40	2455641	1659801
开封市	Kaifeng	780	6.76	864795	770226
洛阳市	Luoyang	2600	8.44	1003064	693651
平顶山市	Pingdingshan	991	5.50	309721	253119
安阳市	Anyang	1712	6.25	497358	298052
鹤壁市	Hebi	389	1.84	138972	101276
新乡市	Xinxiang	1256	6.51	644702	368781
焦作市	Jiaozuo	684	4.40	343954	228761
濮阳市	Puyang	953	4.31	217451	194230
许昌市	Xuchang	1396	5.46	335183	283207
漯河市	Luohe	525	2.79	195508	165070
三门峡市	Sanmenxia	423	2.86	201062	205102
南阳市	Nanyang	3144	13.05	870927	557880
商丘市	Shangqiu	1211	9.94	729172	374450
信阳市	Xinyang	1148	8.56	761552	386587
周口市	Zhoukou	1237	11.09	811530	416724
驻马店市	Zhumadian	1331	8.03	634867	397661
济源市	Jiyuan	214	0.89	94792	59350

市	City	成本费用合计 Total Expenses	工资和福利费 Salary and Welfare	税费合计 Tax and Expenses	营业利润 Operating Profit
全　省	**Total**	**7284010**	**3477169**	**23862**	**100389**
郑州市	Zhengzhou	1660325	655909	4120	8637
开封市	Kaifeng	720260	319406	7824	31504
洛阳市	Luoyang	684383	339292	1023	6360
平顶山市	Pingdingshan	248569	134808	1081	529
安阳市	Anyang	278927	150960	1712	9380
鹤壁市	Hebi	100405	50973	21	844
新乡市	Xinxiang	371566	168348	306	-617
焦作市	Jiaozuo	229408	109702	427	4871
濮阳市	Puyang	193027	100193	75	-333
许昌市	Xuchang	274358	136191	1976	5691
漯河市	Luohe	162279	71848	219	2306
三门峡市	Sanmenxia	201649	94078	53	715
南阳市	Nanyang	540991	294126	970	10948
商丘市	Shangqiu	369981	196888	883	3257
信阳市	Xinyang	386737	212104	250	3203
周口市	Zhoukou	419833	228373	659	3151
驻马店市	Zhumadian	384786	186099	2195	7876
济源市	Jiyuan	56525	27870	70	2070

25-6 历年各级各类学校数

Number of Schools by Level and Type over the Years

单位:所 (unit)

年份 year	小学 Primary Schools	普通中学 Regular Secondary Schools	高中 Senior Secondary Schools	初中 Junior Secondary Schools	职业中学 Vocational Secondary Schools	普通高等学校 Regular Institutions of Higher Education
1978	48772	26586	3705	22881		24
1979	34983	25826	2976	22850		24
1980	46672	12672	2431	10241	1	25
1981	45939	10304	1703	8601	6	26
1982	46542	10510	1279	9231	8	26
1983	46265	10324	1177	9147	21	32
1984	46232	9969	1102	8867	41	38
1985	41935	9459	1069	8390	390	43
1986	45250	9730	1058	8672	370	47
1987	44865	9632	1027	8605	336	47
1988	44379	9406	1003	8403	378	47
1989	43951	8961	958	8003	466	47
1990	43286	8249	920	7329	480	47
1991	42455	7369	854	6515	539	49
1992	42370	6893	789	6104	636	47
1993	42071	6644	719	5925	685	48
1994	41899	6476	661	5815	785	50
1995	41698	6367	641	5726	785	50
1996	41466	6282	635	5647	761	50
1997	41526	6142	645	5497	742	50
1998	41238	6069	643	5426	722	51
1999	41404	6120	688	5432	696	56
2000	41269	6217	761	5456	609	52
2001	39825	6384	819	5565	520	64
2002	37729	6399	854	5545	484	66
2003	36379	6363	888	5475	462	71
2004	34164	6229	909	5320	442	82
2005	33026	6207	945	5262	455	83
2006	31410	6045	955	5090	515	84
2007	30677	5864	920	4944	552	82
2008	30214	5718	908	4810	584	84
2009	29420	5571	868	4703	589	89

25-7 历年各级各类学校专任教师数

Number of Full-time Teachers by Level and Type of school over the Years

单位：万人 (10 000 persons)

年份 year	小学 Primary Schools	普通中学 Regular Secondary Schools	高中 Senior Secondary Schools	初中 Junior Secondary Schools	职业中学 Vocational Secondary Schools	普通高等学校 Regular Institutions of Higher Education
1978	42.88	29.34	4.98	24.36		0.54
1979	43.66	30.01	5.09	24.92		0.62
1980	44.72	30.13	4.48	25.65	0.00	0.68
1981	47.20	26.99	3.91	23.08	0.01	0.71
1982	41.95	22.58	3.52	19.05	0.01	0.84
1983	42.52	22.17	3.46	18.71	0.04	0.91
1984	42.81	21.86	3.41	18.45	0.02	0.97
1985	43.09	22.21	3.41	18.80	0.68	1.10
1986	43.62	22.93	3.54	19.39	0.77	1.27
1987	43.52	23.69	3.73	19.96	0.81	1.33
1988	43.79	24.01	3.79	20.22	0.88	1.38
1989	43.76	23.84	3.77	20.07	1.13	1.38
1990	44.34	24.05	3.79	20.25	1.27	1.40
1991	37.93	23.54	3.83	19.71	1.34	1.42
1992	37.55	23.49	3.76	19.73	1.51	1.45
1993	38.19	23.60	3.62	19.98	1.72	1.47
1994	38.87	23.94	3.48	20.46	2.08	1.55
1995	39.23	24.68	3.45	21.23	2.28	1.55
1996	40.02	25.48	3.51	21.97	2.44	1.64
1997	41.12	26.38	3.61	22.77	2.67	1.65
1998	42.55	27.60	3.75	23.85	2.76	1.70
1999	44.66	29.09	4.09	25.00	2.67	1.88
2000	45.93	30.86	4.57	26.29	2.49	2.02
2001	47.56	32.90	5.13	27.77	2.35	2.46
2002	49.62	35.06	6.03	29.03	2.39	2.85
2003	48.85	35.88	6.72	29.16	2.21	3.33
2004	47.85	36.55	7.6	28.95	2.23	4.18
2005	47.55	37.30	8.40	28.90	2.29	4.63
2006	47.82	37.64	9.19	28.45	2.68	5.29
2007	48.30	37.88	9.79	28.09	2.76	5.88
2008	48.53	37.89	10.27	27.62	2.91	6.49
2009	48.91	38.30	10.49	27.81	3.16	7.15

25-8 历年各级各类学校在校学生数

Student Enrollment by Level and Type of school over the Years

单位:万人 (10 000 persons)

年份 year	小学 Primary Schools	普通中学 Regular Secondary Schools	高中 Senior Secondary Schools	初中 Junior Secondary Schools	职业中学 Vocational Secondary Schools	普通高等学校 Regular Institutions of Higher Education
1978	1140.26	521.62	116.38	405.24		2.73
1979	1147.88	504.04	106.42	397.62		3.38
1980	1133.75	487.27	83.75	403.52	0.02	4.59
1981	1110.65	412.31	60.66	351.65	0.27	4.93
1982	1098.47	361.41	49.25	312.16	0.51	4.63
1983	1054.04	341.32	47.82	293.50	1.11	4.80
1984	1055.08	354.20	50.87	303.33	2.28	5.33
1985	1034.97	357.46	52.27	305.19	10.89	6.85
1986	1015.67	366.96	54.66	312.30	11.92	7.50
1987	997.75	373.51	54.41	319.10	11.63	7.57
1988	980.05	362.64	52.51	310.13	11.94	7.99
1989	969.82	349.05	49.54	299.51	14.50	8.01
1990	961.15	352.56	49.26	303.30	15.61	8.04
1991	944.02	357.66	48.80	308.86	17.77	8.18
1992	936.71	359.78	46.21	313.57	20.40	8.95
1993	951.50	362.96	43.52	319.44	25.86	10.44
1994	991.06	384.80	42.51	342.29	35.74	11.71
1995	1039.56	417.86	42.91	374.95	45.86	12.24
1996	1105.58	454.48	44.02	410.46	51.18	12.79
1997	1169.96	480.21	46.68	433.53	56.84	13.60
1998	1200.06	512.51	51.13	461.38	60.10	14.64
1999	1186.97	568.86	61.06	507.8	53.75	18.55
2000	1130.63	638.14	75.15	562.99	48.27	26.24
2001	1070.73	683.38	94.73	588.65	38.71	36.91
2002	1104.59	733.35	125.55	607.80	41.52	46.80
2003	1058.61	750.51	146.42	604.09	42.32	55.72
2004	1014.06	759.42	168.75	590.67	45.93	70.28
2005	986.84	758.22	188.39	569.83	49.31	85.19
2006	997.09	742.22	201.58	540.64	59.90	97.41
2007	1018.71	719.83	212.63	507.20	66.22	109.52
2008	1036.60	691.46	207.26	484.20	72.76	125.02
2009	1052.03	675.45	201.20	474.25	80.88	136.88

25-9 历年各级各类学校招生数

New Student Enrollment by Level and Type of school over the Years

单位：万人 (10 000 persons)

年份 year	小学 Primary Schools	普通中学 Regular Secondary Schools	高中 Senior Secondary Schools	初中 Junior Secondary Schools	职业中学 Vocational Secondary Schools	普通高等学校 Regular Institutions of Higher Education
1978	254.37	234.71	53.79	180.92		1.39
1979	249.91	215.50	48.55	166.95		1.07
1980	239.12	169.65	28.69	140.96	0.02	1.25
1981	226.50	146.95	24.44	122.51	0.24	1.25
1982	219.17	124.70	18.17	106.53	0.27	1.36
1983	198.48	119.04	17.04	102.00	0.88	1.65
1984	197.99	119.69	17.40	102.29	1.36	1.89
1985	174.24	118.93	17.22	101.71	5.42	2.67
1986	190.38	123.72	17.77	105.95	5.00	2.42
1987	184.06	124.03	17.84	106.19	4.56	2.64
1988	181.53	121.80	17.09	104.71	4.95	2.72
1989	179.88	118.08	16.27	101.81	6.34	2.61
1990	172.46	122.53	16.92	105.61	6.37	2.66
1991	164.72	125.47	16.49	108.98	8.28	2.76
1992	169.53	125.38	15.28	110.10	9.53	3.38
1993	190.31	130.28	14.86	115.42	12.71	4.05
1994	220.01	144.20	13.98	130.23	16.96	4.17
1995	232.52	158.34	14.58	143.76	20.75	4.32
1996	239.94	164.89	15.12	149.77	20.48	4.49
1997	239.79	171.79	16.41	155.38	23.61	4.66
1998	217.82	189.67	18.72	170.95	23.56	5.02
1999	193.65	220.12	24.42	195.70	16.95	7.88
2000	171.11	246.46	31.48	214.98	16.83	11.69
2001	163.32	246.96	37.63	209.33	14.63	14.01
2002	185.77	253.93	50.93	203.00	17.05	16.61
2003	164.35	253.19	53.77	199.42	16.85	19.02
2004	162.49	257.45	61.33	196.12	17.40	25.74
2005	169.44	259.58	69.99	189.59	20.30	27.76
2006	176.86	233.85	67.75	166.10	28.51	33.77
2007	183.22	231.49	70.57	160.92	28.83	35.52
2008	186.92	233.55	68.42	165.13	28.90	44.51
2009	184.51	225.18	64.50	160.68	33.03	45.74

25–10 历年各级各类学校毕业生数
Graduates by Level and Type of school over the Years

单位:万人 (10 000 persons)

年份 year	小学 Primary Schools	普通中学 Regular Secondary Schools	高中 Senior Secondary Schools	初中 Junior Secondary Schools	职业中学 Vocational Secondary Schools	普通高等学校 Regular Institutions of Higher Education
1978	185.03	213.34	44.37	168.97		0.96
1979	179.69	204.86	50.44	154.42		0.41
1980	173.62	109.74	45.66	64.08	0.01	
1981	173.52	131.24	43.45	87.79	0.01	0.90
1982	165.80	104.44	27.36	77.08	0.02	1.65
1983	168.90	87.90	15.85	72.05	0.28	1.47
1984	166.90	86.78	14.74	72.04	0.28	1.35
1985	158.48	88.92	15.44	73.48	2.08	1.17
1986	172.97	91.60	16.70	74.90	2.52	1.75
1987	172.82	97.24	17.78	79.46	3.11	2.53
1988	167.45	99.44	18.03	81.40	3.62	2.29
1989	162.51	100.39	17.27	83.12	3.64	2.56
1990	162.60	99.36	16.70	82.66	4.17	2.61
1991	161.86	98.77	15.96	82.81	5.26	2.72
1992	162.39	99.90	15.01	84.89	4.86	2.59
1993	163.26	102.34	14.45	87.89	5.35	2.66
1994	166.48	103.90	13.98	89.92	6.16	2.93
1995	168.96	109.35	13.51	95.84	9.22	3.76
1996	165.13	115.90	13.82	102.08	12.41	3.91
1997	168.57	133.16	13.78	119.38	15.18	3.89
1998	180.67	145.88	14.93	130.95	17.23	3.96
1999	205.01	153.97	15.50	138.47	17.95	3.99
2000	225.57	162.16	17.47	144.69	18.65	4.17
2001	220.41	176.44	19.84	156.60	15.32	4.61
2002	202.55	203.04	25.78	177.26	12.57	7.12
2003	204.18	225.16	36.38	188.78	11.68	10.90
2004	203.54	240.69	42.48	198.21	11.97	13.43
2005	191.90	252.02	53.66	198.36	13.97	16.52
2006	166.71	245.24	57.36	187.88	15.40	20.21
2007	160.19	254.20	65.10	189.10	17.21	26.72
2008	168.90	258.05	74.98	183.07	17.93	30.25
2009	165.75	233.36	70.17	163.18	22.31	33.41

25−11 学校、教职工和专任教师情况（2009年）
Basic Statistics on Schools, Teachers and Staff and Full-time Teachers (2009)

项 目	Item	学校数(所) Number of Schools (unit)	教职工数(人) Teachers and Staff (person)	专任教师(人) Full-time Teachers (person)
高等教育	**Higher Education**	**127**	**109997**	**75424**
普通高等学校	Regular Institutions of Higher Education	89	103617	71472
本科院校	Universities with Full Undergraduate Courses	33	59439	40210
专科院校	Colleges with Specialized Courses	56	38326	26835
#职业技术学院	Vocational and Technical Colleges	42	26436	19826
其他机构(教学点)	Others	21	5852	4427
#独立学院	Independent Colleges	10	5852	4427
成人高等学校	Adult Institutions of Higher Education	18	5427	3566
民办的其他高等教育机构	Other Private Institutions of Higher Education	20	953	386
中等教育	**Secondary Education**	**6750**	**532009**	**453236**
高中阶段教育	Senior Secondary Education	2252	223380	174045
普通高中	Regular Senior Secondary Schools	868	127033	104855
成人高中	Adult High School			
中等职业教育	Vocational Secondary Education	1179	97465	70331
普通中专	Regular Specialized Secondary Schools	163	23101	14676
成人中专	Adult Specialized Secondary Schools	223	15875	10808
职业高中	Vocational Senior Secondary Schools	589	40701	31639
技工学校	Technical Schools	204	14745	10800
其他机构(教学点)	Others	204	3043	2408
初中阶段教育	Junior Secondary Education	4703	307511	278050
普通初中	Regular Junior Secondary Schools	4703	307511	278050
初等教育	**Primary Education**	**39704**	**524265**	**494493**
普通小学	Regular Primary Schools	29420	515839	489139
成人小学	Adult Primary Schools	10284	8426	5354
#扫盲班	Literacy Courses	3582	3397	2061
工读学校	**Schools for Juvenile Delinquents**	**3**	**66**	**53**
特殊教育	**Special Education**	**121**	**3404**	**2872**
学前教育	**Pre-school Education**	**6355**	**89211**	**58312**

注：其他机构学校数不计入总数。

a) Number of Adult Institutions of Higher Eduation excludes Other Institutions.

25-12 各级各类学历教育学生情况（2009年）

Basic Statistics on Students by Level and Type of Education (2009)

单位：人 (person)

项　目	Item	招生数 New Enrollment	在校学生数 Total Enrollment	毕业生数 Graduates	女学生占学生总数的比重(%) Females as % of Total
高等教育	**Students Received Higher Education**	**604070**	**1784270**	**437086**	**52.6033616**
研究生	Postgraduates	9918	26431	6939	51.7
博　士	Doctor's Degree	303	1079	219	39.7
硕　士	Master's Degree	9615	25352	6720	52.2
普通本专科	Regular Undergraduates and College Students	457387	1368813	334115	51.5
本　科	Enrolled in Full Undergraduate Courses	183810	616098	127657	49.7
专　科	Enrolled in Specialized Courses	273577	752715	206458	52.9
成人本专科	Adult Undergraduates and College Students	101278	277814	81887	51.1
本　科	Enrolled in Full Undergraduate Courses	36650	107091	31717	52.1
专　科	Enrolled in Specialized Courses	64628	170723	50170	50.4
民办的其他高等学历教育	Other Degree of Higher Education run by the local people	7508	27331	4258	87.0
在职人员攻读博士、硕士学位	Employees Enrolled in Graduate Programs Leading to Doctor or Master Degrees	1709	4711		40.2
网络本专科生	Students Enrolled in Internet-based Courses	20471	56550	5629	55.2
本　科	Enrolled in Full Undergraduate Courses	9156	26862	2229	60.1
专　科	Enrolled in Specialized Courses	11315	29688	3400	50.8
学历文凭考试	Students Taking Exam Leading to Diploma				
自学考试助学班	Students Taking Unified Exams after Completing Self-learning Programs	7508	27331	4258	87.0
中等教育	**Secondary Education**	**2982920**	**8633653**	**2862704**	**48.3**
高中阶段教育	Senior Secondary Education	1376147	3891125	1230875	49.3
普通高中	Regular Senior Secondary Schools	645015	2011981	701747	48.0
成人高中	Adult High School				
中等职业教育	Vocational Secondary Education	738767	1894671	533659	50.7
普通中专	Regular Specialized Secondary Schools	244614	653611	188561	56.7
成人中专	Adult Specialized Secondary Schools	64708	175151	55177	42.0
职业高中	Vocational Senior Secondary Schools	330336	808789	223116	47.5
技工学校	Technical Schools	99109	257120	66805	50.4
初中阶段教育	Junior Secondary Education	1606773	4742528	1631829	47.6
普通初中	Regular Junior Secondary Schools	1606773	4742528	1631829	47.6
初等教育	**Primary Education**	**1845137**	**10911924**	**2089908**	**46.3**
普通小学	Regular Primary Schools	1845137	10520259	1657467	46.1
成人小学	Adult Primary Schools		391665	432441	52.4
#扫盲班	Literacy Courses		88941	80907	54.0
工读学校	**Schools for Juvenile Delinquents**	**64**	**300**	**70**	**2.0**
特殊教育	**Special Education**	**3076**	**21069**	**2057**	**32.5**
学前教育	**Pre-school Education**	**1141144**	**1716461**	**730722**	**44.3**

25−13 民办教育基本情况(2009年)

Basic Statistics on Non-state Education (2009)

指标	Item	学校数(所) Number of School (unit)	学生数(人) student(person) 毕业生数 Graduates	招生数 New Enroll-ment	在校生数 Total Enroll-ment	教职工数(人) Teachers and Staff (person)	#专任教师 Full-time Teachers (person)
总 计	**Total**	**7034**	**649232**	**951425**	**2705179**	**172305**	**121233**
民办高等教育	Non-state Higher Education	41	53224	89095	261751	17508	12259
普通高校	Regular Institutions of Higher Education	23	48136	82207	233844	16635	11926
民办的其他高等教育机构	Private Institutions of Higer Education	18	5088	6888	27907	873	333
民办中等教育机构	Non-state Secondary Education	987	291511	362572	993520	55836	42391
高中阶段教育	Senior Secondary Education	481	145255	212749	567578	55836	42391
民办普通高中	Private Regular Senior Secondary Schools	182	74958	73486	215503	39839	31384
民办中等职业教育	Private Vocational Secondary Education	299	70297	139263	352075	15997	11007
初中阶段教育	Junior Secondary Education	506	146256	149823	425942		
民办普通初中	Private Regular Junior Secondary School	506	146256	149823	425942		
民办普通小学	Non-state Regular Primary Schools	1091	106314	107364	699020	38858	28641
民办幼儿园	Non-state Kindergartens	4913	198183	392394	750683	60103	37942

注：民办普通高中的教职工数和专任教师数包含民办普通初中数据。
a)Number of Teachers, Staff and Full-time Teachers include those of Private Regular Junior Secondary Schools.

25-14 研究生分学科毕业、招生及在学人数

Number of Graduates,New Student Enrollment, Student Enrollment of Postgraduate by Field of Study

单位：人 (person)

学科	Subjects	1990	1995	2000	2005	2006	2007	2008	2009
分学科毕业生数	**Total**	**476**	**340**	**640**	**2587**	**3722**	**5429**	**6643**	**6939**
#哲学	Philosophy	4	6	12	43	59	100	141	136
经济学	Economics	20	9	59	102	99	175	302	209
法学	Law	8	15	48	234	305	389	454	478
教育学	Education	18	8	11	104	157	319	398	373
文学	Literature	59	33	65	231	315	465	560	619
历史学	History	28	12	18	86	118	161	168	216
理学	Science	93	74	101	377	570	852	937	955
工学	Engineering	129	101	169	737	1093	1513	1704	1966
农学	Agriculture	30	14	59	139	200	274	333	354
医学	Medicine	87	68	98	401	623	875	1109	865
管理学	Administration				133	183	306	537	414
分学科招生数	**New Student Enrollment**	**334**	**469**	**1485**	**6561**	**7375**	**7957**	**8507**	**9918**
#哲学	Philosophy		9	30	146	164	168	193	175
经济学	Economics	10	23	54	194	245	189	264	291
法学	Law	19	29	166	487	562	687	852	801
教育学	Education	8	8	44	415	415	516	468	408
文学	Literature	35	59	134	565	628	732	781	836
历史学	History	13	17	52	215	219	201	171	162
理学	Science	61	78	230	985	990	939	1139	1332
工学	Engineering	92	151	416	1688	2139	2120	2190	2300
农学	Agriculture	21	21	89	351	371	461	356	400
医学	Medicine	75	74	270	1040	1034	1296	1378	1224
管理学	Administration				475	608	648	715	663
分学科在学人数	**Student Enrollment**	**1037**	**1307**	**3229**	**15830**	**19336**	**21667**	**23551**	**26431**
#哲学	Philosophy	15	23	59	309	418	451	490	518
经济学	Economics	30	71	181	468	615	615	681	742
法学	Law	34	77	280	1195	1431	1702	2106	2246
教育学	Education	25	23	146	856	1122	1319	1320	1337
文学	Literature	95	148	274	1328	1619	1921	2139	2348
历史学	History	52	51	113	489	599	641	602	546
理学	Science	200	218	531	2426	2814	2943	3112	3478
工学	Engineering	283	386	901	4335	5359	5927	6383	6706
农学	Agriculture	66	56	194	829	999	1186	1207	1220
医学	Medicine	237	254	550	2583	2941	3345	3719	3709
管理学	Administration				1012	1419	1617	1792	1698

25-15 普通高等学校专任教师分学历的人数(2009年)

Number of Full-Time Teachers by Educational Level in Regular Higher Educational Institutions(2009)

单位：人 (person)

学 历	Educational Level	合计 Total	正高级 Senior	副高级 Sub-Senior	中级 Medidle	初级 Junior	无职称 Not Rank
总 计	**Total**	**71472**	**5320**	**18253**	**26855**	**17044**	**4000**
博士	Doctor	5910	1395	2157	2319	22	17
硕士	Master	23702	1069	4313	10054	6989	1277
本科毕业	Undergraduate	40903	2815	11630	14089	9752	2617
专科及以下	Junior College and Below	957	41	153	393	281	89

25-16 普通中等专业学校分学科毕业生、招生及在校学生数(2009年)

Graduates,New Student Enrollment,Student Enrollment of Specialized Secondary Schools by Field of Study(2009)

单位：人 (person)

学 科	Subject	毕业生 Graduates	招生 New student Enrollment	高中毕业 Graduates of Senior Secondary Schools	初中毕业 Graduates of Junior Secondary Schools	在校学生 Student Enrollment
总 计	**Total**	**188561**	**244614**	**33346**	**211268**	**653611**
农林类	Agriculture and Forestry	947	9541	4971	4570	12154
资源与环境类	Resources and Environment	7536	3361	1213	2148	10251
能源类	Energy	1329	1485	660	825	4528
土木水利工程类	Civil and Irrigation Engineering	6761	6087	533	5554	18512
加工制造类	Manufacturing	33208	32719	3486	29233	108220
交通运输类	Communications & Transportation	5100	7617	518	7099	20962
信息技术类	Information Technologies	36033	57514	8377	49137	140495
医药卫生类	Medical and Health	34399	45575	5605	39970	116312
商贸与旅游类	Trade and Tourism	15018	18139	1996	16143	50628
财经类	Finance and Economics	11568	13350	1334	12016	36724
文化艺术与体育类	Culture,Arts and Physical Education	13071	17487	2203	15284	50938
社会公共事业类	Public Affair	5333	3289	479	2810	10457
师范类	Teacher training	11571	20606	930	19676	52789
其他	Other	6687	7844	1041	6803	20641

25-17 普通中等专业学校专任教师学历情况(2009年)

Number of Full-time Teachers by Educational Background in Specialized Secondary Schools(2009)

单位：人 (person)

学　历	Educational Background	合计 Total	正高级 Senior	副高级 Sub-Senior	中级 Medium	初级 Junior	无职称 Not Rank
总　计	**Total**	**14676**	**79**	**3613**	**5510**	**4316**	**1158**
博士	Doctor	10	2	7	1		
硕士	Master	1004	19	369	344	203	69
本科毕业	Undergraduate	11683	43	3071	4382	3422	765
专科及以下	Junior College and Below	1979	15	166	783	691	324

25-18 技工学校数、学生数和教职工数

Number of Technical Schools,Students,Teachers and Staff

指　标	Item	1990	1995	2000	2005	2006	2007	2008	2009
学校数(所)	Number of Schools (unit)	168	204	193	173	184	197	205	204
在校学生数(万人)	Student Enrollment (10 000 persons)	5.64	9.32	6.75	17.27	20.42	22.77	24.16	25.71
毕业生数(万人)	Graduates(10 000 persons)	1.63	2.30	3.13	3.59	4.83	5.58	6.23	6.68
招生数(万人)	New Student Enrollment(10 000 persons)	2.00	3.39	2.79	7.26	8.15	9.94	9.15	9.91
教职工数(万人)	Teachers and Staff(10 000 persons)	1.48	1.77	1.27	1.17	1.25	1.33	1.36	1.47

25-19 成人学校基本情况(2009年)
Basic Statistics on Adult Schools (2009)

单位：人 (person)

各类学校	Various Schools	学校数(所) Number of Schools (unit)	教职工数 Teachers and Staff	#专任教师 Full-time Teachers	在校学生数 Student Enrollment	招生数 New Student Enrollment	毕业生数 Graduates
成人高等学校	**Adult Institutions of Higher Eduation**	**22**	**5427**	**3566**	**277814**	**101278**	**81887**
广播电视大学	Radio and TV Universities	1	391	191	9118	5500	3541
职工、农民学院	Schools of Higher Eduation for Staff,Workers and Peasants	12	2106	1516	22259	8293	4298
管理干部学院	Colleges of Mangagement Cadres	1	542	300	510	136	296
教育学院	Pedagogical Colleges	4	1724	1220	12515	4889	5498
其他机构	Others	4	664	339	2410	465	1455
高校函授部、夜大学	Correspondence Departments or Evening Universities Run by Institutions of Higher Education	89			231002	81995	66799
成人中等专业学校	**Trade School for Adults**						
中学	**Secondary Schools for Adults**	**327**	**1860**	**976**	**169340**		**183359**
职工中学	Secondary Schools for Staff and Workers	7	81	77	13180		6816
农民中学	Secondary Schools for Peasants	320	1779	899	156160		176543
技术培训学校	**Technical Training Schools**	**21260**	**32795**	**19462**	**4752988**		**4830188**
职工技术培训学校	Techinical Training Schools for Staff and Workers	359	2245	1447	199195		191289
农民技术培训学校	Techinical Training Schools for Peasants	20265	26771	15495	4324987		4379972
其他培训机构	Other Training Organizations	636	3779	2520	228806		258927
成人初等学校	**Primary Schools for Adults**	**10284**	**8426**	**5354**	**391665**		**432441**
职工初等学校	Primary Schools for Staff and Workers	307	167	47	10219		10266
农民初等学校	Primary Schools for peasants	9977	8259	5307	381446		422175
#扫盲班	Literacy Courses	3582	3397	2061	88941		80907

注：其他机构、高校函授部、夜大学不计入成人高等学校总校数。
a)Number of Adult Institutions of Higher Eduation excludes those of Other Institutions , Correspondence Departments or Evening Universities Run by Institutions of Higher Education.

25-20 网络教育学生情况(2009年)

Statistics on Network Education Students(2009)

单位：人 (Person)

类别 Types	毕业生人数 Graduates		招生人数 New Students Enrollment		在校学生人数 Students Enrollment	
	本科 Undergraduate	专科 Junior College	本科 Undergraduate	专科 Junior College	本科 Undergraduate	专科 Junior College
总计 Total	**2229**	**3400**	**9156**	**11315**	**26862**	**29688**
#女 Female	1238	1254	5815	6282	16152	15088
经济学 Economics	95	287	424	1253	1095	3106
法学 Law	378	186	776	681	2403	1877
教育学 Education	78	107	559	397	1494	1123
文学 Literature	234	89	1519	462	5037	703
理学 Science			548		1816	
工学 Engineering	419	1687	1207	2886	3579	8844
医学 Medicine	574	597	2224	2782	6109	6404
管理学 Administration	451	447	1899	2854	5329	7631

25-21 普通中小学和幼儿园专任教师分学历的人数与构成

Number and Composition of Full-time Teachers in Regular Secondary Schools,Primary Schools and Kindergartens by Educational Level

单位：人 (person)

	Educational Level	2008 绝对数 Total	2008 构成(%) Composition (%)	2009 绝对数 Total	2009 构成(%) Composition (%)
高中教师	**Teachers of Senior Secondary School**	**102686**	**100.0**	**104855**	**100.0**
大学本科毕业及以上	Undergraduates and over	93244	90.8	98540	94.0
大学专科毕业	Junior College	9357	9.1	6242	6.0
高中阶段毕业及以下	Senior Secondary and below	85	0.1	73	0.1
初中教师	**Teachers of Junior Secondary School**	**276205**	**100.0**	**278050**	**100.0**
大学本科毕业及以上	Undergraduates and over	107331	38.9	127159	45.7
大学专科毕业	Junior College	162454	58.8	145921	52.5
高中阶段毕业	Senior Secondary	6311	2.3	4914	1.8
高中阶段毕业以下	Below Senior	109	0.0	56	0.0
小学教师	**Teachers of Primary School**	**485288**	**100.0**	**489139**	**100.0**
大学专科毕业及以上	Specialized secondary of Higher Education and over	324533	66.9	351598	71.9
高中阶段毕业	Senior Secondary	158509	32.7	135474	27.7
高中阶段毕业以下	Below Senior	2246	0.5	2067	0.4
幼儿园教师	**Teachers of Kindergartens**	**51387**	**100.0**	**58312**	**100.0**
大学专科毕业及以上	Junior College and Below	29653	57.7	34892	59.8
高中阶段毕业	Senior Secondary	20183	39.3	21509	36.9
高中阶段毕业以下	Below Senior	1551	3.0	1911	3.3

25-22 职业技术培训机构基本情况(2009年)

项 目	Item	学校数 (所) Schools (unit)	教学班 (点、个) Teaching Classes (site,unit)
总 计	**Total**	**21260**	**36613**
职工技术培训学校	**Technical Training Schools**		
(机构)	**(Institutions) for Employees**	**359**	**1297**
教育部门和集体办	Run by Education Dept. and Collective	195	368
其他部门办	Run by Other Dept.	106	823
民 办	Run by Private	58	106
农村成人文化技术	**Cultural & Technical Training Schools**		
培训学校(机构)	**(Institutions) for Rural Adults**	**20265**	**33992**
教育部门和集体办	Run by Education Dept. and Collective	20135	33632
县 办	Run by County	677	904
乡 办	Run by Township	2149	7055
村 办	Run by Village	17309	25673
其他部门办	Run by Other Dept	49	100
民 办	Run by Private	81	260
其他培训机构	**Other Training Institutions**		
(含社会培训机构)	**(Incld. Social Training Institutions)**	**636**	**1324**
教育部门和集体办	Run by Education Dept. and Collective	106	177
其他部门办	Run by Other Dept.	48	112
民 办	Run by Private	482	1035
少数民族	**National Miniority**		
培训时间	**Training Duration**		
一周至一个月以下	1 week to 1 month below		
一个月至半年以下	1 month to 6 months below		
半年以上	6 months over		
培训形式	**Form of Training**		
#资格证书培训	Qualification Certificate Training		
岗位证书培训	Job Post Certificate Training		
培训科目	**Subject of Training**		
#外 语	Foreign Language		
会 计	Accounting		
计算机	Computer		
农业技术	Agriculture Technology		

Basic Statistics on Vocational Technology Training Institutions(2009)

结业生数(人次) Students Completing Courses (person-time)		注册学生数 Enrolled Students		教职工数 Teachers and Staff		聘请校外教师
合计 Total	#女性 Female	合计 Total	#女性 Female	合计 Total	#专任教师 Full-time Teachers	External Teachers Retained
4830188	**2217944**	**4752988**	**2233533**	**32795**	**19462**	**27480**
191289	**102441**	199195	108015	2245	1447	1516
89067	57962	97447	63386	1110	662	886
65151	26661	64519	26740	613	417	447
37071	17818	37229	17889	522	368	183
4379972	**1988545**	**4324987**	**1990488**	**26771**	**15495**	**24517**
4334995	1963984	4272921	1966569	25513	14630	24396
143860	76057	156541	79272	1918	1005	1271
1634362	740914	1526739	735373	6845	3585	5241
2556773	1147013	2589641	1151924	16750	10040	17884
15488	7557					
29489	17004					
258927	**126958**	**228806**	**135030**	**3779**	**2520**	**1447**
26672	11730	27570	13820	445	145	450
27227	14922	25698	13878	258	213	148
205028	100306	175538	107332	3076	2162	849
4599	**1392**	**5153**	**1552**	**63**	**33**	**10**
3480958	1670899	3509447	1701781			
1038113	400359	924014	375654			
311117	146686	319527	156098			
154953	78748	152780	79564			
383911	189754	372081	187370			
7796	3579	7913	4144			
18530	10442	18892	8978			
131254	68617	131658	67103			
1666158	802276	1596932	775817			

25-23 学校教育女学生和女教师数
Number of Female Students and Teachers

项 目	Item	1990	1995	2000	2005	2008	2009
女学生数(万人)	**Number of Female Students (10 000 persons)**	**606.65**	**722.78**	**865.20**	**911.46**	**941.24**	**953.22**
普通高等学校	Regular Institutions of Higher Education	2.57	4.42	9.48	39.47	63.25	70.43
普通中等专业学校	Specialized Secondary Schools	6.48	11.20	20.24	26.42	33.87	37.09
普通中学	Regular Secondary Schools	146.71	189.68	269.98	359.26	329.73	322.37
职业中学	Vocational Secondary Schools	7.04	21.59	22.33	24.23	34.76	38.42
小 学	Primary Schools	443.85	495.89	543.17	462.08	479.63	484.91
女学生占学生总数%	**Percentage of Female Students to Total Students(%)**	**44.9**	**47.0**	**46.1**	**47.3**	**47.4**	**47.4**
普通高等学校	Regular Institutions of Higher Education	32.0	36.1	36.1	46.3	50.6	51.5
普通中等专业学校	Specialized Secondary Schools	47.2	52.3	60.5	54.9	56.0	56.7
普通中学	Regular Secondary Schools	41.6	45.4	42.3	47.4	47.7	47.7
职业中学	Vocational Secondary Schools	45.1	47.1	46.6	49.1	47.8	47.5
小 学	Primary Schools	46.2	47.7	48.0	46.8	46.3	46.1
女教师数(万人)	**Number of Female Teachers(10 000 persons)**	**25.24**	**26.82**	**37.35**	**46.61**	**50.43**	**53.64**
普通高等学校	Regular Institutions of Higher Education	0.40	0.49	0.72	1.89	2.85	3.21
普通中等专业学校	Specialized Secondary Schools	0.44	0.55	0.72	0.53	0.71	0.73
普通中学	Regular Secondary Schools	6.23	8.09	12.57	17.47	18.49	20.54
职业中学	Vocational Secondary Schools	0.33	0.76	0.99	1.02	1.38	1.51
小 学	Primary Schools	17.84	16.93	22.35	25.7	27.00	27.65
女教师占教师总数%	**Percentage of Female Teachers to Total Teachers(%)**	**33.2**	**37.7**	**45.0**	**50.2**	**51.9**	**54.2**
普通高等学校	Regular Institutions of Higher Education	28.6	31.6	35.6	40.8	44.0	44.9
普通中等专业学校	Specialized Secondary Schools	35.8	39.0	43.4	48.2	49.7	49.7
普通中学	Regular Secondary Schools	25.9	32.8	40.7	46.8	48.8	53.6
职业中学	Vocational Secondary Schools	26.0	33.3	39.8	44.5	47.2	47.8
小 学	Primary Schools	40.2	43.2	48.7	54.1	55.6	56.5

25-24 平均每万人口在校学生数、教师负担学生数及其他
Number of Students Enrollment per 10 000 persons, Student-Teacher Ration and Other

项　　目	Item	1990	1995	2000	2005	2008	2009
平均每万人口在校学生数(人)	**Student Enrollment per 10 000 persons (person)**						
大学生(含研究生)	Undergraduates(include Postgraduates)	9	14	28	89	126	141
普通中专生	Specialized Secondary Schools Students	16	24	35	49	61	66
职业学生	Vocational Secondary Schools Students	18	50	51	50	74	82
普通高中生	Regular Senior Secondary Schools Students	57	47	79	194	210	203
普通初中生	Regular Junior Secondary Schools Students	351	412	593	586	491	478
小学生	Primary School Students	1111	1142	1192	1016	1050	1061
平均每个教师负担学生数(人)	**Student-Teacher Ration (person)**						
高等学校(含研究生)	Institutions of Higher Education (include Postgraduate)	5.8	8.0	13.2	17.5	18.3	18.3
普通中等专业学校	Specialized Secondary Schools	11.2	15.2	20.1	43.7	42.2	44.5
普通中学	Regular Secondary Schools	14.7	16.9	20.7	20.3	18.2	17.6
小　　学	Primary Schools	21.7	26.5	24.6	20.8	21.4	21.5
入学率、巩固率、升学率	**Enrollment Rate,Consolidation Rate, Enter Higher School Rate**						
高等教育毛入学率(%)	The Gross enrollment rate of higher education(%)			8.7	17.0	20.5	22.0
高中阶段毛入学率(%)	The Gross enrollment rate of higher stage(%)			39.2	48.3	80.3	88.8
初中适龄人口入学率(%)	Percentage of School-Age Primary Enrolled (%)		83.3	98.2	98.3	99.2	99.2
初中在校生巩固率(%)	Percentage of Student Enrollment Consolidated of Junior Secondary Schools (%)		97.0	100.3	98.3	95.6	94.2
初中毕业生升学率(%)	Percentage of Graduates of Junior Secondary Schools Entering Senior Secondary Schools (%)	31.9	45.1	41.4	60.2	69.8	76.4
小学适龄人口入学率(%)	Percentage of School-Age Children Enrolled (%)	98.8	99.2	99.8	99.7	99.9	99.9
小学在校生巩固率(%)	Percentage of Student Enrollment Consolidated of Primary (%)		99.3	100.0	99.6	99.0	98.7
小学毕业生升学率(%)	Percentage of Graduates of Primary (%) Schools Entering Junior Secondary Schools (%)	65.5	85.6	95.4	98.8	97.8	96.9
中小学学校校舍危房率(%)	**Percentage of dangerous house of Regular Secondary and Primary Schools (%)**			**0.3**	**2.9**	**3.1**	**14.9**
小学生辍学人数(万人)	**Number of Primary Discontinue their Study (10 000 persons)**			**1.86**	**5.39**	**2.87**	**3.86**
初中学生辍学人数(万人)	**Number of Junior Discontinue their Study (10 000 persons)**			**9.81**	**9.52**	**6.39**	**7.11**
小学教师学历合格率(%)	**Percentage of Up to Grade of Primary Teachers (%)**			**98.0**	**99.1**	**99.5**	**99.6**

25-25 各市教育经费情况(2009年)

Basic Statistics on Educational Funds by City(2009)

单位：万元 (10 000 yuan)

市 City	合计 Total	国家财政性教育经费 Government Appropriation for Education	#预算内 Budgetary	社会团体和公民个人办学经费 Funds of Social Orgainizations and Citizens for Running Schools	社会捐资和集资办学经费 Donations and Fund-Raising for Running Schools	事业收入 Undertak Revenue	#学 费和杂费 Tuition and Miscell-aneous	其他教育经费 Other Educational Funds
全　省 Total	**7633496**	**5889035**	**5646360**	**59991**	**4947**	**1535621**	**1174920**	**143903**
省　本　级 Provincial Level	1487673	617912	612671	11790	1196	754339	651167	102436
郑　州　市 Zhengzhou	803484	724065	660608	4665	1238	65332	34682	8185
开　封　市 Kaifeng	261366	213347	207948	419	244	45051	24530	2306
洛　阳　市 Luoyang	483012	410914	387991	5779	248	65598	30777	474
平 顶 山 市 Pingdingshan	322577	267946	246755	1607	88	48150	32748	4787
安　阳　市 Anyang	316491	286504	268918	114	11	28726	21858	1137
鹤　壁　市 Hebi	107882	93559	88779		11	12122	8788	2191
新　乡　市 Xinxiang	329100	276822	266954	2451	51	46407	33204	3370
焦　作　市 Jiaozuo	225826	184257	173733	1010	244	39424	27463	890
濮　阳　市 Puyang	239215	208768	200721	1887	51	27895	19842	615
许　昌　市 Xuchang	264125	219375	208059	4026	47	40441	33113	237
漯　河　市 Luohe	152898	120565	113044	907	106	29357	23855	1963
三 门 峡 市 Sanmenxia	183370	160649	151993	53	43	20106	8843	2520
南　阳　市 Nanyang	526337	454804	439789	2306	533	62974	44308	5721
商　丘　市 Shangqiu	517879	442813	434781	3073	126	71292	55663	576
信　阳　市 Xinyang	423624	363965	358982	3391	117	53748	33608	2404
周　口　市 Zhoukou	513502	432171	428458	16349	338	63583	47172	1061
驻 马 店 市 Zhumadian	408844	354842	346068	38	130	50982	34635	2854
济　源　市 Jiyuan	66291	55759	50108	131	128	10095	8666	178

25-26 普通高等学校办学条件

Condition of running Institutions of Higher Education

指标	Item	2006	2007	2008	2009
占地面积(万平方米)	occupying Space (10 000 sq .m)	7182.61	7914.11	8774.85	8952.88
校舍建筑面积(万平方米)	Schoolhouse Building Space (10 000 sq.m)	3103.53	3527.19	3721.58	4158.67
一般图书(万册)	Common Books (10 000 volumes)	7095.14	8093.61	9099.18	10050.64
固定资产总值(亿元)	Fixed Assets (100 million yuan)	291.06	344.50	370.18	404.67
#教学、科研仪器设备值	Value of Equipment for teaching and scientific research	53.66	62.05	70.68	77.47

25-27 各市普通高等学校基本情况(2008年)

Basic Statistics on Regular Institutions of Higher Education by City(2008)

单位：人 (person)

市	City	学校数(所) Number of Schools (unit)	教职工数 Teachers and Staff	#专任教师 Full-time Teachers	在校学生数 Student Enrollment	招生数 New Student Enrollment	毕业生数 Graduates
全省	**Total**	**89**	**103617**	**71472**	**1368813**	**457387**	**334115**
郑州市	Zhengzhou	41	44497	30095	617394	203809	152269
开封市	Kaifeng	3	6107	4017	71271	21157	19087
洛阳市	Luoyang	3	6365	4174	80791	25090	20395
平顶山市	Pingdingshan	4	3693	2818	57929	20749	15052
安阳市	Anyang	3	2996	2324	40513	14398	10102
鹤壁市	Hebi	1	670	443	8750	3308	2832
新乡市	Xinxiang	6	8725	6023	104930	32274	25675
焦作市	Jiaozuo	3	4966	3392	60563	19958	13247
濮阳市	Puyang	1	826	640	11641	4335	3421
许昌市	Xuchang	2	2040	1726	32357	11510	7182
漯河市	Luohe	3	3157	1460	23855	8509	7151
三门峡市	Sanmenxia	1	826	696	14302	5569	2565
南阳市	Nanyang	4	5235	3543	63494	24100	16540
商丘市	Shangqiu	5	5537	4115	74877	25592	14240
信阳市	Xinyang	3	3546	2605	48146	15946	11147
周口市	Zhoukou	3	2179	1687	31067	12097	6188
驻马店市	Zhumadian	2	1557	1155	16905	5318	4341
济源市	Jiyuan	1	695	559	10028	3668	2681

25-28 各市成人教育基本情况(2009年)

Basic Statistics on Adult Education by City(2009)

单位：人 (person)

市	City	学校数(所) Number of Schools (unit)	教职工数 Teachers and Staff	#专任教师 Full-time Teachers	在校学生数 Student Enrollment	招生数 New Student Enrollment	毕业生数 Graduates
全省	**Total**	**32112**	**64383**	**40166**	**5766958**	**165986**	**5583052**
郑州市	Zhengzhou	2119	14914	9203	811558	48313	713293
开封市	Kaifeng	1091	2618	1485	145497	10863	234182
洛阳市	Luoyang	2532	5749	3253	519779	20279	512172
平顶山市	Pingdingshan	871	2698	1176	90620	8181	88802
安阳市	Anyang	98	656	509	269354	9116	316893
鹤壁市	Hebi	98	840	571	101778	2478	88663
新乡市	Xinxiang	2784	6680	3189	417190	11175	388743
焦作市	Jiaozuo	780	1661	1279	116129	8771	94954
濮阳市	Puyang	2496	1805	525	214900	622	224918
许昌市	Xuchang	403	730	553	78877	5065	61723
漯河市	Luohe	722	1837	1275	121304	763	116352
三门峡市	Sanmenxia	1087	641	314	314463	472	313539
南阳市	Nanyang	5838	6511	4891	763465	8829	735263
商丘市	Shangqiu	186	1737	1318	179264	6674	159017
信阳市	Xinyang	3553	2559	2031	371389	4265	376186
周口市	Zhoukou	5806	9067	6308	749473	9759	869109
驻马店市	Zhumadian	1114	3014	2187	320828	10035	286740
济源市	Jiyuan	534	666	99	181090	326	2503

25-29 各市成人高等教育基本情况(2009年)

Basic Statistics on Adult Education Schools by City(2009)

单位：人 (person)

市 City	学校数(所) Number of Schools (unit)	教职工数 Teachers and Staff	#专任教师 Full-time Teachers	在校学生数 Student Enrollment	招生数 New Student Enrollment	毕业生数 Graduates
全 省 Total	**18**	**5427**	**3566**	**277814**	**101278**	**81887**
郑 州 市 Zhengzhou	8	3364	2089	90532	29273	31830
开 封 市 Kaifeng	3	733	514	23936	8910	7649
洛 阳 市 Luoyang	4	436	285	9970	3575	3024
平 顶 山 市 Pingdingshan	1	484	390	18113	6255	4399
安 阳 市 Anyang				12842	5308	3605
鹤 壁 市 Hebi				629	204	133
新 乡 市 Xinxiang				32962	10014	7877
焦 作 市 Jiaozuo	1	232	152	23824	8666	3400
濮 阳 市 Puyang				58	19	103
许 昌 市 Xuchang				4451	1772	4143
漯 河 市 Luohe				640	394	374
三 门 峡 市 Sanmenxia				467	276	34
南 阳 市 Nanyang				14707	8304	4323
商 丘 市 Shangqiu				14262	5731	1869
信 阳 市 Xinyang				6594	3306	2081
周 口 市 Zhoukou				10220	4214	4755
驻 马 店 市 Zhumadian	1	178	136	12801	4860	2098
济 源 市 Jiyuan				806	197	190

25-30 各市普通中等专业学校基本情况(2009年)

Basic Statistics on Regular Specialized Secondary Schools by City(2009)

单位：人 (person)

市 City	学校数(所) Number of Schools (unit)	教职工数 Teachers and Staff	#专任教师 Full-time Teachers	在校学生数 Student Enrollment	招生数 New Student Enrollment	毕业生数 Graduates
全 省 Total	**163**	**23101**	**14676**	**653611**	**244614**	**188561**
郑 州 市 Zhengzhou	46	6592	4387	215534	73096	65471
开 封 市 Kaifeng	8	1029	641	22461	7486	5430
洛 阳 市 Luoyang	17	2557	1560	43799	18412	10863
平 顶 山 市 Pingdingshan	9	1356	735	26976	11469	7950
安 阳 市 Anyang	7	876	562	22244	6504	7786
鹤 壁 市 Hebi	1	47	37	10977	4127	2655
新 乡 市 Xinxiang	9	1040	654	22391	8552	6977
焦 作 市 Jiaozuo	8	1297	767	25353	9681	12598
濮 阳 市 Puyang	2	184	132	6309	2685	1629
许 昌 市 Xuchang	6	1243	657	28699	12256	6635
漯 河 市 Luohe				24212	7295	8256
三 门 峡 市 Sanmenxia	8	1106	844	25748	10480	5890
南 阳 市 Nanyang	13	2100	1305	78272	34242	17943
商 丘 市 Shangqiu	4	536	361	21693	7061	6254
信 阳 市 Xinyang	4	639	482	13731	5527	3735
周 口 市 Zhoukou	10	1031	592	28175	11618	5721
驻 马 店 市 Zhumadian	8	1164	786	31926	11858	11543
济 源 市 Jiyuan	3	304	174	5111	2265	1225

25-31 各市技工学校基本情况(2009年)

Basic Statistics on Technical Schools by City(2009)

单位：人 (person)

市 City	学校数(所) Number of Schools (unit)	在职教职工数 Teachers and Staff	#专任教师 Full-time Teachers	在校学生数 Student Enrollment	招生数 New Student Enrollment	毕业生数 Graduates
全　省 Total	**204**	**14745**	**10800**	**257120**	**99109**	**66805**
郑　州　市 Zhengzhou	34	2786	1967	57752	24618	15391
开　封　市 Kaifeng	19	1273	919	19783	7086	4895
洛　阳　市 Luoyang	23	1520	1064	41295	13466	10810
平顶山　市 Pingdingshan	12	1154	927	18089	5566	4962
安　阳　市 Anyang	9	386	403	6443	1717	1397
鹤　壁　市 Hebi	4	424	242	8663	2925	2945
新　乡　市 Xinxiang	12	1055	942	26165	10717	6146
焦　作　市 Jiaozuo	7	751	476	16093	5924	4096
濮　阳　市 Puyang	4	350	217	4380	575	933
许　昌　市 Xuchang	8	414	281	5287	2438	1416
漯　河　市 Luohe	7	587	384	7530	3199	1910
三门峡　市 Sanmenxia	6	852	422	10559	6337	2607
南　阳　市 Nanyang	19	1050	784	8461	3712	2652
商　丘　市 Shangqiu	12	536	395	3898	1987	1100
信　阳　市 Xinyang	9	431	349	7499	3833	1340
周　口　市 Zhoukou	9	409	360	3317	1253	604
驻马店　市 Zhumadian	6	548	507	6594	2242	1800
济　源　市 Jiyuan	4	219	161	5312	1514	1801

25-32 各市普通中学基本情况(2009年)

Basic Statistics on Regular Secondary Schools by City(2009)

单位：人 (person)

市 City	学校数(所) Number of Schools (unit)	教职工数 Teachers and Staff	#专任教师 Full-time Teachers	在校学生数 Student Enrollment	招生数 New Student Enrollment	毕业生数 Graduates
全　省 Total	**5571**	**434544**	**382905**	**6754509**	**2251788**	**2333576**
郑　州　市 Zhengzhou	379	37770	31805	452496	149148	168431
开　封　市 Kaifeng	288	20417	17662	304229	98477	106428
洛　阳　市 Luoyang	448	29048	26087	439440	150627	150244
平顶山　市 Pingdingshan	267	20174	17757	249023	86297	100237
安　阳　市 Anyang	326	22607	19329	295248	94085	98346
鹤　壁　市 Hebi	101	7345	6321	105861	36673	35885
新　乡　市 Xinxiang	409	26536	22852	348353	113114	108328
焦　作　市 Jiaozuo	253	16688	14453	231415	76654	77611
濮　阳　市 Puyang	208	19875	16511	295196	96280	112747
许　昌　市 Xuchang	249	20778	18379	307204	95488	102344
漯　河　市 Luohe	118	11137	9672	162786	50205	48682
三门峡　市 Sanmenxia	141	11639	10126	157762	50931	50481
南　阳　市 Nanyang	523	39559	35830	562568	188290	195096
商　丘　市 Shangqiu	476	37498	33275	721959	244114	239700
信　阳　市 Xinyang	387	37858	34544	595207	193081	204621
周　口　市 Zhoukou	613	40108	36952	888118	306249	307469
驻马店　市 Zhumadian	344	31883	28352	596025	208821	212636
济　源　市 Jiyuan	41	3624	2998	41619	13254	14290

25-33 各市普通高中基本情况(2009年)

Basic Statistics on Regular Senior Secondary Schools by City(2009)

单位：人 (person)

市 City	学校数(所) Number of Schools (unit)	专任教师 Full-time Teachers	在校学生数 Student Enrollment	招生数 New Student Enrollment	毕业生数 Graduates
全 省 Total	**868**	**104855**	**2011981**	**645015**	**701747**
郑 州 市 Zhengzhou	105	11964	177938	58750	65452
开 封 市 Kaifeng	44	5121	92163	27098	37486
洛 阳 市 Luoyang	78	7291	134223	46241	41623
平 顶 山 市 Pingdingshan	39	4783	79457	24903	29719
安 阳 市 Anyang	38	5338	92691	27214	33062
鹤 壁 市 Hebi	17	1402	28562	10020	8698
新 乡 市 Xinxiang	69	6532	110395	32124	43593
焦 作 市 Jiaozuo	40	3856	71061	23458	19812
濮 阳 市 Puyang	31	4471	79622	24553	28340
许 昌 市 Xuchang	35	4752	97845	29914	35137
漯 河 市 Luohe	17	2603	54696	15820	20629
三 门 峡 市 Sanmenxia	23	3457	57977	19910	15706
南 阳 市 Nanyang	82	8971	158098	49573	61319
商 丘 市 Shangqiu	42	7222	203363	66040	64900
信 阳 市 Xinyang	76	10248	175394	55032	61514
周 口 市 Zhoukou	75	8429	221498	73055	76507
驻 马 店 市 Zhumadian	46	7199	160621	56245	52020
济 源 市 Jiyuan	11	1216	16377	5065	6230

25−34 各市普通初中基本情况(2009年)

Basic Statistics on Regular Junior Secondary Schools by City(2009)

市 City	学校数 (所) Number of Schools (unit)	专任教师 (人) Full-time Teachers (person)	在校学生数 (人) Student Enrollment (person)	招生数 (人) New Student Enrollment (person)	毕业生数 (人) Graduates (person)	初中适龄人口入学率 (%) Percentage of School-Age Primary Enrolled (%)	初中在校生巩固率 (%) Percentage of Student Enrollment Consolidated (%)
全　省 Total	**4703**	**278050**	**4742528**	**1606773**	**1631829**	**99.16**	**94.21**
郑州市 Zhengzhou	274	19841	274558	90398	102979	98.65	91.86
开封市 Kaifeng	244	12541	212066	71379	68942	98.52	89.35
洛阳市 Luoyang	370	18796	305217	104386	108621	99.66	90.62
平顶山市 Pingdingshan	228	12974	169566	61394	70518	99.66	75.92
安阳市 Anyang	288	13991	202557	66871	65284	99.26	90.34
鹤壁市 Hebi	84	4919	77299	26653	27187	99.67	96.48
新乡市 Xinxiang	340	16320	237958	80990	64735	99.44	95.09
焦作市 Jiaozuo	213	10597	160354	53196	57799	100.00	92.48
濮阳市 Puyang	177	12040	215574	71727	84407	99.96	104.53
许昌市 Xuchang	214	13627	209359	65574	67207	93.05	95.19
漯河市 Luohe	101	7069	108090	34385	28053	99.46	98.66
三门峡市 Sanmenxia	118	6669	99785	31021	34775	100.00	94.65
南阳市 Nanyang	441	26859	404470	138717	133777	98.45	99.35
商丘市 Shangqiu	434	26053	518596	178074	174800	99.06	96.27
信阳市 Xinyang	311	24296	419813	138049	143107	99.85	98.06
周口市 Zhoukou	538	28523	666620	233194	230962	99.98	96.57
驻马店市 Zhumadian	298	21153	435404	152576	160616	100.00	91.57
济源市 Jiyuan	30	1782	25242	8189	8060	100.00	96.02

25－35　各市小学基本情况(2009年)
Basic Statistics on Primary Schools by City(2009)

市 City	学校数(所) Number of Primary Schools (unit)	教职工数(人) Teachers and Staff (person)	#专任教师 Full-time Teachers	在校学生数(人) Student Enrollment (person)	招生数(人) New Student Enrollment (person)
全省 Total	**29420**	**515839**	**489139**	**10520259**	**1845137**
郑州市 Zhengzhou	1030	34873	32102	586001	107746
开封市 Kaifeng	1422	24373	23260	496209	93609
洛阳市 Luoyang	2249	30996	29760	635781	111065
平顶山市 Pingdingshan	1481	26054	24551	414898	80721
安阳市 Anyang	1534	26142	24588	489666	87366
鹤壁市 Hebi	466	8229	7361	183935	31076
新乡市 Xinxiang	1690	26641	24754	568909	105985
焦作市 Jiaozuo	645	17104	15624	313888	48087
濮阳市 Puyang	1271	20527	19197	461446	87422
许昌市 Xuchang	1117	24755	23432	405555	73405
漯河市 Luohe	524	12140	11751	218433	38101
三门峡市 Sanmenxia	566	11390	10771	186535	29562
南阳市 Nanyang	3754	51637	49527	1053614	208723
商丘市 Shangqiu	2680	53898	51611	1126056	194240
信阳市 Xinyang	2464	43709	41699	866898	143884
周口市 Zhoukou	4065	57131	55563	1458806	235450
驻马店市 Zhumadian	2344	43475	40952	1002629	160313
济源市 Jiyuan	118	2765	2636	51000	8382

市 City	毕业生数(人) Graduates (person)	小学适龄人口入学率(%) Percentage of School-Age Children Enrolled (%)	小学在校生巩固率(%) Peercentage of Student Enrollment Consolidated (%)	小学毕业生升学率(%) Percentage of Graduates of Primary Schools Entering Junior Secondary Schools (%)
全省 Total	**1657467**	**99.9**	**98.7**	**96.9**
郑州市 Zhengzhou	91809	100.0	104.7	98.5
开封市 Kaifeng	79933	100.0	97.6	89.3
洛阳市 Luoyang	105112	100.0	94.4	99.3
平顶山市 Pingdingshan	73306	100.0	85.0	83.8
安阳市 Anyang	70762	99.8	97.0	94.5
鹤壁市 Hebi	25926	100.0	100.0	102.8
新乡市 Xinxiang	84193	100.0	98.7	96.2
焦作市 Jiaozuo	54557	100.0	100.6	97.5
濮阳市 Puyang	71033	100.0	102.2	101.0
许昌市 Xuchang	61683	98.8	104.3	106.3
漯河市 Luohe	34646	100.0	100.0	99.3
三门峡市 Sanmenxia	31530	100.0	98.0	98.4
南阳市 Nanyang	141262	99.8	98.9	98.2
商丘市 Shangqiu	185276	100.0	97.9	96.1
信阳市 Xinyang	138006	100.0	98.5	100.0
周口市 Zhoukou	244659	100.0	100.0	95.3
驻马店市 Zhumadian	155571	100.0	100.0	98.1
济源市 Jiyuan	8203	100.0	93.5	99.8

25-36 各市幼儿教育基本情况(2009年)

Basic Statistics on Kindergartens by City(2009)

市 City	机构数(所) Number of Kindergartens (unit)	班数(个) Number of Classes (unit)	教职工数(人) Teachers and Staff (person)	#专任教师 Full-time Teachers	在园(班)幼儿数(人) Student Enrollment (person)
全 省 Total	**6355**	**53238**	**89211**	**58312**	**1716461**
郑州市 Zhengzhou	707	5897	15887	9449	177763
开封市 Kaifeng	284	2682	4349	2751	90414
洛阳市 Luoyang	342	3315	5287	3446	99314
平顶山市 Pingdingshan	403	2363	5967	3940	76213
安阳市 Anyang	615	3662	7197	4390	96168
鹤壁市 Hebi	156	881	1744	1174	26489
新乡市 Xinxiang	609	3863	6933	4740	116698
焦作市 Jiaozuo	454	2694	5974	3930	75908
濮阳市 Puyang	175	1774	3626	2301	55997
许昌市 Xuchang	436	2505	5420	3454	76859
漯河市 Luohe	205	1410	2626	1697	45809
三门峡市 Sanmenxia	195	1569	3471	2219	44178
南阳市 Nanyang	394	5455	4180	3161	184702
商丘市 Shangqiu	267	3188	4848	3241	112918
信阳市 Xinyang	289	3551	3317	2335	131746
周口市 Zhoukou	415	4236	3267	2417	150669
驻马店市 Zhumadian	356	3839	4379	3175	144228
济源市 Jiyuan	53	354	739	492	10388

25-37 外国留学生情况(2009年)

Basic condition of abroad student(2009)

单位：人、人次 (person, person-time)

指标	Item	毕(结)业人数 Number of Graduates	授予学位数 Number of degree-granting	招生数 New Student Enrollment	在校学生数 Student Enrollment	第一年 First Year	第二年 Second Year	第三年 Third Year	第四年 Forth Year	第五年及以上 Over Five Years
总计	**Total**	**336**	**260**	**278**	**1275**	**288**	**233**	**296**	**253**	**205**
#女	Female	99	67	70	402	103	78	95	73	53
按层次分	by Level									
博士		1	1							
硕士	Master's Degree	27	27	11	64	18	19	27		
本科	Enrolled in Full Undergraduate Courses	235	232	122	1024	94	205	267	253	205
培训	Trainee	73		145	187	176	9	2		
按大洲分	by Continents									
亚洲	Asia	297	256	210	1181	220	219	289	249	204
非洲	Africa			27	40	26	9	4	1	
欧洲	Europe	16	2	24	22	20		1	1	
北美洲	North America	23	2	15	27	20	4	2		1
大洋洲	Oceania			2	5	2	1		2	
按经费来源分	by Sources of funding									
中国政府资助	From Chinese Government	1		3	3	3				
本国政府资助	From National Government				5			2	3	
学校间交换	School exchange	8		17	20	17	3			
自费	Self-supporting	327	260	258	1247	268	230	294	250	205

主要统计指标解释

普通高等学校　指按照国家规定的设置标准和审批程序批准举办，通过国家统一招生考试，招收高中毕业生为主要培养对象，实施高等教育的全日制大学、独立设置的学院和高等专科学校、短期职业大学。

成人高等学校　指按照国家有关规定审批，招收通过全国成人高教统一招生考试的具有高中毕业或同等学历的在职从业人员，利用脱产、半脱产、业余或函授等多种形式对其实施高等学历教育，培养高等教育专科或本科毕业水平的专门人才，修业年限、课程设置和总学时数均按高等学历教育要求付诸实施的学校。包括广播电视大学、职工高等学校、农民高等学校、管理干部学院、教育学院、独立设置的函授学院等。

中等专业学校　是指经县或县以上教育行政部门批准设立，招收初中毕业生实施中等专业课程教育的教学机构。

中等职业学校（职业高中、职业初中）　职业中学是指经县或县以上教育行政部门批准设立，招收小学或初中毕业生实施中等职业技术教育的教学机构。职业中学按学校性质类别可分为：独立设置的职业中学（包括：职业初中、职业高中、职业初高中合设学校）；附设有普通中学班的职业中学。

普通小学　普通小学是指由区或区以上教育行政部门批准，招收学龄儿童实施初等教育的教学机构。

幼儿园　幼儿园是指招收三周岁以上（含三周岁）学龄前幼儿，对其进行保育和教育的单位。

特殊教育学校　是指本市独立设置的招收盲聋哑和智残儿童，以及其他特殊需要的儿童、青少年进行普通或职业初、中等教育的教学机构。

小学学龄儿童入学率　指调查范围内已入小学学习的学龄儿童占校内外学龄儿童总数（包括弱智儿童，不包括盲聋哑儿童）的比重。计算公式为：

小学学龄儿童入学率 ＝ 已入学的小学学龄儿童数/校内外小学学龄儿童总数×100%

Explanatory Notes on Main Statistical Indicators

Regular Institutions of Higher Learning refer to educational establishments set up according to the government evaluation and approval procedures, enrolling graduates from senior secondary schools and providing higher education courses and training for senior professionals. They include full-time universities, colleges, high professional schools and short-term professional universities.

Institutions of Higher Learning for Adults refer to educational establishments, set up in line with relevant rules approved by the government, enrolling staff and workers with senior secondary school or equivalent education ,and providing higher education courses in many forms of full time, part time, spare time, or correspondence for adults. Professionals thus trained receive a qualification equivalent to graduates studying regular courses at regular universities, colleges and professional colleges. Institutions of higher learning for adults include Radio and TV universities, schools of high education for staff and workers and peasants, colleges for management cadres, pedagogical colleges, independent correspondence colleges.

Specialized Secondary schools Specialized Secondary schools refer to educational establishment set up according to approval and permission by educational administration department of district and above government, enrolling graduates from junior secondary schools and providing secondary professional education courses.

Secondary Vocational Schools (senior secondary schools and junior secondary schools) Secondary Vocational Schools (senior secondary schools and junior secondary schools) refer to educational establishment set up according to approval and permission by educational administration department of district and above government, enrolling graduates from primary schools and junior secondary schools and providing secondary vocational education courses.

Regular Primary Schools Regular Primary Schools refer to educational establishment set up according to approval and permission by educational administration department of district and above government, enrolling graduates from children of school age and providing primary educational courses.

Kindergartens Kindergartens refer to nursery and education establishment, enrolling children in 3 years old and above.

Special Education Schools Special Education Schools refer to educational establishments set up independently, enrolling blind, deaf, dumb, amentia or other special children, and educational establishment, providing regular or vocational junior and senior secondary education for hobbledehoy.

Enrollment Rate of Primary School Age Children refers to the proportion of school age children enrolled at schools to the total number of school age children both in and outside schools (including retarded children , but excluding blind, deaf and mute children). The formula is:

Enrollment Rate of Primary School-age Children = (Total Primary School-age Children at Schools)/ (Total Primary School age Children Both at and Outside Schools) × 100%

卫生、社会保障和社会福利业

Health, Social Security and Social Welfare

◉ 资料整理：刘秋香　李兰光　史新旺

简要说明

一、主要内容

本篇包括卫生、社会保障和社会福利业企业、行政事业单位、社会团体及其他法人单位的单位数、从业人数、主要财务指标以及社会福利企事业机构、人员、经费情况、优抚和社会救济情况、居民最低生活保障人数、城镇社区服务、农村社会保障网络情况和参加基本养老保险、基本医疗保险、失业保险、工伤保险、生育保险人数及社会保险基金等情况。

二、资料来源

26-1至26-5 表由省统计局组织各部门和各地区统计调查，2008年为全省第二次经济普查数据。由省地方经济社会调查队服务业调查处整理提供。

卫生部分的资料由省卫生厅提供；社会福利和居民最低生活保障人数由省民政厅提供；参加社会保险人数由省统计局社会与科技处根据河南省妇女儿童监测报表整理，社会保险基金收支资料由省人力资源和劳动保障厅提供。由省统计局社会与科技处编辑整理。

Brief Introduction

I. Main Content

Data in this chapter reflect unit, employment, and main financial indicators of Sanitation, social security and social welfare enterprises, Administrative institution, social organizations and others. condition of institutions and personnel, budget, social welfare relief, persons received lowest cost-of-living, urban welfare facilities, rural network of social security, people participated in basic pension insurance, medical insurance, unemployment insurance, work injury insurance, maternity insurance and social insurance funds, etc.

II. Sources of Data

Data from table 26-1 to 26-5 are calculated from Statistical investigation by Henan provincial bureau of statistics. Data of 2008 year are calculated from The second economic census, which are provided by Henan provincial survey organizations of social and economy.

Data on public health are calculated from Henan provincial bureau of health. Data on social welfare and persons received lowest cost-of-living are from the Henan provincial bureau of Civil Affairs. Data on people participated in basic insurance are provided by Department of social and scientific and technological of Henan provincial bureau of statistics basic on monitoring reports of women and children. Data on social insurance funds are from Henan provincial bureau of Human Resources and Social Security. Data on this chapter are provided by Department of social and technology of the Henan provincial Bureau of Statistics.

26-1 法人单位数

Number of Institutional Unit

单位：个 (unit)

指标	Item	2008	2009
合计	**Total**	**25835**	**25841**
企业	Enterprise	1592	1548
行政事业	Administrative institution	7476	7502
社会团体及其他	Social organizations and others	16767	16791

26-2 法人单位从业人员数

Number of Employed Persons in Institutional Unit

单位：万人 (10 000 persons)

指标	Item	2008	2009
合计	**Total**	**44.69**	**45.57**
企业	Enterprise	3.55	2.93
行政事业	Administrative institution	35.39	36.46
社会团体及其他	Social organizations and others	5.75	6.18

26-3 分行业法人单位财务指标

Main Financial Indicators of Institutional Unit by Sector

单位：万元 (10 000 yuan)

指标	Item	2008 卫生、社会保障和社会福利业 Sanitation, Social Security and social Welfare	卫生 Sanitation	社会保障 Social Security	社会福利业 Social Welfare
单位数(个)	Number of units (unit)	25835	24205	507	1123
从业人数(万人)	Employed Persons (10 000 Persons)	44.69	42.75	0.73	1.21
固定资产原价	Fixed Asset Price	4299251	4109966	58660	130626
收入合计	Total Income	4372022	4229083	73028	69911
成本费用合计	Total Cost	3820673	3698434	54917	67322
工资和福利费	Salary and Welfare	1181093	1140705	16104	24284
税费合计	Tax	23470	23286	37	147
营业利润	Operating Profit	373731	373461	-702	971

指标	Item	2009 卫生、社会保障和社会福利业 Sanitation, Social Security and social Welfare	卫生 Sanitation	社会保障 Social Security	社会福利业 Social Welfare
单位数(个)	Number of units (unit)	25841	24200	514	1127
从业人数(万人)	Employed Persons (10 000 Persons)	45.57	43.48	0.80	1.29
固定资产原价	Fixed Asset Price	4608284	4407648	45239	155398
收入合计	Total Income	4993054	4848037	53099	91916
成本费用合计	Total Cost	4516722	4397300	40087	79335
工资和福利费	Salary and Welfare	1206752	1163946	16135	26671
税费合计	Tax	14271	14112	17	144
营业利润	Operating Profit	332518	332219	-531	831

26-4 各市法人单位财务指标(2008年)

Main Financial Indicators of Institutional Unit by City(2008)

单位：万元　　(10 000 yuan)

市 City	单位数(个) Number of units (unit)	从业人数(万人) Employed Persons (10 000 Persons)	固定资产原价 Fixed Asset Price	收入合计 Total Income
全　省 Total	**25835**	**44.69**	**4299251**	**4372022**
郑　州　市 Zhengzhou	2990	5.87	877366	1025945
开　封　市 Kaifeng	471	2.40	307590	272273
洛　阳　市 Luoyang	3503	4.24	427365	433252
平顶山市 Pingdingshan	769	1.93	157156	182525
安　阳　市 Anyang	1622	2.62	291800	284374
鹤　壁　市 Hebi	867	0.73	63309	42841
新　乡　市 Xinxiang	800	2.63	236667	221055
焦　作　市 Jiaozuo	927	1.86	152173	140484
濮　阳　市 Puyang	3927	1.92	118126	141651
许　昌　市 Xuchang	2015	2.06	145385	166466
漯　河　市 Luohe	162	1.03	104632	85596
三门峡市 Sanmenxia	403	1.10	108937	84321
南　阳　市 Nanyang	4045	4.87	391618	429034
商　丘　市 Shangqiu	403	2.92	165452	199689
信　阳　市 Xinyang	1035	2.40	290923	195090
周　口　市 Zhoukou	422	2.79	177105	199921
驻马店市 Zhumadian	912	2.87	245344	217662
济　源　市 Jiyuan	562	0.44	38303	49844

市 City	成本费用合计 Total Expenses	工资和福利费 Salary and Welfare	税费合计 Tax and Expenses	营业利润 Operating Profit
全　省 Total	**3820673**	**1181093**	**23470**	**373731**
郑　州　市 Zhengzhou	947036	240921	4418	26643
开　封　市 Kaifeng	188780	82362	7432	81308
洛　阳　市 Luoyang	386773	107712	404	20748
平顶山市 Pingdingshan	158962	43128	1393	18364
安　阳　市 Anyang	231164	70650	2703	22917
鹤　壁　市 Hebi	41237	12425	103	2682
新　乡　市 Xinxiang	206998	57900	178	17383
焦　作　市 Jiaozuo	126426	36168	665	18509
濮　阳　市 Puyang	129833	31506	79	6924
许　昌　市 Xuchang	122109	40244	3301	16415
漯　河　市 Luohe	73542	18339	308	12658
三门峡市 Sanmenxia	77462	26203	86	4075
南　阳　市 Nanyang	371681	179394	1067	62647
商　丘　市 Shangqiu	186544	60124	144	4354
信　阳　市 Xinyang	178903	56846	446	24692
周　口　市 Zhoukou	183824	55069	196	5997
驻马店市 Zhumadian	171068	53909	516	24755
济　源　市 Jiyuan	38330	8195	31	2662

26-5 各市法人单位财务指标(2009年)

Main Financial Indicators of Institutional Unit by City(2009)

单位：万元 (10 000 yuan)

市 City	单位数(个) Number of units (unit)	从业人数(万人) Employed Persons (10 000 Persons)	固定资产原价 Fixed Asset Price	收入合计 Total Income
全省 Total	**25841**	**45.57**	**4608284**	**4993054**
郑州市 Zhengzhou	2962	5.47	982431	1141099
开封市 Kaifeng	464	2.27	279251	222172
洛阳市 Luoyang	3512	4.42	418157	461086
平顶山市 Pingdingshan	771	2.26	236036	259286
安阳市 Anyang	1622	2.60	269636	329882
鹤壁市 Hebi	867	0.73	55826	52573
新乡市 Xinxiang	801	2.77	267847	267182
焦作市 Jiaozuo	928	1.99	173235	163361
濮阳市 Puyang	3932	2.01	143727	174081
许昌市 Xuchang	2014	2.20	145054	183776
漯河市 Luohe	161	1.02	112793	93523
三门峡市 Sanmenxia	404	1.09	117687	92142
南阳市 Nanyang	4049	5.31	486560	521514
商丘市 Shangqiu	405	3.00	190645	245695
信阳市 Xinyang	1039	2.48	295022	240788
周口市 Zhoukou	425	2.87	186941	235321
驻马店市 Zhumadian	913	2.59	206508	263206
济源市 Jiyuan	572	0.46	40927	46366

市 City	成本费用合计 Total Expenses	工资和福利费 Salary and Welfare	税费合计 Tax and Expenses	营业利润 Operating Profit
全省 Total	**4516722**	**1206752**	**14271**	**332518**
郑州市 Zhengzhou	1053025	231122	2039	42336
开封市 Kaifeng	197512	64977	1747	40497
洛阳市 Luoyang	428748	119166	384	21177
平顶山市 Pingdingshan	245563	59810	2831	10089
安阳市 Anyang	276099	83003	3333	29904
鹤壁市 Hebi	47794	14364	98	86
新乡市 Xinxiang	254140	66538	138	7239
焦作市 Jiaozuo	149279	42062	341	4636
濮阳市 Puyang	159887	34281	153	18759
许昌市 Xuchang	143757	41306	599	20996
漯河市 Luohe	84702	22791	108	3860
三门峡市 Sanmenxia	88987	26807	94	8926
南阳市 Nanyang	438286	123476	1103	42015
商丘市 Shangqiu	231769	68733	211	15181
信阳市 Xinyang	227754	70671	271	32493
周口市 Zhoukou	218343	62574	271	14039
驻马店市 Zhumadian	230614	64948	487	17073
济源市 Jiyuan	40464	10123	65	3215

26-6 历年体育、卫生事业基本情况

Basic Statistics on Public Health and Physical Education over the Years

年份 Year	卫生机构数(个) Number of Health Institutions (unit)	#医院、卫生院 Hospitals & Health Centers	卫生机构床位数(万张) Number of Beds in Health Institutions (10 000 units)	#医院、卫生院 Hospitals & Health Centers	卫生技术人员数(万人) Medical and Technical Personnel (10 000 persons)	#医生 Doctors	每万人口拥有 per 10 000 Population: 卫生机构床位数(张) Number of Beds in Health Institutions (unit)	每万人口拥有 per 10 000 Population: 医生数(人) Number of Doctors (person)
1978	7356	2476	10.20	9.73	11.44	4.38	14.4	6.2
1979	7702	2501	11.23	10.63	12.89	4.79	15.6	6.7
1980	7831	2530	11.92	11.17	14.48	5.41	16.4	7.4
1981	8483	2563	12.49	11.65	16.31	6.81	16.9	9.2
1982	8513	2578	13.08	12.11	17.34	7.31	17.4	9.7
1983	8504	2611	13.77	12.74	18.38	7.82	18.0	10.2
1984	8583	2665	14.24	13.13	19.12	8.10	18.4	10.5
1985	9207	2688	14.91	13.77	19.49	8.36	19.0	10.7
1986	8933	2713	15.31	13.99	20.15	8.50	19.2	10.6
1987	8833	2730	16.90	15.42	20.44	8.49	20.7	10.4
1988	8865	2756	17.55	15.95	21.36	8.85	21.1	10.6
1989	8721	2810	17.96	16.25	21.85	9.61	21.2	11.3
1990	8676	2824	18.21	16.36	22.28	9.94	21.1	11.5
1991	8639	2834	18.49	16.56	23.03	9.93	21.1	11.3
1992	8375	2857	18.91	16.97	23.91	10.14	21.3	11.4
1993	7669	2892	18.91	17.22	24.39	10.16	21.1	11.4
1994	7656	2944	19.14	17.45	25.13	10.55	21.2	11.7
1995	7661	2965	19.23	17.54	25.50	10.57	21.1	11.6
1996	7253	2987	18.95	17.54	25.77	10.57	20.7	11.5
1997	7194	3001	18.92	17.58	26.20	10.67	20.5	11.5
1998	11774	2999	19.42	17.99	26.32	10.68	20.8	11.5
1999	11643	3014	19.71	18.26	26.66	10.89	21.0	11.6
2000	10764	3027	19.86	18.34	26.84	11.11	20.9	11.7
2001	10719	3024	19.99	18.50	27.18	11.12	20.9	11.6
2002	13291	3094	19.73	18.75	26.48	10.17	20.5	10.6
2003	13621	3149	20.37	19.28	27.87	10.64	21.1	11.0
2004	13821	3182	20.90	19.72	28.42	10.94	21.5	11.3
2005	14554	3260	21.40	20.23	28.92	11.11	21.9	11.4
2006	14629	3292	22.52	21.23	30.07	11.55	22.9	11.8
2007	11888	3281	23.95	22.61	29.79	11.59	24.3	11.7
2008	11683	3263	26.83	25.22	30.99	11.93	27.1	12.0
2009	12157	3282	30.24	28.30	34.64	13.96	30.3	14.0

26-7 卫生事业发展情况
Basic Statistics on Public Health Development

项　　目	Item	1990	1995	2000	2005	2008	2009
卫生机构数(个)	**Number of Health Institutions (unit)**	**8676**	**7661**	**10764**	**14554**	**11683**	**12157**
#医院、卫生院	Hospitals & Health Centers	2824	2965	3027	3260	3263	3282
#医院	Hospitals	789	896	966	1172	1174	1193
疗养院、所	Sanatoriums	12	8	7	5	6	6
门诊部、所	Clinics	5142	3942	196	68	70	82
诊所、卫生所、医务室	Clics,Individual-Run Medical Units and					7169	7410
社区卫生服务中心(站)	Community Sanitation Service Station					533	724
专科防治所、站	Specialized Prevention & Treatment Centers or Stations	45	44	45	32	21	21
妇幼保健所、站	Maternity and Child Care Centers	138	142	135	167	167	167
卫生机构床位数(万张)	**Number of Beds in Health Institutions(10 000 units)**	**18.21**	**19.23**	**19.86**	**21.40**	**26.83**	**30.24**
#医院、卫生院	Hospital & Health Center	16.36	17.54	18.34	20.23	25.22	28.30
#医院	Hospitals	10.80	12.10	13.26	14.97	18.22	20.43
疗养院、所	Sanatoriums	0.22	0.15	0.15	0.06	0.10	0.09
门诊部	Clinics	1.10	0.84	0.51	0.11	0.09	0.09
平均每千人口卫生机构床位数(张)	Number of Health Institutions Beds per 1 000 Population (unit)	2.11	2.11	2.09	2.19	2.71	3.03
#医院、卫生院	Hospitals & Health Centers	1.89	1.93	1.93	2.07	2.54	2.84
卫生机构人员数(万人)	**Number of Persons in Health Institutions (10 000 persons)**	**27.06**	**31.31**	**33.50**	**36.23**	**39.61**	**43.50**
#卫生技术人员	Medical Technical Personnel	22.28	25.50	26.84	28.92	30.99	34.64
#医生	Doctors	9.94	10.57	11.11	11.11	11.93	13.96
护士	Senior Nurses	2.16	3.19	3.84	7.71	9.66	11.02
平均每千人口医生数(人)	Number of Doctors per 1 000 Population (person)	1.15	1.16	1.17	1.14	1.20	1.40

注：1.1996年及以后年度门诊部、所不含诊所、卫生保健所和医务室,与以前年度不可比(下同)。
2.1998年及以后年度卫生机构包括个体开业(下同)。
3.2002年以来医生、护士人员数为"执业医师、执业助理医师与注册护士人员数"。
4.2007年起，诊所、卫生室、医务室与社区卫生服务中心(站)分开统计。

a)The numbers of clinics since 1996 exclude cliniques, hygiene places and infirmaries. It cannot be compared with some relative years (the same as in following tables).
b)The number of health institutions include individuals since 1998 (the same as in the following tables).
c)Number of doctors and junior nurses since 2002 is the Number of registered doctors,deputy doctors and junior nurses.
d)Number of Clics,Individual-Run Medical Units and Community Sanitation Service Station are calculated by Separate statistics system since 2007.

26-8 卫生机构、床位、人员数(2009年)

Number of Health Institutions, Beds and Persons (2009)

机构类别	Type of Institutions	机构数(个) Institutions (unit)	床位数(张) Beds (unit)	人员 合计(人) Total of Persons (Person)	卫生技术人员 Medical Technical Personnel	其他技术人员 Other Technical Personnel	管理人员 Managerial Personnel	工勤人员 Logistics Workers
总计	**Total**	**12157**	**302358**	**435004**	**346444**	**23786**	**25872**	**38902**
#医院合计	**Total Number of Hospitals**	**1193**	**204302**	**252038**	**201224**	**10528**	**15952**	**24334**
综合医院	General Hospitals	801	154737	189699	152674	7123	11798	18104
中医医院	Hospitals Specialized in Traditional Chinese Medicine	186	28828	40485	32141	2062	2282	4000
中西医结合医院	Hospitals Combining Chinese and Western Medicine	10	808	984	778	39	65	102
专科医院	Specialized Hospital	196	19929	20870	15631	1304	1807	2128
口腔医院	Hospitals for Mouth Cavity Diseases Care	10	529	1559	1160	137	121	141
眼科医院	Hospital for Eye Care	14	796	1136	793	78	121	144
耳鼻喉科医院	ENT Hospital	2	80	129	94	22	5	8
肿瘤医院	Tumor Hospitals	13	3900	3719	2978	217	243	281
心血管病医院	Heart and Blood Vessel Trouble Hospital	5	357	498	385	38	32	43
胸科医院	Chest Hospital	2	618	518	378	45	52	43
血液病医院	Hematonosis Hospital	3	80	72	59	2	5	6
妇产(科)医院	Maternity Hospitals	11	558	1161	878	71	75	137
儿童医院	Hospitals for Children	4	1345	1533	1171	99	87	176
精神病医院	Mental Hospitals	25	5118	3309	2378	182	314	435
传染病医院	Hospitals of Infectious Diseases	9	1279	1429	999	70	157	203
皮肤病医院	Dermatosis Hospital	4	70	123	98	1	11	13
结核病医院	Tuberculosis Hospitals	1	150	133	103	14		16
麻风病医院	Leprosy hospital	1	20	48	33		4	11
职业病医院	Diseases hospital	1	225	202	141		32	29
骨科医院	Orthopaedics Hospitals	28	1902	2079	1629	106	235	109
康复医院	Rehabilitation Hospitals	16	1119	988	658	74	117	139
整形外科医院	Plastic Surgery Hospital	1	45	80	46	8	12	14
其他专科医院	Other Specialized Hospitals	46	1738	2154	1650	140	184	180
卫生院	**Heath Center**	**2089**	**78728**	**99957**	**79629**	**8128**	**5092**	**7108**
#中心乡卫生院	Center Countryside Hospitals	500	24174	31224	25314	2143	1421	2346
门诊部	**Clinics**	**82**	**906**	**2128**	**1630**	**121**	**200**	**177**
采供血机构	**Collectting and Supply Institutions for Blood**	**20**		**1418**	**847**	**169**	**143**	**259**
妇幼保健院(所、站)	**Maternity and Child Care Centers**	**167**	**12375**	**19872**	**15944**	**946**	**1146**	**1836**
专科疾病防治院(所、站)	**Specialized Prevention & Treatment Centers or Stations**	**21**	**839**	**1389**	**939**	**139**	**114**	**197**
疾病预防控制中心(防疫站)	**Center for Disease Prevention and Control**	**180**		**18247**	**12886**	**1660**	**1423**	**2278**
卫生监督所	**Sanitation Supervision Stations**	**133**		**6337**	**4313**	**721**	**619**	**684**
诊所、医务室	**Clics,Individual-Run Medical Units and**	**7410**		**16891**	**16174**			**717**
社区卫生服务中心(站)	**Community Sanitation Service Stations**	**724**	**4283**	**10318**	**8453**	**619**	**686**	**560**

26–9　卫生机构各类人员

Employed Persons In Health Institutions by Types of Occupation

单位：人　　(person)

人员类别	Type of Personnel	1990	1995	2000	2005	2008	2009
各类人员总计	**Total**	**270573**	**313116**	**335031**	**362263**	**396078**	**435004**
卫生技术人员	Medical Technical Personnel	222771	255006	268427	289157	309923	346444
其他技术人员	Other Technical Personnel	2256	6173	12428	23409	22137	23786
管理人员	Managerial Personnel	19856	23391	23554	20060	25333	25872
工勤人员	Logistics Workers	25690	28546	30622	29637	38685	38902
卫生技术人员	**Medical Technical Personnel**	**222771**	**255006**	**268427**	**289157**	**309923**	**346444**
医生	Doctors	99354	105688	111113	111134	119316	139565
注册护士	Registered Nurses	46391	56879	63032	77132	96571	110159
药剂人员	Pharmacists	25812	28936	28094	22432	19472	20241
检验人员	Laboratory Technicians	10244	12379	13982	13987	13562	14127
其他	Others	40970	51124	52206	64472	61002	62352
平均每千人口卫生技术人员	**Number of Medical Technical Personnel per 1 000 Population**	**2.58**	**2.80**	**2.82**	**2.96**	**3.12**	**3.48**

26-10 卫生部门医院住院病人前十位疾病构成(ICD-10)(2009年)
Percentage of 10 Main Diseases of Inpatients in City Hospitals of Health Sector(ICD-10)(2009)

顺序 No.	市	City	疾病构成(%) As % of Total
	十种疾病构成	**Total**	
1	呼吸系统疾病	Diseases of the Respiratory System	13.15
2	损伤、中毒和外因	Injury, Poisoning & External Causes	10.18
3	妊娠、分娩和产褥期病	Pregnancy,childbirth & the Puerperium	9.99
4	消化系统疾病	Diseases of the Digestive System	8.63
5	脑血管病	Cerebrovascular Disease	7.70
6	恶性肿瘤	Malignant Neoplasms	6.44
7	缺血性心脏病	Ischaemic Heart Disease	6.25
8	泌尿生殖系统疾病	Disease of the Genitourinary System	4.74
9	神经系统疾病	Diseases of the Nervous System	3.81
10	传染病和寄生虫病	Certain Infestious and Parasitic Diseases	3.59

顺序 No.	县	County	疾病构成(%) As % of Total
	十种疾病构成	**Total**	
1	妊娠、分娩和产褥期病	Pregnancy,childbirth & the Puerperium	17.57
2	呼吸系统疾病	Injury, Poisoning & External Causes	16.29
3	损伤、中毒和外因	Diseases of the Respiratory System	13.70
4	消化系统疾病	Diseases of the Digestive System	9.92
5	脑血管病	Cerebrovascular Disease	8.54
6	缺血性心脏病	In the Perinatal Period	5.08
7	起源于围生期病	Ischaemic Heart Disease	3.59
8	泌尿生殖系统疾病	Certain Infestious and Parasitic Diseases	3.11
9	传染病和寄生虫病	Disease of the Genitourinary System	3.03
10	恶性肿瘤	Malignant Neoplasms	2.96

26−11 部分市、县前十位主要疾病死亡率(2009年)

Death Rate of Ten Major Diseases in Partial Cities and Counties (2009)

单位：(1/10万) (1/100 000)

死亡原因	Cause of Death	死亡率 Death Rate
市　县	**City and County**	
脑血管病	Cerebrovascular Disease	152.68
恶性肿瘤	Malignant Neoplasms	128.21
心脏病	Heart Trouble	110.95
呼吸系统疾病	Diseases of the Respiratory System	60.27
损伤和中毒	Trauma and Toxicosis	51.66
内分泌、营养和代谢疾病及免疫疾病	Endocrine, Nutritional & Metabolic Diseases, immune disease	11.35
传染病和寄生虫病	Certain Infestious and Parasitic Diseases	8.77
消化系统疾病	Diseases of the Digestive System	7.18
新生儿疾病	Newborn Baby Disease	4.74
泌尿和生殖系病	Disease of the Genitourinary System	4.54
城　市	**City**	
脑血管病	Cerebrovascular Disease	120.56
恶性肿瘤	Malignant Neoplasms	115.27
心脏病	Heart Trouble	91.15
呼吸系统疾病	Diseases of the Respiratory System	49.27
损伤和中毒	Trauma and Toxicosis	47.37
内分泌、营养和代谢疾病及免疫疾病	Endocrine, Nutritional & Metabolic Diseases, immune disease	18.57
传染病和寄生虫病	Certain Infestious and Parasitic Diseases	9.35
消化系统疾病	Diseases of the Digestive System	9.15
泌尿和生殖系病	Disease of the Genitourinary System	6.44
神经系统疾病		4.13
县	**County**	
脑血管病	Cerebrovascular Disease	159.50
恶性肿瘤	Malignant Neoplasms	130.96
心脏病	Heart Trouble	115.16
呼吸系统疾病	Diseases of the Respiratory System	63.01
损伤和中毒	Trauma and Toxicosis	52.17
传染病和寄生虫病	Certain Infestious and Parasitic Diseases	9.82
内分泌、营养和代谢疾病及免疫疾病	Endocrine, Nutritional & Metabolic Diseases, immune disease	8.68
消化系统疾病	Diseases of the Digestive System	6.71
新生儿疾病	Newborn Baby Disease	5.15
泌尿和生殖系病	Disease of the Genitourinary System	4.14

26-12 法定报告传染病发病及死亡情况（2009年）

Incidence and Death from Infectious Diseases (2009)

病 名	Item	发病率 (1/10万) Incidence Disease Rate (per100 000 persons)	死亡率 (1/10万) Death Rate (per 100 000 persons)	病死率 (%) Mortality Rate per 100 Infectious Disease Patients (%)
总 计	**Total**	**198.72**	**0.080**	**4.16**
病毒性肝炎	Viral Hepatitis	210.67	0.082	0.04
痢疾	Dysentery	16.24		
伤寒副伤寒	Typhoid and Paratyphoid Fever	0.15		
艾滋病	AIDS	1.96	1.840	93.84
淋病	Gonorrhea	2.39		
梅毒	Syphilis	10.25	0.005	0.05
麻疹	Measles	9.76	0.013	0.13
百日咳	Pertussis	0.02		
流脑	Epidemic Encephalitis	0.03	0.002	8.00
猩红热	Scarlet Fever	0.56		
出血热	Hemorrhage Fever	0.17	0.002	1.24
狂犬病	Hydrophobia	0.11	0.100	90.74
布氏杆菌病	Brucellosis	0.75		
乙脑	Encephalitis B	0.81	0.040	4.97
疟疾	Malaria	1.71	0.001	0.06
新生儿破伤风	Newborn Tetanus	0.03	0.002	5.13
肺结核	Pulmonary Tuberculosis	82.48	0.280	0.34

26-13 防病工作情况

Basic Condition of Disease Prevention and Cure

指 标	Item	2007	2008	2009
传染病发病总例数（甲、乙）(万例)	**Number of Incidence from infectious disease(A、B) (10 000 persons)**	**36.0**	**34.4**	**31.2**
发病率(1/10万)	Incidence Disease Rate (1/100 000)	383.0	368.0	330.7
传染病死亡总人数(人)	Number of Death from infectious disease (person)	2232.0	2301.0	2333.0
死亡率(1/10万)	Death Rate (1/100 000)	2.4	2.5	2.5
结核病登记病人数(千例)	Number of register of Tuberculosis (1000 persons)	86.6	84.9	78.6
登记患病率(‰)	Register sicken Rate(‰)	0.9	0.9	0.8
结核病新发病人数(千例)	Number of New Incidence from Tuberculosis (1000 persons)	37.2	37.4	36.5
登记新发病率(1/万)	Register New Incidence Disease Rate (1/10 000)	0.4	0.4	0.4
结核病死亡人数(人)	Number of Death from Tuberculosis (person)	232.0	279.0	268.0
死亡率(1/10万)	Death Rate (1/100 000)	0.2	0.3	0.3
“五苗”接种率(%)	Five Type of bacterins inoculability Rate (%)	98.8	99.1	99.1
乙肝疫苗全程接种率(%)	Hepatitis B Bacterins Quite inoculability Rate (%)	99.0	98.7	99.2

26-14 各市卫生事业基本情况(2009年)

Basic Statistics on Public Health by City (2009)

市 City	卫生机构数(个) Number of Health Institutions (unit)	#医院、卫生院 Hospital & Health Centers	#疗养院、所 Sanatoriums	#门诊部 Clinics	#疾病控制中心 Sanitation and Antiepidemic Agencies	#妇幼保健院(所、站) Maternity and Child Care Centers	#医学科学研究机构 Research Institutes of Medical Sciences
全　　省 Total	**12157**	**3282**	**6**	**82**	**180**	**167**	**7**
郑　州　市 Zhengzhou	1437	270		32	16	14	5
开　封　市 Kaifeng	463	157		2	11	8	1
洛　阳　市 Luoyang	792	264	2	9	16	16	
平顶山市 Pingdingshan	700	171	2	11	12	11	
安　阳　市 Anyang	1701	158		3	10	10	
鹤　壁　市 Hebi	224	55		3	7	5	
新　乡　市 Xinxiang	667	240		6	12	13	
焦　作　市 Jiaozuo	658	150		1	11	11	
濮　阳　市 Puyang	608	132		5	8	8	
许　昌　市 Xuchang	559	159		1	7	6	
漯　河　市 Luohe	415	88		1	6	6	
三门峡市 Sanmenxia	434	125	2	5	7	5	
南　阳　市 Nanyang	627	302		1	14	13	1
商　丘　市 Shangqiu	546	228			10	9	
信　阳　市 Xinyang	579	265		1	11	10	
周　口　市 Zhoukou	1245	265		1	11	11	
驻马店市 Zhumadian	436	232			10	10	
济　源　市 Jiyuan	66	21			1	1	

市 City	卫生机构床位数(张) Number of Beds in Health Institutions (unit)	#医院、卫生院 Hospital & Health Center	#疗养院、所 Sanatoriums	卫生机构人员数(人) Number of Persons in Health Institutions (person)	卫生技术人员数(人) Medical Technical Personnel (person)	#医生 Doctors	#注册护士 Registered Nurses
全　　省 Total	**302358**	**283030**	**925**	**435004**	**346444**	**139565**	**110159**
郑　州　市 Zhengzhou	42971	40578		57633	47004	18418	18352
开　封　市 Kaifeng	14773	13983		22764	17921	7225	6333
洛　阳　市 Luoyang	26616	24328	400	34425	27648	11883	9387
平顶山市 Pingdingshan	18475	16841	445	23670	18533	7262	6254
安　阳　市 Anyang	16582	15558		22129	17884	7935	5256
鹤　壁　市 Hebi	5501	5373		8003	6371	2697	1955
新　乡　市 Xinxiang	21442	20396		30707	24398	9587	8057
焦　作　市 Jiaozuo	13628	12396		20195	16153	7148	4922
濮　阳　市 Puyang	11183	10519		17208	13545	5036	4312
许　昌　市 Xuchang	12349	11308		20292	16092	6963	4430
漯　河　市 Luohe	8492	7621		13059	10220	3912	3315
三门峡市 Sanmenxia	8331	8065	80	11336	9399	3960	3100
南　阳　市 Nanyang	24756	22844		38051	30044	11167	9296
商　丘　市 Shangqiu	19110	17827		31754	24253	8662	6377
信　阳　市 Xinyang	13874	13118		20552	15946	6632	4299
周　口　市 Zhoukou	21096	20219		32930	26058	10669	6365
驻马店市 Zhumadian	20884	19911		27166	22496	9323	7252
济　源　市 Jiyuan	2295	2145		3130	2479	1086	897

26-15 农村村级卫生情况

Health in Rural by Village Level

指　　标	Item	2008	2009
村设置的医疗点数（个）	Medical Unit Setup in Village (unit)	61899	63670
村或群众集体办	Run by Village or Mass	34807	35894
乡卫生院设点	Units are Attach to Township and Village Hospital	727	602
乡村医生或卫生员联合办	Associational run by Rural Doctors and Health Person	3622	3836
个体办	Run by Private	21988	22563
其　他	Others	755	775
乡村医生和卫生员数（人）	Number of Rural Doctors and Health Personnels (person)	110973	124653
乡村医生	Rural Doctors	105315	117153
#行医方式中西医结合	Chinese Combine with Western Mdeicine	21526	23937
卫生员数	Health Personnel	5658	7500
#行医方式中西医结合	Chinese Combine with Western Mdeicine	1174	1711
诊疗人次数(万人次)	Person-time of See a Doctor (10 000 person-time)	16309	18625

26-16 妇女儿童卫生保健状况

Basic Statistics on Health Care of Women and Children

指 标	Item	2005	2008	2009
婚前医学检查率(%)	Rate of Medical Examination before Marriage(%)	1.1	3.6	5.2
城市	Urban Areas	1.9	3.5	5.4
农村	Rural Areas	0.5	3.7	5.0
出生缺陷发生率(万分之一)	Birth-defect Rate(1/10000)	91.3	76.0	81.0
婴儿死亡率 (‰)	Infant Mortality (‰)	12.1	7.1	5.4
城市	Urban Areas	9.2	7.1	5.3
农村	Rural Areas	13.4	9.5	5.5
5岁以下儿童死亡率(‰)	Mortality of Child under 5 Years Old (‰)	13.8	9.5	8.9
城市	Urban Areas	10.7	7.6	9.9
农村	Rural Areas	15.3	10.5	7.1
孕产妇死亡率(1/10万)	Mortality Rate of Pregnant and Lying-in Women (1/100 000)	44.8	21.0	16.9
城市	Urban Areas	33.3	20.0	19.0
农村	Rural Areas	49.3	21.4	16.1
全省住院分娩率(%)	Hospitalization Rate of Parturition in Province(%)	87.8	95.2	97.3
农村孕产妇住院分娩率(%)	Hospital Parturition Rate of Rural Pregnant and Lying-in Women(%)	85.0	98.2	96.6
农村高危孕产妇住院分娩率 (%)	Hospital Parturition Rate of Rural High Risk Pregnant and Lying-in Women (%)	97.7	98.2	99.1
产前检查率 (%)	Medical Prenatal Examination Rate (%)	85.0	89.3	89.7
孕产妇系统管理率 (%)	Systematic Management Rate of Pregnant and Lying-in Women (%)	67.2	72.1	73.1
城市	Urban Areas	67.6	73.1	76.7
农村	Rural Areas	67.0	71.7	71.6
5岁以下儿童中、重度营养不良患病率(%)	moderate and Serious malnutrition Rate of Children under 5 Years old (%)	3.4	2.6	2.3
城市	Urban Areas	2.4	1.7	1.8
农村	Rural Areas	4.0	3.0	2.5
7岁以下儿童保健管理率 (%)	Health Care Rate of Children under 7 Years Old (%)	70.2	71.2	72.3
卡介苗疫苗接种率(%)	BCG (%)	99.4	99.3	99.6
脊髓灰质炎疫苗接种率(%)	Poliomyelitis (%)	99.2	99.0	99.2
百白破疫苗接种率(%)	DPT(%)	99.2	98.7	99.3
麻疹疫苗接种率(%)	Measles (%)	98.7	99.1	99.1
乙肝疫苗接种率 (%)	Inoculation Rate of Hepatitis B Vaccine	99.1	99.1	99.2

26–17 社会福利事业、企业单位数和工作人员

Number of Social Welfare Institutions, Enterprises and Persons Engaged

项目	Item	2008 机构(个) Number of Institutions (unit)	2008 人员(人) Number of Personnel Engaged (person)	2009 机构(个) Number of Institutions (unit)	2009 人员(人) Number of Personnel Engaged (person)
总计	**Total**	**1720**	**80297**	**1710**	**80127**
社会福利事业单位	**Social Welfare Institutions**	**506**	**9751**	**509**	**9418**
军供转运站	Army Supply transfer Stations	24	788	24	569
烈士纪念建筑物管理单位	Administration Agencies for martyrs Memorial Buildings	93	1357	93	1297
救助管理站	Collecting and Repatriating Units	40	729	41	724
殡葬事业单位	Funeral and Interment Institutions	236	5773	237	5682
军队离退休干部休养所	Convalescent Homes for Army VCSR and Retired	113	1104	114	1146
社会福利企业单位	**Social Welfare Enterprises**	**1223**	**70589**	**1202**	**70709**
民政部门办	Run by Civil Affairs Department	1005	58837	999	58959
#假肢厂	Artificial Limb Centers	2	136	7	291
安置农场	Aftercare Farms	2	68	2	66
社会办	Run by Social Communities	218	11752	203	11750

26–18 收养性社会福利单位基本情况(2009年)

Basic Statistics on Social Welfare Institutions (2009)

项目	Item	院数(个) Number of Homes (unit)	工作人员(人) Number of Staff and Workers (person)	床位(张) Number of Beds (unit)	年底收养人数(人) Number of Persons Housed (year-end) (person)
总计	**Total**	**2867**	**18348**	**257623**	**225806**
优抚类收养性单位	**Administration Agencies for Martyrs and Adopting Institutions**	**101**	**1569**	**5879**	**4400**
优抚休养、疗养院	Convalescent Homes	6	931	1615	1213
光荣院	Homes for Disabled Veterans	95	638	4264	3187
福利类收养性单位	**Adopting Social Welfare Institutions**	**2766**	**16779**	**251744**	**221406**
社会福利院	Social Welfare Homes	61	1014	5873	4376
儿童福利院	Baby Welfare Homes	10	338	1599	1411
社会福利医院	Psychopathy Welfare Homes	6	481	738	601
城镇收养性老年福利机构	Urban Elderly Welfare Homes	219	2093	16758	12224
农村收养性老年福利机构	Rural Elderly Welfare Homes	2470	12853	226776	202794

26-19 由国家支出的社会福利救济主要费用情况

Basic Statistics on Social Welfare Relief Funds from Government

单位：万元 (10 000 yuan)

项　　目	Item	1990	1995	2000	2005	2006	2007	2008	2009
社会福利救济费	**Social Welfare Relief Operating Funds**	**22368**	**37113**	**77014**	**269044**	**372004**	**477755**	**603778**	**896476**
抚恤事业费	Comfort and Compensate Funds	9943	17521	38108	86312	112690	133273	159391	188361
社会救济福利事业费	Social Welfare Relief Funds	3674	6097	15338	150882	238128	301046	444387	708115
#农村社会救济费	Rural	751	931	2208	56296	101899	139293	214538	410443
城镇社会救济费	Urban	249	411	4920	94586	108043	137454	207240	272690
自然灾害救济费	Natural disaster Relief Funds	8751	13495	23568	31850	21186	43436	22609	27111
彩票发行额	**Circulation of lottery**				**155000**	**177700**	**208325**	**191362**	**227658**

26-20 享受补助、救济人员情况

Statistics on Persons Receiving Subsidies and Relief Funds

项　　目	Item	1990	1995	2000	2005	2006	2007	2008	2009
农村散居五保户人数(万人)	Number of Persons in Rural Households with Livelihood Guaranteed in Five Aspects (10 000 persons)	26.12	24.15	21.37	43.18	38.53	36.30	27.33	27.04
农村社会救助总人数(万人)	Number of persons reciving relief (10 000 persons)					326.71	386.08	447.66	417.27	413.41
居民最低生活保障人数(万人)	Number of persons reciving lowest cost-of-living (10 000 persons)				192.34	334.37	398.12	414.45	518.24
城镇	Urban Area				139.06	135.33	141.04	146.27	148.33
农村	Rural Area				53.28	199.04	257.08	268.18	363.91

26-21 各市城镇社区服务设施基本情况
Basic Statistics on Service Institutions in Urban Areas by City

单位：个 (unit)

市	City	2000	2001	2002	2003	2004	2005	2006	2007	2008	2009
全省	**Total**	**2367**	**2660**	**2772**	**3051**	**3804**	**3799**	**3855**	**3851**	**3792**	**3983**
郑州市	Zhengzhou	52	52	84	260	436	408	410	421	435	470
开封市	Kaifeng	193	193	177	184	185	119	119	116	116	116
洛阳市	Luoyang	599	599	569	552	696	693	693	689	686	708
平顶山市	Pingdingshan	54	51	104	167	512	600	611	611	544	366
安阳市	Anyang	50	52	70	104	102	102	102	103	108	155
鹤壁市	Hebi	90	90	83	90	107	107	114	103	103	121
新乡市	Xinxiang	218	328	197	200	222	219	219	219	223	223
焦作市	Jiaozuo	285	338	366	346	434	434	434	434	432	504
濮阳市	Puyang	10	14	14	16	47	47	46	46	68	78
许昌市	Xuchang	209	221	224	226	116	116	116	119	119	124
漯河市	Luohe	42	12	14	27	22	35	44	40		34
三门峡市	Sanmenxia	109	246	331	337	338	338	338	330	337	343
南阳市	Nanyang	221	222	222	169	166	166	166	166	166	202
商丘市	Shangqiu	14	14	87	95	98	101	101	101	101	99
信阳市	Xinyang	183	190	190	197	225	231	231	242	242	318
周口市	Zhoukou	36	36	36	45	52	37	40	40	40	45
驻马店市	Zhumadian	1	1	3	28	38	38	63	63	61	66
济源市	Jiyuan	1	1	1	8	8	8	8	8	11	11

26-22 参加保险人数
Active Contributors

单位：万人 (10 000 persons)

年份 Year	养老保险 Basic Pension Insurance	失业保险 Unemployment Insurance	医疗保险 Basic Medical Insurance	工伤保险 Work Injury Insurance	生育保险 Maternity Insurance
2000	662.68	671.00	287.00	198.00	172.00
2001	639.05	676.00	456.40	245.00	207.00
2002	645.53	670.00	537.28	218.79	204.54
2003	659.25	679.97	567.93	210.61	199.29
2004	688.70	681.60	590.19	324.72	200.66
2005	716.17	681.90	640.70	404.00	228.30
2006	762.60	682.80	704.00	432.90	238.40
2007	804.68	684.65	726.03	452.32	254.02
2008	948.57	689.00	840.87	501.20	313.35
2009	1019.09	694.82	1970.13	521.02	379.76

注：1) 2007年之前养老保险参保人数仅为企业养老保险数据，2008年以后包括企业和机关事业单位。
2)2009年及以后医疗保险人数包括城镇职工医疗保险和城镇居民医疗保险参保人数。(25表同)

a)Data on basic pension insurance refer to active contributors in enterprises before 2007, and data since 2008 include enterprises, institutions and agencies.
b)Data on Basic Medical Insurance include Town worker and urban residents。（the same as26-25）

26-23 社会保险基金
Social Insurance Funds

单位：亿元 (100 million yuan)

年份 Year	基金收入 Revenue	基金支出 Expenses	累计结余 Balance at the Year-end
2003	187.50	151.10	145.20
2004	216.10	166.90	195.80
2005	257.10	203.20	244.20
2006	298.50	239.20	303.30
2007	365.20	289.60	363.80
2008	540.61	445.51	496.21
2009	558.14	462.74	595.57

26-24 各市参加基本养老保险人数

Number of People Participated in Basic Pension Insurance by City

单位：万人 (10 000 persons)

市	City	2001	2002	2003	2004	2005	2006	2007	2008	2009
郑州市	Zhengzhou	56.25	56.87	57.24	72.80	98.62	108.37	119.00	127.74	141.12
开封市	Kaifeng	23.66	24.35	24.10	24.60	27.10	30.50	52.67	55.43	60.22
洛阳市	Luoyang	37.95	37.43	38.50	37.70	45.08	45.07	76.86	80.26	85.98
平顶山市	Pingdingshan	21.14	22.06	22.10	22.24	22.45	23.30	35.60	36.80	40.01
安阳市	Anyang	19.97	19.73	31.68	47.68	42.99	50.00	52.48	55.10	58.78
鹤壁市	Hebi	9.21	9.15	9.25	9.25	9.37	9.91	13.24	13.88	14.57
新乡市	Xinxiang	33.30	33.50	33.70	34.83	48.90	52.00	53.69	57.75	61.26
焦作市	Jiaozuo	22.12	22.13	22.48	23.40	24.50	26.00	41.82	42.08	45.99
濮阳市	Puyang	8.59	8.66	8.70	8.90	5.50	18.50	21.01	21.38	24.35
许昌市	Xuchang	18.15	18.08	18.70	19.30	21.01	22.99	33.08	34.21	37.07
漯河市	Luohe	6.34	6.39	9.04	17.51	17.93	17.90	20.58	20.94	23.10
三门峡市	Sanmenxia	13.73	13.82	13.95	14.21	14.79	16.30	21.99	23.58	25.08
南阳市	Nanyang	29.72	29.40	35.80	29.26	47.00	31.20	68.27	65.21	72.62
商丘市	Shangqiu	18.00	17.23	17.50	17.90	18.37	20.55	34.66	37.45	41.13
信阳市	Xinyang	27.00	27.00	27.45	29.45	40.31	31.40	41.97	42.96	48.12
周口市	Zhoukou	17.43	18.08	17.57	18.68	20.71	21.35	37.29	40.61	44.15
驻马店市	Zhumadian	10.32	11.80	18.74	14.34	14.68	15.11	25.59	26.40	28.68
济源市	Jiyuan	6.60	6.70	6.40	7.08	7.28	7.73	9.71	10.25	10.98

26-25 各市参加基本医疗保险人数

Number of People Participated in Basic Medical Insurance by City

单位：万人 (10 000 persons)

市	City	2001	2002	2003	2004	2005	2006	2007	2008	2009
郑州市	Zhengzhou	20.95	34.17	35.35	38.20	47.00	56.30	64.96	74.76	208.80
开封市	Kaifeng	8.12	8.12	20.30	20.30	21.30	28.35	31.68	36.13	86.21
洛阳市	Luoyang	42.00	49.20	55.70	59.60	64.50	67.73	74.64	82.99	183.30
平顶山市	Pingdingshan	43.60	44.80	47.19	50.01	52.17	52.52	55.55	60.23	120.08
安阳市	Anyang	11.54	12.30	37.65	39.87	42.21	45.00	52.51	55.87	116.13
鹤壁市	Hebi	15.56	15.58	15.62	15.60	16.03	17.17	18.66	20.39	46.92
新乡市	Xinxiang	35.50	37.50	38.60	38.60	44.45	50.40	53.23	55.59	129.51
焦作市	Jiaozuo	25.92	29.27	30.61	33.44	29.40	38.60	41.65	43.52	95.45
濮阳市	Puyang	20.45	20.54	21.10	23.10	23.30	24.40	39.48	46.68	79.74
许昌市	Xuchang	22.78	26.05	26.90	27.72	27.89	28.24	31.01	34.22	85.93
漯河市	Luohe	11.20	12.30	14.60	15.90	17.60	17.60	21.42	24.62	64.33
三门峡市	Sanmenxia	23.08	19.86	19.96	21.22	22.20	23.61	27.37	28.56	59.11
南阳市	Nanyang	21.98	48.98	53.24	59.56	63.93	66.50	63.00	65.60	143.09
商丘市	Shangqiu	26.16	30.08	32.30	34.30	35.50	36.62	37.61	39.51	124.87
信阳市	Xinyang	27.64	28.40	33.00	35.62	40.30	44.58	47.80	51.30	124.28
周口市	Zhoukou	30.08	30.60	31.70	32.15	32.50	35.20	36.65	39.83	112.92
驻马店市	Zhumadian	11.79	15.44	17.50	32.06	33.34	35.80	36.01	38.00	106.49
济源市	Jiyuan	2.40	2.70	4.20	5.00	5.82	6.39	6.80	8.04	18.58

26-26　各市参加失业保险人数

Number of People Participated in Unemployment Insurance by City

单位：万人　(10 000 persons)

市	City	2001	2002	2003	2004	2005	2006	2007	2008	2009
郑州市	Zhengzhou	72.96	73.03	78.14	78.60	78.60	85.52	86.22	87.08	87.74
开封市	Kaifeng	41.48	38.10	38.50	38.50	36.20	36.20	36.20	36.20	35.78
洛阳市	Luoyang	59.70	60.30	56.30	51.90	60.20	59.04	59.71	59.10	59.78
平顶山市	Pingdingshan	43.86	43.91	44.01	44.20	44.20	45.53	45.55	46.60	46.60
安阳市	Anyang	35.66	35.66	37.59	38.00	38.12	39.00	39.66	39.90	40.00
鹤壁市	Hebi	17.80	17.31	17.41	17.42	17.42	15.56	15.22	15.22	15.20
新乡市	Xinxiang	44.10	44.50	45.20	45.38	45.38	36.30	45.38	45.10	44.95
焦作市	Jiaozuo	37.97	37.97	36.97	36.80	37.20	34.80	34.44	34.19	34.18
濮阳市	Puyang	26.84	26.94	27.20	27.50	19.80	19.40	29.51	29.87	31.26
许昌市	Xuchang	27.53	27.43	27.50	27.45	27.61	27.31	27.64	27.01	27.00
漯河市	Luohe	16.00	16.90	17.20	17.26	16.00	16.00	14.95	16.86	16.98
三门峡市	Sanmenxia	18.54	18.54	19.33	20.01	20.03	22.34	22.35	22.65	22.71
南阳市	Nanyang	58.97	60.73	62.30	62.08	61.90	61.70	61.49	61.26	62.61
商丘市	Shangqiu	34.18	34.12	34.20	34.20	34.20	34.20	34.86	35.00	35.48
信阳市	Xinyang	38.80	38.80	39.80	40.20	39.71	39.20	39.11	39.17	39.29
周口市	Zhoukou	38.62	38.62	39.00	39.20	38.00	38.50	38.60	38.63	38.10
驻马店市	Zhumadian	26.12	26.29	27.46	27.91	31.80	31.80	31.80	34.03	35.37
济源市	Jiyuan	6.40	7.00	6.83	6.88	6.96	7.10	7.05	6.86	6.85

26-27　各市参加工伤保险人数

Number of People Participated in Work Injury Insurance by City

单位：万人　(10 000 persons)

市	City	2001	2002	2003	2004	2005	2006	2007	2008	2009
郑州市	Zhengzhou	36.46	34.27	32.53	34.60	41.76	44.18	47.30	52.53	55.71
开封市	Kaifeng	16.83	16.48	15.10	18.10	20.20	21.60	22.66	25.10	25.93
洛阳市	Luoyang	27.90	26.70	25.40	25.30	37.08	38.12	41.52	45.72	47.90
平顶山市	Pingdingshan	9.60	9.70	11.00	12.10	16.80	18.66	19.74	21.71	23.09
安阳市	Anyang	19.76	20.33	16.62	18.17	24.60	26.00	28.11	31.39	32.59
鹤壁市	Hebi	7.20	7.20	7.10	9.50	9.52	9.51	6.42	6.67	7.03
新乡市	Xinxiang	18.30	20.30	21.00	22.00	31.70	36.60	36.57	43.21	44.80
焦作市	Jiaozuo	10.56	11.76	9.80	16.10	18.00	19.60	20.96	23.11	24.12
濮阳市	Puyang	8.84	12.86	4.21	4.60	4.10	4.50	11.91	16.89	17.87
许昌市	Xuchang		7.73	7.70	12.01	12.95	13.64	14.98	16.12	16.73
漯河市	Luohe	1.92	2.40	1.78	7.09	9.72	9.70	10.91	13.40	14.15
三门峡市	Sanmenxia	8.64	8.72	8.09	9.11	11.25	12.05	12.55	14.01	14.46
南阳市	Nanyang	21.77	22.00	21.90	20.71	22.50	29.50	28.77	33.19	34.27
商丘市	Shangqiu			0.52	7.00	9.72	12.06	11.36	15.23	16.06
信阳市	Xinyang	1.00	1.30	1.34	6.01	14.60	16.20	16.20	19.34	20.01
周口市	Zhoukou					13.10	14.40	14.44	16.00	17.00
驻马店市	Zhumadian	2.63	2.99	2.89	3.26	11.00	10.40	11.88	14.14	14.60
济源市	Jiyuan	3.96	3.80	1.78	3.01	4.31	4.86	5.21	5.44	5.69

26-28 各市参加生育保险人数
Number of People Participated in Maternity Insurance by City

单位：万人 (10 000 persons)

市	City	2001	2002	2003	2004	2005	2006	2007	2008	2009
郑州市	Zhengzhou			2.57	6.80	13.50	17.25	20.79	28.70	37.98
开封市	Kaifeng	16.51	16.48	15.10	18.60	21.00	19.34	20.02	21.00	22.01
洛阳市	Luoyang			37.20	35.30	34.05	35.02	35.52	40.00	43.68
平顶山市	Pingdingshan	13.50	14.30	14.50	15.20	16.74	16.75	15.46	20.50	22.31
安阳市	Anyang	18.58	17.13	21.18	21.19	20.49	20.00	22.07	23.60	24.73
鹤壁市	Hebi	7.20	7.20	7.10	7.20	7.21	7.20	7.51	8.10	9.02
新乡市	Xinxiang		16.10	17.80	17.80	18.20	19.00	22.74	23.70	24.89
焦作市	Jiaozuo	19.00	16.82	13.74	19.20	18.00	18.60	20.22	22.00	23.30
濮阳市	Puyang	8.84	12.86	4.40	4.60	4.63	4.80	10.51	14.40	17.66
许昌市	Xuchang	6.89	8.10	13.70	15.16	14.01	14.14	15.69	16.10	18.01
漯河市	Luohe	0.06	0.06	0.47	1.81	1.87	1.90	3.45	5.50	8.35
三门峡市	Sanmenxia	8.63	8.64	6.29	6.88	7.55	7.58	8.36	9.60	10.04
南阳市	Nanyang	12.92	14.35	19.50	19.21	18.20	17.20	19.22	23.00	25.30
商丘市	Shangqiu	12.32		0.41	2.50	2.51	3.80	4.43	4.80	6.59
信阳市	Xinyang	1.00	1.30	1.21	2.13	13.40	14.58	12.01	17.30	20.13
周口市	Zhoukou					0.83	0.87	1.90	11.00	16.93
驻马店市	Zhumadian	3.92	4.07	4.57	5.09	14.00	15.00	11.43	17.00	19.11
济源市	Jiyuan			1.49	2.30	2.80	3.01	2.70	3.00	4.07

26-29 福利彩票发行情况
Issue of Welfare Lottery Ticket

单位：万元 (10 000 yuan)

项目	Item	2006	2007	2008	2009
福利彩票销售点(个)	Sale Place of Welfare Lottery Ticket (unit)	3708	4532	5001	6334
福利彩票销售收入	Sale Revenue of Welfare Lottery Ticket	177671	208325	191362	227658
用于兑奖金额	Value of Exchanging Awards	69891	76373	91848	144592

26−30 残疾人事业基本情况

Basic Information of Person with Disabilities

项目	Item	2004	2005	2006	2007	2008	2009
康复	**Rehabilitation**						
视力残疾康复	Rehabilitation of Persons with Sight Disability						
白内障复明手术 (万例)	Sight-restoring Cataract Surgeries (10 000 cases)	5.29	4.83	5.47	6.88	10.01	21.73
#贫困白内障患者免费手术	Free Surgeries for Poor Cataract Patients			0.68	2.91	2.56	8.00
低视力者配用助视器 (人)	Vision-aids Provided for Persons of Low-vision (persons)	2776	2909	3271	2415	1702	1880
盲人定向行走训练数 (人)	Blindman Trained with Direction Walking (persons)			488	790	570	585
聋儿康复	Rehabilitation of Children with Hearing Disability						
年收训聋儿 (人)	Hearing and Speech Training (persons)	2108	1996	1966	2296	1922	1864
聋儿入普幼普小率 (%)	Enrollment Rate of Trained Children to Ordinary Kindergartens and Primary Schools (%)	32.8	33.1	36.0	36.2	35.2	35.6
培训家长 (人)	Parents Trained (person)	2233	1955	1966	2563	1922	1871
精神病防治康复	Prevention and Treatment of Psychiatric Diseases						
开展精神病防治康复工作市县数 (个)	Counties Carried on the Works of Prevention and Treatment of Psychiatric Diseases (unit)	27	27	79	80	81	96
监护率 (%)	Guardianship Rate (%)	92.0	93.0	92.4	84.4	78.0	73.4
显好率 (%)	Significant Improvement Rate (%)	72.8	72.8	70.6	70.2	72.0	66.8
社会参与率 (%)	Social Involvement Rate (%)	62.0	62.0	59.7	56.8	54.0	50.5
肇事率 (%)	Violent Events Rate (%)	0.2	0.2	0.2	0.2	0.1	0.5
孤独症儿童训练数 (人)	Trained Persons with Infantile Autism (person)			158	168	68	85
肢体残疾康复 (人)	Rehabilitation of Persons with Physical Disability (person)						
肢体残疾人社区康复训练数	Persons Rehabilitated at Community	3367	3875	1181	1336	2430	2839
肢体残疾儿童机构康复训练数	Children Rehabilitated at Institutions	1328	1069	387	410	667	674
智力残疾康复 (人)	Rehabilitation of Persons with Intellectual Disability(person)						
智残儿童康复训练数	Children Rehabilitated	1059	786	1612	1658	1895	1669
智残儿童家长培训数	Parents Trained	928	692	1236	775	1481	1384
教育	**Education**						
未入学适龄残疾儿童少年(万人)	School-age Disabled Children without Schooling (10 000 persons)	2.87	2.40	2.29	2.23	2.21	1.99
职业教育与培训机构数 (个)	Vocational Education and Training Facilities (unit)	266	213	262	310	285	322
教育与培训人数 (万人次)	Number of Educated and Trained (10 000 person-times)	5.72	5.47	5.11	6.57	5.71	4.23
就业	**Employment**						
城镇残疾人就业状况 (万人)	Employment of Urban Handicapped (10 000 persons)						
当年安排就业	Persons Employed in the Year	5.36	5.03	4.18	4.13	3.54	3.75
#按比例就业	Employed by Quota Scheme	0.51	0.49	0.70	0.51	0.63	0.76
集中就业	Employed at Welfare Enterprises	1.89	1.77	1.45	1.47	1.38	1.36
个体及其他形式就业	Self-employed and Others	2.96	2.77	2.03	2.15	1.53	1.63
未安排就业	Unemployed	33.28	28.26	11.47	10.90	10.49	9.82
农村残疾人就业状况 (万人)	Employment of Rural Handicapped (10 000 persons)						
就业	Employed	155	164	127	135	152	163
未就业	Unemployed	35	49	43	50	50	49
残疾人就业服务机构 (个)	Employment Service Institutions for Handicapped (unit)						
省	Provinces	1	1	1	1	1	1
市 (含地级市、县级市)	Cities (inc. Cities at County Level)	38	38	38	38	34	32
县	County	89	87	88	88	76	82
市辖区	Districts under the Jurisdiction of Cities	48	50	50	55	44	41
盲人按摩	**Massage by Persons with Visual Disability**						
保健按摩人员培训 (人)	Massage Therapists Training (person)	320	300	416	400	420	400
医疗按摩人员培训 (人)	Keep-fit Massager Training (person)	143	140	489	729	584	296
扶贫	**Poverty Alleviation**						
扶贫开发解决温饱残疾人 (万人)	Disabled Persons Overcoming Poverty Through Government's Poverty Reduction Program (10 000 persons)	12.90	15.20	11.39	14.81	12.62	17.41
当地低收入残疾人 (万人)	Disabled Persons at the Local Low-income Level(10 000 persons)			57.22	55.64	56.77	67.66
残联组织建设	**Organization of the Disabled Persons' Federation**						
残疾人工作者数 (万人)	Workers Working for the Disabled (10 000 persons)	0.61	0.60	0.67	0.74	0.70	0.75

主要统计指标解释

医院 指设有固定床位，能收容病人住院并能为病人提供医疗、护理服务的医疗机构，包括县及县以上医院、农村乡卫生院和其他医院三部分。医院按所属性质不同分为卫生部门、工业及其他部门和集体经济单位三类。县及县以上医院按业务性质不同分为综合医院和专科医院。

卫生技术人员 指卫生事业机构支付工资的全部职工中现任职务为卫生技术工作的专业人员，包括中医师、西医师、中西医结合高级医师、护师、中药师、西药师、检验师、其他技师、中医士、西医士、护士、助产士、中药剂士、西药剂士、检验士、其他技士、其他中医、护理员、中药剂员、西药剂员、检验员和其他初级卫生技术人员。

医生、护士 执业医师、执业助理医师与注册护士

社会福利事业单位 指集中收养社会孤老、残、幼的机构，包括由民政部门管理的社会福利院、儿童福利院、精神病人福利院和城镇集体举办的福利院及农村集体举办的敬老院。

社会福利事业单位收养人数 包括民政部门管理和城镇、农村集体举办的社会福利事业单位中收养的老人、少年儿童、缺乏生活自理能力的残疾人员和精神病人。

社会福利企业单位 指以安置城镇有一定劳动能力的盲、聋、哑和肢体残疾人员就业为目的，享受国家减免税待遇的国有或集体企业。包括福利工厂、福利商业和服务业、假肢厂和安置农场等单位。

基本养老保险

1.（参保）职工人数：指报告期末按照国家法律、法规和有关政策规定参加基本养老保险并在社保经办机构已建立缴费记录档案的职工人数，包括中断缴费但未终止养老保险关系的职工人数，不包括只登记未建立缴费记录档案的人数。

2. 基本养老保险基金收入：指根据国家有关规定，由纳入基本养老保险范围的缴费单位和个人按国家规定的缴费基数和缴费比例缴纳的养老保险基金，以及通过其他方式取得的形成基金来源的收入。包括单位和职工个人缴纳的基本养老保险费、基本养老保险基金利息收入、上级补助收入、下级上解收入、转移收入、财政补贴和其他收入。

3.基本养老保险基金支出：指按照国家政策规定的开支范围和开支标准从养老保险基金中支付给参加基本养老保险的离休、通休、退职人员个人的养老金、丧葬抚恤补助，以及由于保险关系转移、上下级之间调剂资金等原因而发生的支出。包括离休金、退休金、退职金、各种补贴、医疗费、死亡丧葬补助费、抚恤救济费、社会保险经办机构管理费、补助下级支出、上解上级支出、转移支出、其他支出等。

4.基本养老保险基金累计结余：指截止报告期末基本养老保险基金收支相抵后的累计余额。

基本医疗保险

1.参保人数：指报告期末按国家有关规定参加基本医疗保险的人数。包括参加保险的职工人数和退休人员人数。

2.基金收入：指根据国家有关规定，由纳入基本医疗保险范围的缴费单位和个人，按国家规定的缴费基数和缴费比例缴纳的基金，以及通过其他方式取得的形成基金来源的款项，包括：单位缴纳的社会统筹基金收入、个人缴纳的个人账户基金收入、财政补贴收入、利息收入、其他收入。

3.基金支出：指按照国家政策规定的开支范围和开支标准从社会统筹基金中支付给参加基本医疗保险的职工和退休人员的医疗保险待遇支出，和从个人帐户基金中支付给参加基本医疗保险的职工和退休人员的医疗费用支出，以及其他支出。包括：住院医疗费用支出、门急诊医疗费用支出、个人账户基金支出、其他支出。

4.基金累计结余：指截止报告期末基本医疗保险的社会统筹和个人帐户基金累计结余金额。包括银行存款、财政专户、债券投资和其他。

失业保险

1.参保人数：指报告期末按照国家法律、法规和有关政策规定参加了失业保险的城镇企业事业单位的职工及地方政府规

定参加失业保险的其他人员的人数。

2.失业保险基金收入：指按照规定从企业、事业及其他单位筹集的失业保险费及其他并入失业保险基金收入的总额。包括单位和个人缴纳的失业保险费、失业保险基金利息收入、上级补助收入、下级上解收入、转移收入、财政补贴和其他收入。

3.失业保险基金支出：指报告期内为保障失业人员和下岗职工基本生活、促进其再就业等支出的基金总额。包括失业救济金、医疗费、死亡丧葬补助费、抚恤救济费、转业训练费支出、失业保险经办机构管理费、补助下级支出、上解上级支出、转移支出和其他支出。

4.基金累计结余：指截止报告期末失业保险基金收支相抵后的累计余额。

参加工伤保险人数：指报告期末依据国家有关规定参加工伤保险的职工人数。

参加生育保险人数：指报告期末依据有关规定参加生育保险的职工人数。

居民最低生活保障人数：指报告期末在建立居民最低生活保障制度的地区，得到当地政府给予最低生活保障的人口数。城镇低保人数指在城镇建立居民最低生活保障制度的地区，得到当地政府给予最低生活保障的非农业人口数，包括“三无”对象和新增对象；农村低保人数指在建立农村居民最低生活保障制度的地区，得到当地政府给予最低生活保障的农业人口数。

Explanatory Notes on Main Statistical Indicators

Hospitals refer to medical institutions with permanent hospital beds, which are able to take in patients and provide them with medical and nursing services. Hospitals are classified into three categories: hospitals at or above the county level, hospitals of rural townships, and other hospitals. According to their ownership, hospitals can be classified into three categories: hospitals under the public health departments, hospitals under industrial and other departments and collective-owned hospitals. Hospitals at or above county level are divided into comprehensive and specialized hospitals.

Medical Technical Personnel refers to all medical staff and workers employed by medical institutions, including doctors of Chinese and Western medicine, senior doctors who integrate traditional Chinese therapeutics with Western therapeutics in practice, senior nurses, pharmacists of Chinese and Western medicine, laboratory specialists, other specialists, paramedics of Chinese and Western medicine, nurses, midwives, druggists in Chinese and Western medicine, laboratory technicians, other technicians, other practitioners of Chinese medicine, nursing attendants, pharmacological workers of Chinese and Western medicine, laboratory workers, and other primary medical personnel.

Doctors and Junior Nurses is registered doctors, deputy doctors and junior nurses.

Social Welfare Institutions refer to institutions taking care of old people without children, handicapped people and orphans. They include social welfare institutions run by civil affairs departments, children welfare institutions, social welfare institutions for mental patients, and collective-owned old peoples homes in rural areas.

Number of People Taken in by Social Welfare Institutions refers to the number of old people, children, totally dependent handicapped people and mental patients taken in by social welfare institutions run by civil affairs departments and those run by collective units in urban and rural areas.

Social Welfare Enterprises are collective owned enterprises which employ the blind, deaf-mute, and other handicapped people who are able to work in cities and towns and enjoy exemption from state taxes, including welfare plants, welfare commercial services, artificial limb plants and farms, etc.

Basic Pension Insurance 1.Number of people participated in the insurance programme: by the end of reference period, number of staff and workers participated in the insurance programme in line with national laws, regulations and related policies, who have already had payment records in social security management agencies, including those who interrupt payment but not terminate the insurance programme. Those who have no records are not included.

2. Revenue of pension insurance refer to payments made by units and individuals covered in pension insurance programs, and income from other resources according to national provision, including the premium paid by units and staff and works, interest income, subsidies from higher level agencies, income as transfer from subordinate agencies, transferred income, financial subsidies and other income.

3. Expenses of pension insurance refer to payment made to those retired and resigned people covered in pension insurance program in terms of pension or compensation within the expenditure scope and standards according to related national policies, and expenditure occurred due to shift of the insurance relationship or adjustment funds among agencies, including: pension for resigned people, pension for retired people, pension for people quitting jobs, various subsidies, medical fees, funeral subsidies, pension and alms, management fees for social security agencies, expenses on subsidies to lower subordinates, expenses as transfer to subordinate agencies, transferred expenditure and other expenditure.

4.Balance of basic pension insurance: refer to the balance of basic pension insurance at the end of the reference period after

deducting expenses from revenue.

Basic Medical Care Insurance: 1.Number of people participated in the insurance programme: refer to number of people participated in the basic medical care insurance programme according to related regulation by the end of reference period, including: number of staff and workers and retired persons participated in this insurance programme.

2.Revenue of basic medical care insurance: according to national provision, payments made by units and individuals covered in basic medical care insurance programme, and income from other resources, including: income of social comprehensive funds paid by unites, income from individual accounts, financial subsidies, interest income and others.

3.Expenses of basic medical care insurance: refer to payment made to those retired and resigned people covered in basic medical care insurance within the expenses scope and standards according to related national policies, and medical care payment from individual accounts and others. Including: expenses on fee-for-service in hospital, expenses on fee-for-service in clinic, payment from individual accounts and other expenditure.

4. Balance of basic medical care insurance: refer to the balance of medical care insurance of social comprehensive funds and individual accounts at the end of the reference period, including: bank savings, special fiscal account, investment in bonds and others.

Unemployment Insurance 1.Number of people participated in unemployment insurance programme: number of staff and workers in urban enterprises or institutions and other people according to local government regulations participated in unemployment insurance programme in line with national laws, regulations and related policies by the end of the reference period.

2.Revenue of unemployment insurance: refer to payments made by units and individuals covered in unemployment insurance programme, interest income, subsidies income from higher level agencies, income as transfer from subordinate agencies, transferred income, financial subsidies and other income.

3.Expenses of unemployment insurance: refer to dole, medical fees, funeral subsidies, pension and alms, expenses on training of veteran, management fees for unemployment insurance agencies, subsidies to lower level, expenses as transfer to subordinate agencies, transferred expenditure and other expenditure.

4.Balance of unemployment insurance: refer to the balance of unemployment revenue deducting unemployment expenses.

Number of people participated in work injury insurance number of staff and workers participated in work injury insurance programme in line with national laws, regulations and related policies.

Number of people participated in maternity insurance programme number of staff and workers participated in work maternity insurance programme in line with national laws, regulations and related policies.

Number of people participated in minimum subsistence programme Number of people receive the minimum subsistence from local government. Number of people participated in minimum subsistence in Urban area, refers to people in urban area receive the minimum subsistence from government of urban area, include newly increase and people who haven't sources of livelihood, without the ability to work, and haven't Statutory maintenance person. And Number of people participated in minimum subsistence in rural area, refers to people in rural area receive the minimum subsistence from government of rural area

文化、体育和娱乐业

Culture, Sports and Entertainment

● 资料整理：刘秋香 赵 霞 李兰光

简要说明

一、主要内容

本篇包括文化、体育和娱乐业企业、行政事业单位、社会团体及其他法人单位的单位数、从业人数、主要财务指标以及文化、文物机构、档案、广播、电视、新闻出版等方面的社会活动情况。

二、资料来源

27-1至27-5表由省统计局组织各部门和各地区统计调查。2008年为全省第二次经济普查数据。由省地方经济社会调查队服务业调查处整理提供。

文化机构人员，艺术表演团体，艺术表演场馆，公共图书馆，博物馆，群众艺术馆，文化馆等资料由河南省文化厅提供；档案资料由省档案局提供；文物机构资料由省文物局提供；广播、电视资料由省广电厅提供；新闻出版资料由省新闻出版局提供；体育资料由省体育局提供。由省统计局社会与科技处编辑整理。

Brief Introduction

I. Main Contents

Data in this chapter mainly reflect unit, employment, and main financial indicators of Culture, sports and entertainment enterprises, Administrative institution, social organizations and others. the situations on institutions, archives; broadcasting; television; news and publication.

II. Sources of Data

Data from table 27-1 to 27-5 are calculated from Statistical investigation by Henan provincial bureau of statistics. Data of 2008 year are calculated from The second economic census, which are provided by Henan provincial survey organizations of social and economy.

Data on the number of the staff and workers in cultural situations, art performing groups and performance venues, public libraries, museums, art venues, cultural venues are calculated from Henan provincial bureau of culture; data on archives are calculated from Henan provincial bureau of archives; data on cultural relics situations are calculated from Henan provincial bureau of cultural relics; data on broadcasting and TV are calculated from Henan provincial bureau of broadcasting and TV; data on news and publication are calculated from Henan provincial bureau of news publication. Data on this chapter are provided by Department of social and scientific and technological of Henan provincial bureau of statistics.

27-1 法人单位数

Number of Institutional Unit

单位：个 (unit)

指标	Item	2008	2009
合计	**Total**	**3346**	**3401**
企业	Enterprise	1094	1146
行政事业	Administrative institution	1746	1740
社会团体及其他	Social organizations and others	506	515

27-2 法人单位从业人员数

Number of Employed Persons in Institutional Unit

单位：万人 (10 000 persons)

指标	Item	2008	2009
合计	**Total**	**9.52**	**9.91**
企业	Enterprise	3.55	3.61
行政事业	Administrative institution	5.04	5.36
社会团体及其他	Social organizations and others	0.93	0.94

27-3 分行业法人单位财务指标

Main Financial Indicators of Institutional Unit by Sector

单位：万元 (10 000 yuan)

指标	Item	2008					
		文化体育和娱乐业 Culture, sports and Entertainment	新闻出版业 Journalism and publishing	广播、电影电视和音像业 Broadcasting movies television and Audiovisual	文化艺术业 Culture and art	体育 Sports	娱乐业 Entertainment
单位数(个)	Number of units (unit)	3346	150	518	1907	189	582
从业人数(万人)	Employed Persons (10 000 Persons)	9.52	1.87	2.40	3.76	0.36	1.13
固定资产原价	Fixed Asset Price	1088194	182660	317167	315969	77859	194540
收入合计	Total Income	875264	281765	247480	186765	30108	129145
成本费用合计	Total Cost	635777	172797	204533	165083	24739	68625
工资和福利费	Salary and Welfare	206786	52972	59664	67059	9318	17774
税费合计	Tax	60900	13058	37672	3761	357	6051
营业利润	Operating Profit	91817	35648	12919	10320	1202	31728

指标	Item	2009					
		文化体育和娱乐业 Culture, sports and Entertainment	新闻出版业 Journalism and publishing	广播、电影电视和音像业 Broadcasting movies television and Audiovisual	文化艺术业 Culture and art	体育 Sports	娱乐业 Entertainment
单位数(个)	Number of units (unit)	3401	153	529	1920	193	606
从业人数(万人)	Employed Persons (10 000 Persons)	9.91	1.86	2.72	3.82	0.37	1.14
固定资产原价	Fixed Asset Price	1140479	214548	335300	329680	69895	191055
收入合计	Total Income	926726	289688	278585	208170	32787	117497
成本费用合计	Total Cost	695843	181052	222238	185880	28730	77943
工资和福利费	Salary and Welfare	215710	60177	61405	65453	11489	17185
税费合计	Tax	41202	15701	15430	3307	1199	5566
营业利润	Operating Profit	79810	29881	14398	15076	2692	17764

27-4 各市法人单位财务指标(2008年)

Main Financial Indicators of Institutional Unit by City(2008)

单位：万元 (10 000 yuan)

市 City	单位数(个) Number of units (unit)	从业人数(万人) Employed Persons (10 000 Persons)	固定资产原价 Fixed Asset Price	收入合计 Total Income
全 省 Total	**3346**	**9.52**	**1088194**	**875264**
郑州市 Zhengzhou	487	2.92	504118	514741
开封市 Kaifeng	188	0.59	66343	49004
洛阳市 Luoyang	273	0.70	83598	65559
平顶山市 Pingdingshan	286	0.68	42045	24698
安阳市 Anyang	162	0.34	45606	26099
鹤壁市 Hebi	36	0.11	6605	4453
新乡市 Xinxiang	106	0.35	26377	14764
焦作市 Jiaozuo	137	0.33	35679	16155
濮阳市 Puyang	106	0.25	13801	10411
许昌市 Xuchang	239	0.57	33106	23525
漯河市 Luohe	55	0.15	18815	9041
三门峡市 Sanmenxia	143	0.22	41688	14209
南阳市 Nanyang	375	0.65	39612	22660
商丘市 Shangqiu	109	0.30	14097	7678
信阳市 Xinyang	208	0.40	31015	24870
周口市 Zhoukou	122	0.33	14720	10793
驻马店市 Zhumadian	286	0.57	42825	29331
济源市 Jiyuan	28	0.06	28145	7273

市 City	成本费用合计 Total Expenses	工资和福利费 Salary and Welfare	税费合计 Tax and Expenses	营业利润 Operating Profit
全 省 Total	**635777**	**206786**	**60900**	**91817**
郑州市 Zhengzhou	375527	92210	47216	41349
开封市 Kaifeng	32825	16444	2547	10878
洛阳市 Luoyang	45935	17948	2421	6800
平顶山市 Pingdingshan	17388	7269	1595	4865
安阳市 Anyang	17349	6734	1011	2325
鹤壁市 Hebi	4053	1922	56	15
新乡市 Xinxiang	12431	5558	840	1533
焦作市 Jiaozuo	11321	5747	371	-559
濮阳市 Puyang	9608	3350	152	1650
许昌市 Xuchang	16293	6613	1423	4515
漯河市 Luohe	6628	2118	278	1455
三门峡市 Sanmenxia	12113	4969	199	1952
南阳市 Nanyang	18607	10796	548	3050
商丘市 Shangqiu	5741	3414	33	463
信阳市 Xinyang	16864	6974	870	5101
周口市 Zhoukou	8444	4667	301	1301
驻马店市 Zhumadian	21484	8713	972	5031
济源市 Jiyuan	3170	1341	67	92

27-5 各市法人单位财务指标(2009年)

Main Financial Indicators of Institutional Unit by City(2009)

单位：万元 (10 000 yuan)

市 City	单位数(个) Number of units (unit)	从业人数(万人) Employed Persons (10 000 Persons)	固定资产原价 Fixed Asset Price	收入合计 Total Income
全 省 Total	**3401**	**9.91**	**1140479**	**926726**
郑 州 市 Zhengzhou	494	3.02	516255	526579
开 封 市 Kaifeng	191	0.58	68798	52087
洛 阳 市 Luoyang	275	0.79	98700	69172
平 顶 山 市 Pingdingshan	293	0.65	45508	33461
安 阳 市 Anyang	167	0.35	45324	28526
鹤 壁 市 Hebi	37	0.12	8719	5494
新 乡 市 Xinxiang	112	0.33	30229	17341
焦 作 市 Jiaozuo	138	0.32	38091	17860
濮 阳 市 Puyang	106	0.26	15133	10966
许 昌 市 Xuchang	243	0.82	35103	24735
漯 河 市 Luohe	56	0.16	12154	8589
三 门 峡 市 Sanmenxia	146	0.22	36755	12460
南 阳 市 Nanyang	385	0.64	48732	28838
商 丘 市 Shangqiu	111	0.29	16264	9284
信 阳 市 Xinyang	207	0.37	33023	27277
周 口 市 Zhoukou	126	0.34	18203	16828
驻 马 店 市 Zhumadian	286	0.58	46747	31926
济 源 市 Jiyuan	28	0.06	26743	5304

市 City	成本费用合计 Total Expenses	工资和福利费 Salary and Welfare	税费合计 Tax and Expenses	营业利润 Operating Profit
全 省 Total	**695843**	**215710**	**41202**	**79810**
郑 州 市 Zhengzhou	395845	99564	25651	20024
开 封 市 Kaifeng	37268	15297	2128	9891
洛 阳 市 Luoyang	45662	17975	3023	7020
平 顶 山 市 Pingdingshan	22213	8200	1448	3484
安 阳 市 Anyang	20256	6977	1213	5728
鹤 壁 市 Hebi	4772	1740	90	36
新 乡 市 Xinxiang	14020	5808	721	3124
焦 作 市 Jiaozuo	14009	5454	563	2118
濮 阳 市 Puyang	10044	3629	127	808
许 昌 市 Xuchang	17918	6884	1354	4720
漯 河 市 Luohe	6953	2240	363	1261
三 门 峡 市 Sanmenxia	11145	4480	160	1451
南 阳 市 Nanyang	24122	11243	594	4110
商 丘 市 Shangqiu	7941	3393	93	1627
信 阳 市 Xinyang	19758	6960	1025	4477
周 口 市 Zhoukou	14349	5342	439	4104
驻 马 店 市 Zhumadian	26064	9194	1392	4913
济 源 市 Jiyuan	3505	1331	821	915

27–6 历年文化事业基本情况

Basic Statistics of Cultural Activities over the Years

年份 Year	艺术表演团体(个) Art Performance Troupes (unit)	文化馆(个) Cultural Centers (unit)	公共图书馆(个) Public Libraries (unit)	博物馆(个) Museums (unit)	图书出版数(万册) Number of Books Published (10 000 copies)	杂志出版数(万册) Number of Magazines Published (10 000 copies)	报纸出版数(万份) Number of Newspapers Published (10 000 copies)	广播人口覆盖率(%) Listener Rating (%)	电视人口覆盖率(%) Viewer Rating (%)
1978	250	150	36	11	18169			82.0	35.0
1979	274	200	68	11	22573	1325	27710	82.0	35.0
1980	280	212	70	11	21672	1368	28849	82.0	47.0
1981	273	210	70	13	28551	1516	28858	82.0	51.0
1982	273	212	76	13	27648	3350	28868	82.0	59.0
1983	277	212	79	16	27171	4654	39496	82.0	56.0
1984	271	212	95	32	30735	8044	61642	82.0	73.0
1985	264	210	118	38	30409	10341	87875	82.0	75.0
1986	258	210	122	39	29718	10522	52630	82.0	75.0
1987	253	208	119	39	34372	9486	82517	88.0	76.0
1988	244	205	122	42	36586	13245	79795	88.0	77.0
1989	238	203	125	52	31880	8307	70008	88.0	79.0
1990	231	203	127	53	29373	8460	79742	88.0	80.0
1991	230	202	129	59	35299	10100	90283	89.0	81.0
1992	228	200	128	59	31650	11253	101479	89.0	81.0
1993	220	200	131	61	30804	10490	91800	89.0	81.0
1994	216	201	132	63	34908	8795	84287	89.0	81.0
1995	216	201	132	66	36802	10501	89642	89.0	81.0
1996	214	198	132	66	37918	9618	97065	92.0	85.0
1997	208	198	132	67	39489	10216	94416	93.2	87.5
1998	206	195	132	68	42487	10643	110111	93.2	88.0
1999	206	193	133	70	40668	10937	121602	93.0	90.0
2000	205	191	134	70	35077	10721	129104	94.0	93.0
2001	204	188	135	73	32494	10548	133189	94.5	94.0
2002	202	187	134	75	33819	12678	156095	94.5	95.0
2003	199	187	136	75	32155	11849	150889	95.5	95.0
2004	228	189	136	76	29074	9738	168661	96.0	96.0
2005	199	186	136	78	27260	9323	197896	96.4	96.2
2006	199	183	136	79	24755	8828	201574	96.5	96.4
2007	199	183	138	82	22605	8425	209779	96.9	96.9
2008	200	183	142	95	23457	8980	215739	97.1	97.1
2009	200	184	142	103	19748	8781	215368	97.2	97.3

27-7 文化机构和人员数(2009年)

Number of Institutions and Employed persons (2009)

机构类别	Category of Institution	机构数(个) Number of Institutions (unit)	从业人员(人) Number of Employed Persons (person)
事业机构合计	**Total of Affiliated institutions**	**3591**	**42681**
文化艺术服务	Culture and Art service	3219	35302
文艺创作与表演	Creation and Performance of Literary and Artistic	201	10165
艺术表演场馆	Arts Performance Places	148	4133
文物及文化保护	Historical Relics Preservation	138	3597
博物馆、纪念馆	Museums and Memorial	103	3827
图书馆	Library	142	2756
群众文化活动	Mass Culture	2466	10643
社会人文科学研究	Social and human science research		
文化社会团体	Cultural and Social Groups		
其他文化艺术	Others	21	181
艺术教育	Article Education	16	1037
文化、文物主管部门	Agencies of Culture and Hisrorical Relics Preservation	193	4003
文化文物执法机构	Law Enforcement Agencies of Culture and Hisrorical Relics Preservation	136	1859
其他	Others	27	480
企业机构合计	**Total of Enterprises**	**9733**	**60274**
文化艺术服务	Culture and Art service	227	6775
#文艺创作与表演	Creation and Performance of Literary and Artistic	213	6503
艺术表演场馆	Arts Performance Places	14	272
其他文化艺术	Others		
网络文化服务	Internet Culture Serbices	2	10
文化休闲娱乐服务	Recreation and cultural services	9087	50399
#娱乐场所	Entertainment	1490	15721
其他计算机服务(网吧)	Others Compture Services	7597	34678
其他文化服务	Others Culture Services	25	546
#文化艺术经纪代理	Deputy Culture and Art	25	546
艺术品、收藏品拍卖	Art, collectibles auction		
动漫企业服务	Animation enterprise service	20	995
文化用品、设备及相关文化产品的生产与销售	Production and Sales of Stationery, equipment and related cultural products	5	129
#文物商店	Historical Relics Store	5	129
其他	Others	367	1420

27-8 公共图书馆、博物馆、文物机构基本情况

Basic Statistics on Public Libraries、Museums and Cultural Relic Agencies

指标名称	Index	2008	2009
公共图书馆(个)	**Public Libraries (unit)**	**142**	**142**
总藏量（万份)	Total Collections (10 000 volumes)	1632.6	1724.5
#图书	Books	1365.4	1414.2
报刊	Newspapers and periodicals	237.0	242.3
图书流动情况	Circulation of Books		
外借人次（万人次)	Number of Books Borrowed by the Readers(10 000person-times)	478.6	589.2
外借(万册次)	Number of Books Borrowed (10 000volume-times)	734.3	952.3
为读者服务举办各种活动次数(次)	Service Activities Provided for Readers(times)	1468	2193
参加人数(万人次)	Number of Readers Involved (10 000 person-times)	55.2	63.2
本年收入(万元)	Income of this Year (10 000yuan)	14976.1	12966.8
本年支出(万元)	Expenditures of this Year (10 000yuan)	14639.1	12673.6
本年新购图书(万册)	Number of Books Purchased During the Year(10 000 volumes)	59.6	68.9
公共用房建筑面积(万平方米)	Floor Space of Public Buildings(10 000 sq.m)	29.6	31.8
#书库	Stack Rooms	8.1	8.9
阅览室座席(万个)	Seating Capacity of Reading Rooms(10 000 seats)	2.1	2.4
博物馆(个)	**Museums (unit)**	**95**	**103**
藏品(件)	Number of Collections(piece)	660554	680274
#一级品	Grade One	1781	1788
业务活动	Operations		
展览(个)	Exhibitions(unit)	421	506
参观人数(万人次)	Number of Visitors(10 000 person-times)	1183	1509
本年收入(万元)	Income of this Year (10 000yuan)	22307	31465
#门票收入	Income from Tickets	6347	4870
本年支出(万元)	Expenditures of this Year (10 000yuan)	21400	25591
文物机构(个)	**Cultural Relic Agencies(unit)**	**143**	**138**
藏品(件)	Number of Collections(piece)	535873	547706
#一级品	Grade One	593	742
参观人数(万人次)	Number of Visitors(10 000 person-times)	674	601
本年收入(万元)	Income of this Year (10 000yuan)	30595	28737
#门票收入	Income from Tickets	10458	15245
本年支出(万元)	Expenditures of this Year (10 000yuan)	27797	25949

27-9 分市图书馆情况

Basic Statistics on Public Libraries by City

市地 City	2008 公共图书馆（个）Public Libraries (unit)	2008 公共图书馆藏书量（万册）Number of Collections in public libraries (10 000 volume)	2009 公共图书馆（个）Public Libraries (unit)	2009 公共图书馆藏书量（万册）Number of Collections in public libraries (10 000 volume)
合　计 Total	**142**	**1633**	**142**	**1725**
省　直 Directly under the provincial government	1	297	1	301
郑州市 Zhengzhou	12	214	12	224
开封市 Kaifeng	6	77	6	78
洛阳市 Luoyang	11	127	11	132
平顶山市 Pingdingshan	8	64	8	80
安阳市 Anyang	7	84	7	101
鹤壁市 Hebi	3	37	3	38
新乡市 Xinxiang	11	99	11	101
焦作市 Jiaozuo	7	66	7	69
濮阳市 Puyang	6	42	6	44
许昌市 Xuchang	6	61	6	64
漯河市 Luohe	4	38	4	39
三门峡市 Sanmenxia	6	66	6	68
南阳市 Nanyang	13	136	13	140
商丘市 Shangqiu	9	55	9	56
信阳市 Xinyang	11	54	11	58
周口市 Zhoukou	10	43	10	43
驻马店市 Zhumadian	10	58	10	59
济源市 Jiyuan	1	14	1	30

27-10 群众艺术馆、文化馆(站)基本情况(2009年)

Basic Statistics of Mass Art Centers and Culture Centers (station)(2009)

项目	Item	合计 Total	群众艺术馆 Mass Art Centers	文化馆 Culture Centers	文化站 Cultural station
单位数(个)	Number of Units (unit)	2466	18	184	2264
举办展览(个)	Number of Holding Exhibitions (unit)	6915	136	941	5838
组织文艺活动次数(次)	Art Performances and Story-Telling Sessions(times)	34261	725	5212	28324
举办培训班(班次)	Training Courses(times)	10677	414	1560	8703
结业人员（万人次)	Number of Persons Completing Courses(10 000 person-times)	87.3	3.0	10.2	74.1
馆办文艺团体(户)	Troups Sponsored by Centers(household)	376	141	235	
馆办老年大学(个)	Older university by Centers(unit)	29	3	26	
群众业余文艺团体(队)（个)	Part-time Art Groups(unit)	19512	3078	3775	12659
本年收入(万元)	Income of this Year (10 000yuan)	28177	4450	11002	12725
本年支出(万元)	Enpenditures of this Year (10 000yuan)	27499	4839	10758	11902

27-11 国家综合档案馆基本情况(2009年底)

Basic Statistics on the National comprehensive Archives (End of 2009)

分类	Item	机构数(个) Number of Institutions (unit)	馆藏档案(卷) Archives Stored (volume)	开放档案(卷) Opening Archives (volume)	利用档案(卷次) Number of Archives Used (volume-time)	馆藏资料(册) Number of Material Stored (volume)	库房面积(平方米) Areas of Storerooms (sq.m)
总计	**Total**	**177**	**7891953**	**1814658**	**385301**	**2481759**	**230419**
省级	Province Level	1	356408	164719	7159	69805	13822
市级	City Level	18	1650997	177648	59048	602972	57499
县级	County Level	158	5884548	1472291	319094	1808982	159098

27-12 艺术表演团体基本情况(2009年)

项 目	Item	剧团数 (个) Number of Performance Troupes (unit)	从业人员 (人) Number of Employed Persons (person)
文化事业合计	**Total of Affiliated institutions**	**200**	**10116**
按登记注册类型分	Grouped by Registration Status		
国有剧团	Troupes Sponsored by State-owned Units	183	9278
集体剧团	Troupes Sponsored by Collective Units	17	838
按剧种分	Grouped by Art Troupes		
话剧、儿童剧、滑稽剧团	Drama, Children's Play and Comedy Troupes	1	70
歌舞团、轻音乐团	Song and Dance, Light Music Troupes	9	784
文工团、文宣队	Cultural and Performance Troupes	2	59
戏曲剧团	Local Opera Troupes	169	8302
曲、杂、木、皮团	Recitation and Ballad Troupes, Acrobatics and Circus Troupes, Puppet Show Troupes and Shadow Play Troupes	18	870
综合性艺术表演团体	Comprehensive Art Performing Troupes	1	31
文化企业合计	**Total of Enterprises**	**213**	**6503**
按登记注册类型分	Grouped by Registration Status		
国有剧团	Troupes Sponsored by State-owned Units	5	219
集体剧团	Troupes Sponsored by Collective Units	13	510
其他	Others	195	5774
按剧种分	Grouped by Art Troupes		
话剧、儿童剧、滑稽剧团	Drama, Children's Play and Comedy Troupes	1	10
歌剧、舞剧、歌舞剧团	Opera, dance, song and dance ensemble	1	30
歌舞团、轻音乐团	Song and Dance, Light Music Troupes	130	3998
乐团、合唱团	Music Troupes and Choir		
文工团、文宣队	Cultural and Performance Troupes		
戏曲剧团	Local Opera Troupes	15	547
曲、杂、木、皮团	Recitation and Ballad Troupes, Acrobatics and Circus Troupes, Puppet Show Troupes and Shadow Play Troupes	47	1465
综合性艺术表演团体	Comprehensive Art Performing Troupes	19	453

Basic Statistics of Arts Performance Troupes (2009)

演出场次 (千场次) Number of Performances (thousand times)	#到农村演出 Shows in Rural Areas	观众人数 (万人次) Number of Spectators (10 000 person-times)	总收入 (万元) Total Income (10 000 yuan)	#演出收入 Income from Performance
42.74	**36.14**	**6037.6**	**28654.4**	**7684.2**
39.60	33.90	5753.7	28269.1	7455.2
3.14	2.24	283.9	385.3	229.0
0.14		11.4	538.4	122.4
1.30	0.50	174.1	6292.5	1566.6
0.19	0.19	20.0	13.1	12.6
37.10	34.23	5565.3	20243.4	5628.0
3.92	1.15	261.3	1521.0	337.6
0.09	0.08	5.5	46.0	17.0
74.68	**32.17**	**2068.5**	**30285.6**	**10249.6**
1.06	0.84	166.0	373.8	137.8
1.34	0.44	92.0	229.8	229.8
72.28	30.89	1810.5	29682.0	9882.0
0.18	0.05	10.0	20.0	20.0
0.25	0.05	15.0	65.0	65.0
56.97	22.43	879.4	25403.0	6315.0
2.77	2.06	286.1	598.8	371.8
12.71	6.85	703.0	2306.8	1696.8
1.80	0.73	175.0	1892.0	1781.0

27-13 艺术表演场馆基本情况(2009年)

项　目	Item	机构数 (个) Number of Performance Troupes (unit)	从业人员 (人) Number of Employed Persons (person)	坐席数 (个) Number of Seats (unit)
文化事业合计	**Total**	**147**	**4091**	**104912**
按登记注册类型分	Grouped by Registration Status			
国有	Sponsored by State-owned Units	140	3811	101384
其他	Others	7	280	3528
按机构类型分	Grouped by Type			
剧场	Theaters	47	1070	31705
影剧院	Showplaces	98	2857	70327
杂技、马戏场	Acrobatics, circus	1	4	
综合性	General Performing Theates	1	160	2880
文化企业合计	**Total**	**15**	**314**	**36874**
按登记注册类型分	Grouped by Registration Status			
国有	Sponsored by State-owned Units	7	175	13260
其他	Others	8	139	23614
按机构类型分	Grouped by Type			
剧场	Theaters	4	111	3900
影剧院	Showplaces	6	133	7374
书场、曲艺场	Popular Tales and Storytelling Venues	2	10	20000
综合性	General Performing Theates	1	50	5200
其他艺术表演场馆	Others	2	10	400

Basic Statistics of Arts Centers (2009)

演(映)出场次合计 (千场次) Number of Performances (thousand times)	#艺术 演出 Art Perfor- mance	观众人次合计(万人次) Number of Audiences (10 000 person- times)	#艺术 演出 Art Perfor- mance	总收入 (万元) Total Income (10 000 yuan)
24.03	**2.27**	**392**	**195**	**7869.0**
18.80	2.27	382	195	7582.7
5.23		10		286.3
1.51	0.57	84	48	1432.8
22.38	1.57	291	135	3409.5
0.01				4.0
0.13	0.13	18	12	3022.7
2.00	**1.00**	**98**	**57**	**726.4**
		30	15	240.4
2.00	1.00	68	42	486.0
1.00		52	30	391.0
1.00		30	12	305.4
	1.00	11	11	0.0
		5	4	0.0
		1		30.0

27-14 主要年份文物保护维修情况

Preservation and Maintain of Historical Relics in Main Years

指　标	Indicators	2008	2009
保护维修项目数（个）	Items of Preservation and Maintaining (item)	95	96
#国家级	National	43	36
市　级	Municipal	9	7
维修面积（万平方米）	Areas of Maintaining (10 000 sq.m.)	11.00	6.60
项目总预算（万元）	Aggregate Budget of Items (10 000 yuan)	161 091	204 416
#专项补助	Special Assistance	17 448	30 249
已拨入专项补助（万元）	Special Assiatance Appropriated (10 000 yuan)	25 080	46 607
当年保护维修支出（万元）	Expend on Preservation and Maintaining (10 000 yuan)	6 417	4 719

27-15 广播电视业经营情况

Basic Statistics on Radio and Television Operation

单位：万元　　(10 000yuan)

指标名称	Index	2008	2009
从业人员(人)	Number of Employed Persons (person)	41430	42186
总收入	Total Income	370629	400197
#行政事业单位收入	Income of Agencies and Institutions	283638	314543
企业主营业务收入	Revenue form Principal Business	86991	85654
事业企业单位实际创收收入	Actual Income of Institutions and Enterprises	304073	322311
#广告收入	From Advertisement	189557	205840
#网络收入	From Internet	89204	79198
#有线广播电视收视费收入	From Cablecasting	62667	62557
#付费数字电视收入	From Charge Numberal TV	877	1543
资产总额	Total Assets	965601	1092041

27-16 广播电视业基本情况

Basic Statistics on Radio and Television Stations

指标名称	Index	2008	2009
广播电台情况	**Broadcasting stations**		
广播电台(座)	Number of broadcasting stations (set)	18	18
中短波转播发射台(座)	Medium and short wave Relaying launch pad(set)	30	30
公共广播节目数(套)	Number of Public Radio Programs (set)	147	150
广播综合人口覆盖率(%)	Listener Rating(%)	97.06	97.21
全年广播节目播出时间(时：分)	Annual Broadcasting Hours of Radio Program(hour:minute)	607943:55	628505:40
全年制作广播节目时间(小时)	Annual Execution Hours of Radio Programs(hour)	290547	291549
被中央台采用节目(条)	Number of Programs Adopted by CCTV Hours(item)	786	1216
电视台情况	**TV stations**		
电视台(座)	Number of TV stations (set)	18	18
电视转播发射台(座)	Television Transmission Stations and Relaying Stations (set)	153	153
公共节目套数(套)	Number of Public Programs (set)	165	166
电视综合人口覆盖率(%)	Viewer Rating(%)	97.1	97.3
全年电视节目播出时间(时：分)	Annual Broadcasting Hours of TV Programs(hour:minute)	845154:24	858189:35
全年制作电视节目时间(小时)	Annual Execution Hours of TV Programs(hour)	131385	131614
被中央台采用节目数(条)	Number of Programs Adopted by CCTV Hours(item)	2114	2931
有线电视用户(户)	Consumers of CATV(households)	5837598	6402077
#数字电视用户	Numberal TV	486286	612792
#付费数字电视用户	Charge Numberal TV	55350	52723
有线电视入户率(%)	Consumer of CATV Rating(%)	20.5	22.0

27-17 分市广播电视覆盖率及有线电视入户率(2009年)

Radio and TV Coverage of Population, CATV Coverage of Household(2009)

单位：% (%)

市地 City	广播覆盖率 Radio Coverage of Population	电视覆盖率 TV Coverage of Population	有线电视入户率 CATV Coverage of Household
合计 Total	**97.21**	**97.28**	**21.99**
郑州市 Zhengzhou	99.10	99.67	15.21
开封市 Kaifeng	100.00	100.00	4.52
洛阳市 Luoyang	95.60	96.25	41.13
平顶山市 Pingdingshan	98.05	96.55	8.34
安阳市 Anyang	100.00	99.64	9.68
鹤壁市 Hebi	100.00	100.00	17.56
新乡市 Xinxiang	99.93	99.76	15.27
焦作市 Jiaozuo	99.43	98.82	16.33
濮阳市 Puyang	95.68	95.73	9.27
许昌市 Xuchang	100.00	100.00	17.10
漯河市 Luohe	100.00	100.00	6.79
三门峡市 Sanmenxia	95.77	96.70	21.87
南阳市 Nanyang	95.44	95.41	14.68
商丘市 Shangqiu	100.00	100.00	12.55
信阳市 Xinyang	86.43	90.08	9.50
周口市 Zhoukou	98.43	98.47	4.29
驻马店市 Zhumadian	96.60	94.31	8.77
济源市 Jiyuan	97.52	98.83	30.78

27-18 新闻出版业主要指标

Main Indicators of News and Print Stations

指标名称	Item	2008	2009
机构和人员情况	**Agencies and Employed Persons**		
机构数(个)	Agencies(unit)	15466	14894
从业人员(人)	Employed Persons(penson)	139424	134605
出版情况	**Publishing**		
图书出版	Publishing of Books		
图书种数(种)	Sort of Books(sort)	4732	4780
图书总印数(万册)	Total Printed Copies of Books(10 000volumes)	23457	19748
图书总印张(万印张)	Total Printed Sheets of Books(10 000 sheets)	144878	134156
图书定价总金额(万元)	Total Priced Value of Books(10 000 yuan)	173670	157317
杂志期刊	Magazine		
杂志种数(种)	Sort of Magazine(sort)	242	243
杂志总印数(万册)	Total Printed Copies of Magazine(10 000 volumes)	8980	8781
杂志总印张(万印张)	Total Printed Sheets of Magazine(10 000 sheets)	37847	40449
杂志定价总金额(万元)	Total Priced Value of Magazine(10 000 yuan)	40623	45230
报纸出版	Publishing of Newspaper		
报纸种数(种)	Sort of Newspaper(sort)	123	123
报纸总印数(万份)	Total Printed Copies of Newspaper(10 000 volumes)	215739	215368
报纸总印张(万印张)	Total Printed Sheets of Newspaper(10 000 sheets)	553934	677070
报纸定价总金额(万元)	Total Priced Value of Newspaper(10 000 yuan)	128729	141952
音像出版物出版	Publishing of Sound and image		
音像出版种数(种)	Sort of Sound and Image(sort)	283	240
音像出版数量(万盒)	Publishing of Sound and Image(10 000 cases)	272	447
音像发行数量(万盒)	Total Issuance of Sound and Image(10 000 cases)	335	574
音像发行金额(万元)	Total Issuance Value of Newspaper(10 000 yuan)	1936	4464
印刷企业单位数(个)	Number of Enterprises of Printing(unit)	6311	6042
出版物发行情况	**Issuance of Publication**		
出版物购进数量(万册/张/份/盒)	Number of Publication Bought(10 000 volumes/paper/cases)	126525	116758
出版物购进金额(万元)	Total Bought Value (10 000yuan)	934576	821588
出版物销售数量(万册/张/份/盒)	Volume of Saling Printing(10 000 volumes/paper/cases)	125060	106227
出版物销售金额(万元)	Total Sales of Publication(10 000 yuan)	900699	761626
出版物库存数量(万册/张/份/盒)	Storage of Publication(10 000 volumes/paper/cases)	36438	43338
出版物库存金额(万元)	Inventory Publication(10 000 yuan)	331847	320593

27-19 分市图书发行网点、人数情况(2009年)

Number of Spots and Employed persons by City(2009)

市	City	网点数(个) Number of Spots (unit)	#国有新华书店 State-owned Xinhua Bookstores	从业人数(人) Number of Employed Persons (person)	#国有新华书店 State-owned Xinhua Bookstores
合计	**Total**	**8462**	**1127**	**30097**	**13985**
省直	Directly under the provincial government	4	4	419	419
郑州市	Zhengzhou	1434	39	6251	783
开封市	Kaifeng	448	122	1507	883
洛阳市	Luoyang	761	92	2091	872
平顶山市	Pingdingshan	369	44	1420	824
安阳市	Anyang	490	33	1308	586
鹤壁市	Hebi	129	24	433	251
新乡市	Xinxiang	484	36	1672	903
焦作市	Jiaozuo	342	41	1053	514
濮阳市	Puyang	333	22	1088	447
许昌市	Xuchang	418	60	1217	628
漯河市	Luohe	173	20	671	361
三门峡市	Sanmenxia	242	28	646	281
南阳市	Nanyang	776	160	2728	1740
商丘市	Shangqiu	439	81	1890	1201
信阳市	Xinyang	482	110	1894	1188
周口市	Zhoukou	482	69	1925	1163
驻马店市	Zhumadian	534	131	1606	858
济源市	Jiyuan	122	11	279	83

27-20 文化娱乐机构基本情况(2009年)

Basic Statistics of Culture and Entertainment Institutions (2009)

类　别	Types	从业人员(人) Employees (person)	主营业务收入(万元) Major Business Rerenue (10 000 yuan)	主营业务利润(万元) Major Business Profits (10 000 yuan)	房屋建筑面积(万平方米) Floor space of buildings (10 000 sq.m)
总　计	**Total**	**50409**	**243920**	**129448**	**241**
歌舞娱乐场所	Singing & Dancing Rooms	14228	60523	28720	75
游戏电子游艺经营场所	Gaming Rooms	1191	6724	3234	6
其他娱乐场所	Other Places	302	901	402	2
网　吧	Internet Bar	34678	175755	97086	158
经营性互联网文化单位	Internet- Culturel Business Unit	10	17	6	

27-21 等级运动员、裁判员人数

Number of Athletes and Referees in Grades

单位：人　　(person)

人员分类	Category of Personnel	2008	#女 Female	2009	#女 Female
等级运动员人数	**Number of Athletes in Grades**	**3132**	**1045**	**3419**	**1189**
运动健将	Sportive Master	37	10	30	15
一级运动员	First Grades	190	83	260	102
二级运动员	Second Grades	2905	952	3129	1072

27-22 河南省运动员在国际国内比赛成绩

International and Internal Achievement of Henan Athletes

项　　目	Item	1990	1995	2000	2005	2006	2007	2008	2009
荣获金牌数(枚)	Number of Golden Medals (unit)	56	59	87	97	123	114	109	125
荣获银牌数(枚)	Number of Silvern Medals (unit)	45	52	55	62	74	76	93	82
荣获铜牌数(枚)	Number of Cupreous Medals (unit)	38	36	75	66	89	104	94	85
获团体和个人全国4-6名(人次)	Party and Individual Top Four-Six of Country (person-time)	234	111	507	119	109	350	217	222

27−23 群众体育活动情况(2009)

Activities of Mass Sports

项 目	Item	年活动次数(次) Number of activities (times)	每次平均参与人数(人/次) Number of participants per time (person/time)	年活动总人数(人.次) Number of persons this year (person.time)
现代体育项目活动	Modern sports Item			
省级	Provincial	5	200	1000
市级	Municipal	1945	976	1891230
县级	County	1235	752	929099
民间传统体育活动	Traditional sports Item			
省级	Provincial	8	98750	790000
市级	Municipal	169	1542	260636
县级	County	1995	633	1263096

27−24 体育彩票发行情况

Issue of Sports Lottery Ticket

单位：万元 (10 000 yuan)

项 目	Item	2006	2007	2008	2009
体育彩票销售点(个)	Sale Place of Physical Training Lottery Ticket (unit)	2884	4053	4425	5005
体育彩票销售收入	Sale Revenue of Physical Training Lottery Ticket	160770	154160	238212	277650
用于兑奖金额	Value of Exchanging Awards	81862	78488	130689	148588

主要统计指标解释

等级运动员人数 指经考核正式批准授予等级运动员称号的人数。运动员等级分为国际级运动健将、运动健将、一级运动员、二级运动员、三级运动员、少年级运动员。

等级裁判员人数 指经考核正式批准授予等级裁判员称号的人数。裁判员等级分为国际裁判、国家级裁判、一级裁判、二级裁判、三级裁判。

文化事业机构 指从事专业文化工作和为专业文化工作服务的独立建制的单位。不包括这些单位另外举办独立核算的其他机构和各部门的业余文化组织。

艺术表演团体 指从事戏曲、音乐、舞蹈、杂技等专业艺术表演，有独立帐户的单位，不包括半工半艺、半农半艺和民间职业剧团。

电影放映单位 指具有放映机器设备、固定或不固定的放映场所与专职或兼职的放映技术人员，经有关部门登记批准，经常为一定的观众对象放映电影的机构。包括经批准对外开放进行营业，并与电影发行放映管理机构分帐的专用放映单位和军委系统租片单位。

艺术表演观众人数（人次） 指售票、包场演出或民族地区免费演出的艺术表演观众人次数，不包括彩排审查和内部观摩演出的观看人次数。

广播节目综合人口覆盖率 指根据国家广电总局制定的《广播电视人口覆盖率统计技术标准和方法》进行统计调查的，在对象区内采用无线、有线、卫星等技术手段能够收听到包括中央、省、地市、县广播节目其中任意一套的人口数占全国总人口数的百分比。

电视节目综合人口覆盖率 指根据国家广电总局制定的《广播电视人口覆盖率统计技术标准和方法》进行统计调查的，在对象区内采用无线、有线、卫星等技术手段能够收看到包括中央、省、地市、县级电视节目中任意一套的人口数占全国总人口数的百分比。

有线电视入户率 通过广播电视有线传输网收看电视节目的用户数占全国总户数的百分比。

国家综合档案馆 归口中央或地方各级档案行政管理部门直接管理的，按行政区划或历史时期设置的，收集和管理所辖范围内多种门类档案的档案馆。

Explanatory Notes on Main Statistical Indicators

Number of Athletes in Grades refers to the number of athletes who have been given titles through examination. The titles of athletes include international masters of sports, masters of sports, first-grade, second-grade and third-grade sportsmen and young athletes.

Number of Referees in Grades refers to the number of referees who have been given titles after examination. They are classified as international referees, national referees and referees of the first, second and third grades.

Cultural Institutions refer to units which have their own organizational system and independent accounting system and specialize in or serve cultural development. They exclude other establishments run by these cultural institutions and amateur cultural groups established by various departments.

Art Troupe refers to the troupe which is engaged in drama, opera, music, dance, acrobatics or other art performance, opens independent accounts with banks and has self-supporting accounting system; excluding the troupes which are engaged partly in industrial or agricultural activities, partly in art performance and the professional troupes organized by the people.

Film Projection Units refer to units with film projection equipment, full or part time projectionists, permanent or non permanent places, approved by related administrative departments to show films regularly for certain groups of audience, including those film projection units which have been approved to give commercial shows and run business with independent accounting system as well as those film-renting units of the military system.

Number of Spectators at Art Performance refers to the number of attendants at commercial shows, completely booked shows or free shows given in minority national areas, and does not include the number of spectators at rehearsals for examination and internal shows for study.

Radio Coverage of Population refers to the percentage of population, which can listen to one of central, provincial, city, prefecture, and county radio programs by wireless, cable, satellite and other technical means, in the surveying area, to national total population, according to Statistical Standard and Method on Television and Radio Coverage of Population established by the State Administration of Broadcasting, Film and Television.

Television Coverage of Population refers to the percentage of population, which can watch one of central, provincial, city, prefecture, and county television programs by wireless, cable, satellite and other technical means, in the surveying area, to national total population, according to Statistical Standard and Method on Television and Radio Coverage of Population established by the State Administration of Broadcasting, Film and Television.

Cable Television Coverage of Household refers to the percentage of household, which can watch television by cable of radio and television network, to national total household.

National Comprehensive Archives refer to all archives institution, which are directly conducted by the central and local levels archives administration, collecting and keeping various documents and materials by administrative regions or historical periods.

公共管理和社会组织

Public Management and Social Organizations

◉ 资料整理：刘秋香　李兰光

简要说明

一、主要内容

本篇包括公共管理和社会组织企业、行政事业单位、社会团体及其他法人单位的单位数、从业人数以及主要财务指标以及公检法司、劳动争议仲裁、安全生产和妇女参政议政情况等。公检法司的资料主要包括公安机关的刑事案件立案情况和治安案件查处情况，交通、火灾事故情况，检察机关的办案情况，人民法院审理案件和收结案情况，以及律师、公证、调解工作等资料。

二、资料来源

28-1 至 28-6表以经济普查数据为基础，利用财政系统年度统计数据综合推算。2008 年为第二次经济普查数据。由省地方经济社会调查队服务业调查处整理提供。

公检法司统计资料分别由河南省公安厅、河南省高级人民法院、河南省人民检察院和河南省司法厅提供。劳动争议仲裁由河南省人力资源和社会保障厅提供。安全生产由河南省安全生产监督管理局提供。妇女参政议政资料由中共河南省委组织部、河南省人大常委会选举任免代表联络工作委员会、中国人民政治协商会议河南省委员会办公厅提供。由省统计局社会与科技处编辑整理。

Brief Introduction

I. Main Contents

Data in this chapter include unit, employment, and main financial indicators of Public management and social organization enterprises, Administrative institution, social organizations and others. public security, procuratorial, legal and judicial affairs, the labor disputes arbitration, production safety, female cadres and so on. Data on public security, procuratorial, legal and judicial affairs cover information such as criminal cases registered and offense cases handled by the public security agencies, traffic or fire accidents, cases handled by procuratorate's offices, cases accepted and settled by the people's courts, and statistics on lawyers, notarization and mediation.

II. Sources of Data

Data from 28-1 to 28-6 are calculated basis on The Second Census, and the financial system data. Data of 2008 year are calculated from The second economic census, which are provided by Henan provincial survey organizations of social and economy.

Data on public security, procuratorial, legal and judicial affairs are calculated from Henan provincial bureau of Public Security, the Henan provincial Supreme People's Procuratorate, the Henan provincial Supreme People's Court and the Henan provincial bureau of Justice. Data on the labor disputes arbitration are calculated from Henan provincial bureau of Human Resources and Social Security. Data on production safety are calculated from Henan provincial Supervisory Bureau of Work Safety. Data on female cadres are calculated from Henan Provincial Organization Department. Data on this chapter are provided by Department of social and scientific and technological of Henan provincial bureau of statistics.

28-1 法人单位数

Number of Institutional Unit

单位：个 (unit)

指标	Item	2008	2009
合计	**Total**	**78900**	**78995**
企业	Enterprise	13	23
行政事业	Administrative institution	22591	22640
社会团体及其他	Social organizations and others	56296	56332

28-2 法人单位从业人员数

Number of Employed Persons in Institutional Unit

单位：万人 (10 000 persons)

指标	Item	2008	2009
合计	**Total**	**149.96**	**153.17**
企业	Enterprise	0.05	0.07
行政事业	Administrative institution	109.33	109.83
社会团体及其他	Social organizations and others	40.58	43.27

28-3 分行业法人单位财务指标(2008年)

Main Financial Indicators of Institutional Unit by Sector(2008)

单位：万元 (10 000 yuan)

行业名称	Sector	单位数(个) Number of units (unit)	从业人数(万人) Employed Persons (10 000 Persons)	固定资产原价 Fixed Asset Price	收入合计 Total Income
公共管理和社会组织	**Public management and social organization**	**78900**	**149.96**	**11430832**	**10685412**
中国共产党机关	Chinese Communist Party organs	1345	3.32	283273	321067
国家机构	Organ of state	19490	103.63	7912607	9102353
人民政协和民主党派	People's Political Consultative Conference and democratic parties	223	0.55	54118	55665
群众团体、社会团体和宗教组织	Mass communities, social communities and religion organizations	7372	12.31	702210	297248
基层群众和自治组织		50470	30.14	2478626	909079

行业名称	Sector	成本费用合计 Total Cost	工资和福利费 Salary and Welfare	税费合计 Tax	营业利润 Operating Profit
公共管理和社会组织	**Public management and social organization**	**9886179**	**3294542**	**15870**	**64199**
中国共产党机关	Chinese Communist Party organs	303789	102740	8	889
国家机构	Organ of state	8490586	2743077	7463	57281
人民政协和民主党派	People's Political Consultative Conference and democratic parties	54626	18047		
群众团体、社会团体和宗教组织	Mass communities, social communities and religion organizations	261783	87175	1374	3955
基层群众和自治组织		775396	343503	7024	2074

28-4 分行业法人单位财务指标(2009年)

Main Financial Indicators of Institutional Unit by Sector(2009)

单位：万元 (10 000 yuan)

行业名称	Sector	单位数(个) Number of units (unit)	从业人数(万人) Employed Persons (10 000 Persons)	固定资产原价 Fixed Asset Price	收入合计 Total Income
公共管理和社会组织	**Public management and social organization**	**78995**	**153.17**	**11640330**	**12127008**
中国共产党机关	Chinese Communist Party organs	1344	3.32	283253	372879
国家机构	Organ of state	19514	103.71	7912570	10482109
人民政协和民主党派	People's Political Consultative Conference and democratic parties	224	0.56	54474	65952
群众团体、社会团体和宗教组织	Mass communities, social communities and religion organizations	7401	11.72	503727	300815
基层群众和自治组织		50512	33.85	2886306	905254

行业名称	Sector	成本费用合计 Total Cost	工资和福利费 Salary and Welfare	税费合计 Tax	营业利润 Operating Profit
公共管理和社会组织	**Public management and social organization**	**11863624**	**3919996**	**15886**	**30775**
中国共产党机关	Chinese Communist Party organs	380491	126381	9	468
国家机构	Organ of state	10427483	3311645	8572	24132
人民政协和民主党派	People's Political Consultative Conference and democratic parties	68389	22715		
群众团体、社会团体和宗教组织	Mass communities, social communities and religion organizations	261978	97623	1376	4493
基层群众和自治组织		725283	361633	5927	1680

28-5 各市法人单位财务指标(2008年)

Main Financial Indicators of Institutional Unit by City(2008)

单位：万元 (10 000 yuan)

市 City	单位数(个) Number of units (unit)	从业人数(万人) Employed Persons (10 000 Persons)	固定资产原价 Fixed Asset Price	收入合计 Total Income
全　省 Total	**78900**	**149.96**	**11430832**	**10685412**
郑州市 Zhengzhou	5079	14.92	1947646	2444381
开封市 Kaifeng	3971	9.76	776128	722115
洛阳市 Luoyang	5886	10.69	1551305	1152267
平顶山市 Pingdingshan	4361	9.49	385091	510167
安阳市 Anyang	4821	7.69	717490	617145
鹤壁市 Hebi	1548	2.50	175387	159903
新乡市 Xinxiang	5358	9.33	573084	578698
焦作市 Jiaozuo	3442	6.38	481821	504831
濮阳市 Puyang	4111	5.82	314349	352106
许昌市 Xuchang	3668	6.82	349011	406687
漯河市 Luohe	2096	3.83	217541	219172
三门峡市 Sanmenxia	2319	3.94	406467	313766
南阳市 Nanyang	8130	13.53	838138	747529
商丘市 Shangqiu	6541	13.35	575047	463741
信阳市 Xinyang	5781	9.41	789242	431013
周口市 Zhoukou	6321	12.05	443838	438695
驻马店市 Zhumadian	4753	9.47	743812	461768
济源市 Jiyuan	714	1.01	145436	161429

市 City	成本费用合计 Total Expenses	工资和福利费 Salary and Welfare	税费合计 Tax and Expenses	营业利润 Operating Profit
全　省 Total	**9886179**	**3294542**	**15870**	**64199**
郑州市 Zhengzhou	2312814	674068	3587	-7162
开封市 Kaifeng	628970	235914	2865	22991
洛阳市 Luoyang	1036538	307915	2934	14589
平顶山市 Pingdingshan	483099	166220	142	716
安阳市 Anyang	530122	161968	924	324
鹤壁市 Hebi	144722	46350	331	27
新乡市 Xinxiang	529588	162455	554	1045
焦作市 Jiaozuo	473997	121953	254	3593
濮阳市 Puyang	332700	92538	89	136
许昌市 Xuchang	377795	131479	121	2361
漯河市 Luohe	200002	68546	546	2309
三门峡市 Sanmenxia	296719	93452	289	366
南阳市 Nanyang	695024	302740	1818	14266
商丘市 Shangqiu	456651	193639	402	1092
信阳市 Xinyang	406908	171288	236	2502
周口市 Zhoukou	425729	185526	429	2530
驻马店市 Zhumadian	411650	157476	335	2137
济源市 Jiyuan	143151	21016	16	378

28-6 各市法人单位财务指标(2009年)

Main Financial Indicators of Institutional Unit by City(2009)

单位：万元 (10 000 yuan)

市 City	单位数(个) Number of units (unit)	从业人数(万人) Employed Persons (10 000 Persons)	固定资产原价 Fixed Asset Price	收入合计 Total Income
全　　省 Total	**78995**	**153.17**	**11640330**	**12127008**
郑　州　市 Zhengzhou	5099	15.37	1776746	2482747
开　封　市 Kaifeng	3956	10.15	788936	817923
洛　阳　市 Luoyang	5890	10.81	1589196	1301314
平顶山市 Pingdingshan	4362	9.74	405877	587002
安　阳　市 Anyang	4821	8.17	739706	757715
鹤　壁　市 Hebi	1547	2.53	193959	189598
新　乡　市 Xinxiang	5374	9.59	599908	675716
焦　作　市 Jiaozuo	3454	6.50	502758	560029
濮　阳　市 Puyang	4111	6.67	301483	411307
许　昌　市 Xuchang	3674	6.82	363949	487081
漯　河　市 Luohe	2089	3.84	233678	248122
三门峡市 Sanmenxia	2316	3.91	401069	385653
南　阳　市 Nanyang	8141	13.31	876970	909560
商　丘　市 Shangqiu	6564	13.39	605556	573658
信　阳　市 Xinyang	5793	9.63	850143	520545
周　口　市 Zhoukou	6325	11.89	509903	481529
驻马店市 Zhumadian	4762	9.54	745105	562520
济　源　市 Jiyuan	717	1.30	155389	174991

市 City	成本费用合计 Total Expenses	工资和福利费 Salary and Welfare	税费合计 Tax and Expenses	营业利润 Operating Profit
全　　省 Total	**11863624**	**3919996**	**15886**	**30775**
郑　州　市 Zhengzhou	2457547	783646	2866	-4016
开　封　市 Kaifeng	767177	255551	3192	8600
洛　阳　市 Luoyang	1264491	373325	3003	6591
平顶山市 Pingdingshan	570967	196256	162	407
安　阳　市 Anyang	723100	230770	1077	-184
鹤　壁　市 Hebi	181786	61858	392	-8
新　乡　市 Xinxiang	667713	194718	673	172
焦　作　市 Jiaozuo	535588	145622	227	2236
濮　阳　市 Puyang	411937	121667	71	98
许　昌　市 Xuchang	481056	160136	136	1866
漯　河　市 Luohe	239337	86325	532	1420
三门峡市 Sanmenxia	372834	110822	326	123
南　阳　市 Nanyang	903614	357734	1674	7434
商　丘　市 Shangqiu	571766	230156	265	1310
信　阳　市 Xinyang	517758	196903	269	1247
周　口　市 Zhoukou	482179	188046	640	1741
驻马店市 Zhumadian	552570	195774	358	1632
济　源　市 Jiyuan	162206	30687	24	105

28-7 劳动仲裁委员会受理及处理案件情况(2009年)

Cases Accepted and Heard by Board of Labor Arbitration (2009)

单位：件 (case)

项 目	Item	合 计 Total	国有企业 State-owned Enterprises	集体企业 Collective-owned Enterprises	外商投资及港澳台投资企业 Foreign Funded and Hong Kong, Macao and Taiwan Funded Enterprises	私营企业 Private Enterprises	其他 Others
上期未结案件数	**Number of Cases Left Over from Last Period**	**1080**	**352**	**201**	**24**	**335**	**168**
案件受理情况	**Cases Accepted**						
当期案件受理数	Number of Cases	18024	5539	3426	600	6677	1782
劳动者当事人数(人)	Number of Persons Involved (person)	22955	7470	4990	1097	7331	2067
集体争议案件数	Number of Collective Labour Disputes	246	106	68	4	49	19
集体争议劳动者当事人数(人)	Number of Persons Involoved in Collective Disputes (person)	3687	1210	1209	476	579	213
用人单位申诉案件数	Number of Cases Applealed by Unit	3816	1002	415	121	1759	519
劳动者申诉案件数	Number of Cases Applealed by Laborers	14208	4537	3011	479	4918	1263
案件处理情况	**Cases settled**						
结案件数	Number of Cases Settled	17748	5536	3378	566	6570	1698
处理方式	By Manners of Settlement						
仲裁调解	By Mediation	7451	2422	1288	249	2712	780
仲裁裁决	By Arbitration Lawsuit	8230	2405	1769	260	3119	677
其他方式	Others	2067	709	321	57	739	241
处理结果	By Result of Settlement						
用人单位胜诉	Won by Units	2127	761	355	74	700	237
劳动者胜诉	Lawsuit Won by Labourers	7317	1785	1541	177	2988	826
双方部分胜诉	Lawsuit Partly by Both Parties	8304	2990	1482	315	2882	635
本期未结案数	**Number of Cases Dissettled**	**1356**	**355**	**249**	**58**	**442**	**252**
案外调解案件数	**Number of Arbitrated Cases Outside the Cases**	**3534**	**750**	**598**	**56**	**1540**	**590**

28-8 调解民间纠纷分类
Number of Civil Disputes Mediated by Types

项 目	Item	调解纠纷(件) Civil Disputes (case)		各类纠纷所占比重(%) Percentage(%)	
		2008	2009	2008	2009
总 计	**Total**	**378443**	**382390**	**100.0**	**100.0**
婚姻	Marriages	91102	47757	24.0	12.5
继承	Rights of Inheritance	51034	26437	13.5	6.9
赡抚、扶养	Family Fostering	20039	11087	5.3	2.9
房屋、宅基地	Housing and Housing Sites	26150	30815	6.9	8.1
债务	Debts	8963	73379	2.4	19.2
生产经营	Business	59000	47561	15.6	12.4
损害赔偿	Compensation for Damages	26042	25601	6.9	6.7
邻里	Neighbor Disputes	83197	85599	22.0	22.4
其他	Others	12916	34154	3.4	8.9

28-9 公安机关立案的刑事案件情况
Criminal Case of Register by Public Security Organs

案件类别	Category of Cases	立 案 (起) Number of Cases Registered (case)		构 成 (%) Composition(%)	
		2008	2009	2008	2009
总 计	**Total**	**287504**	**248078**	**100.0**	**100.0**
杀人	Homicide	820	838	0.3	0.34
伤害	Injury	16253	14178	5.7	5.72
抢劫	Robbery	14144	9979	4.9	4.02
强奸	Rape	2694	2503	0.9	1.01
拐卖妇女、儿童	Kidnapping and Selling People	305	447	0.1	0.18
盗窃	Larceny	185275	161316	64.4	65.03
诈骗	Fraud	11321	11936	3.9	4.81
走私	Smuggling				
伪造贩运假货币	Forging and Fabricating or Trafficing Bills	58	168		0.07
其他	Others	56634	46713	19.7	18.83

28-10 公安机关受理的违反《治安管理处罚法》案件情况(2009年)
Classified Cases accepted of Public Order by Public Security Organs(2009)

单位：起 (case)

案件类别	Category of Cases	受理 Number of cases Accepted to be Treated	查处 Number of Investigated and Treated
总　计	**Total**	**581716**	**554992**
扰乱公共秩序	Disturbing Work or Public Order	38013	37952
#寻衅滋事	Gang Fighting or Picking Quarrels and Making Troubles	23283	23069
防碍国家工作人员执行职务	Obstructing the Government Workers to Perform Their Duty	1554	1514
非法携带枪支弹药管制刀具	Violating Regulations on Management of Firearms	675	771
违反危险物质管理规定	Violating Regulations on Management of Explosives	976	974
殴打他人	Beating Other Body	234240	229425
盗窃	Robbing Other People of Their Valuables	78982	61990
骗取、抢夺、敲榨勒索财物	Defrauding,Snatching or Extorting and Racketeering Valuables	8379	6519
哄抢公私财物	Making Stirs and Then Robbing Public or Private Valuables	107	87
伪造变造倒卖有价票证、凭证	Forging and Fraudulently Selling Bills or Certificates	74	69
卖淫、嫖娼	Prostitution or Going Whoring	1917	1932
赌博或为赌博提供条件	Gambling	5459	5494
其他	Others	211340	208265

28-11 公安机关受理的行政案件分类情况(2009年)
Classified Cases accepted of Public Order by Public Security Organs(2009)

单位：万起 (10 000 cases)

案件类别	Category of Cases	受理案件数 Number of cases Accepted to be Treated	查处案件数 Number of Investigated and Treated
总　计	**Total**	**289.44**	**299.75**
违反户口、居民身份证管理规定	Violating Regulations on Management of Residence or Identity Cards	0.11	0.11
违反治安管理处罚法	Violating Regulations on Management of public security	58.17	55.50
其他	Others	231.17	244.14

28-12 人民检察院检察官基本情况
Basic Statistics on inquisitors

单位：人 (person)

指标	Item	2008	2009
检察官数	**Number of inquisitor**	**10082**	**10162**
#女性	Female	2172	2234
检察长人数	Number of law-officer	183	180
#女性	Female	10	9
副检察长人数	Number of vice-law-officer	797	791
#女性	Female	94	95
检察员人数	Number of fact-finder	6981	7030
#女性	Female	1577	1619
助理检察员	Number of assistant fact-finder	1046	1064
#女性	Female	310	330

28−13　检察机关直接立案侦查案件情况(2009年)

Basic Statistics on Law Case Direct Registered by Procuratorial Organ (2009)

案件分类	Case Item	受案(件) Cases Accepted (case)	立案合计 Total Number of Cases Registered 件 (case)	人 (person)	#大案(件) Large Cases (case)	#要案(人) Key Cases (Person)	结案合计 Total number of cases settled 件 (case)	人 (person)
总　计	**Total**	**3208**	**2789**	**3743**	**2022**	**207**	**2698**	**3615**
贪污贿赂案件小计	**Sub-total of Cases on Corruption and Bribery**	**2254**	**1984**	**2581**	**1452**	**197**	**1889**	**2466**
#贪污	Corruption	954	785	1161	497	37	785	1161
贿赂	Bribery	865	773	853	626	137	692	761
挪用公款	Misappropriation of Public Funds	422	412	542	329	18	397	520
集体私分	Collective Illegal Possession	10	11	20		5	13	21
巨额财产来源不明	Unstated Source of Large Properties	3	3	4			2	2
渎职案件小计	**Sub-total of Cases on Abuse and Dereliction of Duty**	**954**	**805**	**1162**	**570**	**10**	**809**	**1149**
滥用职权	Abuse of Power	306	246	344	170	3	237	331
玩忽职守	Dereliction of Duty	551	493	681	358	5	503	683
徇私舞弊	Fraudulent Practice	89	58	101	35	2	63	101
其他	Others	8	8	36	7		6	34

28−14　检察机关审查批准、决定逮捕犯罪嫌疑人和提起公诉被告人情况(2009年)

Basic Statistics on Examined and Ratified, the Apprehension Decided of suspect and Accused Instituted Prosecution by Procuratorial Organ (2009)

案件分类	Case Item	批捕、决定逮捕合计 Total of Arrests 件 (case)	人 (person)	决定起诉合计 Total of Public Prosecutions 件 (case)	人 (person)
总　　计	**Total**	**38834**	**56105**	**51590**	**80085**
公安、安全、监狱机关提请小计	**Sub-total of Requests by Departments of State and Public Security and Prisons**	**37631**	**54653**	**49014**	**76701**
#危害公共安全案	Offences Against Public Security	3686	3943	5286	5713
破坏社会主义市场经济秩序案	Offences Against Socialist Economic Order	1283	1919	1574	2558
侵犯财产案	Offences Against Properties	16148	24263	21441	34184
妨害社会管理秩序案	Offences Against Social Management of Order	6027	10942	8603	17873
检察机关直接立案侦查案件小计	**Sub-total of Cases Handled by Procuratorates**	**1203**	**1452**	**2576**	**3384**
#贪污贿赂案	Offences on Corruption and Bribery	1078	1281	1838	2344
渎职案	Offences on Abuse and Dereliction of Duty	121	163	699	965

28-15 法官及审理有关案件情况

Statistics on Justices and Case at Trial

指标	Item	2008	2009
法官及陪审员情况(人)	**justicer and juror(person)**		
法院法官人数	Number of justicer in court	12491	12767
#女法官	Female	2814	2852
高级法院法官人数	Number of justicer in High court	293	304
#女法官	Female	75	81
人民陪审员人数	Number of juror	4351	4770
#女法官	Female	1219	1306
审理民事案件情况(件)	**Civil Case Trial (case)**		
离婚案件数	Divorce	33927	30920
抚育、抚养赡养案件数	Upbringing and Support	6296	6613
建立少年法庭数(个)	**Number of Juvenile Court (unit)**	**78**	**79**

28-16 全省法院判处犯罪案件情况(2009)

Number of case Trial by court (2009)

指　标	Item	判处犯罪人数(人) Number of offender (person)	#女性 Female	女性所占比例(%) Proportion of Female(%)
总计	**Total**	**67450**	**2773**	**4.1**
侮辱罪	Insult	5	1	20.0
组织卖淫罪	Organise Prostitution	119	16	13.4
引诱、容留、介绍卖淫罪	Tempt、Remain and introduce Prostitution	401	104	25.9
遗弃罪	Desertion	7	2	28.6
妨害作证罪	Breach of bearring witness	39	9	23.1
重婚罪	Bigamy	90	20	22.2
拐卖妇女、儿童罪	Abduct and Sell Female and Chind	353	69	19.5
窝藏、包庇罪	Shelter and Screen	206	34	16.5
拐骗儿童罪	Kidnap	25	6	24.0
诈骗罪	Fenagle	2100	200	9.5
强迫卖淫罪	Coerce Prostitution	349	39	11.2
贪污罪	Corruption	942	43	4.6
盗窃罪	Larceny	20081	720	3.6
其他	Others	42733	1510	3.5

28-17 人民法院刑事一审案件收结案情况（2009年）

Basic Statistics on Criminal Case at First Trial by People's Court (2009)

单位：件 (case)

项 目	Item	收 案 Cases Accepted	结 案 Cases Settled	判 决 Judg-ement	驳 回 Reject	撤 诉 With-drawal	其 他 Other
合 计	**Total**	**48863**	**48877**	**48010**	**2**	**651**	**214**
危害国家安全罪	Offences Against State Security	1	1	1			
危害公共安全罪	Offences Against Public Security	5039	5033	4992		28	13
破坏社会主义经济秩序罪	Offences Against Socialist Economic Order	1386	1382	1299		69	14
侵犯公民人身权利、民主权利罪	Offences Against Citizens' Personal and Democratic Rights	11846	11828	11528	2	199	99
侵犯财产罪	Offences Against Properties	20801	20902	20649		207	46
妨害社会管理秩序罪	Offences Against Social Management of Order	7384	7347	7253		69	25
危害国防利益罪	Offences Against National Defense	13	13	13			
贪污贿赂罪	Offences on Corruption and Bribery	1791	1757	1702		42	13
渎职罪	Offences on Dereliction of Duty	602	614	573		37	4

注：收案中不含旧存.
a)cases not including cases left.

28-18 人民法院民商一审案件收结案情况(2009年)(一)

Basic Statistics on Civil Case at First Trial by People's Court (2009)(1)

单位：件 (case)

项 目	Item	收 案 Cases Accepted	结 案 Cases Settled	调 解 Mediation	判 决 Sentence	驳 回 Reject	撤 诉 Withdrawa	其 他 Others
合 计	**Total**	**257522**	**265697**	**104508**	**57984**	**2618**	**96412**	**4175**
婚姻家庭	Marriages and Family Affairs	67740	69488	35300	13592	184	20156	256
继承	Inheritance	1391	1405	734	298	14	345	14
所有权与所有权相关权利纠纷	Dispute Between Ownship and Relevant Rights	15306	15895	5687	3917	265	5877	149
股东权纠纷	Shareholder Rights	226	234	61	88	7	69	9
特殊侵权纠纷	Dispute of Special Rights	1679	1830	639	444	33	699	15
票据、证卷权益纠纷	Disputea of Bill,Securities and Stocks	103	100	23	43	5	24	5
不正当竞争纠纷	Dispute of Unfair Competition	41	53	14	14	1	20	4
人身权纠纷	Personal Rights	30962	31721	13827	9459	140	8097	198
特别程序	Special Proceedings	2823	2875	89	481	46	283	1976
其他	Other	137251	142096	48134	29648	1923	60842	1549

注：结案中含上年旧存。
a)Cases settled include cases turned over from the previous year.

28-19 人民法院行政一审案件收结案情况（2009年）

Basic Statistics on Administrative Case at First Trial by People's Court (2009)

单位：件 (case)

项 目	Item	收案 Cases Accepted	结案 Cases Settled	维持 Affirmation of Original Judgement	驳回 Reject	撤诉 Withdrawal	其他 Others
合 计	**Total**	**14632**	**14842**	**819**	**1838**	**7191**	**4994**
公 安	Public Security	1184	1207	203	34	689	281
工 商	Industry and Commerce	428	421	13	8	343	57
土 地	Land	198	3970	185	192	115	3478
林 业	Forest	10	54	7	4	31	12
城 建	City Construction	1737	1824	119	109	928	668
交 通	Communication	251	249	1		176	72
税 务	Taxes	27	31	3	4	19	5
其 他	others	10797	7086	288	1487	4890	421

28-20 人民法院民商一审案件收结案情况(2009年)

Basic Statistics on Civil Case at First Trial by People's Court (2009)

单位：件 (case)

项 目	Item	收案 Cases Accepted	结案 Cases Settled	调解 Mediation	判决 Judgement	驳回 Reject	撤诉 Withdrawal	其他 Others
合 计	**Total**	**131864**	**136321**	**46046**	**28273**	**1856**	**58646**	**1500**
买卖合同纠纷	Dispute at Sale Contract	23680	24496	8912	5872	298	9082	332
房地产开发经营合同纠纷	Dispute at Contract of Real Estate	2669	2938	1091	688	22	1118	19
供用电、水、气热力合同纠纷	Dispute at Contract of Supplying Electricity, Water、Gas and Heat Power	293	293	59	30		204	
借款合同纠纷	Dispute at Loan Contract	53958	55778	19041	11343	363	24616	415
租赁合同纠纷	Dispute at Lease Contract	4972	5187	1823	1264	71	1978	51
建设工程合同纠纷	Dispute at Contract of Construction Project	3575	3837	1318	1095	61	1288	75
运输合同纠纷	Dispute at Transport Contract	1280	1311	434	313	13	532	19
知识产权合同	Contract of Intellectual Rights	146	137	24	21	23	46	23
其他合同纠纷	Others	41291	42344	13344	7647	1005	19782	566

28-21　妇女参政议政情况

Statistics of Female Joined and discussion politics

单位：人　　(person)

指标名称	Item	2000	2005	2006	2007	2008	2009
省人大代表	Deputy to the people's congress of Henan	950	939	952	950	945	944
#女性	Female	208	190	190	156	176	177
市人大代表	Deputy to the people's congress of City	7930	7715	7722	7702	7724	7724
#女性	Female	1728	1620	1610	1609	1522	1522
县人大代表	Deputy to the people's congress of County	35305	37007	37007	37512	37298	37298
#女性	Female	7595	7771	7778	7765	7505	7505
省政协委员	Political Consultative Committee Member of Henan	788	842	842	842	869	864
#女性	Female	115	159	154	154	192	193
市政协委员	Political Consultative Committee Member of City	5889	6694	6293	6293	6744	6744
#女性	Female	1197	1521	1441	1441	1571	1571
县政协委员	Political Consultative Committee Member of County	22562	26293	23575	23658	30627	30627
#女性	Female	3643	3102	2532	2598	6056	6056
省政府班子中女干部人数	Number of female cadre in Provincial government machine		1	1	2	1	1
省委班子中女干部人数	Number of female cadre in Provincial Party Committees machine	1	1	1	1	1	1
市政府班子中女干部配备率(%)	Prepare rate of female cadre in city government machine(%)	58.8	77.8	88.2	82.4	82.4	82.4
市委班子中女干部配备率(%)	Prepare rate of female cadre in City Party Committees machine(%)	64.7	77.8	82.4	94.1	88.2	76.5
县政府班子中女干部配备率(%)	Prepare rate of female cadre in County government machine(%)	66.5	67.7	86.8	79.9	79.9	83.7
县委班子中女干部配备率(%)	Prepare rate of female cadre in County Party Committees machine(%)	57.0	75.3	61.6	87.4	84.3	82.4
公务员数(万人)	Number of civil servant(10 000persons)		37.4	37.6	38.1	36.9	37.1
#女性	Female		8.1	8.3	8.5	8.4	8.5
村民委员会成员中女性比重(%)	Proportion of female cadre in villagers' Committees(%)	18.6	16.6	21.1	18.7	23.4	21.6
居民委员会成员中女性比重(%)	Proportion of female cadre in residents' committee(%)	52.5	54.0	35.8	32.6	43.9	43.5

28-22　工会组织情况

Basic Statistics on Trade Unions

单位：万人　　(10 000 persons)

年　份	工会基层组织数(万个) Number of Grassroot Trade Unions (10 000 units)	工会组织基层单位的职工与会员人数 Membership and Staff and Workers in Grassroot Trade Unions				工会专职工作人员人数 Number of Full-time Personnel of Trade Unions
		职工人数 Staff and Workers	#女职工 Female	会员人数 Membership	#女会员 Female	
2000	3.61	672.80	255.00	611.60	225.20	2.38
2001	4.86	757.84		700.10		
2002	5.68	811.02	298.59	749.51	270.99	3.28
2003	5.23	777.38	291.23	717.47	263.68	3.55
2004	5.38	785.64	297.21	734.64	266.71	3.20
2005	6.14	841.38	303.38	803.68	281.73	3.06
2006	6.94	905.50	325.51	866.43	306.15	3.36
2007	8.15	1070.20	380.30	1016.70	360.10	4.10
2008	9.13	1164.40	404.10	1125.00	392.10	4.50
2009	10.30	1291.31	443.76	1208.81	419.37	5.09

28-23 妇联干部情况
Cadres of the Women's Federation

单位：人 (person)

项　目	Item	2006	2007	2008	2009
干部总数	**Total Number of Cadres**	**3843**	**3698**	**3800**	**4403**
#少数民族干部	Number of Ethnic Minority Cadres	97	91	93	150
按行政级别分	By Administration Level				
司局级	Department/Bureau Level	5	10	36	7
县处级	County Level	106	107	114	116
科以下	Section Chief and Below	3732	3581	3650	4280
按干部年龄分	By Age Group				
35岁以下	35 and Below	1948	1826	1779	1856
36-45岁	36-45	1421	1463	1601	1926
46-55岁	46-55	445	380	389	577
56岁以上	56 and Over	29	29	31	44
按干部政治面貌分	By Political Status				
共产党员	Chinese Communist Party	3264	3153	3187	3761
共青团员	Communist Youth League	209	223	236	178
民主党派	Democratic Parties	37	43	15	11
群众	Mass	333	279	362	453
按干部文化程度分	By Education Attainments				
博士研究生	Doctorate Degree				
研究生	Master Degree	45	71	73	86
大学本科、大专学历	University / College	3309	3212	3355	3624
高中、中专及以下	Senior Middle School and Below	489	415	372	693
按行政编制分	By Organization Types				
行政编制	Administration	2992	2750	2807	2929
事业编制	Institution	785	890	923	1071
招聘干部	Recruitment	66	58	70	403
干部参加学历教育情况	**Cadres Attending the Formal Education**				
博士研究生	Doctorate Degree	2		1	5
硕士研究生	Master Degree	7	19	29	20
大学、大专学历	University / College	542	431	494	492
干部参加非学历教育情况	**Cadres Attending the Non-formal Education**				
党校培训	Training at Party School	1061	975	1166	1670
参照公务员管理培训	Training for Civil Servant	1322	1114	895	1095
岗位培训	Vocational Training	1145	814	855	1090
干部流动情况	**Movement of Cadres**				
调入	In	205	127	212	121
调出	Out	156	107	116	111
省（区、市）妇联领导进同级	**Cadres at Provincial Level of the Same Grade**				
党委	CCP Committee	58	56	70	61
人大	People's Congress	153	153	245	255
政协	CPPCC	131	111	163	200

注：妇联干部指在妇联系统工作的专职干部。

a) Cadres of the Women's Federation refer to the full-time cadres who are working in the system of the Women's Federation.

28-24 安全生产基本情况
Basic Statistics on security production

指 标	Indicate	2008	2009
发生伤亡事故总数(起)	**Number of casualty accident(case)**	**15695**	**11592**
#道路交通事故	Traffic accident	11529	8587
工矿商贸企业	Factory、mine and trade Enterprise	281	220
矿山企业	Mine Enterprise	96	78
煤矿企业	Colliery Enterprise	64	52
非煤矿企业	Other mine Enterprise	32	26
非矿山	Factory and trade Enterprise	185	142
消防火灾	Fire	3662	2566
造成死亡总人数(人)	**Number of deaths in accident(person)**	**3448**	**2567**
#道路交通事故	Traffic accident	2722	1997
工矿商贸企业	Factory、mine and trade Enterprise	536	384
矿山企业	Mine Enterprise	300	200
煤矿企业	Colliery Enterprise	256	149
非煤矿企业	Other mine Enterprise	44	51
非矿山	Factory and trade Enterprise	236	184
消防火灾	Fire	20	13
一次死亡3-9人重大事故(起)	**Number of grave accident in which once dead 3~9 persons(case)**	**56**	**48**
#道路交通事故	Traffic accident	33	31
工矿商贸企业	Factory、mine and trade Enterprise	23	15
矿山企业	Mine Enterprise	12	7
煤矿企业	Colliery Enterprise	10	4
非煤矿企业	Other mine Enterprise	2	3
非矿山	Factory and trade Enterprise	11	8
消防火灾	Fire		
一次死亡3-9人重大事故中死亡人数(人)	**Number of deaths in grave accident**	**243**	**217**
#道路交通事故	Traffic accident	146	144
工矿商贸企业	Factory、mine and trade Enterprise	97	66
矿山企业	Mine Enterprise	61	33
煤矿企业	Colliery Enterprise	52	21
非煤矿企业	Other mine Enterprise	9	12
非矿山	Factory and trade Enterprise	36	33
消防火灾	Fire		
一次死亡10人以上特大事故(起)	**Number of the gravest accident in which once dead over 10 persons(case)**	**9**	**2**
#道路交通事故	Traffic accident	1	
工矿商贸企业	Factory、mine and trade Enterprise	8	2
矿山企业	Mine Enterprise	8	2
煤矿企业	Colliery Enterprise	8	1
非煤矿企业	Other mine Enterprise		1
非矿山	Factory and trade Enterprise		
消防火灾	Fire		
一次死亡10人以上特大事故中死亡人数(人)	**Number of deaths in the gravest accident(person)**	**164**	**89**
#道路交通事故	Traffic accident	15	
工矿商贸企业	Factory、mine and trade Enterprise	149	89
矿山企业	Mine Enterprise	149	89
煤矿企业	Colliery Enterprise	149	76
非煤矿企业	Other mine Enterprise		13
非矿山	Factory and trade Enterprise		
消防火灾	Fire		
煤矿百万吨死亡率	**Deaths per million tons of colliery**	**1.16**	**0.76**
国有重点煤矿	State-owned main colliery	0.83	0.15
地方国有煤矿	State and district share colliery	1.35	2.96
乡镇煤矿	Villages and towns colliery	1.73	1.66

28−25 火灾事故发生情况(2009年)
Basic Statistics on Fires (2009)

项　　目	Item	合计 Total	#重大 Serious	#一般 Ordinary
发生(起)	Fires (case)	2597		2597
死亡(人)	Deaths (person)	13		13
受伤(人)	Injuries (person)	8		8
损失折款(万元)	Losses Converted into Cash (10 000 yuan)	2564.00		2564.00
平均每起事故损失(元)	Average Loss per Fire (yuan)	9872.93		9872.93

28−26 各市火灾事故发生情况
Basic Statistics on Fires by City

市 City	2008 事故发生数(起) Number of Traffic Accidents (case)	2008 死亡人数(人) Number of Deaths (person)	2008 受伤人数(人) Number of Injuries (person)	2008 损失折款(万元) Losses Coverted into Cash (10 000 yuan)	2009 事故发生数(起) Number of Traffic Accidents (case)	2009 死亡人数(人) Number of Deaths (person)	2009 受伤人数(人) Number of Injuries (person)	2009 损失折款(万元) Losses Coverted into Cash (10 000 yuan)
全　　省 Total	**3662**	**20**	**7**	**2526**	**2597**	**13**	**8**	**2564**
郑　州　市 Zhengzhou	1490	2		960	1084	1	2	647
开　封　市 Kaifeng	162	1		101	144	2	4	93
洛　阳　市 Luoyang	204			157	58	2		112
平 顶 山 市 Pingdingshan	151			93	153	2	1	113
安　阳　市 Anyang	112	1		67	87			251
鹤　壁　市 Hebi	134			71	111			111
新　乡　市 Xinxiang	197	2		89	121		1	58
焦　作　市 Jiaozuo	27			9	24			20
濮　阳　市 Puyang	219		1	98	124			37
许　昌　市 Xuchang	86	1		44	55			111
漯　河　市 Luohe	29			14	36			103
三 门 峡 市 Sanmenxia	41			78	34			132
南　阳　市 Nanyang	118	1	1	130	90	2		221
商　丘　市 Shangqiu	140		1	90	96			96
信　阳　市 Xinyang	96	5	4	68	63			55
周　口　市 Zhoukou	286	7		222	179	4		143
驻 马 店 市 Zhumadian	142			167	113			200
济　源　市 Jiyuan	28			70	25			63

主要统计指标解释

受理劳动争议案件数 指劳动争议仲裁委员会根据国家有关规定，对劳动争议当事人的申请予以审查，符合受理条件而正式立案、准备处理的劳动争议案件数。

立案 指检察机关对犯罪线索进行初步调查后，认为存在职务犯罪事实并需要追究刑事责任时，依法决定作为刑事案件进行侦查的诉讼活动，是追究犯罪的开始。

大案 贪污贿赂犯罪案件指贪污、贿赂数额在5万元以上，挪用公款案在10万元以上。渎职犯罪大案一般为直接经济损失5万元以上，死亡1人以上或者重伤3人以上的案件；或虽然没有造成经济损失和伤亡，但犯罪情节恶劣或造成严重后果的案件。

要案 指县、处级以上干部的犯罪案件。

决定逮捕 指检察机关对直接受理、自行侦查的案件，认为需要逮捕犯罪嫌疑人时，依据法律作出的逮捕决定。

批准逮捕 指检察机关对公安机关、国家安全机关、监狱管理机关提出逮捕的犯罪嫌疑人进行审查，根据事实，依法作出逮捕决定。

决定起诉 指检察机关对公安机关、国家安全机关、监狱管理机关和检察机关内设机构反贪污贿赂部门移送起诉的刑事犯罪嫌疑人进行审查，根据事实，依法向人民法院提起公诉。

Explanatory Notes on Main Statistical Indicators

Number of Labour Dispute Cases Accepted refers to the number of cases of labour dispute submitted that, after being reviewed by the labour dispute arbitration committees in line with the relevant state regulations, are accepted and registered for treatment.

Acceptance of Case refers to the decision made by the procurators office to confirm the act of crime after initial investigation and to start legal proceedings of the case as criminal case.

Large Case In case of corruption and bribery, it refers to the case involves a bribery of over 50,000 yuan, or a misappropriation of over 100,000. In case of offence on dereliction of duty, it refers to the case that causes an economic loss of over 50,000, loss of one life, or severe injury of 3 persons; or a case that displays extremely disgusting behavior of the offender or results in grave aftermath.

Key Case refers to a case committed by government officials with a ranking of division director or county administrator.

Decision on Arrest refers to decision made by procurators office, in accordance with laws, to arrest the suspect(s) in the cases that are accepted and to be investigated by procurators office.

Approval for Arrest refers to the decision made by procurators office, in accordance with laws and relevant facts, to approve the arrest of the suspect(s) that is proposed by the public security departments, state security departments or authority of prisons .

Decision on Prosecution refers to the decision made by procurators office, in accordance with laws and relevant facts, to institute proceedings to the peoples court against the suspect(s) of criminal cases handed over by the public security departments, state security departments or authority of prisons, or by the anti-corruption departments within the procurators office .

各县(市、区)主要统计指标

Main Indicators by County (City,District)

29-1 各县(市)人口及从业人员（2009年）

Population and Employed Person by County and City (2009)

县 市	County and city	年末总户数(万户) Total Households (year-end) (10 000 household)	常住人口(万人) Resident population (10 000 persons)	年末总人口(万人) Population (year-end) (10 000 persons)	年平均人口(万人) Average person Per Year (10 000 persons)	从业人员(万人) Employment (10 000 persons)	第一产业 Primary Industry	第二产业 Secondary Industry	第三产业 Tertiary Industry
郑州市	**Zhengzhou**								
中牟县	Zhongmu	17.29	67.70	67.70	67.67	47.54	25.69	10.73	11.12
巩义市	Gongyi	21.76	81.44	81.44	81.17	43.46	7.86	23.65	11.95
荥阳市	Xingyang	17.44	60.29	60.29	60.15	42.27	15.31	15.77	11.19
新密市	Xinmi	20.92	77.16	77.16	76.93	46.90	9.81	20.98	16.11
新郑市	Xinzheng	18.61	62.66	62.66	62.48	42.24	16.42	13.83	11.99
登封市	Dengfeng	17.33	65.52	65.52	65.34	44.49	14.22	17.45	12.82
开封市	**Kaifeng**								
杞县	Qixian	31.68	100.35	106.16	105.93	66.29	42.33	11.81	12.15
通许县	Tongxu	16.58	58.26	60.67	60.53	37.66	27.26	4.38	6.02
尉氏县	Weishi	24.36	76.01	87.72	87.47	51.78	27.29	15.63	8.87
开封县	Kaifeng	19.54	68.29	69.13	68.96	47.75	27.95	10.92	8.88
兰考县	Lankao	23.05	75.56	77.05	76.84	50.67	23.09	17.30	10.27
洛阳市	**Luoyang**								
孟津县	Mengjin	14.11	40.66	46.17	46.06	25.52	10.07	9.13	6.32
新安县	Xinan	15.11	48.68	50.42	50.32	33.75	17.37	9.37	7.01
栾川县	Luanchuan	10.04	33.15	33.08	32.99	22.23	9.72	5.90	6.61
嵩县	Songxian	16.09	51.01	55.42	55.31	34.71	20.99	6.32	7.40
汝阳县	Ruyang	12.27	39.54	43.24	43.14	29.26	18.96	4.76	5.54
宜阳县	Yiyang	19.16	60.28	66.64	66.50	42.59	22.74	10.25	9.60
洛宁县	Luoning	13.27	40.68	45.34	45.27	33.18	16.61	6.23	10.34
伊川县	Yichuan	23.23	73.28	75.54	75.35	46.03	24.43	13.80	7.80
偃师市	Yanshi	24.29	80.29	85.57	85.40	53..64	13.30	22.64	17.70
平顶山市	**Pingdingshan**								
宝丰县	Baofeng	15.42	48.37	50.01	49.89	30.08	16.61	6.19	7.28
叶县	Yexian	24.84	85.95	88.33	88.10	55.15	32.65	12.79	9.71
鲁山县	Lushan	24.62	84.25	86.42	86.18	52.26	29.70	9.59	12.97
郏县	Jiaxian	17.09	54.82	56.32	56.18	38.09	25.74	6.30	6.05
舞钢市	Wugang	10.38	31.88	32.86	32.78	20.10	8.73	7.58	3.79
汝州市	Ruzhou	28.60	93.40	95.67	95.44	53.84	27.80	15.08	10.96
安阳市	**Anyang**								
安阳县	Anyang	28.07	90.26	94.15	93.98	62.58	24.75	22.93	14.91
汤阴县	Tangyin	14.61	44.86	46.27	46.15	29.85	14.26	10.30	5.29
滑县	Huaxian	38.31	114.28	127.12	126.77	93.55	51.95	22.52	19.08
内黄县	Neihuang	18.68	67.84	72.54	72.34	49.71	26.75	11.11	11.86
林州市	Linzhou	30.99	82.61	100.40	100.23	64.89	20.94	29.49	14.45
鹤壁市	**Hebi**								
浚县	Xunxian	18.31	61.87	63.93	63.77	40.72	17.56	11.60	11.56
淇县	Qixian	8.23	24.23	25.81	25.76	18.04	8.23	5.18	4.63

29−1 续表1 continued

县 市	County and city	年末总户数（万户）Total Households (year-end) (10 000 household)	常住人口（万人）Resident population (10 000 persons)	年末总人口（万人）Population (year-end) (10 000 persons)	年平均人口（万人）Average person Per Year (10 000 persons)	从业人员（万人）Employment (10 000 persons)	第一产业 Primary Industry	第二产业 Secondary Industry	第三产业 Tertiary Industry
新 乡 市	**Xinxiang**								
新 乡 县	Xinxiang	8.73	31.62	32.34	32.26	21.74	3.58	12.53	5.64
获 嘉 县	Huojia	11.79	38.88	40.61	40.50	24.49	10.96	8.69	4.84
原 阳 县	Yuanyang	17.36	64.72	66.42	66.26	39.17	17.73	13.12	8.32
延 津 县	Yanjin	12.75	43.08	44.15	44.04	25.44	13.90	6.05	5.49
封 丘 县	Fengqiu	20.24	73.20	75.08	74.90	43.24	20.23	12.32	10.69
长 垣 县	Changyuan	23.64	78.47	80.63	80.43	45.33	21.83	15.17	8.33
卫 辉 市	Weihui	13.98	48.63	49.82	49.69	26.77	16.34	5.83	4.60
辉 县 市	Huixian	25.32	74.53	80.14	79.95	40.62	17.90	12.41	10.30
焦 作 市	**Jiaozuo**								
修 武 县	Xiuwu	8.36	27.36	28.08	28.04	15.90	8.12	3.80	3.98
博 爱 县	Boai	12.05	40.80	43.37	43.26	25.92	11.34	7.03	7.55
武 陟 县	Wuzhi	19.56	63.09	65.90	65.72	41.92	23.78	10.06	8.08
温 县	Wenxian	13.65	39.79	42.49	42.41	29.48	13.37	9.72	6.39
沁 阳 市	Qinyang	10.59	45.69	47.32	47.24	32.16	12.29	12.13	7.74
孟 州 市	Mengzhou	11.06	36.05	37.15	37.09	24.52	7.85	10.76	5.91
濮 阳 市	**Puyang**								
清 丰 县	Qingfeng	17.26	63.21	66.99	66.82	48.59	37.77	4.90	5.92
南 乐 县	Manle	11.64	48.02	49.94	49.82	28.10	12.86	8.87	6.37
范 县	Fanxian	14.33	48.32	50.21	50.09	35.39	19.47	7.04	8.88
台 前 县	Taiqian	8.93	32.11	35.39	35.30	20.87	10.73	6.53	3.61
濮 阳 县	Puyang	26.51	104.35	108.40	108.13	65.75	33.10	22.45	10.20
许 昌 市	**Xuchang**								
许 昌 县	Xuchang	24.32	73.99	80.67	80.49	47.09	19.00	16.39	11.70
鄢 陵 县	Yanling	17.73	57.89	63.69	63.54	35.63	13.76	12.85	9.02
襄 城 县	Xiangcheng	24.47	67.82	81.99	81.81	55.98	29.20	13.43	13.35
禹 州 市	Yuzhou	36.02	111.12	121.74	121.55	75.85	30.44	25.36	20.05
长 葛 市	Changge	20.07	67.55	70.91	70.76	50.44	15.05	21.89	13.50
漯 河 市	**Luohe**								
舞 阳 县	Wuyang	17.07	54.14	57.16	57.05	36.20	21.90	7.28	7.02
临 颍 县	Linying	19.64	67.71	71.06	70.90	45.90	22.51	14.57	8.83
三 门 峡 市	**Sanmenxia**								
渑 池 县	Mianchi	11.98	33.71	33.74	33.68	19.76	8.89	5.14	5.73
陕 县	Shanxian	10.84	34.91	35.04	34.99	19.58	11.26	3.78	4.54
卢 氏 县	Lushi	12.55	35.39	36.68	36.63	19.71	12.92	2.11	4.68
义 马 市	Yima	5.57	14.08	14.25	14.22	9.05	1.07	6.39	1.59
灵 宝 市	Lingbao	21.87	72.71	73.82	73.75	44.39	27.64	5.19	11.56
南 阳 市	**Nanyang**								
南 召 县	Nanzhao	21.29	59.82	63.44	63.28	36.37	23.04	6.90	6.42
方 城 县	Fangcheng	33.41	93.27	103.32	103.08	66.42	39.86	12.57	13.99
西 峡 县	Xixia	16.07	42.32	44.45	44.35	36.89	17.84	7.06	11.99
镇 平 县	Zhenping	29.64	92.23	97.62	97.40	55.23	25.92	14.74	14.56

29-1 续表2 continued

县 市	County and city	年末总户数(万户) Total Households (year-end) (10 000 household)	常住人口(万人) Resident population (10 000 persons)	年末总人口(万人) Population (year-end) (10 000 persons)	年平均人口(万人) Average person Per Year (10 000 persons)	从业人员(万人) Employ-ment (10 000 persons)	第一产业 Primary Industry	第二产业 Secondary Industry	第三产业 Tertiary Industry
内乡县	Neixiang	22.55	61.31	65.33	65.19	35.66	16.83	9.60	9.24
淅川县	Xichuan	24.31	66.47	73.99	74.35	43.63	22.77	12.77	8.09
社旗县	Sheqi	21.83	61.45	65.86	65.64	40.61	26.02	7.19	7.40
唐河县	Tanghe	41.12	113.59	133.23	132.87	67.09	40.04	14.25	12.79
新野县	Xinye	22.52	68.40	75.87	75.58	51.08	26.43	14.23	10.41
桐柏县	Tongbai	17.17	41.45	44.30	44.19	23.71	12.52	6.40	4.79
邓州市	Dengzhou	46.26	137.36	157.03	156.52	95.63	39.84	32.02	23.77
商丘市	**Shangqiu**								
民权县	Minquan	26.51	79.48	86.06	85.85	50.80	28.01	12.44	10.36
睢县	Suixian	22.01	75.84	81.26	81.09	51.13	29.22	12.25	9.66
宁陵县	Ningling	17.60	56.32	59.74	59.61	36.68	21.11	10.62	4.95
柘城县	Zhecheng	28.19	84.56	95.72	95.53	62.35	29.60	16.71	16.04
虞城县	Yucheng	35.07	100.68	109.86	109.62	64.98	36.88	16.63	11.47
夏邑县	Xiayi	35.56	102.55	114.83	114.59	67.04	35.30	12.93	18.81
永城市	Yongcheng	41.87	126.71	135.97	135.63	89.92	39.56	26.07	24.29
信阳市	**Xinyang**								
罗山县	Luoshan	22.38	59.32	71.88	71.69	40.02	21.36	4.85	13.81
光山县	Guangshan	27.77	69.53	81.68	81.49	47.62	22.63	9.27	15.72
新县	Xinxian	13.93	29.46	34.04	33.96	22.78	7.43	4.01	11.34
商城县	Shangcheng	22.57	59.64	73.07	72.88	39.27	15.82	12.12	11.33
固始县	Gushi	53.28	131.49	160.41	160.00	96.54	44.12	23.35	29.07
潢川县	Huangchuan	24.03	66.72	80.83	80.61	48.93	28.50	7.42	13.01
淮滨县	Huaibin	21.85	57.11	68.18	68.01	43.99	18.71	12.17	13.11
息县	Xixian	30.59	78.14	94.90	94.68	55.47	32.70	6.50	16.27
周口市	**Zhoukou**								
扶沟县	Fugou	21.37	65.09	72.88	72.73	44.12	22.57	9.84	11.71
西华县	Xihua	27.38	82.64	90.26	90.06	55.16	26.32	10.46	18.38
商水县	Shangshui	31.79	105.75	115.70	115.46	73.46	38.92	15.68	18.86
沈丘县	Shenqiu	34.24	113.60	124.45	124.19	73.29	40.48	18.73	14.08
郸城县	Dancheng	41.99	118.01	131.89	131.63	80.45	42.40	16.22	21.83
淮阳县	Huaiyang	39.87	119.35	134.58	134.31	81.86	47.85	17.56	16.45
太康县	Taikang	37.14	126.91	138.85	138.57	83.96	51.74	16.02	16.20
鹿邑县	Luyi	32.88	108.22	117.80	117.57	69.23	39.91	14.51	14.81
项城市	Xiangcheng	38.14	109.15	118.84	118.59	70.27	29.27	23.43	17.57
驻马店市	**Zhumadian**								
西平县	Xiping	20.84	79.91	86.72	86.51	60.20	14.02	20.88	25.29
上蔡县	Shangcai	35.39	127.50	140.59	140.24	84.69	53.19	14.39	17.11
平舆县	Pingyu	25.02	82.60	96.99	96.75	69.44	36.34	16.97	16.12
正阳县	Zhengyang	22.45	70.00	77.33	77.14	46.09	25.61	8.22	12.26
确山县	Queshan	15.31	45.30	51.54	51.41	33.34	16.64	8.54	8.15
泌阳县	Biyang	25.23	85.70	98.10	97.85	63.71	29.92	16.32	17.47
汝南县	Runan	21.08	70.77	80.25	80.05	50.79	31.19	12.51	7.09
遂平县	Suiping	15.52	43.44	55.77	55.63	38.03	20.44	10.36	7.23
新蔡县	Xincai	26.91	93.16	105.73	105.46	70.39	37.33	17.69	15.38

29−2 各县(市)城镇从业人员和工资（2009年）

Number and Wages of Employed Person in Urban by County and City (2009)

县 市 County and city	城镇年末从业人员（人）Number of Employed Person in Urban (person)	城镇年平均从业人员（人）Everage Number of Employed Person in Urban (person)	从业人员劳动报酬（万元）Earnings of Employed Persons (10 000 yuan)	在岗职工平均工资（元）Average Wage of Staff and Workers (yuan)
郑州市 Zhengzhou				
中牟县 Zhongmu	54954	54201	134328	24986
巩义市 Gongyi	55705	55324	126605	23097
荥阳市 Xingyang	62753	55564	133282	24036
新密市 Xinmi	40833	39592	96428	24579
新郑市 Xinzheng	61870	60409	152262	25275
登封市 Dengfeng	56468	55772	119354	21577
开封市 Kaifeng				
杞县 Qixian	33020	32551	66971	20298
通许县 Tongxu	27358	27371	54789	20573
尉氏县 Weishi	41507	41492	82735	20073
开封县 Kaifeng	30097	30084	59324	19719
兰考县 Lankao	30428	30420	62790	20691
洛阳市 Luoyang				
孟津县 Mengjin	24876	24542	54865	22592
新安县 Xinan	33251	33301	73443	22237
栾川县 Luanchuan	25402	25116	73957	30208
嵩县 Songxian	19304	19227	44026	23604
汝阳县 Ruyang	16220	15817	30339	19290
宜阳县 Yiyang	24904	24904	61581	24835
洛宁县 Luoning	18199	18005	36964	20885
伊川县 Yichuan	28755	28146	53764	19786
偃师市 Yanshi	35591	35029	75703	21999
平顶山市 Pingdingshan				
宝丰县 Baofeng	23565	23288	54150	23394
叶县 Yexian	28907	28460	52383	18833
鲁山县 Lushan	31596	31596	57932	18372
郏县 Jiaxian	18956	19600	43337	22564
舞钢市 Wugang	37977	37550	117735	31393
汝州市 Ruzhou	44772	44598	106006	23899
安阳市 Anyang				
安阳县 Anyang	49181	47986	91578	21084
汤阴县 Tangyin	33437	32179	59685	18635
滑县 Huaxian	49089	48968	80666	16650
内黄县 Neihuang	27087	27104	44323	16382
林州市 Linzhou	74433	71230	152523	21593
鹤壁市 Hebi				
浚县 Xunxian	22565	22248	36369	17035
淇县 Qixian	24474	24314	39907	16760

29-2 续表1 continued

县 市 County and city	城镇年末从业人员(人) Number of Employed Person in Urban (person)	城镇年平均从业人员(人) Everage Number of Employed Person in Urban (person)	从业人员劳动报酬(万元) Earnings of Employed Persons (10 000 yuan)	在岗职工平均工资(元) Average Wage of Staff and Workers (yuan)
新 乡 市 Xinxiang				
新 乡 县 Xinxiang	36063	36094	79520	22142
获 嘉 县 Huojia	26871	25963	43032	16764
原 阳 县 Yuanyang	29988	28529	45868	16259
延 津 县 Yanjin	25662	22843	43099	18963
封 丘 县 Fengqiu	27621	27607	45277	16420
长 垣 县 Changyuan	31107	31091	51041	16623
卫 辉 市 Weihui	35556	36130	59276	16425
辉 县 市 Huixian	44149	42390	76789	18320
焦 作 市 Jiaozuo				
修 武 县 Xiuwu	19333	18988	42276	22273
博 爱 县 Boai	23747	23755	52067	22206
武 陟 县 Wuzhi	38743	38743	83511	21555
温 县 Wenxian	22523	22251	46017	20828
沁 阳 市 Qinyang	25731	25339	56422	22278
孟 州 市 Mengzhou	29317	29291	68071	23350
濮 阳 市 Puyang				
清 丰 县 Qingfeng	21128	20945	36424	17417
南 乐 县 Manle	16435	16438	26882	16271
范 县 Fanxian	21099	21095	31319	14885
台 前 县 Taiqian	11719	11734	18254	15521
濮 阳 县 Puyang	35331	35072	55682	16076
许 昌 市 Xuchang				
许 昌 县 Xuchang	44380	43761	93836	21448
鄢 陵 县 Yanling	26633	26633	54550	20482
襄 城 县 Xiangcheng	23290	23201	49146	21358
禹 州 市 Yuzhou	60008	59521	145745	24943
长 葛 市 Changge	44821	44805	96251	21494
漯 河 市 Luohe				
舞 阳 县 Wuyang	29389	29360	478360	16510
临 颍 县 Linying	42225	42240	662993	15715
三 门 峡 市 Sanmenxia				
渑 池 县 Mianchi	24256	23686	55935	23650
陕 县 Shanxian	20775	20720	45768	22153
卢 氏 县 Lushi	15033	15045	36856	24501
义 马 市 Yima	54148	54155	175754	32555
灵 宝 市 Lingbao	49558	46956	112674	24524
南 阳 市 Nanyang				
南 召 县 Nanzhao	23529	23529	42415	18027
方 城 县 Fangcheng	33452	33402	61676	19017
西 峡 县 Xixia	31659	31343	69578	22128

29-2 续表2 continued

县 市 County and city	城镇年末从业人员（人）Number of Employed Person in Urban (person)	城镇年平均从业人员（人）Everage Number of Employed Person in Urban (person)	从业人员劳动报酬（万元）Earnings of Employed Persons (10 000 yuan)	在岗职工平均工资（元）Average Wage of Staff and Workers (yuan)
镇 平 县 Zhenping	42425	42430	89757	21196
内 乡 县 Neixiang	33733	33720	65837	19818
淅 川 县 Xichuan	40034	39952	87009	21962
社 旗 县 Sheqi	24662	24554	43546	17664
唐 河 县 Tanghe	37153	36915	66575	18301
新 野 县 Xinye	44490	44508	73557	16544
桐 柏 县 Tongbai	24621	24563	41425	17309
邓 州 市 Dengzhou	63758	63608	132128	21244
商 丘 市 Shangqiu				
民 权 县 Minquan	30419	30391	63669	21370
睢 县 Suixian	27780	27676	486783	17738
宁 陵 县 Ningling	31194	31231	60481	19361
柘 城 县 Zhecheng	27464	27432	52341	19113
虞 城 县 Yucheng	31298	31242	66534	21594
夏 邑 县 Xiayi	29473	29413	60705	21033
永 城 市 Yongcheng	73520	70703	237210	34309
信 阳 市 Xinyang				
罗 山 县 Luoshan	34342	34317	80274	23392
光 山 县 Guangshan	34671	34008	73639	22350
新 县 Xinxian	23245	22902	48772	22695
商 城 县 Shangcheng	31384	31338	66397	21256
固 始 县 Gushi	57297	57000	123823	21731
潢 川 县 Huangchuan	42373	42344	87228	20712
淮 滨 县 Huaibin	37608	37779	74891	19823
息 县 Xixian	33767	33758	80832	24097
周 口 市 Zhoukou				
扶 沟 县 Fugou	29869	31325	60731	19491
西 华 县 Xihua	40645	40599	73399	18215
商 水 县 Shangshui	33575	33543	63849	19008
沈 丘 县 Shenqiu	37544	37544	75686	20170
郸 城 县 Dancheng	47487	46303	85039	18388
淮 阳 县 Huaiyang	35820	35671	72539	20448
太 康 县 Taikang	35118	35094	74210	21407
鹿 邑 县 Luyi	31036	31033	78367	25253
项 城 市 Xiangcheng	51897	51626	93030	18131
驻 马 店 市 Zhumadian				
西 平 县 Xiping	32387	32364	61788	19375
上 蔡 县 Shangcai	40814	40663	74012	18320
平 舆 县 Pingyu	30711	30571	56487	18708
正 阳 县 Zhengyang	29127	29111	51495	17914
确 山 县 Queshan	21684	21475	41259	19492
泌 阳 县 Biyang	32342	32306	67568	20917
汝 南 县 Runan	29804	29310	58254	20060
遂 平 县 Suiping	30110	30184	56029	18680
新 蔡 县 Xincai	23614	23615	38591	16454

29–3 各县(市)固定资产投资、建筑业及规模以上工业主要指标（2009年）

Main Indicators on Investment in Fixed Assets、Construction and Enterprises above Designated Size Industry by County and City (2009)

县 市 County and city	全社会固定资产投资(亿元) Total Investment in Fixed Assets (100 million yuan)	#城镇 Urban Collective-Owned Units	建筑业总产值(万元) Gross Output Value of Construction (10 000 yuan)	工业增加值(亿元) Value Added of Industry (100 million yuan)	工业增加值指数(上年=100) Indices of Value Added of Industry (perceding year=year=100)	主营业务收入(亿元) Sales Revenue (100 million yuan)	利税总额(亿元) Pre-tax Profits (100 million yuan)
郑州市 Zhengzhou							
中牟县 Zhongmu	258.09	208.42	298872	80.16	120.1	308.83	52.44
巩义市 Gongyi	221.00	189.45	70346	210.09	109.6	757.23	86.90
荥阳市 Xingyang	268.65	226.82	286365	172.09	111.2	667.85	118.38
新密市 Xinmi	224.71	182.66	163798	182.81	111.0	586.55	147.10
新郑市 Xinzheng	258.86	215.43	135841	179.27	113.7	614.34	149.48
登封市 Dengfeng	184.51	141.39	67827	159.30	114.1	564.29	126.39
开封市 Kaifeng							
杞县 Qixian	59.41	43.44	23069	29.38	118.7	102.57	16.69
通许县 Tongxu	43.36	27.17	71510	23.47	116.7	107.41	27.35
尉氏县 Weishi	76.37	51.86	67200	59.66	116.9	255.75	51.45
开封县 Kaifeng	58.65	40.90	63984	23.76	119.0	96.55	17.52
兰考县 Lankao	45.00	29.78	49886	23.28	117.2	117.34	23.49
洛阳市 Luoyang							
孟津县 Mengjin	104.11	89.45	70807	32.02	118.9	109.79	9.00
新安县 Xinan	160.27	147.08	77482	126.33	118.9	432.98	45.69
栾川县 Luanchuan	69.27	59.19	98306	85.57	118.7	135.48	18.72
嵩县 Songxian	142.69	109.50	41781	32.13	121.6	56.04	9.97
汝阳县 Ruyang	56.34	47.51	46888	18.34	115.7	37.83	4.34
宜阳县 Yiyang	139.82	115.70	71443	31.52	119.4	87.75	13.79
洛宁县 Luoning	113.83	94.13	20312	22.00	119.4	67.21	12.69
伊川县 Yichuan	159.97	146.73	39109	91.16	119.6	242.75	62.81
偃师市 Yanshi	152.08	129.78	19810	127.12	116.8	433.16	50.81
平顶山市 Pingdingshan							
宝丰县 Baofeng	85.31	67.40	10147	51.71	121.1	112.71	31.43
叶县 Yexian	90.06	74.21	27732	42.97	123.4	151.41	29.79
鲁山县 Lushan	79.34	67.38	16039	17.16	118.3	43.79	1.38
郏县 Jiaxian	53.13	34.56	23013	26.58	122.7	77.89	16.34
舞钢市 Wugang	55.66	46.57	26355	58.06	97.2	189.96	9.78
汝州市 Ruzhou	93.86	69.90	11116	67.14	122.6	162.70	28.21
安阳市 Anyang							
安阳县 Anyang	197.34	163.42	673736	139.16	124.9	488.32	68.27
汤阴县 Tangyin	30.60	20.66	72308	49.20	125.0	172.00	22.50
滑县 Huaxian	64.24	37.89	160491	28.01	124.9	90.05	13.80
内黄县 Neihuang	45.04	34.34	66735	20.50	119.6	68.97	8.70
林州市 Linzhou	204.53	170.43	1007977	143.42	125.9	534.88	97.40
鹤壁市 Hebi							
浚县 Xunxian	49.04	29.00	15529	32.38	116.9	90.28	9.33
淇县 Qixian	68.32	51.63	8474	69.44	116.7	208.73	34.23

29-3 续表1 continued

县 市 County and city	全社会固定资产投资(亿元) Total Investment in Fixed Assets (100 million yuan)	#城镇 Urban Collective-Owned Units	建筑业总产值(万元) Gross Output Value of Construction (10 000 yuan)	工业增加值(亿元) Value Added of Industry (100 million yuan)	工业增加值指数(上年=100) Indices of Value Added of Industry (perceding year= year=100)	主营业务收入(亿元) Sales Revenue (100 million yuan)	利税总额(亿元) Pre-tax Profits (100 million yuan)
新乡市 Xinxiang							
新乡县 Xinxiang	135.22	122.60	147135	92.30	124.2	341.38	35.68
获嘉县 Huojia	39.51	26.38	54403	18.21	115.6	67.56	9.58
原阳县 Yuanyang	105.84	84.75	65449	22.62	115.8	89.80	13.54
延津县 Yanjin	65.73	53.90	42850	24.38	124.9	87.80	14.74
封丘县 Fengqiu	81.04	69.08	300420	11.68	112.0	42.87	11.04
长垣县 Changyuan	146.50	128.53	491821	46.14	117.6	173.51	22.51
卫辉市 Weihui	64.36	57.30	65790	23.14	115.6	82.73	5.90
辉县市 Huixian	173.13	158.00	57121	87.30	125.5	303.01	21.44
焦作市 Jiaozuo							
修武县 Xiuwu	63.92	52.28	27185	43.50	106.2	69.22	9.48
博爱县 Boai	114.40	94.41	39834	85.92	115.3	290.18	51.17
武陟县 Wuzhi	125.41	102.81	23776	87.17	118.1	305.30	51.63
温县 Wenxian	99.83	83.02	20308	65.60	118.0	231.26	37.10
沁阳市 Qinyang	133.06	117.01	58604	107.53	115.7	358.59	73.14
孟州市 Mengzhou	122.29	106.15	45095	91.03	119.0	315.72	65.32
濮阳市 Puyang							
清丰县 Qingfeng	75.44	50.31	14172	36.29	122.3	134.80	21.78
南乐县 Manle	49.00	30.78	9230	28.75	122.3	114.16	19.79
范县 Fanxian	48.20	35.76	18981	30.89	123.0	123.82	17.39
台前县 Taiqian	18.17	14.32	12792	22.12	121.7	83.77	5.61
濮阳县 Puyang	107.26	93.86	80936	96.75	122.0	324.96	57.04
许昌市 Xuchang							
许昌县 Xuchang	109.57	89.65	84270	60.05	118.5	184.48	33.18
鄢陵县 Yanling	81.75	63.91	175279	42.12	118.5	154.02	30.05
襄城县 Xiangcheng	84.45	63.22	10782	83.63	118.2	223.63	54.02
禹州市 Yuzhou	182.57	146.35	28263	153.23	118.1	412.14	96.19
长葛市 Changge	136.61	111.25	44670	120.03	118.6	441.44	73.84
漯河市 Luohe							
舞阳县 Wuyang	58.24	48.06	10145	35.81	114.6	107.93	23.36
临颍县 Linying	74.93	67.15	23344	110.22	114.6	295.46	53.42
三门峡市 Sanmenxia							
渑池县 Mianchi	107.07	88.26	41324	77.18	116.0	248.33	39.65
陕县 Shanxian	106.21	88.26	23649	40.57	116.9	122.95	13.43
卢氏县 Lushi	39.54	28.14	61885	5.92	121.6	15.75	2.61
义马市 Yima	76.32	75.05	76496	85.37	116.1	211.65	30.14
灵宝市 Lingbao	155.77	123.77	64779	132.00	113.6	641.72	80.58
南阳市 Nanyang							
南召县 Nanzhao	55.17	37.55	32950	32.28	117.7	48.64	4.06
方城县 Fangcheng	85.00	71.82	45507	20.41	118.5	46.35	5.91
西峡县 Xixia	117.41	102.89	95842	56.21	127.5	156.38	22.69
镇平县 Zhenping	86.71	52.41	20529	30.90	116.5	87.18	11.61

29−3 续表2 continued

县 市	County and city	全社会固定资产投资(亿元) Total Investment in Fixed Assets (100 million yuan)	#城镇 Urban Collective-Owned Units	建筑业总产值(万元) Gross Output Value of Construction (10 000 yuan)	工业增加值(亿元) Value Added of Industry (100 million yuan)	工业增加值指数(上年=100) Indices of Value Added of Industry (perceding year=year=100)	主营业务收入(亿元) Sales Revenue (100 million yuan)	利税总额(亿元) Pre-tax Profits (100 million yuan)
内乡县	Neixiang	74.94	65.26	65347	16.37	116.5	46.42	2.23
淅川县	Xichuan	99.52	84.60	90127	29.37	118.2	109.53	14.47
社旗县	Sheqi	45.86	31.13	47326	15.30	118.1	50.23	4.18
唐河县	Tanghe	87.44	54.44	253925	37.72	108.1	94.17	14.37
新野县	Xinye	88.13	76.13	56487	47.01	115.6	170.44	22.38
桐柏县	Tongbai	67.09	54.99	50432	32.39	101.9	51.82	9.59
邓州市	Dengzhou	124.83	95.07	153776	57.51	121.8	168.27	29.81
商丘市	**Shangqiu**							
民权县	Minquan	78.58	59.78	61327	18.16	135.0	59.87	6.97
睢县	Suixian	70.17	49.21	38380	13.50	111.0	40.95	4.20
宁陵县	Ningling	42.73	29.91	32424	12.38	125.2	41.90	5.16
柘城县	Zhecheng	62.48	49.19	75233	14.73	123.8	40.49	6.12
虞城县	Yucheng	76.95	57.27	83753	22.40	123.6	71.01	6.96
夏邑县	Xiayi	72.17	54.35	123618	18.21	121.9	62.21	6.75
永城市	Yongcheng	111.54	95.90	204294	141.34	107.8	552.62	74.15
信阳市	**Xinyang**							
罗山县	Luoshan	92.24	79.38	256261	17.22	121.0	51.02	5.94
光山县	Guangshan	90.31	71.69	114377	20.69	119.0	78.83	10.67
新县	Xinxian	60.13	46.64	120711	10.40	121.2	28.20	4.71
商城县	Shangcheng	71.99	55.39	129927	13.50	122.0	47.46	5.76
固始县	Gushi	106.05	83.17	184911	26.26	123.0	91.59	11.49
潢川县	Huangchuan	86.24	68.84	148910	21.54	123.1	68.51	2.88
淮滨县	Huaibin	55.50	43.80	97080	17.44	123.2	49.37	8.59
息县	Xixian	89.10	73.44	146103	23.46	118.7	77.31	10.27
周口市	**Zhoukou**							
扶沟县	Fugou	66.15	46.69	61967	17.68	118.2	65.58	15.29
西华县	Xihua	59.79	43.11	130006	24.65	117.7	87.44	18.85
商水县	Shangshui	61.17	40.60	49467	12.47	117.4	49.55	6.21
沈丘县	Shenqiu	73.09	50.78	144684	21.03	120.3	75.09	17.80
郸城县	Dancheng	65.41	43.10	134002	42.83	118.1	111.55	14.18
淮阳县	Huaiyang	67.93	44.59	87578	23.02	125.6	60.27	9.84
太康县	Taikang	56.70	34.16	118071	17.69	118.0	58.00	8.61
鹿邑县	Luyi	77.24	50.21	93278	42.87	118.2	125.83	23.73
项城市	Xiangcheng	61.79	41.94	120691	63.20	115.0	171.67	39.09
驻马店市	**Zhumadian**							
西平县	Xiping	53.78	38.40	81393	16.41	117.5	59.82	2.39
上蔡县	Shangcai	45.24	31.63	62928	21.13	116.1	94.37	9.75
平舆县	Pingyu	54.76	40.68	115019	19.73	120.6	74.83	9.31
正阳县	Zhengyang	46.17	27.02	55782	13.74	121.5	46.85	7.64
确山县	Queshan	51.22	34.68	128191	17.14	121.0	57.14	10.48
泌阳县	Biyang	52.78	37.00	83628	20.36	118.8	66.99	10.94
汝南县	Runan	50.14	31.99	54262	15.04	118.0	61.64	8.96
遂平县	Suiping	58.00	43.34	56018	22.69	118.1	77.35	3.46
新蔡县	Xincai	53.27	31.01	75068	13.29	118.4	64.18	8.64

29-4 各县(市)生产总值和指数(2009年)

县市 County and city	生产总值(万元) Gross Domestic Products (10 000 yuan)	第一产业 Primary Industry	第二产业 Secondary Industry	#工业 Industry	第三产业 Tertiary Industry
郑州市 Zhengzhou					
中牟县 Zhongmu	2225828	367439	1257079	1101000	601310
巩义市 Gongyi	3528016	55489	2658287	2532360	814240
荥阳市 Xingyang	3156762	174626	2227647	2107632	754489
新密市 Xinmi	3477502	92024	2571837	2456889	813641
新郑市 Xinzheng	3276264	156109	2356084	2237787	764071
登封市 Dengfeng	2585811	76908	1994218	1912923	514685
开封市 Kaifeng					
杞县 Qixian	1269986	478127	455882	429543	335977
通许县 Tongxu	985422	276673	405233	377608	303516
尉氏县 Weishi	1612225	322598	930734	880782	358893
开封县 Kaifeng	1038777	307993	395639	369809	335145
兰考县 Lankao	1002389	194383	449016	428131	358990
洛阳市 Luoyang					
孟津县 Mengjin	932045	165300	491961	411162	274784
新安县 Xinan	2204567	169140	1685680	1570352	349747
栾川县 Luanchuan	1176174	102304	888693	853436	185177
嵩县 Songxian	976598	216527	474588	419180	285483
汝阳县 Ruyang	584830	93505	318783	269558	172542
宜阳县 Yiyang	1075050	220360	497195	412606	357495
洛宁县 Luoning	787205	188782	367871	317727	230552
伊川县 Yichuan	2048778	238246	1401713	1292986	408819
偃师市 Yanshi	3350779	241495	2181979	2042424	927305
平顶山市 Pingdingshan					
宝丰县 Baofeng	1275910	107256	813453	787898	355201
叶县 Yexian	1171487	274897	643790	617756	252800
鲁山县 Lushan	672369	135522	284972	263576	251875
郏县 Jiaxian	840735	153567	489609	468307	197559
舞钢市 Wugang	986079	71456	678164	651580	236459
汝州市 Ruzhou	2272820	253674	1415347	1339540	603799
安阳市 Anyang					
安阳县 Anyang	2395008	219758	1622100	1499060	553150
汤阴县 Tangyin	920902	155324	590884	573970	174694
滑县 Huaxian	1232130	497590	460836	409637	273704
内黄县 Neihuang	870373	329052	350681	308017	190640
林州市 Linzhou	2718820	158162	1910644	1670675	650014
鹤壁市 Hebi					
浚县 Xunxian	826802	218528	432643	411669	175631
淇县 Qixian	998985	135986	775649	747809	87350

Gross Domestic Product and Its indices by County and City (2009)

人均生产总值(元)(按常住人口计算) Per Capita GDP(yuan) (calculated at residents)	生产总值指数(%)(上年=100) Indices of Gross Domestic Products(%) (preceding year=100)	第一产业 Primary Industry	第二产业 Secondary Industry	#工业 Industry	第三产业 Tertiary Industry	人均生产总值指数(%) Indices of Per Capita GDP (%)
32890	111.1	104.6	115.9	114.9	107.1	110.8
43463	110.2	103.5	109.4	108.9	114.4	109.6
52484	110.4	104.3	110.6	109.7	111.4	110.0
45204	110.0	104.5	110.3	109.6	109.6	109.4
52434	111.8	104.3	111.8	111.3	113.4	111.2
39573	111.8	104.3	113.3	112.8	107.0	111.2
12658	111.3	104.2	115.8	115.5	117.4	111.0
16965	111.1	104.2	113.3	112.7	116.1	110.5
21275	111.9	104.1	113.6	113.2	115.5	111.3
15257	111.2	104.2	112.6	111.9	115.4	110.6
13304	111.8	104.2	110.5	110.0	117.5	111.2
22969	113.6	104.2	115.9	114.2	113.7	113.5
44665	114.7	103.8	115.7	115.1	113.6	113.0
35031	115.1	104.0	116.3	116.0	113.0	114.8
18959	115.3	104.6	116.3	114.3	122.8	113.9
14913	111.1	104.3	112.6	110.6	113.5	109.1
17564	113.7	103.7	119.3	116.8	114.5	114.5
19369	113.8	104.1	114.7	113.6	118.2	114.2
28010	112.5	104.6	113.4	112.9	112.4	110.5
41847	111.0	104.3	111.1	110.4	112.6	112.0
26473	112.7	104.0	116.0	115.1	109.5	111.9
13683	112.8	104.1	119.1	117.7	107.4	112.0
8022	112.1	104.0	116.6	114.2	111.0	111.1
15392	113.0	103.9	116.2	115.3	111.9	112.1
31067	102.2	104.0	99.2	98.2	112.6	101.4
24379	113.5	104.0	114.4	113.7	114.8	113.1
26216	118.7	105.1	123.2	121.6	111.6	119.9
20528	114.6	100.1	120.9	120.8	107.1	114.3
10805	110.2	104.4	115.9	116.4	108.8	109.6
12849	107.3	104.4	112.2	112.5	104.4	106.8
32853	117.9	107.4	120.7	120.3	112.2	117.9
13386	111.3	104.1	115.9	115.3	107.0	118.5
40941	113.4	105.3	115.5	114.8	108.0	114.1

29-4 续表1

县 市 County and city	生产总值（万元）Gross Domestic Products (10 000 yuan)	第一产业 Primary Industry	第二产业 Secondary Industry	#工业 Industry	第三产业 Tertiary Industry
新 乡 市 Xinxiang					
新 乡 县 Xinxiang	1334569	82798	1078749	1000006	173022
获 嘉 县 Huojia	474717	100044	265463	234808	109210
原 阳 县 Yuanyang	659925	171415	312255	267700	176255
延 津 县 Yanjin	624216	146118	321022	279356	157076
封 丘 县 Fengqiu	599125	220903	229395	153800	148827
长 垣 县 Changyuan	1190838	186469	600217	492731	404152
卫 辉 市 Weihui	671932	138108	295731	258000	238093
辉 县 市 Huixian	1668585	225396	1149114	1072738	294075
焦 作 市 Jiaozuo					
修 武 县 Xiuwu	784857	108592	506851	477255	169414
博 爱 县 Boai	1481385	142088	1067367	1014416	271930
武 陟 县 Wuzhi	1577663	205546	1087575	1032760	284542
温 县 Wenxian	1297542	141956	898194	857080	257392
沁 阳 市 Qinyang	1950810	121049	1374114	1322307	455647
孟 州 市 Mengzhou	1447452	110504	1107517	1050061	229431
濮 阳 市 Puyang					
清 丰 县 Qingfeng	912549	245616	487389	462644	179544
南 乐 县 Manle	738994	188075	403359	384336	147560
范 县 Fanxian	682664	99837	422847	406642	159980
台 前 县 Taiqian	458407	57691	297637	281601	103079
濮 阳 县 Puyang	1650098	239583	1136990	1104015	273525
许 昌 市 Xuchang					
许 昌 县 Xuchang	1484220	264139	910446	836417	309635
鄢 陵 县 Yanling	1401027	397491	694659	616591	308877
襄 城 县 Xiangcheng	1658282	283598	1087550	1034573	287134
禹 州 市 Yuzhou	2923028	227894	2120466	2019755	574668
长 葛 市 Changge	2207533	180393	1640875	1559981	386265
漯 河 市 Luohe					
舞 阳 县 Wuyang	755475	161000	494388	471078	100087
临 颍 县 Linying	1721124	250800	1263090	1224843	207234
三 门 峡 市 Sanmenxia					
渑 池 县 Mianchi	1354816	121416	986177	953350	247223
陕 县 Shanxian	918379	102892	508101	477052	307386
卢 氏 县 Lushi	354682	92825	113166	84008	148691
义 马 市 Yima	1000533	6162	873397	836047	120974
灵 宝 市 Lingbao	2422040	235454	1621451	1570131	565135
南 阳 市 Nanyang					
南 召 县 Nanzhao	780722	133704	449670	411195	197348
方 城 县 Fangcheng	956548	277044	424973	372386	254531
西 峡 县 Xixia	1290183	197870	830345	747726	261968

continued

人均生产总值(元)(按常住人口计算) Per Capita GDP(yuan) (calculated at residents)	生产总值指数(%)(上年=100) Indices of Gross Domestic Products(%) (preceding year=100)	第一产业 Primary Industry	第二产业 Secondary Industry	#工业 Industry	第三产业 Tertiary Industry	人均生产总值指数(%) Indices of Per Capita GDP (%)
42140	119.0	104.2	122.0	122.0	108.7	119.2
12197	110.8	103.7	112.2	112.2	112.8	110.8
10182	110.8	103.8	112.5	112.6	114.8	110.9
14476	114.3	104.4	117.4	117.2	117.5	114.3
8174	110.9	103.7	117.1	109.9	112.3	111.0
15129	114.2	103.7	122.5	117.0	107.7	114.7
13820	111.5	104.1	114.7	113.1	112.1	111.5
21817	116.1	105.0	119.0	118.7	111.8	119.0
28755	107.0	104.3	106.9	106.3	108.7	106.8
36396	112.0	104.6	113.7	113.6	108.3	111.8
25067	113.5	104.4	115.7	115.6	111.9	113.2
32686	112.7	104.4	114.6	114.5	110.2	112.5
42801	113.1	104.4	113.8	113.6	113.1	112.9
40251	114.8	104.3	116.4	116.4	112.0	114.6
14468	114.1	104.3	118.0	118.0	116.7	114.3
15412	113.4	104.2	116.1	116.1	117.1	113.1
14135	115.2	103.8	117.7	117.8	114.8	114.6
14372	114.0	104.0	117.1	117.0	110.3	112.8
15824	115.9	104.2	119.0	119.2	112.9	115.8
20257	111.9	104.5	113.8	112.9	113.0	110.5
24321	111.9	104.5	115.2	114.6	113.2	111.1
24506	113.1	104.3	116.0	115.8	111.7	112.6
25495	113.6	104.6	114.4	114.1	113.7	116.8
32768	113.2	104.4	114.3	114.1	112.0	112.6
14078	111.0	103.9	113.3	112.6	107.0	109.8
25464	111.0	104.8	113.1	112.9	105.3	110.6
40215	112.8	103.9	114.3	113.7	111.4	112.6
26361	112.5	106.3	114.7	113.7	110.2	112.2
10045	113.0	106.4	119.0	113.2	112.6	112.6
71563	115.9	104.1	116.5	115.7	112.6	114.9
33380	111.3	104.5	112.6	112.1	110.6	110.9
13083	110.5	104.5	112.8	112.1	109.7	109.7
10280	110.8	104.6	113.0	112.3	114.1	110.1
30559	116.0	104.1	119.0	118.4	114.8	115.1

29-4 续表2

县 市	County and city	生产总值（万元）Gross Domestic Products (10 000 yuan)	第一产业 Primary Industry	第二产业 Secondary Industry	#工业 Industry	第三产业 Tertiary Industry
镇平县	Zhenping	1368003	230118	780896	707950	356989
内乡县	Neixiang	922540	258792	444341	383389	219407
淅川县	Xichuan	1107974	264153	611181	545344	232640
社旗县	Sheqi	771741	261494	321521	287196	188726
唐河县	Tanghe	1669508	532104	778118	682928	359286
新野县	Xinye	1428391	344850	759836	721659	323705
桐柏县	Tongbai	855943	154409	524468	485045	177066
邓州市	Dengzhou	2142044	623199	1014249	944676	504596
商丘市	**Shangqiu**					
民权县	Minquan	931462	298343	358690	312434	299943
睢县	Suixian	840600	315895	331487	281846	193219
宁陵县	Ningling	552215	169002	224402	202995	158810
柘城县	Zhecheng	887707	340007	260390	220929	287310
虞城县	Yucheng	1160712	385033	426246	373132	349433
夏邑县	Xiayi	1029482	361582	378475	333760	289425
永城市	Yongcheng	2559390	421543	1675180	1547197	462667
信阳市	**Xinyang**					
罗山县	Luoshan	777244	204249	317347	253169	255648
光山县	Guangshan	816189	226732	353945	297237	235512
新县	Xinxian	506213	117245	215489	168120	173479
商城县	Shangcheng	719796	204237	299534	208503	216025
固始县	Gushi	1524998	534859	552489	460479	437650
潢川县	Huangchuan	1047607	303894	396767	335232	346946
淮滨县	Huaibin	676632	189234	279234	246533	208164
息县	Xixian	874935	259024	358469	314785	257442
周口市	**Zhoukou**					
扶沟县	Fugou	702566	250600	286381	252510	165585
西华县	Xihua	897029	363251	362568	319808	171210
商水县	Shangshui	893102	391276	265378	231409	236448
沈丘县	Shenqiu	1032183	296682	420355	363196	315146
郸城县	Dancheng	1163705	345000	605298	563423	213407
淮阳县	Huaiyang	1109860	442935	453176	402147	213749
太康县	Taikang	999198	395198	360190	318698	243810
鹿邑县	Luyi	1358449	346177	641946	587616	370326
项城市	Xiangcheng	1610931	301711	973908	926044	335312
驻马店市	**Zhumadian**					
西平县	Xiping	886047	268902	369011	339827	248134
上蔡县	Shangcai	1018876	242876	420290	385217	355710
平舆县	Pingyu	830213	228468	356208	295696	245537
正阳县	Zhengyang	737276	287064	240637	212542	209575
确山县	Queshan	694945	182582	315264	290031	197099
泌阳县	Beiyang	922849	324080	354099	320874	244670
汝南县	Runan	738771	248413	272317	244849	218041
遂平县	Suiping	792272	183624	378386	335815	230262
新蔡县	Xincai	818694	289463	299463	259118	229768

continued

人均生产总值(元)(按常住人口计算) Per Capita GDP(yuan) (calculated at residents)	生产总值指数(%)(上年=100) Indices of Gross Domestic Products(%) (preceding year=100)	第一产业 Primary Industry	第二产业 Secondary Industry	#工业 Industry	第三产业 Tertiary Industry	人均生产总值指数(%) Indices of Per Capita GDP (%)
14866	111.1	104.2	110.7	110.1	117.2	110.4
15079	109.1	104.6	110.2	108.9	112.0	108.4
16709	110.9	104.6	113.0	112.2	112.5	110.2
12593	109.6	104.4	112.4	111.5	111.9	108.8
14734	108.1	104.3	108.2	106.8	113.0	107.4
20942	110.0	104.1	111.9	111.6	111.7	109.1
20699	105.6	104.4	104.2	103.3	112.4	104.8
15875	110.1	104.3	114.2	113.8	108.1	107.7
11712	113.8	103.8	120.0	119.7	117.6	112.2
11099	109.5	104.3	109.5	108.2	118.0	108.7
9840	111.7	104.3	115.7	115.1	113.8	110.3
10315	114.9	104.4	116.5	115.0	125.6	114.4
11450	112.1	104.2	115.4	114.8	118.2	112.3
9849	111.0	104.2	113.8	112.8	116.1	112.6
20191	109.3	104.1	108.5	107.5	116.3	107.2
13205	112.5	105.0	116.4	114.3	114.2	111.2
11832	112.4	104.9	115.8	113.9	115.1	111.1
17375	111.7	104.8	115.9	113.5	110.6	110.0
12097	112.2	104.9	116.7	113.4	113.0	111.5
11690	112.4	104.8	116.2	114.8	117.6	111.1
15708	112.3	104.8	117.4	116.2	113.0	111.8
11865	112.7	104.8	117.7	116.2	116.0	112.1
11267	112.8	104.5	115.7	114.3	117.9	111.7
10825	110.6	105.0	115.7	113.9	113.4	110.0
10903	110.1	104.2	115.6	113.6	110.3	108.7
8484	109.8	104.2	111.3	110.0	115.7	109.0
9209	111.5	104.3	112.8	112.0	115.7	111.1
9781	111.5	104.6	114.8	114.1	114.4	112.2
9284	111.8	104.5	116.3	114.5	116.4	113.2
7893	110.1	104.2	111.9	111.1	116.2	109.5
12609	112.3	104.5	114.2	113.7	115.9	111.4
14825	110.2	104.1	111.8	111.2	110.3	109.3
11103	110.6	104.2	110.6	109.8	119.3	110.0
7975	110.5	104.3	110.8	109.7	115.5	110.7
9783	112.7	104.6	115.5	114.0	116.6	115.4
10408	111.4	104.6	116.4	114.1	116.5	112.3
15055	110.9	104.4	113.9	112.3	111.9	112.5
10706	111.1	104.5	114.5	112.4	114.5	111.6
10466	110.7	104.3	112.9	111.3	115.5	110.1
17903	112.5	104.2	114.2	112.7	116.8	114.3
8806	110.7	104.4	111.5	110.3	117.7	110.2

29−5 各县(市)农业增加值、城乡居民收入和社会消费品零售总额(2009年)

Value Added of Agriculture, Per Capita Net Income of Rural and Urban Residents, Total Retail Sales of Consumer Goods (2009)

县 市	County and city	农林牧渔业增加值(万元) Value Added of Farming Forestry,Animal Husbandry and Fishery (10 000 yuan)	#农 业 Farming	#牧 业 Animal Husbandry	农民人均纯收入(元) Per Capita Net Income of Rural Residents (yuan)	城镇居民人均可支配收入(元) Per Capita Net Income of Urban Residents (yuan)	社会消费品零售总额(亿元) Total Retail Sales of Consumer Goods (100 million yuan)
郑州市	**Zhengzhou**						
中牟县	Zhongmu	367439	200704	130114	7445	13140	64.92
巩义市	Gongyi	55489	24394	26707	8481	14409	107.84
荥阳市	Xingyang	174626	72857	92138	7973	14401	93.23
新密市	Xinmi	92024	48587	33484	7916	14402	98.75
新郑市	Xinzheng	156109	93661	56402	8315	14401	96.24
登封市	Dengfeng	76908	29327	39819	7135	13910	79.85
开封市	**Kaifeng**						
杞县	Qixian	478127	314771	134995	4718	9572	37.28
通许县	Tongxu	276673	196941	70096	4951	10476	29.02
尉氏县	Weishi	322598	181317	118441	5111	11168	40.66
开封县	Kaifeng	307993	194182	101300	4534	10232	27.39
兰考县	Lankao	194383	105014	70451	3789	10115	29.02
洛阳市	**Luoyang**						
孟津县	Mengjin	165300	77711	67639	4426	12004	26.91
新安县	Xinan	169140	107375	41363	5112	13999	40.67
栾川县	Luanchuan	102304	62130	10725	4085	12844	26.75
嵩县	Songxian	216527	110493	41471	3910	12088	32.22
汝阳县	Ruyang	93505	47839	11463	3896	11347	26.64
宜阳县	Yiyang	220360	142123	56815	4170	11916	34.86
洛宁县	Luoning	188782	98538	40171	3908	11869	26.01
伊川县	Yichuan	238246	134634	88347	5010	12747	70.11
偃师市	Yanshi	241495	131510	95799	7355	13883	90.01
平顶山市	**Pingdingshan**						
宝丰县	Baofeng	107256	51261	51628	5657	11030	20.03
叶县	Yexian	274897	144650	121848	4525	10785	29.37
鲁山县	Lushan	135522	86742	31380	3190	9898	21.47
郏县	Jiaxian	153567	88784	61022	4459	10262	21.12
舞钢市	Wugang	71456	32579	33580	5079	12766	19.24
汝州市	Ruzhou	253674	107788	108704	5530	12252	50.43
安阳市	**Anyang**						
安阳县	Anyang	219758	127481	55191	5983	12683	41.96
汤阴县	Tangyin	155324	114186	33442	5133	11910	15.31
滑县	Huaxian	497590	378916	90051	4766	11489	33.61
内黄县	Neihuang	329052	276826	31300	4749	10715	25.34
林州市	Linzhou	158162	62970	81423	6916	13024	45.08
鹤壁市	**Hebi**						
浚县	Xunxian	218528	114116	94170	5930	10807	20.93
淇县	Qixian	135986	33376	95976	6409	12661	19.29

29-5 续表1 continued

县 市 County and city	农林牧渔业增加值(万元) Value Added of Farming Forestry,Animal Husbandry and Fishery (10 000 yuan)	#农 业 Farming	#牧 业 Animal Husbandry	农民人均纯收入(元) Per Capita Net Income of Rural Residents (yuan)	城镇居民人均可支配收入(元) Per Capita Net Income of Urban Residents (yuan)	社会消费品零售总额(亿元) Total Retail Sales of Consumer Goods (100 million yuan)
新 乡 市 Xinxiang						
新 乡 县 Xinxiang	82798	45165	33754	6606	12980	15.53
获 嘉 县 Huojia	100044	57330	37843	5756	9687	16.22
原 阳 县 Yuanyang	171415	102929	58255	4404	9516	18.89
延 津 县 Yanjin	146275	98834	34652	5701	10558	16.25
封 丘 县 Fengqiu	220903	144429	64298	4288	9601	14.29
长 垣 县 Changyuan	186469	114584	59184	6281	11197	27.54
卫 辉 市 Weihui	138108	62894	66760	5375	10514	24.95
辉 县 市 Huixian	225396	110431	106736	5635	12750	44.97
焦 作 市 Jiaozuo						
修 武 县 Xiuwu	108592	42887	58352	6078	13332	19.19
博 爱 县 Boai	142088	78530	59901	6721	13559	27.16
武 陟 县 Wuzhi	205546	108132	88793	6607	13464	31.66
温 县 Wenxian	141956	106374	33128	6602	13314	29.52
沁 阳 市 Qinyang	121049	68694	47845	6869	13885	40.38
孟 州 市 Mengzhou	110504	77292	29872	6734	13675	31.73
濮 阳 市 Puyang						
清 丰 县 Qingfeng	245616	170821	63479	5033	10826	28.00
南 乐 县 Nanle	188075	100096	72460	4614	10751	22.00
范 县 Fanxian	99837	46002	46260	3545	9417	25.00
台 前 县 Taiqian	57691	29417	25947	3373	9234	13.00
濮 阳 县 Puyang	239583	149121	78512	4566	12060	59.00
许 昌 市 Xuchang						
许 昌 县 Xuchang	264139	154850	101853	6343	12673	33.21
鄢 陵 县 Yanling	397491	244845	101235	6476	12636	25.84
襄 城 县 Xiangcheng	283599	167235	103457	5808	11892	25.17
禹 州 市 Yuzhou	227894	131958	84330	6725	13643	76.90
长 葛 市 Changge	180393	85422	71572	6545	12768	59.15
漯 河 市 Luohe						
舞 阳 县 Wuyang	161000	80369	74736	3494	9538	35.81
临 颍 县 Linying	250800	144772	96904	5950	10905	40.63
三 门 峡 市 Sanmenxia						
渑 池 县 Mianchi	121416	68847	44341	5569	13986	20.60
陕 县 Shanxian	102892	77840	19349	4510	12286	17.76
卢 氏 县 Lushi	92825	60246	11235	3356	11960	15.29
义 马 市 Yima	6162	3415	1995	6285	13039	15.83
灵 宝 市 Lingbao	235454	199846	25861	5872	13451	63.53
南 阳 市 Nanyang						
南 召 县 Nanzhao	133704	77355	25930	3828	11764	35.66
方 城 县 Fangcheng	277144	219950	33792	4626	12016	45.76
西 峡 县 Xixia	197871	134939	30693	5514	13007	31.30

29−5 续表2 continued

县 市 County and city	农林牧渔业增加值（万元）Value Added of Farming Forestry,Animal Husbandry and Fishery (10 000 yuan)	#农 业 Farming	#牧 业 Animal Husbandry	农民人均纯收入（元）Per Capita Net Income of Rural Residents (yuan)	城镇居民人均可支配收入（元）Per Capita Net Income of Urban Residents (yuan)	社会消费品零售总额（亿元）Total Retail Sales of Consumer Goods (100 million yuan)
镇平县 Zhenping	230118	174609	43533	5396	12085	61.49
内乡县 Neixiang	258892	132635	102393	4906	12272	36.17
淅川县 Xichuan	264253	166193	77343	3994	12488	39.58
社旗县 Sheqi	261494	176603	75491	3691	10901	26.73
唐河县 Tanghe	532304	358498	161168	5310	12231	58.82
新野县 Xinye	344950	223302	107594	5561	12739	48.39
桐柏县 Tongbai	154409	89796	33017	3447	11763	33.75
邓州市 Dengzhou	623399	410402	181511	5481	12990	60.15
商丘市 Shangqiu						
民权县 Minquan	[illegible]98343	198473	71501	3770	11160	33.97
睢县 Suixian	315896	249153	54818	4023	11361	25.04
宁陵县 Ningling	166494	124744	34442	3745	10146	20.04
柘城县 Zhecheng	340007	242360	75698	3814	10533	27.42
虞城县 Yucheng	385033	269801	96042	3851	11820	28.83
夏邑县 Xiayi	361583	259069	88529	3800	11868	33.17
永城市 Yongcheng	421543	290643	105546	4745	13448	62.05
信阳市 Xinyang						
罗山县 Luoshan	204248	133091	40514	4524	11787	28.42
光山县 Guangshan	226732	148413	53135	4587	11675	31.89
新县 Xinxian	117245	46553	16019	4877	11675	19.39
商城县 Shangcheng	204237	105589	51044	4420	11675	26.94
固始县 Gushi	534859	344416	137070	4757	11688	64.54
潢川县 Huangchuan	303894	205608	67750	4985	11787	35.93
淮滨县 Huaibin	189234	116770	49821	3900	10722	24.53
息县 Xixian	259024	184328	40988	4020	11525	34.43
周口市 Zhoukou						
扶沟县 Fugou	250600	189213	45395	4015	10001	26.36
西华县 Xihua	363251	243246	84508	4022	10874	42.35
商水县 Shangshui	391276	281419	94082	3495	10579	30.54
沈丘县 Shenqiu	296682	199089	86628	3638	10901	37.41
郸城县 Dancheng	345000	268912	63409	3915	10962	31.37
淮阳县 Huaiyang	442935	279109	110740	3441	10890	45.29
太康县 Taikang	395198	263320	108054	3825	10253	44.82
鹿邑县 Luyi	346177	258473	65704	4349	11357	47.96
项城市 Xiangcheng	301711	234651	59344	4402	11448	51.53
驻马店市 Zhumadian						
西平县 Xiping	268902	155440	104702	4683	11345	40.26
上蔡县 Shangcai	242876	138338	86205	4135	11394	32.29
平舆县 Pingyu	228468	126044	71136	4136	11416	24.83
正阳县 Zhengyang	287064	159534	115221	4137	10566	27.15
确山县 Queshan	182582	84071	81713	4230	11452	21.15
泌阳县 Biyang	324080	188848	115825	4099	11438	28.99
汝南县 Runan	248411	136955	92254	4242	10571	27.90
遂平县 Suiping	183624	84697	90898	4602	11460	25.49
新蔡县 Xincai	289463	148004	130963	3902	10569	26.59

29-6 各县(市)农业生产条件(2009年)

Agricultural Conditions by County and City (2009)

县市 County and city	乡村从业人员数(万人) Rural Employed Persons (10 000 persons)	#农林牧渔业 Farming, Forestry, Animal Husbandry & Fishery	农用机械总动力(万千瓦) Total Agricultural Machinery Power (10 000kw)	化肥施用折纯量(吨) Consumption of Chemical Fertilizers (ton)	农村用电量(万千瓦时) Electricity Consumed in Rural Areas (10 000 kwh)	农药使用量(吨) Consumption of Agricultural Chemical (ton)	地膜使用量(吨) Consumption of Plastic Film (ton)
郑州市 Zhengzhou							
中牟县 Zhongmu	38.85	25.20	95.76	52389	23942	1468	2613
巩义市 Gongyi	31.48	8.03	53.88	32745	125756	564	24
荥阳市 Xingyang	30.89	14.90	72.89	29654	30707	581	171
新密市 Xinmi	31.37	9.38	48.27	26541	71973	254	134
新郑市 Xinzheng	31.80	16.42	85.19	37859	41554	699	287
登封市 Dengfeng	32.73	14.06	54.07	17893	40535	264	116
开封市 Kaifeng							
杞县 Qixian	59.91	42.07	162.95	59203	15489	1953	1577
通许县 Tongxu	32.50	27.05	90.89	35401	4501	1738	1379
尉氏县 Weishi	47.63	27.19	118.50	41879	19390	916	2283
开封县 Kaifeng	43.02	27.80	153.24	62586	13869	603	1060
兰考县 Lankao	44.68	22.86	87.97	61778	20945	760	628
洛阳市 Luoyang							
孟津县 Mengjin	22.16	9.49	32.58	18617	13493	464	241
新安县 Xinan	28.14	16.33	40.31	20506	4187	365	146
栾川县 Luanchuan	18.23	9.41	26.89	7918	17529	55	100
嵩县 Songxian	31.37	19.90	48.09	24362	11728	324	105
汝阳县 Ruyang	25.25	15.12	36.46	20384	11483	303	217
宜阳县 Yiyang	38.18	22.10	52.51	39023	24143	820	655
洛宁县 Luoning	27.72	16.29	36.79	21108	7091	362	300
伊川县 Yichuan	42.29	24.11	68.32	24137	34906	340	239
偃师市 Yanshi	45.19	13.00	74.11	33740	38835	709	240
平顶山市 Pingdingshan							
宝丰县 Baofeng	26.71	16.60	40.23	46648	9008	363	137
叶县 Yexian	51.59	32.62	52.88	88515	10844	538	320
鲁山县 Lushan	48.34	29.61	28.16	34192	15480	396	70
郏县 Jiaxian	35.69	25.73	44.30	40692	7255	695	455
舞钢市 Wugang	16.23	8.71	32.57	16030	2979	881	337
汝州市 Ruzhou	49.06	27.75	120.72	96437	26279	589	120
安阳市 Anyang							
安阳县 Anyang	54.62	24.66	62.55	51381	79770	1144	65
汤阴县 Tangyin	25.05	14.21	54.27	41163	51064	596	226
滑县 Huaxian	81.29	51.86	238.24	178006	35419	1412	700
内黄县 Neihuang	44.22	26.63	98.40	66568	20022	1319	976
林州市 Linzhou	52.52	20.88	53.47	39661	48939	310	32
鹤壁市 Hebi							
浚县 Xunxian	35.22	17.14	144.10	40623	7938	938	99
淇县 Qixian	14.40	8.18	25.36	6555	3263	268	6

29−6 续表1 continued

县 市 County and city	乡村从业人员数（万人）Rural Employed Persons (10 000 persons)	#农林牧渔业 Farming, Forestry, Animal Husbandry & Fishery	农用机械总动力（万千瓦）Total Agricultural Machinery Power (10 000kw)	化肥施用折纯量（吨）Consumption of Chemical Fertilizers (ton)	农村用电量（万千瓦小时）Electricity Consumed in Rural Areas (10 000 kwh)	农药使用量（吨）Consumption of Agricultural Chemical (ton)	地膜使用量（吨）Consumption of Plastic Film (ton)
新 乡 市 Xinxiang							
新 乡 县 Xinxiang	17.33	3.53	43.12	27301	120953	418	57
获 嘉 县 Huojia	21.13	10.96	62.22	29608	9915	554	77
原 阳 县 Yuanyang	34.87	17.57	117.64	45851	49144	804	172
延 津 县 Yanjin	21.19	13.80	80.09	88651	10713	1075	98
封 丘 县 Fengqiu	39.52	20.19	98.52	65932	10116	2111	323
长 垣 县 Changyuan	39.73	21.50	102.93	58481	34219	956	148
卫 辉 市 Weihui	21.81	16.33	52.97	45770	12041	794	202
辉 县 市 Huixian	34.96	17.89	70.55	79873	213883	840	74
焦 作 市 Jiaozuo							
修 武 县 Xiuwu	12.79	8.08	44.57	15200	7740	414	11
博 爱 县 Boai	20.34	11.25	35.12	35579	14100	462	217
武 陟 县 Wuzhi	34.50	23.32	110.69	50076	17330	1332	108
温 县 Wenxian	22.92	13.26	47.38	21788	24820	445	134
沁 阳 市 Qinyang	24.13	12.18	56.17	30075	21266	693	144
孟 州 市 Mengzhou	19.21	7.82	43.12	44266	19353	850	205
濮 阳 市 Puyang							
清 丰 县 Qingfeng	37.71	22.87	74.89	63271	10914	852	208
南 乐 县 Manle	26.56	13.50	71.14	53179	19616	638	398
范 县 Fanxian	26.78	17.64	65.12	31040	5435	500	67
台 前 县 Taiqian	21.23	12.05	34.34	6458	6847	173	67
濮 阳 县 Puyang	59.52	40.65	122.82	90128	6561	1856	117
许 昌 市 Xuchang							
许 昌 县 Xuchang	38.79	18.92	74.40	43025	15858	1629	374
鄢 陵 县 Yanling	29.61	13.44	73.60	43236	6885	1701	437
襄 城 县 Xiangcheng	50.47	29.12	73.15	46066	11314	540	261
禹 州 市 Yuzhou	60.74	30.20	76.12	126542	19549	583	301
长 葛 市 Changge	35.36	14.95	49.26	41493	22071	702	70
漯 河 市 Luohe							
舞 阳 县 Wuyang	31.78	21.79	58.36	32209	7174	713	225
临 颍 县 Linying	39.20	22.39	94.38	46863	19591	698	933
三 门 峡 市 Sanmenxia							
渑 池 县 Mianchi	16.60	7.66	33.85	18991	5336	280	486
陕 县 Shanxian	16.79	11.29	33.14	18012	5282	739	356
卢 氏 县 Lushi	17.71	13.98	19.36	12436	2618	165	550
义 马 市 Yima	2.37	0.85	3.41	944	1499	35	36
灵 宝 市 Lingbao	36.37	26.81	66.82	37554	12504	1135	558
南 阳 市 Nanyang							
南 召 县 Nanzhao	33.04	22.92	26.55	16223	4060	352	227
方 城 县 Fangcheng	60.58	39.73	96.37	85293	10006	1255	2319
西 峡 县 Xixia	26.01	17.76	10.71	30053	17961	678	622

29-6 续表2 continued

县 市	County and city	乡村从业人员数(万人) Rural Employed Persons (10 000 persons)	#农林牧渔业 Farming, Forestry, Animal Husbandry & Fishery	农用机械总动力(万千瓦) Total Agricultural Machinery Power (10 000kw)	化肥施用折纯量(吨) Consumption of Chemical Fertilizers (ton)	农村用电量(万千瓦小时) Electricity Consumed in Rural Areas (10 000 kwh)	农药使用量(吨) Consumption of Agricultural Chemical (ton)	地膜使用量(吨) Consumption of Plastic Film (ton)
镇平县	Zhenping	46.91	25.75	75.50	43379	11426	892	592
内乡县	Neixiang	30.52	16.75	50.19	32832	12580	728	492
淅川县	Xichuan	37.82	22.60	48.26	43873	23218	652	585
社旗县	Sheqi	37.26	25.88	65.08	62348	6013	1350	601
唐河县	Tanghe	61.80	39.97	171.85	103879	13986	3893	1211
新野县	Xinye	43.81	26.20	137.58	108909	18718	3150	4641
桐柏县	Tongbai	21.09	12.42	73.19	41060	6800	448	411
邓州市	Dengzhou	87.84	39.69	158.13	109655	22576	4054	2100
商丘市	**Shangqiu**							
民权县	Minquan	45.38	27.90	111.35	52629	14254	2793	1073
睢县	Suixian	47.09	29.06	106.42	47423	6906	931	511
宁陵县	Ningling	33.88	21.04	90.19	43006	8538	925	254
柘城县	Zhecheng	44.90	27.49	108.72	53605	11126	1010	850
虞城县	Yucheng	62.76	36.88	166.17	99928	28203	3903	855
夏邑县	Xiayi	58.77	23.91	162.10	105527	30283	1675	335
永城市	Yongcheng	77.46	34.79	165.77	94821	46546	1765	973
信阳市	**Xinyang**							
罗山县	Luoshan	35.09	21.36	50.62	31442	8766	588	269
光山县	Guangshan	41.93	22.88	31.56	32120	19200	760	100
新县	Xinxian	17.71	7.39	14.96	7719	3676	330	42
商城县	Shangcheng	35.46	15.95	21.30	19630	9278	480	286
固始县	Gushi	87.31	41.22	65.09	90998	21288	2138	1211
潢川县	Huangchuan	45.23	25.93	31.56	65545	9813	635	389
淮滨县	Huaibin	37.95	18.97	54.20	81650	9552	706	553
息县	Xixian	50.32	28.27	98.99	52980	14000	1636	700
周口市	**Zhoukou**							
扶沟县	Fugou	36.14	25.35	100.45	41808	11232	1793	1288
西华县	Xihua	49.65	34.04	113.94	104544	8950	3010	1236
商水县	Shangshui	64.12	32.36	102.86	64923	12507	1182	439
沈丘县	Shenqiu	68.78	39.91	82.06	90460	15496	1535	51
郸城县	Dancheng	79.54	46.12	147.99	78242	10282	2186	1456
淮阳县	Huaiyang	67.00	42.75	107.35	109780	18794	2878	1898
太康县	Taikang	75.78	56.43	165.62	91232	10903	2970	1918
鹿邑县	Luyi	67.13	34.91	106.60	90834	13983	1197	321
项城市	Xiangcheng	59.76	20.20	73.43	33688	14601	1542	726
驻马店市	**Zhumadian**							
西平县	Xiping	52.03	14.00	116.64	67510	22998	322	261
上蔡县	Shangcai	79.69	53.16	140.42	78600	16098	707	407
平舆县	Pingyu	58.87	36.31	149.26	56645	7933	495	509
正阳县	Zhengyang	41.30	25.38	192.55	108111	6400	525	783
确山县	Queshan	28.96	16.53	99.86	62302	9425	944	576
泌阳县	Biyang	57.76	44.00	173.54	70150	6436	343	270
汝南县	Runan	46.81	31.07	108.93	77441	7153	680	612
遂平县	Suiping	30.82	20.42	88.09	54688	6739	471	239
新蔡县	Xincai	65.02	37.12	130.20	71500	8210	1180	750

29－7　各县(市)主要农作物播种面积和产量(2009年)

Sown Area and Output of Major Farm Products by County and City (2009)

县　市 County and city	总播种面积 (千公顷) Total Sown Area (1 000 hectares)	#粮食 Grain	#棉花 Cotton	#油料 Oil-bearing Crops	粮食产量 (吨) Output of Grain (ton)	#小麦 Wheat	棉花产量 (吨) Output of Cotton (ton)	油料产量 (吨) Output of Oil-bearing Crops (ton)	水果产量 (吨) Output of Fruits (ton)
郑　州　市 Zhengzhou									
中　牟　县 Zhongmu	131.23	60.52	3.17	22.07	351957	155515	2359	101446	72766
巩　义　市 Gongyi	50.57	44.98	0.80	3.31	155529	78420	652	4749	22000
荥　阳　市 Xingyang	77.54	60.82	0.66	5.29	321104	165687	525	13529	34488
新　密　市 Xinmi	63.79	54.80	0.05	3.64	206371	99500	42	9597	14072
新　郑　市 Xinzheng	80.57	58.03	0.07	12.47	289707	147556	51	47347	103947
登　封　市 Dengfeng	56.94	49.74	0.61	3.38	177067	65500	385	4427	24652
开　封　市 Kaifeng									
杞　县 Qixian	198.83	104.02	20.74	14.97	585048	380606	22165	73852	27950
通　许　县 Tongxu	123.25	58.16	8.60	7.86	344325	235902	7563	33996	69775
尉　氏　县 Weishi	151.64	90.11	18.14	23.81	510833	357748	14574	109785	95442
开　封　县 Kaifeng	159.09	96.43	9.60	33.34	528981	367360	9590	120406	116039
兰　考　县 Lankao	123.01	88.19	9.60	17.19	473989	309628	8694	53297	113586
洛　阳　市 Luoyang									
孟　津　县 Mengjin	60.99	52.17	0.29	2.24	233411	121279	167	4566	42130
新　安　县 Xinan	64.75	49.68	0.33	2.38	211964	91025	257	7337	57938
栾　川　县 Luanchuan	28.25	16.83	0.02	0.29	71289	25657	11	422	14559
嵩　县 Songxian	72.73	51.14	0.50	4.01	219946	99073	331	8709	73014
汝　阳　县 Ruyang	53.94	41.41	0.30	3.99	173873	80038	170	9845	6006
宜　阳　县 Yiyang	124.88	84.61	0.90	17.61	367258	163980	731	80431	105345
洛　宁　县 Luoning	76.67	59.33	0.17	5.70	264785	133399	109	6617	255526
伊　川　县 Yichuan	95.73	78.91	1.45	4.68	364550	162177	1556	10926	12435
偃　师　市 Yanshi	86.31	68.40	0.38	3.60	366315	181104	222	6337	53358
平　顶　山　市 Pingdingshan									
宝　丰　县 Baofeng	64.71	45.99	0.37	8.09	215919	122185	270	19665	10230
叶　县 Yexian	145.14	111.52	0.47	15.55	583174	287007	744	41670	8351
鲁　山　县 Lushan	71.81	57.37	0.01	7.57	199445	99405	5	15775	20365
郏　县 Jiaxian	84.04	57.28	1.02	5.39	313249	158384	630	16133	7818.1
舞　钢　市 Wugang	38.41	30.00	0.65	2.99	143279	77097	911	7377	4369
汝　州　市 Ruzhou	117.38	93.03	1.58	12.36	441659	220810	983	34946	26881
安　阳　市 Anyang									
安　阳　县 Anyang	130.72	111.09	3.49	3.28	669614	299099	3518	7765	34483
汤　阴　县 Tangyin	83.47	63.47	3.71	3.33	395242	214467	4763	11437	22062
滑　县 Huaxian	250.00	174.79	8.27	27.09	1304867	815188	7508	114301	149860
内　黄　县 Neihuang	141.38	74.73	1.29	20.79	437727	315155	1884	110411	256025
林　州　市 Linzhou	89.05	78.00	3.33	3.17	334289	121507	2023	4362	69386
鹤　壁　市 Hebi									
浚　县 Xunxian	112.01	93.95	0.50	11.10	664938	374633	355	53207	35445
淇　县 Qixian	44.76	42.27	0.06	0.87	289484	141038	91	2414	2914

29-7 续表1 continued

县 市 County and city	总播种面积(千公顷) Total Sown Area (1 000 hectares)	#粮食 Grain	#棉花 Cotton	#油料 Oil-bearing Crops	粮食产量(吨) Output of Grain (ton)	#小麦 Wheat	棉花产量(吨) Output of Cotton (ton)	油料产量(吨) Output of Oil-bearing Crops (ton)	水果产量(吨) Output of Fruits (ton)
新 乡 市 Xinxiang									
新 乡 县 Xinxiang	41.08	33.03	2.00	2.21	239220	130482	2325	12000	8518.5
获 嘉 县 Huojia	53.23	44.97	1.13	0.26	300314	143042	834	1314	10060
原 阳 县 Yuanyang	134.11	114.74	1.70	10.48	677487	381612	837	47826	28931
延 津 县 Yanjin	103.24	64.44	6.54	24.44	399588	288416	5617	104029	22797
封 丘 县 Fengqiu	127.42	89.42	3.33	12.66	575488	372659	4365	48868	17246
长 垣 县 Changyuan	121.78	90.54	2.27	18.80	567475	358656	1924	63617	24950
卫 辉 市 Weihui	68.10	53.92	2.39	5.15	337414	183417	1307	21261	11763
辉 县 市 Huixian	104.04	84.63	0.12	7.34	521657	263918	105	17623	20314
焦 作 市 Jiaozuo									
修 武 县 Xiuwu	38.47	34.39	0.28	1.14	223573	116828	248	3626	8042
博 爱 县 Boai	42.49	29.38	0.15	0.63	231766	116997	122	1900	43446
武 陟 县 Wuzhi	89.58	68.07	0.40	8.91	533629	293022	372	48761	28119
温 县 Wenxian	53.34	36.72	1.49	3.40	293661	168788	1225	16136	19711
沁 阳 市 Qinyang	56.00	43.21	0.36	1.25	327407	166122	346	4195	32637
孟 州 市 Mengzhou	54.01	39.75	1.85	3.91	298007	159577	1790	15387	170274
濮 阳 市 Puyang									
清 丰 县 Qingfeng	111.75	74.63	1.27	11.60	529737	342377	1143	56259	35761
南 乐 县 Manle	80.54	59.52	1.87	6.56	428990	248273	1330	32992	148743
范 县 Fanxian	60.19	55.62	0.25	1.79	341256	166358	1225	8560	1038
台 前 县 Taiqian	35.01	31.73	0.07	0.54	176777	104414	56	2253	6766
濮 阳 县 Puyang	164.39	132.52	8.19	7.34	863992	509245	5814	30081	23054
许 昌 市 Xuchang									
许 昌 县 Xuchang	139.00	99.42	3.99	13.36	648367	368857	3609	42846	8416
鄢 陵 县 Yanling	122.48	73.03	3.25	0.58	519604	302388	2991	2474	21971
襄 城 县 Xiangcheng	117.09	84.18	0.54	3.39	531954	297311	446	9767	25244
禹 州 市 Yuzhou	132.08	93.66	2.50	6.57	517053	257165	2265	14004	15427
长 葛 市 Changge	86.84	75.34	0.68	3.82	523181	268861	606	11779	3065
漯 河 市 Luohe									
舞 阳 县 Wuyang	95.09	81.08	1.56	4.40	501525	269156	1307	8988	13962
临 颍 县 Linying	117.60	70.82	9.12	1.06	506529	299806	7685	2845	867
三 门 峡 市 Sanmenxia									
渑 池 县 Mianchi	68.70	44.42	0.26	8.80	176498	88041	192	18357	165798
陕 县 Shanxian	43.41	27.83	0.33	2.14	109851	52884	221	3152	409804
卢 氏 县 Lushi	44.61	31.38	0.04	0.29	104170	53665	38	457	46841
义 马 市 Yima	2.56	1.51	0.01	0.14	5807	3115	11	317	630
灵 宝 市 Lingbao	78.90	52.87	2.47	3.86	214112	105750	1701	6845	964600
南 阳 市 Nanyang									
南 召 县 Nanzhao	60.05	37.58		10.54	195326	67096		43581	13047
方 城 县 Fangcheng	202.41	116.16	3.57	47.23	550086	316894	3178	175256	32176
西 峡 县 Xixia	38.15	24.75		2.31	105216	36786		6129	241198

29—7 续表2 continued

县 市 County and city	总播种面积 (千公顷) Total Sown Area (1 000 hectares)	#粮食 Grain	#棉花 Cotton	#油料 Oil-bearing Crops	粮食产量 (吨) Output of Grain (ton)	#小麦 Wheat	棉花产量 (吨) Output of Cotton (ton)	油料产量 (吨) Output of Oil-bearing Crops (ton)	水果产量 (吨) Output of Fruits (ton)
镇平县 Zhenping	138.02	97.86	5.43	20.40	520021	273441	4513	56612	8190
内乡县 Neixiang	88.85	53.43	1.34	15.05	252752	122692	986	55539	49500
淅川县 Xichuan	127.20	61.62	0.90	37.88	255466	129586	644	109499	47845
社旗县 Sheqi	139.23	88.92	12.11	17.78	504045	302244	9349	66247	5002
唐河县 Tanghe	304.04	214.19	18.14	25.99	1134720	771199	15415	103157	78002
新野县 Xinye	134.54	66.88	15.23	22.66	413818	299940	13220	92496	22983
桐柏县 Tongbai	72.30	44.92	0.29	19.87	224519	87309	173	66786	16380
邓州市 Dengzhou	340.39	189.68	29.90	65.40	1034706	761397	25208	270301	44494
商丘市 Shangqiu									
民权县 Minquan	155.94	96.14	15.03	20.85	634884	461500	15000	90493	289652
睢县 Suixian	164.48	92.60	17.25	14.43	593652	391389	17300	65607	57046
宁陵县 Ningling	95.40	64.99	4.37	13.45	428271	286400	4300	64042	186433
柘城县 Zhecheng	137.68	92.53	7.23	4.42	626165	421218	7100	14120	56870
虞城县 Yucheng	209.68	134.12	17.92	12.17	872645	524909	17800	49401	499461
夏邑县 Xiayi	171.06	138.34	6.67	4.32	913172	523866	6400	14951	232350
永城市 Yongcheng	230.35	181.57	5.70	8.22	1126309	698146	5200	26333	265765
信阳市 Xinyang									
罗山县 Luoshan	138.31	93.39	0.55	29.46	706048	107192	495	67130	5779
光山县 Guangshan	128.44	72.60	0.68	33.93	580462	78419	571	87495	4274
新县 Xinxian	27.25	15.01	0.11	9.17	120464	3889	109	27614	1993
商城县 Shangcheng	78.28	47.89	0.31	20.57	357162	48596	327	52748	9364
固始县 Gushi	253.16	153.87	0.40	63.17	1200670	166895	456	168611	43514
潢川县 Huangchuan	133.20	92.20	0.13	23.60	656265	145653	146	59710	4573
淮滨县 Huaibin	126.12	95.39	1.36	17.26	544863	248830	1512	48040	11722
息县 Xixian	189.29	156.63	3.13	13.78	918692	440346	3450	36651	15651
周口市 Zhoukou									
扶沟县 Fugou	144.73	79.35	27.20	5.73	507448	413871	25755	24664	27457
西华县 Xihua	161.52	97.23	17.95	10.73	623054	461037	17501	39787	119455
商水县 Shangshui	203.11	149.62	8.63	14.10	1005604	535728	8414	40302	33712
沈丘县 Shenqiu	153.71	114.60	4.78	7.81	731489	450039	4664	19662	32582
郸城县 Dancheng	196.51	124.20	25.26	8.54	798579	545100	24629	25679	14315
淮阳县 Huaiyang	223.44	126.69	25.30	24.29	818765	565726	24668	119586	32976
太康县 Taikang	240.55	162.30	23.91	7.34	1049410	717240	23303	25594	63364
鹿邑县 Luyi	171.83	125.54	10.63	7.74	858803	501698	10364	21543	10315
项城市 Xiangcheng	164.17	114.98	9.56	14.00	730242	490600	9311	24482	46090
驻马店市 Zhumadian									
西平县 Xiping	166.74	130.49	0.27	16.52	830628	446427	212	53374	8293
上蔡县 Shangcai	198.95	158.00	2.06	17.31	928348	577339	1643	35983	11071
平舆县 Pingyu	165.70	116.42	0.89	27.38	688306	455508	842	45254	7621
正阳县 Zhengyang	233.93	139.14	1.31	79.75	766363	536384	1117	307974	9734
确山县 Queshan	125.04	94.78	0.14	15.56	533496	298880	109	53296	3716
泌阳县 Biyang	181.13	118.60	5.59	43.16	587051	362661	3963	114758	30665
汝南县 Runan	165.80	111.33	1.34	34.03	660555	454362	1318	128882	10051
遂平县 Suiping	122.01	95.43	0.21	14.64	552848	315830	201	42404	19708
新蔡县 Xincai	191.28	131.12	11.24	24.39	748594	498407	10749	71982	23322

29－8 各县(市)牧渔业生产情况（2009年）

Statistics on Animal Husbandry and Fishery by County and City (2009)

县 市 County and city	肉类产量 (吨) Output of Meat (ton)	#猪肉 Pork	#牛肉 Beef	#羊肉 Mutton	大牲畜年底头数(头) Large Animals (year-end) (unit)	#役畜 Drough	猪年底头数(万头) Hogs (year-end) (10 000 units)	禽蛋产量 (吨) Poultry Eggs (ton)	水产品产量 (吨) Output of Aquatic Products (ton)
郑州市 Zhengzhou									
中牟县 Zhongmu	60543	35747	9114	4400	129169	1248	45.02	27400	67844
巩义市 Gongyi	22648	17743	970	319	8779	3901	22.86	9176	1170
荥阳市 Xingyang	41281	27008	3840	758	30828	2790	36.48	63756	12143
新密市 Xinmi	18150	11060	1073	288	21581	5529	14.96	24882	689
新郑市 Xinzheng	42600	26076	980	750	39170	10598	34.35	36864	696
登封市 Dengfeng	22201	14350	3658	740	36493	17426	17.67	19636	1906
开封市 Kaifeng									
杞县 Qixian	93468	57995	16758	7013	151679		74.00	60600	2120
通许县 Tongxu	54164	45818	2900	1768	52117		61.20	21458	970
尉氏县 Weishi	79708	54980	10823	5957	115180	6001	72.32	79502	13248
开封县 Kaifeng	68220	45848	12115	4647	148785		62.90	38512	6058
兰考县 Lankao	43966	25990	9648	3002	117705		34.37	30292	1790
洛阳市 Luoyang									
孟津县 Mengjin	21449	15437	3082	400	50485	1000	20.53	12127	13814
新安县 Xinan	19097	13086	2218	1083	34594	13825	17.40	11760	4335
栾川县 Luanchuan	7180	4840	1337	269	28144	27444	6.44	5660	55
嵩县 Songxian	28959	16327	8906	1132	133061	51611	21.72	11275	2947
汝阳县 Ruyang	10096	7479	1194	286	18383	13901	9.95	5674	136
宜阳县 Yiyang	35978	19725	10479	1982	125846		26.23	16306	1538
洛宁县 Luoning	24923	8730	11268	1056	137189	62825	11.61	13729	590
伊川县 Yichuan	38559	25620	8286	438	131889	30653	34.07	18136	368
偃师市 Yanshi	37067	29914	2233	317	39239	27	39.78	33773	230
平顶山市 Pingdingshan									
宝丰县 Baofeng	35665	24581	5273	616	103401	16859	33.23	14544	554
叶县 Yexian	105517	64397	21565	5788	251766	8608	87.03	28356	11155
鲁山县 Lushan	27228	19302	3606	1106	67755	21155	26.09	13552	8817
郏县 Jiaxian	52704	27042	8293	1809	149931	23773	36.56	13666	900
舞钢市 Wugang	35977	20268	2626	1004	42194	8244	27.40	2181	2110
汝州市 Ruzhou	82859	53940	12008	1551	207989	58204	72.92	58155	2458
安阳市 Anyang									
安阳县 Anyang	27792	19750	1253	439	41760	5624	26.04	58331	1700
汤阴县 Tangyin	26550	8302	1222	740	18151	706	11.10	25799	1100
滑县 Huaxian	42936	24510	5774	3969	152076		32.60	73680	490
内黄县 Neihuang	31641	23205	330	1540	64768	554	30.21	39311	468
林州市 Linzhou	60068	48349	1950	240	30467	6783	65.70	62925	1752
鹤壁市 Hebi									
浚县 Xunxian	89551	37192	1510	3456	17052	1170	48.78	40141	1803
淇县 Qixian	106435	23010	512	351	17699	1650	30.18	45557	4830

29−8 续表1 continued

县 市 County and city	肉类产量 (吨) Output of Meat (ton)	#猪肉 Pork	#牛肉 Beef	#羊肉 Mutton	大牲畜年底头数 (头) Large Animals (year-end) (unit)	#役畜 Drough	猪年底头数 (万头) Hogs (year-end) (10 000 units)	禽蛋产量 (吨) Poultry Eggs (ton)	水产品产量 (吨) Output of Aquatic Products (ton)
新乡市 Xinxiang									
新乡县 Xinxiang	16153	8243	2449	336	23769	18	10.93	29079	2400
获嘉县 Huojia	26140	17186	2174	647	31026		21.85	23118	2600
原阳县 Yuanyang	30485	17261	4384	2131	100205	5995	22.09	33401	5120
延津县 Yanjin	26773	15380	3857	1410	30113	803	19.85	28720	16539
封丘县 Fengqiu	53990	33541	8345	3702	64659		51.95	23926	4583
长垣县 Changyuan	34605	15574	5938	2146	59882	313	19.94	29993	3071
卫辉市 Weihui	52268	38662	5043	554	131745		51.90	69276	3027
辉县市 Huixian	83456	70171	4603	751	65265	110	100.00	72500	443
焦作市 Jiaozuo									
修武县 Xiuwu	31832	18558	2120	310	16851	11	25.25	52873	3645
博爱县 Boai	22953	9020	7820	482	90461		12.44	36689	200
武陟县 Wuzhi	57434	32889	5991	2318	54132		44.70	79229	5568
温县 Wenxian	23556	16903	2904	475	39226		23.00	38222	79
沁阳市 Qinyang	23161	13341	4985	482	36675		19.30	34031	670
孟州市 Mengzhou	18874	12788	2570	427	27032		17.37	25369	1070
濮阳市 Puyang									
清丰县 Qingfeng	42403	24009	2689	1196	39779	5763	31.29	58614	1800
南乐县 Manle	48976	26546	10181	602	159199	50	34.56	58372	1500
范县 Fanxian	25009	12288	1578	3061	52031	7920	16.01	29253	4581
台前县 Taiqian	14708	5385	518	1242	6967	306	6.65	37231	680
濮阳县 Puyang	49588	31476	1547	4803	27575	1218	41.01	57828	2310
许昌市 Xuchang									
许昌县 Xuchang	76944	54825	9032	1800	137624	18581	74.47	51195	1050
鄢陵县 Yanling	78673	53259	14475	1744	184573	4053	72.41	42957	3200
襄城县 Xiangcheng	70932	48512	9105	2460	155436	12993	66.00	41455	1320
禹州市 Yuzhou	73375	48526	4287	5866	62521	18367	66.02	34969	1400
长葛市 Changge	58900	48301	1738	382	21225	520	65.71	44278	1300
漯河市 Luohe									
舞阳县 Wuyang	52304	44101	2156	1488	46386		67.22	11786	2378
临颍县 Linying	73140	57540	5008	751	48192	4749	78.53	36251	1513
三门峡市 Sanmenxia									
渑池县 Mianchi	29934	17594	9043	956	125602	29474	25.53	22094	2000
陕县 Shanxian	13291	7443	4067	500	133809	64496	10.78	8400	2130
卢氏县 Lushi	6837	2635	3542	290	84606	74899	3.82	2809	1210
义马市 Yima	2070	1786	106	15	751	130	2.59	864	60
灵宝市 Lingbao	20069	13385	4267	856	72505	36631	19.40	9624	2350
南阳市 Nanyang									
南召县 Nanzhao	22981	14756	3859	1767	80105	46386	18.80	10984	15961
方城县 Fangcheng	29946	17625	3837	2946	63970	41012	23.36	15655	4800
西峡县 Xixia	27817	18183	4769	2435	64416	33529	24.36	12623	3600

29-8 续表2 continued

县 市	County and city	肉类产量 (吨) Output of Meat (ton)	#猪肉 Pork	#牛肉 Beef	#羊肉 Mutton	大牲畜年底头数 (头) Large Animals (year-end) (unit)	#役畜 Drough	猪年底头数 (万头) Hogs (year-end) (10 000 units)	禽蛋产量 (吨) Poultry Eggs (ton)	水产品产量 (吨) Output of Aquatic Products (ton)
镇平县	Zhenping	31597	19747	3796	1873	65736	26104	26.20	22732	6200
内乡县	Neixiang	84652	59931	11205	6770	109152	66369	80.01	21642	4300
淅川县	Xichuan	56468	33481	14250	2946	195582	114899	44.23	25570	18940
社旗县	Sheqi	58229	36589	12065	2086	155051	93605	50.26	17960	4305
唐河县	Tanghe	109350	65018	25742	4313	355820	106927	83.39	48133	9543
新野县	Xinye	44557	19851	12038	3475	146434	65130	26.71	25684	4800
桐柏县	Tongbai	25550	15054	5472	1502	88962	56706	19.56	11606	7900
邓州市	Dengzhou	134352	76855	35855	6620	312326	106820	100.01	65837	6200
商丘市	**Shangqiu**									
民权县	Minquan	53065	31979	10420	5061	119153		41.08	36490	15920
睢县	Suixian	52798	35530	6171	3863	73600		44.12	28198	5400
宁陵县	Ningling	29500	21056	3422	2626	43789		26.48	11381	3623
柘城县	Zhecheng	55180	34042	12110	3502	114300		44.50	14854	4500
虞城县	Yucheng	73125	35100	21251	6867	224460	1800	44.97	28084	13220
夏邑县	Xiayi	74315	45923	14624	5052	144600		65.60	33454	5900
永城市	Yongcheng	82500	36515	18223	8750	157840	4982	46.13	46910	13918
信阳市	**Xinyang**									
罗山县	Luoshan	39110	27748	2956	428	66332	35234	34.11	18210	25300
光山县	Guangshan	40889	16884	3192	258	87384	46601	20.49	28028	25150
新县	Xinxian	22003	15340	3248	321	70205	36728	15.50	9634	4700
商城县	Shangcheng	42231	20557	2665	1555	62062	33097	19.11	24250	29724
固始县	Gushi	133235	65813	1944	3839	69907	36418	83.06	69430	52000
潢川县	Huangchuan	123366	56213	2112	575	98704	52641	82.75	24050	35500
淮滨县	Huaibin	49711	21439	6600	1511	48110	12094	21.76	14036	11478
息县	Xixian	39412	28537	3735	827	44847	14495	28.90	17858	14874
周口市	**Zhoukou**									
扶沟县	Fugou	39882	27444	7662	844	120099	5900	36.00	11168	4370
西华县	Xihua	75606	56401	6322	3178	87350		72.12	24442	2855
商水县	Shangshui	80513	56626	8431	4247	76950		72.13	27262	3150
沈丘县	Shenqiu	80107	49476	12514	6483	96908	24	65.10	31486	6250
郸城县	Dancheng	51221	32530	6261	3716	50916		41.72	22526	5096
淮阳县	Huaiyang	91681	56425	12089	6109	105318		72.15	24859	23747
太康县	Taikang	96060	58446	15244	6648	114634		72.16	42398	3015
鹿邑县	Luyi	65657	44913	8524	2579	97556		65.09	27565	3073
项城市	Xiangcheng	49050	33100	5313	1797	40206	193	42.71	21571	4700
驻马店市	**Zhumadian**									
西平县	Xiping	101687	76993	1084	2041	25355	830	102.07	54892	5057
上蔡县	Shangcai	73459	53545	6765	2071	57198	973	71.00	48106	6545
平舆县	Pingyu	58988	39700	7850	3204	120116		55.92	22866	7942
正阳县	Zhengyang	89811	82304	903	448	28400	373	109.12	16793	11352
确山县	Queshan	68975	43649	16544	2444	249642	12576	57.87	9483	9592
泌阳县	Biyang	80830	32080	36507	3610	495426	183261	42.53	25913	14773
汝南县	Runan	78695	55891	8347	4134	61536	423	74.11	22009	29610
遂平县	Suiping	72587	53858	6764	1312	81725	1822	71.41	58707	5200
新蔡县	Xincai	99339	53219	24663	3278	370600	115305	70.55	21780	7859

29－9 各县(市)财政、金融主要指标（2009年）

Main Indicators of Government Finance and Financial Intermediation by County and City (2009)

单位：万元　(10 000 yuan)

县 市 County and city	财政收入 Financial Revenue of the Local Government	财政支出 Financial Expenditures of the Local Government	#教育 Education	#农林水事务 Farming Forestry Water Conservancy Operating	金融机构存款余额 Deposits of National Banking System	金融机构贷款余额 Loans of National Banking System	居民储蓄存款 Balance of Savings Deposit of Rural and Urban Residents
郑州市 Zhengzhou							
中牟县 Zhongmu	90566	177212	34861	25084	792303	419015	549936
巩义市 Gongyi	158529	243508	41520	22701	1757434	908526	1197116
荥阳市 Xingyang	101626	173741	35628	34138	1057104	534255	763141
新密市 Xinmi	128077	202582	46570	32928	1926375	541222	1622859
新郑市 Xinzheng	126913	199370	37644	23910	1079324	683423	740452
登封市 Dengfeng	147968	234715	42932	30829	1456582	560340	1113599
开封市 Kaifeng							
杞县 Qixian	26006	135300	31475	19007	528100	219844	451487
通许县 Tongxu	15205	82680	18893	12488	381570	133424	340406
尉氏县 Weishi	34168	124236	26480	17862	508359	330410	415178
开封县 Kaifeng	23899	106508	25164	14038	376696	150220	287929
兰考县 Lankao	21366	122702	24275	16129	471122	131023	378754
洛阳市 Luoyang							
孟津县 Mengjin	46355	96446	24637	12043	501910	201996	395399
新安县 Xinan	105077	172105	29383	18024	681725	443490	426619
栾川县 Luanchuan	105909	123939	27588	18162	906984	211610	548734
嵩县 Songxian	34129	111898	27188	14358	399314	99496	303663
汝阳县 Ruyang	29383	98536	26403	12583	346453	111864	256193
宜阳县 Yiyang	36866	127666	31036	15993	436797	142536	312423
洛宁县 Luoning	29118	100496	24615	14369	322731	79944	220023
伊川县 Yichuan	92288	175131	28416	16390	931956	516216	473664
偃师市 Yanshi	111385	186610	40322	18871	1075579	552242	846643
平顶山市 Pingdingshan							
宝丰县 Baofeng	50368	116525	20696	12565	631969	224060	481364
叶县 Yexian	31756	129327	25082	17659	558534	212206	423655
鲁山县 Lushan	41200	133369	26525	19303	673950	320875	564890
郏县 Jiaxian	36366	105659	22114	15392	431306	156787	342636
舞钢市 Wugang	74093	113093	19326	14689	593964	384217	420498
汝州市 Ruzhou	76200	165117	36667	24966	817924	486087	612636
安阳市 Anyang							
安阳县 Anyang	87568	172129	49492	23579	1142925	568647	944385
汤阴县 Tangyin	20640	73698	19488	9535	410247	176272	318583
滑县 Huaxian	24885	170806	50104	27560	832558	317095	675570
内黄县 Neihuang	13512	108251	26369	14674	393337	215607	295985
林州市 Linzhou	80777	183765	49902	20611	1730463	683927	1470655
鹤壁市 Hebi							
浚县 Xunxian	16800	100978	20944	11636	487889	418018	378149
淇县 Qixian	21876	69466	13382	9121	490975	591440	377445

29-9　续表1 continued

单位：万元 (10 000 yuan)

县 市 County and city	财政收入 Financial Revenue of the Local Government	财政支出 Financial Expenditures of the Local Government	#教育 Education	#农林水事务 Farming Forestry Water Conservancy Operating	金融机构存款余额 Deposits of National Banking System	金融机构贷款余额 Loans of National Banking System	居民储蓄存款 Balance of Savings Deposit of Rural and Urban Residents
新　乡　市 Xinxiang							
新　乡　县 Xinxiang	50104	102521	21805	11121	835498	608539	554652
获　嘉　县 Huojia	13836	66758	17503	7729	418806	247792	336763
原　阳　县 Yuanyang	19726	111910	24719	16142	414767	293409	321347
延　津　县 Yanjin	22116	80256	19590	12143	323514	383665	246582
封　丘　县 Fengqiu	16416	119401	29290	15581	512851	181646	405944
长　垣　县 Changyuan	43316	132902	32914	16678	1217211	676298	1001412
卫　辉　市 Weihui	30203	98816	19352	16928	463391	265025	360995
辉　县　市 Huixian	90139	173233	36754	24492	1017146	533787	782674
焦　作　市 Jiaozuo							
修　武　县 Xiuwu	40338	74228	11861	8309	391918	239433	274424
博　爱　县 Boai	50298	102454	16746	14382	535577	294802	429112
武　陟　县 Wuzhi	49228	111703	24990	17289	549151	322153	466202
温　　　县 Wenxian	30566	91006	14902	8805	528314	246230	407960
沁　阳　市 Qinyang	73372	133196	22324	11581	666226	295036	558084
孟　州　市 Mengzhou	60268	105709	13960	11039	501190	244577	410944
濮　阳　市 Puyang							
清　丰　县 Qingfeng	14195	99711	23157	11687	400519	151791	342218
南　乐　县 Manle	9160	90971	19060	11925	289074	121757	236640
范　　　县 Fanxian	11988	92273	20498	12597	401796	106002	329785
台　前　县 Taiqian	6122	72892	17491	9895	327046	94848	255761
濮　阳　县 Puyang	37834	160336	43384	23656	672373	324789	561400
许　昌　市 Xuchang							
许　昌　县 Xuchang	33369	110303	26224	12177	713015	423870	508932
鄢　陵　县 Yanling	23100	106097	21907	13906	548620	322508	446937
襄　城　县 Xiangcheng	48012	129092	34023	17134	683368	293205	556452
禹　州　市 Yuzhou	142399	238039	46081	17739	1353020	647612	1069634
长　葛　市 Changge	64503	139108	36650	15710	907026	711047	707696
漯　河　市 Luohe							
舞　阳　县 Wuyang	22600	98426	16734	12943	445287	318951	366159
临　颍　县 Linying	24549	109106	24874	12311	528992	269013	422868
三 门 峡 市 Sanmenxia							
渑　池　县 Mianchi	85078	136978	21893	20999	530474	236513	386765
陕　　　县 Shanxian	57217	115966	21153	12703	489134	398355	361315
卢　氏　县 Lushi	22066	96859	18209	13331	373226	126238	272759
义　马　市 Yima	50188	76902	11708	3418	710738	434415	362561
灵　宝　市 Lingbao	77718	158010	42438	24170	1283746	599334	1017186
南　阳　市 Nanyang							
南　召　县 Nanzhao	20948	109209	21010	17576	429856	162848	325253
方　城　县 Fangcheng	26315	136150	30913	17771	549256	264981	402045
西　峡　县 Xixia	53736	122022	23694	19433	562285	372194	404657

29−9 续表2 continued

单位：万元 (10 000 yuan)

县 市 County and city	财政收入 Financial Revenue of the Local Government	财政支出 Financial Expenditures of the Local Government	#教育 Education	#农林水事务 Farming Forestry Water Conservancy Operating	金融机构存款余额 Deposits of National Banking System	金融机构贷款余额 Loans of National Banking System	居民储蓄存款 Balance of Savings Deposit of Rural and Urban Residents
镇平县 Zhenping	28518	119357	25208	13566	764797	373378	630673
内乡县 Neixiang	24090	107306	20276	18661	500441	242330	372746
淅川县 Xichuan	30157	140357	31638	23949	608426	336390	460659
社旗县 Sheqi	14031	101682	20965	13646	366888	187814	245229
唐河县 Tanghe	35456	172123	41751	24262	828985	371835	658718
新野县 Xinye	24569	102336	23587	14535	659354	435871	509082
桐柏县 Tongbai	24511	89768	19420	15600	407554	189729	307539
邓州市 Dengzhou	41466	202361	47688	27303	919207	509308	750921
商丘市 Shangqiu							
民权县 Minquan	13399	135099	49925	17985	502388	392548	366343
睢县 Suixian	11708	123158	36250	16937	464468	219818	391711
宁陵县 Ningling	10006	105366	31863	16126	346619	431192	267446
柘城县 Zhecheng	12766	138686	41430	17175	498377	180101	425068
虞城县 Yucheng	18038	155968	41248	19775	575104	280661	466290
夏邑县 Xiayi	12069	152369	43969	16486	767071	386701	653389
永城市 Yongcheng	112736	241659	65106	23449	1314030	1214055	996924
信阳市 Xinyang							
罗山县 Luoshan	15118	131598	32679	17395	782746	238126	605765
光山县 Guangshan	20666	129622	33551	16427	754499	301132	634776
新县 Xinxian	11773	95670	17246	16285	408893	158489	311583
商城县 Shangcheng	15000	132760	41799	19868	614149	212943	505959
固始县 Gushi	38291	214416	50532	26393	1229415	454522	1064628
潢川县 Huangchuan	21106	130048	35464	19492	707570	966714	544800
淮滨县 Huaibin	12025	108000	31918	14447	454141	165963	366582
息县 Xixian	16051	140540	38249	16495	843000	258477	699765
周口市 Zhoukou							
扶沟县 Fugou	19058	119148	25890	20771	592772	331638	503325
西华县 Xihua	17130	123171	29009	13119	558120	257108	486343
商水县 Shangshui	18090	148803	42259	15881	617765	298500	514116
沈丘县 Shenqiu	27169	158958	44740	16986	784355	773000	686418
郸城县 Dancheng	25166	165036	47056	15105	710154	478539	600712
淮阳县 Huaiyang	20866	161622	36741	21471	687239	223408	598370
太康县 Taikang	18444	173199	47875	23649	753608	246352	650267
鹿邑县 Luyi	31818	161166	47943	15255	636570	420543	570069
项城市 Xiangcheng	32730	165453	43342	16423	938934	272699	800277
驻马店市 Zhumadian							
西平县 Xiping	20022	128726	28026	17309	673268	223291	569470
上蔡县 Shangcai	17136	167750	45567	19582	829835	317760	735985
平舆县 Pingyu	22259	123903	37419	10281	656172	205768	552576
正阳县 Zhengyang	13116	122521	24221	16662	601797	209926	491113
确山县 Queshan	18566	100834	17840	14291	511866	130158	392376
泌阳县 Biyang	22609	152000	31414	27204	561873	235407	425625
汝南县 Runan	15900	110501	26348	18858	519762	196052	440194
遂平县 Suiping	18666	100059	19051	12177	459831	233976	380304
新蔡县 Xincai	14100	125996	34312	14250	660016	285646	517057

29-10 各县(市)教育主要指标(2009年)

Main Indicators of Education by County and City (2009)

县市 County and city	在校学生数(人) Student Enrollment (person) 小学 Primary Schools	普通中学 Regular Secondary Schools	小学适龄人口入学率(%) Rate of School-age Children Enrollment (%)	小学在校生巩固率(%) Percentage of Primary Schools Enrollment Consolidated (%)	初中适龄人口入学率(%) Rate of Junior Enrollment (%)	初中在校生巩固率(%) Percentage of Junior Enrollment Consolidated (%)
郑州市 Zhengzhou						
中牟县 Zhongmu	62404	43471	99.9	91.0	89.2	86.3
巩义市 Gongyi	49889	46292	100.0	90.8	100.0	87.9
荥阳市 Xingyang	37145	35153	100.0	97.5	100.0	93.8
新密市 Xinmi	64639	50957	100.0	91.5	100.0	84.0
新郑市 Xinzheng	42089	41279	100.0	98.7	100.0	96.8
登封市 Dengfeng	55924	39147	100.0	99.7	100.0	96.6
开封市 Kaifeng						
杞县 Qixian	122451	68573	100.0	98.6	97.2	89.4
通许县 Tongxu	70332	39207	100.0	99.0	98.2	99.9
尉氏县 Weishi	77470	48055	100.0	90.5	98.7	85.3
开封县 Kaifeng	74786	48706	100.0	90.4	98.9	86.2
兰考县 Lankao	86457	48961	100.0	99.7	99.1	81.0
洛阳市 Luoyang						
孟津县 Mengjin	32793	29354	100.0	98.5	100.0	90.5
新安县 Xinan	50353	37504	100.0	95.2	100.0	95.6
栾川县 Luanchuan	26855	19755	100.0	92.4	98.9	91.4
嵩县 Songxian	60442	34172	100.0	98.7	99.9	94.7
汝阳县 Ruyang	52731	27870	100.0	91.3	100.0	78.8
宜阳县 Yiyang	78991	48814	100.0	78.1	100.0	86.6
洛宁县 Luoning	46742	26934	100.0	84.9	100.0	81.6
伊川县 Yichuan	88240	53355	100.0	98.3	99.8	90.7
偃师市 Yanshi	72557	53244	100.0	99.1	99.9	92.3
平顶山市 Pingdingshan						
宝丰县 Baofeng	40425	23165	100.0	97.0	100.0	90.0
叶县 Yexian	67049	45047	100.0	75.4	100.0	74.0
鲁山县 Lushan	60552	37777	100.0	82.8	97.5	58.0
郏县 Jiaxian	58419	31850	100.0	85.1	100.0	76.9
舞钢市 Wugang	22257	15111	100.0	67.8	100.0	76.8
汝州市 Ruzhou	88046	44587	100.0	89.5	100.0	72.7
安阳市 Anyang						
安阳县 Anyang	86846	54059	99.2	99.0	98.9	89.7
汤阴县 Tangyin	44657	25788	100.0	100.0	100.0	99.9
滑县 Huaxian	121805	60510	99.9	95.0	98.2	80.1
内黄县 Neihuang	59066	38731	99.9	100.0	99.2	90.2
林州市 Linzhou	78659	54402	100.0	98.8	100.0	95.8
鹤壁市 Hebi						
浚县 Xunxian	83961	45593	100.0	93.5	99.9	93.7
淇县 Qixian	39462	17708	100.0	94.8	99.4	96.8

29-10 续表1 continued

县 市 County and city	在校学生数(人) Student Enrollment (person) 小学 Primary Schools	普通中学 Regular Secondary Schools	小学适龄人口入学率(%) Rate of School-age Children Enrollment (%)	小学在校生巩固率(%) Percentage of Primary Schools Enrollment Consolidated (%)	初中适龄人口入学率(%) Rate of Junior Enrollment (%)	初中在校生巩固率(%) Percentage of Junior Enrollment Consolidated (%)
新乡市 Xinxiang						
新乡县 Xinxiang	32330	18356	100.0	95.4	99.4	92.4
获嘉县 Huojia	41249	24332	100.0	96.6	100.0	99.3
原阳县 Yuanyang	76125	46790	100.0	99.1	99.4	97.2
延津县 Yanjin	49039	28399	100.0	98.8	99.1	92.8
封丘县 Fengqiu	80255	51081	100.0	100.2	99.2	95.5
长垣县 Changyuan	92247	48744	100.0	91.0	99.1	92.3
卫辉市 Weihui	62622	28511	100.0	101.1	100.0	102.3
辉县市 Huixian	53178	43652	100.0	97.5	99.4	92.4
焦作市 Jiaozuo						
修武县 Xiuwu	29320	25810	100.0	100.3	100.0	92.1
博爱县 Boai	42650	29168	100.0	105.9	100.0	96.8
武陟县 Wuzhi	72680	51027	100.0	104.3	100.0	90.8
温县 Wenxian	38060	27372	100.0	99.3	100.0	88.1
沁阳市 Qinyang	38207	32811	100.0	99.6	100.0	90.6
孟州市 Mengzhou	26860	19913	100.0	93.4	100.0	94.9
濮阳市 Puyang						
清丰县 Qingfeng	73288	43203	100.0	103.0	99.8	172.8
南乐县 Manle	59825	32427	100.0	107.9	100.0	90.5
范县 Fanxian	66863	41331	100.0	99.4	100.0	101.5
台前县 Taiqian	52339	31504	100.0	94.7	100.0	152.4
濮阳县 Puyang	135320	57945	100.0	92.9	100.0	79.8
许昌市 Xuchang						
许昌县 Xuchang	68671	47469	99.9	105.2	99.9	96.1
鄢陵县 Yanling	57302	36980	100.0	101.8	100.0	93.9
襄城县 Xiangcheng	71971	58718	100.0	96.7	100.0	100.2
禹州市 Yuzhou	112261	94285	96.0	106.8	80.7	96.8
长葛市 Changge	60674	38948	99.2	102.4	91.4	85.0
漯河市 Luohe						
舞阳县 Wuyang	34814	24644	100.0	96.7	100.0	99.0
临颍县 Linying	66706	50010	100.0	99.9	99.0	99.2
三门峡市 Sanmenxia						
渑池县 Mianchi	33453	19615	100.0	97.7	100.0	83.5
陕县 Shanxian	31289	22002	100.0	100.0	100.0	117.9
卢氏县 Lushi	25594	28009	100.0	87.0	100.0	73.8
义马市 Yima	10973	7786	100.0	95.8	100.0	107.4
灵宝市 Lingbao	55321	60655	100.0	96.2	100.0	98.8
南阳市 Nanyang						
南召县 Nanzhao	65983	30474	99.4	94.3	94.8	93.8
方城县 Fangcheng	92255	45880	99.9	101.5	99.2	102.1
西峡县 Xixia	43919	22106	100.0	92.4	97.0	86.1

29–10 续表2 continued

县 市 County and city	在校学生数(人) Student Enrollment (person) 小学 Primary Schools	普通中学 Regular Secondary Schools	小学适龄人口入学率(%) Rate of School-age Children Enrollment (%)	小学在校生巩固率(%) Percentage of Primary Schools Enrollment Consolidated (%)	初中适龄人口入学率(%) Rate of Junior Enrollment (%)	初中在校生巩固率(%) Percentage of Junior Enrollment Consolidated (%)
镇平县 Zhenping	82851	37385	99.9	101.7	99.9	102.5
内乡县 Neixiang	57439	30378	99.4	99.9	96.4	97.5
淅川县 Xichuan	86799	44680	98.8	86.6	95.8	84.8
社旗县 Sheqi	66925	32141	99.8	99.5	97.1	97.8
唐河县 Tanghe	99984	60894	100.0	103.2	98.7	103.5
新野县 Xinye	69116	41176	100.0	97.2	100.0	109.6
桐柏县 Tongbai	43372	25533	99.9	77.5	97.1	97.9
邓州市 Dengzhou	173968	92053	100.0	108.5	100.0	101.2
商丘市 Shangqiu						
民权县 Minquan	119543	79015	100.0	96.1	97.3	92.3
睢县 Suixian	105831	69125	100.0	92.6	100.0	100.4
宁陵县 Ningling	85631	64414	100.0	95.4	100.0	108.0
柘城县 Zhecheng	128877	81519	100.0	100.1	98.5	107.8
虞城县 Yucheng	161310	88377	100.0	87.8	100.0	86.2
夏邑县 Xiayi	144086	106396	100.0	107.0	99.7	94.6
永城市 Yongcheng	172657	98487	100.0	99.3	97.4	99.9
信阳市 Xinyang						
罗山县 Luoshan	65286	53273	100.0	99.9	100.0	100.0
光山县 Guangshan	100367	65991	100.0	100.0	99.0	97.5
新县 Xinxian	37739	24747	100.0	79.5	100.0	100.0
商城县 Shangcheng	98566	71992	100.0	100.9	100.0	100.0
固始县 Gushi	151519	110148	100.0	95.6	100.0	101.4
潢川县 Huangchuan	92406	60706	100.0	100.0	99.7	98.0
淮滨县 Huaibin	98157	60305	100.0	100.0	100.0	98.0
息县 Xixian	111587	64557	100.0	100.0	100.0	91.2
周口市 Zhoukou						
扶沟县 Fugou	78337	54457	100.0	86.5	100.0	110.7
西华县 Xihua	118772	78108	100.0	99.9	100.0	96.7
商水县 Shangshui	184935	103331	100.0	98.1	100.0	95.0
沈丘县 Shenqiu	146956	96083	100.0	99.6	100.0	99.4
郸城县 Dancheng	195970	111165	100.0	101.6	100.0	97.7
淮阳县 Huaiyang	183143	98599	100.0	99.5	100.0	91.4
太康县 Taikang	167374	96803	100.0	99.4	100.0	91.6
鹿邑县 Luyi	177309	101024	100.0	99.3	99.8	92.4
项城市 Xiangcheng	140650	102147	100.0	101.7	100.0	103.7
驻马店市 Zhumadian						
西平县 Xiping	89815	61526	100.0	100.0	100.0	100.0
上蔡县 Shangcai	182272	94049	100.0	100.0	100.0	82.8
平舆县 Pingyu	123784	67683	100.0	99.1	100.0	66.1
正阳县 Zhengyang	83940	58482	100.0	95.3	100.0	91.2
确山县 Queshan	61665	30312	100.0	99.3	100.0	99.9
泌阳县 Biyang	109753	66474	100.0	100.0	100.0	98.0
汝南县 Runan	98554	52020	100.0	99.2	100.0	100.0
遂平县 Suiping	44268	35442	100.0	100.1	100.0	100.0
新蔡县 Xincai	131095	74032	100.0	99.5	100.0	99.7

29−11 各县(市)卫生主要指标(2009年)

Main Indicators of Sanitation by County and City (2009)

县 市 County and city	卫生机构床位数（张） Number of Beds in Health Institutions (unit)	卫生技术人员（人） Medical Technical Personnel (person)	执业医师（人） Medical practitioner (person)	执业助理医师（人） Assistant doctor of the operation (person)	注册护士（人） Registered Nurse (person)
郑州市 Zhengzhou					
中牟县 Zhongmu	1709	1793	522	268	560
巩义市 Gongyi	2019	2808	738	200	992
荥阳市 Xingyang	1689	2299	491	237	598
新密市 Xinmi	2672	2925	808	279	1076
新郑市 Xinzheng	1520	1862	492	228	650
登封市 Dengfeng	2386	2591	674	233	955
开封市 Kaifeng					
杞县 Qixian	1845	2374	551	809	528
通许县 Tongxu	1221	1328	282	200	413
尉氏县 Weishi	1695	1669	405	266	503
开封县 Kaifeng	1024	1256	259	198	335
兰考县 Lankao	2310	2648	629	427	849
洛阳市 Luoyang					
孟津县 Mengjin	1230	1370	380	262	318
新安县 Xinan	1375	1567	506	209	472
栾川县 Luanchuan	974	961	259	131	292
嵩县 Songxian	1304	1366	375	347	361
汝阳县 Ruyang	1053	1011	288	85	352
宜阳县 Yiyang	1564	1538	292	165	424
洛宁县 Luoning	1334	1298	300	503	298
伊川县 Yichuan	1515	2223	566	579	508
偃师市 Yanshi	1466	1411	469	117	417
平顶山市 Pingdingshan					
宝丰县 Baofeng	1280	1563	366	222	423
叶县 Yexian	1446	1916	488	489	362
鲁山县 Lushan	2045	1673	427	287	453
郏县 Jiaxian	1225	1681	385	264	455
舞钢市 Wugang	1144	1181	412	107	403
汝州市 Ruzhou	3433	1965	497	221	562
安阳市 Anyang					
安阳县 Anyang	1890	1703	632	287	335
汤阴县 Tangyin	952	1452	427	142	299
滑县 Huaxian	2598	1902	617	308	552
内黄县 Neihuang	1651	1913	409	158	487
林州市 Linzhou	2839	2693	931	365	584
鹤壁市 Hebi					
浚县 Xunxian	1105	1245	316	158	336
淇县 Qixian	1327	1531	509	269	428

29-11 续表1 continued

县 市 County and city	卫生机构床位数(张) Number of Beds in Health Institutions (unit)	卫生技术人员(人) Medical Technical Personnel (person)	执业医师(人) Medical practitioner (person)	执业助理医师(人) Assistant doctor of the operation (person)	注册护士(人) Registered Nurse (person)
新 乡 市 Xinxiang					
新 乡 县 Xinxiang	610	923	293	237	221
获 嘉 县 Huojia	1361	1396	352	110	406
原 阳 县 Yuanyang	1530	2148	502	298	629
延 津 县 Yanjin	1170	1331	360	181	365
封 丘 县 Fengqiu	1810	1850	365	260	447
长 垣 县 Changyuan	2097	3008	683	596	785
卫 辉 市 Weihui	2924	2623	761	120	986
辉 县 市 Huixian	2273	2880	908	398	704
焦 作 市 Jiaozuo					
修 武 县 Xiuwu	710	1478	457	551	261
博 爱 县 Boai	1304	1433	425	235	303
武 陟 县 Wuzhi	1599	1832	435	271	431
温 县 Wenxian	1384	1485	421	154	399
沁 阳 市 Qinyang	1109	1852	814	145	501
孟 州 市 Mengzhou	949	1323	397	128	378
濮 阳 市 Puyang					
清 丰 县 Qingfeng	1055	1292	335	179	333
南 乐 县 Manle	1252	1073	256	163	300
范 县 Fanxian	1073	1307	247	141	364
台 前 县 Taiqian	664	1074	140	103	254
濮 阳 县 Puyang	2231	2514	512	448	506
许 昌 市 Xuchang					
许 昌 县 Xuchang	1156	1523	361	266	434
鄢 陵 县 Yanling	1459	1876	480	262	534
襄 城 县 Xiangcheng	1736	1591	333	230	318
禹 州 市 Yuzhou	2622	4090	1218	956	888
长 葛 市 Changge	1506	2660	710	392	628
漯 河 市 Luohe					
舞 阳 县 Wuyang	1550	1686	488	212	506
临 颍 县 Linying	1308	2010	409	267	633
三 门 峡 市 Sanmenxia					
渑 池 县 Mianchi	875	843	233	93	196
陕 县 Shanxian	656	815	319	112	184
卢 氏 县 Lushi	997	1130	286	280	243
义 马 市 Yima	1450	1543	448	86	667
灵 宝 市 Lingbao	1849	2254	681	389	670
南 阳 市 Nanyang					
南 召 县 Nanzhao	1173	1769	410	221	458
方 城 县 Fangcheng	2011	2111	418	295	635
西 峡 县 Xixia	1644	1703	403	191	524

29-11　续表2 continued

县　市 County and city	卫生机构床位数（张）Number of Beds in Health Institutions (unit)	卫生技术人员（人）Medical Technical Personnel (person)	执业医师（人）Medical practitioner (person)	执业助理医师（人）Assistant doctor of the operation (person)	注册护士（人）Registered Nurse (person)
镇平县 Zhenping	1285	1898	448	291	405
内乡县 Neixiang	1192	1105	344	123	330
淅川县 Xichuan	1109	1568	379	214	363
社旗县 Sheqi	1146	1466	352	240	326
唐河县 Tanghe	1518	2101	478	220	611
新野县 Xinye	1013	1991	483	278	573
桐柏县 Tongbai	839	1427	233	201	348
邓州市 Dengzhou	2856	2188	628	247	562
商丘市 Shangqiu					
民权县 Minquan	1859	1422	385	141	454
睢县 Suixian	1976	2134	445	223	499
宁陵县 Ningling	1207	2394	569	348	459
柘城县 Zhecheng	1828	2755	666	507	642
虞城县 Yucheng	1865	2586	492	348	444
夏邑县 Xiayi	2056	2538	533	257	644
永城市 Yongcheng	3048	3720	896	471	1061
信阳市 Xinyang					
罗山县 Luoshan	1060	1637	467	217	451
光山县 Guangshan	1302	1369	495	131	332
新县 Xinxian	502	670	183	71	174
商城县 Shangcheng	1098	1185	369	199	268
固始县 Gushi	1974	2188	537	248	525
潢川县 Huangchuan	996	1374	420	228	356
淮滨县 Huaibin	1063	1083	251	201	236
息县 Xixian	968	1389	374	366	279
周口市 Zhoukou					
扶沟县 Fugou	1356	2030	585	289	402
西华县 Xihua	1885	2248	547	187	451
商水县 Shangshui	1633	1715	465	279	406
沈丘县 Shenqiu	2300	2849	564	460	536
郸城县 Dancheng	1923	2581	648	414	589
淮阳县 Huaiyang	2437	3237	644	609	854
太康县 Taikang	2457	2867	897	537	591
鹿邑县 Luyi	2012	2428	464	537	445
项城市 Xiangcheng	1945	1979	513	257	537
驻马店市 Zhumadian					
西平县 Xiping	1899	1616	467	228	466
上蔡县 Shangcai	1924	2194	699	348	442
平舆县 Pingyu	3264	3022	830	534	1338
正阳县 Zhengyang	1556	2222	657	459	552
确山县 Queshan	1495	1271	314	221	437
泌阳县 Biyang	1639	2155	441	363	436
汝南县 Runan	1634	1839	400	312	686
遂平县 Suiping	1827	2184	502	316	755
新蔡县 Xincai	1351	1495	362	227	401

29-12 各县(市)社会保险和低保参保人数（2009年）

Number of People Participated in Basic Insurance and Lowest Cost-of-Living by County and City (2009)

单位：人 (person)

县市	County and city	参加基本养老保险职工人数 Number of Persons Participated in Basic Pension Insurance	参加基本医疗保险职工人数 Number of Persons Participated in Basic Medical Insurance	城镇居民最低生活保障人数 Number of Persons Receiving Lowest Cost-of-Living in Urban Area	农村居民最低生活保障人数 Number of Persons Receiving Lowest Cost-of-Living in Rural Area	参加农村新型合作医疗人数 Number of Persons Participated in the new rural cooperative medical	参加农村社会养老保险人数 Number of Persons Participated in the Rural Basic Pension Insurance
郑州市	**Zhengzhou**						
中牟县	Zhongmu	16283	34008	4131	18776	629589	7313
巩义市	Gongyi	59793	51550	5486	22508	601681	19740
荥阳市	Xingyang	44549	46010	2544	15930	507584	15879
新密市	Xinmi	44494	52432	4611	22974	654840	18034
新郑市	Xinzheng	37960	45712	3256	15387	514941	12031
登封市	Dengfeng	42787	38107	3930	18187	564910	8089
开封市	**Kaifeng**						
杞县	Qixian	40546	17866	8568	45923	844981	
通许县	Tongxu	35341	15005	3327	26380	512690	
尉氏县	Weishi	37856	25670	2732	41929	723582	
开封县	Kaifeng	28847	20640	2026	32254	593132	
兰考县	Lankao	33295	14192	6710	32992	678992	
洛阳市	**Luoyang**						
孟津县	Mengjin	16403	25945	4904	17400	384743	
新安县	Xinan	24936	25401	6900	20250	452435	2000
栾川县	Luanchuan	20111	39625	3351	17436	263770	13568
嵩县	Songxian	20797	28438	7330	22546	489643	5185
汝阳县	Ruyang	20150	25534	9691	16595	36153	
宜阳县	Yiyang	26988	31168	10771	25480	608213	12997
洛宁县	Luoning	12323	23620	11310	33948	382350	
伊川县	Yichuan	21468	37066	10746	29044	649821	62
偃师市	Yanshi	30838	45878	4636	32274	705115	442800
平顶山市	**Pingdingshan**						
宝丰县	Baofeng	15619	28068	8947	19916	404304	10454
叶县	Yexian	17426	26177	8638	34895	704320	39017
鲁山县	Lushan	14297	30172	9614	35409	689189	323440
郏县	Jiaxian	19281	25850	8392	24750	500583	70669
舞钢市	Wugang	31860	43526	8635	9741	205389	14268
汝州市	Ruzhou	25997	46196	10516	37187	826522	7359
安阳市	**Anyang**						
安阳县	Anyang	65423	48590	6058	36569	843761	177700
汤阴县	Tangyin	31668	30310	4912	17736	390055	8500
滑县	Huaxian	48792	51066	9623	53037	1141151	
内黄县	Neihuang	27786	29900	6793	29474	664458	
林州市	Linzhou	46970	43317	8424	37712	800297	160000
鹤壁市	**Hebi**						
浚县	Xunxian	20462	32400	13238	26759	587949	6605
淇县	Qixian	18188	23760	7109	9210	217848	24333

29-12 续表1 continued

单位：人 (person)

县 市 County and city	参加基本养老保险职工人数 Number of Persons Participated in Basic Pension Insurance	参加基本医疗保险职工人数 Number of Persons Participated in Basic Medical Insurance	城镇居民最低生活保障人数 Number of Persons Receiving Lowest Cost-of-Living in Urban Area	农村居民最低生活保障人数 Number of Persons Receiving Lowest Cost-of-Living in Rural Area	参加农村新型合作医疗人数 Number of Persons Participated in the new rural cooperative medical	参加农村社会养老保险人数 Number of Persons Participated in the Rural Basic Pension Insurance
新乡市 Xinxiang						
新乡县 Xinxiang	26873	39700	1204	12004	325791	1200
获嘉县 Huojia	18441	30960	8948	15255	333318	2000
原阳县 Yuanyang	14672	35316	10695	29823	598361	1200
延津县 Yanjin	16283	27319	11537	17800	399091	3930
封丘县 Fengqiu	13823	27904	13038	32487	644480	14000
长垣县 Changyuan	21806	33700	10527	33860	704141	8000
卫辉市 Weihui	25293	35700	13000	16470	356299	22357
辉县市 Huixian	36782	54126	6320	26821	667502	373300
焦作市 Jiaozuo						
修武县 Xiuwu	12644	20105	4232	9513		
博爱县 Boai	23129	36306	4787	14099		
武陟县 Wuzhi	25685	31300	5826	24178		
温县 Wenxian	22977	26380	4539	14259		
沁阳市 Qinyang	25490	30010	8835	17347		
孟州市 Mengzhou	20725	24456	3863	11002		
濮阳市 Puyang						
清丰县 Qingfeng	32716	40528	4484	27651	562502	
南乐县 Manle	25081	25500	3368	13143	445690	
范县 Fanxian	24520	31200	5684	21287	436332	
台前县 Taiqian	11419	27440	5120	16969	315882	
濮阳县 Puyang	47534	51967	11171	43598	929742	
许昌市 Xuchang						
许昌县 Xuchang	29119	37602	3073	26656	723757	670
鄢陵县 Yanling	19996	30082	13860	28090	537508	11473
襄城县 Xiangcheng	19805	27580	6719	31788	665161	23117
禹州市 Yuzhou	56286	55727	14166	46184	982155	2760
长葛市 Changge	41936	51052	6894	24169	567225	402000
漯河市 Luohe						
舞阳县 Wuyang	11924	22060	7949	25651	499737	
临颍县 Linying	15853	23465	6905	30665	578823	
三门峡市 Sanmenxia						
渑池县 Mianchi	29926	27405	4882	13965	245176	
陕县 Shanxian	29214	28534	3093	16744	261357	
卢氏县 Lushi	18027	17552	3866	20007	323621	154136
义马市 Yima	11039	75636	8785		43580	
灵宝市 Lingbao	36560	48427	5282	30039	592425	
南阳市 Nanyang						
南召县 Nanzhao	25313	28476	7043	23999	484995	30375
方城县 Fangcheng	28435	39120	9980	29766	881833	
西峡县 Xixia	33548	31205	7268	13087	33435	41150

29-12 续表2 continued

单位：人 (person)

县 市 County and city	参加基本养老保险职工人数 Number of Persons Participated in Basic Pension Insurance	参加基本医疗保险职工人数 Number of Persons Participated in Basic Medical Insurance	城镇居民最低生活保障人数 Number of Persons Receiving Lowest Cost-of-Living in Urban Area	农村居民最低生活保障人数 Number of Persons Receiving Lowest Cost-of-Living in Rural Area	参加农村新型合作医疗人数 Number of Persons Participated in the new rural cooperative medical	参加农村社会养老保险人数 Number of Persons Participated in the Rural Basic Pension Insurance
镇　平　县 Zhenping	37500	40000	12240	39690	813258	12393
内　乡　县 Neixiang	28573	29380	6746	24618	526750	27906
淅　川　县 Xichuan	36771	39120	7277	14380	605747	151391
社　旗　县 Sheqi	36249	21232	8539	30395	548000	121240
唐　河　县 Tanghe	38126	41927	11692	38249	51951	21909
新　野　县 Xinye	35231	42169	13972	29661	617500	38123
桐　柏　县 Tongbai	20482	25705	8914	18410	334435	5984
邓　州　市 Dengzhou	37254	87000	21087	65480	1419882	57000
商　丘　市 Shangqiu						
民　权　县 Minquan	18964	36777	8116	36750	708135	680
睢　县 Suixian	16236	38126	4918	36750	686538	201
宁　陵　县 Ningling	15990	26128	9002	25700	494208	1428
柘　城　县 Zhecheng	15097	37003	8240	46500	785482	1651
虞　城　县 Yucheng	18034	36967	7463	48250	925305	416560
夏　邑　县 Xiayi	18193	36904	9775	47350	940603	5000
永　城　市 Yongcheng	34234	64968	9439	55350	1186045	3363
信　阳　市 Xinyang						
罗　山　县 Luoshan	33921	40716	13428	28335	609200	277368
光　山　县 Guangshan	35196	39475	9471	34352	589500	2800
新　县 Xinxian	17793	21000	8335	12996	245400	2651
商　城　县 Shangcheng	26139	37519	9355	28800	600700	3490
固　始　县 Gushi	98899	67615	14300	65186	1204500	20247
潢　川　县 Huangchuan	42207	63576	8999	32824	599000	6146
淮　滨　县 Huaibin	26075	40019	10293	26990	521300	13360
息　县 Xixian	25880	36406	9986	41024	827500	27
周　口　市 Zhoukou						
扶　沟　县 Fugou	14175	33654	10127	31213	597750	429739
西　华　县 Xihua	13752	32739	8493	36244	671463	7000
商　水　县 Shangshui	18059	28291	12318	53102	927533	
沈　丘　县 Shenqiu	15530	35520	10045	52116	953564	15149
郸　城　县 Dancheng	21815	33284	10388	56191	1038989	2760
淮　阳　县 Huaiyang	23120	31845	15432	61687	1129852	61137
太　康　县 Taikang	28992	33380	13439	62068	1183018	
鹿　邑　县 Luyi	18051	31907	14434	51337	963370	
项　城　市 Xiangcheng	32902	50128	9939	48980	984543	
驻　马　店　市 Zhumadian						
西　平　县 Xiping	17845	34997	9173	34642	676016	71150
上　蔡　县 Shangcai	15061	49796	11114	31000	1161000	28510
平　舆　县 Pingyu	11473	27838	14151	28700	694661	4400
正　阳　县 Zhengyang	10143	31200	9398	31367	610755	24118
确　山　县 Queshan	17233	29322	6851	20713	432491	880
泌　阳　县 Biyang	20550	71662	8689	39650	793976	19238
汝　南　县 Runan	13338	25300	11790	31514	639823	21413
遂　平　县 Suiping	17283	36425	13073	21698	437557	5034
新　蔡　县 Xincai	29500	61000	17571	43020	872161	4272

29－13 各市区主要统计指标(2009年)

单位：亿元

区	District	常住人口（万人） Residents popolation (10 000 persons)	生产总值 Gross Domestic Product	第一产业 Primary Industry	第二产业 Secondary Industry	第三产业 Tertiary Industry
郑州市	**Zhengzhou**					
中原区	Zhongyuan	76.23	290.50	1.83	148.67	140.00
二七区	Erqi	67.06	261.78	0.68	61.09	200.00
管城区	Guancheng	43.96	224.32	1.28	98.71	124.32
金水区	Jinshui	113.28	523.37	2.71	80.34	440.33
上街区	Shangjie	12.30	72.45	0.47	55.73	16.25
惠济区	Huiji	20.30	59.38	3.83	28.48	27.08
开封市	**Kaifeng**					
龙亭区	Longting	14.36	25.88	1.32	8.45	16.11
顺河区	Shunhe	27.98	44.02	2.37	19.36	22.28
鼓楼区	Gulou	17.29	36.53	1.05	12.91	22.57
禹王台区	Yuwangtai	14.90	36.53	2.45	17.68	16.39
金明区	Jinming	18.20	46.53	3.67	23.73	19.13
洛阳市	**Luoyang**					
老城区	Laocheng	17.19	38.94	1.41	13.25	24.28
西工区	Xigong	39.13	171.56	0.27	57.60	113.69
瀍河区	Chanhe	19.73	41.10	0.39	17.72	22.99
涧西区	Jianxi	54.55	215.63	0.03	127.40	88.20
吉利区	Jili	6.77	90.44	1.20	75.87	13.36
洛龙区	Luolong	35.29	108.70	6.30	45.01	57.39
平顶山市	**Pongdingshan**					
新华区	Xinhua	34.50	174.91	1.90	128.49	44.52
卫东区	Weidong	27.92	88.80	1.15	58.32	29.32
石龙区	Shilong	5.38	35.88	0.24	32.33	3.31
湛河区	Zhanhe	23.81	108.29	2.43	83.97	21.89
安阳市	**Anyang**					
文峰区	Wenfeng	42.28	74.62	2.93	26.93	44.77
北关区	Beiguan	27.91	52.42	0.81	11.38	40.23
殷都区	Yindu	29.69	119.79	0.88	91.79	27.12
龙安区	Longan	21.88	65.02	1.60	52.84	10.58
鹤壁市	**Hebi**					
鹤山区	Heshan	14.62	48.84	2.38	40.84	5.62
山城区	Shancheng	25.29	64.98	1.66	52.80	10.52
淇滨区	Qibin	17.66	67.17	4.83	35.23	27.11

Main Statistics indicators by District(2009)

(100 million yuan)

人均 生产总值 (元) Per Capita GDP (yuan)	全社会 固定资产 投资 Total Investment in Fixed Assets	规模以上 工业增加值 Value Added of Industry above Designated Size	规模以上 工业利税 Total Pre-tax Profits of Industry above Designated Size	社会消费品 零售总额 Total Retail Sales of Consumer Goods	城镇居民人均 可支配收入 (元) Disposable Income of Urban Household (yuan)	地方财政 一般预算收入 Financial Revenue	地方财政 一般预算支出 Financial Expenditures
38338	155.04	62.65	5.38	101.61	15675	10.77	10.42
39378	119.65	36.28	5.37	174.14	16272	11.64	11.77
51633	177.97	50.31	36.78	141.12	15584	10.42	10.16
46798	293.52	27.50	3.92	393.86	20447	21.98	19.44
59119	44.94	47.78	-0.18	19.26	19996	5.40	6.88
29607	72.16	14.48	2.31	30.60	13307	6.77	8.57
17935	15.85	4.84	1.41	15.63	13086	0.62	1.63
15769	33.98	19.48	0.43	29.04	13086	0.85	2.75
21111	15.73	7.78	1.18	50.35	13086	0.84	1.79
24589	15.58	11.62	2.55	25.92	13086	0.79	2.06
25643	41.90	17.44	1.96	28.50	13086	0.79	3.30
22456	23.13	12.63	1.55	31.10	15569	2.12	2.91
43708	56.67	36.10	1.66	101.61	17542	5.82	5.00
21136	28.60	7.09	1.02	20.52	16036	1.94	3.08
39685	67.05	114.80	2.14	89.12	16190	7.40	5.85
135111	14.46	71.72	1.17	10.36	18998	2.04	2.82
31272	84.34	25.61	3.04	53.03	16161	4.78	7.28
50816	33.06	14.16	7.18	54.62	15424	4.30	5.50
31864	23.20	20.73	7.03	56.41	15648	3.81	4.61
67248	6.52	29.38	6.39	2.77	15077	2.49	2.77
45596	25.41	25.54	10.08	21.50	15889	3.34	4.44
17838	44.76	18.04	0.40	47.11	15733	3.14	4.23
18920	34.17	2.12	0.28	28.58	14230	2.26	2.89
40623	43.61	85.09	0.61	18.09	17139	3.11	3.25
29926	36.46	49.33	1.48	9.62	13993	2.97	4.25
33800	26.86	35.12	1.76	7.62	13875	0.87	3.43
25890	55.18	46.55	6.74	14.24	13875	1.53	4.29
38617	87.53	27.14	2.18	18.98	13875	2.55	4.65

29-13 续表

单位：亿元

区	District	常住人口（万人）Residents popolation (10 000 persons)	生产总值 Gross Domestic Product	第一产业 Primary Industry	第二产业 Secondary Industry	第三产业 Tertiary Industry
新乡市	**Xinxiang**					
红旗区	Hongqi	30.06	87.98	1.41	33.72	52.84
卫滨区	Weibin	17.70	52.53	0.69	20.73	31.11
凤泉区	Fengquan	14.06	42.07	1.54	25.65	14.89
牧野区	Muye	32.18	86.82	1.54	53.64	31.64
焦作市	**Jiaozuo**					
解放区	Jiefang	31.53	61.09	0.22	18.68	42.19
中站区	Zhongzhan	12.67	26.91	0.51	18.19	8.21
马村区	Macun	15.34	40.81	0.92	32.29	7.60
山阳区	Shanyang	30.08	92.74	0.93	51.11	40.70
濮阳市	**Puyang**					
华龙区	Hualong	55.79	220.67	10.70	160.76	49.21
许昌市	**Xuchang**					
魏都区	Weidu	50.12	168.58	2.01	120.33	46.25
漯河市	**Luohe**					
源汇区	Yuanhui	30.54	65.14	5.73	29.78	29.64
郾城区	Yancheng	47.28	119.27	14.72	75.62	28.94
召陵区	Zhaoling	50.04	159.63	17.07	126.43	16.13
三门峡市	**Sanmenxia**					
湖滨区	Hubin	32.16	99.44	2.02	55.85	41.56
南阳市	**Nanyang**					
宛城区	Wancheng	85.03	192.22	22.57	100.74	68.91
卧龙区	Wolong	90.66	191.14	16.58	76.89	97.68
商丘市	**Shangqiu**					
梁园区	Liangyuan	74.57	99.14	16.07	48.23	34.84
睢阳区	Suiyang	77.08	104.89	26.89	45.42	32.59
信阳市	**Xinyang**					
浉河区	Shihe	58.35	116.16	14.53	46.64	55.00
平桥区	Pingqiao	69.52	122.72	18.55	70.78	33.40
周口市	**Zhoukou**					
川汇区	Chuanhui	47.95	93.90	6.33	40.22	47.35
驻马店市	**Zhumadian**					
驿城区	Yicheng	67.88	157.98	10.33	85.39	62.26

continued

(100 million yuan)

人均生产总值(元) Per Capita GDP (yuan)	全社会固定资产投资 Total Investment in Fixed Assets	规模以上工业增加值 Value Added of Industry above Designated Size	规模以上工业利税 Total Pre-tax Profits of Industry above Designated Size	社会消费品零售总额 Total Retail Sales of Consumer Goods	城镇居民人均可支配收入(元) Disposable Income of Urban Household (yuan)	地方财政一般预算收入 Financial Revenue	地方财政一般预算支出 Financial Expenditures
29455	51.52	24.02	1.30	49.31	15383	2.25	2.57
29697	27.69	15.20	1.11	65.28	15383	1.71	2.37
30379	16.20	20.96	3.26	6.34	15383	0.99	2.04
26979	52.79	44.22	4.87	32.00	15383	2.18	3.00
19425	37.38	14.39	0.08	23.49	14530	2.73	3.58
21283	30.66	15.33	2.90	2.56	14530	1.61	2.73
26670	24.01	28.92	1.30	2.43	14530	1.35	2.61
30910	38.73	46.85	0.50	15.81	14530	2.15	2.96
39874	46.97	13.73	8.07	26.98	15143	3.27	4.38
34313	46.77	106.19	59.25	63.51	14346	2.30	4.46
21165	38.95	19.20	8.62	41.07	13844	1.62	4.83
25185	66.24	55.17	31.46	37.06	13844	1.27	7.01
32258	85.62	109.85	23.72	31.35	13844	0.86	5.88
30997	37.81	41.58	2.69	38.73	13684	3.47	4.98
22662	128.45	68.09	7.48	66.15	14718	2.46	10.04
21137	92.62	42.80	4.27	78.85	14762	2.77	11.35
13713	63.12	25.08	0.73	65.87	13620	2.80	11.25
14031	80.33	27.20	6.29	46.10	13121	2.19	11.45
20274	91.65	21.12	6.18	59.93	12559	2.77	9.66
17956	114.95	54.56	10.43	48.40	12519	2.18	12.20
19779	87.16	7.35	7.61	58.30	12396	1.90	6.45
24711	96.94	39.37	15.26	64.30	13416	3.72	9.23

全国及各省(市、区)主要统计指标

Main Indicators of the Whole Nation and 31 Provinces (Municipality,Autonomous Regions)

30-1 全国及各省市区人口、工资及投资(2009年)
Population, Wage and Investment by Provinces and Regions (2009)

地 区	Region	常住人口(万人) Number of the resident population (10 000 persons)	在岗职工平均工资(元) Average Wage of Staff and Workers (yuan)	#国有经济 State-Owned Units	#城镇集体经济 Urban Collective Owned Units	城镇固定资产投资(亿元) Total Investment in Fixed Assets (100 million yuan)	#房地产 Real Estate
全 国	**National**	**133474**	**32736**	**35053**	**20958**	**194138.62**	**36231.71**
北 京	Beijing	1755	58140	63239	23553	4149.63	2337.71
天 津	Tianjin	1228	44992	49946	31027	4446.83	735.18
河 北	Hebei	7034	28383	29459	18467	10472.25	1517.20
山 西	Shanxi	3427	28469	29266	18367	4509.56	477.27
内蒙古	Inner Mongolia	2422	30699	32326	24344	7144.35	815.46
辽 宁	Liaoning	4319	31104	32572	17369	11605.17	2640.56
吉 林	Jilin	2740	26230	27523	14443	5958.62	756.34
黑龙江	Heilongjiang	3826	26535	27842	16425	4696.08	563.92
上 海	Shanghai	1921	63549	70865	41181	4718.76	1464.18
江 苏	Jiangsu	7725	35890	45446	27022	14266.88	3338.58
浙 江	Zhejiang	5180	37395	59550	31653	7453.64	2253.57
安 徽	Anhui	6131	29658	30220	20606	7940.55	1667.54
福 建	Fujian	3627	28666	37345	25588	5548.61	1136.35
江 西	Jiangxi	4432	24696	26247	16624	6006.69	634.52
山 东	Shandong	9470	29688	34794	21496	15439.10	2428.73
河 南	**Henan**	**9487**	**27357**	**28914**	**18352**	**11455.01**	**1553.76**
湖 北	Hubei	5720	27127	30032	19181	7183.68	1200.44
湖 南	Hunan	6406	27284	29791	19686	6880.09	1084.66
广 东	Guangdong	9638	36355	44964	20347	10238.46	2961.32
广 西	Guangxi	4856	28302	30482	19377	4689.88	813.68
海 南	Hainan	864	24934	24429	17695	942.57	287.90
重 庆	Chongqing	2859	30965	34023	20337	4855.11	1238.91
四 川	Sichuan	8185	28563	32799	21177	9061.43	1586.76
贵 州	Guizhou	3798	28245	29956	22167	2040.02	369.69
云 南	Yunnan	4571	26992	30329	21407	4117.53	737.46
西 藏	Tibet	290	48750	50272	12231	328.66	15.72
陕 西	Shaanxi	3772	30185	31537	16415	5890.47	943.73
甘 肃	Gansu	2635	27177	28565	19453	2076.38	204.14
青 海	Qinghai	557	33561	38876	18283	689.12	72.85
宁 夏	Ningxia	625	34082	33841	35182	964.16	162.74
新 疆	Xinjiang	2159	27753	26872	22862	2418.51	230.84
河南为全国%	Henan as % of the Country	**7.1**	**83.6**	**82.5**	**87.6**	**5.9**	**4.3**
河南居全国位次	Order of Precedence of Henan in the Country	**2**	**23**	**25**	**23**	**4**	**9**

30—2 全国及各省市区生产总值(2009年)

Gross Domestic Product by Provinces and Regions (2009)

地区 Region	生产总值(亿元) Gross Domestic Products (100 million yuan)	第一产业 Primary Industry	第二产业 Secondary Industry	第三产业 Tertiary Industry	生产总值增速(上年=100) Growth Rate of GDP (preceding year=100)	第一产业 Primary Industry	第二产业 Secondary Industry	第三产业 Tertiary Industry
全国 National	**340507**	**35226**	**157639**	**147642**	**9.1**	**4.2**	**9.9**	**9.3**
北京 Beijing	12153	118	2856	9179	10.2	4.6	10.4	10.2
天津 Tianjin	7522	129	3988	3405	16.5	3.4	18.0	15.2
河北 Hebei	17235	2207	8960	6068	10.0	3.3	10.5	11.4
山西 Shanxi	7358	478	3994	2887	5.4	4.2	1.9	10.5
内蒙古 Inner Mongolia	9740	930	5114	3697	16.9	2.3	21.1	15.0
辽宁 Liaoning	15212	1415	7906	5891	13.1	3.1	15.6	12.1
吉林 Jilin	7279	981	3542	2756	13.6	2.8	17.1	13.0
黑龙江 Heilongjiang	8587	1154	4061	3372	11.4	5.2	13.1	10.7
上海 Shanghai	15046	114	6002	8931	8.2	-1.1	3.5	12.2
江苏 Jiangsu	34457	2262	18566	13629	12.4	4.5	12.5	13.6
浙江 Zhejiang	22990	1163	11908	9919	8.9	2.4	6.8	12.5
安徽 Anhui	10063	1495	4905	3662	12.9	5.0	16.8	11.0
福建 Fujian	12237	1183	6005	5048	12.3	4.7	13.7	12.3
江西 Jiangxi	7655	1099	3919	2637	13.1	4.5	17.1	10.7
山东 Shandong	33897	3227	18902	11768	12.2	4.2	13.9	11.2
河南 Henan	**19480**	**2769**	**11010**	**5701**	**10.9**	**4.2**	**12.4**	**11.1**
湖北 Hubei	12961	1796	6038	5127	13.5	5.2	16.8	12.3
湖南 Hunan	13060	1970	5687	5403	13.7	5.0	18.9	11.3
广东 Guangdong	39483	2010	19420	18053	9.7	4.9	9.2	10.8
广西 Guangxi	7759	1458	3382	2919	13.9	5.2	17.7	13.8
海南 Hainan	1654	462	443	749	11.7	7.2	12.6	14.1
重庆 Chongqing	6530	607	3449	2474	14.9	5.5	17.9	13.5
四川 Sichuan	14151	2241	6712	5199	14.5	4.0	19.5	12.4
贵州 Guizhou	3913	550	1477	1886	11.4	4.3	12.1	13.1
云南 Yunnan	6170	1068	2583	2520	12.1	5.2	13.6	13.1
西藏 Tibet	441	64	137	241	12.4	3.0	21.7	10.4
陕西 Shaanxi	8170	790	4236	3144	13.6	4.9	13.8	15.3
甘肃 Gansu	3388	497	1523	1367	10.2	5.1	10.9	11.2
青海 Qinghai	1081	107	575	399	10.1	5.0	11.3	9.8
宁夏 Ningxia	1353	127	662	564	11.9	7.3	14.4	10.0
新疆 Xinjiang	4277	760	1930	1588	8.1	4.5	8.5	9.2
河南为全国% Henan as % of the Country	**5.7**	**7.9**	**7.0**	**3.9**				
河南居全国位次 Order of Precedence of Henan in the Country	**5**	**2**	**5**	**9**	**22**	**21**	**21**	**21**

注：生产总值按当年价格计算。生产总值指数按可比价格计算。
a)GDP in this table are calculated at current prices. The indices in this table are calculated at comparable prices.

30-3 全国及各省市区物价指数（2009年）

Price Indices by Provinces and Regions (2009)

(上年=100) (Preceding Year=100)

地区	Region	居民消费价格总指数 General Consumer Price Index	固定资产投资价格指数 Price Indices of Investment In Fixed Assets	农业生产资料价格指数 General Price Index of Agricultural Means of Production	工业品出厂价格指数 Ex-Factory Price Indices of Industrial Products	原材料、燃料及动力购进价格指数 Purchasing Price Indices of Raw, Fuels and Power
全国	**National**	**99.3**	**99.1**	**99.7**	**97.6**	**97.5**
北京	Beijing	98.5	98.5		97.1	
天津	Tianjin	99.0	99.0		97.6	
河北	Hebei	99.3	98.8	100.3	96.5	100.6
山西	Shanxi	99.6	99.0	100.9	98.1	101.6
内蒙古	Inner Mongolia	99.7	99.7	99.8	98.5	99.7
辽宁	Liaoning	100.0	100.0	100.3	97.0	96.7
吉林	Jilin	100.1	99.9	100.7	99.4	96.4
黑龙江	Heilongjiang	100.2	99.8	101.2	97.6	94.2
上海	Shanghai	99.6	99.6		97.0	
江苏	Jiangsu	99.6	99.6	99.5	97.7	97.6
浙江	Zhejiang	98.5	98.7	98.2	96.7	95.9
安徽	Anhui	99.1	98.9	99.4	96.0	95.8
福建	Fujian	98.2	98.3	97.9	98.0	93.3
江西	Jiangxi	99.3	99.4	99.2	96.1	97.6
山东	Shandong	100.0	99.9	100.1	96.9	96.3
河南	**Henan**	**99.4**	**98.8**	**100.4**	**96.4**	**98.1**
湖北	Hubei	99.6	99.3	100.0	98.8	95.3
湖南	Hunan	99.6	99.7	99.6	99.7	95.0
广东	Guangdong	97.7	97.6	97.8	96.7	98.2
广西	Guangxi	97.9	97.9	97.5	97.9	94.2
海南	Hainan	99.3	99.5	99.0	97.7	94.0
重庆	Chongqing	98.4	98.4		97.8	
四川	Sichuan	100.8	100.7	101.0	98.3	101.2
贵州	Guizhou	98.7	98.6	99.0	100.5	96.2
云南	Yunnan	100.4	100.5	100.2	98.1	99.3
西藏	Tibet	101.4	101.5	101.3		99.1
陕西	Shaanxi	100.5	100.0	101.8	99.3	95.8
甘肃	Gansu	101.3	100.9	102.2	101.5	99.0
青海	Qinghai	102.6	103.2	101.7	100.9	97.8
宁夏	Ningxia	100.7	100.3	101.5	100.2	96.3
新疆	Xinjiang	100.7	100.2	102.0	98.0	99.5
河南居全国位次	Order of Precedence of Henan in the Country	**19**	**24**	**11**	**28**	**10**

30-4 全国及各省市区城乡居民收支(2009年)

Income and Expenditure of Urban and Rural Residents by Provinces and Regions (2009)

单位：元 (yuan)

地区	Region	城镇居民人均全部收入 Per Capita Annual Total Income in Urban Households	#可支配收入 Annual Disposable Income	城镇居民人均消费支出 Per Capita Living Expenditure of Urban Households	农民人均总收入 Per Capita Annual Total Income in Rural Households	#纯收入 Annual Net Income	农民人均生活消费支出 Per Capita Living Expenditure of Rural Households
全国	**National**	**18858**	**17175**	**12265**	**7116**	**5153**	**3994**
北京	Beijing	30674	26738	17893	13845	11669	8898
天津	Tianjin	23566	21402	14801	11689	8688	4273
河北	Hebei	15676	14718	9679	7228	5150	3350
山西	Shanxi	14983	13997	9355	5497	4244	3305
内蒙古	Inner Mongolia	16951	15849	12370	8403	4938	3968
辽宁	Liaoning	17758	15761	12325	9913	5958	4254
吉林	Jilin	15155	14006	10914	8644	5266	3903
黑龙江	Heilongjiang	13690	12566	9630	9385	5207	4241
上海	Shanghai	32403	28838	20992	13187	12483	9804
江苏	Jiangsu	22495	20552	13153	9747	8004	5805
浙江	Zhejiang	27119	24611	16683	13422	10007	7732
安徽	Anhui	15692	14086	10234	6001	4504	3655
福建	Fujian	21692	19577	13451	8205	6680	5016
江西	Jiangxi	15047	14022	9740	6553	5075	3533
山东	Shandong	19337	17811	12013	8684	6119	4417
河南	**Henan**	**15408**	**14372**	**9567**	**6414**	**4807**	**3389**
湖北	Hubei	15698	14367	10294	6663	5035	3725
湖南	Hunan	16078	15084	10828	6628	4909	4021
广东	Guangdong	24116	21575	16858	8264	6907	5020
广西	Guangxi	17033	15451	10352	5535	3980	3231
海南	Hainan	14909	13751	10087	6196	4744	3089
重庆	Chongqing	16990	15749	12144	5799	4478	3142
四川	Sichuan	15324	13839	10860	6238	4462	4141
贵州	Guizhou	13793	12863	9048	4050	3005	2422
云南	Yunnan	15680	14424	10202	5105	3369	2925
西藏	Tibet	14979	13544	9034	4497	3532	2400
陕西	Shaanxi	15311	14129	10706	4831	3438	3349
甘肃	Gansu	12918	11930	8891	4291	2980	2767
青海	Qinghai	14150	12692	8787	4431	3346	3209
宁夏	Ningxia	15551	14025	10280	6627	4048	3348
新疆	Xinjiang	13602	12258	9328	7269	3883	2951
河南为全国%	Henan as % of the Country	**81.7**	**83.7**	**78.0**	**90.1**	**93.3**	**84.9**
河南居全国位次	Order of Precedence of Henan in the Country	**20**	**16**	**25**	**19**	**17**	**18**

30-5 全国及各省市区主要农产品产量(2009年)

Output of Major Farm Products by Provinces and Regions (2009)

单位：万吨 (10 000 tons)

	粮 食 Grain	棉 花 Cotton	油 料 Oil-bearing Crops	水果 Fruits	肉类 Meat	奶类 Milk
全 国 National	**53082.08**	**637.68**	**3154.29**	**12246.39**	**7649.92**	**3734.63**
北 京 Beijing	124.77	0.08	1.81	85.50	47.19	67.40
天 津 Tianjin	156.29	7.09	0.54	31.80	39.49	68.69
河 北 Hebei	2910.17	60.46	143.27	1104.07	426.58	461.03
山 西 Shanxi	942.00	8.40	17.02	382.56	69.78	74.08
内 蒙 古 Inner Mongolia	1981.70	0.12	119.62	29.45	233.99	934.05
辽 宁 Liaoning	1591.00	0.10	55.35	477.21	389.23	115.64
吉 林 Jilin	2460.00	0.20	50.40	64.06	226.23	44.50
黑 龙 江 Heilongjiang	4353.01		28.16	49.32	187.64	534.69
上 海 Shanghai	121.68	0.26	3.39	45.16	26.38	23.29
江 苏 Jiangsu	3230.10	25.53	162.23	235.41	344.40	55.40
浙 江 Zhejiang	789.15	2.81	43.24	385.48	170.37	19.93
安 徽 Anhui	3069.87	34.60	240.35	215.72	362.55	20.10
福 建 Fujian	666.86	0.03	26.27	564.08	175.15	15.56
江 西 Jiangxi	2002.56	12.51	102.02	327.08	276.02	11.20
山 东 Shandong	4316.30	92.12	334.51	1419.09	684.13	258.15
河 南 Henan	**5389.00**	**51.75**	**532.98**	**755.90**	**615.01**	**301.28**
湖 北 Hubei	2309.10	48.05	314.05	400.86	367.01	28.30
湖 南 Hunan	2902.70	21.20	179.24	399.81	476.35	7.67
广 东 Guangdong	1314.50		84.64	1061.89	426.99	14.37
广 西 Guangxi	1463.20	0.21	42.08	774.65	371.25	8.07
海 南 Hainan	187.60		9.10	267.95	66.05	0.36
重 庆 Chongqing	1137.20	0.01	40.54	180.71	187.70	7.94
四 川 Sichuan	3194.60	1.49	261.76	568.33	632.81	68.66
贵 州 Guizhou	1168.27	0.09	78.68	64.22	169.63	4.49
云 南 Yunnan	1576.92	0.04	50.16	303.85	304.59	105.93
西 藏 Tibet	90.53		5.79	0.87	24.03	28.72
陕 西 Shaanxi	1131.40	8.58	54.38	1150.45	98.68	185.83
甘 肃 Gansu	906.20	9.54	58.54	277.56	82.88	37.66
青 海 Qinghai	102.69		36.60	1.46	26.91	25.35
宁 夏 Ningxia	340.70		13.65	56.76	25.55	81.14
新 疆 Xinjiang	1152.00	252.42	63.91	565.15	115.35	125.15
河南为全国% Henan as % of the Country	**10.2**	**8.1**	**16.9**	**6.2**	**8.0**	**8.1**
河南居全国位次 Order of Precedence of Henan in the Country	**1**	**4**	**1**	**6**	**3**	**4**

30−6 全国及各省市区规模以上工业主要统计指标(2009年)

Main Indicators of Enterprises Above Designed Size by Provinces and Regions(2009)

地 区 Region	原 煤 (万吨) Coal (10 000 tons)	原 油 (万吨) Crude Oil (10 000 tons)	发电量 (亿千瓦小时) Electricity (100 million kwh)	成品钢材 (万吨) Steel (10 000 tons)	水 泥 (万吨) cement (10 000 tons)	农用化肥 (万吨) Chemical Fertilizers (10 000 tons)	利润总额 (亿元) Total Profits (100 million yuan)	利税总额 (亿元) Total Pre-tax Profits (100 million yuan)
全 国 National	**296477**	**18949**	**36506**	**69244**	**162898**	**6706**	**34542**	**60902**
北 京 Beijing	641		242	770	1077	0	743	1255
天 津 Tianjin		2297	416	4080	690	15	832	1448
河 北 Hebei	8495	599	1742	15134	10611	214	1440	2439
山 西 Shanxi	59354		1862	2288	2482	375	462	1125
内 蒙 古 Inner Mongolia	60058		2240	1295	4276	262	988	1620
辽 宁 Liaoning	6624	1000	1161	4937	4693	85	1382	2725
吉 林 Jilin	4401	640	538	856	3989	20	540	1163
黑 龙 江 Heilongjiang	8749	4001	719	498	2598	62	873	1476
上 海 Shanghai		9	778	2181	754	4	1432	2545
江 苏 Jiangsu	2397	184	2928	7860	14434	317	4100	6795
浙 江 Zhejiang	13		2193	2359	10796	46	2116	3635
安 徽 Anhui	12849		1320	2112	7056	290	819	1575
福 建 Fujian	2466		1171	1342	5447	60	1104	1753
江 西 Jiangxi	2982		496	1647	6153	49	537	1041
山 东 Shandong	14378	2828	2860	5854	14037	874	4513	7449
河 南 Henan	**23018**	**475**	**2068**	**2882**	**11711**	**555**	**2444**	**3836**
湖 北 Hubei	1058	81	1782	2172	6984	853	1092	1862
湖 南 Hunan	6573		984	1504	7539	368	758	1818
广 东 Guangdong		1345	2666	2286	10029	64	4204	6794
广 西 Guangxi	520	3	885	1175	6411	93	321	696
海 南 Hainan		18	125	11	926	61	107	222
重 庆 Chongqing	4291		428	477	3611	152	356	711
四 川 Sichuan	10421	22	1469	1831	8887	464	1124	2088
贵 州 Guizhou	13691		1380	338	2665	347	192	471
云 南 Yunnan	5571		1094	972	4868	355	365	1101
西 藏 Tibet			18		188		7	11
陕 西 Shaanxi	29611	2696	899	887	4465	87	854	1554
甘 肃 Gansu	3876	49	684	645	1816	81	169	492
青 海 Qinghai	1284	186	361	125	610	278	100	181
宁 夏 Ningxia	5510	3	479	38	1065	92	84	165
新 疆 Xinjiang	7646	2513	540	687	2029	184	485	858
河南为全国% Henan as % of the Country	**7.8**	**2.5**	**5.7**	**4.2**	**7.2**	**8.3**	**7.1**	**6.3**
河南居全国位次 Order of Precedence of Henan in the Country	**4**	**10**	**6**	**6**	**3**	**3**	**4**	**4**

30-7 全国及各省市区能耗情况(2009年)

Consumption of Energy by Provinces and Regions(2009)

地 区	Region	单位GDP能耗(吨标准煤/万元) Energy Consumption for GDP (ton of SCE/10 000yuan)		单位GDP电耗(千瓦时/万元) Electricity Consumption for GDP (kw.h/10 000yuan)		单位工业增加值能耗(吨标准煤/万元) Energy Consumption for Add-value of Industry (ton of SCE/10 000yuan)	
		指标值 Index	升降(%) Change(±%)	指标值 Index	升降(%) Change(±%)	指标值 Index	升降(%) Change(±%)
全 国	**National**	**1.077**	**-3.61**	**1290.4**	**-2.12**	**2.04**	**-6.64**
北 京	Beijing	0.606	-5.76	681.85	-2.74	0.91	-12.30
天 津	Tianjin	0.836	-6.03	782.88	-8.49	0.91	-13.54
河 北	Hebei	1.640	-5.02	1449.94	-2.52	3.00	-9.54
山 西	Shanxi	2.364	-5.73	1921.93	-8.50	4.55	-8.81
内 蒙 古	Inner Mongolia	2.009	-6.91	1686.72	-9.73	3.56	-15.10
辽 宁	Liaoning	1.439	-5.08	1119.99	-6.82	2.26	-6.95
吉 林	Jilin	1.209	-6.19	809.13	-8.64	1.62	-8.19
黑 龙 江	Heilongjiang	1.214	-5.85	798.67	-7.72	1.38	-9.64
上 海	Shanghai	0.727	-6.17	808.49	-6.39	0.96	-5.00
江 苏	Jiangsu	0.761	-5.17	1064.25	-5.50	1.11	-10.17
浙 江	Zhejiang	0.741	-5.41	1176.50	-2.33	1.12	-4.96
安 徽	Anhui	1.017	-5.39	1088.76	-1.83	2.10	-11.13
福 建	Fujian	0.811	-3.81	1032.05	-5.87	1.15	-2.70
江 西	Jiangxi	0.880	-4.54	922.46	-1.52	1.67	-10.13
山 东	Shandong	1.072	-5.46	972.49	-3.86	1.54	-9.20
河 南	**Henan**	**1.156**	**-6.16**	**1218.36**	**-4.79**	**2.71**	**-11.56**
湖 北	Hubei	1.230	-5.97	1018.45	-5.52	2.35	-12.27
湖 南	Hunan	1.202	-5.10	911.00	-3.05	1.57	-13.68
广 东	Guangdong	0.684	-4.27	1002.09	-6.13	0.81	-6.94
广 西	Guangxi	1.057	-4.43	1279.87	-2.00	2.24	-6.68
海 南	Hainan	0.850	-2.81	922.89	-2.61	2.61	-4.53
重 庆	Chongqing	1.181	-5.50	894.27	-4.69	1.85	-11.95
四 川	Sichuan	1.338	-5.83	1085.91	-4.66	2.25	-9.18
贵 州	Guizhou	2.348	-4.12	2328.02	-0.83	4.32	-0.03
云 南	Yunnan	1.495	-4.60	1591.10	-4.16	2.74	-3.78
西 藏	Tibet						
陕 西	Shaanxi	1.172	-4.56	1078.51	-7.98	1.37	-5.82
甘 肃	Gansu	1.864	-6.97	2398.81	-5.55	3.53	-12.84
青 海	Qinghai	2.689	-6.46	3862.12	-2.24	2.94	-9.46
宁 夏	Ningxia	3.454	-6.26	4720.74	-5.90	6.51	-8.71
新 疆	Xinjiang	1.934	-1.53	1408.20	5.73	3.10	-1.72
河南居全国位次	Order of Precedence of Henan in the Country	**13**	**7**	**20**	**15**	**21**	**8**

30−8 全国及各省市区贸易外经和财政主要指标(2009年)

Main Indicators of Internal and Foreign Trade、Government Finance by Provinces and Regions(2009)

地区	Region	社会消费品零售总额(亿元) Total Retail Sales of Consumer Goods (100 million yuan)	进出口贸易总额(亿美元) Total Value of Imports (USD 100 million)	#出口 Total Value of Exports	财政收入(亿元) Financial Revenue of the Local Government (100 million yuan)	财政支出(亿元) Financial Expenditures of the Local Government (100 million yuan)
全国	**National**	**125342.7**	**22072.19**	**12016.63**	**32580.76**	**60593.59**
北京	Beijing	5309.9	2148.65	483.84	2026.81	2301.74
天津	Tianjin	2430.8	638.37	298.93	821.38	1099.17
河北	Hebei	5764.9	296.12	156.92	1066.21	2311.75
山西	Shanxi	2809.0	85.54	28.38	805.80	1556.68
内蒙古	Inner Mongolia	2855.3	67.72	23.16	850.75	1925.13
辽宁	Liaoning	5812.6	629.25	334.41	1591.04	2650.62
吉林	Jilin	2957.3	117.48	31.32	487.08	1479.21
黑龙江	Heilongjiang	3401.8	162.21	100.76	641.62	1877.74
上海	Shanghai	5173.2	2777.51	1418.78	2540.30	2989.63
江苏	Jiangsu	11484.1	3388.33	1992.43	3228.63	3885.02
浙江	Zhejiang	8622.3	1877.27	1330.15	2142.37	2653.76
安徽	Anhui	3527.8	156.35	88.87	863.89	2101.03
福建	Fujian	4481.0	796.62	533.29	932.30	1403.82
江西	Jiangxi	2484.4	126.65	73.64	581.23	1548.60
山东	Shandong	12363.0	1389.69	795.02	2198.53	3266.77
河南	**Henan**	**6746.4**	**134.38**	**73.46**	**1126.06**	**2905.76**
湖北	Hubei	5928.4	172.29	99.78	800.43	2107.31
湖南	Hunan	4913.7	101.51	54.92	844.96	2118.64
广东	Guangdong	14891.8	6110.73	3589.56	3649.19	4305.37
广西	Guangxi	2790.7	142.34	83.76	620.83	1606.25
海南	Hainan	537.5	48.15	13.09	178.21	482.40
重庆	Chongqing	2479.0	77.09	42.80	655.55	1298.39
四川	Sichuan	5758.7	242.27	141.52	1174.16	3591.04
贵州	Guizhou	1247.3	23.04	13.57	416.46	1358.76
云南	Yunnan	2051.1	80.19	45.14	698.22	1949.79
西藏	Tibet	156.6	4.02	3.75	30.09	470.13
陕西	Shanxi	2699.7	84.01	39.85	733.91	1839.87
甘肃	Gansu	1183.0	38.25	7.35	286.69	1245.57
青海	Qinghai	300.5	5.86	2.51	87.74	486.68
宁夏	Ningxia	339.3	12.02	7.43	111.54	427.80
新疆	Xinjiang	1177.5	138.28	108.23	388.78	1349.16
河南为全国% Henan as % of the Country		**5.4**	**0.6**	**0.6**	**3.5**	**4.8**
河南居全国位次 Order of Precedence of Henan in the Country		**5**	**17**	**18**	**9**	**6**

注：财政收支为月度执行情况汇总数，全国数据为地方级一般预算收入合计。
a)Government revenue and expenditures is collected by monthly executive instance.Data of National is the Sum of 31 Provinces.

30–9 全国及各省市区教育、卫生情况(2009年)

Main Indicator on Education and Public Health by Provinces and Regions(2009)

地区 Region	在校学生数(万人) Student Enrollment (10 000 persons)			卫生机构数(个) Health Care Institutions (unit)	卫生机构床位数(张) Number of Beds in Health Institutions (unit)	医生数(人) Doctors (person)
	普通高等学校 Institutions of Higher Education	普通中学 Regular Secondary Schools	小学 Primary Schools			
全国 National	**2144.66**	**7867.92**	**10071.47**	**916571**	**4415838**	**2329206**
北京 Beijing	58.67	52.24	64.71	9734	90100	62853
天津 Tianjin	40.60	47.46	50.74	4238	46353	27590
河北 Hebei	106.05	372.73	488.65	80963	232539	124127
山西 Shanxi	54.74	253.25	304.69	39917	144488	84705
内蒙古 Inner Mongolia	35.19	135.19	149.30	22677	87350	69197
辽宁 Liaoning	85.25	207.78	225.60	34729	191387	95678
吉林 Jilin	53.10	133.76	146.11	18543	108345	60152
黑龙江 Heilongjiang	70.89	194.71	190.37	21825	146568	74178
上海 Shanghai	51.28	60.37	67.12	4460	99704	53024
江苏 Jiangsu	165.34	398.44	396.02	30571	250809	125220
浙江 Zhejiang	86.65	262.27	325.14	29549	170187	113852
安徽 Anhui	87.78	428.00	486.88	24799	174480	84778
福建 Fujian	60.63	213.43	239.76	26613	104257	55066
江西 Jiangxi	79.35	266.48	422.75	34005	115445	59325
山东 Shandong	159.30	499.33	626.81	63885	346769	176193
河南 Henan	**136.88**	**675.45**	**1052.03**	**75722**	**302358**	**139600**
湖北 Hubei	124.91	365.01	359.26	32790	187156	97869
湖南 Hunan	101.68	320.78	469.15	55200	212043	105790
广东 Guangdong	133.41	696.11	887.65	44314	271982	161401
广西 Guangxi	52.83	281.83	436.78	32355	131569	66813
海南 Hainan	14.21	60.17	83.40	4661	23526	14117
重庆 Sichuan	48.42	192.02	208.14	16497	92709	44627
四川 Chongqing	103.59	499.00	617.05	72914	275058	138685
贵州 Guizhou	29.91	269.45	456.87	24707	97527	41465
云南 Yunnan	39.36	264.97	444.14	22365	140130	60509
西藏 Tibet	3.03	18.16	30.52	4959	8502	4552
陕西 Shaanxi	89.37	274.68	271.44	33928	134431	69745
甘肃 Gansu	36.15	204.16	252.60	25299	81508	37646
青海 Qinghai	4.38	32.27	53.33	5959	19223	10221
宁夏 Ningxia	7.56	43.96	67.06	4149	22142	12088
新疆 Xinjiang	24.16	144.48	197.39	14244	107193	46750
河南为全国% Henan as % of the Country	**6.4**	**8.6**	**10.5**	**8.2**	**6.8**	**6.0**
河南居全国位次 Order of Precedence of Henan in the Country	**3**	**2**	**1**	**2**	**2**	**3**

中国统计出版社最新图书简目

(仅供参考,以最后出书为准)

统计资料

中国统计年鉴-2010
2010中国发展报告
中国劳动统计年鉴-2010
中国建筑业统计年鉴-2010
中国商品交易市场统计年鉴-2010
中国民政统计年鉴-2010
中国科技统计年鉴-2010
中国高技术产业统计年鉴-2010
全国农产品成本收益资料汇编-2010
第二次全国残疾人抽样调查资料系列
中国县（市）社会经济调查年鉴-2010
中国国内生产总值核算历史资料(1952-2004)
大中型批发零售和住宿餐饮企业统计年鉴-2010

中国统计摘要-2010
中国第三产业统计年鉴-2010
中国社会统计年鉴-2010
中国人口和就业统计年鉴-2010
中国房地产统计年鉴-2010
中国贸易外经统计年鉴-2010
中国农村统计年鉴-2010
中国教育经费统计年鉴-2009
中国科学技术协会统计年鉴-2010
中国棉花年鉴-2008/2009
中国农村住户调查年鉴-2010（中、英文）
中国季度国内生产总值核算历史资料(1992-2005)

国际统计年鉴-2010
中国区域经济统计年鉴-2010
中国城市统计年鉴-2009
中国工业经济统计年鉴-2010
中国能源统计年鉴-2010
2010中国地区经济监测报告
中国农产品价格调查年鉴-2010
中国农村贫困监测报告-2010
工业企业科技活动资料-2010
中国城市(镇)生活与价格年鉴-2010
中国农村全面建设小康监测报告-2010
中国零售和餐饮业连锁企业统计年鉴-2010
2005年中国1%人口抽样调查系列资料

2010年省级综合统计年鉴系列

北京 天津 河北 山西 内蒙古
河南 湖北 湖南 广东 广西
新疆 新疆生产建设兵团
辽宁 吉林 黑龙江 上海 江苏
海南 重庆 四川 贵州 云南
浙江 安徽 福建 江西 山东
西藏 陕西 甘肃 青海 宁夏

2010年市（县）级综合统计年鉴系列

天津滨海新区
运城 忻州 临汾 呼和浩特
黑龙江垦区 上海浦东新区
宁波 绍兴 台州 舟山 温州
厦门经济特区 南昌 上饶
十堰 荆州 黄冈 长沙 广州
贵阳 昆明 西安 庆阳 银川
石家庄 唐山 邯郸 太原 大同
包头 沈阳 大连 长春 吉林市
苏州 无锡 常州 徐州 南通
金华 嘉兴 衢州 安庆 福州
济南 青岛 潍坊 东营 郑州
东莞 惠州 深圳 桂林 南宁
乌鲁木齐 吐鲁番
长治 阳泉 晋城 朔州 晋中
四平 延吉 哈尔滨 齐齐哈尔
盐城 镇江 江阴 丹阳 杭州
福州经济技术开发区
洛阳 三门峡 南阳 武汉 宜昌
柳州 来宾 河池 海口 成都

“十一五”规划教材

非参数统计　医学统计学
多元统计分析　经济计量学教程
统计数据处理概论
企业经营管理统计
统计学:从数据到结论
概率论与数理统计　统计学
应用时间序列分析
质量管理统计方法　社会统计学
市场调查与预测
国民经济核算教程(国民经济统计学)
现代金融投资统计分析
统计指数理论及应用
多元统计分析实验
统计学原理（非统计专业使用）
概率论与数理统计(经济、管理类专业使用)

重点图书

新中国六十年
挑大学选专业2010—高考志愿填报指南
挑大学选专业2010—考研择校指南

《河南统计年鉴2010》只读光盘（CD-ROM）介绍

《河南统计年鉴2010》只读光盘（CD-ROM）是一张信息高度密集的资料工具软件。该光盘全面反映河南省经济和社会发展情况，收录了全省和各省辖市2009年经济和社会等各方面大量的统计数据，以及历史重要年份的全省主要统计数据。

《河南统计年鉴2010》光盘（CD-ROM）设有中、英文双语版本，操作简便、功能实用。在浏览时可随时实现不同章节之间的切换。并设计了将表格转换为Excel文件的功能。

本光盘所有资料的浏览查阅和计算加工，未经许可不得用于营业性用途，否则必追究其法律责任。

Introduction to the CD-ROM

Henan Statistical Yearbook 2010 (CD-ROM)is an annual statistical publication, which covers very comprehensive data series in 2009 and some selected data series in historically important years and the most recent ten years at provincial level, and local levels of prefecture and county, and therefore, reflects various aspects of Henan's social and economic development.

Henan Statistical Yearbook 2010 (CD-ROM)is compiled in Chinese and English and is easy to use. When you browse the CD-ROM, For convenient use, all tables in the CD-ROM can be converted to Excel documents as well.

The consultation and calculation of data in this disk are not permitted for commercial purposes without written permission from the publisher . Legal responsibilities are reserved to prosecute.